Gotthard V. Lechner

**Der Apostel Geschichten**

Gotthard V. Lechner
**Der Apostel Geschichten**
ISBN/EAN: 9783743397804
Hergestellt in Europa, USA, Kanada, Australien, Japan
Cover: Foto ©Lupo / pixelio.de

Manufactured and distributed by brebook publishing software (www.brebook.com)

Gotthard V. Lechner

**Der Apostel Geschichten**

# DER APOSTEL GESCHICHTEN

Gotthard Victor Lechler, Karl Gerok

# THE LIBRARY
# OF
# THE UNIVERSITY
# OF CALIFORNIA

PRESENTED BY
PROF. CHARLES A. KOFOID AND
MRS. PRUDENCE W. KOFOID

# Theologisch-homiletisches Bibelwerk.

## Die Heilige Schrift
Alten und Neuen Testaments

mit Rücksicht auf das theologisch-homiletische Bedürfniß des pastoralen Amtes in Verbindung mit namhaften evangelischen Theologen

bearbeitet und herausgegeben

von

**J. P. Lange.**

---

Des

# Neuen Testamentes
Fünfter Theil:
Der Apostel Geschichten.

---

Bielefeld.
Verlag von Velhagen und Klasing.
1860.

Der

# Apostel

# Geschichten.

---

Theologisch bearbeitet

von

**G. V. Lechler,**

D. und ordentl. Professor der Theologie und Superintendenten in Leipzig;

homiletisch

von

**K. Gerok,**

Amtsdekan in Stuttgart.

---

**Bielefeld.**

Verlag von Velhagen und Klasing.

1860.

Das Uebersetzungsrecht wird vom Verfasser und Verleger vorbehalten.

# Vorwort.

Ueber die hiemit erscheinende Bearbeitung der Apostelgeschichte finde ich für nöthig, einiges theils Persönliche, theils Sachliche vorauszuschicken. Der Antrag, den der verehrte Herausgeber dieses Bibelwerks, Herr D. J. P. Lange, vor drei Jahren mir machte, die Apostelgeschichte zu übernehmen, war mir um des Gegenstandes willen ein höchst erwünschter. Denn seit einer schönen Reihe von Jahren hatte ich mich zum Studium eben dieses biblischen Buches wiederholt und immer stärker hingezogen gefühlt. Und je mehr Liebe und Aufmerksamkeit ich demselben zuwandte, um so reicher entfaltete sich vor mir die Fülle dessen, was die Apostelgeschichte sowohl für die theologische Wissenschaft, als für praktisch-kirchliche Zwecke in sich schließt.

Um den Werth dieses Buches mit einigen Grundlinien zu zeichnen, erinnere ich beispielsweise nur an wenige Dinge: an die Schilderung des Lebens der ursprünglichen apostolischen Gemeinde, welche jederzeit und überall eine ebenso beschämende als erhebende Wirkung übt; an die Geschichte des Märtyrertodes von Stephanus, worin Kräfte der zukünftigen Welt liegen; an die Abschiedsscene zu Milet, welcher eine Fülle herzergreifender Erbauung innewohnt. Nur so viel als leichte Andeutung, wie kostbar die Apostelgeschichte für die einzelne Seele, für Amt und Gemeinde, für die gesammte Kirche Christi aller Orten und Zeiten in Betracht ihres praktisch-erbaulichen Gehaltes ist. Ebenso unschätzbar ist unser Buch aber auch in wissenschaftlich-theologischer Hinsicht. Denke ich mir für einen Augenblick die Apostelgeschichte aus dem neutestamentlichen Kanon hinweg, — welche empfindliche Lücke für die wissenschaftliche Erkenntniß des Christenthums, sowohl nach seiner menschlichen als nach seiner göttlichen Seite wäre das! Für zwei ganze Jahrzehente, wie sie zwischen der Himmelfahrt Jesu und der Blüthezeit des paulinischen Wirkens liegen (wo denn die frühesten Briefe des Heidenapostels eingreifen), wäre die Hauptquelle verschüttet: denn die Ausbeute, welche für jenen früheren Zeitraum die paulinischen Briefe gewähren, ist doch sehr mager. Somit würde für die geschichtliche Erkenntniß des Christenthums nichts Geringeres, als die Grundlage selbst, fehlen. Und dies wäre gerade für unsere Zeit ein unersetzlicher Mangel. Denn unstreitig liegt der unterscheidende Charakter und die eigenthümliche Aufgabe der neueren deutschen Theologie gerade nach der Seite geschichtlicher Erkenntniß des Christenthums hin. Belege hiefür sind z. B. das Dasein der "biblischen Theologie", die doch wesentlich eine Errungenschaft der neueren Zeit ist; ferner die Umwandlung der sogenannten Einleitungswissenschaft in eine "Geschichte der Heiligen Schriften des Neuen Testaments", weiter die Bedeutsamkeit geschichtlicher Forschungen und Sammlungen für die heutige praktische Theologie; um nichts zu sagen von dem nicht blos äußeren, sondern auch inneren Wachsthum, das die eigentlich historischen Disziplinen der Theologie seit etlichen Jahrzehenten gewonnen haben. Um so höher haben wir den Gewinn auch für die Wissenschaft anzuschlagen, welcher daraus entspringt, daß dieses kostbare Buch, von einem apostolischen Manne verfaßt, durch die Gunst der Vorsehung bis auf uns gekommen ist.

Da sich dies so verhält, so konnte mir die Aufforderung, dieses theure biblische Buch für das Bibelwerk eingehend durchzuarbeiten, nicht anders als anziehend sein. So sagte ich denn mit Freuden zu. Allein es war die Folge verschiedener äußerer Umstände, daß in dem Zeitpunkte, wo ich auf meinen jetzigen Posten berufen wurde, nur erst ein rechter Anfang gemacht, und die Auslegung nicht weiter als bis in's dritte Kapitel vorgerückt war. Da glaubte ich anfangs die Hand von dem Werke zurückziehen zu müssen, weil mir zur Fortsetzung und Vollendung der Arbeit nunmehr die Muße fehlen würde. Doch war das Gefühl einer Pflicht und die Liebe zur Sache stark genug, um, entsprechend dem Wunsche des Herrn D. Lange, das Unternommene nach Möglichkeit durchzuführen. Dies konnte freilich nur bei einer Theilung der Arbeit geschehen. Und diese gelang, indem mein verehrter Freund, Herr Amtsdekan Karl Gerok in Stuttgart, meiner Bitte nachgebend, den homiletischen Theil zu übernehmen sich bereit erklärte, während ich den exegetischen und dogmatischen Theil der Auslegung beibehielt. Demnach ist, wie schon der Titel bezeugt, dieser Band, vom Ende des dritten Kapitels an, aus gemeinschaftlicher Arbeit hervorgegangen. Und je rühmlicher Herr Dekan Gerok als gesegneter Prediger in- und außerhalb seiner Gemeinde bekannt ist, um so erfreulicher wird Denen, welche von diesem Bande Gebrauch machen, dasjenige sein, was er als ein weiser Haushalter hier darbietet, Altes und Neues aus seinem Schatze mittheilend.

Was meine eigene Arbeit betrifft, so habe ich auf die exegetischen Erläuterungen möglichste Sorgfalt verwendet. Wenn Treue im Kleinen eine allgemeine Pflicht ist und ihre Verheißung hat, so ist dieselbe in Anwendung auf Gottes Wort gewiß doppelt an ihrem Platz und gesegnet. Insbesondere finden manche Angriffe, welche die neuere Kritik auf unser Buch gerichtet hat, gerade durch treue Aufmerksamkeit auf das Einzelne ihre Erledigung.

In Hinsicht des organischen Zusammenhangs innerhalb unsers Buchs, sowie der geschichtlichen Auffassung, weiche ich an mehr als einem Punkt von demjenigen ab, was der verehrte Herausgeber in verschiedenen Schriften erörtert hat. Und da glaube ich nicht blos ein persönliches Gefühl auszudrücken, sondern zugleich ein allgemeineres Interesse zu vertreten, wenn ich ihm hiemit öffentlich dafür danke, daß er bei der Gesammtleitung dieses Bibelwerks, anstatt Einförmigkeit zu bezwecken, sich mit der Einigkeit im Geist begnügt, und die Freiheit der Ansichten und die Mannigfaltigkeit der Darstellung gewähren läßt.

Im Uebrigen würde ich mich reichlich belohnt fühlen, wenn hie und da ein Leser beim Gebrauch des Bibelwerks etwas von dem Genuß empfinden würde, den ich bei der Beschäftigung mit diesem köstlichen Buche von der Bibel empfangen habe. Und der Herr, dessen edle Gabe die Bibel ist, wolle sein Wort, dem auch diese Auslegung dienen will, segnen für das Amt, das die Versöhnung predigt, und für die Gemeinde!

Leipzig, im November 1859.

G. V. Lechler.

# Der Apostel Geschichten.

## Einleitung.

**§. 1.**

**Die Eigenthümlichkeit der Apostelgeschichte.**

Dieses Buch steht unter den Schriften des Neuen Testamentes ganz einzig da. Während die Geschichte des Lebens Jesu, d. h. wesentlich nur der kurze Zeitraum von drei Jahren, in vier Evangelien erzählt ist, und nicht weniger als 21 Briefe an einzelne Christen oder Gemeinden wichtige Wahrheiten auseinandersetzen: ist die Apostelgeschichte das einzige Buch der Bibel, welches die heilige Geschichte nach dem irdischen Leben des Erlösers in einem mindestens 30jährigen Zeitraum (circa 30—64 nach Christo) berichtet, und zwar in innigem Zusammenhang mit dem Leben Jesu selbst. Denn das Buch gibt sich selbst als den zweiten Theil zu dem Evangelium des Lukas, so daß die Geschichten der Apostel nichts anderes als die Fortsetzung der Lebensgeschichte des Herrn selbst sind. Ein Zusammenhang, der überaus bedeutend und lehrreich ist; denn vermöge desselben hat das mit der Himmelfahrt abgeschlossene irdische Leben Jesu seine Frucht und fortdauernde Wirkung, das mit der Himmelfahrt beginnende himmlische Leben Christi seine Offenbarung und Bethätigung an dem, was die Apostel und die ersten Gemeinden gethan und erfahren haben. Und andererseits stehen die Erlebnisse der Jünger und der ersten Gemeinden nur so in dem rechten heiligen Licht, wenn sie als die Wirkungen des erhöheten Herrn und des von ihm verheißenen und gesendeten Geistes begriffen werden. Noch mehr: wenn das Evangelium des Lukas sich von den drei übrigen Evangelien namentlich durch seinen weitherzigen christlich-humanen Geist unterscheidet, so stimmt dessen Fortsetzung, die Apostelgeschichte, hiermit vollkommen überein; denn was dort nur erst Weißagung, Andeutung, Vorbild und Gleichniß ist, das wird in den Thaten der Apostel zur Erfüllung und Thatsache, zur wirklichen Geschichte: hatte der Heiland dort die Dankbarkeit eines Samariters erlebt und von dem barmherzigen Samariter im Gleichniß erzählt, so erlebten jetzt die Apostel noch Größeres, da in Samaria Viele sich bekehrten und das Evangelium mit heller Freude und Dankbarkeit annahmen. Und wenn im Evangelium des Lukas nicht wenige Reden Jesu auf die Bekehrung der Heiden und ihren Eingang in's Reich Gottes deuten, so erzählt uns die Apostelgeschichte, wie das Wort Gottes nach und nach wirklich zu den Heiden gelangt ist, und Heiden gleichberechtigte Bürger des Reiches Gottes geworden sind. Wie sich das Evangelium des Lukas von den übrigen als das christlich-humane unterscheidet, so läßt sich derselbe weite, die Menschheit umfassende Gesichtskreis auch in seiner Apostelgeschichte erkennen. Ist sie doch ursprünglich für einen Heidenchristen verfaßt, für denselben Theophilus, dem auch das Evangelium gewidmet ist. Und der dem Umfang nach bedeutendste Theil unseres Buches ist in der That der Geschichte des Heidenapostels Paulus geweiht. Dennoch ist nicht die Bekehrung der Heiden oder das Heidenchristenthum der ausschließliche oder auch nur vorwiegende Gegenstand des Buchs; so einseitig ist es nicht, so einseitig ist die Bibel überhaupt nicht; sondern die Bekehrung der Juden zu ihrem Messias und Heiland, die judenchristliche Kirche liegt dem Lukas eben so nahe am Herzen. Und gerade die Zusammenfassung der beiden Theile, die Einheit der Gemeinde Christi in Israel und unter den Heiden, die Einigkeit der Apostel, eines Petrus und Paulus,' — das ist der Mittelpunkt der Apostelgeschichte. Was der Herr seinen Aposteln sagt Apost. I, 8: „ihr werdet meine Zeugen sein zu Jerusalem, und in ganz Judäa und Samaria, und bis an das Ende der Erben," — ist das einheitliche Thema unseres Buchs. Das durch die Kraft des Heiligen Geistes gesalbte, fruchtbare und wirksame Zeugniß der Apostel von Jerusalem bis an's Ende der Erde, oder der Gang der Kirche Christi von den Juden zu den Heiden, — ist der Inhalt der Apostelgeschichte. Aber nur darum ist sie ein heiliges, der Bibel würdiges Buch, weil es nicht blos Thaten und Erlebnisse von Menschen, menschliche Geschichte behandelt, sondern göttliche und gottmenschliche Geschichte, das Walten Christi und sein Regiment, das Zeugniß seines Geistes in den Thaten und Reden und Erfahrungen der Apostel und seiner Kirche. Und weil die Apostelgeschichte gerade die Anfänge der Kirche Christi berichtet, die Stiftung, Entfaltung und erste Führung der Kirche, enthält sie auch die ewigen Grundzüge der christlichen Kirche in jeder Beziehung, „sie enthält die Grundrisse des individuellen, gemeindlichen und kirchlichen Christenlebens". Die Apostelgeschichte ist, wie Starke sagt, „ein Zeuge der apostolischen Lehre und des alten Christenthums, eine Richtschnur und Vorschrift des Kirchenregiments, der Kirchenzucht und Kirchenordnung, ein Zeughaus für die mit dem Antichrist streitende Kirche, eine Apotheke gegen alle seelenverderblichen Seuchen der Glaubensirrthümer und Lebensärgernisse, eine Speisekammer für Glaube, Geduld und Hoffnung, ein Spiegel und Sporn der Liebe und ihrer Werke, ein großer Schatz, so voll ist von wahrer Gelehrsamkeit und richtigen Lehren."

### §. 2.
#### Die Abfassung der Apostelgeschichte.

Die Zeugnisse für die Aechtheit und das kirchliche Ansehen unseres Buches gehen zwar nicht in ein so hohes Alterthum zurück als die für manche andere Schriften des Neuen Testaments. Denn die Worte apostolischer Väter, in welchen wir Anspielungen auf gewisse Stellen der Apostelgeschichte finden können, sind nicht so beschaffen, daß man eine sichere Ueberzeugung darauf bauen könnte. Doch treten am Ende des zweiten und Anfang des dritten Jahrhunderts, zu der Zeit, wo der Kanon des Neuen Testaments sich fester zu gestalten anfing, so häufige, so gewichtige und so unzweideutige Zeugnisse auf, daß über die allgemeine und altherkömmliche Anerkennung der Apostelgeschichte als einer, von dem apostolischen Manne Lukas verfaßten, heiligen Schrift kein Zweifel übrig bleiben kann. Deßhalb hat auch Eusebius keinen Anstand genommen, das Buch unter den allgemein anerkannten Schriften des neutestamentlichen Kanons aufzuführen, H. E. III, 25. Der Widerspruch einiger häretischen Parteien, wie der Ebioniten, Marcioniten, Severianer und Manichäer, welche das Buch lediglich aus dem Grunde verwarfen, weil es mit ihren Lehren unvereinbar war, ist nicht dazu angethan, die Thatsache uralter und allgemeiner kirchlicher Anerkennung desselben zu erschüttern. Auch der Umstand ist keineswegs bedenklich, daß nach einer Stelle bei Photius Einige nicht den Lukas, sondern entweder den römischen Clemens, oder den Barnabas für den Verfasser hielten; denn dies erklärt sich aus der Thatsache, welche Chrysostomus in seinen Homilien über die Apostelgeschichte bezeugt: „Vielen ist von diesem Buche nicht einmal bekannt, daß es vorhanden ist, und wer es geschrieben oder verfaßt hat." Es ist auch leicht begreiflich, daß die Evangelien, aber auch die apostolischen Briefe, weit mehr gelesen werden mochten, als die Apostelgeschichte (wie das in neuerer und neuester Zeit ebenfalls stattfinden wird), und dann konnte es nicht anders sein, als daß Ungewißheit auch über den Verfasser bei Vielen überhand nahm.

In neuester Zeit, wo man aus dem Zweifel ein Gewerbe gemacht hat, ist wenigstens das unangetastet geblieben, daß die Apostelgeschichte und das dritte Evangelium einen und denselben Verfasser habe. Freilich daß dies Lukas gewesen sei, der Gefährte des Apostels Paulus, das ist vielfach bestritten worden, übrigens nur aus Gründen, deren Gewicht nicht allzu hoch angeschlagen werden darf*).

Die Abfassungszeit läßt sich nicht sehr genau bestimmen. Aus dem Umstand, daß die Apostelgeschichte den Tod des Apostels Paulus nicht mehr erwähnt (28, 31), den Schluß zu ziehen, daß das Buch vor diesem Ereigniß verfaßt worden sei, sind wir doch nicht gehörig befugt. Jenes Stillschweigen kann manche andere Gründe gehabt haben. Wir werden eher annehmen dürfen, daß nicht nur der Tod des Apostels Paulus, sondern auch die Zerstörung Jerusalems bereits erfolgt gewesen sei, wie denn auch Irenäus berichtet, daß Lukas sein Evangelium (das als erster Theil jedenfalls vor der Apostelgeschichte verfaßt ist) nach dem Tode des Petrus und Paulus geschrieben habe. Aber auf der andern Seite wird das Buch auch nicht viel später geschrieben worden sein, wornach man auf die siebziger oder achtziger Jahre des ersten Jahrhunderts schließen darf.

---

*) Der hochgeehrte Verfasser hat die neueren Angriffe der Baurischen Schule auf die geschichtliche Zuverlässigkeit der Apostelgeschichte wohl deswegen übergangen, weil einerseits eine ausführliche Behandlung des Gegenstandes hier zu weit führen würde, und andererseits jene Angriffe schon als hinlänglich widerlegt und beseitigt betrachtet werden können. Wir erwähnen hier nur, daß die Literatur sowie die wesentlichen Momente der Verhandlung in unserem apostolischen Zeitalter I, S. 5 ff. zur Sprache kommen. Aber besonders bedarf die Monographie des Herrn Verfassers das apostolische und das nachapostolische Zeitalter, eine von der Taylerschen Gesellschaft gekrönte Preisschrift als eine Hauptschrift hier zu nennen ist. Anmerkung der Redaktion.

Einleitung. **Der Apostel Geschichten.** 3

## §. 3.
**Die theologisch-homiletische Behandlung der Apostelgeschichte.**

Verzeichnisse von besonderen Bearbeitungen der Apostelgeschichte, oder Aufsätzen über einzelne Abschnitte derselben, s. bei Heidegger, Enchir. biblicum, C. 7. p. 810 ff. Danz, Universal-Wörterbuch der theologischen Literatur, S. 70—73. Lilienthal, biblischer Archivarius 1745, S. 358—420. J. G. Walch, Bibliotheca theologica T. IV. 1765, S. 654—662.

Nennenswerth sind unter den monographischen Bearbeitungen die 55 Homilien des Chrysostomus, die Auslegungen von Theophylakt und Oekumenius, aus neuerer Zeit der Commentar von Limborch, Rotterdam, 1711. J. E. Chr. Walch's Dissertationes in Acta App. 3 Bände, Jena 1756 ff. Die Uebersetzung und Erklärung von Morus, herausgegeben von Dindorf, Leipzig 1794. Hildebrand, die Geschichte der Apostel Jesu exegetisch-hermeneutisch bearbeitet, 1824. Menken, Blicke in das Leben des Apostels Paulus und der ersten Christengemeinden, nach etlichen Kapiteln der Apostelgeschichte, Bremen 1828. Stier, die Reden in der Apostelgeschichte, 1829 ff. Schrader, der Apostel Paulus, 1830 ff. Neander, Geschichte der Pflanzung und Leitung der christlichen Kirche durch die Apostel, 1832. Baur, der Apostel Paulus, 1845. Brandt, Apostolisches Pastorale, Bearbeitung der Apostelgeschichte zu einer gesegneten Führung des evangelischen Predigt- und Seelsorger-Amtes, 1848. Baumgarten, die Apostelgeschichte oder der Entwickelungsgang der Kirche von Jerusalem bis Rom. Halle 1852 ff. Leonhardi und Spiegelhauer, homiletisches Handbuch zu Predigten aus der Apostelgeschichte, 1855. Bibelstunden über die Apostelgeschichte von Williger, 1850. Lange, das apostolische Zeitalter II. 1854. H. Ewald, Geschichte des Volkes Israel, VI. Band, auch mit dem Titel: Geschichte des apostolischen Zeitalters bis zur Zerstörung Jerusalems, 1858\*).

## §. 4.
**Der Grundgedanke und die organische Gliederung oder Eintheilung der Apostelgeschichte.**

Die Apostel des Herrn als seine Zeugen zu Jerusalem, in ganz Judäa und Samaria, und bis an das Ende der Erde. Die Kirche Christi nach ihrer Gründung, Führung und Ausbreitung, in Israel und unter den Heiden, von Jerusalem bis nach Rom. Dieser Grundgedanke der Apostelgeschichte

---

\*) Wichtig für die chronologische Seite der Apostelgeschichte ist besonders Wieselers Chronologie des apostolischen Zeitalters. (Anmerkung der Redaktion).

faßt eine ungemeine Menge einzelner Thatsachen, Reden und Ereignisse in sich zusammen, die zugleich in Grundzügen die ganze folgende Geschichte der Kirche vorbilden und darstellen.

**Erste Abtheilung.**
Die Gründung der Kirche Christi als Kirche für Israel und die ganze Menschheit. (Kap. I u. II).
Vorwort:
Anknüpfung an das Evangelium als ersten Theil des Werkes. (Kap. I, 1—3).
Erster Abschnitt. Vorbereitungen zur Gründung der Kirche. (Kap. I, 4—26).
A. Die Himmelfahrt Jesu und seine letzten Unterweisungen, Befehle und Verheißungen an die Apostel. (Kap. I, 4—11; vergl. Mark. XVI, 19 ff.; Luk. XXIV. 49 ff.).
B. Rückkehr der Apostel nach Jerusalem, ihre fortwährende innige Vereinigung unter einander, Ergänzung der apostolischen Zwölfzahl durch Bestellung des Matthias zum Apostel. (V. 12—26).
Zweiter Abschnitt. Die Gründung der Kirche, als Kirche aller Völker, durch Ausgießung des heiligen Geistes am Pfingstfest, durch das geistsalbte und gesegnete Zeugniß des Petrus, durch Bekehrung von drei Tausenden und durch die gottselige Gemeinschaft der Gläubigen. (Kap. II, 1—47).
A. Das Pfingstwunder selbst in seiner äußeren Erscheinung und inneren Wirkung, die Versammelten voll heiligen Geistes zu machen und mit Zungen reden zu lassen. (V. 1—4).
B. Der gemischte Eindruck des Ereignisses, namentlich des Zungenredens, auf die in Jerusalem anwesenden Juden aus allerlei Ländern. (V. 5—13).
C. Das Zeugniß des Petrus. (V. 14—36).
D. Wirkung dieser Rede und der daran geknüpften Vermahnungen, zur Belehrung von drei Tausenden, die durch Taufe den Jüngern sich beifügen ließen. (V. 37—41).
E. Der heilige, gottselige und gesegnete Stand der Urgemeinde. (V. 42—47).

**Zweite Abtheilung.**
Die Gemeinde Christi zu Jerusalem in ihrer Entfaltung und Führung, mit ihren Kämpfen und Siegen, Thaten und Leiden. (Kap. III—VII).
Erster Abschnitt. Die Heilung des Lahmen, eine apostolische Wunderthat in der Kraft Jesu Christi, mit ihren Folgen: einerseits dem gesegneten Zeugniß des Petrus an das Volk von Jesu Christo, anderseits der Verhaftung des Petrus und Johannes, welche indeß, nach ihrer kraftvollen Verantwortung vor dem hohen Rath, mit ihrer

Freisprechung endigt. Das alles diente der Gemeinde zur Glaubensstärkung und Erhebung; Gemeingeist und brüderliche Liebe der Gläubigen. (Kap. III u. IV).

Zweiter Abschnitt. Eine innere Gefahr abgewendet durch das wunderbare und plötzliche Strafgericht über die Sünde des Ananias und der Sapphira. Wirkung dieses Ereignisses, innerer Fortgang der Gemeinde unter Bewährung apostolischer Wunderkraft. (Kap. V, 1—16).

Dritter Abschnitt. Ein stärkerer Anlauf von Seiten der sadduzäischen Partei, wobei sämmtliche Apostel verhaftet wurden, führt mittelst wunderbarer Ausführung derselben aus dem Gefängniß, ihrer freimüthigen Verantwortung vor dem hohen Rath, und der Verwendung Gamaliels, zwar ein Schmachleiden um Jesu willen, aber doch schließliche Freilassung herbei. (Kap. V, 17—42).

Vierter Abschnitt. Die Beschwerde der Hellenisten über Hintansetzung ihrer Wittwen bei der Armenpflege bewegt die Apostel dazu, sieben Männer erwählen zu lassen und zum Dienst zu bestellen. (Kap. VI, 1—7).

Fünfter Abschnitt. Stephanus, einer von den Sieben, dessen Wirken geistvoll und gesegnet war, der Gotteslästerung angeklagt, verantwortet sich in gewaltiger Rede, wird in Folge derselben gesteinigt; stirbt aber selig und siegreich im Namen Jesu. (Kap. VI, 8—VII, 60).

### Dritte Abtheilung.

Die Kirche Christi in ganz Judäa und Samaria, und im Uebergang zu den Heiden. (Kap. VIII—XII).

Erster Abschnitt. Die mit der Steinigung des Stephanus beginnende Verfolgung der Gemeinde zu Jerusalem, bei welcher vorzüglich Saulus sich betheiligte, veranlaßt die Zerstreuung der Gläubigen von dort in Judäa und Samaria, eben damit aber auch die Ausbreitung des Evangeliums in diesen Landschaften, sogar die Belehrung eines Proselyten aus weiter Ferne. (Kap. VIII).

Zweiter Abschnitt. Belehrung des Saulus, seine Thätigkeit und Erlebnisse in der nächsten Zeit darnach. (Kap. IX, 1—30).

Dritter Abschnitt. Petrus wird, auf seiner Wanderung durch die Gemeinden in Judäa, durch ganz besondere Weisungen von oben veranlaßt, einen Heiden, Cornelius, zu besuchen, in seinem Hause Christum zu verkündigen, und ihn nebst seinen Hausgenossen zu taufen; ein Schritt, welcher in Jerusalem anfänglich Widerspruch fand, in Folge der Verantwortung des Petrus schließlich doch mit Freuden gebilligt wurde. (Kap. IX, 31—XI, 18).

A. Während der Friedens- und Blüthezeit der Gemeinden im heiligen Land macht Petrus Besuche bei denselben. Bei dieser Gelegenheit heilt er den gelähmten Aeneas in Lydda und erweckt in Joppe die Tabitha vom Tode. (Kap. IX, 31—43).

B. Von Joppe aus wird Petrus mittelst ineinander greifender göttlicher Offenbarungen an den römischen Hauptmann Cornelius in Cäsarea gewiesen, welchem er sobann Christum verkündigt, und als sofort ihm und andern heidnischen Zuhörern die Gabe des Heiligen Geistes geschenkt ward, die Taufe ertheilen läßt. (Kap. X).

C. Die Einreden engherziger Judenchristen in Jerusalem gegen die angeknüpfte Gemeinschaft mit Heiden schlägt Petrus durch Berufung auf die offenbare Führung des Herrn in dieser Angelegenheit siegreich zu Boden, so daß jene sich dabei beruhigen und über die Belehrung der Heiden Gott danken. (Kap. XI, 1—18).

Vierter Abschnitt. Pflanzung einer heidenchristlichen Gemeinde in Antiochia. Wechselseitige Glaubens- und Liebesgemeinschaft zwischen derselben und Jerusalem. Saulus in Verbindung mit der antiochenischen Gemeinde. (Kap. XI, 19—30).

A. Gründung der Gemeinde in Antiochia durch Hellenisten. (Kap. XI, 19—21).

B. Die Gemeinde zu Jerusalem sendet den Barnabas nach Antiochia, der die junge Gemeinde stärkt, und ihr den Saulus zuführt. (B. 22—26).

C. Die antiochenische Gemeinde bethätigt ihre brüderliche Gemeinschaft mit den Christen in Judäa durch Unterstützung derselben in einer Theurung. (V. 27—30).

Fünfter Abschnitt. Die Verfolgung der Gemeinde zu Jerusalem durch Herodes, wobei Jakobus hingerichtet wird, Petrus hingegen durch wunderbare Befreiung aus dem Gefängniß und Entfernung von Jerusalem entgeht, findet durch ein Gericht Gottes über den Verfolger ihr Ende. (Kap. XII).

### Vierte Abtheilung.

Ausbreitung der Kirche Christi in heidnischen Landen durch den Heidenapostel Paulus, auf drei Missionsreisen, von denen er jedesmal nach Jerusalem zurückkommt und zwischen den Heidenchristen und der judenchristlichen Urgemeinde die Einigkeit pfleget und festhält. (Kap. XIII—XXI, 16).

Erster Abschnitt. Die erste Missionsreise des Paulus, in Begleitung des Barnabas, nach der Insel Cypern und den kleinasiatischen Provinzen Pamphylien und Pisidien. (Kap. XIII und XIV).

Zweiter Abschnitt. Sendung der Heidenapostel Paulus und Barnabas in Sachen der Heidenchristen, von Antiochia nach Jerusalem; Verhandlungen daselbst, Folgen davon (Kap. XV, 1—34).
Dritter Abschnitt. Zweite Missionsreise des Paulus, mit Silas und Timotheus, nach Kleinasien und Europa. (Kap. XV, 36—XVIII, 22).
Vierter Abschnitt. Dritte Missionsreise des Apostels Paulus, nach Kleinasien, Macedonien und Griechenland; Rückreise nach Jerusalem. (Kap. XVIII, 23—XXI, 16).

**Fünfte Abtheilung.**
Die Gefangenschaft des Apostels Paulus, welche dazu dienen muß, daß er nicht nur vor seinem Volk, dem hohen Rath, obrigkeitlichen und fürstlichen Personen Zeugniß von Jesu ablegen kann, sondern auch nach der Weltstadt Rom geführt wird, um dort vor Juden und Heiden von Jesu Christo zu zeugen. (Kap. XXI, 17—XXVIII Schluß).
Erster Abschnitt. Veranlassung zu der Gefangennehmung des Paulus, Hergang dabei. (Kap. XXI, 17—40).
Zweiter Abschnitt. Gefangenschaft des Apostels Paulus zu Jerusalem, seine Verantwortung vor dem israelitischen Volk und dem hohen Rath. (Kap. XXII—XXIII—11).
Dritter Abschnitt. Paulus wird nach Cäsarea versetzt und verantwortet sich dort vor den römischen Prokuratoren Felix und Festus, auch vor König Herodes Agrippa II. (Kap. XXIII, 12—XXVI, 32).
Vierter Abschnitt. Die Seereise des Apostels von Cäsarea nach Rom. (Kap. XXVII, 1—XXVIII, 15).
Fünfter Abschnitt. Aufenthalt und Wirksamkeit des Apostels Paulus in Rom. (Kap. XXVIII, 16—31).

Ueber die Gliederung der Apostelgeschichte im Einzelnen hat Lange, Apostolisches Zeitalter I, 2, 48 ff., einige sinnreiche Beobachtungen gemacht. In Betreff des Abschnitts Kap. III—XII bemerkt er, daß hier äußere und innere Verdunklungen und Verherrlichungen der Kirche mit einander abwechseln, und daß für dieselbe aus jeder Verdunkelung eine entsprechende neue Verherrlichung durch das Walten des Geistes Christi bereitet werde. So werden in dem genannten Abschnitt fünf äußere und vier innere Verdunkelungen gezählt. Ganz ähnlich theilt Lange S. 162 ff. die Reisen des Apostels Paulus Kap. XIII—XXI in zwei sich entsprechende Reihen, nämlich in drei Missionsreisen, und in drei Reisen aus seinem Missionskreise nach Jerusalem, welche regelmäßig mit einander abwechseln. Nun ist allerdings die Beobachtung ganz richtig, daß Paulus von jeder Missionsreise zurück wieder Jerusalem besucht hat, daß er den heidenchristlichen Missionskreis mit der Urgemeinde in Verbindung erhält. Allein die zweite Rückreise ist Kap. XVIII, 22 blos mit fünf Worten angedeutet und so leicht berührt, daß man den Besuch Jerusalems vielfach nicht gemerkt hat. Daraus erhellt wenigstens soviel, daß Lukas selbst auf diese Reise nach Jerusalem kein derartiges Gewicht legen wollte, um dieselbe als einen besonderen Theil ansehen zu lassen. Und was die Doppelreihe äußerer und innerer Verdunkelungen und Verherrlichungen betrifft, Kap. III ff., so scheint es nicht, als hätte dem Geschichtschreiber selbst bei Abfassung des Buchs ein solcher Gesichtspunkt vorgeschwebt. Was aber die Gliederung des Buchs im Großen und Ganzen, und so wie sie demselben wesentlich inne wohnt, betrifft, so glauben wir dieselbe in den obigen fünf Hauptabtheilungen, entsprechend dem Wort des Herrn I, 8, worin das Thema der Apostelgeschichte selbst angedeutet ist, einfach in's Licht gestellt zu haben.

# Der Apostel Geschichten.

## Erste Abtheilung.
### Die Gründung der Kirche Christi als Kirche für Israel und die ganze Menschheit. (Kap. 1 u. 2).

**Vorwort:**
Anknüpfung an das Evangelium als ersten Theil des Werkes.
Kap. 1, 1—3.

1 Die erste Rede habe ich zwar verfaßt, o Theophilus, über alles das, was Jesus 2 anfing zu thun und zu lehren, *bis an den Tag, da er aufgenommen ward, nachdem er 3 den Aposteln, welche er erwählet, durch den Heiligen Geist Befehl ertheilt hatte, *welchen er sich auch lebendig gezeiget hatte nach seinem Leiden mit vielen Kennzeichen, indem er vierzig Tage lang ihnen erschien und von dem Reich Gottes redete.

**Exegetische Erläuterungen.**

1. Die erste Rede. Lukas nennt sein Evangelium den πρῶτος λόγος, das erste Buch, nicht blos weil er es der Zeit nach vor der Apostelgeschichte geschrieben hatte, sondern auch weil es der Sache nach die Grundlegung enthält von Allem, was die Geschichte der Apostel und der Kirche zu berichten hat.

2. Was Jesus anfing zu thun und zu lehren, ist im Evangelium erzählt; wo ist nun die Fortsetzung des Thuns und Lehrens zu suchen? Allerdings liegt es nahe, daß Lukas sagen will, er habe die Reihe der Thaten und Lehren Jesu von Anfang an berichtet, wo dann sich von selbst verstände, daß das Aufgenommen auch fortgeführt worden sei, und zwar innerhalb des irdischen Lebens Jesu. Indessen muß er doch einen besonderen Grund haben, auf den Gedanken des Anfangs ein Gewicht zu legen; und dieser Grund kann nur darin gefunden werden, daß Lukas die ganze irdische Thätigkeit Jesu, gegenüber seiner himmlischen Wirksamkeit, als eine nur anfangende und grundlegende betrachtet, so daß Jesus in seiner Niedrigkeit selbst den Anfang und Grundriß machte, den er, da er in seine Herrlichkeit gegangen, durch die Apostel vollendete (Starcke). Diese Auffassung des ἤρξατο (Olshausen, Schneckenburger, Baumgarten) verwerfen Andere als willkürlich und als Eintragung einer subjektiven Geschichtsanschauung (de Wette, Meyer). Mit Unrecht, denn das ganze Buch der Apostelgeschichte von Anfang bis zu Ende legt die Anschauung der Geschichte dar, daß der erhöhte Herr in seinen Aposteln, mit ihnen und für sie wirkt und dasjenige fortführt, was er während seines Lebens auf Erden begonnen hat. Gleich im ersten Kapitel ist das auf Matthias fallende Loos als sichtbares Zeichen der Erwählung von Seiten des die Herzen kennenden Herrn bezeichnet, V. 24. Die Ausgießung des Heiligen Geistes ist eine That des erhöhten Herrn, Kap. 2, 33. Als Stephanus, voll heiligen Geistes, Jesum zur Rechten Gottes stehen sah und ihn anrief: „Herr Jesu, nimm meinen Geist auf!" war dies nach dem Sinn unserer Schrift, ein erhörtes Gebet, indem der Herr Jesus bereit stand, ihn aufzunehmen, Kap. 6, 55. 58. Diese wenigen Beispiele werden genügen zum Beweis, daß diejenigen nicht eine subjektive Geschichtsanschauung eintragen, sondern die wirkliche Anschauung unseres Buches erheben, welche die in demselben berichteten Führungen der Apostel und der Kirche als Thaten des verherrlichten Erlösers und als Fortsetzung dessen auffassen, was er selbst während seines irdischen Laufes begonnen hat.

3. Ueber alles das, was Jesus that und lehrte, habe er geschrieben, sagt Lukas. Er behauptet die Vollständigkeit seines Berichtes vom Leben Jesu, ohne daß er gerade darauf Anspruch macht, alle einzelne Thatsachen ohne Ausnahme zu erzählen. Daß Vollständigkeit in diesem Sinne nicht stattfand, bei Lukas so wenig als bei Johannes; ja nach Joh. 21, 25 wäre es nicht möglich, Alles ohne Ausnahme aufzuzeichnen, was Jesus gethan hat. Und es war auch nicht nöthig, denn es handelt sich für den Christen nicht um ein Vielwissen und Alleswissen, sondern um Erkenntniß der rechten Hauptsumma der Wahrheit, und diese ist im Evangelium des Lukas, wie in seiner Apostelgeschichte und im Wort Gottes überhaupt gegeben.

4. Bis an den Tag, da Jesus aufgenommen ward, geht das Evangelium; von demselben Tag an geht die Apostelgeschichte. Die Himmelfahrt Jesu ist die beiden gemeinsame Grundthatsache, der Endpunkt des Evangeliums und Ausgangspunkt der Apostel- und Kirchengeschichte, der Wendepunkt zwischen beiden. Die Himmelfahrt ist der herrliche Schluß des sichtbaren Wandels auf Erden, zugleich aber auch zukunftsvolle und verheißungsreiche Anfang seines unsichtbaren Naheseins und Wirkens auf Erden. C. H. Rieger: „Die Geschichte der Himmelfahrt wird hier wieder vorangesetzt, damit man immer eine Erinnerung habe, wie Alles, was im Sichtbaren vorgegangen und in diesem Buch beschrieben ist, seinen Ursprung aus dem Unsichtbaren habe, dahin der Herr Jesus für uns eingegangen ist. Wer sich in die Gestalt der Kirche Christi auf Erden gehörig finden will, der muß immer Jesu Himmelfahrt und die im Unsichtbaren angegangene Einnahme seines Reichs, aber auch die künftige Offenbarung desselben vor dem Gesichte haben."

Der Ausdruck: „er ward aufgenommen" bezeichnet die Himmelfahrt als etwas Jesu Widerfahrenes, d. h. als eine That Gottes des Vaters. Zugleich drückt das Wort aus, daß eine Erhöhung war, nicht sowohl räumlich und sinnlich, von der Erde zum Himmel empor, wiewohl der

Ausdruck von dieser sinnlichen Anschauung ausgebt, — sondern geistig und wirklich, sofern Jesus eine höhere Stellung, Macht und Würde erlangt hat.

5. Der Himmelfahrtstag ist aber dem Lukas nicht blos um der Erhöhung Jesu willen so wichtig, sondern auch wegen der damals ertheilten **Befehle an seine erwählten Apostel.** Diese Befehle oder Aufträge waren der letzte Wille des Herrn; und die Thaten der Apostel, so weit sie wahrhaft apostolisch waren, sind nichts anders als die Vollziehung dieses Willens. Wie wichtig ihm dieser sei, gibt Lukas noch durch die Worte zu verstehen: διὰ πνεύματος ἁγίου. Viele Ausleger, unter den Neuesten Olshausen und de Wette, verbinden diese Worte mit οὓς ἐξελέξατο, die er durch den Heiligen Geist erwählt habe, allein die Vorstellung, welche hierbei sehr gezwungen wäre, erlaubt diese Verbindung nicht. Die nach den Worten einfachste und natürlichste Auffassung ist: Jesus ertheilte durch den Heiligen Geist, vermöge des Heiligen Geistes, Befehl. Nämlich Jesus, mit dem Heiligen Geiste gesalbt (Luk. 4, 1. 14. 18; Matth. 12, 28), hat in Kraft des Heiligen Geistes den Aposteln Befehle ertheilt, seine Zeugen zu sein u. s. w., so daß dieser Befehl zugleich ein Befehl des Geistes war.

6. Er hat sich ihnen auch lebendig erzeigt, und dies war, wie die früher geschehene Erwählung, eine Bedingung und Vorbereitung des am Ende zu ertheilenden Auftrages. Denn wie hätte er ihnen können zumuthen und auftragen, seine Zeugen in der Welt zu sein, wenn er ihnen nicht die handgreifliche Gewißheit und felsenfeste Ueberzeugung verschafft hätte, daß er lebe, nachdem er gelitten hatte und gestorben war? Und eben die zu bezweckende Sicherheit des Glaubens und der Ueberzeugung in den Aposteln, als den berufenen Augen- und Ohrenzeugen von Christo, erforderte untrügliche Kennzeichen, und zwar nicht nur eines, sondern mehrere (πολλὰ τεκμήρια). Er gab ihnen viele Beweise und Kennzeichen dafür, daß Er selbst, der Gekreuzigte, es sei und kein Anderer, und daß er in der That lebe; durch das Auge, das Ohr, die Betastung.

7. Vierzig Tage. Man hat neuerdings darin, daß V. 3 vierzig Tage zwischen der Auferstehung und Himmelfahrt setzt, einen Widerspruch mit der Darstellung des Evangeliums Lucä Kap. 24 finden wollen, sofern in letzterer Stelle die Himmelfahrt angeblich auf den Auferstehungstag verlegt werde (Zeller, Apostelgeschichte und Meyer, Commentar). Das Letztere ist jedenfalls grundlos, denn es ist geradezu unmöglich, alles das, was Lukas Kap. 24 besonders von V. 13 an bis zum Schluß erzählt, in den Rahmen eines einzigen Tages unterzubringen, wie das Lange, Apostolisches Zeitalter 1, 81 ff., erwiesen hat. Nur soviel ist wahr, daß Lukas im Evangelium die Zeitpunkte und Fristen nicht bestimmt scheidet, und daß wir, wenn uns nur dieser Bericht über die Ereignisse zwischen Auferstehung und Himmelfahrt vorläge, nimmermehr darauf kommen würden, daß ein so langer Zeitraum wie 40 Tage zwischen den Thatsachen in der Mitte gelegen sei. Aber daraus ergibt sich noch kein Widerspruch, zumal Luk. 24, 44. 50, bei genauerer Ansicht des Zusammenhangs, doch Abschnitte in dem Bericht sich erkennen lassen, nur daß genauere Zeitbestimmungen fehlen.

8. Von dem Reich Gottes redete. Zwischen der Auferstehung und Auffahrt hat der Herr nicht allein durch öftere Erscheinungen vor den Aposteln die gewisse Ueberzeugung, daß er lebe, ihnen verschafft und sie darin geübt, ihn auch unsichtbar nahe zu wissen: sondern er hat zugleich mit Wort und Lehre sie weiter in die Geheimnisse des Reiches Gottes eingeweiht, indem er vom Reich Gottes redete. Das Reich Gottes war, wie vor dem Kreuzestode so nach der Auferstehung, der große Hauptgegenstand der Unterweisung und Lehre Jesu, und diese Reden vom Reich, vor der Himmelfahrt, legten den Grund sowohl für das Lehren als für das Handeln der Apostel nach der Erhöhung des Herrn.

### Dogmatisch-christologische Grundgedanken.

1. Die erste Rede des Lukas war das Evangelium von Jesu, erst die zweite die apostolische Kirchengeschichte. In aller christlichen Erkenntniß muß die Erkenntniß von Jesu Christo persönlich das erste und Hauptstück sein. Christus, der Gottmensch, ist der Grund, der gelegt ist; Alles, was bestehen soll, muß auf Ihn gebaut sein.

2. Die Geschichte der Kirche Christi ist die Fortsetzung des gottmenschlichen Lebens Christi auf Erden. Was die Apostel gethan haben, was alle Männer Gottes seit ihnen gewirkt haben, das ist auf die fortwirkende Kraft Christi zurückzuführen. Wie Christus in das Fleisch gekommen ist, so kommt er fortwährend im Geist. Dies der Gesichtspunkt der Bibel und der Gesichtspunkt des Glaubens für die Kirchengeschichte. Wer nicht blos einen ersten Theil, sondern das Ganze erkennen will, muß auch die Geschichte des Wirkens Christi in seiner Kirche in's Auge fassen.

3. Jesu Thun und Lehren. Jesum nur für einen Lehrer ansehen, heißt Christum theilen. Ja das Lehren ist nicht einmal sein Erstes und Hauptstück gewesen, sondern er „that erst selbst, was er lehrte, zu der ganze geschlagene dreißig Jahre in der allergenauesten Ausübung alles dessen zu, wozu er hernach die Menschen anweisen wollte" (Apostolische Pastorale). „Christus predigte sein eigenes Leben, und lebte seine eigene Lehre" (Chubb). In dem Thun Jesu, wozu auch sein Leiden gehört, liegt der Kern seiner Lehre. Und in den Wegen Gottes überhaupt gehören Werke und Worte, Thun und Lehren zusammen, geben einander Licht und helfen einander.

4. Die Himmelfahrt Jesu war seine Aufnahme (V. 2 ἀνελήφθη vergl. 1 Timoth. 3, 16). Die morgenländische Kirche nannte das Himmelfahrtsfest den Aufnahmetag (ἀνάληψις). Der ewige Sohn Gottes ist in wieder aufgenommen, der Menschen-Sohn ist aufgenommen in die Herrlichkeit. Der Erhöhete ist und bleibt des Menschen Sohn, die Fülle der Gottheit wohnt leiblich in ihm, und wo Jesus nach seiner Gottheit wesentlich gegenwärtig sein will, da will er es auch nach seiner menschlichen Leiblichkeit sein. Vergl. Geß, Lehre von der Person Christi 1856, 256 ff.

5. Die Bemerkung, daß Jesus seinen Aposteln durch den Heiligen Geist, oder durch Heiligen Geist Befehle ertheilt habe, greift in die Lehre vom Heiligen Geist ein, in welcher das Hauptstück von dem gegenseitigen Verhältniß zwischen Gott dem Sohn und dem Heiligen Geist noch manche dunkle Fragen enthält.

6. Christus hat sich den Aposteln lebendig gezeigt. Dies weist auf die Bedeutung der Auf-

erstehung Jesu für den Glauben überhaupt, vergl. 1 Kor. 15, 14. 17 ff. „Er lebt," das ist der Lebenspunkt, das punctum saliens des Christenthums, der Halt- und Mittelpunkt des christlichen Glaubens, Liebens, Hoffens.

7. Die Reden des Auferstandenen vom Reich Gottes. Das Wort ist das Licht. Mit dem Wort hat der Herr seine Jünger noch in den letzten 40 Tagen erleuchtet und bereitet, damit sie uns mit dem Wort dienen möchten. Wie den Pilgern nach Emmaus das Herz brannte, als er ihnen die Schrift öffnete, so entzündet der Herr in den Gläubigen heute noch Licht und Feuer durch das Gnadenmittel des Wortes.

#### Homiletische Andeutungen.

Die Göttlichkeit der Bibel erwiesen aus der wunderbaren Vereinigung entgegengesetzter Eigenschaften in ihren Büchern: 1) sie sind so persönlich und doch so allgemein gültig, 2) so ganz gelegenheitlich und zeitlich, und doch ewig und für jede Zeit (Evangelium Lucä und Apostel Geschichte für Timotheus geschrieben). — Die Genugsamkeit der Schrift: 1) nicht Alles, wornach man fragen kann, wohl aber 2) Alles, was zur Seligkeit nötbig ist, faßt sie in sich. — Christus, unser Prophet, 1) mit Thaten, 2) mit Worten. — Die Befehle Christi sind Geist und Leben, 1) weil er selbst mit dem Heiligen Geiste gesalbet ist, 2) weil er ihm Gehorsamen mit dem Heiligen Geiste ausrüstet. — Die innige Einheit zwischen Gott dem Sohn und dem Heiligen Geist. — Ich lebe, und ihr sollt auch leben. — Die Herablassung und Gnade des auferstandenen Herrn in seinen Erscheinungen während der 40 Tage, sofern er 1) öfters erschien, 2) die sichersten Beweise gab, daß er lebe. — Was in der Gewißheit liegt: Er lebt? 1) Des Glaubens Grund, 2) der Hoffnung Anker. — Das Reich Gottes macht den gleichen Gang, wie der Herr: 1) erst das Kreuz, 2) dann die Krone.

Starcke: Ein jeder Christ soll thun und lehren, d. h. nicht mit bloßen Worten, sondern in der That ein Christ sein, Matth. 7, 21. — Nicht genug gut anfangen, man muß auch im Guten beharren bis an's Ende. — Was Christus durch den Heiligen Geist gelehret hat, das müssen auch wir durch den Heiligen Geist annehmen und lernen. — Die Christi Leiden sehen und mit erfahren, die sehen und erfahren auch darauf sein Leben.

### Erster Abschnitt.
#### Vorbereitungen zur Gründung der Kirche.
##### Kap. 1, 4—26.

##### A.
Die Himmelfahrt Jesu und seine letzten Unterweisungen, Befehle und Verheißungen an die Apostel (Mark. XVI, 19 ff.; Luk. XXIV, 49 ff.).

##### Kap. 1, 4—11.

Inhalt: Letzte Zusammenkunft Jesu mit seinen Jüngern; Befehl, in Jerusalem zu bleiben, Verheißung der Geistestaufe; die Weisung, ohne Kunde vom Zeitpunkt der Erscheinung des Reiches Gottes, Zeugen Jesu zu sein, von Jerusalem bis an das Ende der Erde; die sichtbare Auffahrt Jesu und der Engel Zeugniß, daß er auch sichtbar wiederkommen werde.

4 Und als er mit ihnen zusammenkam[1]), befahl er ihnen, von Jerusalem sich nicht zu trennen, sondern abzuwarten die Verheißung des Vaters, welche ihr (sprach er) von 5 mir gehört habt. *Denn Johannes hat mit Wasser getauft, ihr aber werdet mit heili-6 gem Geist getauft werden, nicht lange nach diesen Tagen. *Die zusammen gekommen waren, fragten[2]) ihn nun und sprachen: Herr, wirst du in dieser Zeit wiederherstellen 7 das Reich dem (Volk) Israel? *Er aber sprach zu ihnen: Nicht euch gebühret es, zu wissen Zeiträume oder Zeitpunkte, welche der Vater festgestellt hat nach seiner eigenen 8 Vollmacht; *sondern ihr werdet Kraft empfangen, wenn der Heilige Geist über euch kommt, und werdet meine[3]) Zeugen sein zu Jerusalem, und in[4]) ganz Judäa und Sa-9 maria, und bis an das Ende der Erde. *Und nachdem er das gesagt, ward er aufge-10 hoben zusehends, und eine Wolke nahm ihn auf und von ihren Augen weg. *Und als sie unverwandt gen Himmel schauten, während er wegging: siehe da standen zwei Män-11 ner bei ihnen, in weißen Gewändern[5]), welche auch sagten: Ihr Männer von Galiläa, was stehet ihr da, und sehet gen Himmel? Dieser Jesus, welcher aufgenommen ist von euch hinweg in den Himmel, wird auf dieselbe Weise kommen, wie ihr ihn habt sehen in den Himmel gehen.

1) συναλιζόμενος ist durch fast alle Cod. hinlänglich bezeugt, gegenüber der Lesart συναλισκόμενος in Cod. D. oder συναυλιζόμενος bei Theodoret, was Griesbach empfohlen hat.

2) Das einfache ἠρώτων ist dem Compos. ἐπηρώτων, was im Cod. C. Correctur des Simpler ist, von Lachmann, Tischendorf u. A. mit Recht vorgezogen.

3) μου in A. B. C. D. ist besser bezeugt, als μοι in E.

4) Das ἐν bei πάσῃ ist ohne Zweifel ächt, es fehlt in A. und D., und ist in C. erst von einer späteren Hand beigefügt.

5) Der Plur. ἐσθήσεσι λευκαῖς ist dem Sing. ἐσθῆτι λευκῇ vorzuziehen. Im Cod. C. ist der Plur. ursprüngliche Schrift, der Sing. von späterer Hand corrigirt.

**Exegetische Erläuterungen.**

1. Auch hier bezeichnet Lukas weder Zeit noch Ort dieser Zusammenkunft; der Ort ergibt sich nur nachträglich aus V. 12 als der Oelberg; der Zeitpunkt ist ebensowenig als die Zeitpunkte der verschiedenen Erscheinungen, Evang. Lucä Kap. 24, genau bestimmt; er läßt sich bloß aus V. 2 ff. als der vierzigste Tag nach der Auferstehung erschließen, vorausgesetzt, daß V. 4 u. 6 eine und dieselbe Zusammenkunft gemeint ist. Dies hat Olshausen in Frage gestellt, auf Grund der Parallele Evang. Lucä Kap. 24, 49 ff., wo der Befehl, bis zur Geistestaufe in Jerusalem zu bleiben, vor der letzten Zusammenkunft gegeben werde. Allein dieser Beweis hat nicht viel auf sich, denn Luk. 24, 49 sind offenbar die letzten Reden Jesu sehr in's Kurze gefaßt, und auch bei der Olshausen'schen Auffassung würden die Parallelen Luk. 24, 49 ff. und Apostelgeschichte 1, 4 ff. sich nicht pünktlich decken; überdies führt V. 6 am natürlichsten auf die Vorstellung, daß das Gespräch bei einer und derselben Zusammenkunft fortgehe.

2. **Zusammensam.** Diese letzte Zusammenkunft Jesu mit seinen Aposteln zeichnete sich vor anderen seit seiner Auferstehung erfolgten dadurch aus, daß Jesus die Apostel alle beisammen haben wollte. Das Wort συναλιζόμενος bedeutet zwar nicht aktiv ein Versammeln, sondern medial ein Sichversammeln, ein Zusammenkommen, aber es läßt jedenfalls die Vollzähligkeit und wichtigere Bedeutung der diesmaligen Versammlung erkennen, zu der sich Jesus mit seinen Jüngern zusammenfand, während von allen übrigen Erscheinungen des Auferstandenen kein derartiger Ausdruck gebraucht wird. Die Feierlichkeit und Bedeutung dieser Zusammenkunft lag nicht allein darin, daß sie die letzte war und die Apostel Zeugen seiner herrlichen Aufnahme werden sollten, sondern auch und namentlich darin, daß eben jetzt der letzte Wille Jesu seinen Jüngern geoffenbart werden sollte.

3. **Befahl er.** Der letzte Befehl des Herrn an seine Apostel war, daß sie von Jerusalem sich nicht entfernen, sondern dort der Gabe des h. Geistes abwarten sollten. Das kostete eine Verleugnung. Denn nach ihrem natürlichen Gefühl hätten sie ohne Zweifel Jerusalem lieber gemieden als Menschenfurcht und nur der peinlichen Erinnerung an das Leiden des Herrn und ihre eigene Untreue und Feigheit aus dem Weg zu gehen. Aber es war der Wille Gottes, daß von Zion das Gesetz und des Herrn Wort von Jerusalem ausgehen solle, Jes. 2, 1—3, daß auf diesem Berge seiner Heiligkeit der Grund seines messianischen Reiches gelegt werden, daß da, wo die Feindschaft gegen den Gesalbten Gottes auf's schauerlichste ausgebrochen war, die Gnade sich noch mächtiger erweisen, daß durch Ausgießung des Geistes, durch die Belehrung von Jerusalem und durch viele Wunder der Name Christi sich auf's siegreichste verherrlichen sollte.

4. **Die Verheißung.** Mit diesem nach menschlichem Gefühl schweren und harten Befehl war unmittelbar eine Verheißung verknüpft, und zwar die Verheißung vorzugsweise. Denn nachdem der den Vätern verheißene Erlöser gekommen ist, bleibt die Ausgießung des Geistes die größte und seligste Verheißung, welche zunächst in Erfüllung geht. Jesus nennt es die Verheißung des Vaters, weil Gott der Vater im Alten Bunde durch die Propheten die Gabe des Geistes verheißen hat, z. B. Jes. 44, 3; Joel 3, 1 u. s. w. Und Jesus erinnert die Jünger in Betreff dieser Verheißung an seine eigenen Reden (hierbei gebt die indirekte Rede rasch in direkte über); damit kann indeß nicht die Stelle Luk. 24, 49 gemeint sein, weil dort ebenfalls das letzte Gespräch mit den Jüngern berichtet ist; vielmehr weist das theils auf Worte wie Luk. 12, 11 ff., theils auf die johanneischen Reden Kap. 14 ff. zurück, und dies ist auch eine Spur der Voraussetzung johanneischer Reden bei einem Synoptiker sehr bemerkenswerth. Mit einer theilweisen Mittheilung des Geistes, die schon erfolgt war (Luk. 9, 55; Joh. 20, 22), verträgt sich diese Verheißung der vollen und ganzen Geistestaufe recht wohl.

5. **Mit heiligem Geist getauft.** Die Gabe des Geistes wird hier eine Taufe genannt, und hiermit bezeichnet diese Gabe, in reichster Fülle und als Eintauchung in ein reinigendes und belebendes Element. Der Ausdruck und das Bild ist von der Wassertaufe des Johannes hergenommen, und nicht ohne Rückbeziehung auf das Zeugniß des Täufers Johannes selbst (Luk. 3, 16). Nur daß Johannes die Geistestaufe als eine That Christi geweissagt hat, was hier in der Rede Jesu nicht ausdrücklich bestätigt ist, denn es handelte sich hier nicht um die Person, von welcher die Geistestaufe ausgehen werde, sondern um die Sache selbst.

6. **Die Zeitbestimmung:** „nicht lange nach diesen Tagen" ist weise so gefaßt, daß ein freudiges Eilen und gläubiges Warten (2 Petri 3, 12) zugleich erweckt, und der Glaube geübt werden sollte.

7. **Die Frage der vereinigten Apostel** V. 6 ist durch die Reden Jesu selbst veranlaßt, einmal, sofern sie nach einer Zeit fragen, durch die Hinweisung Jesu auf die nahe bevorstehende Zeit der Geistestaufe; zum andern, sofern sie nach dem Reich fragen, durch die seit der Auferstehung öfters geführten Gespräche vom Reich Gottes, V. 3, und durch die Worte von der in nächster Zeit erfolgenden Ausgießung des Geistes, welche die Jünger um so mehr mit der Anschauung des messianischen Reiches in Verbindung setzten, als schon die Auferstehung des Herrn die höchsten Hoffnungen ihrer Herzen neu belebt hatte. Sie fragen daher: „Herr, richtest du in dieser Zeit dem (vollen) Israel das Reich auf?" Die ganze Glut patriotischer Seelen, denen die Freiheit und Größe und Herrlichkeit ihres Volkes am Herzen liegt, flammt in dieser Frage auf, vereinigt mit der frommen Hoffnung auf die Erfüllung aller der Gottesverheißungen, die dem Volk Gottes gegeben sind. Das Reich, das sie hoffen, ist ein Reich Israels, das theokratische, vom Messias verwirklichte Reich, darin das bisher unterjochte Volk Israel frei, groß und herrschend sein wird. Und daß die Herstellung dieses Reiches nahe sei, glauben die Apostel fast hoffen zu dürfen, nach dem, was der Herr so eben ausgesprochen hat. Daß der Sinn der Frage nicht sei: willst du denn den Juden, die dich gekreuzigt haben, das Reich wiederherstellen? (Lightfoot) — bedarf keiner Begründung mehr.

8. **Nicht euch.** Die Antwort des Herrn, viel und oft mißdeutet, ist so göttlich weise als menschlich zart. Denn es liegt nicht sowohl Tadel als Belehrung darin. Nicht das Recht zu fragen bestreitet er ihnen, sondern nur die Befugniß zu wissen um Zeiträume und Zeitpunkte, die der Vater vermöge

seiner eigenthümlichen Machtvollkommenheit anberaumt hat. Der Sohn wahrt das Regale, den göttlichen Vorbehalt, das ausschließliche Vorrecht des Vaters. Lehrreich ist auch der von Jesu angedeutete Unterschied zwischen χρόνοι und καιροί, Perioden und Epochen, (längeren) Zeiträumen und (kurzen) Zeitpunkten, in welchen die Thaten und Wege Gottes verlaufen oder sich ereignen; und beide, die unter sich zusammenhängen, sind nicht den Menschen, selbst nicht den Aposteln geoffenbart; sie können erleuchtete Knechte Gottes sein und doch die Fragen von der Zeit in Betreff der Entwickelungen des Reiches Gottes so wenig zu beantworten wissen als die Propheten des Alten Bundes 1 Petri 1, 11. J. A. Bengel meint zwar, daraus, daß es den Aposteln nicht zukam, die Zeiten zu wissen, folge noch nicht, daß das auch Anderen, Späteren nicht zukommen werde; die Offenbarung des göttlichen Haushaltes habe ihre Stufen, und in der Apokalypse sei später geoffenbart worden, was dazumal den Aposteln noch verborgen war. Allein der herrliche Mann, dem in mancher Beziehung eine Gabe der Weißagung innwohnte, ist doch mit seiner Berechnung der Zeiträume und Zeitpunkte aus der Apokalypse gescheitert, und hat eben damit einen bedeutenden Beweis weiter geliefert, daß die Worte Christi noch feststehen: Euch gebühret es nicht, Zeiträume oder Zeitpunkte zu wissen. So weit hat der Erlöser also nur von der Zeit gesprochen, und das war nicht der eigentliche Fragepunkt bei den Aposteln gewesen. Die Sache selbst, das Reich und dessen Zukunft, und das Vorrecht Israels an dasselbe, hat ihnen nicht in Frage. Und der Herr hat das auch nicht verneint noch verworfen, im Gegentheil bestätigt er die Sache, indem er ausspricht, der Vater habe die Zeiten festgestellt. Eine Sache, aus der nie und nimmermehr etwas wird, hat weder einen Zeitraum noch einen Zeitpunkt. Diejenigen irren völlig, welche behaupten, Jesus habe die Vorstellungen seiner Apostel von dem messianischen Reich ganz und gar verworfen. Das hat er keineswegs gethan. Weder die Aussicht auf eine Verwirklichung seines herrlichen Reiches in der Erscheinungswelt, noch die Zukunft, die dem Volk Israel darin blüht, hat Christus verneint; er hat nur die Neugier in Betreff der Zeit gedämpft, und seine Apostel auf ihre praktische Aufgabe in der Gegenwart hingewiesen.

9. **Sondern ihr werdet Kraft empfangen.** Was den Aposteln zukommt, ihr wirklicher Beruf in der Gegenwart, ist das Handeln, zu welchem sie durch den über sie kommenden Heiligen Geist mit Kraft ausgestattet werden. Sie werden Zeugen sein; d. h. nicht blos, sie sollen Zeugen sein, sondern sie werden's sein, die Bürgschaft dafür liegt in der Kraft der ihnen gewiß ist. Zeugen für Jesum (μοι dat. comm.), für seine Person werden sie sein, ihr Beruf ist Zeugniß; wo? zu Jerusalem, in ganz Judäa und Samaria und bis an das Ende der Erde. In Jerusalem mußten die Apostel bleiben und den Heiligen Geist abwarten; Jerusalem muß zuerst ihr Zeugniß vernehmen. Aber wie der in's Wasser geworfene Stein immer weitere Kreise zieht, so muß das apostolische Zeugniß von Jesu von dem Mittelpunkt Jerusalem aus und um denselben her nach und nach immer weitere Kreise erfüllen, bis hinaus an die äußersten Gränzen der Erde; ἐσχάτου τῆς γῆς bedeutet nicht eine Landesgränze, nicht die Marken des heiligen Landes, sondern die Gränzen des ganzen Erdbodens. Des Menschen Sohn hat ein Herz für die ganze Menschheit, wiewohl sein Volk seinem Herzen am nächsten steht, und das Heil von den Juden ausgehen muß nach des Herrn Wort von Jerusalem (Joh. 4, 22; Jes. 2, 3). Der Universalismus des Christenthums, die Menschheitsbestimmung der Gnade in Christo, verträgt sich sowohl mit dem geschichtlichen Vorrecht Israels in Gottes Haushalt, als mit dem Gesetz der Allmählichkeit und der Nothwendigkeit eines geordneten Stufenganges. Daß V. 8 zugleich das Thema des ganzen Buchs und der Quellpunkt seiner organischen Gliederung sei, darüber vergl. die einleitenden Paragraphen.

10. **Nachdem er das gesagt.** Unmittelbar nach dem, wie die ganze Erde, die ganze Menschheit und den ganzen Zeitverlauf der christlichen Geschichte umfassenden Worten, welche gleichsam schon von der himmlischen Perspektive aus die Sachen ansehen, erfolgte die **Auffahrt Christi.** Nirgends in der Schrift ist der Hergang bei der Himmelfahrt so genau und anschaulich, als hier, dargestellt. Die Handlung zerfiel demnach in zwei Theile: erst erhob sich der Herr zusehends, die Augen der Apostel konnten ihm eine Weile folgen, wie er in der Höhe auffuhr; dann aber nahm eine Wolke (vermuthlich eine lichthelle, Matth. 17, 5), von unten her kommend, ihn auf und hinweg von den Blicken der Jünger (ὑπέλαβεν).

11. **Als sie gen Himmel schauten.** Ihre Blicke waren unverwandt gen Himmel gerichtet, während der Herr, durch die Wolke für sie verdeckt, hinwegging und auffuhr: — als bereits zwei Männer bei ihnen standen. Unstreitig waren das Engel, dafür zeugt einmal das Plötzliche ihres Erscheinens, indem man sie nicht hat kommen sehen, zum andern das weiße, lichtglänzende Gewand, ein sichtbares Abbild himmlischer Reinheit und Heiligkeit; zum dritten die Kunde, die sie den Jüngern bringen, was eine Botschaft war, vom Himmel zur Erde gebracht. Denn nicht nur eine köstliche und erhebende Erscheinung sollte das sein, sondern die Himmelsboten sollten auch eine Wahrheit verkündigen (οἳ καὶ εἶπον:). Diese Wahrheit ist eine gedoppelte, theils in der Frage, theils in der Verheißung ausgedrückt. Die **Frage**: „was stehet ihr da und sehet gen Himmel?" enthält einen sanften Tadel der beschaulichen, unthätigen (ἕστηκατε) Wehmuth und Sehnsucht, womit der Jünger Blicke und Gedanken immer noch am Himmel hingen, als wollten sie, wenn es möglich wäre, selbst ihrem Herrn nacheilen, um bei ihm zu bleiben; nicht unthätig ihm nachsehen, sondern eifrig und rüstig sein Werk auf Erden thun, das sei ihr Beruf. Die **Verheißung**, welche die Engel bringen, ist die der sichtbaren Wiederkunft Jesu, und gerade diese Ansicht muß Jeden, der die Erscheinung des Herrn lieb hat, zu thätigem Fleiß, ihm zu gefallen, erwecken.

**Dogmatisch-christologische Grundgedanken.**

1. Die Verheißung des Heiligen Geistes ist das Wichtigste, was der Herr unmittelbar vor seiner Himmelfahrt den Aposteln mittheilt. Mit Recht; denn die Liebe Gottes des Vaters, die Gnade und Erlösung des Sohnes zielt dahin und vollendet sich in der Gabe des Heiligen Geistes. Der Heilige Geist ist in dem inneren Leben des dreieinigen Gottes die vollendete Einheit; und die Mittheilung des Heiligen Geistes ist in der Stufenreihe göttlicher Offen-

barnug die höchste. Als das ewige Wort Gottes Fleisch wurde und unter uns wohnete, war das ein wundervolles Rabesein Gottes bei den Menschen: aber am innigsten ist die Gemeinschaft zwischen Gott und Menschen im Heiligen Geist. Die Menschwerdung Gottes ist die Vereinigung Gottes mit dem menschlichen Geschlecht als solchem, ein neuer, heiliger, höherer Anfang der Menschheit in dem zweiten Adam: die Ausgießung des Geistes ist die Vereinigung Gottes mit allen den einzelnen Menschenseelen, die den Geist aufnehmen. Die sündige Menschheit bedarf einestheils der Reinigung und Lösung von Sünde und Schuld, andrentheils der neuen Belebung und Hebung von Gott aus und zu Gott. Christus, der Gottmensch, für uns zur Sünde gemacht, hat das Werk der Versöhnung vollbracht, die Sünden der Welt auf sich genommen und hinweggetragen; er ist aber auch der Weg, die Wahrheit und das Leben, und durch ihn kommt man zum Vater. Der Heilige Geist aber eignet Beides, Reinigung und göttliche Belebung, uns zu. Dies liegt in dem Gedanken einer „Geistestaufe", den der Erlöser, an die Wassertaufe Johannis anlehnend, ausspricht; denn wie Wasser im Leiblichen eine doppelte Wirkung thut, reinigt oder abwäscht, und erfrischt, erquickt, belebt: so hat die Taufe mit heiligem Geist eine doppelte Wirkung, sie reiniget die Seele und schenkt ihr ein Leben aus Gott und göttliche Kraft (V. 8).

2. Das Reich Gottes ist eine der durchschlagenden Grundwahrheiten im Wort Gottes, zumal Neuen Testaments. Seitdem Gott die Welt geschaffen hat, und so lange er die Welt regiert, gibt es ein Reich Gottes. Aber das Reich Gottes hat seine Zeiten, seine Entwicklungen, seine unterschiedenen Gestalten. Die Apostel hatten, als sie dem Herrn die Frage V. 6 vorlegten, das Reich der Herrlichkeit im Sinn. Jesus hat nur die Zeitfrage ihrem und unserem Wissen entbohen; aber die Sache selbst hat er nicht in Frage gestellt. Nicht nur die Schrift Alten Testaments, sondern auch viele gewichtige Stücke des Neuen machen klar, daß Israel noch eine Zukunft hat und noch ein Vorrecht im Reich Gottes genießen wird. Aber eine andere Frage ist, ob wir die Art und Weise, den Umfang und das Verhältniß dieses bevorstehenden Vorrechts Israels begrifflich und lehrhaft feststellen können. Die Art, wie Jesus seiner Jünger Frage behandelt, sein bedeutendes Schweigen und sein gewichtiges Bezeugen in der Sache spricht nicht dafür. Nicht umsonst verweist er sie (und uns) auf den unmittelbaren praktischen Beruf im Reich der Gnade, welcher heilig und umfassend und ehrenvoll genug ist, Zeugen des Herrn zu sein bis an das Ende der Erde. Allerdings geht dieser Beruf nicht ab ohne manchen herben Kampf. Das Reich der Gnade geht göttlicher Ordnung nach oft und viel unter dem Kreuz durch und seine Signatur ist: durch Erliegen Siegen. Das Zeugenthum wird seiner Natur nach oft ein Märtyrerthum, wie denn Beides in dem Wort μάρτυς befaßt ist. Aber gerade unter dem Kreuz wächst das Reich Christi am gedeihlichsten.

3. Die Himmelfahrt Jesu ist der herrliche Schluß seines irdischen und zugleich der herrliche Anfang seines himmlischen Lebens. An dem Ereigniß selbst war etwas Sichtbares und etwas Unsichtbares. Sichtbar war für die anwesenden Apostel die allmähliche Erhebung des Herrn zur Erde in die Höhe, bis eine Wolke kam und ihn vor ihren Augen aufnahm. Unsichtbar war die Aufnahme des Herrn in den Himmel selbst, die eigentliche ἀνάληψις in die himmlische Herrlichkeit. Diese wurde den Jüngern durch die Engel bezeugt, V. 11, wie der Herr selbst es ihnen vor seinem Leiden vorhergesagt hatte (Joh. 14, 2 ff.). Seit seiner Auferstehung war Jesus während der 40 Tage nicht selten den Jüngern erschienen, aber jedesmal war er ebenso plötzlich und unbemerkt ihren Sinnen entschwunden, wie er ihnen erschienen war, vergl. Luk. 24, 23. Diesesmal aber gönnte er den versammelten Aposteln ein helles, ruhiges Zusehen, als er gen Himmel ging, um ihnen, seinen Augenzeugen, eine, so weit es möglich ist, anschauliche Gewißheit davon zu geben, daß er nicht mehr der Erde angehöre und auf Erden bleibe, sondern daß er nun, nachdem Alles vollbracht war, zum Vater gegangen sei, von dem er gekommen war. Und zwar ist Jesus, als Mensch, gen Himmel gefahren, denn er ist als derselbe, welcher am Kreuz gestorben und dem Grab auferstanden war, dies letzte Mal mit seinen Jüngern zusammengekommen und aufgefahren.

4. Himmelfahrt und Wiederkunft Christi gehören zusammen. Die Engelbotschaft verknüpft beide auf's engste. Christus wird einst als derselbe wiederkommen, der gen Himmel gegangen ist; der welcher kommt, zu richten die Lebendigen und die Todten, ist des Menschen Sohn, der Gekreuzigte, derselbe, welcher für uns verwundet ist, welcher todt war, nun aber lebt von Ewigkeit zu Ewigkeit (Joh. 5, 27; Apoc. 1, 18 cf. 13). Dreierlei Wahrheit bezeugen die Himmelsboten: Er wird wiederkommen; er wird als derselbe kommen; und er wird auf dieselbe Art wiederkommen, wie er hingegangen ist, nämlich sichtbar und herrlich. Das Wann? der Wiederkunft Christi haben die Engel unberührt gelassen, wie Christus selbst die Zeitpunkte und Zeitläufte als Reichsgeheimniß des Vaters bezeichnet hat.

5. Der Zwischenraum zwischen Christi Himmelfahrt und Wiederkunft ist das Gebiet, in welches die Geschichte der Apostel und die gesammte Kirchengeschichte fällt. In dieser Zwischenzeit regiert der Herr zur Rechten des Vaters, d. h. in Gemeinschaft mit dem Vater; aber er herrscht noch mitten unter seiner Gemeinde. Der Glaubensblick hinauf zu der Herrlichkeit, in welcher der Gekreuzigte thronet, und der Hoffnungsblick vorwärts auf seine Zukunft, erhebt und stärkt ein gläubiges Herz.

#### Homiletische Andeutungen.

Das Warten des Gerechten: 1) eine Uebung des Gehorsams, 2) ein Werk des Glaubens, 3) ein Geschäft, das zur Freude wird (Spr. 10, 28). — Die Gabe des Heiligen Geistes eine Taufe mit dem Geist; sofern der Heilige Geist 1) die Seele reinigt, wie Wasser den Leib, 2) die Seele erquickt und mit Lebenskraft erfüllt. — Das Reich Gottes in seiner unterschiedenen Gestalt: 1) unter dem Kreuz, 2) in der Herrlichkeit. — Christus unser König, in der Dornenkrone, einst mit der Strahlenkrone. — Die Treue im Kleinen der Weg zur Größe im Himmelreich. — Das Christenthum ist ein Zeugenberuf; darum erfordert es 1) Erfahrung; 2) Gewißheit dessen, was man glaubt; 3) Wahrhaftigkeit; 4) Treue und Beständigkeit. — Die Kraft des Heiligen

Geistes, 1) wie nöthig wir sie brauchen, 2) wie wir sie empfangen.

Die Himmelfahrt Christi verknüpft Himmel und Erde, denn 1) Christus ist von der Erde in den Himmel aufgefahren; 2) er ist im Himmel und doch zugleich bei den Seinen hienieden; 3) des Christen Weg geht himmelan. — Christi Himmelfahrtstag ein Festtag des Himmels und der Erde. — Jesu Himmelfahrt, eine Erfüllung voll von Verheißungen. — Wie bedeutungsvoll die Verknüpfung des Sichtbaren und Unsichtbaren in der Himmelfahrt Jesu ist. — Die Himmelfahrt Christi in ihren hohen Bedeutungen: 1) als herrlicher Schluß seines Erdenlebens, 2) als seine Thronbesteigung im Himmel, 3) als Bürgschaft seiner endlichen Wiederkunft. — Wie wir seit der Himmelfahrt Jesu den Himmel anzusehen haben: als den Ort, 1) woher Jesus gekommen, 2) wohin er für uns eingegangen, 3) von wo wir ihn zu erwarten haben.

Starcke: Jesus hat mit seiner Auffahrt uns den Weg zur Nachfahrt in den Himmel bereitet. —

Wie sollen wir unserem aufgefahrenen Jesu nachsehen? 1) Durch aufmerksames Forschen in seinem Wort, 2) durch ernstliches Suchen dessen, was droben ist, 3) durch ein inniges Verlangen, daß er uns nach sich ziehe.

Rapff: Die Himmelfahrt Jesu 1) als die Verklärung Jesu, 2) als die Verklärung unserer Menschheit, 3) als die Verklärung unserer ganzen Erde.

Westermeyer: Wie sehen wir den Herrn heute auffahren? 1) Mit herzinnigem Dank für die Gaben und Verheißungen, die er uns hinterlassen, 2) mit freudiger Verwunderung über die Herrlichkeit seines Hingangs, 3) mit seliger Hoffnung auf die Wiederkunft, die er uns versprochen hat.

Petri: Die Früchte der Himmelfahrt unseres Herrn: 1) Er ist aufgefahren gen Himmel, daß wir unsern Wandel im Himmel haben; 2) er ist aufgefahren gen Himmel, daß wir Frieden haben auf Erden; 3) er ist aufgefahren gen Himmel, daß wir Gaben empfangen zur Nachfahrt.

## B.

**Rückkehr der Apostel nach Jerusalem, ihre fortwährende innige Vereinigung unter einander, Ergänzung der apostolischen Zwölfzahl durch Bestellung des Matthias zum Apostel.**

(Kap. 1, 12—26.)

Inhalt: Die Apostel, vom Oelberg nach Jerusalem zurückgekehrt, halten sämmtlich, nebst den gläubigen Frauen und den Brüdern Jesu, an im Gebet, V. 12—14; in jenen Tagen tritt inmitten der versammelten Jünger Jesu Petrus auf, beantragt die Aufstellung eines Zeugen der Auferstehung Jesu an die Stelle des durch eigene Schuld ausgefallenen Verräthers, Judas; es wurden zwei erwählt, und nach einem Gebet an den Herrn das Loos geworfen, wodurch denn Matthias den Elfen zugetheilt wurde.

12 Da wandten sie um nach Jerusalem von dem Berge, welcher der Oelberg heißt
13 und nahe bei Jerusalem liegt, indem er einen Sabbatweg davon entfernt ist. *Und als sie hineinkamen, stiegen sie auf den Söller, wo sie denn sich aufhielten, Petrus und Jakobus, und Johannes und Andreas, Philippus und Thomas, Bartholomäus und Mat-
14 thäus, Jakobus, Alphäi Sohn, und Simon Zelotes und Judas Jakobi. *Diese alle verharreten einmüthig im Beten und Flehen, sammt den Weibern und Maria, der Mut-
15 ter Jesu und seinen Brüdern. *Und in diesen Tagen trat Petrus inmitten der Jünger auf und sprach (es war aber eine Schaar Personen zu Hauf bei hundert und zwanzig):
16 *Ihr Männer und Brüder, es mußte diese Schrift erfüllt werden, welche der Heilige Geist durch den Mund Davids zuvorgesagt hat von Judas, der ein Wegweiser geworden
17 ist derer, welche Jesum gefangen genommen haben. *Denn er war unter uns gezählet
18 und hatte das Loos dieses Dienstes übernommen. *Dieser hat nun ein Stück Land gekauft um den Lohn der Ungerechtigkeit, und ist gestürzt und mitten entzwei geborsten,
19 und alle seine Eingeweide wurden ausgeschüttet. *Und es ist kund geworden Allen, die zu Jerusalem wohnen, so daß jenes Stück Land genannt wird in ihrer Sprache: Hakel-
20 dama, das ist, Blutacker. *Denn es stehet geschrieben im Psalmbuch: »Seine Behausung müsse wüste werden, und Niemand wohne darin!« und: „Sein Aufseheramt empfange
21 ein Anderer!" *So muß nun von den Männern, die mit uns gewesen sind die ganze
22 Zeit über, da der Herr Jesus bei uns aus- und eingegangen ist, von der Taufe Johannis bis auf den Tag, da er von uns hinaufgenommen wurde, ein Zeuge seiner Auf-
23 erstehung werden." *Und sie stelleten zwei, Joseph, genannt Barsabas, mit dem Zu-
24 namen Justus, und Matthias, *und beteten und sprachen: Du, Herr, aller Herzen
25 Kenner, zeige an, welchen du erwählt hast von diesen zweien, *daß er das Loos dieses Dienstes und Apostelamts empfange, aus welchem Judas abgewichen ist, um an seinen
26 eigenen Ort hinzugehen. *Und sie warfen das Loos über sie, und das Loos fiel auf Matthias, und er wurde den elf Aposteln zugezählt.

**Exegetische Erläuterungen.**

**1. Von dem Berge.** Aus V. 12 erhellt deutlich die Oertlichkeit der Himmelfahrt Jesu; sie ist am Oelberg erfolgt. Der Erzähler setzt zwar die Bekanntschaft mit der Stelle, wo der Herr aufgefahren war, beim Leser schon voraus; aber indem er ausdrücklich sagt, die Apostel seien vom Oelberg nach Jerusalem zurückgekehrt, bezeichnet er die Oertlichkeit hinlänglich. Die Lage des Bergs und seine ungefähre Entfernung von der heil. Stadt (einen Sabbatweg, d. h. 2000 Ellen oder 1500 Fuß, nach den rabbinischen Satzungen über das Maß eines Spazierganges am Sabbat) bestimmt Lukas nur, weil Theophilus das heilige Land nicht aus eigener Anschauung kannte. Hiermit ist jedoch nicht die Entfernung der einzelnen Stelle des Berges, wo die Auffahrt geschehen war, sondern nur des Berges im Allgemeinen von der Stadt gemessen. Und wenn Lukas, Ev. 24, 50, geschrieben ist, Jesus habe die Jünger von der Stadt hinaus ἕως εἰς Βηθανίαν geführt, bis gegen Bethanien hin, so widerspricht das unserer Stelle nicht, wie Etliche, z. B. de Wette angedeutet haben; denn weder ist im Evangelium ausgesagt, die Himmelfahrt sei in der unmittelbaren Nähe Bethaniens erfolgt, noch ist in unserer Stelle angegeben, daß Jesus so nahe bei der Stadt Jerusalem, in einer Entfernung von nur einem Sabbatweg, in den Himmel erhöht worden sei; sondern dort ist nur so viel gesagt, daß das Ereigniß auf dem Wege nach Bethanien stattgefunden habe, welches an der Ostseite des Berges lag, und hier, daß es im Bereich des Oelbergs erfolgt sei; gibt doch selbst Strauß zu, daß kein Widerspruch zwischen beiden Angaben stattfinde. — Bethanien lag 15 Stadien entfernt von Jerusalem; da ein Sabbatweg nur auf 6 Stadien geschätzt wird, ist somit die eigentliche Stelle der Himmelfahrt zwischen diesen beiden Endpunkten zu suchen.

**2. Sie stiegen auf den Söller.** Als die Apostel die Stadt wieder betreten hatten, zerstreuten sie sich nicht, sondern blieben einmüthig beisammen und bereiteten sich zu der verheißenen Ausgießung des Geistes ernstlich vor mit Anbeten und Flehen. Sie gingen zu diesem Behuf hinauf in den Söller, d. h. in das im obersten Stock unmittelbar unter dem Plattendache gelegene Gemach eines Hauses, wo sie, vom Geräusch der Welt abgesondert und ungestört sich heiligen Beschäftigungen widmen konnten. Nicht im Tempel, wie einige Aeltere gemeint haben, sondern in einem Privathause, dessen Inhaber Jesu zugethan war, haben wir jenes Obergemach zu suchen; denn die Angabe Luk. 24, 53, daß die Jünger nach der Himmelfahrt stets im Tempel gewesen seien, nöthigt uns nicht, auch hier an den Tempel zu denken; noch weniger widersprechen sich, wie Strauß u. A. behaupten, beide Stellen. Im Evangelium kann der Natur der Sache nach doch bloß gemeint sein, daß die Apostel in den Zeiten, wo alles Volk den Tempel zu besuchen pflegte, d. h. in den gewöhnlichen Gebetsstunden, sich stets im Tempel einzufinden pflegten; und in unserer Stelle ist ausgesagt, daß sie in der übrigen Zeit sich beständig in dem genannten Gemach aufhielten. Die namentliche Aufzählung der elf Apostel hat den Zweck, gleich zu Anfang des Buches die Personen in den Vordergrund zu stellen, welche den Mittelpunkt der Gemeinde Christi bildeten, und denen zunächst die Verheißung des Geistes ertheilt war. Sie hielten alle einmüthig zusammen, und Eintracht macht stark; dennoch bildeten sie sich nicht ein, daß sie für sich stark seien, im Gegentheil fühlten sie ihre Unmacht und Armuth und flehten mit ernstlichem Beten um die Kraft des Geistes, die ihnen verheißen war. Indessen waren die Apostel weit entfernt, sich in stolzem geistlichem Amtsgefühl abzuschließen und von Anderen abzusondern; sie vereinigten sich vielmehr im Anbeten und Flehen mit allen denen, welche an Jesum glaubten. Und zwar unterscheiden sich hier drei Kreise der Gläubigen, abgesehen von den Aposteln: 1) Frauen, die Jesu nachgefolgt waren und ihn zum Theil von Galiläa aus nach Jerusalem begleitet hatten, Luk. 23, 49; unter diesen wird nur Maria, die Mutter Jesu, ausdrücklich genannt, und zwar hier zum letztenmal im Neuen Testament; 2) die Brüder Jesu, welche früher (Joh. 7, 5) nicht für ihn, sondern wider ihn gewesen waren, beachtenswerth ist überdies, daß die Brüder Jesu hier einerseits von den elf Aposteln deutlich unterschieden, andererseits mit der Mutter Jesu unverkennbar in Verbindung gesetzt sind, wodurch gelegt ist, einestheils, daß leibliche Brüder des Herrn und nicht Vettern von ihm gemeint sind, und anderntheils, daß nicht etwa einer oder der andere von ihnen zugleich ein Apostel war; 3) die übrigen Jünger des Herrn, s. die folgende Anmerk.

**3. Bei hundertundzwanzig Personen.** Neben den ἀπόστολοι, V. 2, den γυναῖκες und den ἀδελφοί τοῦ Ἰησοῦ, V. 14, bildeten noch einen umfassenderen Kreis die μαθηταί, d. h. die Gesammtheit derjenigen, welche sich zu Jesu als ihrem Meister und Herrn bekannten und ihm Gehorsam zu leisten gesonnen waren. Es fand in jenen Tagen, d. h. während der zehntägigen Zwischenzeit zwischen der Himmelfahrt Jesu und der Ausgießung des Geistes einmal eine Versammlung statt, welche ungefähr 120 Personen stark war, wobei ohne Zweifel Apostel, Brüder Jesu und andere Jünger, zusammengezählt sind und letztere natürlich die Mehrzahl ausmachen. Man hat diese Zahlenangabe, V. 15, als unrichtig und ungeschichtlich verdächtigt (Baur, Paulus S. 57; Zeller, Apostel-Geschichte S. 117 f.), und zwar aus dem Grund, weil sie mit der Nachricht des Apostels Paulus unvereinbar sei, daß Jesus einmal nach seiner Auferstehung mehr denn 500 Brüdern auf einmal erschienen sei, 1 Kor. 15, 6. Allein letztere Stelle widerspricht der unsrigen nicht im mindesten, sofern 1) Lukas an unserm Ort keineswegs beabsichtigt, zu sagen, wie groß dazumal die Gesammtzahl aller Jünger Jesu im ganzen Land gewesen sei, sondern blos, wie viele Personen bei der Versammlung anwesend waren, in der es sich um einen Nachfolger für den Verräther Judas im Kreise der Apostel handelte; 2) Paulus hat in der genannten Stelle den Ort nicht erwähnt, wo Jesus den 500 Jüngern erschienen sei; es ist möglich, daß jene Erscheinung in Galiläa stattfand, wo die Mehrzahl der Jünger Jesu zu Hause war, während in Jerusalem hinter nur wenige wohnten und nach selbst die Apostel nur in Folge ausdrücklicher Weisung des Herrn noch in der Stadt geblieben waren; s. Lechler, apostolisches und nachapostolisches Zeitalter, 2. Aufl. S. 275 f.

**4. Und in diesen Tagen.** Inmitten der Jünger trat Petrus auf mit einem Vortrag und Vorschlag an die Versammlung: wir sehen er ist „der Mund der Apostel und die Spitze ihres Chors", wie Chrysostomus sagt; ist er doch auch im Verzeichniß der Apostel, V. 13, oben angestellt. Dennoch versteht er selbst seinen Primat nicht so, daß er sich das Recht herausnehmen würde, das erledigte zwölfte Apostelamt vermöge eigener Machtvollkommenheit zu besetzen. Nicht einmal die Apostel alle, für sich allein, glauben so viel Vollmacht zu haben, daß sie durch eigene Wahl (Cooptation) sich ergänzen und die in ihren Kreis gerissene Lücke selbstständig wieder ausfüllen dürften. Sondern die Apostel, und Petrus in ihrem Namen, bringen diese Sache ihres Amts und Dienstes vor die sämmtlichen Jünger, damit die Gesammtheit derselben, die Gemeinde, überlege, sich entschließe, und handle; das geschah denn auch, denn diejenigen, welche den Barsabas und Matthias aufstellten (V. 23), über sie beteten (V. 24) und endlich das Loos über sie warfen (V. 26), sind dem Zusammenhang nach nicht die Apostel allein, sondern sämmtliche Jünger. — Wie ganz anders handelt hier Petrus, als sein angeblicher Nachfolger in Rom! Wie läßt er die Gemeinde der Gläubigen handeln, sogar ehe sie die Gabe des Geistes empfangen haben!

5. Von Judas. Der Vortrag des Petrus umfaßt zwei eng zusammenhängende Gegenstände: den Abgang eines Apostels und die erforderliche Bestellung eines andern an seiner Statt. Beides aber stellt er in's Licht des Wortes Gottes. Daß ein Apostel des Herrn so tief sinken könnte, um denen, die Jesum gefangen nehmen wollten, den Weg zu zeigen, und daß derselbe eines so schauerlichen Todes gestorben war, — mußte so ernste Bedenken erwecken, und konnte so leicht zum Anstoß werden, daß es von großem Belang war, die Sache in das rechte Licht zu stellen. Und dies thut Petrus, indem er vorausschickt: es hat so kommen müssen, es ist nicht von ungefähr geschehen, ist es doch nur die Erfüllung von Weißagungen, welche die Schrift enthält (V. 16. 20), denn David hat durch Eingebung des heiligen Geistes von Judas und der Beröbung seines Eigenthums, und der Besetzung seiner Stelle durch einen Andern geweißagt. Im 109ten Psalm, welchen man in christlichem Alterthum den „ischariotischen" genannt hat, und im 69sten hat David, das alttestamentliche Vorbild des Erlösers, über bittere Erfahrungen, die er machen mußte, sein Herz ausgeschüttet, und namentlich schreckliche Verwünschungen wider die Feinde, die den Gesalbten Gottes unbarmherzig behandelten, ausgesprochen, z. B.: „ihre Wohnung müsse veröbet werden, und sei Niemand, der in ihren Hütten wohne!" Ps. 69, 26; „seiner Tage müsse wenig werden, sein Amt müsse ein Anderer empfangen" Ps. 109, 8. Und wie Jesus das Gegenbild des vielangefeindeten frommen Königs, so war Judas das Gegenbild jener ehemaligen Feinde Gottes und seines Gesalbten, und an ihm mußte denn auch der Fluch und jene Verwünschung erfüllt werden. Ueberzeugt, daß jene Psalmworte an dem Verräther Jesu in Erfüllung gegangen sind, wandelt Petrus, bei freier Anführung der Worte aus Ps. 69 die Mehrzahl in Einzahl um, ohne damit behaupten zu wollen, daß David persönlich mit klarem Bewußtsein an niemand anders als an Judas und sein Apostelamt gedacht habe, denn Petrus sagt nicht, David habe von Judas gesprochen, sondern der Heilige Geist habe durch David's Mund von Judas geweißagt. Und dies

stimmt ganz mit der Auffassung zusammen, daß David in jenen Liedern seinen eigenen Schmerz ausgedrückt und seine Feinde, die er wohl kannte, gemeint habe, aber vom Geist Gottes beseelt Gedanken und Worte geäußert habe, die in den Schicksalen des Erlösers ihre vollkommenste Erfüllung in der Wirklichkeit finden mußten, insbesondere an dem fluchwürdigen Verräther, gegen dessen entsetzliches Ende und Verstoßung aus dem Amte jede frühere Amtsentsetzung nur ein schwaches Schattenbild war.

6. Er war unter uns. Um nachzuweisen, daß wirklich die Weißagungen Ps. 109, 8 an Judas erfüllt seien, erwähnt Petrus V. 17 dessen förmliche Angehörigkeit zu den Aposteln, ohne welche das Wort nicht auf ihn gehen könnte, und V. 18 ff. sein Besitzthum, welches durch seinen grauenhaften Tod veröbet worden war. Das erstere erweist er durch den Umstand, daß Judas unter die Zwölfe förmlich gezählt war, und den Dienst d. h. das Apostelamt als ihm zugehörigen Theil überkommen hatte, V. 17. Was Johann Petrus (denn dieser, und nicht Lukas in eigner Person, spricht V. 18 ff.) von dem Besitzthum des Judas und von seinem Ende sagt, lautet unleugbar so, daß, wenn wir nicht die parallele Erzählung bei Matthäus 27, 5 ff. hätten, Niemand darauf kommen könnte, daß Judas durch Selbstmord mittelst Erhängens umgekommen, und daß der „Blutacker" erst nach seinem Tode erkauft worden sei. Allerdings führen die Worte unserer Stelle für sich vielmehr auf die Vorstellung, Judas selbst habe den Kauf jenes Grundstücks abgeschlossen und nachher durch einen jähen Sturz seinen Tod gefunden. Dessenungeachtet liegt kein nöthigender und hinreichender Grund vor, einen Widerspruch zwischen beiden Stellen zu behaupten und von zwei völlig abweichenden Ueberlieferungen zu reden. Denn was den Kauf betrifft, so ist recht wohl möglich, daß Petrus rednerisch es ausgedrückt hat, wie wenn Judas selbst den Acker erworben hätte, wenn dieser auch erst nach seinem Tod, aber von dem Lohn seines Verraths erkauft worden ist. Und daß die Todesart durch einen Sturz kopfüber (πρηνὴς), wobei der Unterleib geborsten ist, mit dem von Matthäus bezeugten Selbstmord durch Erhängen möglicher Weise vereinigt werden kann, ist bekannt. — Der Ausdruck, V. 25, Judas sei hingegangen an „seinen eigenen Ort," ist absichtlich in ein ahnungsvolles, schauerliches Dunkel gehüllt, weist aber auf nichts anderes als auf den Ort der Verdammniß und des ewigen Fluchs und Verderbens.

7. So muß nun. Da es nun feststeht, daß die dem Judas vordem ertheilte Stelle und sein Amt, vermöge der Erfüllung jener Weißagungen, erledigt ist, so muß die Lücke ausgefüllt und die Zwölfzahl ergänzt werden. Und zwar muß einer von denjenigen Männern ein Zeuge der Auferstehung Jesu neben den Elfen werden, welche die ganze Zeit über von dem Auftreten des Johannes an bis zu dem Tag der Aufnahme des Herrn, so lange Jesus in beständigem Umgang mit den Jüngern stand, sich ihnen angeschlossen hatten. Petrus nennt nur ein Erforderniß in denen, die sich zum Apostelamt eigneten, nämlich den während des Lebamtes Jesu beständig stattgefundenen Verkehr mit ihm und seinen Jüngern. Dies zunächst darum, weil der zu Erwählende ein Zeuge von Jesu werden sollte, also persönliche und unmittelbare Kenntniß von

der Person und dem ganzen Leben und Werk Jesu besitzen mußte, als Augen- und Ohrenzeuge. Uebrigens ist das von Petrus herausgehobene Erforderniß keineswegs ein bloß äußerliches, wie es freilich auf den ersten Anblick erscheint; denn die Beharrlichkeit eines Mannes, welcher vom Anfang des öffentlichen Lebens Jesu an bis zu seiner Himmelfahrt sich stets an ihn und seine Jünger angeschlossen hatte, war unleugbar ein inneres Merkmal, und zeugte von einem Charakter, einer Treue und Beständigkeit, vermöge deren ihm mit Zuversicht ein besonderer Beruf im Reich Gottes anvertraut werden konnte, so weit dies von Menschen abhing. Wer so lange und so treu bei Jesu ausgehalten und sich an seine Jünger angeschlossen hatte, der war von Seiten seiner Gesinnung erprobt und mußte nustreitig auch innere Erfahrung gesammelt haben durch die Leitung und Einwirkung Jesu.

**8. Und sie stelleten.** Die Wahl des zwölften Apostels an Judas Statt zerfällt in einen menschlichen und einen göttlichen Akt; jenen verrichtete die ganze Versammlung von ungefähr 120 Gläubigen. Diese wurde durch die Ansprache des Petrus überzeugt, daß die Stelle des Judas wieder besetzt werden müsse; und stimmte auch der Ansicht bei, daß der zu Wählende müsse vom Anfang an Jesu und seinen Jüngern sich angeschlossen haben. Demgemäß handelt denn auch die Versammlung; aber sie handelt nur so weit, daß sie aus der Zahl derer, welche in Betracht kommen konnten, zwei Männer auswählte und sofort in die Mitte treten ließ (denn diese beiden waren gegenwärtig unter der Zahl der 120); die Versammlung machte also so zu sagen einen Zweiervorschlag, und das konnte sie, sofern das von Petrus genannte und von der Gesammtheit gebilligte Erforderniß leicht und unfehlbar erkannt werden konnte. Die beiden Persönlichkeiten V. 23 sind uns biblisch und geschichtlich durchaus nicht näher bekannt; weder Matthias, welcher sofort Apostel wurde, noch Joseph, der Sohn Seba, mit dem Zunamen Just; daß letzterer mit Joses Barnabas Kap. 4, 36 eine und dieselbe Person sei, ist eine nicht gehörig begründete Vermuthung, zumal Lukas 4, 36 keineswegs auf unsre Stelle zurückblickt, sondern den Barnabas schildert, als käme er zum erstenmal vor. Weiter aber glaubten die Versammelten nicht gehen zu dürfen, sondern die endgültige und schließliche Bestimmung des Einen, welcher Apostel werden sollte, dem Herrn anheimstellen zu müssen, weil er sein Apostel werden sollte. Daher riefen sie im Gebet, das ohne Zweifel ebenfalls Petrus, als der „Mund der Jünger" sprach, den Herrn selbst, der Aller Herzen kennt, darum an, in Zeichen zu geben, welchen von Beiden er erwählt habe. Die Ausleger sind hier uneinig darüber, ob das Gebet an Gott den Vater, oder an den erhöheten Herrn Jesum gerichtet sei. Für ersteres beruft sich Meyer auf Kap. 15, 7 ff., wo gerade auch Petrus von Gott sowohl das καρδιογνώστης, aussage, als das ἐξελέξατο διὰ τοῦ στόματός μου ἀκοῦσαι τὰ ἔθνη u. s. w. Allein in letzterer Stelle ist nicht von Wahl eines Apostels die Rede; für die Anrufung Jesu hingegen spricht 1) der Umstand, daß V. 21 Jesus gerade ὁ κύριος genannt war, worauf V. 24 τοῦ sich zurückbezieht, weßhalb nichts natürlicher ist, als daß κύριε V. 24 ebenfalls auf Jesum geht; 2) weil der zu Bestimmende ein Apostel Jesu werden sollte, so mußte er auch durch Jesum erkoren werden;

3) wie der Herr Jesus auf Erden seine Apostel selbst erwählt hatte, V. 2, τοῖς ἀποστόλοις — οὓς ἐξελέξατο, vergl. V. 24: ἐξελέξω: so hat auch er unmittelbar, wiewohl er in den Himmel erhöht war, auch jetzt noch den Matthias zum Apostel erwählt, später den Saulus, Kap. 9, 15. 17. Vergleicht man noch die gegenseitig entsprechenden Ausdrücke, V. 17. 25, so bekommt man den Eindruck: wie Judas durch Erwählung Jesu „das Loos dieses Apostelamtes empfangen" hat, so wird einer von den zwei aufgestellten Jüngern „das Loos dieses Amtes" erhalten, durch die Erwählung Christi.

**9. Sie warfen das Loos.** Die Entscheidung durch's Loos V. 26 geschah nach alttestamentlicher Sitte, und zwar indem (nicht wie Einige gemeint haben, Würfel, sondern) Täfelchen, worauf die Namen des Joseph und Matthias geschrieben worden waren, in ein Gefäß gelegt wurden, und dasjenige Loos, welches beim Schütteln des Gefäßes zuerst herausfiel (ἔπεσεν), die Entscheidung gab. Am deutlichsten erhellt letzteres aus 1 Chron. 24, 5 ff.; 25, 8 ff. Im Alten Testamente wurde über die zwei Böcke am jährlichen Versöhnungsfest, Levit. 16, 8 geloost; sodann befahl Moses Num. 34, 13, das Land Kanaan zu verloosen, was denn auch Josua 14, 2; 18, 2 geschah. Namentlich diese Verloosung der Landestheile zwischen den Stämmen Israels schwebte hier als Vorbild den Aposteln vor: das Amt eines Apostels ist gleichsam das Erbtheil, das einer bekam, sein Loos, das ihm zufiel, (κλῆρος B. 17. 25). — Die Apostel und die Versammlung der Gläubigen sind aber zum Loos erst dann geschritten, nachdem sie selbst soweit, als mit gutem Grund und Recht die menschliche Auswahl gehen konnte, nach bestem Wissen und Gewissen entschieden hatten. Nur das letzte Wort, welches den Blick in die Herzen erforderte, erfragten sie vom Herrn durch's Loos. Und dies um so mehr, als die Ausgießung des Geistes noch nicht empfangen hatten, während nachher keine Anwendung des Looses mehr vorkommt. Behält man alles das im Auge, so kann mit diesem Vorgang keinerlei Mißbrauch des Looses begründet oder auch nur beschönigt werden.

**10. Und das Loos fiel auf Matthias.** Ueber die Handlung selbst, das heißt über die Ersetzung der Stelle des Judas im Kreis der Apostel, durch Matthias, — ist schon das Urtheil gefällt worden, sie sei voreilig und dem Willen Gottes zuwider gewesen, denn an Judas Stelle als Apostel einzutreten, sei Paulus bestimmt gewesen, wiewohl er erst später wirklich berufen wurde. Dies ist jedoch ganz ungegründet. Wir finden nie und nirgends ein Zeichen, wodurch Gott seine Mißbilligung dieser Wahl zu erkennen gegeben hätte; denn daß wir von den Thaten des Matthias nichts hören, beweist zu wenig, daß er nicht ein ächter und gerechter Apostel nach dem Herzen Gottes gewesen sei, als der gleiche Umstand gegen die wahre apostolische Eigenschaft so mancher unter den Zwölfen zeugt. Und was den Paulus betrifft, so ist obiges Urtheil jedenfalls irrig. Denn Paulus hat sich selbst nie und nirgends für einen von den Zwölfen ausgegeben; er gehört auch nicht zu diesen, denn er ist vermöge seiner Berufung der Apostel der Heiden, und steht somit den Zwölfen, als den Aposteln der Juden, gegenüber, oder (Lange) als „Apostel der Fortbildung" den Aposteln der Grundlegung.

**Dogmatisch-christologische Grundgedanken.**

1. Die Erfüllung der Schrift ist der Faden, welcher sich durch den Vortrag des Petrus hindurchzieht. Im Licht der Erfüllung des Schriftworts sieht er das Schicksal des Judas und die Nothwendigkeit, dessen Stelle inmitten der Apostel wieder zu ersetzen, an. Ohne Zweifel auf Grund von Andeutungen, die Jesus selbst darüber gegeben hatte. Und darin hat der Apostel vollkommen Recht. Denn Christus ist des Alten Bundes Kern und Ziel: die heiligste Gesinnung gläubiger Lebens, Gottvertrauens und Harrens in den Frommen des Alten Bundes hat auf Christum gezielt, oft unbewußt; aber auch die bittersten Erfahrungen und Gefühle erlittener Verkennung, Kränkung und Anfeindung, welche Knechten Gottes im Alten Bund widerfuhren, sind nur Schattenbilder und Vorspiele gewesen der Leiden des Erlösers; und was ein David aus dem Glauben an Gottes Treue und gerechte Vergeltung wider Feinde Gottes und seiner Person ausgesprochen hat, das mußte an dem treulosen Verräther des Herrn in Erfüllung gehen. Ob auch David nicht daran gedacht hat (Petrus ist auch nicht dieser Meinung), so hat doch „der Geist Christi, der in ihm war, vorausbezeugt die Leiden auf Christum" 1 Petri 1, 11.

2. Den Kern des apostolischen Berufs erkennt Petrus V. 22 darin, daß sie Zeugen der Auferstehung Jesu sein sollen. Und das war auch die entscheidende That Gottes. Durch die Auferweckung Jesu ist seine Person beglaubigt und sein Werk gekrönt. Durch die Auferstehung des Herrn ist der Glaube des Christen begründet. Sie ist nicht nur für die ersten Jünger die Hauptthatsache des Heils gewesen, sondern sie ist es noch für alle Gläubigen. Was wäre die Menschwerdung Gottes, der Kreuzestod Jesu, — ohne diese Auferstehung von den Todten? vergl. 1 Kor. 15, 14—19. Heut zu Tage noch entscheidet sich's an der Auferstehung Jesu, ob ein Mensch in der Hauptsache am Unglauben haftet oder dem Glauben huldigt. Wer es nicht über sich gewinnen kann, die Auferstehung Jesu von den Todten zu glauben, der hat auch überhaupt noch nicht die rechte Erkenntniß des Sohnes Gottes, denn er kennt nicht den lebendigen Christus.

3. Indem Petrus fordert, daß der zu Erwählende müsse von der Taufe des Johannes an bis zur Himmelfahrt mit den übrigen Jüngern im Jesum gewesen sein, beschränkt er die unerläßlich nothwendige Kenntniß vom Leben Jesu, die ein Apostel haben müsse, auf den Zeitraum seines öffentlichen Wirkens. So gewiß auch die dreißig Jahre, welche Jesus in verborgener Stille zugebracht hat, zu dem Werk der Erlösung das Ihrige beigetragen haben, so ist doch das Leben, Wirken und Leiden des Herrn während der drei Jahre seines Lehramtes dasjenige, worauf unser Glaube an ihn sich gründen muß. Daß die Evangelisten sich hauptsächlich auf diese Zeit beschränkt und aus der Kindheit Jesu nur Weniges überliefert haben, stimmt hiermit völlig überein.

**Homiletische Andeutungen.**

Die Andacht und Eintracht der ersten Jünger ein Vorbild für alle Zeiten: 1) durch die Andacht wird die Eintracht geheiligt und inniger gemacht; 2) durch die Eintracht wird die Andacht wärmer und erhobener. — Was uns zum Anhalten am Gebet bewegen soll? 1) Noth und Bedürfniß, 2) die theuren Verheißungen Gottes. — Die Quelle der christlichen Thatkraft und Freimüthigkeit (an Petrus erkennbar): 1) aufrichtige Selbst- und Sündenerkenntniß, 2) Erfahrung der Gnade und Versöhnung in Christo. — Judas und Petrus, Denkmale der göttlichen Gerechtigkeit und Gnade. — Wie wir von den Sünden und Strafen Anderer denken und reden sollen? 1) Mit Offenheit und Aufrichtigkeit, 2) mit Demuth, so daß wir uns selber richten, 3) mit Schmerz und Liebe. — Die Stufenleiter der Sünde an dem Gang und Schicksal des Judas offenbar. — Der Geiz eine Wurzel alles Uebels. — Wie gewonnen, so zerronnen. — Das Wort Gottes ein Licht auf unserem Wege: 1) Es lehrt die Erlebnisse recht ansehen, 2) weist uns auf das, was wir zu thun haben. — Was zum Lehramt erforderlich ist? 1) Richtige Erkenntniß der Wahrheit zur Gottseligkeit, 2) persönlicher Umgang mit Jesu. — Das Lehramt ein Zeugenamt. — Christi Auferstehung der Grund unseres Glaubens. — Die rechte Art unseres Gebets: 1) ehrfurchtsvoll und demüthig, als vor dem höchsten Majestät, 2) glaubensvoll und herzvertraulich, als Gespräch mit dem Freund der Seele. — Was es uns austrägt, daß der Herr der Herzenskenner ist? 1) Demüthige Selbsterkenntniß, 2) kindliche Zuversicht zu ihm.

Starde: Das Gebet die Waffe der Kirche. — Judas, ein Beispiel, wie tief ein Mensch, bei dem ein guter Anfang gewesen, fallen könne, wenn er auch nur einer einzigen Sünde ergeben ist. — Welcher Lehrer ist zum Lehramt tüchtig und geschickt? 1) Der sich zu Jesu und seinen Jüngern hält; 2) in dessen Herzen Jesus aus- und eingeht. — Des Menschen Leben ein Gang an einen Ort, da er ewiglich bleibt: 1) Es gibt einen doppelten Weg; 2) er wähle den schmalen!

Florey: Der Sünde Lohn oder des Judas Ischarioth schreckliches Ende: 1) Er sollte Christi Jünger sein und verrieth seinen Herrn; 2) er sollte ein Bisthum verwalten und erwarb den Blutacker; 3) er sollte den Auferstandenen verkündigen und vermoderte als Selbstmörder; 4) er sollte den Heiligen Geist empfangen und fuhr in die Verdammniß.

Leonhardi: Die Wahl des Matthias durch's Loos ein Zeugniß des Glaubens, der 1) auch nach schmerzlichen Erfahrungen an dem Siege des Reiches Christi nicht verzweifelt, 2) den hohen Beruf und die Bedeutung des Apostelamts erkannt hat, 3) im Bewußtsein eigener Schwäche in Allem dem Herrn die Entscheidung anheimgibt.

## Zweiter Abschnitt.
### Die Gründung der Kirche, als Kirche aller Völker.
#### Kap. 2, 1—47.
(Epistel-Perikope am 1. Pfingsttage, Kap. 2, 1—13).

**A.**

**Das Pfingstwunder selbst in seiner äußeren Erscheinung und inneren Wirkung, die Versammelten voll heiligen Geistes zu machen und in anderen Sprachen reden zu lassen.**

#### Kap. 2, 1—4.

**Inhalt:** Am Tage der Pfingsten, dem alttestamentlichen Fest der vollendeten Ernte, ward die Verheißung erfüllt und der Heilige Geist ausgegossen über die einmüthig versammelten Jünger, nicht ohne gewaltige Zeichen in einem Brausen, wie von Sturmeswehen und in Feuerflammen, welche sich über die Gläubigen vertheilten. Die innere Geistesfülle äußerte sich sofort im Reden mit andern Zungen.

Und während der Tag der Pfingsten sich erfüllte, waren sie alle einmüthig bei-1 sammen.¹) ²Und es geschah plötzlich vom Himmel her ein Brausen, wie wenn ein 2 gewaltiger Wind daherführe, und erfüllte das ganze Haus, wo sie saßen.²) *Und es 3 erschienen ihnen sich zertheilende Zungen wie von Feuer, und es setzte sich auf einen jeglichen unter ihnen; *und sie wurden alle voll heiligen Geistes, und fingen an mit andern 4 Zungen zu reden, wie der Geist ihnen gab auszusprechen.

#### Exegetische Erläuterungen.

1. Die Zeit des Ereignisses bezeichnet Lukas genau genug als den Tag des Pfingstfestes. Während dieser Tag voll wurde, d. h. während des Verlaufs dieses Tages, mit welchem der fünfzigtägige Zeitraum seit dem Passahfest ablief, ereignete sich die große Thatsache. Die Worte lauten allerdings so, wie wenn es sich blos um das Vollwerden dieses einen Tages handelte, woran sich Meyer stützt, (ἐν τῷ συμπληροῦσθαι τὴν ἡμέραν τῆς πεντηκ.); allein der Ausdruck πληροῦσθαι wird von Lukas (Evang. Kap. 9, 51; Apost. 9, 23) beharrlich in dem Sinn gebraucht, daß ein gewisser längerer Zeitraum abläuft und zum Abschluß kommt; und so ist das Wort sichtlich auch hier gebraucht. Also das Pfingstfest war der Tag, in Laufe dessen die Ausgießung des Geistes geschah. Dieses Fest der sieben Wochen (שׁבֻעוֹת חג) wurde gefeiert am 50. Tage nach dem ersten Passahtage, somit in jenem Jahre an einem Sonntag, vorausgesetzt, daß der erste Passahtag im Todesjahr Jesu auf einen Freitag gefallen war, der zweite Passahtag demnach, von welchem an 50 Tage gezählt wurden, auf einen Sonnabend. Dies stimmt mit der uralten Ueberlieferung der Kirche, daß das erste christliche Pfingstfest mit einem Sonntag zusammenfalle, überein. — Das mosaische Pfingstfest, welches zu den drei großen Jahresfesten Israels gehörte, war laut der Gesetzesstellen ein Erntefest, genauer das Fest der vollendeten Ernte, deren Anfang mit dem Passah zusammenfiel, und deren Ende mit Darbringung der Erstlingsbrode als Dankopfer gefeiert wurde. Daß das Pfingstfest zugleich dem Gedächtniß der Gesetzgebung auf Sinai geweiht gewesen sei, beruht nur auf der Angabe späterer Rabbinen; nirgends, weder im Alten noch im Neuen Testament findet sich auch nur eine Spur hiervon, ebenso wenig in den Schriften des Philo und Josephus. Demgemäß haben auch die Kirchenväter, z. B. Chrysostomus, nur das Erntefest, nicht aber die sinaitische Gesetzgebung, als alttestamentliches Vorbild der Geistesausgießung gefaßt; und es ist zum mindesten fraglich, ob die übliche Parallelisirung des neutestamentlichen Pfingstfestes mit der Gesetzgebung am Sinai berechtigt und begründet sei. Desto sicherer lassen sich zwischen dem neuen Pfingstfest und der Erntefest Verbindungslinien ziehen, z. B. in der Weise, wie Olshausen thut, sofern beim christlichen Pfingstfest gleichsam die ganze Ernte des jüdischen Volkes, die zur Frucht wahrer Buße und Bekehrung Gekommenen, eingesammelt und Gott geweiht wurden, auch wohl insofern, als Christus, das erstorbene und in die Erde gefallene Weizenkorn, von diesem Tage an viele Frucht getragen, eine reiche Ernte gebracht hat, Joh. 12, 24.

2. Der Ort, wo das wichtige Ereigniß stattfand, läßt sich aus der Beschreibung des Lukas nicht so genau, als die Zeit, ermitteln. Denn B. 1 ist blos das angegeben, daß sämmtliche Jünger an einem und demselben Ort versammelt gewesen sind; und aus B. 2 erhellt, daß der Versammlungsort ein Haus war; aber was für ein Haus, das bleibt im Dunkeln; nur so viel ist wahrscheinlich, daß es ein Privathaus gewesen sein wird, vielleicht dasselbe, welches, vergl. Kap. 1, 13, als Versammlungsort der Jünger erwähnt ist. Viele Ausleger, von Neueren Olshausen, Baumgarten, Lange, setzen voraus, daß das Haus, wo die Jünger waren, dem Tempel angehörte, namentlich daß es einer der 30 Säle in den Nebengebäuden des Tempels gewesen sei, von welchen wir durch Josephus wissen, und wie dieser ebenfalls οἴκους nennt. Allein in Ermanglung aller darauf führen-

---
¹) Ἄπαντες ὁμοθυμαδόν, der Lesart πάντες ὁμοῦ, Lachmann, nach A. D. ll. Aub. vorzuziehen.
²) Καθεζόμενοι, richtiger als καθήμενοι.

Lange, Bibelwerk. N. T. V.

ben näheren Bestimmung können wir doch nicht mit Fug und Recht an ein Nebengebäude des Tempels denken. Es liegt durchaus kein positiver Grund hierzu vor. Denn daß wir an jenem Tag als an einem theokratischen Fest und um die erste Gebetstunde die Jünger nirgends anders, als im Tempel zu suchen hätten, ist mehr scheinbar, als triftig: ohne Zweifel hatten sich die Jünger lange vor der ersten Gebetsstunde versammelt, denn die Ereignisse erforderten Zeit, und es mochten wohl einige Stunden seit der ersten Zusammenkunft am Morgen verstrichen sein, bevor Petrus V. 15 sagen konnte, es sei das dritte Tagesstunde. Auch läßt sich nicht wohl denken, daß die Jünger, ohne Aufsehen zu erregen, sich in so großer Anzahl und als geschlossene Gesellschaft, unvermischt mit andern Israeliten, in irgend einem Theil des Tempels hätten zusammenfinden können. Auch die Menge, die dort zusammenströmte, V. 6, weist nicht nothwendig auf den Tempel; sie setzt nur das voraus, daß in der Nähe des Versammlungshauses irgend ein geräumiger Platz sich befand, wo sich viele Menschen einfinden konnten. Der Grund endlich, daß der Vorgang nicht bedeutsamer erscheine, wenn er im Tempel stattfand („die feierliche Inauguration der Kirche im Heiligthum des Alten Bundes" Olshausen), hat noch am wenigsten auf sich, denn er hat seine Stärke nur in der Phantasie.

3. Wer sind die Personen, welche versammelt waren und die Gabe des Geistes empfingen? V. 1 gibt an, daß „alle einmüthig beisammen waren." Daraus ist so viel auf den ersten Anblick klar, daß nicht blos die Apostel da waren und die Gabe des Heiligen Geistes erhielten, sondern andere Jünger auch. Dieß ergibt erst recht und eine unzweifelhafte Weise vollends aus V. 14 f., wo von den Uebrigen, die ebenfalls voll Geistes geworden waren und mit Zungen redeten, die zwölf Apostel unterschieden werden. Eine andere Meinungsverschiedenheit aber thut sich auch bei letzterer Voraussetzung noch auf: nämlich ob nur die 120 Jünger, Kap. 1, 15, oder noch eine größere Zahl versammelt gewesen sei und den Heiligen Geist empfangen habe; gewöhnlich nimmt man das Erstere an, allein Letzteres erscheint wahrscheinlicher, sobald man sich erinnert, daß der Tag ein großes Fest des Alten Bundes war, wo ohne Zweifel auch solche Jünger Jesu, die nicht in Jerusalem ansässig oder durch ausdrücklichen Befehl des Herrn dahin gewiesen waren, sich in der heiligen Stadt eingefunden haben, und dann sicherlich auch mit den übrigen Jüngern einmüthig sich versammelt haben werden. Es ist also nicht blos die Zwölfzahl der Apostel, sondern die gesammte Zahl der damals in Jerusalem gegenwärtigen Bekenner Jesu vereinigt gewesen und hat an der Ausgießung des Geistes Theil gehabt.

4. Was sich nun ereignete, geschah plötzlich, (ἄφνω), d. h. unversehens; die Jünger waren weit entfernt, so etwas Gewaltiges und Erschütterndes gerade jetzt zu erwarten, sie waren selbst auf's höchste überrascht. Baumgarten, I, 36, meint zwar, es sei den Jüngern ungemein nahe gelegt gewesen, gerade diesen heiligen Zeitpunkt mit großer Spannung zu erwarten. Indessen dürfen wir wohl eine gehobene festliche Stimmung, dem israelitischen Hauptfeste gemäß, aber keineswegs irgendwie ein bestimmtes Erwarten der Erfüllung dessen voraussetzen, was der Herr seinen Jüngern verheißen hatte. Die Erfüllung ist ihnen ganz unversehens gekommen.

5. Ein Brausen ꝛc. Die äußeren Erscheinungen und Zeichen, welche die Ausgießung des Geistes begleiteten, waren sowohl ein Schall, als Licht. Der Schall vom Himmel her, von oben nach unten sich verbreitend, wird als ein Getöse, ein Sausen und Brausen (ἦχος), wie von einem Weben, das gewaltig daher fährt, und dieses mächtige, durchdringende Brausen erfüllte das ganze Haus, in welchem die Jünger sich befanden. Von einem wirklichen Windstoß ist im Text keine Rede, noch viel weniger von einem Erdstoß. In Begleitung eines Sturmwinds, welcher die Wohnung erschüttert habe (Neander); vielmehr ist die Art des erschollenen Getöses nur durch Vergleichung (ὥσπερ) mit dem Sausen von einem Windesweben etwas anschaulich gemacht; es war eine sogenannte בַּת קוֹל. Aus V. 6 erhellt aber deutlich, daß der außerordentliche Schall, von welchem V. 2 die Rede ist, weit umher in der Stadt hörbar gewesen sein muß. Außer der Erscheinung für das Gehör fand eine zweite für das Gesicht statt, mit dem Schall ein leuchtendes Zeichen: die Jünger Jesu sahen (nicht: „man sahe an ihnen," Luther) Zungen wie von Feuer, welche sich vertheilten und sich, von oben herab, je auf die Einzelnen niederließen. Es war so wenig natürliches Feuer, als jenes Sausen das eines wirklichen Windes gewesen ist; vielmehr war es nur anzusehen und erschien ihnen so, wie Feuerflämmchen in Zungengestalt, nur leuchtend, nicht brennend und versengend. Diese Erscheinungen von Flammen in's Natürliche zu ziehen, ist nicht am Ort: an eine elektrische Lusterscheinungen, wie Flämmchen auf Thurmspitzen, Mastbäumen, wohl auch auf Menschen sich niederlassen (Paulus), kann man hier nicht denken, weil die Erscheinung nicht im Freien, sondern im Innern eines Hauses stattfand; daß aber flammende Blitze das Gemach durchzuckt und dem aufgeregten Gemüthe der Apostel jenes Leuchten dann in wunderbaren Bildern angeschaut haben sollten (Heinrichs), oder daß die feurigen Zungen zu sehen vermöge der Entzündung geradezu sich eingebildet hätten (Heumann) — das heißt denn doch allzuviel in den Text schieben und auf Rechnung der Phantasie, d. h. der Selbsttäuschung schreiben. Die Thatsache des Pfingstfestes, d. h. der gewaltigen innern Umwandlung in den Seelen der Jünger, wodurch sie zu positiver, angreifender und welterobernder Glaubenskraft und Zeugenmacht emporgehoben worden sind, steht doch fest genug und ist an sich so wunderwoll, daß die Begleitung derartiger Wundererscheinungen in der Sinnenwelt nichts mit Recht Anstößiges mehr haben kann, es sei denn, man setze eine von der Leiblichkeit und Sinnenwelt wesentlich geschiedene Geisteswelt, mit andern Worten einen unbiblischen und unrealen Spiritualismus voraus. Sowohl der gewaltige Hall, als diese Feuerflämmchen sind daneben, natürlichen Erscheinungen nur ähnlich (ὥσπερ, ὡσεί), gehören aber nicht der Reihe natürlicher Begebenheiten an, sondern sind so, wie das Hauptsache, die Erfüllung der Persönlichkeiten mit der Geisteskraft aus der Höhe, übernatürliche, göttliche Wunderwirkungen. Die hörbaren und sichtbaren Zeichen waren gleichsam das sinnlich-leibliche Gewand der Geisteskraft selbst und dienten theils ba-

zu, die Sendung des Geistes als Herolde zu verkündigen und äußerlich zu verherrlichen, theils die Kraft und Wirkung des Geistes sinnbildlich darzustellen, theils die Empfänglichkeit der Gemüther für die Geistesgabe zu steigern. Was das Symbolische betrifft, so ist das hörbare Brausen an sich das Sinnbild von einer gewaltigen Kraft, das vom Himmel her Ertönen des Getöses, ein Bild davon, daß es die Kraft aus der Höhe ist, Ev. Luk. 24, 49, von dem, welcher, in den Himmel erhöht, oben thront. Die Erfüllung des ganzen Hauses mit diesem Schall ist ein Zeichen, daß die darin versammelten Personen alle mit dem Heiligen Geist erfüllet werden sollen. Die sichtbaren Flammenzungen waren ein Sinnbild der heiligen Glut und Begeisterung, welche, von oben entzündet, aus den Herzen emporflammen werde; und die Gestalt der Zungen deutete, daß die Zunge, das Wort und die Rede, von dem heiligen Gottesgeist durchdrungen und regiert, das Himmlische und Heilige mittheilen und offenbaren werde; daß aber auf jeden Einzelnen unter den Anwesenden eine solche Licht- und Feuerzunge sich niederließ, war ein Sinnbild der allen Einzelnen als bleibende Gabe zugedachten und zugetheilten Geistesfülle.

6. **Und sie wurden alle voll Heiligen Geistes.** Die Hauptsache und der Mittelpunkt des ganzen wunderbollen Ereignisses bezeichnet die im Text nur mit vier Worten angedeutete Erfüllung aller Gläubigen mit dem Heiligen Geist. Der Ausdruck: ἐπλήσθησαν πν. ἁγ. darf und muß hier nach seiner genauen und vollständigen Bedeutung gefaßt werden: sie wurden mit dem Heiligen Geist erfüllt, so daß der Heilige Geist nicht blos theilweise und stückweise, sondern in seiner ganzen Fülle ihnen mitgetheilt wurde (vergl. Joh. 3, 34). Um das Wesen dieser Geisteserfüllung richtig zu erkennen, müssen wir von ihr aus rückwärts und vorwärts bliden, ihr Verhältniß zu den vorangehenden und nachfolgenden Geisteswirkungen, Mittheilungen und Aneignungen festst ellen. Was das frühere betrifft, so ist allerdings schon im Alten Bunde von Bezaleel und anderen kunstverständigen Männern, auch von Josua gesagt, daß Gott sie mit dem Geist Gottes, dem Geiste der Weisheit u. s. w. erfüllt habe, (Exod. 31, 3 ff.; vergl. 28, 3; 35, 31 ff.; Deut. 34, 9); aber der Zusammenhang beweist handgreiflich, daß daselbst dies im Besonderen von künstlerischer oder befehlshaberischer Begabung die Rede ist; und die Geisteswirkungen bei den Propheten Israels werden immer nur in solcher Weise bezeichnet, daß man deutlich sieht, es ist noch keine vollständige, bleibende, die Persönlichkeit wesentlich durchbrechende Mittheilung des Geistes Gottes. Wenn der Engel des Herrn, Luk. 1, 15, dem Zacharias verheißt, daß sein Sohn Johannes schon von Mutterleib aus mit dem Heiligen Geist werde erfüllt werden, so ist dies etwas so Partikuläres, vgl. das. 41 julp, das ganz geschichtlichen Verhältniß des Vorläufers zum Messias selbst, Untergeordnetes, daß es hier kaum in Betracht kommt. Die Jünger und Apostel haben allerdings schon früher (Joh. 20, 22 ff.) den Heiligen Geist empfangen; allein daß dies doch nichts Beharrliches und vollkommen Befriedigendes gewesen sein kann, erhellt aus den auch nachher noch wiederholten Verheißungen Jesu von dem erst noch künftigen Empfangen des Heiligen Geistes und der Kraft (Luk. 24, 49; Apost. 1, 8). Somit haben wir die

an Pfingsten erfolgte Geistesmittheilung, gegenüber allen früheren, als abschließende, vollständige, bleibende anzusehen. Jedoch im Blick auf das nachfolgende Leben der Jünger müssen wir immerhin sagen, daß diese Geistesausgießung nicht magischer Art gewesen ist, nicht die ganze Persönlichkeit mit einem Schlag umgewandelt und durchbrungen hat, sondern erst noch eine allmähliche Aneignung der heiligen Geisteskräfte, ein fortwährendes Wachsthum, ein Lehren, Erinnern und Leiten des Geistes in alle Wahrheit (Joh. 14, 26; 16, 13), ein stetiges Heiligen, Treiben und Ziehen (Röm. 8, 14; Joh. 17, 17), als nachfolgend erfordert und den Grund dazu legt. Nicht zu übersehen ist übrigens der Umstand, daß alle mit dem Heiligen Geist erfüllt worden sind. Nicht blos ein Theil der ganzen Schaar, namentlich nicht blos die Apostel, sondern alle Versammelten, alle Gläubigen, ohne Unterschied des Amtes und Berufs, des Geschlechtes und des Alters, sind voll Heiligen Geistes geworden. Also namentlich auch Frauen und Jünglinge, vergl. V. 17 ff., wie sich denn die sichtbaren Zeichen des Geistes, die feuerartigen Zungen, auf jeden Einzelnen niedergelassen hatten, V. 3.

7. **Fingen an mit andern Zungen zu reden.** Eine Wirkung und unmittelbare Folge der empfangenen Geistesfülle. Was im Innern der Geister und Gemüther vorgegangen war, das sollte und mußte sich auch äußern und kundthun, zunächst nicht vor der Welt, denn man war noch in der geschlossenen Gesellschaft der Jüngerschaft, sondern vor Einverstandenen und Gleichgesinnten, weil eben, weß das Herz voll ist, deß auch der Mund übergeht. Aus diesem Grunde erhellt auch, daß der Gegenstand ihres Redens nicht gewesen sein kann die Verkündigung des Evangeliums, denn die wäre an diesem Ort und in dem jetzigen Augenblick nicht angelegt gewesen; sondern das Lob und der Preis Gottes, die „feierige Rede" (Baumgarten, Lange). Allein das wäre für sich allein noch nichts Außerordentliches, das Merkwürdige und Neue an der Sache (ὅξον το), das die Christen vermöge der Gabe des Geistes mit andern Zungen (ἑτέραις γλώσσαις) redeten. Das könnte möglicherweise weiter nichts ausdrücken, als die Zungen der Jünger durch Einwirkung des Geistes wesentlich verändert, Organe des Heiligen Geistes geworden sind, während sie frühere Organe des Fleisches waren" (Baumgarten). Allein die folgende Erzählung V. 6—13 läßt für jeden Unbefangenen keinen Zweifel darüber übrig, daß vielmehr hier schon (V. 4) an ein Reden in fremden Sprachen, welche den Sprechenden selbst neu waren, zu denken ist, siehe unten. Daß nämlich keine vorher angewendete Mühe und Uebung des Lernens vorausgesetzt ist, sondern eine freie Gabe des Geistes, das drückt der Schlußsatz des Verses deutlich aus; überdies deutet er bereits an, daß eine Mannigfaltigkeit der Sprache dabei obgewaltet hat. Da aber die Jünger bis dahin noch lediglich unter sich waren, so hatte das Reden in fremden Sprachen keine Beziehung und Abzweckung auf Andere, deren Umgangssprachen dieselben waren, sondern dieses Reden hatte seinen Zweck in sich selbst. Indem die Jünger, vom Geist des Vaters und des Sohnes erfüllt und gehoben, anbetend, feiernd und preisend in das Lob Gottes ausbrachen, und zwar in allerlei fremden Sprachen stellten sie vorbildlich die ganze gebeiligte Menschheit der späten Zukunft dar, in welcher alle Ge-

2*

schlechter und Zungen und Sprachen Gott und seinem Gesalbten im Heiligen Geist dienen und lobsingen werden (Bengel, Baumgarten u. A).

**Dogmatisch-christologische Grundgedanken.**

1. Zeit und Stunde, wann die Verheißungen in Erfüllung gehen, sind nicht geoffenbart, weder im Alten noch im Neuen Bunde (vergl. Kap. 1, 6. 7); denn auch wo irgend eine Zeitbestimmung mitgegeben ist, da ist dieselbe nicht so genau, daß man über den Zeitpunkt, wo die Erfüllung zu erwarten sei, voraus völlig im Reinen sein könnte; doch die Propheten geforscht über den Zeitpunkt und die Beschaffenheit der Zeit, auf welche der Geist Christi, der in ihnen war, hindeute,'1 Petri 1, 11. Aber so gewiß die Verheißung Gottes Wort ist, so gewiß kommt auch Gottes That, die Erfüllung, zu rechter Zeit. Durch die Verheißung wird der Glaube geübt, durch die Erfüllung wird er gestärkt.

2. Das Pfingstfest des Alten Bundes wurde der Tag der neutestamentlichen Ausgießung des Geistes. So ist das Pfingstfest ein Tag von doppelter Bedeutung. Der Neue Bund ist auf den Alten gebaut, das Evangelium ist die Erfüllung des Gesetzes. Auch in dieser Beziehung, was die heiligen Tage und Feste betrifft, ist Christus „nicht gekommen aufzulösen, sondern zu erfüllen."

3. In den Offenbarungen Gottes ist immer Geistig und Leiblich mit einander verknüpft; die Höchste in dieser Beziehung, die innigste Einheit und gegenseitige Durchdringung ist in der Person Christi selbst, sofern die Fülle der Gottheit leibhaftig in ihm gewohnt hat und noch wohnt (Kol. 2, 9). Aber vor und nach ist Alles in den Thaten und Offenbarungen, Gnadenmitteln und Gnadenwirkungen Gottes geist-leiblich: Wort und Sakramente sind dieser Art, mit dem Leiblichen, Sichtbaren und Hörbaren, ist das Geistige und Unsichtbare innigst vereint. So auch bei der Mittheilung des Heiligen Geistes: in Gestalt einer Taube kam der Heilige Geist auf Jesum bei dessen Taufe herab (Matth. 3, 16); die Apostel hat der Herr (Joh. 20, 22) angehaucht, und damit den Heiligen Geist ihnen erstmals verliehen; und als hier am Pfingstfest die Fülle des Geistes den Jüngern verliehen wurde, geschah es unter sichtbaren und hörbaren Zeichen, welche vom Himmel kommend in der Sinnenwelt und Leiblichkeit die Geistesgabe verherrlichend und aufweckend begleiteten, nicht ohne sinnbildliche Bedeutsamkeit und Bezug auf die Verheißung, daß die Jünger mit dem Heiligen Geist und mit Feuer getauft werden würden (Matth. 3, 11).

4. Das Pfingstfest ist der Moment der Geistesausgießung. Alle früheren Wirkungen, Eingebungen und Mittheilungen des Geistes Gottes waren nur gleichsam stückweise, vorübergehend und vorläufig geschehen; die Geistesausgießung in wahren und einzigen Sinn konnte erst jetzt erfolgen. Der Erlöser mußte zuvor sein Werk auf Erden vollbracht haben und verklärt und erhöht sein, ehe der Heilige Geist gegeben werden konnte (Joh. 7, 39). Denn nun erst konnte einerseits der erbötete Herr den Geist senden vom Vater aus (Joh. 15, 26), oder den Vater um den Beistand (παράκλητος) für seine Jünger bitten, und der Vater den Geist im Namen Jesu senden (Joh. 14, 26); sie nun erst war andererseits auch die Empfänglichkeit für die Gabe des Heiligen Geistes bei den Jüngern

vollkommen gereift, da sie nach der Auffahrt Jesu und der Entziehung seiner sichtbaren Gegenwart mit ganzer Seele der Erfüllung seiner größten Verheißung wartend und eilend (2 Petri 3, 12) entgegen sahen. Das Spezifische der Pfingstgabe, gegenüber andern Mittheilungen des Heiligen Geistes ist die Fülle des Geistes, mit dem ganzen Reichthum seiner Kräfte und Gaben, sodann die bleibende Vereinigung des Heiligen Geistes mit den menschlichen Persönlichkeiten, beziehungsweise mit der Menschheit.

5. Nicht die Apostel allein, sondern die Jünger alle wurden voll Heiligen Geistes. Der Heilige Geist war und ist nicht ausschließendes Vorrecht eines gewissen Amtes (sei es auch das in der Kirche höchste der Apostel), Standes oder Geschlechtes, sondern er ist die Gnadengabe des Herrn an Alle, die an ihn glauben. Es gibt ein allgemeines Priesterthum aller Gläubigen, und der Heilige Geist ist die Salbung, die zu diesem Priesterthum weihet und tüchtig macht.

**Homiletische Andeutungen.**

Zu der Pfingstgeschichte im Ganzen siehe unten. Wie in den Thaten Gottes das Alte und das Neue immer zusammenhängt: 1) Gott bleibt nicht beim Alten stehen, er schaffet ein Neues; 2) er verneint und zerstört nicht das Alte, er bauet das Neue darauf. — Die Bedeutsamkeit der christlichen Feste 1) als Gedenktage von lauter Thaten und Wohlthaten Gottes, 2) als Denkzeichen der Wahrhaftigkeit und Treue Gottes, (sofern das Pfingstfest und die andern Hauptfeste sich auf Erfüllung von Verheißungen und auf die Verwirklichung des ursprünglichen Erlösungsrathschlusses zu beziehen. — Der heilige und herrliche Zusammenhang zwischen Verheißung und Erfüllung: 1) die Verheißungen werden für uns theurer und zuverlässiger durch Erfüllungen die wir sehen; 2) die Erfüllung wird anbetungswürdiger und herrlicher, dadurch, daß sie vorher verheißen war. — Wie soll sich der gläubige Christ zu den Verheißungen Gottes stellen? Antwort: 1) er warte (in Geduld), 2) er eile (mit freudiger Begierde), vergl. 2 Petri 3, 12. Das Warten der Gerechten wird Freude werden (Sprüche Sal. 10, 28), wenn 1) auf Gottes Wort und Verheißung allein sich gründet, 2) in der Demuth bleibt, 3) anhält im Gebet. — Unverhofft kommt oft; die Jünger haben's an diesem Tage nicht vermuthet, plötzlich kam der Heilige Geist; Er weiß die rechten Freudenstunden, nicht du! — Wachet und betet. — Starke: Der Heilige Geist wird nicht den Zänkischen und Gottlosen, sondern denen, die in Einigkeit leben, und die beten und flehen, gegeben. — Wer den Heiligen Geist empfahen will, muß die Versammlung der Gläubigen nicht verlassen. — Apostol. Pastorale: Segen der Einigkeit: 1) wie lieblich und mächtig es ist, wenn viele Brüder eins werden, anhaltend zu flehen; 2) es stärket mächtig den Glauben, wenn Viele zusammen die Erhörung zu Theil wird. — Das Anhalten am Gebet 1) kann eine Last sein, 2) soll uns zur Lust werden, a. wenn der Glaube und die feste Erfüllung der Verheißungen mit Zuversicht verlassen gelernt hat, b. wenn die Erfahrung dazu kommt, daß der Herr gewißlich hält, was er zusagt.

Die begleitenden Zeichen der Geistesausgießung in der Natur 1) als Beweise, daß das Reich der

Macht und Gnade unter einem Gott steht, 2) als Abbilder des Geistes und seiner Kraft. — Der Geist Gottes und seine Wirkung 1) durchbringend, wie ein gewaltiges Wehen, 2) nur diejenigen Seelen ergreifend und erfüllend, die bereit sind und ihr Herz willig aufthun.
Starke: Die Gaben des Heiligen Geistes sind himmlisch (vergl. Jak. 1, 17; 3, 17), lassen sich vernehmen (2 Kor. 4, 13), sind kräftig (Röm. 8, 14) und erfüllen die ganze Seele. — Quenel: Der Heilige Geist ein göttliches Feuer, reinigt das Herz, verzehrt alle Sünden darin, erhebt es zu Gott, und heiligt es.
Die Pfingstgabe Gottes beste Gabe 1) vermöge ihrer Wurzel in Christi Verdienst, in seiner Erniedrigung und Erhöhung, 2) vermöge ihres Wesens: Vereinigung des Geistes Gottes mit dem Menschen, 3) vermöge ihrer Wirkungen. — Das Bleibende der Vereinigung des Geistes Gottes mit den Menschen 1) als fortwährendes Innewohnen, Erleuchten und Heiligen, 2) nicht aber als unveräußerlicher Besitz (du kannst ihn betrüben und verlieren Eph. 4, 30), sondern als höhere Macht über der Seele. — Werdet voll Geistes! (Ephes. 5, 18). 1) Wie nothwendig das ist, wenn wir wollen selig werden, 2) welches die Mittel dazu sind: a. demüthige Selbsterkenntniß, b. Ernst in der Selbstverleugnung und Heiligung, c. Treue in Anwendung der mitgetheilten Gaben, d. Anhalten am Gebet.

Quenel: Des Menschen Herz kann nicht leer sein; je mehr es von sich selbst, den Kreaturen, der Sünde, ausgeleert ist, je mehr füllet es der Heilige Geist. — O selige Fülle, voll sein des Heiligen Geistes! eine Fülle, die die Seele nicht beschweret, sondern erhebt und treibet, Gott zu verehren.
Starke: Der Heilige Geist ist nie müßig, sondern wirkt, wo er wohnt; eins seiner vornehmsten Werkzeuge ist die Zunge. Ephef. 4, 29; 5, 19 ff. — Wenn der Heilige Geist das Herz erfüllt und erleuchtet, dann redet man mit anderer Zunge 2 Kor. 4, 13. — Wenn man Gottes Werke aussprechen will, so muß man eine andere und neue Zunge, also vornehmlich ein geändert, neugeboren Herz haben. Pf. 51, 12. 15. — Wie die Zunge, von der Hölle entzündet, ein Feuer ist, das Alles mit Aergerniß anzündet; so werden die Zungen, wenn sie vom Himmel entzündet sind, zu Fackeln, wodurch ein göttliches Feuer in vielen Seelen angezündet werden kann, Jak. 3, 6. — Nicht Schwert und Geschoß, sondern Zungen sollen die Menschen zum Gehorsam Christi bringen, 2 Kor. 10, 4 ff.
Apostol. Pastorale: Er theilte einem Jeden das Seine zu, nachdem er will: nicht Jeder bekam einerlei Maß des Geistes und der Gaben, dennoch wurde Jeder voll und erhielt ein solches Maß, als er bekommen und brauchen konnte. — Die neue Zunge und geistliche Wohlredenheit ist nicht eine Gabe der Natur, sondern des Geistes.

B.

Der gemischte Eindruck des Ereignisses, namentlich des Redens der geisterfüllten Jünger in andern Sprachen, auf die in Jerusalem anwesenden Juden aus allerlei Ländern. (Kap. 2, 5—13).

Inhalt: Ueber das Reden in andern Sprachen entstand bei der zusammenströmenden Masse Menschen das höchste Erstaunen, denn Juden aus allerlei verschiedenen Ländern und Sprachgebieten hörten je ihre Muttersprache reden; während die Meisten ernstlich über die Sache nachdachten, fingen Andere an darüber zu spotten, als wären die redenden Jünger betrunken.

5 Es waren aber zu Jerusalem wohnhaft Juden, gottesfürchtige Männer, aus allerlei
6 Volk, das unter dem Himmel ist. *Da nun dieser Schall ertönte, kam die Menge zusammen und wurde bestürzt, denn sie hörten sie jeder in seiner eigenen Mundart reden.
7 *Sie entsetzten und verwunderten sich aber¹), und sagten zu einander²): Siehe, sind
8 nicht diese alle, die da reden, Galiläer? *Und wie hören wir sie denn jeder in unserer
9 eigenen Mundart, darin wir geboren sind? *Parther und Meder und Elamiter, und die
10 Einwohner von Mesopotamia und Judäa und Kappadocia, Pontus und Asia, *Phrygien
11 und Pamphylien, Aegypten und die Landschaften von Libyen bei Cyrene, und die hier anwesenden Römer, *Juden und Proselyten, Kreter und Araber: wir hören sie mit unsern
12 Zungen die großen Thaten Gottes aussprechen! *Sie wurden aber alle bestürzt, und
13 wurden irre und sagten einer zu dem andern: „was mag das doch wohl sein?"³)" *Andere aber hatten's ihren Spott und sagten: „Sie sind voll süßen Weines!"

### Exegetische Erläuterungen.

1. Da nun dieser Schall ertönte, wurde eine Masse Menschen aufmerksam gemacht und strömte in der Nähe des Versammlungsortes der Jünger zusammen. Unter ἡ φωνὴ αὕτη kann weder mit Bren-

Calvin, Grotius und Anderen das sich verbreitende Gerücht von dem Ereigniß (φωνή ist nicht φήμη), noch mit Kühnöl, Bleek u. A. das laute Zungenreden selbst verstanden werden, denn sonst müßte das λαλεῖν B. 4 ein gewaltiges Schreien gewesen sein, auch würde φωνή im Plur. stehen. Sondern es kann mit φωνή αὕτη, wie alle neuen Ausleger an-

1) Nach ἐξίσταντο δὲ bei der gewöhnliche Text πάντες, was aber nach bedeutenden Handschriften, alten Uebersetzungen, so wie nach Chrysostomus und Augustin die neueren Kritiker mit Recht weglassen, es ist verstärkender Zusatz.
2) Ob πρὸς ἀλλήλους auch späterer Zusatz sei (Lachmann), ist zweifelhaft.
3) Statt: τί ἂν θέλοι lesen Lachmann und Bornemann mit C. D. A. Chrysostomus: τί θέλει, eine ungegründete Verbesserung, sofern das τί ἂν θέλοι für indirecte Frage angesehen wurde, was es nicht ist.

nehmen, nur der ἦχος V. 2 gemeint sein. Dieser gewaltige Schall vom Himmel, welchen Lukas mit dem Brausen eines starken Windes verglichen hat, war keineswegs, wie man meist aus V. 2 u. 6 ohne Grund geschlossen hat, nur innerhalb jenes Hauses hörbar geworden (V. 2 a. ist nicht das Mindeste davon angedeutet), hatte sich vielmehr in der Stadt weit umher vernehmlich gemacht; je jedoch, daß man annehmen muß, es sei bemerkt gewesen, daß der himmlische Schall hier am Versammlungsort der Jünger so zu sagen eingeschlagen habe, daher zog sich Alles dahin. Nach dem Obigen versteht sich schon von selbst, daß mit Neander an einen Erdstoß zu denken, welcher die Leute aus den Häusern getrieben habe, willkürlich ist. Uebrigens ist auch Lange's Vermuthung, daß zunächst nur die Empfänglichen durch die Stimme vom Himmel in Mitleidenschaft gezogen worden seien und sich zusammenrufen lassen, nicht durch Text und Zusammenhang begründet.

2. **Kam die Menge zusammen.** Zusammenströmend vernahm die Menge das wunderbare Zungenreden der mit dem Heiligen Geist erfüllten Jünger. Wie ist der Hergang anschaulich zu machen? Der Text läßt uns darüber im Ungewissen, und die angebliche Unmöglichkeit, sich den eigentlichen Hergang verständlich vorzustellen, hat schon als Grund gegen die geschichtliche Wirklichkeit der Sache dienen müssen. Voreilig! Da Lukas selbst den Vorgang nicht genauer geschildert hat, so getrauen wir uns nicht zu sagen: so und so, nicht anders ist es zugegangen! Nur kann die Möglichkeit einer zusammenhängenden Vorstellung des Herganges nicht bestritten werden, mag das Eine oder das Andere wahrscheinlicher bedünken. Möglich, daß die Jünger, anfänglich in einem großen Gelaß des unbekannten Hauses versammelt, sobald der Geist über sie ausgegossen war, und sie in Zungen redend das Lob und den Preis Gottes begeistert und in erhobener Stimmung aussprachen, auch vor das Haus heraustraten und da fortfuhren zu reden vor den nach und nach sich sammelnden Haufen; und wenn etwa das Haus an einen der größeren freien Plätze der Stadt gränzte, so konnte da leicht eine sehr ansehnliche Menschenmenge sich zusammen finden, wie sie während der Rede des Petrus gedacht werden muß.

3. **Sie entsetzten und verwunderten sich aber.** Unter der zusammenströmenden Masse hebt Lukas besonders hervor Leute aus allerhand auswärtigen Ländern und Völkern V. 5, was in einer herkömmlich gestelzten Weise ausgedrückt ist: ἀπὸ παντὸς ἔθνους τῶν ὑπὸ τὸν οὐρανόν, ohne daß wir, zumal in Hinblick auf V. 9—11 Grund haben, die Allgemeinheit im strengen und vollen Sinne zu nehmen. Diese jüdischen Männer „wohnten" in Jerusalem (ἦσαν κατοικοῦντες ἐν Ἱερ.); man versteht das neuerdings meist (de Wette, Meyer, unter den Alten Chrysostomus) von bleibender Niederlassung und festem Wohnsitz, wornach Juden aus verschiedenen Ländern, aus religiöser Anhänglichkeit (ἄνδρες εὐλαβεῖς), namentlich um in der Nähe des Tempels zu sein, und etwa ihren Lebensabend in der heiligen Stadt zuzubringen, in Jerusalem ansässig geworden und nur solche bezeichnet wären. Allerdings führt der klassische Sprachgebrauch das κατοικεῖν den Begriff eines Wohnsitzes, nicht blos vorübergehenden Aufenthalts, namentlich aber eines nach Verlassung eines früheren Wohnorts neu gewählten Wohnsitzes mit sich; und neutestamentliche Stellen wie Luf. 13, 4; Apost. 7, 48; 9, 22 stimmen hiermit völlig überein. Allein der Zusammenhang unseres Orts spricht gegen ein Pressen dieses Worts, sofern V. 9 κατοικοῦντες τὴν Μεσοποτ. 2c. V. 10 ἐπιδημοῦντες Ῥωμαῖοι deutlich zu verstehen gibt, daß diese Leute, großentheils wenigstens, damals noch in auswärtigen Ländern wohnhaft, und nur zu vorübergehendem Aufenthalt hauptsächlich als Festpilger in Jerusalem anwesend waren; Andere möchten sich in der Stadt förmlich ansässig gemacht haben. Der Ausdruck κατοικ. V. 5 ist also in einer gewissen Weite zu nehmen, womit in der Hauptsache die ältere Erklärung gebilligt ist.

4. **Parther und Meder 2c.** Das Verzeichniß von 15 Ländern, aus welchen Leute gegenwärtig waren, ist im Ganzen nach einem Plan geordnet, so daß vom Osten zum Norden, alsdann zum Süden übergegangen und mit dem Westen geschlossen wird; im Einzelnen aber ist es nicht mit schulmäßiger Strenge und Stetigkeit durchgeführt. Die vier ersten Namen umfassen den Osten, Länder jenseits des Euphrat, in welche das Volk durch das assyrische und babylonische Exil verschlagen worden war; nun wird plötzlich Judäa genannt, das man hier am wenigsten erwartet, weil es am Uebergang auf die kleinasiatischen Landschaften steht; und die Frage liegt nahe, ob hier nicht ursprünglich ein anderer Name gestanden habe, allein die alten Handschriften lassen uns im Stich, und die Vermuthungen: Idumäa, oder Indien oder Bithynien, sind völlig aus der Luft gegriffen; eher könnte Tertullian's und Augustin's Lesart: Armenien, eine Autorität für sich gehabt haben. Der Grund für „Judäa", wird sei für römische Leser vom römischen Standpunkt aus genannt (Olshausen), oder, es sei aus sprachlicher Rücksicht erwähnt, weil der judäische Dialekt von dem galiläischen der Jünger sich doch auch unterschied (Bengel, Meyer), genügt doch nicht, die Stelle, welche der Name einnimmt, völlig aufzuklären; es bleibt immerhin ein Dunkel darüber. — Die nächsten fünf Namen besassen einzelne Landschaften Kleinasiens, und zwar erst von Osten nach Westen fortschreitend, wobei „Asia" aller Wahrscheinlichkeit nach den schmalen westlichen Küstenstrich, Mysien, Lydien, Karien umfassend, nach römischer Provinzialeintheilung bezeichnet (Mannert, Geogr. der Gr. u. Röm. VI, 2 S. 27); sodann gegen Osten (Phrygien) sich zurückbiegend, wo endlich eine südliche Küstenprovinz (Pamphylien) nennen. Hierauf Uebergang in den tiefen Süden, wo denn auch Afrika theils Aegypten theils Libya und Cyrenaika erwähnt wird; in beiden Ländern wohnte seit Jahrhunderten eine ansehnliche Menge Juden. Endlich werden aus dem entlegenen Westen Römer, d. h. Juden, die in Rom selbst und überhaupt im römischen Abendland ansässig, und jetzt in Jerusalem gegenwärtig waren, genannt, und erst später nachgetragen Kreter und Araber. Dazwischen hinein, als Lukas das Verzeichniß mit den Römern schließen wollte, macht er in Beziehung auf alle genannten Landschaften den Unterschied zwischen gebornen Juden (Ἰουδαῖοι) und übergetretenen Heiden (προσήλυτοι). Mit diesem Völker- und Länderverzeichniß ist es dem Lukas, wie der Zusammenhang klar erweist, um die vielen und verschiedenen Sprachen und Mundarten zu thun, welche diese ausländischen Juden und Proselyten

redeten; und da hat man keine Ursache, das Verzeichniß in dieser Hinsicht für ungenau oder gar nichtssagend zu erklären (de Wette), weil z. B. in den Städten Kleinasiens, Aegyptens, in Cyrene und Kreta Griechisch gesprochen worden, und auch in Rom die griechische Sprache sehr bekannt gewesen sei; dessen ungeachtet hatte doch jedes Land und zum Theil jede Provinz ihre besondere Mundart und hauptsächlich von Mundarten (διάλεκτος) ist V. 6. 8. die Rede. Daß übrigens dieses ganze Völkerverzeichniß nicht in dieser Ausdehnung wirklich aus dem Munde jener Leute genommen, sondern ihnen, um die große Mannigfaltigkeit verschiedener Mundarten deutlich zu machen, in den Mund gelegt ist, versteht sich von selbst, und kann auch nur bei pedantischen Begriffen von geschichtlicher Treue einer Erzählung Anstoß erregen. Und das ganze Verzeichniß, das in keiner Handschrift fehlt, für unächt und eingeschoben zu erklären (Ziegler, u. And.), war ein Muster von Willkür und Unkritik.

5. Wir hören sie mit unsern Zungen — sprechen. Nach dem Bisherigen unterliegt es kaum mehr einem Zweifel, daß wir uns ein Reden der Jünger in verschiedenen Sprachen und Mundarten zu denken haben. Die Zuhörer wurden gerade darüber bestürzt, daß sie die Jünger je in ihrer eignen Mundart reden hörten, V. 6. Der Ausdruck: ἤκουον εἷς ἕκαστος τῇ ἰδίᾳ διαλέκτῳ λαλούντων αὐτῶν zieht summarisch in's Kurze zusammen; nur dem oberflächlichen Anscheine nach könnte man darauf kommen, daß jeder von den Jüngern in mehreren Mundarten zugleich geredet haben müßte (Bleek); diesen Schein erregt blos der zusammenfassende Plural λαλούντων αὐτῶν, welcher vernünftiger Weise nur sagen will: der Eine redete in dieser, der Andere in jener Mundart, so daß jeder ausländische Zuhörer bei Einem oder dem Andern seine Mundart hören konnte. Und das erregte um so größeres Staunen, als die Leute wußten, daß die Redenden doch alle Galiläer waren. Der Zusammenhang, insbesondere die in sprachlicher Rücksicht aufgestellten Völker- und Ländernamen beweisen, daß dieser Name auch nur in sprachlicher Hinsicht erwähnt sein kann, sofern die Einwohner von Galiläa eben nur aramäisch zu sprechen pflegten; der Name kann weder die Leute als Jünger Jesu, was erst später auskam, noch einen der Provinz anhängenden Mangel an Bildung bezeichnen. Aber daß diese Angehörigen von Galiläa alle die vielen verschiedenen Mundarten, die Muttersprachen der ausländischen Juden und Proselyten, aus Asien, Afrika und Europa, Parthisch, Phrygisch u. s. w. redeten, V. 8. 11, das war den Zuhörern erstaunlich und unbegreiflich. Es verträgt sich mit dem Context keine Auslegung, welche γλῶσσα in einem andern Sinn, als: „Sprache" nimmt. Somit fallen hinweg 1) die Erklärungen, welche γλῶσσα = Zunge, Sprachorgan, fassen, so Wieseler; ein elstatisches Reden in leisen Tönen und unartikulirten Lauten, Studien und Kritiken, 1838, S. 703 ff., während Bardili und Eichhorn (1786 f.) ihre ästhetische Auslegung nur auf 1 Kor. 14, nicht auf Apost. 2 anwendeten. Dav. Schulz dagegen, Geistesgaben, 1836: lautes Jauchzen und Jubeltöne; Baur: Zungen, welche der Geist gab, Sprachorgan des Geistes. 2) Eine andere, ebenfalls unhaltbare, Klasse von Erklärungen faßt γλῶσσα = Ausdruck, Redeweise; so nach Meyer, 1797, und Heinrichs,

Bleek, Studien und Kritiken, 1829: γλῶσσα, veraltete, fremde, mundartliche Ausdrücke, eine Bedeutung, in welcher γλῶσσα nur bei gelehrten griechischen Grammatikern vorkommt, wobei aber ἑτέρ. γλ. völlig überflüssig und unpassend wäre. Es bleibt also keine andere Worterklärung übrig, als 3) γλῶσσα = Sprache, Mundart zu nehmen (Olshausen, de Wette, Meyer, Bäumlein, Studien der württembergischen Geistlichkeit, 1834), was sowohl der sonstige Sprachgebrauch, als der Zusammenhang unserer Stelle empfiehlt, und wonach Lukas ein Reden der mit dem Heiligen Geist erfüllten Jünger in verschiedenen auswärtigen Sprachen und Mundarten beschreibt. — Allein dies vorausgesetzt, fragt es sich nun erst noch: wie ist die Sache zu denken, was ist eigentlich der Kern und das Wesen der objektiven Thatsache selbst? Hier gehen wiederum die Ansichten weit auseinander. 1) Die Einen denken an ein natürliches Reden in fremden Sprachen, als den Muttersprachen einzelner, nicht aus Galiläa gebürtiger Jünger (Paulus, Eichhorn u. And.), wobei zum Theil nur der Umstand ungewöhnlich gewesen sein soll, daß Lobgesänge überhaupt in Provinzial-Mundarten laut wurden. Diese Auslegung schlägt dem Text in's Angesicht, sofern aller Grund der Verwunderung und Bestürzung, V. 6—8. 11 f., dabei wegfällt. 2) Schon im Alterthum (Gregor von Nazianz, Beda), sowie in neuerer Zeit (Erasmus, Schneckenburger) dachte man sich statt des Sprachwunders ein Hörwunder, so daß die Jünger zwar keine andere als ihre galiläische Muttersprache geredet, die zuhörenden Ausländer aber, vermöge einer Art geistigen Rapportes, dieselben je in ihrer Muttersprache reden zu hören geglaubt hätten. Hierbei würde das Eigenthümliche der Erscheinung lediglich in eine subjektive Täuschung der Zuhörer verlegt, und, wie bei 1) als eine Irrung aufgefaßt, was der heiligen Geschichte unwürdig ist und sich mit der Angabe des Erzählers V. 4 nicht verträgt. 3) Eine neuere, ziemlich verbreitete Ansicht erklärt für den geschichtlichen Kern der Thatsache nicht ein wirkliches Reden in fremden Sprachen, sondern das „Zungenreden," d. h. den im Zustand höchster Begeisterung unwillkürlich und bewußtlos erfolgenden, der verständigen Auslegung bedürftigen, Gebetsreden, nach 1 Kor. 14, wobei indessen meistens vorausgesetzt wird, daß diese geschichtliche Grundlage durch die Sage in ein angebliches Reden mit fremden Sprachen, wie es hier erzählt ist, verwandelt worden sei; so Baur, de Wette, Hilgenfeld, Meyer, wobei der Letztere mit dieser Auffassung die obige Paulus'sche Ansicht (1) combinirt, als sei ein Theil der Begeisterten Fremde gewesen, welche das Zungenreden in ihren verschiedenen Mundarten laut werden ließen. Letzteres verstößt gegen Geist und Wort der Erzählung am vielfachsten. Im Uebrigen beruht die fragliche Ansicht theils auf den vorgeblichen Glossolalie handelnden Parallelstellen in den Korinther-Briefen u. s. w., theils auf der vorausgesetzten Unmöglichkeit eines wunderbaren Redens in fremden Sprachen.

a. Was die Parallelen betrifft, so ist jeder Abschnitt vor Allem aus sich selbst zu erklären, und weder Apost. 2 aus 1 Kor. 14, noch umgekehrt, auszulegen; erst in zweiter Linie läßt sich dann ihr Verhältniß zu einander auf gesichertem Boden feststellen, und Letzteres ist eine Aufgabe, der man sich nicht entziehen soll. Zwar hat zu einer Zeit, wo die Neigung dahin ging, Apost. 2 schlechthin aus 1 Kor. 14 zu erklären und die dort erzählte Thatsache ganz auf ein ekstatisches Zungenreden zurückzuführen, Bäumlein umgelehrt, und nicht ohne Glück, auch auf 1 Kor. 14 u. f. w. das Reden in fremden Sprachen angewendet. Indessen ist doch nicht jede aus letzterer Stelle entspringende Schwierigkeit überwunden, s. Ausl. zu dieser Stelle. Das korinthische und das pfingstliche Zungenreden stimmen darin überein, daß beide 1) eine außerordentliche Wirkung und Gabe des Heiligen Geistes waren, ein χάρισμα Apost. 2, 4; 2) bei beiden war der Seelenzustand des Redenden ein vom Geist Gottes gewaltig ergriffener, so daß die freie Willenskraft und das Selbstbewußtsein mindestens zurücktrat, ein Zustand, so auffallend und räthselhaft, daß er je nach der Gesinnung eines Beobachters den Eindruck der Trunkenheit oder des Wahnsinns machen konnte, vergl. 1 Kor. 14, 23; 3) seinem Inhalt nach war das γλώσσαις λαλεῖν, nicht ein Lehrvortrag, sondern Rede der Andacht, Lob und Preis Gottes. — Allein beide Erscheinungen haben auch ihr Unterscheidendes, nämlich 1) das Reden der Jünger, Apost. 2, war den Zuhörern unmittelbar verständlich, B. 8. 11. während das korinthische Zungenreden, um verstanden zu werden, schlechterdings der Vermittlung einer Auslegung bedurfte, 1 Kor. 14, 2. 13. 16. 27 f.; 2) das Reden, Apost. 2, war offenbar ein Reden in fremden Sprachen, während 1 Kor. 14 für sich genommen kein einziger bestimmter und unzweideutiger Ausdruck dies zu verstehen gibt.

Somit waren beide Erscheinungen in grundwesentlichen Merkmalen sich gleich, aber doch auch wieder eigenthümlich verschieden, so daß kein genügender Grund vorliegt, anzunehmen, daß die eine, namentlich Apost. 2, nothwendig in allen Merkmalen der anderen gleich gewesen sei, und daß das, worin sie abweiche, nur sagenhafte Umbildung gewesen sein müsse. Dieser Gesichtspunkt für sich allein hätte aber auch schwerlich auf jene mythische Ansicht geführt, wäre nicht

b. Die Voraussetzung von der Unmöglichkeit einer wunderbaren Sprachengabe dazu gekommen oder vorher dagewesen. Vermöge dieser Voraussetzung hat vollends Zeller, Apost. 1854, das ganze Pfingstereigniß für eine völlig ungeschichtliche, aus gewissen Vorstellungen zusammengesponnene Sage, ohne allen thatsächlichen Grund erklärt. Allein worauf beruht diese Unmöglichkeit? Meyer behauptet: „die plötzliche Mittheilung fremder Sprachfertigkeit ist weder logisch möglich, noch psychologisch und moralisch denkbar." Was nun das Logische betrifft, so ist dieses bei allen Menschen wesentlich das Gleiche, und deshalb auch die Sprachen alle einander gleich, so daß jeder Mensch den Schlüssel zum Verständniß und die Fähigkeit zur Aneignung aller Sprachen in sich trägt. Die psychologische Denkbarkeit der Sache wird aber hauptsächlich nur darum verneint, weil man sich theils ausführliche Reden, förmliche Vorträge der Jünger in fremden Sprachen vorstellt, theils eine bleibende Fertigkeit, in allerlei fremden Sprachen sich auszusprechen, voraussetzt. Von Letzterem ist aber gar keine Rede, nirgends in der Geschichte der Apostel finden wir auch nur eine Spur davon, es handelt sich in unserm Abschnitt um eine Erscheinung, welche vorübergehend gewesen ist und gerade deßhalb von der erhobenen psychologischen Schwierigkeit nicht gedrückt wird. Auch der Umstand gibt der Sache eine andere Gestalt, daß laut der Urkunde keineswegs an ausführliche Vorträge in fremden Sprachen zu denken ist, sondern blos an kurze Ergießungen und Ausbrüche gehobener Stimmung in das Lob und den Preis Gottes über seine Thaten und Gnaden. Wenn nun diese in fremden Sprachen erfolgten, so soll und darf diese Erscheinung keineswegs in die Reihe der gewöhnlichen und natürlichen Dinge hereingezogen werden, wie es die sogenannte natürliche Erklärung versucht, denn der Bericht unseres Buches stellt die Sache ganz unleugbar als etwas Erstaunliches und Wunderbares dar; demungeachtet dürfen wir, der Behauptung gegenüber, daß die Sache psychologisch und moralisch undenkbar sei, verwandter Thatsachen gedenken, wo in schlafwandelndem, magnetischem oder begeistertem Zustande Personen in einer ihnen sonst durchaus ungewohnten Mundart, z. B. Hochdeutsch anstatt der provinziellen Mundart gesprochen, auch wohl in fremden Sprachen, die sie nie gelernt hatten, sich ausgedrückt haben; wie denn auch das in den Irvingischen Gemeinden im Anfang der dreißiger Jahre den Augenzeugen beobachtete Zungenreden eine analoge Erscheinung ist. Aber so gewiß die Erfüllung der Personen mit dem Geist, die heilige Bewegung, Hebung, Belebung, der Gemüther durch den Geist Gottes eine wunderbare That und außerordentliche Wirkung von oben gewesen ist, so gewiß haben wir auch diese eigenthümliche Geistesäußerung in andern Mundarten und Sprachen als eine wunderbare Erscheinung anzusehen.

6. Sie wurden aber alle bestürzt. Und so haben auch viele der damals Anwesenden die Sache aufgefaßt, ehrerbietig und andächtig fragend und sich verwundernd, V. 7 f.; 11 f.; das waren eben die Empfänglichen, die Lukas als fromme, gottesfürchtige Leute, V. 5 geschildert hat. So waren aber nicht Alle gesinnt. Andere gaben einem kalten, leichtfertigen Sinne Raum, verschlossen sich gegen den Eindruck der heiligen Gottesthat auf ihr Herz, und suchten denselben wegzuschwächen und wegzuspotten, indem sie das Hohe und Heilige in's Gemeine, in den Staub herabzuziehen suchten und aussprachen, es sei nichts als trunkenes Zeug, Ueberreiztheit durch geistige Getränke, Weingeist nicht Gottes Geist spreche aus den Leuten. Offenbar muß man voraussetzen, daß die Art und Weise, wie die Jünger sprachen und sich benahmen, etwas Auffallendes und Aufgeregtes gehabt habe, sonst wäre jene Aeußerung völlig aus der Luft gegriffen und unerklärlich. War aber dies der Fall, so ist es nicht gehörig begründet, diese Klasse von Zuhörern für Lästerer im eigentlichen Sinne zu erklären, oder gar, wie Einige gethan haben, ihnen die Sünde wider den Heiligen Geist Schuld zu geben; äußert sich doch Petrus selbst V. 15 nur milde zurechtweisend, nicht aber mit empörtem Gemüth, über jene Meinung. — Viele Ausleger nehmen an, die Spottenden seien durchweg nur Anfässige von Jerusalem gewesen, die Empfänglichen meist nur auswärtige Festgäste; man denkt bei jenen mitunter an eine „Abstumpfung durch die Gewohnheit des Heiligen;" allein der Text gibt keine feste Grundlage für jene Auffassung: die Israeliten vom Ausland sind offenbar nur aus dem Grunde so vorzugsweise her-

vorgehoben, weil an ihnen die Mannigfaltigkeit der Sprachen und Mundarten, welche die geisterfüllten Jünger redeten, anschaulich wird. Ohne Zweifel fanden sich redlich Fragende und Empfängliche nicht blos unter den Fremden, und Spöttische nicht blos unter den Einheimischen.

**Dogmatisch-christologische Grundgedanken.**

1. Der Ausgießung des Heiligen Geistes in die Seelen der Jünger folgte unmittelbar die Ergießung der Seelen in das Lob Gottes. Weß das Herz voll ist, deß gehet der Mund über, Matth. 12, 34. Gerade die innigsten, heiligsten Gefühle und Gedanken können und wollen nicht verschlossen bleiben, sondern brechen klar hervor, um sich laut zu verkünden. Durch das Wort fliegt die Seele hinaus aus der engen Brust, und dem bewegten Herzen wird es wieder leicht. Ist doch der ewige Sohn Gottes selbst „das Wort"; so gibt auch der Geist vom Vater und vom Sohn der Seele etwas auszusprechen. Die Sprache, diese unterscheidende Gabe des Menschen, diese wunderbare Gottesgabe, entweiht, wie sie ist, durch die Sünde und das Verderben der Menschheit, wird durch den Geist Gottes gereinigt, geweiht, geheiligt.

2. Das Reden in fremden Sprachen war ein Zeichen des Heiligen Geistes. Es war ein heiliges Reden von heiligen Dingen, ein Reden von den großen Thaten Gottes, nicht von den kleinen Dingen der Menschen; insofern drückt sich die Heiligkeit des Geistes darin aus. Es war ein Reden in vielen und verschiedenen Mundarten und Sprachen; darin offenbarte sich die umfassende, menschheitliche Bestimmung des Geistes Gottes für alle Völker, Länder und Sprachgebiete. Dieses Reden in fremden Sprachen war nicht erst mühsam erlernt und durch allerlei Mittel und Zeitaufwand erworben, sondern frei geschenkt und reine Gnadengabe — zum Zeichen der Macht und Gnade, mit welcher der Geist Gottes wirkt.

3. Die Thatsache, daß Israeliten aus allen möglichen Ländern hier Zeugen von der Ausgießung des Heiligen Geistes wurden, ist ein Beweis davon, wie in Gottes Gerichten auch wieder Gnade verborgen liegt, und seine Strafen und Züchtigungen doch auch wieder auf Erbarmung hinzielen. Israel war um seines Abfalls willen in die Länder des Ostens, später auch des Westens, zerstreut worden. Nun kamen aus diesen Ländern Juden und Proselyten nach Jerusalem, und mußten Augen- und Ohrenzeugen sein von den Wirkungen des Heiligen Geistes, welche eine Bürgschaft der für alle Völker und Länder und Sprachen bestimmten Gnade Gottes in Christo in sich schlossen. Und eben die Zerstreuung der Juden in alle möglichen Weltgegenden und Landschaften mußte ja als Brücke dienen für den Uebergang des Evangeliums vom Volk Gottes zu den Heiden.

**Homiletische Andeutungen.**

Die rechtschaffene Gottesfurcht ist köstlich vor Gott: 1) sie führt den willigen Gehorsam gegen weitere Führung Gottes mit sich; 2) sie wird auch in der That durch höhere Gnade und Gabe belohnt. — Wer da hat, dem wird gegeben, daß er die Fülle habe. — Wer im Kleinen treu ist, der ist auch im Großen treu. — Nicht die geförderte Erkenntniß, sondern die redliche Frömmigkeit und aufrichtige Gesinnung gibt dir einen wahren Vorzug. — Die Zerstreuung Israels ein Meisterstück göttlicher Weltregierung: 1) als gerechte Strafe seiner Sünden, 2) als kräftiges Mittel, die Erkenntniß des wahren Gottes auszubreiten, 3) als verheißungsvolles Werkzeug des Evangeliums. — Gottes Gerichte während der Gnadenzeit immer zugleich Mittel seiner Gnade. — In Gottes Hand kein Stab „Wehe," der nicht zugleich ein Stab „Sanft" werden könnte. — Wie auch die Neugier der Menschen dem Vater dienen muß, um die Seelen zum Sohn zu ziehen. — Verwunderung über große Dinge, ein Weg, daß uns Gott zeige sein Heil. — Ernstlicher und fragender Verwunderung soll sich Niemand schämen. — Wie dankenswerth die Wohlthat Gottes ist, daß wir das Evangelium in unserer Muttersprache (lesen und) hören dürfen. — Die großen Thaten Gottes der Haupthalt der Bibel. — Daß wir die Gottesgabe der Sprache nicht würdiger anwenden können, als zu den Dingen Gottes und seines Reiches. — Wie sichern wir uns gegen das Aergerniß, das aus der Mißbenutzung des Heiligen entspringt? 1) Durch sorgfältige Bewahrung der Ehrfurcht vor Gott und Gottes Sachen in der eigenen Seele; 2) durch gründliche Erkenntniß der menschlichen Sündhaftigkeit in uns selbst und Anderen; 3) durch Erinnerung an den Widerspruch und Widerstand, welchen von Uranfang an Gottes Thaten bei Vielen gefunden haben. — Das Evangelium den Einen ein Geruch des Lebens zum Leben, den Anderen ein Geruch des Todes zum Tode. — Gottes Wort und Gnadenoffenbarung ein zweischneidiges Schwert. — Der Umstand, daß Christus immer noch gesetzt ist zum Fall und Auferstehen Vieler, in seinem ganzen Ernst beherzigt.

**Starck:** Oft reiset einer, oder ist in einem guten Werke begriffen, und Gott segnet es dazu, daß er dadurch zu seinem Heil kommt, vergl. Kap. 8, 27 f. — Gott fängt in denen, die wahrhaftig belehrt werden, frühe etwas Gutes an und macht eine Vorbereitung zu seinem Gnadenwerk. — Vorzug des Evangeliums vor dem Gesetz: bei Gebung des Gesetzes floh das Volk, hier kam die Menge zusammen. — Manchmal nimmt das Heil seinen Anfang von einer Bestürzung, als einem Zubereitungsmittel. — Niemand kann die Thaten Gottes recht aussprechen, es sei denn, der Heilige Geist wohne in ihm. — Große Thaten und Dinge sind nicht sowohl in dem Natur- als in dem Gnadenreiche zu suchen. — Die Vernunft der Menschen muß zuvor irre werden und ihre Schwachheit erkennen, ehe Gott sein Werk in ihnen beginnt. — Die Gnadenwohlthaten Gottes sind wie die Sonnenstrahlen, die das Wachs schmelzen und den Koth hart machen, Frommen zum Besten, Gottlosen zum Schaden gereichen. — Der Schluß: vor voll Weins, kann nicht voll Heiligen Geistes sein, ist so klar, daß er auch Weltkindern einleuchtet, vergl. Eph. 5, 18.

**Apostol. Pastorale:** Wo das Wort Gottes recht hinkommt, da rumort es; und es ist kein gutes Zeichen, wenn Alles so ruhig und still ist. — Neugier und Verwunderung in Sachen der Kirche Christi ist nicht unrecht, nur muß sie auf die rechte Spur geleitet werden.

**Harleß:** Die Bedeutung der Pfingstgabe. Sie ist 1) ein Wahrzeichen für Israel; 2) ein Vorbild des Geschickes der Heiden, a. ein Vorbild der Berufung aller Heiden, b. ein Vorbild der Erwählung derer, die nach dem Heil fragen, c. ein Vor-

bilb ber Verwerfung berer, die der großen Thaten Gottes spotten; 3) Hoffnung, Trost und Stärkung der wahren Christen.
Laugbein: Die Ausgießung des Heiligen Geistes über die Jünger des Herrn: 1) die nothwendigen Voraussetzungen derselben; 2) die äußeren Zeichen, unter welchen er erschien; 3) die Kraft, welche er sofort an den Jüngern bewährte; 4) die Wirkung, welche er auf das übrige Volk hervorbrachte.

## C.
### Das Zeugniß des Petrus.
#### Kap. 2, 14—36.
(Epistel-Perikope am 3. Pfingsttage, Apost. 2. 22—36).

**Inhalt:** Um dem Spott der Einen zu begegnen, die verwunderten Fragen der Andern zu lösen, tritt Petrus mit den Elfen auf und erklärt den Versammelten, deren Aufmerksamkeit er in Anspruch nimmt, V. 14: 1) die Thatsache, worüber ihr euch wundert, ist nicht Trunkenheit, sondern Erfüllung der Weissagung Joel's, nämlich Ausgießung des Geistes Gottes in den letzten Zeit, V. 15—21; 2) Jesus von Nazareth, der Mann Gottes, den ihr getödtet habt, ist von Gott auferweckt worden, wie dies laut der Weissagungen Davids hat müssen erfolgen, V. 22—32; 3) und Jesus, von Gott erhöhet, hat nun den Geist ausgegossen, von dessen Wirkungen ihr Zeugen geworden seid; Er, den ihr gekreuzigt habt, ist der Herr und der Messias, V. 33—36.

**1. Das Auftreten des Petrus. Seine Anrede an die Zuhörer und die Erklärung, daß die Thatsache, worüber sie staunen, nicht Trunkenheit sei, sondern die Erfüllung der Weissagung Joel's, nämlich Ausgießung des Geistes Gottes in der letzten Zeit.** (Kap. 2, 14—21.)

14 Da trat Petrus auf mit den Elfen, erhob seine Stimme, und redete zu ihnen: Ihr jüdischen Männer, und Alle, die ihr zu Jerusalem wohnet, das sei euch kund ge-
15 than, und vernehmet meine Worte: *nämlich diese sind nicht trunken, wie ihr wähnet,
16 denn es ist erst die dritte Stunde des Tages; *sondern dies ist, was durch den Pro-
17 pheten Joel zuvorgesagt ist: *und es soll geschehen in den letzten Tagen, spricht Gott, daß ich ausgießen werde von meinem Geist auf alles Fleisch, und eure Söhne und eure Töchter werden weissagen, und eure Jünglinge werden Gesichte sehen, und eure Alten
18 werden Träume haben; *und auch auf meine Knechte und auf meine Mägde will ich
19 in jenen Tagen von meinem Geist ausgießen, und sie sollen weissagen. *Und ich will Wunder thun oben am Himmel, und Zeichen unten auf der Erde, Blut, Feuer und
20 Rauchqualm; *die Sonne wird sich verkehren in Finsterniß, und der Mond in Blut,
21 bevor der große und offenbarliche Tag des Herrn kommt; *und es soll geschehen, wer den Namen des Herrn anrufen wird, soll gerettet werden.

### Exegetische Erläuterungen.

**1. Da trat Petrus auf.** Die Apostel fanden sich durch das staunende Fragen der Empfänglichen und durch das Spötteln der Anderen theils berechtigt, theils verpflichtet, die Menge, welche sich versammelt hatte, anzureden und ein Zeugniß abzulegen. Im Bisherigen waren alle Jünger Jesu ohne Unterschied betheiligt, jetzt traten die zwölf Apostel hervor, eingedenk des Willens und Worte Jesu: „ihr werdet meine Zeugen sein in Jerusalem," Kap. 1, 8. Dieses Auftreten ist sehr feierlich beschrieben: Petrus trat auf mit den Elfen, und als „Mund der Jünger und Spitze ihres Chors," (Chrysostomus), als ihr rasch entschlossener, glaubensmuthiger und beredter Stimmführer, trat hervor und nahm eine Stellung ein gegenüber den Umstehenden, στάσις, doch nicht isolirt, sondern umgeben von seinen elf Mitaposteln, welche wenigstens zuletzt nachher, V. 37 f., V. 40 f., ebenfalls gesprochen haben. Petrus erhob seine Stimme, um von den Tausenden, welche da standen, gehörig vernommen zu werden, und die Freudigkeit seines Gewissens gab ihm Kraft und Zuversicht dazu; er redete feierlich, vernehmlich, klar und nüchtern, so daß die ganze Haltung und Geberde, Stimme und Worte, die vollkommenste Nüchternheit an den Tag legten.

**2. Ihr jüdischen Männer.** Die Anrede beginnt feierlich und läßt Gewichtiges und Bedeutendes erwarten. Er redet mit einfacher Würde die anwesenden Juden und Einwohner Jerusalems an, und bittet sie bescheiden und nachdrucksvoll zugleich um ihr geneigtes Gehör und ihre ernstliche Beherzigung für seine Worte. Ohne allen Zweifel hat Petrus in der aramäischen Landessprache geredet, die jedenfalls von Allen verstanden wurde.

**3. Diese sind nicht trunken.** Petrus knüpft an die spöttische Aeußerung einiger Zuschauer an, verneint und widerlegt ihre ehrenrührige Voraussetzung mit der Hinweisung auf die frühe Tagesstunde, denn die dritte Stunde, Morgens 9 Uhr unserer Rechnung, war die erste Gebetsstunde, entsprechend dem Morgenopfer; und vor dieser durfte, zumal an Festtagen, ein Israelit nichts genießen. Bemerkenswerth und ebenso edel als klug, ist die Milde und Gelassenheit, mit welcher Petrus jene Aeußerung behandelt, nämlich als die wirkliche, wenn auch irrige Meinung der Leute, nicht als boshafte, wider besseres Wissen ausgesprochene, Spottrede und Verleumdung. Indem er in der dritten Person von den Jüngern spricht, will er keineswegs, wie de Wette meint, sich und die anderen Apostel aus der Zahl der mit Zungen Redenden ausschließen, als wäre das eine niedere Art begeisterten Redens, deren sich die Apostel geschämt hätten; sondern er stellt sich nur, weil er jetzt in gewöhnlicher Weise spricht, auf den Standpunkt des Unbetheiligten, um die thatsächliche Wahrheit zu bezeugen, vertheidigt aber Alle ohne Ausnahme, sich selbst mit eingeschlossen.

4. **Sondern dies ist.** Eine bloße Verneinung genügt zu einer Verantwortung nie, vermag auch keinen gewinnenden Eindruck zu machen; um zu überzeugen, muß man nicht blos Nein, sondern auch Ja sagen und eine Wahrheit bezeugen können. Und das thut Petrus. Er erklärt, die Thatsache, worüber man sich wunderte, sei nichts anderes als die Erfüllung der göttlichen Verheißung bei dem Propheten Joel, Kap. 3, 1 ff. Dort weissaget der Prophet aus Gottes Munde, nach schweren Strafgerichten über sein Volk, eine Zeit der Gnade Gottes, in allgemeiner und reichlicher Ausgießung seines Geistes, aber auch eine Reihe von Strafgerichten über die Feinde Gottes, dem letzten Gericht vorangehend, wobei jedoch alle aufrichtigen Freunde Gottes Bewahrung und Seligkeit finden sollen. Gott verheißt namentlich, seinen Geist über alles Fleisch, d. h. nicht blos über Einzelne, sondern über die ganze Menschheit, ohne Unterschied des Geschlechtes, des Lebensalters, des Standes, „auszugießen," wie einen gnädigen Regen über alles Land. „Weissagen, Gesichte sehen, Träume haben" sind sämmtlich als Wirkungen des Geistes Gottes, und zwar einer reichlichen, überströmenden Ausgießung desselben, erwähnt. In der Jugend sind die äußeren Sinne empfänglicher, beim Alter ist der innere Sinn geweckter, daher den Jünglingen „Gesichte," den Aelteren „Träume" verheißen, was jedoch nicht ausschließlich zu verstehen ist. In der Weissagung Joels sind mit der Verheißung der Gnadengabe des Geistes Blicke in das Gericht über die Feinde Gottes und Vorzeichen des furchtbaren letzten Gerichts gepaart, theils auf Erden, nämlich Blutvergießen und Feuerslohrauch, theils am Himmel: Sonnen- und Mondfinsternisse und ähnliche schauerliche Erscheinungen; diese geben dem großen Tag des Herrn mit allen seinen letzten Entscheidungen und endgültigen Gerichten vorher. Aber unter diesen erschütternden und vernichtenden Strafen Gottes über seine Feinde ist allen denen Rettung und Heil bereit, welche „seinen Namen anrufen", d. h. mit demüthigem Glaubensgehorsam sich an Gott, so wie er sich geoffenbart hat, anschließen, in Gebet, Herzensfrömmigkeit und Wandel. — Wenn der Prophet von dem großen Tage des Herrn spricht, so hat er ohne Zweifel die messianische Zeit im Auge, wiewohl er den Namen Messias nicht nennt. Er redet von der Endzeit der Welt, die er hauptsächlich nach ihrer erschreckenden Seite, nach den alsbann kommenden furchtbaren Strafgerichten über die Gottlosen zu schildern berufen ist; aber er hat auch Worte des trostreichsten Verheißung für die Frommen und Gottesfürchtigen. Offenbar sind in dieser Weissagung lange und weit auseinanderliegende Zeiträume zusammengefaßt; aber es ist ja überhaupt eine Eigenthümlichkeit der Weissagung, in einem umfassenden Blicke zusammenzuschauen, was in der Entwicklung zeitlich auseinanderfällt. Wie hat Petrus die Weissagung gefaßt und angewendet? Was den Ausdruck betrifft, so hat er die Stelle nicht buchstäblich, sondern frei angeführt, in einer Art, welche theilweise der LXX folgt; aber gleich im Eingang weicht er vom Urtext, dem auch die alex.

Uebersetzung sich anschließt, ab, indem er für „darnach" setzt: „in den letzten Tagen," um den Zeitraum, auf welchen die Weissagung deutet, entsprechend anderen Prophetenstellen, näher zu bezeichnen. Vom Grundtext weicht, übereinstimmend mit der LXX, ferner ab der Ausdruck: „ich will ausgießen von meinem Geist", während Joel sagt: אֶת־רוּחִי; es heißt aber den partitiven Ausdruck allzusehr gepreßt, wenn man ihn, mit Starcke, als Gegensatz gegen die ganze Fülle des Geistes, die in Christo ist, vergl. Kol. 1, 19, faßt, oder, mit Olshausen, als indirekte Hinweisung auf die dereinstige Ausgießung der ganzen Fülle des Geistes in der vollendeten Kirche versteht; vielmehr ist wohl nur der Geist Gottes als die gesammte Fülle von der Ausgießung desselben auf die Einzelnen unterschieden. — Ferner hat Joel im Hebräischen: „auf die Knechte und Mägde", d. h. Sklaven im eigentlichen Sinn, Petrus, wie auch die LXX: τοὺς δούλους μου u. s. w.; hiermit soll aber nicht der Blick von dem Standesunterschied völlig abgelenkt (Meyer), sondern nur das hervorgehoben werden, daß die Sklaven und Sklavinnen, auf welche der Geist ausgegossen wird, vorher schon gottesfürchtige Leute, Diener Gottes sein müssen.

Wenn Petrus V. 16 ausspricht: „dies ist, was durch den Propheten Joel gesagt ist", so behauptet er zwar, daß hier die Weissagung erfüllt sei, jedoch nicht, daß dieselbe hier ausschließlich und schon in allen Stücken vollständig in Erfüllung gegangen sei, oder daß ihre Erfüllung auf den gegenwärtigen Zeitpunkt sich beschränke. Daß aber Petrus noch nach V. 17 f. die prophetische Stelle anführt, sondern das unmittelbar folgende auch noch anführt, das hat seinen guten Grund; er stellt mit Bedacht den Hintergrund der göttlichen Strafgerichte, ja des Endgerichts auf, um das Loos der Feinde Gottes erblicken zu lassen, vergl. V. 35, und die Seelen besto nachdrücklicher zu Jesu Christo, als dem Heiland und Erretter von so traurigem Loos, zu weisen.

### Dogmatisch-christologische Grundgedanken.

1. Was ist es mit „den letzten Tagen"? Petrus erkennt in der Ausgießung des Geistes die Erfüllung jener Weissagung über die letzte Zeit; und doch sind seitdem Jahrhunderte, bald zwei Jahrtausende, verflossen. Wie reimt sich das? Einmal ist gewiß, daß „die letzten Tage" nicht ein bloßer Zeitpunkt sind, sondern ein ganzer Zeitraum, der eine ganze Reihe von Zeiten, also auch eine Entwicklung, in sich faßt. Zum andern ist zu bedenken, daß alle Weissagung des Alten Testamentes ihr Ziel und Ende in der messianischen Zeit hat, worin das Kommen des Gesalbten der Mittelpunkt bildet; und demgemäß wird im Neuen Testament die Erscheinung Jesu Christi von etwas daran hängt, als der Anbruch der Endzeit angesehen, vergl. Hebr. 1, 2. Und obwohl die Jünger Jesu sich nicht eingebildet haben mögen, daß so viele Jahrhunderte verfließen würden, bevor auf den „Anfang des Endes" das letzte Ende folgen würde; so liegt doch in jener Anschauung die große und unumstößliche Wahrheit, daß Christus der Wendepunkt der Weltgeschichte ist, daß seine Erscheinung auf Erden das Ende der alten Welt, die Erfüllung ihrer Hoffnung und Sehnsucht, das Ziel

des Ringens der Menschheit, die Verwirklichung des Gnadenplanes Gottes ist, und daß von da an nur die allmähliche Offenbarung und Durchführung des Versöhnungswerkes bis zur Vollendung und zur Wiederkunft dessen, der einmal gekommen ist, zu erwarten steht. Und je mehr sich der Glaube in die Anschauung der Einzigkeit der Person Jesu Christi und der Fülle seines gewährenden Werkes demüthig erkennend vertieft, desto gewisser muß auch die Wahrheit jener Betrachtung der Zeiten anerkannt werden.

2. Indem Petrus die Weißagung Joels in der Geistesausgießung erfüllt sieht, insbesondere auch die unterschiedslose Mittheilung der Gaben des Geistes an Personen verschiedenen Alters, Standes und Geschlechtes, bezeugt er die Ausgleichung der Gegensätze in der Menschheit durch Christum. Am schroffsten stehen diese Gegensätze im Heidenthum, d. h. in der gefallenen Menschheit außerhalb des testamentlichen Offenbarungsgebiets, einander gegenüber, z. B. der Gegensatz zwischen Mann und Weib, mit der Unterdrückung des weiblichen Geschlechts, den Gegensatz zwischen Herrn und Sklaven, mit Verkennung der Menschenwürde und Menschenrechte in den letzteren, theilweise auch Verachtung und Mißhandlung des Alters bei gewissen Völkern. Innerhalb des Alten Bundes arbeitet das Gesetz Gottes bereits auf Ausgleichung jener Gegensätze hin, z. B. zwischen Herren und Knechten, während das weibliche Geschlecht im Mosaismus doch noch nicht völlig zu seiner Würde kommt, wird doch blos das männliche Geschlecht des Bundeszeichens theilhaftig; und nur die Verheißung und Weißagung der messianischen Zeit verspricht noch mehr. Die vollkommene Ausgleichung hat erst das Evangelium von Christo gebracht, denn erst in Christo ist die volle Humanität, weil die Person des Gottmenschen erschienen. Und gerade die Gabe des Geistes, vom Vater und vom Sohn, ist es, welche alle sonstigen Gegensätze und Unterschiede zwischen den Menschen ausgleicht, vergl. Gal. 3, 28: „Hier ist kein Jude noch Grieche, hier ist kein Knecht noch freier, hier ist kein Mann und Weib; denn ihr seid allzumal Einer in Christo Jesu."

3. Gnade und Gericht, Gericht und Gnade — das sind die Wahrheiten, in welchen sich sowohl die Weißagung des Propheten, als die Predigt des Apostels bewegt. Der Hinblick auf den großen, furchtbaren Tag des Herrn, d. h. auf das letzte Gericht macht die erneuernde und endlich errettende Gnade Gottes recht theuer und werth, treibt zu dem rettenden Anrufen des Herrn. Die Versöhnung und Erlösung in Christo — denn diese hat ja doch Petrus hier im Auge — bekommt ihr volles Licht und ihren vollkommenen Werth erst durch den Blick in die Tiefe des Verderbens und der Verdammniß, aus welcher Christus allein uns reißt." Die Barmherzigkeit rühmet sich wider das Gericht, Jak. 2, 13.

#### Homiletische Andeutungen.

Was zu einem freudigen und gesegneten Zeugniß erforderlich sei? 1) Göttlicher Beruf, 2) Salbung des Geistes, 3) gutes Gewissen, 4) fester Grund der Schrift. — Wie muß ein Christ bei seiner Rechtfertigung gegen falsche Beschuldigungen verfahren? 1) Offen und freimüthig, 2) gründlich und überzeugend, 3) sanftmüthig und voll der Liebe, die sich nicht erbittern läßt.

Starke: Die wunderbare Kraft des Heiligen Geistes: er macht aus Flüchtlingen standhafte Männer, aus Verleugnern Christi herzhafte Bekenner, aus Furchtsamen solche Helden, welche Tausenden mit dem Schwert des Geistes unter die Augen treten, aus ungelehrten Fischern hochgelehrte Redner und Reformatoren der ganzen Welt, Kap. 1, 8. — Wenn Gottes Ehre nothleidet und gelästert wird, ist es nicht erlaubt, zu schweigen. — Je größer die Verleumdung ist, desto größere Bescheidenheit muß man bei ihrer Widerlegung anwenden, nur die Sache sagen, nicht aber wieder schelten noch spotten.

Apostolisches Pastorale: Es ist eine Eigenschaft des Knechtes Gottes, daß er das Böse tragen kann, und das Unrecht, das ihm angethan wird, mit Geduld verschmerzt. — Der gute und heilige Wandel bleibt bei den Kindern Gottes die beste Apologie, da sie mit Wohlthun verstopfen die Unwissenheit der thörichten Menschen. — Ein göttliches Werk scheut nicht das Licht der Prüfung. Gottes Wort das unfehlbare Licht auf unserem Wege: selbst die Erleuchtung durch den Geist Gottes macht das Wort der Schrift nicht entbehrlich, der geisterfüllte Apostel gründet sich auf das prophetische Wort, nicht auf seine eigene Erleuchtung. — Wort und Geist, wie stehen sie zusammen? 1) Das Wort ist vom Geist eingegeben, 1 Petri 1, 11; 2 Petri 1, 21; 2) der Geist lehrt das Wort verstehen, auslegen und anwenden. — Besondere Ausgießung des Geistes kündigt kommende Gerichte an. — Einheit und Unterschied der Geistesgaben: 1) Einheit: a. nach Ursprung, b. Gehalt, c. Ziel; 2) Unterschied: a. nach Form, b. Stufe, c. Wirkung. — Der Heilige Geist ist die einzige wahrhaft ausgleichende Macht in der Menschheit. — Könnet ihr denn nicht auch die Zeichen dieser Zeit urtheilen? Matth. 16, 13. — Gottes Gnade und Gericht: 1) durch den Ernst des Gerichts wird die Gnade erst recht Gnade; 2) durch den Ernst der Gnade wird das Gericht erst recht Gericht. — Das Anrufen des Herrn 1) eine Frucht des Glaubens, 2) eine Wurzel des Heils.

Starke: Das Wort mußte Fleisch werden, damit der Heilige Geist über alles Fleisch ausgegossen wurde und ins Fleischliche zu Geistlichem machte. — Gott verspricht und gibt nicht Allen Alles, sondern Jedem was Besonderes; den Söhnen und Töchtern das Weißagen, den Jünglingen Gesichte sehen. — Die allergrößten Geheimnisse werden nicht erkannt, sondern gelästert, wenn man sich nicht auf die Erkenntniß der Schrift legt. — Gott hänget an seine Gnadengaben seine Strafen; verachtet man die Gnade, so folgt der Zorn. — Wenn Gott seine Gerichte einbrechen läßt, warnt und erweckt er die Menschen durch seine Wunder zur Buße. — Wenn Trübsal da ist, gedenket Gott der Barmherzigkeit, Hab. 3, 2; Mal. 3, 17. — Die ganze Kirche besteht aus Leuten, die kümmerlich errettet werden, aus Abtrünnigen, die sich auf Pardon ergeben haben. — Welch eine Güte Gottes, daß er den Weg zur Seligkeit so kurz gemacht, indem er Alles in das Anrufen des Namens des Herrn zusammengefaßt hat; vergl. Apost. 16, 31; Röm. 10, 14.

Apostolisches Pastorale: Der Lehrer ist im Stande, das Wort des Herrn recht zu erklären,

welcher selbst des Heiligen Geistes theilhaftig ist. Dann fließen recht saftige Erklärungen, wenn man die Sache selbst hat, wovon in den Schriften der Propheten so viel gezeugt wird. Davidica non intelligit, qui non Davidica habet. — Unter allen Gerichten, welche über die Welt ergehen, geht das Werk des Herrn in seiner Kirche fort. Daher können und sollen gläubige Kinder Gottes bei allen Gewittern, die sich über die Kirche zusammenziehen, getrost sein und ihre Häupter emporheben, Ps. 46, 3 ff. — Obgleich eine wahre Zerknirschung des Herzens in göttlicher Traurigkeit über die Sünde nöthig ist, wenn der Mensch errettet werden soll: so ist doch eigentlich der Glaube, das Anrufen des Namens des Herrn, dasjenige, wodurch man gerecht und selig wird; dieses ist vom ersten Anfang der Bekehrung an bis zur Vollendung des Laufs das Nöthigste.
Quesnel: Gott erschöpft sich, so zu reden, den Menschen zu gut. Er sendet seinen Sohn, und gießet seinen Geist aus, d. i. allen seinen Reichthum. — Wie schrecklich ist der Tag des Herrn, da man Gott von dem Blute seines Sohnes und allen Gnadengaben seines Geistes wird Rechenschaft geben müssen!
Leonhardi u. Sp.: Die Ausgießung des Heiligen Geistes, 1) ein Zeugniß für die Wahrheit der Schrift, V. 16; 2) eine Mahnung an den Ernst dieser letzten Tage, V. 17; 3) ein Trost in den Kämpfen und Leiden dieser Zeit, V. 17. — Der Christ im Kampf gegen ungläubige Spötter: 1) er bekennt die göttliche Wahrheit mit Kraft und Freudigkeit, V. 14; 2) er läßt sich nicht erbittern, sondern beweist die Sanftmuth der Liebe, welche gern die Verirrten retten möchte, V. 14; 3) er streitet nicht mit fleischlichen Waffen weltlicher Macht und menschlicher Weisheit, sondern mit dem zweischneidigen Schwert des göttlichen Wortes, V. 16 ff.

**2. Die Ausführung in der Rede des Petrus: er weist nach, daß Jesus von Nazareth, ungeachtet die Juden ihn gekreuzigt haben, vermöge seiner Auferstehung und Erhöhung, in Folge deren er den Heiligen Geist ausgegossen hat, in der That der Herr und der Messias ist. (Kap. 2, 22—36).**

Ihr israelitischen Männer, höret diese Worte: Jesum von Nazareth, einen Mann, 22 der von Gott unter euch bestätigt war mit Kraftwirkungen, und Wundern und Zeichen, welche Gott durch ihn that in eurer Mitte, wie ihr selbst[1]) wisset; diesen habt ihr nach 23 dem festgesetzten Rath und Vorsehung Gottes ausgeliefert bekommen[2]) und durch die Hand[3]) der Gesetzlosen angeheftet und umgebracht. Den hat Gott auferweckt, nachdem 24 er aufgelöset hat die Wehen des Todes,[4]) sofern es nicht möglich war, daß er sollte von ihm gehalten werden. Denn David sagt in Beziehung auf ihn: „Ich sahe allezeit 25 den Herrn vor mir, denn er ist zu meiner Rechten, damit ich nicht wanke. Darum 26 freute sich mein Herz, und meine Zunge frohlockte; ja auch mein Fleisch wird ruhen in Hoffnung; denn du wirst meine Seele nicht im Todtenreich[5]) lassen, auch nicht zu- 27 geben, daß dein Heiliger die Verwesung sehe. Du hast mir kund gethan die Wege 28 des Lebens, du wirst mich erfüllen mit Freuden vor deinem Angesicht." Ihr Männer, 29 lieben Brüder, ich darf freimüthig zu euch reden von dem Erzvater David: er ist gestorben und begraben, und sein Grab ist bei uns bis auf diesen Tag. Da er nun ein 30 Prophet war und wußte, daß ihm Gott mit einem Eid geschworen hatte, daß von der Frucht seiner Lenden Einer[6]) sitzen solle auf seinem Stuhl: so hat er im Vorblick auf 31 die Zukunft geredet von der Auferstehung, daß er[7]) nicht im Todtenreiche gelassen worden ist, und sein Fleisch die Verwesung nicht gesehen hat. Diesen Jesum hat Gott 32 auferweckt, deß sind wir alle Zeugen. Nun er durch die Rechte Gottes erhöht ist, 33 und die Verheißung des Heiligen Geistes empfangen hat von dem Vater, hat er ausgegossen dieses, was ihr sehet[8]) und höret. Denn nicht David ist in den Himmel 34

1) Αὐτοί, das καί vor αὐτοί, welches der gewöhnliche Text hat, ist von Lachmann und Tischendorf nach Vorgang der Handschriften A. B. C. D. E. u. And., auch der Kirchenväter und alter Uebersetzungen mit Recht gestrichen worden.
2) Λαβόντες nach ἔκδοτον ist in dem Sinn gemäßer Zusatz, der aber auf Grund von A. B. C. und anderen Zeilen, sowie der Kirchenväter und alter Uebersetzungen für unächt zu halten ist.
3) Χειρός dem nach Maßgabe von ἀνόμων gebildeten Plural χειρῶν vorzuziehen, da es durch gewichtige Handschriften bezeugt und die schwerere Lesart ist.
4) Θανάτου, der aus V. 27 und 31 entstandenen, nur durch eine Handschrift und durch einige Uebersetzer und Kirchenväter bezeugten Lesart ᾅδου unbedingt vorzuziehen.
5) Statt εἰς ᾅδου lesen Lachmann und Tischendorf, nach mehreren Handschriften und Kirchenvätern εἰς ᾅδην, was aber wahrscheinlich spätere Correctur ist.
6) Vor καθίσαι schiebt der textus rec., welchen noch Bornemann folgt, ein: τὸ κατὰ σάρκα ἀναστήσειν τὸν Χριστόν, Worte, die in den gewichtigsten Handschriften und bei Kirchenvätern fehlen und sicherlich ein späteres Einschiebsel sind.
7) Der gewöhnlichen Lesart: οὐ κατελείφθη ἡ ψυχὴ αὐτοῦ ... οὐδὲ, ist von Lachmann, Tischendorf, Bornemann nach bedeutenden Zeugen vorgezogen worden die Lesart: οὔτε ἐγκατελείφθη εἰς Ἅιδου οὔτε ꝛc. Jene Lesart scheint dem V. 27 nachgebildet zu sein.
8) Νῦν vor ὑμεῖς ist, nach dem Zeugniß namhafter Handschriften, Uebersetzer und Kirchenväter, von den neuesten Kritikern mit Recht getilgt worden; es ist offenbar ein erklärender Zusatz.

aufgefahren; er spricht aber: „der Herr hat gesagt zu meinem Herrn: setze dich zu meiner Rechten, *bis ich deine Feinde lege zum Schemel deiner Füße." *So wisse nun das ganze Haus Israel gewiß, daß Gott diesen Jesum, den ihr gekreuzigt habt, zum Herrn und Christ gemacht hat.

### Exegetische Erläuterungen.

1. **Ihr israelitischen Männer.** Bisher hatte Petrus das Ereigniß in das Licht des prophetischen Wortes gestellt und als Erfüllung großer Verheißungen Gottes, die auch ihre sehr ernste und erschütternde Seite haben, bezeichnet. Nachdem so die Gemüther ernst und andächtig gestimmt sind, geht er erst auf den Kern der Sache los und legt nun ein offenes und klares, zugleich die Gewissen anfassendes, Zeugniß darüber ab, daß Jesus von Nazareth, der von seinem Volk gekreuzigte, aber von Gott, den Verheißungen gemäß, auferwecket und erhöhete, den Geist ausgegossen habe, und der Herr und Messias sei. Der Apostel behält demnach die Thatsache des Tages fest im Auge, die Gabe des Heiligen Geistes zieht sich wie ein goldener Faden durch seine ganze Rede hindurch; aber seine Rede gestaltet sich doch, weil sie eine Missionsansprache werden muß, zu einem Zeugniß von Jesu, der als der Gekreuzigte, aber auch Auferstandene und Erhöhete, der Herr und Erlöser ist. Petrus wendet sich daher, indem er auf diesen Hauptgegenstand seiner Rede überzugehen im Begriffe steht, an seine Zuhörer mit wiederholter Anrede und Bitte um ihre Aufmerksamkeit.

2. **Jesum von Nazareth.** Indem Petrus Jesum nennt, beschreibt er seine Persönlichkeit als eine von Gott thatsächlich ausgezeichnete (f. christolog. Grundbedanken), und zwar so, daß die Israeliten ihn als eine hervorragende und von Gott beglaubigte Person kennen lernten konnten (ἀποδεδειγμένον εἰς ὑμᾶς — ἐν μέσῳ ὑμῶν, καθὼς καὶ αὐτοὶ οἴδατε). Unverkennbar ist die Absicht, hiermit schon auf die Gewissen zu zielen, und seinen Zuhörern die entsetzliche Ungerechtigkeit des Verfahrens gegen Jesum fühlbar zu machen, auf die er sofort zu sprechen kommt.

3. **Diesen habt ihr.** Zwei Seiten stellt Petrus an dem Leiden Jesu in's Licht: die menschliche und die göttliche; von der menschlichen Seite stellt er Jesu Leiden dar als eine complicirte That, zu welcher verschiedene Personen mitgewirkt haben, nämlich die Hauptpersonen, welchen die Tödtung Jesu zur Schuld fällt, sind die Israeliten (προστήσαντες ἀνείλατε V. 23, vergl. 36); sodann die Mittelspersonen, durch deren Handanlegen die Anheftung an's Kreuz und die Hinrichtung vollzogen worden ist, sind ἄνομοι, Heiden, die das Gesetz (Mosis) nicht haben, d. h. Römer, nicht blos die römischen Soldaten, sondern auch der römische Statthalter; endlich ist mit ἔκδοτον auf den Verrath des Judas wenigstens angespielt. Indem aber der Apostel seinen Zuhörern ohne Unterschied sagt: „ihr habt ihn getödtet," während ohne Zweifel sich Viele darunter befanden, die bei der Leidensgeschichte Jesu 8—9 Wochen nicht zugegen gewesen waren, so geht er offenbar davon aus, daß die Kreuzigung Jesu eine That des Volkes als solche gewesen sei, und daß demnach eine Gesammtthat und Gesammtschuld stattfinde. — Um aber die so natürliche Frage: „wie hat aber das geschehen können, wenn Jesus ein solcher Mann Gottes war?" zu beantworten, und den Anstoß zu heben, welchen die Thatsache des Kreuzestodes erwecken mußte, weist Petrus zugleich auch auf die göttliche Seite der Sache hin und sagt: alles das ist vermöge des festgesetzten Rathschlusses Gottes und seines Vorhersehens erfolgt; mit andern Worten: es war doch nicht ein unbeschränktes Walten menschlicher Bosheit und Sünde; es hätte nicht so weit kommen können, wäre es nicht zugleich Gottes Wille gewesen, der es nicht allein vorhergewußt, sondern auch vorher beschlossen hat; es ist also im Leiden und Sterben Jesu zugleich ein göttlicher Rathschluß ausgeführt worden.

4. **Den hat Gott auferweckt.** So inhaltsreich der Ausspruch des Apostels über Leiden und Tod Jesu ist, so kurz und gedrängt in Worten ist er gefaßt. Hingegen von der Auferstehung Jesu handelt Petrus in nicht weniger als 9 Versen, woraus sogleich erhellt, daß ihm dies gerade die wichtigste Thatsache ist, welche überzeugend darzulegen er als Hauptaufgabe betrachtet. Was Petrus von der Auferstehung Jesu sagt, trägt einen doppelten Charakter: einmal legt er in seinem und aller übrigen Apostel Namen einfach Zeugniß ab von derselben als wirklich erfolgter Thatsache (V. 24. 32); und das beruht offenbar, wiewohl es nicht ausdrücklich ausgesprochen ist, auf dem Umstande, daß sie den Herrn nach seiner Auferstehung persönlich gesehen hatten und demnach Augen- und Ohrenzeugen seines Auferstehungslebens waren, vergl. 1, 21 ff. Zum andern beleuchtet der Apostel die Auferstehung Jesu durch das prophetische Wort als eine Thatsache, welche von David geweißagt war und an Jesu in Erfüllung gehen mußte. Jenes fällt zusammen mit der Thatsache: „Jesus ist wahrhaftig auferstanden" (Luk. 24, 34), seine Auferstehung ist wirklich; das Letztere geht einen Schritt weiter und spricht aus: Jesus hat müssen auferstehen, seine Auferstehung war nothwendig; vergl. Luk. 24, 46. Dies liegt deutlich in dem οὐκ ἦν δυνατόν u. s. w. Hier V. 24 hat Petrus in aramäischer Sprache ohne Zweifel den Ausdruck חֶבְלֵי־מָוֶת gebraucht, welcher Schlingen und Fallstricke bezeichnet, mit denen der Tod seine Beute erhascht und festhält; Lukas hat aber, nach dem Vorgang der LXX, welche an חֲבָלִים; dachten, ὠδῖνες θανάτου gesetzt, und zwar gewiß nicht in der hebraisirenden Bedeutung: Stricke oder Bande (Olshausen), sondern in dem Sinne: Schmerzen, Geburtsschmerzen; Letztere, sofern aus dem Tode neues Leben geboren wurde. Die Auslegung: Der Tod selbst kreißte in Geburtswehen, bis der Getödtete auferweckt wurde (Meyer), ist künstlich; wie natürlicher bezieht man die Schmerzen auf die Person Jesu selbst, sofern auch nach dem Augenblick des Todes der Zustand, wo die διαφθορά droht, in Todtenruhe, als ein peinlicher gedacht wird. — Was will aber der apostolische Satz eigentlich sagen: „es war nicht möglich, daß er vom Tode festgehalten würde"? Sowohl ältere als neuere Ausleger erklären

das direkt so, als wollte Petrus sagen: vermöge des Wesens Jesu Christi war es unmöglich, sofern der Sohn das Leben in sich selber hat (Olshausen), oder: es war unmöglich in Ansehung 1) Gottes des Vaters, 2) des Sohnes, als des ewigen Sohnes Gottes, 3) des Todes, welcher keinen endgültigen Anspruch auf einen Heiligen und Fürsten des Lebens haben konnte (Gebrand van Leeuwen). Allein hier wird die Hauptsache immer nur hineingelegt, der Zusammenhang gibt hingegen durchaus nichts Anderes als die Hand, als daß Jesus darum unmöglich vom Tode festgehalten werden konnte, weil es geweißagt war und die göttliche Verheißung erfüllt werden muß. Dies ist der nächste logische Sinn, welcher jedoch nicht aus-, sondern einschließt, daß die in der Weißagung ausgesprochene Lebenskraft und Lebensfülle des Gesalbten Gottes der innere Grund sowohl der Verheißung als ihrer Erfüllung sei.

5. Ich sahe allezeit den Herrn. Die Weißagung, auf welche Petrus sich beruft, Ps. 16, 8—11, enthält einen innig warmen Ausdruck freudiger Zuversicht eines gottseligen Gemüths, das Leib und Seele sich freuen in dem lebendigen Gott, und auch im Angesichte des Todes dennoch eines ewigen seligen Lebens gewiß sind. Die Worte sind, den LXX folgend, vollständig angeführt. V. 25 drückt die innige und treue Lebensgemeinschaft Davids mit Gott aus, sofern er selbst beständig den Herrn vor Augen hat, und dieser ihm helfend und haltend zur Seite steht; daher V. 26 die Freude in Gott und hoffnungsreiche Zuversicht des ganzen Menschen (καρδία, γλῶσσα statt כָּבוֹד, σάρξ.) vermöge welcher er gewiß ist, V. 27, dem Tode nicht als Beute anheimzufallen, so daß die Seele im Todtenreich bleiben, oder der Geliebte Gottes im Grab verwesen müsse; im Gegentheil, V. 28 hofft er, durch Gottes Führung und Liebe, Leben im vollen Maß und Wonne in Gottes Gemeinschaft zu erlangen. — Was nun David in diesen Worten herrlicher Zuversicht ausgesprochen, das bezieht der Apostel auf Jesum Christum; V. 25 schickt er voraus, David rede εἰς αὐτόν, d. h. nicht „von Jesu," sondern „mit Beziehung auf ihn;" V. 29—31 erklärt er ebenso umständlich, nachdem er vorangeschickt hat, von David freimüthig reden zu dürfen. Weil nämlich Gemüther, die für den Ruhm des Königs David eingenommen waren, in dem nun Folgenden leicht eine Beeinträchtigung desselben finden und dadurch verstimmt werden konnten, so will der Apostel vorbeugen und geneigteres Gehör gewinnen; indem er bemerkt, man dürfe das zu sagen (ἐξὸν sc. ἐστίν, nicht ἔστω), nämlich weil es unleugbare Thatsache sei. Um aber zu beweisen, daß er selbst auf David viel halte, betitelt er ihn πατριάρχης, d. h. den geehrten Stammvater des Königshauses, aus welchem nach der Verheißung der Messias kommen mußte. Dennoch ist es Thatsache, sagt Petrus, daß David nicht nur gestorben und begraben ist, sondern auch, daß sein Grabmal heute noch hier existirt, womit deutlich zu verstehen gegeben ist, daß Davids Leichnam der Verwesung anheim gefallen sei. Somit hat David, der ja durch den Geist Gottes erleuchtet war, und die eidliche Verheißung erhalten hatte, daß Gott einen Nachkommen von ihm auf seinen Königsthron setzen werde, 2 Sam. 7, 12; vgl. Ps. 89, 4 f., 36 f.; 132, 11, in weißagendem Zukunftsblick auf

die Auferstehung des Messias ausgesprochen, Ps. 16, 10, daß er nicht im Todtenreich gelassen worden ist und sein Fleisch der Verwesung nicht anheim gefallen ist." Das ὅτι οὐ κατελ. u. s. w., „daß er nicht geblieben ist", gibt den Inhalt der prophetischen Aussage direkt an und ist nicht = εἰς ἐκεῖνο ὅτι (Meyer) zu fassen, denn jenes ist einfacher, und daß dann statt ἐλάλ,σε: εἶπε stehen müßte, trifft nicht, weil ἐλάλ. zunächst mit den Worten περὶ τῆς ... Χριστοῦ verbunden ist; überdies müßte man, bei jener Fassung, in V. 32 γάρ oder eine ähnliche Partikel erwarten.

Wie ist nun nach der Meinung des Apostels die Weißagung David's psychologisch zu fassen? Soll David, wo er in der ersten Person redet, also wirklich von sich selbst zu sprechen scheint, in der That nicht in seinem eigenen, sondern in des Messias Namen gesprochen haben? Der Psalm selbst gibt doch nicht den leisesten Wink in dieser Richtung. Und Petrus behauptet auch nicht, daß David, mit Ausschluß seiner eigenen Person, einzig und allein von Christo gesprochen habe; es verträgt sich mit den apostolischen Worten und deren Sinn ganz wohl, vorauszusetzen, daß David allerdings zunächst seine persönliche Lebenshoffnung auf Grund der lebendigen Gemeinschaft mit Gott ausgedrückt habe; allerdings bringt Petrus ausdrücklich darauf, daß David hierbei, vermöge der Erleuchtung des Geistes Gottes, der in ihm war, eine Erwartung ausgesprochen habe, welche in ihrem vollen Sinn an David selbst nicht in Erfüllung ging, wohl aber an dem ihm verheißenen Gesalbten Gottes, welcher Davids Nachkomme und Thronnachfolger ist. Wie hell und bewußt der vorausschauende prophetische Blick David's auf Jesum Christum selbst und dessen Auferstehung gewesen sei, darüber äußert sich der Apostel allerdings nicht. Indem aber Petrus die davidischen Worte Ps. 16, 10 direkt auf die Auferstehung Jesu anwendet, behauptet er nicht allein, daß sein Leib von der Verwesung unberührt geblieben, sondern auch daß Jesus in's Todtenreich gekommen, wiewohl nicht dort geblieben sei V. 31.

Von der Weißagung aus kommt Petrus V. 32 wieder zurück auf das einfache Zeugniß der Apostel von der Auferstehung Jesu, vergl. oben 4.

6. Nun er durch die Rechte Gottes erhöhet ist. V. 33 ff. schreitet der apostolische Vortrag geschichtlich fort, von der Auferstehung Jesu in seiner Himmelfahrt und der Ausgießung des Geistes, d. h. zu dem gegenwärtigen Moment. „Jesus ist durch die rechte Hand Gottes erhöhet", nämlich in den Himmel zu göttlicher Macht und Herrlichkeit; τῇ δεξιᾷ heißt nicht: „Zur rechten Hand Gottes" (Kleet, de Wette), die Grammatik, auch des neutestamentlichen Sprachgebrauchs, läßt dies nicht zu, sondern: „durch die Rechte", indem Petrus ein besonderes Gewicht darauf legt, daß durch Gottes Macht und That der von den Menschen erniedrigte und getödtete Jesus auferweckt und erhöhet worden sei. — Weiter sagt Petrus aus: Jesus hat sofort in Empfang genommen den verheißenen Heiligen Geist vom Vater, um ihn mitzutheilen, und hat somit das, wovon ihr Augen- und Ohrenzeugen seid, die Kraft, deren Wirkungen ihr wahrnehmet, ausgegossen. — Auch hier beruft sich der Apostel auf Weißagung V. 34 ff. zur Begründung seines Zeugnisses: David ist ja doch anerkanntermaßen nicht in den Himmel aufgefahren, wie Elias, und doch

spricht er, Pf. 110, 1 u. f. w. Petrus, welchem ohne Zweifel die Frage Jesu Matth. 22, 41 ff. vorschwebte, setzt voraus, daß das Wort Gottes, worin dem Messias der Sitz zur Rechten, d. h. die Theilnahme an göttlicher Ehre und Macht angekündigt wird, auf Jesum ziele.

7. **Wisset denn, daß Jesus der Christ ist!** Das ist der praktische Schlußsatz der Rede; hiemit B. 36 zieht Petrus die Summa aus allem Bisherigen; diese Erkenntniß (γινωσκέτω) ergibt sich mit Sicherheit (ἀσφαλῶς) aus den Vordersätzen; diese Ueberzeugung ist aber zugleich auf das Gemüth gemünzt, soll Beugung, Reue und Buße erwecken, weil Israel den gekreuzigt hat, der doch der Messias und von Gott so hoch gestellt ist; endlich zielt der Apostel auf den Willen seiner Hörer, denn die Erkenntniß, die er hat erzeugen wollen, ist eine praktische, d. h. Anerkennung Jesu als des Herrn, im Gehorsam des Glaubens; und zwar gebührt solche Anerkennung dem ganzen Volk (πᾶς οἶκος Ἰσρ.) als eine Pflicht, um so mehr als das Volk sich an Jesu entsetzlich versündigt hat; daher ὃν ὑμεῖς ἐσταυρώσατε an den Schluß gerückt, als ein Stachel, der in den Seelen bleiben soll, bis er durch Belehrung und Vergebung der Sünde ausgezogen wird.

**Dogmatisch-christologische Grundgedanken.**

1. Die Person Jesu Christi erscheint in dieser ersten apostolischen Rede sowohl nach ihrer menschlichen als nach ihrer göttlichen Seite, überwiegend jedoch nach der menschlichen Seite hin geschildert. Denn wiewohl die Würde Jesu in seinem Leben und Wirken, in seinem Kreuzestod, in seiner Auferstehung, Himmelfahrt und himmlischen Herrlichkeit und Thätigkeit stetig und leuchtend hervorgestellt ist, so erscheint doch das Göttliche hierin vielmehr als verliehen (V. 22), von Gott bewirkt (V. 24. 32. Gott hat ihn auferweckt, nicht „Christ ist erstanden"; V. 33 durch Gottes Rechte erhöht, nicht „aufgefahren"), ja ausdrücklich ist gesagt: Gott hat ihn sowohl zum Herrn als zum Messias gemacht V. 36. Keine einzige positive Andeutung, daß Jesus von Hause aus der Sohn Gottes sei, das Leben in sich selber habe, und er von Ewigkeit Gott gewesen sei, u. dgl. Allein das ist nicht der Art, daß es einen Anstoß geben dürfte, als wäre die Anschauung von der Gottheit Christi nur später geworden, ursprünglicher Wahrheit baar und ledig. Auch ist nicht einmal nöthig, sich darauf zurückzuziehen, als ob Petrus und die andern Apostel, in deren Namen er spricht, nur aus Rücksicht auf die Zuhörer, vermöge einer (wenn auch erlaubten) Anbequemung, von jener Wahrheit vor der Hand geschwiegen hätten, um die Seelen nur erst zur Anerkennung der Messianität Jesu zu bringen, und hernach auch ihnen die tiefere Wahrheit aufzuschließen. Sondern es lag in der Natur der Sache und in dem Charakter der religiösen Erkenntniß, daß, unerachtet des klaren Selbstzeugnisses Jesu, die persönliche Einsicht der Apostel und ihre Ueberzeugung von der Gottheit des Erlösers erst allmählich wachsen konnte und mußte; und dieses Wachsen ging naturgemäß so vor sich, daß die Erkenntniß von der zeitlichen Erscheinung zu dem ewigen Wesen, von den Hauptthatsachen zu den Hauptwahrheiten, von außen nach innen, von unten nach oben drang und fortschritt.

2. Dieses Verhältniß kommt in gleicher Weise zum Vorschein in Betracht des Leidens und Todes Jesu. Der Apostel beleuchtet (f. oben Erläut. 8), die Passion des Herrn so, daß sie als schuldhafte That des jüdischen Volkes, aber zugleich als von Gott vorhergesehen und beschlossen erkannt werden solle, V. 23. Hingegen warum eigentlich Jesus sterben mußte, und insbesondere, daß sein Leibes- und Kreuzestod eine That der Versöhnung und Erlösung, eine Heilsthat gewesen, davon verlautet noch kein Wort. Und wir sind nicht berechtigt zu behaupten, das sei absichtlich verschwiegen, weil der Vortrag nicht aufgehoben und umgestoßen, sondern bestätigt, aber es ist noch nicht die ganze und volle Wahrheit, noch nicht in alle Tiefe und Höhe verfolgt.

So verhält es sich auch mit der Auferstehung: Der Apostel spricht aus, es sei nicht möglich gewesen, daß Jesus vom Tode hätte festgehalten werden sollen, d. h. er behauptet die Nothwendigkeit seiner Auferstehung. Allein er meint hier nur so, daß durch das Wort der Weissagung im Alten Bunde die Auferstehung des Messias vorausverkündigt sei und demnach, weil Gott wahrhaftig und treu ist, seiner Zeit habe erfolgen müssen. Hingegen, daß Jesus vermöge der Würde und innewohnenden Lebens- und Siegeskraft seiner Person den Tod schließlich überwinden mußte, d. h. die innere und wesentliche Nothwendigkeit seiner Auferstehung, berührt Petrus noch nicht mit einem Wort. Er bezeugt die Wahrheit, aber immerhin noch nicht mit der vollen und durchbringenden, begreifenden Einsicht in dieselbe. Auch hierin offenbart sich die wachsthümliche Natur der göttlichen Offenbarung, und die Weisheit in den Gnadenwirkungen des Heiligen Geistes, der die Jünger nicht magisch mit einem Schlag in den vollkommenen Besitz aller Wahrheit versetzt, sondern sie Schritt für Schritt und allmählich in die ganze Wahrheit hineinführt, Joh. 16, 13.

3. **Christus im Todtenreich.** Petrus weist die Weissagung, Ps. 16, 10, als in Jesu erfüllt nach, V. 31, vergl. V. 27, behauptet also, daß Jesus im Hades gewesen, jedoch nicht darin geblieben sei (erat in inferno, non est relictus in inferno, Bengel). Und das darf um so weniger durch Berufung auf die alttestamentliche Vorstellung beseitigt werden, als derselbe Apostel in seinem ersten Brief, Kap. 3, 18 ff., auf diese Thatsache in ganz lehrbarer Weise zurückkommt. Hier an unserer Stelle liegt ein Gewicht darauf, daß Jesus dem Geschick und Gesetz des Todes vollständig und wahrhaftig, wie nicht bleibend sich unterworfen hat. Er hat den Uebergangszustand zwischen irdischem Leben und Auferstehungsleben der Ewigkeit auch mitgemacht, und somit ist „nichts Menschliches ihm fremd geblieben"; anderseits ist die Auferstehung Jesu ein feste entscheidender Sieg, je rückhaltloser er den Todeszustand selbst erfahren hat. Der besondere Zweck, zu welchem die Niederfahrt in das Todtenreich dienen mußte, ist allerdings erst später in's Licht gestellt worden.

4. Beachtenswerth ist, daß Jesus, durch die herrliche Macht Gottes erhöht, den verheißenen Geist erst selbst empfangen hat, um ihn mitzutheilen.

Hierin liegt, daß der erhöhte Erlöser nicht vermöge ursprünglich inwohnender Fülle und Vollmacht den Heiligen Geist mitzutheilen vermochte. Sondern es war eine besondere Stufe der Verherrlichung Jesu, daß er „die Verheißung des Heiligen Geistes empfing." Es gehört zu der vollkommenen Menschheit des Erlösers, daß er nicht nur während seines Erdenlebens gewachsen ist und stark wurde im Geist, Luk. 2, 40, sondern auch im Stand der Erhöhung noch empfangen hat, was er zuvor noch nicht besaß, nämlich die Fülle des auf die Seinen auszugießenden Geistes; vergl. Joh. 15, 26.

### Homiletische Andeutungen.

Wodurch die Erkenntniß unseres Herrn Jesu Christi gefördert wird: 1) durch fortgehende Leitung des Heiligen Geistes, 2) durch die eigenen Lebenserfahrungen, 3) durch Forschen in der Schrift. — Das Zeugniß Gottes für Jesum: 1) in den Wunderthaten des Herrn selbst, 2) in seiner Auferweckung und Erhöhung, 3) in der Gabe des Heiligen Geistes. — Gottes Rath, Menschenthat 1) in scheinbarem Widerspruch, 2) in wirklichem Einklang mit einander. — Es gibt kein schrankenloses Walten menschlicher Bosheit und Sünde. Es ist dafür gesorgt, daß die Bäume nicht in den Himmel wachsen. — Die Schriftwahrheit von einer Gesammtschuld, und zwar 1) von deren Grund, 2) ihrer Strafe, 3) ihrer Lösung und Vergebung für Einzelne. — Die Auferweckung Jesu ein Zeugniß 1) von der Allmacht, 2) von der Treue, 3) von der Erbarmung Gottes. — Jesu Tod und Auferstehung ein doppeltes Geheimniß, 1) sofern der sterben konnte, der das Leben in sich selber hat; 2) sofern der auferstanden ist, der gekommen war, sein Leben zu geben für Viele. — Die Lebensgemeinschaft mit Gott eine Gewähr des ewigen Lebens, V. 25. 28. — Wie sich Leib und Seele freuen in dem lebendigen Gott, V. 26. — Das prophetische Wort ein Licht im dunkeln Ort. — Die Höllenfahrt Jesu in ihren Bedeutungen 1) als Zeugniß der vollkommenen Menschheit des Erlösers, 2) als die tiefste Tiefe seiner Erniedrigung, 3) als der Wendepunkt zu seiner Erhöhung, 4) als ein Maßstab der umfassenden Weite seines Erlösungswerkes. — Christi Erhöhung 1) durch die Rechte Gottes, 2) zu der Rechten Gottes. — Christi Thronbesteigung. — „So lange Gott bleibt der Herr, wird's alle Tage herrlicher." — Die Ausgießung des Heiligen Geistes ein Zeugniß der Erhöhung des gekreuzigten Erlösers.

Starke: Gott macht sich mit seinem Sohn unter die Menschen, damit sich die Menschen zu Gott nahen. — Der Tod ist nur ein Band, welches Gott leicht auflösen kann; darum fürchte den Tod nicht! — Die hier den Herrn vor ihrem Angesicht haben, sollen auch dort vor seinem Angesichte stehen; denen der Herr in dieser Welt zur Rechten ist, die werden ebenfalls an jenem Tage zu seiner Rechten gestellt werden. — Ueberstandene schwere Kämpfe machen auch eine rechte Siegesfreude, V. 26. — Niemand kann sich recht von Herzen freuen, als der Gott vor Augen hat. — Ist unser Erlöser durch seine Auferstehung in ein unvergängliches Leben eingedrungen, so hat er auch uns den Weg gebahnt. — Das Reich Gottes ist schon hier Freude in dem Heiligen Geist; was wird's erst werden, wenn wir Gott von Angesicht zu Angesicht sehen werden? — Tod und Grab sind das Ende aller Herrlichkeit dieser Welt; vergaße dich nicht in diese! — Das Zeugniß von Jesu ist der Geist und die Seele der Weißagung. — Christi Auferweckung wird dem Vater zugeschrieben, uns zu lehren, daß wir nicht uns selbst erheben, sondern Alles von Gott erwarten sollen. — Der Sohn nimmt vom Vater für uns, der Heilige Geist nimmt vom Sohne von uns, Joh. 16, 14 ff.; o seliges Nehmen und Geben! Lasset uns der Heiligen Dreieinigkeit nachfolgen: der Glaube nimmt, die Liebe gibt. — Muß Christus warten, bis alle seine Feinde zum Schemel seiner Füße gelegt werden, warum sollten wir nicht warten? — Was die Welt aus Kreuz erhöhet, das erhöhet Gott in den Himmel.

Lindheim: Reißen Jesu Bande, so reißen die meinigen mit, denn wir gehören zusammen.

Apostol. Pastorale: Wie hoch Jesus auch im Stande seiner Erniedrigung gewesen. — Ein Knecht Christi wird darin seinem Haupte ähnlich, daß, wenn ihn der Herr ins Leiden kommen läßt, er ihn vorher in dem Gewissen der Menschen, auch seiner Feinde, als seinen Knecht legitimirt. — Die Freude des auferstandenen Heilandes ist mit der Freude einer Mutter zu vergleichen, die nach ausgestandenen Geburtsschmerzen vergnügt, „daß der Mensch zur Welt geboren ist," denn wir sind durch seine Auferstehung zu einer lebendigen Hoffnung wiedergeboren, 1 Petri 1, 3. — Alle Wege, die Jesus in seiner Niedrigkeit und Erhöhung betreten hat, sind lauter Wege des Lebens für uns; und alle Wege, darauf er die Seelen führt, von Anfang ihrer Bekehrung bis zu ihrer Vollendung, sind lauter Lebenswege; es geht Alles zum Leben.

### D.
### Wirkung der Rede.
### Kap. 2, 37—41.

Die Rede nebst den daran sich knüpfenden Ermahnungen hat die Bekehrung von drei tausend Seelen zur Folge, welche durch Taufe den Jüngern Jesu sich beifügen ließen.

37 Da sie aber das höreten, ging es ihnen durch's Herz, und sprachen zu Petrus und zu den andern Aposteln: „Ihr Männer, lieben Brüder, was sollen wir thun?" 38 Petrus aber sprach zu ihnen: Thut Buße, und lasse sich ein jeder von euch taufen auf den Namen Jesu Christi zur Vergebung der Sünden; so werdet ihr die Gabe des Heiligen Geistes empfahen. Denn euch gilt die Verheißung und euren Kindern und Allen in 39 der Ferne, so viel ihrer der Herr unser Gott herberufen wird. *Auch mit viel an- 40 dern Worten bezeugte und ermahnte er und sprach: „Lasset euch erretten aus diesem

41 verkehrten Geschlecht!" *Sie nahmen nun das Wort¹) an, und ließen sich taufen, und es wurden an jenem Tage hinzugethan bei drei Tausend Seelen.

#### Exegetische Erläuterungen.

1. **Da sie aber das hörten — was sollen wir thun?** Die Wirkung der Rede war eine durchschlagende: die Zuhörer, d. h. ein großer Theil derselben, wurden „zerstochen im Herzen" (κατενύγησαν), die Rede gab ihnen einen rechten Stich durch's Herz, wozu der Stachel in den letzten Worten nicht wenig mitwirkte. Der Vortrag des Apostels wirkte, was den Erfolg betrifft, zu allererst auf das Gefühl; die Gemüther wurden schmerzlich ergriffen, zerknirscht darüber, daß sie Jesum, den sie jetzt als den Messias und ihren Herrn erkennen mußten, verkannt, verachtet, mißhandelt und mit an's Kreuz gebracht hatten, daß sie hiedurch sich so schwer gegen Gott und seinen Gesalbten versündigt und die gerechten Strafen Gottes verwirkt hatten. Allein es blieb nicht bei dieser augenblicklichen Rührung, welche durch die erlangte Erkenntniß und Erleuchtung erzeugt wurde, sondern in der Frage: „was sollen wir thun?" offenbarte es sich, daß auch ihr Wille kräftig angefaßt war, so daß sie, zutrauensvoll und liebreich die Apostel um Rath angehend, sich willig zeigten, zu thun, was jetzt ihre Pflicht und Gottes Wille an sie sei. Indem sie so den Petrus und die übrigen Apostel als Brüder mit freundlicher Gesinnung und aufrichtigem Zutrauen um Rath fragten, legten sie zugleich nicht nur einen redlichen Ernst um ihre Seligkeit an den Tag, sondern auch einen keimenden Glauben und ein Vertrauen auf Gott, der ihnen wohl noch vergeben und zurechthelfen werde.

2. **Thut Buße u. s. w.** Petrus ertheilt mit Freuden den erbetenen Rath, und übt hiermit so zu sagen einen Akt spezieller Seelsorge, indem er den Empfänglichen und Erweckten vollends den Weg der Heilsordnung weist. Und zwar begehrt er zweierlei und verheißt zweierlei. Er begehrt, daß die Seelen 1) ihren Sinn, ihre sittliche Richtung ändern (μετανοεῖτε), 2) daß sie sich im Namen Jesu taufen lassen sollen (ἐπὶ τῷ ὀνόματι Ἰ. Χ., d. h. auf Grund des Glaubens an Jesum, der Anerkennung und Unterwerfung unter ihn als den Herrn und Messias). Die Handlung der Taufe selbst ist hierbei als von dem Täufer Johannes her und aus dem Wirken Jesu bekannt vorausgesetzt. Was Petrus fordert, kommt also auf Sinnesänderung und Glaube hinaus, und die Handlung der Taufe ist hierbei in erster Linie als sittliche That des Täuflings aufgefaßt, während sie, vermöge der sofort sich anschließenden Verheißung, allerdings auch als Gnadenmittel von Seiten Gottes erscheint. Petrus verheißt denen, die bußfertig sich taufen lassen, 1) Vergebung ihrer Sünden, 2) die Gabe des Heiligen Geistes. — V. 40 enthält die Summa weiterer von dem Apostel angebrachter Vorstellungen und Vermahnungen, sofern er mit Recht auf eine sofortige und völlige Entscheidung drang, „das Eisen schmiedete, weil es noch heiß war;" die Vermahnungen liefen wesentlich darauf hinaus, daß die Erweckten durch Ergreifen der für sie suchenden Gnade sich erretten und von der Gemeinschaft der Sünde und des Verder-

bens mit dem verkehrten Geschlecht aussondern lassen sollten.

3. **Denn euch gilt die Verheißung.** Weil er ihnen sichere Hoffnung auf dieselbe Gabe des Heiligen Geistes, welche die Apostel und andere Jünger schon empfangen hatten, macht, so begründet er dies mit der Hinweisung darauf, wem diese Gottesverheißung gelte; nämlich: a. sie gebt euch, Ihr Israeliten an; aber auch b. eure Kinder, d. h. sie beschränkt sich nicht auf den Augenblick, sondern erstreckt sich auch auf die Zukunft, auf die nachwachsenden Geschlechter in Israel: aber sie hat c. noch eine umfassendere Bestimmung, sie gilt πᾶσι τοῖς εἰς μακράν, allen Völkern, d. h. Heiden, in der Ferne, so viele von ihnen Gott herbeirufen wird. Beza verstand das Letztere von longo post futuri, was aber in τέκνα ἡμῶν schon liegt. Meyer und Baumgarten deuten es auf Israeliten in fernen Ländern, denn der Zusammenhang führe nicht auf die Heiden. Doch wohl, wenn man auf die Steigerung, oder die allmähliche Dehnung des Umkreises merkt; obendies betrachtet Petrus seine Zuhörer als Vertreter des gesammten Volks, V. 36; überdies bedurfte die jüdische Diaspora keiner besonderen Berufung, sie war von Hause aus schon an der Verheißung betheiligt, so gut als die, welche zufällig anwesend waren. Somit ist die von Brenz und Calvin, Bengel, Lange u. Aub. angenommene Auffassung von den Heiden, vorzuziehen. Allerdings ist die Universalität des Heils hier nur erst in einem Umriß berührt; die bestimmte, klare Erkenntniß davon trat erst später ein.

4. **Sie nahmen das Wort an.** Der schließliche Erfolg war erstaunlich: eine Schaar von ungefähr 3000 Seelen nahm das gehörte Wort mit entschiedenem Willen an, ließ sich taufen und schloß sich als Zuwachs der Gemeinde Jesu an. Sie wurden „an jenem Tage," im Lauf desselben, durch die 12 Apostel getauft. — Daß Alle, welche B. 6, versammelt hatten und Zuhörer gewesen waren, sich auch bekehrt hätten, ist natürlich nicht die Meinung; denn die Spötter, V. 13, hatten auch zugehört und wurden mindestens nicht alle umgestimmt. — Daß aber diejenigen, welche das Zeugniß von Jesu anzunehmen redlich bereit waren, sofort auch getauft wurden, war ganz dem Befehl Jesu, Matth. 28, 19, gemäß; war nur aufrichtig ein Jünger Jesu werden will, soll getauft werden, eine weitere Unterweisung in der Lehre (διδάσκοντες das.) konnte füglich nachfolgen.

#### Christologisch-dogmatische Grundgedanken.

1. Der Apostel zeichnet die Heilsordnung einfach, aber der evangelischen Wahrheit gemäß. Er fordert von Leuten, deren Mitschuld an der Kreuzigung des Erlösers er so nachdrücklich behauptet hatte, als Bedingung der Vergebung ihrer Sünden nicht Fasten, Selbstkasteiungen und allerlei verdienstliche Werke, sondern lediglich nur Reue und Sinnesänderung einerseits, und Uebernahme der Taufe im Namen Jesu, also Glauben an Jesum, als den Messias, andererseits.

---

1) Λαμένως nach οὖν hat der gewöhnliche Text. Es ist aber ein späterer, verstärkender Zusatz, der in gewichtigen Handschriften sowohl als bei alten Uebersetzern und Kirchenvätern fehlt; weßhalb Lachmann und Tischendorf ihn tilgen.

2. Die Taufe ist nach dem Sinn dieses Abschnitts eine doppelte Handlung, eine menschliche und eine göttliche: menschlich, sofern der Täufling sich durch Uebernahme der Taufe zu Jesu als seinem Herrn (mit andern Worten zu dem dreieinigen Gott als seinem Gott) bekennt und ihm zu dienen gelobt; und sofern die Gemeinde Christi, welche ihm die Taufe ertheilt, ihn als ihr Glied aufnimmt, in sich einverleibt, V. 41. Eine göttliche Handlung ist die Taufe, insofern Gott den Menschen aus dem verkehrten sündigen Geschlecht aussondert (V. 40 σώϑητε setzt die Gnade als rettende Macht voraus, welcher sich der Mensch hingibt), ihm die Sünden vergibt und ihn des Heiligen Geistes theilhaftig macht, V. 38. Allerdings ist hier die ἄφεσις ἁμαρτιῶν enger und unmittelbarer mit der Taufhandlung verknüpft, als die Gabe des Heiligen Geistes; nämlich jene ist durch als der nächste Zweck und die mittrennbare Verheißung der Taufe bezeichnet, während im übrigen nur gesagt ist: „und ihr werdet die Gabe des Heiligen Geistes empfangen," worin allerdings noch nicht liegt, daß sie in und mit der Taufe auch sofort den Geist empfangen würden.

3. Die Gemeinde oder Kirche Christi. Daß das Pfingstfest der Geburtstag der Kirche sei, ist von jeher erkannt worden. Gegründet ist die Kirche durch das Werk Jesu Christi, als des Propheten, Hohenpriesters und Königs, insbesondere durch die Berufung und Einsetzung der Apostel und die Sammlung eines weiteren Jüngerkreises, durch die Stiftung des Abendmahls und der heiligen Taufe. Aber vor dem Pfingstfest glich die Gemeinde Jesu, seit ihr Haupt unsichtbar im Himmel thronte, dem Menschenleib von Gott aus Erde gebildet, ehe noch der Geist aus Gott ihm eingehaucht war, worauf er erst eine lebendige Seele wurde, Gen. 2, 7. Die Gemeinde Jesu, als die neue Gesammtperson, war gebildet und hingestellt in die Welt; aber nun erst, am Pfingstfest, ward ihr mit einem Schlag der Geist eingehaucht, sie ward eine lebendige Seele; und im gleichen Moment vermochte nun die Kirche Christi auch zu wachsen, durch Assimilation und Einverleibung anderer Seelen. Irenäus sagt: Ubi ecclesia, ibi et spiritus Dei; et ubi spiritus Dei, illic ecclesia et omnis gratia. Der zweite Theil des Doppelsatzes wird durch unser Kapitel reichlich bestätigt; der erste nicht in dieser Allgemeinheit, sofern Kap. 1 und 2 Anfang die Kirche Christi existirte, ohne daß noch der Geist Gottes da war. Und diese Thatsache, die nicht bestritten werden kann, spricht auch dafür, daß in andern Zeiten die Kirche Christi ebenfalls in einen Zustand kommen kann, wo man den Geist Gottes mit Mühe in ihr suchen muß.

#### Homiletische Andeutungen.

Die Wirkung der apostolischen Rede ein Zeugniß von dem Innwohnen des Heiligen Geistes in den Aposteln. — Was die Wirkung der ächt evangelischen Predigt sein muß: 1) Bewegung des Herzens, 2) Entschließung des Willens. — Nur keine solche Rührung, bei der man sich nicht von der Stelle rührt! — Die Lebensfrage: was sollen wir thun? — Der große Unterschied zwischen der Antwort des Täufers Johannes und der Apostel Jesu Christi auf die gleiche Frage: was sollen wir thun? (vergl. Luk. 3, 10 ff.); dort Gesetz, hier Evangelium. — Die evangelische Heilsordnung in Berufung, Erleuchtung, Bekehrung, Rechtfertigung Erneuerung. — Wort und Sakrament die unentbehrlichen Gnadenmittel. — Buße und Vergebung der Sünden, beide im Namen Jesu Christi, V. 38, vergl. Luk. 24, 47. — Die Gabe des Heiligen Geistes eine allgemeine Verheißung. — Das Reich Gottes mit seinen Verheißungen und Gütern steht unter dem Gesetz des Wachsthums. — Die Wunder der göttlichen Berufung: 1) ihre gewaltige Kraft, welche doch die menschliche Freiheit gewähren läßt; 2) ihr Alles umfassender Kreis mit doch nur allmählich fortrückendem Schritt. — Die entgegengesetzten Wirkungen der Bekehrung: 1) ausschließende, 2) anschließende Wirkung (V. 40 σώϑητε ἀπό, V. 41. προς ετέϑησαν).

Starke: Wie der Glaube, so auch die Reue entstehet aus dem Hören des Worts. — Wahre Reue über die Sünde wird durch die Vorstellung des Leidens Christi, so wir ihm durch unsere Sünde verursachet, kräftig erwecket. — Ohne wahre Veränderung des Herzens und Sinnes keine wahre Buße. — Die Taufe ist ein kräftiges Mittel der Wiedergeburt und Vergebung der Sünden, Tit. 3, 5. — Wohlgehaltene Bußtage geben eine gesegnete Pfingstfeier, 2 Kor. 3, 16 f. — Den Heiligen Geist haben wir nicht von uns selbst, sondern müssen ihn von Gott als ein Geschenk empfahen. — Ein Herz mag von Gott noch so weit entfernt sein, Gottes Stimme wird doch von ihm gehört. — Der Anfang der wahren Bekehrung ist, daß man das Wort der Wahrheit gerne annimmt. — Seligkeit oder Verdammniß können auf eine einzige angenommene oder verachtete Predigt und Unterweisung folgen.

Quesnel: Eine jede Bekehrung zu Gott erfordert eine Absonderung von der Kreatur. — Verderbte Gesellschaft muß man meiden; lieber alleine, als bei böser Gemeine!

Lindheim: Bei Gott ist immer, wie ein ernstlicher Wille, herbeizurufen, so auch noch Raum für Alle, die da kommen, vergl. Luk. 14, 21 ff.

Apost. Pastorale: Gesetz und Evangelium also zu temperiren, daß es recht bis zum Grund als ein scharfer Pfeil bringe, ist so was Wichtiges, daß bloß menschliche Vernunft und Kraft nicht dazu hinreichen. — Will man Gottes Wort recht appliciren, so muß man es selbst erfahren haben: Petrus hatte nach seinem Fall Buße erfahren und Vergebung der Sünden geschmeckt. — Die göttlichen Gnadenverheißungen haben eine große Extension; das macht getrost, die dieselben jedermann an's Herz zu legen. — Zeugen und Ermahnen gehören zusammen: die Ermahnungen müssen Gottes Wort und Zeugniß zum Grunde haben, und die göttlichen Zeugnisse müssen durch Ermahnungen an die Herzen gebracht werden. — Es wird aus den Bewegungen des Heiligen Geistes nichts Rechtes, wenn die Seelen in den Stricken der verführerischen Gesellschaft von Weltmenschen hangen bleiben, vergl. Jerem. 15, 19.

E.
**Der heilige, gottselige und gesegnete Stand der Urgemeinde.**
Kap. 2, 42—47.

42 Sie hielten sich aber beharrlich an das Lehren der Apostel und die Gemeinschaft,
43 an das Brodbrechen[1]) und die Gebete. *Es kam aber alle Seelen Furcht an, und ge-
44 schahen viele Wunder und Zeichen durch die Apostel. *Alle Gläubigen aber waren bei
einander und hielten alle Dinge gemein; und verkauften ihre Güter und Habe, und
45 theilten es Allen aus, je nachdem jemand es bedurfte. *Und täglich hielten sie sich ein-
46 müthig im Tempel auf, und brachen das Brod zu Hause, *nahmen die Nahrung in
Herzensfröhlichkeit und Einfalt zu sich, indem sie Gott lobeten, und Gnade bei dem
47 ganzen Volk hatten. Der Herr aber that täglich diejenigen, welche gerettet wurden, zu
der Gemeinde[2]) hinzu.

### Exegetische Erläuterungen.

1. **Sie hielten sich aber beharrlich.** V. 42 bezieht sich, dem Zusammenhang gemäß, zunächst bloß auf die Neubekehrten, V. 41, und erst V. 44 erweitert sich der Blick auf sämmtliche Gläubigen (πάντες δὲ οἱ πιστεύοντες). Es ist allgemeine Voraussetzung der Ausleger, daß hier direkt von der gesammten Gemeinde die Rede sei; nur Meyer glaubt dies auch begründen zu sollen: aus προσέθησαν, V. 41, ergebe sich, daß hier die Gesammtheit das Subjekt sei. Allein daraus folgt nichts, grammatisch ist nur von den 3000 Seelen die Rede, welche (dem Grundstamm der Gemeinde) beigefügt wurden; entscheidend aber ist V. 44. Auch gibt es einen vortrefflichen Sinn, wenn wir diesen Vers zunächst auf die Neubekehrten beschränken: sie waren zu Jüngern gemacht, indem sie sich hatten auf Jesum taufen lassen, Matth. 28, 19 ff.; nun mußte erst die genauere Unterweisung (διδάσκων, ebendas.) und das allmähliche Wachsen in der Erkenntniß und in der Heiligung nachfolgen. Und das geschah denn auch laut unseres Verses. Sie selbst fühlten, wie nöthig sie es hatten, immer tiefer in der Wahrheit und in der Gemeinschaft mit Gott in Christo gegründet zu werden, und darum hielten sie sich so beharrlich an die Unterweisung der Apostel, an die brüderliche Gemeinschaft mit den Gläubigen, (dies und weder die „Communion," so daß καὶ τῇ κλάσει τ. ἄρτου explicativ wäre, noch ausschließlich Mildthätigkeit bedeutet κοινωνία), ferner an die heiligen Abendmahlzeiten (Agapen), welche mit dem Herrnmahl schlossen, endlich an die Gebete. — Während V. 41 die Aoriste ἐβαπτίσθησαν, προσετέθησαν) den einen, vorübergehenden Akt bezeichnen, läßt ἦσαν προσκαρτεροῦντες das Fortdauernde und Stetige der genannten Thätigkeiten deutlich erkennen.

2. **Es kam aber alle Seelen Furcht an.** Lukas berichtet hier über den Eindruck, welchen die Gebegebenheit, hauptsächlich die ernstliche Bekehrung so vieler Menschen, auf die große Menge selbst der Unbekehrten machte, indem sie in heiliger Scheuen übernahm die Seelen, indem sie unwillkürlich Gottes Finger erkannten und seine Macht fühlten, auch

wohl einen Augenblick ein Vorgefühl von dem „zukünftigen Zorn" über die beharrlichen Feinde Gottes bekamen. Indem der Berichterstatter dies erwähnt, fügt er zugleich noch eine Thatsache hinzu, welche zu diesem ahnungsvollen Eindruck beitrug, nämlich die Verrichtung vieler Wunder durch die Apostel, natürlich im Lauf eines längeren Zeitraums.

3. **Alle Gläubigen aber.** V. 44—47 umfaßt nun die ganze junge Christengemeinde und beschreibt ihr gesellschaftliches Verhältniß, ihr Wesen und Treiben. Vor Allem tritt der Zug ihrer brüderlichen Liebe und Einigkeit unter einander in den Vordergrund. Sie waren nämlich beisammen (ἐπὶ τὸ αὐτό), d. h. wie Kap. 1, 15; 2, 1 in einer und derselben Oertlichkeit, theils im Tempel, V. 46, theils in Häusern, was um so eher thunlich war, wenn ein beträchtlicher Theil der Neubekehrten zu den Festgästen gehörte, die sofort wieder in ihre Heimath abreisten. Ferner bethätigte sich die brüderliche Einigkeit der Christen durch ihre Behandlung der zeitlichen Güter. Wie ist aber diese gemeint? Ist von einer Gütergemeinschaft im eigentlichen Sinne die Rede, also von einer ausnahmslos allgemeinen und zugleich gesetzlich zwingenden Einrichtung? Die Entscheidung darüber ergibt sich erst später aus 4, 34 ff. Für sich und für sich würde zwar nicht den Schein eines gesetzlichen Statuts, welchem der Einzelne sich hätte müssen unterwerfen, wohl aber den einer allgemeinen Sitte erwecken. Ersteres nicht, weil lediglich nur als Thatsache die Handlungsweise der Einzelnen dargestellt und keine Spur von etwas Anderem, als von freiwilligem Entschluß zu finden ist. Dagegen lauten die Ausdrücke allerdings so unbeschränkt und allgemein (πάντες οἱ πιστεύοντες — εἶχον ἅπαντα κοινά καὶ τὰ κτήματα καὶ τὰς ὑπάρξεις ἐπίπρασκον), daß wir, wenn bloß diese Stelle allein uns Sache handelte, auf die Vorstellung von einer schlechthin allgemeinen und der Gütergemeinschaft kommen müßten. Uebrigens ist εἶχον ἅπαντα κοινά nicht so viel als: „sie besaßen Alles gemeinschaftlich" (Meyer), sondern: „sie hielten Alles für gemeinschaftlich," sie sahen ihren Besitz nicht so an, als hätte ihn jeder für sich, sondern als hätte

---
1) Καί vor τῇ κλάσει ist auf Grund der gewichtigsten Zeugnisse von den neueren Kritikern getilgt.
2) Τῇ ἐκκλησίᾳ ließ zuerst Mill, später Bengel, neuerer Zeit Lachmann weg, weil es in mehreren alten Handschriften und Uebersetzungen fehlt; allein es scheint hier nach Analogie von V. 41 weggeblieben zu sein, während dort des Passivum wegen ein anderer Fall ist, als hier.

er ihn vielmehr für alle Andern; denn das Veräußern der Habe (κτήματα, liegende Güter, ὑπάρξεις, fahrende Habe) vertrüge sich nicht wohl mit dem ersteren Sinn, desto besser aber mit dem letzteren.
4. **Und täglich hielten sie sich einmüthig im Tempel auf.** Theils im Tempel, theils in Häusern hin und her. Die ersten Christen hielten sich noch treulich an den Tempel, als den Mittelpunkt des israelitischen Gottesdienstes und als das einheitliche Nationalheiligthum; denn an Sektirerei und Separation, auch an eine von der alttestamentlichen wesentlich verschiedene und getrennte Religionsgemeinschaft dachten sie nicht; im Gegentheil betheiligten sie sich so eifrig und herzlich, als irgend jemand sonst, an den Tempelgottesdiensten, zu den herkömmlichen Stunden des Gebets und Opfers; und das trug auch zu der Gunst bei, in welcher sie, V. 47, bei dem ganzen Volk standen. Zugleich aber kamen sie regelmäßig in einem Privathause (κατ' οἶκον) zusammen, in engerem, geschlossenem Kreis, in vertraulicher Gemeinschaft unter einander; und gerade aus solchen Privatzusammenkünften heraus hat sich mit der Zeit der eigenthümlich christliche Gottesdienst entwickelt. Hier wird jedoch nur das κλᾶν ἄρτον hervorgehoben, womit (vermöge des Zusammenhangs) ebenfalls etwas Gottesdienstliches gemeint sein muß, wie V. 42. Im 47. Vers schildert Lukas allerdings die Art und Weise, wie die Gläubigen ihre Leibesnahrung genossen, als eine fröhliche, durch Herzenslauterkeit und Lob und Dank gegen Gott gereinigte und geheiligte, wornach auch das leibliche und alltägliche Leben durch den Geist und die Gottseligkeit gehoben erscheint. Anderseits aber erscheint in κλᾶν ἄρτον ein gottesdienstliches und heiliges Element in seinem Eingehen in das Natürliche und Leibliche; denn das Brodbrechen, nach dem Vorgang und der Stiftung Jesu, ein Brudermahl und Herrenmahl, ist eben doch auch ein Essen und Trinken. So geht das Leibesleben und Geistesleben, je von beiden Seiten ausgehend in's andere über, und das hierin offenbart sich der innere Stand der Urgemeinde als ein ebenso gehobener wie wahrhaft gesunder.
5. **Der Herr aber that täglich.** Daß das Wachsthum der Gemeinde nach außen nicht mit dem Pfingstfest aufhörte, vielmehr von da an, wohl in kleinerem Maßstab, aber desto stetiger fortging, bezeugt der letzte Satz des Kapitels. Dies Wachsthum aber ist nicht als ein Naturprozeß, sondern als eine Wirkung der Gnade, als That des lebendigen und erhöhten Herrn der Gemeinde zu betrachten (ὁ κύριος προσετίθει).

### Christologisch-dogmatische Grundgedanken.

1. Die Lehre war das erste, wodurch die Neubekehrten tiefer gegründet wurden. Die christliche Gemeinde ist in erster Linie Gemeinschaft des Glaubens, und erfordert daher wesentlich Unterweisung, Erkenntniß der Wahrheit, Dienst am Wort. Erbauung ohne Unterricht, Lehre, als die Grundlage, ist weder dem Vorbild und Befehl Jesu, noch der Praxis und dem Grundsatz der Apostel gemäß, ist also unevangelisch.
2. Sämmtliche Gnadenmittel finden wir schon am allerersten Anfang der Kirche Christi in ihrer heilsvermittelnden Bedeutung gebraucht und gewürdigt: das **Wort**, theils in dem Missionsvortrag, theils in der gründlich einführenden Lehre und Unterweisung der Apostel; und die **Sakramente**: a. die **Taufe** als Mittel der Wiedergeburt, um erst ein Jünger Jesu zu werden, b. das **Abendmahl** (Brodbrechen), als Sakrament des Wachsthums, um ein Jünger Jesu zu bleiben.
3. Das **Gebet** ein Tugendmittel. Wie die ersten Neubekehrten in der apostolischen Gemeinde auch mit durch Anhalten am Gebet im christlichen Leben gefördert worden und im Guten gewachsen sind, so ist und bleibt unter allen Umständen das Gebet ein Haupmittel des Wachsthums in der Heiligung und Erneuerung. Die Gemeinschaft mit dem lebendigen Gott in Christo Jesu, gepflegt im Gebet als dem Umgang von Person mit Person, kann nicht anders als die Seele heben, heiligen, bereichern, denn Gott erhört Gebet, so gewiß er der Lebendige ist.
4. Die **Gemeinschaft der Gläubigen unter einander** ist, nächst dem Umgang mit Gott selbst, ein Mittel des geistlichen Wachsthums. Wer den liebet, der ihn geboren hat, der liebet auch den, der von ihm geboren ist, 1 Joh. 5, 1. Bekehrung erwirket das Herz und wirkt eine heilige, selige Gemeinschaft der Seelen unter einander. Gerade der lebendige Glaube und Liebe zu dem Erlöser machen das gegenseitige Verhältniß zwischen Menschen, die sich hierin begegnen, zu einem höchst innigen und hingebenden. Und die thätige, dienende und aufopfernde Nächstenliebe ist die Bewährung des Glaubens und dient zu seinem Wachsthum.

### Homiletische Andeutungen.

Wachset in der Gnade! 1) Wer nicht wächset, der nimmt ab; 2) wer da hat, dem wird gegeben, daß er die Fülle habe. — Wer da stehet, der sehe zu, daß er nicht falle! — Halte dich an die Gnadenmittel, so halten sie dich. — Das heilige Abendmahl 1) nach seinem Wesen ein Mahl des Herrn und ein Brudermahl, 2) nach seiner Wirkung ein Mittel der Sündenvergebung, und der Förderung in der Gottseligkeit. — Haltet an am Gebet. — Seid fleißig zu halten die Einigkeit im Geist durch das Band des Friedens! — Je mehr Liebe zum Herrn, je mehr Nächstenliebe. — Wohlthun und mitzutheilen vergesset nicht! — „Laß mich an Andern üben, was du an mir gethan." — Wer sich des Armen erbarmet, der leihet dem Herrn. — Der christliche Communismus, V. 44. — Lasset uns nicht verlassen unsere Versammlungen. — Gottseligkeit hilft erst zur reinsten Lebensfreude. — Der wahre Christ kein Kopfhänger, V. 47. — Daß Gott seine Verheißung hält: wer mich ehret, den will ich auch ehren.
Starke: Es ist nicht genug, wohl anfangen, sondern man muß auch beharren bis an's Ende. — Das ist das Kennzeichen der Werke Gottes, daß sie bei Allen eine Ehrerbietung und Furcht erwecken. — Die vereinigende Kraft des Glaubens: er vereiniget die Menschen mit Gott und unter einander. — Liebe, als Frucht des Glaubens, zeigt sich in der That. — Wo Glaube und Liebe rechter Art ist, wird man im Guten nicht müde. — Einfalt und Einmüthigkeit sind die Haupttugenden und Zierden wahrer Christen. — Die Frucht des Glaubens ist, daß er das Gewissen sein stille, friedsam und fröhlich machet. — Es ist nichts kräftiger

zur Bekehrung der Ungläubigen, als die Einmüthigkeit und Fröhlichkeit der Christen.
Quesnel: Gott kann den Feinden gar bald einen Schlag an's Herz geben und ein Gebiß in's Maul legen. — Es gibt keine stärkere Freundschaft, als unter Gläubigen. — Einigkeit und Liebe zeigt am meisten, daß die Kirche Gottes Bau und Werk sei. — Die irdischen Güter sind denen ein Geringes, die einen lebendigen Glauben an die himmlischen Güter haben. — Geiz bereichert sich mit Anderer Gütern, aber die wahre Liebe wird gern um Christi und des Nächsten willen arm. — Gott läßt es sich an Freigebigkeit nicht zuvorthun: je mehr man ihn lobet und danket, desto mehr Gnade und Trost gibt er.
Apost. Pastorale: Es muß vor Allem eine rechte Gemeinschaft in Christo da sein, dann wird die Gemeinschaft der Gläubigen unter einander immer fruchtbarer. — Niemand kann beim Genuß der leiblichen Wohlthaten Gottes vergnügter sein, als ein Kind Gottes, das sich beim Genuß seines Gottes freut, und so schmecket und sieht, wie freundlich der Herr ist. — Sobald man zu Christo bekehrt wird, sobald geht das Seligwerden an.
Harleß: Von der Segensmacht wahrhaft apostolischen Christenthums; dazu gehört 1) beständig bleiben in der Apostel Lehre, 2) sich bethätigen in Thaten selbstverleugnender Liebe; 3) Seelen gewinnen durch freudiges Lob Gottes aus einfältigem Herzen.
Krummacher: Die Pfingstgemeinde zeigt eine neue Wirksamkeit des Heiligen Geistes, denn 1) neu ist die Art und Weise ihrer Gründung, 2) neu die Gestalt des innern und äußern Lebens ihrer Glieder, 3) neu ihr geistlicher Einfluß nach außen.

## Zweite Abtheilung.

Die Gemeinde Christi zu Jerusalem, in ihrer Entfaltung und Führung, mit ihren Kämpfen und Siegen, Thaten und Leiden. (Kap. 3—7.)

### Erster Abschnitt.

Die Heilung des Lahmen, eine apostolische Wunderthat in der Kraft Jesu Christi, mit ihren Folgen: einerseits dem Zeugniß des Petrus an das Volk von Jesu Christo, andererseits der Verhaftung des Petrus und Johannes, welche indeß nach kraftvoller Verantwortung vor dem hohen Rath mit ihrer Freisprechung endigt; das alles diente der Gemeinde zur Glaubensstärkung und Erhebung. Gemeingeist und brüderliche Liebe der Gläubigen. (Kap. 3 u. 4.)

#### A.
Die wunderbare Heilung eines Lahmen.
Kap. 3, 1—10.

1 Petrus aber und Johannes gingen mit einander hinauf in den Tempel um die
2 Stunde des Gebets, die neunte. *Und ein Mann, lahm von Mutterleibe an, ward getragen, und sie setzten ihn täglich zu dem Thor des Tempels, welches das schöne heißt,
3 um ein Almosen zu erbitten von denen, die zum Tempel hineingingen. *Als dieser den Petrus und Johannes im Begriff sah, zum Tempel hineinzugehen, bat er um ein Al-
4 mosen.¹) *Petrus aber faßte ihn in's Auge mit Johannes, und sprach: Siehe uns an!
5 *Er aber blickte sie gespannt an, erwartend, etwas von ihnen zu empfangen. *Petrus aber sprach: Silber und Gold habe ich nicht, was ich aber habe, das gebe ich dir; in
6 dem Namen Jesu Christi von Nazareth, stehe auf²) und wandele! *Und griff ihn bei
7 der rechten Hand, und richtete ihn auf.³) Alsbald wurden seine Füße und Knöchel
8 fest, *und er sprang auf, konnte stehen und gehen, und ging mit ihnen hinein in den
9 Tempel, wandelte, sprang und lobte Gott. *Und alles Volk sah ihn wandeln und
10 Gott loben. *Und sie erkannten ihn, daß er es war, der des Almosens wegen an dem schönen Thor des Tempels zu sitzen pflegte, und wurden voll Staunens und Entsetzens über dem, was ihm widerfahren war.

---

1) Λαβεῖν nach ἐλεημ. fehlt zwar in etlichen Handschriften und Uebersetzungen, ist aber wahrscheinlich ächt, wie es auch bei den Griechen neben αἰτεῖν oft pleonastisch steht.
2) Ἔγειραι καὶ fehlt in wenigen Handschriften, wurde aber wahrscheinlich nur darum weggelassen, weil V. 7 Petrus den Lahmen selbst aufgerichtet hat. Es liegt kein genügender Grund vor, es für unächt zu halten.
3) Αὐτόν nach ἤγειρε haben zwar mehrere Handschriften, Uebersetzer und Kirchenväter; es ist aber dessenungeachtet eher späterer Zusatz. Lachmann hat es aufgenommen.

#### Exegetische Erläuterungen.

1. Der weitere Fortgang der Geschichte wird nicht in ununterbrochener Zeitfolge erzählt, es fehlt selbst an aller näheren Zeitbestimmung. So können wir auch von dieser Begebenheit keineswegs angeben, wie bald oder spät sie nach dem Pfingstfest sich ereignet haben mag. Immerhin wird wohl einige Zeit dazwischen verflossen sein. — Die Geschichte von der Heilung des Lahmen hat ihren Schwerpunkt darin, daß sie die That eines Apostels in Kraft Jesu enthält ($πράξεις τῶν ἀπ.$), auch das Zeugniß der Apostel von Jesu als dem Heiland vor dem Volk und hohen Rath; was sodann von dem innern und äußern Stand der Gemeinde erzählt wird, schließt sich passend daran an.

2. **Petrus und Johannes gingen mit einander.** Die Einigkeit der Gläubigen sehen wir hier an dem innigen Zusammenhalten dieser zwei Apostel. Was Kap. 2, 44 von allen gesagt war, bestätigt sich an den zweien. Der Umstand erinnert auch daran, daß Jesus seine Jünger zwei und zwei aussandte, Mark. 6, 7. Wie am Pfingstfest die Apostel alle auftraten, aber Petrus allein das Wort führte, so gehen hier die beiden Apostel, aber nur Petrus redet und handelt; Johannes geht und sieht ihm schweigend, in sich gekehrt zur Seite. Seine Stunde wird noch kommen.

3. **In den Tempel um die Stunde des Gebets, die neunte.** Was Kap. 2, 46 von der ganzen Gemeinde im Allgemeinen ausgesagt war, daß sie täglich sich an den Tempel hielten, zeigt sich hier in einem bestimmten Fall. Die beiden Apostel begaben sich von der Stadt aus hinauf nach dem Tempelberg, um die Gebetsstunde. Schon Daniel betete Kap. 6, 10 des Tages dreimal auf den Knieen, vergl. Ps. 55, 18; und zur Zeit der Apostel waren die drei Gebetsstunden schon Sitte geworden, nämlich Morgens um die dritte, Mittags um die sechste, Abends um die neunte Stunde; die erste und die letzte entsprechend dem Morgen- und Abendopfer. Diesmal war es das Abendopfer um drei Uhr unserer Zeit. Sowohl der Ort als die Zeit der alttestamentlichen Anbetung war den Jüngern Jesu heilig, und sie schlossen sich mit aller Treue daran an.

4. **Zu dem Thor des Tempels, welches das schöne heißt.** Dieser Name ist sonsther nicht bekannt, wohl aber beschreibt Josephus, bell. jud. 5, 5, 3 das „Thor des Nikanor, aus korinthischem Erz, als die andern alle an Pracht und Werth übertreffend", weßhalb man auf dieses zu denken pflegt; Andere denken an das Thor Susan; oder noch an ein drittes.

5. **Lahm von Mutterleibe an.** Um so größer war das an ihm verrichtete Wunder. Und weil er als täglicher Gast am Tempelthor zu sitzen pflegte, war auch sein gelähmter Zustand jedermänniglich bekannt V. 10.

6. **Petrus aber faßte ihn in's Auge.** Er faßte zugleich den ganzen mitleidswürdigen und hülfsbedürftigen Zustand des Krüppels zu Herzen, und blickte ihm nebst Johannes mit aller um Jesu willen erbarmender Liebe in's Auge. Sein Wort: „blicke uns an!" sollte eine Sammlung des Gemüths und hoffende, vertrauende Richtung auf die Apostel in den Armen erwecken, und that's auch, denn et $ἀτενίζειν αὐτοῖς$, d. h. oculis et animo defixus atque intentus erat in apostolos. Strigel.

Er bekam die zuversichtliche Erwartung, irgend etwas von diesen Männern zu empfangen. Das war die gegenseitige Zubereitung zu der That.

7. **Silber und Gold habe ich nicht.** Wenn auch der Lahme mit besonderem Vertrauen zu ihnen aufsah, so erwartete er doch eben Geld. Petrus nimmt ihm diese Hoffnung, läßt ihn aber darum nicht leer ausgehen; er gibt ihm, was er hat: Lebenskraft aus Jesu Christo, in dem er das mächtige Wort des Befehls und der Hülfe spricht. Nicht aus eigner Vollmacht, sondern in der Kraft Jesu spricht und wirkt Petrus, und in der Kraft und Gnade Jesu soll der Lahme seinerseits sich anrichten und geben. Aber Wort und That wirken zusammen auf einen Punkt: das Anfassen seiner Hand und das erste Aufhelfen gehörte dazu. Und in demselben Moment waren durch Gottes allmächtige Kraft, als mit blitzschnell durchzuckendem Schlag, die schwachen Glieder gestärkt und befestigt: elastisch springt der Mensch in die Höhe, und kann stehen und gehen, was er sein Lebenlang nie gelernt hatte, eine weitere Seite des Wunders.

8. **Und ging mit ihnen hinein in den Tempel.** Nicht sofort nach Hause, sondern in das Heiligthum Gottes, um zu loben und zu danken, zum Beweis, daß er die Güte und Wunderthat Gottes in Christo erkennt und mit Danksagung empfangen hat. Da geht er im Vorhof einher, und wie „sein Herze geht in Sprüngen", so hüpft und springt er, Leib und Seele freuen sich in der lebendigen Gott der neu geschenkten Lebenskraft. — Alle in den Räumen des Vorhofs zum Gebet Anwesenden wurden Augenzeugen des an ihm verrichteten Wunders, denn sie sahen ihn gehen und erkannten ihn wohl als denselben Mann, welcher stets an dem gleichen Thor hülflos und bettelnd gesessen war, und die Thatsache machte auf sie den Eindruck des tiefsten Staunens.

#### Christologisch-dogmatische Grundgedanken.

1. Das Wunder geschah im Namen Jesu von Nazareth als des Messias. Alle Wunderthaten der Apostel und aller Jünger Jesu haben ihre Quelle in Ihm, dienen zu Seiner und nicht zu eines Menschen Ehre, sei er auch ein Jünger des Herrn. Lukas hat Kap. 2, 44 mit gutem Bedacht sich ausgedrückt: $διὰ τῶν ἀποστόλων$ seien viele Wunder geschehen, denn nicht sie waren's, sondern der Herr, der gewirkt hat; sie waren nur seine Organe. Solche Wunder sind Thaten und Wirkungen des erhöheten Herrn und dienen eben damit als Lebenszeichen und Thatbeweise, daß Er, der Gekreuzigte, lebet, und zwar in Herrlichkeit und Vollmacht, und daß Er mit den Seinen in wahrhaftiger Gemeinschaft steht, sich zu ihnen bekennt, wenn sie ihn bekennen.

2. Selten so augenscheinlich als hier kommt die beiderseitige Zusammenwirkung der Thätigen und des Empfangenden zu dem in Christi Kraft erfolgenden Wunder zu Tage. Erst im gegenseitigen Blick des Angesichts, indem Petrus den Lahmen mit innigst mitleidender, zur Heilung und Hülfe bereiter Liebe anblickt, und der Lahme auf des Apostels Ausforderung die beiden mit zutrauensvoller, bittender und hoffender Seele unverwandt anschaut; sodann im beiderseitigen glaubenskräftigen Ergreifen Jesu, da Petrus in Jesu Namen spricht und befiehlt, der Unglückliche ebenfalls mit ganzer Seele an Jesum sich hoffend und empfänglich anschließt;

endlich in beiderseitiger geist-leiblicher Kraftanwendung, indem Petrus den Mann an der Rechten fassend aufrichtet, und dieser mit wunderbar gestärkter Willens- und Muskelkraft sich erhebt. Jesu Name, Jesu Person, seine Gnade und göttliche Heilskraft ist der Mittelpunkt, in Ihm fließen die Seelen zusammen, reichen die Männer sich die Hände, finden die Personen geistig-leibliche Kräfte, gebend und nehmend. Je inniger in Ihn eindringend, mit Glaube, Liebe, und hoffendem Vertrauen, desto ungehinderter und voller empfangen sie Kraft, Hülfe und Heil.

3. Daß übrigens nicht bloß die Körperkraft und der gesunde Gebrauch seiner Glieder dem Lahmen geschenkt worden, sondern auch seine Seele erweckt und für Jesum Christum gewonnen worden sei, läßt sich nicht allein aus dem überfließenden Dankgefühl schließen, das im Lobe Gottes laut wurde, sondern das liegt auch schon in dem ganzen Charakter des Wunders, als eines durch geist-leibliche Vereinigung des Gebenden wie des Empfangenden, mit Jesu Christo bedingten. Solche Vereinigung der hülfsbedürftigen und hoffenden Person des Lahmen mit Jesu kann psychologisch nicht wohl als momentan aufhörend gedacht werden, zumal das dankbare Loben und Preisen Gottes die Verheißung seines ferneren Heils hat Ps. 50, 23.

### Homiletische Andeutungen.

Die Gemeinschaft mit allen Gläubigen verträgt sich mit einer innigeren Vereinigung zwischen Wenigen ganz wohl. — Wie ein Christ die Ordnungen und Anstalten der gemeinsamen Gottesverehrung anzusehen hat: 1) nicht als gesetzliches Joch; 2) nicht als verdienstliches Werk, sondern 3) als eine feine und nützliche Zucht, 4) als eine dankenswerthe Gelegenheit zum Wachsthum im Guten. — Selig sind die Barmherzigen, denn sie werden Barmherzigkeit erlangen. — Wer dich bittet, dem gib. — Dienet einander ein jeglicher mit der Gabe, die ihr empfangen habt. — Umsonst habt ihr's empfangen, umsonst gebet es auch! — Jesus Christus, der Mittler alles geistigen und leiblichen Heils. — Wer Jesum bekennet, zu dem bekennt auch Er sich. — Je inniger du mit dem Erlöser eins wirst, je mehr verleiht er dir die Macht, zu lösen, zu heilen und zu helfen. — Die lebendige Gemeinschaft mit dem lebendigen Christus eine Segens- und Lebenskraft. — Mancher ist reich bei seiner Armuth Spr. 13, 7. — Danken und Gott loben, ist ein köstliches Ding. — Gott will Zeugen seiner Thaten und Wunder

haben. — Ob es ein gesunder christlicher Grundsatz ist, sich über nichts zu verwundern?

**Starck:** Die Einigkeit soll unter allen Menschen, vornehmlich aber unter Amtsbrüdern sein. — Wenn uns Gott etwas abzuschlagen scheint, gibt er uns etwas Besseres. — Wollte Gott uns nichts Besseres geben zu unserer Seelen Heil, als wir insgemein verlangen, so kämen wir nie zu besseren Gütern. — Die Gesundheit ist besser, denn Silber und Gold.

**Quesnel:** Wie aufmerksam und willig zu gehorchen ist man, wenn man zeitliche Hülfe zu hoffen hat! — Man muß den Seelen nicht nur mit Worten dienen, sondern auch mit der That, daß man sie gleichsam bei der Hand nehme, um sie in Gang zu bringen. — Wie viel wunderbarer sind die Umwandlungen, die Gott in den Herzen wirket, als die an diesem Lahmen geschehen! Aber wer merket darauf?

**Lindheim:** Wie bitter sind die Früchte der Sünde, denn von der kommen alle Gebrechen, auch des Leibes, her. — Wo Alles von Gold und Silber strahlet und prahlet, das kann wohl das rechte Erbgut Petri und der rechte apostolische Sitz nicht sein.

**Beiffius:** Welche Glieder und Sinnen ohne Mangel haben, die sollen Gott danken, aber gebrechliche Personen nicht verspotten noch beleidigen. — Viele gelangen zur Gesundheit, aber es sind nicht Alle dankbar dafür; 1 Joh. 5, 14.

**Ap. Past.:** Elende und Arme sind gemeiniglich die bequemsten Personen, an welchen der Heiland seine überschwängliche Gnade beweisen kann. — Ein rechtschaffener Lehrer ist nicht eher zufrieden, als bis er an denen, die sich seiner Hülfe und seines Amtes auch nur in leiblichen Dingen bedienten, das erreicht hat, daß sie Jesu Gotteskraft in ihren geistlichen Nöthen erfahren.

**Rudelbach:** Ein jegliches Wort der Kirche sei eine That, und jede That werde nach Jesu Wort, in Jesu Namen gethan, so wird die Kirche selbst in ihrer Schwäche kräftig stehen.

**Florey:** Christi Wundergabe bei irdischen Leiden: 1) sie versagt uns das Niedere, was wir begehren; 2) sie gewährt uns das Höhere, was wir nicht erwarten; 3) sie führt uns zum Höchsten, was wir nicht verdienen.

**Leonhardi:** Im Namen Jesu Christi stehet auf und wandelt! Denn 1) die Stunde ist da, aufzustehen vom Schlaf; 2) Christus reicht selbst die Kraft dar in Wort und Sakrament; 3) erst dann werdet ihr frei und fröhlich Gott loben und danken.

### B.
**Das Zeugniß des Petrus von Jesu vor dem Volk.**
Kap. 3, 11—26.

11 Da er¹) aber an Petrus und Johannes festhielt, lief alles Volk ihnen zu bei der
12 sogenannten Halle Salomo's, voll Erstaunen. *Als aber Petrus das sahe, antwortete er dem Volk: Ihr israelitischen Männer, was verwundert ihr euch über diesen? oder was sehet ihr uns so an, als hätten wir durch eigene Kraft oder Frömmigkeit²) ihn
13 wandeln gemacht³)? *Der Gott Abrahams, Isaaks und Jakobs⁴), der Gott unserer

---

1) τοῦ ἰαθέντος χωλοῦ statt αὐτοῦ, eingeschoben, weil mit V. 11 eine kirchliche Lektion begann.
2) Statt εὐσεβείᾳ haben mehrere alte Uebersetzungen: ἐξουσίᾳ, was durch δυνάμει sich zu empfehlen schien.
3) ὡς ἡμῶν — πεποιηκότων statt: ὡς πεποιηκόσιν, ist schwach bezeugte, scheinbar nachdrücklichere Correctur.
4) Einige Zeugen haben ὁ θεὸς Ἀβρ. κ. θεὸς Ἰσ. καὶ θεὸς Ἰακ.

Väter, hat seinen Knecht Jesum verherrlicht, welchen ihr⁵) überantwortet und verleugnet habt vor Pilatus, nachdem dieser den Spruch gethan hatte, ihn loszulaffen. *Ihr aber 14 verleugnetet den Heiligen und Gerechten, und batet, daß man euch einen Mörder schenkte; *aber den Stifter des Lebens tödtetet ihr. Den hat Gott von den Todten auferweckt, 15 deß sind wir Zeugen. *Und durch den Glauben an seinen Namen hat diesen, den ihr 16 sehet und kennet, sein Name gestärkt, und der Glaube, der durch ihn gewirkt ist, hat ihm diese Gesundheit gegeben in euer aller Gegenwart. *Und nun, lieben Brüder, ich 17 weiß, daß ihr's in Unwissenheit gethan habt, wie auch eure Obersten. *Aber Gott hat 18 also erfüllt, was er durch den Mund aller Propheten zuvor verkündigt hat, daß sein Gesalbter⁶) leiden sollte. *So ändert denn euren Sinn und bekehret euch, damit eure 19 Sünden getilget werden, *auf daß Erquickungszeiten kommen vom Angesicht des Herrn, 20 und er den euch bestimmten⁷) Messias Jesus sende, *welchen der Himmel aufnehmen muß 21 bis auf die Zeiten, da alles hergestellt wird, was Gott von jeher⁸) geredet hat durch den Mund seiner⁹) heiligen Propheten. *Moses¹⁰) hat gesagt¹¹): „Einen Propheten 22 wird euch der Herr unser Gott erwecken aus euren Brüdern, wie mich; den sollt ihr hören in allem, was er zu euch sagen wird. *Und es wird geschehen, jede Seele, welche 23 denselbigen Propheten nicht hören wird, die soll vertilget werden aus dem Volk." *Und 24 alle Propheten von Samuel an und hernach, wieviel ihrer geredet haben, die haben diese Tage verkündiget¹²). *Ihr seid die Kinder¹³) der Propheten und des Bundes, welchen 25 Gott nicht unsern Vätern gemacht hat, da er sprach zu Abraham: „Und in deinem Samen sollen gesegnet werden alle Geschlechter auf Erden." *Euch zuerst hat Gott seinen 26 Knecht¹⁴) erweckt und hat ihn gesandt, euch zu segnen, in dem Umkehren eines Jeden von seiner Bosheit.

### Exegetische Erläuterungen.

**1. Da er aber an Petrus und Johannes festhielt.** Petrus bekam eine Aufforderung und Veranlaffung zu einer Ansprache durch den Umstand, daß eine Menge Menschen voll Verwunderung sich um ihn und Johannes, denen der Lahmgewesene beharrlich in der Nähe blieb, sammelte. Dieser Umstand bewog ihn, sich über die Begebenheit und über Jesum überhaupt, auszusprechen. ἀπεκρίνατο, weil die Rede eigentlich eine Antwort war auf eine in den verwunderten Blicken und Mienen der Umstehenden liegende Frage. Die Oertlichkeit, wo die Ansammlung der Menschen und der Vortrag stattfand, bezeichnet Lukas als die Gegend des Vorhofs bei der sogenannten „Salomo'shalle", einem von den bedeckten Gängen an dem Tempelvorhof, welcher den Namen daher erhalten hatte, daß er noch von dem ursprünglichen Salomonischen Tempelbau herrührte, indem er bei der Zerstörung des Tempels durch Nebukadnezar stehen geblieben war. Die nächste Veranlaffung aber des Zusammenlaufs einer Menge Menschen um die Apostel gab der Umstand, daß der lahmgewesene Mann sich

beharrlich an die beiden Apostel anschloß, voll dankbarer Liebe und Anhänglichkeit sie bei der Hand faßte und festhielt, denn dies ist die ausgemachte Bedeutung von κρατεῖν τινα, während der Sinn: „sich zu jemand halten, einem folgen," sprachlich durchaus nicht nachgewiesen werden kann.

**2. Die Rede des Petrus zerfällt in zwei Haupttheile:** 1) Belehrung über Urheber und Absicht des Wunders V. 12—18: nicht wir Menschen haben es bewirkt, sondern Gott, und zwar zur Verherrlichung seines Knechtes Jesus, welchen Israel verleugnet und getödtet, Gott aber auferweckt hat. 2) Vermahnung zur Sinnesänderung und Bekehrung, damit den Israeliten die Sünden vergeben werden, mit dem auch laut alter Verheißungen zu erwartende Segen durch Christum ihnen zu Theil werde V. 19—26.

**3. Was verwundert ihr euch darüber?** Die Verwunderung der Leute tadelt Petrus nicht an und für sich, sondern blos insofern, als sie voraussetzten, daß die Heilung eine selbstständige Wirkung der Apostel sei. Denn das unverwandte, staunende Ansehen (ἀτενίζετε) hatte den Sinn: was haben doch diese Männer für eine Kraft in sich (ἰδίᾳ δυ-

---

5) μέν auf welches sein δέ folgt, ist stark beglaubigt.
6) αὐτοῦ, nicht αὐτοῦ, nach χριστόν, nicht nach τ. προφητῶν, hat schon Bengel, neuerdings Lachmann und Tischendorf auf Grund gewichtiger Zeugen gesetzt.
7) προκεχειρισμένον, anstatt des unbeglaubigten und ungleich seichteren προκεκηρυγμένον, zu lesen mit Bengel, Griesbach und den Neueren.
8) ἀπ' αἰῶνος ist als ächt beizubehalten, es fehlt nur bei wenigen Zeugen.
9) τῶν statt πάντων (Recepta) Griesbach, Lachmann, nach gewichtigen Urkunden, πάντων, aus V. 24 entlehnt, sollte verschwinden.
10) μέν allein ist ungleich stärker bezeugt, als μέν γάρ, welches dem logischen Zusammenhang allerdings entspricht.
11) πρὸς τοὺς πατέρας, bald vor, bald nach εἶπεν, ist späterer Zusatz und wird, auf Grund gewichtiger Zeugen, von Lachmann und Tischendorf gestrichen.
12) προκατήγγειλαν ist Besserungsversuch anstatt des einfachen, aber gut beglaubigten κατήγγειλαν.
13) Der Artikel bei υἱοί fehlt in der Recepta, ist aber hinlänglich beglaubigt.
14) Ἰησοῦν nach αὐτοῦ ist ein nicht gehörig bezeugter Zusatz.

ράμις)! ober, was müssen das für fromme Leute sein, daß Gott sie mit solchen Wundergaben belohnt! Letzteres führt allerdings auf den Begriff: Verdienst, welchen Luther in die Uebersetzung aufgenommen hat. Petrus lehnt also sowohl die angeblich physische Kraft als verdienstliche Vollmacht der Seele von sich und Johannes ab. — Der Ausdruck πεποιηκόσι τοῦ περιπατεῖν αὐτόν beruht auf ungenauem Gebrauch des Gen. der Absicht, buchstäblich: als hätten wir etwas gemacht, damit er wandeln könne.

**4. Der Gott Abrahams — hat seinen Knecht Jesum verherrlicht.** Hier die Wahrheit, gegenüber dem zuvor abgewiesenen Irrthum (ähnlich Kap. 2, 15 ff.): nicht wir haben die Wunderthat gewirkt, sondern Gott, der Bundesgott unserer Väter, und schon der ersten Stammväter unseres Volks. Hier geht die Rede zugleich über von dem eigentlichen Urheber der Heilung, zu der Absicht und Bedeutung derselben: Jesus sollte dadurch verherrlicht, in seiner δόξα dargestellt, in seiner Würde und Kraft höheren Lebens, vermöge Auferstehung und Himmelfahrt, in seiner ihm innewohnenden Fülle von Heils- und Lebenskräften für die Menschheit erkannt und anerkannt werden. — Was bedeutet der παῖς θεοῦ von Jesu? Die älteren Ausleger verstanden es ohne weiteres = υἱὸς θ., den einen, Piscator, im 17. Jahrhundert ausgenommen; Bengel faßte es = Knecht Gottes, wie Matth. 12, 18. Und seitdem Nitzsch (Stud. u. Kr. 1828, 331 ff.) die Sache beleuchtet hat, sind alle neueren Ausleger einig geworden, daß παῖς θ. nicht Sohn Gottes, sondern Knecht Gottes sei, wie denn dieses Prädikat gerade bei Lukas stehend ist, Ev. Kap. 1, 54 von Israel, Apost. 4, 25; Ev. Kap. 1, 69 von David vorkommt, und in unserer Stelle nebst V. 26; 4, 27. 30 wie

auch Matth. 12, 18 dem עֶ֫בֶד יְהוָֹה bei Jesaia entspricht.

**5. Ihr aber verleugnetet.** Petrus hält den Zuhörern, um sie zur Sinnesänderung zu bewegen, ihre Versündigung gegen Jesum nachdrücklich und vollständig vor: ihr habt Jesum überliefert, vor Pilatus verleugnet, sogar einen Mörder ihm vorgezogen und Gnade für jenen erbeten, endlich ihn getödtet. Eine offenbare Steigerung der Schuld und der That. Der Apostel stellt die Sünde des Volks durch den Gegensatz in desto helleres Licht, einmal durch Gegenüberstellung Israels und des Heiden Pilatus; letzterer sprach das Urtheil, Jesum sollte losgelassen werden, das Volk dagegen hat ihn, seinen Messias, verleugnet; zum andern durch Gegenüberstellung Jesu und des Barrabas: dieser war ein Mörder, Jesus nicht nur unschuldig und heilig, sondern sogar der Bahnbrecher und Spender des Lebens; dennoch habt ihr jenen losgebeten, diesen umgebracht.

**6. Wie und wodurch Gott seinen Knecht Jesum verherrlicht habe, (V. 13), erläutert Petrus V. 15 ff.;** Gott hat ihn von den Todten auferweckt, und nur in Kraft des ihm Glauben ergriffenen Namens Jesu ist dieser gelähmt gewesene Mensch gestärkt und gesund geworden. Jenes Ereigniß, die Auferweckung Jesu, bezeugen wir, die Apostel; dieses Ereigniß, die Herstellung der Gesundheit und Kraft des Lahmgewesenen, habt ihr Alle als Augenzeugen selber miterlebt (ἀπέναντι πάντων ὑμῶν).

**7. Und nun, lieben Brüder.** Hatte der Apostel bisher die Nothwendigkeit der Sinnesänderung erwiesen, so bezeugt er jetzt die Möglichkeit der Buße und Vergebung. Und zwar sowohl von Seiten der Sünder, V. 17, als von Seiten Gottes V. 18. Die Sünde, so groß sie ist, kann doch vergeben werden, denn sie ist nicht nur auf Seiten des Volks sondern auch seiner Oberen im Zustand der Unwissenheit verübt. Und das spricht der Apostel mit der herzlichsten Liebe aus, wie dies schon in der hier eintretenden Anrede als „Brüder" liegt, vergl. das förmlichere ἄνδρες Ἰσραηλῖται V. 12. — Von Seiten Gottes kann die Sünde Israels, in Verwerfung und Hinrichtung seines Messias, insofern vergeben werden, als darin zugleich der von jeher gefaßte und durch alle Propheten geweißagte Rathschluß Gottes, daß der Messias leiden solle, erfüllt worden ist.

**8. So ändert denn euren Sinn.** Indem nun der Apostel den Schluß aus dem Bisherigen zieht (οὖν), und direkt anfassend seine Zuhörer auffordert, umzukehren und ihren Sinn zu ändern (V. 19), stellt er nicht allein die Tilgung ihrer Sünden (ἐξαλειφθῆναι von einer Urkunde, welche gelöscht wird) als Folge der Sinnesänderung dar: sondern er eröffnet zugleich einen umfassenderen Blick in eine ferner zu hoffende Erquickungs- und Segenszeit, V. 20. 25 ff. Diese geht von Gott aus, wird von ihm gewirkt (ἀπὸ προσώπου τοῦ κυρίου); sie tritt ein mit der Wiederkunft Christi, welchen derzeit der Himmel aufgenommen hat, dort aber persönlich senden wird (ἀποστείλῃ u. s. w.); sie besteht in der Herstellung alles dessen, was Gott von jeher durch die Propheten verheißen hat (ἀποκαταστάσεως u. s. w.). In ὃν δεῖ οὐρανὸν δέξασθαι ist nicht ὅν, sondern οὐρανόν das Subjekt: der Himmel muß ihn aufnehmen, nicht: er muß den Himmel einnehmen (Luther), was mit dem Sprachgebrauch von δέχεσθαι sich nicht verträgt. Ἀποκατάστασις bezeichnet seinem constanten Sprachgebrauche nach regelmäßig eine den früheren Stand erneuernde Herstellung, Wiederherstellung, s. christologisch-dogmatische Grundbegriffe.

**9. Moses hat gesagt.** V. 22—24 dienen zur Entwickelung und Begründung dessen, was V. 21 in Betreff des prophetischen Wortes angedeutet war: hat doch Mose einen aus Israel zu erweckenden Propheten, vor der Gefahr der Ausstoßung und Vertilgung schlechthin Gehör zu geben verheißen; und die späteren Propheten von Samuel an haben alle auf diese Zeit geweissaget.

**10. Ihr seid die Kinder 2c. V. 25 ff.** macht bei Anwendung auf die Gegenwart und die anwesenden Hörer, und zwar nach beiden Seiten, einmal sofern die Verheißung des Segens zunächst ihnen gilt, zum andern sofern Sinnesänderung und Umkehr, als Bedingung des Segens, zunächst ihre Pflicht ist.

### Christologisch-dogmatische Grundgedanken.

1. Wunderkräfte sind nie und nirgends den einzelnen Männern und Kindern Gottes immanent, gegen welchen Wahn die Apostel sich hier ausdrücklich verwahren; sondern sie beruhen stets auf Gottes Macht und freier Gnade. Was die Apostel V. 12 als irrig abweisen, das ist sowohl die Voraussetzung einer magischen Kraft (ἰδία δύναμις), als

eines Verdienstes (εὐσέβεια), welches der Wunderthat zu Grunde liege. Hat der Erlöser selbst die Werke, die er that, dem Vater zugeschrieben, welcher ihm gebe, sie zu thun: so schreiben noch vielmehr die Apostel ihre Wunderthaten Gott dem Vater zu. Aber wie die von Jesu verrichteten Wunder für ihn selbst zeugen und ihn verklären sollten, [Joh. 5, 20. 36; Matth. 11, 5]: so sollen auch die durch seine Jünger mit Gottes Gnade und Kraft verrichteten Thaten zu Christi Ehre gereichen, und seinen Namen groß und herrlich machen [ὁ Θεὸς — ἐδόξασε — Ἰησοῦν].

2. Es ist nicht bloße Anbequemung an die Denk- und Sprechweise Israels, wenn Petrus sagt: „der Gott unserer Väter, Abraham, Isaak und Jakob, hat Jesum verkläret"; sondern es liegt die Wahrheit darin, daß der Gott Abrahams u. s. w. auch der Vater unsers Herrn Jesu Christi ist, mit andern Worten: es ist ein und derselbe Gott, der sich den Vätern geoffenbart hat, und jetzt uns durch seinen Sohn; der Neue Bund ist auf den Alten gegründet, der Alte Bund zielt schon auf Jesum Christum hin.

3. Daß Jesus ὁ παῖς Θεοῦ genannt wird, nämlich nicht „ein Knecht Gottes", sondern „der Knecht Gottes" [V. 13. 26] in hervorragendem und einzigem Sinne, schließt im Rückblick auf die Weißagung des Alten Testaments, besonders bei Jesaia 41 ff. einen Begriff in sich, welcher unmittelbar nur auf das Werk, nicht auf die Person Jesu Christi sich bezieht. Jesus ist demnach Derjenige, durch welchen Gott ausrichtet und zuwegebringt, was er in seinem Rath beschlossen in seinem Wort verheißen hat, vergl. V. 21. 24. 26. Der Segen, welchen Gott dem Abraham und durch ihn der Menschheit verheißen hat, wird durch Christum verwirklicht und verliehen; Alles, was Gott durch die Propheten von jeher verheißen hat, wird in Christo erfüllt. Wahrlich eine große Idee. Mittelbar freilich ergibt sich daraus auch für die Person Christi etwas Großes, wenn auch nicht sofort seine Gottheit, so doch seine innige und einzige Verbindung mit Gott.

4. Seiner Person nach schildert Petrus Jesum als den heiligen und gerechten [V. 14] d. h. nicht blos, im Gegensatz gegen den Verbrecher Barrabas, schuldlos, sondern auch positiv, vollkommen heilig und gerecht, im Verhältniß zu Gott (ἅγιος) und Menschen (δίκαιος), und auch hier ist wohl der bestimmte Artikel von Gewicht, selbst von dogmatischer Bedeutung, denn es liegt darin etwas ausschließlich Eigenthümliches, und hebt Jesum in sittlicher und religiöser Hinsicht über jeden Menschen empor. Damit stimmt sodann trefflich überein, daß Jesus ὁ ἀρχηγὸς τῆς ζωῆς genannt wird [V. 15], d. h. im Gegensatz gegen den Mörder, welcher Ursacher des Sterbens von Menschen war, der Urheber des Lebens, welcher in Hinsicht des Lebens vorangeht (zunächst durch seine Auferstehung), so daß man ihm nachfolgen kann, indem er denen, die an ihn glauben, das ewige Leben, die Seligkeit, verleibt, aber auch leibliche Lebenskräfte, vermittelst des Glaubens an seinen Namen, schenkt. [V. 16].

5. Sinnesänderung und Umkehr vom bösen Wege ist die unumgängliche Bedingung des Heils, d. h. Bedingung einerseits der Vergebung und Tilgung begangener Sünden und vorhandener Schuld, [V. 19], andererseits der Theilnahme an verheiße-

nem Segen und göttlichen Gnadengaben (V. 20. 26). Nimmermehr unterstützen die Apostel jenen Wahn, als ob jemand, vermöge seiner Abkunft vom Volke Gottes, ohne persönliche Bereitung dazu, und ohne Glaubensgehorsam einen Anspruch aufs Heil hätte. Hier fordert Petrus sogar unmittelbar nach der Erklärung, daß seine Zuhörer Söhne des Bundes, Bundesgenossen seien [V. 25], Umkehr und Sinnesänderung, wenn sie wollen des verheißenen und in Christo geschenkten Abrahamssegens theilhaft werden [V. 26]. Die Anwendung auf die Christenheit macht sich von selbst.

6. Eine großartige Gesammtanschauung des göttlichen Haushalts und der Offenbarung von Anfang bis zu Ende ergibt sich aus den Worten des Apostels. "Das Gott dem Abraham verheißen hat, was er durch Mose's Mund von einem Propheten, der noch kommen soll, verkündigt, was die ganze Reihe der Propheten von Samuel an geweißagt hat, das zielt wesentlich und im Mittelpunkt auf Christum, sein Leiden [V. 18], den weltumfassenden Segen in ihm [V. 25 ff.], die beeinfigte Zurechtbringung aller Dinge [V. 21]. Jesus Christus, der Knecht Gottes, den er gesandt hat [V. 26], ist gekommen, hat gelitten [V. 18], ist aber jetzt unsichtbar, nachdem ihn der Himmel aufgenommen hat, bis ihn Gott wieder sendet, d. h. bis zu seiner Wiederkunft vom Himmel [V. 20 f.]. Diese Zukunft wird beschrieben 1) als καιροὶ ἀναψύξεως, Zeitpuncte der Erquickung, d. h. als eine Zeit, in welcher auf die Hitze und den Sturm und Drang des Kampfes und der Trübsal Ruhe, Friede, Erholung folgt. Dieselbe Zeit wird 2) als χρόνοι ἀποκαταστάσεως ιc. gescildert, letzteres objektiv, ersteres subjektiv. Daß hiermit Wiederherstellung ausgedrückt werden soll, erhellt aus dem Sprachgebrauch. Was soll wiederhergestellt werden? Baumgarten, 1, 80, antwortet: nichts anderes als das Reich Israels, die ganze Macht und Herrlichkeit des israelitischen Reiches. Aber da muß die Hauptsache gerade erst eingelegt werden. Die Worte selbst führen nicht darauf, sondern auf etwas weitaus Umfassenderes: Alles, was Gott durch seine heiligen Propheten geredet hat, soll wiederhergestellt, in seine ursprüngliche Ordnung, seinen von Gott beabsichtigten und verheißenen Stand versetzt werden. Dabei dürfen wir übrigens nicht lediglich an Wiederherstellung eines gewesenen Zustandes denken, sondern an eine theils restaurirende, theils über Alles, was jemals gewesen, hinausgehende Erneuerung der Dinge. Und bis um so mehr, als der Gesichtskreis nicht blos auf Israel, sondern auf die Menschheit sich erstreckt, universalistisch ist: der Segen, Abraham verheißen, soll „allen Geschlechtern der Erde zu Theil werden V. 25; und wenn die Israeliten des Bundes Kinder genannt werden, so faßt dies nicht Ausschließlichkeit, Monopol, Partikularismus, sondern blos Priorität in sich, denn nicht zu Israel allein, sondern nur zuerst an Israel ist Christus gesandt [V. 26], und damit ist vorausgesetzt und indirekt bezeugt, daß Christus und der Segen in ihm auch den Heiden bestimmt ist, wiewohl erst in zweiter Linie.

### Homiletische Andeutungen.

Als aber der Lahme sich zu Petro und Johanni hielt [V. 11]. Das gesegnete Band der Anhänglichkeit zwischen erweckten Gotteskindern und ihren geistlichen Vätern: 1) den Kindlein in Christo zur Stärkung, 2) den geistlichen Vätern zur Ermunterung, 3) der Gemeinde zur Erbauung, 4) dem Herrn zur Ehre.

Was wundert ihr euch oder was sehet ihr auf uns? [V. 12] Eine eindringliche Frage aller Rüstzeuge des Herrn an uns bei Betrachtung der großen Thaten Gottes: 1) uns abzulenken a. vom fleischlichen Staunen über das Aeußere der Ereignisse, b. von Ueberschätzung menschlicher Werkzeuge mit ihrer Kraft und ihrem Verdienst; 2) uns hinzuweisen a. auf den Herrn, der allein Wunder thut [V. 13. 15]. (Ihn bewundert, statt euch zu verwundern!) b. auf uns selbst; unsre Schuld [V. 13. 14], unsre Pflicht [V. 19], unser Heil [V. 20]. — Nicht uns Herr, nicht uns, sondern deinem Namen die Ehre! Das Bekenntniß aller echten Gottesknechte (Starke). — „Man läuft nach neuen Wundern und verwundert sich darüber, man vergisset der alten und braucht sie nicht" Ps. 106, 21; 22. (Quesnel). — Gottes Werke werden uns erst klar im Lichte seines Worts.

Der Gott Abrahams, Isaaks und Jakobs ist auch der Vater unsres Herrn Jesu Christi [V. 13]. Das Licht das aus diesem Satze fällt 1) auf den Alten Bund als des Neuen Vorbild und Vorbereitung, 2) auf den Neuen Bund als des Alten Enthüllung und Erfüllung.

Ihr verleugnetet ihn! [V. 13. 14]. Diese Sünde ist nach der Auferstehung Jesu die Hauptsünde. (Apostol. Pastorale). Petrus hatte ebenden Herrn Jesum selbst verleugnet, da ihm aber diese Sünde von seinem Heiland vergeben war, so hatte er nun die Freudigkeit, eben dieselbe an Andern wieder zu bestrafen. Das haben sich treue Lehrer zu merken. Ebendas.

Jesus als der Fürst des Lebens [V. 15] 1) verleugnet und getödtet von der Welt; 2) auferweckt und verklärt von Gott; 3) bezeugt und erwiesen in der Gemeinde. Ihr gedachtet es böse zu machen, aber Gott gedachte es gut zu machen, 1 Mos. 50, 20; im höchsten Sinn erfüllt an Jesu dem Gekreuzigten und Auferstandenen. Starke. — Die Geschenke und Gnadengaben Gottes in den Händen der Menschen sind eben das, was Christus in den Händen der Menschen gewesen: der Mensch kann nichts anderes als sie hinrichten: Gott allein kann sie erhalten oder wieder wecken. Quesnel. — Christus der Heilige und Gerechte im vollkommenen Sinn, nicht nur 1) gegenüber dem Mörder Barrabas als dem Repräsentanten der sündigen Menschheit; sondern auch 2) vor dem Angesichte seines Gottes und Vaters. — Christus als der Heilige und der Fürst des Lebens. — Weshalb auf solch ausgezeichnete Weise die Apostel des Herrn sich Zeugen seiner Auferstehung nennen? (Schleiermacher, Osterpredigt): 1) In Bezug auf sich selbst: im Bewußtsein ihrer und überhaupt menschlicher Schwachheit und in dankbarer Erhebung der Milde, mit welcher der himmlische Vater dieser Schwachheit zu Hülfe kam; 2) in Bezug auf den Erlöser: seine Auferstehung enthält das Urtheil Gottes über seinen vorangegangenen Tod und weist hinaus auf seine ewige geistige Gegenwart in der Gemeinde.

Der wunderthätige Glaube; [V. 16]. „Das Wunder ist des Glaubens liebstes Kind"

sagt der Dichter: 1) der Glaube thut das Wunder (Petrus und Johannes); 2) der Glaube erfährt das Wunder (der Lahme, der wenn auch nicht vor dem Wunder, doch nach demselben als Gläubiger erscheint); 3) der Glaube versteht das Wunder (die gläubigen Zuhörer).

Ihr habt's aus Unwissenheit gethan! [V. 17]. (Christus am Kreuz: sie wissen nicht, was sie thun; Paulus an Timotheus: ich hab's unwissend gethan). 1) Wem gilt dies Wort? Nicht Allen! 2) Wozu soll's dienen? Nicht zur Rechtfertigung. — (Unwissenheit mildert die Schuld, hebt sie aber nicht auf, denn sie kann selbst Folge schwerer Schuld sein. Gerlach).

So thut nun Buße und bekehret euch, daß eure Sünden vertilget werden [V. 19]. Das ist das höchste Bußpatent, welches Gnade und Pardon so großen Uebelthätern ankündiget. Ein solcher Pardon findet sich in seiner Historie; wo das nicht angenommen wird, ist keine Rettung mehr. Starke. — Diese Worte enthalten ein herrliches Muster, die Buße recht apostolisch zu predigen. Es kann dabei auf beiden Seiten gefehlt werden und der Sache entweder zu wenig oder zu viel geschehen. Wir sind immer gerne zu extremis geneigt und machen den Leuten entweder gar zu bald und voreilig Hoffnung zur Vergebung der Sünden, oder wir fordern von den Leuten zu viel Gnade der Heiligkeit, ehe wir sie der Vergebung der Sünden versichern. Die Apostel lehren uns die rechte Mittelstraße. Apostol. Pastorale. — Buße thun oder den Sinn ändern, und sich bekehren oder die Füße richten auf den Weg des Friedens, gehört beides zusammen. Ebendas. — Siehe in Petrus Predigt den Heiligen Geist sein vierfaches Amt üben: 1) Strafamt [V. 13—15;] 2) Lehramt [V. 13. 15. 16. 18. 21—25;] 3) Zucht- und Vermahnungsamt [V. 19;] 4) Trostamt [V. 20. 26]. Wie haben die Apostel ihre Macht, Sünden zu vergeben, so nachdrücklich zu gebrauchen gewußt; wie haben sie zu ihrem Ruf zur Buße diesen Bußzucker so wohl angebracht. K. H. Rieger.

Die Zeiten der Erquickung vom Angesichte des Herrn [V. 20], wie sie dem Bußfertigen und Gläubigen kommen: 1) im äußeren Leben auf die Hitze der Trübsal; 2) im innern Leben auf das Feuer der Buße; 3) im ewigen Leben auf die Mühen der Erde. — Es wird einem sehr heiß, wenn man in der Buße erkennt, was man Böses gethan und Gutes versäumet, aber da wird's kühle, wenn Gott sich wieder zeiget, Jes. 57, 15—18. — Wenn innere und äußere Anfechtung am heißesten brennt, so erscheinet der Herr mit seiner Erquickung, 1 Mos. 18, 1; Jes. 38, 17. — Endlich wird die ewige Erfrischung kommen, wenn wir dahin versetzet sind, wo keine Hitze mehr auf uns fallen wird, Offenb. 7, 26. Starke. — Alle wahre Erquickung in Zeit und Ewigkeit muß von dem Angesichte des Herrn kommen. Ebendas.

Die dreifache Wiederbringung [V. 21], 1) sie ist geschehen in der neutestamentlichen Heilsanstalt, 2) sie soll geschehen in unsrer Bekehrung, 3) sie wird geschehen in der Weltvollendung. A. F. Schmidt: Predigtstudien.

Christus und Moses [V. 22] stehen einander gegenüber: 1) wie Weißagung und Erfüllung, 2) wie Gesetz und Evangelium; 3) wie Knecht und Sohn. Leonhardi und Spiegelhauer. — Chri-

aus ein Prophet, und doch mehr als ein Prophet [V. 22—24]. 1) Er lehret den Weg Gottes recht, und ist doch selbst auch der Weg zum Vater; 2) Er weißagt, und ist doch aller Weißagung Ziel und Ende; 3) Er ist mit dem Heiligen Geist gesalbt, und doch des Geistes Spender. Ebendas.
Der Prophet des Neuen Bundes. 1) Wer ist es? 2) Was ist sein Beruf? 3) Was unsre Pflicht gegen ihn? Langbein. Christus Kern und Stern 1) der Schrift; 2) der Seelen;
3) der Weltgeschichte. — Alle Gottesverheißungen sind Ja in Ihm und Amen in Ihm.
Ihr seid der Propheten und des Bundes Kinder! [V. 25. 26], ein Wort 1) hoher Verheißung; 2) schwerer Verantwortung. In V. 26 wird Anfang und Schluß der Rede vereinigt und Jesus erscheint als der rechte Isaak (Freudensohn) des rechten Abraham (Völkervaters), aus welchem der rechte Jakob-Israel (das kämpfende Ueberwindervolk des Geistes) geboren werden soll. Stier, Reden der Apostel.

C.

Verhaftung des Petrus und Johannes, welche jedoch, nach kraftvoller Verantwortung vor dem hohen Rath, mit ihrer Freilassung endigt.

### Kap. 4, 1—22.

Während sie aber zu dem Volk redeten, traten zu ihnen die Priester und der Tempelhauptmann und die Sabbuzäer, *die es verdroß, daß sie das Volk lehreten, und verkündigten an Jesu die Auferstehung von den Todten¹), *und legten bie Hände an sie und setzten sie ein bis auf den morgenden Tag, denn es war schon Abend. *Viele aber von denen, welche die Rede gehöret hatten, wurden gläubig, und es ward die Zahl der Männer bei fünf Tausend. *Als aber der Morgen kam, versammelten sich ihre Obersten und Aeltesten und Schriftgelehrten in Jerusalem²) *und der Hohepriester Hannas und Kaiphas und Johannes und Alexander³), und alle die von hohepriesterlichem Geschlechte waren, *und stelleten sie in die Mitte⁴) und fragten: in was für einer Kraft oder in was für einem Namen habt ihr das gethan? *Da wurde Petrus voll Heiligen Geistes, und sprach zu ihnen: ihr Obersten des Volks und Aeltesten von Israel⁵)! *So wir heute zur Verantwortung gezogen werden über einer Wohlthat an einem kranken Menschen, wodurch er gerettet worden sei, *so sei euch allen und dem ganzen Volk Israel kund gethan: in dem Namen Jesu Christi von Nazareth, welchen ihr gekreuzigt habt, den Gott von den Todten auferweckt hat, ja in ihm steht dieser hier vor euch gesund. *Das ist der Stein von euch Bauleuten⁶) verworfen, der zum Eckstein geworden ist. *Und ist in keinem Andern das Heil, denn auch kein anderer Name⁷) unter dem Himmel ist gegeben unter den Menschen, in welchem wir sollen gerettet werden.

Da sie aber die Freimüthigkeit des Petrus und Johannes ansahen, und bemerkten, daß es ungelehrte Leute und Laien waren, so verwunderten sie sich, kannten sie auch wohl, daß sie mit Jesu gewesen waren. *Und da sie den Menschen, der geheilt worden war, bei ihnen stehen sahen, hatten sie nichts dawider zu reden. *Da hießen sie sie hinausgehen aus dem Rath und beriethen mit einander und sprachen: *Was wollen wir diesen Menschen thun⁸)? Denn daß ein offenkundiges Zeichen durch sie geschehen ist, ist Allen, die zu Jerusalem wohnen, offenbar, und wir können es nicht leugnen. *Aber damit es nicht weiter auskomme unter das Volk, laßt uns sie ernstlich bedrohen⁹), daß sie nie mehr mit irgend einem Menschen

---

1) τὴν ἐκ νεκρῶν ist dem schwach bezeugten und dem geläufigen Ausdruck nachgebildeten τῶν νεκρῶν unbedingt vorzuziehen.
2) ἐν Ἰερουσαλήμ hat entscheidende Handschriften für sich, und ist deßhalb von Griesbach, Lachmann und Tischendorf εἰς vorgezogen worden.
3) Die Nominative Ἄννας ꝛc. (Lachmann) sehen das in einer alten Handschrift (D.) besindliche συνήχθησαν vor-aus, aber der Accusativ ist richtiger.
4) ἐν μέσῳ ist gegen ἐν τῷ μ. Lachmann, hinlänglich bezeugt.
5) τοῦ Ἰσρ. tilgt Lachmann nach 2 alten Minuskeln, hat aber gewichtige Zeugen für sich.
6) οἰκοδόμων ist auf Grund der besten Handschriften, und sonstigen Zeugen dem gewöhnlichen οἰκοδομούντων vorzuziehen, welches sich an Ps. 118, 22 in der griechischen Uebersetzung, sowie an Matth. 21, 42 anschließt.
7) οὐδὲ γὰρ ist besser bezeugt, als οὔτε, welches Meyer vertheidigt; οὐδὲ steht auch ganz passend, sofern eine weitere, von der vorigen verschiedene, Verneinung folgt.
8) ποιήσομεν ist mit Griesbach, Lachmann und Tischendorf dem weniger gut bezeugten, und anscheinend um der deutlicheren Berathungsform willen gemachten Conjunctiv ποιήσωμεν vorzuziehen.
9) ἀπειλησώμεθα, der Indic. fut. σόμεθα hat nur wenige Zeugnisse für sich, und wurde ohne Zweifel bloß dem ποιήσομεν V. 16 zuliebe statt des ursprünglichen Conj. aor. gesetzt. Das ἀπειλῇ fehlt in einigen Minuskeln, daher es Lachmann tilgt, aber es konnte sehr leicht ausfallen.

18 auf diesen Namen hin reden. *Und riefen sie und geboten ihnen¹), daß sie sich allerdinge
19 nicht hören ließen, noch lehreten in dem Namen Jesu. *Petrus aber und Johannes antworteten ihnen und sprachen: Richtet selbst, ob es recht ist vor Gott, daß wir euch mehr
20 gehorchen denn Gott? *Denn wir können es nicht lassen, von dem zu reden, was wir
21 gesehen und gehöret haben. *Aber sie droheten ihnen ferner, und ließen sie gehen, indem
sie nicht fanden, wie sie sie strafen könnten, um des Volks willen, denn sie lobeten alle
22 Gott über dem, was geschehen war. *Denn der Mensch war über vierzig Jahre alt, an
welchem dieses Zeichen der Heilung geschehen war.

### Exegetische Erläuterungen.

**1. Traten zu ihnen die Priester.** Das Einschreiten der Hierarchie gegen die Apostel, wobei den Priestern und Sadduzäern der wachthabende Befehlshaber der levitischen Tempelwache als Werkzeug der Gewalt zu Dienste war, hatte einen doppelten Beweggrund. Die Sadduzäer verdroß es, daß die Apostel, indem sie Jesu Auferweckung bezeugten (Kap. 2, 15), eben damit der Auferstehung überhaupt das Wort redeten; das war ihnen ein Dorn im Auge. Die Priester konnten es nicht vertragen, daß die Apostel überhaupt das Volk lehrten, ohne amtliche Legitimation zu besitzen, was als anmaßlicher Eingriff in die Vorrechte des levitischen Priesterstandes aufgefaßt wurde. Der sadduzäische Beweggrund liegt sehr nahe, wirkte aber nicht ausschließlich, wenigstens tritt er in der ganzen Verhandlung vor dem hohen Rath gar nicht hervor.

**2. Viele aber von denen.** Aber während die Träger der hierarchischen Amtsgewalt, die offiziellen Spitzen und Vertreter Israels mißbilligend einschritten, sogar Gewalt brauchten und die beiden Apostel verhafteten, hatte das apostolische Zeugniß auf eine ansehnliche Zahl unbefangener und unbetheiligter Zuhörer einen durchschlagenden Eindruck gemacht, so daß sie dadurch zum Glauben geführt und bekehrt wurden. Und zwar waren sie nicht durch die Thatsache selbst, durch die Wunderthat, deren Zeugen sie gewesen waren, zum Glauben gekommen, — diese hatte bloß Aufsehen und Verwunderung erregt, Kap. 3, 10 ff., — sondern das Wort der Apostel, ihr Zeugniß von Christo, ὁ λόγος Kap. 4, 4, hat gewirkt. Es ging einen gewaltigen Ruck vorwärts, so daß die Anzahl der Gläubigen sich namhaft verstärkte: die Zahl der Männer, die zur Gemeinde hielten, betrug jetzt schon 5000, während Frauen gar nicht mitgezählt sind; am Pfingstfest hatte sich Kap. 2, 41 der Zuwachs zu dem ersten Grundstock der Gemeinde auf 3000 belaufen. Es läßt sich übrigens auch ein allmähliches Wachsen zwischen jenem großen Tage und diesem wohl nicht so schnell darauf erfolgten Ereigniß voraussetzen. Immerhin bildet das neueste Ereigniß eine Epoche in der ersten Geschichte der Urgemeinde. Wie aber Christus den Einen zum Fall, den Andern zum Aufstehen gesetzt ist, so hat sich hier die Wirkung gespalten: den Einen half die Sache zum Durchbruch, es kam zum Glauben, bei den Andern trat jetzt der Widerwille als entschiedene Feindseligkeit hervor. Allen aber wurde die innere Entscheidung, für oder wider Christum, näher gelegt.

**3. Als aber der Morgen kam.** Die höchste hierarchische Behörde, der Sanhedrin, trat den andern Morgen zusammen; Tags zuvor war es hiezu zu spät geworden (V. 3), denn um drei Uhr hatte Petrus und Johannes den Lahmen zum ersten Mal gesehen (Kap. 3, 1): es mochte nach der Heilung wohl eine Zeit verfließen, (Kap. 3, 8—11), bevor Petrus zu einer Rede an das Volk sich veranlaßt sah; die Rede selbst ist wohl nur ihren Grundzügen nach gegeben, so daß sie auch eine geraume Zeit füllte; da mochte es wohl gegen 6 Uhr Abends sein, als die Apostel zur Haft gebracht wurden. Morgens nun fand eine förmliche und sehr vollzählige Sitzung des Sanhedrin statt. Die drei Klassen von Mitgliedern des Sanhedrin sind deutlich bezeichnet: 1) Oberpriester, 2) Volksälteste, 3) Gesetzgelehrte; und von erster Klasse werden einige sogar namentlich aufgeführt, nämlich der Alt-Hohepriester Annas (Ananus bei Josephus), Hohepriester im Amt, Kaiphas, des Ersteren Schwiegersohn, und zwei sonst unbekannte Glieder der hohepriesterlichen Familie.

**4. In was für einer Kraft — gethan.** Die Frage, über welche die Apostel vernommen werden, bezieht sich nicht auf ihre Lehrrede, sondern auf die Wunderthat, die dazu Anlaß gegeben hatte (ἐποιήσατε τοῦτο V. 7), und Petrus antwortet auch genau auf diese Frage V. 9 ff. Der eigentliche Fragepunkt in Hinsicht der verrichteten That war aber die Kraft, auf welcher die Apostel gehandelt hatten, die Persönlichkeit (ὄνομα), welche sie genannt und auf welche sie sich berufen und gestützt hatten.

**5. Da wurde Petrus.** Was die Sache betrifft, so bezeugt Petrus in seiner Antwort, a. daß es eine Wohlthat ist (εὐεργεσία) und nicht eine Uebelthat, die er und Johannes verrichtet haben V. 9; b. daß der arme Kranke in der That geheilt, gesund gemacht, gerettet worden ist (σέσωσται, ὑγιής), wofür er sich auf den Menschen selbst, der zugegen war, beruft; c. daß die Kraft der Heilung und des Heils in Jesu Christo, dem Gekreuzigten und Auferstandenen, diesmal gelegen sei (V. 10. 12); ja d. daß sogar alles Heil einzig und allein in Jesu Christo gegeben sei, so daß es den Menschen überhaupt, so weit der Himmel geht (V. 12).

**6. Ihr Obersten.** Was die Personen der Richter betrifft, so erkennt Petrus sie als rechtmäßige und bevollmächtigte Vorstände und Vertreter des Volks Israel ausdrücklich an (V. 8), in der Weise, daß, was ihnen gesagt wird, dem ganzen Volke gilt; sie sind gleichsam das Ohr des Volkes, wie sie dessen Mund sind (V. 10). Sie sind die Baumeister, die am Hause Gottes zu bauen berufen, berechtigt und verpflichtet sind (οἰκοδόμων V. 11). Allein so aufrichtig und ehrerbietig Petrus die Amtswürde der Synedristen anerkennt, so freimüthig und unumwunden spricht er doch auch aus, daß sie geirrt, gewaltig geirrt, schwer gesündigt haben: sie haben

---
¹) αὐτοῖς nach παρήγγειλαν ist ein von wenigen Zeugen aufgenommener Zusatz.

benjenigen Stein für nichts geachtet, als unbrauchbar weggeworfen, welcher denn doch zum Grundstein bestimmt war und zum Grundstein in der That geworden ist (V. 11); sie haben Den gekreuziget, welchen Gott hernach auferweckt hat, welcher ausschließlich als Mittel und Mittler des Heils gegeben ist.

**6. Da sie aber die Freimüthigkeit—ansahen.** Der Eindruck, den die Persönlichkeit der Apostel und die Thatsächlichkeit des Wunders auf die Synedristen machte, war so stark, daß sie sich seiner nicht erwehren konnten. Einmal erregte die παρρησία des Petrus und Johannes, die unbefangene Freimüthigkeit und entschiedene Sicherheit, mit der sie auftraten und sich verantworteten, ja aus der Lage der Angeschuldigten in die Stellung des Angriffs und der Widerlegung übergingen, ihre größte Verwunderung, zumal bei der sich aufdrängenden Beobachtung, daß den Männern keine rabbinische Buch- und Schulgelehrsamkeit zur Seite steht, (ἀγράμματοι καὶ ἰδιῶται), wobei den Männern des hohen Rathes auch noch die Erinnerung nach und nach aufdämmert und einleuchtet, daß sie gerade die beiden Leute früher in der Umgebung Jesu gesehen hatten; anfänglich hatte sie das nicht so sehr interessirt. Andererseits stand (V. 14) der geheilte Mensch, als stiller, aber unwidersprechlicher Zeuge von der Wirklichkeit und Thatsächlichkeit des fraglichen Wunders, den Aposteln zur Seite, ohne Zweifel von dem Vorstand des Synedriums selbst vorgeladen, weil man ihn als Belastungszeugen zu verwenden gedachte, was aber in das Gegentheil umschlug.

**7. Da hießen sie sie hinausgehen.** Die Berathung, nachdem die Apostel nebst dem Geheilten aus dem Sitzungslokal vorläufig entlassen waren, machte sich dadurch so schwierig, daß vor der verstandesmäßigen und gewissenhaften Einsicht, vor der nicht nur für die ganze Stadt offenkundigen, sondern auch für sie selbst unleugbaren, objektiven Thatsächlichkeit des Wunders, der Wille sich nicht beugen mochte; sie wollten nicht an Jesum glauben, sie wollten die Verbreitung der Wahrheit von Christo, das Wachsen der Gemeinde Christi mit aller in ihre Hände gelegten Macht hemmen, sie wollten die Wahrheit in Ungerechtigkeit aufhalten, Röm. 1, 18. Sie fühlten, daß sie dem Apostel von Gottes und Rechts wegen nichts thun dürfen, nichts anhaben können; und doch steht ihnen die Maxime fest: wir dürfen die Sache nicht gehen lassen. Hiermit war von der höchsten Autorität des Volks-Israel eine folgenschwere innere Entscheidung getroffen; es war das erste Mal seit dem Leiden und Kreuzestod Jesu, daß die höchste Obrigkeit Israels zum Handeln in Betreff der Jünger Jesu aufgefordert war; aber von da an ist es auf der Bahn, die jetzt betreten wurde, fortgegangen.

**8. Laßt uns sie ernstlich bedrohen.** Der gefaßte Entschluß des Handelns, worüber man übereinkam, lief darauf hinaus, daß von irgend einer Rüge für das Geschehene abgesehen wurde, V. 21, hingegen für die Zukunft eine vorbeugende Maßregel getroffen werden sollte. Diese bestand in einem, mit ernstlicher Strafandrohung verbundenen, strengen und ausnahmslosen Verbot, mit irgend Jemand auf Grund des Bekenntnisses von Jesu (ἐπὶ τῷ ὀνόματι τοῦ Ἰησοῦ) zu sprechen, V. 17 f., μὴ φθέγγεσθαι μηδὲ διδάσκειν, keinen Laut von sich geben, also nicht einmal in Privatgesprächen, geschweige öffentlich lehrend von Jesu reden.

**9. Petrus aber.** Mit männlicher Freimüthigkeit entgegnet Petrus und Johannes, indem sie an das Gewissen und an das eigene Urtheil der Richter appelliren, ob es vor Gott recht sei, wenn sie, die Apostel, mehr auf dieses menschliche Verbot, als auf Gottes Gebot und Willen hören. Sehr gut sagt Bengel: non facile mundus tanta perversitate suas leges contra causam Dei tuetur, ut naturalis aequitas etiam in intellectu plane obruatur. Ja sie erklären mit aller Offenheit, daß sie es nicht lassen können, zu sagen, was sie gesehen und gehört haben. Sie können nicht anders, denn es ist die Liebe Christi, wovon ihr Herz voll ist, was sie treibet, und die überwältigende Gewißheit: „Gott will es," die ihnen gebietet, zu reden und zu zeugen.

**10. Und ließen sie gehen.** Die gewissenhafte und mannhafte Erklärung der Apostel, und die Drohung des Synedriums, welche darauf erging, indem dasselbe vorzüglich aus Rücksicht auf die durch das Ereigniß erweckte Stimmung des Volks, von einer Strafverfügung abstand, V. 21, ließ für die Zukunft drohende Konflikte erwarten. Und wie bald diese eintreten sollten, welches Maß die Feindseligkeit erreichen würde, das hing vornämlich von der Volksstimmung ab. Dießmal ist populus sanior, quam qui praesunt, (Bengel); und nur die öffentliche Meinung machte ein strafrechtliches Einschreiten bedenklich; sie fanden weder Mittel noch Weg, τὸ πῶς κολάσωνται αὐτούς, wie sie die Apostel (ohne bedenkliche Folgen) strafen könnten, und das um des Volkes willen u. s. w. War ein anderes Mal das Volk selbst aufgeregt oder auch nur gleichgültig, so konnte man mit voller Wucht einen Schlag führen.

**Christologisch-dogmatische Grundgedanken.**

1. Nicht die Heilung selbst, als That, sondern das dadurch veranlaßte Wort, die Lehre der Apostel insbesondere, das Wort von Jesu dem Auferstandenen hat den Widerstand und die Verfolgung herbeigeführt. Bloße Moral und auch abstrakte evangelische Wahrheit kann die Welt wohl ertragen; aber wenn Jesus Christus, der Gekreuzigte und Auferstandene, persönlich verkündigt wird, so regt sich der Widerspruch des natürlichen Herzens. Wo aber Christo persönlich hat das gläubige Herz auch Alles. Indem sie Jesum verkündigten, predigten die Apostel die Auferstehung von den Todten, V. 2. Indem Jesus verkündigt wird, wird auch die Gerechtigkeit und die Gnade Gottes, alle Weisheit, Gerechtigkeit, Heiligung und Erlösung verkündigt. In ihm und in dem Wort hat das gläubige Herz, der denkende Geist, das heilsbedürftige Gewissen Alles, dessen der Mensch bedarf.

2. Daß Christus lebt und regiert, erhellt nicht am mindesten aus der Geschichte der Verfolgungen. So aus dieser ersten Verfolgung wider das Apostelpaar. Denn abgesehen davon, daß der Glaube der beiden Apostel durch Verhaftung und gerichtliches Verfahren wider sie geprüft, gestärkt, bekräftigt wurde: so war die Thatsache selbst, daß Petrus durch die gerichtliche Vernehmung Gelegenheit erhielt, ein unumwundenes Zeugniß von Jesu, als dem Mittler alles Heils, unmittelbar vor der

höchsten Behörde Israels abzulegen, was ihm unter andern Umständen schlechterdings nicht möglich gewesen wäre, ein Beweis davon, daß Christus im Regimente sitzt, und Alles, auch was die Feinde seines Reiches gedenken böse zu machen, zum Besten der Gläubigen und seiner Kirche lenkt. Der Ausgang des Prozesses hat vollends diese Wahrheit bestätigt, s. u.

3. Es war insbesondere die Erfüllung einer wichtigen Verheißung Jesu, daß Petrus, als er sich vor dem hohen Rath verantworten mußte, voll Heiligen Geistes wurde. Bei zwei verschiedenen Gelegenheiten, nämlich zuerst bei Aussendung der Zwölfe, Matth. 10, 19 f., cf. Marc. 13, 11; Luc. 12, 11 f., und zum andern Mal bei den eschatologischen Reden, Luc. 21, 14 f., hatte Jesus seinen Jüngern verheißen, daß bei Verhören vor Obrigkeiten und in Synagogen der Heilige Geist in ihnen und durch sie reden werde, so daß sie nicht nöthig haben werden, sich Sorgen darüber zu machen, wie oder was sie zu ihrer Vertheidigung sagen wollten, ja ihrer Weisheit und Beredsamkeit würden die Gegner nicht zu widerstehen, nichts zu erwidern wissen, Luc. 21, 14. Hier zum ersten Mal fand die Verheißung ihre Erfüllung. Nicht vorher, aber gerade in dem Moment, wo es nöthig war und darauf ankam (τότε, V. 8.) wurde Petrus Heiligen Geistes voll, d. h. der Heilige Geist vom Vater und vom Sohn, welcher seit dem Pfingstfest in ihm, wie in den andern Jüngern wohnte, ergoß sich jetzt mit voller Kraft in Geist und Herz, so daß er nicht nur furchtlos, muthvoll, freudig und freimüthig (παρρησία, V. 13), sondern auch mit Weisheit und in gemessener Sprache mit den treffendsten Worten, sich zu verantworten und Zeugniß von Jesu abzulegen, vermochte. Sowohl πῶς als τί ἀπολογήσασθε, Luc. 12, 11, wurde den Aposteln gegeben; es wurde ihnen durch den Geist gegeben, klug wie die Schlangen, und ohne Falsch wie die Tauben sich zu benehmen. Hier ist Inspiration, und zwar in Gesinnung, Gedanke und Wort zumal, in kurz und guter Rede.

4. Es ist ein besonderer Beweis von Eingebung des Heiligen Geistes, daß Petrus, bei dieser Verantwortung über eine einzelne Thatsache, eine grundlegende Wahrheit, wie die von dem Heil in Jesu Christo allein, so klar und rund und voll sich auszusprechen vermochte. Das Heil (d. h. Rettung, Erlösung und Hülfe aus Leibes- und Seelennoth, Gnade und Segen in Zeit und Ewigkeit) liegt in Jesu Christo, und in ihm allein, in ihm für Alle. Das ist christliches Bekenntniß, das ist evangelische Grundwahrheit. Was alles in Hinsicht der Sündhaftigkeit des Menschen, der Person Jesu Christi selbst, des Heilsweges, darin eingeschlossen liege, kann hier nur berührt werden. Aber welche Abwehr unevangelischer Gesinnung, Lehre und Praxis mit diesem Grundsatz gegeben sei, darauf kann wohl noch aufmerksam gemacht werden. Es ist eine Verkennung der Wahrheit, ein Abirren von der schmalen Linie des Heilswegs, wenn Christus zwar als Heiland anerkannt, aber nicht allein, ganz allein als Grund der Seligkeit vorgestellt wird. Darauf beruhen römischen und andere Irrthümer. Und wenn einmal der schmale Weg der Heilswahrheit verlassen wird, so kommt man leicht immer weiter davon ab.

5. Daß der Glaube nicht eine Sache mathematischer Evidenz und Demonstration, verstandes-

mäßiger Einsicht und Ueberzeugung, sondern eine Sache des Herzens und des Willens ist, erhellt aus dem Erfolg dieser gerichtlichen Verhandlung. Der geheilte Lahme stand da als sprechender Beweis, als unverwerflicher Zeuge; daß er vorher so hülflos, und jetzt gesund und kräftig war, konnte Niemand einfallen zu bestreiten. Daß diese Umwandlung und Heilung durch die Apostel in Kraft des Namens Jesu geschehen sei, zog Niemand in Abrede. An verstandesmäßiger Einsicht fehlte es selbst den Mitgliedern des Sanhedrin nicht. Dennoch widerstreben sie und wollen alles Reden und Sagen von Jesu niederlegen und hemmen. Sie wollen nicht, das Herz beugt sich nicht, der Glaube ist nicht Jedermanns Ding.

6. Indem die Obrigkeit den Aposteln Schweigen von Jesu auferlegen wollte, während Jesus selbst sie zu Zeugen berufen hatte, Kap. 1, 8, war eine sogenannte Collision der Pflichten vorhanden, d. h. es schien auf den ersten Anblick eine Pflicht der andern zu widerstreiten. Die Obrigkeit läßt ein Verbot ergehen, und der Obrigkeit zu gehorchen, ist Gewissenspflicht; der göttliche Beruf gebietet das Entgegengesetzte, und diesen zu erfüllen ist Gewissenspflicht. Wie ist da mit unverletztem Gewissen durchzukommen? Die Apostel schwanken nicht; sie geben eine unumwundene Erklärung ab und handeln derselben gemäß, und zwar in sittlich untadelhafte und völlig musterhafte Weise. Sie verweigern den Gehorsam gegen die rechtmäßige und von ihnen respektirte Obrigkeit lediglich aus unbedingtem Gehorsam gegen Gott; sie fühlen sich verpflichtet, die von der Obrigkeit gestellte Zumuthung schlechterdings abzulehnen, weil die Unterlassung des Bekenntnisses und Zeugnisses von Jesu Christo schlechthin unsittlich, ja sittlich unmöglich wäre V. 20, vergl. Rothe, theolog. Ethik, LII, 357 f.; 975 ff. Sie beschränken sich aber auf Verweigerung des Gehorsams und enthalten sich auf's strengste aller positiven Widersetzung, d. h. der Auflehnung; kein Wort, kein Wink deutet auf letztere hin, im Gegentheil müssen wir nach den gegebenen Erklärungen erwarten, daß die Apostel den etwaigen Strafen und Maßregeln, zu denen die Obrigkeit im Fall des Ungehorsams schreiten könnte, sich widerstandslos unterwerfen werden. — Ein Punkt ist aber noch ausdrücklich zu betonen. Die Apostel haben sich dem Synedrium gegenüber allerdings auf ihr Gewissen berufen, das ihnen nicht zulasse, zu schweigen [V. 20], aber auch auf Gottes Willen (der ihnen gebiete, zu reden, V. 19); und das letztere weist auf den ausdrücklichen Befehl Christi, Kap. 1, 8, auf ein klares und gewisses Wort Gottes. Es ist nicht einseitig hier blos von dem „eigenen Gewissen," von der „grundlegenden Macht des Geistes, die auf sich selber ruht," zu reden, und zu behaupten, daß die Apostel „an die Stelle der objektiven Auktorität die subjektive Auktorität ihrer eigenen, durch den Geist gewirkten Ueberzeugung setzen," (Baumgarten, Apostelg. I, 90 f.) Das Gewissen kann irren, und der Geist kann ein schwärmerischer, fanatischer sein, das klare und feste Wort und Gebot Gottes führt auf richtigem Wege. Und diesem folgen die Apostel.

### Homiletische Andeutungen.

Als sie aber zum Volk redeten [V. 1]. Wir müssen uns bestreben, daß, wenn uns Gott

## 4, 1—22. Der Apostel Geschichten.

mit Leiden besucht, er uns in unserem Beruf antreffe. (Starcke). — Die Priester — und der Hauptmann — und die Sadduzäer. — Wenn Christus mit seinen Aposteln etwas Gutes ausgerichtet, ist Satan mit seinen Aposteln, so geistlichen als weltlichen Standes, bald hinter ihnen her. — Wider das wahre Christenthum nehmen pharisäische Priester und wohl Herodianer oder Sadduzäer zu Hilfe. Matth. 22, 15. 16. (Starcke). — Obgleich die Apostel mitten in ihrer Predigt von den Feinden überfallen wurden, so durfte es doch nicht eher geschehen, als bis sie die Hauptsache vom Evangelium haben anzeigen und an die Herzen legen dürfen. Der Herr weiß die Schicksale seiner treuen Knechte so einzurichten, daß jeder erst seinen Lauf beschließen und sein Tagewerk zu Ende bringen muß, ehe die Feinde ihm eine Hinderung in den Weg legen dürfen. (Apost. Pastorale.)

Die verdroß, daß sie das Volk lehrten. [V. 2.] — Gottes Werk kann die Welt nicht hindern (Heilung des Lahmen), aber gegen Gottes Wort zieht sie zu Felde. — Und verkündigten an Jesu die Auferstehung von den Todten. Als eine gute Moral läßt sich auch die Welt die Lehre Christi gefallen. Aber wenn man sie durch die vorgehaltene Hoffnung in das Unsichtbare und Ewige hineinführen will, so stößt sie's schon heftiger von sich. (K. H. Rieger). — Hochmuth, Eigennutz und Neid machen, daß Personen um der Wahrheit, und Wahrheit um der Personen willen gehaßt werden. (Starcke.)

Und legten die Hände an sie und setzten sie ein. [V. 3.] So gehet's dem Evangelio: es bringet der Welt Gutes und empfähet von der Welt dafür Böses. Ps. 109, 5. (Starcke.) — Das ist die Art der Gottlosigkeit und Heuchelei, daß sie nicht mit Beweisgründen, sondern mit Waffen streiten. (Starcke.) — Hat man keine schlagenden Gründe, so kommt man mit Schlägen, hat man keine bündigen Beweise, so greift man zu Ketten und Banden. — Das Leiden ist in dieser Welt der Lohn des Predigers und das Siegel des Worts. Jer. 20, 8. (Quesnel.) — O seliges Gefängniß, welches zu so vieler Seelen Freiheit hilft. Phil. 1, 14. (Ebendas.) — Nun konnte Petrus nachdenken über seine vormalige Rede: ich bin bereit, mit dir in's Gefängniß zu gehen; da fing das Hernachmals an, wovon ihm sein Meister gesagt hatte: Du wirst mir aber hernachmals folgen. (K. H. Rieger.) — Es war jetzt Abend. So bekamen sie nun die Nacht hindurch Zeit zu Beten, um sich zu der morgenden Verantwortung in der Kraft Christi zu stärken. (Apost. Pastorale.) — Dem folgenden Bezeugen spürt man wohl an, daß Petrus und Johannes diese Nacht über im Glauben nicht geschwächt, sondern gestärkt worden sind. (Rieger.)

Aber viel wurden gläubig. [V. 4.] Die Wahrheit kann gedrückt, aber nicht unterdrückt werden. Die Prediger kann man binden, aber das Wort nicht. (Quesnel.) — Die selige Lebens- und Leidensgemeinschaft zwischen Hirten und Heerden: 1) Gott tröstet die verfolgten Lehrer durch Vermehrung der Heerde, und 2) befestiget die Heerde durch die Beständigkeit der Hirten. (Nach Starcke.) — Bei fünftausend. Die zweite Predigt Petri ist noch fruchtbarer gewesen, als die erste (an Pfingsten), weil der Prediger dabei mehr gelitten hat. (Starcke.)

Als es nun kam an den Morgen, versammelten sie ihre... [V. 5.] Bei äußerer Gefangenschaft kann eine große innere Ruhe, und bei äußerer Freiheit eine schwere innere Gefangenschaft und Unruhe sein. — Wenn es wider Jesum und die Kirche geht, so sind die Gottlosen willig, sich zu versammeln; da hält sie kein Schlaf, noch sonst etwas auf. (Starcke.) — Obersten, Aeltesten, Schriftgelehrten. Das Gericht, vor welches die Apostel hier gefordert wurden, bestand aus Leuten von Gewalt (Obersten), Klugheit und Erfahrung (Aeltesten), und Wissenschaft (die eine Einsicht in die wahre, reine Lehre haben sollten). Wie nimmt der Feind alle mögliche Mittel zusammen wider Christi Reich! (Apost. Pastorale.)

Aus welcher Gewalt — habt ihr das gethan? [V. 7.] Die Feinde können die Sache selbst nicht leugnen, fragen nur nach dem Grund: welch edler Beweis für die Wahrheit und Gewißheit unsres Evangelii! (Apost. Pastorale.) — Die der Wahrheit nicht gehorchen wollen, fragen gern, was sie schon wissen, ob sie einen Schein des Rechtes finden und also in ihrer Bosheit sich verhärten möchten. Joh. 9, 27. Starcke. — Die Welt siehet Gottlosen durch die Finger, aber keinem rechtschaffenen Lehrer und Christen. Viel Sünder blieben in Jerusalem ungestraft, aber die Apostel wurden um des Guten willen gestraft. (Ebendas.)

Petrus voll heiligen Geistes. [V. 8.] Nun wird erfüllet, was der Herr seinen vorerwählten Zeugen, Matth. 10, 16 ff., vorausverkündigt: sie werden euch überantworten vor ihre Rathshäuser; anbefohlen: seid klug wie die Schlangen, und ohne Falsch wie die Tauben, und verheißen: es soll euch zu der Stunde gegeben werden, was ihr reden sollt; eures Vaters Geist ist es, der durch euch redet. — Der heilige Zeugengeist als ein Geist der Schlangenklugheit und Taubeneinfalt, des Löwenmuths und der Lammesgeduld, nachgewiesen im Zeugniß des Petrus vor dem hohen Rath, V. 8—12.

Welchen ihr gekreuzigt habt, den Gott von den Todten auferweckt hat. [V. 10.] Menschenurtheil: (er ist des Todes schuldig) und Gottesurtheil: (er wird dargestellt als der Fürst des Lebens.)

Das ist der Stein. [V. 11.] Christus der Eckstein 1) zum Fall, 2) zur Auferstehung für Viele. — Die göttliche Baumeister und die menschlichen Bauleute.

Es ist in keinem Andern Heil. [V. 12.] Das ist 1) Kern und Stern aller apostolischen Verkündigung; 2) die Erfahrung aller begnadigten Seelen; 3) die Kraft alles todesmuthigen Bekenntnisses; 4) der Grund aller Missionspredigt der Kirche. (Leonhardi und Spiegelhauer.) — Das alte und doch nie veraltende Zeugniß: Es ist in keinem Andern Heil: 1) Sehi, wie Gott selbst zum Eckstein ihn erlesen, V. 11; 2) sehi, sein Wort die Kranken macht genesen, V. 13; 3) sehi seiner Knechte freudiges Bekenntniß! V. 13; 4) sehi seiner Feinde schweigendes Geständniß! V. 14. — Kein anderer Name. Den Namen will Gott haben, und um den Namen ist es ihm zu thun. Sein Name gehet in die ganze Welt durch's Wort. Er will nicht sichtlich bei uns gegenwärtig sein, sondern man soll ihn allein hören im Wort.

In jener Welt wird der Name und das Wort aufhören, und wir werden den eingebornen Sohn Gottes sehen, wie er ist, wie geschrieben steht 1 Joh. 3, 2; aber in dieser Welt sehen wir ihn nicht, sondern müssen ihn hören im Wort. Dasselbe Wort, das von ihm gepredigt wird, das soll es thun. Der Name des eingebornen Sohnes Gottes ist das Faktotum. Wenn man den Namen Jesu Christi höret, so soll erschrecken Alles, was im Himmel und auf Erden ungläubig und gottlos ist, und wiederum hervorspringen, hüpfen und fröhlich sein Alles, was gläubig ist. Wie auch St. Paulus sagt Phil. 2, 10: In dem Namen Jesu sollen sich beugen aller derer Kniee, die im Himmel und auf Erden sind. Wenn man „Jesus" spricht, so hat man die Welt todtgeschlagen, und muß der Teufel hundert Meilen Weges fliehen. (Luther.) — Darinnen wir sollen selig werden. Hierin ist zusammengefaßt die ganze evangelische Predigt 1) mit ihrer Verheißung: „selig werden"; 2) mit ihrem Gebot: „wir sollen." (Nach Stier.)

Die Freudigkeit Petri und Johannis. [V. 13.] Selig die Lehrer, die nicht nur mit Worten, sondern auch mit göttlicher Kraft in die Seelen ihrer Zuhörer eindringen und durch die Freudigkeit ihres Glaubens auch nach ihrem Vortrag noch Bewegungen verursachen. (Apost. Pastorale.) — Mosis Antlitz, das vom Sinai kam, leuchtete von der Majestät des Gesetzes; Petri und eines evangelischen Predigers Antlitz, da er von der Kanzel steigt, leuchtet von der Seligkeit des Evangeliums. — Die rechte Freudigkeit eines Gotteszeugen: 1) Worauf sie beruht: auf der Gnadenerfahrung im eigenen Herzen; auf dem lauteren Gotteswort im Munde; auf dem musterhaften Wandel in Gottes Wegen. 2) Wie sie sich zeigt: auf der Kanzel durch freudiges Aufthun des Mundes; inmitten der Welt durch furchtloses Zeugniß der Wahrheit; unterm Kreuz durch Friede und Freude im Heiligen Geist. 3) Wie sie wirkt: zur Beschämung der Widersacher; zur Erbauung der Gemeinde; zur Verherrlichung des Herrn. — Zwei treffliche Mittel für die Zeugen Christi, den Feinden und Lästerern das Maul zu stopfen: 1) freudig fortfahren im Zeugniß, V. 13; 2) hinweisen auf die Früchte der Arbeit, V. 14. (Nach Apost. Pastorale.) — Und kannten sie auch wohl, daß sie mit Jesu gewesen waren. V. 13. Ein ausnehmend herrliches Kennzeichen wahrer Zeugen des Herrn! Es ist nicht genug für einen Zeugen Jesu, daß man sagt, es zeige sich, daß der Mann in der Welt gewesen und mit Leuten umgegangen sei; es muß sich die rechte Jesusart an uns offenbaren, dadurch die Welt überzeugt wird, daß wir bei Jesu gewesen und noch seien. (Apost. Pastor.)

Da hießen sie sie hinausgehen. V. 15. Die Weisheit Gottes muß aus der Rathstube weichen und wird hinausgeperrt, und die Thorheit sitzt allein im Rath; was wird da herauskommen? (Geßner.)

Was wollen wir diesen Menschen thun? [V. 16.] Anstatt daß sie hätten fragen müssen: Lieben Brüder, was sollen wir thun, daß wir unsre Seelen erretten? fragen sie: was wollen wir diesen Männern thun, ihnen den Mund zu stopfen? So groß ist die Blindheit der Gottlosen. (Starke.) Je länger man sein Heil versäumt, desto schwieriger wird die Erkenntniß. (Wolf.)

Auf daß es nicht weiter einreiße. [V. 17.] Indem die Feinde die Wahrheit Jesu Christi nicht leugnen noch vertilgen können, so sehen ihre unselige Arbeit nur immer dahin, Schlagbäume, ja Wall und Mauern aufzuwerfen, daß sie sich nicht ausbreite, oder weiter einreiße. (Apostol. Pastorale.)

Noch lehreten in dem Namen Jesu. [V. 18.] Die Feinde verbieten den Jüngern nicht schlechthin das Lehren oder Wunderthun, sondern nur das Verbot blos auf die Predigt vom Namen Jesu ein. Die Welt kann alle Predigten und Thaten vertragen, aber der Name Jesu, die Predigt vom Gekreuzigten, und das Heil der Seelen aus dieser Quelle, das ist's, was sie nicht leiden kann. [Apost. Pastorale.]

Richtet ihr selbst! [V. 19.] Die Appellation an Vernunft und Gewissen in Sachen der göttlichen Wahrheit: 1) berechtigt und geboten durch das Vertrauen a. auf die Macht der Wahrheit, b. auf den Rest von Wahrheitssinn auch in Widersachern; aber 2) nicht letzte Instanz, denn a. die getrübte Vernunft und das irrthumsfähige Gewissen der sündigen Menschheit ist an sich nicht zum obersten Gericht bestellt über Gottes Wort, und hat b. faktisch in göttlichen Dingen hundertmal blind geurtheilt und falsch gerichtet, von Hannas und Kaiphas bis auf diesen Tag. — Man muß Gott mehr gehorchen, als den Menschen. 1) Man muß also menschlicher Obrigkeit gehorchen, sowohl handelnd, als duldend, in Allem, was ihres Amtes ist, denn sie trägt das Schwert an Gottes Statt. Gebet dem Kaiser, was des Kaisers ist! Aber 2) Gott mehr gehorchen, als den Menschen, d. h. für's erste auch wo man Menschen gehorcht, ihnen gehorchen um Gottes willen, in menschlicher Ordnung das göttliche Gebot verehrend, und für's zweite, wo Menschengebot gegen Gottes Gebot steht, gegen das nicht nur im irrthumsfähigen Gewissen („wir können's ja nicht lassen"), sondern auch im untrüglichen Gotteswort („was wir gesehen und gehöret haben") begründete Gebot Gottes, da um Gottes willen den Menschen den Gehorsam verweigern; aber nicht heimlich konspirirend, sondern offen und ehrlich, wie Petrus: „wir können's ja nicht lassen;" nicht mit fleischlichen Waffen, sondern gleich den Aposteln kämpfend mit dem Schwerte Geistes, dem Wort; nicht aggressiv und revolutionirend, sondern passiv widerstehend und mit den Aposteln und Märtyrern lieber zweimal Unrecht duldend, als einmal Unrecht übend. Vergleiche Luther in Worms: „Es sei denn, daß ich durch Zeugniß der Schrift, oder mit öffentlichen klaren und deutlichen Gründen und Ursachen überwunden und überweiset werde, und ich also mit den Sprüchen, die von mir angezogen und eingeführet sind, überzeugt mein Gewissen in Gottes Wort gefangen sei, so kann und will ich nichts widerrufen, weil weder sicher noch gerathen ist, etwas wider sein Gewissen zu thun. Hier steh ich, ich kann nicht anders. Gott helfe mir. Amen." — Man muß Gott mehr gehorchen, als den Menschen. 1) Wie wichtig und nothwendig dieser Grundsatz für die erste Gründung der christlichen Kirche war und auch für ihr Fortbestehen immer sein wird; 2) wie bei demselben der nothwendige und heilsame

Gehorsam gegen die Menschen sein volles Recht behält. (Schleierm.) — Das Petruswort: Man muß Gott mehr gehorchen, als den Menschen — ein schweres und schneidendes Schwert 1) nicht für Kinder und Buben, damit zu spielen; sondern 2) für Männer und Helden, es zu brauchen in den heiligen Kriegen des Herrn. — Richtet ihr selbst, ob es recht sei, daß wir euch mehr gehorchen, denn Gott. Das Wort haben zu mehr als einer Zeit die Schwärmgeister wie einen Feuerbrand unter die Leute geworfen und Aufruhr und Verwirrung damit gestiftet. Aber wo hätte denn jemals Petrus und Johannes oder irgend ein anderer Jünger des Herrn gewaffnete Hand gegen den hohen Rath erhoben? Ja, sie sind zusammengekommen und haben ihre Hände erhoben, aber nicht wider die Obrigkeit, sondern zu dem Herrn, dem Gott Himmels und der Erden und haben gebetet [V. 24 ff.] Nicht gehorchen, wo dir die Gewalthaber etwas Gottloses befehlen, dich lieber zerreißen lassen, als wider Gottes ausdrücklichen Befehl handeln, oder aber die gewaffnete Hand aufheben und Andere mit aufreizen, das ist zweierlei Ding. (Tholuck, Stunden christlicher Andacht.)

Wir können es nicht lassen, daß wir nicht reden sollten, was wir gesehen und gehört haben. [V. 2.] 1) Wir reden gern von Gottes ewiger Allmacht, die Alles regiert und herrlich hinausführt; 2) wir rühmen noch lieber seine erbarmende Liebe, die den Eingebornen in eine sonst verlorene Welt gesandt hat; 3) wir verkündigen am liebsten die beseligenden Erfahrungen seiner Gnade, die das Herz mit Friede und Freude im heiligen Geist erfüllt. [V. 8. 13.] (Lisco.) — Die Erweisungen des Auferstandenen an seinen treuen Bekennern: 1) Er legt seine Worte in ihren Mund; 2) pflanzet seine Kraft in ihr Herz; 3) behütet sie auf allen ihren Wegen. (Derf.) — Mit dem Umfang des Christenthums wächst der Haß; mit dem Haß das Leiden; mit dem Leiden die Hülfe; mit der Hülfe die Kraft. (Florey.) — Die Beharrlichkeit der Feinde und Freunde des Herrn, 1) der Feinde: sie können sein Wort nicht widerlegen und bestreiten es doch; sie können seine Macht nicht hindern und widerstreben ihr doch; sie können seinen Segen nicht leugnen und fliehen ihn doch; 2) der Freunde: die Welt bezweifelt ihren Glauben, aber sie grünben ihn fest auf das Wort des Herrn; die Welt verwirft ihren Glauben, aber sie bekennen ihn frei, im Gehorsam des Herrn; die Welt verfolgt ihren Glauben, aber sie dulden gern für ihn, aus Liebe zum Herrn. (Derselbe.)

Und ließen sie gehen u. s. w. [V. 21. Zugleich Zusammenfassung des Ganzen). Der Kampf des Evangeliums mit der Welt: 1) Wie entsteht er? 2) Mit welchen Waffen soll er von den Vertheidigern des Evangeliums geführt werden? 3) Was bezweckt er nach Gottes Rath für diese und für das Reich Christi überhaupt? (Rudelbach.) — Petrus und Johannes im Verhör, ein Bild 1) der leidenden, 2) der zeugenden, 3) der triumphirenden Kirche. (Nach Leonhardi und Spiegelhauer.) — Die vier Grundsäulen der Apologetik: 1) der Wunderbeweis (der Lahme), 2) der Weissagungs- und Schriftbeweis [V. 11], 3) der Geschichtsbeweis [V. 21], 4) der Herzens- und Erfahrungsbeweis [V. 13]. (Ab. Schmidt, Predigtstudien.) — Wie Jesus Christus in seinen Gliedern stets sich als lebendig und unüberwindlich beweiset vor dem Richterstuhl 1) der Obrigkeit; 2) der weltlichen Weisheit; 3) der Weltgeschichte; 4) des Gewissens. (Albert Knapp.) — Wie Jesus, der Erhöhte, herrlich mitten unter seinen Feinden: 1) sein Wort können sie nicht dämpfen; 2) sein Werk können sie nicht leugnen; 3) seine Knechte können sie nicht schrecken; 4) sein Reich können sie nicht aufhalten.

D.

**Glaubensstärkung und Erhebung der Gemeinde durch diese Vorgänge; Gemeingeist und Bruderliebe der Gläubigen.**

**Kap. 4, 23—37.**

Als man sie aber entlassen hatte, kamen sie zu den Ihrigen, und verkündigten 23 ihnen, was die Hohenpriester und Aeltesten zu ihnen gesagt hatten. *Nachdem sie das 24 gehöret hatten, hoben sie ihre Stimme auf einmüthig zu Gott, und sprachen: Herr,[1]) der du gemacht hast Himmel und Erde und Meer, und Alles, was darinnen ist; *der du 25 durch den Mund Davids, deines Knechts[2]) gesagt hast: „Warum toben die Heiden, und sinnen die Völker auf Eitles? *Die Könige der Erde treten auf, und die Fürsten ver- 26 sammeln sich zu Hauf, wider den Herrn und wider seinen Gesalbten!" *Wahrlich ja, 27 sie haben sich versammelt in dieser Stadt,[3]) über deinen heiligen Knecht Jesum, welchen du gesalbt hast. Herodes und Pontius Pilatus, mit den Heiden und den Völkern Israels, *zu thun, was deine Hand und dein Rath zuvor bestimmt hat, daß geschehen 28 sollte. *Und nun Herr, siehe an ihr Dräuen, und gib deinen Knechten mit aller 29

---

1) Δέσποτα, σὺ ὁ ποιήσας. Ὁ Θεός, zwischen σύ und ὁ ποιήσ. fehlt in bedeutenden Handschriften und scheint eines der vielen Einschiebsel zu sein, womit man das einfache Gebet zu verschönern gedacht.

2) Ὁ διὰ στόματος Δαυὶδ παιδός σου εἰπών; eine Menge Varianten, worunter τοῦ πατρὸς ἡμῶν und διὰ πνεύματος ἁγίου die bedeutendsten sind, tragen den Charakter ausschmückender Einschiebsel.

3) Ἐν τῇ πόλει ταύτῃ ist nach äußeren Zeugnissen unzweifelhaft ächt, und innere Gründe, die Worte für ein Glossem zu halten, sind keineswegs gewichtig.

30 Freudigkeit zu reden bein Wort, *damit, daß du deine Hand ausstreckest zur Heilung, und Zeichen und Wunder geschehen lässest durch den Namen deines heiligen Knechtes
31 Jesu!" *Und da sie gebetet hatten, erbebte die Stätte, wo sie versammelt waren, und wurden Alle des Heiligen Geistes voll, und redeten das Wort Gottes mit Freudigkeit.
32 *Die Menge aber der Gläubigen war ein Herz und eine Seele, und nicht ein einziger sagte von dem, was er besaß, daß es sein eigen sei, sondern es war ihnen
33 Alles gemein. *Und mit großer Kraft legten die Apostel das Zeugniß ab von der Auf-
34 erstehung des Herrn Jesu, und war große Gnade über ihnen allen. *Denn es war auch kein Bedürftiger unter ihnen, denn so viele unter ihnen Aecker oder Häuser besaßen, die
35 verkauften sie und brachten den Erlös des Verkauften, *und legten ihn zu den Füßen
36 der Apostel; und es wurde vertheilt an jeden, je nachdem einer es bedurfte. *Joseph¹) aber, von den Aposteln²) benannt Barnabas, d. h. ein Sohn des Trostes, ein Levit,
37 aus Cypern gebürtig, *hatte einen Acker, verkaufte ihn und brachte das Geld und legte es zu der Apostel Füßen.

### Exegetische Erläuterungen.

**1. Kamen sie zu den Ihrigen.** Aus dem Sitzungssaal des hohen Raths entlassen, wo sie mitten unter lauernden und drohenden Feinden sich nur gar nicht zu Hause fühlten, begaben sich die Apostel πρὸς τοὺς ἰδίους. Wer waren diese? Nichts liegt näher, als daß dies die Gläubigen, die Jünger Jesu waren. So Kuinoel und Baumgarten. An die Hausgenossen der Apostel mit Olshausen zu denken, ist doch sehr eng und noch durch keine Stelle nahe gelegt. Aber den Begriff auf den Kreis der Apostel zu beschränken, wie nach Beza neuerdings Meyer und de Wette gethan haben, das empfiehlt sich weder durch B. 32, wo den ἴδιοι das πλῆθος τῶν πιστευσάντων entgegengesetzt wird, noch durch V. 31, wo von allen Versammelten gesagt wird, sie haben das Wort Gottes geredet. — Das Letztere, was nicht identisch ist mit öffentlichem und lehrhaftem Zeugniß von Christo, vergl. V. 33, kann recht wohl von allen Gläubigen ausgesagt werden. Und was das Erstere betrifft, so waren in keinem Fall alle in Jerusalem anwesenden Gläubigen, deren Zahl zu V. 4 auf 5000 Mannspersonen angegeben wird, in jenem Ort versammelt. Die Apostel begaben sich also in die Mitte der Gläubigen, der christlichen Gemeinde, (mit Einschluß natürlich ihrer Mitapostel, ohne daß jedoch in dieser Versammlung die ganze große Menge aller Christen sich einfinden konnte). Da fühlten sie sich heimisch, wie in einem Familienkreis; und die Gemeinde selbst hatte natürlich mit gespanntem und ausgesetztem Theilnahme das Schicksal der beiden Apostel begleitet, und hatte ein Recht darauf, von den Vorgängen in Kenntniß gesetzt zu werden.

**2. Hoben sie ihre Stimme auf.** Nachdem also die Apostel mitgetheilt hatten, nicht wie sie sich gehalten hätten, sondern was die machthabenden Vertreter des Volkes Gottes gebietend und drohend gesprochen: da ergossen sich die Seelen der Hörer einmüthig in ein Gebet. Wie haben wir uns dieses vorzustellen? Bengel u. Anb. denken sich, Petrus habe vorgesprochen, die Uebrigen laut nachgesprochen; das stimmt aber nicht mit dem Umstand, daß Petrus mit Johannes Bericht erstattet

hatten, und die Andern, welche ihrer Erzählung zugehört hatten (οἱ δὲ ἀκούσαντες — εἶπον) beteten. Auch Baumgarten's Vermuthung, die ganze Gemeinde werde den zweiten Psalm gesungen und gebetet, Petrus darauf die Anwendung des Psalms auf den vorliegenden Fall in den hier mitgetheilten Worten ausgesprochen haben, S. 93, — hat theils den bereits bemerkten Umstand, theils das gegen sich, daß Psalmwort und Anwendung ganz mit einander verflochten sind und der Text zu einer solchen Scheidung keinen Anhalt bietet. Meyer unterbietet das durch die Annahme, daß B. 24—30 ein solennes Gebet sei, welches sich schon früher unter dem frischen Eindruck des Leidens Jesu und unter dem Einfluß des Heiligen Geistes gebildet habe, und welches auch damals von den versammelten Aposteln (f. Erl. 1.) einmüthig und laut gesprochen worden sei. Aber abgesehen von der Unverträglichkeit des Gedankens einer auswendig recitirten Gebetsformel mit dem frischen, ursprünglichen Geistesleben der apostolischen Gemeinde, spricht ja doch die ganz spezielle Berührung des gegebenen Falles (V. 29 f. ἀπειλάς, παρρησίαν, ἴασιν ꝛc.) laut für die erste Entstehung dieses Gebets in jenem Augenblick. Hat Einer der andern Apostel das Gebet gesprochen, und die übrigen Anwesenden, zum Theil mit lauter Stimme, wie bei den Psalmworten, V. 25 f. sich daran angeschlossen, so ist um so mehr Allem, was die Worte des Lukas aussagen, genügt, als Lukas auch sonst nicht selten Mehreren zumal eine Aeußerung in den Mund legt, die doch nur von Einem füglich kann ausgesprochen sein, z. B. Kap. 4, 19; 5, 29 ꝛc.

**3. Herr, der du gemacht hast.** Das ist das erste christliche Gemeindegebet, welches wir kennen. Es verdient sorgfältige Beachtung. Bei solcher ergibt sich, a. daß es durch Noth und Gefahr ausgepreßt ist; auch diese „blume ist unter dem Kreuze gewachsen;" b. daß es aus der Noth entsprungene Bitte, worin der Schwerpunkt des Gebets liegt, ersieht allmächtiges Aufsehen auf das Drohen der Feinde (damit deren Rath und Wille nicht zu Stande komme), und gnädigen Beistand für die Knechte Gottes in ihren Worten und Thaten (damit das Reich Gottes komme); c. Stützpunkt für Seelen unter der Noth und bei der Bitte ist einer-

---

¹) Ἰωσήφ lesen die bedeutendsten Handschriften und alten Uebersetzungen; daß die weniger bezeugte Lesart Ἰωσῆς nur Correctur sei nach Kap. 1, 23, ist willkürliche Annahme.

²) Ἀπὸ τῶν ἀποστ.; diese Lesart ist etwas stärker bezeugt als ὑπό, und würde schwerlich entstanden sein, wenn ursprünglich das grammatisch leichtere ὑπό gestanden hätte.

seits die Allmacht Gottes, des Schöpfers und Herrn Himmels und der Erde, andererseits das tröstliche Wort und Verheißung Gottes (hier Ps. 2, ganz nach dem Text der LXX angeführt), deren Erfüllung bereits im Leiden (und der Auferstehung) Jesu vor Augen liegt.

**4. Durch den Mund Davids.** Der zweite Psalm, welcher bekanntlich keine Aufschrift hat, wird hier, der gewöhnlichen Annahme zufolge, David als Verfasser beigelegt, und was er vom Toben der רגשׁ sagt (φράσσω, eigentlich das wilde Schnauben muthiger und unbändiger Rosse), wird V. 27 auf die Feindseligkeit der heidnischen Römer bezogen, indem ἄρχοντες, V. 26, namentlich auf Pontius Pilatus gedeutet wird „V. 27; ebenso beziehen die Betenden λαοί (אֻמִּים) im Psalm auf Israel, und βασιλεῖς τ. γ. auf Herodes.

**5. Siehe an ihr Dräuen.** Mit ἔπιδε ἐπὶ τὰς ἀπειλὰς αὐτῶν kommt das Gebet auf die Gefahr des Augenblicks und die Noth der Gegenwart zurück. Die Bedrohung der Apostel durch das Synedrium, V. 17. 21, war das über den Häuptern hangende Schwert. Was hier gegen erflehen, ist Gottes „Aufsehen," sein wachendes, den Feinden wehrendes, die Kinder Gottes schützendes Walten. Dies so zu sagen, das Negative in der Bitte; das Positive, daß Gott seinen Knechten Freimüthigkeit und Freudigkeit zur Verkündigung seines Wortes verleihen wolle, indem er zugleich Kraft gebe zu Thaten im Namen Jesu, zu Heilung und Wunderzeichen, — schließt sich ebenfalls an die jüngsten Vorgänge, die Heilung des Lahmen und deren Eindruck, sowie an das dringendste Bedürfniß der nächsten Zukunft eng an. Als solches erkennen die Betenden die freie, muthige und freudige Verkündigung des Worts, und das begleitende Zeugniß beisender, helfender, erlösender That aus Gottes Kraft.

**6. Erbebte die Stätte.** Die Erschütterung des Orts, wo die Gemeinde versammelt war, und die Erfüllung derselben mit dem Heiligen Geist, so daß Alle das Wort Gottes mit Freudigkeit redeten, — war eine unmittelbare Erhörung des Gebets, ein augenblickliches Ja und Amen auf die Bitte. Daß nicht an ein rein natürliches und blos zufälliges Ereigniß zu denken sei (mit Heinrichs und Kühnöl), sondern an eine wunderbare und absichtliche Gottesthat, das bringt der Zusammenhang mit sich. Das Erbeben des Orts faßt Bengel als Symbol der bevorstehenden Bewegung, welche durch das Evangelium überall hin eringen werde, Baumgarten als Zeichen, daß der Wille Gottes mächtig sei über den Bestand der sichtbaren Dinge; man kann sagen, dasselbe war überhaupt ein Zeichen der Allmacht Gottes, an welche ja die Betenden sich gewendet und gehalten hatten, V. 24, zugleich ein begleitendes äußeres Zeichen der innern unsichtbaren Geisteswirkung. Was die Gläubigen für die Zukunft und für das Auftreten der Apostel vor Ungläubigen und Feinden erfleht hatten, das wurde von Gott, welcher über Bitten und Verstehen thut, augenblicklich und schon für den gegenwärtigen Umgang mit einander erfüllt, als Gewähr und Unterpfand dessen, was er ferner thun würde.

**7. Die Menge aber der Gläubigen.** Der durch Gottes Schutz und Gnade glücklich überwundene erste Stoß der Feinde von außen wider die Kirche

Christi bildet eine Epoche; es findet ein vorläufiger Ruhepunkt statt. Und hier hält Lukas inne, um den Stand der gesammten Gemeinde (πλῆθος τῶν πιστευσάντων) zu schildern, wie er damals war. Diese Charakteristik besteht aus vier Zügen: a. die Apostel legten das Zeugniß von der Auferstehung Jesu mit großer Kraft ab; ein Beweis von fortwährender Erhörung der obigen Bitte, V. 29. Weit entfernt, durch die obrigkeitliche Bedrohung eingeschüchtert zu sein, legten die Apostel das Zeugniß von Jesu und seiner Auferstehung nur noch mit freudigerem Muth und mächtigerer Kraft öffentlich ab. b. Große Gnade war über ihnen Allen, nämlich nicht blos über den Aposteln, sondern über sämmtlichen Gläubigen; χάρις bezeichnet hier nicht die Gunst bei dem Volk (Olshausen u. And.); darauf deutet keine Spur; sondern Gottes Gnade und Wohlgefallen um Christi willen, welche sich über alle Einzelnen (ἐπὶ πάντας αὐτοὺς) erstreckte. c. Die Herzenseinigkeit der Christen, ihre brüderliche Liebe und vollkommene Harmonie in Gesinnungen und Gedanken (ἡ καρδία καὶ ἡ ψυχὴ μία), was um so schwerer in's Gewicht fällt, je größer bereits die Anzahl der Gemeindeglieder geworden war (πλῆθος τῶν πιστ.).

**8. Es war ihnen Alles gemein.** Als vierter Zug wird d. die Gütergemeinschaft erwähnt, vergl. Kap. 2, 44 ff. Dieser Umstand ist hier theils als Aeußerung der brüderlichen Einigkeit, V. 32, theils als Beweis der Gnade Gottes, V. 34 (γὰρ) aufgefaßt. Schon daraus ergibt sich, daß Lukas die Sache nicht als gesetzliche und gebotene Maßregel, sondern als freiwilliges Handeln der Einzelnen darstellt, wofür auch der V. 37 namhaft gemachte einzelne Fall des Joseph Barnabas spricht. Was sodann die Frage betrifft, ob laut dieser Schilderung die Gütergemeinschaft als eine ausnahmlos allgemeine Sitte zu denken sei, so daß jeder Einzelne (zwar nicht durch ein Gebot gezwungen, sondern freiwillig) sämmtliche liegende Güter veräußert und zur Verfügung für die Gemeinde aufgeopfert hätte; so legen uns die Worte diese Vorstellung nicht nahe. Wenn, laut V. 32, nicht Einer etwas von dem, was er besaß, für sein eigen erklärte (ἔλεγεν ἴδιον εἶναι), so setzt das ja gerade Eigenbesitz als fortbestehend voraus, hoc ipso praesuppositur, proprietatem possessionis non plane fuisse deletam, Bengel. Jeder hielt das, was er hatte, nicht in eigennützigem Sinne für sein eigen (wovon Niemand etwas zu genießen habe), sondern es war ihnen πάντα κοινά, Alles diente gemeinsam für Alle. In der ferneren Zeichnung, V. 34 f., tritt der Schwerpunkt sichtbar auf der Fürsorge für die Bedürftigen, welche als eine umfassende und vollkommen erfolgreiche geschildert wird: Niemand litt Mangel, V. 34, jedem wurde nach Bedürfniß mitgetheilt, V. 35. Dies ward dadurch möglich gemacht, daß alle Gemeindeglieder (ὅσοι), welche Haus- oder Landeigenthümer waren, Güter verkauften und den Erlös dessen, was verkauft wurde, zu den Füßen der Apostel (wo sie lebend saßen) niederlegten, d. h. ihnen zur Verfügung stellten. Hier lautet der Buchstabe allerdings so, als ob alle Grundbesitzer in der Gemeinde etwas verkauft hätten, nicht aber, als ob sie ihre sämmtlichen Grundstücke veräußert hätten; aller haben etwas verkauft, aber nicht alle haben Alles verkauft; nicht einmal das besagen die Worte ausdrücklich, daß auch nur Einer Alles, was er hatte, veräußert habe. Also die ausnahmslose Allgemeinheit der (freiwilligen) Sitte, liegende Güter zum Besten der Armen in der Gemeinde aufzuopfern, läßt sich aus der Stelle nimmermehr entnehmen. Ja, der Einzelfall, welcher sofort angeführt wird, spricht eher dagegen.

9. **Joseph** oder **Joses**, welchem die Apostel den Beinamen בַּר־נְבוּאָה, d. h. Sohn der prophetischen Ansprache oder Vermahnung, gegeben haben, von der Insel Cypern gebürtig, aus dem levitischen Stamm, verkaufte einen Acker, den er besaß, und legte das Geld dafür den Aposteln zu Füßen. Dies der bekannte Barnabas, später des Apostels Paulus Begleiter. Daß er von levitischem Stamm war, ist merkwürdig; bald hören wir auch, daß viele Priester gläubig wurden, V. 7. Der von den Aposteln geschöpfte Name Barnabas (ähnlich wie Jesus selbst die Namen Petrus, Boanerges ertheilt hat), gründete sich unzweifelhaft auf die außerordentliche Geistesgabe begeisterter und ergreifender Rede und Vermahnung, wodurch sich Barnabas ausgezeichnet hatte. Daß dieser ein Stück Feld besaß, war keineswegs gesetzlich unstatthaft (Baumgarten); hat doch Jeremia 32, 7 ff. in aller Form einen Landkauf vor Zeugen abgeschlossen. Daß Barnabas den Acker verkaufte, geschah also nicht, um dem Gesetz zu genügen, sondern lediglich aus freier Liebe zu den Brüdern.

**Christologisch-dogmatische Grundgedanken.**

1. Die Seelen der Betenden stützten sich auf die Allmacht Gottes, der Himmel und Erde geschaffen hat. Einer von den trivialsten Glaubensartikeln, wie Manche wähnen. Und doch eine ursprüngliche und grundlegende Offenbarungswahrheit, woraus der Glaube eine Kraft um die andere, einen Trost um den andern schöpft. Kommt doch das letzte Buch der Schrift, die Apokalypse, auf diese Wahrheit des ersten Buchs der Bibel, mit ganz besonderer Energie zurück. Da die Wahrheit nur eine ist, und ein Glied derselben an dem andern hängt, so darf kein Artikel des Glaubens gering geachtet werden, ohne daß alle übrigen (für mich) darunter leiden.

2. Der zweite Psalm ist die biblische Grundstelle, woraus das Gebet fußt. Und zwar vermöge der göttlichen Eingebung, aus welcher derselbe geflossen ist, V. 25. Diese bestätigt sich auch durch die Erfüllung in Jesu Christo. Denn David ist hier sichtbar das Vorbild Jesu: wie David der Knecht Gottes war, so ist Jesus der Knecht Gottes im vollen Sinn παῖς, V. 25. 27. 30) wie David der Gesalbte Gottes war, als König, V. 26, so ist Jesus der Gesalbte Gottes, V. 27; wie David Empörung und Widerstand gegen sein königliches Recht und Regiment erfahren hat, so Jesus V. 27; aber dort hat Gott seinen Gesalbten beschützt und mit der That gerechtfertigt, und hier wird er auch dreinsehen, und Sieg verleihen V. 29 f. Denn hier ist mehr, als David.

3. Worin besteht demnach das Bekenntniß der Gemeinde von Jesu Christo? Er wird als ὁ ἅγιος παῖς θεοῦ, d. h. der Knecht Gottes in ausschließlichem Sinne geschildert. Einerseits wird Jesus mit einem David auf gleiche Linie gestellt, sofern dieser auch ein παῖς θεοῦ ist, V. 25. Andererseits aber wird doch Jesu etwas ungleich Höheres beigelegt, nicht allein indem er der Knecht Gottes heißt, hingegen David nur ein Knecht Gottes ist; sondern vornehmlich damit, daß Jesus hier im Gebete constant ὁ ἅγιος παῖς θεοῦ genannt wird, d. h. der von allem Sündigen und Unreinen abgesonderte, nur Gott und seinem Reiche dienende, geweihte Knecht und Vollzieher göttlicher Rathschlüsse. Darin liegt doch eine innige und in ihrer Art einzige Gemeinschaft mit Gott. Diese ist auch damit anerkannt, daß Gott Wunder geschehen läßt durch den Namen Jesu, V. 30, b. h. durch Jesum, als den man erkennt, bekennt und dabei anruft. Er ist somit der Mittler des Heils und der wunderbaren Gnadenwirkungen Gottes.

4. Es ist der ächte, reine Sinn Christi in diesem Gebet. Nichts von Rachegefühl, nichts von fleischlichem Eifer, nichts von Vertilgung der Feinde, sondern bei allem Eifer für Gottes Sache doch nur das Flehen um Gottes Dreinsehen über der Feinde Drohen und um Gottes Gnade zu freudigem Zeugniß in Wort und That. Gleichwie Christus nicht gekommen ist, die Welt zu richten, sondern selig zu machen: so sind auch die Apostel und Gläubigen nicht von richterischem Feuereifer beseelt, sondern von warmer Liebe zu den Seelen, die durch Wort und That sollen errettet und zu dem Heil in Christo hinangebracht werden. Und wo nur das Gebet nicht gebunden ist, wo nur das Wort vom Heiland mit Kraft und Freudigkeit geführt wird, da ist auch der Sache Christi der Sieg gewiß.

5. Das Gebet und seine Erhörung. Es war ein Gebet im Namen Jesu, in seiner Gemeinschaft, in seinem Sinn und Geist. Und dem ist ja Erhörung unbedingt verheißen. Darum wurde es erhört, und augenblicklich erhört, und über Bitten und Verstehen erhört. Das Gebet hebt und stärkt und heiligt die Seele. Ohne dieses Gebet wäre diese Erfüllung mit dem heiligen Geiste nicht erfolgt.

6. Diese herrliche Einigkeit im Geist, nicht nur Einheit des wahren Glaubens, sondern auch der brüderlichen Liebe ist ein Zeugniß wirklicher Wiedergeburt und ächten Gnadenstandes. Eine Einigkeit, welche, mit gänzlicher Selbst- und Weltverleugnung verbunden, nicht auf das, was das Seine ist, sieht, sondern auf das, was des Andern ist. Einer fühlt des Andern Noth, trägt des Andern Last, hält das Seine für gemeinsam. — und also wird das Gebet Christi erfüllet. Und weil der Glaube sich in der Liebe als ächt und lebendig bethätigt, ist auch Gnade in Allen und über Allen.

**Homiletische Andeutungen.**

Sie kamen zu den Ihren u. s. w. [V. 23.] Es ist nützlich, daß man den Gläubigen die Gefahr der Kirche zu erkennen gebe, damit sie darüber zu Gott seufzen und mit Gebet streiten. (Quesnel.) — Es ist ein großer Vortheil für einen treuen Lehrer, wenn ihm Gott ein Häuflein Seelen geschenkt hat, die er als die Seinigen, nämlich als die mit ihm gleicher Gnade theilhaftig geworden sind und in Einem Sinn verbunden sind, ansehen kann. Ein solches Häuflein der Gläubigen ist eine Zuflucht, wo ein Lehrer unter dem Leiden Erquickung und Ermunterung haben kann. (Apost. Pastorale.)

Da sie das hörten, huben sie ihre Stimme auf einmüthiglich zu Gott. [V. 24.] Die beste Wehr und Waffen der Kirche in

Nöthen und Verfolgungen sind Gebete und Thränen. — Vermag das Gebet Eines Gerechten viel, so vermag das Gebet vieler Gerechten, die einmüthig beten, noch viel mehr. (Starcke.) — Der Mund treuer Zeugen Jesu ist nie verstopft: entweder sie predigen der Welt oder sie schreien zu Gott. (Apost. Pastorale.) — Noth lehrt beten, wie den Einzelnen, so die Kirche. — **Die Gemeinschaft der Heiligen auf Erden, eine Gemeinschaft** 1) des Glaubens; 2) des Kreuzes; 3) des Gebets.

**Warum empören sich die Heiden?** [V. 25.] Wenn die Feinde der Kirche toben, soll man nicht wieder toben, sondern ruhig sein und Gott loben im Glauben, Leiden und Beten. (Starcke.) — **Das schöne Brandopfer eines rechten Gemeindegebets:** 1) der Altar, darauf es liegen muß: die Gemeinschaft der Gläubigen, V. 23; 2) das Feuer, darin es brennen soll: die Glut brüderlicher Liebe, V. 23. 24; 3) der Wind, der es blasen muß: der Sturm der Anfechtung, V. 23-26; 4) das Holz, davon es sich nähren soll: die Gottesverheißungen, geholt im immergrünen Walde der Schrift, V. 25. 26; 5) der Gott, zu dem es aufsteigt: der allmächtige Schöpfer und Herr Himmels und der Erden, V. 24. 29. 30; 6) das Amen, das ihm zu Theil wird: Erneuerung und Stärkung im Heiligen Geist, V. 31. — **Wie darf ein Christ über seine Feinde beten?** 1) Ohne Angst und Furcht; denn er betet zum König aller Könige; ist Gott für uns, wer mag wider uns sein? [V. 25-28]. 2) Ohne Haß und Grimm; denn er betet wider das Böse, aber nicht wider die Bösen, [V. 29]. 3) Ohne Stolz und Trotz; denn er betet nicht für seine Person, sondern für die Sache des Herrn, [V. 29. 30.]

**Und da sie gebetet hatten, bewegte sich die Stätte u. s. w.** [V. 31.] Das Gebet wirkt Wunder; 1) innerlich: Herzen werden selig bewegt, Geister werden mächtig gestärkt; 2) äußerlich: Häuser werden bewegt, Gemeinden erweckt, Feinde geschreckt, Berge versetzt, die Welt erschüttert.

**Die Menge der Gläubigen war Ein Herz und Eine Seele.** [V. 32.] Die Gläubigen sollen nicht nur Ein Herz (dem Willen nach), sondern auch eine Seele (dem Verstand oder Erkenntniß nach vereinigt) werden. (Apostol. Pastorale.) — Fromme Herzen vereinigt die Noth, gottlose entzweit sie in Haß, Selbstsucht und Streit. — Siehe, wie fein und lieblich ist es, daß Brüder einträchtig bei einander wohnen, Ps. 133. — Hier zeiget sich die Braut Christi in ihren güldenen Stücken: Zierathen der Heiligkeit, freudigem Glauben und Einigkeit im Geist. (Starcke.) — **In Wahrheit: ein Paradies auf Erden; aber ach wie bald ist's vergangen!** Hebr. 13, 1; Offenb. 2, 4. (Quesnel.)

**Auch keiner sagte von seinen Gütern, daß sie sein wären.** [V. 32.] Der edle Kommunismus der ersten Christen und der schlechte Kommunismus der heutigen Kommunisten: jene sagten: was mein ist, das ist dein; diese sagen: was dein ist, das ist mein.

**Und mit großer Kraft u. s. w.** [V. 33.] Je mehr die göttliche Wahrheit gedrückt wird: je kräftiger steigt sie empor. (Starcke.)

**Es war auch keiner unter ihnen der Mangel hatte.** [V. 34.] Die Ursache war wohl in der Gemeinschaft ihrer Güter zum Theil zu suchen, aber hauptsächlich lag sie darin, daß die Gnade des Herrn Jesu ihre Herzen genügsam, mäßig und ordentlich gemacht hatte. (Apostol. Pastorale.)

**Die da Aecker oder Häuser hatten, verkauften sie u. s. w.** [V. 34.] Man kann Jesu, der um unsertwillen arm worden, nicht besser Dankbarkeit beweisen, als wenn man sich um seiner armen Glieder willen selbst arm macht. (Quesnel.) — Wer sich selbst dem Herrn opfert, der ist auch im Stande, das Seine den Brüdern zu opfern. — Die weise Vorsicht Gottes suchte den Christen ihre bevorstehende Flucht aus Jerusalem dadurch erträglicher zu machen, daß sie sich bei Zeiten von dem Besitz liegender Güter losmachen und in den Stand der Pilgrime, die nichts Eigenes mehr besitzen, begeben mußten. (Apostol. Pastorale.) — Die Gütergemeinschaft der ersten Christen, worin kann und soll sie der heutigen Christenheit ein Vorbild sein? worin nicht? — **Die wahre Blüthe einer christlichen Gemeinde.** [V. 32-35.] 1) Wo die Predigt von Christo blüht, V. 33, da blüht auch der rechte Glaube; 2) wo der rechte Glaube blüht, da blüht auch die echte Liebe, V. 32, Ein Herz und Eine Seele; 3) wo die ächte Liebe blüht, da blüht auch der wahre Wohlstand, V. 34. Keiner hatte Mangel. — Stürme der Verfolgung sind für die Kirche, was der Gewitterregen für's Land: Alles grünt und blühet, wächst und treibt darnach desto schöner, V. 32-35.

**Joses mit dem Zunamen Barnabas.** [V. 36. 37.] Wie jeder Christ ein Barnabas werden soll, d. h. ein Sohn des Trostes: 1) indem er selber im Glauben den rechten Trost sich holt beim Vater der Barmherzigkeit und Gott alles Trostes, 2 Kor. 1, 3. 4; 2) indem er sodann in Liebe gerne Trost spendet, a. mit dem Munde durch freundlichen Zuspruch, was ohne Zweifel die besondere Gnadengabe unsres Barnabas war und ihm diesen Ehrennamen auswirkte; vergl. Jes. 40, 1: Tröstet, tröstet mein Volk, und Kap. 52, 7: Wie lieblich sind auf den Bergen die Füße u. s. w. b. mit der Hand durch brüderliche Liebesgaben, wie sie dieselbe Barnabas dargebracht, V. 37. Lasset uns nicht lieben mit Worten blos und Zunge, sondern mit der That und Wahrheit, 1 Joh. 3, 18.

## Zweiter Abschnitt.

Eine innere Gefahr abgewendet, durch das wunderbare und plötzliche Strafgericht über die Sünde des Ananias und der Sapphira. Wirkung dieses Ereignisses, und innerer Fortgang der Gemeinde unter Bewährung apostolischer Wunderkräfte.

Kap. 5, 1—16.

### A.

**Die innere Gefahr und ihre Abwendung, durch das Strafgericht über die Sünde des Ananias und der Sapphira.**

Kap. 5, 1—11.

1 Ein Mann aber, mit Namen Ananias, sammt seinem Weibe Sapphira, verkaufte 2 ein Grundstück, *und entwandte etwas von dem Erlös, mit Wissen seines Weibes,[1]) 3 brachte einen Theil davon und legte es zu der Apostel Füßen. *Petrus aber sprach: Ananias, warum hat der Satan dein Herz erfüllet, daß du den Heiligen Geist belögest 4 und von dem Erlös des Gutes etwas entwendetest? *Wenn es blieb, blieb es nicht dein? und wenn es verkauft war, stand es auch in deiner Gewalt. Warum hast du denn solches in deinem Herzen vorgenommen? Du hast nicht Menschen, sondern Gott 5 gelogen! *Da aber Ananias diese Worte hörete, fiel er nieder und gab den Geist auf. 6 Und es kam eine große Furcht über Alle, welche zuhöreten.[2]) *Es standen aber die 7 Jüngeren auf, legten ihn zurecht, trugen ihn hinaus und begruben ihn. *Es geschah aber, nach Verlauf von ungefähr drei Stunden kam auch sein Weib hinein, ohne zu 8 wissen, was geschehen war. *Aber Petrus antwortete ihr: Sage mir, habt ihr das 9 Gut so theuer verkauft? Sie aber sprach: Ja, so theuer. *Petrus aber sprach[1]) zu ihr: Warum seid ihr denn übereingekommen, den Geist des Herrn zu versuchen? Siehe, die Füße derer, die deinen Mann begraben haben, sind vor der Thür, und sie werden 10 dich hinaustragen. *Sie fiel aber auf der Stelle zu seinen Füßen[4]) nieder und gab den Geist auf. Da kamen die Jünglinge und fanden sie todt, trugen sie hinaus und 11 begruben sie neben ihrem Manne. *Und es kam eine große Furcht über die ganze Gemeinde und über Alle, die das höreten.

### Exegetische Erläuterungen.

1. **Ein Mann aber.** Die Geschichte von Ananias und Sapphira bildet zunächst einen Gegensatz gegen die Handlung des Barnabas, und dem vielfachen Vorgang Anderer, welche den Erlös ihrer veräußerten Güter unverkürzt den Aposteln überbracht hatten, V. 34 f.; 37 (τὰς τιμὰς τῶν πιπρασκομένων, τὸ χρῆμα). Keine Andeutung von innerem Pragmatismus, ganz entsprechend dem einfachen, naiven Charakter der ganzen Geschichtschreibung.

2. **Verkauften ein Grundstück.** Das Objektive an der That ist sehr einfach. Ananias verkauft, im Einverständniß mit seinem Weibe, ein Grundstück, das ihm gehört, und zwar eines, nicht alle; es ist irreführend, wenn Luther V. 1 übersetzt: „Ananias verkaufte seine Güter;" der Grundtext sagt nur ἐπώλησε κτῆμα, und V. 3 erwähnt Petrus ausdrücklich τὸ χωρίον, das einzelne, bewußte Grundstück, um dessen Erlös es sich handelt. Nun handelt der Mann weiter so: er legt von dem Er-

lös, der ihm ausgezahlt worden ist, etwas zurück, um es für sich zu behalten; den andern Theil des Erlöses bringt er und legt ihn, wie Andere schon gethan, zu den Füßen der Apostel als Opfer nieder, und zwar in einer gottesdienstlichen Versammlung der Gemeinde. Wie es getheilt hat, ob er nur eine Kleinigkeit oder, was wahrscheinlicher ist, einen beträchtlichen Theil zurückgehalten hat, das ist nicht angedeutet, sittlich ist das auch nicht von entscheidendem Belang. Aber daß der Mann mit Vorwissen seiner Frau gehandelt hat, daß beide vollkommen einverstanden waren, ist nicht nur V. 2 berichtet, sondern es erhellt noch unmittelbarer aus V. 8 f.

3. **Verwickelter ist die innere Gestalt der Handlung.** Es liegt nichts im Wege, anzunehmen, daß ein Wohlgefallen an dem Vorgang Anderer, nämlich an der uneigennützigen und liebreichen Aufopferung von Hab und Gut für die Brüder mitgewirkt habe, vielleicht der ursprüngliche Beweggrund gewesen sei. Allein nach dem Verkauf des Grundstücks und der Einnahme des

---

1) Nach τῆς γυναικός hat eine der Haupthandschriften (E.) αὐτοῦ, was auch der textus receptus wiedergibt, während es ebenso ein Zusatz ist, vielleicht aus V. 1 wiederholt, wie in letzterem die in derselben Handschrift vorangesetzten Worte: ἐν αὐτῷ δὲ τῷ καιρῷ ἀνὴρ τις.

2) Ταῦτα nach ἀκούοντας ist ebenfalls Zusatz derselben Handschrift, ohne Zweifel aus V. 11 herausgenommen.

3) Εἶπε fehlt im Aleg. Cod., hat in der Handschrift von St. Germain (E.) eine andere Stelle, ist bei Origenes durch φησίν ersetzt, ohne Zweifel war es ursprünglich nicht im Text, wie mehrere Handschriften bezeugen.

4) Πρὸς τοὺς πόδας, Andere: παρά, ἐπί, ὑπό; πρός, ist am besten beglaubigt.

baaren Erlöses regte sich der Geiz: an dem Acker hatte das Herz nicht gehangen, aber an dem Geld hing es so sehr, daß es sich wenigstens nicht völlig davon losreißen konnte und mindestens einen Theil davon zurückbehielt. Eben dieses aber wollten die Eheleute nicht offen bekennen, gaben die überbrachte Summe vielmehr für den ganzen Erlös aus, um vor den Aposteln und der ganzen Gemeinde den Schein selbstverleugnender Bruderliebe und Mildthätigkeit zu haben, das war abscheuliche Heuchelei. In diesem Behuf mußten sie eine bewußte Lüge begehen, und zwar nicht nur gegen Menschen, sondern gegen Gott. Indem sie aber aussprachen, der ganze Erlös gehöre der Gemeinde, den Armen, und doch einen Theil zurückbehielten, war das zugleich eine Unterschlagung, gewissermaßen ein Diebstahl. Darin lag nun nicht allein eine Sünde der Einzelnen, sondern auch eine bedenkliche Gefahr für die ganze Gemeinde. Denn wenn solche Heuchelei um sich griff, wenn Lauterkeit und Wahrheit schwand, so drohte der Kirche Christi ihre beste Zierde zu entgehen und pharisäische Heuchelei wäre an die Stelle der Heiligung getreten. Um so nothwendiger war es, daß dem Uebel gleich beim Entstehen gewehrt wurde.

4. **Warum hat der Satan.** Es wurde der Sünde gewehrt theils durch Offenbarung des Verborgenen, theils durch das augenblickliche Strafgericht. Jene erfolgte durch menschliche Vermittlung, aber nicht ohne göttliche Erleuchtung, dieses unmittelbar durch göttliches Eingreifen. Petrus war es, der dem Ananias, und weil das in einer Gemeindeversammlung geschah (vgl. V. 2 παρὰ τ. πόδας τ. ἀποστ.; V. 6 οἱ νεώτεροι; V. 11 τὴν ἐκκλησίαν), zugleich der Gemeinde die Falschheit und frevelhafte Bosheit seines Herzens, deren entsetzliche Größe seiner Schuld rückhaltlos aufdeckte, V. 3 f., ebenso hernach dem Weibe, V. 9. Dem Ananias enthüllt er im strafenden Vorhalt, daß der Satan gestattet habe, sein Herz völlig einzunehmen, so daß er den Heiligen Geist zu belügen gesucht habe? Seine Lüge sei nicht gegen Menschen, sondern gegen Gott gerichtet gewesen, und die Sünde sei um so ärger, weil es ihm ja völlig frei gestanden habe, den Acker für sich zu behalten, oder auch über den Erlös nach Belieben zu verfügen. Und der Sapphira hält Petrus ebenfalls das vor, daß sie nebst ihrem Manne, und zwar durch ein doppelt sträfliches Einverständniß (συνεφωνήθη), den Geist des Herrn versucht habe, πνεύμα τὸ ἅγ.)... οὐκ ἐγνεῖσω ἀνθρώποις, etc.: die verschiedene Construktion gibt verschiedenen Sinn. ψεύδεσθαι c. acc. it: Jemand durch eine Lüge täuschen, ψεύδεσθαί τινι, eine Lüge in Beziehung auf Jemand begehen. — Handelte es sich blos darum, daß Petrus die That des Betrugs entdeckt habe, so könnte man vernünftiger Weise noch fragen, ob ihm die Kunde davon nicht auf natürlichem Wege zugekommen sei. Allein der Apostel deckt nicht blos den objektiven Thatbestand, sondern die geheimen subjektiven Triebfedern, den verborgenen Seelenzustand, die Gesinnung und Stellung des Herzens auf (V. 3 τὴν καρδίαν σου; V. 4 ἔθου ἐν τῇ καρδίᾳ σου). Und das läßt sich doch unmöglich anders erklären, denn aus Erleuchtung Gottes durch den Heiligen Geist.

5. **Fiel er nieder.** Das Strafgericht selbst, daß Ananias auf die Worte des Petrus hin auf der Stelle todt niederfiel, ist als unmittelbare

göttliche That anzusehen. Denn daß der plötzliche Tod des Mannes und ebenso hernach der Frau blos von einem, durch den Schrecken herbeigeführten, natürlichen Nervenschlag hergekommen sei (Heinrichs u. A.), stimmt zu dem ganzen Geist der Erzählung nicht im mindesten. Andererseits aber haben wir auch keinen Grund in dem Bericht, anzunehmen (mit Meyer und einigen Aelteren), daß Petrus den augenblicklichen Tod der beiden beabsichtigt und vermöge der ihm innewohnenden Wunderkraft unmittelbar bewirkt habe. Ist doch bei Ananias selbst V. 3 ff. nicht eine Spur hiervon in den Worten des Apostels oder in der Erzählung des Lukas zu entdecken. Und selbst die Erklärung des Petrus an die Sapphira, V. 9, von welcher Meyer meint, daß sie ohne das Bewußtsein des Apostels, sein Wille sei hier das wirkende Element, Vermessenheit wäre, ist doch durchaus nichts anderes, als eine, nicht allein durch das Schicksal des Ehemannes, sondern auch und hauptsächlich durch Erleuchtung des Geistes eingegebene Weißagung des auch der Frau bevorstehenden Todes. Der Apostel ist nicht der Vollziehende, sondern Gott ist es. Das Ereigniß ist als unmittelbar göttliches Eingreifen zur raschesten, furchtbarsten Strafe aufzufassen, wobei übrigens weder durch den Urtext noch durch den Begriff ausgeschlossen ist, die psychologische Wirkung des das innerste Geheimniß ihrer Bosheit öffentlich enthüllenden Wortes Petri, und die sittliche Empfänglichkeit der beiden Sünder mit in Anschlag zu nehmen. Denn die Handlung der letzteren setzt doch voraus, daß sie auf das Urtheil der Apostel und auf die öffentliche Meinung der Gemeinde ein ungemeines Gewicht gelegt haben, wornach eine so unerwartete und vollkommene Entlastung und öffentliche Rüge den schrecklichsten Eindruck machen mochte. Dies anerkennen, heißt keineswegs, „Göttliches und Natürliches mengen oder halbiren." (Meyer.)

6. **Es standen aber die Jüngeren auf.** Diejenigen Personen, welche den entseelten Leib des Ananias sofort zurechtlegten (συνέστειλαν) — denn erst mußten die im plötzlichen Sturz unordentlich hingesunkenen Glieder in Ordnung gelegt werden, wollte man die Leiche hinaustragen, — sodann hinauszutragen und auf einer von den außerhalb der Stadt gelegenen Begräbnißstätten beerdigten, nennt der Geschichtschreiber οἱ νεώτεροι V. 6, οἱ νεανίσκοι V. 10. Man hat darin oft ordentliche Gemeindediener gesucht, welche vermöge ihrer Amtsobliegenheit zu solchen Geschäften verpflichtet gewesen seien (Mosheim, de reb. Christ., Olshausen, Meyer). Allein die Gründe dafür sind nicht gewichtig, im Gegentheil ist es höchst zweifelhaft, daß damals schon außer den Aposteln irgend ein organisirtes Amt in der Gemeinde bestanden habe. Und es lag auch ganz in der Natur der Sache, daß die jüngeren Männer, zumal wenn ihnen der leiseste Wink gegeben wurde, sich zu solchen Diensten gern und freiwillig hergaben.

7. **Daß Sapphira nach ungefähr drei Stunden** kommt, V. 7, deutet Baumgarten, S. 99, auf eine zweite Zusammenkunft der Gemeinde, entsprechend der in durch 3 Stunden getrennten Gebetszeiten Israels. Hingegen scheint V. 7 eher die Vorstellung nahe zu legen, als habe die Versammlung der Gemeinde fortgedauert, und die Frau sei nur um 3 Stunden später in dieselbe

eingetreten. Wenn nun Petrus fragt: habt ihr das Grundstück um diesen Preis hergegeben? So ist sehr wahrscheinlich, daß τοσουτον nur in Hinweisung auf das noch daliegende Geld bestand, nicht in ausdrücklicher Nennung der bestimmten Geldsumme.

8. Und es kam eine große Furcht. Beidemal, bei Ananias und Sapphira, erwähnt Lukas den Eindruck, welchen der Vorfall machte. Der Unterschied ist nur der, daß V. 5 nur von dem Eindruck auf die Zuhörer (τοῖς ἀκούοντας ohne ταῦτα, welches kritisch beanstandet ist), welche um die Apostel lehren zu hören, versammelt waren, die Rede ist, V. 11 aber theils von der Gemeinde, theils von allen denen außerhalb derselben, welche von dem Ereigniß Kunde erhielten. Bemerkenswerth ist, daß hier V. 11 zum erstenmal in der Apostelgeschichte der Begriff ἐκκλησία zu Tage kommt. Bisher hatte Lukas von οἱ μαθηταί Kap. 1, 15, πάντες οἱ πιστεύοντες Kap. 2, 44, τὸ πλῆθος τῶν πιστευσάντων Kap. 4, 32 gesprochen. Zum Unterschied von diesen Ausdrucksweisen, welche durchaus an den einzelnen Persönlichkeiten ihren Ausgangspunkt haben, nennt er hier ὅλη ἡ ἐκκλησία, als eine Gesammtheit, eine Gesammtpersönlichkeit. Es ist nicht als Zufall zu betrachten, daß der Gesammtbegriff der Gemeinde, als eines geschlossenen Ganzen, im Zusammenhang mit demjenigen Ereigniß anstaucht, welches als eine großartige „That göttlicher Kirchenzucht" (Thiersch) erscheint.

**Christologisch-dogmatische Grundgedanken.**

1. Die Frage des Apostels Petrus: „warum hat der Satan dein Herz erfüllt?" u. s. w. enthält mehr als eine Wahrheit in Betreff des Satans. Vor Allem ist das Dasein und die Wirklichkeit des Satans, d. h. des bösen Geistes, welcher der Fürst der Finsterniß ist, daraus unleugbar zu entnehmen. Denn von einer bloßen Allegorie kann es sich hier nicht handeln. Dazu war die Sache zu ernst, dazu ist die Rede des Apostels viel zu nachdrücklich einschneidend und das Ding beim rechten Namen nennend. — Ferner liegt darin ein Zeugniß, daß das Böse in der Menschenbrust nicht isolirt steht und erwächst, sondern in einem Zusammenhang verflochten ist mit dem Reich des Bösen in der unsichtbaren Welt. Und gerade die schlimmsten Sünden, die raffinirteste Heuchelei, wo das Böse sich in das heiligste Lichtgewand kleidet, sind Wirkungen des Satans. Ferner setzt das herbe, körnige Wort des Apostels die Wahrheit voraus, daß es verschiedene Stufen von Einfluß und Wirksamkeit des Satans gibt, von den leisesten Versuchen bis dahin, wo er ein Herz „erfüllt," d. h. ganz und gar einnimmt, was denn das schreckliche Gegentheil ist von dem πλησθῆναι πνεύματος ἁγίου. — Schließlich ist aber auch die Freiheit des Willens und die Zurechnungsfähigkeit des Menschen, selbst gegenüber den mächtigsten Einwirkungen des Teufels in den Worten des Petrus indirekt, aber unverkennbar ausgesprochen. Denn Petrus sagt dem Ananias nicht bloß: der Satan hat dein Herz erfüllt, daß du dies thust; sondern er fragt: warum? Und der Grund, den er sucht, liegt offenbar nicht im Satan, sondern in Ananias. Die Frage hat unleugbar den Sinn: warum hast du es zugelassen, warum hast du eingewilligt, daß der Satan dein Herz erfüllte? Der Apostel bezeugt mittelbar, daß der Mensch, wenn er will, dem Teufel widerstehen kann, 1 Petri 5, 9; Jak. 4, 7; daß der Mensch verantwortlich ist und die Schuld hat, wenn er satanischen Einflüssen sich preis gibt, daß es eine unwiderstehliche Gewalt des Satans nicht gibt.

2. Gewichtig ist für die Lehre vom Heiligen Geist, was Petrus V. 3 f. und V. 9 sagt. Er bezieht die Handlung des Ananias und der Sapphira ganz und gar nur auf den Heiligen Geist. Er beurtheilt die That lediglich nicht von dem Standpunkt der Apostel als einzelner Menschen aus, oder von Seiten der Gemeinde als einer menschlichen Gesellschaft, sondern von der Seite aus, wie sich die Gesinnung und die Handlung zu dem Geist des Herrn gestellt hat. Ihre Sünde ist eine Versündigung wider den Heiligen Geist, ein crimen laesae majestatis wider denselben. Und damit ist der Sache nach, wie auch den Worten nach, sowohl die Gottheit des Heiligen Geistes als auch seine Persönlichkeit bezeugt. Wenn Petrus sagt: der Satan hat dein Herz erfüllt, daß du den Heiligen Geist belögest, — du hast nicht Menschen, sondern Gott gelogen, — ihr seid eins geworden, den Geist des Herrn zu versuchen, — so läßt sich mit dem ganzen Ernst der hier ausgesprochenen Schuld rasch und unbedeckenden Strafrede die Deutung nicht reimen, als wäre hier der Heilige Geist nur als eine Kraft oder Wirksamkeit Gottes bezeichnet (Strauß, Glaubensl. I, 418.) Vielmehr ist der Heilige Geist als eine Person vorausgesetzt, gegen die man so oder so handeln, die man πειρᾶσαι, V. 9, d. h. auf die Probe stellen, die man durch Lüge zu hintergehen suchen kann. Ferner ist die Gottheit des Heiligen Geistes bezeugt, wenn Petrus sagt οὐκ ἐψεύσω ἀνθρώποις, ἀλλὰ τῷ θεῷ, V. 4. Meyer erinnert zwar, es sei eine Lüge gegen Gott, weil dessen Geist belogen wurde, d. h. unter θεῷ sei V. 4 nicht der Heilige Geist selbst, sondern Gott, der Vater zu verstehen. Allein die Sünde des Ananias, daß er den Heiligen Geist zu belügen suchte, und daß er gegen Gott gelogen hat, ist doch eine und dieselbe That (Bengel). Und wenn wir auch jene Unterscheidung zugeben, so bleibt doch im ganzen Context der Umstand als der schlagendste Punkt, in dem apostolischen Wort als der gewichtigste Vorwurf übrig, daß die beiden Eheleute den Heiligen Geist beleidigt und hiermit unmittelbar eine schwere, unverzeihliche Sünde begangen haben. Die Größe der Schuld gründet sich auf die Majestät und unverletzliche Heiligkeit des Geistes, als einer göttlichen Person.

3. Die Immanenz des Heiligen Geistes. Ananias beredete sich selbst, es werde nichts so arges sein, wenn er da eine Unwahrheit auslage, es seien ja nur Menschen, die dadurch hintergangen werden. Petrus aber sagt ihm: du hast nicht Menschen, sondern Gott gelogen. Darum, weil der Heilige Geist diesen Menschen innewohnt. Und indem Ananias das christliche Gewissen Anderer, ihr Urtheil gerade in göttlichen Dingen durch Lüge zu bestechen und irre zu führen sucht, ist sein Attentat direkt gegen den Heiligen Geist gerichtet, welcher alle Wahrheit, die in den Ueberzeugungen, alle Heiligung, die in den Gesinnungen gewirkt hat, und das Urtheil der Gläubigen in göttlichen Dingen regiert. — Aber wer sind die Personen, in denen der Heilige Geist beleidigt worden ist? Man beschränkt diese Beziehung gewöhnlich auf die Apostel allein. Aber ohne daß irgend

ein Wort im Text Grund dazu gibt. Ananias hat sein Geld zwar zu den Füßen der Apostel niedergelegt, aber es war damit nicht blos auf die Apostel, sondern auf die ganze Gemeinde, auf die Meinung und das Urtheil derselben abgesehen. Und der Heilige Geist war, laut der bisherigen Erzählung, nicht blos in den Aposteln, sondern in allen Gläubigen, so erst noch Kap. 4, 31; vergl. Baumgarten I, 100 ff.

#### Homiletische Andeutungen.

Barnabas und Ananias! [B. 1]. Es können zwei dasselbe thun, aber vor Gott ist es nicht dasselbe. Kain und Abel brachten beide ihr Opfer dem Herrn. Ananias und Barnabas verkauften beide ihren Acker zum Besten der Armen. — Ananias in der Pfingstgemeinde! Wo viel Licht, da ist auch viel Schatten. Wo Gott eine Kirche hat, da baut der Teufel eine Kapelle daneben; wo der große Hausherr Weizen ausgesäet, da ist der Feind mit dem Unkraut hinter her, Matth. 13, 25. Jesus hatte einen Verräther unter seinen Aposteln; die erste Kirche in ihrem Schooß einen Heuchler: das ist die Gestalt der sichtbaren Kirche zu aller Zeit. (Starke.) — Weil Gute und Böse in der äußern Kirche sind, so hat Gott gute und böse Exempel aufzeichnen lassen, jene zur Erbauung, diese zur Warnung. (Quesnel.) — Gedenket an Loths Weib! spricht der Herr noch nach so langer Zeit Luk. 17, 32; und das gilt von allen solchen zur Warnung hingesetzten Salzsäulen. (K. H. Rieger.)

Und entwandte etwas vom Gelde. [B. 2]. Geiz ist eine Wurzel alles Uebels; bewiesen an Judas und Ananias. Brachte einen Theil und legte es zu der Apostel Füßen. Heuchelei die Lieblingssünde unter Gläubigen! — Siehe am Opfer des Ananias, wie wenig sogenannten guten Werken zu trauen ist! — Gott will kein Opfer haben von dem, was Satan und Heuchelei übrig lassen, er will was Ganzes haben, Mal. 1, 12. (Quesnel.) Vermuthlich sind Ananias und Sapphira schon zum Verkaufen mehr Schanden halber, von Anderer Exempel angetrieben, als mit völliger Willigkeit des Geistes geschritten. (K. H. Rieger.) Das sind Unglückselige, die darum eine Stiftung machen, daß sie von der Welt mögen einen großen Namen bekommen. (Starke.)

Petrus aber sprach: Ananias [B. 3]. Ein Lehrer darf nicht gleichgültig bei den Sünden seiner Heerde bleiben; was ihm den Mund wider sie aufreißen muß, ist 1) die Liebe zum Herrn und der Eifer um sein Haus; 2) die Angst um die armen verirrten Seelen; 3) die Sorge für die Andern, die dadurch möchten geärgert und angestedt werden. (Nach Ap. Past.) Warum hat der Satan dein Herz erfüllet? eine erschütternde Mahnung 1) an die Macht des Satans, Menschenherzen, auch Christenherzen — nicht nur anzufassen, sondern zu „erfüllen;" aber auch 2) an die eigene Schuld und Verantwortung der also Verführten. „Warum" hat er dein Herz erfüllet? Wie kann der Teufel den verführen, der sich nicht führen läßt? (Apost. Past.) Ein Mensch, der vorsätzlich lügt und seinen Nächsten betrügt, hat sein Herz in die Gewalt des Satans begeben, Joh. 8, 44. (Starke.) — Entwandtest etwas vom Gelde oder Acker? Es ist ein Kirchenraub, wenn man Gott das nimmt,

was man ihm einmal im Vorsatz gewidmet und gegeben hat, 5 Mos. 23, 21. (Quesnel.)

Hättest du ihn doch wohl mögen behalten [B. 4]. Gott verlangt nicht unser Vermögen, sondern unser Herz. (Quesnel.) Warum hast du denn solches in deinem Herzen vorgenommen? Es begibt sich noch wohl, daß solchen Seelen, die kräftig durch das Wort des Herrn gerühret werden, nicht anders zu Muth ist, als würden ihnen alle ihre verborgenen Sünden und Gräuel hererzählt, und als wisse der, der das Wort des Herrn predigt, davon, welcher doch einen solchen vielleicht nie zuvor gesehen, noch von ihm gehört hat. Es beweist die Kraft göttlichen Worts, welches ist ein Richter der Gedanken und Sinne des Herzens. (Apost. Past.) — Es ist zu vermuthen, wenn Ananias oder auch nachmals Sapphira noch so viel Lust zur Wahrheit im Verborgenen ihres Herzens hätten aufbringen und daraus eine Antwort auf das „Warum?" des Apostels geben können, so wäre von dem Einen oder Andern das Gericht des Todes abzuwenden gewesen. (Rieger.) — Du hast nicht Menschen, sondern Gott gelogen! — Betrübet nicht den Heil. Geist Gottes, wie er ja euch spricht innerlich in eurem Herzen, äußerlich in seinem Wort; denn 1) ihr beleidiget damit die heilige Majestät Gottes selber; 2) ihr richtet dann euern eigenen Geist, und mit ihm Seele und Leib zu Grunde.

Fiel er nieder und gab den Geist auf. [B. 5]. Irret nicht, lieben Br., Gott läßt sich nicht spotten Gal. 6, 7. Gott hat im Neuen Bunde nicht aufgehört, ein starker und eifriger Gott zu sein. — Die Wahrheit, daß der Heilige Geist wahrer Gott sei 1) schrecklich bewiesen durch den Tod des Ananias, der ihn betrübte, 2) selig bewiesen durch das Leben derer, die ihm gehorchen. (Nach Apost. Past.)

Begruben ihn. [B. 6]. Der göttlichen Gerechtigkeit ist nicht zuwider, wenn ihr, lieben Br., Gott hat die letzte Pflicht abstattet 1 Kön. 13, 26. 29. (Starke.) Aber ehrlich begraben heißt darum nicht selig gestorben!

Bei drei en Stunden kam sein Weib herein. [B. 7]. Sie hatte noch drei Stunden sich zu besinnen. Gott gibt nach seiner Langmuth und Güte einem Sünder sich zu besinnen und Buße zu thun länger Zeit als dem andern. Jes. 65, 20. (Starke.) Sie wußte nicht, was geschehen war, aber sie mußte doch, was Gott den Heuchlern und Ungerechten in der Heiligen Schrift gedrohet hat. Sie haben Mosen und die Propheten; laß sie dieselben hören. (Apost. Past.)

Sage mir, habt ihr den Acker so theuer verkauft? [B. 8]. Das Weib hatte nicht nur längere Zeit zum Nachdenken, sondern Petrus machte ihr auch durch eine noch bestimmtere Nachfrage viel nähere Gelegenheit, in sich zu gehen und Gott die Ehre zu geben. Da sie aber noch frecher antwortet, so muß sie auch ihr Urtheil viel empfindlicher anhören und erfahren, was bereits über ihren Mann ergangen war. (Rieger.)

Warum seid ihr denn eins worden, zu versuchen den Geist des Herrn? [B. 9] Es ist ein großer Mißbrauch des ehelichen Standes, wenn man sich zum Bösen verkoppelt. (Starke.) Die schreckliche Verkehrung des ehelichen Liebesbandes in so manchem Haus; wo die Ehe nichts ist, als 1) eine Gemeinschaft der Güter, und ein Geschäftsvertrag zum Reichwerden statt einer Vereinigung der Herzen in dem Herrn; oder gar 2) eine Verbindung zum Dienste des Fleisches, der Welt und des Teufels, statt der frommen Ehelosung: ich und mein Haus wollen dem Herrn dienen; und so 3) ein gemeinsamer Gang zur Hölle, sei's zur Hölle auf Erden — Ehestand Wehestand — oder gar ins ewige Verderben, statt daß die Ehegatten einander Gehülfen zur Freude und der Seligkeit würden und trachteten, wie Eines das Andere mit sich in den Himmel bringe.

Und alsbald fiel sie zu seinen Füßen und gab den Geist auf [V. 10]. Gott ist nicht ein Gott, dem gottlos Wesen gefällt. Wer böse ist, bleibet nicht vor ihm, er bringt die Lügner um, Ps. 5, 5. 7. Sind diese beiden Leute auf ein Wort eines sterblichen Menschen plötzlich gestorben: wie wollen denn die Sünder die Strafen der Wahrheit an jenem Tag einen Augenblick ertragen! 2 Thess. 1, 8—10. (Starcke.) — Ist's aber bei Ananias und Sapphira nur ein Verderben des Fleisches zum Seligwerden des Geistes auf den Tag des Herrn Jesu gewesen, so wird es dieser Tag klar machen. (Rieger.)

Und es kam eine große Furcht über die ganze Gemeinde [V. 11]. Die Kirche ist nicht dazu, daß sie die Sünde hege oder den Sündern Sicherheit vor der Strafe verschaffe. (Quesnel.) Eine heilige Furcht zu erwecken, ist der Endzweck der göttlichen Gerichte, aber wie oft dienen sie den Leuten nur entweder zu müßigem Staunen, oder zu leichtfertiger Unterhaltung, oder zu selbstgerechtem Richten! — Wenn der Herr seine Tenne fegt und die Spreu zerstäubt, so leidet sein wahres Reich dadurch keinen Abbruch, denn die wahrhaft Gläubigen werden dabei bewahrt und befestigt. (Apost. Past.)

Die Sünde des Ananias und der Sapphira nach der Welt Maßstab läßlich, im Licht vor Gottes Angesicht groß und schwer; denn 1) sie ist Diebstahl [V. 3], hervorgegangen aus Geiz, der Wurzel alles Uebels; 2) sie ist Lüge und Heuchelei, ein Gräuel vor dem wahrhaftigen Gott [V. 3 u. 8]; 3) sie geschieht vorsätzlich und muthwillig (V. 4: hättest du ihn doch wohl mögen behalten); 4) sie geschieht im Komplott durch Verabredung der Ehegatten, die sich zum Bösen verbinden, statt daß eins dem andern das Gewissen geschärft hätte: wie sollt ich ein so groß Uebel thun? (V. 9: warum seid ihr denn eins worden?) 5) sie betrübt den Heiligen Geist Gottes, der nicht nur aus Petrus Munde, sondern in ihrem eigenen Herzen sie als gläubige Glieder der Gemeinde warnten, strafen und mahnen mußte [V. 3. 4. 9]; 6) sie ärgert die Gemeinde, die nicht haben soll einen Flecken oder Runzel oder des etwas und die eben jetzt im Heiligen Geist so schön blühte (Kap. 4, 32). Wehe dem, durch welchen Aergerniß kommt! 7) sie ist drauf angethan, den Namen Jesu Christi lästern zu machen unter den Heiden. — Das Strafgericht über Ananias und Sapphira, ein majestätisches Exempel göttlicher Justiz, die 1) bei ihrer Vorladung kein Ansehen der Person kennt, sondern die Gläubigen so gut als die Ungläubigen vor ihre Schranken ruft, ja bei jenen als bei Knechten, die des Herrn Willen wissen, noch schneller einschreitet; das Gericht muß anfahen beim Hause Gottes, 2) bei ihrer Untersuchung unerbittlich inquirirt und den verborgensten Grund der Herzen aufdeckt, 3) bei ihrem Strafurtheil ohne falsche Milde lieber ein krankes Glied vom Leibe der Gemeinde schneidet, als daß der ganze Leib verderbe, und lieber zeitlich am Fleische straft, damit der Geist möglich gerettet werde für's ewige Leben. — Der erste Alt christlicher Kirchenzucht, vom Herrn der Gemeinde selbst vollzogen. 1) Anlaß und Gegenstand der Zucht: das Aergerniß in der Gemeinde; 2) Mittel und Werkzeug der Zucht: das strafende Wort im Munde des geistlichen Amts; 3) Zweck und Absicht der Zucht: die Ehre des heiligen Gottes, die Reinigung der Gemeinde, das heilsame Schrecken in den Gewissen. Wobei aber für die praktische Anwendung der Unterschied von Dort und Hier, Einst und Jetzt im Auge zu behalten. — Der Alt göttlicher Kirchenzucht an Ananias und Sapphira — eine tiefe Beschämung für unsre zuchtlose Kirche 1) in Betracht seines Gegenstandes: dort Ein Aergerniß in der Gemeinde, hier hunderte und tausende, denen Niemand nachkommen kann; 2) in Betracht seines Werkzeugs: dort ein gewaltiger, geisterfüllter Apostel, hier meist schwache, entweder vom Geist des Herrn oder vom Beistand der Gemeinde verlassene Kirchenobere und Kirchendiener; 3) in Betracht seines Erfolgs: dort fromme Furcht und heilsamer Schrecken, hier Spott und Gelächter.

B.

**Fortschritt der Gemeinde, unter Bewährung apostolischer Wunderkräfte zu Krankenheilungen.**

**Kap. 5, 12—16.**

12 Durch die Hände der Apostel geschahen aber viele Zeichen und Wunder im Volk;
13 und sie waren Alle einmüthig beisammen in der Halle Salomo's. *Von den Uebrigen
14 aber wagte keiner sich zu ihnen zu gesellen, sondern das Volk hielt sie hoch. *Es wurden aber immer mehr hinzugethan solche, die an den Herrn glaubeten, eine Menge von
15 Männern und Weibern. *So daß sie die Kranken auf die Straßen[1]) herausbrachten und auf Betten[2]) und Bahren legten, damit, wenn Petrus käme, etwa sein Schatten ihrer

---

1) κατὰ τὰς πλατείας; die Lesarten geben sehr auseinander: ἐν ταῖς πλ., εἰς τὰς πλ. u. s. w. lauter Correkturen, wodurch der Text leichter gemacht werden sollte.

2) κλιναρίων, statt dessen haben Einige das einfache und geläufigere κλινῶν.

5, 12—16.

einen überschattete. *Es kam aber auch die Menge von den umliegenden Städten nach 16 Jerusalem¹) zusammen, und brachten Kranke und von unreinen Geistern Gepeinigte, und diese wurden alle geheilt.

### Exegetische Erläuterungen.

1. Wie nach dem Pfingstwunder Kap. 2, 43 und nach der ersten Anfechtung, welche die Apostel erlitten hatten Kap. 4, 32, so folgt auch hier, nach diesem die Heiligkeit der Gemeinde wahrenden göttlichen Strafwunder, eine den ruhigen Fortgang eines ganzen Zeitraums zusammenfassende Darstellung. Diese hat übrigens nicht wie Kap. 4, 32 ff. das innere Leben der Gemeinde, sondern mehr ihr und der Apostel Ansehen nach außen im Auge.
2. Logisch geordnet, systematisch und pragmatisch ist diese Darstellung nicht. Daher von strengen Kritikern wie Beck, Ziegler u. A. beinahe diese ganze Episode als Interpolation verdächtigt wurde. Es ist aber nur dieselbe einfache ungekünstelte Erzählung, wie sie auch sonst in unserm Buch sich findet.
3. Durch die Hände der Apostel ꝛc. Lukas erwähnt zuerst V. 12 zahlreiche Wunder, d. h. Wunderheilungen, welche durch die Apostel sich geschahen; also Wunder der Wohlthat und Hülfe, im Gegensatz gegen das wunderbare Strafgericht Gottes zuvor. Letzteres war inmitten der Gemeinde geschehen; die Heilungswunder dagegen kamen auch denen zu gut, welche noch nicht gläubig geworden waren. Hiervon handelt ausführlicher V. 15 ff. Die Straßen entlang (κατὰ τὰς πλατ.) trug man Kranke heraus und stellte sie auf allerlei Lagern und Betten hin, damit der von Petrus geheilt würden, sei es auch nur, daß nur sein Schatten auf einen fiele. Es ist übrigens sorgfältig zu beachten, daß Lukas rein nur aus der Seele des Volks diesen Gedanken erwähnt; man hatte solches Zutrauen zu Petrus, daß man solch seinem Schatten eine heilende Wirkung zuschrieb. Nicht mit einem Wort ist ausdrücklich gesagt, daß Heilungen durch den bloßen Schatten des Apostels erfolgt seien. Nur das ist, besonders durch V. 16 Schluß bezeugt, daß viele Wunderheilungen durch Petrus geschehen sind. In welcher Weise aber, das ist hier gesagt. Das διὰ τῶν χειρῶν τ. ἀπ. V. 12 ist doch wohl nicht blos = διὰ sondern läßt schließen, daß in der Regel diese Heilungen mittels Handauflegung und Berührung erfolgten. Indessen ist wohl möglich, daß hie und da auch ohne unmittelbare körperliche Berührung einzelne Kranke, bei denen Glaube als Bedingung der Empfänglichkeit sich fand, geheilt worden sein mögen. Solcher Glaube und Zutrauen zu den Heilkräften der Apostel verbreitete sich V. 16 von der Stadt aus auch in die Umgegend, so daß aus den benachbarten Städten viele Leute nach Jerusalem kamen, mit Kranken und Dämonischen, die denn auch die gesuchte Heilung fanden.
4. Und sie waren Alle einmüthig beisammen. Ferner ist erzählt, daß die Gläubigen alle sich einmüthig beisammen hielten, und zwar in der schon Kap. 3, 11 erwähnten Salomo's Halle am Tempel, welche ihrer Geräumigkeit wegen zu Versammlungen einer bereits so ansehnlichen und stets noch wachsenden Gemeinde sich besonders eignete. Je größer aber die Zahl war, desto leichter hätten Andere sich

in der Versammlung einstellen und dieselbe stören, die Einmüthigkeit und das Vertrauensvolle des Zusammenseins beeinträchtigen können; dies geschah jedoch nicht, und zwar aus dem Grunde, weil bei dem Volk die Gesinnung der Ehrfurcht und Hochachtung gegen die Gläubigen vorherrschte, weßhalb solche, die sich der Gemeinde nicht angeschlossen hatten, sich auch in einer ehrfurchtsvollen Entfernung von ihren Versammlungen hielten, V. 13. Die Deutung Baur's, welcher αὐτοί auf die Apostel beschränkt und οἱ λοιποί auf die Christen selbst bezieht, wie wenn die Gemeindeglieder aus ehrfurchtsvoller Rücksicht sich von den Aposteln fern gehalten hätten, stimmt mit dem ganzen Bild, das uns hier die Apostelgeschichte von dem Gemeindewesen entwirft, gar nicht überein. — Dagegen schließen sich von einer Menge Leute beiderlei Geschlechts auf Grund des Glaubens an Jesum der Gemeinde an, V. 14; und eben diese stetig wachsende Zunahme der Gemeinde bewirkte zugleich (V. 15 ὥστε), daß das Zutrauen zu der Wunderkraft der Apostel inmitten des Volks ebenfalls zunahm.

### Dogmatisch-christologische Grundgedanken.

1. Das Strafwunder hat sowohl an der Gemeinde selbst als an den Uebrigen seine Wirkung gethan. Die Gemeinde wurde dadurch mit furchtbarem Ernste zur Wachsamkeit über sich selbst gemahnt und gewarnt, den Heiligen Geist nicht zu betrüben. Aber auch das Volk bekam den Eindruck, daß man sich müsse ganz und gar mit Seele und Gewissen der Regierung des Heiligen Geistes hingeben, wenn man sich der Gemeinde anschließen wolle, daß also eine äußere Gemeinschaft zum bloßen Schein nichts fromme. Es ist dem Herrn der Kirche nicht um einen großen bunten Haufen zu thun, sondern um die Heiligung seiner Gemeinde.
2. Daß die Apostel jetzt so häufige Wunder der Heilung verrichteten, war Erhörung des Gebets Kap. 4, 30, und ist zugleich ein Thatbeweis, daß der Herr, so furchtbar sein Eifer wider die Unheiligen ist, doch kein lieberes Geschäft kennet, als zu helfen, zu heilen, zu retten und zu begnadigen alle, die ihn suchen.

### Homiletische Andeutungen.

Es geschahen viele Zeichen und Wunder im Volk durch der Apostel Hände. [V. 12.] Zwei Heuchler hatte der Zorn Gottes durch den Mund der Apostel verzehrt, aber einer ganzen Menge Elender widerfuhr durch der Apostel Hände Hülfe. Der Herr beweis hiermit, daß das Erstere sein fremdes Werk, dieses aber sein liebstes Geschäft sei. — Mitten im Zorn gedenkt er der Barmherzigkeit, und wie er seinen Eifer gegen die Bösen beweist, so wendet er sein Herz nicht von den Elenden. (Apostol. Pastorale.)

Der Andern durfte sich keiner zu ihnen thun. [V. 13.] Man merkt es noch bis auf den

---

¹) εἰς Ἱερουσαλήμ, das εἰς wurde theilweise weggelassen, weil man den Namen der Stadt zu πέριξ bezog, übrigens ist εἰς beizubehalten.

heutigen Tag, daß falsche Seelen, die dem Wort nicht Raum geben wollen, den Umgang eines redlichen Knechts Christi fliehen ob ihm nicht gern zu nahe kommen. (Apostol. Pastorale.) — Das Gericht über Ananias und Sapphira war ein öffentliches Zeugniß, daß es dem Herrn nicht um einen großen, gemischten Haufen zu thun sei. Deßwegen hatte es auch anfangs die Wirkung, daß Niemand wagte, sich zu mitanzuhängen, sondern daß die Kraft des Geistes und der Wahrheit, die man an den Gläubigen spürte, Andere zurückhielt, sich nicht ohne Grund für etwas auszugeben. (K. H. Rieger.)

Es wurden aber immer mehr zugethan. [V. 13.] Trotz dem Strafexempel! Also geht's nicht, wie die falsche Klugheit besorgt, die deßwegen nichts hält vom Ernst und der Schärfe einer geordneten Kirchenzucht, weil sie denkt: es schreckt die Leute ab. Nein! die Ordnung recht gehalten, so wird's besser werden! (Starcke.) — Auch durch's Beschneiden fördert Gott das Wachsthum des gesegneten Baumes der Kirche. (Quesnel.)

Petri Schatten. [V. 15.] Ein Lehrer wird zuweilen, da er sein eigenes Unvermögen erkennt und sieht, kleinmüthig und gedenkt wohl: was soll ich ausrichten, da ich selbst im Schatten sitze und mehr einem Schatten, als einem Lebendigen gleiche? Aber Gott kann das Allerunansehnlichste, das sich nur ihm überläßt, zu großen Dingen, wie den Schatten Petri brauchen. (Apostol. Pastorale.)

Sie brachten die Kranken von den umliegenden Städten gen Jerusalem. [V. 16.] Selig, wer von seinem Elend gedrungen, sein Herz oft zum himmlischen Jerusalem erhebt, um dort die Gnade seiner Genesung zu erlangen, 2 Kor. 5, 1. 2. (Quesnel.) — Die von unsaubern Geistern gepeinigt waren. Man muß bei Führung des Amts an keinem verzagen, wäre er auch von den unsaubersten Geistern besessen und sollten's Legionen sein. (Apost. Pastorale.) — Der Segen göttlicher Sichtungszeiten in der Gemeinde. 1) Was Spreu ist, fliegt davon, entweder a. ausgestoßen wie Ananias und Sapphira, oder b. ferne gehalten, wie die Leute, welche nicht wagten, sich zu den Gläubigen zu thun, V. 13. 2) Was Weizen ist, bleibt zurück a. im Glauben gereinigt; b. in Liebe vereinigt, V. 12. — Die geheimnißvolle Macht einer gotterfüllten Persönlichkeit: 1) die Schlechten stößt sie ab [V. 13], die Guten zieht sie an [V. 14]; 2) den unsaubern Geistern wird sie zur Pein [V. 16], den Mühseligen und Beladenen zur Erquickung [V. 15]; 3) den Feinden der Wahrheit wird sie ein Geruch des Todes zum Tode (Ananias und Sapphira; die Priester und Aeltesten), den heilsbegierigen Seelen ein Geruch des Lebens zum Leben (die Kranken, die zu Petro gebracht, die Gläubigen die zur Gemeinde hinzugethan werden). — Alle menschlichen Werkzeuge des Heils weisen zurück auf den einzigen Urquell des Heils. — Aus Petri Schatten in Christi Licht! 1) Nicht von Petri Schatten kommt Heil, so gern auch die Schwachheit und Thorheit gerade an die Schattenseiten auserwählter Rüstzeuge sich hängt und hält, an ihre menschlichen Aeußerlichkeiten, Eigenheiten, ja Schwächen (Abgötterei mit Predigern, Seelsorgern, Sektenhäuptern, Reliquiendienst); sondern vor dem, was in Petro Licht und Leben aus Christo ist (Kap. 3, 6). 2) Nicht von Petro überhaupt kommt Heil, sondern von dem, der in seiner Schwachheit mächtig ist von Christo (Kap. 3, 12). So deutet auch Petri Schatten auf Christum, das Licht der Welt, die Sonne der Gerechtigkeit. — Kommt das Heil nicht von Petro: wie viel weniger von Petri Schatten: dem Papst! — Was macht kranke Seelen heil? 1) Nicht Petri Schatten und nicht Christi Kleid (Luk. 8, 44), d. h. kein äußerlich Ding und kein äußerlich Thun; sondern 2) Petri Licht und Christi Kraft; d. h. das Leben aus Gott in Christo und deinen Zeugen offenbar, im Glauben angeschaut und angeeignet. — Das Evangelium Christi der rechte Teich Bethesda. [V. 16]. Die Krankheit und das Elend müssen die Kirche Christi mehren helfen. Alle Kranken müssen nach Jerusalem gebracht werden, sollen sie geheilt werden, aber nach dem Jerusalem das droben ist, das unser aller Mutter ist. (Goßner.)

## Dritter Abschnitt.

Ein stärkerer Anlauf von Seiten der sabbuzäischen Partei, wobei sämmtliche Apostel verhaftet wurden, führt mittels wunderbarer Ausführung derselben aus dem Gefängniß, ihrer freimüthigen Verantwortung vor dem hohen Rath, und der Verwendung Gamaliel's, zwar ein Schmachleiden um Jesu willen, aber doch schließliche Freilassung herbei. (Kap. 5, 17—42).

### A.

Verhaftung sämmtlicher Apostel, die aber der Engel des Herrn wunderbar befreit, worauf sie vor den hohen Rath vorgeladen, freiwillig sich stellen. (Kap. 5, 17—26).

17 Es stand aber auf der Hohepriester, und Alle die mit ihm waren, welches ist die
18 Sekte der Sadduzäer, und wurden voll Eifers, *und legten die Hände[1] an die Apostel
19 und setzten sie ein in einem öffentlichen Gefängniß. *Aber ein Engel des Herrn öffnete
20 während der Nacht die Thüren des Gefängnisses, führte sie heraus und sprach: *Gehet
21 hin und tretet auf, und redet im Tempel zu dem Volk alle Worte dieses Lebens. *Da
sie das gehöret hatten, gingen sie gegen Tagesanbruch in den Tempel und lehreten. Der

---

1) αὐτῶν fehlt in namhaften Handschriften und Uebersetzungen, ist ohne Zweifel Zusatz eines Abschreibers.

Hohepriester aber kam und die mit ihm waren, riefen den Rath und alle Aeltesten der Kinder Israels zusammen, und schickte in das Gefängniß, sie holen zu lassen. *Als aber 22 die Diener hinkamen, fanden sie dieselben nicht in dem Gefängniß, kehrten um, verkündigten *und sprachen: das Gefängniß fanden wir ganz fest verschlossen, und die Wächter 23 an den Thüren¹) stehend; als wir aber öffneten, fanden wir Niemand darinnen. *Als 24 diese Rede höreten der Priester²) und der Hauptmann des Tempels und die Hohenpriester, so wurden sie über ihnen betreten, was daraus werden wollte. *Da kam Einer 25 und verkündigte ihnen: Sehet, die Männer, die ihr in's Gefängniß geworfen habt, sind im Tempel, stehen und lehren das Volk. *Da ging der Hauptmann hin mit den Die- 26 nern, und holte sie, nicht mit Gewalt: denn sie fürchteten sich vor dem Volk, daß sie nicht³) gesteiniget würden.

### Exegetische Erläuterungen.

1. **Es stand aber auf — Gefängniß.** Dieses zweite, nun schon leidenschaftlichere Einschreiten der jüdischen Oberbehörde ging ganz entschieden von der sadduzäischen Partei aus. Der Hohepriester (ohne Zweifel ist nach Kap. 4, 6 zunächst an Hannas zu denken, obschon sein Schwiegersohn Kaiphas im Amt war) stand auf, erhob sich zum Handeln und Einschreiten ἀναστὰς; mit ihm aber πάντες οἱ σὺν αὐτῷ, Alle, die sich zu diesem Zweck an ihn angeschlossen hatten, und dies war Niemand anders, als die Sekte der Sadduzäer. Es ist nicht gesagt, daß der Hohepriester selbst der Sekte angehört habe (wofür auch kein anderweitiges Zeugniß vorliegt), sondern nur, daß diese Sekte sich mit ihm verbunden hatte. Leicht möglich, falls Hannas selbst Pharisäer war, daß durch das Auftreten der Christengemeinde die Parteiverhältnisse sich eine Weile veränderten, die gegenseitige Spannung, im Angesicht des gemeinschaftlichen Gegners, nachließ, und daß die Apostein gegenüber in den Vordergrund tretende Sadduzäerpartei den Hohenpriester für ihre Zwecke gewann. Und da die Verkündigung der Apostel ihren Mittelpunkt in dem Zeugniß von der Auferstehung Jesu hatte (Kap. 4, 33), so ergab es sich sehr natürlich, daß gerade die Sadduzäer sich zum lebhaftesten Widerstand gereizt fühlten.

2. **Aber ein Engel des Herrn.** Die Apostel wurden aus der Untersuchungshaft, in die sie gesetzt waren, bei nächtlicher Weise durch einen Engel befreit. Man hat diese Befreiung natürlich erklären zu müssen geglaubt, und an einen Blitzstrahl, an Erdbeben, an den Gefangenwärter selber oder an einen bekehrten Christen gedacht; allein damit wird dem biblischen Bericht geradezu in's Auge geschlagen. Ebenso gut könnte man sagen, die Erzählung sei sagenhaft ausgeschmückt (Meyer), oder ungeschichtlich (Baur, Zeller). Abgesehen von der Voraussetzung, daß es keine Engel und keine Wunder durch solche gebe, liegt in der Erzählung selbst keine Handhabe für den Zweifel, außer daß 1) in dem Verhör vor dem Sanhedrin B. 27 ff. die Befreiung aus dem Gefängniß ganz und gar nicht berührt ist. Dies beweist allerdings, daß die Er-

zählung sehr summarisch und unvollständig, aber nicht, daß sie unzuverlässig ist. Sodann scheint 2) die Befreiung insofern zwecklos gewesen zu sein, als die Apostel nachher doch vor dem Gericht erscheinen und ihre Züchtigung erleiden müssen. Allein aus letzterem Umstand ergibt sich jene Folgerung doch nicht mit Recht; denn daß die Gegner durch das Ereigniß betreffen und rathlos geworden seien, erzählt Lukas B. 24 ausdrücklich, also in Betreff ihrer Personen hat das Wunder seinen Zweck wenigstens theilweise erreicht; und daß die Apostel durch die wunderbare Befreiung in ihrem Glauben mächtig gestärkt wurden, läßt sich leicht denken, und liegt in B. 20 ff. Demnach ist auch die angebliche Zwecklosigkeit der Thatsache doch nur Schein.

3. **Gehet hin.** Die Weisung des Engels ging dahin, frei und unerschrocken aufzutreten (σταθέντες), und im Tempel öffentlich vor dem Volk zu predigen; τὰ ῥήματα τῆς ζωῆς ταύτης sind die Worte, die sich auf dieses Leben, das selige Leben in Christo und durch Christum, beziehen. Bei der keineswegs nothwendigen Annahme einer Hypallage kommt der Begriff Lebensworte heraus, welcher für Lukas und für jene Urzeit weniger zu passen scheint.

4. **Der Hohepriester aber kam.** Während die Apostel inzwischen im Tempel lehrten, versammelte der Hohepriester und sein Anhang den vollen Sanhedrin, um den Aposteln den Prozeß zu machen. Unter πᾶσα ἡ γερουσία τ. υἱῶν Ἰσρ. kann jedoch Niemand anders verstanden sein, als die πρεσβύτεροι Kap. 4, 5. Meyer denkt zwar, die Worte pressend, an das ganze Aeltestencollegium, also an eine außerordentliche Sitzung, worin der Sanhedrin noch durch diejenigen Volksältesten verstärkt gewesen, welche nicht zu dem hohen Rath selbst gehörten. Allein man weiß aus sonstigen Nachrichten nichts von solchen erweiterten Sitzungen; und schon das zweite Buch der Makkabäer gibt dem Sanhedrin regelmäßig den Titel γερουσία, weßhalb in unserer Stelle nur eine Tautologie anzuerkennen ist, welche aber daraus entsprungen ist, daß eine rechte Vollzähligkeit der Versammlung angedeutet werden sollte.

5. **Als diese Rede höreten.** ὁ ἱερεὺς B. 24 kann wohl Niemand anders als den Hohenpriester selbst

---

1) ἔξω ist unzweifelhaft unächt, und aus dem nachfolgenden ἔσω entstanden; seine der bedeutenderen Handschriften hat es; ἐπὶ ist durch die gewichtigsten Handschriften bezeugt, πρὸ ist eine spätere Correktur, welche das anschaulichere Wort gewählt hat.

2) ὅ τε ἱερεὺς fehlt in vielen, mitunter bedeutenden Handschriften und Uebersetzungen, rührt aber sicherlich blos daher um geltend, weil man es neben dem nachfolgenden οἱ ἀρχιερεῖς nicht zu begreifen wußte, während es gewiß nie von einem Späteren beigefügt worden wäre, wenn es nicht ursprünglich da stand.

3) ἵνα läßt Lachmann auf die Autorität mehrerer Handschriften weg, als ob μὴ ἐφοβοῦντο gehörte, wo alsdann ἵνα unrichtig wäre.

bezeichnen, während unter οἱ ἀρχιερεῖς die Hohenpriester in weiterem Sinn zu verstehen sind. Der Befehlshaber der Tempelwache, welcher selbst auch ohne Zweifel dem Priesterstand angehörte, war vermuthlich, wie Kap. 4, 1 ff., bei der Verhaftung der Apostel thätig gewesen.

6. Da ging der Hauptmann hin. Der Tempelhauptmann führte die Apostel vor den Sanhedrin vor, jedoch auf freiem Fuße und nicht mit Gewalt, ἵνα μὴ λιθασθ. ist Motiv der Enthaltung von Gewalt, und wird am natürlichsten zu ἤγαγεν — βίας, statt zu ἐφοβοῦντο gezogen; lassen sich auch Beispiele aus attischer Gräzität beibringen, wo φοβεῖσθαι mit ὅπως μή, ἵνα μή construirt ist, so scheint doch das Paß. λιθασθ. eher für jene Fassung zu sprechen; eine Parenthese aus ἐφοβ. γὰρ τ. λα. zu machen, geht ja sehr leicht. — Aber merkwürdig ist das Symptom der Volksstimmung! Die Wache muß für möglich halten, daß das Volk sie steinigen könnte, wenn sie gegen die Apostel Gewalt brauchen wollte. Ohne Zweifel war dies der Höhepunkt der Volksgunst gegen die Apostel. Erklärbar hauptsächlich aus den zahlreichen Wohlthaten an ganze Familien, durch Heilung ihrer Kranken, so wie aus dem neuesten Ereigniß, daß die Apostel, Tags zuvor verhaftet, ohne menschliches Zuthun durch Gottes Eingreifen befreit waren, und in Folge dessen muthmaßlich mit besonderer Kraft und Freudigkeit zu dem Volk redeten.

### Christologisch-dogmatische Grundgedanken.

1. Gleichwie Christus nur als der Gekreuzigte unser Erlöser ist, und das Kreuz die Signatur des Evangeliums, so ist auch die Geschichte der Apostel und der ersten Kirche eine Entwicklung unter dem Zeichen des Kreuzes. Auf jeden Segen folgt wieder ein Leiden, sei's von innen sei's von außen. Aber der herrlichste Trost wird auch nur unter dem Kreuze dem Frommen in Theil.

2. Der Engel des Herrn dient hier nicht blos als Organ der Weltregierung Gottes des Vaters, sondern auch als Organ des erhöheten Sohnes Gottes; er greift nicht nur in die Ereignisse des bürgerlichen und gewöhnlichen Lebens ein, sondern zugleich in den Gang des Reiches Gottes, in die Entwicklung der Kirche Christi.

3. Der Engel ermuntert die Apostel, dem Volk alle „Worte dieses Lebens" zu sagen. Der Engel gehört der himmlischen Welt an, die selbst keinen Tod kennt. Er hat auch nur für dasjenige Sinn und Theilnahme, Kraft und Wirksamkeit, was Leben heißt und Leben hat. Daher sind die Engel bei der Geburt des Erlösers, welcher das Leben der Welt ist, und bei seiner Auferstehung als der herrlichsten und den Tod überwindenden Offenbarung seines Lebens, zahlreich erschienen. Die Engel freuen sich über einen Sünder, der Buße thut, und nur Worte, die von dem Leben handeln, das erschienen ist und der Welt das Leben bringt, gefallen ihnen wohl und sind ihres hülfreichen, aufmunternden Dienstes werth.

### Homiletische Andeutungen.

Es stand aber auf der Hohepriester. [V. 17]. Wenn der Herr sich aufmacht, sein Zion durch seine Knechte zu bauen, so macht der Feind sich auch auf, durch seine Knechte solches zu hindern. (Apost. Past.) — Die Sabbuzäer. Das träge, sündige Fleischesleben der Sabbuzäer alter und neuer Tage rührt sich nicht, so lang es vom Geist Gottes und seinem strafenden Gerichte unberührt bleibt. Wo aber die Jünger Christi voll Heiligen Geistes wider dasselbe in Wort und That zeugen, da bricht es in offener Feindschaft und satanischem Eifer wider Gott und sein Evangelium hervor. „Wie oft hat der Sadducäer Hannas, der dem Fleische dient und dabei die Firma Christi trägt, die Gläubigen und den Glauben in Ketten legen wollen." (Leonhardi und Spiegelb.) — Und wurden voll Eifers. Christi Knechte voll Heiligen Geistes; Christi Feinde voll höllischen Eifers! — Der göttliche Eifer und der gottlose. 1) Wofür eifert dieser und jener? 2) Wie eifert dieser und jener?

Warfen sie in das gemeine Gefängniß. [V. 18]. Die Bande sind preiswürdig und die Ketten ehrlich, die man um Christi willen trägt. (Quesnel.)

Aber der Engel des Herrn. [V. 19]. Es gibt ein göttlich „Aber", das so im Spott auf alle Menschenpläne ist. Die Menschen sind fertig mit ihrem bösen Rath, nun tritt dieses Aber dazwischen. Joseph sagt zu seinen Brüdern: ihr gedachtet es böse mit mir zu machen, „aber" Gott hat es gut gemacht. David klagt im zweiten Psalm: Die Könige im Lande lehnen sich auf und die Herren rathschlagen mit einander wider den Herrn und seinen Gesalbten, „Aber" der im Himmel wohnet, lacht ihrer, der Herr spottet ihrer. (Ahlfeld.) — That in der Nacht die Thüre des Gefängnisses auf. — Die Trübsal währt nicht lange; Kreuzträger ist dir bange? Oft dauert's keine Nacht! Pf. 30, 6. Kein Schloß und Riegel ist zu fest, daß der Herr nicht den Seinen geben könnte eine offene Thüre. Es sei ein Kreuz so groß es will: er hat ihm doch gesetzt sein Ziel; sein Angstlein liegt so schwer auf mir, er wälzt ihn von des Herzens Thür. Hallelujah! — Der aber den Schlüssel hat, seine Boten aus leiblichen Gefängnissen zu führen, der hat auch die Schlüssel der Hölle und des Todes, ja die Schlüssel des Himmels und der Seligkeit. (Apost. Past.) — Die Engel Gottes dienstbar zu unserer Seligkeit: 1) als Freunde der Frommen, 2) als Hüter in der Nacht, 3) als Retter aus der Noth, 4) als Führer auf den Wegen des Berufs [V. 20], 5) als Boten himmlischen Lebens in der Welt [V. 20], 6) als Bringer zum himmlischen Leben und zur ewigen Freude. — Welchen Werth hat der Mensch vor Gott, daß eine ganze unsichtbare Welt da ist, ihm zu helfen zur Seligkeit! Wie trostvoll ist die Gewißheit, daß derer, die für uns sind, mehr sind als derer, die wider uns! (Friedrich Arndt.) — Und führete sie hinaus. Seltsamer Anfang, herrliches Ende! du sprichst: es läßt sich wunderlich an, wie will's hinaus? Freilich muß sich's wunderlich anlassen, soll Gott Wunder thun! (Heinr. Müller.)

Gehet hin und tretet auf und redet im Tempel zum Volk alle Worte dieses Lebens. [V. 20]. Nicht: Gehet hin und verberget euch! sondern: Gehet hin und tretet auf! Nicht: redet davon zu den Euren! sondern: redet im Tempel zum Volke! Zur Ausrichtung solchen Auftrags gehören Leute, die sich nicht mit Fleisch und Blut besprechen, sondern hin treten und allezeit heißt: Herr, auf dein Wort! (Luk. 5, 5). Aber mit solchen Leuten kann der Herr auch etwas wagen. (Williger.) —

Alle Worte dieses Lebens. Das Wort Christi, als ein Wort des Lebens erweisen an, in und durch die Apostel. Sie haben in Kraft dieses Worts 1) ein göttliches Leben in sich selber getragen; 2) ein neues Leben in die Welt gebracht; 3) ihr zeitliches Leben freudig gewagt; 4) das ewige Leben siegreich gewonnen.

Wir sollen Niemand darinnen. [V. 23]. In jeder Verfolgung um Christi willen gehen seine Gläubigen herrlich hervor. 1) Wo Christus kommt, da muß sich Leben regen [V. 16], 2) das Leben aber kann der Feind nicht sehn [V. 17], er will es wo er kann, in Haft und Bande legen [V. 18], 3) doch herrlicher wird es von bannen gehn[V.19—23]. (Ahlfeld.)—Fahre fort, Zion, fahre fort im Licht! 1) Dringe ein, Zion, dringe ein in Gott! [V. 16]. 2) Halte aus, Zion, halte deine Treu; [V. 17. 18]. 3) Brich herfür, Zion, brich herfür in Kraft [V. 19 ff.]. (Leupold.)

Sie wurden über ihnen betreten [V. 24]. Wie heilsam hätte diese Bestürzung den Feinden des Herrn werden können, hätten sie die Macht Gottes erkennen und unter seine gewaltige Hand sich beugen wollen! (Apost. Past.) Da kam einer und verkündigte ihnen [V. 25]. Wo es gilt, Christum und die Seinen auszuliefern, fehlt es an einem Judas nie. Sie fürchteten sich vor dem Volk [V. 26]. Gottesfurcht macht furchtlos; Gottlosigkeit macht furchtsam. (Starck.)

## B.

Freimüthige Verantwortung der Apostel vor dem hohen Rath, der sie, in Folge der Verwendung des Gamaliel, zwar körperlich züchtigen läßt, schließlich jedoch auf freiem Fuße entläßt.

(Kap. 5, 27—42).

Und als sie selbige brachten, stelleten sie sie vor den Rath. Und der Hohepriester 27 fragte sie, und sprach:[1] "Wir haben euch mit Ernst geboten, nicht zu lehren in diesem 28 Namen; und siehe, ihr habt Jerusalem erfüllet mit eurer Lehre, und wollt dieses Menschen Blut über uns führen? *Da antwortete Petrus und die Apostel und sprachen: 29 Man muß Gott mehr gehorchen, als den Menschen. *Der Gott unserer Väter hat 30 erweckt Jesum, welchen ihr ermordet habt, indem ihr ihn an das Holz hinget. *Diesen 31 hat Gott zum Fürsten und Retter erhöhet durch seine rechte Hand, um Israel Buße zu geben und Vergebung der Sünden. *Und wir sind seine Zeugen[2] über diese Worte, 32 und der Heilige Geist, welchen Gott gegeben hat denen, die ihm gehorchen. — *Da sie 33 das höreten, schnitt es ihnen durch's Herz, und berathschlagten[3], sie zu tödten. *Da 34 stand aber im Rath ein Pharisäer auf, mit Namen Gamaliel, ein Schriftgelehrter, hoch geschätzt bei dem ganzen Volk, und hieß die Leute[4] ein wenig[5] hinausthun, und sprach zu ihnen: "Ihr Männer von Israel, nehmet euch in Acht in Betreff dieser Menschen, 35 was ihr thun wollt. *Denn vor diesen Tagen stand Theudas auf und gab vor, er sei 36 etwas, und es fiel ihm eine Anzahl Männer zu[6], bei etwa Hundert; der wurde erschlagen, und Alle, die ihm anhingen, sind zerstreut und zu nichte geworden. *Nach diesem 37 stand Judas aus Galiläa auf, in den Tagen der Schatzung, und brachte viel Volk zum Abfall, ihm nach; auch der ist umgekommen, und Alle, die ihm anhingen, wurden zerstreut. *Und nun sage ich euch: stehet ab von diesen Menschen und lasset sie. Ist dies 38 ser Rath oder dieses Werk aus Menschen, so wird es sich auflösen; ist es aber aus Gott, *so werdet ihr sie[7] nicht stürzen können[8], daß ihr nicht gar erfunden werdet, 39 als die wider Gott streiten. *Da traten sie ihm bei, und riefen die Apostel, geißelten 40 sie, und geboten ihnen, nicht zu reden in dem Namen Jesu, und ließen sie gehen. *Sie 41

1) Οὐ fehlt in A. B. und in einigen alten Uebersetzungen, so wie bei Kirchenvätern; es ist sicherlich falsch, denn wenn es ursprünglich wäre, so würde Niemand es weggelassen haben, während seine Einfügung um des ἐπηρώτησε willen sehr leicht geschah.

2) αὐτοῦ nach ἐσμὲν schien überflüssig zu sein, weil μάρτυρες schon einen Gen. bei sich hat, wurde deßhalb in einigen Manuscr. und Uebersetzungen weggelassen, oder durch ἐν αὐτῷ ersetzt, ist aber als schwerere Lesart ohne Zweifel ächt.

3) ἐβουλεύοντο ist zwar nicht stärker beglaubigt, als ἐβούλοντο, verdient aber den Vorzug, weil eher letzteres aus ersterem abgeschliffen werden konnte.

4) τ. ἀνθρώπους wurde in mehreren Handschriften und Uebersetzungen durch ἀποστόλους erklärend ersetzt, ist aber hinlänglich bezeugt, und paßt, ein in indirecter Rede, doch gut in Gamaliel's Mund.

5) τι nach βραχύ ist schon durch äußere Zeugnisse verurtheilt, und verräth sich als Zusatz.

6) προσεκλίθη ist die bindigste bezeugte Lesart, jedoch als im Neuen Testament sonst nicht übliche, schwerere Lesart; wurde deßhalb bald durch προσεκλήθη, bald durch προσεκολλήθη, auch wohl durch προσετέθη ersetzt.

7) Das Fut. δυνήσεσθε ist überwiegend bezeugt; das Präs. δύνασθε wurde an dessen Stelle gesetzt, um das Votum Gamaliels möglichst hart auszudrücken.

8) αὐτοῖς hat zwar viele und namhafte Handschriften und Uebersetzungen für sich, während αὐτὸ nur schwach bezeugt ist und sich allzusehr als eine an τὸ ἔργον anschließende und den Sinn erleichternde Aenderung verräth.

nun gingen fröhlich von des Raths Angesicht, weil sie gewürdiget worden waren, um seines Namens⁹) willen Schmach zu leiden. *Und höreten nicht auf, alle Tage im Tempel und hin und her in Häusern das Evangelium von Jesu dem Messias zu verkündigen.

### Exegetische Erläuterungen.

1. **Und der Hohepriester fragte sie.** Das ἐπηρώτησεν V. 27 läßt allerdings eine förmliche Frage des verhörenden Richters erwarten. Diese liegt aber, ba οὐ unächt ist, nicht vor. Doch ist die Anrede des Hohenpriesters, mit ihrem Vorhalt, daß, ungeachtet des eröffneten Verbots, die Apostel ihre Lehre weiter ausgebreitet haben, u. s. w. — wenigstens mittelbar eine Aufforderung zur Verantwortung.

2. **Wir haben euch mit Ernst geboten.** Der Hohepriester erwähnt Jesum mit Bedacht, ohne seinen Namen auszusprechen; er sagt nur τῷ ὀνόμ. τούτῳ — τοῦ ἀνθρ. τούτου, als vertrüge es sich mit seiner Ehre nicht, Jesum auch nur zu nennen. Petrus dagegen schämt sich des Namens Jesu nicht, vielmehr nennt er ihn mit vollkommener Freimüthigkeit und Offenheit, und erweist ihm V. 30 ff. nach Kräften Ehre.

3. **Und siehe, ihr habt.** Was der Hohepriester den Aposteln am schwersten aufrechnet, das ist, daß sie angeblich das Blut Jesu wollen ἐπαγαγεῖν ἐφ' ἡμᾶς. Meyer deutet das — bewirken, daß das vergossene Blut dieses Menschen an uns geracht werde, durch Volksempörung. Allein so viel liegt doch wohl nicht in dem Ausdruck. Vielmehr ist es wohl nur das besagen, daß die Apostel die Verantwortlichkeit und Schuld für dieses vergossene Blut ihnen zur Last legen wollen. — Darin lag etwas Wahres, V. 30 sagt ja Petrus den Synedristen in's Gesicht: ihr habt Jesum umgebracht, eigenhändig um's Leben gebracht (διαχειρίσασθε). Allein die gehässige, rachsüchtige, feindselige Gesinnung, welche der Hohepriester den Aposteln unterschob, war nicht die ihrige; vielmehr liegt in V. 31 mittelbar auch für die Synedristen ein Antrag der Buße und Vergebung für jene Sünde.

4. **Man muß Gott mehr gehorchen.** Die Wahrheit V. 29 ist dieselbe, wie schon Kap. 4, 19, nur mit dem Unterschiede, daß die Art und Weise, wie sie eben ausgesprochen wurde, eine minder entschiedene ist, als dieses Mal. Denn im vierten Kapitel hatte Petrus erst am Schluß der Verhandlung jenen Grundsatz geltend gemacht, hier aber tritt er gleich zum Eingang damit hervor. Dort hatte er an die Mitglieder des Synedriums selbst gewissermaßen appellirt und ihr Gewissen für sich in Anspruch genommen: εἰ δίκαιόν ἐστιν, — κρίνατε; hier aber brückt Petrus den Grundsatz ganz kurz und bestimmt aus, als eine unstreitige Wahrheit, ganz abgesehen von dem Urtheil seiner Richter.

5. **Der Gott unsrer Väter.** ὁ θεὸς — ἤγειρεν Ἰησοῦν bezieht Meyer nach Erasmus u. A. auf die Auferweckung vom Tod; allein ἐγείρειν wird in der Apostelgeschichte immer mit ἐκ νεκρῶν verbunden, wenn es Auferweckung bezeichnet; und zudem spricht die Aufeinanderfolge der Sätze mit ἤγειρεν — διεχειρίσασθε, — ὕψωσε, dafür, daß

zugleich eine zeitliche Folge ausgedrückt werde, wornach ἤγειρεν nichts anders bedeutet, als das Auftreten Jesu als Gesandter Gottes. So verstanden schließt ὕψωσε V. 31 die Auferweckung ebensowohl als die Himmelfahrt in sich.

6. **Da sie das höreten** ꝛc. διεπρίοντο wörtlich: sie wurden durchsägt, dissecabantur (Vulg.), findebantur, es schnitt ihnen durch's Herz, sie wurden von heftigem Unwillen bewegt; so daß der Gedanke, die Männer aus dem Wege zu schaffen, in vielen Mitgliedern aufstieg, worüber sie, vermöge hierauf folgender Berathung beschlossen; denn an förmliche, laute Berathung können wir hier nicht denken, durften doch die Apostel erst V. 34 abtreten.

7. **Gamaliel** ist V. 34 durch drei Züge bezeichnet, 1) als Mitglied des Sanhedrin, 2) als Anhänger der pharisäischen Partei, 3) als Gesetzesgelehrter. Die beiden letztern Züge werden Kap. 22, 3 noch weiter in's Licht gesetzt, indem Paulus, der sich dort selbst als gewesenen Pharisäer schildert (ἀκρίβεια τοῦ πατρῴου νόμου), angibt, er sei zu den Füßen Gamaliel's als Lehrer gesessen. Was den ersten Zug betrifft, so haben Manche den Gamaliel als Vorsitzenden der Versammlung gedacht; allein τις ἐν τῷ συνεδρ. kann doch unmöglich vom Präsidenten, sondern nur von einem einfachen Mitgliede des Raths verstanden werden. Aus der jüdischen Geschichte sind uns zwei Gelehrte Namens Gamaliel bekannt, Gamaliel I. oder der Alte (זקן), Sohn des Rabbi Simeon und Enkel des berühmten Hillel; und Gamaliel II. oder Gamaliel von Jabne; Beide werden im Talmud als Rabban und als Vorsitzende des Synedriums aufgeführt. Allein von dem jüngeren oder zweiten Gamaliel kann hier gar keine Rede sein, da seine Blüthezeit erst nach der Zerstörung Jerusalems beginnt und ungefähr von 80—118 nach Christo dauert. Hingegen steht chronologisch nichts im Wege, hier an den ältern oder ersten Gamaliel zu denken, da seine Wirksamkeit laut des Talmud unter Tiberius, Caligula und Claudius stattgefunden hat und er 18 Jahre nach der Zerstörung Jerusalems gestorben sein soll. Ein inneres Hinderniß, den Gamaliel des Lukas als identisch mit dem ersten des Talmud anzunehmen, läge nur dann vor, wenn die ältere christliche Sage (Recognit. Clem. I, 65, Photius Cod. 171) etwas mehr als bloß eine aus unserer Stelle geflossene Vermuthung wäre, daß nämlich Gamaliel im Geheimen ein Christ gewesen sei, und daß er später nebst seinem Sohne Abib und dem Nikodemus von Petrus und Johannes getauft worden sei. Das wäre mit dem nach jüdischen Quellen streng pharisäischen und nationalen Charakter des Gamaliel I. nicht zu vereinigen. Allein das Gutachten V.35—39 berechtigt zu ersterer Auffassung nicht.

8. **Ihr Männer von Israel.** Gamaliel räth nur Vorsicht und Zuwarten, anstatt raschen, übereilten Verfahrens, bei dem man leicht etwas zu bereuen haben würde, V. 35, προσέχετε ἑαυτοῖς

---

9) τοῦ ὀνόματος allein ist unzweifelhaft das Ursprüngliche; erklärende Zusätze sind (nach ὀνομ.) αὐτοῦ, oder Ἰησοῦ, τοῦ χριστοῦ, τοῦ κυρίου ꝛc.

und daher trägt er darauf an, die Apostel vor der Hand ungestraft zu lassen (B. 38: ἀπόστητε — καὶ ἐάσατε αὐτούς). Er begründet das durch die Erfahrungen und durch die daraus geschöpfte Ueberzeugung, daß die Sache, wenn sie blos menschlichen Ursprungs sei, von selbst zu Grunde gehen werde, wenn sie hingegen von Gott gewollt und gestiftet sei, unmöglich vernichtet werden könne. Welchen von diesen beiden Fällen der Redner persönlich für den wahrscheinlicheren hielt, läßt sich aus den Worten selbst nicht ausmachen. Meyer schließt, nach Bengels Vorgang, aus dem Gebrauch des εἰ c. indic. präs. im letzteren Satz, verglichen mit ἐάν c. conj. im ersteren, daß Gamaliel selbst den göttlichen Charakter des Christenthums für wahrscheinlicher ansehe. Uebrigens ist εἰ c. indic. präs. weit objektiver, als ἐάν c. conj., d. h. bei letzterer Construktion wird ein Fall als eintretend vorausgesetzt, während bei ersterer Form ohne Rücksicht auf das, was geschieht, einfach nur angegeben wird, unter welcher Bedingung etwas eintreten werde, vergl. Bäumlein, gr. Schulgr. 2. A. §. 604. 606. Gamaliel setzt immer die Möglichkeit voraus, daß die Sache der Apostel Gottes Sache sei, und daß demnach Widerstand gegen die Apostel völlige Widersetzlichkeit gegen Gott selbst wäre (θεομάχοι V. 39). Uebrigens deutet die Anführung der zwei Erfahrungen, auf die sich Gamaliel V. 26 ff. beruft, darauf, daß er als entschiedener Pharisäer doch erwartet habe, die neue Sache werde, eben so wie manche derartige Neuerung, bald wieder zu Grunde gehen. Und damit läßt sich diese Rede recht wohl mit dem geschichtlichen Charakter des Gamaliel I. vereinigen.

9. **Denn vor diesen Tagen 2c.** Die zwei geschichtlichen Thatsachen, auf welche sich Gamaliel beruft, sind die Schicksale des Galiläers Judas und des Theudas. Der erstere V. 37, ist auch aus mehr als einer Stelle des Josephus (Antiq. 18, 1. 1; 20, 5. 2; bell. jud. 2, 9. 1) bekannt: er war aus Gamala in Nieder-Gaulonitis gebürtig, und heißt deßhalb bei Josephus einmal der Gaulonit, zweimal aber auch, wie hier, der Galiläer. Daß er aus Anlaß des Census, den Augustus durch Quirinus vornehmen ließ, das Volk aufwiegelte (Jos. Ant. 18, 1. 1), stimmt vollkommen mit der Angabe: ἐν ταῖς ἡμ. τῆς ἀπογραφῆς 2c.); er stellte jene Maßregel als ein Mittel der Unterjochung dar und berief sich darauf, μόνον ἡγεμόνα καὶ δεσπότην τὸν θεὸν εἶναι. Lukas erzählt, daß Judas selbst umgekommen sei, Josephus berichtet den Tod seiner Söhne (Ant. 20, 5. 2), Angaben, die sich gegenseitig ergänzen. Und wenn Josephus vom Wiederauftauchen der Bande des Judas im jüdischen Kriege weiß, so läßt sich dies mit unserer Stelle wohl vereinigen, indem sie nur von der Sprengung dieser Bande (διεσκορπίσθησαν), nicht aber von ihrer Aufreibung berichtet. — Während in Hinsicht des Judas unsere Stelle mit Josephus harmonirt, ungeachtet sie von letzterem sichtlich unabhängig ist: tritt in Betreff des Theudas der Fall ein, daß Josephus einen dem Inhalt nach vollkommen übereinstimmenden Bericht über einen Theudas giebt, aber daß die chronologischen Data beiderseits völlig differiren. Daß Theudas 1) das Volk aufwiegelte und zahlreichen Anhang bekam, 2) sich für etwas ganz Besonderes ausgab (λέγων εἶναί τινα ἑαυτόν), namentlich daß er sich für einen Propheten erklärte und den Jordan durch sein Wort zu theilen

verhieß (Jos.), 3) daß er selbst erschlagen und sein Anhang zu nichte geworden sei, — nach Josephus wurde er gefangen genommen und ihm der Kopf abgeschnitten, während seine Anhänger durch die ausgeschickte Reiterschaar theils niedergehauen, theils gefangen genommen wurde, — das sind die wesentlichen Angaben, worin V. 36 mit Jos. Ant. 20, 5, 1 trefflich übereinstimmt. Allein die Zeitbestimmungen differiren auffallend: nach Lukas müßte der Aufstand des Judas später als der des Theudas sich ereignet haben (μετὰ τοῦτον V. 37), und der letztere natürlich vor dieser Rede des Gamaliel (V. 36 τούτων τ. ἡμερῶν). Josephus hingegen giebt genau an, daß jener Theudas unter dem Procurator Cuspius Fadus aufgetreten sei, d. h. unter Kaiser Claudius, nicht vor dem Jahre 44, während die Rede des Gamaliel noch in die Zeit des Tiberius fallen muß. Da Judas laut übereinstimmenden Zeugnisses des Josephus und Lukas um die Zeit des Census aufgetreten ist, so liegt ein Zeitraum von circa 50 Jahren zwischen dem Zeitpunkt, wo der Theudas V. 36 und der des Josephus aufgetreten sein müßte. Man nimmt deßhalb an, der Theudas an unserer Stelle sei ein ganz anderer als der des Jos. Ant. 20, 5. 1; (so Bengel, Baumgarten und viele Gelehrte; man beruft sich 1) darauf, daß der Name Theudas unter den Juden nicht selten war (Lightfoot), 2) daß in jener Zeit Meutereien unter den Juden sehr häufig vorkamen, 3) daß Josephus in seiner Geschichte nicht schlechthin vollständig sei und einen älteren Theudas um die Zeit Herodes des Großen leicht übergangen haben könnte. Diese Möglichkeit in abstracto läßt sich nicht bestreiten. Allein die Uebereinstimmung zwischen V. 36 und Josephus in den drei obigen thatsächlichen Angaben ist denn doch so auffallend, daß ein unbefangener Leser unwillkürlich den Eindruck bekommt, es sei von einem und demselben Mann und Ereigniß die Rede, zumal nicht jeder Insurgentenhaupt die Anmaßung hatte, sich eine mehr als menschliche Autorität zuzuschreiben. Dann müßte aber ein Verstoß in Betreff der Zeitpunkte, eine dem Gamaliel in den Mund gelegte πρόληψις zugegeben werden (de Wette, Neander, Meyer).

10. **Stehet ab von diesen Menschen.** Das Gutachten des Gamaliel, das mit ruhiger Ueberlegung und einer gewissen Unparteilichkeit dem angeregten Fanatismus und der Leidenschaftlichkeit Anderer, zumal der Sadduzäer gegenübertrat, fand insoweit Anklang, daß die Versammlung von dem Mordplan V. 33 abstand, die Apostel frei zu lassen beschloß. Dennoch wurde denselben die Strafe körperlicher Züchtigung zuerkannt und an ihnen vollzogen V. 40. Und dies einerseits, um nur nicht den Schein völlig unbegründeten Einschreitens auf sich zu laden, andererseits um an den Aposteln den Ungehorsam zu rügen, vergl. V. 28. Die Ehre und die Consequenz schien zu fordern, daß der früher ausgesprochenen Drohung (Kap. 4, 21 cf. 17) nunmehr Kraft gegeben werde. Allein die Apostel lassen sich durch die körperliche Strafe und das wiederholt eingeschärfte Verbot nicht abschrecken; sie gehen vielmehr mit freudig erhebendem Bewußtsein der Ehre, die darin liege, um des Namens Jesu willen Schmach zu leiden, von dannen, und fahren fort, Jesum als den Christ zu bezeugen, sowohl im Tempel öffentlich, als in den Häusern der Gläubigen im Stillen.

5*

## Christologisch-dogmatische Grundgedanken.

1. Jesus ein Fürst und Heiland V. 31; ἀρχηγός, denn er steht an der Spitze, nicht nur als der Erste, der Anfänger und Vollender des Glaubens, sondern auch als der, welchem Gehorsam zu leisten ist. Eine Andeutung des königlichen Amtes Christi. Als ἀρχηγός hat Christus ein Heer, das ihm folgt, ein Reich, das ihm gehört. — Allein er ist nicht blos ἀρχηγός, er ist auch σωτήρ. Er ist Erretter vom größten Uebel, von der bringendsten Gefahr, nämlich von der Sünde und ihrem Sold, dem Zorn Gottes und dem ewigen Verderben. Nur zu retten, selig zu machen, zu dienen, ist sein Herrscherziel, denn er sucht nicht seine Ehre, Macht und Herrlichkeit, sondern das Heil der Seelen. — Zum Fürsten und Heiland hat ihn Gott erhöhet. Durch Auferweckung und Himmelfahrt hat ihn Gott machtvoll erhöht (ὕψωσεν τῇ δεξιᾷ αὐτοῦ), und ihm dadurch erst die Würde des ἀρχηγός und σωτήρ beigelegt. An sich ist er beides schon im Stand der Erniedrigung gewesen, als Gottes Sohn und Menschen Sohn. Aber erst die Erhöhung hat ihn so gestellt, daß man ihm mit aller Ehrfurcht begegnen muß, und daß seine Macht, zu herrschen und zu leiten, zu retten und selig zu machen, Allen erkennbar werden kann.

2. Daß ohne Sinnesänderung das Heil in Jesu Christo nicht erlangt werde, haben die Apostel von Anfang an bezeugt. Ebenso daß Allen, die ihre Sünde bereuen und an ihn Sinn ändern, Vergebung und Gnade durch Jesum Christum zu Theil werde. Hier deutet Petrus an, daß Bekehrung und Sündenvergebung Gnade und Gabe Gottes sei (δοῦναι μετάνοιαν καὶ ἄφ. ἁμ.). Daß Vergebung der Sünden eine Gnadengabe Gottes sei, daß der Mensch die Schuld selbst zu tilgen, sich selbst zu vergeben nicht vermöge, das liegt nahe genug und ist schon im Alten Testament bezeugt, vergl. z. B. Ps. 32, 1. 2. 5. Aber daß auch die Sinnesänderung selbst ein Geschenk Gottes ist, das er durch seinen Geist und besten Gnadenwirkungen dem Menschen gibt, das ist hier deutlich bezeugt. Nicht als wollte die Freiheit des Willens damit verneint werden; aber ohne die vorlaufende Gnade und die wirkende Gnade kommt es zu einer wahren Sinnesänderung und Bekehrung nicht. Und wieder diese Gnadenwirkung in großem Maßstab und weiterem Kreise war erst bedingt durch die Erhöhung Jesu: Gott hat ihn erhöht, um Israel Sinnesänderung und Vergebung zu schenken.

3. Zeugen für Jesum sind nach V. 32 die Apostel und der Heilige Geist. Nämlich der Heilige Geist in denen, welche auf das Wort der Apostel Gottes Willen thun und an Jesum glauben. Ihr eigenes Zeugniß hieben die Apostel hiemit nur als menschliches Zeugniß dar, von Augen- und Ohrenzeugen abgelegt, und demnach glaubhaft und zuverlässig. Aber diesem einen Zeugniß steht, damit die Sache auf zweier Zeugen Mund ruhe, ein zweites zur Seite, dem menschlichen das göttliche, dem verballenden das ewig forttönende. Nicht nur die Apostel waren Zeugen, sondern auch der Heilige Geist. Jeder Mensch, welcher dem vernommenen Wort des Evangeliums Glauben schenkt, im Gehorsam sich fügt, empfängt die Gabe des Heiligen Geistes. Und der Heilige Geist gibt Zeugniß im Menschen, Zeugniß von Jesu Christo, daß er der Herr und Erlöser ist. Und wer dieses Zeugniß vernimmt, der wird vollends überzeugt von der Wahrheit. — Das Zeugniß der Apostel ist für uns und alle Zukunft in die Heilige Schrift gefaßt, und für uns sind Wort und Geist die beiden Zeugen von Christo. Das Wort aber wird durch den Geist erst lebendig und hell für uns, überzeugend und gewinnend, so daß eine göttliche Gewißheit von der Erlösung durch Christum, von der Kraft Gottes, die im Evangelium ist, die Seele übernimmt.

4. Der ganze Hergang in dieser Angelegenheit ist ein thatsächlicher Erweis davon, daß Jesus Christus, vom Vater erhöhet, herrscht, auch mitten unter seinen Feinden. Er hat ein Reich, schützt und mehrt sein Reich. Aber ohne dem menschlichen Freiheit Zwang anzuthun. Denn seinem Wort und dem Zeugniß der Apostel Glauben zu schenken, Gehorsam zu beweisen, wird Niemand durch unwiderstehliche Wirkung Gottes genöthigt. Wer das Wort nicht annehmen will, sich selbst zum Heil, der muß nicht. Er kann es als ein schneidendes Schwert empfinden, kann sich darüber empören, kann sogar Mordpläne schmieden wider die Knechte Gottes, V. 33. Aber der Mensch denkt's, Gott lenkt's. Der Herr vermag's, den bösen Rath zu hindern. Er weiß, wo es nöthig, aus dem Lager der Feinde seines Wortes einen Mann zu fassen, sein Gewissen zu bewegen, daß er aus Gottesfurcht dem gottlosen Plan entgegentritt. Und er weiß die Gemüther zu lenken, daß sie der Warnung nachgeben und von gewaltsamer Unterdrückung der Zeugen Jesu abstehen.

## Homiletische Andeutungen.

Ihr wollt dieses Menschen Blut über uns führen [V. 28]. Das fromme Schäflein Christi muß immer dem Wolf das Wasser getrübt haben. (Starcke.) — Das Reich dieser Welt zeigt sich bei seinem Widerstand gegen das Reich Gottes immer als von Eisen und Thon gemenget; von Thon in seiner Furcht aus Empfindung seiner innern Schwäche; von Eisen in seiner Hartigkeit, der Wahrheit nicht nachzugeben. Diese seine Hartigkeit zu beschönen, ergreift man nur etwas von der Wahrheit, die einem auf's Herz getrieben wird, wie die Beschuldigung: dieses Menschen Blut wollt ihr über uns bringen. Der ihnen auch hierüber angetragenen Vergebung gedenken sie nicht. — So klagt man noch über manchen Vortrag: man verdamme darunter die Leute nur; wie man aber den unter die Sünde Beschlossenen den Weg in das Erbarmen Gottes zeige, davon sagt man nicht. Man sollt so eben schon für schimpflich, die Gnade so vom Kreuz unsres Herrn Jesu Christi zu leiten. (K. H. Rieger.) — Allerdings wollen wir mit der Predigt vom Kreuz das Blut Christi über euch bringen; aber nicht zur Verdammniß, sondern zur Seligkeit! — Die Predigt vom Blut Christi, 1) die schärfste Bußpredigt [V. 30], 2) die kräftigste Trostpredigt [V. 31].

Man muß Gott mehr gehorchen als den Menschen [V. 29]. Vgl. zu Kap. 4, 19. Welchen ihr erwürget habt [V. 30]. Man darf diejenigen Stücke, die die Welt nicht gerne hört, um des Hasses derselben willen nicht unterlassen zu predigen, die Wunden müssen aufgedeckt und die Geschwüre ausgedrückt werden, ehe sie geheilt werden können. (Apost. Past.) — Jesus Christus ein

Fürst und Heiland [V. 31], 1) ein Fürst a. nach seiner himmlischen Herkunft, b. nach seiner göttlichen Beglaubigung auch in der Knechtsgestalt, c. nach seiner herrlichen Erhöhung zur Rechten des Vaters. 2) Ein Heiland; a. ein Heiland schon in der Krippe durch seine Selbstentäußerung (Richte, nichts hat dich getrieben zu mir vom Himmelszelt, als dein getreues Lieben!) b. ein Heiland am Kreuz in seinem Opfertod (V. 31 zu geben Israel Buße und Vergebung der Sünden); c. ein Heiland auf dem Thron durch seine Vertretung beim Vater (ein barmherziger Hohepriester). — Aber 3) beides, Fürst und Heiland in Einem; a. er wäre nicht Fürst, wäre er nicht Heiland. Sein schönster Fürstenschmuck ist seine Dornenkrone; durch sein Liebesopfer erst ist er unser Fürst worden; b. er wäre nicht Heiland, wäre er nicht Fürst. In seiner göttlichen Würde ruht die Kraft seines Opfers; c. als Fürsten muß man ihn ehren und ihm gehorchen, als Heiland muß man ihn lieben und ihm vertrauen, um seines Heils theilhaftig zu werden. — Das Heil in Christo: 1) dargeboten von ihm als dem Fürsten und Heiland, 2) anzueignen von uns in Buße und Vergebung der Sünden.

Da sie das hörten, ging's ihnen durch's Herz [V. 33]. Wer die Wahrheit nicht in's Herz nehmen will, dem mag sie immerhin durch's Herz gehen. Auch das ist ein Sieg. (Starcke.) — Und dachten sie zu tödten. Es ist ein Beweis von der Schwäche der Feinde der Wahrheit, daß sie den Bekennern den Mund statt mit Gründen zu stopfen, mit Erde füllen und sie tödten wollen. (Apost. Past.)

Da stund auf im Rath ein Pharisäer. [V. 34]. Auch mitten unter den Feinden weiß Gott seiner Sache einen Fürsprecher zu finden. (Starcke.) — Gamaliel. Gamaliel ein Statist, aber darum kein Christ; viel Vernunft, doch nicht von Christi Zunft. So schwatzen die Uebervnünftigen, die nichts wollen verderben. Gewiß hätte ihm sollen sein das Wunder am Pfingsttag. Hüte dich, Seele, vor dem klugen Schein: Alt und kalt wird Gamaliel. (Pfaff.) Dagegen Apost. Past: Gamaliel war freilich kein wahrer Liebhaber des Heilandes, und man hat sein Verfahren nicht über die Maßen zu erheben. Aber es lag auch nicht blos eine natürliche Klugheit zu Grunde. Dieser Mann hat wohl manchen Schlag an sein Herz bekommen und ist unter der zuvorkommenden und anklopfenden Gnade gestanden, die wenigstens eine Furcht gewirkt hat, sich nicht zu verbrennen. — Schleiermacher: Zu diesem, wenn zu irgend einem hätte der Herr gesagt: Du bist nicht ferne vom Reich Gottes.

Vor diesen Tagen stund auf u. s. w. [V. 36. 37]. Der falsche Prophet und der rechte: 1) jener „steht auf" in eignem Trieb, wie Theudas und Judas, dieser wird von Gott erweckt [Kap. 3, 22]; 2) jener „gibt vor, er wäre etwas," dieser macht nichts aus sich, Samariten gibt Gott die Ehre [Kap. 3, 12]; 3) jener „machet das Volk abfällig, ihm nach," dieser führt die Seelen zum Herrn; 4) jener fällt vom Himmel wie ein irriger Stern [Judä 13], Theudas und Judas, „umgekommen, erschlagen, die ihnen zufielen, zerstreut," dieser wird leuchten wie des Himmels Glanz und wie die Sterne immer und ewiglich, [Dan. 12, 3]. Und hingen ihm an. Die sich nicht unter das Kreuz Christi beugen wollen, beugen sich unter die Satansprophten. So gibt der Herr heute noch Viele, die ihn

trotzig verachten, in die Gewalt der Lügenpropheten hin, daß sie mit ihnen zu Schanden werden. — Der Unglaube führt dem Aberglauben in die Arme. (Leonhardi und Spiegelbauer.)

Gamaliels Rath [V.38.39]. Man muß nicht Alles auf den Ausgang ankommen lassen, daraus würde nur geistliche Trägheit und Zweifel folgen. Dinge aber, die über unsern Begriff gehen, überlassen wir billig Gott allein und erwarten den Ausgang, Ps. 39, 10. Man kann nicht sagen: Alles, was keinen Bestand hat, ist von Gott, sonst wären die untergegangenen Christengemeinden in Kleinasien auch nicht von Gott gewesen. Man kann wiederum nicht sagen: Alles was einen Bestand hat, ist von Gott, sonst müßte der Türkenund Heiden-Glaube auch von Gott sein, der so lange währet. (Starcke.) — Wer da will zuwarten auf den vollen Sieg Christi und seiner Kirche, der kann zuwarten bis zum jüngsten Tag. Drum gilt im Reich Christi die neutrale Politik des Zuwartens nicht. (Leonh. und Spiegelb.) — Gamaliels Rath ist ein kluger und gottesfürchtiger zugleich; aber selbst ist er doch nicht in diesen Rath eingegangen, und das ist's, was ihm fehlte, denn wer sich vorsieht, nicht etwa wider Gott streite, der muß es auch als Pflicht erkennen, für Gott zu streiten, die Fahne der Wahrheit zu ergreifen mitten im Toben der Völker und Heiden, der Welt und ihrer Rotten. Gamaliels Rath war Gottes Stimme, die zu seinem Herzen sprach; sein Unrecht war, daß er dieser Stimme nicht folgte, daß er nicht den Herrn auf's Wort nahm und prüfte, ob in dem eine Unwahrheit sei: So jemand will den Willen deß thun, der mich gesandt hat, der wird inne werden, ob diese Lehre von Gott sei oder ob ich von mir selber rede, Joh. 7, 17. (Rudelbach.) — Der ganze Rath beruht auf dem falschen Grundsatz, daß der zeitliche und sichtbare Erfolg über die Göttlichkeit eines Zeugnisses oder Unternehmens entscheide. Ist dies nicht eine Verkennung des Kreuzes? Wenn das Herz vom Heiligen Geist gerührt wird, und nicht nur der Verstand, der wartet so wenig erst den Erfolg ab, als die rechten Missionsunterstützer erst glänzende Missionsberichte, sondern er wird hinzugethan zu den Gläubigen und bekennt sich für das Evangelium, sollte es auch eben im Untergang begriffen scheinen, wie in den Verfolgungen der Märtyrer Blut neue Mengen zog. Man kann nicht wider Gott streiten, eine halbe, matte Klugheit der Kalten und Sichern; man soll Gottes Wort glauben und gehorchen, schon ehe Gottes Werk siegreich dasteht — die rechte Weisheit der Bußfertigen. Demungeachtet bleibt Gamaliels Stimme im Rath der Frevler von großer Bedeutung und repräsentirt gleichsam das Gewissen des Sanhedrins, die in jedem Gottesgegner so zeugende Stimme, wornach sogar die Vernunft anräth, sich in Acht zu nehmen. Wir wollen darum gern mit Luther uns auf den Gamalielssinn der Feinde oder Gleichgültigen berufen, weil mehr an ihm werden kann, aber selbst nicht Thomasartig erst zusehen wollen, sondern glauben. (Stier.) — Gamaliel ist ein, wenn auch nur wenig erleuchteter Gläubiger des Alten Bundes, der darauf besteht, daß Gott auf die Dauer seinem Volk sich nicht könne unbezeugt lassen, und daß daher falsche Propheten unter ihnen bald ihre Strafe finden würden. (Gerlach.) — Gegen das, was nur geistig gerichtet werden konnte, wenn es auch Menschenwerk ist, soll keine Gewalt gebraucht werden, das ist die eine Seite von Gamaliels Rath. Daß aber nicht dagegen gewirkt werden solle mit der Kraft des Geistes, das hat er nicht abgerathen, und daran würde er selbst es auch nicht haben fehlen lassen. Die andere Seite seines Rathes ist die, daß er ihnen sagt: wenn es ein Gotteswerk wäre, dämpfen würdet ihr es dann doch nicht können, aber ihr würdet erfunden als die wider Gott streiten. Kann es einen größeren Schmerz geben als diesen? Wenn vielleicht erst zuletzt, wo es nicht mehr möglich ist umzukehren, dem Menschen deutlich würde, wie weit er vom rechten Wege abgeirrt ist, daß er edle und große, herrliche und schöne von Gott ihm gegebene Kräfte gebraucht hat auf eine dem Willen Gottes ganz zuwiderlaufende Art, so daß, wenn ihm die Schuppen von den Augen gefallen sind, er sich selbst sogar freuen muß, daß das ganze Werk seines Lebens zertrümmert wird? So lange daher als das noch möglich ist, daß wir in Ungewißheit sein können über irgend etwas, ob es ein Menschenwerk ist oder ein Gotteswerk: so lange gibt es keinen weiseren Rath, als den Rath Gamaliels, keinen, der wirksamer sein kann, um wohlmeinende Menschen zurückzuhalten vom Wege des Verderbens, und jeden zu bewahren, daß er sein Leben nicht in den nichtigsten Bestrebungen verliere, keiner der zugleich geschickter wäre, um jedem das rechte Licht anzuzünden auf seinem Wege und ihn fähig zu machen zur Erkenntniß der Wahrheit. (Schleiermacher.) Dreierlei Stellung nimmt das Menschenherz beim Wachsen des Reichs Gottes ein: 1) eine feindliche, [V. 33,] 2) eine mögliche, [V. 34,] 3) eine bemüthig-thätige, [V. 42.] (Abselb). — Gamaliels Rath, 1) ein bequemer Rath, für die Geistlichträgen, für die Staatskünstler der Welt; 2) ein wahrer Rath, gegen unbesonnenen Eifer; 3) ein halber Rath, wo es gilt im Augenblick zu entscheiden, zu handeln; wo es sich handelt um deine Herzenssache, (L. Beck, Homilet. Repert.) — Die rechte Mitte in der Wahl zwischen Alt und Neu im Reich Gottes. (Derl.) — Gamaliels Rath, 1) ein guter Rath a. als Maßstab der Beurtheilung, wenn wir auf's Ende der Wege Gottes sehen, denn zuletzt allerdings bleibt es dabei: alle Pflanzen, die mein himmlischer Vater nicht gepflanzet, die werden ausgereutet, Matth. 15, 13; b. als Richtschnur des Handelns: a. wo fleischlicher Eifer zu fleischlichen Waffen greifen will in geistlichen Dingen; β. wo uns selber noch kein Licht aufgegangen, ob ein Werk von Gott sei oder von Menschen. (In diesem Sinn hat Luther den Kurfürsten von Trier als einem noch Unentschiedenen den Rath Gamaliels zu Gemüth geführt); 2) ein schlechter Rath a. als Maß-

stab der Beurtheilung, wenn mitten im unvollendeten Weltlauf Gutes und Böses nach dem äußerlich zeitlichen Erfolge gerichtet werden soll; b. als Richtschnur des Handelns, wenn er zu einem Faulpolster gemacht wird, α. um sich einer eigenen inneren Entscheidung zu entschlagen, wo doch Gottes Wort laut genug spricht und Gottes Geist kräftig genug zeugt, β. um sich, wo man innerlich entschieden ist, muthigem Handeln, kräftigem Zeugen zu entziehen. — Besser als Gamaliels Rath ist der Jünger That — Beides gehört zusammen zum Wachsthum des Reiches Gottes: Gottes Rath und des Menschen That: 1) Gottes Rath; daher nichts wider Gott und ohne Gott. Das lehrt uns Gamaliel. 2) Des Menschen That; daher Alles für Gott und mit Gott! Das lernen wir von den Aposteln. — „Die Weltgeschichte ist das Weltgericht," sagt der Dichter; Gottes Wort sagt nur: die Weltgeschichte ist ein Weltgericht. — Reformationspredigt von Wilhelm Hofacker: die Reformation thatsächlich erwiesen als ein Werk des lebendigen Gottes: 1) durch die Wahl der Werkzeuge, die er dazu gebrauchet; 2) durch die kräftige und dauerhafte Grundlage, darauf das Werk erbauet wurde; 3) durch die Waffen guter Ritterschaft, womit ihre Gründer gestritten haben; 4) durch die Früchte, die es getragen hat. Stäupeten sie. [V. 40.] Gott führt seine Knechte stufenweise in's Leiden hinein, um sie allmählich im Kreuz zu üben, 1) Bedrohung, Kap. 4, 21; 2) Gefängniß, Kap. 5, 18; 3) Stäupung, Kap. 5, 40; 4) Märtyrertod, Kap. 7, 60. Sie gingen aber fröhlich vor des Raths Angesicht. [V. 41.] Knechte und Kinder Gottes sind wahrlich ein Wunder der Welt. Welche Philosophie lehrt doch solches! (Apost. Past.) — Sie, die Gestäupten, sind die Einzigen von Allen, die fröhlich von dannen gehen. Wer mit ihm leidet, wer nicht durch eigne Schuld, sondern in der That um Christi willen in Schmach, Schlägen, Banden und Verfolgung liegt, den hat Christus im tiefsten Grunde mit sich verbunden, der kann sich auch am meisten freuen. (Abselb.) — Vier Klassen der Leidensschule: 1) ich muß leiden; 2) ich will leiden; 3) ich kann leiden; 4) ich darf leiden. (R. F. Hartmann.) Und hörten nicht auf u. s. w. [V. 42.] Die Apostel, als sie nach ihrer Befreiung unter die Leute kamen, beklagten sich nicht über ihre Feinde, rühmten sich nicht ihrer Standhaftigkeit; suchten nicht ihre durch die Ruthenhiebe verletzte Ehre zu retten, sondern redeten das Evangelium von Jesu Christo. (Apost. Past.)

## Vierter Abschnitt.

Die Beschwerde der Hellenisten über die Hintansetzung ihrer Witwen bei der Armenpflege bewegt die Apostel dazu, sieben Männer wählen zu lassen und zu diesem Dienst zu bestellen. Zuwachs der Gemeinde. (Kap. 6, 1—7.)

(Kap. 6, 8 bis Kap. 7, 2 Epistel-Perikope am 2. Weihnachtstage.)

1   In diesen Tagen aber, da der Jünger viel wurden, erhub sich ein Murren der griechischen Juden wider die Hebräer, darum daß ihre Witwen übersehen wurden in der
2 täglichen Handreichung. *Da riefen die Zwölfe die Menge der Jünger zusammen, und sprachen: Es ist nicht gefällig, daß wir das Wort Gottes verlassen und den Tischen

dienen. *Darum, lieben Brüder, sehet euch um nach sieben Männern unter euch von 3 gutem Zeugnisse, voll Geistes¹) und Weisheit, welche wir über dieses Geschäft bestellen werden. ²) *Wir aber wollen anhalten am Gebet und am Dienst des Worts. *Und 5 die Rede gefiel der ganzen Menge wohl, und sie erwählten Stephanus, einen Mann voll Glaubens und heiligen Geistes, und Philippus und Prochorus und Nikanor und Timon und Parmenas und Nikolaus, einen Judengenossen von Antiochia. *Diese stelleten sie 6 vor die Apostel, und beteten und legten die Hände auf sie. *Und das Wort Gottes 7 nahm zu, und die Zahl der Jünger ward sehr groß in Jerusalem, und wurde auch ein großer Haufe Priester³) dem Glauben gehorsam.

### Exegetische Erläuterungen.

**1. In diesen Tagen aber.** Gerade in einer Zeit, wo die Glaubenskraft der Apostel im Erduldeu der Schmach um Christi willen und im freudigen Evangelisiren trotz obrigkeitlicher Bedrohung sich kräftig erwies, und wo das Wort von immer Mehreren angenommen wurde, so daß die Gemeinde rasch zunahm: trat plötzlich ein Uebelstand hervor. Und zwar von innen heraus, und desto gefährlicher. Die Bedrohung von außen war minder bedenklich, als die Gefahr von innen. Jene ging ja von den Feinden Jesu und seiner Gemeinde aus, diese aber von seinen Bekennern und den Gliedern der Gemeinde selbst. Und je zahlreicher die Gemeinde wurde, desto leichter mochten auch unlautere Elemente sich anschließen. Je liebreicher und mildthätiger für die Armen gesorgt wurde, um so eher mochte gerade dieser Umstand manche Bedürftigere zur Gemeinde hinziehen, die sich dann getäuscht finden konnten, wenn ihre Hoffnungen hochgespannt und eigennützig gewesen waren.

**2. Erhub sich ein Murren.** Die Unzufriedenheit, welche sich erst leise, dann immer lauter äußerte, regte sich bei den „Hellenisten" und war gerichtet gegen die „Hebräer" (πρὸς τ. Ἑβρ.) Hier taucht ein Unterschied in der Gemeinde auf, der sich zum Gegensatz zu verschärfen und eine Spaltung herbeizuführen droht. Der eine Theil sind die Hebräer, d. h. die aus den palästinischen, im heiligen Lande seßhaften, hebräisch d. i. aramäisch redenden Juden hervorgegangenen Christen; der andere die Hellenisten, d. h. Christen, welche nicht palästinisch-jüdischer Abstammung waren, sondern in andern Ländern, als Aegypten, Syrien, Kleinasien u. s. w. ihre Heimath hatten und das Griechische als Muttersprache redeten. Ohne Zweifel waren auch die letzteren der überwiegenden Mehrzahl nach geborene Juden, wiewohl Einzelne darunter gewesen sein mögen, die als Heiden geboren und als Proselyten dem Volk Israel einverleibt worden waren, wenigstens haben wir B. 5 an Nikolaus aus Antiochia, welcher ausdrücklich als προσήλυτος bezeichnet wird, ein Beispiel dieser Art. Die eingebornen Juden, welche sicherlich die Mehrzahl der Gemeinde bildeten, bewahrten, vermöge ihrer Erziehung und Gewöhnung, das Jüdische reiner und strenger. Die Andern hatten, vermöge ihrer Abkunft von ausländischen Juden und ihres eigenen Aufenthalts in heidnischen Ländern, nicht nur griechische Sprache, sondern unwillkürlich auch ausländische Sitte, hellenisches Wesen angenommen, das sie dem jüdischen beimischen.

**3. Daß ihre Wittwen.** Die besondere Ursache der Unzufriedenheit und Eifersucht der Hellenisten gegenüber den palästinischen Judenchristen lag darin, daß die Wittwen hellenistischer Judenchristen bei der täglichen Verpflegung übersehen wurden, und zwar schien hier eine gute Weise stattgefunden zu haben (impf. παρεθεωροῦντο.) Die Wittwen sind nicht (Diehansen) für die sämmtlichen Armen genannt; vielmehr läßt sich leicht denken, einestheils, daß Wittwen eher, als Familien übersehen werden mochten, indem Hausväter ihre Bedürfnisse eher zu vertreten wußten, anderntheils, daß die Vernachlässigung armer Wittwen gerade desto empfindlicher aufgenommen wurde. Was die Thatsache, daß die hellenistischen Wittwen sich verkürzt fanden, für Grund und Ursache hatte, läßt sich nur vermuthen; absichtliche Hintansetzung, etwa aus Selbstüberhebung der palästinischen Juden oder positivem Uebelwollen vorauszusetzen, haben wir keinen Grund; eher möchte der Mangel an ausreichender persönlicher Bekanntschaft mit den Personen und Verhältnissen der vom Ausland herstammenden Wittwen des Uebersehen herbeiführen.

**4. Da riefen die Zwölfe.** Die Apostel, denen die Beschwerde zu Ohren kam, schritten sofort ein, um die Mißstimmung nicht tiefer wurzeln zu lassen, und Allem, was die Einigkeit und brüderliche Liebe bedrohte, bei Zeiten zu steuern, zugleich aber durch Theilung der Arbeit einem Bedürfniß der Gemeinde zu genügen, und das apostolische Amt von ungehörigen und zeitraubenden Nebengeschäften frei zu halten. Aber sie handeln nicht für sich allein. Daß etwas geschehen müsse, und was geschehen müsse, haben die Apostel unter sich beschlossen; das haben sie auch der Gemeinde zu wissen gethan. Die Männer selbst zu ernennen, welchen das neue Amt übertragen werden soll, haben sie nicht auf sich genommen; sie fordern die Gemeinde auf, würdige Männer unter sich zu erlesen und vorzuschlagen, welche von ihnen, den Aposteln, zu jenem Amt bestellt werden könnten. Daher beriefen die Apostel zu sich (Med. προσκαλεσάμενοι) die Menge der Jünger, d. h. nicht einen bloßen Ausschuß der Gemeinde, nicht etwa blos den ursprünglichen Grundstock derselben, die 120, vergl. Kap. 1, 15 (Lightfoot), sondern die Gesammtheit der Gemeinde, nämlich die männlichen Gemeindeglieder.

---

1) Ἁγίου nach πνεύματος scheint Einschiebsel zu sein, denn es fehlt in B. D., einigen alten Uebersetzungen und bei Kirchenvätern; die syrische Uebersetzung hat statt ἁγ. gesetzt κυρίου.

2) Καταστήσομεν ist dem Conjunktiv σωμεν auf Grund der Zeugnisse unbedingt vorzuziehen.

3) Anstatt τῶν ἱερέων haben einige Handschriften, die syrische Uebersetzung und Theophylakt τ. Ἰουδαίων, verwerfliche Verbesserung.

Die aus der Siebenzahl der Gewählten abgeleitete Vermuthung, daß die Jerusalemische Gemeinde zuvor schon aus sieben Theilgemeinden bestanden habe, von denen jede sich besonders versammelt und je einen Mann gewählt habe (Mosheim, Künoel) ist grundlos.

5. Es ist nicht gefällig. Die Apostel erklären der Gemeinde ohne Rückhalt, a. was sie nicht wollen, b. was sie wollen. Das erstere drücken sie mit einer λιτότης aus: οὐκ ἀρεστόν ἐστιν. Ἀρεστόν ohne Weiteres für aequum oder bonum zu nehmen, gestattet der Sprachgebrauch nicht. Allerdings mißfiel das den Aposteln nur, weil ihr Gewissen es mißbilligte, und sie es nicht vor Gott verantworten zu können glaubten. Sie hielten's nicht für recht, die Verkündigung des Evangeliums, den Dienst am Wort hintanzusetzen, und mit Versäumniß dessen, was ihre Hauptaufgabe war, was ihnen der Erlöser selbst als nächste Pflicht befohlen hatte (ἔσεσθέ μοι μάρτυρες, Kap. 1, 8; Kap. 4, 19 f.; V. 30. 32 vergl. Luk. 24, 47 f.), Tische zu bedienen, d. h. bei der Speisung von Armen und Wittwen ordnend und anstheilend zu dienen. Nicht das Dienen an und für sich scheint den Aposteln erniedrigend und ihres Amtes unwürdig zu sein, denn das geistliche Amt selbst fassen sie ja V. 4 als eine διακονία auf, sondern nur die Tische zu bedienen, das können sie nicht mit ihrer Pflicht vereinigen; nur den Leib zu speisen, anstatt die Seelen zu nähren; und zwar die Seelenpflege hintanzusetzen, um Zeit und Kraft auf leibliche Armenpflege zu verwenden, gefiel ihnen nicht, und zwar, Angesichts ihrer ersten und nächsten Pflicht, mit Fug und Recht. Hierbei ist stillschweigend vorausgesetzt, daß die Armenpflege nicht ferner wie bisher betrieben werden könne. Denn bisher hatten die Apostel allein das Recht und die Pflicht der Leitung und Fürsorge; ihnen waren die milden Gaben zu Füßen gelegt worden, Kap. 4, 35; V. 2, und ihnen stand auch die Vertheilung und Verwendung des Gegebenen zu, Kap. 4, 35. Konnten die Apostel, bei raschem Zuwachs der Gemeinde, nicht Alles persönlich besorgen, so bedienten sie sich wohl der Beihülfe anderer Gemeindeglieder, aber ohne irgend eine bestimmte Ordnung, Form und amtliche Gliederung. War nun durch diese formlose Behandlung der Sache Ungleichheit entstanden und hierdurch Unzufriedenheit und Spannung der Gemüther erwacht, so mußte Abhülfe geschafft werden. Den Weg, sich selbst diesem Geschäft mit völliger Kraft zu widmen, um alle Ansprüche zu befriedigen, wollen die Apostel nicht einschlagen, weil das zu viel hieße, als ihren Hauptberuf im Stich lassen. Sie wollen vielmehr b. anhalten am Gebet und Dienst des Worts. Die διακονία τοῦ λόγου bildet den Gegensatz gegen das διακονεῖν τραπέζαις. Dem Dienst am Wort, der Predigt des Evangeliums, wollen sie sich beharrlich und mit ganzer Kraft widmen; dabei aber und in erster Linie, dem Gebet.

6. Darum, lieben Brüder. Um sich aber für diese heiligen und nothwendigsten Hauptgeschäfte freie Hand zu schaffen, wollen die Apostel die Fürsorge für die Gemeinde in äußerlichen Dingen andern Händen übergeben, und zwar als geordnetes Amt, als gegliederte Funktion. Und sie thun das auch wirklich, V. 6. Sie legen einen Theil der bisher ihnen selbst zukommenden Pflichten und Rechte in andere Hände, stellen ein zweites Amt in der Gemeinde neben dem bisher allein stehenden Apostelamt auf, und machen hiermit den Anfang, die Gliederung der Gemeinde Christi zu ergänzen und zu vervollständigen. Sie haben sich nicht geweigert, noch es als Mißtrauen gegen den Heiligen Geist, der die Kirche Christi leite, angesehen, der noch mangelhaften gesellschaftlichen Organisation der Gemeinde nachzuhelfen, ein neues Amt in derselben zu schaffen, vergl. Baumgarten, 1, 115 f.

7. Und die Rede gefiel. Aber sie handeln nicht ohne die Gemeinde. Sie konnten im Bewußtsein, Alles für die Gemeinde zu thun, nicht das Ihre zu suchen, die Sache allein machen. Ja, sie konnten sich sagen, daß ja die entstandene Spannung selbst ein Krankheitssymptom der Gemeinde sei, und eben deßhalb diese aus Liebe zu ihr selbst ganz aus dem Spiel gelassen werden müsse. Sie konnten sich sogar vorspiegeln, die Pflicht gegen den Herrn selbst und gegen ihr eigenes Amt erfordere es, daß sie vollkommen selbstständig und „nach unten" unabhängig verfahren müßten. — Die Apostel haben aber nicht so gedacht, und nicht so gehandelt. Sie haben die Gemeinde als mündig behandelt, haben ihr die Lage der Sache, und was geschehen sollte, vorgetragen, und die ganze Gemeinde hat den Vorschlag gut geheißen [V. 5.] Die Gemeindeglieder haben, von den Aposteln aufgefordert, die sieben Männer erwählt, auserlesen und den Aposteln als die Männer ihres Vertrauens vorgestellt.

8. Die Apostel fordern übrigens bedeutende Eigenschaften von den Männern, auf welche Bedacht genommen werden sollte. Dieselben sollen a. μαρτυρούμενοι, d. h. von anerkannter Rechtschaffenheit des Charakters und Wandels sein, guten Ruf genießen. Abgesehen von diesem allgemein sittlichen Erforderniß, sollen sie b. πλήρεις πνεύματος καὶ σοφίας sein, den Heiligen Geist vom Vater und vom Sohn mit seinen besonderen Gaben und Kräften der Weisheit u b Erkenntniß haben. Warum werden so hervorragende persönliche Gaben und Eigenschaften gefordert? Nicht blos darum, weil es sich um Verwaltung kirchlicher Güter handelt, sondern gewiß auch aus dem Grunde, weil die zu Beauftragenden nicht auf leibliche Pflege und rein ökonomische Dinge beschränkt werden sollten, sondern wesentlich auch geistliche Pflege der Armen, und überhaupt auch geistlichen Dienst in der Gemeinde leisten mußten. Die Apostel wollten sich die wesentlich dem Wort und Gebet gewidmete Amtswirksamkeit sichern, aber gewiß nicht aller und jeder Fürsorge für das Leibliche sich entschlagen; die sieben Männer sollten vor allen Dingen die Armenpflege und ökonomischen Dienst an der Gemeinde besorgen, aber von geistlicher Thätigkeit gewiß nicht ausgeschlossen sein.

9. Die sieben Männer, welche die Gemeinde erwählte, werden uns mit Namen aufgeführt, vor allem Stephanus, der als Mann voll Glaubens und Heiligen Geistes ausgezeichnet wird, und mit welchem der zweite Theil dieses Kapitels, so wie das nächstfolgende sich beschäftigt. Daß πίστις hier nur Treue und Gewissenhaftigkeit bezeichnen sollte (Künoel), ist höchst unwahrscheinlich, vielmehr wird ein eigentlich religiöses und christliches Glaubensleben hiermit angedeutet sein; und dieses war auch

6, 1—7. Der Apostel Geschichten. 73

der Grund, aus welchem die Wahl der Gemeinde auf den geistlich so hervorragenden Mann fiel und ihn, vermuthlich in erster Linie, den Aposteln vorschlug. Philippus ist ausgemachter Weise derselbe, welcher nach Stephanus Tod in Samaria das Evangelium verkündigt [Kap. 8, 5 ff.] und zwischen Jerusalem und Gaza den Hofbeamten aus Meroe getauft hat [Kap. 8, 26 ff.]; Kap. 21, 8 f. wird er ausdrücklich als einer von den Sieben erwähnt, unter dem Titel „der Evangelist." Die Uebrigen sind uns völlig unbekannt; was die spätere Legende von ihnen zu erzählen weiß, z. B. daß der eine oder der andere unter den 70 Jüngern Jesu gewesen sei, oder wo jeder von ihnen später Bischof gewesen, verdient der Erwähnung nicht. Merkwürdig ist die Notiz, daß Nikolaus ein Proselyt von Antiochien gewesen ist. Möglich, daß auch unter den übrigen einer oder der andere ein geborner Heide war, welcher dem Volk Israel erst im Lauf seines Lebens durch Beschneidung und Opfer einverleibt worden war, bevor er an Jesum gläubig wurde. Von diesem allein ist es nun bezeugt, daß er ein Proselyt gewesen ist. Daß er aber später ein Sektenhaupt und Stifter der Nikolaiten (Apoc. 2, 14) geworden sei, ist eine völlig in der Luft schwebende Vermuthung, auf bloßer Combination der beiden Stellen beruhend, obwohl schon bei Jrenäus vorkommend. — Aus dem Umstand, daß alle sieben Namen griechisch sind, sind mancherlei Schlüsse gezogen worden. Zunächst daß alle sieben Männer nicht geborne palästinische Juden, sondern Hellenisten gewesen seien. Das faßte man denn entweder als einen Beweis von Unparteilichkeit der Hebräer, welche die Beschwerden der Hellenisten durch die Wahl von lauter Männern ihres Theils auf's großmüthigste auszugleichen gesucht hätten (Rothe), oder als ein Zeichen davon, daß diese Sieben lediglich für den hellenistischen Bruchtheil der Gemeinde gewählt und daß Diakonen für den hebräischen Theil schon vorher eingesetzt gewesen seien (Bitringa, Mosheim). Beiden Vermuthungen fehlt der sichere Boden, sofern griechische Namen zu jener Zeit auch bei Hebräern ganz häufig vorkamen. Wahrscheinlich waren die Erwählten theils Hebräer, theils Hellenisten.

10. Diese stelleten sie. Die von der Gemeinde erwählten Männer wurden den Aposteln vorgestellt, und diese übertrugen ihnen das neue Amt und setzten sie feierlich ein mit Handauflegung und Gebet. Erst beteten sie, in und mit der Gemeinde, fürbittend für die Erwählten, um die Gnade und Gabe Gottes in Christo; denn er ist's, dem sie an den Jüngern und besonders den Armen dienen sollen, und von ihm allein kann Ausrüstung und Tüchtigkeit, Segen und Gedeihen kommen. Sodann legen sie ihnen die Hände auf, weihend und segnend, und ein Amt übertragend, das bisher ihnen selbst zustand.

11. Und das Wort. Die drohende Gefahr innerer Zerklüftung der Gemeinde wurde durch die ergriffene Maßregel, insbesondere durch die gesehene Berufung an den besseren Geist in der Gemeinde, und durch die nun mit Gottes Segen und dem erhebenden Gefühl der Pflicht und des zuerkannten Rechts frisch wirkenden und den Aposteln zur Hand gehenden Kräfte der Sieben, ohne Zweifel abgewendet. Lukas schweigt zwar davon, aber dagegen von einem Erfolg, welcher noch größer ist und ersteren selbst voraussetzt. Je fester man die Einigkeit im Geist hielt durch das Band des Friedens, desto mehr wuchs das Wort Gottes, nämlich durch Anklang und gläubige Annahme, und da es bei immer Mehreren fand, so daß die Zahl der Christen zu Jerusalem in rascher Zunahme begriffen war, ja selbst eine große Menge Priester ὑπήκουον τῇ πίστει. Der Ausdruck bezeichnet deren Bekehrung als eine That des Gehorsams gegen den Heilswillen Gottes in Christo; und das ist um so passender hier, als gerade bei Priestern ein bedeutender Entschluß, ein starker Willensakt erforderlich war, um durch die Bedenken und Hindernisse durchzubrechen, und sich den einigen Mittler und Priester, dem Gekreuzigten zu Füßen zu legen; und da konnte nur ein gewaltiger Eindruck von dem: „Gott will es!" und ein entschiedener Vorsatz, Gott zu gehorchen, das Zünglein in der Wage zum Neigen bringen.

Christologisch-dogmatische Grundgedanken.

1. Die Spannung innerhalb der Gemeinde, zwischen Hellenisten und Hebräern, ist vorbildlich. Die erste Gefahr man von innen, Kap. 5, 1 ff. hatte ihre Wurzel in der heuchlerischen Selbstsucht eines Ehepaares. Die jetzige Gefahr wurzelte in einer durch Gemeinschaft der Sprache und Sitte des Stammlandes und des Umgangs verbundenen Menge oder Körperschaft, so daß ein förmliches Parteiwesen, durch widerstrebende Interessen gereizt, sich zu entwickeln drohte. Das Gemeinschaftliche ist die Geltendmachung des natürlichen Menschen mit seinen irdischen Interessen, theils Geld, theils Ehre, innerhalb der Gemeinschaft des Glaubens und der Liebe in Christo Jesu. Die Wiedergeburt und Erneuerung des Menschen und der Menschheit wird durch den wieder auftauchenden alten Menschen gehemmt, gestört und bedroht. Die Kirche Christi wird durch die Welt, in der sie steht, und die in ihr selbst sich wiederum regt, verunreinigt und entheiligt. Und ist die Urgemeinde, die apostolische Kirche. nicht ein unbeflecktes Ideal gewesen, so wird das auch nie bis an's Ende zu Stande kommen. Merkwürdig ist noch der Umstand, daß die beiden Flecken und Knnzeln, die hier Kap. 5, 1 und Kap. 6, 1 hervortreten, gerade an demjenigen Zug der Urgemeinde zu Tage kommen, welcher als der glänzendste und reizendste erscheint, nämlich der Bruderliebe und gegenseitigen aufopfernden Handreichung und Unterstützung, ja Gütergemeinschaft. Gerade an dieser köstlichsten Frucht des jungen Glaubenslebens nagt von innen ein Wurm; und wo man's am mindesten vermuthen sollte, regt sich der alte Feind, und gerade neben die Kirche, die sich Gott gebaut hat, baut er seine Kapelle.

2. Wie groß steht die Wahrheit vor unserer Seele, durch eben diesen Vorgang bezeugt, daß das Wort Gottes, und das Wort allein, das Hülfs- und Heilmittel ist in der Kirche Christi! Die Apostel widerstehen entschlossen der etwaigen Versuchung, sich in einen vielgeschäftigen Marthadienst zu verlieren und darin zu zerstreuen, um freiere Hände und freiere Muße schaffen für den Dienst am Wort. Das ist der Apostel Beruf. Das ist das Hauptgeschäft der διακονία τῆς καταλλαγῆς. Das Wort allein, weil es

ein geistbeseeltes Gotteswort ist, hat Heilkräfte und Segensfülle in sich. Die Treue gegen dasselbe belohnt sich in allerlei Weise. Die apostolische Kirche zeigt sich als eine Kirche des Worts. Jede Kirche, welche wahrhaft apostolisch sein will, muß auch eine Kirche des Worts sein. Je mehr das Wort Gottes zurücktritt hinter Menschenwort, hinter Ceremonieen, hinter menschliche Satzung und Ordnung der Kirche, desto weiter entfernt sie sich von dem, was sie sein soll.

3. Ein lehrreicher Blick in die Entwicklung der Kirche Christi ist uns hier geöffnet. Wie der Erlöser selbst wahrer Mensch geboren ist, und zugenommen hat ächt menschlich an Alter, Weisheit und Gnade bei Gott und den Menschen: so ist auch seine Kirche eine wahrhaft menschliche Gemeinschaft. Sie wächst nicht nur an Alter, an Anzahl ihrer Genossen, und äußerlicher Ausbreitung; sie ist auch nach ihres Stifters und Herrn Willen bestimmt, innerlich zu wachsen. Und das insbesondere auch in der Art, daß sich ihre Gliederung und Lebensordnung von innen heraus nach und nach bildet und entwickelt, von ihrem Lebensmittelpunkt und punctum saliens aus, dem pulsirenden Herzen des Glaubens. Nicht steht es so, daß der Erlöser seine Kirche mit einem bereits fertigen und vollständigen Apparat von Aemtern, Ordnungen und Verfassungen versehen in die Welt gestellt hätte. Sondern nur das unentbehrlichste, einfachste Amt hat er der Kirche mitgegeben, indem er die Apostel zu seinen Zeugen einsetzte. Alles Uebrige sollte sich erst nach und nach, wie Bedürfniß, Zeit und Umstände es erforderten, von innen heraus, durch die Spontaneität der Kirche selbst setzen und entfalten. Und zwar ist es das ursprüngliche Organ, das Apostolat selbst, von dem sich die einzelnen werdenden Organe, Aemter und Ordnungen abzweigen mußten. Christus ist nicht Moses; das Gesetz ist durch Moses gegeben, Gnade und Wahrheit ist durch Jesum Christ worden, Joh. 1, 17. Weder Episkopat, noch Presbyterat, noch Diaconat ist vom Herrn direkt eingesetzt oder durch wörtlichen Befehl gestiftet. Sondern der Geist des Herrn hat, nach der Regel seines Wortes, und im Achten an Zeiten und Umständen, in's Leben gerufen, was jedes Mal sich als Bedürfniß, als nützlich, räthlich und nöthig erwies. So ist hier das Amt der Sieben stillschweigend errichtet. Zwar nicht auf das Amt war der Apostel Hauptabsehen gerichtet, sondern auf die Personen: „ersehet euch sieben Männer, voll Geistes und Weisheit u. s. w." Ohne Zweifel haben die Beauftragten auch keinen andern Namen und Amtstitel anfangs geführt, als „die Sieben" denn einen andern Titel kennt die Apostelgeschichte [vergl. Kap. 21, 8) nicht. Dennoch hat sich von da an das Amt erhalten und in weitere Gemeinden fortgepflanzt. — Die Art und Weise der Einsetzung in's Amt, mit Gebet und Handauflegung, war, ebenso wie die Aufstellung der Sieben überhaupt, ein freier Akt der Apostel, nach alttestamentlichem Vorgang und der Leitung des Geistes in ihnen selbst vollzogen.

### Homiletische Andeutungen.

Da der Jünger viel wurden, erhub sich ein Murren. [B. 1.] Je mehr die Zahl in der Gemeinde wächst, je mehr nimmt die Vollkommenheit ab. (Quesnel.) — Die Kirche auf Erden hat immer Noth; wird sie nicht von außen verfolgt, so erheben sich innerliche Unruhen, die noch gefährlicher sind. (Starcke.) — Daß ihre Witwen übersehen wurden. Uebersehen ist menschlich; Aendern und Bessern ist apostolisch und christlich. (Derselbe.) — Wenn die Frommen gleich noch so treu im Amte sind, wie die Apostel, können sie doch nicht allezeit üble Nachrede verhüten, 1 Kor. 4, 3. (Derselbe.)

Es taugt nicht, daß wir das Wort Gottes unterlassen u. s. w. [B. 2.] Oft müssen Unterlassungen löblicher Anordnungen, und üble Sitten gute Gesetze veranlassen. (Quesnel.)

Die ein gut Gerücht haben u. s. w. [B. 3.] Hier bekommt der Almosenamt seine rechten Bediener, indem die Apostel nicht Leute dazu nehmen, die nur schreiben, rechnen können und guten Verstand haben, sondern voll Heiligen Geistes und Weisheit sind. (Starcke.) — Geistliche Güter müssen auch geistlich verwaltet werden; Gott wird die Rechnung darüber abfordern. (K. H. Rieger.)

Wir aber wollen anhalten am Gebet und Dienst des Worts. [B. 4.] Da haben wir das ganze Leben eines Predigers in zwei Worten: Gebet und Predigt. Durch's Gebet nimmt und schöpft er aus Gott, durch die Predigt gibt er nach unten, was er empfangen hat von oben. (Goßner.) — Das Gebet steht voran, denn es muß der Predigt erst die Bahn brechen, indem es dem Prediger Geist und Mund, den Hörern Ohr und Herz öffnet.

Das Wort Gottes nahm zu. [B. 7.] Diese Nachricht ist wieder als eine schöne unter den Dornen hervorbrechende Rose anzusehen. (K. H. Rieger.) — Es wurden auch viel Priester dem Glauben gehorsam. Erfüllung von Jes. 53, 12. Ich will ihm große Menge zur Beute geben, das ward schon seit dem Pfingstfest erfüllt; und er soll die Starken zum Staube haben — das wird durch den Hinzutritt der Priester als ein Vorspiel zur Bekehrung des Saulus erfüllt. — Auf welche Art und Weise innerhalb der christlichen Kirche Verbesserungen in menschlichen Dingen zu Stande kommen. 1) Sie gehen immer hervor aus Mängeln und Gebrechen, welche sich bemerklich machen. 2) Die Gesinnung und Handlungsweise, welche erfordert wird, damit bemerkte Mängel und Unvollkommenheiten auch wirklich Verbesserungen zur Folge haben können: das gemeinsame Bestreben muß darauf gerichtet sein, alle Zertrennung der Gemüther, alle Spaltung im gemeinsamen Leben zu beseitigen und ihr zuvor zu kommen. Darum die unnöthige Untersuchung vermeiden über das Vergangene, aber die Ordnung, wornach die Leitung in der Apostel Hände war, nicht aufheben — das war im vorliegenden Fall das Erste. Daß sodann Petrus, der im Namen der Zwölfe das Wort nahm, weder sich mit den Seinigen von der Sache ganz zurückzog und den Uebrigen überließ, wie sie ihre Angelegenheiten ordnen wollten, noch auch die Stimme der Klagenden überhörte und abwies, als hätten sie kein Recht, sondern daß er selbst im Namen seiner Mitapostel eine neue Ordnung auf ordnungsmäßigem Wege vorschlug und einführte, und zwar eine Ordnung, in welcher jene Klagenden selbst eine Stelle fanden und zur Wirksamkeit aufgerufen wurden für einen verbesserten Zustand, dieser Geist der Besonnenheit, Selbstverleugnung und Liebe, in welchem von beiden Seiten verfahren wurde, brachte und bringt allein in jedem ähnlichen Falle den gesegneten Erfolg zu Stande. (Schleiermacher.) — Die Wahl der Diakonen. 1) Ihre Veranlassung [V. 1]; 2) ihre Ausführung [V. 2—6]; 3) ihr Segen [V. 7]. (Leonbardi und Spiegelbauer.) — Die Wahl der Diakonen ein Muster friedlichen Einvernehmens und geordneten Zusammenwirkens zwischen Lehramt und Gemeinde. 1) Die Leitung der Gemeinde ist in den Händen der Apostel; aber Stimmen des Tadels und der Klage aus der Gemeinde werden mit brüderlicher Liebe aufgenommen; 2) das Amt des Worts, das ihnen zusteht kraft göttlicher Berufung, bleibt den Aposteln unverkürzt; aber in leiblichen Angelegenheiten begeben sie zum gemeinsamen Besten sich neidlos eines Theils ihrer Gewalt; 3) die Gemeinde wählt aus ihrer Mitte zum Dienst der Armen die Männer ihres Vertrauens; aber den Segen und die Weihe zum Amt empfangen sie aus der Apostel Händen. — Die Kirche die Mutter der Armen. 1) Ihre Mutterpflicht beruht einerseits auf der Noth dieser armen Welt, in der sie als eine Himmelstochter wohnt, anbrerseits auf dem Geist der Liebe und des Erbarmens, von ihrem Herrn und König, dem göttlichen Armenfreund, ihr eingepflanzt. 2) Ihre Muttersorge erstreckt sich wie auf die leibliche Nothdurft, so auf das Herzensbedürfniß ihrer Pfleglinge. 3) Ihre Mutterfreude ist: hienieden Seelen zu retten aus leiblichem Schmutz und geistlichem Elend, und droben mit Freuden zu stehen vor dem, der gesagt hat: was ihr gethan habt dem Geringsten unter meinen Brüdern, habt ihr mir gethan. — Die Armen sind die Reichthümer der Kirche.

1) Sie wecken ihre Geistesgaben; 2) sie üben ihre Bruderliebe; 3) sie werden ihr Schmuck vor der Welt; 4) sie tragen ihr Zinsen ein in der Ewigkeit. — Der uralte Bund zwischen Armuth und Christenthum ein Segen für beide. 1) Für die Armuth: denn erst im Christenthum, im Reiche dessen, der arm geworden ist, damit wir reich würden, ist a. das göttliche Recht der Armen anerkannt, und b. der heilige Geist ächter Armenpflege geweckt. 2) Für das Christenthum: denn in der Armenpflege hat es a. von Alters her seine göttlichsten Kräfte entfaltet: Liebe und Erbarmen, Geduld und Selbstverleugnung, Todesverachtung und Gottvertrauen; und b. sich vor der Welt ausgewiesen in seinem Recht auf Existenz in der Welt und in seiner Kraft zur Erlösung der Welt (Beispiele aus der Geschichte, Anwendung auf die Gegenwart.) — Die rechte Armenpflege: 1) ihre Lebenskraft wurzelt in der Liebe zu Christo; 2) ihr Ziel findet sie in der Hebung geistlicher und leiblicher Noth; 3) ihren Ruhm sucht sie im demüthigen Dienst der Kirche. (Leonbardi und Spiegelbauer.) — Das Amt eines Armenpflegers ein ehrwürdig Amt: 1) nach seiner uralten Einsetzung: das älteste Kirchenamt nach dem apostolischen, von den Aposteln selbst geordnet und geweiht; 2) nach seiner hohen Aufgabe: Leibes- und Seelenpflege; 3) nach seinen großen Erfordernissen: "gutes Gerücht; Heiliger Geist, Weisheit; 4) nach seinem köstlichen Segen, den es stiftet und den es einträgt. — Zu V. 4: Worin stehet die Freudigkeit und Kraft eines Predigers im evangelischen Predigtamt? Darin: 1) daß unsre Stärke unser Gebet ist; 2) unsre Vollmacht Gottes Wort; 3) unsre Wirksamkeit nicht unser, sondern Gottes Werk. (Harleß.)

### Fünfter Abschnitt.

Stephanus, einer von den Sieben, dessen Wirken geistvoll und gesegnet war, der Gotteslästerung angeklagt, verantwortet sich in gewaltiger Rede, wird in Folge derselben gesteinigt, stirbt aber selig und siegreich im Namen Jesu.

(Kap. 6, 8 — Kap. 7, 60.)

A.

Das Wirken des Stephanus, Umtriebe und Anklagen gegen ihn; er wird vor den hohen Rath gestellt und zur Verantwortung gezogen.

(Kap. 6, 8—15.)

Stephanus aber, voll Gnade[1]) und Kraft, that Wunder und große Zeichen im 8 Volk. *Da stunden Etliche auf von der Synagoge, die da heißet der Libertiner und 9 der Cyrener und der Alexandriner und derer die aus Cilicia und Asia[2]) waren, und unterredeten sich mit Stephanus, *und sie vermochten nicht zu widerstehen der Weis- 10 heit und dem Geiste, in welchem er redete. *Da richteten sie etliche Männer zu, welche 11 sprachen: wir haben ihn gehöret Lästerworte reden wider Mosen und wider Gott. *Und erregten das Volk und die Aeltesten und die Schriftgelehrten, und traten herzu 12 und rissen ihn hin und führten ihn vor den hohen Rath, *und stelleten falsche Zeugen 13 auf, welche sprachen: dieser Mensch hört nicht auf, Worte[3]) zu reden wider die heilige

---

1) Χάριτος ist der aus D. 6 geflossenen Lesart πίστεως, welche nur wenige und minder gewichtige Zeugen für sich hat, unbedingt vorzuziehen.

2) Ἀσίας läßt Lachmann nach Vorgang von A. weg, es ist aber hinlänglich bezeugt, um für ächt gehalten zu werden, auch spricht kein innerer Grund dagegen.

3) Βλάσφημα nach ῥήματα, offenbar aus V. 11 entlehntes Glossem, hat die bedeutendsten Handschriften gegen sich.

14 Stätte¹) und das Gesetz. *Denn wir haben ihn hören sagen: dieser Jesus von Nazareth werde diese Stätte zerstören und ändern die Sitten, die uns Moses überliefert hat.
15 *Und Alle, die in dem hohen Rathe saßen, schaueten ihn an, und sahen sein Angesicht, wie eines Engels Angesicht.

### Exegetische Erläuterungen.

1. **Stephanus that Wunder**, ohne Zweifel bot ihm sein Beruf, der ihn zu den Armen, Leidenden und Kranken führte, die Gelegenheit dazu. Dies läßt uns einen Blick in seine reich gesegnete praktische Amtswirksamkeit thun. Daß er mit seinen Amtsbrüdern in seinem nächsten Beruf Wittwen und Waisen, Armen, Leidenden und Kranken mit Handreichung, Hülfe und Trost unermüdet und treu gedient haben wird, läßt sich nach allem Bisherigen mit Sicherheit annehmen. Allein wie oft, mochte Stephanus bei dieser Gelegenheit in Nöthen hineinsehen, welchen gegenüber die Hülfe mit irdischen Gaben, deren Vermittler er im Namen der Gemeinde war, völlig unzureichend erschien. Und als ein Mann voll Glaubens und Geistes [V. 5], trat er dann nicht blos mit irdischer Handreichung, sondern mit Geisteskräften in Fürbitte, Gebet und Glauben, tröstend, aufrichtend, helfend ein; und der Herr gab ihm Gnade, Wunder zu thun, vornehmlich wohl an Kranken und Leidenden; denn χάρις auf Menschen zu beziehen, und auf die Gunst, die ihm von vielen Seiten zu Theil geworden, zu deuten, geht darum nicht an, weil kein Zusatz in biesem Sinn beigefügt ist.

2. **Da standen auf Etliche — und unterredeten sich mit Stephanus.** Theils die Auszeichnung des Stephanus durch Thaten und Wunder, theils seine hervorragenden Gaben der Erkenntniß und Rede, womit er für Jesum zeugte und warb, zog die Aufmerksamkeit, ja den Neid und die Eifersucht ungläubiger Juden auf sich. Sie rührten sich, näherten sich ihm, ließen sich ein in Unterredungen, Disputationen (συζητοῦντες) mit ihm. Und das waren gerade hellenistische Juden, die mit Stephanus, einem Mann, der höchst wahrscheinlich auch zu den Hellenisten gehörte, ebenso bekannt waren. Der Ausdruck V. 9 ist nicht unzweideutig, und daher stammen die mannigfaltigsten Auffassungen. Einige Ausleger, wie Calvin, Bengel, denken sich nur e i n e Synagoge, zu welcher sämmtliche mit Namen aufgeführten Kategorien gehört hätten; dies beruht auf einem Rückschluß von τῆς συναγωγῆς, wornach allerdings nur e i n e Synagoge genannt scheint. Allein die Worte καὶ τῶν ἀπὸ Κιλ. ꝛc. machen offenbar auf einen Hauptunterschied aufmerksam, und darnach denkt Winer, biblisches Realwörterbuch (Libertiner), an zwei verschiedene Synagogen, die, worin Libertiner, cyrenäische und alexandrinische Juden zusammenkamen, und die der cilicischen und asiatischen Juden; übrigens setzt derselbe Cyrenäer an den andern Orts (s. Cyrene) voraus, daß die cyrenäischen Juden eine besondere Synagoge gehabt. Indessen scheint es doch, als wären fünf verschiedene Synagogen gemeint, denn es ist aus dem Talmud bekannt, daß eine sehr große Anzahl Synagogen in Jerusalem war, nennen doch die Rabbinen die Zahl von 480, und im Einzelnen wird im Talmud namentlich die Synagoge derer aus Alexandrien erwähnt, einer Stadt,

wo die Zahl der Juden damals gegen 100,000 Seelen betrug. Ebenso ist höchst wahrscheinlich, daß die Juden aus Cyrene in Oberlibyen, wo sie ein Viertheil der Bevölkerung ausmachten, eine eigene Synagoge in der heiligen Stadt hatten. Und von den Libertinern, oder den als Kriegsgefangene nach Rom gebrachten, nachmals aber freigelassenen und zurückgekehrten Juden und beren Nachkommen (um anderweitige, auf Vermuthungen gegründete Deutungen des Namens zu übergehen) kann es schon den Worten nach nicht zweifelhaft sein, daß sie eine Synagoge besaßen. Ebenso ist es wahrscheinlich, daß sowohl die Juden aus der kleinasiatischen Provinz Cilicien, als die aus Asia, d. h. aus dem westlichen Küstenstrich Vorderasiens, je eine selbstständige Synagoge gehabt haben. Demnach wären die Gegner des Stephanus aus fünf einzelnen Synagogengemeinden gewesen, welche jedoch V. 9 in zwei Gruppen getheilt sind, in die von römischen und afrikanischer Heimath und in die kleinasiatischen. Zu den letzteren und zwar zu der cilicischen Synagoge gehörte vermuthlich auch Saulus.

3. **Sie vermochten nicht zu widerstehen**, d. h. nicht, daß sie sich überwunden gaben und sich der Wahrheit fügten, denn sie verfuhren nur um so feinbseliger wider Stephanus; sondern, sie vermochten der Weisheit und dem Geist, womit er redete, nichts entgegen zu stellen, was ihm überlegen, oder auch nur gewachsen gewesen wäre. Die σοφία ist hier gewiß nicht bloße jüdische Gelehrsamkeit, — ist doch Gelehrsamkeit und Weisheit an sich schon jede zweierlei, — sondern sie ist wahre Weisheit von oben, und Geistesfülle, wie sie dem Stephanus laut V. 5 inwohnte.

4. **Da richteten sie etliche Männer zu.** Um den Mann persönlich zu verderben, dessen Grundsätze sie nicht zu widerlegen vermochten, schlugen jene hellenistischen Synagogenmänner und Fanatiker den Weg der List in und unterrichteten (ὑπέβαλον) an Statt ihrer eigenen Personen, (um nicht das Motiv, persönliche Nachsucht, zu verrathen) andere Leute, welche in Folge ihres Anstiftens die Aussage machten und möglichst verbreiteten, Stephanus habe Lästerungen wider Moses und selbst wider Gott ausgestoßen, und sie selbst seien Ohrenzeugen davon gewesen. Diese ausgesprengten Gerüchte waren darauf berechnet, einestheils die öffentliche Meinung wider Stephanus zu stimmen, anderntheils die Oberen der israelitischen Volksgemeinde zum amtlichen Einschreiten zu veranlassen. Beides wurde erreicht. Das Volk wurde aufgeregt (συνεκίνησαν), sammt den Mitgliedern des Sanhedrin.

5. **Traten herzu und rissen ihn hin.** Nicht die Häupter des Sanhedrin selbst ergriffen die Initiative, wie gegen Jesum selbst. Sondern die Sache ging vorerst mehr in Gestalt einer Volksbewegung vor sich. So jedoch, daß die Partei, welche wider Stephanus anfänglich disputirend aufgetreten war, und welche die aufregenden Beschuldigungen wider

---

1) Τούτου nach ἁγίου steht zwar in B. und C., ist aber doch wohl nachheriger Zusatz.

ihn durch dritte Hand verbreitet hatte, zunächst handelnd eingriff. Diese Leute traten auf einmal, etwa während Stephanus in seinem Beruf über die Straße ging, auf ihn zu, versicherten sich gewaltthätig seiner Person und führten ihn vor dem Sanhedrin, welcher rasch zu einer außerordentlichen Sitzung versammelt wurde.

**6. Stelleten falsche Zeugen auf.** Diese Zeugen waren von derselben Partei, welche die Sache in die Hand genommen hatten, vorbereitet und instruirt, vielleicht auch gedungen. Waren das falsche, lügnerische Zeugen (ψευδεῖς)? Baur und Zeller verneinen das, und beschuldigen den Berichterstatter der Unwahrheit, sofern er die Zeugen ψευδεῖς nennt, denn Stephanus habe in der That so gedacht und gesprochen, wie von ihm V. 13 ff. ausgesagt werde. Allein die Rede selbst, Kap. 7 gibt wahrlich keinen Grund, dies zu behaupten, und schon an und für sich ist es unbenkbar, daß damals schon so ein frommer israelitischer Christ, wie Stephanus war, ein so geschätztes und allgemeinen Vertrauen genießendes Glied der am Tempel und Gesetz so treu haltenden Urgemeinde, sollte in ein so heftiges Bekämpfen des Gesetzes und des Tempels hineingerathen sein, wie wir in diesem Falle voraussetzen müßten (vergl. Baumgarten, 1, 122 ff.). Ueberdies achte man genau auf das Verhältniß zwischen V. 13 und 14! Ist doch ein großer Unterschied zwischen beiden. V. 13 ist genau genommen eine allgemeine Anklage, V. 14 die Begründung dazu, in einem Zeugniß über gewisse concrete Aussagen des Beklagten. Die Anklage V. 13 sagt, Stephanus polemisire unaufhörlich (οὐ παύεται) wider Tempel und Gesetz, d. h. er mache es sich recht eigentlich zum Geschäft, prinzipiell wider den Mosaismus zu polemisiren, und zwar in beleidigender, empörender, lästernder Weise; obgleich βλάσφημα nach ῥήματα hier unächt ist, so muß doch, laut Zusammenhang und Sprachgrauch (vgl. Luc. 12, 10), ῥήματα λαλεῖν κατὰ den spezifischen Begriff verleumderischer, lästernder Reden bezeichnen. Diese Anklage will offenbar den Stephanus darstellen als einen Mann, dessen Gesinnung und Auftreten in einer fanatischen Bekämpfung alles dessen, was jedem frommen Israeliten das Heiligste war, seinen Schwerpunkt habe, und der unaufhörlich und ohne alle Ehrerbietung gegen das Heilige zu Felde ziehe. Nun daß Stephanus ein Mann von solchem Charakter gewesen sei, das glaubt Niemand, auch Baur und Zeller nicht. Aber jene Ankläger wollen es glauben machen. Und darum sind sie freilich falsche Zeugen; nicht blos, weil sie etwa einen wirklichen Ausspruch des Stephanus in böser Absicht, um ihn zu verderben, ausgesagt hätten (Heinrichs); es hat nicht blos ein schlechter Bewegungsgrund, sondern wirklich ein ψεῦδος stattgefunden. Denn der Beleg für obige Beschuldigung, welchen die Ankläger als angebliche Ohrenzeugen (ἀκηκόαμεν — λέγοντος) anführen, beweist dasjenige nicht, was er beweisen soll. Abgesehen davon, daß die Zeugen diese Aussage, welche ohne Zweifel im Laufe der Streitunterredung mit der Synagogenmännern gefallen war, vielleicht nicht mit eigenen Ohren gehört, sondern aus zweiter Hand empfangen hatten, was ihr Zeugniß schon zu einem falschen macht; so ist diese Aeußerung, V. 14, angenommen, sie war mit denselben Worten ausgedrückt worden, 1) doch nur eine einzelne, und beweist noch keineswegs eine beharrliche und unaufhörliche Polemik des Stephanus; und 2) ist sie durchaus nicht in einer kränkenden, das Heilige antastenden und lästernden Form ausgesprochen, wie V. 13 cf. 11 erwarten läßt. Immerhin war die Beschuldigung nicht ganz aus der Luft gegriffen und ersunden, sondern lehnte sich an eine wirkliche Thatsache an; aber sie war lügenhaft, denn eine wirkliche Aussage des Stephanus war zum mindesten entstellt und grell übertrieben. — Es versteht sich von selbst, daß die Worte ὁ Ναζωραῖος οὗτος, welche einen bittern, verächtlichen Ton verrathen, nicht aus Stephanus Mund genommen, sondern im Munde der falschen Zeugen mit Stephanus Worten verschmolzen sind; welche ohnehin nicht in direkter, sondern in indirekter Rede gegeben werden.

**7. Sahen sein Angesicht wie eines Engels Angesicht.** Begreiflich waren Aller Augen in der Sitzung auf den unter einer so schweren Beschuldigung stehenden Christen gerichtet. Aber als sie ihn anschauten, fanden sie weder Angst noch Furcht, noch Aufregung, durch die wider ihn gespielten Ränke und erzeigte Feindschaft erzeugt, in seinem Aussehen, sondern sie sahen sein Angesicht engelartig leuchtend, nicht nur vom Ausdruck männlichen Muthes, siegreicher Begeisterung und heiliger Seelenruhe beseelt, sondern auch von einem überirdischen Licht bestrahlt. Gewiß will der Ausdruck des Lucas nicht blos so viel besagen, das Angesicht des Stephanus habe vollkommene Seelenruhe gezeigt, so daß es den Zuschauern unwillkürlich Ehrfurcht einflößte (Kuinoel), sondern er will eine objektive und zwar außerordentliche Erscheinung schildern. War schon zuvor Stephanus mit dem Heiligen Geist ausgerüstet, so wurde ihm in diesem entscheidenden Moment gewiß eine reichliche Salbung mit dem Geiste Gottes zu Theil. Und daß diese auch von innen herausgeleuchtet und das Angesicht des frommen Zeugen mit einem selbst den Feinden sichtbaren himmlischen Lichte bestrahlt habe, kann nicht auffallend erscheinen, wenn man bedenkt, daß das Geistige und das Leibliche sich die Hand reicht, und besonders, daß in den heiligsten Augenblicken des Lebens, wie in der Endgeschichte, „Leiblichkeit das Ende der Wege Gottes" ist.

## Christologisch-dogmatische Grundgedanken.

1. Stephanus war zunächst für Armenpflege und äußere Handreichung angestellt: er wirkte aber eben in seinem Amte und aus Anlaß desselben geistlich. Das macht, wo der Erlöser persönlich mit seinem Geist und Gaben waltet, und die Gemeinde mit Glauben und Liebe an ihn sich hält, mit Beten und Flehen aus ihm schöpft, da wird Alles geistlich gerichtet, da gestaltet sich auch äußerlicher Dienst zu einem geistlichen Amte. Wo die Kirche krank und etwas im Marke faul ist, wo es am verborgenen Leben mit Christo in Gott fehlt, da sinkt auch das geistliche Amt zu einem äußeren, mechanischen Dienst, zu einem opus operatum und Handwerk herab.

2. Stephanus war nur einer von den Sieben, nicht von den Zwölfen; er bekleidete nur das Amt, welches man später Diakonat nannte, nicht das Apostelamt. Dennoch wird ihm gegeben, Zeichen und Wunder zu thun, wie bis dahin nur die Apostel gethan hatten; es wird ihm auch gegeben, mit einer Weisheit zu reden und die Feinde des Glaubens zu bestreiten, wie es sonst nur die Apostel ver-

mochten. Ueberhaupt tritt er durch die Gaben, die ihm der Herr verlieh, durch die Anfeindung, die er erlitt, ja durch den Zeugentod, den er endlich starb, so sehr in den Mittelpunkt, daß eine Zeitlang die Apostel selbst ganz in den Hintergrund gerückt erscheinen. Und wir finden keine Spur, daß die Apostel scheel dazu gesehen hätten. Sie waren nicht so vom Amtsbegriff beseelt, für die Würde ihres Amtes eingenommen, daß sie geglaubt hätten, daßselbe erleide hiedurch Abbruch. Der Herr selbst und seine Ehre stand ihnen höher, als ihr eigenes Amt. Und der Erlöser selbst hat nicht so sich gebunden, da er die Apostel als seine Zeugen aufstellte, daß er der souveränen Macht sich begeben hätte, Gaben zu verleihen, wem er will, den Geist wehen zu lassen, wo er will, und zu Werkzeugen zu machen, welche er will.

8. Was der Erlöser den Seinen verheißen hat, nämlich daß er ihnen im Fall der Anfechtung um seinetwillen, Weisheit zur Rede und Verantwortung geben werde, so daß die Feinde nicht zu widerstehen vermögen, Evangelium Luk. 21, 15, das hat er an Stephanus so treulich erfüllt, daß die Gegner auf geistigen Kampf verzichteten und nur durch Aufreizung der Leidenschaft mittelst Verdrehung und Lüge den Mann zu stürzen suchten, dessen Geist und Weisheit von oben ihnen überlegen war.

### Homiletische Andeutungen.

Stephanus aber [V. 8]. Stephanus ein Stern erster Größe im Siebengestirn der Diakonen. (Starcke.) — Wer im Geringsten treu ist (Amt des Almosenpflegers), dem vertraut Gott auch etwas Größeres (Glauben; Kräfte; Wunder. — Ein einziger Diener voll Gnade und Geistes wirkt mehr in der Kirche als hundert geistlose. (Derf.) — Den Geist dämpfet nicht! Die Apostel legten dem Stephanus das Predigen und Wunderthun nicht nieder, obgleich das zunächst ihres Amtes war. — Voll Glaubens und Kräfte, that Wunder und Zeichen. Siehe da die Beschreibung eines lebendigen Christen: Wo der wahre Glaube ist; da fehlt es nicht an Kräften; wo Kräfte sind, da bleiben auch Zeichen nicht aus, d. h. Wirkungen, wenn auch nicht immer wie bei Stephanus, gläubige Wunder. — Da stunden auf Etliche von der Synagoge — und unterredeten sich (disputirten) mit Stephano. Die größten Streiter und spitzfindigsten Disputirer von der Religion sehen gemeiniglich am wenigsten Religion und Glauben. (Starcke.) — Schulweisheit ist noch nicht Gottesgelehrtheit. „Es gibt mehr Dinge zwischen Himmel und Erde, als eure Schulweisheit sich träumen läßt."

Und sie vermochten nicht zu widerstehen [V. 10]. Der Jünger ist nicht über seinen Meister. Wie Christus von den Schriftgelehrten versucht ward in spitzfindigen Fragen menschlicher Weisheit, so werfen sie auch Stephano, dem Manne voll Glaubens und Kräfte, den Fehdehandschuh hin. Wohlgerüstet mit allen Waffen der akademischen Gelehrsamkeit suchen sie ihm die Hoffnung und den Ruhm seines Herzens, Jesum Christum von Nazareth, zu vernichten. Doch der schlichte Kreuzesbote fürchtet sich nicht: denn er kämpft nicht mit den Waffen fleischlicher Ritterschaft, sondern der Heilige Geist ist's, aus welchem er redet. Ueber den können sie nicht Meister werden. (Leonhardi und Spiegelhauer.)

Da richteten sie zu etliche Männer und stellten falsche Zeugen auf [V. 11. 13]. Zu bösen Unternehmungen finden sich bald Helfer. (Starcke.) — Um göttliche Wahrheiten ist es etwas Geschmeidiges: der blinde Eifer kann ihren Zeugen mit einer kleinen Veränderung der Worte etwas Lästerliches aufbürden. (K. H. Rieger.)

Sein Angesicht wie eines Engels Angesicht [V. 15]. Ein fröhlich Herz, das der Gnade Gottes versichert ist, macht ein fröhlich Angesicht. (Starcke.) — Gottes Adler steigen im Sturmgewitter am kühnsten; seine Sterne glänzen in der schwärzesten Nacht am hellsten. (W. Hofacker.) — Gott gibt seiner Kirche oftmals Engel, aber Wenige haben Augen, sie zu sehen, Viele dagegen Hände, sie zu steinigen. (Starcke.) — Daß hiebei Stephani ganz heitre Gestalt und gelassene Fassung bemerkt wird, gibt nicht nur einen Beweis, wie herrlich sich Gott in seinen Knechten, sondern unter dem Leiden doch den auf ihnen ruhenden Geist der Herrlichkeit beweisen könne, sondern es beleuchtet auch Vieles in seiner folgenden Rede: mit welcher engelischen Erhabenheit über das Irdische und alles Ansehen der Person, mit welchem Eifer für Gottes Ehre und Wahrheit, und mit welcher Sorge für der Menschen Heil er unter Allem geredet und gehandelt habe. (K. H. Rieger.)

Mosis glänzendes Antlitz und Stephani leuchtendes Angesicht — ein Beweis für das Wort 2 Kor. 3, 7. 8: So das Amt, das durch den Buchstaben tödtet, Klarheit hatte: wie sollte nicht vielmehr das Amt, das den Geist gibt, Klarheit haben? — Der Engelsglanz auf Stephani Antlitz: 1) ein Abglanz vom Antlitz Jesu Christi, der den Seinigen zuruft: In der Welt habt ihr Angst, aber seid getrost, ich habe die Welt überwunden; 2) eine Ausstrahlung der innern Glaubenszuversicht, die da weiß: ist Gott für uns, wer mag wider uns sein? 3) ein Widerschein der zukünftigen Herrlichkeit, deren nicht werth sind alle Leiden dieser Zeit.

## B.

**Stephanus verantwortet sich in gewaltiger Rede.**

(Kap. 7, 1—53.)

1 Da sprach der Hohepriester: Ist dem nun also?[1])

1. **Erster Theil der Rede, den Zeitraum der Patriarchen umfassend.** (Kap. 7, 2—16.)

2 Er aber sprach: Lieben Brüder und Väter, höret zu: Der Gott der Herrlichkeit erschien unserm Vater Abraham, als er noch in Mesopotamia war, ehe er wohnete in

---

1) ἄρα nach εἰ fehlt in A. B. C. und einigen kleineren Handschriften, daher es Lachmann streicht, steht aber in D. E. H. und bei den Vätern; es ist weit eher als überflüssig weggelassen, als zur Verbesserung beigefügt worden.

Haran; *und sprach zu ihm: Gehe aus deinem Lande und von deiner Freundschaft, und 3
ziehe in das Land,²) das ich dir zeigen will. *Da ging er aus der Chaldäer Lande 4
und wohnete in Haran. Und von dort aus, nachdem sein Vater gestorben war, versetzte er ihn in dieses Land, darin ihr nun wohnet. *Und gab ihm kein Erbtheil dar- 5
innen, auch nicht einen Fuß breit, und verhieß ihm, er wolle es ihm³) zum Besitz geben
und seinem Samen nach ihm, da er noch kein Kind hatte. *Gott sprach aber also, 6
sein Same werde Beisasse sein in einem fremden Lande, und sie werden ihn knechten
und übel behandeln vier hundert Jahre; *und das Volk, dem sie dienen werden, sprach 7
Gott, will ich richten, und darnach werden sie ausziehen und mir dienen an dieser
Stätte. *Und gab ihm den Bund der Beschneidung. Und also zeugete er Isaak, und 8
beschnitt ihn am achten Tage, und Isaak den Jakob, und Jakob die zwölf Erzväter.
*Und die Erzväter neideten Joseph, und verkauften ihn nach Aegypten; und Gott war 9
mit ihm, *und errettete ihn aus allen seinen Bedrängnissen, und gab ihm Gnade und 10
Weisheit vor Pharao, dem Könige von Aegypten, der stellte ihn als Befehlshaber über
Aegypten und über sein ganzes Haus. *Es kam aber eine Hungersnoth über das ganze 11
Land Aegypten⁴) und Kanaan und eine große Trübsal, und unsere Väter fanden keine
Nahrung. *Jakob hörete aber, daß Getreide vorhanden sei, und sandte unsere Väter 12
nach Aegypten das erste Mal; *und beim zweiten Mal wurde Joseph von seinen Brüdern 13
erkannt, und wurde Josephs Geschlecht dem Pharao offenbar. *Joseph sandte aber aus, 14
und ließ seinen Vater Jakob zu sich rufen und seine ganze Verwandtschaft, fünfundsieben-
zig Seelen. *Und Jakob zog⁵) nach Aegypten hinab, und starb, und unsere Väter. 15
*Und wurden nach Sichem versetzt und in das Grab gelegt, welches⁶) Abraham um 16
Geld erkauft hatte von den Kindern Hemor's, Sichems Vater⁷).

### Exegetische Erläuterungen.

1. **Da sprach der Hohepriester;** als der Vorsitzende des Sanhedrin ertheilt er dem Angeklagten das Wort zur Verantwortung; und wie er hiermit das Recht des Angeschuldigten wahrt, so ist das ἆρα bei dem Fragewort εἰ sogar zuvorkommend, ein Wörtlein, das billige Gesinnung zur Schau trägt.

2. **Er aber sprach.** Die Rede (über deren Zweck und Aechtheit unten) hat Stephanus, den wir uns doch nur als Hellenisten denken können, aller Wahrscheinlichkeit nach in griechischer Sprache gehalten. Läßt sich das nach seiner Herkunft und Bildung im Voraus erwarten, so zeugt dafür auch der Umstand, daß die ganze Färbung der Rede der alexandrinischen Bibelübersetzung entspricht. Auch war die griechische Sprache, laut geschichtlicher Urkunden, damals in Palästina so sehr verbreitet und geläufig, daß auch im Sanhedrin eine griechisch gehaltene Rede nichts Auffallendes haben konnte. — Die Anrede ἀδελφοί καὶ πατέρες war gewinnend durch den Ausdruck der Ehrfurcht gegen die Mitglieder des Raths als Väter, so wie durch Geltendmachung der Volksgenossenschaft.

3. **Der Gott der Herrlichkeit.** Daß Stephanus seine Rede mit diesem Namen Gottes eröffnet, hat guten Grund. Nicht nur will er hiermit, gegenüber der ausgestreuten Verleumdung, als habe er Gott gelästert (Kap. 6, 11), und dem etwaigen Wahn, als fehle es dem Christen an Ehrerbietung gegen Gott, — seine tiefe Ehrfurcht vor Gott bezeugen, und Gott die gebührende Ehre geben; sondern er hat auch positiven Grund, die Herrlichkeit Gottes (δόξα) geltend zu machen. Er faßt die unbedingte Größe, Vollmacht und Alleinherrschaft Gottes in's Auge, wornach Gott selbst an Nichts und an Niemand gebunden ist, und sich offenbaren kann, wem und wie und wo er will. In Verbindung mit ὤφθη gesetzt, bringt der Ausdruck den erhabenen und erhebenden himmlischen Lichtglanz in Erinnerung, worin die Selbstoffenbarungen, die Erscheinungen Gottes zu geschehen pflegten.

4. **Ehe er wohnete in Haran.** Nach Haran, bei den Römern Carrä, einer uralten, ungefähr in der Mitte Mesopotamiens gelegenen Stadt, an einer

---

2) Der Artikel τήν vor γῆν, welcher in der Recepta fehlt, ist so vollständig beglaubigt, daß seine Aechtheit unzweifelhaft ist.
3) δοῦναι αὐτῷ ist stärker bezeugt, als αὐτῷ δοῦναι.
4) Griesbach und Lachmann lesen nach A. B. C. mit einigen alten Uebersetzungen τὴν Αἴγυπτον, andere Handschriften nebst einigen Uebersetzungen haben τὴν γῆν Αἰγύπτου. Leichter mochte γῆν ausfallen als eingefügt werden.
5) Εἰς Αἴγυπτον ist ungleich besser beglaubigt, als ἐν Αἰγύπτῳ, das dem ὄντα zu Liebe corrigirt worden ist. κατέβη ist besser, als κατέβη δέ beglaubigt; D. und einige Uebersetzungen haben gar keine Conjunction, was Bornemann und Meyer für das Ursprüngliche halten; dieses sezt jedoch Verbindung mit ἐν ψυχ. ἰφ´. πέντε B. 14 voraus. — Wenn Tischendorf εἰς Αἴγυπτον streicht, so weicht er ohne genügenden Grund von allen Urkunden ab.
6) ὅ ist offenbare Correctur statt des kritisch hinlänglich bezeugten und grammatisch begründeten ᾧ.
7) τοῦ Συχέμ ist ohne Zweifel das Ursprüngliche, denn sowohl ἐν Σ. bei B. C. und einigen Uebersetzungen, als τοῦ ἐν Σ. bei A. E. und anderen Zeugen sind offenbare Aenderungen, ruhend auf der Voraussetzung, daß der Name den Ort, und nicht eine Person bezeichnen solle.

alten Verbindungsstraße, zog Abraham aus Ur in Chaldäa, welches vermuthlich eine nordöstlich davon zu suchende Landschaft ist (vgl. Winer, Realw.), mit seinem Vater Thara. Nach dem mosaischen Bericht ist Thara mit seinem Sohn Abram nebst Sarai und mit Lot von Ur ausgezogen, um in das Land Kanaan zu wandern, und ist mit ihnen bis Haran gekommen, wo er bis zu seinem Tode blieb Gen. 11 ff. Erst Gen. 12, 1 ff. wird das Wort Gottes an Abram, mit dem Befehl, Vaterland und Vaterhaus zu verlassen und in das von Gott zu zeigende Land zu geben, und mit der Verheißung des Segens Gottes erzählt. Da scheint es allerdings, als ob dem Abram nicht früher, als in Haran die Offenbarung Gottes, mit der Weisung, in ein von Gott zu zeigendes Land zu wandern, zu Theil geworden wäre. Stephanus aber verlegt diese Offenbarung Gottes nach Mesopotamia [V. 2], eher in das Land der Chaldäer [V. 4], d. h. nach Ur in Chaldäa und setzt sie in die Zeit vor der ersten Wanderung der Familie, welche zunächst bis zur Stadt Haran ging. Und zwar sind V. 3 gerade dieselben Worte, nur wenig abgekürzt, gebraucht, welche Gen. 12, 1 ff. vorkommen. Daher behaupten mehrere Ausleger (z. V. Grotius, de Wette, Meyer), dem Stephanus sei, etwa im Drang des Augenblicks, ein unwillkürlicher Irrthum begegnet, indem er den erst später, in Haran, an Abram ergangenen Befehl Gottes in eine frühere Zeit und in eine andere Gegend, die von Ur, zurückdatirt habe. Obwohl unseres Erachtens nichts Bedenkliches darin liegen würde, dies zuzugeben, so muß doch andererseits noch etwas beachtet werden. Es ist aus Philo (de Abrahamo) und aus Josephus (Antiquit. I, 7. 1) ersichtlich, daß die Juden damaliger Zeit, und hauptsächlich die alexandrinischen, einen schon in Ur an Abraham ergangenen Befehl Gottes anzunehmen pflegten. Und dieser Ueberlieferung schließt sich Stephanus an, indem er die Worte Gen. 12, 1 auf den angeblich früheren Ruf Gottes anwendet. Und es fehlt in der That nicht an Spuren in der Genesis selbst, welche darauf hinweisen, daß schon in Ur ein Befehl Gottes dieser Art an Abraham ergangen sei. Gen. 15, 7 spricht Gott zu Abraham: „ich bin Jehovah, der dich aus Ur in Chaldäa ausgeführt hat (הוֹצֵאתִיךָ), um dir dieses Land zu geben;" das lautet doch, wie wenn Gott seinen Willen, daß er Ur verlassen solle, dem Abraham ausdrücklich kund gegeben habe; und auf diese Stelle speziell bezieht sich Nehem. 9, 7. Wenn nun Gen. 11, 31 nichts von einem Befehl Gottes erwähnt ist, die Auswanderung aus Ur vielmehr als eine freiwillige That des Thara erscheint, denn als ein Akt Abrahams, im Gehorsam gegen den Willen Gottes: so ist dabei an die Beschaffenheit des ersten Buchs Mosis zu denken, welchem sichtbar mehrere Urkunden und Nachrichten, die zum Theil von verschiedenen Gesichtspunkten ausgehen, zu Grunde liegen, wie dies namentlich mit Kap. 11 und Kap. 12 der Fall ist. Demnach dürfte die pragmatische Auffassung der späteren Juden, welche auch Stephanus sich angeeignet hat, nicht unbedingt als irrig und unhistorisch verurtheilt werden, sondern es ist zuzugeben, daß die fragliche Ansicht nicht aller Stützpunkte in der biblischen Urkunde selbst entbehrt.

5. **Nachdem sein Vater gestorben war. Auch in** diesem Punkte folgt Stephanus der zu seiner Zeit herkömmlichen, ebenfalls bei Philo nachweislichen Annahme, welche schwerlich blos auf die Voraussetzung sich stützte, daß die Kindespflicht dem Abraham nicht gestattet haben würde, ihn zu verlassen und bei seinen Lebzeiten von ihm wegzuziehen; vielmehr führt der Abschnitt Gen. 11, 31 ff., wie Gen. 12, 1 ff. als einheitliche und stetig fortschreitende Erzählung aufgefaßt, von selbst auf den Schluß, daß Abraham erst nach seines Vaters Ableben den Befehl zur Wanderung nach Kanaan erhalten habe. Allerdings ergibt die chronologische Erörterung, daß Thara noch am Leben war, als Abraham von Haran wegzog. Denn laut Gen. 11, 26 war Thara 70 Jahre alt, als er Abraham, Nahor und Haran zeugte, was ohne Zweifel zunächst auf Abrahams Geburtsjahr zu beziehen ist; und laut Gen. 11, 32 war Thara 205 Jahre alt, als er starb, Abraham aber war Gen. 12, 4 erst 75 Jahre alt, als er von Haran auszog; demnach muß Thara nach Abrahams Abzug von Haran noch 60 Jahre daselbst gelebt haben; auch scheint der Ausdruck Gen. 12, 1: לֶךְ־לְךָ anzudeuten, daß Thara noch lebte, als Abraham jenen Befehl erhielt. Stephanus folgte also hier einer chronologischen Tradition, welche zwar auf den ersten Anblick durch die Stelle Gen. 11, 32 cf. 12, 1 ff. begründet schien, beim Licht betrachtet aber irrig ist. Und das muß einfach zugestanden werden, denn die Ausgleichungsversuche sind sämmtlich mißlungen, und überdies unnöthig. Es ist doch rein aus der Luft gegriffen, wenn man vermuthet (Bengel und Andere), Abraham sei zwar noch zu Thara's Lebzeiten nach Kanaan gekommen, habe jedoch seine Heimath in Haran gehabt, erst nach seines Vaters Tod habe er ganz abgebrochen und seinen „wesentlichen" Aufenthalt in Kanaan genommen. Und eben so bodenlos ist die Deutung (Luger, über Zweck u. s. w. der Rede des Stephanus, Lübeck 1838. Olshausen u. A.), Stephanus wolle sagen, Abraham habe nach dem geistlichen Tode Thara's, d. h. nachdem derselbe in Götzendienst verfallen sei, Haran verlassen; wie kann ἀποθανεῖν ohne näher bestimmenden Zusatz und ohne daß der Zusammenhang irgendwie darauf führt, einen solchen Sinn haben? Baumgarten I, 131 ff. meint, es wolle V. 4 nur das angedeutet werden, daß für den Anfang des neuen Verhältnisses, welches Jehovah mit der Menschheit eingehen will, nicht Abram in Verbindung mit Thara, sondern Abraham geschieden von Thara in Betracht komme. Allein um diesen Gedanken auszudrücken, hätte Stephanus doch eine ganz andere Wendung nehmen müssen; so läßt sich aus Allem Alles machen. — Aber wozu so viele Künste? Warum nicht zugeben, Stephanus sei mit seinen Zeitgenossen einer Annahme gefolgt, welche der Text der heiligen Geschichte auf den ersten Anblick an die Hand gibt, während eine genauere Erforschung sie als irrig erscheinen läßt? Hat auch Stephanus in einem Punkt der Zeitrechnung sich gestoßen, so thut das weder seiner Weisheit noch seiner Geistesfülle (Kap. 6, 10) Eintrag.

6. **Und gab ihm kein Erbtheil darinnen**, κληρονομία erblicher Eigenbesitz. Daß Abraham Gen. 23 von Hemor einen Acker von Höhle kauft, widerspricht dem keineswegs, denn gerade der Umstand, daß Abraham den Acker kaufen mußte, bestätigt ja die Thatsache, daß er kein Grundstück aus göttlicher Verleihung besaß (Bengel). Die Auskunft, es sei

hier nur von der ersten Zeit des palästinischen Aufenthalts Abrahams die Rede, jener Kauf falle aber später, nach Einsetzung der Beschneidung V. 8 (Meyer), genügt darum nicht, weil diese Unterscheidung der zwei Zeiträume dem Text rein unterlegt ist, ohne daß dieser selbst sie andeutet oder irgend ein Gewicht darauf legt. — Die Ertheilung der Verheißung in Betreff des Landes, bevor Abraham ein Kind hatte, ist insofern hervorgehoben, als damit angedeutet werden soll, daß sowohl der Erbbesitz als der Besitz eines Leiberben rein von Gott abhing und Gottes freie Gabe war.

7. **Gott sprach aber also.** Stephanus gibt die Weißagung aus Genes. 15, 13 meist nach der alexandrinischen Uebersetzung, jedoch mit einiger Abweichung, indem er, was dort direkte Rede ist, anfänglich indirekt mittheilt und erst V. 7 mit εἶπεν ὁ θεός zur direkten Rede übergeht; überdies combinirt er V. 7 Schluß mit Gen. 15, 13 zugleich Exod. 3, 12, indem er eine dem Mose am Horeb gegebene und auf den bevorstehenden Gottesdienst an diesem Berge bezügliche Verheißung mit jener dem Abraham für seine Nachkommenschaft gegebenen Verheißung verwebt und auf den in Kanaan als Israels freiem Erbe zu leistenden Gottesdienst bezieht. Urtheilt man ängstlich nach dem Buchstaben, so kann man allerdings (mit de Wette) sagen, das sei eine „falsche" Beziehung. Allein wer will es dem Stephanus verübeln, daß er mit einem nicht den Buchstaben pressenden und nicht am Einzelnen klebenden, sondern das Ganze der göttlichen Oeconomie umfassenden pragmatischen Blicke eine Verheißung an Abraham mit einer an Mose verbindet, und der bei letzteren selbst wieder weiter hinaus schauet? Stephanus beabsichtigt nicht buchstäblich genaue Anführung der Worte, sondern freie Anknüpfung und Anwendung. Ebenso ist der Umstand zu beurtheilen, daß Stephanus die Dauer der ägyptischen Knechtschaft auf 400 Jahre angibt, während Exod. 12, 40, 430 Jahre gezählt sind; letzteres ist ohne Zweifel chronologisch genau, Stephanus aber nennt eine runde Zahl, die Freiheit muß man ihm lassen. — κρινῶ bezeichnet dem Zusammenhange nach das Strafgericht, was Gott verdienter Maßen an den Tyrannen, die sein Volk mißhandelt haben, vollziehen werde.

8. **Und gab ihm den Bund der Beschneidung.** διαθήκη τῆς περιτομῆς heißt der von Gott mit Abraham geschlossene Bund, weil die Beschneidung nicht nur das Zeichen dieses Bundes (Gen. 17, 11 אוֹת בְּרִית), sondern selbst ein wesentlicher Bestandtheil dieses Bundes war (Gen. 17, 10 זֹאת בְּרִית – – הִמּוֹל לָכֶם כָּל־זָכָר). Der Ausdruck ἔδωκεν αὐτῷ διαθ. περιτ., anstatt: „schloß den Bund mit Abraham", scheint nicht ohne Absicht gewählt zu sein, um anzudeuten, daß die Stiftung des Bundes eine freie That, ja Gabe Gottes war, daß keineswegs Gott in seiner Offenbarung durch die Menschen beschränkt und bedingt gewesen sei.

9. **Und die Erzväter neideten Joseph.** Zum ersten Mal in dieser Uebersicht heiliger Geschichte wird die menschliche Sünde erwähnt, und zwar ist der Neid von Jakobs Söhnen wider ihren Bruder Joseph. Aus Eifersucht und Neid gaben sie ihn weg (ἀπέδοντο), d. h. sie thaten das Mögliche ihrerseits, um ihn für immer von sich und der Familie zu entfernen, und ihn zu erniedrigen. Aber haben sie ihn von sich gestoßen, so war doch Gott mit ihm, der hat ihn aus allen Bedrängnissen errettet, ja er hat ihm Huld und Weisheit vor Pharao gegeben, d. h. daß ihm Pharao huldreich begegnete und er durch weise Deutung der Träume und Rathschläge, die er dem König ertheilte, das Vertrauen Pharao's erwarb. χάριν auf Gottes Gnade zu beziehen (Meyer), empfiehlt sich weniger, als dasselbe vom König zu verstehen, denn die Gnade Gottes ist ja schon in ἦν ὁ θεὸς μετ' αὐτοῦ angedeutet, und was auf diesen Satz folgt, sind nur Thatbeweise göttlicher Huld, so auch, daß Pharao seine königliche Gnade dem Joseph zuwandte.

10. **Fünf und siebenzig Seelen.** Stephanus folgt hier den LXX, welche Gen. 46, 27 und Exod. 1, 5. 75 Seelen nennen, während der Grundtext nur 70 hat, übrigens mit Einrechnung Josephs und seiner zwei Söhne; die LXX dagegen rechnen in ersterer Stelle nicht weniger als neun Söhne Josephs.

11. **Und wurden nach Sichem versetzt.** Subjekt zu μετετέθησαν ist αὐτὸς καὶ οἱ πατέρες ἡμῶν V. 15. Stephanus erzählt, daß sowohl Jakob als seine Söhne Gebeine in Sichem beigesetzt worden seien. Hier erheben sich, genau genommen, wieder einige Bedenken. 1) Laut Gen. 50, 13 hat Joseph mit seinen Brüdern den Leichnam Jakobs in der Höhle des Feldes bei Hebron begraben, während Stephanus sagt, daß Jakob in Sichem bestattet worden sei. 2) Laut Jesua 24, 32 haben die Israeliten bei der Besitznahme Kanaans wohl Josephs Gebeine aus Aegypten mitgebracht und in Sichem beerdigt, aber von den Ueberresten der Brüder Josephs, auf welche der Ausdruck unserer Stelle sich mit bezieht, wird nirgends im Alten Testamente ein Gleiches berichtet. 3) Stephanus sagt von dem Grundstück zu Sichem, daß Abraham dasselbe von den Söhnen Hemors, des Vaters Sichems (τοῦ Συχέμ ist nicht υἱοί, sondern πατρὸς zu suppliren) erkauft habe; in der That aber hat nicht Abraham, sondern Jakob dieses Grundstück seinen Besitzern abgekauft, Gen. 33, 19, wobei ihm eine Verwechslung mit dem Grundstück bei Hebron, das Abraham gekauft hat, eingeräumt ist. Man hat alle möglichen Wege versucht, um diese Differenzen aufzuheben, von den alten Handschriften an, deren eine statt ὁ Ἀβραάμ setzt: ὁ πατὴρ ἡμῶν, die Differenz [V. 3] zu tilgen, — bis zu den Reformatoren und den neuesten Auslegern. Man hat kritisch, grammatisch, lexikalisch, exegetisch zu helfen gesucht, hat abschließlich abkürzende Combination zweier Bestattungen und zweier Käufe in der Stelle gefunden. Allein wir thun am besten, wenn wir unumwunden zugeben, es findet in Hinsicht des Kaufs und der Bestattung Jakobs eine Verwechslung statt, die im Fluß der auf ein ganz anderes Ziel gerichteten Rede leicht begegnen konnte. Die Bezugnahme auf Josephs Brüder, über deren Bestattung in Kanaan das Alte Testament nicht positiv abweichend berichtet, sondern nur schweigt, schreibt sich vermuthlich aus einer schon damals gangbaren, später wenigstens nachweisbaren, Ueberlieferung her, die Stephanus bereits kannte.

### Christologisch-dogmatische Grundgedanken.

1. Gott ist ὁ θεὸς τῆς δόξης V. 2. Dies ist ein Satz, der eine ganze dogmatische Anschauung in

sich faßt, und den ganzen Standpunkt, von welchem ausgegangen wird, bezeichnet. Alles, was Gott ist und thut, wie er sich offenbart, trägt den Stempel der Herrlichkeit, d. h. der unbedingten Größe, Vollmacht und Erhabenheit. Was er thut, ist völlig frei, unbedingt und unbeschränkt durch die Kreatur. Er kann sich offenbaren, wo er will, ist nicht an irgend einen Raum in der Schöpfung, an irgend ein Land oder eine Stadt oder ein Haus (wie der Tempel) gebunden. Spekulativ scheint dieser Gedanke sehr einfach aus der Idee Gottes als des unendlichen Geistes zu fließen. Allein der Mensch kommt durch eine gewisse Centrifugalkraft leicht von dieser Wahrheit ab und geräth darauf, den unendlichen Gott an irgend etwas in der Endlichkeit gleichsam gebunden zu denken. Daher ist das Geltendmachen des Gedankens von der unbedingten Herrlichkeit Gottes, gegenüber jenen eingebildeten Einschränkungen des Unendlichen, immer wieder eine Nothwendigkeit.

2. Ein Hauptstück der heiligen Geschichte, das Stephanus in's Licht stellt, ist Joseph's Lebensgang. Ohne Zweifel schwebte ihm mehr oder minder hell der Gedanke vor, daß Joseph ein Vorbild Jesu selbst sei. Es ist auch höchst überraschend, welche Menge von großen und kleinen Zügen der Aehnlichkeit zwischen Joseph und Jesu Christo nach Persönlichkeit, Erlebnissen und Werk hervortreten, wenn man sein Augenmerk darauf richtet. Namentlich aber macht Stephanus darauf aufmerksam, daß, ungeachtet die Brüder ihn anfeindeten und ihrerseits erniedrigten, Gott mit ihm war und ihn erhöhet hat.

### Homiletische Andeutungen.

Er aber sprach [V. 2]. Seid allezeit bereit zur Verantwortung jedermann, der Grund fordert der Hoffnung die in euch ist, und das mit Sanftmüthigkeit und mit Furcht, 1 Petri 3, 15. 16. Lieben Brüder und Väter! so redet er die freundlich und ehrerbietig, mit Sanftmüthigkeit und Furcht an, ohne fleischlichen Eifer noch geistlichen Stolz, obgleich sie eine schlechte Bruder- und Vaterliebe an ihm beweisen. Gott der Herrlichkeit u. s. w. Ein Diener Gottes soll sich befleißen, mehr Gottes Verhalten, als sein eigenes zu rechtfertigen. (Quesnel). Gott als ein Gott der Herrlichkeit erwiesen in der Regierung seines auserwählten Volks von Alters her, sofern er darin zeigt 1) seine souveräne Macht, 2) seine freie Gnade, 3) seine Alles herrlich hinausführende Weisheit.

Gehe aus deinem Lande und von deiner Freundschaft [V. 3]. Zum Glauben an Gott gehört vor Allem Verleugnung seiner selbst. (Starcke). Jeder Christ muß mit Abraham ausgehen, Weltfreundschaft und allen Trost an Kreaturen fahren lassen und mit seiner Liebe und Vertrauen an Gott hangen. (Ebendfs.).

Da ging er aus — und von bannen [V. 4]. Das Leben der Gläubigen eine beständige Wallfahrt, nach jedem Ruhepunkt wieder ein neuer Aufbruch, bis zum Eingang in's rechte Kanaan.

Und gab ihm kein Erbtheil drinnen [V. 5]. Die Erde ist nicht der Kinder Gottes Erbtheil, ihr Loos ist nicht in dieser Welt, sie sind hier nur zur Miethe. (Quesnel). Wem Gott Alles ist, der hat Eigenthum genug, wenn er auch keinen Fuß breit Eigenthum besitzt. (Starcke). Und verhieß,

er wollte es geben u. s. w. Der Glaube hat sein Erbtheil in der unsichtbaren Welt und besitzt das Zukünftige schon in der Gegenwart. Hebr. 11, 1.

Dein Same wird ein Fremdling sein u. s. w. [V. 6]. Gott gab die Verheißung ihm also, daß der Glaube dabei etwas Hartes zu verdauen hatte; er legt die Ruthe zum Zucker, die Trübsal zum Ablaß der Verheißung, Röm. 8, 17. (Starcke).

Das Volk, dem sie dienen werden, will ich richten [V. 8]. Gott hat seine Zeit, sein Volk zu bedrücken, aber auch seine Zeit, die Werkzeuge solcher Demüthigung zu richten. Hat er seine Ruthen ausgebraucht, so wirft er sie in's Feuer; hat die Besen stumpf gekehrt, so kommen sie selber zum Kehricht. Beides gehört zu seiner Gerechtigkeit, vergl. darüber die ganze Welt- und Kirchengeschichte. — Und wir dienen an dieser Stätte. Alle Erlösung verbindet die Erlösten zum Dienste des Erlösers. Luk. 1, 74. 75. (Starcke).

Zu V. 2—8. Die Fußstapfen Abrahams, des Vaters der Gläubigen, ein leuchtendes Vorbild für alle gläubigen Gottespilger. Wir sehen darin 1) des Glaubens Opfer und Proben, 2) des Glaubens Geduld und Gehorsam, 3) des Glaubens Lohn und Segen. — Abrahams Pilgerschaft: 1) sein rauher Pilgerpfad, 2) sein guter Pilgerstab, 3) sein seliges Pilgerziel.

Die Erzväter neideten Joseph [V. 9]. Frömmigkeit hat allezeit der Welt Haß und Neid zu Gefährten, 2 Tim. 3, 12. Des Menschen Feinde werden seine eigenen Hausgenossen sein. Matth. 10, 36. Brüder haben Ein Geblüt, aber selten Ein Gemüth. (Starcke).

Gab ihm Gnade und Weisheit [V. 10]. Erst nach der Gnade und durch die Gnade kommt die wahre Weisheit. (Apost. Past.).

Es kam aber eine theure Zeit [V. 11]. Wo Jesus, der wahre Joseph, nicht ist, muß überall Dürftigkeit des wahren Brodes herrschen, denn Er ist allein das Brod des Lebens. Joh. 6, 48—51. (Quesnel). Und unsere Väter fanden nicht Fütterung. Die Theurung traf das Haus Abrahams mit. Gottseligkeit gibt kein Privilegium gegen Landplagen und Erdenleiden. Aber das Leiden der Frommen nehmen einen andern Ausgang als die Plagen der Bösen, Röm. 8, 28. (Apost. Past.).

Und zum andernmal ward Joseph erkannt [V. 13]. Nicht zum erstenmal gleich offenbart sich Joseph seinen Brüdern. Man muß warten können, um Gottes Gnade zu erfahren, Ps. 130, 5. 6. Gott läßt die Noth oft auf's höchste steigen, daß er mit seiner Hülfe desto herrlicher erscheine. (Starcke). — Ach, daß doch die Juden Jesum, ihren Bruder nach dem Fleisch, da sie meistens ihn zum erstenmal nicht erkannt, zum andernmal in dieser letzten Zeit möchten erkennen lernen! (Dersf.).

Geleget in das Grab, das Abraham gekauft hatte [V. 16]. Es ist keine geringe Gnade Gottes, seine Gebeine bei den Vätern und an einem solchen Ort sammeln zu können, wo Gottes Name geehrt wird und die sichtbare Kirche wohnet. (Starcke). „Dem Leib ein Räumlein gönn bei seiner Eltern Grab." Joh. Heermann in dem Liede: „O Gott, du frommer Gott"!

Zu V. 9—16. Joseph ein Vorbild auf Jesum: 1) im Stande seiner Erniedrigung. Einer wie der Andere des Vaters lieber Sohn, aber der Brüder Spott und Aergerniß; Einer wie der Andere sei-

ner künftigen Würde von Kind auf sich bewußt, aber mit Ehre gekrönt; zum Segen gesetzt über ein
nur durch Leiden der Herrlichkeit entgegengehend; hungerndes Volk; mit Zittern erkannt von denen,
Einer wie der Andere gehaßt von den Seinen, die ihn einst verkannt und verfolgt; mit Gnade
verkauft in der Sünder Hände, fälschlich verklagt, und Barmherzigkeit lohnend denen, die an ihm
ungerecht verurtheilt; 2) im Stande seiner Erhö- Übel gethan.
hung: Jesus wie Joseph nach Schmach und Leiden

2. Zweiter Theil der Rede, die mosaische Zeit umfassend. (Kap. 7, 17—43.)<br>
a. Schicksale Israels in Aegypten und Vorgeschichte Mose's.<br>
(Kap. 7, 17—29.)

Wie aber die Zeit der Verheißung nahete, die Gott Abraham verkündigt hatte,[1]) 17
wuchs das Volk und mehrte sich in Aegypten, *bis ein anderer König[2]) aufkam, der 18
nichts wußte von Joseph. *Dieser wandte Arglist gegen unser Geschlecht an, mißhan- 19
delte unsere Väter, und machte, daß man ihre kleinen Kinder aussetzte, damit sie nicht
am Leben blieben. *Zu der Zeit ward Moses geboren, und war ein anmuthiges Kind 20
vor Gott; der wurde drei Monate lang ernährt in seines Vaters Hause. *Als er 21
aber ausgesetzt worden war,[3]) nahm ihn Pharao's Tochter auf und zog ihn sich auf
zum Sohn. * Und Moses ward unterwiesen in aller[4]) Weisheit der Aegyptier, und 22
war mächtig in seinen Worten und Werken.[5]) *Da ihm aber eine Zeit von vierzig 23
Jahren voll ward, kam's ihm in's Herz, sich umzusehen nach seinen Brüdern, den Söhnen Israels. *Und als er Einen Unrecht leiden sah, wehrte er sich für ihn und rächete 24
den, welcher mißhandelt wurde, indem er den Aegyptier schlug. *Er meinete aber, seine 25
Brüder sollten's vernehmen, daß Gott durch seine Hand ihnen Errettung gebe; sie vernahmen's aber nicht. *Und am folgenden Tage erschien er bei ihnen, da sie mit ein- 26
ander stritten, und trieb sie zusammen[6]) zum Frieden, indem er sprach: Männer, ihr
seid Brüder, warum thut ihr einander Unrecht? *Der aber seinem Nächsten Unrecht 27
that, stieß ihn von sich und sprach: „Wer hat dich über uns[7]) zum Herrscher und
Richter gesetzt? *Willst du mich umbringen, wie du gestern den Aegyptier umgebracht 28
hast?" *Da floh Mose über dieser Rede, und wurde ein Fremdling im Lande Midian, 29
wo er zwei Söhne zeugete.

### Exegetische Erläuterungen.

1. Wie die Zeit der Verheißung nahete, — wuchs das Volk; καθώς ist buchstäblich zu nehmen, nicht = quum, sondern: so wie, in dem Maße, wie die Zeit nahete, ging auch das Wachsthum des Volkes vor sich. Die ἐπαγγελία Gottes ist die Gen. 15, 13. 14 berichtete und von Stephanus V. 6 f. erwähnte.

2. Bis ein anderer König aufkam, ganz aus Exod. 1, 8 genommen; was dort וַיָּקָם heißt, ist hier mit ἕτερος ausgedrückt, das im Unterschied von ἄλλος das Anderartige bezeichnet und auf eine neue Dynastie hindeutet. Οὐκ ᾔδει τὸν Ἰωσήφ soll ebenso wie im Hebräischen nicht etwa das Nichtken-
nenwollen, Nichtberücksichtigen Josephs und seiner Verdienste um Aegypten bezeichnen, sondern ge-
radezu die völlige Unbekanntschaft damit. Denn ein Zeitraum von 4 Jahrhunderten, zusammengenommen mit dem Eintritt einer neuen Dynastie, welche vermuthlich aus einem andern Landestheile
stammte, läßt wirklichen Mangel an Kunde von Joseph in der That ganz begreiflich erscheinen.

3. Dieser wandte Arglist an. Κατασοφίσασθαι ist die Uebersetzung von וַיִּתְחַכֵּם, Exod. 1, 10
bei den LXX. — Τοῦ ποιεῖν ἔκθετα τὰ βρέφη faßt Meyer als reine Absichtsstruktur; er mißhandelte sie, um dadurch die Aussetzung ihrer Kinder zu erzwingen. Dies ist unrichtig. Grammatisch ist

---

1) Die Handschriften A. B. C. haben ὡμολόγησεν, auch Vulgata: confessus erat; so Lachmann und Tischendorf; die Lesart ἐπηγγείλατο hat nur eine bedeutendere Handschrift für sich; und ὤμοσεν in D. E. ist ohne Zweifel Verbesserung gewesen.
2) Ἐπ' Αἴγυπτον nach ἕτερος ist zwar von A. B. C. und kleineren Handschriften bezeugt, wurde aber doch weit eher erklärend eingeschoben, als daß es in D. E. H. sollte fehlerhaft weggelassen sein.
3) Die von Lachmann aufgenommene Lesart ἐκτεθέντος δὲ αὐτοῦ aus A. B. C. D. ist vermuthlich daraus ent-
sprungen, daß das αὐτόν nach ἀνείλατο mit dem vorausgehenden ὑπ' ἐθ. αὐτόν sich nicht reimen zu
lassen schien.
4) Am besten bezeugt ist: ἐν πάσῃ σοφίᾳ A. C. E., während die Streichung der Präposition nur D. und H. für sich hat, der Genitiv πάσης σοφίας in B. grammatisch unmöglich ist, auch der Accusativ π. τ. σοφίαν nur in einer Handschrift sich findet.
5) Λόγοις καὶ ἔργοις αὐτοῦ ohne ἐν vor ἔργ. und mit αὐτοῦ nachher ist vollkommen bezeugt.
6) Συνήλασεν, offenbar schwerer, als συνήλλασσεν, das zwar von B. C. D. unterstützt ist, ist ohne Zweifel das ursprüngliche, als solches auch von A. E. H. bezeugt, von Tischendorf neuestens aufgenommen.
7) Der Genitiv ἐφ' ἡμῶν hat mehr Urkunden für sich, als der Accusativ ἐφ' ἡμᾶς.

6*

es nicht nothwendig, und in den Zusammenhang paßt es nicht, denn das κακοῦν mit auferlegter Arbeitslast und harter Behandlung dabei, hatte nicht den Zweck und konnte ihn nicht haben, die Aussetzung der Kinder zu erwirken. Der Infinitiv mit τοῦ, welcher ursprünglich eine Absicht ausdrückte, wird in der sinkenden Gräzität, zumal bei den Hellenisten, den LXX und im Neuen Testamente bei Paulus und Lukas, immer häufiger angewendet (Winer, Grammatik), und die bestimmte Beziehung des Zwecks geht dabei oft in die des Erfolgs über. Demnach will unser Ausdruck nur so viel sagen: er mißhandelte sie, so daß er (unter anderem) machte, daß man ihre neugebornen Kinder aussetzte. Die Thatsache, worauf sich dies bezieht, ist der Exod. 1, 22 den Aegyptiern überhaupt ertheilte Befehl Pharao's, die neugebornen Söhnlein der Israeliten in den Nil zu werfen. Das Verbum ζωογονεῖν brauchen die LXX Ex. 1, 17 für חָיָה, am Leben erhalten, leben lassen, so auch hier.

4. **Ein anmuthiges Kind vor Gott.** Exodus 2, 2 erzählt ganz einfach von Moses Mutter: וַתֵּרֶא אֹתוֹ כִּי טוֹב הוּא. Stephanus sagt ἀστεῖος τῷ θεῷ, anmuthig vor Gott, nach Gottes Urtheil, so daß Gott selbst ihn dafür erkannte; der Ausdruck soll keineswegs blos den Superlativ ersetzen. Uebrigens ist dieser Ausdruck noch ein sehr gemäßigter, dem gegenüber, was die Sage von der Schönheit Moses als Kind rühmt: Philo weiß davon zu sagen, noch mehr aber Josephus, welcher Antiquit. II, 9, 7 ihn ein Kind von Göttergestalt μορφῇ θεοῦ nennt, und erzählt, wenn man ihn auf der Straße getragen habe, sei Alles erstaunt und bewunderungsvoll stehen geblieben, Jeder habe sein eiligstes Geschäft vergessen u. s. w.

5. **Nahm ihn Pharao's Tochter auf.** Ἀνείλατο soll nicht so viel sein, als tollere infantem (de Wette), wie es nie vorkommt, sondern einfach = וַתִּקָּחֶהָ Exod. 2, 5, hob ihn auf. Erst in ἑαυτῇ εἰς υἱόν liegt die Annahme an Kindesstatt, obwohl es buchstäblich nur heißt, sie habe ihn aufgezogen für sich (anstatt für seine leiblichen Eltern) zum Sohn, d. h. daß er ihr Sohn werden sollte.

6. **Moses ward unterwiesen in aller Weisheit der Aegyptier.** Weder der Pentateuch, noch sonst eine Stelle des Alten Testaments erwähnt hiervon irgend etwas, Uebrigens liegt nicht im mindesten etwas Unwahrscheinliches darin, daß Moses, da er die Königstochter zu seiner mütterlichen Gönnerin hatte, auch der vollen Bildung theilhaft geworden sei, die man in Aegypten kannte und schätzte, und die sich nach anderweitigen Zeugnissen, hauptsächlich auf Mathematik, Naturkunde und Heilkunde bezogen zu haben scheint. Ganz anders als hier lautet es doch bei Philo, welcher de vita Mos. erzählt, daß man dem Mose nicht nur ägyptische, sondern auch griechische, assyrische und chaldäische Lehrer gegeben habe. — δυνατὸς ἐν λόγοις καὶ ἔργοις αὐτοῦ erinnert lebhaft an Luk. 24, 19, wo von Jesu gesagt ist δυνατὸς ἐν ἔργῳ καὶ λόγῳ. Die ἔργα sind bei Mose in keinem Fall auf Wunder zu beziehen, wovon die Schrift aus dieser Lebensperiode nichts meldet, sondern blos auf sein thätiges Auftreten und Wirken. Hingegen widerspricht

δυνατὸς ἐν λόγοις keineswegs, wie man gemeint hat, dem was Mose selbst Exodus 4, 10 von sich aussagt, daß er kein אִישׁ דְּבָרִים vielmehr כְּבַד פֶּה וּכְבַד לָשׁוֹן sei. Dies heißt nicht, wie die LXX und Targum Jonathan es deuten, er sei ein Stammler, sondern blos, er habe keine gewandte, geläufige Zunge. Und so kommt ja oft vor, daß bei charaktervollen und geistreichen Männern eine nicht sehr geläufige Ausdrucksweise doch höchst gewichtig und gewaltig wirkt, (δυνατὸς ἐν λόγοις).

7. **Da ihm aber eine Zeit von 40 Jahren voll ward.** Sowohl hier als V. 30 und 36 macht Stephanus auf die Vierzig aufmerksam, in die sich Moses Lebenszeit dreimal theilt. So sehr diese symmetrische Berechnung herkömmlich geworden ist, so ist sie doch keineswegs im Pentateuch selbst positiv begründet. Nur zwei Zahlen sind in den Urkunden gegeben: die des gesammten Lebensalters Mose's, 120 Jahre, Deut. 34, 7 und die des Aufenthalts in der Wüste beim Zug mit dem Volk Israel 40 Jahre, und zwar theils mittelbar in Bezug auf das Volk, nämlich Exod. 16, 35; Num. 14, 33 f.; vergl. Kap. 33, 38, theils unmittelbar in Betreff Mose's, dessen Alter beim Auftreten vor Pharao Exod. 7, 7 auf 80 Jahre angegeben ist. Hingegen findet sich weder in Hinsicht der Zeit, die Moses vor seiner Flucht nach Aegypten in seinem Geburtslande zugebracht hat, noch in Betreff seines Aufenthalts in der Wüste vor seiner Berufung am Horeb, irgend eine genauere Zeitbestimmung. Die nähere Bestimmung dieser Perioden und die ganze gleichmäßige Eintheilung der Lebenszeit Mose's (Mosis vita ter XL anni, Bengel) schreibt sich lediglich aus der Tradition her, die am frühsten hier, und zwar vollkommen ausgeführt, zu Tage kommt, aber auch bei den Rabbinen gäng und gäbe ist. — Die Ausdrucksweise ἀνέβη εἰς τὴν καρδίαν, impersonell, völlig hebraisirend = עָלָה עַל לֵב, geht von der Anschauung eines Oben und Unten im menschlichen Seelenleben aus: es kann etwas im tiefen Grund der Seele liegen, da ist es latent; es steigt empor, taucht auf und tritt in das bewußte Leben, in Sinn und Trieb ein; da wird es erst Eigenthum des Selbstbewußtseins, führt zu einer selbstständigen, eigenen, freien That. Während Exod. 2, 11 ganz einfach nur die Thatsache objektiv erzählt ist, daß Moses ausgegangen sei zu seinen Brüdern und ihre Belastung angesehen habe, schildert Stephanus den Hergang subjektiv, und zwar so, daß die Gesinnung der Theilnahme, der Liebe hervortritt, woraus schon der Entschluß hervorging: "er gedachte, sich nach seinen Brüdern umzusehen."

8. **Er meinte aber, seine Brüder sollten's vernehmen.** Eine pragmatische Bemerkung des Redners, welche im hebräischen Grundtext nicht angedeutet ist. Stephanus faßt diese That, womit Moses für einen einzelnen Israeliten aufgetreten war und einen einzelnen Aegypter erschlagen hatte, als vorbedeutend und vorbildlich für die Errettung des ganzen Volkes von ägyptischer Gewaltherrschaft, die Gott durch Mose schenken wolle. Sein Volk hätte das merken sollen, aber sie verstanden's nicht. Dieses οὐ συνιέναι scheint übrigens Stephanus

nicht hauptsächlich auf einen Mangel an Verstand und Fassungskraft, sondern vornehmlich auf einen Mangel an gutem Willen, an Glauben (ὁ θεὸς - αὐτ.) Gottvertrauen und Hoffnung zurückführen zu wollen.

9. **Am folgenden Tag erschien er bei ihnen.** Auch hier tritt die Eigenthümlichkeit und Frische der geschichtlichen Anschauung hervor. Schon das ὤφθη ist merkwürdig, es lautet fast wie von einer göttlichen Erscheinung, und deutet ohne Zweifel darauf, daß Moses als ein Bote Gottes bei seinen Volksgenossen erschienen sei, nicht blos, wie Bengel es auslegt, ultro, ex improviso, sondern in der That, wie aus einer höhern Welt und als von Gott gesandt. Συνήλασεν αὐτοὺς εἰς εἰρήνην deutet die energische Eindringlichkeit an, mit welcher Moses seinen Landsleuten zur Versöhnung und zum Frieden zusprach, eine via lenitatis, wie Bengel sagt; das Wort durch συνήλλασσεν zu erseßen, wie einige Minuskeln thun, oder es blos als einen Versuch zu deuten, ist nicht begründet. Moses seinerseits trieb die Streitenden zum Frieden zusammen; daß der Eine widerstrebte und den Vermittler von sich stieß, ist erst V. 27 f. gesagt. — Auch die Anrede ist frei gebildet. Exodus 2, 13 lautet das Wort Moses's kurz und gut: לָמָה תַכֶּה רֵעֶךָ; hier aber wendet sich Moses an Beide gleichermeise und hält ihnen vor Allem vor, daß sie Brüder sind und brüderlich gegen einander handeln sollen.

10. **Wurde ein Fremdling.** Nach arabischen Geographen des Mittelalters, welche einer Stadt Madian, östlich vom elamitischen Meerbusen erwähnen, scheint das Land Midjan, zwischen dem nördlichen Theil des arabischen Meerbusens und dem glücklichen Arabien bis gegen Moab hinauf gesucht werden zu müssen. Vielleicht waren aber die Midianiter unter Jethro eine Nomadenhorde des Volkes, welche in der arabischen Wüste umherzog. Winer, Realwörterbuch.

**Christologisch-dogmatische Grundgedanken.**

1. Es ist nicht ausdrücklich angedeutet, aber der ganze Zusammenhang, so wie der Zweck dieser Vertheidigungsrede bringt es mit sich, daß Moses als ein Vorbild Jesu Christi angeschaut wird. Die Verleumder und Ankläger hatten den Stephanus als einen Lästerer Moses und als Verächter des mosaischen Gesetzes angeschwärzt. Stephanus handelt ausführlich genug von Mose, faßt ihn jedoch nicht als Gesetzgeber, sondern als gottgesandten Erretter und Haupt des Volks, das ihm Zutrauen und Gehorsam schuldig war, auf. Hierbei weilt sein Blick theils auf der wunderbaren, für Menschen völlig unerwarteten göttlichen Führung und Bereitung des Moses zu seinem Beruf, theils auf dem Verhalten der Menschen, zunächst seines eigenen Volkes, gegen ihn. Sie verstanden nicht, daß Gott ihnen durch Mose Errettung schenken wolle, denn sie wollten es nicht verstehen; es fehlte an sittlicher Hingebung und willigem Aufmerken auf Gottes Wink. — Die vollkommene Ausrüstung Jesu zum Erlöser kann doch den Glauben und Gehorsam gegen ihn nicht erzielen, wo es an der Willigkeit des Herzens, sich in Gottes Wege zu finden, und auf seinen souveränen Heilswillen zu achten, fehlt.

2. Wie der Israelite dem Mose die Frage entgegenschleudert: „Wer hat dich zum Herrscher und Richter über uns gesetzt?" — so haben auch Jesum die Synedristen gefragt: „Wer hat dir diese Vollmacht ertheilt?" Matth. 21, 23 vergl. Luk. 20, 2. Die göttliche Vollmacht wird in Frage gestellt, weil die menschliche Legitimation nicht in die Augen fallend vorliegt. Mit andern Worten: man beschränkt sich unwillkürlich Gott in seinem Walten an menschliche Formen und Schranken gebunden, und verleugnet die unbedingte Vollmacht und Herrschermacht Gottes, (ὁ θεὸς τῆς δόξης, V. 2).

(Homiletische Andeutungen s. S. 90).

**b. Mose's Berufung.** (Kap. 7, 30—34.)

30 Und nachdem vierzig Jahre voll geworden, erschien ihm in der Wüste des Berges Sinai ein Engel[1]) im flammenden Feuer[2]) eines Busches. 31 *Da es aber Moses sah, wunderte[3]) er sich über die Erscheinung. Als er aber hinzuging, um es anzusehen, geschah eine Stimme des Herrn[4]): 32 *Ich bin der Gott deiner Väter, der Gott Abraham's,[5]) und Isaak's und Jakob's. Moses aber ward zitternd und wagte nicht hinzuschauen. 33 *Aber der Herr sprach zu ihm: Ziehe die Schuhe aus von deinen Füßen,

---

1) Zwischen der Lesart ἄγγελος und der andern, ἄγγελος κυρίου schwanken die äußeren Zeugnisse so, daß A. B. C. für ersteres, D. E. H. für letzteres stimmen, während auch die alten Uebersetzungen sich theilen. Daher muß nach innern Gründen entschieden werden. Und schwerlich würde κυρίου, wenn es ursprünglich stand, weggefallen sein; ungleich leichter mochte es, zumal Exod. 3, 2 der Grundtext יְהֹוָה מַלְאַךְ und LXX ἄγγ. κυρίου haben, hinzugethan werden. Daher haben Lachmann und Tischendorf κυρίου mit Recht gestrichen.

2) Πυρὶ φλογός, Tischendorf statt φλογὶ πυρός; beide Lesarten auch LXX Exod. 3, 2 ziemlich gleich beglaubigt. letzteres leichter, daher verdächtig.

3) Ἐθαύμαζεν bei D. E. H. und vielen kleinen Manuskripten ist dem Aorist ἐθαύμασεν bei A. B. C. vorzuziehen; das Imperfectum steht ganz an seinem Platz.

4) Πρὸς αὐτόν nach κυρίου hat zwar mehrere Handschriften für sich, ist aber in A. B. und mehreren orientalischen Handschriften fehlt, als Glossem zu betrachten.

5) Die umständlichere Lesart ὁ θεὸς Ἀβρ. καὶ ὁ θεὸς Ἰσ. κ. ὁ θ. Ἰακ. in D. E. H. erscheint als die ausgeschmückte gegenüber der von A. B. C. beglaubigten, von Lachmann und Tischendorf vorgezogenen: ὁ θεὸς Ἀβρ. καὶ Ἰσ. κ. Ἰακ.

34 denn die Stätte, da du¹) stehest, ist heiliges Land. *Ich habe wohl gesehen die Mißhandlung meines Volkes in Aegypten, und habe ihr Seufzen gehört, und bin herniedergekommen, sie zu erretten. Und nun komm her, ich sende²) dich nach Aegypten.

### Exegetische Erläuterungen.

1. **Nachdem vierzig Jahre voll waren.** Vergl. Exegetische Erläuterungen 7 zu V. 23. — Die Wüste des Berges Sinai, d. h. die arabische Wüste, oder die Sinai-Halbinsel, wird von Stephanus als die Landschaft bezeichnet, in welcher die Berufung an Mose erging. Daß die Erscheinung in der unmittelbaren Umgebung des Berges Horeb sich ereignet habe, ist nicht ausdrücklich bemerkt, wohl aber als bekannt vorausgesetzt; wenigstens ist deßhalb die Wüste eben nach dem Berg Sinai genannt. Im Neuen Testament wird nur der Sinai erwähnt, der Horeb nicht, im Alten Testament wechseln beide Namen, so jedoch, daß in der Geschichte der Gesetzgebung selbst und des Aufenthalts der Israeliten an dem Gebirge, dieses mit einer Ausnahme nur den Namen Sinai erhält, während vor der Ankunft des Volks an der unmittelbaren Stelle und nach seinem Abzug von da das Gebirge ausschließlich nur Horeb genannt wird; ein Umstand, aus welchem Robinson, Palästina I, 197 mit Grund den Schluß zieht, daß Horeb der allgemeine Name der ganzen Gebirgsgruppe sei, Sinai aber den einzelnen Berg bezeichne, an welchem die Gesetzgebung stattgefunden hat.

2. **Ein Engel.** Ist die Lesart ἄγγελος ohne κυρίου die richtige, wie es scheint, so ist allerdings der spezifische Begriff יהוה מלאך darin verwischt; dieser ist übrigens auch in ἀγγ. κυρ. beßhalb nicht unverkennbar ausgedrückt, weil jedenfalls, und so auch LXX Exod. 3, 2 der Artikel vor ἄγγελος fehlt. — Die Lesart: πυρὶ φλογὸς β. stellt das Feuer des Busches als ein flammendes vor die Anschauung; bei der andern Lesart: φλογὶ πυρὸς β. ist die Feuerflamme als solche der Hauptgegenstand der Vorstellung. Beide kommen in der Hauptsache auf dasselbe hinaus. Der feuerflammende und doch vom Feuer nicht verzehrte Busch, in welchem der Engel Jehovah's gegenwärtig ist, ist die Offenbarungsstätte Gottes selbst. Das flammende Feuer, das den Busch nicht verzehrt, ist nicht natürliches Feuer, sondern übernatürliches Licht, wie es zur δόξα Gottes in seinem Erscheinen gehört.

3. **Moses wunderte sich.** Die Erzählung ist auch hier nicht sklavisch buchstäbliche Rezitation des alttestamentlichen Berichts, sondern gibt diesen frei, und mit lebendiger Anschauung verbunden. So ἐθαύμαζεν, wo besonders das Imperfectum als die vorzüglichere Lesart, zu verstehen gibt, daß Moses, nach dem ersten Erblicken jener Erscheinung, eine Weile staunend zugesehen habe, bevor er näher hingehen wollte, um die Sache genauer in Augenschein zu nehmen, (κατανοῆσαι).

4. **Geschah eine Stimme des Herrn.** Was der Engel, als Bote Gottes, nicht in seinem eigenen, sondern in Gottes Namen spricht, ist Gottes Wort, und seine Stimme Gottes Stimme. Auch hier weicht Stephanus von dem Text des Alten Testaments ab, sofern dort die Selbstoffenbarung Gottes als des Gottes der Erzväter Exod. 3, 6 dem Befehl, die Sandalen auszuziehen, weil die Stätte eine heilige ist, Exod. 3, 5, nachfolgt. Moses soll seine Sandalen, die unter den Fuß gelegte und mit Riemen befestigte Fußbekleidung, aufbinden und ablegen, denn nur baarfuß durfte man im Orient Tempel und andere heilige Stätten betreten, zum Zeichen tiefer Ehrerbietung und um nicht Staub und Unreinigkeit und mit der Fußbekleidung in das Heiligthum zu bringen. Die rabbinische Ueberlieferung will auch wissen, daß die Priester im Tempel zu Jerusalem ihren Dienst unbeschuht verrichtet haben.

5. **Ich habe wohl gesehen.** Die Ausdrucksweise ἰδὼν εἶδον, ist hier, wie bei den LXX Gräzisirung des hebräischen Verbum mit infinit. absol.; übrigens findet sich eine gleichartige Wendung auch wohl bei klassischen Schriftstellern der Griechen. Der Nachdruck, welcher in der partizipialen Wiederholung des Verbums liegt, deutet hier ein lange fortdauerndes und theilnehmendes, schmerzliches Zuschauen an.

### Christologisch-dogmatische Grundgedanken.

1. Das Theologumenon, daß der „Engel Jehovah's," welcher im Alten Testament öfters erscheint und zum Theil im Namen Gottes selbst spricht, für identisch zu halten sei mit dem ewigen Sohn Gottes, welcher vor seiner Menschwerdung in Gestalt eines Engels erschienen sei, — findet in dem Umstand keine Unterstützung, daß Stephanus einfach nur von einem Engel spricht, wo Exod. 3, 2 von dem „Engel Jehovah's" redet.

3. Die Furcht und das Zittern, was den Mose überfiel, sobald es ihm bewußt ward, daß Gott selbst gegenwärtig sei und sich ihm so nahe offenbare, war der natürliche Empfindung für ein offenes, nicht abgestumpftes Gemüth. Es ist zugleich nicht ohne Bedeutung, daß diese Gottesoffenbarung an demselben Gebirge stattfand, welches bald darauf der Schauplatz der Gesetzgebung werden sollte. Zwar liegt es nicht in diesem Zusammenhang, daß Moses sollte von dem erschütternden Akt der Gesetzgebung jetzt schon ein Vorgefühl empfangen haben; aber der Eindruck von Gottes erhabener Majestät, Heiligkeit und δόξα mußte doch ein für den ersten Anfang erschreckender sein. Erst Furcht, dann Trost; denn die Gottesrede, V. 34, ist doch eine erquickende und erhebende, durch die darin sich kund gebende Liebe (τοῦ λαοῦ μου), Erbarmung und hülfreiche Gnade.

3. Der Ort, da Moses stand, war heiliges Land, einfach darum, weil Gott da gegenwärtig war, und

---

1) Ἐφ᾽ ᾧ ist bei weitem stärker beglaubigt, als ἐν ᾧ, welches nur E. und H. für sich hat, und aus dem Text der LXX herüber gekommen zu sein scheint. Lachmann, Tischendorf und Meyer haben es daher aufgenommen.
2) Das Futurum ἀποστελῶ in der Recepta ist nur durch eine namhafte Handschrift, H., unterstützt, hingegen A. B. C. D. haben das Präsens ἀποστέλλω und auch E. mit ἀποστέλλω, wo nur das ε durch Schreibfehler weggelassen ist, spricht für das Präsens, was durch die Kritik neuerdings einstimmig aufgenommen ist.

sich offenbarte. Nicht der Ort an und für sich hat irgend eine Heiligkeit vor jedem andern voraus, sondern einzig und allein der unbedingte Wille Gottes, sich da oder dort zu offenbaren, macht ihn zu einem heiligen Platz. Dies geltend zu machen, liegt ganz und gar in dem Plan der Rede des Stephanus. Es ist aber auch selbst der mosaischen Gesetzgebung entsprechend, in welcher Gott, was die Offenbarungsstätte betrifft, Alles davon abhängig macht, daß er irgendwo seines Namens Gedächtniß setze und stifte, Exod. 20, 21.

### c. Des Volks Israels Betragen gegen Mose und gegen Gott. (Kap. 7, 35—43.)

35 Diesen Mose, welchen sie verleugneten und sprachen: „Wer hat dich zum Herrscher und Richter gesetzt?" den hat Gott als Herrscher und Erlöser gesandt,[1]) mit der Hand[2]) des Engels, der ihm erschienen war in dem Busch. *Dieser führte sie aus und that 36 Wunder und Zeichen im Land Aegypten[3]) und im Rothen Meer und in der Wüste vierzig Jahre lang. *Dies ist der Moses, welcher zu den Kindern Israel gesagt hat: 37 Einen Propheten wird euch Gott[4]) erwecken aus euren Brüdern, gleichwie mich; *dieser 38 ist es, der in der Gemeinde in der Wüste mit dem Engel war, welcher auf dem Berg Sinai mit ihm redete, und mit unsern Vätern, welcher empfing lebendige Worte uns zu geben. *Welchem unsere Väter nicht gehorsam werden wollten, sondern stießen ihn 39 von sich und wandten sich mit ihrem Herzen[5]) nach Aegypten, *indem sie zu Aaron 40 sagten: „Mache uns Götter, die vor uns hergehen; denn von diesem Moses, der uns aus dem Land Aegypten geführt hat, wissen wir nicht, was ihm geschehen ist." *Und 41 sie machten ein Kalb in jenen Tagen, und brachten Opfer dem Abgott, und freuten sich über die Werke ihrer Hände. *Aber Gott wandte sich und gab sie dahin, daß sie die- 42 neten des Himmels Heer, wie geschrieben steht im Buch der Propheten: „Habt ihr Opfer und Gaben mir dargebracht vierzig Jahre lang in der Wüste, ihr Haus Israels? *Und ihr nahmet das Zelt Molochs auf und das Gestirn des Gottes[6]) Rephan[7]), die 43 Bilder, die ihr gemacht hattet, sie anzubeten; und ich will euch versetzen jenseits Babylon.

### Exegetische Erläuterungen.

1. Diesen Mose, welchen sie verleugneten. Es fällt jedem Leser in's Auge, daß die vier Verse 35—38, sämmtlich mit dem Demonstrativum beginnen, während auch die zweite Hälfte von V. 35, mit τοῦτον anfängt, dagegen V. 38 f. das Relativum sich wiederholt auf eine ähnliche Weise. Unverkennbar liegt ein rednerischer Nachdruck in dieser wiederholten starken Hinweisung auf Mose's Person. Und zwar ist die Absicht dieses Nachdrucks vor Allem in dem Contrast zu suchen, welchen der göttliche Beruf und das von Gott gegebene Werk Mose's bildet gegen die Verkennung und Verwerfung, welche Moses von seinem Volk zu erfahren gehabt hat. In zwei Gängen wird dieser Gegensatz vor die Augen gestellt: a. V. 35 f. die frühere Zurückweisung Mose's durch seine Landsleute gegenüber der göttlichen Sendung als Erretter und Befreier des Volks unter vielen Wundern; b. V. 37—39 die von Seiten Gottes dem Mose zuerkannte Würde, welche darin liegt, daß er, vermöge des ihm gestatteten Umgangs mit dem Engel, Vermittler der Offenbarung Gottes an das Volk wurde und Vorgänger des verheißenen Propheten, gegenüber dem Ungehorsam der Israeliten, die ihn von sich stießen und als einen Verschollenen ignorirten.

2. Demnach steht V. 35 f. die frühere Stimmung der Israeliten gegen Mose mit der späteren wirklichen Sendung desselben und seinem Wunderwerk der Führung Israels aus Aegypten und durch die Wüste im Contrast. Dieser Contrast tritt aber nur dann in's Licht, wenn (wie Stephanus wirklich thut), die Aeußerung jenes Israeliten Exodus 2, 13 f. solidarisch aufgefaßt wird. Denn der Plural ἠρνήσαντο εἰπόντες hat die Bedeutung, daßjenige, was Einer gesagt hat, als Vielen

---

1) Das Perfektum ἀπέσταλκεν ist durch weit mehr Handschriften bezeugt, als der Aorist ἀπέστειλεν.
2) Σὺν χειρί ist ganz überwältigend bezeugt, während das sichtlich leichtere ἐν χ. nur eine Handschrift für sich hat.
3) γῇ Αἰγύπτῳ in A. E. H. und Minuskeln, so wie bei den griechischen Kirchenvätern, ist ohne Zweifel ächt, während τῇ Αἰγύπτῳ und γῆ Αἰγύπτου erst aus jenem entstanden sind.
4) Lachmann und Tischendorf haben nach A. B. D. die kürzeste Lesart vorgezogen: ἀναστήσει ὁ θεὸς ἐκ τ. ἀδ., so daß sowohl κύριος vor ὁ θεός, als ὑμῶν nach demselben als Einschaltung weg fällt. Ebenso ist αὐτοῦ ἀκούσεσθε, obwohl nicht schwach beglaubigt, doch als unächt anzusehen, es ist eher aus dem Grundtext und LXX eingeschoben, als wenn es ursprünglich war, weggelassen wurde.
5) Τῇ καρδίᾳ steht zwar nur in einer Handschrift ersten Rangs, aber in mehreren zweiten Rangs und in mehreren altorientalischen Uebersetzungen, sowie bei den griechischen Kirchenvätern; ist indeß aus inneren Gründen sowohl der Lesart ταῖς καρδίαις, als der ἐν ταῖς καρδίαις vorzuziehen, mit Tischendorf.
6) Die ohne Zweifel richtige Lesart ist θεοῦ vor ὑμῶν, welches Letztere zwar nur in zwei Handschriften B. D. und einigen orientalischen Uebersetzungen fehlt, aber vermuthlich aus den LXX bei Amos 5, 26 hereingekommen ist.
7) Die Schreibart bei Rephan ist höchst abweichend, fast jede der Haupthandschriften hat eine andere Form; 'Ρεφάν hat Lachmann und Tischendorf aufgenommen.

aus der Seele gesprochen, oder gar als der Gesinnung Aller entsprechend geltend zu machen, denn unius hominis dicta et facta adscribuntur etiam illis, qui eodem sunt animo (Bengel.)

3. Im Einzelnen bilden die zwei Sätze den Contrast: 1) τίς σε κατέστησεν ἄρχοντα καὶ δικαστήν; 2) ὁ θεὸς ἀπέσταλκεν αὐτὸν ἄρχοντα καὶ λυτρωτήν. Jener Satz enthält die menschliche Frage (des Unglaubens und der Verleugnung); dieser die göttliche Antwort, welche mit der That gegeben wurde. Aber während Gott den, dessen Beruf als ἄρχων in Frage gestellt war, allerdings als Herrscher und Führer sandte, hat er ihn nicht blos, was bezweifelt ward, als δικαστήν, sondern was mehr ist, als λυτρωτής geschickt. Darin liegt ein Klimax. Dort war die Vollmacht Mose's, zwischen zwei einzelnen Männern zu schlichten und zu richten, bezweifelt worden; Gott aber hat ihn als den Erretter seines ganzen Volks, gleichsam als Schiedsrichter und Exekutor zwischen zwei Nationen gesendet. — Σὺν χειρὶ ἀγγέλου, wörtlich: mit der Hand, der helfenden Macht des Engels verbunden; dies deutet darauf, daß Moses durch den Umgang mit dem Engel Gottes und dessen Machtwirkungen als Gesandter Gottes legitimirt worden sei.

4. Dies ist der Moses. V. 37—39. Hier wird der zweite, dem ersten analoge, Contrast vor die Augen gestellt, und zwar ist hier das erste Glied das göttliche, das zweite das menschliche, was oben umgekehrt gewesen war. Gott hat ihn dessen gewürdigt, daß er sollte Prophet, Vermittler göttlicher Offenbarungen sein: die Israeliten wollten ihm nicht gehorchen, sondern wandten sich von ihm ab, und mit dem Herzen wieder Aegypten zu. V. 37 will die Würde Mose's, die ihm von Gott zugetraute Huld offenbar dadurch in's Licht stellen, daß der von Gott verheißene Prophet, der Messias, ein Prophet wie Moses (ὡς ἐμέ) sein würde. Die prophetische Stellung Mose's wird V. 38 dadurch deutlich gemacht, daß seine Vermittlung bei dem Alt der Gesetzgebung geschildert wird: Moses war in der Gemeinde (ἐκκλησία, die Volksversammlung) mit dem Engel und mit unsern Vätern, d. h. sein Beruf, sein Wirken, seine Stellung war einerseits dem Engel, andererseits dem Volke zugewandt, nach der einen Seite empfangend, nach der andern gebend (ἐδέξατο – δοῦναι). Somit stand Moses in der Mitte, war der Vermittler zwischen Gott und dem Volk. Der Engel redete mit ihm auf dem Berge Sinai; was im Exodus unmittelbar Jehovah zugeschrieben ist, das faßt Stephanus mit den Alexandrinern, wie Philo, als Engel vermittelt auf. — Das Gesetz selbst beschreibt Stephanus als λόγια ζῶντα, als Gottessprüche, Orakel, welche nicht todter Buchstabe, sondern lebenskräftig, wirksam sind. Man hatte den Stephanus beschuldigt, er rede wider das Gesetz, er lästere Mosen (Kap. 6, 13. 11); hier rühmt er das Gesetz, bekennt sich als einen Verehrer desselben, stellt es hoch.

5. Sondern stießen ihn von sich. Ungeachtet Moses von Gott so hoch geehrt, so hoch gestellt war, waren doch seine Volksgenossen nicht gewillt, sich ihm zur Leitung gehorsam hinzugeben (ὑπήκοοι γενέσθαι), im Gegentheil stießen sie ihn von sich (ἀπώσαντο, wie V. 27 ἀπώσατο αὐτόν) und wandten sich mit ihren Herzen, ihren Gelüsten und Verlangen wieder Aegypten zu. Worauf sich das

bezieht? Wegen V. 40 f. ist die herkömmliche Voranssetzung, welcher alle Neueren huldigen, es sei lediglich an ägyptischen Bilderdienst gedacht. Merkwürdiger Weise ist aber weder in diesen beiden Versen bei Erwähnung des goldenen Kalbes irgend auch nur mit einem Wort angedeutet, daß dieses die Nachahmung eines ägyptischen Götzen gewesen sei; noch ist im Alten Testament irgendwo, sei's im Pentateuch, sei's in späteren Büchern, auch Ezech. 20, 7 f. nicht ausgenommen, eine ausdrückliche Hindeutung darauf zu finden, daß jenes Bild eines Kalbes in der arabischen Wüste eine ägyptische Reminiscenz gewesen sei. Thatsächlich verhielt es sich ohne Zweifel so, nur ist das an unserer Stelle und im Alten Testament nirgends geltend gemacht. Um so weniger Grund ist da, die nach Aegypten gekehrte Gesinnung der Israeliten hauptsächlich oder gar ausschließlich auf den ägyptischen Götzendienst zu beziehen. Vielmehr ist zu denken an die sich regende und wiederholt äußernde Sehnsucht nach Aegypten und nach Genüssen und der ganzen Lebensart, woran sie sich dort gewöhnt hatten, cf. Num. 11, 5.

6. Mache uns Götter, die vor uns hergehen. Keineswegs müßte das, wie Meyer einwendet, so gefaßt werden, daß die Götter bei dem Rückweg nach Aegypten vorangehen sollen, falls man bei V. 39 an das Heimweh nach Aegypten denkt. Denn Stephanus hat die stürmische Sehnsucht nach Aegypten vorhin nur als ein Symptom im Auge gehabt, worin die Abwendung des Volks von Mose und seiner Führung sich geoffenbart habe. Hier aber, V. 40, hält er sich einfach an die Worte der Geschichte, Exod. 32, 1 ff., einer Geschichte, welche ebenfalls einen schlagenden Beweis abgibt von der dem Mose abgewandten Gesinnung des Volks. Denn hier unmittelbar ist allerdings im Hebräischen keine Spur davon sichtbar, daß das Volk sofort hätte umkehren und unter Abtretung des Götterbildes nach Aegypten ziehen wollen. Bengel faßt das προπορεύσονται in diesem letzteren Sinn, aber keineswegs achtens mit Unrecht. Ὁ γὰρ Μωϋσῆς οὗτος etc., der nom. absol. steht voran, um den Hauptgegenstand recht vor das Bewußtsein zu stellen; einen verächtlichen Ton übrigens findet man in οὗτος nicht mit Recht. Und was den logischen Zusammenhang betrifft, der durch γάρ angedeutet wird, so liegt er nicht darin, daß man jetzt ungescheut dem Götzenkultus fröhnen könne, da ja Moses, der unbeugsame Gegner desselben verschollen sei (Meyer); vielmehr scheint die Meinung die zu sein: wir wissen ja nicht, was aus Mose geworden ist, der uns ausgeführt hat und bisher an unserer Spitze vorangezogen ist; nun müssen wir doch an seiner Stelle einen göttlichen Führer an der Spitze unseres Zuges haben, und das soll der seyn, den uns Aaron macht. Daß aber in diesem Gedanken ebenfalls eine Geringschätzung des Mose, ein Abfall von der Treue gegen ihn und seine Leitung lag, ist unverkennbar.

7. Und sie machten ein Kalb. Die Verfertigung des Stierbildes, wofür ein sonst nirgends im griechischen Schriftthum vorkommendes Wort μοσχοποιεῖν gebildet ist, wird hier dem Volk als seine That zugeschrieben, während in der Geschichtserzählung lediglich Aaron es ist, der das Werk vollbringt. Dessenungeachtet schreibt Stephanus die That mit Recht auf die Rechnung des Volks, denn Aaron hat ja nur auf dessen Veranlassung

und nach dem Willen' desselben gehandelt, ist also gewissermaßen nur der gehorsame Diener des Volkswillens gewesen. — Jenes Stierbild selbst war ohne Zweifel ein aus Aegypten entlehntes Symbol, sei's, daß der Apis zu Memphis in Oberägypten oder der Mnevis zu Heliopolis in Unterägypten als Vorbild galt; beides waren lebendige Stiere und wurden göttlich verehrt. Aeltere, wie Spencer, Selden, und Neuere, wie Lengerke, dachten an den Apis, Ewald erklärt sich für den Mnevis. — Das Stierbild nennt Stephanus εἴδωλον, Götze, was es streng genommen nicht war, denn es sollte ja sowohl nach des Volkes, als nach Aaron's Meinung (Exod. 32, 4 f.) nur ein sichtbares Bild des wahren, lebendigen Gottes, Jehovah's, sein, nicht aber einen falschen, nichtigen Gott vorstellen. Allein weil die Verehrung Gottes unter einem gemachten Bilde der Natur der Sache nach unmerklich und unwillkürlich in Kreaturvergötterung übergeht, wird dieses Jehovahbild selbst als Götze qualifizirt. Mit Absicht ist auch bei ἀνήγαγον θυσίαν hinzugesetzt τῷ εἰδώλῳ, denn Exod. 32, 6 steht einfach: וַיַּעֲלוּ עֹלֹת, Stephanus will aber zeigen, die Israeliten haben eigentlich nicht Gott, sondern dem Bild Opfer gebracht. Sie haben sich an den Werken ihrer Hände erfreut, womit offenbar angedeutet werden soll die Versündigung gegen den Schöpfer, welche in solcher vergötternden Freude an dem Selbstgemachten, an dem Kreatürlichen liegt.

8. **Aber Gott wandte sich und gab sie dahin.** Hier wendet sich die Rede zu der göttlichen Strafe für den bewiesenen Ungehorsam und Abfall von der Verehrung des lebendigen Gottes, V. 42 f. Gott wandte sich von ihnen ab, ἔστρεψε in medialem und reflexivem Sinn, nicht im transitiven Sinn zu αὐτούς: convertit animos eorum (Heinrichs), auch nicht adverbial, wie שׁוּב mit einem zweiten Verbum = rursus tradidit (Morus). Letzteres wäre sachlich schief, sofern von früherem Götzendienst der Israeliten, welcher jetzt nur auf's neue eingetreten wäre, keine Spur vorliegt; ersteres wäre tautologisch mit παρέδωκεν αὐτούς. Das Wort drückt nur die verdiente Ungnade Gottes aus, womit er dem sündigen Volk fortan begegnet sei. — Daß Gott παρέδωκεν αὐτοὺς λατρ.. ist nicht bloßer Ausdruck göttlichen Zulassens, wie Chrysostomus und neuere Ausleger es verstanden, sondern bezeichnet eine göttliche That, darin er seine Strafgerechtigkeit erwies. Dasjenige, wozu Gott die Israeliten hingab, preisgab, war Gestirndienst, göttliche Verehrung (λατρεύειν) der Sternenwelt, eine sowohl in Aegypten, als in Chaldäa und Phönizien einheimische Art Abgötterei.

9. „**Habt ihr Opfer und Gaben mir dargebracht?**" Zum Beweis der wirklichen Götzendienste der Israeliten während des Wüstenzuges beruft sich Stephanus auf Amos 5, 25 f., eine Stelle, die er, zunächst an die alexandrinische Uebersetzung sich anlehnend, doch auch wieder frei wiedergibt. Die Frage, V. 42, μή — Ἰσραήλ, will sagen: ihr habt mir ja doch die vierzig Jahre in der Wüste keine Opfer dargebracht! ohne Zweifel ein solcher rednerischer Vorwurf, welcher die in der Wüste Jehovah selbst dargebrachten Opfer nicht in Betracht zieht um der vorherrschenden Abgötterei willen. Es ist deßhalb unbegründet, μοι durch ἐμοὶ μόνῳ erklären zu wollen. Das Positive ist V. 42 nachgeholt: ihr nahmet das Zelt Moloch's auf; das Griechische ist hier buchstäblich der LXX entnommen, welche מַלְכְּכֶם „eures Königs," b. h. Götzen mit τοῦ Μολόχ gegeben haben, ohne Zweifel blos durch Vermuthung geleitet. סִכּוּת ist das tragbare Götzenzelt, welches auf dem Zuge mitgeführt wird. Wesen und Bedeutung des Moloch ist durch urkundliche Nachrichten wenig festgestellt, er scheint allerdings eine sibirische Geltheit gewesen zu sein. In Betreff des Ῥεμφάν weichen die LXX, denen unser Text folgt, noch mehr vom Grundtext ab. Das ἄστρον soll vermuthlich die Abbildung eines Sterns bezeichnen, das Sinnbild der Gestirngottheit Rephan, ein Name, welchen die LXX für כִּיּוּן setzen, während er selbst ägyptischen Ursprungs zu sein und auf den Saturn bezüglich scheint. — Die göttliche Drohung, das abgöttische Volk aus dem Land verstoßen und in die Ferne wegführen lassen zu wollen, ist im Grundtext, welchem die LXX sich anschließen, mit Erwähnung von Damaskus, jenseit dessen Israel weggeführt werden solle, näher bestimmt. Stephanus aber, mit Rücksicht auf die geschichtlich vorliegende Erfüllung der Drohung, hat Babylon an die Stelle der syrischen Hauptstadt gesetzt.

**Christologisch-dogmatische Grundgedanken.**

1. **Moses ein Vorbild auf Jesum.** Dies liegt handgreiflich V. 37 in der Erinnerung an Mose's Weißagung von dem „Propheten wie ich". Moses, ein Mann, durch welchen Gott geredet hat zu den Vätern; Jesus, in welchem Gott geredet hat zuletzt. Moses ein Vermittler zwischen Gott und dem Volk; Jesus Christus der Mittler zwischen Menschen und Gott. Moses von seinem Volke verkannt und verworfen durch Ungehorsam und Weigerung, sich seiner Führung, seinem Gebot zu fügen; Jesus von seinem Volk verleugnet, ausgestoßen, gekreuzigt, weil es nicht wollte, daß ein solcher Messias über Israel herrsche. Aber Moses von Gott begnadigt (mächtig in Wort und That, V. 22 vergl. Luk. 24, 19), durch Wunder beglaubigt, und als Beschirmer und Befreier seines Volks gesandt; Jesus von Gott gesandt und gesalbt, als Erlöser, Messias und Seligmacher. Freilich durch Mose ist das Gesetz gegeben; Gnade und Wahrheit ist in Jesu Christo geworden.

2. **Stephanus ist consequent darin, daß er lehrt, die Offenbarung Gottes an Mose ist durch einen Engel vermittelt worden**; so V. 30. 35 von der Berufung Mose's am Horeb, so V. 38 vergl. 53 von dem Akt der Gesetzgebung und dem ganzen Verkehr Mose's mit Gott. Allerdings hat durch den Engel Gott selbst mit Mose geredet (V. 31), Gott selbst den Mose gesandt (V. 35), und darauf beruht die hohe Stellung und Mission des Mannes, gegenüber seinem Volk. Dennoch ist darin, daß Gott nicht unmittelbar, sondern nur durch einen Engel mit Mose geredet hat, auch eine untergeordnetere Stellung dieses Propheten, gegenüber Jesu Christo begründet, was Stephanus zwar nicht mit ausdrücklicher Erklärung geltend macht, aber doch stillschweigend zur Ehre des Messias andeutet.

3. Die dem Mose von Gott eröffneten und von ihm dem Volk überlieferten Gebote sind λόγια ζῶντα. Das will nicht, wie etliche Ausleger meinten, so viel besagen als ζωοποιοῦντα. Denn daß das Gesetz als Ganzes oder daß einzelne Gebote des mosaischen Gesetzes vermögen Leben zu geben, Leben einzuflößen, wo keines sei, das wollte seinem ganzen Glauben an Jesum gemäß Stephanus sicherlich nicht behaupten. Wohl aber schreibt er dem Gesetz selbst Leben, wirksame Kraft zu; inwiefern, das hat er nicht entwickelt, aber wir können's uns denken: theils sofern es das Gewissen schärft und anfaßt, mit seinem „du sollst, du sollst nicht," den Willen nicht läßt wie er ist, sondern entweder zum Gehorsam lenkt oder zum Widerstreben reizt; theils sofern die angeknüpften Verheißungen und Drohungen in Erfüllung gehen.

4. Das Bild Gottes, welchem irgend ein Grab der Verehrung bezeigt werden soll und darf, wird ein Abgott, ein Idol. Das liegt in der menschlichen Natur, in der Dialektik der Sache selbst so tief begründet, daß ein Ausweichen und Vorbeugen nichts hilft. Es liegt göttliche Weisheit darin, daß Gott im Dekalog die Verfertigung aller und jeder Gottesbilder aus und nach kreatürlichen Dingen streng und ausnahmslos verpönt hat, Exod. 20, 4 f. Jesus Christus, Gottes Sohn und Menschen Sohn, ist das einzige wahrhaftige Bild Gottes, in welchem wir den Vater sehen. In der katholischen Kirche will man in thesi die Verehrung (debitam honorem et venerationem) von der Anbetung scheiden; aber in praxi führt erstere immer wieder zu letzterer, wenigstens beim Volk und der Masse der Gemeinden. Man meidet nur den Namen Anbetung, hat und buhlet aber die Sache. Und so gelangt man immer wieder unwillkürlich zur Vergötterung der Kreatur, zur Abgötterei.

5. Die Gerechtigkeit Gottes hat sich darin gezeigt, daß Gott von den Israeliten sich wandte und sie in Abgötterei dahingab. Weil sie sich mit ihrem Herzen von ihm gewandt hatten (ἐστράφησαν V. 39), wandte er sich billig hinwiederum von ihnen (ἔστρεψε V. 42). Weil sie wider sein Gebot sich ein kreatürliches Bild von ihm selbst gemacht hatten, gab er sie in völlige Abgötterei und Anbetung des Geschaffenen dahin. Wie die Sünde, so ihre Vergeltung und Strafe. Weichst du von Gott und trittst ihm ferne, so weicht er von dir und tritt dir ferne.

**Homiletische Andeutungen.**
(Kap. 7, 17—43.)

Da nun sich die Zeit der Verheißung nahete. [V. 17.] O ein treuer Gott: er vergißt seiner Verheißung nicht, sondern erfüllet sie auch lange nach des Menschen Tode. Merke das, betrübter Lehrer: siehest du den Nutzen deiner Arbeit nicht und legst dich mit Abraham darüber schlafen, Gott will seine Verheißung nach deinem Tode erfüllen. (Starcke.)

Der nichts wußte von Joseph. [V. 18.] Nichts wird geschwinder alt, als empfangene Wohlthat. (Starcke.)

Daß man die jungen Kindlein hinwerfen mußte. [V. 19.] Die rechte Art der Verfolger der Kirche ist betrüglich handeln mit den Frommen und die geistlichen Jünglinge und Kinder unterdrücken. (Starcke.)

Als er aber hingeworfen ward, nahm ihn die Tochter Pharaonis auf. [V. 21.] Was Gott will erquicken, kann Niemand, auch kein Tyrann ersticken. (Starcke.) — Und zog ihn auf zu einem Sohne. Pharao, welcher den grausamen Befehl zu seinem Tode gegeben, muß ihn am eigenen Hof auferziehen. So weiß Gott seine Auserwählten zu schützen und macht ihre Feinde zu ihren Dienern.

Und Moses ward gelehret in aller Weisheit der Aegypter. [V. 22.] Gott, dem alle Gaben und Kräfte der Völker gehören, mußte auch die Künste der Aegypter zur Ausführung seines Werks zu gebrauchen. (Starcke.) — Es ist eine Gnade Gottes, wenn er Einem bei Gelegenheit gibt, die Weisheit der Welt zu erlernen. Sie kann nutzbar werden zum Dienste Gottes, nur muß zum menschlichen Wissen die göttliche Gnade, zur trockenen Gelehrsamkeit der Geist kommen, der sie beleibt, und der Charakter, der sie fruchtbar macht, („Moses ward gelehret — und war mächtig"). (Nach Apost. Past.)

Gedachte er zu besehen seine Brüder. [V. 24.] Der ist kein treuer Moses, der sich nicht durch das Elend der Kirche Gottes bewegen läßt.

Und erschlug den Aegypter. [V. 24.] Gläubig und ein Todtschläger sein, reimt sich freilich nicht zusammen. Auch diese That gehört unter die außerordentlichen und heroischen, die Keinem zur Nachfolge dienen, wie des Pinehas [4 Mose 25] und Elias [1 Kön. 18] Handlungen. — Uebrigens war dieser Todtschlag nicht Mosis Absicht: er wollte nur den Unterdrückten in Schutz nehmen; kam auch nicht aus Privataffekt, sondern aus Liebe zu seinem Volk. — In Gottes Rath und Reicheplan aber wurde diese That zu einem Vorspiel dessen, was er durch Moses ausführen wollte: Niederlage der Aegypter und Erlösung Israels. (Nach Starcke und Apost. Past.)

Aber sie vernahmen's nicht. [V. 25.] Auch Jesus kam in sein Eigenthum, und die Seinen nahmen ihn nicht auf. (Quesnel.)

Willst du mich auch tödten? [V. 28.] Kläglicher Zustand, wenn der Kranke seinen Arzt [Mark. 7, 22], der Unterthan seinen Fürsten, der Sklav seinen Befreier, der Mensch sein eigen Heil nicht erkennen, noch sich helfen lassen will. So machen wir's mit Christo, Matth. 23, 37. (Quesnel.)

Floh und ward ein Fremdling. [V. 29.] So verursachten die Juden mit ihrem Undank, daß sie noch 40 Jahre unter dem Druck stehen mußten, da ihnen sonst Gott schon damals durch Moses hätte helfen können. (Starcke.) — Auf der andern Seite brauchte Gott diese 40 Jahre noch zur Vorbereitung des Moses auf seinen Beruf. In der Einsamkeit und Stille bereitet Gott die Seinen. Moses war schon gelehrt in aller Weisheit der Aegypter, mächtig in Worten und Werken. Er war auch überzeugt, Gott wolle ihn zur Errettung Israels gebrauchen, und daher dachte er wohl selbst, V. 25, er sei nun tüchtig genug. Aber nein, da mußte er erst aus dem Lande fliehen und vierzig Jahre warten, ehe er gerufen wurde, ob er gleich manche traurige Post inzwischen wird haben hören müssen. O, es ist ein schlechtes Kennzeichen, wenn man sich so in's Amt drängt, und nicht warten kann, bis einen Gott hervorzieht. (Apost. Pastor.) — Die Wartezeiten im Reiche Gottes als Zeiten verborgenen Reifens: 1) der Wiversacher zum Gericht, 2) der Gläubigen zur Hingabe an die göttliche Führung, 3) der Rüstzeuge Gottes zum Dienst ihres Herrn.

**Der brennende Busch [V. 30.]** ein Sinn- und Vorbild: 1) Israels, wie es in Aegypten einer aus der Art geschlagenen, verwilderten Dornhecke glich, brennend, aber doch nicht verzehrt in der Glut der Ziegelöfen, in der Hitze der Anfechtung; 2) des Messias nach seiner menschlichen Niedrigkeit (Dornbusch) und göttlichen Herrlichkeit (Flamme im Busch) in Einer unzertrennten Person (der Busch wird nicht verzehrt); 3) der christlichen Kirche in ihrer unansehnlichen Kreuzgestalt, beständigen Anfechtung und unverwüstlichen Lebenskraft. „Dieser Busch brennt nun bald 2000 Jahre und doch haben wir seine Asche noch nicht gesehen." (Nach Starcke und anderen Alten.)

**Moses ward zitternd. [V. 32.]** Nicht aus knechtlicher Furcht, sondern aus frommer Demuth. Wie gut ist es doch einem Lehrer, der, so oft er an heiliger Stätte auftreten muß, solch heiliges Zittern nicht nur im Anfang seines Lehramts, sondern auch im Fortgang empfindet. Wird diese kindliche Scheu und Ehrerbietung vor Gott nicht ein Riegel sein, wodurch viel unnütze Worte, eitle Gebärden und andere sündliche Dinge zurückgehalten werden, und ein Sporn, jedesmal vor Gott, in Gott und aus Gott zu reden und zu handeln? (Apost. Past.)

**Zeuch die Schuhe aus u. s. w. [V. 33],** eine Mahnung zum Abthun irdischer Besselsung und eingebildeten Hochmuths vor dem Angesichte des Herrn: 1) für den Prediger, im Studirzimmer und auf der Kanzel; 2) für den Zuhörer, beim Kirchgang und unter dem Gottesdienst.

**Ich habe wohl gesehen u. s. w. [V. 34.]** Je größer Noth, je näher Gott; 1) er sieht das Leiden seines Volks; 2) er hört das Seufzen seiner Gläubigen; 3) er kommt herab zu rechter Zeit; 4) er sendet seine Knechte aus.

**Diesen Moses. [V. 35. ff.]** Moses, von seinem Volk schnöde verleugnet, aber von Gott herrlich beglaubigt; von Gott so kräftig beglaubigt, und doch von seinem Volk immer wieder verleugnet — so blind steht die Welt vor den Offenbarungen göttlicher Herrlichkeit, so undankbar vor den Erweisungen göttlicher Barmherzigkeit, so leichtsinnig vor den Gerichten göttlicher Heiligkeit.

**Dieser empfing das lebendige Wort. [V. 38.]** Auch das Gesetz Gottes ein lebendiges Wort: 1) es ist an sich lebendig, ein Ausfluß des lebendigen Gottes, und war auch für den Menschen im Stande der Unschuld ein lebendig machendes, das natürliche Leben nicht tödtend und unterdrückend, sondern nur normirend und formirend; 2) im Stande der Sünde erweist es sich zwar zunächst tödtend, offenbart den geistlichen Tod und drohet den ewigen, 2 Kor. 6, aber auch da ist es kein todtes, sondern in sich und an sich lebendig, sonst könnte es im Sünderherzen nicht wie Feuer brennen und wie ein Schwert einhauen, oder da wirkt es zum Leben, indem es das Gewissen weckt und auf den weist, dessen Wort das Leben giebt, Joh. 6, 63; 3) im Stande der Gnade endlich ist es nicht todt und abgethan, sondern objektiv in Christo dem Enthüller und Erfüller des Gesetzes erst lebendig und leibhaftig geworden, subjektiv durch den Heiligen Geist als Liebestrieb und

Heiligungskraft in Herz und Leben des Gläubigen aufgenommen. (Schiller: „Nehmt die Gottheit auf in euern Willen, und sie steigt von ihrem Weltenthron.")

**Welchem nicht wollten gehorsam werden eure Väter. [V. 39.]** Es gibt uns dies eine gute Anweisung, wie man sich gegen solche Menschen zu verhalten habe, die zu Bestärkung ihres Ungehorsams gegen die evangelische Wahrheit auf die Väter, auf die Alten sich berufen; da muß man solchen geschehen, wie man zwar die Alten als Väter stehen lasse, wie man aber ihr Verhalten, insofern sie dem Evangelio ungehorsam gewesen, als Väter stehen lasse, wie man aber ihr Verhalten, insofern sie dem Evangelio ungehorsam gewesen, als Regel nicht nachzufolgen brauchen könne, welche allein das untrügliche Wort Gottes sein und bleiben müsse. (Ap. Past.) — **Wandten sich um mit ihren Herzen gen Aegypten.** Siehe ein Bild der undankbaren Christen, die ihren Erlöser, der sie aus der Sünde geführet, von sich stoßen und mit ihren Herzen zu dem Aegypter, der verderbten Welt, wiederkehren. (Starcke.) — Das gehört zu des Teufels Fallstricken, daß er durch Erinnerung an das im Sündendienst gehabte sinnliche Vergnügen auch angefaßte und erweckte Seelen wieder zurückzuziehen versteht. (Apost. Past.)

**Und sprachen zu Aaron. [V. 40.]** Wie behutsam soll dieser Fall Knechte Gottes machen. Weder Geistesgaben, noch Amt und Würde können uns vor den Nachstellungen des Feindes sicher stellen, wenn man nicht beständig durch den Glauben am Herrn hängt und vor seinen Augen wandelt. Sonst vermag man weder glatten Verheißungen, noch ungestümen Drohungen genugsam zu widerstehen. (Apost. Past.)

**Aber Gott wandte sich und gab sie dahin. [V. 42.]** Die größte Strafe ist, wenn Gott die Menschen sich selbst überläßt und in ihren verkehrten Sinn dahingibt, daß sie aus einer Sünde in die andere fallen. (Starcke.) — **Habt ihr mir auch je Opfer geopfert?** Gott zählt nicht die äußeren Werke, sondern das des Herzens und Geistes, Ps. 51, 19; Jes. 66, 2. (Starcke.)

**Ich will euch wegwerfen jenseit Babylonien. [V. 43.]** Zwischen des Menschen Schuld und Gottes Strafe ist immer eine Aehnlichkeit, Gott straft die Abgötterei der Juden durch abgöttische Völker. (Starcke.) — Gott versetzt die Wohnungen der Menschen theils in Zorn [V. 43] theils in Gnaden [V. 4.] (Starcke.)

**Zum ganzen Abschnitt: [V. 17—43.]** Moses als Erretter seines Volks und Christus als Erlöser der Welt. 1) Worin ist Moses Christo ähnlich? a. Beide von Gott beglaubigt: durch wunderbare Errettung in der Kindheit (Pharao und Herodes), durch stilles Heranreifen zum großen Beruf, (Moses an Pharao's Hof und in der Wüste, Jesus in der Zimmermannshütte zu Nazareth und in der Stille am Jordan), durch feierliche Berufung in's Amt (Moses am Horeb, Jesus bei der Taufe), durch reichliche Erweisung des Geistes und der Kraft (Moses „mächtig an Werken und Worten", Jesus ein Prophet „mächtig an Thaten und Worten"), durch das von ihnen vollbrachte Erlösungswerk und durch das Gericht über ein undankbares und ungehorsames Volk [V.42.] b. Beide von ihrem Volk verleugnet und verworfen: ihre göttliche Sendung verkannt [V. 27], ihre reine Gesinnung verlästert [V. 28], die von ihnen angebotene Freiheit verschmäht [B. 39], ihr Gedächtniß vertilgt unter einem undankbaren Geschlecht [B. 40]. 2) Worin steht Christus über Moses? Moses erlöst von leiblicher, Christus von geistlicher Knechtschaft; Moses erlöst Israel, Christus die Menschheit; Moses stiftet eine zeitliche, Christus eine ewige Erlösung; Moses handelt als Knecht, Christus als der Herr. — Mosis Lehrjahre ein Beispiel, wie Gott seine auserwählten Rüstzeuge zubereitet: 1) durch große Gefahren und mächtige Errettungen [B. 21]; 2) durch menschliche Belehrung [B. 22] und göttliche Erleuchtung [B. 30]; durch Welterfahrung [B. 22 bis 24] und stille Einkehr im eigenen Herzen [B. 29]; durch tiefe Demüthigungen [B. 27. 28] und hohe Gnadenzeugnisse [B. 32—34]. — (Aehnliches nachzuweisen im Bildungsgang und Lebenslauf eines Joseph, David, Elias, Paulus, Luther u. A.) — Gottes auserwählte Rüstzeuge: 1) das Metall, daraus er sie nimmt; 2) das Feuer, darin er sie schmiedet; 3) die Proben, dadurch er sie bewährt; 4) die Thaten, die er damit thut. — Moses das Musterbild eines rechten Reformators; es gehört dazu: gründliches Wissen und lebendige Herzenserfahrung; ein heller Blick in die Zeit und ein warmes Herz für das Volk; ein ritterlicher Muth gegenüber der Welt und eine kindliche Demuth vor Gott und vor seinem Wort. Moses, der Gottesmann, zugleich der echte Volksmann: aus dem Volk nach Fleisch und Blut und doch über dem Volk nach Geist und Charakter; für das Volk in Wort und That, und doch, wo es Gottes Gesetz gilt, zuwider dem Volk und dessen bösen Gelüsten.

**3. Dritter Theil der Rede, die nachmosaische Zeit und die Gegenwart umfassend. (Kap. 7, 44—53).**

44 Unsere Väter hatten¹) das Zelt des Zeugnisses in der Wüste, wie das verordnet hatte, der zu Mose redete, daß er es machen sollte nach dem Vorbild, das er gesehen
45 hatte; *welches unsere Väter, nachdem sie es überkommen hatten, auch in's Land brachten mit Josua, als sie den Besitz der Heiden antraten, welche Gott ausstieß vor dem
46 Angesicht unserer Väter, bis zu der Zeit Davids, welcher Gnade vor Gott fand, *und
47 bat, daß er eine Wohnung finden möchte für den Gott²) Jakobs. *Salomo aber bauete
48 ihm ein Haus. *Aber der Höchste wohnet nicht in dem was mit Händen gemacht ist³),
49 wie der Prophet spricht: „Der Himmel ist mein Stuhl und die Erde meiner Füße Schemel; was für ein Haus wollt ihr mir bauen, spricht der Herr, oder welches ist die
50/51 Stätte meiner Ruhe? *Hat nicht meine Hand das alles gemacht?" *Ihr Halsstarrigen und Unbeschnittenen am Herzen⁴) und den Ohren, ihr widerstrebet allezeit dem Heiligen
52 Geist, wie eure Väter, so auch ihr! *Welchen von den Propheten haben eure Väter nicht verfolgt und getödtet, die da vorher geweißagt haben von dem Kommen des Ge-
53 rechten, dessen Verräther und Mörder ihr jetzt geworden seid⁵). *Die ihr empfangen habt das Gesetz als Anordnungen von Engeln, und habt es nicht gehalten!

**Exegetische Erläuterungen.**

1. Unsere Väter hatten das Zelt des Zeugnisses. Σκηνὴ τοῦ μαρτυρίου ist bei den LXX. und so hier, die Uebersetzung von אֹהֶל מוֹעֵד; ob diese Deutung, auf die Ableitung von יָעַד gestützt, falsch ist (de Wette, Meyer), steht nun so mehr dahin, als man über die wirkliche Bedeutung von יָעַד keineswegs positiv im Klaren ist. Denn zwischen den Auslegungen: „Versammlungszeit und Offenbarungszeit" schwebt noch die Wage. Im vorhergehenden B. 43 ist nun einer σκηνή die Rede gewesen, hier wieder von einer σκηνή, dort von der eines Götzen, hier von der des wahren Gottes; das bildet den Faden des Zusammenhanges, jedoch nicht so, daß absichtlich der Contrast zwischen dem abgöttischen und dem gottgefälligen Kultus in's Licht gestellt werden sollte. Wohl aber bildet das Heiligthum den Mittelpunkt des B. 44—50 folgenden Theils der Rede: erst ist das heilige Zelt das Heiligthum gewesen, in der Wüste und nachher in Canaan, dann von Salomo's Zeit an der Tempel, als heiliges Haus.

2. Wie das verordnet hatte, der zu Mose redete. Die Heiligkeit der Stiftshütte soll aus dem Umstand erhellen, daß Gott positiv Anordnungen in Betreff derselben dem Mose gegeben hat, daß und wie sie sollte gemacht werden, nämlich einem Vorbild ähnlich, das dem Mose auf dem Berg Sinai zur Anschauung war gegeben worden. Exod. 25, 9. 40. Das heilige Zelt nebst seinen Geräthen

---

1) ἐν nach ἦν im textus receptus ist nur schwach bezeugt und unbedenklich für unächt zu halten.
2) τῷ θεῷ ist durch A. C. E., sämmtliche alte Uebersetzungen und die Kirchenväter als ächt beglaubigt, während τῷ οἴκῳ, was Lachmann vorgezogen hat, wohl in B. D. H. sich findet, aber in den Zusammenhang nicht so gut taugt.
3) Der textus receptus hat nach dem Vorgang von H. und mehreren Kirchenvätern nach χειροποιήτοις das Wort ναοῖς eingeschaltet, welches in allen übrigen Handschriften ersten Ranges fehlt und sichtlich ein erklärender Zusatz eines Abschreibers ist. Schon Bengel hat es als solchen erkannt.
4) Der von Lachmann vorgezogene Plural καρδίαις ist zwar durch A. C. D. stark bezeugt, während der Singular τῇ καρδίᾳ nur bei E. H., dagegen die alten orientalischen Uebersetzungen und die meisten Kirchenväter für sich hat. Allein der Plural scheint theils dem Vorangehenden ἀπερίτμητοι, theils dem parallelen ὠσίν an lieb gemacht zu sein, während der Singular schwerlich von späteren Abschreibern an die Stelle des Plural gesetzt worden wäre, wenn dieser ursprünglich da stand.
5) ἐγένεσθε ist ohne Zweifel ächt, γεγένησθε hat nur eine einzige der ältesten Handschriften für sich.

war demnach zwar mit Händen gemacht, ein menschliches Werk, aber es war andererseits ein auf Gottes ausdrücklichen Befehl und einem göttlichen, idealen Urbild nachgebildetes Heiligthum. Darüber drückt sich Philo opp. ed. Mangey II, 146 ff. so aus, Moses sei für den Bau unterwiesen werden τῶν μελλόντων ἀποτελεῖσθαι σωμάτων ἀσωμάτους ἰδέας τῇ ψυχῇ θεωρῶν, πρὸς ἃς ἔδει, καθάπερ ἀπ' ἀρχετύπου γραφῆς καὶ νοητῶν παραδειγμάτων αἰσθητὰ μιμήματα ἀποκονιαθῆναι.

3. **Welches unsere Väter, nachdem sie es übertommen hatten, auch in's Land brachten.** Das heilige Zelt hat nicht ausschließlich nur in der Wüste gedient, sondern ist auch noch im Lande Kanaan selbst das Heiligthum geblieben bis auf die Zeit Davids und Salomo's. Οἱ πατέρες ἡμῶν bezeichnet dem Zusammenhang nach eine andere Generation der Väter, nämlich die Zeitgenossen Josua's, welche in Verbindung mit ihm in das Land rückten und dieses besetzten; indessen gehörten die Worte μετὰ Ἰησοῦ nicht zu οἱ πατέρες ἡμῶν als nähere Bestimmung, was nothwendig den Artikel erfordern würde, sondern sie gehören zum Verbum εἰσήγαγον. Διαδεξάμενοι ist nicht = successores, vertritt auch nicht etwa blos das Adverb: „hernach", sondern besagt, daß diese Generation des Volks die Stiftshütte von ihren Vätern überkommen, als ein heiliges, theuerwerthes Erbe angetreten hatten. Die Worte ἐν κατασχέσει τῶν ἐθν. sind insofern ungenau, als sie buchstäblich ein Besitzergreifen in Beziehung auf Völker nennen, was in der That Besitznahme von Grund und Boden war, der den überwundenen und sofort ausgestoßenen Völkerschaften angehört hatte. Die Zeitbestimmung ἕως τῶν ἡμερῶν Δαυὶδ ist nicht, mit Küinoel und Baumgarten, zu ἕξωσεν, sondern zu εἰσήγαγον zu ziehen; jenes hätte den Sinn, daß die Arbeit der Austreibung der kananitischen Völker bis auf Davids Zeit fortgedauert habe; nun ist aber die Vertreibung der Völker Nebensache, Hauptgegenstand ist das Heiligthum und seine Geschichte. Zu εἰσήγαγον bezogen, will der Zusatz sagen, daß die Stiftshütte mit Josua in das Land gebracht worden sei, und von da an bis auf Davids Zeit als das ausschließliche Heiligthum Israels gedient habe.

4. **David bat — Gott Jakobs.** ᾐτήσατο kurzweg für desideravit zu nehmen (Küinoel) ist lexikalisch willkürlich, überdies unnöthig; denn wenn auch in der Geschichte selbst eine Bitte dieses Inhalts, von David im Gebet Gott vorgetragen, nicht nachweisbar ist, so findet sich doch Aehnliches im 132. Psalm, welcher besonders in seinen ersten 5 Versen, nach den LXX (Pf. 131) zweifelsfrei dem Stephanus vorschwebt, vgl. B. 5: ἕως οὗ εὕρω τόπον τῷ κυρίῳ, σκήνωμα τῷ θεῷ Ἰακώβ. Σκήνωμα ist im Unterschied von σκηνή ein fester, dauernder Wohnsitz, dem Zusammenhang nach ist gemeint ein des Gottes Jakobs würdiger Wohnsitz, ein würdiges Heiligthum. Diese bringende Bitte Davids, welche Pf. 132 als Gelübde ausgedrückt ist, blieb unerfüllt, weil Gott selbst dem König die Ausführung absichlug. Hiervon redet Stephanus nicht ausdrücklich, setzt es jedoch als bekannt voraus. Zu beachten ist dabei noch, daß sowohl B. 46 als 47, theils Gedanke und Wunsch, theils die Ausführung des Tempelbaues als menschlicher Gedanke und menschliche That erscheint, keineswegs, wie bei der Stiftshütte, B. 44, als auf Gottes Willen und Befehl und nach Gottes Anordnungen im Einzelnen erfolgt.

5. **Aber der Höchste wohnet nicht ꝛc.** Der Zusammenhang ist: Obwohl es dem Salomo gelungen ist, an die Stelle des tragbaren Zeltes ein festes Haus, einen prachtvollen Tempel als Heiligthum zu setzen, so ist doch der Tempel nimmermehr als die wahrhaft angemessene und ausschließliche Wohnstätte Gottes, woran er mit seiner Gegenwart und Offenbarung gebunden wäre, anzusehen. Mit fühlbarem Nachdruck steht nach der Partikel ἀλλά die Negation οὐχ voran, als Protest gegen abergläubischen Wahn von der Dignität des Tempels. Im Satze selbst bildet ὁ ὕψιστος und χειροποιήτοις den Contrast; ὕψιστος, entsprechend dem Begriff ὁ θεὸς τῆς δόξης, hebt die unendliche Herrlichkeit und Größe Gottes hervor; und χειροποιήτοις, wie die LXX Jes. 16, 12 geradezu für Heiligthum (Moabs), sonst aber wohl auch für Götzen brauchen, ist mit Bedacht ohne ναοῖς gesetzt, um den allgemeinen Begriff des menschlich Gemachten dem Schöpfer selbst entgegenzustellen und den Wahn in Hinsicht des Tempels auf gleiche Stufe wie den Aberglauben in Betreff der Götzenbilder zu stellen. Das prophetische Wort, worauf sich Stephanus beruft, Jes. 66, 1 ff., lautet bei dem LXX fast wörtlich wie hier. Der Gedanke ist: die ganze Schöpfung, so weit und groß, so hoch und tief sie ist, ist Gottes Wohnstätte; darum kann ein Haus von Menschen erbaut nicht Gottes ausschließende und einschließende Wohnstätte sein; ist er doch selbst der Schöpfer des Alls, so bedarf er nicht menschlicher Hülfe, um eine Ruhestätte zu erhalten. Mit diesem prophetischen Ausspruch legitimirt Stephanus indirekt jede Veränderung des Tempeldienstes, welche etwa durch Jesum und das Evangelium herbeigeführt werden könnte. Nicht aber will er, wie Baur und Zeller vermuthen, über den Tempel und Tempeldienst an und für sich ein verwerfendes Urtheil fällen. Hiervon liegt in den Worten keine Spur, auch läßt der ganze Zusammenhang und Plan der Rede keineswegs etwas dieser Art erwarten.

6. **Ihr Halsstarrigen und Unbeschnittenen.** Auf einmal schlägt der Redner einen anderen Ton an. Bisher hat er ein Geschichtsbild entworfen, nun faßt er die Gegenwart in's Auge; bisher hat er von früheren Gottesoffenbarungen und Führungen gehandelt, jetzt weist er auf die Person Christi hin; bisher hat er die früheren Generationen Israels geschildert, jetzt stehen die Zeitgenossen vor seinem prophetischen Blick; bisher war sein Ton ein ruhig darstellender gewesen, jetzt redet er seine Zuhörer direkt mit unverhohlen hervorbrechender Entrüstung und flammendem Eifer an. Hatte er bisher die Geschichte vortragend mit der Absicht, sich gegen die erhabenen Beschuldigungen zu vertheidigen, vorgestellt, und nur andeutend auf die Fehler der Gegenwart hingewiesen: so verfährt er jetzt angreifend und hält seinen Zuhörern ihre Sünde vor. Der Uebergang ist rasch, aber nicht unvermittelt, wenn wir den bei der Geschichte des Alterthums stets auf die Gegenwart gerichteten Blick des Redners in's Auge fassen; und keineswegs hat man nöthig, erst eine äußere Veranlassung zu erdichten, welche den Redner zu dieser strengen Ansprache bewogen haben könnte, wie etwa eine Unterbrechung durch Geschrei der Zuhörer, oder drohende Gebärden der letzteren (Küinoel, Olshausen). Der Vorwurf hartnäckigen Sinnes und unbeschnit-

tenen Herzens, welcher öfters im Alten Testamente gegen die Israeliten geschleudert wird, und ihre Einbildung tief bemüthigt, will hier hauptsächlich die tiefgewurzelte Ungeneigtheit rügen, sich von Gottes Geist regieren zu lassen und seinem Willen sich zu fügen. Dem entspricht der positive, mit $\dot{\alpha}\nu\tau\iota\pi\iota\pi\tau\epsilon\iota\nu$ $\tau\tilde{\omega}$ $\pi\nu$. $\tau$. $\dot{\alpha}$. absichtlich stark ausgedrückte Vorwurf leidenschaftlichen Widerstrebens wider die Leitung des Geistes Gottes. Der Vorwurf ist aber so ausgesprochen, daß das Volk Israel solidarisch gefaßt wird, als eine Gesammtperson in allen verschiedenen Generationen: $\dot{\omega}\varsigma$ $o\dot{\iota}$ $\pi\alpha\tau\epsilon\rho\epsilon\varsigma$ $\dot{\upsilon}\mu\tilde{\omega}\nu$ $\kappa\alpha\dot{\iota}$ $\dot{\upsilon}\mu\epsilon\tilde{\iota}\varsigma$. und $\dot{\upsilon}\mu\epsilon\tilde{\iota}\varsigma$ $\dot{\alpha}\epsilon\dot{\iota}$ — $\dot{\alpha}\nu\tau\iota\pi\iota\pi\tau\epsilon\tau\epsilon$.

**7. Welchen von den Propheten haben eure Väter nicht verfolget?** Ein Beweis des stetigen $\dot{\alpha}\nu\tau\iota\pi\iota\pi\tau\epsilon\iota\nu$ $\tau\tilde{\omega}$ $\pi\nu$. $\tau$. $\dot{\alpha}\gamma$. Die Väter haben die Propheten, welche vom Geist Gottes getrieben redeten, verfolgt und getödtet, und zwar sie alle ohne Ausnahme verfolgt ($\tau\iota\nu\alpha$ — $o\dot{\upsilon}\kappa$ $\dot{\epsilon}\delta$.). Die Väter haben verfolgt und getödtet diejenigen Männer, welche vorher verkündigt haben, daß der Messias kommen werde, ó $\delta\iota\kappa\alpha\iota o\varsigma$ derjenige, welcher der einzig und vollkommen Rechtschaffene sein wird und Viele gerecht machen wird, vergl. z. B. Jes. 53, 11. Was die Väter den Propheten anthaten, das haben die Jetztlebenden dem von den Propheten Verheißenen angethan: ihr wurdet seine Verräther und Mörder, $\pi\rho o\delta\acute{o}\tau\alpha\iota$, durch Anklage bei Pilatus und Uebergabe in seine Gewalt, entsprechend dem $\dot{\iota}\delta\iota\omega$-$\xi\alpha\nu$, $\varphi o\nu\epsilon\tilde{\iota}\varsigma$ durch Kreuzigung, entsprechend dem $\dot{\alpha}\pi\epsilon\kappa\tau\epsilon\iota\nu\alpha\nu$.

**8. Die ihr empfangen habt das Gesetz,** $\epsilon\dot{\iota}\varsigma$ $\delta\iota\alpha$-$\tau\alpha\gamma\dot{\alpha}\varsigma$ $\dot{\alpha}\gamma\gamma\epsilon\lambda\omega\nu$ b. i, daß es sein sollte, geachtet und befolgt werden sollte als Anordnungen von Engeln (legem eo habendam loco, quo habendæ essent constitutiones angelorum, Bengel). Meyer's Einwand gegen diese Auffassung: Israel habe das Gesetz nicht als Engelsbefehle, sondern als Gottesbefehle empfangen, verwechselt, was Stephanus sagt mit dem, was Exodus sagt. Die Erklärung: legem ab angelis promulgatam verkennt willkürlich die Bedeutung von $\epsilon\dot{\iota}\varsigma$ und verwechselt sie mit $\dot{\epsilon}\nu$. Die Mitwirkung der Engel bei der Gesetzgebung ist allerdings im Grundtext nicht berichtet, wohl aber von der rabbinischen Tradition gelehrt, wie diese schon in den LXX Deut. 33, 2 schwach auftaucht. Das Relat. $o\tilde{\iota}\tau\iota\nu\epsilon\varsigma$ verallgemeinert stets, indem es entweder von einem Subjekt auf viele gleichartige hinweist, oder von bestimmten Subjekten aus auf einen allgemeinen Begriff führt. So hier, wo die jetzige Generation des Volkes Gottes mit allen früheren zusammengefaßt und unter den Begriff des Ungehorsams gegen das empfangene Gesetz Gottes subsumirt wird. Aus diesem allgemeinen Charakter fließt auch und erklärt sich das Verfahren der jetzigen Israeliten gegen Jesum und seine Bekenner.

**9. Hauptgedanke, Zweck und geschichtliche Aechtheit der Rede.** Man hat den Hauptgedanken derselben in dem Verhältniß der Rede zu der Anklage und der ganzen geschichtlichen Lage von jeher sehr verschieden aufgefaßt, und Erasmus hat ohne Zweifel vielen Auslegern aus der Seele gesprochen, wenn er urtheilte: multa inesse, quae non ita multum pertinere videantur ad id, quod instituit. Dagegen hat Bengel mit Recht erinnert: quamquam non ponit enuntiationes enuntiationibus adversariorum directe contradicentes, tamen ad omnia nervose respondet. Falsch ist es jedenfalls, wenn man den Schwerpunkt der Rede, wie Kuinoel thut, in denjenigen Theil verlegt, welcher erst noch hätte folgen sollen, der aber wegen der tumultuarischen Unterbrechung und sofortigen Tödtung des Redners nicht mehr zum Vortrag gekommen sei. In neuerer Zeit hat Dr. Baur, de orat. hab. a Steph. cons. 1829 als Hauptgedanken der Rede b en aufgestellt: je herrlicher die Wohlthaten Gottes gegen Israel von Anfang an gewesen seien, desto widerspenstiger und undankbarer habe sich das Volk selbst benommen. Dies ist treffend, jedoch nur von der mosaischen Zeit, V. 17, an, während in der ganzen patriarchalischen Periode V. 2—16 mit alleiniger Ausnahme von V. 9 nicht ein Wort einen Gedanken dieser Art zu verstehen gibt. Daher haben Luger (Zweck ꝛc. der Rede des Steph. 1838) und Baumgarten 1, 131 ff. 142 den treffenden Gedanken noch wo anders gesucht, ersterer nämlich darin, daß das Gesetz der Verheißung untergeordnet sei, letzterer in Aufweisung des Allmählichen und Stufenmäßigen in der Geschichte der göttlichen Offenbarung des Alten Bundes. Uebrigens scheinen diese beiden Gesichtspunkte nicht gerade so stark durch, daß eine bestimmte Absicht in dieser Richtung angenommen werden dürfte. Wohl aber tritt neben dem Schatten menschlichen Unglaubens und Ungehorsams gegen den Geist Gottes und die Männer Gottes, welcher sich auf Seiten Israels stets gezeigt hat, das Licht der göttlichen $\delta\acute{o}\xi\alpha$ V. 2 beharrlich hervor, d. h. die unbeschränkte Herrlichkeit und Selbstständigkeit Gottes, vermöge welcher er von Anfang an sich offenbart, wie er will, Ort und Zeit, Form und Ordnung seiner Offenbarungen setzt und verfügt, indem er weder an den Tempel als die ausschließliche Stätte seiner Gegenwart, noch an Kanaan, als an das alleinige Land seiner Offenbarung gebunden ist. Das ist gewiß nicht Zufall, daß Mesopotamien (V. 2), Aegypten (V. 9. 10. 22. 34. 36), die arabische Wüste (V. 30 ff. 36. 38), neben dem gelobten Lande (V. 4 ff. 45) als Gegenden namhaft gemacht werden, wo Gott mit den Vätern geredet, mit Wundern sich geoffenbart habe. Der Hauptinhalt der Rede ist demnach eine theils vertheidigende, theils rügende und angreifende Erörterung der Geschichte des Volks Israel, wobei stets die Vergangenheit als Spiegel der Gegenwart dient, und zwar so, daß einestheils die Herrlichkeit und unbedingte Vollmacht und Freiheit Gottes sich zu offenbaren, theils die Unempfänglichkeit und Widerspenstigkeit Israels in früherer und jetziger Zeit vornämlich in's Licht tritt. Der letztere Gedanke ist am Ende V. 51 ff. in offenem und nachdrücklichem Vorwurf ausgesprochen.

Was die geschichtliche Aechtheit der Rede betrifft, so hat man erst in neuester Zeit das Ganze für spätere freie Composition erklärt (Baur, Zeller und B. Bauer). Wenn übrigens als Grund hiefür geltend gemacht wird, daß der kunstvolle Plan eine durchdachte Ausarbeitung verrathe, so ist dies keineswegs überzeugend. Gerade die Beschaffenheit der Rede, vermöge welcher ihr leitender Hauptgedanke und wirklicher Zweck sehr verschieden aufgefaßt worden ist, spricht für deren Aechtheit. Denn wäre sie gemacht und nach Maßgabe der Umstände später frei componirt, so wäre sie ohne Zweifel so ausgefallen, daß die Beziehungen der Vertheidigung und der Antwort auf vorgebrachte Beschuldigungen handgreiflich wären.

Und wenn man die Undenkbarkeit der genauen Ueberlieferung und Erhaltung der Rede behauptet, so läßt sich dagegen erinnern, 1) daß die Rede, eben ihres geschichtlichen Inhalts und chronologischen Ganges wegen um so leichter dem Gedächtniß eingeprägt werden konnte, 2) daß gerade der so unmittelbar auf diesen Akt folgende Märtyrertod des Stephanus leicht die Aufzeichnung seines letzten Zeugnisses wünschenswerth machen und veranlassen mochte, ähnlich wie später die Märtyrergeschichten sorgfältig verzeichnet zu werden pflegten. Wer es gewesen sein mag, der diese Dinge zuerst geschrieben, das braucht uns nicht anzufechten; auf jeden Fall war es ein Christ und nicht ein Gegner, und daß auch einzelne Christen mochten als Zuschauer und Zuhörer in der Sitzung des Sanhedrin gegenwärtig sein, ist nicht in der Sache selbst unwahrscheinlich. Die Vermuthung jedoch, daß gerade Saulus, den wir freilich als bei der Verhandlung gegenwärtig uns denken müssen, die Rede niedergeschrieben habe (Baumgarten 1, 129) ermangelt doch alles positiven Stützpunkts.

### Christologisch-dogmatische Grundgedanken.

1. Wie das Bild Gottes zum Abgott werden kann, so kann auch der Tempel, das Haus Gottes, dem Menschen zu abergläubischem und abgöttischem Dienste gereichen. Es liegt in der gefallenen Menschheit ein Zug zum Kreatürlichen, vermöge dessen man dasjenige, was Gottes Geschöpf, sein Abbild zu seiner Anbetung behülflich, in ihm führend und weisend ist, als etwas für sich seiendes, an sich heiliges und heiligendes, als eine Garantie der Gemeinschaft mit Gott und des ewigen Lebens ansieht und höher ehrt, denn man sollte; den lebendigen und persönlichen Gott selbst darüber in Schatten stellt und hintansetzt. Und sobald es dahin kommt, ist Aberglaube und abgöttisches Wesen vorhanden. So war es mit dem Tempel, als die Israeliten sich darauf steiften: „hier ist des Herrn Tempel!" Jer. 7, 4. So geht es selbst mit der Kirche, d. h. nicht bloß mit dem Kirchengebäude, sondern mit der Kirche Christi selbst, sobald das Kirchenthum auch nur unbewußt höher gestellt wird als das Christenthum, und sobald der lebendige Christus und die lebendige Gemeinschaft mit ihm Nebensache wird. Da ist eine Warnung, ein Protest, eine Mahnung an die Pflicht, Gott im Geist und in der Wahrheit anzubeten, sittlich zu verehren, seine Gemeinschaft lebendig zu suchen, immer wieder am Platz. So haben die Propheten im Alten Bunde zeugend und gestraft, so thut hier, im Anschluß an prophetische Aussprüche, Stephanus; und wie die Reformation eine Rückkehr zu der allein gottgefälligen Anbetung im Geist und in der Wahrheit; so bedarf auch unsere Zeit die erneuerte Warnung vor abergläubischer Verirrung und Vergötterung der χειροποίητα, vor dem Wahlspruch: „hier oder da ist Christus" Matth. 24, 26.

2. Die Einheit der Offenbarungsgeschichte leuchtet in der Rede des Stephanus glänzend hervor. Und zwar sowohl von Seiten Gottes, als von Seiten der Menschen. Gott hat ehemals verheißen, jetzt erfüllt er; sonst hat er seine Knechte, die Propheten gesandt, deren Hauptwerk kein anderes war, als vorherzuverkündigen den Messias, der da kommen wird [V. 52 cf. 37]; nun ist der Gerechte gekommen, der verheißen war. Aber die Menschen widerstreben dem Geist Gottes und seinem Heilswillen: die Väter haben jene Männer Gottes, die Propheten verfolgt, ja getödtet; die Söhne und Enkel haben nun den Gerechten verrathen und ermordet. Sie haben das Gesetz und Gottes Wort (λόγια ζῶντα) gehabt, aber nicht gehalten. Nun ist ihnen in Jesu Gnade angetragen, aber sie stoßen sie und das Reich Gottes von sich. Haben jene das Gesetz nicht gehört, nicht befolgt, nicht zur Kraft kommen lassen, so machen's die Nachkommen mit der Gnade und dem Evangelium ebenso.

### Homiletische Andeutungen.

Nach dem Vorbilde, das er gegeben hatte [V. 44]. Gott richtet Religion und Gottesdienst auf Erden nach der Religion des Himmels ein, davon jene nur ein Abriß ist. Matth. 6, 10. (Quesnel.)

Welche Gott ausstieß vor dem Angesicht unserer Väter [V. 45]. Wo Gott im Herzen Wohnung machen soll, da muß das Unreine vorher ausziehen, wie die Kananiter vor dem Einzug Israels. 2 Tim. 2, 21. (Starcke). — Getrost, ihr evangelischen Glaubensboten, bringet nur freudig das Zeugniß des Worts Jesu in's Land der Heiden, Gott wird das heidnische Wesen vor euch herausstoßen und Christen machen! (Starcke).

David hat — Salomo aber bauete [V. 46. 47]. David Christi Vorbild im Stande der Erniedrigung, in welchem er den Vorrath seiner Verdienste zur Erbauung seiner Kirche zusammengeschafft hat [1 Chron. 23, 5]. Salomo der Vorbild des erhöheten Christus, da er das Gebäu seiner Kirche von dem, was er mit blutigem Streit erworben, aufs neu ausführt. Ephes. 2, 21. — Nur friedsame Seelen sind tüchtig, Christo einen Tempel im Herzen zu bauen und bauen zu lassen. (Starcke).

Aber der Allerhöchste wohnet nicht in Tempeln [V. 48]. Woraus will sich der Herr seine rechte Kirche bauen? Nicht aus Gold oder Silber: weltlicher Macht und Pracht; 2) nicht aus Holz und Stein: äußerem Gewohnheitschristenthum und todtem Wortdienst; 3) nicht aus Papier und Pergament: äußerlichen Bekenntnißnormen und Verfassungsformen; sondern 4) aus lebendigen Herzen, auf Christum im Glauben gegründet, untereinander in Liebe verbunden, der himmlischen Vollendung in Hoffnung entgegenwachsend. — Abgötterei nicht nur außer der Kirche, sondern auch in der Kirche und mit der Kirche. — Der sichtbaren Kirche göttliches Recht und menschliche Mängel. Wie Gott sich seinen Tempel baut 1) in der Kirche, 2) in den Herzen, 3) im Himmel. — Kapff am Kirchentag 1857: Wie der Heilige Geist den Tempel Gottes baut 1) in der Kirche, 2) im Kämmerlein, 3) in der Gemeinschaft der Heiligen, 4) in der Vollendung des Reiches Gottes.

Ihr Unbeschnittenen an Herzen und Ohren! [V. 51]. Wo das Herz unbeschnitten ist, da sind's auch die Ohren. Wenn die armen Seelen merken, daß ihnen das Wort Gottes an's Herz bringt, so leihen sie uns auch wohl die Ohren; wollen sie aber das Wort nicht an's Herz kommen lassen, so halten sie bald auch die Ohren zu, wie die

Zuhörer des Stephanus gleich nachher bewiesen. (Apost. Past.).
Welchen Propheten haben eure Väter nicht verfolget? — Die großartige Consequenz in der Geschichte des Reiches Gottes: 1) auf Seiten Gottes die consequente Gnade und Wahrheit; 2) auf Seiten der Menschheit die consequente Blindheit und Herzenshärtigkeit. — Man macht oft viel Redens und Rühmens von der Vortrefflichkeit und Heiligkeit dieses und jenes Stifters guter Ordnungen, und hält sich doch nicht darnach. (Quesnel).
Ihr habt das Gesetz empfangen durch der Engel Geschäfte und habt's nicht gehalten [B. 53]. Die Heiden, die das Naturgesetz empfangen, werden wegen dessen Uebertretung gestraft, wie viel mehr, die es durch göttliche Offenbarung empfangen und treten's doch mit Füßen! (Starcke).

## C.

**Stephanus wird gesteinigt, stirbt aber siegreich und selig im Namen Jesu.**
(Kap. 7, 54—60).

54 Da sie aber das höreten, schnitt's ihnen durch's Herz und knirschten mit den Zäh-
55 nen über ihn. *Als er aber voll heiligen Geistes war, schauete er auf gen Himmel und
56 sahe die Herrlichkeit Gottes, und Jesum zur Rechten Gottes stehend, und sprach: * „Siehe, ich schaue die Himmel geöffnet¹) und des Menschen Sohn zur Rechten Gottes stehend."
57 *Da schrieen²) sie mit lauter Stimme, hielten sich die Ohren zu, und stürmten einmüthig
58 auf ihn los, *stießen ihn zur Stadt hinaus und steinigten ihn; und die Zeugen legten
59 ihre Kleider nieder zu den Füßen eines Jünglings mit Namen Saulus, *und steinigten
60 den Stephanus, welcher anrief und sprach: „Herr Jesu, nimm meinen Geist auf!" Er kniete aber nieder und rief mit lauter Stimme: „Herr, behalte ihnen diese Sünde nicht!" Und als er das gesagt, entschlief er.

### Exegetische Erläuterungen.

**1 Da sie aber das höreten.** Die Vorwürfe, welche der Redner seinen Zuhörern wegen ihrer ungöttlichen Gesinnung, ihrer Uebertretungen des Gesetzes und wegen der Kreuzigung Jesu zuletzt gemacht hatte, verletzte empfindlich das Selbstgefühl derselben und erweckte einen für jetzt noch schwach verhaltenen Grimm in ihnen. Einen Ausbruch führte jedoch erst das herbei, was Stephanus nun sprach.

**2. Als er aber voll heiligen Geistes war.** Je mehr die Seelen seiner Zuhörer sich in Leidenschaft hinein steigerten und sich füllten mit einem fleischlichen Feuer, ja mit einem Geist aus dem Abgrund, desto mehr wurde durch Gottes Gnade die Seele des treuen Zeugen gefüllt mit himmlischem Feuer, mit dem Heiligen Geist von obenher. Anstatt die Menschen vor sich anzusehen, mit ihrer wachsenden Feindschaft und Wuth ihm hätten bange Furcht oder ebenfalls fleischlichen Eifer einflößen können, hebt er die Blicke empor und schaut gen Himmel mit sehnsüchtigem Glaubens- und Hoffnungsblick. Und er schaut im Geist, in der Entzückung, was das leibliche Auge nicht sehen kann, und was auch Niemand sonst in diesem Augenblick und an demselben Ort gesehen hat, nämlich die δόξα Ͷεοῦ vgl. B. 2 ὁ Ͷεος τ. δόξης, den himmlischen Lichtglanz, worin Gott selbst erscheint, und Jesum zur Rechten Gottes erscheint. Und was er sieht, das spricht er sofort auch laut aus, als freimüthiger Bekenner. In seinen Worten B. 56 liegt eine doppelte Anschauung inneren Gesichts: die Himmel geöffnet, (wobei der Plural zu beachten ist) bis in's innerste Heiligthum, in den höchsten Himmel hinein; und des Menschen Sohn zur Rechten Gottes stehend. Merkwürdig ist hier der von Jesu gebrauchte Name: ὁ υἱὸς τοῦ ἀνϑρώπου, welchen der Erlöser so häufig von sich selbst gebraucht hat, während er in den Evangelien nie im Munde eines Anderen vorkommt, auch von den Evangelisten selbst so wenig, als von einem Apostel in irgend einem Brief oder auch in der Apostelgeschichte, gebraucht wird. Hier aber nennt Stephanus, vielleicht indem ihm Daniel 7, 13 ff. vorschwebt, den Messias Jesus mit diesem Namen. Und gewiß ist der Gebrauch dieser Benennung an unserer Stelle ein Zeugniß für die geschichtliche Treue der Ueberlieferung, die wir vor uns haben. — Sodann ist höchst eigenthümlich, daß Stephanus Jesum zur Rechten Gottes stehend sieht (ἑστῶτα). Sowohl in der Antwort Jesu an den Hohepriester, Matth. 26, 64, als in den Aeußerungen der Apostel und Evangelisten, z. B. Ephes. 1, 20; Mark. 16, 19 ist nur vom Sitzen des Herrn zur Rechten Gottes die Rede; auch in diesem Punkt weicht der Ausdruck hier von dem hergebrachten auf originale Weise ab, und auch dieser Umstand spricht für die Aechtheit und Treue des Berichts. Was bedeutet das Stehen Jesu zur Rechten Gottes? Ohne Zweifel, daß er sich erhoben hat, um bereit steht, den treuen Zeugen zu empfangen und aufzunehmen (vergl. B. 59), quasi obvium Stephano, Bengel. — Gerade der Umstand, daß nur Stephanus das Gesicht gehabt hat, Niemand außer ihm, wie denn die Erzählung B. 55 nur aus den Worten des Entzückten B. 56 entnommen sein kann, spricht für die Glaubwürdigkeit dieser Angabe. Es bedarf weder der abschwächenden Andeutung, als habe Stephanus bloß seinen festen Glauben an die Verklärung Jesu und seinen eigenen bevorstehenden Hingang in den Himmel ausdrücken wollen (Michaelis), noch der auflösenden Vermuthung, daß nur der Erzähler

¹) Tischendorf giebt nach A. B. C. die Lesart διηνοιγμένους der gewöhnlichen, und durch D. E. H. sowie durch Väter bezeugten: ἀνεῳγμ. vor.
²) κράξαντος statt des gewöhnlichen κράξαντες steht nur in einer einzigen Handschrift und ist entschieden verwerflich.

seine individuelle Ansicht zu einer wirklichen Ekstase objektivirt habe.

3. **Da schrieen sie.** Gerade die letzten Worte, worin Stephanus die Erhöhung und Verklärung Jesu vermöge des ihm gewordenen Gesichts bezeugte, brachten die Leidenschaft der Zuhörer auf den höchsten Punkt, und führten den thätlichen Ausbruch des Grimms herbei. Erst schrieen die Zuhörer, um seine Stimme zu übertönen, und hielten sich, um seine vermeintlichen Gotteslästerungen nicht hören zu müssen, die Ohren zu; sodann stürzten sie plötzlich in ganzer Masse auf Stephanus los, und trieben ihn im Sturm vor die Stadt hinaus, wo sie ihn steinigten. Die Sitzung wurde demnach durch den tumultuarischen Auftritt plötzlich unterbrochen, und der anscheinend geordnete Prozeß ging plötzlich in einen fanatischen Volksauflauf über, welcher mit der Steinigung als einem Akt religiöser Volksjustiz endigte. Es wurde demnach weder ein förmliches Urtheil gefällt, noch der Urtheilsspruch des Sanhedrin der Genehmigung und Vollziehung durch den römischen Prokurator unterstellt; in beiden Hinsichten war der Hergang gesetzwidrig und unrechtmäßig. Aber zu behaupten, daß ein solcher tumultuarischer Ausgang einer (ohnehin nicht leidenschaftlos begonnenen) Synedriumssitzung undenkbar sei, ist jedoch allzukühn; es liegt in der That kein gehöriger Grund vor, den Kern des geschichtlichen Hergangs auf einen Volksauflauf zu reduziren oder die Verhandlungen im Schooß des Sanhedrin als ungeschichtlich zu streichen, wie Baur und Zeller geneigt sind zu thun. Ἔξω τῆς πόλεως, gemäß dem Gesetz Levit. 24, 14, daß ein Lästerer außerhalb des Lagers gesteinigt werden sollte, um nicht die Wohnstätte des Volks selbst durch die Exekution zu entweihen. Das ἐλιϑοβόλουν B. 58 ist vorläufig und summarisch (nicht blos vom conatus zu verstehen), während erst nachher der Hergang im Einzelnen erzählt wird.

4. **Und die Zeugen legten ihre Kleider nieder.** Diejenigen, welche Kap. 6, 13 Zeugniß wider Stephanus abgelegt hatten, waren nach dem Gesetz (Deuter. 17, 7) verbunden, die ersten Steine auf den Frevler zu werfen; um nun durch die weite faltenreiche Kleidung nicht daran gehindert zu sein, legten sie ihre Kleider ab und übergaben dieselben dem jungen Saulus zur Verwahrung. Sodann warfen sie und die Uebrigen vom Volk Steine auf Stephanus.

5. **Stephanus rief an.** Es sind zwei Worte, die der sterbende Bekenner und Blutzeuge ausrief; das erste eine Bitte für sich selbst, das andere eine Fürbitte für seine Feinde und Mörder; das erste die Bitte an Jesum, den erhöhten Herrn, daß er den sterbenden Geist annehme, zu sich in den Himmel aufnehme; eine Bitte, die er auf die Kniee niederfallend aber noch mit kräftiger, vernehmlicher Stimme ausrief, eine Fürbitte um Vergebung für seine Mörder. Μὴ στήσῃς — τὴν ἁμ. ταύτην wörtlich: stelle ihnen diese Sünde nicht fest. Gegensatz von ἀφιέναι; nach Anderen: Wäge ihnen ihre Sünde nicht bar, vergilt sie nicht nach strenger Gerechtigkeit. Beide Bitten sind an Jesum gerichtet, was bei der ersten zwar nicht mit Gewaltsamkeit (indem man Ἰησοῦ zum Gen. stempelt) beseitigen läßt, aber auch bei der zweiten anzunehmen ist.

6. **Und als er das gesagt, entschlief er.** Das Ende des Stephanus bezeichnet Lukas absichtlich mit einem Wort, das auf einen gewaltsamen, blutigen Tod nicht im mindesten zu passen scheint. Er will offenbar damit sagen, das Ende des edlen Jüngers sei dennoch ein sanftes gewesen, nämlich vermöge der auch den blutigen Tod überwindenden Gotteskraft und Gnade des seinen Geist aufnehmenden Erlösers. Denn durch die rohe Gewalt und thierische Wuth der zur Hölle entzündeten Feinde überwältigt und ermordet, hat Stephanus dennoch im Erliegen herrlich gesiegt durch seinen standhaften Glauben, seine vergebende Feindesliebe und seine Geduld. Dagegen hat das Volk Israel in dieser Sache scheinbar gesiegt, den geistreichen und muthigen Bekenner Jesu rasch unterdrückt und aus dem Leben geschafft; allein das Volk hat durch die gegen Stephanus bewiesene Feindseligkeit, durch gesteigerte Verschlossenheit gegen die Wahrheit und erhöhte Wuth der Leidenschaft, an sittlichem und religiösem Gehalt verloren, sich selbst erniedrigt, sich von Verblendung und Leidenschaft überwinden lassen, und ist so in Wahrheit nicht Sieger, sondern besiegt.

**Christologisch-dogmatische Grundgedanken.**

1. Das dem Stephanus, unmittelbar vor seinem schauerlichen Ende, zur Stärkung seines Glaubens und christlichen Charakters zu Theil gewordene Gesicht, der eröffnete Blick in das himmlische Heiligthum, war nicht eine objektive Erscheinung, sondern eine innere Erleuchtung. Denn nur vermöge der ihm ertheilten Fülle heiligen Geistes ist ihm der Blick in den Himmel hinein geschenkt worden. Von innen heraus wirkt der heilige Geist, schafft aber eine nicht blos innere, sondern sich gleichsam verleiblichende und dem äußeren Auge darstellende Anschauung, so daß er mit Augen sah (ἰδὼν, ϑεωρῶ), was zuvor sein Herz geglaubt hat. Dieses Schauen war ein Vorschmack des Schauens, das in der seligen Ewigkeit an die Stelle des Glaubens tritt.

2. Des Menschen Sohn, zur Rechten Gottes stehend. Stephanus schaut Jesum und erkennt ihn wieder; ohne Zweifel hat er ihn auf Erden schon gekannt und als seinen Herrn geliebt, und aus seinem Munde den Namen: „Menschensohn" oft gehört. Nun schaut er ihn und zwar zur Rechten Gottes erhöht, aber noch als Mensch. Der erhöhte Erlöser ist und bleibt der vom Weib Geborne, wahrer Mensch. — Vom Stand der Erhöhung Jesu Christi ist auf mannigfaltige Weise die Rede in der Schrift. Die Apostel und Evangelisten sagen: er hat sich gesetzt [Mark. 16, 19; Apoc. 3, 21;] oder Gott hat ihn gesetzt zu seiner Rechten [Ephel. 1, 20;] Jesus selbst sagt: ihr werdet den Menschen Sohn sehen sitzend zur Rechten der Kraft und kommend [Matth. 26, 64]; hier schaut Stephanus Jesum stehend zur Rechten Gottes. Immer ist theils die vollkommenste persönliche Gemeinschaft mit Gott dem Vater, theils die Vollmacht göttlichen Regierens darin ausgedrückt; aber die dabei eintretende Verschiedenheit des Ausdrucks soll ohne Zweifel ein Kleben an einer oder der anderen Vorstellung, als ob diese die Sache selbst wäre, verhüten und den Christen erinnern, daß das jeweilige Wort doch nur Bild sei für den Glauben, nicht die himmlische Wirklichkeit selbst für das Schauen.

3. Exegetisch kann kein Zweifel sein, daß Stephanus Jesum selbst angerufen, zu Jesu gebetet hat. Jesus war ihm in der Entzückung erschienen,

bereit ihn aufzunehmen, und mit Liebe und Trost niederblickend; ihn ruft er deßhalb an für sich und für seine Mörder; nichts lag näher als das. Wer wollte ihn darum tadeln? Gerade weil Jesus erhöhet ist zur Rechten Gottes des Vaters, in innigster Gemeinschaft mit ihm, des Regiments aller Dinge theilhaftig, kann und darf und soll er auch angerufen werden in Gebeten, wie an ihn selbst gerichtet sind. Das kann nicht eine Beeinträchtigung der göttlichen Ehre des Vaters sein, gereicht vielmehr eben zur Ehre des Vaters [Phil. 2, 10 ff.], der Jesum Christum, seinen Sohn, so erhöhet hat, daß man ihn ehren soll, wie man den Vater ehret. Allerdings ist das etwas Anderes, wenn Jemand nur allein zu Christo betet und Gott den Vater nicht mehr anruft. Dazu gibt das Neue Testament keine Legitimation, weder durch Lehre noch durch Vorgang. Denn die Gebete des Neuen Testaments sind weitaus in der Regel Anrufung Gottes, der der Vater unsers Herrn Jesu Christi ist.

4. Die Geschichte des Bekennertodes von Stephanus ist die einzige Märtyrergeschichte, welche uns die Apostelgeschichte und das N. T. überhaupt ausführlich erzählt. Stephanus ist der Erstling aller Blutzeugen des Neuen Bundes gewesen, und eine Wolke von Zeugen ist ihm nachgefolgt. Und es gibt eine reichhaltige Geschichte derer, die „Glauben und Geduld der Heiligen" gehabt und das Evangelium mit ihrem Blut besiegelt haben. Allein auch darein hat sich die sündhafte Neigung gemengt, das Geschöpf an die Stelle des Schöpfers zu setzen, und ben, in welchem allein das Heil ist, der allein ein vollkommenes Verdienst besitzt, in den Schatten zu stellen. Dieser Verirrung tritt, nach der Absicht des Heiligen Geistes, die Geschichte des Stephanus bereits indirekt entgegen; einestheils insofern, als sie die einzige ausführliche Märtyrergeschichte des Neuen Testaments ist; anderntheils ihrem eigenen Gehalt nach, sofern genau betrachtet nicht Stephanus, sondern in der That nur Jesus Christus selbst dadurch in's Licht gestellt und geehrt wird. Denn alles Erhebende, Heilige und Siegreiche, was in dem Leiden und Sterben des Stephanus zu Tage kommt, beruht doch einzig und allein auf der Gemeinschaft des Leidens Christi und der Aehnlichkeit mit seinem Sterben. Wie Jesus am Kreuz gebetet hat: „Vater, in deine Hände befehle ich meinen Geist!" so betet Stephanus: „Herr Jesu, nimm meinen Geist auf!" Und wie der Erlöser für die Feinde gebetet hat: „Vater, vergib ihnen, denn sie wissen nicht, was sie thun!" so bittet Stephanus für seine Mörder: „Herr, behalte ihnen diese Sünde nicht!" Unverkennbar schwebt dem Sterbenden der Kreuzestod Jesu und seine Worte am Kreuz vor der Seele; ja Christus selbst, der im Glauben in ihm wohnte, war es, der aus ihm sprach, in ihm litt; von innen und außen hat sich das Bild Jesu selbst in ihm gespiegelt. Christus ist verklärt in Stephanus und seinen Märtyrertod.

#### Homiletische Andeutungen.

**Bissen die Zähne zusammen. [V. 52].** Wie ein gebundener Hund beißet den, der ihn losmachen will, also können die Gottlosen die Berührung derer, die sie erretten wollen, nicht dulden, nehmen's als Schmach und wollen sie zerreißen. Matth. 7, 6. (Starcke).

**Er sahe auf gen Himmel [V. 55].** Was die Erde verstößt, das nimmt der Himmel an. (Starcke). Gott pflegt vielen Sterbenden die besondere Gnade zu erweisen, daß sie vor ihrem Abschied mit einem Vorschmack des ewigen Lebens beseligt werden. (Dersl.). — **Jesum stehen zur Rechten Gottes. Jesus der Erhöhete** 1) sitzend zur Rechten der Majestät a. als Mitregent Gottes, b. als Richter der Welt; aber auch 2) stehend a. zum Schutze der Seinen wider die Feinde, b. zum Empfang der Seinen nach gutgekämpftem Kampf. — **Die Sabbathruhe des Erlösers gleich der Sabbathruhe des Schöpfers eine wirksame und lebendige. — Siehe, ich sehe den Himmel offen.** Der offene Himmel über den Sterbebetten der Gläubigen. Das den Menschen Sohn zur Rechten Gottes stehen. Nur in Christo der Himmel offen über unsrem Leben und Sterben. — **Christus auch zur Rechten Gottes noch des Menschen Sohn; das trostvolle Licht aus dieser Wahrheit für dieses und für's künftige Leben.**

**Stießen ihn zur Stadt hinaus und steinigten ihn [V. 58]. Seliger Wurf, der uns zu Gott wirft!** Wenn die Welt uns aus ihrem Schooße wegwirft, fallen wir in Abrahams Schooß. (Starcke). **Zur Stadt hinaus war es auch mit dem gegangen, den Stephanus bekannte. Zur Stadt hinaus!** heißt es auch jetzt noch bei den treuen Zeugen Jesu. Man kann in keiner Stadt Christum lang ungestraft verkündigen, und wenn es auch nicht allemal Steine regnet, so werden sie doch mit dem Kolbe der Lästerung geworfen. (Goßner). Wohlan, lieber Stephan, da liegst du. Also lohnet die Welt den Knechten und treuen Dienern unseres lieben Herrn Jesu Christi. Das ist der rechten Heiligen Tod. (Luther). — **Die Steine, welche die Welt aufhebt gegen die Zeugen Gottes**, verwandeln sich 1) in Denkmale der Schmach für die Feinde der Wahrheit; 2) in Edelsteine an den Kronen verklärter Märtyrer; 3) in Saatkörner neuen Lebens für die Kirche Christi.

**Und die Zeugen legten ab ihre Kleider zu den Füßen eines Jünglings, der hieß Saulus [V. 58].** Ein Zeuge wird gesteinigt, der Andere ist schon in der Mache. (Starcke).

**Herr Jesu, nimm meinen Geist auf! [V. 59].** Herr Jesu! Herr Jesu! o du theures Feldgeschrei der Kinder Gottes, Parole, woran wir uns erkennen, Posaunenstoß, vor dem die Mauern Jericho's zusammenstürzen! Was das Geläute der Sturmglocken, wenn Feuer in der Stadt, was der Signalschuß im Felde, wenn der Feind anrückt, ist in der Gemeinde Gottes das: Herr Jesu! Das ist der Schrei, womit der Säugling in dem Herrn geboren wird, womit der Pilger aus der Welt geht, in den sich all ihr Seufzen kleidet und all ihr Sehnen sich ergießt. — Schwert, Pilgerstab und Alles, was haben's beisammen in dem: Herr Jesu! — Herr Jesu, nimm meinen Geist auf! In die Hände seines Königs befiehlt er seine Seele. O Zuflucht für uns auch für. In diese Priesterhände zu fallen, ist nicht schrecklich, auf diesem Altar hat man gut sich opfern. Es wird sich's Mancher erst in den letzten Augenblicken seines Lebens bewußt, daß er eine Seele habe, die mit dem Fleisch denselben Weg nicht gehen könne. Wohin nun mit dieser Seele? In die Welt zurück? Da ist die Pforte geschlossen. In die Hände des Teufels? Das wäre entsetzlich.

In des Allmächtigen Hände? Der ist ein verzehrend Feuer. Zu dem Herrn Jesu? An Jesum glaubt man nicht. Gräßliche Verlegenheit! Stephanus ist nicht verlegen. Er hat Weg und Raum genug. An die Brust seines Mittlers sinkt er hin: Herr Jesu, nimm meinen Geist auf! (Krummacher). Herr, behalt ihnen diese Sünde nicht [B. 60]. Diese Bitte des Stephanus in ihren verschiedenen Beziehungen: 1) als Bitte eines Sterbenden; 2) als Bitte eines Gemüths, welches ganz sich selbst vergißt; 3) als Bitte eines Menschen, der nach nichts Anderem, als nach dem Reiche Gottes trachtet. (Schleiermacher). Si Stephanus non sic orasset, ecclesia Paulum non haberet. Augustin. Er entschlief. Von dem Schmerz und Tode Stephani werden nicht viel Worte gebraucht, denn Alles ist zeitlich und leicht und nicht werth der Herrlichkeit, die an uns soll offenbaret werden. Es heißt kurz und gut: er entschlief. Der Tod der Heiligen ist ein Entschlafen. Es ist noch eine Ruhe vorhanden dem Volke Gottes. (Apost. Past.). Das beste Testament eines Christen: 1) die Seele dem Himmel, 2) den Leib der Erde, 3) die Freunde dem göttlichen Schutz, 4) die Feinde der göttlichen Erbarmung befehlen. (Starcke). Das Ende des Stephanus: 1) sein letzter Blick dem Himmel; 2) sein letztes Zeugniß dem Herrn; 3) seine letzte Sorge den Geiste; 4) sein letztes Gebet den Feinden. (Flerey). Wie in dem leidenden und sterbenden Stephanus die Kreuzgestalt Jesu sich spiegelt: 1) die Kreuzesschmach: vor demselben hohen Rath — die gleiche falsche Anklage — das nämliche ungerechte Urtheil — ein ähnliches Hinausstoßen aus der Stadt; 2) die Kreuzesherrlichkeit: in muthiger Verantwortung — in duldender Sanftmuth — in segnender Feindesliebe (Jesu erstes, Stephanus letztes Kreuzeswort in seliger Himmelshoffnung (Jesu letztes, Stephanus erstes Kreuzeswort). — Die Sterbekammern der Christen: 1) Kampfplätze weltüberwindenden Glaubens; 2) Heiligthümer segnender Liebe; 3) Triumphstätten seliger Hoffnung. — Der erste evangelische Blutzeuge: 1) die Sache, für die er stirbt; 2) die göttliche Hülfe, die er erfährt; 3) die Fassung, darin er hinübergeht. (Krummacher.) Die Kraft Christi in den Gläubigen: 1) Er stärkt sie zu einer Freudigkeit des Bekennens, der Macht auch die Feinde nicht widerstehen, Kap. 6, 8—10. 2) Er schmückt sie mit einer Reinheit des Wandels, die auch die Lästerzunge nicht beflecken kann; Kap. 6, 11—13. 3) Er erfüllt sie mit einer Sanftmuth der Liebe, die auch für die bittersten Feinde betet; Kap. 7, 59. 4) Er versüßt ihr Sterben mit dem seligen Einblick in seine ewige Herrlichkeit; Kap. 7, 55. 59. (Leonh. u. Spiegelh.). — Am Beispiel des Stephanus sehen wir, wie der Christ 1) im Leben voll Glaubenswirksamkeit und Glaubensweisheit, 2) im Leiden voll Glaubensheiterkeit und Glaubensmuth, 3) im Sterben voll Glaubenszuversicht und Glaubensfrieden ist. (Bachmann). — Die schönen Wahrzeichen, womit der Herr den Seelenadel dieses seines Jüngers besiegelt hat. 1) Er war voll Glaubens und Kräfte und that Wunder und Zeichen unter dem Volk. 2) Er war voll heiteren, freudigen Muths unter den Unbilden der Welt. 3) Er war voll getrosten Sterbensmuths im Angesichte des Todes. 4) Sein Gedächtniß blieb im Segen und wirkte neues Leben (Saulus), auch nachdem er entschlafen. (W. Hofacker). — Stephanus (zu Deutsch: Krone) und seine drei Kronen: 1) die schöne Gnadenkrone, womit ihn der Herr geschmückt hat in seinem Leben und Wirken; 2) die blutige Dornenkrone, die er vom seinem Heiland nachtrug im Leiden und Sterben; 3) die himmlische Ehrenkrone, die dem treuen Blutzeugen aufbehalten war in Ewigkeit. — Für den Stephanustag mit Bezug auf's Christfest: Die drei Geburtstage des Christen. Wie durch Christi Geburt 1) unsre geistliche Geburt möglich, 2) unsre leibliche Geburt erfreulich, 3) unsre ewige Geburt gewiß wird. (Strauß). — Die Erscheinung Jesu Christi als eine Erscheinung, die da Leben und Tod bringt: 1) sie bringt Leben: erste Gemeinde; Macht der Weisheit und des Worts bei Stephanus; 2) sie bringt Tod: leiblichen, geistlichen Tod; 3) sie bringt Leben im Tod: seliges Ende des Stephanus; Bekehrung des Saulus. (W. Hofacker). — Die Krippe der Weg zum Kreuz, das Kreuz der Weg zum Himmel. (Kapff). Krippe, Kreuz und Krone die drei Stationen im Leben des Jüngers wie des Meisters. — Warum ist Stephanus Tod die einzige Märtyrergeschichte des Neuen Testaments? 1) Weil wir in dieser Geschichte die Grundzüge aller folgenden finden, 2) damit auch hierin Christi Ruhm nicht verkürzt werde und wir, bei dem sterbenden Stephanus selber, vor allen Andern aufsehen auf ihn, den Anfänger und Vollender unsers Glaubens.

## Dritte Abtheilung.

**Die Kirche Christi in ganz Judäa und Samaria, und im Uebergang zu den Heiden.**
(Kap. 8—12.)

### Erster Abschnitt.

Die mit der Steinigung des Stephanus beginnende Verfolgung der Gemeinde zu Jerusalem, bei welcher vorzüglich Saulus sich betheiligte, veranlaßt die Zerstreuung der Gläubigen in Judäa und Samaria, eben damit aber auch die Ausbreitung des Evangeliums in diesen Landschaften, sogar die Bekehrung eines Proselyten aus weiter Ferne. (Kap. 8).

**A.**

Die Flucht der Gemeindeglieder aus Jerusalem dient zur Ausbreitung des Evangeliums in Judäa, ja selbst in Samaria. Den Samaritern verkündigt namentlich Philippus Christum mit Erfolg, selbst der Magier Simon läßt sich taufen. Die Apostel Petrus und Johannes kommen nach und wirken daselbst zur Gabe des Heiligen Geistes und Entlarvung des Simon.
(Kap. 8, 1—25).

1. **Verfolgung und Zerstreuung.** (V. 1—4.)

1 Saulus aber hatte Wohlgefallen an seiner Hinrichtung. Es erhob sich aber an jenem Tage eine große Verfolgung über die Gemeinde zu Jerusalem. Sie zerstreuten 2 sich aber¹) Alle in die Landschaften Judäa und Samaria, außer den Aposteln. *Es bestatteten aber den Stephanus gottesfürchtige Männer, und hielten eine große Todtenklage 3 über ihn. *Saulus aber verwüstete die Gemeinde, indem er hin und her in die Häuser 4 ging; er zog Männer und Weiber hervor und überlieferte sie in's Gefängniß. *Die nun zerstreuet waren, gingen weiter und verkündigten das Evangelium.

**Exegetische Erläuterungen.**

1. **Saulus aber hatte Wohlgefallen an seiner Hinrichtung.** Tischendorf zieht dieses Sätzchen noch zum Schluß des 7. Kapitels. Allein es gehört doch vielmehr zu dem Anfang des jetzigen, in dem es gerade den Uebergang zu der sich weiter ausbreitenden Christenverfolgung bildet. Selbst das ἦν συνευδοκῶν statt des einfachen Präteritum hat, vermöge des dadurch ausgedrückten Begriffs einer anhaltenden Dauer, seinen Schwerpunkt in dem, was nun erst folgt.

2. **Es erhob sich aber — Verfolgung.** Der Ausdruck: ἐν ἐκείνῃ τῇ ἡμέρᾳ wird gewöhnlich im weiteren Sinn genommen: „zu jener Zeit" (Luther). Es liegt jedoch kein Grund vor, von dem buchstäblichen Sinn: an jenem Tage, abzuweichen. Im Gegentheil ist es psychologisch und pragmatisch im voraus glaublich, daß unmittelbar an die Steinigung des Stephanus ein Ausbruch des Fanatismus gegen die Christen überhaupt in weiterem Umfang sich angeschlossen habe, wie auch Bengel zu *lx. τ. ἡμ.* bemerkt: non differebat adversarii. Wie das reißende Thier, wenn es einmal Blut erblickt hat, erst recht blutdürstig wird, so pflegt die Leidenschaft des thierisch aufgeregten Menschen, zumal wenn religiöser Fanatismus mit im Spiele ist, gerade durch einen gelungenen Ausbruch sich desto rascher zu steigern. Schwerlich sind Tage vergangen, bevor die große Verfolgung begann. Leicht möglich, daß die Masse gerade bei der Rückkehr in die Stadt auf die Christen überhaupt loszustürzen anfing. Und diese Verfolgung war ohne Zweifel nicht lediglich eine Maßregel der theokratischen Behörde, sondern ein Akt des Volks, das Kap. 6, 12 aufgeregt worden war, und bei der Steinigung des Stephanus sich betheiligt hatte.

3. **Sie zerstreuten sich aber Alle.** Die Gemeindeglieder flüchteten sich aus der Hauptstadt, der Erlaubniß und Weisung des Erlösers gemäß [Matth. 20, 23] vor der Verfolgung. Zunächst begaben sie sich in die umliegende Landschaft Judäa, wo sie in andern Städten oder in Dörfern eine Zuflucht finden konnten; weiterhin begaben sich Manche von ihnen auch in die samaritische Landschaft. Es fragt sich jedoch: ist πάντες hier streng zu nehmen oder nicht? Eine Ausnahme macht Lukas selbst mit πλὴν τῶν ἀποστόλων. Jedenfalls sind also die Apostel in

---

¹) πάντες δέ. Die Partikel τε hat nur die alexandrinische Handschrift und die syrischen so wie beide äthiopischen Ueberſetzungen für sich, während alle übrigen Minuskeln und alten Uebersetzungen δέ lesen, was demnach vorzuziehen ist.

8, 1—4. Der Apostel Geschichten. 101

Jerusalem geblieben. Sie sahen Jerusalem als den Posten an, auf den sie durch Befehl des Herrn gestellt seien, und den sie ohne unzweideutigen Wink desselben zu verlassen nicht berechtigt waren. Galt doch in ihren Augen Israel und dessen Mittelpunkt, die h. Stadt, immer noch als der künftige Mittelpunkt des Reiches Christi. Die Apostel harrten aus vermöge des Glaubens und des daraus entspringenden Muthes auch in der Gefahr. Allein ob außer den zwölf Aposteln nicht ein einziger Christ in Jerusalem geblieben ist? Das erscheint doch an und für sich schon zweifelhaft, um so mehr, wenn man erwägt, daß nicht lange darnach Kap. 9, 26 Jünger in Jerusalem anwesend sind, nicht blos Apostel, die erst B. 27 erwähnt werden. Ja schon B. 3 unseres Kapitels soll gegen die strenge Fassung des πάντες sprechen, indem noch nach der Zerstreuung B. 1 Saulus die Gemeinde habe verwüsten, Männer und Weiber in's Gefängniß bringen können (Meyer). Wir möchten darauf kein Gewicht legen, denn B. 3 scheint uns nicht eine spätere Thatsache zu beschreiben, sondern gerade den B. 1 im Allgemeinen angegebenen διωγμός nach einer Seite hin genauer zu schildern. Dessenungeachtet können wir uns nicht überzeugen, daß πάντες διασπ. in buchstäblichem und strengem Sinne zu nehmen sei, es ist vielmehr hyperbolisch zu fassen, jedoch ohne daß man ein Recht hat, das Wort πάντες geradezu mit multi zu erklären (Kuinoel) oder auf die doctores zu beschränken (Bengel), oder ἐκκλησίαν ausschließlich auf den hellenistischen Theil der Gemeinde zu beschränken (Baur). Auch die Vermuthung von Baumgarten 1, 158 ff. ist nicht stichhaltig, nämlich daß die Gemeinde eben zu der Stunde, als Stephanus gesteinigt wurde, theilnehmend und fürbittend versammelt gewesen sei, daß gegen diese Gemeindeversammlung der nächste Anprall der Verfolgung losgebrochen sei, so daß sie auf der Stelle gesprengt wurde; demgemäß würde πάντες διεσπάρησαν nichts weiter bedeuten, als daß die versammelten Gemeindeglieder sämmtlich versprengt worden seien. Da wäre für's erste auffallend, daß die Apostel nicht auch versprengt worden seien, denn sie waren doch gewiß in der Gemeindeversammlung auch gegenwärtig. Sodann muß Baumgarten auseinanderreißen, was im Text unmittelbar zusammenhängt: διεσπάρησαν κατὰ τὰς χώρας, denn er macht die Zersprengung der Versammlung zur unmittelbaren, das Flüchten auswärts der Stadt zur mittelbaren Folge der Verfolgung, was eine gewaltsame Operation ist.

4. Es bestatteten aber den Stephanus gottesfürchtige Männer. Das δὲ nach συνεκόμισαν drückt in der That einen Gegensatz aus, nämlich den zwischen der Pietät Einzelner und der wild aufgeregten Leidenschaft der Masse des Volks. Die ἄνδρες εὐλαβεῖς sind nämlich ohne Zweifel, so gut als Kap. 2, 5 Juden, nicht aber, wie Heinrichs meinte, Christen; diese werden in der Apostelgeschichte stets anders bezeichnet; es waren Juden, die dem Stephanus die letzte Ehre erwiesen, ja eine feierliche Todtenklage für ihn veranstalteten, aber εὐλαβεῖς, d. h. Männer, bei denen Gottesfurcht mehr galt als Menschenfurcht und Rücksicht auf die augenblickliche Stimmung des Pöbels, und die deßhalb sich auch nicht scheuten, einem Mann ein ehrenvolles Begräbniß zu veranstalten, von dessen Unschuld und Frömmigkeit sie überzeugt waren, obgleich er als angeblicher Gotteslästerer eines schmählichen Verbrechertodes gestorben war. Analog der Bestattung Jesu durch Joseph von Arimathia, der auch zuvor kein Jünger Jesu gewesen war (wenigstens nach Lukas und Markus).

5. Saulus aber verwüstete die Gemeinde. Im Gegensatz zu der B. 2 erwähnten Pietät, jedoch im Zusammenhang mit dem B. 1 vorläufig im Allgemeinen Erzählten, berichtet nun B. 3 Lukas von jenem Antheil, welchen an der Christenverfolgung Saulus genommen habe. Er verwüstete die Gemeinde (ἐλυμαίνετο), d. h. er beschädigte und zerstörte, so viel an ihm war, ihre Existenz als Gemeinde, indem er κατὰ οἴκους einging, was buchstäblich heißen würde Haus für Haus, aber natürlich nur auf solche Häuser zu beziehen ist, worin er Christen zu finden erwartete; fand er solche, so schleppte er sie ohne Zweifel mit Hülfe von Gerichtsdienern des Sanhedrin, heraus und lieferte sie in's Gefängniß ab. Es ist deutlich zu bemerken, daß Saulus die hierarchische Behörde auf seiner Seite hatte, sonst hätte er weder wagen können, in Privatwohnungen einzudringen, noch wären ihm die Gefängnisse zu Gebot gestanden. Dennoch läßt dieser Vers vermuthen, daß Vieles von der Persönlichkeit des Saulus abhing, und daß sein aufgeregter Fanatismus der Gemeinde vielen Schaden anthat. Das Neue und Empörende dabei war das rücksichtslose Aufspüren der Bekenner Jesu, ein jüdisches Vorspiel der späteren christlichen Inquisition.

6. Die nun zerstreuet waren, gingen weiter. Dieser Satz, an διασπάρησαν B. 1 anknüpfend und dasselbe näher erklärend, will sagen, daß die flüchtigen Christen nicht etwa da oder dort je in einem Zufluchtsort ruhig wohnen geblieben sind, sondern von Ort zu Ort weiter gingen. Was aber das Wichtigste ist, sie verkündigten das Wort des Evangeliums. Sie haben demnach durch die erlittene Verfolgung in Jerusalem sich nicht einschüchtern lassen, so daß sie ihren Glauben an Jesum nunmehr ganz versteckt gehalten hätten; vielmehr traten sie, wohin sie kamen, hervor mit dem Bekenntniß und der Freudenbotschaft von dem Erlöser und der Erlösung. An die hier niedergelegte Notiz schließt sich chronologisch auf's engste an Kap. 11, 19 ff.; οἱ μὲν οὖν διασπαρέντες — — διῆλθον ἕως Φοινίκης κ.

Christologisch-dogmatische Grundgedanken.

1. Ein glänzender Thatbeweis von dem Regiment Christi, der auch unter seinen Feinden herrscht, und allezeit Mehrer seines Reiches bleibt, ist diese Verfolgung der Christen mit ihren Folgen. Was vor Menschenaugen unvermeidlich zerstörend war, so daß Sein oder Nichtsein der Gemeinde Christi in Frage gestellt schien, das mußte im Gegentheil zum Wachsthum und zur Vermehrung der Gemeinde wirken. Die Zersprengten predigten das Evangelium; so wurden durch den ausgebrochenen Sturm die bisher auf einem Punkt angesammelten Samenkörner hin und hergestreut, zum Theil weit weggeführt, und sie haben gekeimt und Frucht getragen. Das Evangelium brach seinen Lauf über den Erdball, nachdem es bisher im Wesentlichen an die eine Stadt Jerusalem geknüpft gewesen war. So weiß der Erlöser, was die Menschen gedachten böse zu machen, gut zu machen, d. h. nicht nur die beabsichtigte schlimme Wirkung zu hindern, sondern auch Förderung seines Reichs dadurch zu erzielen.

2. Die Zerstreuten waren sämmtlich keine Apostel, denn die Apostel blieben ja in Jerusalem zurück. Höchstens gehörten einige wenige unter den Zersprengten, wie Philippus B. 5 ff., zu den sieben Männern, die Kap. 6 erwählt wurden, aber auch diese waren als Beauftragte nicht zum Dienst am Wort zunächst berufen. Die große Mehrzahl aber unter den zerstreuten Christen bekleideten lediglich gar kein christliches Gemeindeamt. Dennoch haben sie evangelisirt, wo sie hinkamen, ohne amtliche Pflicht und ausdrücklichen Auftrag, einzig und allein aus innerem Drang des Glaubens, der es nicht lassen kann, zu reden von dem, was das Herz bewegt, aus Trieb des Geistes, mit dem sie gesalbt waren, aus Liebe zu dem Heiland, dem sie Vergebung der Sünden und selige Hoffnung verdankten. Diese Verbreitung des Evangeliums außerhalb der heiligen Stadt und Pflanzung der Kirche Christi in den Landschaften von Palästina, ja auch jenseits seiner Gränzen (vergl. Kap. 11, 19] geschah also nicht durch die Apostel selbst, sondern gänzlich durch andere Christen, die kein Amt bekleideten, vermöge des allgemeinen Priesterthums der Gläubigen. Nach menschlichen Begriffen von Kirchenordnung und Amt hätte es nicht so geben dürfen. Aber der Herr der Kirche bindet sich auch an das von ihm selbst eingesetzte Amt der Apostel nicht so, wie wenn Alles nur durch dieses geschehen müßte, um legitim, Gott gefällig, gesegnet und verheißungsvoll zu sein. Christus zeigt auch darin, daß kein Mensch und keine endliche Ordnung unentbehrlich und schlechthin unumgänglich ist; nur Er allein ist immer und überall unentbehrlich.

Homiletische Andeutungen s. S. 105.

**2. Philippus verkündigt das Evangelium in Samaria mit Erfolg, selbst der Magier Simon läßt sich taufen. (Kap. 8, 5—13).**

5 Philippus aber kam hinab in eine Stadt[1]) in Samaria und verkündigte ihnen
6 Christum, *die Menge achtete aber einmüthig auf das, was Philippus sagte, da sie hö-
7 reten und sahen die Zeichen, die er that. *Denn aus Vielen[2]), welche unreine Geister hatten, fuhren dieselben mit lautem Geschrei aus, auch viele Gelähmte und Lahme wur-
8 den geheilt. *Und ward eine große Freude in jener Stadt. *Es war aber ein Mann
9 Namens Simon zuvor in der Stadt, welcher Zauberei trieb und das Volk von Samaria
10 in Erstaunen setzte, indem er aussagte, er sei irgend eine große Person; *auf den achtete[3]) Klein und Groß, und sprachen: Dieser ist die Kraft Gottes, welche die große heißet[4]).
11 *Sie achteten aber darum auf ihn, weil er sie geraume Zeit mit seinen Zaubereien in
12 Erstaunen gesetzt hatte. *Als sie aber dem Philippus glaubten, der das Evangelium[5]) von dem Reich Gottes und dem Namen Jesu Christi verkündigte, ließen sich Männer
13 und Weiber taufen. *Aber Simon wurde selbst auch gläubig, ließ sich taufen und hielt sich zu Philippus, und gerieth in Erstaunen, als er die Kraftwirkungen[6]) und Zeichen ansah, die da geschahen.

### Exegetische Erläuterungen.

1. **Philippus aber kam hinab.** Vorhin war summarisch gesagt, daß die durch die Verfolgung zerstreuten Gemeindeglieder auswärts evangelisirt haben. Nun wird ein einzelnes Beispiel davon erzählt. Philippus, dem Zusammenhang nach ebenfalls durch den Sturm der Verfolgung aus Jerusalem verjagt, kann unmöglich der Apostel gleichen Namens sein. Denn nach V. 1 sind die Apostel sämmtlich in der heiligen Stadt geblieben. Der Gedanke aber, daß hier vielleicht ein späteres Ereigniß berichtet werde, wo der Apostel Philippus sich bewogen gefunden habe, nach Samaria zu reisen, läßt sich aus mehr als einem Grunde nicht halten. Erstens steht V. 5 mit V. 4 in so unmittelbarer Verbindung, daß die Reise des Philippus chronologisch und pragmatisch mit der in Folge der Verfolgung geschehenen Zerstreuung der Gläubigen zusammenhangen muß; zum andern würde

---

1) Der Artikel bei πόλιν, welchen Lachmann nach A. B. und zwei späteren Handschriften aufgenommen hat, ist sicherlich ein späterer Zusatz, er fehlt in weitaus den meisten Minuskeln, auch bei Chrysostomus, und sollte absichtlich wohl die Hauptstadt bezeichnen.

2) Πολλῶν hat unter den Uncialhandschriften zwar nur H. und Minuskeln, aber einige orientalische Uebersetzungen und Kirchenväter für sich, würde jedoch, wenn πολλοί bei A. B. C. E. ursprünglich wäre, nie an dessen Stelle gesetzt worden sein, während nach Maßgabe der zweiten Hälfte des Verses πολλοί leicht durch Correctur entstehen konnte; ἐξήρχοντο ist dagegen stärker bezeugt, als der Singular ἐξήρχετο.

3) πάντες vor ἀπὸ läßt Tischendorf nach H., einigen Uebersetzungen und Kirchenvätern als späteren Zusatz weg, ungeachtet die große Mehrzahl der Codd. es haben; allein schon die verschiedene Stellung des Worts in mehreren Handschriften macht es verdächtig, und wie leicht mochte es beigefügt werden.

4) καλουμένη fehlt nur in wenigen Codd., indem es den Abschreibern störend sein mochte; es ist aber so gut bezeugt, daß die neuesten Kritiker alle es aufgenommen haben, während es im textus receptus fehlt.

5) τὰ vor περὶ steht nur in G. H. Meyer hält es für unentbehrlich, weil εὐαγγελίζεσθαι sonst nie mit περὶ verbunden werde, was übrigens nicht beweist, daß es auch hier den Acc. bei sich haben müsse.

6) δυνάμεις καὶ σημεῖα ohne μεγάλα oder μεγάλας, was jedenfalls späterer Zusatz ist, durch ἐξίστατο veranlaßt, ist die nach Tischendorf und Meyer der gewöhnlichen: σημ. κ. δυν. vorzuziehende Stellung.

## 8, 5—13. Der Apostel Geschichten.

die Reise des Johannes und Petrus nach Samaria, als Abgesandte der Apostel, V. 14 rein unerklärlich sein, wenn Philippus selbst einer von den Aposteln gewesen wäre. Demnach kann nicht Philippus der Apostel gemeint sein, sondern ein anderer desselben Namens, und zwar ohne allen Zweifel derjenige, welcher Kap. 6, 5 als der Zweite unter den erwählten Sieben genannt ist. Auch diese Stelle in der Siebenerreihe, die er einnimmt, macht es wahrscheinlich, daß unser Philippus zu jener Kategorie gehört, und derselbe ist, welcher Kap. 21, 8 als ὁ εὐαγγελιστής, ὁ ὢν ἐκ τῶν ἑπτά noch einmal vorkommt. Denn Stephanus ist dort ohne Zweifel mit darum als der Erste genannt, weil sein Wirken und Leiden ihn vorzüglich merkwürdig und unvergeßlich machte; entsprechend scheint Philippus aus dem Grund unmittelbar nach Stephanus aufgeführt zu sein, weil auch von ihm Erhebliches und in die Geschichte der Kirche Eingreifendes zu berichten stand. Es läßt sich leicht denken, daß Amtsgenossen des Stephanus besonders zur Zielscheibe der Feindseligkeiten dienen mochten. Jene Meinung übrigens, welcher schon Polykrates (zweites Jahrh.) bei Euseb. H. Eccl. V, 24; III, 31, die Apostol. Constitutionen (VI, 7, 1) im dritten Jahrhundert, und Andere huldigen, stützt sich nicht bloß auf die Namensgleichheit, sondern wohl auch auf den Schein, als sei, was Philippus hier gethan hat, ein wesentlich und ausschließlich apostolisches Werk.

2. Welche Stadt in Samaria es gewesen sei, wo Philippus mit Erfolg auftrat, läßt sich keineswegs mit Sicherheit ausmachen, es war irgend eine der zahlreichen Städte von Samaria. Nach der Ausdrucksweise V. 8 f. bekommt man den Eindruck, als hätte Lukas selbst den Namen nicht bestimmt gewußt und mit Bedacht eine unbestimmte Form gewählt. Daß die Hauptstadt selbst, welche auch Samaria hieß und von Herodes dem Gr. Sebaste benannt wurde, gemeint sei (Kuinoel), ist deswegen unwahrscheinlich, weil V. 9 und 14 Σαμάρεια offenbar die Landschaft bezeichnet.

3. **Die Menge achtete aber einmüthig.** Philippus verkündigte ihnen den Messias und verrichtete zugleich wunderbare Heilungen, theils an vielen Besessenen, V. 7, aus denen die unreinen Geister (Dämonen) mit lautem Geschrei ausfuhren, theils an Lahmen und Paralytischen. Und gerade der Umstand, daß die Einwohner Augen- und Ohrenzeugen dieser wunderbaren Wirkungen waren, die von Philippus ausgingen, bewog sie, seinen Worten Aufmerksamkeit zu schenken und andächtiges Gehör zu geben (προσεῖχον — ἐν τῷ ἀκούειν αὐτοὺς καὶ βλέπειν τὰ σημεῖα). Die vertrauensvolle und ehrerbietige Aufmerksamkeit (προσεῖχον, was noch nicht so viel als ἐπίστευον ist), welche sich dem Philippus und seinen Vorträgen zuwandte, war eine bei der Bevölkerung (οἱ ὄχλοι) ganz einmüthige (ὁμοθυμαδόν), nicht Sache einzelner Weniger, oder nur einer Partei, sondern Volkssache, die Masse betheiligte sich dabei. Die Freude, welche durch die Stadt ging [V. 8], und welche theils in der Heilung vieler Kranken, theils in der Freudenbotschaft vom Heiland und der Erlösung ihren Grund hatte, wurde mitunter dadurch so groß (χαρὰ μεγάλη), daß Alles einstimmig war.

4. **Es war aber ein Mann Namens Simon.** Die logische Verbindung ist: noch ehe Philippus ankam, war ein gewisser Simon dort, welcher durch magische Künste allgemeines Aufsehen erregte und Anhang fand. Etwas Näheres über die Herkunft des Simon ist hier nicht ausgesagt, weder daß er aus der ungenannten Stadt gebürtig, noch daß er überhaupt von Haus aus ein Samaritaner gewesen sei. Soweit läge der Neander, Gieseler u. Anb. begünstigten, von Meyer mit ungenügenden Gründen bestrittenen Vermuthung nichts im Wege, daß dieser Simon identisch sei, mit dem Σίμων Ἰουδαῖος, Κύπριος δὲ γένος, μάγος εἶναι σκηπτόμενος bei Josephus Antiq. XX, 7, 2, welchen der römische Prokurator Felix später, c. 60 nach Christo, als Kuppler benutzt hat. Die Angabe des Justinus M., daß Simon aus Gitta in Samarien gebürtig gewesen sei, ist bei dem mehr als hundertjährigen Zeitraum, der zwischen beiden liegt, um so weniger zuverlässig, als Justin nachweislich bereits spätere Sagen mit dem Namen des Zauberers in Verbindung bringt; und die reuige Bitte, V. 24, allein gibt keine Gewähr dafür, daß der Mann nicht später wieder in seine Betrügereien zurückgefallen sei. — Laut unserer Stelle war dieser Simon jedenfalls einer von den Männern, wie sie in jenem Zeitalter der „Religionswende" laut griechischer und römischer Zeugnisse häufig umherreisten und theils als Wahrsager, Astrologen und Traumdeuter, theils als Gaukler und Wunderärzte Aufsehen erregten, wohl auch allgemeines Ansehen erlangten. Dies war laut unserer Stelle auch bei Simon der Fall, er trieb eine geraume Zeit, V. 11, magische Künste (μαγεύων) und mit solchem Erfolg, daß die gesammte Bevölkerung von Samaria (nicht bloß die Einwohner jener ungenannten Stadt) voll Verwunderung und Erstaunen wurde, ein großes Vertrauen zu ihm und eine außerordentliche Meinung von ihm hatte, so daß er selber Person faßte [V. 10 f.] Er selbst gab sich nämlich für etwas Besonderes, für irgend eine außerordentliche Persönlichkeit aus (εἶναί τινα ἑαυτὸν μέγαν). Und hiermit fand er Glauben bei Leuten von allerlei Alter und Stand, welche sich nach und nach die Ansicht bildeten, Simon selbst sei ἡ δύναμις τοῦ θεοῦ ἡ μεγάλη. Doch will diese Zweifel besagen, daß sie in der Person Simons eine Art Theophanie zu erkennen glaubten und meinten, die große Kraft Gottes, die höchste Gotteskraft sei in ihm erschienen. Es ist hierbei sehr zu beachten, daß Lukas selbst zwischen der eigenen Aussage des Magiers und dem Wahn den für ihn eingenommenen Volkes unterscheidet, und die den Menschen vergötterndes Ansicht, welche sich in einem bestimmten Theologumenon firirt zu haben scheint, nur als populäre Meinung seiner Verehrer, nicht als unmittelbare Aeußerung des Mannes selbst erwähnt; der Letztere fand es vielleicht gerathen und seinem Interesse gemäß, die Aeußerungen über sich selbst in einem gewissen ahnungsreichen Helldunkel zu geben. — Baur und Zeller ziehen aus den Sagen, welche bei späteren Schriftstellern über den Magier Simon umlaufen, den Schluß, daß die ganze geschichtliche Existenz des in unserer Stelle erwähnten Simon in Zweifel zu ziehen sei. Allein es ist eine verkehrte Welt, und höchst betrachtet Unkritik, spätere Fabeln, wie sie in Betreff des Magiers, von Justin dem Märtyrer an, hauptsächlich aber durch die clementinischen Homilieen und durch die apostolischen Constitutionen ver-

breitet worden sind, auf Rechnung der einfachen und nach Maßgabe anderweitiger Nachrichten über die Magier jener Zeiten so glaubwürdigen Erzählung zu setzen, und diese mit Sagen, die mehr als ein Jahrhundert später auftauchen, in eine und dieselbe Kategorie zu stellen.

5. **Als sie aber dem Philippus glaubten.** Der Glaube, welchen die Samariter der Verkündigung des Philippus schenkten, welcher nicht wie Simon von sich selbst, sondern von Jesu Christo und dem Reich Gottes Zeugniß ablegte, war um so höher zu schätzen, als er an die Stelle eines bereits eingedrungenen Aberglaubens trat und sich durch Uebernahme der Taufe als willigen Gehorsam auswies.

6. **Aber Simon wurde selbst auch gläubig.** Daß sogar der Magier das Evangelium annahm, sich taufen ließ und wie ein Schüler dem Philippus sich anschloß (προσκαρτερῶν), war sichtbar der größte Beweis für die Ueberlegenheit, ja für die Göttlichkeit des Wortes von Christo. Was zunächst psychologisch bei dem Magier wirkte, das waren die Thaten, d. h. die Wunderheilungen, welche Philippus verrichtete, und deren Augenzeuge, ja aufmerksamer Beobachter (θεωρῶν) er war. Diese Thatsachen setzten ihn selbst ebenso sehr in Erstaunen, als seine eigenen magischen Künste bisher das Volk in Erstaunen versetzt hatten; das will Lukas offenbar andeuten, indem er dasselbe Wort (ἐξίστατο Med.) braucht, welches er V. 9 und 11 in transitiver Form gerade von Simon gebraucht hatte. Bisher hatte Simon Erstaunen erregt, nun war die Reihe an ihm, aus einem Erstaunen in's andere zu gerathen. Daraus folgt aber keineswegs, daß der Magier (wie Grotius vermuthete und nach ihm einige Neuere annahmen) Jesum nicht für den Messias, sondern blos für einen ihm überlegenen Magier und Wunderthäter gehalten habe.

**Christologisch-dogmatische Grundgedanken.**

1. Wunder und Predigt war bei Philippus vereinigt, wie bei den Aposteln, wie ohne auch (Kap. 6, 8) Stephanus Wunder gethan hatte. Aber so gewiß die Wunder beigetragen haben, dem Wort Kraft zu geben (vergl. Mark. 16, 20), so war doch das Wort des Evangeliums die Hauptsache. Wohl haben die Wunderheilungen Aufmerksamkeit erregt, die Augen auf die Philippus gelenkt, die Seelen empfänglich gemacht; aber die Bekehrung war die Frucht der Predigt des Wortes, und wo nur das Wort, das lautere und reine, freie und treue Wort des Evangeliums verkündigt und fleißig und aufmerksam gehört wird, da bringt es auch Frucht.

2. Die Freude der bekehrten Samariter war wie die Herzensfreudigkeit der israelitischen Christen zu Jerusalem, Kap. 2, 47. Im Reich Gottes herrscht Gerechtigkeit, Friede und Freude im Heiligen Geist. Sich mit seinem Gott versöhnt wissen, ist wahrlich eine Freude, einen Heiland haben, ist eine Freude; sich in Jesu mit Andern, die ihn lieb haben, vereinigt fühlen, ist eine Freude. Ich möchte sagen, die Freude und Wonne der gläubigen Seele hat ihren Grund darin, daß die Seele ihre Heimath wieder gefunden hat, daheim ist und sich heimathlich fühlt in ihrem Gott.

3. Vermöge der Kraft Christi machte Philippus auch Besessene gesund. Was bisher von keinem Apostel erzählt wurde, hat dieser Mann, der kein apostolisches Amt bekleidete, verrichtet. Bengel hat hier die seine Bemerkung gemacht, daß Lukas in der Apostelgeschichte nie den Namen δαιμόνια gebraucht, wenn er von Besessenen spricht, während gerade er in seinem Evangelium das Wort öfter als die übrigen Evangelisten anwendet. Aus diesem Umstand glaubte Bengel schließen zu dürfen, daß die Macht der Besessenheit seit dem Tode Jesu schwächer geworden sei. Wir möchten auf diesen Umstand um so weniger großen Werth legen, als an unserer Stelle von vielen Besessenen die Rede ist. Wohl aber erscheint uns das beachtenswerth, daß in der Apostelgeschichte Besessenheit bei Israeliten nicht vorkommt, sondern nur Paulus auf heidnischem Boden (Kap. 19, 12 ff. in Ephesus) theils aus dem Gränzgebiete zwischen Judenthum, und Heidenthum, wie das samaritische Land eines war.

4. Der Magier Simon hat, was er irgend Lehrhaftes hatte, in Betreff seiner eigenen Person vorgetragen und sich damit groß zu machen gesucht. Wie ganz anders Philippus! Er redet nicht von sich selbst, hat mit seiner eigenen Person nichts zu schaffen; sondern nur Jesus Christus ist es, von dem er handelt, dessen Namen (V. 12) er den Seelen theuer und werth zu machen sucht, dessen Reich er ihnen bekannt macht und als die Stätte des Heils anpreist. „Wir predigen nicht uns selbst, sondern Jesum Christ, den Herrn" [2 Kor. 4, 5], das gilt von jedem Apostel und Evangelisten der Apostelgeschichte. Und das ist wesentlich, und muß so bleiben. Sobald ein Prediger oder Kirchendiener anfängt, von sich selbst zu reden, glauben an seine Person zu einem Glaubensartikel zu machen, und sobald eine Gemeinde und Kirche dies thut, so ist das eine Berirrung, eine Versündigung, und führt zu einer paganisirenden Vergötterung der Kreatur.

5. Die nachfolgende Geschichte beweist klar, daß es mit dem Glauben des Simon nicht richtig gewesen sein muß. Allein den Fehler darin zu suchen, daß der Magier Jesum nur für einen großen Magier gehalten habe, ist nicht begründet. Wenigstens würde er in der Lehre des Philippus von Jesu als dem Messias und von seinem Reich den Anhalt zu jenem Wahn nicht gefunden haben. Es liegt keine Andeutung vor, daß der Fehler in demjenigen gelegen war, was der Magier Simon glaubte; vielmehr scheint es, daß lediglich die Art, wie er glaubte, ungesund war. Leicht möglich ist es, so weit man für jene Zeit den Begriff anwenden kann, rechtgläubig war; in seinem Falle aber war er recht gläubig. Sein Glaube war, wie so häufig in der Christenheit, ein bloßer Verstandesglaube, eine augenblickliche Ueberzeugung, aber nicht eine Sache des Herzens, nicht eine fides plena, justificans, cor purificans, salvans. Was nicht in's Herz durchdringt und vom Herzen wieder ausgeht, das ist oberflächlich und läßt den Menschen, wie er gewesen ist, macht höchstens einen Heuchler aus ihm.

**Homiletische Andeutungen.**

Saulus aber hatte Wohlgefallen an seinem Tode. [V. 1.] Vergl. 1 Tim. 1, 13:

„ich hab's unwissend gethan." So kann man bei aller Vernunftweisheit blind, bei allem vermeintlichen Eifer um Gott ein unvernünftiger Verfolger sein. Nicht einmal das erbauliche Ende des Stephanus hatte einen heilsamen Eindruck auf sein verbittertes Herz gemacht. — Und doch besser ein offener Feind wie Saulus, als ein verstellter Freund wie Simon. Saulus war ein Verstörer der Gemeinde, Simon hielt sich zu den Aposteln und nahm die Taufe an. Saulus handelte auch in seiner Wuth aufrichtig, denn er mußte es nicht besser, Simon hatte ein Herz voll bitterer Galle und Falschheit. Saulus wurde bekehrt, Simon verdammt. [V. 20.] (Nach Apostol. Pastorale.) — Ohne die Apostel. In schwerer Verfolgung soll weder jedermann fliehen, noch jedermann bleiben. (Starcke.) Das Bleiben der Apostel war ein Beweis 1) ihres männlichen Muths, der vor dem Feinde keinen Fußbreit weicht; 2) ihres kindlichen Gehorsams gegen den Befehl Jesu, der ihnen vorgeschrieben hatte, Jerusalem mit ihrer Predigt zuerst zu erfüllen, und dann erst in alle Welt zu gehen. (Apost. Past.) — Die Apostel mußten als Denksäulen da stehen bleiben, daß der Herr Jesus nicht von diesem Grund und Boden wortrieben sei. Wie zuletzt auch die zwei Zeugen, Off. 11, 8, in der Stadt, da ihr Herr gekreuzigt ist, dastehen werden. (K. H. Rieger.) — Die einsamen Zeugen Gottes unter einem ungeschlachten Geschlecht (vgl. Noah vor der Sündflut, Loth in Sodom, Abraham unter den Götzendienern, Moses in Aegypten, Elias unter den Baalspriestern, Jeremias unter den Juden, Daniel in Babel, die Apostel in Jerusalem, Paulus unter den Heiden, die Vorläufer der Reformation in der Finsterniß des Papstthums) 1) als majestätische Säulenreste eines zerbrochenen Gottestempels; 2) als warnende Leuchtthürme in den Finsternissen einer bösen Zeit; 3) als gewaltige Grundsteine für einen künftigen Gottesbau.

Hielten eine große Klage über ihn. [V. 2.] Leute, die sich um die Kirche und Gemeinde verdient gemacht haben, darf man billig betrauern, denn geschieht mit ihrem Tod auch ihnen wohl, so geschieht doch der Gemeinde damit weh. (Starcke.) Die verschiedenen Gedanken der Menschen beim Tode der Knechte Jesu: 1) die Welt freut sich, daß sie fort sind [V. 1]; 2) die Gottesfürchtigen vermissen und betrauern sie [V. 2]. Die Zeugen Christi haben eine Kraft, nach ihrem Abschied noch die Herzen zu rühren. Für jeden heimgerufenen Knecht hat der Herr schon einen andern in Bereitschaft; kaum ist Stephanus weg, so steht Philippus auf. (Ap. Past.)

Saulus aber zerstörte die Gemeinde. [V. 3.] Merke seine wachsende Wuth: 1) er verwahrt die Kleider der Mörder des Stephanus, 2) hat Wohlgefallen am Tode dieses Zeugen, 3) verfolgt die Fliehenden; 4) sucht auf die Verborgenen; 5) zieht hervor die Aufgesuchten und schont dabei seines Geschlechts; 6) übergibt die Hervorgezogenen dem Gefängniß. (Starcke.)

Die nun zerstreuet wurden, gingen um und predigten das Wort. [V. 4.] Die Stürme der Verfolgung sind nur Winde, die a. das Feuer des Glaubens in der Gemeinde anblasen, b. die Funken der Wahrheit weitertragen in die Ferne; vergl. Luther (ein Lied von den zwei Märtyrern Christi zu Brüssel): „Die Aschen will nicht lassen ab, sie stäubt in alle Landen; die hilft kein Bach, noch Grub noch Grab, sie macht den Feind zu Schanden, die er im Leben durch den Mord zu schweigen hat gedrungen, die muß er todt an allem Ort mit aller Stimm und Zungen gar fröhlich lassen singen." — Wie oft stecken die Botschafter an Christi Statt unter der Decke eines verschlagten Flüchtlings verborgen. (K. H. Rieger). Denen, die fromme Vertriebene aufnehmen, vergilt Gott gemeiniglich mit geistlichem Segen. (Quesnel). — Die Wunderwege des Herrn in Ausbreitung seines Reichs: 1) Der Märtyrer Stephanus bedüngt mit seinem Blute den Acker der Kirche; 2) der schnaubende Saulus dient schon als Verfolger unwissend der Ausbreitung des Reichs Christi; 3) die flüchtigen Christen werden die ersten Sendboten des Evangeliums in der Ferne.

Philippus aber kam hinab und predigte. [V. 5.] Wahre Knechte Christi ändern wohl ihren Ort, aber nicht ihren Sinn. (Apost. Past.) Treue Arbeiter finden immer zu thun und sind überall in ihrem Beruf, es sei zu Jerusalem oder Samaria, Röm. 15, 19. (Starcke.)

Das Volk hörete zu — und sahen die Zeichen. [V. 6.] Durch Hören und Sehen kommt man zum Glauben, Joh. 1, 47—50. (Starcke.) Der Eine säet, der Andere erntet. Hier die Ernte des von Jesu vor etlichen Jahren ausgestreuten Samens, Joh. 4. (Starcke.)

Die unsaubern Geister fuhren aus, Gichtbrüchige und Lahme wurden gesund, und ward eine große Freude [V. 7. 8.] Siehe hier ein Bild der geistlichen Mirakel des Evangeliums: a. das Unreine fährt aus; b. das Schwache wird stark; c. die Betrübniß wird zur Freude. — Geht's auch durch Traurigkeit im Reich Gottes, die Frucht ist doch Freude: Freude über die Vergebung der Sünden; Freude im Genuß Gottes; Freude in der Hoffnung ewiger Seligkeit.

Simon bezauberte das Volk [V. 9.] Mundus vult decipi. — Weil die Leute gern etwas Großes haben wollen, so sind sie leicht zu bezaubern, wenn etwas kommt, was sich dafür ausgibt; vergl. das Thier in der Offenbarung, Kap. 13, 3. 4. (Starcke.) — Simon war weder der Erste noch der Letzte von der Art, die man heutigen Tages Originale heißt, auf welche Andere sehen, denen man Alles nachschwätzt und nachschreibt. Die können freilich viel Unglauben, viel ungöttlichen Geschmack unter ein ganzes Volk und Geschlecht bringen. Es ist bald kein Ort, wo nicht so ein Höllenriegel für das Reich Gottes sitzt, auf den Andere um seines Reichthums, Verstandes oder Geschwätzes willen sehen, als wären sie von ihm bezaubert. (K. H. Rieger.)

Da sie aber Philippus Predigt glaubten. [V. 12.] So gewinnt die apostolische Taubeneinfalt allezeit am Ende den Sieg über zauberische Schlangenlist. — Wo Gottes Wahrheit aufgeht, da geht das Reich der Lüge unter.

Da ward auch der Simon gläubig. [V. 13.] Von der Wahrheit gerührt werden, ihr Beifall geben und sie loben, macht die Sache noch lange nicht aus, wenn Herz und Sinn nicht geändert wird und geändert bleibt. — Auch rechtschaffene Lehrer können von Heuchlern betrogen und ihnen das Heiligthum abgestohlen werden. (Starcke.)

Simon der Zauberer [V. 9—13] als warnendes Bild eines falschen Lehrers. 1) Er gab vor, er wäre etwas Großes [V. 9]; falsche Lehrer suchen nicht Gottes, sondern ihre eigene Ehre. 2) Er bezauberte das Volk [V. 9]; falsche Lehrer suchen zu blenden und zu bezaubern durch eine falschberühmte Kunst, statt zu erleuchten und zu bekehren. 3) Er ward gläubig, ließ sich taufen und hielt sich zu Philippo [V. 13]. So reden oft Ungläubige die Sprache Kanaans, weil sie merken, daß sie wirkt, und schließen eine heuchlerische Bundesgenossenschaft mit den Knechten Gottes, um unter dem Deckmantel fremder Heiligkeit ihre faulen Flecken zu bedecken. — Sanius [V. 1—3], Simon [V. 9—11. 13], Philippus [V. 5—8. 12], der ehrliche Feind, der falsche Freund und der redliche Knecht des Herrn, jeder gezeichnet nach seiner Herzensstellung, nach seiner Handlungsweise, nach seinem Schicksalsgang.

**3. Die Apostel Petrus und Johannes kommen nach, um den Geist mitzutheilen, bei welcher Gelegenheit auch der Magier Simon entlarvt wird. (Kap. 8, 14—25.)**

(Perikope am 8. Sonntage nach Trinitatis).

14 Da aber die Apostel zu Jerusalem höreten, daß Samaria das Wort Gottes an-
15 genommen hatte, sandten sie zu ihnen den Petrus und Johannes, *welche, als sie hinab-
16 kamen, für sie beteten, daß sie den Heiligen Geist empfingen. *Denn er war noch[1])
17 auf keinen von ihnen gefallen, sondern sie waren nur getauft auf den Namen des Herrn
18 Jesu. *Dann legten sie die Hände auf sie, und sie empfingen den Heiligen Geist. *Als
aber Simon sahe,[2]) daß durch das Handauflegen der Apostel der Heilige Geist gege-
19 ben ward, brachte er ihnen Geld, *und sprach: Gebet auch mir diese Vollmacht,
20 daß, wem ich die Hände auflege, der auch den Heiligen Geist empfange. *Petrus aber
sprach zu ihm: Dein Geld gehe sammt dir in's Verderben, weil du das Geschenk Gottes
21 durch Geld zu erwerben meinst. *Du hast keinen Theil noch Anfall an dieser Sache;
22 denn dein Herz ist nicht aufrichtig vor[3]) Gott. *So bekehre dich denn von dieser
deiner Bosheit, und bitte den Herrn[4]), ob dir etwa vergeben werden möchte der Ge-
23 danke deines Herzens. *Denn ich sehe, daß du bist bittere Galle und verstrickt in Un-
24 gerechtigkeit. *Simon aber antwortete und sprach: Bittet ihr den Herrn für mich, daß
25 nichts über mich komme von dem, was ihr gesagt habt. *Sie aber, nachdem sie bezeugt und geredet hatten das Wort des Herrn, kehrten zurück[5]) nach Jerusalem, und predigten das Evangelium vielen samaritischen Dörfern.

### Exegetische Erläuterungen.

1. **Da aber die Apostel höreten, daß Samaria das Wort Gottes angenommen hatte.** Die Nachricht, welche den in Jerusalem weilenden Aposteln zukam, erscheint offenbar als eine höchst überraschende und belangreiche. Veranlaßte sie doch einen Beschluß des Apostel-Collegiums, zwei aus seiner Mitte auf das Missionsfeld abzusenden. Nicht ohne Bezug auf das Gewicht, das dem Ereigniß beizumessen war, braucht Lukas den Ausdruck: „Samaria hatte das Wort Gottes angenommen." Man schwächt den Gedanken, wenn man Σαμάρεια hier für den Namen der Stadt nimmt; es ist vielmehr der Name des Landes, und zwar mit dem Nebengedanken an die religiösen Sonderstellung, welche die samarische Völkerschaft einnahm. Hiermit ist angedeutet, daß der Uebergang des Wortes Gottes zu den Samaritern und die gläubige Annahme des Evangeliums von Seiten derselben Epoche macht, weil die Samariter, ihrem Ursprung nach ein Mischvolk aus israelitischem und heidnischem Geblüt (ἀλλογενεῖς, Luk. 17, 18), von den Juden als Sektirer und Ketzer angesehen waren.

2. **Sandten sie zu ihnen den Petrus und Johannes.** Zum erstenmal wieder, seit dem Vorschlag, die sieben Männer zu wählen [Kap. 6, 2], handeln hier die Zwölfe als Gesammtheit, als eine Körperschaft, und zwar als eine solche, die zur Leitung des Ganzen verpflichtet und berechtigt ist. Zugleich ist neu die Erscheinung, daß das Apostel-Collegium zwei aus seiner Mitte sendet, und zwar gerade den Petrus und Johannes, die beiden Apostel, welche bisher (z. B. Kap. 3 und 4) als die hervorragendsten erschienen sind. Allerdings war

---

1) Anstatt οὔπω im recipirten Text ist auf Grund der bedeutendsten Codd. οὐδέπω von Griesbach empfohlen und von allen neueren Kritikern einstimmig vorgezogen.
2) Ἰδών ist bei weitem besser bezeugt, als θεασάμενος, das nur in C. H. sich findet, und offenbar ausmalende Correctur ist.
3) Ἔναντι in A. B. D. ist, wie οὐδέπω, eine seltenere Form, in C. und einigen Kirchenvätern durch ἐναντίον, in E. G. H. durch das noch geläufigere ἐνώπιον mit Unrecht ersetzt.
4) Κυρίου anstatt besser beglaubigt, als θεοῦ, welches aus V. 21 hierher gekommen zu sein scheint.
5) Ὑπέστρεφον — εὐηγγελίζοντο sind der gewöhnlichen Lesart, welche beidemal den Aorist hat, von Lachmann und Tischendorf vorgezogen; wiewohl ὑπέστρεφον nur A. D. für sich hat, εὐηγγελίζ. aber A. B. C. D. E.; übrigens sprechen die Auktoritäten, welche letzteres haben, auch für ersteres, da beidemal ohne Zweifel das gleiche tempus stehen muß.

auch diese Sendung eine Auszeichnung und ein Beweis großen Vertrauens. Aber sie ist zugleich von Seiten des beschlußfassenden Collegiums ein Zeichen, und von Seiten derer, die abgesandt werden, eine Anerkennung der Thatsache, daß kein einzelner Apostel, sei er auch ein Petrus und Johannes, über der Gesammtheit der Apostel, sondern daß jedes Glied u n t e r derselben stehe. Dieser Zug widerlegt den römischen Begriff vom Primat des Apostels Petrus und beweist, daß derselbe mit den übrigen Aposteln in völlig gleichem Range steht. Vergl. Karl Lechler, N. T. Lehre vom heil. Amt, S. 136 f.

**3. Welche für sie beteten.** Was die Apostel an den bereits Bekehrten verrichten, war Fürbitte um die Gabe des h. Geistes, verbunden mit Handauflegung [V. 15. 17]. Die Wirkung war, daß die bekehrten Samariter den h. Geist empfingen. Und zwar scheint es, als wäre das Gebet einmal für alle als vorübergehende Handlung geschehen (Aor. προσηύξαντο), und die Handauflegung nachher erfolgt (τότε V. 17), so daß das Auflegen der Hände auf die Einzelnen nach einander eine geraume Zeit erforderte und demgemäß auch der Empfang des Heiligen Geistes bei dem Einen um den Andern vor sich ging (Imperf. ἐπετίθουν — ἐλάμβανον).

**4. Als aber Simon sahe.** Simon machte die Beobachtung, daß vermittelst der Handauflegung der Apostel der Heilige Geist gegeben wurde. Ohne Zweifel konnte er das Letztere an den Aeußerungen der Gläubigen, zusammengenommen mit dem Gebet der Apostel, das er mit angehört hatte, abnehmen. Die Frage: ob Simon selbst den Heiligen Geist auch empfangen habe, erledigt sich dadurch, daß 1) in diesem Fall sein Benehmen V. 18 f. sittlich unmöglich gewesen wäre; 2) wird er mit ἰδών ꝛc. offenbar als bloßer Zuschauer, nicht als bei der empfangenen Auflegung der Hände und Mittheilung des Geistes unmittelbar betheiligt dargestellt.

**5. Brachte er ihnen Geld.** Simon verräth wieder den ächten Magiercharakter; für's erste dadurch, daß er vollkommen egoistisch gesinnt ist und auch das Geistigste und Heiligste nur als Mittel, seine magische Virtuosität zu steigern und sich selbst dadurch eine noch höhere Rolle zu verschaffen ansieht; zum andern dadurch, daß er die Sache durch Geld auswirken will. Denn indem er auf die Apostel durch pecuniäre Mittel zu wirken hofft, verräth er sich selbst als einen Menschen, der von gleichen Motiven ausgeht. Er betrachtet die Mittheilung des Geistes unter dem Gesichtspunkt der Magie, mit andern Worten als eine Vollmacht, welche ohne sittlich bedingt zu sein, nach Belieben sowohl übertragen als geübt werden könne. Die letztere Voraussetzung liegt in ᾧ ἐὰν ἐπιθῶ τ. χ. λαμβάνῃ πν. ἁ.

**6. Dein Geld gehe sammt dir in's Verderben!** Petrus, welcher V. 14 nur mit Johannes gemeinschaftlich gehandelt hatte, tritt jetzt, wo eine rasche Entscheidung und ein entschlossenes Handeln erforderlich war, wieder in den Vordergrund mit Wort und That. Er weiß das angetragene Geld nicht allein entschieden ab, sondern in heiliger Entrüstung und heftigem Abscheu wünscht er das Silber sowohl, als den Mann selbst, der es anbot, in's Verderben! Der Grund dieser sittlichen Entrüstung und Verwünschung ist, daß Simon gesinnt und gewillt war, Gottes Gabe durch Geld zu erwerben; ἐνόμισας drückt nämlich nicht blos die Meinung, sondern auch die Gesinnung und Absicht aus; jene, als eine Sache bloßen Verstandes, könnte einer sittlichen Beurtheilung und Vergeltung nicht unterliegen, es sei denn, sie war mit einer Richtung des Willens und Charakters verknüpft und daraus geflossen.

**7. Du hast keinen Theil.** Hatte Petrus V. 20 das dargebotene Silber nebst dem Mann, der es darbrachte, billig zurückgestoßen, so gibt er nun V. 21 auf die Bitte selbst [V. 19] abschlägigen Bescheid, und wie vorhin der Affekt in dem vorangestellten τὸ ἀργ. σου ꝛc. sich ausdrückte, so hier in der vorausgeschickten und wiederholten Verneinung: nicht Theil noch Loos, d. h. schlechterdings kein Antheil daran, kann dir werden. ἐν τῷ λόγῳ τούτῳ muß hier dem Zusammenhang nach, und zwar nicht blos dem Hebräischen דָּבָר gemäß, sondern auch nach klassischem Gebrauch von λόγος = ipsa causa, bedeuten: an dieser Sache, von der die Rede ist, nämlich, der Vollmacht, den Geist mitzutheilen. Die Auslegung, welche an der Bedeutung: Wort, Lehre, haftet, und entweder den Antheil am Evangelium selbst (Grotius, Neander) oder die begeisterten Aeußerungen der Gläubigen (Lange) versteht, ist entweder dem Zusammenhang nicht entsprechend, oder gefünstelt. — Der Grund nun, aus welchem der Apostel seinem Namensbruder allen Antheil an seiner apostolischen Vollmacht so unbedingt abspricht, ist einfach die Unaufrichtigkeit des Mannes. „Dein Herz ist nicht gerade," nicht aufrichtig, redlich vor Gottes Augen, sondern es waltet eine Verkehrtheit des Herzens, eine Zweideutigkeit bei dir ob.

**8. So bekehre dich denn!** Aus dem bisherigen zieht Petrus eine praktische Folgerung (οὖν): weil es so mit dir steht, so ändere deinen Sinn und lasse von (ἀπό) deiner Bosheit. Der Apostel predigt ihm Buße, die er fordert, und empfiehlt ihm Gebet um Vergebung seiner Sünde, ohne jedoch letztere ihm sicher in Aussicht zu stellen, denn εἰ ἄρα ἀφ. stellt den Erfolg, die göttliche Verzeihung in Frage: ob etwa vergeben werden wird. Ἐπίνοια der (praktische) Gedanke, Einfall, Plan, vox media. Auch hier wie in beiden vorigen Versen, folgt die Begründung nach V. 23 γάρ, obgleich mit οὖν der Grund bereits im Vorhergehenden nachgewiesen war. Buchstäblich sagen die Worte: „ich sehe dich als einen zu bitterer Galle und einem Band der Ungerechtigkeit gereichenden, da hinein gerathenden;" womit zunächst die inwohnende Charaktereigenschaft, entfernter auch die von ihm zu besorgende verderbliche Einwirkung auf die junge Gemeinde bezeichnet ist. Die bittere Galle (mit hebraisirendem Genitiv) soll vermuthlich an Gift denken lassen, weil man sich im Alterthum die Galle der Schlange als Sitz ihres Gifts dachte, wie auch der deutsche Stabreim: „Gift und Galle" als eine Zusammengehörigkeit beider Dinge voraussetzt. Σύνδεσμος ἀδικίας kommt auch Jes. 58, 6, jedoch in ganz anderem Sinne vor, hier will der Ausdruck sagen, die ganze Persönlichkeit sei gleichsam ein Band, ein Strick, aus Ungerechtigkeit bestehend, ähnlich, wie in manchen Gegenden das Schimpfwort: „Strick" auf einen Menschen angewendet wird.

**9. Bittet ihr den Herrn für mich!** Was ist von dieser Aeußerung und von der zu Grunde liegenden Gesinnung zu halten? Meyer schließt aus dem Umstand, daß fortan Lukas den Simon gar nicht mehr erwähnt, daß er V. 24 den Anfang einer wirklichen Sinnesänderung andeuten wolle und es dem Leser überlasse, den Verlauf und die Vollendung derselben dazu zu denken. Mit Unrecht. Ohne Zweifel ist die alte Annahme, welcher neuerdings auch Neander, Olshausen, de Wette, Baumgarten, beigetreten sind, richtig, daß hier keine ächte Sinnesänderung vorliege. Von den patristischen Nachrichten, daß Simon wieder in sein Magiertreiben zurückgefallen, ja daß es mit ihm ärger denn früher geworden sei, sofern er eine systematische Opposition gegen die Apostel und das Evangelium zu seiner Lebensaufgabe gemacht habe, — ist allerdings ganz abzusehen. Aber unsere Stelle selbst ist doch deutlich genug. Petrus hatte den Simon aufgefordert 1) zur Sinnesänderung, 2) zum Beten um Sündenvergebung. Was das Letztere betrifft, so folgt er der Mahnung höchstens halb, genau genommen gar nicht: statt selbst zu beten und um Vergebung zu flehen, ersucht er die Apostel, sie mögen doch für ihn beten, und verräth hiermit theils sein doch nicht wahrhaft gebrochenes Herz, theils seine immer noch abergläubischen Begriffe, sofern er von fremder Fürbitte ohne persönliche Beugung und eigenes Gebet Wunder was hofft. Zum andern eine Sinnesänderung, gründlicher und aufrichtiger Art, liegt doch da nicht zu Grunde, wo man lediglich die Folgen und Strafen der Sünde, nicht aber ihre sittliche Schuld und Verworfenheit selbst zu Herzen nimmt, wie Simon hier; er hat nur Angst vor den angedrohten Uebeln ὧν εἴρηκατε), nicht Abscheu vor seiner Sünde. Offenbar keine Erscheinungen, welche uns ermuthigen könnten, an ernstliche Reue, Sinnesänderung und Besserung des Magiers zu denken und die Bekehrung als einen „hohen Sieg der überlegenen Geisteskraft der Apostel" zu preisen.

**10. Kehrten zurück.** Die beiden Apostel begnügten sich nicht, das Evangelium den Neubekehrten an Ort und Stelle noch ausführlicher und lehrhafter, als sie es bisher bekommen hatten, vorzutragen (das διδάσκειν, Matth. 28, 20, was dem βαπτίζειν erst nachfolgt, aber zum μαθητεύειν ebenfalls gehört); sondern sie widmeten sich auch der Missionspredigt unmittelbar, indem sie, bevor sie nach Jerusalem zurückgingen, in vielen Wohnorten Samariens das Evangelium verkündigten. Daß diese Thätigkeit nicht flüchtig abgemacht, sondern eine Weile fortgesetzt wurde und die Rückreise somit nicht rasch vor sich ging, deutet das aus kritischen Gründen dem Aorist vorzuziehende Imperf. in ὑπέστρεφον — εὐηγγελίζοντο unverkennbar an.

### Christologisch-dogmatische Grundgedanken.

**1. Taufe und Geistesgabe, Missioniren und apostolisches Wirken,** — wie verhält sich das Eine zum Andern? Die bekehrten Samariter hatten die Taufe empfangen, aber die Gabe des Heiligen Geistes hatte noch keiner von ihnen allen erhalten, V. 16. Sind damit blos die außerordentlichen Gaben und wunderbaren Aeußerungen des Geistes gemeint, so daß wir voraus-

setzen dürften, die Neubekehrten haben in und mit der Taufe die ordentliche Gabe des Heiligen Geistes schon empfangen gehabt (Löhe, Aphorismen 29 f.)? Gewiß nicht, das ist eine willkürliche Annahme, bei der man die genannte Unterscheidung und sogar Scheidung erst in den Text hineinlegen muß, während V. 15. 17 f. πνεῦμα ἅγ. ganz ohne alle Unterscheidung gebraucht ist. Ueberdies haben wir keinen dogmatisch festen Textgrund für die Voraussetzung, daß die Gabe des Heiligen Geistes mit der Taufe unmittelbar und untrennbar zusammenhange. Selbst Kap. 2, 38 spricht, genau genommen, nicht dafür; und Kap. 10, 44. 47 f. beweist, daß Gott den Heiligen Geist auch vor der Taufe ertheilen kann. Die Wassertaufe führt demnach nicht immer die Geistestaufe, als von ihr abhängig, mit sich, kann von letzterer wohl zeitlich getrennt sein. Das ist die Sache dessen, der seinen Geist wehen läßt, wo er will, Joh. 3, 8, und auch in dieser Hinsicht Zeitläufte und Zeitpunkte nach seiner Vollmacht setzt, Apost. 1, 7. Ursachen und Bedingungen der Gleichzeitigkeit oder Auseinanderfolge von Geistestaufe und Wassertaufe zu ergründen und namentlich in irgend welchen naturlichen und endlichen Werkzeugen und Persönlichkeiten nachzuweisen, sind wir schwerlich im Stande. Wenn z. B. Neander den Grund davon, daß die Samariter den Heiligen Geist bisher nicht empfangen hatten, in der Persönlichkeit der Neubekehrten sucht, welche die Predigt von Christo anfänglich nur äußerlich aufgenommen und erst später, als die Apostel auftraten, innerlich empfänglich geworden seien: so muß er diesen Unterschied in die ganze Erzählung erst hineinlegen, ohne daß irgend ein Anhalt dazu gegeben ist. Man hat andrerseits den Grund jener Thatsache am einfachsten darin zu finden geglaubt, daß nicht Philippus, wohl aber Petrus und Johannes Apostel waren, d. h. man hat die Gabe des Heiligen Geistes für ein apostolisches Monopol gehalten. So nicht nur die römische und anglikanische Kirche, welche demgemäß die Firmung oder Confirmation zu einer ausschließlich bischöflichen Amtsverrichtung machen; sondern auch viele protestantische Ausleger haben die Sache einzig daraus erklären zu können geglaubt, daß die Gabe des Heiligen Geistes den Aposteln als solchen vorbehalten gewesen sei. Allein das letztere kann nicht die Meinung des Lukas gewesen sein, welcher ja gleich im nächsten Kapitel [9, 17 ff.] berichtet, daß der damasjenische Christ Ananias auf Christi Befehl an Saulus die Handauflegung und Taufe zum Behuf der Ertheilung des Heiligen Geistes verrichtet habe. Und Ananias war kein Apostel, nicht einmal einer von den Sieben, wie Philippus. Eine Schranke des Amts war es also nicht, die dem Letzteren unmöglich machte, auch die Ausgießung des Geistes über die von ihm Getauften zu vermitteln. Auch ist es irrig, zugleich vorauszusehen, daß der Heilige Geist die Apostel bewogen habe, zwei aus ihrer Mitte nach Samaria hinabzusenden, sein anderer Geist sei, als eben der Wunsch, den Getauften nun auch zu der Gabe des Heiligen Geistes zu verhelfen (Meyer). Ist ja doch nicht gesagt, daß die Apostel in Jerusalem von einem Mangel in dieser Hinsicht etwas gehört haben, sondern sie hören eben, daß Samaria das Wort Gottes angenommen hat, und lassen sofort die Beiden aus ihrer Mitte dahin ab. Vielmehr wollen sie sich dadurch zu dem

Samaria ohne ihr Zuthun begonnenen Werk der Evangelisation bekennen, das Band der Gemeinschaft um die Neubekehrten schlingen, und die Einheit der Kirche Christi, deren Träger die Apostel selbst zunächst waren, geltend machen und bethätigen. Neben diesem Hauptzweck gab es sich aber durch die Umstände, daß die Thätigkeit der beiden Apostel auch noch auf die Förderung der Neubekehrten durch die Mittheilung des Heiligen Geistes und auf Wahrung der sittlichen Reinheit und Redlichkeit der Gemeinde im Gegensatz gegen die zweideutigen Absichten des Magiers gelenkt wurde.

2. Handauflegung kommt hier zum ersten Mal in der apostolischen Geschichte vor, und zwar einestheils als Zeichen der Application an den Einzelnen, nachdem die Fürbitte, B. 15, ein für allemal für die sämmtlichen Getauften zugleich dargebracht worden war; anderntheils sollte die Handauflegung Zeichen und Mittel einer realen Geistes- und Lebensmittheilung in sinnbildlichem Akte sein. Daß aber weder die Apostel allein zur Handauflegung berechtigt waren, noch die Handauflegung das ausschließliche und unumgängliche, also gewissermaßen gesetzliche Befehl der Geistesmittheilung sein sollte, erhellt unzweifelhaft, jenes aus Kap. 9, 17, dieses aus Kap. 10, 44 ff.

3. Die Handlung des Magiers Simon, worin der alte Mensch in ihm hervortrat, ist von Alters her als Typus einer Handlungsweise genommen worden, welche nach ihm Simonie heißt. Der Mann wollte sich eine geistliche Vollmacht mit Geld erwerben; daher nennt die Kirche das Vergehen, wenn weltliche Mittel und Vortheile für Ertheilung geistlicher Dinge (als Kirchenämter, Weihen u. s. w.) gegeben oder angeboten, genommen oder gefordert werden, crimen simoniæ, und den, welcher das thut, Simoniacus. Und das mit gutem Fug und Recht. Und es ist ein Zeugniß für die vom Heiligen Geist gewirkte Reinheit und Energie christlicher Gesinnung in den Aposteln, daß Petrus den Wunsch so tief durchschaut, und ohne Schwanken auf der Stelle mit Abscheu und heiligem Eifer richtend die Versuchung abweist und den Versucher abstößt. Das sittliche Urtheil des Petrus V. 20 deckt den gedoppelten Fehler auf, der bem Versuch zu Grunde lag, nämlich a. was nur allein Gott geben kann, von Menschen erwerben zu wollen (τὴν δωρεὰν τοῦ θεοῦ), b. was lediglich freies Geschenk der Gnade Gottes ist, mit dem, was man hat, erwerben und gar mit Geld erkaufen zu wollen (τὴν δωρεὰν τ. θεοῦ — διὰ χρ. κτᾶσθαι). Das Letztere ist es eben, was die Simonisten die Bitte des Simon erfüllen wollen (was sie nicht konnten, s. a.), so hätten sie den ausdrücklichen Befehl des Herrn übertreten: δωρεὰν ἐλάβετε, δωρεὰν δότε, Matth. 10, 8.

4. Simon ist nicht allein der Typus aller Simonie in der Kirche, sondern auch der Typus aller Häretiker. Es ist bekannt, daß dieser Magier schon vom zweiten Jahrhundert an als das erste Haupt einer ketzerischen Schule, als magister et progenitor omnium hæreticorum (Iren. adv. hær. I, 27) angesehen wurde, ist, und daß ihm persönlich ein gnostisch-häretisches System beigelegt wurde. Daß die Sage hierbei eine bedeutende Rolle gespielt hat, ist unleugbar. Dennoch wäre es kurzsichtig und hieße das Kind mit dem Bade ausschütten, wollten wir die tiefe Wahrheit, welche jener Anschauung zu Grunde liegt, verkennen. Ist doch die Verirrung des Simon in ihrem tiefsten Grunde ein Vermischen des Heidnischen mit Christlichem, indem er die Vollmacht, den Heiligen Geist durch Handauflegung zu ertheilen, als eine magische Kunst zu erwerben gedachte, zu seinen ehrgeizigen und geldgierigen Zwecken zu üben hoffte. Er hat demnach sein heidnisches Magierhandwerk mit dem Christenthum zu verschmelzen gesucht, zunächst auf praktischem Felde. Aber theils lag, unentwickelt und trübe, schon irgend eine Vorstellung von der Sache dem Plan zu Grunde, theils mußte sich eine förmliche Theorie aus der beabsichtigten Praxis entwickeln, eine Theorie, deren Wesen ebenfalls Verschmelzung zwischen heidnischem Aberglauben und christlichem Glauben war. Das Praktische muß sich in einer Theorie, einem System, vor sich selbst, vor der Welt rechtfertigen. Somit läßt sich der Keim der gnostischen, überhaupt häretischen Geistesrichtung in der Gesinnung des Simon nicht verkennen. Und wie die Apostelgeschichte überhaupt die Ereignisse und Erscheinungen der Kirche Christi aller Jahrhunderte zu grundlegenden und keimartiger Weise vorbildet, so stellt sich uns in dem Magier Simon, welcher Christ wurde, aber innerlich der alte Mensch blieb und mit seinem heidnischen Götzenthum das Christenthum zu verknüpfen suchte, ein Vorbild aller der ungesunden Gedanken und Parteien innerhalb der Christenheit dar, welche Fremdartiges mit dem Evangelium in eins zu bilden, unter christlichem Gewande das Heidenthum zu bewahren suchten; — aber auch das Gericht, das über sie ergeht.

5. Petrus hat diesmal den Bindeschlüssel gebraucht. Er hat zwar nicht mit ausdrücklichem Wort das Anathema über Simon Magus ausgesprochen, hat ihn nicht mit ausdrücklichem Wort von der Gemeinschaft des Tisches des Herrn und der Kirche Christi ausgeschlossen; aber er hat ihm für seine Person das Verderben (ἀπώλεια) angewünscht. Und das faßt doch wie wenigstens zeitweilige Ausschließung aus der Gemeinschaft der Kirche und des Sakraments in sich. Der Apostel tritt dem Mann mit vollkommner Autorität gegenüber, obwohl er nicht in der Form eines definitiven Erkenntnisses als Richter, sondern in der Gestalt einer Verwünschung (εἴη) sich ausdrückt. Die Motivirung hiervon, ὅτι τὴν δωρεὰν κ. beweist übrigens deutlich genug, daß die Verwünschung nicht aus persönlich gereiztem Selbstgefühl, nicht aus fleischlichem Eifer und leidenschaftlicher Hitze fließt, sondern aus reinem und gerechtem Eifer um Gottes Ehre und seine Sache. Daß übrigens der Eifer nicht ein fanatischer ist, welchem der verirrten Seele selbst und ihrem Heil nichts mehr liegt, zeigt auf's schönste die Ermahnung zur Buße und Sinnesänderung, B. 22, wo der Apostel dem Verirrten zugleich reumüthiges Beten zum Erlöser als den Weg zur Vergebung weist.

6. Der sittliche Charakter des Christenthums leuchtet herrlich hervor in dem apostolischen Ausspruch, welcher allein in rein kategorischer Form gehalten ist. Alle und jede Hoffnung auf mögliche Erlangung der Gabe, den Heiligen Geist mitzutheilen, benimmt Petrus dem Simon V. 21 auf's unumwundenste. Und zwar aus dem Grunde, weil sein Herz nicht aufrichtig ist. Während bei aller Magie von der sittlichen Gesinnung des

Wirkenden und dessen, auf welchen gewirkt wird, vollkommen abgesehen wird, auf die Herzensreinheit und die Lauterkeit der Gesinnung lediglich nichts ankommt: ist im Reich Gottes die Empfänglichkeit für Gnade und alle Gnadengaben durch sittliche Bereitschaft, vor allen Dingen durch Redlichkeit und Aufrichtigkeit der Gesinnung bedingt.

7. Die Erlangung der Sündenvergebung macht Petrus dem Simon zweifelhaft, jedoch nicht an und für sich, sondern blos darum, weil die Aufrichtigkeit seiner Reue und Bekehrung zweifelhaft war. Nur die große Gefahr des traurigen Seelenzustandes, in welchem der Mann sich befindet, hindert den Apostel, ihm die Vergebung unbedingt zu verheißen. Es ist schriftwidrig und ein gefährliches Ding, den Seelen die Vergebung ihrer Sünden ungewiß zu machen, Sündenvergebung als etwas, wovon die Seele nie auf zweifellose Weise versichert sein könne, lehrhaft hinzustellen, wie die römische Kirche thut. Aber es ist andrerseits unbiblisch und seelengefährlich, die Gewißheit der Vergebung irgendwie von der sittlichen Empfänglichkeit und Bereitschaft abzulösen. Und diese war, wie V. 24 beweist, auch nach der erschütternden Ansprache an sein Gewissen, bei Simon nicht vorhanden.

### Homiletische Andeutungen.

Da die Apostel hörten zu Jerusalem u. s. w. [V. 14.] Die Verfolgung kann wahrer Seelenhirten Eifer und Sorgfalt für das Beste der Kirche nicht aufhalten. In neuaufgehenden Gemeinden muß man Acht haben, daß sie im Glauben gestärkt werden. Unter Knechten Gottes muß kein Neid sein; einer soll dem andern seinen Segen nicht mißgönnen. (Starke.) Die vornehmsten Apostel, Petrus und Johannes, kommen brüderlich dem geringeren Philippus zu Hülfe. (Apost. Past.) — Der Sturmwind der Verfolgung hat ein Samenkörnlein vom Stamme getrieben, und es findet guten Boden. Das Evangelium, das allen Völkern gepredigt werden soll, tritt aus dem Tempel des Bundesvolks hinaus in die Vorhalle zu dem Volke, das in der Mitte stehend zwischen Juden und Heiden Israels Gesetz und Verheißung kannte und theilweise bewahrte. (Leonhardi u. Spiegelhauer.) — Wie der Herr Jesus je zween und zween Jünger vor ihm hersandte [Luk. 10, 1], so hat in treuer Nachfolge das heilige Collegium der Apostel aus seiner Mitte das theure Jüngerpaar abgeordnet, welches durch die Hand Gottes auf den Wegen des Herrn so innig fest mit einander verbunden ist. In seiner und lieblicher brüderlicher Eintracht soll das Zeugniß der Wahrheit aus zweier Zeugen Munde erklingen, und gegenseitig sollen sie sich stützen und entzünden. (Ebendas.) — Die erste Kirchenvisitation. 1) Der Anlaß; a. es ist christliches Leben da, das soll genährt werden, V.14; b. es ist ein Mangel in der Gemeinde, dem soll abgeholfen werden, V. 16. 2) Die Visitatoren; a. Petrus, der christliche Ernst und Eifer, b. Johannes, die evangelische Sanftmuth und Milde. 3) Die oberhirtlichen Funktionen; a. demüthiges Gebet in Namen der Gemeinde, V. 15, und b. priesterliche Handauflegung in Namen Gottes, V. 17. 4) Die Wirkung; a. Stärkung der Gemeinde, V. 17, b. Sichtung derselben, V. 18 ff.

Da sie hinabkamen, beteten sie über sie. [V. 15.] Der Lehrer Werk ist nicht nur Predigen, sondern auch Beten. Gott läßt das Gebet seiner Knechte für das Heil der Seelen nicht unerhört. (Apost. Past.)

Denn er war noch auf keinen gefallen, sondern waren allein getauft. [V. 16.] Zur Wassertaufe muß die Geistestaufe kommen, sonst ist's keine vollkommene Taufe, sonst ist's kein rechter Christ; womit bist du getauft?

Da legten sie die Hände auf sie. [V. 17.] Diese mit Gebet verbundene Handauflegung ist das heilige Vorbild unserer kirchlichen Confirmation, welche nichts mehr und nichts weniger sein soll als Bekräftigung und Besiegelung des in der Taufe empfangenen Geistes. (Leonh. und Spiegelh.) Die heilige Handlung der Confirmation. 1) Nach ihrem Ursprung: zwar keine sakramentliche Stiftung des Herrn, aber eine altehrwürdige Ordnung der Kirche. 2) Nach ihrer Bedeutung: zwar kein Ersatz und keine Wiederholung der Taufe, aber eine Bekräftigung des Taufbekenntnisses und der Taufgnade. 3) Nach ihrer Wirkung: zwar keine unfehlbare Mittheilung des heil. Geistes, wie dort die apostolische Handauflegung bei den Samaritern, aber ein unberechenbarer geistlicher Segen für empfängliche Herzen.

Simon bot ihnen Geld an und sprach: Gebt mir auch die Macht. [V. 18. 19; vergl. V. 23. 24.] Mit Kirchensachen und Geistesgaben Handel und Krämerei treiben, sei's als Käufer oder als Verkäufer, ist die Sünde Simons oder Simonie. Merke dabei folgende Stücke (nach Apostol. Past.): a. Die Simonie kommt aus einem gewinn- und ehrsüchtigen Herzen her. Da Simon so lange Zeit in Ansehn gestanden und das Volk bezaubert, nunmehr aber durch die apostolischen Kräfte aus seinem falschen Ansehn und Gewinn herausgesetzt war, so fiel er auf den armseligen Entschluß, sich durch Geld neue Ehre und neuen Gewinn zu verschaffen. So haben Alle, welche durch unlautere Triebe sich in Aemter zu drängen suchen, keine andere Absichten, als den Götzen ihrer Ehre, ihres Bauches oder ihres Mammons zu dienen. — Auch hat eben deßhalb die Kirche mit Recht Simon als den Vater der Ketzerei und das Vorbild der Sektirerei von Alters her betrachtet. Denn fast aller Sektenstifter geheime Triebfeder ist geistliche Herrschsucht, die mit maßlosem Hochmuth gepaart das am Aeußern hängende Volk durch freche Dreistigkeit und gleißnerischen Schein bezaubert. b. Die Sünde Simons setzt ferner voraus „ein Herz voll bitterer Galle und einen Bündel mannigfaltiger Ungerechtigkeit." Voll Galle war sein Herz, d. h. voll bittern Neides gegen den Segen der Apostel, gegen den Vorzug ihrer göttlichen Predigt vor seiner zauberischen Kunst. Ein Bündel von Ungerechtigkeit war in seinem Herzen. Er war zwar ein Christ geworden, aber er wollte bei seinem Christenthum kein Nachfolger des Kreuzes, sondern ein stolzer Wunderthäter werden; also fleischlicher Sinn. Er stieß sich zu den Aposteln dem Scheine nach, und im Herzen ärgerte er sich über sie; also Heuchelei. Er glaubte diese Knechte Jesu mit seinem Gelde ebenso zu bezaubern, wie er vorher das Volk mit seiner Kunst bezaubert hatte, und wie er selbst vom Götzen der Ehre und des Mammons bezaubert war; also Ungerechtigkeit gegen die Apostel, niedrige Verkennung ihres Amts und ihrer Person, Neid und Eifersucht, irdischer Sinn, niedrige Denkungsart vom Amt und dessen Trägern kennzeichnen auch jetzt noch Simons Nachfolger. c. Simon sucht nicht χάριν, sondern ἐξουσίαν, eine „Macht", diese und jene Thaten zu thun, V. 19. Er wollte nicht durch die Predigt des Evangeliums Seelen selig machen, sondern nur durch Proben einer großen Kraft sich einen Namen erwerben. Darin sind ihm alle die gleich, die ein Amt suchen und noch keine Gnade haben, die beim Gesuch der Aemter nicht den Dienst des Herrn, nicht das Heil der Seelen, sondern ihre Würde, ihren Rang, ihre Macht vor Augen haben. Ja auch die Leute gebören dahin, die sich nur um die Amtsgaben bekümmern und die Heiligungsgaben bei Seite setzen. Sie bekümmern sich um eine scheinbare Gelehrsamkeit, um einnehmende Gaben des Vortrags; aber sie sorgen nicht, daß ihr Verstand erleuchtet, ihr Herz geändert und ihr Sinn dem Herrn ergeben sei. Freuet euch nicht, daß euch die Geister unterthan sind, freuet euch aber, daß eure Namen im Himmel geschrieben sind, Luk. 10, V. 20. d. Simon bot den Aposteln Geld oder „Schätze." Mancher bietet eben sein baares Geld für seinen Dienst, aber er wendet andere Güter und Kostbarkeiten an, sich ein Amt unter die Hand zu verschaffen. Wie manchmal wird noch das Amt zu einem Heirathsgut gemacht! Wie oft muß dieser oder jener Patron zu krummen Wegen gewonnen werden, ehe sich der Schafstall eröffnen will! e. Simon behielt bei seinem bösen Vorhaben eine knechtische Furcht vor den Strafen Gottes. Er fürchtet sich vor der Verdammniß, die ihm die Apostel androhen, will sich aber demungeachtet nicht bekehren, sondern knechtischer Weise nur der Strafe überhoben bleiben. Er hat keine Freudigkeit, selbst zu beten, sondern sagt in knechtischer Angst zu den Aposteln: Bittet ihr für mich! So ist's noch bei den Lehrern, die in der Sünde der Simonie stecken. Sie sind immerwährende Knechte voll sklavischer Furcht. Sie tragen sich mit einem bösen Gewissen und können in ihrem Amt keine wahre Freudigkeit haben. Sie können sich nie auch auf Gott verlassen und im Namen Jesu handeln. — „Alle Lehrer haben sich bei diesem Exempel zu prüfen, ob sie pro juro et titulo ihre Aemter erlangt haben, und wenn sie ihr Gewissen verklagt, den Weg einzuschlagen, den die Apostel dem Simon andeuten V. 22. Den Candidatis ministerii bleibt dieser Text eine immerwährende Warnung, daß es ihnen auf krummen Wegen nimmermehr gelingen wird."

„Daß du verdammt werdest mit deinem Gelde!" [V. 20]. Das sagt der geldarme Petrus, der zum Lahmen gesprochen: „Silber und Gold habe ich nicht." Er sagt's in heiligem Abscheu vor Geiz und Heuchelei, die sich so schnöd selbst verrathen halten, und sagt's in Erinnerung an die Mahnung des Herrn: „Umsonst habt ihr's empfangen, umsonst sollt ihr's geben." Die „Nachfolger Petri" haben nicht immer so gedacht, gesprochen und gehandelt. — „Daß du verdammt werdest!" Mit seinen Leuten muß man schärfer umgehen, als mit solchen Heuchlern, die sich unter schöner Decke in den Weinberg Christi zum Schaden der Seelen einschleichen wollen. (Ap. Past.) — Aber wer nach Art der Apostel eifern will, muß auch etwas von ihrem Geiste haben. (Ebendas.) Und etwas Anderes ist Verdammen, etwas Anderes, einem seinen verdammlichen Zustand aufdecken. (Starke.) Auch

dieses Beides haben die Nachfolger Petri nicht allezeit bedacht.

Du wirst weder Theil noch Anfall haben [V. 21]. Wer sein Theil und Loos in den Dingen dieser Welt sucht und findet, hat weder Theil noch Loos an geistlichen und ewigen Gütern. (Starke). — Dein Herz ist nicht rechtschaffen vor Gott. Wenn man Seelen ihre begangenen Sünden verhält, so muß man sie immer dabei auf ihr Herz führen. Es ist nicht genug, bei äußern Handlungen stehen zu bleiben; es ist heilsamer, auf den Grund, woraus die böse That hervorgeflossen, zurückzugehen. Man sollte darum mit Eifern gegen spezielle Sünden auf der Kanzel und in der Seelsorge allemal mit der Entdeckung des ganzen unbekehrten Herzenszustandes verknüpfen, daraus eine hervorgegangen. Besonders aber muß man so mit Heuchlern verfahren. (Apost. Past.)

Darum thue Buße [V. 22]. Wenn Prediger eifern, müssen sie die Errettung derer, gegen die sie eifern, lauterlich zum Zweck haben, also auch den Weg dazu anweisen, das ist Buße. 2 Kor. 12, 19. (Starke). Ein Apostel des Herrn, der nicht gekommen war, der Menschen Seelen zu verderben, sondern zu erhalten, hat nicht blos den Bannstrahl des Gesetzes in der Hand, sondern auch die Friedenspalme des Evangeliums, das allen bußfertigen Sündern Vergebung anbeut. (Leonh. u. Spiegelb.). — Und bitte Gott! Es ist sehr gut, die Seelen auf's eigene Gebet zu Gott zu führen. Ein Rath für alle Gattungen von Sündern, das einzige Mittel, wodurch sich ein von seinem Elend überzeugtes Gemüth helfen kann. — Ob dir vergeben werden möchte. Petrus macht dem Simon die Vergebung der Sünden nicht zweifelhaft, sondern stellt ihm nur die große Gefahr seines Zustandes und die Nothwendigkeit ernstlicher Buße vor. Ein evangelischer Lehrer muß dem Leichtsinn, wie dem Klein- und Unglauben vorbauen, die Seelen nicht ohne Noth ängstlich, aber auch nicht sicher machen. (Ap. Past.)

Du bist voll bitterer Galle. [V. 23.] Wie dem Gaumen des Menschen nichts Widrigeres als Galle, so Gott nichts mehr zuwider als Falschheit und Tücke, Ps. 5, 7. (Starke.) — Die bittre Galle des Herzens muß durch bittere Buße, also eine Bitterkeit durch die andere vertrieben werden, dann erst läßt sich die Süßigkeit des Evangeliums schmecken. (Starke.)

Bittet ihr den Herrn für mich, daß deren keines über mich komme. [V. 24.] Siehe da die Kennzeichen einer falschen halben Buße: a. „Bittet ihr für mich!" Man bekehrt sich nur vor und zu Menschen, die man zwischen sich und Gott stellt, statt sich zu bekehren vor Gott und zu Gott selbst. b. „Daß deren keines über mich komme", man sucht nur los zu werden von der Strafe durch Verschonung, statt daß man sollte los werden wollen von der Sünde durch Vergebung und Reinigung. — So ging Simon Schritt vor Schritt, doch so, daß bei jedem die Gnade ihm strafend, warnend und lockend zur Seite stand, zu dem Verderben, woraus keine Rettung ist; so ward das Letzte dieses Menschen ärger, denn das Erste. Er hatte die Gnade empfangen, aber statt mit ihr hauszuhalten, wollte er sie zu fleischlichen Zwecken verwenden. Er sah die großen Thaten Gottes: statt daß sie ihn zur Demuth aufforderten, stachelte er nur damit seinen Hochmuth. Er forderte zwar eine größere Gabe, aber nur um die Seelen dadurch zu verderben. Er hörte zwar den Ruf zur Buße, aber es war ihm kein Lebensruf, sondern nur eine Mahnung, der zeitlichen Strafe zu entgehen. (Rudelbach.) — Zweierlei lehrt unser Text für alle Zeiten, und namentlich für unsere Tage, wo überall mehr Nachfrage nach Gottes Wort ist, wo aber auch mit dem Christenthum so gern ein Gepränge getrieben und aus der Gottseligkeit so oft ein Gewerbe gemacht wird: 1) um den Segen des Evangeliums zu empfangen, braucht's vor Allem ein redliches Herz; ohne Rechtschaffenheit des Herzens wird uns auch das Heilbringende zum Verderben und das Seligmachende zur Verdammniß. Davon ist Simon der Magier ein warnendes Exempel. 2) Um den Segen des Evangeliums unverletzt zu bewahren und unverletzt fortzuleiten zur Ehrenrettung des Christenthums vor der Welt, bedarf's einer unbestechlichen Wahrheitsliebe, eines Eifers für Recht und Pflicht, der sich um keinen Preis von seinem Platze vertreiben läßt — das lehren uns die Apostel durch ihr Verfahren gegen Simon. (J. A. Wolf in Palmers homiletischen Beispielen.) — Simon, ein Kind des Verderbens: 1) Er heuchelt Glauben, von dem sein Herz nichts weiß. 2) Er betrachtet die Gaben des Heiligen Geistes als ein Mittel schnöden Gewinns. 3) Er läßt sich durch die Androhung göttlicher Strafgerichte sich nicht zu wahrer Buße treiben. (Leonhardi und Spiegelhauer.) — Der redliche Simon Petrus und der unlautere Simon Magus. 1) Simon Petrus redlich: a. als eifriger Knecht seines Herrn, dem er allenthalben mit Freuden dient, in Samaria, wie in Jerusalem, V. 14 ff.; b. als

ernster Warner vor der Sünde, die er mit heiligem Eifer straft, B. 20 und 21; c. als treuer Wegweiser auf den Heilsweg der Buße und des Gebets, den er kannte aus eigener Erfahrung, V. 22. 2) Simon Magus unlauter: a. in dem Lügenwesen seiner heidnischen Zauberei, V. 9; b. in dem Heuchelspiel seines betrüglichen Christenthumes, V. 19; c. in der Halbheit seiner oberflächlichen Buße, V. 24.

Sie aber wandten sich wieder um und predigten das Evangelium vielen samaritischen Flecken. [V. 25.] Rechte Fackeln Gottes, vom Feuer göttlicher Liebe entzündet, geben aller Orten Licht und Wärme von sich. — Auch unterwegs, auf der Reise, soll die Furcht Gottes unser Wegweiser und die Liebe des Nächsten unser Gefährte sein, Job. 4, 3—5. — Das ist ein strafbarer Hochmuth, wenn man gern in vornehmen Städten, aber nicht in verachteten Dörfern ein Lehrer sein will. Wurden doch selbst die hohen Apostel hier Flecken- und Dorfprediger! (Starcke). — Es ist zwar einem Knechte Christi etwas Segnendes, wenn man die gehoffte Freude an einer Seele, die in der Bekehrung gestanden, nicht erlangt. Aber darum nicht verzagt! Wenn an Einer nicht geräth, gelingt vielleicht an zehn anderen! Wenn ein Simon umschlägt, so erweckt der Herr einen Kämmerer aus Mohrenland. (Apost. Past.) — Worin erweiset sich die Lebensmacht der Kirche Christi? 1) Sie erweitert bei allem Hasse der Welt täglich ihre Gränzen. 2) Sie nährt das Wachsthum der Gläubigen durch Mittheilung der Gaben des Heiligen Geistes. 3) Sie reinigt sich durch strenges Gericht über Heuchler und Irrlehrer. (Leonh. u. Spiegelh.)

### B.
**Philippus wird das Werkzeug zu der Bekehrung eines Proselyten aus weiter Ferne, des Hofbeamten der äthiopischen Königin Kandace.**
(Kap. 8, 26—40.)

26 Aber ein Engel des Herrn redete zu Philippus, und sprach: Stehe auf, und gehe gegen Mittag auf die Straße, die von Jerusalem nach Gaza hinabziehet, die da wüste
27 ist. *Und er stand auf und ging hin. Und siehe, ein Mann aus Aethiopien, ein Kämmerer und hoher Beamter der Königin der Aethiopier, Kandace, welcher über ihre ganze Schatzkammer gesetzt war, der[1]) nach Jerusalem gekommen war, um anzubeten,
28 *und war auf dem Rückweg und saß auf seinem Wagen und las den Propheten Jesaia.
29 *Der Geist aber sprach zu Philippus: Gehe hinzu und halte dich zu diesem Wagen!
30 *Da lief Philippus hinzu und hörte ihn den Propheten Jesaia lesen, und sprach: Ver-
31 stehest du denn, was du liesest? *Er aber sagte: Wie könnte ich das, wenn mich nicht Jemand anleitet? Und lud den Philippus ein, aufzutreten und sich zu ihm zu setzen.
32 *Der Inhalt aber der Schrift, die er las, war dieser: „Er ist wie ein Schaf zur Schlachtung geführet, und wie ein Lamm lautlos vor seinem Scherer, so thut er seinen Mund
33 nicht auf. *In seiner Erniedrigung ward sein Gericht aufgehoben. Sein Geschlecht aber, wer wird es schildern? Denn es wird hinweggenommen von der Erde sein Leben."
34 *Da antwortete der Kämmerer dem Philippus und sprach: „Ich bitte dich, von wem
35 sagt das der Prophet? Von sich selbst, oder von irgend einem andern?" *Philippus aber that seinen Mund auf, und fing von dieser Schrift an, und verkündigte ihm das
36 Evangelium von Jesu. *Wie sie aber so der Straße nach reiseten, kamen sie an ein Wasser; da spricht der Kämmerer: „Siehe, da ist Wasser! Was hindert, daß ich mich

---

1) Lachmann läßt das ὃς vor ἐληλύθει nach dem Vorgang weniger Codd. weg; es steht aber in den meisten Handschriften und alten Uebersetzungen, und wurde in andern vermuthlich nur darum weggelassen, weil man ἰδοὺ ἀνὴρ ꝛc. unmittelbar mit dem Verbum ἐληλύθει verbinden zu müssen glaubte.

taufen lasse?¹) ³⁸ Und er befahl, den Wagen zu halten, und sie stiegen beide hinab in das Wasser, Philippus und der Kämmerer, und er taufte ihn. ³⁹ Als sie aber heraufgestiegen waren aus dem Wasser, rückte der Geist des Herrn²) den Philippus hinweg, und der Kämmerer sah ihn nicht mehr, denn er zog seine Straße fröhlich. ⁴⁰ Philippus aber ward gefunden zu Asdod, reiste weiter und verkündigte das Evangelium in allen Städten, bis er nach Cäsarea kam.

**Exegetische Erläuterungen.**

1. **Aber ein Engel des Herrn.** Der Befehl ist in Samaria an Philippus ergangen. Zeller hat zwar behauptet, Philippus müsse vor den Aposteln nach Jerusalem zurückgekehrt sein und könne nur dort die Weisung empfangen haben; und man kann sich dafür auf den Umstand berufen, daß der Weg, auf welchen Philippus sich begeben soll, als derjenige bezeichnet wird, welcher von Jerusalem nach Gaza führe. Allein von Samaria aus lag die Gegend, wo Philippus hinreisen sollte, jedenfalls gegen Mittag, daher folgt aus obiger Bezeichnung nichts. Hauptsächlich aber spricht gegen jene Voraussetzung V. 25, nach welchem wir offenbar nur die zwei Apostel nach Jerusalem zurückkehren sehen, nicht aber den Philippus, welchen wir uns darnach als vorderhand in Samaria bleibend denken müssen. Was die Art und Weise der Engelerscheinung betrifft, so haben rationalistische Ausleger, wie Eckermann u. Anb. angenommen, der Engel sei dem Philippus nur im Traum erschienen, wofür man sich auf ἀνάστηθι beruft; dieses kann jedoch, da sonst keine Spur auf die Nachtzeit oder den Zustand des Schlafs hinweist, für sich allein nicht die Vorstellung des Lagers erwecken, so wenig als Kap. 5, 17; ist vielmehr nur eine anschauliche Aufmunterung zum Handeln.

2. **Gehe gegen Mittag auf die Straße — nach Gaza.** Philippus bekommt Befehl, südwärts zu gehen, d. h. zunächst südwärts von Samaria aus, und überhaupt in den südlichen Strich des Landes, wobei er nicht nöthig hatte, über Jerusalem zu reisen, im Gegentheil einen solchen Weg machen konnte. Die Straße, auf die er sich begeben soll, wird ihm auf doppelte Weise näher kenntlich gemacht: 1) es ist die Straße von Jerusalem nach Gaza, und 2) der Weg ist ἔρημος. Gaza, eine der fünf Hauptstädte der Philister, an der Südgränze Kanaans, eine Stunde vom Mittelländischen Meer gelegen, öfters in den Kriegen zerstört und wiederhergestellt, auch noch im Jahre 65 n. Chr. unter Gessius Florus durch die aufrührerischen Juden in Trümmer verwandelt, jedoch nachher wieder aufgebaut. Viele Ausleger beziehen das Sätzchen: αὕτη ἐστὶν ἔρημος auf die Stadt Gaza, in dem Sinn, daß die Stadt zerstört und nun unbewohnt, oder daß sie unbefestigt sei. Letzteres läßt sich lexikalisch nicht rechtfertigen, und ersteres ist

unwahrscheinlich, da diese Notiz nur in einem kurzen Zeitraum gültig sein konnte, und in unserem Zusammenhang, wo auf die Stadt Gaza selbst lediglich gar nichts ankommt, und nur eine gewisse Straße dahin beschrieben werden sollte, durchaus nicht paßt. Der Satz kann also blos auf ὁδός sich beziehen und eine gewisse Straße nach Gaza charakterisiren. Und dies war uns so nöthiger, als es mehrere Straßen von Jerusalem nach Gaza gab (Robinson, Palästina II, 748 f.) Der besuchteste, aber längste, ist heutzutage der über Ramleh; dieser geht von Jerusalem aus zunächst nordwestlich. Zwei andere Straßen gehen in geraderer Richtung, eine bei Mady es-Surâr über Bethlemes hinab, die andere durch Wady Musurir nach Beit Jibrin oder Eleutheropolis, und von da nach Gaza durch einen mehr südlichen Landstrich. Die letztere geht jetzt wirklich durch eine Wüste, d. h. über einen aller Dörfer entbehrenden, nur von nomadischen Arabern bewohnten Landstrich. Daß dieser Distrikt dazumal in gleicher Weise von festen Wohnsitzen entblößt war, ist nicht unwahrscheinlich, wenigstens finden sich nach der Zeit des Nehemia nur irgend welche Städte oder Dörfer in der Ebene zwischen Gaza und den Bergen erwähnt. Somit war durch diesen Beisatz, welchen wir zu den Worten des Engels ziehen und nicht dem Lukas als eigene Bemerkung zuschreiben zu müssen glauben, der Weg, welchen Philippus einschlagen sollte, genau bezeichnet, damit er den Mann träfe, welchen er nach Gottes Rath bekehren sollte. Die vielen andern Vermuthungen und Deutungen, welche man bei diesen drei Wörtchen angebracht hat, glauben wir hier nicht aufführen zu müssen.

3. **Und er stand auf und ging hin.** Philippus befolgte die gegebene Weisung unverzüglich, begab sich auf die Reise und traf nun auf der ihm bezeichneten Straße mit dem ungenannten und doch nun bekannten Mann von hohem Rang aus weiter Ferne zusammen. Der Name Indich, welchen ihm die Tradition beigelegt hat, ist fabelhaft. Die nun folgende Erzählung ist eine wunderliebliche Idylle aus der Missionsgeschichte des apostolischen Zeitalters, durch Einfalt und Anschaulichkeit der Form ebenso ausgezeichnet, als durch das geschichtlich Belangreiche des Inhalts.

4. **Und siehe, ein Mann aus Aethiopien.** Schon ἰδού versetzt uns so lebhaft auf den Schauplatz, wie Philippus den Fremden auf seinem Reise-

---

1) B. 37 im textus receptus: εἶπε δὲ ὁ Φίλιππος· εἰ πιστεύεις ἐξ ὅλης τῆς καρδίας, ἔξεστιν. Ἀποκριθεὶς δὲ εἶπε· πιστεύω τὸν υἱὸν τοῦ θεοῦ εἶναι τὸν Ἰησοῦν Χριστόν. Diese Sätze stehen nur in einer einzigen Unzialhandschrift, E., sodann in ungefähr 20 Minuskeln, einigen alten Uebersetzungen und bei Kirchenvätern von Irenäus an, jedoch unter sehr groben Abweichungen. Hingegen die Codd. A. B. C. G. H., mehr als 60 Minuskeln, alte Uebersetzungen und einige Kirchenväter, lassen das Ganze weg. Es ist ohne Zweifel ein unächter, wiewohl alter Zusatz, der eine scheinbare Lücke ausfüllen und die vermißte Bewilligung durch Philippus und die Glaubensprüfung erselben sollte. Lachmann, Tischendorf u. A. streichen den Vers mit Recht.

2) Nach πνεῦμα hat der Alexand. Cod. (von der ursprünglichen Hand, wie Tischendorf bezeugt) die nach Schreibung der ursprünglichen Worte gemachte Emendation: πνεῦμα ἅγιον ἐπέπεσεν ἐπὶ τὸν εὐνοῦχον· ἄγγελος δὲ κυρίου. 7 kleinere Handschriften, ein paar Personen und Hieronymus haben diesen Zusatz angenommen, der aber ohne Frage unächt ist und nur die Geschichte verschönern will.

Lange, Bibelwerk. R. T. V.

wagen daherfahren sieht, der ohne Zweifel hinter ihm her kam und den Fußgänger einholte. Der Mann war seiner Herkunft und Nationalität nach Aethiopier, d. h. aus dem im Süden von Aegypten gelegenen Hochlande, welches das heutige Nubien, Corbofan und Abessynien umfaßt, und dessen religiöser und merkantilischer Mittelpunkt die Insel Meroë war; seiner Hautfarbe nach haben wir ihn uns als Neger vorzustellen. Olshausens Behauptung, der Mann sei von israelitischer Abstammung gewesen, ein in Aethiopien geborner Jude, ist durch den Umstand, daß er den Jesaia gelesen habe, allzu schwach begründet, zumal der Umstand erst vorausgesetzt werden müßte, daß er den hebräischen Grundtext vor sich gehabt habe. Seinem Stand und Range nach war er ein hochgestellter Mann, ein vornehmer Machthaber in seinem Lande [δυνάστης], denn er war der oberste Schatzmeister seiner Königin Kandace, was in jenen Jahrhunderten auch laut Plinius, Hist. Nat. VI, 35, der regelmäßige Titel der über Aethiopien [Meroë] herrschenden Königinnen war. Lukas nennt den reichen Machthaber auch εὐνοῦχος, was wörtlich einen Verschnittenen, Entmannten bedeutet. Da aber dergleichen Leute an den orientalischen Höfen zu allerlei Hofdiensten genommen wurden, so daß der Name manchmal Hofbeamten gegeben wird, welche nicht entmannt waren, so haben viele Ausleger vom 16ten Jahrhundert an das Wort in der Bedeutung: „Hofbeamter" ohne Rücksicht auf geschlechtliche Verstümmelung genommen, wobei der Voraussetzung mitwirkte, daß dieser Mann, wo nicht geborner Jude [Olshausen], so doch als Proselyt förmlich in das israelitische Bürgerrrecht aufgenommen gewesen sei, während nach Deut. 23, 2 kein Verschnittener in die Gemeinde Jehovah's aufgenommen werden sollte. Allein daß der Hofbeamte ein „Proselyt der Gerechtigkeit" gewesen, ist selbst eine zweifelhafte Annahme, und da derselbe bei einer Königin in Hofdiensten stand, so ist um so wahrscheinlicher, daß er wirklich entmannt war. Dieser Mann aber ist nun zuerst dadurch merkwürdig, daß er nach Jerusalem gekommen war, um daselbst anzubeten. Dies setzt voraus, daß er in seiner afrikanischen Heimath den Gott Israels als den wahren Gott kennen gelernt hatte, und die Anbetung Jehovah's als die wahre Religion ansah; nun hatte er eine Wallfahrt gemacht, um in der heiligen Stadt und im Tempel zu Jerusalem selbst zu opfern und Gott anzubeten. Grund genug, ihn für einen Proselyten im weiteren Sinne [Proselyten des Thors] zu halten, aber nicht genügend, ihn für einen Proselyten im engern und strengsten Sinne auszugeben, vielmehr ist die uralte Anschauung, die schon Eusebius, K. G. II, 1, theilt, daß er Heide gewesen sei und nur in der freien Form der Ueberzeugung und der Anhänglichkeit sich an den Alten Bund angeschlossen habe, am besten begründet. — Auf seinem Reisewagen sitzend beschäftigte sich der Mann damit, den Propheten Jesaia zu lesen, und zwar vermuthlich in einer Abschrift der griechischen Uebersetzung, die von Alexandrien aus in Aegypten verbreitet war und wohl auch über die Landesgrenzen hinausgedrungen sein mochte, während die vornehmste und gebildetste Klasse sowohl als in den benachbarten Ländern mit der griechischen Sprache gewiß bekannt war. Die Wallfahrt war dem Fremdling kein opus operatum, sondern Herzenssache; auch auf dem Rückwege bleibt seine Seele im Heiligthum und vertieft sich in das Wort Gottes, nämlich in die Weißagung durch den Propheten.

5. **Der Geist aber sprach zu Philippus.** Die innere Stimme, welche ihn aufmunterte und anwies, sich dem Reisenden zu nähern und von dem Wagen desselben sich nicht wieder zu entfernen, κολλήθητι, war ein Befehl des ihm inwohnenden heiligen Geistes. Philippus eilte nun in schnellem Laufe [προσδραμών, vergl. πρόσελθε] auf das Gefährt zu, hörte sofort, da der Mann offenbar laut vor sich hin las [ἀναγινώσκειν heißt ursprünglich vorlesen], daß er im Propheten Jesaia las, und knüpfte, der Anregung des Geistes folgend, auf der Stelle ein Gespräch mit ihm die in sinnreichem Wortspiel ausgedrückte Frage: ἆρά γε γινώσκεις ἃ ἀναγινώσκεις; eine Frageform, welche zugleich, da sie eine verneinende Antwort erwarten läßt, die Vermuthung zu verstehen gibt, daß dies wohl nicht der Fall sein werde. Der vornehme Pilger erwidert mit ehrenwerther Offenheit und Bescheidenheit, er könne freilich den Propheten nicht verstehen, wenn ihm Niemand Anleitung dazu gebe. Und weil er aus der Frage das Vertrauen geschöpft hat, daß der Fragende sowohl das richtige Verständniß inne habe, als auch geneigt sei, ihm als Führer zu dienen, ersucht er denselben, einzusteigen und bei ihm Platz zu nehmen, was Philippus auf der Stelle thut.

6. **Der Inhalt aber der Schrift.** Nun sitzen die Beiden beisammen, und der Reisewagen wird zu einer Missionsstätte, die Reisestunde zu einer Bibelstunde. Der Afrikaner zeigt dem Philippus auf Befragen den Abschnitt, den er eben las, oder ließ ihn denselben erst noch laut vor, um sodann eine Frage über den Sinn und die Beziehung der Worte an ihn zu richten. γραφή muß dem Context nach eine bestimmte Schriftstelle, ein einzelnes Schriftstück bedeuten, während περιοχή ohne Zweifel den Inhalt des Abschnitts bezeichnet. Die Stelle, um die es sich handelt, ist Jes. 53, 7 f., und zwar ist hier die LXX, welche vom Grundtext der Stelle nicht unbedeutend abweicht, so pünktlich wiedergegeben, daß nur αὐτοῦ nach ταπεινώσει und δέ vor γενεάν hier neu sind. Der Sinn der Alexandr. Uebersetzung B. 33 [Jes. 53, B. 8] in ohne Zweifel: „in seiner Erniedrigung durch die Feinde ist sein über ihn verhängtes Gericht durch Gott aufgehoben worden; seine Generation, seine Zeitgenossen und deren Verderbtheit kann Niemand aussprechen, denn sie haben ihn vom Leben gebracht." Ἀποκριθεὶς - τῷ Φ. setzt voraus, daß Philippus den Reisenden gefragt hatte, was er eben gelesen habe, und dieser antwortet, indem er ihm die Stelle vorhält [τοῦτο] und daran unmittelbar die Bitte um Anschluß knüpft. Und zwar zeigt seine den Hauptpunkt der Auslegung berührende Frage den denkenden Leser.

7. **Philippus aber that seinen Mund auf.** Die Antwort des Philippus bekommt etwas Feierliches, Gewichtiges, wird gleich als ein ausführlicher Vortrag eingeleitet durch diese Worte. Lukas deutet mit ἀρξάμενος ἀπό τ. γρ. τ. an, daß die Auslegung der vorliegenden prophetischen Worte nur den Eingang, nur einen Theil der Erwiederung ausmachte, und bald er bald das Evangelium von Christo als auf den Hauptgegenstand des Gespräches übergieng, wobei er ihm sowohl die Thatsachen als die Hauptwahrheiten von Christo in gedrängter Kürze mitgetheilt, namentlich auch den Weg zum

Heil durch Sinnesänderung und Taufe auf Christum [Kap. 2, 38] gezeigt haben wird.
8. Siehe, da ist Wasser. Robinson erzählt II, S. 749: Als wir zu Tell el-Hasy waren und das Wasser längs dem Boden des angränzenden Wady stehen sahen, konnten wir nicht umhin, die Uebereinstimmung verschiedener Umstände mit der Erzählung von des Kämmerers Taufe zu bemerken. Dieses Wasser liegt auf der direktesten Straße von Beit Jibrin nach Gaza, auf dem südlichsten Wege von Jerusalem und mitten in dem jetzt wüsten, d. h. von Dörfern entblößten Landstrich. Es fiel uns ein, daß dies vielleicht die beschriebene Wasserstelle sein möchte. Es gibt gegenwärtig kein anderes ähnliches Wasser auf dieser Straße; und verschiedene Umstände — der Weg nach Gaza, der Wagen und die Bemerkung, daß Philippus später zu Asdod gefunden ward, — dienen alle zum Beweise, daß der Vorfall sich in oder nahe bei der Ebene ereignete. — Es ist wohl gewagt von Robinson, daß er die Stelle selbst so genau gefunden zu haben meint, während in 18 Jahrhunderten so manche Veränderungen des Bodens im Einzelnen stattgefunden haben mögen. — Größer kann die Freude eines Wanderers in der Sandwüste nicht sein, wenn er lechzend vor Durst endlich eine Oase mit frischen Wasserquellen erblickt, als die Freude des frommen Kämmerers war, da er Wasser erblickte, darin er getauft werden konnte. Schnell gewonnen durch kurzen und guten Katechumenenunterricht, begierig, des angetragenen Heils theilhaftig zu werden, trägt er sich selbst zur Taufe an. Und Philippus nimmt, ungeachtet die Sache so rasch sich entwickelt, keinen Anstand, seinen Wunsch zu erfüllen. Der Wagen wurde auf Befehl des Kämmerers angehalten, er und Philippus stiegen ab. Des Letzteren Name ist, da er der Taufende und insofern der Höhere war, vorangestellt, und Philippus ertheilte ihm in dem Wasser an der Straße die Taufe. Von den Begleitern des Kämmerers, die in ἐπέκεινα, und damit, daß er während der Fahrt ruhig lesen konnte [V. 28] vorausgesetzt sind, ist nichts gesagt.
9. Als sie aber heraufgestiegen waren. Auf der Stelle verschwand Philippus, so daß der Kämmerer ihn nicht mehr zu Gesicht bekam; Philippus kam, nach Asdod entrückt, erst dort wieder zum Vorschein; εὑρέθη εἰς Ἄζ., nordwestlich von Gaza gelegen, nach Diod. Sic. 270 Stadien von letzterer Stadt entfernt, war wie diese eine der fünf Hauptstädte der Philister. Die wunderbar rasche, sowohl dem Eunuchen als Anderen [εὑρέθη εἰς Ἄ.] unsichtbare Entrückung des Philippus wurde vom Geist Gottes gewirkt, der ihn wie ehemals den Elia [2 Kön. 18, 12; 2, 16] mit übernatürlicher Macht hinwegriß und entführte. Der Kämmerer aber setzte seine Reise auf der Gazastraße fort, und zwar voll Freudigkeit. Das Weitergehen auf seinem Wege ist mit der Entrückung des Philippus durch γάρ in eine logische Verbindung gebracht: die Weiterreise ist ein Grund, welcher sein Nichtfernersehen des Philippus bestätigt, denn sonst würde er nicht seine Reise fortgesetzt, sondern seinem nachgefolgt sein. Die Freudigkeit des Mannes aber hing nicht allein von dem Heil, das ihm zu Theil geworden war, sondern auch von dem plötzlichen Entrückung des Evangelisten ab. „Hoc ipso discessu confirmata est eunuchi fides." Bengel.
Es war ihm nun, als wäre ihm ein Engel vom Himmel zum Reisegesellschafter zugeschickt und nun wieder verschwunden.
10. Reiste weiter und verkündigte das Evangelium. Von Asdod an ist offenbar die Reise des Philippus wieder in ganz gewöhnlicher Weise vor sich gegangen: er wanderte von Stadt zu Stadt weiter, besuchte demnach wohl Jamnia, Ekron, Joppe ec., bis er endlich in Cäsarea am Mittelmeer Halt machte, wo wir ihn Kap. 21, 8 f. ansäßig finden. Und überall, wohin er gelangte, hat er das Evangelium gepredigt; sein Wunder, daß er in der genannten späteren Stelle neben der Bezeichnung: ὁ ὢν ἐκ τῶν ἑπτὰ den förmlichen Titel ὁ εὐαγγελιστής erhält.

### Christologisch-dogmatische Grundgedanken.

1. Es war nicht der Engel des Herrn, wie Luther übersetzt, sondern ein Engel, durch welchen Gott dem Philippus befahl, sich auf den Weg zu machen. Nicht die Verkettung der Umstände, wie diejenige, die ihn nach Samaria geführt hatte, nicht eine bloße innere Anregung, sondern ein ausdrücklicher Befehl Gottes, durch einen seiner himmlischen Boten überbracht, hatte ihn Philippus von Samaria aus in den Süden des Landes. Es galt die Bekehrung und Taufe eines Fremdlings, welcher zwar innerlich nicht ferne war vom Reich Gottes, aber äußerlich desto weiter hatte zum Bürgerrecht im Volke Gottes: ein geborner Heide, im heidnischen Lande der Mohren wohnhaft, am Hofe einer heidnischen Königin angestellt und ein Entmannter. Gerade unter solchen Umständen bedurfte es eines unmittelbaren und wunderbaren Gottesbefehls, um den Erfolg zu erzielen, daß ein solcher Heide der Gemeinde Christi durch Evangelium und Taufe einverleibt werde.
2. Nur geographisch und topographisch weist der Engel dem Philippus sein Reiseziel an, aber ohne ein Wort davon hört, was er dort zu thun habe, oder wen er daselbst treffen werde. Das war eine Uebung des Glaubens. Sowohl der Missionsberuf als das ordentliche Amt, der Versöhnung predigt, ist vorzugsweise ein Arbeiten im Glauben und Gehorsam auf Hoffnung.
3. Das Wort Gottes war die Beschäftigung dieses heimkehrenden Pilgers auf seinem Reisewagen. Das ist noch köstlicher und edler als seine Wallfahrt an und für sich. Die Reise hat er gemacht, um das Heiligthum Jehovah's mit Augen zu sehen, die heilige Stadt und den Tempel und die schönen Gottesdienste des Herrn zu schauen. Aber er forscht nun in Gottes Wort, um mit Augen des Geistes in das Heiligthum Gottes hineinzuschauen. Und das Wort ist ein rechtes Heiligthum. Selbst wenn das rechte, volle, ganze Verständniß des Wortes fehlt und das Wort Gottes vor noch ein Räthsel ist [αἴνιγμα, 1 Cor. 13, 12] und tausend Räthsel aufgibt, so ist doch die liebende, suchende Beschäftigung damit ein seliges Ding, das weiter führt in's Licht hinein.
4. Weissagung und Erfüllung. Der Knecht Gottes, der geduldig leidende und herrlich gerechtfertigte, wie ihn Jesaias Kap. 53 schildert, steht vor dem Auge des frommen Pilgers. Aber wer das ist, das ist ihm noch dunkel. Ist der Prophet selbst gemeint, oder irgend wer sonst? das möchte er wissen, darüber wünscht er Belehrung und sucht einen Führer. Der kommt ihm von Gott gesandt, denn

8*

er verkündigt ihm die Erfüllung der Verheißung. Und nur die Erfüllung bringt auch das rechte Licht, worin die Verheißung begriffen werden kann. Gottes Offenbarungen sind eins und geben einander gegenseitig Licht, doch ist es so: Vetus Testamentum in Novo patet. Der Prophet zeuget von Jesu Christo, und erst in Christo wird sein Zeugniß klar. Der Knecht Jehovah's bei Jesaia ist an seiner breitesten Basis das Volk Israel selbst, in seinem mittleren Durchschnitt das ideale Israel, das collectivum der Knechte Gottes, der wahren Israeliten (auch die Propheten inbegriffen); in seinem Gipfel der persönliche Messias. Vergl. Oehler, Messias, in Herzogs theolog. Real-Encyklopädie, Delitzsch in Drechslers Com. zu Jes. Aber eben das Letztere, wie der Knecht Jehovah's im Erlöser selbst erscheint, kann doch ausschließlich nur in der Erfüllung begriffen werden, in der geschichtlichen Person Jesu Christi als des παῖς Θεοῦ. Die sufficientia scripturae kann, laut der Zeugnisse des Neuen Testaments, nur behauptet werden von der gesammten heil. Schrift, d. h. dem Alten und Neuen Testamente zusammengenommen, während das Alte Testament allein und für sich genommen, aus sich selbst erklärt und verstanden, nicht zureichend ist zum Heil. Der äthiopische Eunuch war so wahrheitdürstend, so redlich suchend, als irgend eine Seele sein kann, aber ersteht die Weißagung nicht, weil er keinen ὁδηγός hat. Sobald aber Philippus ihm den Weg zu Jesu gezeigt, ihn durch Wort und Sakrament in Gemeinschaft mit dem Erlöser selbst gebracht hat, bedarf er keines ὁδηγός mehr. Nun ist Christus selbst ihm der Weg, die Wahrheit und das Leben, und der Geist wird ihn in alle Wahrheit leiten [ὁδηγήσει, Joh. 16, 13]. Daß der Kämmerer einen Mann vermißt, der ihm als Wegweiser diene, beweist keineswegs, im Sinn der römischen Kirche, daß die Bibel ohne die Tradition und Handleitung der Kirche nicht zureiche, soll man den Weg zur Wahrheit und Seligkeit finden. Sonst hätte Philippus nicht dürfen weggerissen werden von diesem Katechumenen. Aber er wird nach der Taufe sofort allein gelassen und muß die fernere persönliche Anleitung und die Uebersieferung entbehren. Dessen ungeachtet vermißt er nichts, denn er zieht fröhlich seine Straße. Er hat den Heiland gefunden, und damit das Licht für die Schrift.

5. Ein Engel Gottes hatte dem Philippus den Befehl gebracht, sich in den Süden zu begeben auf den Wüstenweg von Jerusalem nach Gaza. Als er dort war und den Reisenden auf seinem Wagen erblickte, war es der Heilige Geist, der ihn anwies, sich ihm zu nähern. Nachdem das Werk der Belehrung und Taufe des Fremdlings vollbracht war, riß der Geist wieder den Philippus hinweg, so daß ihn Jener nicht mehr erblickte. Anfang, Mittel und Ende des Ereignisses ist Befehl, Weisung und Wirkung Gottes. Aber nicht weniger wunderbar ist auch dasjenige in der Geschichte, was natürlich scheint. Daß Philippus mit diesem Fremdling aus der weiten Ferne, der Evangelist mit dem Heiden zusammentrifft, der ὁδηγός mit dem Suchenden und Empfänglichen, kurz daß gerade die zwei Persönlichkeiten, zwischen welchen eine Art prästabilirter Harmonie besteht, zusammengeführt werden, das ist eine Fügung Gottes, unter allen Umständen nicht minder erstaunlich und wundervoll, als wenn Gott seinen Engel sendet oder den Evangelisten

ohne sein Zuthun schnell hinwegrückt. Der rasche Gang, womit in der Seele des Mohren Saat und Ernte sich folgt, ist eben so wunderbar als das ungesehene Hinweggerücktwerden des Philippus.

**Homiletische Andeutungen.**

Aber ein Engel des Herrn. [V. 26.] Ist durch Satans Neid in der Kirche Gottes ein Aergerniß entstanden, so säumt der Herr nicht, seine trauernden Gläubigen durch besondere Erweisungen seiner Macht und Huld zu erquicken (Leonh. und Spiegelb.) — Nicht ohne Gott geht das Evangelium seinen Weg in der Welt, nicht ohne Gott wird auch nur Eine Seele gewonnen. — Ist durch der Engel Dienst das Gesetz gegeben: warum sollten sie nicht auch dienstbar sein zur Ausbreitung des Evangeliums, dessen Geheimnisse sie sonderlich lüstet zu schauen? (Starcke.) — Wie groß und theuer ist die Bekehrung einer einzigen Seele in Gottes Augen! Um den Kämmerer zum Glauben zu bringen, sendet er einen Engel an Philippus, den Philippus aus dem volkreichen Samarien auf die wüste Straße gen Gaza daher. (Apost. Past.) — Auf die Straße, die da wüste ist. Die Sünde ist die rechte Verwüsterin der Länder; wo aber das Evangelium hinkommt, da werden auch Wüsten und Einöden lustig, Jes. 35, 1. (Starcke.)

Und er stand auf und ging hin. [V. 27.] Ein Lehrer des Evangeliums muß im Gehorsam des Glaubens hingehen, auch wo ihn der Beruf in Wüsten führte. — Und siehe, ein Mann aus Mohrenland. Es erfüllt sich nun die Verheißung Jes. 68, 32: „Mohrenland wird seine Hände ausstrecken zu Gott."

Der war kommen gen Jerusalem, anzubeten, und zog wieder heim. [V. 27. 28.] Nicht im Tempel zu Jerusalem, sondern auf der öden Straße gen Gaza sollte er die köstliche Perle finden. So hatten einst auch die Weisen aus Morgenland von Jerusalem weiterziehen müssen gen Bethlehem, um den neugebornen Jesum zu finden. — Saß auf seinem Wagen und las den Propheten ꝛc. Das Lesen der heil. Schrift ist besonders zu empfehlen, wenn man vom Hause Gottes kommt, wie der Kämmerer vom Tempel, um die guten Bewegungen zu unterhalten, die man von da mitbringt. (Quesnel.) — Das Wort Gottes die beste Reiselektüre; nicht nur auf den wüsten Straße von Jerusalem gen Gaza, sondern auf dem Wege durch die Zeit zur Ewigkeit. a. Man vergißt dabei die Beschwerden des Weges; b. man blickt nicht neben aus auf verbotene Pfade; c. man knüpft dadurch gesegnete Reisebekanntschaften an; d. man kommt dabei vorwärts auf rechter Straße zum seligen Ziel. — Er hatte angebetet und las nun den Propheten. Wohl stand er noch im Dämmerlicht frommer Ahnung bei seiner Wallfahrt nach dem Tempel, wie bei seinem Lesen und der Heimfahrt. Aber er muß auf dem rechten Wege. Kein Mensch kommt plötzlich oben an durch Aufsteigen, nicht durch Fliegen erreicht man die obersten Sprossen an der Leiter. Darum lasset uns hinaufsteigen als wie mit zwei Füßen, nämlich durch die Betrachtung und durch das Gebet. Denn die Betrachtung lehret uns, was mangelt, Gebet aber erlanget uns bei Gott so viel, daß uns nichts mehr mangelt. Die Betrachtung zeiget uns den rechten Weg, das Gebet aber führt uns denfelben. (S. Bernharbus.) — An dem Kämmerer zeigt sich der Segen der Treue im Kleinen. Denn daß er seine wenige Erkenntniß vom Gott Israels sowohl anwendet, um erstlich zum Anbeten diesen weiten Weg zu ziehn, und zweitens auf der Reise seine Zeit zum Lesen des Propheten so treulich auszukaufen, war ein wirklicher Beweis, daß etwas aus der Wahrheit in ihm war, und mußte ihn dem vollen Heil der ganzen Wahrheit entgegenführen. (Nach K. H. Rieger.)

Da lief Philippus hinzu und hörete — und sprach. [V. 30.] Das Verhalten Philippi gegen den Kämmerer ist ein herrliches Muster, wie ein Lehrer mit Erweckten umzugehen habe. Merke dabei den köstlichen Rath Speners: „Ein Lehrer soll sich nicht immer mit den todten, harten und verstockten Sündern quälen; er soll vielmehr Acht haben auf die, in deren Herzen Gott selbst eine selige Präparation zur Bekehrung durch die Gnade gemacht hat." Die soll er in eine nähere Bearbeitung nehmen und das in's Herz gefallene Fünklein weiter aufzublasen versuchen. Gleich wie medici am Ende nichts weiteres sein können als ministri naturae, so Prediger ministri gratiae. Wenn die Kinder bis an die Geburt kommen, dann ist Hülfe nöthig. Daß so viele Seelen in diesen Umständen ersterben, ist wirklich mit eine Schuld der Lehrer und ihrer Unachtsamkeit oder Ungeschicklichkeit bei solcher Geburtshülfe. (Nach Apost. Past.) — Philippus wartet nicht, bis er angeredet und aufgefordert wird; ohne Komplimente und Entschuldigungen, mit freudiger Kühnheit und frommer Dreistigkeit bringt er in den Herzenszustand des Mannes, den ihm Gott in den Weg führt. Arme Erweckte sind blöd und schüchtern, und es hält schwer, daß eine solche Seele sich von selbst bei einem Lehrer melden sollte, weil man insgemein so fürchterliche Gedanken von demselben zu haben pflegt. Da muß man nach ihnen gehen, sich an sie anschließen und Gott um Weisheit bitten, einen rechten Eingang in ihr Herz zu finden. (Apost. Past.) — Und hörte, daß er den Propheten Jesaiam las. Findet ein Lehrer bei seinem Besuch die Leute über Gottes Wort, so muß man nicht erst lange durch Umschweife vom Wetter, vom leiblichen Befinden ic. die Zeit verderben, sondern Gottes Wort, wie's aufgeschlagen liegt, zum Text und Eingang nehmen. (Ebend.) — Verstehest du auch, was du liesest? Eine wichtige Frage an uns Alle. 1) Sie setzt voraus, daß wir die Bibel lesen. Ist diese Voraussetzung richtig, oder beschämt uns dieser liebe Heide? 2) Sie deckt uns auf unsere natürliche Blindheit. Oder ist nicht gar oft unser Bibellesen ein unverständliches, unsere Bibel eine unverstandene? 3) Sie treibt uns, den rechten Ausleger und Wegweiser zu suchen; es ist derselbe, der aus Philippus sprach (V. 29), der Geist des Herrn, der in der Kirche noch immerdar lebt und wirkt. — Drei Gewissensfragen in Beziehung auf Gottes Wort: 1) Liesest du, was du hast? (V. 28.) 2) Verstehest du, was du liesest? (V. 30.) 3) Befolgest du, was du verstehest? (V. 36—38.)

Er aber sprach: wie kann ich, so mich nicht Jemand anleitet? [V. 31.] Ein dienstfertiger Lehrer und ein lernbegieriger Schüler finden sich bald in einander. (Starcke.) — Die Heilige Schrift in der Hand, das Predigtamt zur Seite, so wirst du des rechten Weges nicht verfehlen. — Und ermahnete Philippum, daß er auf-

träte und setzte sich bei ihm. Aus dem Gast im Wagen wird bald der Führer, aus dem freundlich eingeladenen Reisegefährten ein Wegweiser in's rechte Vaterland.

Der Inhalt aber der Schrift war dieser: Er ist wie ein Schaf zur Schlachtung geführt ic. [V. 32. 33.] Gottes Finger war's, der gerade auf diese Stelle deutete; denn die Summa der ganzen christlichen Wahrheit ist Christus, der Erniedrigte und Erhöhete, Phil. 2, 5 — 9. Hierin liegt für alle Lehrer die Erinnerung, die Seelen hauptsächlich in die Erkenntniß Christi des Gekreuzigten und Auferstandenen einzuführen. Dies wirkt in der Regel mehr, als alle Moralpredigten. Missionare, die mit der Predigt vom lebendigen Gott und seinen heiligen Geboten in Grönland jahrelang tauben Ohren gepredigt, haben durchgeschlagen, als sie's mit dem zweiten Artikel versuchten, und mit der evangelischen Botschaft anfingen: Siehe, das ist Gottes Lamm, das der Welt Sünde trägt!

Ich bitte dich, von wem redet der Prophet solches? [V. 34.] Seine Unwissenheit in göttlichen Dingen demüthig bekennen, ist besser, als sie vornehm zudecken. — Fragen nach den Geheimnissen der Schrift ist klüger als darüber spotten. „Ich bitte dich, von wem redet der Prophet solches?" Die große Frage, die vom Alten Testament hinüberführt in's Neue.

Und predigte ihm das Evangelium von Jesu. [V. 35.] Die Wissenschaft vom Heiland enthält die ganze Wissenschaft vom Heil in sich, 1 Cor. 2, 2. (Quesnel.)

Siehe, da ist Wasser! [V. 36.] Es mußte sich Alles so schicken, wie es zur Gründung und Vollendung dieser Seele im Glauben nöthig war. Treue Lehrer dürfen nur ihre von Gott angewiesene Straße im Glauben und Einfalt fortwandeln; es wird ihnen Ort, Zeit, Natur dienen müssen bei der Arbeit für's Reich Gottes. (Apost. Past.) — Siehe, da ist Wasser! Der Freudenruf einer gnadendurstigen Seele auf ihrem Wege durch die irdische Wüste: 1) Wenn sie kaufend zurückblickt auf's Wasserbad der heiligen Taufe; 2) wenn sie gläubig hinzutritt zum Heilsquell des göttlichen Worts; 3) wenn sie hoffend hinausschaut auf die Wasserbrunnen des ewigen Lebens. — Was hindert's, daß ich mich taufen lasse? Wort und Sakrament sind die beiden Gnadenmittel, die sich gegenseitig ergänzen, deren keines neben dem andern überschätzt, keines über dem andern verachtet werden darf. Wo das Sakrament verachtet wird, zerfällt der Leib, wo das Wort hintangesetzt ist, erstirbt der Geist der Kirche.

(Glaubst du von ganzem Herzen [nach V. 37 im textus receptus]. 1) Der Vorgang mit dem heuchlerischen Simon mochte den Philippus vorsichtiger machen, auf ein ganzes Glaubensbekenntniß zu dringen. Da er aber sah, daß bei wahre Glaube, wenn auch nicht vollständig entwickelt, so doch dem Kern und Wesen nach vorhanden war, so versagte er ihm das Sakrament. Eine Mahnung für's Predigtamt, in Zulassung zum Gnadentrotze des Wortes und der Sakramente einerseits nicht lax und leichtsinnig zu verfahren, andererseits nicht die Seelen zu lange aufzuhalten und durch überspannte gesetzliche Forderungen einzuschüchtern und zu erschrecken. Das Glaubensbekenntniß gehört zur Taufe nach uraltem Gebrauch. — Aus dem Umstande, daß der Kämmerer erst nach dem Bekenntniſſe ſeines Glaubens zur Taufe zugelaſſen wird, erbellt die allgemeine Regel, daß Niemand von denen, die draußen ſtehen, in die Kirche aufgenommen werden darf, bevor er ſeinen Glauben bezeugt hat. Aber fälſchlich bekämpfen manche Fanatiker unter dieſem Vorwande die Kindertaufe. Warum mußte bei dem Kämmerer der Glaube vorausgehn? Weil Chriſtus mit dieſem Zeichen allein die Hausgenoſſen der Kirche bezeichnet, ſo müſſen nothwendig diejenigen Glieder der Kirche werden, welche getauft werden. So wie aber gewiß iſt, daß die Erwachſenen durch den Glauben einverleibt werden, ſo ſage ich, daß die Kinder der Gläubigen zugleich als Söhne der Kirche geboren und von Mutterleibe an unter die Glieder Chriſti gerechnet werden, denn Gott macht uns mit der Zulage zu ſeinen Kindern, daß er auch unſers Samens Vater ſei. Wenn alſo auch bei den Erwachſenen Glaube gefordert wird, ſo beſteht ſich dies keineswegs auf die Kinder, bei denen es ſich ganz anders verhält. (Calvin.) — „Wie kann Waſſer ſo große Dinge thun? Waſſer thut's freilich nicht, aber das Wort Gottes, ſo mit und bei dem Waſſer iſt, und der Glaube, ſo ſolchem Worte Gottes im Glauben trauet." (Luther.) Beides findet ſich hier zu dem Waſſer. Das Wort Gottes in Philippi Munde, der Glaube in des Kämmerers Herzen. (Leonhardi u. Spiegelbauer.)]

Und er taufte ihn. [V. 38.] Der Erſtling von Hams Geſchlecht, das unter dem Fluch lebt ſeit den Tagen der Sündflut, hat nun die Gnadenluſt der heil. Taufe empfangen. (Leonh. u. Spiegelb.)

Der Geiſt rückte Philippum hinweg. [V. 39.] Wann Gottes Rüſtzeuge ausgerichtet haben, dazu der Herr ſie geſendet, mögen ſie immerhin entrückt werden, ſei's auf ein anderes irdiſches Arbeitsfeld, ſei's aus der ſtreitenden in die triumphirende Kirche. — Möchten wir einſt auch zu unſerm Herrn wiederkommen und ſagen dürfen: Herr, es iſt geſchehen, was du befohlen haſt! (Ap. Paſt.) — Und der Kämmerer ſah ihn nicht mehr. Philippus hatte den Kämmerer nicht zu ſich, ſondern zu Jeſu bekehrt. Eine Seele, die Jeſum im Glauben gefunden, kann des Wegweiſers fernerhin entbehren. (Apoſt. Paſt.) — Er aber zog ſeine Straße fröhlich. Wenn wir den Herrn gefunden, können wir fröhlich unſere Straße ziehen nach der ewigen Heimath. — Die Frucht des Glaubens iſt: er macht das Herz fröhlich, trotzig, luſtig gegen Gott und alle Kreaturen, daß es keine Trübſal achtet. (Luther.) — Philippus aber ward gefunden zu Asdod und wandelte umher und predigte. [V. 40.] Er begnügte ſich nicht mit dieſer einen koſtbaren Beute; er machte nicht: nun haſt du das Deinige gethan und darfſt ausruhen. (Apoſt. Paſt.) — Die Reiſen der Gläubigen ſind allezeit nützlich; ſie thun keinen Schritt, ohne den Geruch Chriſti auszubreiten. (Starke.) — Vor dem Evangelium Chriſti ſinken Schritt für Schritt die Scheidewände der Völker, die Bollwerke des Nationalhaſſes. In Samaria hat Philippus Seelen gewonnen, nun predigt er Chriſtum in Philiſtäa. — Die Bekehrung des äthiopiſchen Kämmerers ein Beiſpiel von der Art, wie ſich das Evangelium in den erſten Zeiten der Chriſtenheit verbreitet hat. 1) Die göttliche Ordnung, die wir dabei wahrnehmen: Gott ſenkt die Verkündigung des Evangeliums ſo und dahin, wo das Größte geſchehen kann und die meiſte Frucht gebracht werden kann in der geringſten Zeit. Und Jeder, der nach dieſer göttlichen Ordnung als ein Begünſtigter erſcheint, ſei ernſtlich darauf bedacht, mit dieſer himmliſchen Gnadengabe hauszuhalten, die ihm nicht um ſeinetwillen anvertraut iſt, ſondern um des großen Zuſammenhangs willen, der in der Verbreitung des Evangeliums ſtattfindet. 2) Die menſchliche Handlungsweiſe in dieſer Geſchichte. Von Philippus lernen wir dem Zug des Geiſtes folgen, wo wir ihn ſpüren, wo er aber ſich nicht vernehmen läßt, auf der gewöhnlichen Straße des ordentlichen Berufs bleiben, und ferner ohne ängſtliches Bedenken in Beziehung auf einen buchſtabenförmigen Glauben der Heilsbegierde, der Luſt an Gottes Wort, wo ſie in einer Seele ſich zeigt, hülfreich entgegenkommen und vertrauen, der Herr werde durch die Kraft ſeines Wortes, durch den Segen chriſtlicher Ordnungen das angefangene Werk vollenden. (Schleiermacher.) — Die göttliche Führung der Seelen zum Leben. 1) Gott erweckt in ihnen ein tiefes Sehnen nach Frieden, V. 27; 2) entzündet in ihnen Luſt und Liebe zu ſeinem Wort, V. 28; 3) eröffnet ihnen im Glauben das Verſtändniß ſeines Heilsraths, V. 35; 4) beſiegt ſie durch die Kraft der Sakramente mit dem Troſte ſeiner Gnade, V. 38. (Leonh. und Spiegelb.) — Wie Alles zuſammenwirkt, um einer heilsbegierigen Seele zum Heil zu verhelfen: 1) Gott; durch ſeinen Engel und ſeinen Geiſt. 2) Der Menſch: Philippus durch ſeine Begegnung und Anſprache. 3) Die Schrift: mit der Jeſaianiſchen Weißagung. 4) Die Natur: mit dem Waſſer am Wege. — Vier edle Wegweiſer auf dem Heilswege: 1) Die Stimme im eigenen Herzen, das nach Gott verlangt; 2) die Fingerzeige der Schrift, die auf Chriſtum hinweiſen; 3) die Anleitung des Predigtamts, das Beides deutet: die Ahnungen des Herzens und die Räthſel der Schrift; 4) die Kraft des Sakraments, das die göttliche Gnade uns verſiegelt, das göttliche Leben in uns nährt und ſtärkt. — Wie der Schatzmeiſter aus Mohrenland den rechten Schatz gefunden. 1) Der Ort, da er ihn fand: eine einſame Straße durch die öde Wüſte; 2) der Schrein, darin er verborgen lag: die Schrift mit ihren Räthſeln und Siegeln; 3) der Schlüſſel, den er in die Hände bekam durch die lernbegierig vernommene Predigt; 4) das Kleinod, das ihm entgegenſtrahlte: Chriſtus, um unſerer Sünde willen geſtorben, um unſerer Gerechtigkeit willen auferweckt; 5) das Eigenthumsrecht, das ihm zuerkannt ward in der heil. Taufe; 6) der ſelige Beſitz, den er mit heimbrachte im fröhlichen Herzen. — Philippus auf der Straße gen Gaza als Vorbild eines treuen Dieners am Gottes Wort. 1) Durch den frommen Gehorſam, womit er dem Triebe des Geiſtes folgt, V. 26, 29; 2) durch den apoſtoliſchen Muth, womit er eine ihm fremde Seele anfaßt, V. 30; 3) durch die evangeliſche Weisheit, womit er das Fünklein des Glaubens zur Flamme anfacht; 4) durch die prieſterliche Salbung, womit er im rechten Augenblick die gerettete Seele dem Herrn verſiegelt; 5) durch die chriſtliche Demuth, womit er nach gelungenem Heilswerk zurücktritt hinter den Herrn. — Philippus und der Kämmerer — eine geſegnete Reiſebekanntſchaft. 1) Unvermuthet finden sie sich, aber Gott hat dies Zusammentreffen längst vorbereitet durch die Wallfahrt des Kämmerers und was ihr in seiner Lebensführung vorangegangen war, wie durch die Missionsreise des Philippus, von seiner Flucht aus Jerusalem bis zu seiner Abberufung aus Samaria. 2) Fremd begegnen sie einander; fremd nach Stand, Volk, Religion, aber in dem Herrn finden sie sich bald als Brüder zusammen. 3) Schnell scheiden sie wieder; Jeder zieht die Straße seines Berufes, aber in Christo bleiben sie selig verbunden für Zeit und Ewigkeit. (Anwendung auf unsere Verbindungen und Bekanntschaften, strafend und mahnend, lehrend und tröstend). — Dem frommen Pilger wird auch die Wüste zum Garten Gottes. 1) Gottes Wort ist sein Manna, daß ihn nicht hungert; 2) Gottes Kinder sind seine Begleiter, daß er nicht irre geht; 3) Gottes Gnaden sind seine Brünnlein, daß er sich daran stärkt; 4) Gottes Himmel ist sein Kanaan, dem er entgegenzieht.

## Zweiter Abschnitt.

Die Bekehrung des Saulus, seine Thätigkeit und Erlebnisse in der nächsten Zeit darnach. Kap. 9, 1–30.

(Kap. 9, 1–9. Perikope am 10. Sonntage nach Trinitatis.)

### A.

Der Verfolgungseifer wider die Christen treibt den Saulus nach Damaskus.

(Kap. 9, 1. 2.)

Saulus aber, immer noch Drohung und Mord athmend gegen die Jünger des Herrn, 1 ging zu dem Hohenpriester und bat ihn um Briefe nach Damaskus an die Synagogen, 2 damit er, falls er Etliche fände, die diesen Weg betreten, Männer und Weiber, sie gebunden nach Jerusalem führete.

### Exegetische Erläuterungen.

1. **Saulus aber.** Die nun folgende Erzählung ist durch die Partikeln δέ und γάρ in den Zusammenhang des Geschichtsbuchs hineingestellt; durch δέ wird das feindselige, zerstörende Treiben des Saulus in Contrast gesetzt gegen das die Gemeinde erbauende und erweiternde Wirken des Philippus, von welchem unmittelbar zuvor die Rede war. Durch γάρ wird das Treiben des Saulus, wie es hier geschildert ist, mit dem Früheren Kap. 8, 3 verknüpft, als Fortsetzung der von ihm bei Stephanus Tode begonnenen Verfolgung der Christen. Und zwar scheint es, als solle man sich den Zwischenraum zwischen dem Anfang und dieser noch während Fortsetzung der Feindseligkeit des Saulus nicht so gar kurz denken. Hat doch Lukas nicht ohne Absicht die beiden Erzählungen Kap. 8, 5 ff. zwischen Kap. 7, 58; 8, 1. 3 und Kap. 9, 1 gestellt. Abgerissen und zusammenhangslos steht beinahe diese Erzählung nicht da. Offenbar ist auch die Stimmung und Gesinnung des Saulus nicht einfach als gleichmäßig fortdauernd, sondern als eine mit der Zeit gesteigerte bezeichnet. Darauf deuten die Ausdrücke: ἐμπνέων ἀπειλῆς καὶ φόνου, welche Drohung und Mord gleichsam als sein Lebenselement schildern, die er ein- (und aus-)geathmet habe, womit die feindselige Gesinnung des Saulus gegen die Christen als fanatisch gesteigerte, mordlustige und lebensgefährlich bedrohende charakterisirt ist, was Kap. 8, 3 noch nicht in diesem Grade scheint der Fall gewesen zu sein. Auch liegt es ganz in der Natur des Menschen, daß eine Leidenschaft durch längere Dauer und durch einige Befriedigung, welche sie findet, nur noch heftiger und wüthender wird; besonders findet das beim Fanatismus statt. Der erhöhte Grad des Fanatismus offenbart sich auch durch das nunmehr beabsichtigte Handeln des Saulus.

2. **Bat ihn um Briefe nach Damaskus.** Bisher hatte sich Saulus begnügt, die Christen in Jerusalem zu verfolgen. Nun treibt es ihn weiter, um auch auswärts, selbst jenseits der Landesgrenzen, die Jünger Jesu zu verfolgen. Es geht nach Damaskus. Diese alte Hauptstadt von Syrien, durch Gewerbe, Handel und Religion, eben so wie durch ihre paradiesische Lage weit und breit berühmt, seit Pompejus 64 v. Chr. unter dem römischen Scepter und zur Provinz Syrien geschlagen, zählte seit den Seleuciden viele Juden unter ihren Einwohnern [Joseph., jüd. Krieg I, 2, 25; II, 20, 2], was mit unserer Stelle, wonach hier als eine Synagoge sich dort befand (τὰς συναγωγάς, vergl. B. 20], trefflich übereinstimmt. Daß aber auch Christen, d. h. bekehrte Juden (Saulus denkt sie ja lediglich in Verbindung mit den Synagogen) in Damaskus sich aufhalten, scheint in Jerusalem sicher zur Kenntniß gekommen zu sein. Die Form des Bedingungssatzes ἐάν τινας εὕρῃ deutet die Bestimmtheit der Erwartung, solche dort zu treffen, deutlich an. Sie sind genannt τινες τῆς ὁδοῦ ὄντες, Leute, welche den Weg betreten, jenem Wege angehören; ὁδός selbst bedeutet nicht ohne weiteres, wie man aus Kap. 19, 9. 23; 22, 4 mit Unrecht schloß, eine Secte, sondern überhaupt eine gewisse Art zu leben und zu wandeln; in bestimmter Anwendung, die durch den Glauben an Jesum als den Messias bestimmte Lebensrichtung. Lukas hat nicht erzählt, wie das Evangelium nach Damaskus gekommen ist. Am nächsten liegt die Vermuthung, daß einzelne Christen von Jerusalem, durch die Verfolgung zersprengt, in jene große Stadt gekommen seien [Kap. 8, 4 διελθόντες cf. 11, 19]; sind Etliche bis nach Cypern und Antiochien gekommen, so mögen noch eher Einzelne in das näher gelegene Damaskus gelangt sein. Uebrigens ist sehr wohl denkbar, daß die Letzteren auch an Ort und Stelle das Evangelium weiter ausgebreitet und andere Israeliten in der Stadt bekehrt haben mögen [Kap. 8, 4 εὐαγγελιζόμενοι τὸν λόγον]. Saulus faßte aber gerade Damaskus in's Auge, weil er vielleicht von einer größeren Zahl Christen hörte, die sich dort aufhiel-

ten, oder weil er selbst Verbindungen dort hatte. Um aber seinen Zweck zu erreichen, nämlich die dort sich vorfindenden Jünger Jesu festnehmen und aus Damaskus gebunden abführen zu können nach Jerusalem, wo sie vor Gericht gestellt werden sollten, — erbittet er sich vom Hohenpriester Schreiben, als Empfehlungsbriefe und Vollmachtsurkunden [der Plural ἐπιστολάς entspricht dem Plural συναγωγάς, wonach es scheint, als habe er an jede Synagoge zu Damaskus ein besonderes Vollmachtsschreiben begehrt]. Wer der damalige Hohepriester gewesen sei, ist nur darum nicht ausgemacht, weil das Jahr der Bekehrung des Apostels chronologisch nicht festgestellt ist; fand die Bekehrung des Saulus nicht später als im Jahre 36 statt [Hug, Olshausen und Meyer 35], so war Kaiphas noch im Amt, welcher eben im Jahre 36 durch Vitellius abgesetzt wurde; ihm folgte Jonathan, Sohn des Ananus, und diesem bereits 37 sein Bruder Theophilus [Joseph. Ant. XVIII, 4 ff.]; wahrscheinlich war der Letztere im Amt. Es ist nicht ausdrücklich gesagt, aber sichtbar als ganz natürlich vorausgesetzt, daß der Hohepriester die erbetenen Schreiben wirklich ausgestellt habe; er hätte auch subjektiv keinen Grund gehabt, dem Eiferer für das alte Judenthum die Mittel zu verweigern. Die ausländischen Juden erkannten die Autorität des Hohenpriesters in Jerusalem, beziehungsweise des Sanhedrin, dessen Vorsitzender er war, als höchsten Gerichtshofs in religiösen Dingen, freiwillig an. Und von der bürgerlichen Gewalt durfte man nach Erfahrungen annehmen, daß sie einer Maßregel, welche als rein innere Religionsangelegenheit der Israeliten vorgestellt wurde, nichts in den Weg legen würde.

#### Christologisch-dogmatische Grundgedanken.

1. **Christus herrscht mitten unter seinen Feinden.** Dies ist die Wahrheit, welche durch die Thatsache in's Licht gestellt wird, daß Saulus mit seiner von höllischem Feuer glühenden Feindschaft und Mordlust die Gemeinde so lange ängstigen, zerstreuen, verwüsten darf. Daß er den Erlöser selbst mit Schmähen und Lästern antastete, erzählt der Geschichtsschreiber nicht, nur er selbst bekennt es später 1 Tim. 1, 13. Hier erscheint er nur als Verfolger seiner Jünger, seiner Gemeinde. Aber sein Seelenzustand ist um desto bedenklicher, je mehr fleischlicher Eifer, leidenschaftliche Hitze, teuflische Mordlust [ἀνθρωποκτόνος, Joh. 8, 44] sich mit dem unverständigen Eifer um Gott [Röm. 10, 2] vermischt. Je höher der Fanatismus sich steigert, desto mächtiger wird das Fleisch, und der Mensch wird in blinder Wuth zum blutdürstigen, morbschnaubenden, reißenden Thier. So weit läßt es der Herr mit dem Menschen kommen, um ihn mitten aus der Glut zu reißen und umzuwandeln. Die Langmuth wartet bis auf's Aeußerste zu, aber die Gnade läßt den Sünder auch in seinem hitzigsten Lauf nicht aus den Augen. Saulus ist ein glänzendes Beispiel von der auch den verzweifeltsten Sünder suchenden und rettenden Sünderliebe Gottes in Christo.

(Homiletische Andeutungen s. S. 128).

### B.
### Unweit Damaskus erscheint der erhöhte Herr dem Saulus.
(Kap. 9, 3–9.)

3 Auf der Reise aber geschah es, daß er in die Nähe von Damaskus kam, und plötz-
4 lich umblitzte ihn ein Licht vom¹) Himmel. *Und er fiel auf die Erde und hörte eine
5 Stimme, die zu ihm sprach: Saul, Saul, was verfolgest du mich? *Er aber sprach:
6 Wer bist du, Herr? Er aber²): Ich bin Jesus, den du verfolgest³). *Aber stehe auf
und gehe in die Stadt hinein, und es wird dir gesagt werden, was du thun sollst.
7 *Die Männer aber, welche mit ihm wanderten, standen sprachlos, indem sie zwar die
8 Stimme hörten, aber Niemand sahen. *Saulus aber richtete sich auf von der Erde;
als er aber seine Augen aufthat, sah er nichts⁴); sie leiteten ihn aber an der Hand
9 und führeten ihn so nach Damaskus. *Und er war drei Tage nicht sehend, aß nicht und trank nicht.

---

1) Die Codd. A. B. C. G. und untergeordnete Handschr., auch mehrere alte Vers. haben ἐκ, welches deßhalb dem nur von E. H. und einigen kleinen Handschr. unterstützen ἀπό von Lachmann und Tischendorf mit Recht vorgezogen ist.
2) Ὁ δὲ κύριος εἶπεν im textus rec. hat nur die Codd. G. H. und einige kleinere Handschr., auch die syr. Uebers. für sich, während in E. εἶπεν fehlt, die anderen Handschr. κύριος. A. B. C. und einige weitere Zeugen haben blos ὁ δέ, was unzweifelhaft ächt und durch κύρ. εἶπεν unnöthig ergänzt worden ist.
3) Merkwürdig ist, daß das Glossem nach διώκεις, welches Erasmus und nach ihm Elzevir aufnahmen: σκληρόν σοι πρὸς κέντρα λακτίζειν. Τρέμων τε καὶ θαμβῶν εἶπε· Κύριε, τί μὲ θέλεις ποιῆσαι; καὶ ὁ κύριος πρὸς αὐτόν nicht in einem einzigen griechischen Codex steht; nur E. hat σκληρόν – λακτίζειν, aber das Uebrige nicht. Hingegen die Vulgata und einige orientalische Uebersetzungen, sowie Theophyl. und Oekum. haben jenen Beisatz, welcher offenbar aus den Parallelstellen mit Ausschmückung entlehnt ist: σκληρόν σοι πρὸς κέντρα λακτίζειν ist aus Kap. 26, 14. und Kap. 22, 10 steht: εἶπον δέ· τί ποιήσω κύριε; dagegen fangen alle Codices V. 6 mit ἀλλά an.
4) Bei weitem die meisten Handschr., auch einige Versionen und Kirchenväter haben οὐδένα, was in die Recepta übergegangen ist. Aber noch ist οὐδέν vorzuziehen, das außer dem Cod. B. vorzüglich einige alte Versionen für sich hat, aber auch im Cod. A. ursprünglich gestanden und erst durch eine spätere Hand in οὐδένα corrigirt ist. Ueberdies ist höchst wahrscheinlich, daß die Correctur aus μηδένα V. 7 entstanden ist.

**Exegetische Erläuterungen.**

**1. Plötzlich umblitzte ihn ein Licht vom Himmel.** Saulus hat seine Reise angetreten und fast vollendet; er befand sich schon nahe am Ziel derselben, unweit der Stadt Damaskus, als die plötzliche Erscheinung ihn aufhielt und niederwarf. Ein Licht aus dem Himmel umstrahlte ihn plötzlich [περιήστραψεν], so unversehens, so gewaltig und blendend wie ein Blitzstrahl. Uebrigens ist sichtlich nicht von einem wirklichen Blitz die Rede, sondern die Lichterscheinung ist durch das Verbum nur verglichen mit einem Blitz; das περί im Compositum gibt zu verstehen, daß das Licht den Saulus rings umschloß, und zwar nur ihn allein, nicht auch seine Begleiter. Laut des Folgenden V. 17. 27 [Ἰησοῦς ὁ ὀφθείς σοι, ἐν τῇ ὁδῷ εἶδε τὸν κύριον], vergl. Kap. 20, 14, ἰδεῖν τὸν δίκαιον, 1 Kor. 9, 1; 15, 8] hat Saulus Jesum selbst in dem himmlischen Lichtglanz gesehen, wiewohl das in unserm Context nicht ausgedrückt ist.

**2. Und er fiel auf die Erde und hörte eine Stimme.** Von der überwältigenden Macht der himmlischen Erscheinung erschüttert und vom Schreck ergriffen, stürzte Saulus zu Boden, sah fortan nichts mehr, hörte aber eine Stimme, die ihm zurief, und der er wieder Antwort gab; es war der Herr Jesus, der mit ihm sprach. Der Zuruf bestand in den Worten: „Saul, Saul, was verfolgest du mich?" Diese wurden laut Kap. 26, 14 in hebräischer Mundart gesprochen, womit auch der Umstand harmonirt, daß der Name hier nicht in griechischer Form, sondern in hebräischer Verkürzung anftritt. Das Fragewort τί fordert Rechenschaft über den Beweggrund der Verfolgung, wie Chrysostomus schön auslegt: τί παρ' ἐμοῦ μέγα ἢ μικρὸν ἠδικημένος ταῦτα ποιεῖς; wie an die bertrliche Antwort erinnert, welche Polykarp dem Proconsul auf die Zumuthung, Christo zu fluchen, gab: ὀγδοήκοντα τί ἔχω δουλεύων αὐτῷ, καὶ οὐδέν με ἠδίκησεν. Καὶ πῶς δύναμαι βλασφημῆσαι τὸν βασιλέα μου, τὸν σώσαντά με; Martyrium s. Polyk. c. 9. Die Frage faßt demnach das Gewissen an und soll in Saulus das Gefühl des großen Unrechts, das er begeht, erwecken.

**3. Wer bist du, Herr?** Saul hat demnach bisher Jesum nicht erkannt, er muß erst fragen. Wiewohl eine Ahnung, wer es sei, gleich mit dem Zuruf sein Gewissen durchzuckt haben wird. Die Antwort, welche in dem Contrast zwischen ἐγώ und σύ einen fühlbaren Nachdruck hat, ist nicht etwa auf der ersten Zuruf in dem Sinne zurückzubeziehen, daß er besagte: ich, den du verfolgst, bin Jesus [Bengel], sondern ist unmittelbare Beantwortung der Frage Sauls: wer bist du? und besagt: ich, der ich dir erscheine und dir zurufe, bin der Jesus, den du verfolgest! Und darin liegt, weil Jesus die große, erhabene, vom Himmel her erscheinende Persönlichkeit ist, Saul aber der arme, schwache, so leicht niedergeworfene Mensch, etwas viel Beugendes, Demüthigendes.

**4. Aber stehe auf und gehe in die Stadt hinein.** Mit ἀλλά wendet sich die Anrede Jesu von der Vergangenheit zur Zukunft; das Alte ist vergangen, nun soll ein Neues werden. Jesus spricht sofort als der Herr, der dem Saul zu befehlen hat, der ihm Befehle ertheilen wird und auf seinen Gehorsam rechnet. Saulus hätte nicht gewußt, was

jetzt thun. Aber er soll hinein in die Stadt und Weisung abwarten, von der er noch nicht weiß, durch wen sie ihm zukommen werde; mit Bedacht ist das Passiv, λαληθήσεται gewählt.

**5. Die Männer aber, welche mit ihm wanderten, standen sprachlos.** Die Begleiter, welche vermuthlich auf Befehl des Hohenpriesters zum Behuf der Festnahme und Escorte der damascenischen Christen mit Saulus die Reise gemacht hatten, standen sprachlos und betäubt (Beides bedeutet ἐννεὸς häufig zugleich, ursprünglich nur: stumm, oft auch s. v. a. ἐκπεπληγμένοι). Was einen besonders verwirrenden und betäubenden Eindruck auf die Reisegenossen machte, war der Umstand, daß sie zwar die Stimme hörten, aber Niemand sahen, von dem die Stimme ausging. Paulus selbst, da er Apostg. 22, 9 von diesem Moment spricht, sagt von seinen Begleitern, daß sie τὴν φωνὴν οὐκ ἤκουσαν τοῦ λαλοῦντός μοι, was auf den ersten Anblick dem ἀκούοντες μὲν τῆς φωνῆς zu widersprechen scheint und von der Kritik neuerdings sehr ausgebeutet worden ist. Nun sind allerdings solche Ausgleichungsversuche, welche φωνή hier und dort unterscheiden, vergeblich, sei's daß man φωνῆς hier auf die Worte des Paulus beziehe, dort auf die Worte Christi, Kap. 22, 9 φωνὴ τοῦ λαλοῦντός μοι genannt ist (Oecum., Beza u. A.), sei's daß man φωνή hier als unartikulirtes Getöse, K. 22, 9 als artikulirte Worte fasse (Rosenmüller, Heinrichs u. A.); Beides ist gegen den Zusammenhang. Allein es gibt doch einen wesentlichen Unterschied zwischen Hören und Hören, und während Kap. 22, 9 klar ist, was Paulus verneinen will, nämlich daß seine Begleiter die Stimme des mit ihm Redenden nicht gehört, d. h. seine Worte, seine Rede nicht deutlich vernommen (s. τοῦ λαλοῦντός μοι), nicht verstanden haben, was er zu Saulus sagte, ist Kap. 9, 7 nur gesagt, sie haben die Stimme gehört, was doch wohl sein konnte, ohne bestimmtes Auffassen der Worte, die der Herr zu Saul sagt. Hierbei ist noch zu beachten, daß ἀκούειν mit dem Acc. an unserer Stelle nicht wie Kap. 22, 9 mit dem Acc. construirt ist, ein Unterschied, welchen die Herausgeber des Thesaurus Linguae Graecae von St. Stephanus so charakterisiren: Genitivus maximo poni videtur in eo, quam in genere audimus, aut ex parte tantum, aut incerto aliquo modo, — Accusativus proprie rem certius definitam indicare cogitandus est. Somit dürfte Bengel Recht haben, wenn er sagt: Audiebant vocem solam, non vocem cum verbis. Und die Einwendung Meyers, in beiden Stellen sei einfach Sehen und Hören gegenübergestellt, trifft nicht, beweist auch keineswegs, daß beide Mal das Hören und Hören eines und dasselbe gewesen sei, so wenig als das Sehen und Sehen beide Mal gleich war; denn Kap. 9, 7 ist das Erblicken einer Person verneint, Kap. 22, 9 das Schauen des Lichtes bejaht. In beiden parallelen Versen ist, wie Baumgarten I, S. 195 f. treffend zeigt, das gemeinsam, daß Paulus den bestimmten, die Begleiter den unbestimmten Eindruck empfingen. — Eine zweite Differenz ist die, daß die Begleiter Kap. 9, 9 stehen, Kap. 26, 14 hingegen ebenfalls ebenfalls als Paulus zu Boden gefallen sind. Auch dies hat man für einen unausgleichbaren Gegensatz angesehen und zum Theil Schlüsse daraus gezogen, welche der Glaubwürdigkeit des Lukas Abbruch thun. Allein es ist wohl zu beachten, daß Kap. 26, 14 πάντων δὲ καταπεσόντων ἡμῶν εἰς τὴν γῆν unverkennbar in den ersten Moment des plötzlich aufblitzenden Lichts fällt, worauf erst die Stimme Jesu dem Saul zuruft, während Kap. 9, 9 das Sprachlosdastehen der Reisegefährten von der Dauer des Gesprächs zwischen Jesu und Saulus ausgesagt ist. Mit andern Worten, Kap. 26, B. 14 ist von einem früheren Moment die Rede, an unserer Stelle von einem späteren, und man darf hier nicht etwa εἱστήκεισαν pressen, so daß es, als Plusquamperfekt, sagen soll: sie waren gestanden oder stehen geblieben; denn da das Verbum ἕστηκα Präsensbedeutung hat, so besitzt das Plusquamperfekt εἱστήκειν nur Imperfektbedeutung. Ueberdies ist nicht das Stehen der Leute die Hauptvorstellung, welche ausgedrückt werden will, sondern nur das Sprachlosdastehen, das Betroffensein, wiewohl man darum freilich nicht so weit gehen kann, die Positur des Stehens selbst ganz zu übersehen. Allerdings würde unsere Stelle, für sich allein betrachtet, Niemand auf eine andere Vorstellung bringen, als daß die Begleiter vom ersten Augenblick des Ereignisses an stehen geblieben seien; da aber die spätere Stelle erzählt, daß dieselben mit Saulus gleich bei dem plötzlichen Erscheinen des Lichtes niedergefallen seien, so läßt sich ganz wohl (mit Bengel, Kühnoel, Baumgarten) annehmen, was allerdings nirgends ausdrücklich gesagt ist, daß die Begleiter des Saulus eher, als er selbst, sich von dem Schreck erholt haben und aufgestanden seien. Saulus war mit ihnen gleich anfangs zu Boden gestürzt und blieb, da sofort die ihm zurufende Stimme erscholl, wie gelähmt liegen; die Andern erholten sich um so leichter und schneller wieder, als sie sich nicht persönlich betheiligt fühlten, auch eine Stimme vernahmen, aber kein Wort verstanden. Willkürlich, wie Meyer urtheilt, ist eine solche Annahme nicht, da sie ihren Stützpunkt in der Parallele hat und ihrer Wahrscheinlichkeit nichts im Wege steht.

6. Als er aber seine Augen aufthat, sah er nichts. Dem ergangenen Befehl gemäß erhob sich Saulus vom Erdboden; als er aber seine bisher geschlossenen Augen öffnete, konnte er nichts sehen und blieb auch die drei nächsten Tage in diesem Zustande. Der Zustand war der Art, daß er die Augen aufmachen, aber nicht sehen konnte (οὐδὲν ἔβλεπε negirt objektiv, οὐ βλέπων unterscheidet sich darin nicht logisch, sondern eher nur grammatisch [Winer], weil die Negation beim Partizip steht, und ist nur weniger stark als οὐ βλέπων, was geradezu Blindheit ausdrücken würde, und das will Lukas nicht, weil der Zustand nicht als göttliche Strafe zu betrachten ist. Diese vorübergehende, aber doch einige Tage ununterbrochen fortdauernde Erblindung war ohne Zweifel durch den mit der Erscheinung Jesu verbundenen blendenden Lichtglanz bewirkt, wiewohl eine besondere göttliche Wirkung aus dem Grunde vorausgesetzt werden muß, weil die Begleiter, die doch auch das Licht erblickt hatten [Kap. 22, 9], nicht gleichfalls geblendet worden waren. Diese konnten ihn also in die Stadt führen, indem sie ihn wie einen Blinden an der Hand leiteten. — Während dieser drei Tage enthielt sich Saulus auch aller Speisen und Getränke; mit sich selbst und seinem Seelenzustande beschäftigt, und dessen gewärtig, was ihm der Herr würde kund thun, bereitet er sich mit Fasten und Beten dazu.

## Christologisch-dogmatische Grundgedanken.

1. Erst in der Nähe von Damaskus, vor den Thoren der Stadt, wird Saulus aufgehalten und von Christo erweckt. Die Gefahr für die Christen in Damaskus war bringend, der Feind war vor den Thoren; aber wo die Noth am größten, ist Gott am nächsten. Saulus war beim Ziel seiner Reise angelangt, wo er einen Triumph seines Eifers zu feiern gedachte; aber eben da triumphirt der Herr über ihn.

2. Das Wesentliche des Ereignisses vor Damaskus war, daß Jesus dem Saulus persönlich erschienen ist, erst in blitzartig umleuchtendem Himmelslicht sich sehen ließ und sofort dem zu Boden Gefallenen zurief, die Verfolgung rügend, sich selbst zu erkennen gebend und ihn in die Stadt weisend, wo ihm der Wille Gottes ferner eröffnet werden würde. Der erste und mächtigste Eindruck war: Jesus lebt. Saulus verfolgt die Jünger in dem Wahn, daß Jesus von Nazareth, nachdem er als Uebelthäter und Gotteslästerer gekreuzigt war, im Tode geblieben sei. Nun aber erscheint ihm Jesus persönlich und gibt sich ihm durch Licht, Wort und Zuruf zu erkennen, so daß Saulus eine unmittelbare, persönliche Erfahrung und unumstößliche Gewißheit davon bekommt: Jesus lebt, wiewohl er todt war; der Gekreuzigte lebt. Es ist eine Grundwahrheit des Christenthums, daß der Erlöser lebt. Wir haben nicht einen Heiland, der nur einmal gelebt hat, der da war, sondern der da ist und kommt (Apoc. 1, 4, wo mit Bedacht ὁ ὤν vor ὁ ἦν καὶ ὁ ἐρχόμενος steht). Christus ist ὁ ζῶν (Apoc. 1, 18). Und was Saulus hier erlebt hat, der lebendige Christus, das ist auch ein Hauptgegenstand seiner Predigt, ein Hauptpunkt seiner Lehre geworden.

3. Ferner hat Saulus durch die Erscheinung einen gewaltigen Eindruck bekommen von der Herrlichkeit Jesu in seiner Erhöhung. Das Licht, das mit Blitzesschnelle und mit Blitzeshelle ihn plötzlich umstrahlte, war ein Licht vom Himmel, ein Lichtglanz, wie er Gott umgibt. In dem in solchem Lichtglanz ihm Jesus dem Saulus erschienen, in einer Weise, daß er sogleich zu Boden fällt (nebst allen seinen Reisegefährten, Kap. 26, 14) und mancher einige Tage lang geblendet ist. Und die Stimme, womit ihm Jesus zuruft, hat etwas Erschütterndes; er fühlt sogleich die Ueberlegenheit, die Herrschaft des Erscheinenden, und muß sich ihm beugen und unterwerfen. Kurz Jesus lebt nicht nur, sondern lebt erhöhet im Himmel; er lebt und herrscht in göttlicher Herrlichkeit. Alles Außerordentliche und Wunderbare der ganzen Erscheinung zeugt zugleich für die Herrlichkeit Jesu in seiner Verklärung.

4. Saulus hat, wie sowohl aus Kap. 9, 17. 27, als aus seinen eigenen Erklärungen, z. B. 1 Kor. 15, 8; 9, 1 zu ersehen ist, bei dieser Erscheinung Jesum gesehen, eine Stimme gehört und mit ihm geredet. Es war nicht ein Traum, nicht eine ausschließlich innerer Seelenvorgang, nicht eine Geistererscheinung, sondern eine wirkliche Erscheinung in der Sinnenwelt, sichtbar und hörbar: Jesus ist dem Saulus persönlich erschienen in seiner verklärten Leiblichkeit, als wahrer Mensch, als derselbe Jesus, der auf Erden gewesen ist und doch in göttlicher Herrlichkeit, vom Himmel her. Diese Erfahrung legt Zeugniß ab von der fortdauernden

Menschheit des verklärten Erlösers und von seiner verklärten Leiblichkeit. Aus dieser Lebenserfahrung ursprünglich und zumeist hat der Apostel Paulus seine tiefe Erkenntniß und Lehre geschöpft von den geist-leiblichen Wegen des Lebens, von der Verklärung der Leiblichkeit, von der Auferstehung des Leibes 2c.

5. Die innigste Lebensgemeinschaft Jesu mit seinen Jüngern und dieser mit ihm selbst liegt sowohl in dem ersten Zuruf: „was verfolgest du mich?" als in der nachherigen Antwort: „ich bin Jesus, den du verfolgest." Saulus wähnte, nur die Christen zu verfolgen, diese schwärmerischen und von den väterlichen Ueberlieferungen abgefallenen Sektirer ohne Haupt und Hirten; mit Jesu von Nazareth selbst, der ja getödtet und hinweggeräumt war, hatte er vermeintlich nichts zu thun. Nun aber erscheint ihm Jesus selbst und bezeugt ihm: „du verfolgest mich"; nicht blos meine Jünger, sondern mich selbst. Also ihre Leiden sind seine Leiden; man kann sie nicht von ihm trennen und denken; ich meine nur sie, nicht Ihn selbst; Er steht mit den Seinen in einer Lebensgemeinschaft, so daß Er mit ihnen leidet, geschmäht, verfolgt wird. Und ihnen kommt seine Erhöhung und Herrschaft zu gut; er waltet den Seinen zum Schutz, den Feinden derselben zum Schrecken. — Die Einheit Christi mit den Christen, die Lebensgemeinschaft und innigste gegenseitige Verbindung zwischen dem Herrn und den Gläubigen; daß die Kirche Christi ein Leib ist und der Herr dessen Haupt — diese große Glaubenswahrheit, die der Apostel Paulus vor Anderen klar und tief erfaßt und lehrhaft entwickelt hat, liegt im Grundzug und Keim schon in der Erscheinung Jesu, die dem Saulus vor Damaskus geworden ist.

6. Vorzüglich aber mußte der Eindruck seine Seele gewaltig ergreifen: „Also habe ich Ihn selbst, unwissend, verfolgt, habe an Ihm verfündigt! Er ist in den Himmel erhöht, mit unwiderstehlicher Macht begabt, berechtigt, den demüthigsten Gehorsam zu fordern (τί με θέλεις ποιῆσαι), und ich habe ihm widerstrebt. Er läßt es mich fühlen, mit wem ich's zu thun habe. Dessen ungeachtet ist Er mir nicht zum Gericht, nicht zermalmend, nicht im Zorn und Grimm begegnet, sondern mit Erbarmung und Liebe, den Berirrten auf seinem Wege anhaltend, vom Irrwege zurückrufend, ja das lag in der nach einigen Tagen erfolgten Berufung zum Heidenapostel ein heiliges Werk mir anvertrauend." Das war Gnade, unverdiente, freie, erbarmende Gnade gegen den Sünder. Durch das Licht der Gnade ist dem Saulus die Größe seiner Verschuldungen, die Tiefe der Sünde überhaupt erst recht klar geworden. Und die Tiefe seiner Berirrung hat ihm hinwiederum die Höhe und Herrlichkeit der Gnade vollkommen erkennbar gemacht. Der Eindruck war ein niederschlagender, aber zugleich erhebender; das Niederstürzen auf die Erde und das durch Jesu aufmunternden Befehl ermöglichte Wiederaufstehen war nebenbei ein leibliches Abbild dessen, was in seiner Seele vorging. Da ist ihm durch eigenste persönliche Erfahrung sowohl Sünde als Gnade klar geworden, und zwar so deutlich als die übermächtige Gotteskraft; ist die Sünde mächtig geworden, die Gnade hatte sich doch noch übermächtig erzeigt, Röm. 5, 20. Daher sind dem Apostel Sünde und Gnade die beiden Angelpunkte des Evangeliums geworden, um die sich in der göttlichen Oekonomie Alles dreht.

7. Bisher hatte Saulus die Jünger Jesu darum verfolgt, weil er in ihnen nicht nur schwärmerische, irrende Verehrer Jesu von Nazareth, sondern zugleich Leute sah, welche das Heiligthum Israels, das Gesetz und die Ueberlieferungen nicht, wie sich's gebühre, ehren. Er war ein Eiferer um die väterlichen Ueberlieferungen (ζηλωτὴς τῶν πατρικῶν παραδόσεων, Gal. 1, 14]. Und als solcher Zelote beseelte er die nach seinem Wahn von Jehovah und dessen Gesetz Abtrünnigen, und wenn er an der Hinrichtung des Stephanus seine Freude hatte [Apostg. 8, 1], wenn er sein Möglichstes that, die Gemeinde Jesu zu zerstören, so dachte er gar nicht anders, als daß dies ein gutes, gerechtes Werk sei, woran Gottes Wohlgefallen ruhe. Nun aber wird ihm durch die Erscheinung Jesu vom Himmel her das Mißfallen Gottes auf erschütternde Weise kundgethan. Sein ganzes bisheriges Treiben muß ihm nun in ganz anderem Lichte erscheinen; was er für ein Tugendwerk, für das höchste Verdienst gehalten hatte, ist in der That und vor Gottes Augen eine Sünde, ein Streiten wider den Gesalbten Gottes, und deßhalb wider Gott selbst, eine tiefe Verschuldung. Und die Christen sind demnach nicht Abtrünnige, sondern im Gegentheil Kinder Gottes, Lieblinge des Höchsten. Dadurch muß sich auch seine Ansicht vom Gesetz und der Gerechtigkeit aus dem Gesetz völlig umwandeln.

8. Mit unwiderstehlicher Gewalt hat die Erscheinung auf Saulus gewirkt. Er ist zu Boden gestürzt und fühlt sich auf Gnade und Ungnade einer höheren Macht preisgegeben, schlechthin abhängig von dem, welcher ihm erschienen ist. Aber eine andere Frage ist: ob diese Offenbarung Jesu eine gratia irresistibilis gewesen sei oder nicht? Disbausen hat die Frage bejahen zu müssen geglaubt, und in der That gibt das in unserem Context freilich unnächte, aber Apost. 26, 14 ursprüngliche Wort des Herrn: σκληρόν σοι πρὸς κέντρα λακτίζειν, einen Schein der Unwiderstehlichkeit. Mehr aber nicht. Denn in demselben Zusammenhang, wo Paulus jene Worte anführt, bemerkt er auch, daß er der himmlischen Erscheinung nicht ἀπειθής gewesen sei [Kap. 26, 19], womit die Freiheit seines Willens, die Selbstständigkeit seines Gehorsams, den er auch verweigern konnte, sichtbar vorausgesetzt ist. Nicht ein einziger Zug in der Thatsache selbst weist auf eine unwiderstehliche Umwandlung des Willens selbst hin. Und wie spricht der Apostel Paulus später von seiner Bekehrung in der Weise, daß er die Freiheit seiner Entschließung, dem gegebenen Winke zu folgen, verleugnen würde. So unumschränkt die Gnade wirkt, so wirkt sie doch nur auf eine freie Persönlichkeit, welche ebensowohl vermag, die Gnade anzunehmen als sie von sich zu stoßen. Saulus hat die Wahl, sich dem Eindruck der ihm gewordenen Erscheinung hinzugeben, sein Herz demselben immer tiefer zu öffnen oder zu verschließen. Das Erstere aber, die Willigkeit zur hingebenden Empfänglichkeit, liegt schon in der Frage: Herr, wer bist du?

9. Das Wichtigste an dem Ereigniß war nicht der äußere, sondern der innere Vorgang. So wundervoll die sinnliche Erscheinung war, so ist doch die Offenbarung Jesu an den Geist des Saulus das entscheidende Wunder. Der Apostel selbst

sieht die Sache so an. Zwar erwähnt er mehr als einmal in seinen Briefen, daß er den Herrn Jesum gesehen habe, 1 Cor. 9, 1; 15, 8. Aber wo er am tiefsten auf den Vorgang eingeht, beschreibt er das Centrum des Ereignisses als eine innere ἀποκάλυψις [Gal. 1, 15 εὐδόκησεν ὁ θεὸς — ἀποκαλύψαι τὸν υἱὸν αὑτοῦ ἐν ἐμοί]. Hätte der Schwerpunkt des Herganges in demjenigen gelegen, was im Licht und Schall sich den Sinnen darbot, so hätten die Begleiter bei gesunden Sinnen gerade so viel wahrnehmen können und müssen, als Saulus selbst. Allein sie haben sowohl von der sichtbaren Erscheinung als von dem Zuruf Jesu nur einen unbestimmten, wirren Eindruck, keine bestimmte, klare, entsprechende Wahrnehmung bekommen. Offenbar darum, weil ihr Seelenleben nicht empfänglich dafür war, und weil die Offenbarung Jesu eine nicht bloß sinnliche, sondern zugleich geistige, eine geist-leibliche war.

10. Die vorübergehende Blindheit des Saulus sollte nach Gottes Willen nicht sowohl ein Zeichen seiner bisherigen sittlichen Verblendung sein (wie man meist annimmt), sondern ihn für die Zeit der inneren Verarbeitung des entscheidenden Vorgangs von der Außenwelt abschließen, isoliren, damit er ganz allein sei mit sich und seinem Gott und Heiland. So betrachtet, war der Zustand nicht eine Strafe, vielmehr eine Hülfe und Gnade. Paulus selbst enthielt sich diese drei Tage lang aller Speise und alles Trankes. Dieses Fasten und Leiblichsichbereiten, nicht gesetzlich auferlegt, sondern vollkommen freiwillig und aus innerem Triebe also wahrhaft evangelisch, bezog sich auf die göttliche Weisung und Rede, die er [B. 6] erwarten sollte. Daß mit dem Fasten zugleich Beten verbunden war, erfahren wir B. 11.
(Homiletische Andeutungen s. S. 128.)

### C.
In Damaskus wird sodann die Bekehrung des Saulus durch Ananias vollendet.
(Kap. 9, 10—19.)

10 Es war aber ein Jünger zu Damaskus mit Namen Ananias; zu dem sprach der
11 Herr im Gesicht¹): Anania! Er aber sprach: Hier bin ich, Herr! *Der Herr aber sprach zu ihm: Stehe auf²) und gehe in die Gasse, welche die gerade heißt, und suche in dem
12 Hause Juda Einen Namens Saulus von Tarsus; *denn siehe, er betet und hat³) einen Mann Namens Ananias eintreten und ihm die Hand⁴) auflegen sehen, damit er wieder
13 sehend werde. *Ananias aber antwortete: Herr, ich habe von Vielen gehöret⁵) von
14 diesem Mann, wie viel Uebels er deinen Heiligen in Jerusalem gethan hat. *Und hier hat er Vollmacht von den Hohepriestern, zu binden Alle, die deinen Namen anrufen.
15 *Der Herr aber sprach zu ihm: Gehe hin, denn dieser ist mir ein auserwähltes Werkzeug, meinen Namen zu tragen vor Heiden und Könige und vor die Kinder Israels.
16,17 *Denn ich will ihm⁶) zeigen, wie viel er leiden muß um meines Namens willen. *Da ging Ananias, und kam in das Haus und legte die Hände auf ihn und sprach: Bruder Saul, der Herr hat mich gesandt, Jesus, der dir erschienen ist auf dem Wege, den du
18 herkamest, daß du wieder sehend und mit dem heiligen Geist erfüllet werdest. *Und auf der Stelle fielen von seinen Augen gleichsam Schuppen und ward wieder sehend⁷);
19 *und stand auf, und ließ sich taufen, und nahm Speise zu sich und erholte sich wieder.

### Exegetische Erläuterungen.

1. Es war aber ein Jünger zu Damaskus mit Namen Ananias. Die Art, wie Ananias eingeführt wird, gibt deutlich zu verstehen, daß weder Ananias den Saulus, noch dieser jenen zuvor von Person gekannt hat. Wenigstens erhellt aus B. 13, daß Ananias den Saulus blos vom Hörensagen kennt. Hat man nicht nur gegenseitige Bekanntschaft, sondern selbst innige Freundschaft zwischen Beiden angenommen [Eichhorn u. A.], so ist das nicht in Folge von Spuren in unserem Abschnitt, sondern im Widerspruch mit dem letzteren geschehen. Ananias war, wie schon sein gut hebräischer Name (חֲנַנְיָה) ergibt, ein Judenchrist; Lukas nennt ihn hier einfach μαθητής τις, ohne eine Persönlichkeit auszuzeichnen. Laut Kap. 22, 12 war er εὐσεβής κατὰ τὸν νόμον, μαρτυρούμενος ὑπὸ πάντων τῶν κατοικούντων Ἰουδαίων, also auch nach seiner

---
1) ἐν ὁράματι ὁ κύριος ist bei weitem besser bezeugt, als die Stellung von ἐν ὁρ. nach ὁ κύριος.
2) Lachmann hat ans B. ἀνάστα aufgenommen, das Partizip ἀναστάς ist aber hier so gut wie Kap. 10, 13. 20 entschieden beglaubigt.
3) ἐν ὁράματι vor ἄνδρα fehlt ganz in A. und einigen Versionen, ist von Lachmann und Tischendorf mit Recht gestrichen; es ist aus B. 10 als Erklärung hineingenommen.
4) Statt χεῖρα, das in G. H. und einigen Personen, auch Kirchenvätern steht, hat A. und C. χεῖρας, B. und E. vollends mit Art. τὰς χεῖρας aus B. 17, wo keine Verschiedenheit der Lesart sich findet. Allerdings ist der Plural gewöhnlicher. Eben deshalb hat man den Singular verbessern zu müssen geglaubt.
5) ἀκήκοα ist nur von G. H. beglaubigt, während ἤκουσα bei A. D. C. E. steht.
6) αὐτόν statt αὐτῷ ist nicht erheblich bezeugt.
7) Die Recepta hat nach ἀνέβλεψέ τε auf Grund von Cod. E. G. παραχρῆμα eingeschoben, was bei A. B. C. H. und vielen Minuskeln fehlt und offenbare Interpolation ist.

Bekehrung eifrig in gesetzlicher Frömmigkeit, und deßhalb bei der gesammten Judenschaft zu Damaskus im besten Ruf und hohem Ansehn stehend.

2. Zu dem sprach der Herr im Gesicht. Der Herr, der ihm erschienen, ist nicht Gott der Vater, sondern Jesus Christus, denn Ananias nennt V. 14 die Christen solche, die den Namen des Herrn anrufen, wobei sich ὄνομά σου nur auf Jesum, nicht auf Jehovah im Unterschied von Jesu beziehen kann, ebenso τὸ ὄνομά μου V. 15. 16. — Ob das ὅραμα, die Vision, welche dem Ananias zu Theil wurde, im wachen Zustande oder im Traume erfolgt sei, läßt sich nicht erheben; denn auch ἀναστὰς πορεύθητι V. 11 setzt nicht voraus, daß Ananias auf seinem Lager zu denken ist, sondern blos, daß er sich ruhig zu Hause befindet. Er soll sich aufmachen, in eine bestimmte Straße, in ein gewisses Haus gehen, dort den Saulus, der ihm genau bezeichnet wird, aufsuchen, der im Gebet begriffen ist. Die Straße heißt die gerade, ohne Zweifel im Unterschied von den in der alten Stadt meist winklichten und krummen Straßen. J. Wilson, lands of the bible, hat den Umstand erkundigt, daß heutzutage noch eine Gasse dieses Namens in Damaskus existirt; freilich wird in dieser Gasse sogar noch das Haus des Juda gezeigt, wodurch die Ueberlieferung fast zu viel leistet [Ewald, Apost. Zeitalter 1858, 259 A. 2]. Gerade aus der Beschreibung des Saulus mit Nennung seiner Herkunft aus Tarsus, sowie aus dem ὀνόματι beim Namen ergibt sich, daß Ananias den Saulus nicht von Person irgend kennt. Und ebenso zeigt V. 12 die genaue Nennung des Ananias, daß Letzterer dem Saulus unbekannt ist; wäre dies nicht die Meinung des Erzählers, so wäre es bei weitem einfacher gewesen, statt ἄνδρα ὀνόμ. Ἀν. kurzweg σε zu setzen.

3. Denn siehe, er betet. Der Herr deutet dem Ananias den Grund an, warum er ihn zu Saulus sende und warum gerade jetzt; darum (γάρ), weil Saulus eben in dem gegenwärtigen Augenblick im Gebet begriffen ist, und demnach einer Antwort auf sein betendes Fragen, einer Erfüllung seines bittenden Verlangens bedürftig und dafür empfänglich ist. Dies das Eine; das Andere ist der Umstand, daß Saulus bereits im Gesicht einen Mann, Namens Ananias, hat hereinkommen und ihm die Hand auflegen sehen. Das Gesicht ist dem Saulus schon mitunter vorher zu Theil geworden, und in Folge dessen betet er eben jetzt (προσεύχεται præs., εἶδεν — εἰσελθόντα καὶ ἐπιθέντα aor.). Das ὅπως ἀναβλέψῃ läßt bei dem Ananias vorauszusehen, daß Saulus in diesem Augenblick des Gesichts entbehrt. Ohne Zweifel aber ist in unserer Erzählung die Offenbarung des Herrn an Ananias nur summarisch, nicht vollständig berichtet; denn wir müssen nothwendig annehmen, es sei in dem Gesicht dem Ananias zugleich mitgetheilt worden, daß Jesus dem Saulus unterwegs erschienen sei, und daß ihm durch des Ananias Handauflegung auch der Heilige Geist werde ertheilt werden. Dies wird wahrscheinlich gemacht, und zweifelhaft aus V. 17: Ἰησοῦς ὁ ὀφθείς σοι ἐν τῇ ὁδῷ ᾗ ἤρχου, sowie aus πλησθῇς πνεύματος ἁγίου.

4. Ananias aber antwortete. Aehnlich wie Mose, als ihm Jehovah am Horeb erscheint und ihn nach Aegypten sendet (Exod. 3, 11 ff.), und wie Jeremia (Kap. 1, 6 ff.) sich geweigert haben, die Botschaft anzunehmen und auszurichten, so äußert sich hier Ananias bedenklich und furchtsam, und zwar mit kindlicher Offenheit und Einfalt. Er kennt den Namen Saulus leider nur zu wohl, und zwar als einen Feind der Jünger Jesu. Hat Ananias ἀπὸ πολλῶν von diesem Mann als Verfolger gehört, so sind diejenigen, aus deren Munde er es vernommen hat, ohne Zweifel solche, die aus Jerusalem geflüchtet waren und nach Damaskus gekommen sein mochten. Zugleich ersehen wir aus dieser Aeußerung, daß Ananias nicht etwa selbst ein aus Jerusalem geflüchteter Christ war (dann würde er nicht erst aus zweiter oder dritter Hand die Sache wissen), sondern ohne Zweifel von Haus aus in Damaskus ansässig gewesen ist. Woher er aber das erfahren hat, daß Saulus Vollmacht von Seite der Hohenpriester (plur. τῶν ἀρχιερέων, womit vermuthlich der Hohepriester im Amt mit den Altbohepriestern und dem Sanhedrin gemeint ist) mitgebracht hat, die Christen verhaften zu lassen? Leicht möglich, daß Christen in Jerusalem, denen die Abreise des Saulus, sein Zweck und seine Vollmachten nicht unbekannt geblieben sein können, ihre Bekannten in Damaskus schriftlich oder durch Boten benachrichtigt haben, damit sie sich vorsehen könnten. Da dies mindestens der dritte Tag war seit der Ankunft des Saulus in der Stadt, so konnten die Christen daselbst ganz wohl Nachricht erhalten haben.

5. Gehe hin, denn dieser ist mir ein auserwähltes Werkzeug. Der Herr beharrt einfach auf dem Befehl, beruhigt aber den Besorgten damit, daß Saulus nicht nur der Gemeinde keinen Schaden mehr thun wird, sondern sogar vom Herrn selbst dazu auserwählt ist, seine Ehre zu vertreten und zu fördern, das Bekenntniß seines seligmachenden Namens auszubreiten. Σκεῦος ἐκλογῆς ist ein auserwähltes Gefäß, Werkzeug, Organ zum Zweck, τοῦ βαστάσαι, um zu tragen meinen Namen, d. h. die Erkenntniß und das Bekenntniß Jesu, als des Erlösers und Messias, durch Wort und That zu verbreiten. Die Kreise der Menschheit, in welche Saulus den Namen Jesu tragen soll, sind dreu: 1) ἔθνη, was hier nicht Völker überhaupt, sondern, da υἱοὶ Ἰσραήλ nachher ausdrücklich davon unterschieden sind, nur heidnische Nationen bezeichnen kann; 2) βασιλεῖς, regierende Herren, fürstliche Personen; 3) υἱοὶ Ἰσραήλ. Die ἔθνη sind vorangestellt, Israel nachgesetzt, um zu sagen, daß sich der Zeugenberuf des Saulus in erster Linie auf die Heidenwelt beziehe, in dieser seinen Wirkungskreis finden sollte; Israel wird aus seinem Wirkungskreis nicht ausgeschlossen sein, aber nur in zweiter Linie in Betracht kommen. Deutlich ist Saulus schon in diesem Wort des Herrn als Heidenapostel bezeichnet, nur daß ihm der Name Apostel nicht ausdrücklich beigelegt ist. — Der nächste Satz (V. 16) enthält nicht, wie man zunächst erwarten sollte, den Grund des Satzes, daß Saulus ein auserwähltes Werkzeug sei (Meyer), sondern den Grund zu πορεύου: gehe hin, denn (ihr habt ja nicht zu fürchten, denn) dieser wird von ihm zu leiden haben, im Gegentheil, ich werde ihm zeigen, wie viel er selbst um meines Namens willen wird leiden müssen. Das ὑποδείξω ist nicht auf eine weißagende Offenbarung (de Wette), sondern auf ein in der That und durch Erfahrungen erfolgendes Zeigen zu denken. Das ὅσα δεῖ αὐτὸν παθεῖν V. 16 erscheint wie eine Anspielung auf die Worte des Ananias V. 13: ὅσα κακὰ ἐποίησε τοῖς ἁγίοις σου.

**6. Da ging Ananias und kam in das Haus.** Nun gehorcht Ananias auf der Stelle, ἀπῆλθε — καὶ εἰσῆλθεν in das ihm bezeichnete Haus. Die Anrede Σαοὺλ ἀδελφέ gründet sich nicht allein, auch nicht vorzugsweise, auf die israelitische Volksgenossenschaft und Landsmannschaft, sondern auf die Gemeinschaft und Zusammengehörigkeit um Christi willen, die dem Begrüßenden durch das Wort des Herrn bereits gewiß war. Mit herzlicher Liebe, vertrauenerweckend und tröstend redet er den noch Gebeugten an, als ein Bote des Herrn, der ihm das Gesicht wiedergeben und die Gabe des Heiligen Geistes vermitteln soll. Was Christus im Gesicht ihm selbst zur Ermuthigung, seiner Besorgniß halber, eröffnet hat, V. 15 ff. scheint Ananias dem Saulus nicht mitgetheilt zu haben; und daran hat er ganz recht gethan und mit gutem christlichen Takt gehandelt, denn wie Bengel sich ausdrückt: Sauli non erat scire, quanti ipse jam esset.

**7. Und auf der Stelle fielen von seinen Augen gleichsam Schuppen.** Schwerlich ist dies so gemeint, als hätte objektiv eine schuppenartige Substanz von den Angäpfeln sich abgelöst (Bengel und Meyer), vielmehr scheint bloß die subjektive Empfindung des Saulus hiermit geschildert zu sein: es war ihm, als fiele etwas wie Schuppen von seinen Augen, worauf er wieder sehen konnte; und das geschah plötzlich, nachdem Ananias ihm die Hände aufgelegt hatte. Daß diese Thatsache als eine wunderbare und übernatürlich gewirkte angesehen sein will, erhellt aus der ganzen Erzählung, auch aus dem εὐθέως, für jeden unbefangenen Blick. — Sofort ließ sich Saulus von Ananias taufen, wobei ἀναστὰς nicht vorausseßt, daß er auf seinem Bette gelegen sei, oder, daß er auf den Knieen lag und in betender Stellung verharrte; am wahrscheinlichsten aber ist, daß es bloß den raschen Uebergang vom Erfahren und Empfangen zum selbstständigen Thun und Handeln bezeichnet. Nachdem Saulus sich hat taufen lassen, zwar vermuthlich in einem der Flüsse, welche Naëman seiner Zeit rühmte, Amana oder Pharphar, löste er auch sein Fasten und nahm wieder Speise zu sich, so daß er sich schnell wieder erholte (ἐνίσχυσεν, absichtlich aor., nicht imperf., ein Wort, das auch von der Genesung aus Krankheiten vorkommt); er scheint demnach durch die erschütternde und seine Leibeskraft knickende Erscheinung, zusammengenommen mit dem dreitägigen Fasten darauf, bei innerlicher Arbeit von Kräften gekommen zu sein.

### Christologisch-dogmatische Grundgedanken.

1. In diesem Abschnitt ist der eigentlich Handelnde Niemand anders, als Christus selbst, der erhöhete und regierende Herr des Reiches. Ananias ist nur der Bote, welcher beauftragt und gesendet wird, zu sagen und zu thun, was ihm befohlen ist. Aber Jesus Christus ist es, der Wollen und Vollbringen schafft, der da wirkt und handelt. Ebenso gut als bei dem erschütternden und grundlegenden Anfang der Bekehrung, griff auch hier bei dem Fortgang und der Vollendung der Bekehrung des Saulus der himmlische Erlöser selbst persönlich und reell ein. Durch eine Vision sendet er den Ananias zu Saulus, der ebenfalls durch Vision darauf vorbereitet ist [V. 10. 12]. Durch eine außerordentliche und wunderbare Erscheinung ist Saulus erweckt worden, durch eine außerordent-liche Offenbarung wird er auch vollends belehrt. Er ist vom Herrn selbst, nicht von Menschen, berufen worden und in sein Amt gesetzt, eine Grundthatsache, worauf Paulus als Heidenapostel sich stets mit gutem Fug und Recht gestüßt hat.

2. Allein bei der Erscheinung vor der Stadt hat Christus unmittelbar sich dem Saulus geoffenbart, in Licht und Wort; in der Stadt hat er nur mittelbar mit ihm geredet und auf ihn gewirkt, durch Ananias. Was im ersten Anfang rein übernatürliche Wirkung war, sollte allmählich in den natürlichen göttlich-menschlichen Gang übergehen; da ist die Eröffnung und heilende Wirkung durch Vermittlung eines Menschen der Uebergang. Zugleich sollte Saulus, nachdem der Herr selbst ihn in seinem Lauf als Verfolger aufgehalten und sich ihm geoffenbart hatte, mit der Gemeinde Christi verbunden, dem Leibe Christi eingepflanzt werden; dazu gebrauchte der Erlöser einen seiner Jünger, im Namen aller. Dieser dient ihm mit Wort und That, mit Handauflegung, Taufe und Wort.

3. Ananias ist nicht ein Apostel, sondern „ein Jünger", d. h. ein einfaches Gemeindeglied, weder mit dem Lehramt noch sonst mit einem andern Gemeindeamt betraut. Daß gerade ein solcher vom Herrn an Saulus gesandt wurde, hat seinen weisen Grund. Wäre ein Apostel wie Petrus an ihn abgesandt worden, so hätte Saulus nicht bloß zum Hochmuth dadurch versucht werden können, sondern er wäre dadurch abhängig von Menschenansehen geworden; sein apostolisches Amt und Wirken wäre in eine Abhängigkeit von den übrigen Aposteln gerathen, während er gerade selbstständig werden sollte. Das Leßtere betont ja Paulus oft, wenn es geltend macht, daß er ἀπόστολος οὐκ ἀπ᾽ ἀνθρώπων οὐδὲ δι᾽ ἀνθρώπων sei, ἀλλὰ διὰ Ἰησοῦ Χριστοῦ Gal. 1, 1, u. a. Stellen.

4. Christologisch wichtig ist, daß Ananias in seiner Antwort an Christum die Jünger Jesu nicht nur οἱ ἐπικαλούμενοι τὸ ὄνομά σου [V. 14], sondern auch οἱ ἅγιοί σου [V. 13] nennt. Ἐπικαλεῖσθαι ὄνομα ist bei den LXX und so auch hier der griechische Ausdruck für קָרָא בְּשֵׁם; hiermit ist als bekannt vorausgesetzt, daß die Christen Jesum anrufen, zu ihm Gebete richten, wie der Israelit des Alten Bundes zu Jehovah dem Bundesgott. Wenn Ananias ferner „die Christen als die Heiligen" des Herrn Jesu bezeichnet, so braucht er wiederum einen Ausdruck, welcher im Alten Bunde nur auf Jehovah Bezug haben konnte. Hat Christus seine Heiligen, so wird ihm eben damit göttliche Ehre zuerkannt. Die Christen sind nach diesem Begriff Menschen, welche mit Jesu Christo als einer göttlichen Person in einer innigen und wesentlichen Verbindung stehen, und da er heilig ist, durch die Gemeinschaft mit ihm auch geweiht sind. Demnach sind beide Begriffe οἱ ἐπικαλούμενοι τὸν κύριον und οἱ ἅγιοι αὐτοῦ der Art, daß sie auf die Gottheit Christi hinweisen.

5. Die Handauflegung ist Kap. 8, 17 ff. als Mittel der Geistesmittheilung vorgekommen, hier ist sie V. 12 zunächst nur als Mittel zur Wiederlangung des Gesichtes für Saulus erwähnt. Allein aus V. 17 erhellt deutlich genug, daß die Gabe des Heiligen Geistes ebenfalls durch Auflegung der Hand vermittelt werden sollte. Und ohnehin liegt es ganz in dem Wesen dieser Handlung als einer

zunächst leiblichen, aber auch geistlichen, begründet, daß sie nicht allein geistlich, sondern auch zunächst leiblich wirken kann. — Bemerkenswerth ist ferner, daß Ananias, als einfacher Christ, die Handauflegung verrichtet und die Gabe des Heiligen Geistes vermittelt. Dies ist also nicht unbedingt und ausschließlich an das Amt, geschweige an die apostolische Autorität gebunden. Gott ist es, der seinen Geist ertheilt, nicht der Mensch; er theilt die Gabe des Geistes aus, wem er will und wie er will; er ist an irgend eine menschliche, kirchenamtliche Vermittlung nicht gebunden, sondern bleibt unumschränkt und unbedingt frei auch in diesem Stück.

6. Erst mit der Taufe, die er empfing, war das Werk der Bekehrung des Saulus vollendet, seine Wiedergeburt und Einpflanzung in Christum vollzogen. Es erhebt sich die Frage: wie verhielt sich die Geistestaufe zur Wassertaufe? Mit ausdrücklichen Worten ist die wirkliche Erfüllung des Saulus mit dem Heiligen Geiste weder vor noch nach seiner Taufe in Wasser berichtet. Und be Wette hat eben das auffallend gefunden, daß nur die körperliche Wiederherstellung, aber nicht die erfolgte Erfüllung mit dem Heiligen Geiste bemerkt sei. Uebrigens ist nach dem ganzen Zusammenhang nothwendig vorauszusetzen, daß die Erfüllung des Saulus mit dem Heiligen Geist so gewiß als die Wiederherstellung seines Gesichts auf der Stelle in Folge der Handauflegung des Ananias erfolgt sei. Denn Ananias führt V. 17 Beides in gleicher Linie aus den Worten Jesu als Zweck seiner Sendung an; und wenn die leibliche Gabe εὐθύως [V. 20] erfolgt ist, so müssen wir annehmen, daß auch die geistliche Gabe zugleich die Handauflegung begleitet habe. Ist dies, so ging die Geistestaufe der Wassertaufe voran. War dies auch nicht die Regel (vergl. Kap. 2, 33), so ist doch Alles, was Gott thut, eine höhere Regel und Ordnung. Und es ist nicht richtig, Gott selbst an die Ordnung binden zu wollen, ob auch wir daran gebunden sind. So ist es auch mit dem Taufunterricht: Ananias hat dem Saulus keinen dergleichen ertheilt, obwohl bei Proselyten ein solcher regelmäßig stattfinden muß; aber hier war alle weitere Vorbereitung auf die Taufe in der That überflüssig, da Buße und Glaube an den Herrn Jesum unmittelbar durch ihn selbst erweckt und gewirkt worden war. Es ist so, wie Erasmus in der Paraphrase sagt: Paulus Jesum habuerat catechistam.

7. Saulus ist zum Apostel der Heiden berufen. In unserem Abschnitt ist zwar der Name Apostel ihm nicht beigelegt, wie überhaupt in dem ganzen Buch Paulus nur ein einziges Mal, und zwar zugleich mit Barnabas den Titel Apostel erhält [Kap. 14, 14]. Dennoch ist der Beruf des Saulus V. 15 deutlich und treffend als des Heidenapostels geschildert. Ohne Zweifel ist dem Saulus von Ananias schon eröffnet worden, daß er vom Herrn zum Träger seines Namens unter die Heiden bestimmt sei. Denn Gal. 1, 16 bringt Paulus selbst die Absicht Gottes, daß er das Evangelium unter den Heiden verkündigen solle, unmittelbar mit dem Werk seiner Berufung und Bekehrung in Verbindung. Und Apost. 26, 16 erzählt Paulus selbst dem Herodes Agrippa, daß ihm seine Sendung zu den Heiden sogleich eröffnet worden sei, wobei er allerdings das, was ihm ohne Zweifel durch den Mund des Ananias mitgetheilt wur-

be, als unmittelbares Wort Jesu selbst berichtet. Paulus ist bei der Vollendung seiner Bekehrung zugleich zum Apostel der Heiden berufen worden; nicht mit ausschließlicher Beschränkung auf die Heidenwelt, aber mit vorzüglicher Beziehung auf dieselbe. Insofern steht Paulus nicht als Dreizehnter, oder gar (wie Einige meinten) als Zwölfter für Judas Ischarioth, sofern die Wahl des Matthias angeblich eine voreilige, vor Gott ungültige gewesen sei, mit den Uraposteln in einer und derselben Linie als sie. Jene sind zunächst die Apostel für Israel, Paulus ist zunächst Apostel für die Heidenwelt. Aber an apostolischer Ursprünglichkeit und Würde steht er ihnen nicht nach. Sie sind von Jesu unmittelbar erwählt, berufen, in's Amt gesetzt; Paulus ebenfalls, nur sind sie vom Erlöser im Stand der Erniedrigung berufen, Paulus aber im Stand der Erhöhung. Jene sollten von Jesu Christo zeugen als Augen- und Ohrenzeugen; Paulus aber auch (vergl. 20, 15 ἴσῃ μάρτυς αὐτῷ πρὸς πάντας ἀνθρώπους ὧν ἑώρακας καὶ ἤκουσας. Kap. 26, 16: εἰς τοῦτο ὤφθην σοι προχειρίσασθαί σε — μάρτυρα ὧν τε εἶδές ὧν τε ὀφθήσομαί σοι), und er selbst legt stets den gewichtigsten Nachdruck, mit der Selbstständigkeit und Wirklichkeit seiner apostolischen Würde willen, darauf, daß er von Gott selbst, nicht von Menschen, durch Jesum Christum unmittelbar, nicht durch Menschen berufen worden sei, z. B. Gal. 1, 1.

8. Die Gesammtgeschichte der Bekehrung des Saulus, — wie ist sie zu betrachten? Es ist bekannt, daß man sie theils als ein natürliches Ereigniß aufgefaßt, theils als ungeschichtliche Ausschmückung der Sage beurtheilt hat; Beides, weil man sich von der Unmöglichkeit des Wunders überhaupt, d. h. des unmittelbaren Eingreifens Gottes in die Natur und Geschichte nicht ausging. Beide Auffassungen gehen vom Naturalismus aus und scheiden sich blos in dem Wege, den sie einschlagen, sofern die Einen den Bericht, wie er in der Bibel vorliegt, auf einen rein naturgemäßen Hergang hinausdeuten, die Andern, insoweit mit offenerem Wahrheitssinn den biblischen Bericht für einen Wunderslinn lassen, aber auf angebliche Verschönerung, beziehungsweise Entstellung durch die Sage und Ueberlieferung zurückführen. Die natürliche Erklärung (deren Vertreter bei Meyer genannt sind) denkt sich im Allgemeinen ein Gewitter mit innere Seelenvorgänge als die zusammenwirkenden Hauptmomente, so daß der innerlich mit Christo und seiner Gemeinde beschäftigte, durch Eindrücke vom Tode des Stephanus u. dgl. erregte Saulus im Blitzstrahl die Erscheinung Jesu zu sehen, im rollenden Donner die Worte Jesu zu hören glaubte, worauf durch den mit ihm früher befreundeten Ananias Paulus vollends zum Christenthum hinübergeführt, auch ihm gebliebenes Sehvermögen wieder hergestellt worden sei. Hierauf kommt im Wesentlichen auch die neuestens aufgestellte Vermuthung Ewald's, Ap. Zeita. 1858, 343 ff. hinaus, daß ein tödtlicher Glutwind mit unhemmbarer Wucht den Saulus mit seiner ganzen Reisegesellschaft niederwarf, aber zugleich sein Herz von stürmlicher Bewegung durchtobt wurde, so daß er in der Lufterscheinung Christum vom Himmel herab auf sich eindringen sah und zu Boden liegend die Drohworte des Himmlischen hörte 2c. Allein bei allen diesen Darstellungen muß man 1) die natürlichen Zustände und Ereignisse, sowohl in der Seele des Saulus als in

der äußeren Welt erst ersinnen, ohne daß die vorliegende Erzählung irgendeinen Anknüpfungspunkt dazu darbietet; und 2) muß man, was die Bibel selbst hier und in Parallelstellen positiv, unverkennbar und einstimmig, als den Kern des Ereignisses bezeugt, nämlich die Wirklichkeit einer Erscheinung des verklärten Erlösers, verneinen oder wenigstens stillschweigend beseitigen. Was das Erste betrifft, so deutet in den Worten des Lukas Kap. 9, 22. 26 nichts auf Blitz und Donner, auf ein Gewitter oder auf den Samum; und wenn man den Saulus schon in einem Seelenzustand inneren Zweifels, tiefer Gewissenskämpfe, angeregt durch Beobachtungen und Erfahrungen, die er an Stephanus und andern Christen, welche er verfolgt hatte, gemacht habe, sich vorstellt, ehe die Erscheinung vor Damaskus erfolgte: so ist nicht das Mindeste der Art in den Erzählungen angedeutet, im Gegentheil unverkennbar zu verstehen gegeben, daß Saulus in völlig ungebrochenem Fanatismus, in einer keineswegs erschütterten Ansicht und Gesinnung gestanden sei, als ihn plötzlich die Erscheinung zum Stillestehen, Ueberlegen und Umkehren brachte. Hiermit stimmt auch Alles, was Paulus selbst in seinen Briefen in Betreff seiner Bekehrung und seines Seelenzustandes vorher äußert. Und der Charakter des Mannes, welcher, was er gewesen ist, jederzeit ganz und voll gewesen ist, widerspricht im Voraus der Annahme inneren Schwankens, einer gewissen Halbheit und Getheiltheit der Gesinnung: Was das Andere betrifft, so ist nicht allein in der Apostelgeschichte sondern auch in eigenen Briefen des Paulus, so oft die Thatsache seiner Bekehrung erwähnt wird, die Wirklichkeit der objektiven Erscheinung Christi als Kern des Ereignisses; und die ganze geschichtlich feststehende Umwandlung des Mannes zu erklären, mit Beseitigung dieser Erscheinung Christi als einer objektiven, ist nicht nur eine Gewaltthat gegen die vorliegenden Zeugnisse, sondern auch eine Ansicht, welche eines der größten und erfolgreichsten Ereignisse der Geschichte in die Luft stellt, und die Sache räthselhafter macht, als das Wunder selbst ist. Wie ist es doch denkbar, daß die wirkliche Erscheinung Christi vor Damaskus, auf welcher (nebst dem, was sodann in der Stadt geschah) die Bekehrung des Paulus, seine ganze großartige Wirksamkeit, auch sein Leiden um Jesu willen, und seine ganze hiervon wesentlich beruht, blos ein Spiel seiner Phantasie, d. h. schwärmerische Selbsttäuschung gewesen sein sollte! Und wie hätte Paulus bei den übrigen Aposteln, bei der gesammten Gemeinde das Ansehen und die Anerkennung, nicht blos einfach als bekehrter Christ, sondern als Beauftragter Christi, als Apostel, erlangen können, was ihm unleugbar zu Theil geworden ist, wenn nicht seine Berufung in das apostolische Amt eine objektiv gewisse und unzweifelhafte gewesen wäre? Nach allen Seiten hin stoßen wir auf die unüberwindlichsten Bedenken und Schwierigkeiten, wenn wir, den vorliegenden Zeugnissen zum Trotz, die Wirklichkeit der Erscheinung des erhöhten Christus verneinen und einen Hergang der Sache, welcher uns nicht bezeugt ist, ersinnen und behaupten wollen. Die Bekehrung des Saulus und seine Berufung zum Apostel der Heiden läßt sich auf keinerlei Weise als rein natürliche Entwicklung aus seiner ursprünglichen Anlage und bisherigen Erfahrung begreifen, sondern nur als eine Umwandlung, welche ihren Grund in dem wunderbaren Eingreifen

Gottes in die Bahnen der Geister und die Kräfte der Natur hat, nämlich in einer wirklichen, sinnlich wahrnehmbaren Erscheinung des erhöhten Erlösers. Nicht eine positive Vorbereitung und Keimlegung, aber eine Bedingung der Möglichkeit und Empfänglichkeit für dieses eingreifende Ereigniß, war einestheils in der ursprünglichen sittlichen Anlage des Saulus gegeben, sofern Aufrichtigkeit des Herzens, Entschiedenheit des Willens, redliche Erkenntnißtreue und Gottesfurcht in ihm war, anderntheils in der vorläufigen Kenntniß Jesu von Nazareth und seiner Gemeinde.

#### Homiletische Andeutungen.

Saulus aber schnaubete noch [V. 1.] Gott läßt est den Menschen gehen, so weit ihn sein Affekt treiben kann, daß er einmal zeige, aus welcher Tiefe er ihn heraus reißen könne. (Quesnel.) — Es ist unser Herr Gott ein solcher Gewerbsmann, daß er nur an schweren Meisterstücken seine Lust hat, nicht an geringen Schnitzwerk. Auch arbeitet er sonderlich gern aus dem Ganzen. Darum hat er von alten Zeiten der recht bartes Holz und harten Stein sich vor Allem auserlesen, um seine seine Kunst daran zu erweisen. (Luther.)

Und bat ihn um Briefe. [V. 2.] Durch Briefe und die dadurch auch in die Ferne möglich gemachte Handreichung hat das Reich Gottes schon manche gesegnete Förderung erlangt. Aber der Teufel hat auch den Brotneid erfahren, auf dem nämlichen Wege seinen Samen und Geist auszubringen. (K. H. Rieger.) — Daß er sie gebunden führete. Die falsche Religion ist blutdürstig, die wahre Kirche leidet Verfolgung. (Starcke.)

Und da er nahe bei Damaskus kam. [V. 3.] Da ist das rechte Stündlein kommen, denn hier ist kein Herz zu stark, wenn es gleich eitel Kies und Demant wäre, das halten könnte und müßte brechen. (Luther.) — Am Mittag sieht man keine Gespenster, Apostg. 22, 6. Keine Möglichkeit also einer Phantasietäuschung. (Williger.) — Wann die Noth am höchsten, dann ist Gott am nächsten. Bewährt 1) an Saulus: da die Sünde dennoch am höchsten, riß ihn der Herr zurück; 2) an Christen zu Damaskus: da der Feind schon vor den Thoren rief der Herr: bis hieher und nicht weiter! — Umleuchtete ihn plötzlich ein Licht vom Himmel. Ein andres Licht, als das bei Hirten auf dem Felde bei Bethlehem umleuchtete, und doch im Grunde dasselbe: auch hier ward Christus geboren, in der Nacht eines verfinsterten Herzens. Ein doppeltes Licht strahlt auch jetzt noch bei der Bekehrung eines Sünders vom Himmel ins Herz. 1) Der erschreckende Strahl des göttlichen Gesetzes, 2) der tröstliche Schein der evangelischen Gnade. (Nach Starcke.)

Und fiel auf die Erde. [V. 4.] Soll uns von Natur Trotzigen und Hochmüthigen geholfen werden, so müssen wir zur Erde fallen. (Starcke.) — Saul! Saul! Der wiederholte eindringliche Namensanruf vom Herrn (wie Abraham! Abraham! 1 Mos. 22, 11; Samuel! Samuel! 1 Sam. 3, 10; Jerusalem! Jerusalem! Matth. 23, 27; Simon! Simon! Luk. 22, 31) mahnt den Saulus 1) an seines Herzens Verkehrtheit. „Vielleicht soll diese starke Hervorhebung seines Namens dem Saul von Tarsus, der ein Benjaminite war, so gut wie Saul, der Sohn Kis, seine Wesensähnlichkeit mit dem verworfenen König Israels zum Bewußtsein bringen. Denn wie jener mit seinen Mannen auszog, getrieben vom bösen Geist, um den Gesalbten Israels zu fangen und zu tödten, so hat sich auch dieser mit seinem Gefolge aufgemacht, des tödtlichen Eifers übervoll, um Christum, den Gesalbten, in seinen Gliedern zu verfolgen und dem Tode zu übergeben" (Baumgarten). 2) An des Herrn Gnadenabsicht mit ihm. Saul heißt ja „der von Gott Erbetene." Als einen von Gott Erbetenen, als sein Eigenthum reklamirt hier Jesus diesen Mann, von dem es auch gilt: die Starken soll er zum Raube haben. — **Saul, Saul, was verfolgest du mich?** Jesus ist zwar über alle Himmel, aber die Füße hat er auf Erden; das Haupt ist im Himmel, der Leib auf der Erde. Da nun Saul auf seine Füße schlug und trat, so schrie das Haupt: Saul, Saul, was verfolgest du mich? (Augustin.) — Gott ergreifet Saulum also in seiner Sünde und rückt ihm alles das Blut seiner Christen auf, daß nicht Wunder wäre, daß Saul in seinem Augenblicke wäre todt gewesen; denn wenn das recht in's Herz und unter die Augen schlägt, daß man Gott verfolgt habe, da wird wenig Trostes bleiben. (Luther.) — **Saul, Saul, was verfolgest du mich?** Saul verfolgte Jesum, und Jesus verfolgte ihn. Saul verfolgte Jesum im Grimm und suchte seinen Namen, sein Wort und seine Gemeinde auszurotten. Jesus aber verfolgte ihn mit Gnade und rief ihm zu: Saul, Saul, was verfolgest du mich? Als wollt' er sagen: was hab ich dir gethan? womit hab' ich dich beleidigt, daß du mich in meinen Gliedern so burstiglich verfolgest und betrübest? Siehe, wie leicht wäre es mir, dich plötzlich zu verderben und mit einem Donnerstreich in die Hölle zu werfen! Ich will dir aber nicht vergelten, wie du verdient hast. Ich habe auch dich von Ewigkeit her geliebet, ich, den du bisher gehasset hast, ich habe mein Blut auch für dich vergossen, wiewohl dich nach meiner Heiligen Blut gebürstet hat. Hiervon sagt der Apostel: Ich bin von Christo ergriffen, Phil. 2, 1. 2. Da ich's am wenigsten gedachte, als ein rasender Mensch der Hölle zulief, hat mich mein allerliebster Erlöser ergriffen, wie einen Brand aus dem Feuer gerissen. — Mir ist Barmherzigkeit widerfahren, auf daß an mir vornehmlich Jesus Christus erzeigte alle Geduld zum Exempel denen, die an ihn glauben sollen zum ewigen Leben, 1 Tim. 1, 16. (Scriver.) — Wie erschrecklich müssen Saul die Worte sein: was verfolgst du mich? Er hat bei all seinem Thun nur Jehovah's Ehre vor Augen gehabt und hätte wohl Lob und Beifall vom Himmel erwartet, — und siehe, sein Eifern wird verflucht, sein Eifer für Gott eine Verfolgung Jehovah's genannt. Und dies vom Herrn selbst, aus dessen Rede Saul die himmlische Stimme erkennt. (Bei Leonhardi u. Spiegelhauer.)

**Herr, wer bist du?** [V. 5.] Mit dieser Frage that Saul einen Schritt vorwärts. Er fragte nach Gott. Er ging auf die Fügung, die seinen Weg mit Dornen verzäunte, näher ein und widerstrebte wenigstens nicht. — Viele von euch stehen auf derselben Stufe des innern Lebens. Was verfolgst du mich? In schneidenden Tönen hat dieser Ruf sich euch ereilt. Er weckt euch des Morgens und stört euch des Abends, begleitet euch auf euren Reisen und vergällt euch eure Träume. Ihr habt einen Stachel in euch, den ihr nicht los werdet; durch

euer Leben zieht sich ein ungeheurer Schmerz, aber den ihr euch nicht klar seid. Ihr ahnet, unser Heil stehe mit Christo in einer geheimnißvollen Verbindung, aber ihr fühlt euch von diesem Heiland noch geschieden. — Fragt wenigstens: Herr, wer bist du? Fragt im Gebet, sucht in der Schrift, und der Herr wird sich euch offenbaren. (Jaspis.) — Ich bin **Jesus, den du verfolgst.** Ein schreckliches Licht ging damit dem Apostel auf. 1) Ueber den Herrn Jesum; a. daß er lebe als der gen Himmel Erhöhete, b. daß er bei uns Seinen sei und Erden und ihr Leiden als das seine erkläre. 2) Ueber sich selbst; a. daß er in sündlicher Verblendung wider Gott gestritten, b. eben darum vergeblich gearbeitet habe. — **Saul, Saul, was verfolgst du mich?** Ich bin Jesus, den du verfolgest! In diesem Zuruf ist Gesetz und Evangelium beisammen. 1) In dem Rufe: „was verfolgst du mich?" das Gesetz, welches dem Saulus seine Sünde vorhält; 2) in dem Ausspruch: „ich bin Jesus" das Evangelium, sofern sich der Herr darin dem Saulus als den Erlöser der Welt, also auch als den seinigen offenbart und anbeut. (Nach Apost. Past.) — **Es wird dir schwer werden, wider den Stachel zu löcken.** Hat er ihn denn gezwungen, abzulassen von seinem seitherigen Thun? Keineswegs, denn nicht wider unsern Willen ergreift uns die allmächtige Gnade, sondern eben jener Wille ist es, den sie ergreift, daß wir mit Freuden ihr angehören wollen, weil wir jetzt unser Heil erkannt haben. (Palmer.) — **Es wird dir schwer werden, wider den Stachel zu löcken** — eine Warnung, nicht gegen die das Ganze lenkende Macht angehen zu wollen. 1) Die Art und Weise, wie Saulus sie erblickt: zwar vermittelst eines äußerlich wunderbaren Vorfalls, aber nicht ohne innerlich ergriffen und hingelenkt zu sein auf den Weg der Wahrheit. 2) Was der Sinn dieser Warnung war: nicht als sollte er einer äußerlich zwingenden Gewalt gegen seine Ueberzeugung nachgeben, sondern das sollte ihm als ein Unverstand einleuchten, dem er sich nicht länger hingeben sollte, daß Gott nur dem einen Volk Israel und nicht Allen das Heil zugedacht habe; und dem Triebe sollte er nicht widerstreben, das Licht, das ihm entgegengegangen, auch Andern zu bringen, also seinem Beruf als Heidenapostel nachzukommen. (Schleierm.)

[V. 6.] Der durchdringende Schrecken dieses Augenblicks hat bei Paulus in der Kürze auch diejenigen Erfahrungen erstatten müssen, welche die übrigen Apostel von dem mehrjährigen Beharren bei Jesu in seinen Anfechtungen erlangten. (Rieger.) — Aus dem brüllenden Löwen ist ein geduldiges Lamm geworden; das Schnauben hat sich verwandelt in Zittern und Zagen. Saulus wird nun „Paulus", d. h. „klein", und muß bekennen: Herr, du hast mich überredet, und ich habe mich überreden lassen; du bist mir zu stark gewesen und hast gewonnen, Jer. 20, 7. Das Zittern und Zagen ist das Zeichen bußfertiger Zerknirschung, aber unter keinem gesetzlichen Schrecken ward auch schon der Glaube in ihm geboren, denn alsbald nennt er den von ihm verfolgten Jesum seinen „Herrn", dessen Heiland fortan sein Leben beherrschen soll. (Leonhardi und Spiegelhauer.) — **Die zwei Lebensfragen des Christen:** 1) Die Frage für die Erkenntniß: Herr, wer bist du? (V. 5), 2) die Frage für den Willen: Herr, was willst du, das

ich thun soll? (V. 6.) — Gehe in die Stadt, da wird man dir sagen 2c. Seinen apostolischen Staat und Ausrüstung zu seinem Amt empfing Paulus nachmals von dem Herrn selbst ohne menschlichen Unterricht; aber ein Christ sollte er auf dem gemeinen Wege durch Anderer Dienst werden. (Rieger.) — Obgleich Gott vom Himmel mit Paulo redet, so will er doch das Predigtamt nicht aufheben, noch Jemand ein Sonderliches machen, sondern weiset ihn hin in die Stadt zum Predigtstuhl oder Pfarrherrn; da soll er hören und lernen, was zu lernen sei. Denn unser Herr Gott will Niemand ein Sonderes anrichten, sondern gibt seine Taufe und Evangelium aller Welt, Einem sowohl als dem Andern. (Luther.)
Die Männer aber, die seine Gefährten waren. [V. 7.] Sauls Sündenkameraden sollten Augenzeugen seiner Bekehrung werden. Die Bekehrung des Mannes, dessen glühende Feindschaft wider Christum weithin wie eine Brandfackel geleuchtet hatte, sollte nicht im einsamen Kämmerlein geschehen, sondern öffentlich vor vielen Zeugen. (Leonhardi und Spiegelhauer.) — Sie standen und waren erstarrt. Siehe da die Wirkung des Evangeliums, das zwar Alle hören, aber Wenige fassen. (Starcke.) — Was verfolgst du mich? eine Frage 1) voll Gericht zum Tode, 2) voll Trost zum Leben. (Leonhardi u. Spiegelhauer.) — Des Paulus Bekehrung ein Spiegel jedes bekehrten Menschenherzens. Es zeigt sich darin 1) des natürlichen Herzens Eifer und Streben und des Herrn Stimme: was verfolgst du mich? 2) des trotzigen Herzens Frage: wer bist du? und des Herrn Antwort: ich bin Jesus, den du verfolgest; 3) des gebeugten Herzens Frage: was muß ich thun? und des Herrn Antwort: thue Buße und glaube an mich. (Florey.)
Saulus aber richtete sich auf von der Erde. [V. 8.] Zur wahren Bekehrung gehört nicht nur Angst und guter Vorsatz, sondern auch thätiger Gehorsam. (Starcke.) — Er sah Niemand — sie nahmen ihn bei der Hand und führeten ihn. Das äußere Wunder bildet Zug für Zug die innere Bekehrung ab; der Mensch, der, ehe ihn Gott zu Boden geworfen, alle Menschen führen wollte, bedarf nun selbst eines Führers. Man muß ihn wie ein Kind gängeln; seine natürliche Kraft ist gebrochen, und er überläßt sich gern dieser Leitung; das falsche Licht ist ihm erloschen, in der Finsterniß harrt er hungrig und burstig auf das wahre Licht. (Gerlach.) — Führeten ihn gen Damaskus. Einen solchen Einzug hatte er nicht zu halten gedacht. Gebunden wollte er die Christen aus Damaskus führen, nun führt ihn der Herr selbst als einen Gebundenen in die Stadt. (Starcke.)
Und war drei Tage nicht sehend. [V. 9.] Die leibliche Blindheit sollte ihm ein gesegnetes Hülfsmittel sein, den Heiland, der sich ihm geoffenbart hatte, in seiner Seele auf das sorgfältigste zu betrachten und ihn im Geiste kennen zu lernen. Jesus verklärte sich in seinem Herzen, darum durfte er nichts von Menschen und Eitelkeiten um sich herum erblicken. (Apost. Past.) — Man muß arm werden, ehe man gesättigt, blind, ehe man sehend wird. (Starcke.) — Diese drei Tage waren eine gesegnete Zeit zur inneren Sammlung. Was nimmt man sich oft zu einer Kur, zu einem Besuch bei Freunden

für Tage und Wochen mit Beiseitsetzung des Amts und der Haushaltung heraus: wer hat auch einmal drei Tage zur Einkehr bei sich selbst, zur Kur seiner Seele verwendet? (Nach Rieger.) — Der Kämmerer, der Kerkermeister, Cornelius u. A. haben nicht so lange warten dürfen. Bei Paulus aber fand es Gott für gut, um ihn von seinem pharisäischen Stolz und eingewurzelten Haß gegen das Kreuz Christi gründlich zu heilen. (Apost. Past.) — In diesen drei Tagen rang Paulus den Kampf Jakobs mit Gott, den Kampf, den er selbst beschreibt, Röm. 7, 7—25. (Leonh. und Spiegelh.) — Die drei Tage der Grablegung für den inwendigen Menschen: 1) Das Alte muß vollends vergehen. Das alte Licht ist dahin; die alten Genüsse munden nicht mehr; die alte Thätigkeit ist gelähmt; die alten Freunde sind weg. 2) Das Neue bereitet sich in der Stille vor. Ein neues Licht zündet im Innern sich an; ein neues Heil geht der Seele auf; zu neuem Beruf sammelt sich die Kraft; neue Freunde stehen vor der Thür.
Es war aber ein Jünger mit Namen Ananias. [V. 10.] Saulus schien in den drei Tagen seiner völligen Blindheit ganz verlassen, war es aber nicht. Der treue Hirte versäumt das wiedergefundene Schaf keinen Augenblick, sondern hat schon das Werkzeug zu seiner Aufrichtung bereit. Auch nach der wunderbarsten Bekehrung lenkt nun Gott mit Saulus in's regelmäßige Geleise der Gnadenmittel und Heilsordnung ein. — Ananias war kein berühmter Lehrer, sondern ein einfacher Jünger. Zum gesegneten Lehramt gehören nicht hohe Gaben und große Würden, sondern nur treue Knechte. Es lag aber auch in der Wahl des Ananias eine weise Führung des Saulus. Der gelehrte Pharisäer sollte zu seiner Demüthigung einen ungelehrten Christen zum Lehrer bekommen. Wäre ein Petrus oder anderer größter Apostel zu ihm gesandt worden, so hätte Saulus dadurch einerseits stolz, anderseits von menschlichem Ansehn abhängig werden können. (Nach Apost. Past.)
Gehe hin in die Gasse, die da heißet die richtige. [V. 11.] Gehe hin! das kurze, aber vielsagende Wort des Herrn an seine Knechte. 1) Es fordert unbedingten Gehorsam; 2) es beschämt die Zweifel des Kleinmuths; 3) es verheißt des Herrn Beistand und Segen (Vergl. V. 15). — Die Gasse, die da heißet die richtige. Gott kennt alle Gassen, Winkel und Keller, wer darin wohnt, was darin vorgeht, ja alle Gedanken. (Starcke.) — Die Straße, die der Herr führt, ist immer die richtige (Pf. 23: du führest mich auf rechter Straße), So war (des) 1) für Saulus, 2) für Ananias. — Siehe, er betet! ein schönes Wort über einen bekehrten Sünder. 1) Seine eigene Herzensstellung zu bezeichnen; a. er betet, also ist er kein Lästerer Jesu mehr, sondern liegt flehend vor dem Herrn, den er zuvor verfolgt; b. er betet, also ist er kein Verfolger der Christen mehr, sondern hat das Schwert weggeworfen und die wehrlosen Hände im Frieden gefaltet. 2) Ihm liebende Herzen zuzuwenden; a. der Herr selber blickt von der Höhe und vom Heiligthum mit Liebe herab auf das zerbrochene Herz, das im Gebete vor ihm liegt; b. die Gemeinde des Herrn soll sich ihm zuwenden mit herzlichem Erbarmen und den nicht mehr als einen Verlornen meiden, den nicht mehr als einen

Gefährlichen fürchten, von dem es einmal heißt: siehe, er betet!

Er hat gesehen im Gesichte einen Mann. [V. 12.] Warum verkehrt der Herr mit Saulus hier so viel auf außerordentlichem Wege durch Gesichte und unmittelbare Offenbarungen? 1) Um seines zukünftigen apostolischen Amtes willen, damit er sagen konnte: ich habe es von dem Herrn empfangen; 2) um seiner bisherigen pharisäischen Denkweise willen, damit er inne werde, die Gnade sei keine Ausgeburt eigener Vernunftkräfte und fleischlicher Gelehrsamkeit. — Er hat gesehen einen Mann zu ihm hineinkommen und die Hand auf ihn legen. Also blieben die ordentlichen Gnadenmittel doch die Hauptsache. Leute, bei denen sich etwas Besonderes hervorthut, müssen doch immer auf's Wort und Predigtamt hingewiesen werden. Christus selbst sagt zu den zehn Aussätzigen, die er durch ein Wunder geheilt: Gehet hin und zeiget euch den Priestern. (Apost. Past.)

Ananias antwortete ıc. [V. 13. 14.] Ein Bedenken theils aus menschlicher Schwachheit, die auch bei den Heiligen mit unterläuft, theils aus löblicher Vorsicht; denn man muß dem, was als außerordentliche Offenbarung sich ankündet, nicht ungeprüft trauen. (Nach Starke.)

Gehe hin, denn dieser ist mir ein auserwähltes Rüstzeug ıc. [V. 15.] Gehe hin, vergl. V. 11. — Dieser ist ıc., eine herrliche Beschreibung des evangelischen Lehramts. 1) Die göttliche Vollmacht, darauf es ruht: „dieser ist mir ein auserwähltes Rüstzeug"; 2) der himmlische Segen, den es bringt: „daß er meinen Namen trage"; 3) der große Wirkungskreis, den er angewiesen ist: „vor den Heiden, vor den Königen, vor den Kindern Israel" (kein Mensch steht so hoch innerlich oder äußerlich, und kein Mensch so tief innerlich oder äußerlich, das Lehramt mit seiner Botschaft auch an ihn). Dieser ist mir ıc. Siehe da die Wunderhand der göttlichen Gnade! Aus dem reißenden Wolf macht sie zuerst ein frommes Lamm, und dann gar einen treuen Hirten; dem drohenden Spieße des Verfolgers bricht sie erst die Spitze ab und macht ihn dann zum gesegneten Hirtenstabe.

Ich will ihm zeigen, wie vieler leiden muß. [V. 16.] Ananias soll nur der Bote sein, der Herr will das Uebrige selber thun. Jener soll nur dem Saulus die Gnade verkünden, Jesus will ihn dann schon zu seinem Amte tüchtig machen und ihm den Weg zeigen, den er wandeln soll. Er will ihm selbst die bevorstehenden Leiden verklären und sein Herz mit Glaubensmuth und Freudigkeit erfüllen. (Apost. Past.) — Wie viel er leiden muß. Je mehr Gott einer Seele Gnade zugedacht, desto mehr auch Leiden. (Starcke.)

Ananias ging — und kam — und legte — und sprach. [V. 17.] Wie gut ist ein Lehrer bran, der einfältig der Weisung des Herrn folgt. Alles findet Ananias, wie es der Herr gesagt hat: das Haus, das er ihm gezeigt hat, den Saulus, zu dem er ihn gesandt, die Arbeit, die er ihm angewiesen, den Erfolg, den er ihm verheißen hat. (Nach Apost. Past.) — Lieber Bruder Saul ıc. Die Ansprache des Ananias ein Muster pastoraler Weisheit: „Lieber Bruder". Siehe da die sanftmüthige Liebe, mit der man zerschlagenen Herzen entgegenkommen soll. „Der Herr hat mich gesandt." Siehe da den Fingerzeig nach oben, von

wo dem reumüthigen Sünder das Heil und die Hülfe kommen soll. „Der dir erschienen ist." Siehe da eine ermuthigende Mahnung an den bereits gemachten Anfang des Gnadenwerks. „Auf dem Wege, den du herkamst." Eine schonende Erinnerung an den alten Sündenweg. „Daß du wieder sehend und mit dem Heiligen Geist erfüllt werdest." Eine tröstliche Hinweisung auf das herrliche Ziel der Gnadenarbeit Gottes.

Und alsbald fiel es von seinen Augen wie Schuppen. [V. 18.] Manche Seele, die bei allen berühmten Kanzelrednern herumgegangen, um zur Gewißheit des Heils zu kommen, braucht oft nur zu einem frommen Laien zu gehen, da kommt sie zum Licht. (Williger.) — Die Erleuchtung eines Sünders besteht darin, daß dem Verstande die Schuppen eigener Einbildung von Heiligen Geist durch's Wort und Gebet abgenommen werden und das himmlische Licht in die Seele strahlen kann. (Starcke.) — Wie weit kann es mit einer Seele in wenigen Tagen kommen, wenn sie der Gnade recht gehorsam werden will! (Apost. Past.)

Stand auf, ließ sich taufen ıc. [V. 19.] Die Wiedererlangung des Gesichts war nicht der Hauptzweck des Ananias Kommen, sondern nur ein Vorbote und Angeld der Heilsmittheilung, die durch die Taufe an ihm geschehen sollte. (Leonh. u. Spiegelb.) — Mit Recht hält Ananias die Belehrung und Vorbereitung auf die Taufe für überflüssig. Hier ist ein Verständniß der Taufe auf den Namen Jesu angebahnt, wie es noch nicht dagewesen und auch nicht wiederkommen kann. (Baumg.) Saulus war etliche Tage bei den Jüngern zu Damaskus. Gleich und gleich gesellt sich gern. Nachdem Paulus durch die Taufe in Jesum eingepflanzt ist, so ist er es auch in die Gemeinschaft der Glieder der Kirche, vorerst noch, um zu empfangen Stärkung seines neuen Lebens und Ersatz für die verlorene Freundschaft der Welt, bald aber, um zu geben und selbstthätig zu wirken zur Stärkung der Gemeinde und Ausbreitung des Evangeliums.

Ueber den ganzen Abschnitt. [V. 1—19.] (Vergl. Couard, Predigten über die Belehrung des Apostels Paulus, Berlin 1838). Saulus wird Paulus. 1) Sauli letzter Gang; 2) der große Wendepunkt; 3) Pauli Anfang. (Ablselb.) — Die Verklärung in Pauli Bekehrung, sofern er darin erzeigt 1) seine Geduld, 2) seine Barmherzigkeit, 3) seine Macht, 4) seine Weisheit. (Knapp.) — Die Verherrlichung der berufenden Gnade Christi in der Bekehrung Pauli zum Exempel denen, die da glauben sollen zum ewigen Leben. 1) Wer wurde berufen? 2) wie wurde er berufen? 3) wie hat er den Ruf angenommen? (V. Hofacker.) — Die wunderbare Bekehrung des Saulus. Wunderbar 1) in Bezug auf die Person des Mannes; 2) in Bezug auf die Umstände dabei, 3) in Bezug auf den Eindruck davon. (Lisko.) — Das Lehrreiche in der Bekehrung des Apostels Paulus. 1) In der Thatsache selber; a. wir erkennen darin die Tiefe der göttlichen Weisheit in der Berufung der Menschen zum Glauben; b. wir schauen daran die Größe und Allmacht des göttlichen Erbarmers. 2) In dem Verhalten des Apostels dabei; a. seine Frage: Herr, wer bist du? mit der Antwort darauf; b. seine Frage: Herr, was willst du? mit der Antwort des Herrn. (Lisko.) — Die Zweifel an der Bekehrung Anderer, gegründet auf ihr früheres

9*

Leben und auf einzelne Beispiele trüglicher Scheinbuße, aber unberechtigt gegenüber dem Glauben an die Wundermacht der Gnade und gegenüber entschiedenen Beweisen wirklicher Sinnesänderung. (Lisco.) — Die heilsame Lehre, welche die Bekehrung des Paulus vortrefflichen, aber unbekehrten Menschen gibt. (Nitzsch.) — Das große Wunder der Bekehrung des Paulus. 1) Der Jesum verfolgt, muß in den Dienst Christi treten; 2) der Christum nicht kannte, wird sein auserwähltes Rüstzeug; 3) der gelehrte Pharisäer wird in die Schule gewiesen; 4) dem das Geistesauge geöffnet wird, der muß das Gesicht verlieren; 5) der den Namen des Herrn tragen soll in die Welt, muß warten in einsamer Stille. (Bed, homil. Rep.) — Die Bekehrung des Paulus: 1) Saulus, der Verfolger, wird plötzlich bekehrt; 2) Paulus, der Bekehrte, wird in der Geduld geübt. (Ebend.) — Die Bekehrung des Saulus eine Erfüllung des Wortes: dem Menschen Herz schlägt seinen Weg an, aber der Herr gibt, wohin er darf fortgehen. (Bed, christl. Reben.) — Der völlige Anverkauf des Paulus von Allem, was er hatte. Er ging hin in seiner Freude über den gefundenen Schatz im Acker, verkaufte Alles, was er hatte, und kaufte den Acker. Was gab er für Jesum hin? 1) Die Beschneidung als ein Recht an Gott; denn er rühmte sich nun von Christo und verließ sich nicht auf Fleisch. 2) Die Geburt aus dem Volk in Israel, des Geschlechts Benjamin. Er war von neuem geboren aus Wasser und Geist. 3) Die Nationalität, daß er ein Hebräer war aus den Hebräern. Er war nun Christ, deßwegen Abrahams Same und Erbe der Verheißung. 4) Seinen Stand eines Pharisäers. Nun war er ein Knecht Jesu Christi, berufen zum Apostel. 5) Seinen gesetzlichen Eifer, womit er die Verheißung verfolgte. Er war jetzt ein lieber Bruder und Mitgenosse der Kirche Christi. 6) Seine Gerechtigkeit, darin er unsträflich lebte. Er hatte jetzt aus Gnaden die Rechtfertigung des Glaubens. 7) Endlich verkaufte er an's Kreuz Christi die Welt, welche ihm durch Jesum Christum gekreuzigt war und er der Welt, Phil. 3, 5. 6; Gal. 6, 14; (Fr. Kapff, Pfarrer in Wilhelmsdorf. „Saulus, Paulus.") — Wie schwer es der Herr dem Menschen macht, verloren zu gehen. 1) Im Gesetz droht er ihm mit dem Fluch der Hölle; 2) im Evangelium lockt er ihm mit der Verheißung der Gnade; 3) im Wandel der Gläubigen zeigt er ihm die Seligkeit des Glaubens; 4) in wunderbaren Führungen offenbart er ihm seine Macht und Güte; 5) in den Dienern der Kirche sendet er ihm Führer zum Leben. (Leonh. u. Spiegelb.) — Von der Wiedergeburt. 1) Ihre Nothwendigkeit, V. 1. 2: aber man braucht dazu kein schnaubender Saulus zu sein. 2) Ihr Wesen, V. 3—6: sie bereitet sich vor in dem Erkennen der eigenen Sünde und göttlichen Gnade, sie vollzieht sich in der völligen Umwandlung unsers ganzen Denkens, Fühlens und Wollens. 3) Ihre Folgen: vor der Welt zuerst verborgen, V. 7, aber allmählich auch hervortretend in Liebe zum Herrn und den Seinen, V. 15; Freudigkeit in Leiden, V. 16; Eifer für Gottes Ehre und der Welt Heil, V. 20—22. (Lisko.) — Die Siegesherrlichkeit Jesu Christi erwiesen bei Damaskus, 1) seinen Freunden zum Schutz, 2) seinen Feinden zum Trutz. — Der große Tag von Damaskus: 1) Sein trüber, stürmischer Morgen, 2) sein heißer, gewitterhafter Mittag, 3) sein stiller, seliger Abend. — Die Geisterschlacht auf dem Felde bei Damaskus: 1) Die großen Feinde, die sich da begegnen, einerseits der schnaubende Saulus mit seinem streitbaren Gefolge und seinen Waffen menschlicher Gelehrsamkeit und fleischlichen Eifers, andrerseits Christus, der Gekreuzigte und Erhöhete, mit seinen Wundenmalen und seiner Himmelsglorie, hinter ihm die Schaaren der Engel, bei denen Freude ist über einen Sünder, der Buße thut. 2) Der heiße Kampf, der da gefochten wird: Christus greift an, V. 3. 4; Saulus wehrt sich, V. 5. 3) Der herrliche Sieg, der da errungen wird: Saulus mit den Seinen ergibt sich, Christus triumphirt, V. 6 u. 7. 4) Die reiche Beute, die da gemacht wird: er soll die Starken zum Raube haben. Saulus als Gefangener abgeführt, V. 8, aber nicht zum Tode, sondern zum Leben, V. 9 ff. 5) Das fröhliche Tedeum in der Gemeinde, V. 19 ff. — Die große Lebenserfahrung des Apostels Paulus bei seiner Bekehrung als Grundlage seiner ganzen Predigt. 1) Von der Macht der Sünde: von Natur sind wir allzumal Sünder und Gottes Feinde; das Gesetz führt nicht weiter als zur Verdammniß; die Werke machen nicht gerecht vor Gott; alles das erfuhr er auf dem Felde bei Damaskus und in den drei Tagen seiner Blindheit. 2) Von der Macht der Gnade in Christo, dem Lebensfürsten, erscheint sie der Welt; Allen, ohne Unterschied des Volks und der Geburt, beut sie sich an. — Buße und Glaube ist der Weg zum Heil. Alles das ward ihm kund in jenen Tagen, von da an, wo Jesu Licht ihn umleuchtete und seine Stimme an ihn erging: ich bin Jesus! — bis zur Handauflegung und Taufe durch Ananias. — Zum Reformationsfest (auf welches nach einer württembergischen Perikopentreibe zuweilen Apostg. 9, 1—20 als Abendselection fällt): Paulus und Luther zwei auserwählte Rüstzeuge des Herrn: 1) Wie er sie sich zubereitet; a. er nimmt dazu den rechten Stoff: dort einen Pharisäer zur Vernichtung des Pharisäerthums, hier einen Mönch zum Umsturz des Papstthums — und doch ist's beidemal der rechte Mann; b. er greift darnach zur rechten Zeit. Es war bose Zeit dort vor den Thoren von Damaskus, aber es war die rechte Zeit. Auch als der Herr Luther erweckte, hieß es: wenn die Noth am höchsten, dann ist Gott am nächsten. c. Er schmiedet sie im rechten Feuer. Das Feuer ist die Glut der Buße, angezündet durch den heiligen Geist; der Hammer ist Gottes gewichtiges Wort. In solchem Feuer und unter diesem Hammer ist Paulus als die edelste Damascenerklinge geschmiedet worden in Damaskus; durch's nämliche Feuer und unter demselben Hammer mußte Luther in der Klosterzelle zu Erfurt. 2) Wie er sie gebraucht; a. den Feinden zum Trutz: Paulus und Luther beide Streiter des Herrn, schneidende Schwerter, anders als ein Johannes und Melanchthon, beide Freunden zum Schutz: die Hirtentreue eines Paulus, der Liebeseifer eines Luther; c. uns Allen zu Nutz: nicht, indem wir uns an Menschennamen hängen und auf Menschenwort schwören, sondern indem wir uns zu dem weisen lassen, dessen Knechte und Rüstzeuge auch ein Paulus und ein Luther gewesen.

## D.

**Saulus verkündigt sofort Jesum in Damaskus, muß aber vor den Nachstellungen der Juden aus der Stadt fliehen.**
**Kap. 9, 19—25.**

¹⁹Er war aber etliche Tage bei den Jüngern zu Damaskus. ²⁰Und sofort verkündigte er in den Synagogen Jesum¹), daß derselbe der Sohn Gottes sei. ²¹Es geriethen aber in Erstaunen Alle, die ihn höreten, und sagten: „Ist das nicht der, welcher zu Jerusalem verstöret hat, die diesen Namen anrufen, und war dazu hierher gekommen, um sie gebunden zu den Hohenpriestern zu führen? ²²Saulus aber wurde immer kräftiger, und brachte die Juden, welche in Damaskus wohnten, in Verwirrung, indem er Beweis führte, daß dieser der Messias ist. ²³Als aber eine geraume Zeit voll ward, berathschlagten sich die Juden darüber, ihn aus dem Wege zu räumen. ²⁴Es wurde aber dem Saulus ihr Anschlag kund gethan. Sie bewachten²) aber auch die Thore bei Tag und Nacht, um ihn aus dem Wege zu schaffen. ²⁵Da nahmen ihn seine Jünger³) bei Nacht und ließen ihn durch die Mauer und senkten ihn in einem Korbe hinab.

### Exegetische Erläuterungen.

1. **Er war aber etliche Tage bei den Jüngern zu Damaskus.** Chronologisch sind in B. 19—25 mehrere Zeit-Abschnitte zu unterscheiden: a. ἡμέραι τινές, eine Zeit stillen Aufenthaltes, wo Saulus zurückgezogen lebte und den stärkenden, erquickenden Umgang mit den Gläubigen zu Damaskus genoß; b. die Zeit, wo er aus dem Stillleben in der brüderlichen Gemeinschaft heraustrat, und in den Synagogen der Stadt Jesum zu predigen anfing B. 20 ff.; c. der längere Zeitraum (ἡμέραι ἱκαναί B. 23), während dessen Saulus mit steigender Kraft und Freudigkeit Christum den Juden predigte und so zu sagen offensiv in der Sache verfuhr; d. den Abschluß des letzteren langen Zeitraumes machte die durch lebensgefährliche Nachstellungen der Juden nothwendig gewordene Flucht des Saulus aus Damaskus B. 23—25; e. hieraus kam er nach Jerusalem B. 26. — Wie läßt sich diese, offenbar sehr summarisch gefaßte, Erzählung mit demjenigen chronologisch combiniren, was wir aus den Briefen des Paulus selbst über diese Periode seines Lebens wissen? Paulus erwähnt im Brief an die Galater 1, 17 ff., daß er nach seiner Bekehrung nicht sofort nach Jerusalem zu den älteren Aposteln gegangen sei, sondern zunächst nach Arabien, von dort zurück nach Damaskus, und erst drei Jahre später nach Jerusalem. Vergleichen wir beide Berichte, so fallen zwei Differenzen zwischen ihnen in's Auge: 1) die Reise nach Arabien, welche in die Zeit zwischen der Bekehrung des Saulus und einem Besuch in Jerusalem fällt, ist Apostg. 9 völlig mit Stillschweigen übergangen; 2) Lukas redet nur von Tagen (ἡμέραι τινές, τ. u. ἱκαναί), während der Apostel selbst nach Jahren zählt, und zwar genau drei Jahre angiebt. Was zunächst den letzteren

Punkt betrifft, so ist erstlich zu erwägen, daß Lukas vom 2. Kapitel an nirgends eine genaue Zeitangabe gemacht hat, und daß man nach den Worten seiner Erzählung alles Bisherige möglicherweise in einem sehr kurzen Zeitraum zusammengedrängt denken könnte, während die bisherigen Kapitel mindestens vier, vielleicht mehr Jahre umfassen, wenn auch ganz analog ist, daß auch hier eine Frist von Jahren kurz zusammengefaßt sein kann; zum Andern ist der Ausdruck ἡμέραι ἱκαναί B. 23 der Art, daß er möglicher Weise auch etliche Jahre begreifen kann; ἱκανός wird sehr häufig, auch in der klassischen Gräzität (siehe Steph. Thes. [. u.), in dem Sinn gebraucht: groß, bedeutend, ansehnlich, geraume Zeit (mit χρόνος oder ἡμέραι). Aehnlich im Hebräischen םימי םיבר, z. B. 1 Kön. 2, 38, während gleich B. 39 folgt: םימי שלש ץקמ von demselben Zeitraum. Demnach würde sowohl die Sitte des Lukas in Hinsicht der chronologischen Bestimmungen überhaupt, als auch der einzelne Ausdruck B. 23 zulassen, daß wir hier an einen Rahmen von Jahren denken. Immerhin bleibt die andere Schwierigkeit übrig, daß Lukas den arabischen Aufenthalt des Saulus ganz mit Stillschweigen übergeht. Es fragt sich, ob wir B. 19—20 irgend eine Fuge entdecken, in welche sich jene von Paulus selbst erwähnte Reise passend einschieben ließe. Pearson hat die arabische Reise vor die ἡμέραι τινές B. 19, Heinrichs nach denselben und vor B. 20; Both verträgt sich mit dem engen sachlichen und sprachlichen Zusammenhang dieser Worte nicht, namentlich widerstrebt εὐθέως. Olshausen und Ebrard verlegen jene Reise zwischen B. 25 u. 26, was jedoch darum unwahrscheinlich ist, weil Saulus schwerlich nach der Flucht aus Da-

---
1) τὸν Ἰησοῦν ist aus äußeren und inneren Gründen der Lesart τὸν Χριστόν ganz entschieden vorzuziehen.
2) Das Med. παρετηροῦντο ist bei weitem besser bezeugt, als das Akt. παρετήρουν, welches letztere in Cod. G. H. vielleicht deshalb gesetzt ist, weil das Verb. in der Bedeutung: bewachen, auflauern hauptsächlich in der aktiven Form gebraucht wird.
3) Schon Griesbach hat empfohlen, Lachmann und Tischendorf aufgenommen οἱ μαθηταὶ αὐτοῦ statt αὐτὸν οἱ μαθ., wie die Recepta und einigen Versionen hat; μαθ. αὐτοῦ in Cod. A. B. C. F., ist insofern besser beglaubigt und als schwerere Lesart, da es auffiel, daß Jünger des Saulus genannt werden, während bisher einsach von Jüngern, nämlich Jesu, die Rede war, so qualifizirt, daß jedes Abschreiber αὐτοῦ in αὐτὸν verwandelt haben würde, und αὐτοῦ als ächt anerkannt werden muß.

maskus wieder dahin zurückging, während Letzteres aus Gal. 1, 17 gewiß ist. Daher bleibt nichts Anderes übrig, als die arabische Reise in den ansehnlichen Zeitraum V. 22 ff. zu verlegen (mit Neander, Meyer u. A.), und zwar so, daß wir uns denken, Saulus sei, nachdem er in den Synagogen von Damaskus mit dem Zeugniß von Jesu aufgetreten war, bald nach Arabien weggegangen; erst nach seiner Rückkehr von da habe er V. 22 mit erhöhter Kraft den Juden in Damaskus gepredigt, so daß sich eine feindselige Gegenwirkung regte und Anschläge auf sein Leben gemacht wurden, worauf er flüchtete und (bald darauf) nach Jerusalem ging. So läßt sich eine Vereinigung beider Berichte bewerkstelligen, ohne daß wir jedoch den Eindruck los würden, Lukas habe doch wohl von dem Aufenthalt des Saulus in Arabien nichts gewußt, überhaupt von den Vorgängen zwischen der Bekehrung des Apostels und seinem Besuch in Jerusalem keine vollständige Nachrichten, vielleicht auch von der Länge der Zeitfrist keine genaue Kenntniß gehabt.

2. **Und sofort verkündigte er in den Synagogen Jesum.** Dies sowohl, als was V. 22 folgt, ist nicht als Anfang der eigentlichen apostolischen Wirksamkeit des Saulus zu betrachten, sondern einfach als Zeugniß von dem Erlöser, aus innerem Drang des Herzens abgelegt, das nicht umhin kann, auszusprechen, woran es glaubt. Denn es ist keine Spur zu entdecken, daß er eigentlichen Befehl und Sendung Gottes dazu empfangen habe, vielmehr lautet der Ausdruck des Lukas V. 20 ἐκήρυσσε τὸν Ἰησοῦν ganz so, wie bei Philippus Kap. 8, 5; auch stimmt hiermit die Aeußerung des Paulus selbst Gal. 1, 17 ff., wo er alles, was bis auf seine Rückkehr nach Tarsus (V. 21) geschah, nicht eigentlich als apostolisches Wirken darzustellen scheint. Beachtenswerth ist hierbei noch der Unterschied zwischen V. 20 u. 22: dort verkündigt Saulus Jesum, daß er Gottes Sohn sei, hier das Gottesverwandtschaft, hier das messianische Werk die Hauptsache. Diesem Unterschied entspricht die verschiedene Weise des Vortrags: daß Jesus der Messias sei, erwies Saulus συμβιβάζων V. 22, d. h. indem er zusammenbrachte, den Zusammenhang aufzeigte; dies läßt deutlich genug ersehen, daß er den Weg einschlug, aus Weißagung und Erfüllung, aus messianischen Weißagungen und den geschichtlichen Thatsachen des Lebens Jesu zu beweisen, daß er der Messias sei. Hingegen daß Jesus Gottes Sohn sei, von göttlicher Herkunft, göttlicher Herrlichkeit theilhaftig, und göttlicher Ehre würdig, verkündigte Paulus (ἐκήρυσσε V. 20), d. h. dies suchte er nicht durch Schlüsse aus dem Alten Testamente zu erweisen, sondern legte es durch unmittelbares, einfaches Zeugniß aus eigener Erfahrung und Ueberzeugung dar. Jene Art des Vortrags brachte die Gegner in Verwirrung und Verlegenheit, (συνέχυνε), sofern sie die Beweisführung nicht zu widerlegen vermochten und doch den Schlußsatz nicht zugeben wollten. Diese Wirkung war die Folge nicht sowohl einer logischen Ueberlegenheit, sondern einer sittlichen Stärke, welche in Saulus allmählich sich gehoben hatte (μᾶλλον ἐνεδυναμοῦτο), indem er Zuversicht und Freudigkeit seiner christlichen Ueberzeugung, Zeugenmuth und Eifer in immer vollerem Maße bekam.

3. **Da berathschlagten sich die Juden darüber, ihn aus dem Wege zu räumen.** Anfangs erweckte des Saulus Zeugniß von Jesu nur Erstaunen und verwunderndes Fragen, ob es denn möglich sei, daß derselbe Mann, der als der heftigste Feind der Christen bekannt war, und den sein Eifer wider sie bis hieher getrieben hatte, jetzt so ganz umgewandelt sei und nun aus diesem Ton reden, für Christum werben könne (V. 21). Später ging die Verwunderung in Erbitterung und Feindschaft über, zumal man, durch seine Beweisführungen aus dem Alten Testamente in die Enge getrieben, sich beschämt fühlte. Konnte man ihn nicht mit Gründen widerlegen, so entbrannte desto unversöhnlicher Haß gegen ihn, und man ging mit Plänen um, ihn aus dem Wege zu räumen, um ihm für immer das Maul zu stopfen.

4. **Da nahmen ihn seine Jünger bei Nacht.** Glücklicherweise erhielt Saulus Kunde von dem Anschlag auf sein Leben. Uebrigens kam zu dem Mordplan noch hinzu, daß die Juden auch die Stadtthore bewachten, damit er ja nicht den gestellten Falle entgehen könne (παρετήρ. δὲ καὶ). Seine Jünger aber, d. h. Juden, die erst durch seine Verkündigung des Evangeliums belehrt worden waren, halfen ihm zur Flucht, indem sie ihn nächtlicher Weile in einem geflochtenen Korb durch die Mauer schafften, vermuthlich durch ein in die Stadtmauer gebrochenes Fenster eines an die Mauer angebauten Hauses, und so hinunterließen. Mit dieser Erzählung stimmt merkwürdig überein, was Paulus selbst 2 Kor. 11, 32 ff. erwähnt. Daß sein Leben bedroht war, auch die Stadtthore bewacht wurden, daß er in ein Korbgeflechte gesetzt und durch eine Oeffnung in der Mauer hinabgelassen wurde, wodurch seine Flucht nach Damaskus ermöglicht war, diese vier Punkte sind in beiden Berichten übereinstimmend bezeugt. Nur darin weichen sie von einander ab, von wem das Leben des Saulus bedroht war und die Stadtthore bewacht wurden. Laut 2 Kor. 11 war dies von Seiten des Ethnarchen (Präfekten) der Fall, welchen der arabische König Aretas über Damaskus und Syrien gesetzt hatte; mithin wird in unserer Stelle dies den Juden der Stadt zugeschrieben. Dies läßt sich jedoch unschwer ausgleichen, denn ohne allen Zweifel hatte der Ethnarch des arabischen Königs, welcher die höchste Gewalt in der Stadt besaß, durchaus keinen selbstständigen Grund, dem Saulus zu Leibe zu gehen, und wurde nur durch ernteumberische Angebereien der Judenschaft zu Maßregeln gegen ihn bewogen. Verhielt sich dies so, dann nennt Lukas in der That die eigentlichen intellektuellen Urheber der ergriffenen Maßregeln. Auf der andern Seite läßt sich nicht wohl denken, daß die Juden in Damaskus die Stadtthore selbst bewachen durften; vielmehr ist im Voraus wahrscheinlich, daß diese Besetzung durch Militär auf Befehl der Regierung ausgeführt wurde; somit nennt Paulus die exekutive Behörde genauer als Lukas, während der Ausdruck des Letzteren παρετηροῦντο etc. sc. οἱ Ἰουδαῖοι sich mit diesem Sachverhalt

doch auch verträgt. Auf diese Weise ergänzen sich beide Berichte gegenseitig, während sie offenbar von einander völlig unabhängig sind. Einen zuverlässigen Anhalt zur Bestimmung der Chronologie im Leben des Apostels Paulus, wie man oft gemeint hat, gewährt diese Thatsache darum nicht, weil über die Besitznahme von Damaskus durch Aretas, dessen Beziehungen zu Herodes Antipas und dem römischen Reich aus Josephus Antiq. 18, 5 bekannt sind, lediglich keine anderweitigen Nachrichten existiren, aus denen wir die Zeit, wo jene Besitznahme stattfand, erheben könnten, vergl. Winer, Realwörterbuch S. 217.

**Christologisch-dogmatische Grundgedanken.**
1. Die Bekehrung des Saulus war durch ein unmittelbares Eingreifen des erhöhten Erlösers in die irdische Welt begonnen, durch Ananias, als ein menschliches Werkzeug, wiewohl nach Anleitung einer besonderen Offenbarung im Gesicht vollendet worden; Letzteres war schon ein Uebergang in das Bett natürlicher Herzgänge gewesen. Nun aber ging es mit dem persönlichen, selbstthätigen Auftreten und Wirken des Saulus vollkommen im Lauf der gewöhnlichen Ordnung zu. Es war lediglich der innere Trieb seines Herzens, der freiwillig-nothwendige Drang, den Heiland, der sich seiner so gnädig erbarmt hatte, denen zu verkündigen, die ihn noch nicht kannten, was ihn in die Synagogen der Stadt führte, um dort zu den Juden von Jesu zu reden.
2. Saulus verkündigt den Juden in Damaskus Jesum, und zwar nicht nur, mit Hülfe der Beweise aus dem Alten Testament, daß er der Messias sei, sondern auch, daß er der Sohn Gottes ist. Das Letztere ist eine Wahrheit, die bisher in der Geschichte der Predigt und Lehre der Apostel nicht an's Licht getreten ist. Daß die Gläubigen Jesum anrufen (ἐπικαλούμενοι τὸ ὄνομα), setzt allerdings göttliche Herrlichkeit und Würde voraus. Aber es ist doch ein wesentlicher Fortschritt, wenn eine Wahrheit, wie diese in Betreff der Person Christi, voll und rein zur Erkenntniß und zum Ausdruck kommt. Und das war dem Saulus gegeben. Nicht ohne Zusammenhang mit der Art und Weise seiner Bekehrung und Berufung. Vom Himmel her, als der Erhöhte, und mit göttlicher Uebergewalt und Herrlichkeit ist ihm Jesus erschienen. Und die Erkenntniß der Gottheit Christi ward ihm hierdurch nahe gelegt, näher als denen, die vor ihm Apostel waren und Jesum lange genug in seiner Erniedrigung gekannt hatten. Die tiefer und höher dringende Einsicht in das Wesen der Person und des Werkes Christi sollte allmählich gewonnen werden, wie das ganze Heilswerk und alle Offenbarung Gottes etwas menschlich Werdendes, zeitlich Wachsthümliches an sich hat. Die Zeitpunkte und Zeiträume solchen Wachsens und Werdens, ebenso wie die Organe solcher Förderung hat Gott zu bestimmen und zu erwählen seiner Macht und Weisheit vorbehalten. Saulus selbst wurde auch nach seiner Bekehrung nur nach und nach in alle Wahrheit geleitet, innerlich kräftig im Geist (μᾶλλον ἐνεδυναμοῦτο, V. 22) und hell in der Erkenntniß, wozu alle seine Erfahrungen im Leben und Wirken, besonders auch die Thätigkeit der Verkündigung selbst beitragen mußte.

Homiletische Andeutungen s. folg. S.

## E.
**Sein Besuch in Jerusalem, von wo aus er sich ebenfalls vor Nachstellungen zurückzieht. (Kap. 9, 26—30.)**

26 Da er[1]) aber nach[2]) Jerusalem kam, versuchte[3]) er sich an die Jünger anzuschließen, und sie fürchteten sich Alle vor ihm, indem sie nicht glaubten, daß er ein Jünger sei. 27 *Barnabas aber nahm ihn, führte ihn zu den Aposteln und 'erzählte ihnen, wie er auf dem Wege den Herrn gesehen, und daß er mit ihm geredet hatte, und wie er in Damaskus freimüthig gesprochen hatte in dem Namen Jesu. 28 *Und er ging eine Weile mit ihnen aus und ein[4]) in Jerusalem und redete freimüthig in dem Namen des Herrn Jesu. 29 *Er redete auch und disputirte mit den Hellenisten;[5]) sie aber gingen damit um, ihn zu tödten. 30 *Als das die Brüder erfuhren, führten sie ihn nach Cäsarea hinab und schickten ihn nach Tarsus.

**Exegetische Erläuterungen.**
1. Da er aber nach Jerusalem kam. Laut Gal. 1, 18 war dies drei Jahre nach der Bekehrung des Saulus der Fall. So lange würden wir uns den Zwischenraum nach der hier vorliegenden Erzählung allerdings nicht vorstellen, zumal die Furcht der jerusalemischen Christen vor Saulus und die dadurch nothwendig gemachte Empfehlung und Fürsprache des Barnabas für ihn den Eindruck

---
1) ὁ Σαῦλος in einigen Cod. oder gar ὁ Παῦλος in einem, ist unächt.
2) εἰς Ἱερ. ist weniger bezeugt, als ἐν, welches überdies die schwerere Lesart ist. Da παραγίνεσθαι gewöhnlich mit εἰς konstruirt wird; daher ἐν von allen neueren Kritikern vorgezogen wird.
3) ἐπειρᾶτο steht an äußerer Beglaubigung dem Act. ἐπείραζεν (Lachmann) gleich, ist aber weniger gebräuchlich als Letzteres, und daher als ächt zu betrachten.
4) καὶ ἐκπορ. fehlt in zwei Codd. ersten und vielen zweiten Ranges, wurde vermuthlich nur wegen der darauf folgenden Präposition εἰς, wozu ἐκπορ. nicht zu passen schien, weggelassen, ist aber beizubehalten. Εἰς ist überwiegend bezeugt, und dem ἐν, das nur in einem älteren Cod. steht, vorzuziehen (gegen Meyer). Παρρησ. ohne vorangehendes καὶ ist hinlänglich bezeugt; καὶ möchte um so leichter erst beigesetzt werden, als von drei Gedd., die es haben, zwei das καὶ ἐκπορ. weglassen.
5) Anstatt Ἑλληνιστὰς ist Δ. Ἕλληνας, und dem folgen einige alle lateinischen Versionen. Es kann keine Frage sein, daß dies falsch ist.

macht, als wäre die Sache eine noch ziemlich neue gewesen, und nicht schon drei Jahre alt. Uebrigens ist wohl zu beachten, daß Lukas nicht sagt, μὴ εἰδότες, sondern μὴ πιστεύοντες ὅτι ἐστὶ μαθητής. Sie glauben nicht, daß er ein Jünger Christi, d. h. wahrhaft bekehrt sei; es fehlte an dem rechten Zutrauen zu der Lauterkeit seiner Gesinnung, der Aechtheit seines Christenthums. Vielleicht daß der Argwohn sich regte, die Bekehrung zu Christo sei eine bloße Finte, eine Lockspeise, um die Christen zu fangen und desto leichter in's Verderben zu stürzen. Und das mochte gerade an dem Schauplatz seiner früheren inquisitorischen Thätigkeit so zähe haften, daß man noch nach Jahren, als er das erstemal wieder in Jerusalem sich blicken ließ, sich vor ihm scheu zurückzog, und es schwer hielt, daß er sich an die Christengemeinde anschließen (κολλᾶσθαι) konnte.

2. **Barnabas aber nahm ihn.** Vermuthlich kannten sich Saulus und Barnabas schon von früher her, was um so leichter der Fall sein mochte, als beide Hellenisten waren, und Barnabas, als aus Cypern gebürtig [Kap. 4, 36], mit dem aus Cilicien gebürtigen Saulus manche Berührungspunkte hatte. Barnabas nahm den Saulus (ἐπιλαβόμενος nicht = zu sich nehmend, sondern anschaulich = an der Hand nehmend), führte ihn zu den Aposteln ein und erzählte diesen, wie es bei der Erscheinung Jesu, wodurch Saulus bekehrt wurde, und bei der christlichen Thätigkeit desselben in Damaskus zugegangen sei (πῶς — εἶδε, καὶ πῶς — ἐπαρρησιάσατο). Es scheint, daß Barnabas nicht sowohl etwas Neues hiermit berichten wollte, sondern vielmehr eine Sache, welche den Aposteln bis auf eine entfernteren Quellen bekannt war, als zuverlässiger Gewährsmann urkundlich und genau mittheilte.

3. **Führte ihn zu den Aposteln.** Paulus selbst erzählt Gal. 1, 18, daß er bei dem Besuch in Jerusalem es auf einen Besuch bei Petrus abgesehen gehabt, außer Petrus aber keinen andern Apostel gesehen habe, außer Jakobus, den Bruder des Herrn. Wenn nun Lukas sagt: ἤγαγε πρὸς τοὺς ἀποστόλους, so will das nicht die volle Zwölfzahl ausdrücken, und man thut Unrecht, einen Widerspruch zwischen V. 27 f. und Gal. 1, 18 zu behaupten (Zeller); indessen können wir uns nicht verhehlen, daß Lukas die genaueren Umstände hierbei nicht so vollständig zu kennen scheint.

4. **Er redete auch mit den Hellenisten.** Saulus wendete sich natürlich zuerst an diejenigen Juden, welche ihm, vermöge ihrer Herkunft aus heidnischen Ländern so zu sagen näher verwandt waren, denn er selbst, als aus Tarsus gebürtig, war ja ein Hellenist. Mit ihnen diesen redete, so wurde aus der Unterredung (λαλεῖν), weil er von Jesu Zeugniß ablegte, sie aber es nicht annehmen wollten, sofort eine Streitunterredung, ein Disputiren (συζητεῖν, Kap. 6, 9); die Folge hiervon war dann eine Erregung des Hasses, der schnell zu Mordplanen griff.

5. **Führten ihn nach Cäsarea hinab.** Laut dieser Erzählung erfuhren die Brüder (ἀδελφοί, so innig hatten jetzt die Christen den Saulus liebgewonnen, nachdem sie ihm erst so fremd und scheu gegenübergestanden hatten), daß Anschläge auf das Leben des Saulus gemacht würden, und dies bewog sie, ihm zur Abreise zu helfen. Apost. 22, 17—21 erzählt Paulus selbst vor dem jüdischen Volk, daß Jesus ihm in einer Entzückung im Tempel erschienen sei und ihm befohlen habe, schnell aus der Stadt zu gehen, denn sein Zeugniß von Jesu werde hier keine willige Aufnahme finden. Beides stimmt vortrefflich überein, denn wenn vollendete Mordpläne gegen Saulus geschmiedet wurden, so war das die schlagendste Bestätigung dessen, daß die Juden in Jerusalem sein Zeugniß nicht annehmen würden. Und wie leicht denkbar ist, daß Saulus auf das hin, was die Brüder ihm sagten, sich noch nicht entschlossen haben würde, die Stadt zu verlassen, aber in Folge einer Weisung des Herrn im Gesicht sofort wegging. — Gal. 1, 21 schreibt Paulus, er sei von Jerusalem aus in die Gegenden von Syrien und Cilicien gegangen. Das Letztere stimmt mit unserer Stelle genau, denn diese nennt als Reiseziel Tarsus, die Hauptstadt Ciliciens. Paulus selbst ist hier insofern genauer, als er auch Syrien nennt, durch welches die Reise gegangen sei. Demnach ist Paulus nicht, wie man aus unserer Stelle vermuthen könnte, zur See von Cäsarea nach Tarsus direkt gefahren, sondern ist von Cäsarea aus entweder ganz zu Lande, an der Küste hin, durch Phönizien und Syrien gereist (Meyer), oder hat sich in der Hauptstadt Cäsarea zwar eingeschifft, ist aber in Tyrus, Sidon, oder einer andern Küstenstadt, wohin jenes Schiff zufällig fuhr, ausgestiegen und sodann zu Land durch Syrien gereist. Letztere Annahme wird dadurch wahrscheinlich, daß ihn die Christen nach Cäsarea begleiteten, was auf eine beabsichtigte Reise zur See deutet, indem für den übrigen Landweg die Reise durch Samaria, Galiläa u. s. w. näher gelegen wäre. — Hier verlieren wir den Saulus aus dem Auge, um erst Kap. 11, 25 wieder von ihm zu hören. Es läßt sich nach allem Bisherigen voraussetzen, daß Saulus in seiner Heimath auch nicht gesäumt haben werde, die Botschaft von Jesu Christo zu verkündigen.

#### Christologisch-dogmatische Grundgedanken.

1. Auch hier noch in Jerusalem tritt Saulus keineswegs als **Apostel** auf, sondern es ist ihm nur darum zu thun, als Jünger anerkannt zu werden, als ächtes Glied der Kirche Christi von den Brüdern in Jerusalem aufgenommen zu sein. Auch sein Zeugniß von Jesu, das er in Jerusalem ablegte, hat nur den Charakter der Aeußerung eines einfachen, aber treuen, glaubensfreudigen Christenmenschen, nicht eines Beauftragten und besonders Bevollmächtigten.

2. Die Unterredungen des Saulus mit den Hellenisten zu Jerusalem erinnern lebhaft an die ehemaligen des **Stephanus** mit derselben Gattung Menschen. Auch diese hatten vorzugsweise den Charakter von Disputationen gehabt. Und es ist merkwürdig, daß derselbe Mann, der gegen Stephanus so feindselig gesinnt war und an dessen Hinrichtung seine Herzensfreude gehabt hat (Kap. 8, 1), jetzt in dessen Fußstapfen tritt und die Funktion, welche Stephanus verrichtet hatte, fortsetzt. Christus ist ein König, der sein Reich auf wunderbare Weise mehrt und regiert.

#### Homiletische Andeutungen.

Und alsbald predigte er Christum — daß derselbige Gottes Sohn sei. [B. 20]

Nun ließ es bei ihm: Ich glaube, darum rede ich. Jesus Christus der Sohn Gottes ist Kern und Stern aller evangelischen Predigt.

**Sie entsetzten sich aber Alle u. s. w.** [V. 21.] Dies Entsetzen über die Bekehrung des Saulus war 1) für den Bekehrten eine heilsame Demüthigung als Erinnerung an seinen früheren verkehrten Wandel, wie jederzeit der Bekehrte sich darauf gefaßt machen muß, nicht nur von seinen früheren Sündengesellen mit Haß und Hohn, sondern auch von seinen neuen Glaubensgenossen mit Zweifel und Mißtrauen angesehen zu werden. Aber es war auch 2) ein Ehrenzeugniß für die Wundermacht des Herrn, welcher der Menschen Herzen lenket wie Wasserbäche, und dessen Gnadenwerke weder der Kleinglaube anzweifeln, noch der Unglaube wegspotten kann, wenn es noch immerdar heißt: Wär' einer wie ein Bär: er wird zum Lamme; wär' einer kalt wie Eis: er wird zur Flamme.

**Saulus aber ward je mehr kräftiger.** [V. 23.] Wer da hat, dem wird gegeben, daß er die Fülle habe. — Die beste Widerlegung derer, die an den Ernst unsrer Bekehrung zweifeln, ist Wachsthum im neuen Leben. — **Er trieb die Juden ein.** Jetzt streitet er nicht mehr mit fleischlichen, sondern mit geistlichen Waffen. — Um die Widersacher des Christenthums mit Glück zu widerlegen, thut's nicht Scharfsinn und Gelehrsamkeit allein, sondern es gehört dazu Erfahrung vom Heil in Christo, daß man mit Paulus sagen kann: Jesus lebet in mir. (Nach Apost. Past.) — **Und bewährte es, daß dieser ist der Christ.** Der Heilige Geist führte den Paulus auf die rechten Themata, die in jener und zu aller Zeit am meisten Noth thun, nämlich, daß Jesus Gottes Sohn sei, V. 20, und daß Jesus der Christ sei, V. 22. (Apost. Past.)

**Und nach vielen Tagen.** [V. 23.] Gott hat jedem seiner Knechte gewisse Zeiten, Jahre, Orte und Umstände angewiesen, darin er etwas lernen, erfahren und ausrichten soll. Wohl dem, der sein Tagewerk recht wahrnimmt und seine Zeit treulich auskauft. Die ἡμέραι ἱκαναί verfließen endlich. (Apost. Past.) — Die Juden hielten einen Rath zusammen, daß sie ihn tödteten. Nun erfüllt sich schon das Wort des Herrn, daß er werde viel leiden müssen um seines Namens willen. Haß und Verfolgung gehören zu den Zeichen wahrer Bekehrung.

**Es ward Saulo kund gethan, daß sie ihm nachstellten.** [V. 24.] Saulus war ebedem mit in dem bösen Rathe der Juden gewesen, die Jünger Jesu zu tödten. Es diente ihm daher wohl zu einer recht seligen Beschämung, da ihm Gott den Rath der Juden gegen sein eigenes Leben kund werden ließ. (Apost. Past.) — **Sie hüteten Tag und Nacht an den Thoren.** Die Feinde wachen Tag und Nacht, um den Knecht des Herrn zu tödten, aber der treue Hüter Israel schläft und schlummert auch nicht und wacht noch besser über das Leben seines Knechtes. König Aretas hat seine Schergen den Freinden Christi zur Verfolgung gestellt; aber der König Himmels und der Erden hat seinen Engeln Befehl gegeben über seinem Auserwählten, daß ihm kein Haar gekrümmt werde. (Nach Leonh. und Spiegelb.)

**Ließen ihn in einem Korbe hinab.** [V. 25.] Saulus, an dem der Herr schon solche Wunder gethan, verwirft doch das einfältige Mittel eines Korbes nicht, das ihm die Brüder zu seiner Rettung anboten. Man soll nicht etwas Außerordentliches von Gott erwarten, wenn man ordentliche Mittel haben kann. (Apost. Past.)

**Da aber Saulus gen Jerusalem kam.** [V. 26.] Nach Gal. 1, 17. 18 ist er erst nach Arabien gezogen und hat drei Jahre verfließen lassen, ehe er nach Jerusalem kam. Dies war wohl ein recht seliges und wichtiges triennium, darin er von Gott in der Stille zu seinem künftigen Amt erst vorbereitet und tüchtig gemacht wurde. Ein schöner Spiegel für Studiosos theologiæ und Candidatos ministerii. Möchte keiner in's Lehramt treten, bis er solch ein seliges triennium præparatorium in der Schule des Heiligen Geistes zurückgelegt hat! (Apost. Past.) — **Sie fürchteten sich vor ihm und glaubten nicht, daß er ein Jünger wäre.** Von Seiten der Christen ein verzeihlicher Argwohn: man darf sich nicht jedem in die Arme werfen; der sich für einen Bruder in Christo ausgibt; für Paulus eine herbe Demüthigung und heilsame Prüfung, auch nun noch nach drei Jahren der Sinnesänderung für seinen vorigen Wandel büßen zu müssen. — Ein harter Anfang für Paulus, kaum den Feinden entronnen, von den Jüngern nicht angenommen wird. Aber seines frühern Lebens eingedenk, wundert er sich nicht, daß ihn verabscheut, und erträgt es geduldig, daß die Brüder in gerechter Furcht ihn von sich ferne halten. Darin zeigt sich die Aechtheit seiner Bekehrung, daß der, welcher früher so grausam wüthete, nun Verfolgung und Verachtung ruhig erträgt. (Calvin.) — Gut, wenn am Ende immer mehr an Einem gefunden wird, als man ihm anfangs zugetraut hat. (Rieger.)

**Barnabas aber nahm ihn zu sich.** [V. 27.] Barnabas mag mit seinem freundlichen Liebesdienst der traurigen Seele des zurückgestoßenen Paulus recht als ein „Sohn des Trostes" erschienen sein. (Leonh. und Spiegelb.) — So weiß der Herr den Seinen auch in den bittersten Leidenskelch immer einen Tropfen des Trostes zu schütten, namentlich durch die treue Liebe eines gleichgesinnten Freundes. (Langbein.) — **Und erzählte ihnen, wie er auf der Straße den Herrn gesehen.** Lebensläufe, Bekehrungsgeschichten, Gnadenführungen Anderer können uns oft recht zur Belehrung, Erbauung und Demüthigung werden. Nur darf man nicht vergessen, daß Gottes Wege mancherlei sind und nicht alle Seelen gleicherweise geführt werden.

**Und er war bei ihnen und ging aus und ein.** [V. 28.] Er war also nun als Bruder anerkannt und die alte Feindschaft vergessen. Es ist der Welt Art und gegen die christliche Liebe, hartnäckig an den früheren Sünden derer hängen zu bleiben, die sich durch Wort und Wandel als wahrhaft bekehrt erwiesen haben, nur damit das Werk der Gnade übersehen und der Name Christi gelästert werde. (Leonh. und Spiegelb.)

**Er besprach sich auch mit den Griechen.** [V. 29.] Gerade so wie weiland Stephanus, über dessen Tod sich Saulus gefreut hatte, und der nun in ihm größer wieder auferstanden ist; das sind Gottes Wunderwege in seinem Reich, seine Gnadenführungen mit den Seelen.

**Da das die Brüder erfuhren, geleiteten sie ihn.** [V. 30.] Diese Flucht und Rettung des Apostels, wie seine frühere aus Damaskus, ist ein Zeugniß 1) für Paulus selbst, der mehr auf Zureden der Brüder, als aus Sorge um seine Person geflohen scheint; 2) für die Brüder, die ihn zu schätzen wußten und in treuer Liebe sich um seine Rettung mühten; 3) für den Herrn, der über dem Haupte seines Knechtes wachte, und seine Zuflucht war in Jerusalem wie in Damaskus, in Tarsus wie in Cäsarea.

Zum ganzen Abschnitt V. 20–30: Die Kennzeichen rechtschaffener Bekehrung: 1) Freudiges Bekenntniß zu Christo, V. 20. 2) Williges Ertragen der Feindschaft der Welt, V. 23. 3) Demüthiger Umgang mit den Gläubigen, V. 26. 4) Gottseliger Wandel im Dienste des Herrn, V. 28. (Leonh. u. Spiegelh.) — Die Gefahren eines Neubekehrten 1) Haß und Verfolgung der Welt, V. 23. 2) Mißtrauen von Seiten der Gläubigen, V. 26. 3) Geistlicher Hochmuth des eigenen Herzens. 4) Verachtung der Kirche und der geordneten Gnadenmittel. (Ebendas.) — Der Fortgang der Bekehrung Pauli (Kap. 9, 7—23.) 1) Der erste Eindruck: das tiefe Gefühl seines geistlichen Unvermögens, V. 8. 2) Das erste Lebenszeichen: siehe er betet, V. 11. 3) Das erste Zeugniß: Christus sei Gottes Sohn, V. 20. 4) Die erste Erfahrung: das Kreuz um Christi willen, V. 23. (Jaspis.) — Die ersten Waffenproben eines Streiters Christi: Er muß 1) unverbrüchlich zur Fahne schwören, V. 20. 23; 2) fleißig in Waffen sich üben, V. 22; 3) bescheiden in's Glied sich stellen, V. 26. 28; 4) muthig dem Feind in's Auge sehen, V. 22. 29; 5) folgsam auf's Signal sich zurückziehen, V. 25. 30. — Die Probejahre im Predigtamt: 1) Die ersten Amtsaufgaben; 2) die ersten Amtsfreuden; 3) die ersten Amtsleiden.

### Dritter Abschnitt.

Petrus wird auf seiner Wanderung durch die Gemeinden in Judäa durch ganz besondere Weisungen veranlaßt, einen Heiden, Cornelius, zu besuchen, in seinem Hause Christum zu verkündigen und ihn nebst seinen Hausgenossen taufen zu lassen; ein Schritt, der in Jerusalem anfänglich Widerspruch fand, aber in Folge der Verantwortung des Petrus schließlich doch mit Freuden gebilligt wurde.

(Kap. 9, 31 — Kap. 11, 18.)

**A.**

Während der Friedens- und Blüthezeit der Gemeinden im heiligen Land macht Petrus Besuche bei denselben; bei dieser Gelegenheit heilt er den gelähmten Aeneas in Lydda, und erweckt in Joppe die Tabitha vom Tode.

(Kap. 9, 31–43.)

31 So hatte nun die Gemeinde¹) in ganz Judäa und Galiläa und Samaria Frieden, indem sie sich bauete und wandelte in der Furcht des Herrn, und wurde vermehrt durch
32 die Zusprache des Heiligen Geistes. *Es geschah aber, da Petrus durch alle hindurch-
33 ging, daß er auch hinunterkam zu den Heiligen, die zu Lydda wohneten. *Daselbst fand er einen Mann, Namens Aeneas, der seit acht Jahren auf dem Bette lag, welcher
34 gelähmt war. *Und Petrus sprach zu ihm: Aeneas, es heilet dich Jesus, der Gesalbte,
35 stehe auf und bette dir selbst. Und sogleich stand er auf. *Und es sahen ihn alle
36 Einwohner von Lydda und Saron, die sich denn zu dem Herrn bekehrten. *Zu Joppe aber war eine Jüngerin, mit Namen Tabitha, was verdollmetscht heißt Gazelle. Diese
37 war voll guter Werke und Barmherzigkeit, die sie übte. *Es ereignete sich aber in jenen Tagen, daß sie erkrankte und starb. Da wuschen sie sie und legten sie in's Ober-
38 gemach. *Da aber Lydda nahe bei Joppe liegt, und die Jünger hörten, daß Petrus daselbst sei, sandten sie zwei Männer²) zu ihm und baten ihn: zögere nicht³) zu uns
39 zu kommen! *Petrus aber machte sich auf und kam mit ihnen; als er angekommen war, führten sie ihn in das Obergemach hinauf, und es traten zu ihm alle Wittwen, weinten und zeigten die Unter- und Oberkleider, welche die Gazelle machte, so lange sie

---

1) Ἡ — ἐκκλησία — ἐπληθύνετο. So A. B. C., viele Manuscripte zweiten Rangs nebst den meisten oriental. Versionen, auch der Vulgata und dem alex. Dionys; während E. G. H. und einige andere Handschriften den Plural haben αἱ — ἐκκλησίαι (πᾶσαι κ.) εἶχον — ἐπληθύνοντο. Da die letzteren Codd. im Durchschnitt jünger sind und die meisten alten Uebersetzungen den Singular haben, so ist letzterer überwiegend bezeugt, und von Griesbach, Lachmann, Tischendorf, Bornemann vorgezogen. Der Plural ist als Interpretation zu betrachten.

2) Die Codd. G. H. und eine Anzahl jüngerer Handschriften nebst etlichen Versionen und Kirchenvätern lassen δύο ἄνδρας weg. Die Worte συνῆλθεν αὐτοῖς, V. 39, setzen jedoch obige Worte voraus.

3) A. B. E. und C. erste Hand haben: ὀκνήσῃς und ἡμῶν; während G. H. und C. spätere Hand ὀκνῆσαι — αὐτῶν lesen; namentlich die Beobachtung in den Tod. Ephraemi entscheidet für die Ursprünglichkeit der directen Rede; außerdem der Umstand, daß die koptische Uebersetzung neben dem Infinitiv noch die erste Person des Pronomen hat, ein Rest der ursprünglichen Lesart.

bei ihnen war. *Petrus aber wies alle hinaus, kniete nieder und betete, wandte sich 40 sodann zu dem Leichnam und sprach: Tabitha, stehe auf! Und sie öffnete ihre Augen, und setzte sich empor, als sie den Petrus erblickte. *Er aber gab ihr die Hand und 41 ließ sie aufstehen, rief den Heiligen und den Witwen und stellte sie lebendig vor. *Und 42 es wurde kund in ganz Joppe, und Viele wurden gläubig an den Herrn. *Und es ge- 43 schah, daß er geraume Zeit in Joppe blieb, bei einem Simon, der ein Gerber war.

### Exegetische Erläuterungen.

**1. So hatte nun die Gemeinde Frieden.** Der Abschnitt leitet über zu der als Uebergang zur Heidenmission Epoche machenden Bekehrung des Cornelius, indem die Erzählung den Petrus auf seiner Reise allmählich bis in die Nähe von Cäsarea begleitet. Der Zusammenhang mit dem Bisherigen ist durch οὖν angedeutet, wohl nicht in dem Sinn, daß die Ruhe der Gemeinde an die Bekehrung des bisherigen Verfolgers Saulus als dadurch bedingt und verursacht angeknüpft werden soll; sondern mit οὖν soll nur, wie Lukas auch sonst, Kap. 8, 4; 11, 19 das Wort anwendet, der durch eine Zwischenbemerkung oder eine längere Episode fallen gelassene Faden der Geschichte wieder aufgenommen werden. — V. 31 schildert den Zustand der Christengemeinde während eines längeren Zeitraums, nachdem sie mit dem Märtyrertode des Stephanus ausgebrochene Verfolgung nachgelassen hatte und völlig zum Stillstand gekommen war, als einen Zustand äußerer Ruhe (εἰρήνη) und inneren Wachsthums in christlicher Frömmigkeit. Lukas nennt hier drei Landschaften von Palästina: Judäa, Galiläa und Samaria, als solche, wo Christengemeinden sich befanden; in Samaria waren solche laut Kap. 8, 12. 25 gegründet; in Judäa ist bis jetzt nur die heilige Stadt selbst ausdrücklich genannt worden, aber es läßt sich leicht denken, daß in verschiedenen Dörfern und Städten dieser Provinz ebensowohl als Galiläa's, welches doch der Hauptschauplatz des Wirkens Jesu und die Heimath der meisten Apostel und Jünger war, Christengemeinden sich gebildet hatten. Daß Samaria zuletzt genannt ist, hat seinen Grund in der religiösen Abweichung der Samariter von dem Volk Israel selbst. Das Verbum ἐπληθύνετο kann nach dem Sprachgebrauch des Lukas, Kap. 6, 1. 7 nur (mit Bengel) in dem Sinn von multiplicari, augescere numero, nicht = repleri aliqua re, genommen werden; und παράκλησις kann eben deßhalb nicht wohl Trost, sondern nur Zusprache, Ermahnung, Ermunterung bedeuten.

**2. Da Petrus durch alle hindurchging.** Dieses διέρχεσθαι, wörtlich eine Reise durch verschiedene Wohnorte hindurch, hat eine apostolische Besuchsreise, beaufsichtigend, visitirend. Διὰ πάντων sc. ἁγίων, aus dem Folgenden sich ergebend. Petrus kam auf dieser Reise hinab nach Lydda, unweit der Meeresküste, einem Flecken, den Josephus, Antiquit. 20, 6. 2 beschreibt als πόλεως τὸ μέγεθος οὐκ ἀποδέουσα; laut V. 38 war Lydda der Stadt Joppe benachbart.

**3. Aeneas** wird mit keinem Zug als Christ beschrieben, vielmehr sowohl mit εἷρε als mit ἄνθρωπόν τινα ziemlich fremd geschildert; sein griechischer Name läßt hellenistische Herkunft vermuthen. Die Versicherung für den mit gelähmten Lenden an sein Bette Gebannten: „Jesus, der Gesalbte, heilet dich," jetzt, was den Namen des Erlösers betrifft, wohl eine ungefähre Kenntniß desselben vom Hörensagen (audierat de Christo sine dubio, sanante omnes illo' tempore, Bengel), aber nicht schon Mitgliedschaft in der Gemeinde Christi voraus, denn bei einem Gläubigen würde diese Art der Beschreibung nicht angewendet worden sein; ἴαται selbst aber ist streng präsentisch, nicht futurisch zu verstehen, denn die Heilung war eine augenblickliche, kann doch der Kranke auf der Stelle sich erheben und sein Bett selbst machen. Diese wunderbar und plötzlich erfolgte Herstellung des so lange Zeit Gelähmten, welchen nachher die Einwohner seines Ortes und der Umgegend gesund sahen, wurde ein Beweggrund zur Bekehrung Vieler, denn daß Lukas nicht in der That Alle als bekehrt darstellen will, bedarf keines Beweises. Mit ὁ Σαρών ist nicht ein einzelner Ort, wie Etliche gedacht haben, — (dann würde der Artikel fehlen) — sondern die wohlbekannte fruchtbare und blumenreiche Gegend dieses Namens, der flache Küstenstrich, welcher von Cäsarea an südlich sich erstreckt, gemeint.

**4. Tabitha,** griechisch δορκάς, die Gazelle, ein Thier, das seiner schlanken anmuthigen Gestalt, seiner graziösen Bewegungen und seiner feurigen schönen Augen wegen bei den Hebräern, wie bei andern Orientalen, als Bild weiblicher Lieblichkeit vorkommt, wurde auch als Frauenname gebraucht. So bei dieser Person, welche in Joppe, der im Alterthum, im Mittelalter und in der neueren Zeit hinlänglich bekannten Seestadt wohnte, und welche, ganz anders als Aeneas, sogleich als Christin eingeführt, und den Besondern um ihrer Mildthätigkeit und durch vielfache Wohlthaten bewährten Nächstenliebe willen gerühmt wird. Eben hiervon spricht ihr Zug, welcher recht aus dem Leben gegriffen ist, als V. 39 die Witwen herbeikommen, den Verlust ihrer treuen Wohlthäterin beweinen, und dem Petrus, im Angesicht der theuren Leiche alle die Gewänder, Unter- und Oberkleider (χιτῶνας καὶ ἱμάτια) zeigen, die ihnen Tabitha bei Lebzeiten gemacht hatte, nicht nur ihre kunstgeübte Hand, sondern auch ihren aufopfernden und dienstfertigen Fleiß bethätigenden. Ein edles, christliches Frauenbild, diese fromme Jüngerin zu Joppe, welche an den ärmsten und Verlassensten, den Witwen, Gutes gethan hat, so viel sie konnte, und zwar wie es scheint, nicht selbst mit erheblichem Vermögen ausgestattet, durch weibliche Arbeiten, die sie, mit Emsigkeit und Selbstverleugnung, in dienender Liebe zum Besten der Bedürftigen verrichtete, sich als treue Jüngerin dessen bewährte, welcher ihr selbst und aller Welt zuerst Erbarmung erzeigt hatte!

**5. Erkrankte und starb.** Ohne Zweifel hatte Tabitha Jahre lang Christo in pauperibus gedient, und ihren Glauben durch Liebe geübt. Jetzt, wo Petrus in der Nähe weilte, (ἐν ἐκείναις ταῖς ἡμέραις) erkrankte sie und starb. Nun schickten die Jünger, nachdem die Leiche gewaschen und in einem stillen Obergemach aufgehoben war, von Joppe nach Lydda hinüber, mit der bringenden Bitte an Petrus, den sie so nahe wußten, er möchte unverweilt herüber kommen. Es scheint, daß die ganze Christengemeinde zu Joppe (οἱ μαθηταί, V. 38) ein Gefühl des Schmerzes über den Verlust der Jüngerin theilte, und den Wunsch, welchen sie nicht auszusprechen wagten, daß sie, wenn es möglich wäre, möchte in's Leben zurückgerufen werden, im Herzen bewegten. Ein Zeugniß der innigen Gemeinschaft unter den Christen, vermöge welcher auch eine Person, welche äußerlich allein stand in der menschlichen Gesellschaft, durch engere, als Familienbande mit Andern verknüpft wird.

6. Petrus aber machte sich auf und kam. Nachdem der Apostel ohne Verzug angekommen war, führten ihn die Christen in jenes Obergemach, wo der Leichnam lag (denn οἱ μαθηταί ist ohne Zweifel das Subjekt zu ἀνήγαγον); dann traten auch alle die Wittwen hinzu, welchen die Verstorbene Wohlthaten erwiesen hatte, so daß die beiden Kreise versammelt waren, mit welchen Tabitha im Leben verbunden gewesen war: 1) die Christengemeinde, der sie selbst angehört hatte, 2) die theilweise wenigstens nicht zur Gemeinde gehörigen Wittwen, deren Wohlthäterin sie gewesen war. Petrus aber wies erst alle hinaus, um völlig ungestört sich dem Gebet zu widmen. Erst nach brünstigem Gebet auf den Knieen wendet er sich zu der Leiche und ruft ihr zu: Stehe auf! Anschaulich erzählt Lukas, wie sie zuerst die Augen aufschlug, dann, als sie den Petrus erblickte, sich auf dem Bett aufrichtete und dann, als ihr Petrus die Hand gab, vom Lager aufstand. Nun aber ruft der Apostel die Andern wieder herein, die Christen und die Wittwen, um ihr durch Gottes Kraft Auferweckte ihnen allen lebend vorzustellen. Eine Thatsache, welche natürlich in der ganzen Stadt ruchbar wurde und Viele zum Glauben an Christum führte. Petrus verließ Joppe nicht gleich wieder, nahm vielmehr einen längeren Aufenthalt daselbst, indem er bei einem Gerber Simon die Wohnung nahm, welcher ohne Zweifel ein Christ war; darum konnte der Apostel auch ihn nicht seines Gewerbes halber für unrein achten, obwohl dies nach rabbinischen Begriffen der Fall war.

7. Die Auferweckung der Tabitha wird, wie sich erwarten läßt, von den Einen für ein natürliches Ereigniß, von den Andern für eine ungeschichtliche Sage erklärt; von Jenen nämlich (z. B. Heinrichs) wird Scheintod und Erwachen aus demselben vermuthet. Diese (z. B. Baur) halten die Erzählung einfach für eine zur Verherrlichung der Apostel durch die verschönernde Sage bewirkte Uebertragung von Begebenheiten aus dem Leben Jesu, namentlich der Auferweckung des Töchterleins zu Jairus, wobei Baur sogar die Klangähnlichkeit von Galilä Mark. 5, 41 und Gabiθá geltend macht und letzteren Namen auf jene als gleichbedeutend zurückzuführen sucht. Findet einige Analogie des Verfahrens statt, das Petrus hier einhielt, z. B. das Ausweisen der Anwesenden, der Zuruf an die Verstorbene, daß er ihr die Hand reicht, — so ist das um so begreiflicher, als Petrus selbst einer von den drei Jüngern war, die nebst den Eltern Jairus' die einzigen Augenzeugen gewesen sind, und der Apostel natürlich das Verfahren seines Herrn und Meisters zum Vorbild genommen hat.

**Christologisch-dogmatische Grundgedanken.**

1. Die Einheit der Kirche Christi tritt hier V. 31 zum ersten Mal, wenn auch nur im Ausdruck, zu Tage. Es gab nun doch schon eine ganze Anzahl Christengemeinden in den drei Landschaften Palästina's: Judäa, Galiläa und Samaria. Aber sie werden dennoch als ein Ganzes, ἡ ἐκκλησία betrachtet und bezeichnet; was dem Einen widerfährt, geht auch die Andern an, es ist ein Leben in ihnen, sie gehören zusammen. Schwerer war es, die Einheit zu bewahren und durchzuführen, als sich das Evangelium über mehrere Länder verbreitete, in die Heidenwelt eindrang. Aber selbst heut zu Tage, wo die Landeskirchen einen und desselben Bekenntnisses sich gegenseitig isolirt haben, noch mehr, wo die römische, die griechische, die evangelische Kirche je durch eine weite Kluft getrennt erscheinen, ist doch die una sancta catholica ecclesia nicht ein leerer Wahn, sondern eine Wahrheit — des Glaubens!

2. Die Gemeinde erbauete sich. Was ist Erbauung? Der gläubige Christ ist durch die Wiedergeburt und Bekehrung auf den Grund, welcher gelegt ist, auf Jesum Christum, als den Eckstein des Heils gebaut, in ihn eingefügt. Aber wie die Geburt nur der Anfang, Wachsthum und Entwicklung der Fortgang des leiblichen Lebens ist: so ist die Wiedergeburt nur der Anfang, die fortgehende Erneuerung und Heiligung der Fortgang des geistlichen Lebens; der Grundlegung muß die fortdauernde Erbauung folgen. Und wie die Wiedergeburt ein göttlich-menschliches Werk im Menschen ist, durch Gottes Gnade bewirkt, aber durch des Menschen Aufnahme und Empfänglichkeit bedingt: so ist auch die Erbauung oder die Erneuerung ein göttlich-menschliches Werk, in welchem Selbstthätigkeit von unten, Gnadenwirkung von oben sich zusammenthun. Nur daß hier das Moment der sittlichen Kraft und selbständigen Thätigkeit überwiegend hervortritt. Dies drückt auch Lukas insofern aus, als er erst den Wandel in der Gottesfurcht nennt, d. h. den Ernst, im sittlichen Thun und Lassen alle Sünde, woburch Gott beleidigt wird, zu meiden, hingegen durch Gehorsam Gott zu gefallen; hernach aber erwähnt, daß sie von der Zusprache des Heiligen Geistes vermehrt wurden, d. h. durch die Gnadenwirkung des Geistes an Mitgliederzahl wuchsen. Denn hiermit ist die Einwirkung des Heiligen Geistes zwar nur auf das Wachsthum der Gemeinde nach außen bezogen, aber doch als eine wesentliche Potenz in dem Leben der Gemeinde bezeugt.

3. Das Wort des Petrus: ἰᾶταί σε Ἰησοῦς ὁ Χρ. ist ein Zeugniß von der wirklichen Gegenwart und Gottesmacht Jesu Christi, zumal dem Wort die That zur Seite geht. Es ist nicht der Apostel, der den Kranken gesund macht und seine gelehrte Kraft herstellt, sondern Jesus selbst. Diese Wunderthat ist ein auffallender Beleg dafür, daß Christus in seiner Erhöhung wirkt und nur fortsetzt, was er in seiner Erniedrigung gewirkt hat, (vergl. Kap. 1, 1 ὧν ἤρξατο ὁ Ἰησοῦς ποιεῖν.) — Eben dieses Wort war zugleich ein kräftiger Anhalt für den Glauben des Kranken an die Person und Kraft Christi. Vom Glauben des Gelähmten ist nichts gesagt, Petrus hat nicht nach demselben gefragt; aber vorausgesetzt als vorhanden ist er unstreitig.

4. Die „Bekehrung zum Herrn," nämlich zu Jesu Christo, V. 35, ist ein Zeugniß für die Gottheit Christi. Von den Heiden, welche Christen werden, braucht Lukas selbst, Kap. 15, 19, den Ausdruck ἐπιστρέφειν ἐπὶ τὸν Θεόν, vergleiche μετάνοια εἰς τὸν Θεόν, Kap. 20, 21. Ist der Glaube an Jesum Christum eine Bekehrung zu dem Herrn, so setzt dies seine göttliche Würde und Wesenheit voraus. Das ἐπιστρέφειν ist doch nach biblischem Begriff eine solche Hinwendung des Herzens und Willens, daß das alleinige Vertrauen auf den gesetzt, der demüthigste Gehorsam dem geleistet wird, zu dem man die Wendung nimmt; und dies setzt voraus, daß Christus Gott gleich ist, sonst wäre Bekehrung zu seiner Person nichts Anderes, als Versinken in Abgötterei.

5. Tabitha war „voll guter Werke und Barmherzigkeit." Hier finden wir die Bemerkung Baumgarten's gegründet, in diesem Ausdruck liege, daß die guten Werke und Uebungen der Barmherzigkeit, wodurch sich diese Christin auszeichnete, als etwas ihr innerlich Bleibendes, an ihrer Seele Haftendes geschildert sei, während gute Werke, so wie sie geschehen sind, eine äußerliche Selbstständigkeit gewinnen. Das ist aber eben das Rechte, Christliche an guten Werken, daß die ganze Seele des Menschen sich hineinlegt, daß nicht blos die Hand etwas gibt, etwas thut, sondern die Seele selbst, und daß, was man thut, von Herzen geht. Ist dies der Fall, so ist das Werk nicht ein opus operatum, das der Seele fremd ist, und vollends dem Geiste Gottes, — sondern etwas Seelenhaftes, dessen Uebung an der Seele haftet, und in ihr bleibt, und ihr auch im Tode nachfolgt (Apoc. 14, 13: τὰ δὲ ἔργα αὐτῶν ἀκολουθεῖ μετ' αὐτῶν).

6. Die Auferweckung der Tabitha war so wenig als die Heilung des Aeneas eine selbstständige That des Petrus als Christ und Apostel, sondern eine That Christi, denn sie war wesentlich eine Gebetserhörung. Erst beugt der Apostel die Knie, da er allein ist mit seinem Gott und Herrn, in dem Leichenstübchen; dann erst wendet er sich zu der Leiche und ruft ihr in Kraft des Herrn, den er angerufen hat, des Heilandes, welcher der ἀρχηγὸς τῆς ζωῆς ist (Petri Rede, Kap. 3, 15), zu, aufzustehen. Dieses Gebet ist der wesentlichste Zug, durch welchen sich die Auferweckung der Tabitha von der Töchterleins von Jairus unterscheidet; denn Jesus selbst hatte unmittelbar das todte Kind in's Leben zurückgerufen, Petrus aber thut dies nur, indem er den Herrn um diese Wunderthat bittet. Jesu Name, nicht der seines Apostels, ist dadurch verherrlicht; zu Christo bekehren sich in Folge dessen Viele in Joppe, nicht zu Petro.

## Homiletische Andeutungen.

So hatte nun die Gemeinde Friede u. s. w. [V. 31.] Auf den Sturm kommt immer auch wieder ein Ruhestündlein für die Kirche; mag der Drache noch so sehr schnauben, so breitet doch der Herr seine Flügel über seine Küchlein und beschirmet sie. (Ap. Past.) — Durch ganz Judäa und Samaria. Unter dem Panier des Kreuzes finden Juden und Samariter sich friedlich zusammen; siehe da verbindende Kraft des Evangeliums, die Bestimmung des Christenthums zur Weltreligion! — Und bauete sich und wandelte in der Furcht des Herrn und ward erfüllet mit Trost des Heiligen Geistes. — Die Erquickungszeiten in der Kirche Christi: 1) als Zeiten der Ruhe und Erholung nach den Stürmen der Trübsal; 2) als Zeiten der Sammlung und Stärkung zu neuen Kämpfen. — Wie werden die Friedensjahre in der Gemeinde zu Segensjahren? 1) Wenn uns der Friede nicht übermüthig macht und man den Herrn fürchtet, ob auch kein Feind zu fürchten ist; 2) wenn uns der Friede nicht üppig macht, und man den Trost des Heiligen Geistes sucht, ob's auch dem Fleische wohl ergeht; 3) wenn uns der Friede nicht träge macht, und sich die Gemeinde erbauet, d. h. wächst in allen Stücken des christlichen Lebens, statt selbstgenügsam zu ruhen auf den Lorbeern vergangener Tage. — Im Frieden gilt's zu bauen: Häuser und Felder, Schulen und Kirchen, Herzen und Gemeinden. — Vom gesunden Frieden und vom faulen Frieden 1) im Hause; 2) im Lande; 3) in der Kirche. — Wie erbauet sich eine Gemeinde? 1) Wenn die Ehrfurcht vor Gott und seinem Wort der unerschütterliche Grund ist, darauf Leben und Lehre ruht; 2) wenn Liebe und Friede in Jesu Christo der Kitt ist, der die Herzen mit einander verbindet; 3) wenn die Kraft des Heiligen Geistes der Trieb ist, der die Einzelnen und das Ganze dem himmlischen Vollendung entgegen führt. — Wann blühet eine Gemeinde? 1) Wenn sie wurzelt in der Furcht des Herrn; 2) wenn sie sich verzweigt in brüderlicher Liebe; 3) wenn sie herantreift zu Früchten des Geistes. — Warum sind die Blüthezeiten so kurz in Christenherzen, Christengemeinden, Christenvölkern? — Ist's Frühling oder Herbst in der Kirche des Herrn?

Es geschah aber, da Petrus durchzog allenthalben. [V. 32.] So nöthig einem Garten die Aufsicht des Gärtners, so nöthig ist einer Gemeinde die Kirchenvisitation. Man muß, auch wenn die Kirche in gutem Frieden ist, nicht sicher werden, sondern fleißige Aufsicht haben, denn der Teufel ist nicht müßig, Luk. 11, 24. (Starke.) — Daß er auch zu den Heiligen kam. Großer Verfall, daß der Name eines „Heiligen" zum Spottnamen geworden ist mitten in der Christenheit, daß man es für Selbstruhm achtete, wenn man sich selber anmaßte. Nach der Schrift kann er mit ganz demüthigem Sinn geführt werden. Ein Sünder, der Buße thut, ist ein Heiliger, der sich Gott und Christo zum Eigenthum und Dienst ergibt. (Rieger.)

Daselbst fand er einen Mann, — acht Jahre lang auf dem Bette gelegen. [V. 33.] Unter den Heiligen trifft man auch Kranke an. Die Gemeinschaft der Heiligen behält nach allem Betracht etwas Lazarethmäßiges, wobei immer Einer an dem Andern einen Krankenwärter abgeben muß. Wie viel Lebenskraft ist schon von Jesu Christo ausgegangen! Auch Alles, was an mir kränkelt, wird durch ihn bereinst noch herrlich dargestellet werden. (Rieger.)

Jesus Christus machet dich gesund. [V. 34.] Ein Wort 1) apostolischer Demuth: Jesus Christus thut's, nicht ich; 2) prophetischer Glaubenskraft: Er machet, nicht: er mache — Er ist gesund. — Stehe auf und bette dir selber! — Zweierlei gehört zu einer gesegneten Kur kranker Seelen: 1) man muß sie lehren im

Glauben aufblicken zum Herrn, von dem allein Heil und Hilfe kommt, 2) man muß sie ermuntern, in seiner Kraft aufzustehen und in einem neuen Leben zu wandeln.

Sie belebrten sich an dem Herrn. [V. 35.] So segnet der Herr den Dienst seiner Knechte: die leibliche Kur muß zum Seelenheil führen, und Ein Genesener zieht Viele nach sich.

Eine Jüngerin. [V. 36.] Frauen sollen nicht Lehrerinnen, aber wohl Jüngerinnen in der Gemeinde sein. (Starke.) — Voll guter Werke und Almosen. Das Almosen macht nicht arm; es leeret die Hand, aber füllet das Herz, Spr. 19, 17. (Starke.) — Das schöne Lob der Tabea 1) sie war eine Jüngerin: das deutet auf den Glauben, der mit Maria zu Jesu Füßen sitzt; 2) voll guter Werke und Almosen: das bezeichnet die Liebe, die dem Herrn in seinen Brüdern dient und dadurch der Glaube sich lebendig erweiset.

Es begab sich, daß sie krank ward und starb. [V. 37.] Weder von ihrem Kranksein, noch von ihrem Sterben werden viel Worte gemacht. Aber gewiß ist der Herr auch an ihrem Krankenlager und Sterbebette gewesen, wie er zuvor in ihrem Gebetskämmerlein, wo sie als seine Jüngerin gekniet, und in ihrer Arbeitsstube, wo sie in seinem Dienst den Armen Röcke genäht, nicht gefehlt hatte. — Wie du lebst, so stirbst du.

Da die Jünger höreten, daß Petrus zu Lydda war, sandten sie zu ihm. [V. 38.] Sie waren auch Gläubige, aber sie hatten die Wundergaben unter Petrus nicht. Gnade und Gaben sind zweierlei. Letztere theilt Gott nach seiner Weisheit aus und gibt dem einen Knecht fünf Pfund, dem Andern drei, dem dritten eins. (Apost. Past.)

Zeigten ihm die Röcke und Kleider rc. [V. 39.] Hinterlassene Guthaten sind die besten Reliquien der Heiligen. (Starke.) — Die Thränen der Witwen um die Bahre der Tabea ein schönes Zeugniß 1) für die Verstorbene und ihre Liebe; 2) für die Hinterbliebenen und ihre Dankbarkeit.

Da Petrus sie Alle hinausgetrieben hatte, kniete er nieder und betete. [V. 40.] Warum ließ er die Anwesenden abtreten? 1) nach dem Vorbilde seines Meisters bei Jairi Töchterlein, 2) mag er bei Etlichen eiteln Fürwitz wahrgenommen haben, „wie denn manche sonst guter Seelen des weiblichen Geschlechts solche Schwachheit an sich haben" (Starke); 3) um in der Stille besser beten zu können; 4) weil er damals noch nicht gewußt, ob es dem Herrn Wille sei, der Entschlafenen das Leben wieder zu geben. Er begehrt deßhalb mit dem Herrn allein zu reden und ihm die Jünger Anliegen vorzutragen. Merke: a. Ein Lehrer, wenn er auch apostolische Wunderkräfte hätte, muß dennoch in einem beständigen Abhangen vom Herrn bleiben, darf nie in seinem Amte vermessen handeln und denken, er könne etwas. b. Man darf nicht in eine gute Sache, die auch gute Seelen oder Jünger von uns verlangen, ungeprüft eingehen, sondern muß zuvor den Herrn darüber fragen, besonders wenn es das Leben oder Sterben eines Gotteskindes, das Bleiben oder Wegziehen eines Lehrers u. dgl. betrifft. c. Das einsame Gebet ist besonders in solchen Fällen nö-

thig. (Apostol. Pastor.) — Tabea stehe auf! So sollte es den Lehrern auch bei geistlicher Erweckung der Seelen gelingen. Im Gebet vor Gott Kraft und Freudigkeit haben; mit dem Wort Gottes in die todten Herzen bringen; die Aufgeweckten durch Handreichung aufrichten und weiterleiten (V. 41) und aus todten Sündern lebendige Heilige zum Preis Gottes und zum Exempel für Andere darstellen [V. 41], — das ist eine eines Apostels und Nachfolgers Jesu würdige Arbeit. (Apost. Past.)

Rief den Heiligen u. s. w. [V. 41.] Etwas überaus Schönes, wenn ein Lehrer den in seiner Kammer auf den Knieen erbetenen Segen öffentlich ausbreiten und als Samen weiterer Früchte ausstreuen kann! (Apost. Past.)

Und es ward kund durch ganz Joppe. [V. 42.] Simon, Jonas Sohn (Matth. 16, 17), kommt in Joppe mehr zu Ehren, als Jonas, der alte Prophet [Jon. 1, 3]. (Starke.) — Viele wurden gläubig. In Lydda bekehrten sich Alle [V. 35], in Joppe nur Viele. Alle Wunder haben nicht einerlei Wirkung und alle Predigten nicht einerlei Segen. (Apost. Past.)

Und es geschah, daß er lange Zeit in Joppe blieb. [V. 43.] Thut Gott einem Lehrer irgendwo eine große Thür auf, so ist er verbunden, da, so lang er kann, zu bleiben, damit das Gute einwurzeln könne. — Bei einem Simon, der ein Gerber war. Keine Profession ist vor der Welt so gering, auch äußerlich so schmutzig, die sich nicht heiligen ließet. (Starke.) — Ob auch vor Menschen unangesehn: im Himmel und vor den Engeln Gottes war das Haus des Gerbers Simon nach Kap. 10, 6 wohl bekannt und angeschrieben. (Rieger.)

Zum ganzen Abschnitt, V. 36—43: Die Gemeinde Christi ist reich an Liebe und durch Liebe. 1) Immer werden in einer Gemeinde sich solche Seelen finden, die gleichsam als Mittelpunkte und Sammelplätze für die in der Gemeinde vorhandene Liebe dienen, durch deren Hände alles Liebeswert geht, die für die Uebrigen immer laute und stille Mahner sind. Wo auch nur Eine Tabea in einer Gemeinde ist, die ist reich durch Liebe; an einer solchen Seele hat die Gemeinde das größte Kapital; und wo eine solche stirbt, da wird Gott wieder Nachfolge erwecken, die Liebe stirbt nicht. 2) Aber reich an Liebe und durch Liebe ist die Gemeinde doch nur dann, wenn der gebenden Liebe auch die dankbar empfangende entgegenkommt; sonst ist in allen empfangenen Gaben dennoch kein Segen. (Palmer, Homil.). — Wie gute Werke und Almosen nothwendige Züge sind in dem Bilde eines rechten Christen. (Bed. hom. Rep.) — Wie der Herr immer Männer bereit hat, das Erstorbene in seiner Kirche in's Leben zu rufen. (Derf.) — Ueber die Theilnahme des christlichen Weibes am Werke der innern Mission: 1) ihre Pflicht, 2) ihr Geschick, 3) ihre Gelegenheit dazu. (Fritz, Zeitpr.) — Die christliche Theilnahme am Schmerz und Wehe des Nächsten. (J. Hartmann, Zeugnisse evangel. Wahrh.) Wie sollen die Wunder Jesu und der Apostel uns zum Segen dienen? Sie sollen 1) unsern Glauben stärken; 2) uns zur Heiligung erwecken. (Lisko.) — Tabea, kein Modebild, aber ein Musterbild für christliche Frauen und Jungfrauen 1) in ihrem Leben: durch ihren Wandel im Glauben (sie war eine Jüngerin) und ihre Arbeit in der Liebe (voll Almosen und guter Werke); 2) in ihrem Tode: durch die Thränen der Liebe (die Wittwen) und Gebet des Glaubens (Petrus) an ihrer Bahre; 3) in ihrem Wiederaufleben, als einem Bilde der seligen Fortbauer eines gottgeheiligten Lebens, hienieden in gesegnetem Gedächtniß, droben in himmlischer Verklärung. — Der Todtensöller der Tabea und die Sterbekammern unsrer Lieben 1) als dunkle Schmerzensstätten der mit Recht weinenden Liebe; 2) als stille Betkapellen des mit Gott ringenden Glaubens; 3) als glorreiche Siegesfelder einer über Tod und Grab triumphirenden Hoffnung. — Die todte Tabea — ein Lebensbild zur Erweckung für Viele. 1) Der Lebenslauf der an ihrem Sarge verlesen wird, kurz und doch viel sagend: „eine Jüngerin" — „voll guter Werke", 2) das Leichengefolge, das um ihre Bahre steht, einfach und doch rührend: die weinende Liebe und der tröstende Glaube, 3) das Grablied, das bei ihrer Leiche ertönt, ein Triumphruf des Lebens: Tabea, stehe auf! einzig in seiner Art, und doch uns Allen zum Trost, denn es deutet hin nicht nur auf eine kurze Fortsetzung ihres Erdenlaufs; nein auf ein ewiges Auferstehen und Fortleben aller Kinder Gottes, droben in des Vaters Haus und hienieden in denen, die durch sie zu Gott gewiesen werden [B. 42]. — Zeitpredigt über innere Mission 1850. Tabea, stehe auf! ein Weckruf an unsre Zeit. 1) An wen ergeht er? Wach auf, Geist der Liebe und des Erbarmens! Dieser Ruf ergeht an die ganze heutige, zumal evangelische Christenheit. Und wenn die Männer nicht hören wollen, dann beschämt ihr sie, ihr Frauen, die ihr seit den Tagen der Tabea immer vorangegangen seid in den Werken der Liebe und Heldenthaten christlicher Erbarmens. 2) Warum ergeht er? groß ist die Noth der Zeit, und doch ist die Schuld der rettenden Liebe angelaufen zumal in der evangelischen Kirche, die hierin zu lernen hat von ihrer katholischen Schwester. 3) Woher kommt er? Nicht von außen her. Nicht Modesache ist das Werk der inneren Mission, nicht der weltliche Arm für sich kann da helfen; der Herr muß dabei sein, Petrus muß kommen: Gottes Wort mit seiner Kraft, die Kirche mit ihrem Segen, das geistliche Amt mit seiner Liebe. — Die wunderbare Erweckung der Tabea ein Bild des Gnadenwunders geistlicher Erweckung. Da geht 1) voran Schmerz und Mitleid der trauernden Gemeinde: die weinenden Wittwen, 2) Fürbitte und Gebet gläubiger Gottesknechte: der betende Petrus, 3) erwecklicher Zuruf des göttlichen Worts „Tabea, stehe auf." Es erfolgen 4) die ersten Lebenszeichen der erwachten Seele: „sie that die Augen auf — sahe Petrum an — setzte sich". Es thut ferner Noth 5) freundliche Handreichung für das noch schwache Leben: er gab ihr die Hand und richtete sie auf, 6) „liebreiche Aufnahme in die Gemeinde: „rief den Heiligen und den Wittwen und stellete sie lebendig dar." Endlich bleibt nicht aus 7) ein gesegneter Eindruck auf Viele [V. 42]. — Vergl. zum Lebens- und Todtenbilde der Tabea die von Rieger herausgegebene „Lebensbeschreibung der frommen Beata Sturm, 1730, genannt (per anagramma) die württembergische Tabea."

## B.

Von Joppe aus wird Petrus mittels in einander greifender göttlicher Offenbarungen an den römischen Hauptmann Cornelius in Cäsarea gewiesen, welchem er Christum verkündigt, und als sofort ihm und andern heidnischen Zuhörern die Gabe des Heiligen Geistes geschenkt ward, die Taufe ertheilen läßt. (Kap. 10, 1—48).

**1.** Der gottesfürchtige römische Hauptmann Cornelius in Cäsarea wird durch eine Engelerscheinung bewogen, den Petrus aus Joppe zu sich rufen zu lassen. (Kap. 10, 1—8).

Aber ein Mann¹) zu Cäsarea, mit Namen Cornelius, ein Hauptmann von der so 1 genannten italischen Schaar, *fromm und gottesfürchtig mit seinem ganzen Hause, wel- 2 cher dem Volk (Israel) viel Almosen gab, und stets zu Gott flehte, *sah in einem Ge- 3 sichte deutlich, um²) die neunte Tagesstunde, einen Engel Gottes zu sich eintreten, der sprach zu ihm: Cornelius! *Er aber sah ihn an, erschrak und sprach: „Was ist es, 4 Herr?" Er aber sprach zu ihm: „Deine Gebete und deine Almosen sind hinaufgekommen zum Andenken vor Gott. *Und nun sende Männer nach Joppe, und laß holen einen 5 gewissen³) Simon, mit dem Zunamen Petrus, *dieser ist als Gast bei einem gewissen 6 Gerber Simon, welcher ein Haus am Meere hat⁴)." *Als aber der Engel, der mit ihm 7 redete, hinweggegangen war, rief er zwei seiner Bedienten und einen gottesfürchtigen Soldaten von denen, welche beständig ihm zur Seite waren, *und erzählte ihnen alles und 8 schickte sie nach Joppe.

1) Das ἦν nach τις fehlt in sämmtlichen Haupteodd., und wurde nur darum eingefügt, weil man übersah, daß erst εἶδεν V. 3 das Verb. zu D. 1 u. 2 ist.

2) ὡσεὶ περὶ steht zwar in A. B. C. E. und ist von Lachmann vorgezogen, übrigens ist ὡσεὶ allein durch Cod. G. so wie durch Chrysostomus und Oekumenius beglaubigt; περὶ ist keineswegs nöthig, und vermuthlich eingeschoben.

3) τινα nach Σίμωνα ist zwar beglaubigt, als die Beglaubung desselben; es steht außer A. B. C. auch in vielen alten Versionen, scheint aber wohl des altberühmten Apostels nicht würdig.

4) Der Schluß von V. 6: οὗτος λαλήσει σοι, τί σε δεῖ ποιεῖν im textus receptus, ist unzweifelhaft unächt, er fehlt in sämmtlichen Codd. ersten Ranges, auch in alten Versionen, und ist aus V. 32 und Kap. 9, 6 geflossen.

### Exegetische Erläuterungen.

**1. Ein Mann zu Cäsarea, mit Namen Cornelius.** Cäsarea (Palästina) am Mittelländischen Meer gelegen, mit einem trefflichen Hafen versehen, der sehr in Aufnahme kam, war von Herodes dem Großen erbaut, meist von Heiden, doch auch von einigen Tausend Juden bewohnt, wurde später von den römischen Prokuratoren zu ihrem Wohnsitz erwählt, weßhalb es von Tacitus Hist. 2, 79 Judaeae caput genannt wird. Cornelius war Hauptmann (centurio) der italischen Schaar (cohors), welche ihren Namen ohne Zweifel zum Unterschied von Soldaten hatte, welche aus Palästina oder Syrien selbst ausgehoben und dem römischen Heer einverleibt waren; jene waren geborne Römer, wenigstens Italiener, und bildeten den Kern der Besatzung. Vermuthlich hatte damals der Prokurator seinen Sitz schon in Cäsarea genommen, weil die römische Garnison daselbst lag. Dieser Centurio Cornelius war ohne Zweifel selbst auch Italiäner von Herkunft. Seinem Charakter nach schildert ihn Lukas als fromm ($εὐσεβής$ das Allgemeinste, was auch von rein heidnischer Frömmigkeit ausgesagt werden kann) und mit seinem ganzen Hause Gott fürchtend ($φοβ. τὸν θεόν$ eine auf den einen wahren Gott sich beziehende Gottesfurcht); diese Gesinnung bethätigte er theils durch fleißiges Beten und Flehen zu Gott, theils durch Uebung praktischer Mildthätigkeit gegen Israeliten ($ὁ λαός$ das Volk Israel, wie auch sener Centurio zu Kapernaum das Volk Israel lieb hatte und ihm aus eigenem Mitteln eine Synagoge erbaut hatte (Evang. Lukas 7, 5). Diese Schilderung läßt denken, daß Cornelius, wie Manche seines Zeitalters, von seiner angestammten heidnischen Religion unbefriedigt, sich suchend dem Glauben Israels und der Erkenntniß und Verehrung des einen wahren Gottes zugewendet hatte. Kein Wunder, daß ihm allgemeine Achtung von Seiten der Juden (V. 22) zu Theil ward. Uebrigens liegt in dieser Schilderung kein Grund anzunehmen, daß er ein Proselyt im rechtlichen Sinne des Worts gewesen sei, wie man meist angenommen hat (Grotius, Neander u. A.); denn er wird doch in der ganzen Erzählung (cf. V. 28; 11, 1) in rechtlicher und sozialer Beziehung geradezu als Heide betrachtet. Er hatte nur in freier Weise, nach Denkungsart und häuslicher Gottesverehrung, sich dem Judenthum zugeneigt, nicht aber durch irgend einen entscheidenden Akt auch äußerlich sich angeschlossen.

**2. Sah in einem Gesicht einen Engel Gottes.** Die Engelerscheinung ward dem Cornelius um die neunte Stunde (3 Uhr Nachmittags), die dritte Gebetsstunde, welche der fromme Heide vermuthlich von freien Stücken mitbeobachtete, zu Theil. Da sah er in einem Gesicht, d. h. in einer von Gott geschenkten Anschauung, übrigens auf deutliche Weise, nicht durch Sinnentäuschung ($φανερῶς$), einen Engel Gottes in's Zimmer treten, der ihn beim Namen anredete. Cornelius blickt auf und schaut die Gestalt aufmerksam an, erschrickt über der unvermutheten und blendenden Erscheinung, antwortet auf die Anrede mit höflicher Frage. Der Engel kündigt ihm an, daß seine Gebete und Almosen vor Gott unvergessen geblieben sind ($ἀνέβησαν εἰς μνημόσυνον = γενησόμεναι μνημόσυνον$); sie sind hinaufgestiegen, wie der Opferrauch gen Himmel, so daß sie Gott an dich erinnern. Und nun erhält Cornelius Befehl, damit er durch Petrus weiter zum Heil geführt werde, denselben aus Joppe herbeirufen zu lassen; $Σίμωνά τινα$, weil dem Römer der Apostel noch unbekannt ist; zugleich wird ihm das Wohnhaus und der Mann, in dem er als Gast wohnt ($ξενίζεται$ hospitatur) genau genug bezeichnet.

**3. Cornelius befolgt die erhaltene Weisung unverzüglich, beruft zwei seiner Bedienten ($οἰκέτης$ ein meist ehrenvollerer Name, als $δοῦλος$), welche, als zu seinem $οἶκος$ gehörig V. 2, gottesfürchtig waren, und einen frommen Soldaten ($εὐσεβῆς$ siehe oben zu V. 2), aus der Reihe derer, die zu seinem nächsten Dienst (als Ordonnanzen) befehligt waren. Er setzt sie von der ihm gewordenen Erscheinung rückhaltlos ($ἅπαντα$) in Kenntniß, und schickt sie mit den nöthigen Aufträgen nach Joppe ab.

### Christologisch-dogmatische Grundgedanken.

**1.** Wie sehr in dieser Bekehrungsgeschichte des ersten Heiden Alles rein göttliche Führung sein sollte, erhellt unter Anderem auch daraus, daß Cornelius nicht mit dem Evangelisten Philippus, den er weit näher haben konnte, da er Kap. 8, 40 vgl. Kap. 21, 8 ohne Zweifel eben damals in Cäsarea wohnte, zusammenkam, sondern mit Petrus, welcher doch nicht an Ort und Stelle sich befand, zusammengeführt wurde. Es sollte nicht ein einfaches Gemeindeglied oder ein Evangelist wie Philippus sein, durch welchen der erste Heide getauft und in die Gemeinde aufgenommen wurde, sondern einer von den Zwölfen selbst, und zwar derjenige, welcher durch Wort und That unter ihnen hervorragte.

**2. Der Engel**, welcher dem Cornelius erschien, sollte nicht ihn selbst bekehren, sondern ihm nur den Befehl Gottes überbringen, den Petrus herbeirufen zu lassen. Petrus hat ihm das Evangelium verkündigt und in ihm die Gemeinde Christi aufgenommen. Es ist der Rathschluß Gottes und der Weg, den er gemacht hat, daß gepredigt werde im Namen Jesu Buße und Vergebung der Sünden allen Völkern, daß also das Wort des Evangeliums, und zwar das Wort durch Menschen bezeugt, das Mittel des Heils sein solle. Nie ist die Sendung eines Engels das unmittelbare Mittel zur Bekehrung einer Seele gewesen, und nimmermehr soll ein Mensch seinen Glauben von einer solchen außerordentlichen Erscheinung aus der höheren Welt abhängig machen.

**3.** Dem Gebet und den Almosen des Cornelius wird nicht allein in der Charakteristik von Seiten des Geschichtschreibers, sondern auch in der Botschaft des Engels ein hoher Werth beigelegt, in letzterer sogar in der Weise, daß die Offenbarung Gottes, welche zu dem ewigen Heil des Römers führen wird, mit jenen frommen Werken in Zusammenhang gesetzt ist. Liegt darin eine Verdienstlichkeit der Werke, ein meritum ex congruo nach dem römischen Begriff? Darum nicht, weil diese Werke a. nicht als äußere Werke einen Werth für sich haben, sondern vermöge der Herzensfrömmigkeit, die ihre Quelle war; b. weil auch die Gottesfurcht, aus welcher die Wohlthaten des Cornelius gegen das Volk Gottes, sowie seine fleißigen Gebete hervorgingen, selbst erst von der ihm entgegenkommenden und ihn von weitem suchenden Gnade und Offenbarung Gottes aus alttestamentlichem Boden bedingt war. Was Gott wohlgefiel an ihm,

war die Empfänglichkeit für die Wahrheit und die Treue gegen die Erkenntniß, die ihm bisher geschenkt war. Und wer treu ist im Geringen, dem wird das Große anvertraut. Diese Treue, die sorgfältige Uebung im Gehorsam bewahrt Cornelius auch in der augenblicklichen Befolgung der ihm ertheilten Weisung V. 7.
(Homiletische Andeutungen f. S. 147.)

2. Ehe die Botschaft dem Petrus zukommt, befiehlt ihm Gott in einer Entzückung sinnbildlich, nichts für unrein zu achten, was Gott gereinigt hat. Unmittelbar darauf treffen die Abgesandten des Cornelius mit dessen Einladung bei ihm ein. (Kap. 10, 9—23a.)

Am nächsten Tage aber, während jene¹) auf der Reise begriffen waren und sich 9 der Stadt näherten, stieg Petrus auf das Dach, um zu beten, um die sechste Stunde. *Er wurde aber hungrig und wollte etwas genießen; da sie²) ihm aber etwas zubereiteten, trat eine Entzückung bei ihm ein³), *und er sieht den Himmel geöffnet und herabkommen⁴) ein Geräthe wie ein großes Leintuch, an den vier Enden gebunden⁵) und niedergelassen auf die Erde; *darinnen waren alle vierfüßigen und kriechenden Thiere der Erde⁶) und Vögel des Himmels. *Und es geschah eine Stimme zu ihm: Stehe auf, Petrus, schlachte und iß! Petrus aber sprach: *Nimmermehr, o Herr! denn ich habe noch nie etwas Gemeines und⁷) Unreines gegessen. *Und wieder sprach zum zweiten Mal eine Stimme zu ihm: Was Gott gereiniget hat, das mache du nicht gemein! *Dieses geschah dreimal, und sogleich⁸) wurde dann das Geräth aufgenommen in den Himmel. *Als aber Petrus bei sich selbst⁹) ungewiß war, was das Gesicht wäre, das er gesehen hatte, siehe¹⁰) da standen die von Cornelius abgesandten Männer, nachdem sie das Haus Simons erkundigt hatten, an der Thüre, *riefen und fragten, ob Simon mit dem Zunamen Petrus hier zu Gaste sei. *Während aber Petrus im Nachdenken¹¹) über das Gesicht begriffen war, sprach der Geist zu ihm: Siehe, Männer¹²) suchen dich. *Aber stehe auf, steige hinab, und gehe mit ihnen, denn¹³) ich habe sie gesandt. *Da stieg Petrus hinab und sprach zu den Männern¹⁴): Siehe, ich bin's, den ihr suchet; was ist der Grund, darum ihr hier seid? *Sie aber sprachen: Cornelius der Hauptmann, ein gerechter und gottesfürchtiger Mann, welcher auch in gutem Rufe steht bei dem ganzen Volk der Juden, hat von einem heiligen Engel göttlichen Befehl erhalten, dich in sein Haus holen zu lassen, und Worte von dir zu hören. *Da rief er sie hinein und beherbergete sie. 23

### Exegetische Erläuterungen.

1. Am nächsten Tage. Cäsarea war laut der Angabe des Christ (Winer, Realwörterbuch) 30 römische Meilen von Joppe entfernt, also eine Strecke Wegs, welche mehr als eine Tagereise betrug. Die Boten des Römers, welchem c. 3 Uhr Nachmittags der Engel erschienen war, sind, wie aus V. 7 ff. zu

---

1) ἐκείνων in B. C. Vulg. und bei einigen Kirchenvätern wurde mit dem für die unmittelbar vorher genannten Personen passender scheinenden αὐτῶν vertauscht, ist aber mit Tischendorf vorzuziehen.

2) Hier ist umgekehrt αὐτῶν ungleich besser bezeugt als ἐκείνων.

3) ἐγένετο bei A. B. C., von Griesbach empfohlen, von Lachmann und Tischendorf aufgenommen, wurde mit dem zu ἔκστασις und dem Begriff der übermältigenden Nacht von oben passender erscheinenden ἐπέπεσεν vertauscht.

4) ἐπ᾿ αὐτόν nach καταβαῖνον steht nur in Cod. G., und fehlt in den bedeutendsten Handschriften, so wie in vielen alten Versionen, ist ohne Zweifel unächt.

5) Die Worte δεδεμένον καὶ fehlen in einigen Urkunden, daher Lachmann, früher auch Tischendorf, sie strichen; allein sie sind vermuthlich nach der Analogie von Kap. 11, 5 weggelassen worden, aber hier ächt, während dort keine Variante existirt.

6) Die Stellung von τῆς γῆς erst nach ἑρπετά hat überwiegende Zeugen für sich.

7) καὶ statt ἢ hat A. B. eine Anzahl alte Versionen und Kirchenväter für sich, daher von Lachmann und Tischendorf vorgezogen.

8) εὐθὺς statt πάλιν ist überwiegend bezeugt, würde auch nicht an die Stelle des einleuchtenderen πάλιν gesetzt worden sein, während dies umgekehrt leicht geschah.

9) ἐγένετο nach ἑαυτῷ hat Bornemann in den Text aufgenommen, während C nur einen Cod., D., für sich hat und völlig überflüssig ist.

10) καί vor ἰδού läßt Lachmann auf Grund von A. B. und einigen Minuskeln und Versionen weg, es könnte aber, wenn es dastand, entbehrlich scheinen.

11) Das Compos. διενθυμ. ist auf eine zweifellose Weise beglaubigt, und dem einfachern ἐνθυμ. (rec.) vorzuziehen.

12) τρεῖς (Kap. 11, 11) hat zwar einige namhafte Codd. für sich, ist aber doch wohl späterer Zusatz; hierfür spricht auch, daß B. δύο hat, siehe V. 7.

13) ὅτι hat geradezu alle Urkunden, gegen eine einzige (G.), welche διότι liest, für sich.

14) Die Worte nach τοὺς ἄνδρας: τοὺς ἀπεσταλμένους ἀπὸ τοῦ Κορνηλίου πρὸς αὐτόν stehen nur in einem einzigen Uncialcod. H., und in einigen Minuskeln und Kirchenvätern, jedoch mit mannigfaltigen Abweichungen. Es ist sicherlich ein späterer Zusatz.

entnehmen ist, unmittelbar darauf jedenfalls noch jenen Abend abgegangen, und des andern Tages um die sechste Stunde [V. 9] d. h. Mittags 12 Uhr, als Petrus auf das Dach stieg und seine Vision erhielt, näherten sie sich der Stadt Joppe. Auch auf dem Rückweg, wo Petrus sie begleitete, haben sie mehr als einen Tag zu der Reise gebraucht, V. 23 ff.

2. **Stieg Petrus auf das Dach, um zu beten.** δῶμα hat Luther mit „Söller" übersetzt, auch andere Ausleger haben es als gleich mit ὑπερῷον genommen; aber dieses hätte Lukas so gut als an andern Stellen gesetzt, wenn er es gemeint hätte; δῶμα selbst bedeutet das Haus, oder einen Theil desselben, allerdings nie für sich allein schon das Dach; aber ἐπί τ. δ. deutet darauf, daß das Dach gemeint sein wird, und vollends die Vision, bei welcher Petrus den Himmel geöffnet und etwas vom Himmel herabgelassen sieht, setzt voraus, daß er unter freiem Himmel also auf dem platten Dach des Wohnhauses sich befand, wohin man öfters zu stillen religiösen Uebungen sich zu begeben pflegte. Diesesmal begab sich der Apostel hinauf, um sein Gebet zu verrichten, denn gerade die sechste Stunde war eine der drei täglichen Gebetszeiten. Um diese Tageszeit begreift sich auch, daß Petrus Hunger empfand, aber während die Hausgenossen (αὐτῶν), Familie oder Gesinde des Gerbers Simon, etwas Nahrung zubereiteten, trat die ἔκστασις ein.

3. **Trat eine Entzückung bei ihm ein.** In der plötzlich und mit unwiderstehlicher Gewalt (ἐπ᾽ αὐτόν) ihn außer sich versetzenden Entzückung sieht Petrus, hört, antwortet. — Alles in einem Zustande, wobei das ordentliche Bewußtsein und Wahrnehmen der umgebenden Erscheinungswelt aufgehoben ist und die Seele nur für die ihm von Gott gewordene Erscheinung empfänglich ist. Er sieht den Himmel geöffnet und ein Geräth, einem großen leinenen Tuch gleich, herabkommen, das an seinen vier Enden gebunden und daran herniedergelassen wurde, so daß man sich vorstellen muß, es sei an den vier Zipfeln fest gehalten und kann so niedergesenkt, daß Petrus in dem ekstatischen Seelenzustande hineinschauen und merken konnte, was sich alles darin befand; nämlich alle vierfüßigen und kriechenden Thiere des Erdbodens und die Vögel des Himmels. Und zwar ist πάντα nicht mit Kuinoel = varii generis zu nehmen, was πάντες c. Art. nicht bedeutet, sondern gerade = sämmtliche Thiere, wobei der Anstoß, dies sei ja nicht möglich, von keinem Belang ist, denn hier ist von einer Vision die Rede, nicht von einer objektiven Erscheinung; prospectum hunc humano modo non debemus metiri, quin ecstasis Petro alios oculos dabat (Calv.). Es sind alle Thiere gemeint, mit Ausnahme der Fische, welche in dem trockenen Tuch nicht wohl dargestellt werden konnten. Wenn aber mehrere Ausleger voraussetzten, es seien lauter levitisch unreine Thiere dem Petrus vorgestellt worden (Kuinoel u. A.), so ist dies ganz willkürlich ersonnen und widerspricht dem universellen πάντα mit Art.

4. **Stehe auf, schlachte und iß!** Das ἀναστάς setzt nicht gerade voraus, daß Petrus während der Entzückung lag, auch im Knien, noch vom Gebet her, sondern es enthält nur die Aufmunterung zu einer Handlung. Die Aufforderung, zu schlachten (hier θύω nicht: opfern) und zu essen, knüpft an das augenblickliche Bedürfniß an, faßt

aber in sich ein beliebiges Zugreifen, ohne prüfende Unterscheidung zwischen levitisch reinen und unreinen Thieren. Eben dessen aber weigert sich Petrus V. 14 auf sehr bestimmte Weise, mit Berufung auf seine strenge Beobachtung der Vorschriften in dieser Hinsicht (vergl. Levit. 11, 7. 13. 23.). Die Anrede κύριε ist eine ehrerbietige, aber setzt so wenig voraus, daß Christus mit ihm rede, als die Frage des Saulus, Kap. 9, 5: τίς εἶ, κύριε; da die Stimme zum zweitenmal erschallt, sagt sie: was Gott gereinigt hat (rein gemacht, für rein erklärt), das mache du (Gegensatz: der große Gott) nicht gemein, das erkläre, behandle du nicht als unrein und profan. Nachdem das Anerbieten dreimal (ἐπὶ τρίς bis auf drei Male) erfolgt war, wurde das Geräth sogleich in den Himmel hinaufgenommen; der Aorist ἀνελήφθη so gut als εὐθύς gibt zu verstehen, daß die Hinaufnahme rasch geschah, während das Herunterlassen langsam und zusehends statt gefunden hatte, V. 11.

5. **Als aber Petrus bei sich selbst ungewiß war.** Was das Gesicht zu bedeuten habe, ihm sagen wollte, das war dem Apostel nicht auf der Stelle klar, er war im Zweifel darüber (διηπόρει), und dachte eine gute Weile ernstlich darüber nach (V. 19 διενθυμουμένου). Die Lösung des Räthsels wurde ihm faktisch gegeben durch die im gleichen Augenblick an ihn gelangende Berufung zu dem Heiden Cornelius. Was ihm geoffenbart werden sollte, bezog sich nicht bloß auf die Speisen unmittelbar und auf unbedenkliches Mitgenießen derjenigen Nahrung, welche Heiden ihm bereiten würden, sondern auf Heiden selbst, welche von Gott gereinigt und von ihm alsdann nicht für unrein und profan gehalten und als unheilig gemieden werden sollten. Die Thiere, welche ihm gezeigt wurden, waren Sinnbilder von menschlichen Persönlichkeiten, ja der gesammten Menschheit, sofern sämmtliche Thiere der Erde ihm vor Augen gestellt worden waren. Demnach sollte der Unterschied innerhalb der Menschheit zwischen Reinen und Unreinen (nach levitischem Maßstab) d. h. zwischen Juden und Heiden durch Gottes eigenes reinigendes Eingreifen aufhören. Durch ἐν ἑαυτῷ vor διηπόρει ist zugleich zu verstehen gegeben, daß Petrus uun nicht mehr in dem Zustand der Entzückung, sondern bei sich war, d. h. in den Zustand des geregelten ordentlichen Bewußtseins und Selbstbewußtseins zurückgekehrt war.

6. **Siehe, Männer suchen dich.** Während die Boten des Cornelius schon vor dem Thor des Hauses standen und nach Petrus fragten, war er noch in tiefes Nachsinnen über die Bedeutung der Vision versunken. Da eröffnet ihm, ohne daß er das Rufen der Fremden hört, den Geist Christi innerlich, daß Leute da sind, die ihn suchen, und befiehlt ihm, hinabzugehen und unbedenklich mit ihnen die Reise zu machen, denn sie seien vom Herrn selbst gesandt. Wenn man annimmt, Petrus habe auf dem Dach die Leute rufen hören, sie erblickt und als Heiden erkannt, und wenn man dies weiter ausspinnt (wie Neander), so thut man der Erzählung Gewalt an, welche die Sache durch einen übernatürlichen, nicht natürlichen Pragmatismus erklärt. Petrus stieg hinab und zwar, — da in der Regel zwei Treppen auf das Dach führten, eine innerhalb des Hauses und eine unmittelbar von der Straße aus, — vermuthlich auf der äußeren Treppe und stellte sich ihnen vor, mit der Frage, was sie herführe.

**7. Sie aber sprachen.** In der Antwort ist die Charakteristik bemerkenswerth, welche die Boten des Cornelius von ihrem Herrn entwerfen; sie ist gerade in ihrem Munde sehr passend. Anstatt des εὐσεβής V. 2 steht hier δίκαιος, ein Prädikat, worüber gerade die Untergebenen des Mannes am meisten Erfahrung haben konnten. Und daß sie den guten Ruf, in welchem der Hauptmann bei allen Juden stehe, in die Wagschale legen, ist sowohl für die Redenden, welche zwar Heiden waren, aber wohl auch eine Neigung zu den Israeliten hatten, als für Petrus, welchem sie ihren Absender dadurch empfehlen wollen, höchst angemessen. Der Ausdruck χρηματίζομαι, welcher auf heidnischem Boden von Orakeln und andern Götterfprüchen gebräuchlich war, eignet sich ebenfalls trefflich, ohne daß er auf testamentlichem Boden profan klingt. Auch die ausführliche Erklärung zu μεταπέμψασθαι, welche indirekt entschuldigt, daß Cornelius nicht selbst sich zu Petrus bemüht, sondern ihm zumuthet, ihn aufzusuchen, ist ganz an ihrem Ort. — Petrus ist selbst ein Gast in diesem Hause und führt noch die Gäste, die beherbergt werden, darin ein. Und daß er keinen Anstand nimmt, sie als Gäste einzuladen, bevor er mit ihnen zieht, ist schon eine Folge der ihm ertheilten Offenbarung.

## Christologisch-dogmatische Grundgedanken.

1. Die in einer Vision während ekstatischen Zustandes dem Petrus ertheilte Offenbarung bezieht sich auf die Mission an die Heiden. Nicht die ethische Aufhebung der levitischen Reinigkeitsgesetze für die Judenchristen in und für sich sollte dadurch kund gethan werden; der ganze geschichtliche und pragmatische Zusammenhang, in welchem diese Erzählung steht, entscheidet gegen diese Auffassung. Zunächst sollen dem Petrus alle Bedenken (vergl. V. 20 μηδὲν διακρινόμενος), die ihn hinderten, sich zum Behuf der Predigt des Evangeliums mit Heiden direkt einzulassen, auf Grund göttlicher Entscheidung benommen werden. Und zwar ein für allemal. Denn die Eröffnung hatte in der bevorstehenden Bekehrung des Cornelius keineswegs ihr ausschließliches Ziel, sondern es wurde im Grundsatz damit festgestellt. Daß Heiden bekehrt werden und in das Reich Christi eingehen sollen, konnte den Aposteln nie zweifelhaft sein, vermöge der Weissagungen des Alten Testaments und der ausdrücklichen Befehle und Verheißungen Jesu Christi, wie denn auch Petrus selbst schon in seiner Rede Kap. 2, 39, sodann Kap. 3, 25 ff. Andeutungen auf die Bekehrung der Heiden gemacht hat. Aber daß Heiden unmittelbar in die Gemeinde Christi könnten aufgenommen werden, davon hatten die Apostel, wie es scheint, noch keinen Begriff, vielmehr setzten sie ohne Zweifel voraus, daß Heiden nur unter der Bedingung des Uebertritts zum Volk Israel auch Christen werden könnten, so daß sie durch Beschneidung dem Volk Gottes einverleibt würden und eben damit sich den levitischen Gesetzen und dem ganzen Mosaismus unterwerfen müßten. Gerade dieses Vorurtheil bedurfte einer Widerlegung, welche vermöge göttlicher Offenbarung vollzogen worden ist. Diese Vision nun hatte keinen andern Hauptinhalt, als den: „Was Gott gereiniget hat, das mache du nicht gemein!" V. 15. Die Menge Thiere, welche Petrus in der Vision sehen durfte, wurden ja vom Himmel herabgelassen, und aus dem Himmel kann doch nichts Anderes, als was rein und gut ist, herniederkommen. Das ist ein Sinnbild derjenigen Heiden, die Gott selbst durch seine Gnadenwirkung gereiniget und in annehmbaren Stand gesetzt hat. Die Wahrheit der Vision bezieht sich also in erster Linie auf die Seelen der Heiden; das erhellt theils aus der Aeußerung des Petrus V. 28 ff., theils aus dem Schluß unseres Kapitels, wo der Geist Gottes über die Heiden in Cornelius Haus ausgegossen wird, und erst nachdem diese Gottesthat vorangegangen ist, dieselben auch getauft werden, theils aus der Argumentation des Petrus Kap. 11, 15—17, theils aus der späteren Erinnerung desselben Apostels an diese Thatsache Kap. 15, 8 ff., wo Petrus sich darauf beruft, daß Gott für diese heidnischen Personen ein Zeugniß durch Ertheilung des Heiligen Geistes abgelegt habe, ohne zwischen ihnen und Israeliten irgend einen Unterschied zu machen, indem er ihre Herzen durch den Glauben reinigte (καθαρίσας vergl. ὁ ὁ θεός ἐκαθάρισε). Zugleich aber hat die Vision doch auch eine Beziehung auf die levitischen Speise- und Reinigkeitsgesetze selbst, jedoch nur insofern, als die Gewissensbedenken frommer Judenchristen gegen den gesellschaftlichen Umgang mit frommen Heiden und das Genießen ihrer Nahrung weggenommen werden sollten. Der Sinn dieser göttlichen Weisung war aber sichtlich nur der, daß um der von Gott gereinigten Personen willen auch ihre Speisen nicht als unrein zu meiden seien, nicht daß für Israel selbst, auch für bekehrte Israeliten, die mosaischen Speisegesetze insgemein geradezu aufgehoben sein sollen. Nur wo Gott selbst, der Heilige, reinigend eingegriffen und etwas als ihm selbst wohlgefällig erklärt hat, soll der Mensch nicht handeln, als wäre da noch Unreines und Profanes, das man sichthin meiden müßte, von dem man sich, um Gottes willen, zurückziehen müßte.

2. Die Deutung der räthselhaften Erscheinung gibt dem Apostel der Geist V. 19 ff. in Anwendung auf die in diesem Augenblick ankommenden Abgesandten des Cornelius mit ihrer Botschaft. Der Geist spricht zu Petrus, wie einst zu Philippus Kap. 8, 29, inwendig offenbarend und antreibend. Wenn aber der Geist sagt: „ich habe diese Männer gesandt", so spricht er in seinem Namen, sondern im Namen Gottes, der durch seinen Engel dem Cornelius befohlen hat, Boten nach Joppe zu schicken.

## Homiletische Andeutungen.

**Es war aber ein Mann zu Cäsarea. [V. 1].** Bisher war von der Gründung der Kirche in Judäa, Galiläa und Samaria die Rede, die zuerst unter der Feuertaufe des Heiligen Geistes, dann unter der Bluttaufe des Märtyrerthums erfolgt war. Diese Gemeinde hatte nun auf eine Zeitlang Frieden. Jetzt sollte der zweite Theil des großen Kirchenwerks beginnen: die Bekehrung der Heiden (K. H. Rieger). Petrus, der am Pfingstmorgen Israel zuerst das Wort von der Versöhnung gepredigt hatte, wird vom Herrn bestimmt, auch den Erstlingen der Heiden im Hause des Cornelius das Heil in Christo zu verkünden. (Leonh. u. Spiegelh.). — **Ein Hauptmann.** Es gilt nicht überall der gemeine Vers: nulla fides pietasque viris, qui castra sequuntur. Der Soldatenstand an sich und die Gottesfurcht streiten nicht miteinander, denn jener ist nicht wider Christi Regeln, er sichert die innere Ruhe und schützt gegen äußere Gewalt. Aber wie ungleich sind dem Hauptmann Cornelius meistens die heutigen Soldaten: jener war gottselig und gottesfürchtig, diese vielfach gottlos und ungläubig; jener gab Almosen, diese sieht man oft rauben und plündern; jener betete immer, diese hört man fluchen, daß Himmel und Erde erzittern möchten. (Starke.)

**Gottselig und gottesfürchtig sammt seinem ganzen Hause [V. 2].** Eines Hauses größte Zierde ist, wenn Hausväter und Hausgenossen zugleich Gott erkennen und fürchten, wozu jene diese mit Fleiß anführen sollen. 1 Mos. 18, 19. (Starke). **Gab Almosen, und betete.** Wohl mag darunter noch etwas von Werkdienst gesteckt haben, aber jedenfalls war es dieses Mannes redliches Bestreben, von der Ungerechtigkeit abzutreten, Gott nach dem Maße seiner Erkenntniß thätig zu dienen (Almosen) und in Erlangung des Heils weiter zu kommen (Gebet). Man würde Unrecht thun, wollte man das Thun solcher Leute schlechterdings verwerfen und sie mit grob pharisäischen Gemüthern in eine Reihe setzen. Man hat sie zwar zu warnen, daß sie nicht darin Ruhe suchen, indem sie das Böse unterlassen und Gutes thun, weil Gott nur aus Gnaden Sünde vergibt und Seligkeit schenkt, aber man muß sich auch hüten, daß man nicht den rechten Gebrauch des Gesetzes, wie es ein Zuchtmeister ist zu Christo und auch für die Gläubigen die Richtschnur des Lebens bleibt, wegwerfe. (Nach Apost. Past.).

**Ein Engel Gottes um die neunte Stunde [V. 3].** Das war die Stunde des nachmittäglichen Gebets. Die Gebetsstunden sind die rechten Gnadenstunden, wo die Engel Gottes am liebsten kommen.

**Dein Gebet und deine Almosen sind hinaufgekommen [V. 4].** Nichts steigt zu Gott als ein angenehmer Geruch auf, denn was von ihm gekommen, gewirket und um seinetwillen geschehen ist, Phil. 2, 13. (Quesnel). Die gottwohlgefälligen Opfer des neuen Bundes: 1) das Gebet des Glaubens, 2) das Almosen der Liebe.

**Sende Männer gen Joppe und laß fordern Simon Petrus [V. 5].** Nicht die Engel, sondern die ordentlichen Diener des Worts sind die Werkzeuge, dadurch wir zur Wiedergeburt und zum Glauben gebracht werden. Die guten Engel verachten Gottes Ordnung und Diener nicht, weisen nicht davon ab, sondern dazu an; wer davon abweiset, der ist kein guter Engel und Bote. (Starke). Daß Cornelius befehligt wird, Petrum fordern zu lassen, und also Petrus ihm nachgehen mußte, zeigte desto deutlicher an, daß Cornelius sich nicht zum Judenthum, sondern das Reich Gottes sich zu den Heiden wende. (Rieger).

**Welcher ist zur Herberge bei einem Gerber [V. 6].** Petrum konnte noch das Haus eines Gerbers versorgen, für seinen jetzigen angeblichen Nachfolger wäre kaum ein Schloß hinlänglich. (Rieger).

**Rief er zween seiner Knechte und erzählete ihnen Alles und sandte sie — [V. 7 u. 8].** Seinem gottesfürchtigen und liebreichen Hausregiment hatte Cornelius zu danken, daß es ihm nun nicht an Leuten fehlte, denen er sich bei einem solchen Vorhaben anvertrauen konnte. Was

gründet die Gottesfurcht für eine wohlanständige Vertraulichkeit in einem Hause! Der größte Herr kann sich nicht in soviel Respekt und Liebe setzen, als ein Hausvater, der sein Haus göttlich regiert. Wenn man es auch nicht täglich bemerkt, so offenbart es sich in Hauptumständen. (Rieger).

**Petrus stieg auf den Söller, zu beten [V. 9].** Wenn du betest, so gehe in dein Kämmerlein: 1) damit du den Ruhm vor den Leuten nicht suchest, 2) damit du den Segen der Einsamkeit genießest. — **Um die sechste Stunde.** Das war die stille träumerische Mittagsstunde, davon die Alten sagten: „Pan schläft." Aber der lebendige Gott, der Hüter Israel, schläft und schlummert auch um diese Stunde nicht, sondern wacht über den Seinen und hört ihr Gebet. Und ein treuer Gottesknecht kann auch um diese Stunde wach sein im Geist und nüchtern zum Gebet. — Die sechste Stunde die mittägliche Gebetsstunde nicht allein bei den Juden, sondern auch bei den ersten Christen. Bestimmte Gebetsstunden haben ihre Gefahr des Mißbrauchs, wofern man das Gebet außer dieser Stunde für überflüssig erachtet und um diese Stunde gewohnheitsmäßig abmacht; aber sie haben, wohlverstanden, auch ihren großen Segen, sofern sie mit ihrem Glockenschlag zum Gebete mahnen, das man sonst gerne vergißt, und die Andacht des Einzelnen stärken durch den Gedanken: Viele beten jetzt mit. — Das Gebet, der himmlische Begleiter des Christen durch den Tageslauf: 1) als Morgengebet; 2) als Mittagsgebet; 3) als Abendgebet.

**Und als er hungrig ward, wollte er etwas genießen [V. 10].** Die leiblichen Gaben werden alsdann erst recht genossen, wenn man vorher seinen Mund gläubig wie Petrus im Gebete zu Gott aufgethan hat. So schmeckt man auch beim Genuß der leiblichen Wohlthat, wie freundlich der Herr sei. Gott ist und bleibt der beste Wirth. (Apost. Past.). Da sie ihm aber zubereiteten, ward er entzückt. Das irdische Leibesbedürfniß muß schweigen vor der himmlischen Offenbarung. So sprach der Herr am Jakobsbrunnen, um dieselbe Mittagsstunde, da ihm die Jünger Speise brachten: Meine Speise ist die, daß ich den Willen thue deß, der mich gesandt hat. So schreibt Paulus Phil. 4, 12; ich kann Beides, satt sein und hungern.

**Und sahe den Himmel aufgethan u. s. w. [V. 11—13].** Diese Geschichte zielt dahin, dem Apostel zu zeigen, daß auch die Heiden Mitgenossen der Gnade des Evangelii werden sollen. Der Herr hatte zwar schon bei der Himmelfahrt seinen Aposteln befohlen, daß sie in alle Welt gehen und alle Völker zu seinen Jüngern machen sollten, aber das alte Vorurtheil vom Vorzug der Juden und daß die Heiden erst durch die Beschneidung zur Taufe, nur durch's Judenthum zum Christenthum gelangen können, steckte dem Petrus so tief im Herzen, daß es durch eine besondere Offenbarung mußte beseitiget werden. (Nach Apost. Past.). In diesem Bilde wurde dem Petrus sein künftiger Amtssegen vorgestellt, wie dabei zwar ein erwünschter Genuß und Sattwerden für all sein Geistesverlangen zu hoffen sei, aber unter Verleugnung dessen, was der Natur sonst gewohnt und annehmlich, mit Unterwerfung unter Gottes Urtheil und Wahl der Gnade, wodurch er erklärt, was vor ihm rein und angenehm ist, mit welchem Urtheil wir alles sonst noch so scheinbare Grauen unsres Natur- und Weltsinns zu überwinden haben (Rieger). Die Sünder sind dem Vieh gleich worden, wild gegen einander durch Zorn, auf Erden kriechend durch Geiz, fliegend durch Hochmuth. Die Heiden insbesondere, indem sie allerlei Thiere anbeteten, sind den Thieren gleich worden. (Quesnel.) Schlachte und iß! Wollen wir bei unsrem Amte das Süße haben, d. h. „essen"; so dürfen wir auch das, was Fleisch und Blut beschwerlich ist, das „Schlachten" nicht scheuen. Erst die Arbeit, dann der Genuß; erst die Buße, dann die Gnade! (Nach Apost. Past.).

Petrus aber sprach: o nein, Herr! [V. 14]. Derselbe Petrus, der einst dem Herrn nicht zulassen wollte, daß er ihm, dem sündigen Knechte, die Füße wasche, traut es auch nun ihm nicht zu, daß er rein machen könne, was unrein war nach jüdischer Satzung. Beidemal derselbe Zweifel an der Herablassung göttlicher Liebe, an der Allgenugsamkeit göttlicher Gnade. — Die besten Seelen hangen oft so an Aeußerlichkeiten und Ceremonien, daß sie auch nicht einmal durch göttlichen Befehl gleich davon abzubringen sind (Starcke). Uebrigens was der Mund einem Juden war, das soll das Herz einem Christen sein! Nichts Unreines darf hineingehen. (Quesnel).

Was Gott gereiniget hat, das mache du nicht gemein! [V. 15] 1) Ein Wort wider die gesetzliche Aengstlichkeit, die das für unrein hält in Natur, Gesellschaft, Kunst und Wissenschaft, was doch Gott auch durch seinen Geist heiligen und seinem Reiche dienstbar machen will; 2) ein Wort wider den Hochmuth und die Fleischeszärtlichkeit, die vor der Berührung mit den Sündern, vor der Herablassung zu den Schwachen, welche doch auch in Gottes Erbarmen eingeschlossen sind und für sein Reich bereitet werden sollen, vornehm oder weichlich zurückbebt. — Was vor Gott rein ist, das mache du nicht gemein! aber was vor Gott gemein ist, das mache du auch nicht rein! — Obgleich der Unterschied, den Gott im Ceremoniengesetz zwischen Reinem und Unreinem gemacht, aufgehört hat, sondern im Neuen Bunde den Reinen Alles rein ist, so bleibt doch der Unterschied, den Gott durch das Sittengesetz zwischen Rein und Unrein gemacht hat. Man darf nicht aus Licht Finsterniß, aber auch nicht aus Finsterniß Licht machen. Ein Lehrer zumal muß einen heiligen Eifer wider Alles haben, was unrein an ihm und Andern ist. Auch hat man den Bekehrten zuzurufen: rühret kein Unreines an, leget ab alle Unsauberkeit und Bosheit, lasset uns reinigen von aller Befleckung des Fleisches und des Geistes und fortfahren in der Heiligung. (Apost. Past.).

Und das geschah zu drei Malen [V. 16]. Wie Manches muß Gott mit seinen Knechten vornehmen, bis sie es recht begriffen haben! So müssen auch die Knechte Christi mit Lehre und Vermahnung anhalten und sich's nicht verdrießen lassen, einerlei Vorstellung oft zu wiederholen. So muß auch uns heutzutage immer wieder das Gesicht des Petrus vorgehalten werden zur Lehre, zur Strafe; zum Trost und zur Vermahnung. Das Tuch an vier Enden gebunden, oder: Gott hat Alles beschlossen unter dem Unglauben, auf daß er sich Aller erbarme! — Allerlei Thiere in der Arche Noäh und allerlei Thiere in dem leinenen Tuche vom Himmel: zwei großartige Sinnbilder von der Allgemeinheit der rettenden Gnade. — Was Gott gereinigt hat, das mache du nicht gemein! ein königliches Manifest evangelischer Freiheit und evangelischer Gnade, gerichtet gegen 1) jüdisches Satzungswesen; 2) pharisäischen Kastenstolz; 3) mönchische Weltflucht; (Verachtung der Ehe ꝛc.); 4) puritanische Verdammungssucht. — Das Gesicht des Petrus auf dem Söller ein Spiegel für die Heidenmission, ihr zu zeigen 1) ihren himmlischen Ursprung [V. 11], 2) ihr ungeheures Feld [V. 12], 3) ihre schwere Arbeit [V. 13], 4) ihre Zweifel und Bedenken [V. 14], 5) ihre göttliche Verheißung [V. 15].

Als aber Petrus bei sich selbst ungewiß war [V. 17]. Offenbarungen und Eingebungen in göttlichen Dingen soll man ohne Probe nicht annehmen, aber auch nicht verwerfen (Starcke). Siehe, da fragten die Männer und stunden an der Thüre. Das Zusammentreffen innerlicher Anregungen und äußerlicher Begebenheiten bietet oft einander die Hand und schließt uns den Willen Gottes auf (Rieger).

Riefen und forschten u. s. w. [V. 18]. So weislich führt und regiert Gott Alles, daß die rufen, welche sollen gerufen werden. Vergl. Apost. 16, 9. (Starcke).

Indem Petrus sich besinnt, sprach der Geist zu ihm u. s. w. [V. 19. 20]. Das Licht wird dem gegeben, der aufrichtig ist und Gott in Einfalt des Herzens sucht (Quesnel). Zweifle nicht! Wo der Geist Gottes ruft, da müssen wir uns auspannen lassen auch zu Verrichtungen, davor unser Fleisch und Blut sich scheut (Starcke).

Siehe, ich bin's, den ihr suchet [V. 21]. So spricht ein getreuer Knecht dessen, der selber sagt: So ihr mich von ganzem Herzen suchen werdet, so will ich mich von euch finden lassen. — Und wären ihm auch die Suchenden fremd, und fiele ihm ihr Gesuch lästig, und holte man ihn bei Nacht und Nebel auf gefährlichen Wegen; ein Diener Christi zaudert nicht, wo er gefordert wird im Namen des Herrn.

Sie sprachen: Cornelius der Hauptmann, ein frommer Mann u. s. w. [V. 22]. Die Liebe, mit der die Knechte von ihrem Herrn reden, ein schönes Zeugniß für sie selbst wie für ihn. — Und Worte von dir hören. Cornelius sollte Worte von Petrus hören, nicht Wunder von ihm sehen. Das Hauptgeschäft eines Lehrers besteht in der Verkündigung des Worts. (Apost. Past.).

Da rief er ihnen hinein [V. 23]. Den Glaubensgenossen soll man Gutes thun, und sonderlich ein Bischof soll sein sittig, mäßig, gastfrei, 1 Tim. 3, 2. (Starcke).

Das beste Hausregiment 1) gegründet auf Gottesfurcht, darin den Hausvater den Hausgenossen vorangeht; 2) ausgeübt in Liebe, welche dem Befehlen seine Härte und dem Dienen seine Bitterkeit nimmt. — Der Hausherr, wie er sein soll: 1) vor Gott ein frommer Hausprister; 2) unter den Seinen ein treuer Hausvater; 3) denen draußen ein mildthätiger Hauswirth. Ein gottesfürchtiges Haus eine Stätte des Segens. 1) Ueber dem Hause steht der Himmel offen; Gebete steigen auf, Gottes Engel kehren ein. 2) In dem Hause wohnet Gott mit Liebe bei Großen und Kleinen, Herrschaft und Gesinde. 3) Aus dem Hause fließt Segen, durch leibliche Wohlthat und erbauliches Vorbild. — Das Haus des heidnischen Cornelius ein beschämendes Vorbild für manches Christenhaus. 1) Dort Gottesfurcht und Gebet; hier ein Leben ohne Gott und Gebet. 2) Dort Eintracht und Liebe zwischen Hausvater und Hausgenossen; hier Kaltsinn und Gleichgültigkeit oder Feindschaft und Haber. 3) Dort Mildthätigkeit und Barmherzigkeit, hier Geiz oder Genußsucht. 4) Dort Segensengel vom Herrn und himmlisches Heil; hier der Fluch auf dem Haus und zeitliches wie ewiges Verderben.

Die Boten des Hauptmanns Cornelius an Petrus Thür, oder wie das stolze Heidenthum demüthig anklopft an den Pforten des Gnadenreichs Christi: 1) die große Kluft, die da zu überschreiten war: römischer Stolz und jüdisches Vorurtheil; 2) die himmlische Macht, die den Weg bahnte: beim Hauptmann der Zug des Vaters zum Sohne, beim Apostel der freimachende Geist der Wahrheit mit die bringende Liebe Christi; 3) der glückverheißende Willkomm: von Seiten der Boten die demüthige Bitte, von Seiten Petri die freundliche Aufnahme.

Die Botschaft von Cäsarea nach Joppe; 1) ein Armuthszeugniß für's Heidenthum; 2) ein Ehrenzeugniß für's Evangelium; 3) ein Ruhmeszeugniß für die Wunderliebe und Wundermacht des Gottes, der da will, daß allen Menschen geholfen werde.

**3.** *Petrus geht mit den Boten nach Cäsarea, und verkündigt in des Cornelius Hause, nach erlangter Kunde von der demselben ertheilten Offenbarung, das Evangelium von Jesu Christo, und als augenblicklich der Heilige Geist über die zuhörenden Heiden ausgegossen worden war, läßt er ihnen sofort die Taufe ertheilen. (Kap. 10, 23b—48.)*

(Kap. 10, 34—41 Perikope am 2. Osterfeiertage; V. 42—48 Perikope am 2. Pfingstfeiertage.)

23 ᵇAm folgenden Tage aber stand er¹) auf und ging mit ihnen aus, und etliche von den
24 Brüdern aus Joppe gingen mit ihm. *Und am Tage darauf kam er²) nach Cäsarea. Cornelius aber erwartete sie und hatte seine Verwandten und vertrauten Freunde zusam-
25 mengerufen. *Und als Petrus eintrat³), ging ihm Cornelius entgegen, fiel ihm zu Füßen
26 und betete an. *Petrus aber richtete ihn auf und sprach: Stehe auf, ich bin auch ein
27 Mensch. *Und unter freundlicher Besprechung ging er hinein und fand viele, welche
28 zusammengekommen waren; *und sagte zu ihnen: Ihr wisset, wie unerlaubt es ist für einen jüdischen Mann, sich anzuschließen oder hinzugehen zu einem Fremdling; und mir
29 hat Gott gezeigt, keinen Menschen gemein oder unrein zu heißen. *Darum bin ich auch ohne Widerrede gekommen, da ich herberufen wurde. So frage ich denn: aus was Grund
30 habt ihr mich rufen lassen? *Cornelius sagte: Vor vier Tagen fastete⁴) ich bis auf diese Stunde, und betete um die neunte Stunde in meinem Hause, siehe da stand ein Mann
31 vor mir in glänzendem Gewande, *und sprach: Cornelius, erhört ist dein Gebet, und
32 deiner Almosen ist gedacht worden vor Gott. *So schicke denn nach Joppe, und laß den Simon, mit dem Zunamen Petrus, herrufen; er ist zu Gast in dem Hause des Ger-
33 bers Simon an dem Meer; der wird, wenn er kommt, mit dir reden⁵). *Da sandte ich auf der Stelle zu dir, und du hast wohl daran gethan, daß du hergekommen bist. Nun sind wir alle gegenwärtig vor Gott⁶), um alles zu hören, was dir von dem Herrn⁷)
34 aufgetragen ist. *Da that Petrus den Mund auf und sprach:
35  In Wahrheit begreife ich, daß Gott die Person nicht ansiehet, sondern in jedem
36 Volke, wer ihn fürchtet und Gerechtigkeit übet, ihm annehmbar ist. *Das Wort, welches⁸) er den Kindern Israel gesandt hat, indem er Frieden verkündigen ließ durch Je-

---

1) ὁ Πέτρος nach ἀναστάς ist nur schwach beglaubigt, der Name ist ohne Zweifel nur um einer hier beginnenden Kirchenlection willen beigefügt worden.
2) Der Sing. εἰσῆλθεν und der Plur. ἦλθον ist ungefähr gleichmäßig bezeugt; übrigens ist eher der Plur. spätere Correctur, weil συνῆλθον und αὐτούς vor und nach Plur. war; daher Sing. von Lachmann und Tischendorf mit Recht vorgezogen.
3) Ein Beleg von den Ausschmückungen, welche schon in den alten Handschriften bei dieser Geschichte angebracht wurden, ist der Zusatz im Cantabrigiensis (aus dem 6 Jahrhundert) und in der syrischen Übersetzung am Rande: προσεγγίζοντος δὲ τοῦ Πέτρου εἰς τὴν Καισάρειαν προδραμὼν εἷς τῶν δούλων διεσάφησεν παραγεγονέναι αὐτόν· ὁ δὲ Κορνήλιος ἐκπηδήσας καὶ συναντήσας αὐτῷ πεσὼν πρὸς τοὺς πόδας προσεκύνησεν αὐτόν.
4) νηστεύων καὶ läßt Lachmann nach dem Vorgang einiger Codd. und Versionen weg, es ist jedoch hinlänglich bezeugt und wurde vermuthlich nur darum ausgelassen, weil V. 3 nichts vom Fasten steht. — ὥραν nach ἐνάτην hat nur einer Cod. für sich und ist zu tilgen.
5) ὃς παραγενόμενος λαλήσει σοι fehlt in A. B., einigen Minuskeln und Versionen, ist jedoch hinreichend bezeugt, wurde nur weggelassen, weil es im parallelen V. 6 auch nicht steht.
6) ἐνώπιον σου statt τοῦ θεοῦ ist durch die Urkunden allzu schwach bezeugt, als daß es, mit Griesbach, vorgezogen werden sollte, zumal σου zu der Scene besser zu passen schien, also die leichtere Lesart ist.
7) ἀπὸ ist stärker beglaubigt als ὑπό, welches grammatisch mehr zu empfehlen schien; auch κυρίου ist ungleich mehr bezeugt, als θεοῦ.
8) ὅν nach λόγον läßt Lachmann auf Grund von Cod. A. B. und etlichen Versionen weg; es ist jedoch überwiegend beglaubigt, und wurde wohl nur, um den Satz einfacher zu machen, ausgelassen.

sum Christum, dieser ist Aller Herr, das wisset ihr, was durch ganz Judäa geschehen ist, von Galiläa an¹), nach der Taufe, welche Johannes verkündigte, *Jesum von Naza- 38 reth, wie ihn Gott gesalbt hat mit heiligem Geist und Kraft, welcher umherging wohlthuend und heilend alle vom Teufel Ueberwältigten, denn Gott war mit ihm; *und wir 39 sind²) Zeugen von alle dem, was er gethan hat in dem Lande der Juden und in Jerusalem; welchen sie auch an ein Holz gehängt und getödtet haben; *den hat Gott auf- 40 erweckt am dritten Tage und hat ihn lassen erscheinen, *nicht dem ganzen Volk, sondern 41 den von Gott vorher erwählten Zeugen, und, die wir mit ihm gegessen und getrunken haben, nachdem er von den Todten auferstanden war. *Und er hat uns geboten, zu 42 predigen dem Volk und zu bezeugen, daß er selbst³) es ist, der von Gott zum Richter der Lebendigen und Todten bestimmt ist. *Von diesem zeugen alle Propheten, daß durch 43 seinen Namen Vergebung der Sünden empfange jeder, der an ihn glaubt.

Während Petrus noch diese Worte redete, fiel der Heilige Geist auf alle, welche der 44 Rede zuhöreten. *Und die Gläubigen aus der Beschneidung, welche mit Petrus gekom- 45 men waren, erstaunten, daß auch auf die Heiden die Gabe des Heiligen Geistes ausgegossen wurde, *denn sie hörten sie mit Zungen reden und Gott hoch preisen. Da ant- 46 wortete Petrus: *Kann Jemand auch das Wasser wehren, daß diese nicht getauft wer- 47 den, welche den Heiligen Geist empfangen haben so gut als wir? *Und befahl, sie zu 48 taufen im Namen des Herrn⁴)! Alsdann baten sie ihn, einige Tage zu bleiben.

### Exegetische Erläuterungen.

1. **Am folgenden Tage stand Petrus auf.** Petrus wartete den andern Morgen ab, um mit den Boten des Cornelius abzureisen, wobei ihn freiwillig, vielleicht auch vom Apostel selbst dazu aufgemuntert, sechs Männer von der Christengemeinde zu Joppe begleiteten; die Zahl giebt Lukas erst Kap. 11, 12 an. Somit war es doch eine kleine Karavane von zehn Mann. Sie brauchten aber mehr als einen Tag zu dem Wege von 30 Millien, und kamen erst Tags darauf in Cäsarea an, also B. 30 am vierten Tage nach der Weisung, welche Cornelius durch den Engel erhalten hatte.

2. **Cornelius aber erwartete sie.** Er konnte die Rückkehr auf diesen Tag berechnen und erwartete den Apostel und seine eigenen Abgesandten (αὐτούς) nicht nur selbst mit ehrerbietiger Spannung, sondern hatte auch zum Empfang des theuren, von Gott eingeleiteten Besuchs theils seine Verwandten, theils vertraute Freunde zu sich eingeladen, welche beiderseits ohne Zweifel ihm gleichgesinnt und religiös empfänglich waren, so daß der Centurio V. 33 mit Wahrheit sagen konnte: wir sind vor Gott gegenwärtig, im Andenken und frommen Aufblick zu Gott. — Demnach war, als Petrus mit seinen 9 Reisegefährten ankam und bei Cornelius nicht nur dessen ganzes Haus [V. 2], sondern auch Verwandte und Freunde von ihm versammelt waren, schon eine zahlreiche Hausgemeinde beisammen.

3. **Und als Petrus eintrat,** nämlich in die Wohnung des Cornelius (ἐγένετο τοῦ εἰσελθεῖν analog dem Hebräischen, aber in dieser Form unerhört), ging ihm der Herr des Hauses entgegen und bezeugte ihm seine Ehrerbietung, ja seine Verehrung im eigentlichen Sinn durch einen Fußfall, eine Gebärde, welche eigentlich göttliche Anbetung aus-

drückt (προσεκύνησεν, wobei jedoch der Gegenstand selbst, nämlich αὐτόν, aus monotheistischer Zartheit nicht genannt ist). Merkwürdig ist der ungleiche Zusatz zu V. 25 (S. 150, Anm. 3), welcher sich nicht damit begnügt, daß Cornelius in seiner eigenen Wohnung den Apostel erwartet und ihm nur in derselben entgegengeht, sondern will, daß er sich durch einen Diener die Annäherung des Petrus zur Stadt berichten läßt und sein Haus verläßt, um ihm braußen entgegenzugehen. Dabei ist auch alle Bedenklichkeit, geradezu προσεκύνησεν αὐτόν zu sagen, verschwunden. Der Römer erkennt in Petrus einen Gesandten Gottes und nimmt keinen Anstand, ihm göttliche Ehre zu erzeigen, wobei die heidnische Menschenvergötterung mitwirken mochte. Petrus aber ließ diese abgöttliche Ehrenbezeugung nicht einen Augenblick, hob ihn auf und hieß ihn aufstehen, denn auch er selbst (κἀγὼ αὐτός) sei nur ein Mensch so gut wie Cornelius.

4. **Und unter freundlicher Besprechung trat Petrus ein,** nämlich in's Innere des Hauses, in das Zimmer, wo die von Cornelius Geladenen sich befanden; da traf also der Apostel eine ansehnliche Versammlung (πολλούς), ein weites, weißes Erntefeld.

5. **Ihr wisset.** Petrus redet sofort die Versammelten insgemein an und richtet, über kein Erscheinen im heidnischen Hause sich offen aussprechend, die Frage an dieselbe, aus was Ursache sie ihn hieher haben rufen lassen. Der Apostel redet nicht blos den Cornelius an, sondern alle Anwesenden, indem er sie als Einverstandene voraussetzt und anzunehmen scheint, daß der Hauptmann zugleich im Namen Aller zu ihm gesendet habe. Er schickt voraus, sie werden wohl wissen, daß ein Jude nicht solle mit einem Fremdling (ἀλλοφύλῳ) schonend

---

1) ἀρξάμενον hat zwar weit wenigere Codd. für sich, als ἀρξάμενος, ist aber dessenungeachtet ächt; der Nom. paßt nicht in die Struktur.
2) ἐσμεν nach ἡμεῖς ist ohne allen Zweifel unächt.
3) αὐτός, der Zahl nach überwiegen die Zeugen für οὗτος, welches denn Lachmann vorgezogen hat; allein es scheint, daß man das οὗτος, weil es in diesem Context regelmäßig wiederkehrt, auch setzen zu müssen glaubte.
4) τοῦ κυρίου ist ohne Zweifel das Ursprüngliche, während einige Codd. Ἰησοῦ Χριστοῦ beifügen, oder diese Namen ohne τοῦ κυρίου haben.

gewählt, anstatt des Namens Heiden) sich so einlassen, daß er sich enger an ihn anschließe (κολλᾶσθαι), in näherem Umgang mit ihm trete oder zu ihm komme, sein Haus betrete. Ἀθέμιτον ist nefas, unerlaubt; die Formen ἀθέμιστος und -ιτος werden auch im klassischen Griechisch verwechselt. Im mosaischen Gesetz ist ein Verbot der Art nicht enthalten, auch harmonirt der Geist desselben nicht damit. Allein das rabbinische Judenthum hat die Absonderung von den Heiden allerdings so weit getrieben, daß ausgesprochen wurde: Prohibitum est Judaeo solum esse cum Ethnico, itinerari cum Ethnico etc. Ligthfoot, horae hebr. ad Matth. 18, 17. Auch beweist der Umstand, Joh. 19, 28, daß die Juden zur Zeit Jesu levitisch unrein zu werden glaubten, wenn sie ein heidnisches Haus betreten würden. Ausnahmen von dieser Regel hat es freilich gegeben, aber Petrus spricht von der Sitte und bestehenden Regel. Der Apostel erklärt jedoch zugleich, daß ihm Gott gezeigt habe (ἔδειξεν sc. gleich, daß ihm sinnbildlich anschaulichen Vision), er dürfe keinen Menschen (ἄνθρωπον mit einem Nachdruck, der den Universalismus andeutet und begründet) gemein oder unrein nennen, als solchen behandeln und meiden. Daher, auf Grund der göttlichen Weisung habe er auch keine Widerrede erhoben, sondern sei sofort gekommen, nachdem der Ruf an ihn gelangt sei. Nun wül er genauer, wie ihm schon B. 22 von den Boten gesagt ist, hören, was der Beweggrund gewesen sei von der ergangenen Einladung hieher.

6. **Vor vier Tagen fastete ich.** Cornelius erzählt erst die durch den Engel ihm gewordene Weisung ausführlich und erlucht baun ben Petrus, ihm selbst und seinen versammelten Freunden zu verkündigen, was er als Bote Gottes ihnen zu sagen habe, B. 30—33. Der Ausdruck ἀπὸ τετάρτης ἡμέρας μέχρι ταύτης τῆς ὥρας wird sowohl nach dem terminus a quo als nach dem term. ad quem, der darin ausgedrückt ist, verschieden aufgefaßt: a. ἀπὸ τετ. ἡμ. kann nicht heißen: vom vierten Tag vorher b. h. vor der Engelerscheinung (de Wette, Neander), sonst würde ja der Tag selbst, welcher so wichtig ist, gar nicht angegeben; sondern der Sinn kann nur sein: quarto abhinc die, am vierten Tage von heute an zurückgerechnet, eine Ausdrucksweise, welche Joh. 11, 18; 21, 8; Apok. 14, 20 in Beziehung auf Raumdistanzen ganz analog vorkommt, diese Auffassung hat schon Chrysostomus, und seitdem ist sie doch die Regel gewesen; b. der terminus ad quem: μέχρι ταύτης τῆς ὥρας, will nicht sagen: bis auf den heutigen Tag und die gegenwärtige Stunde (Bengel), denn Cornelius will nichts von der Frist bei der Erscheinung des Engels bis jetzt erzählen, sondern blos von jenem Tag und jenem Ereigniß selbst; es dürfte auch, wenn jenes der Sinn wäre, nicht ἤμην stehen. Cornelius gibt aber nicht nur die Zeit an, wo ihm der Engel erschienen sei, sondern auch den Zustand und die Bereitschaft, worin er sich gerade damals befunden habe: er habe gefastet und gebetet, da sei um die neunte Stunde plötzlich ein Engel in lichtstrahlendem Gewande vor ihm gestanden mit der Botschaft, daß Gott seine Gebete erhört, seiner Almosen gnädig gedacht habe, und mit der Weisung, den Petrus von Joppe herbeirufen zu lassen; damit derselbe mit ihm rede, d. h. ihn im Namen Gottes unterweise. Schließlich erklärt er, sie seien Alle anwesend im Aufblick auf Gott, andächtig und bereit, um zu hören, was Petrus auf Gottes Befehl ihnen zu sagen habe.

7. **Da that Petrus den Mund auf.** Eine sehr feierliche, und etwas Gewichtiges verheißende Ankündigung des beginnenden Vortrags. Dieser besteht 1) aus einem Vorwort B. 34 ff. über die gleichmäßige Annehmbarkeit aller Menschen ohne Unterschied der Nation in das Reich Gottes, falls sie nur Gott fürchten und recht thun; 2) aus einer kurzen Darstellung des Lebens und Werks Jesu Christi bis auf das Gericht hinaus, B. 36—42; 3) aus der Versicherung, auf Grund des prophetischen Worts, daß durch Christum Jeder, der an ihn glaubt, Vergebung der Sünden empfange, B. 43.

8. **In Wahrheit begreife ich,** ἐπ' ἀληθείας, auf Grund der Wahrheit, so daß diese Erkenntniß auf Wahrheit sich stützt, Wahrheit ist; καταλαμβάνοια act. kommt vor in der Bedeutung überweisen, weil man den Schuldigen, wenn man ihn überweist, gleichsam obstrictum tonet; καταλαμβάνομαι pass. ich werde überwiesen, überzeugt, durch die Macht der Thatsachen und Zeugnisse geistig überwältigt, so daß ich erkenne und begreife, daß Gott nicht parteiisch ist in der Auswahl zu seinem Reich, s. S. 154, 2.

9. **Das Wort.** Die Construktion von B. 36—38, wo Petrus an die Hauptthatsachen des Lebens Jesu, als seinen Zuhörern nicht ganz unbekannt, erinnert, ist etwas lose. Es sind drei Ansätze nach einander, zu welchen stets ὑμεῖς οἴδατε als regierend gehört. Der Gegenstand, welchen die Zuhörer schon im Allgemeinen kennen, wird dreifach bezeichnet, a. als **Wort** einer Botschaft von Gott τὸν λόγον ιc., B. 36, b. als geschichtliches Ereigniß, τὸ γενόμενον ῥῆμα ιc. B. 37, c. als die **Persönlichkeit** Jesu von Nazareth, Ἰησοῦν ιc. B. 38. Dies ist unverkennbar ein Klimax; Petrus setzt voraus, daß seinen Zuhörern, obwohl sie Heiden sind, doch theils vermöge ihres Wohnsitzes zu Cäsarea im heiligen Land, theils vermöge ihrer religiösen Gesinnung und Empfänglichkeit, die Geschichte Jesu nicht ganz fremd geblieben sei; und zwar werde sie a. als ein Wort, welches die Israeliten anging, b. als ein Ereigniß in dem Lande, worin sie selbst auch wohnen, c. endlich auch als das Erscheinen der göttlichen Persönlichkeit Jesu von Nazareth, in ihren Gesichtskreis gefallen sein. Was das Grammatische betrifft, so liegt kein Grund vor, B. 36 τὸν λόγον im Satzgefüge mit B. 34 ff. zu verbinden und von καταλαμβάνομαι abhängig zu machen, wie Tischendorf thut, der nach ἐστί B. 25 ein Komma setzt, wie auch der Wette, Baumgarten, Lange. Diese Verbindung kann unmöglich anders, als auf gezwungene Weise eingeleitet werden, während die Redeweise bei der Anknüpfung von λόγον, ῥῆμα, Ἰησοῦν an οἴδατε zwar als eine gebäufte sich drängende erscheint, aber ganz entsprechend der Wallung von Empfindungen und Gedanken, welche in diesem Augenblick des Redners erfüllte. So ist namentlich der Zwischensatz οὗτός ἐστιν πάντων κύριος zu erklären; da Petrus den Namen Jesu zum ersten Mal vor seinen Zuhörern nennt, fühlt er sich gedrungen, zu bezeugen, daß derselbe ein Herr über Alle (πάντων nicht neutr., sondern masc.), nämlich über Heiden so gut als Juden sei; er fügt dies um so mehr bei, als er gesagt hat, die frohe Botschaft vom Frieden (Heil), die durch Jesum erging, sei von Gott an die Israeliten gesandt worden. Damit die Heiden sich nicht

für zurückgesetzt halten möchten, erklärt er, daß der Prophet, durch welchen Gott diese Friedensbotschaft verkündigen ließ, zugleich ein Herr über Alle ist. V. 38 kommt Petrus, wie gesagt, zur Persönlichkeit Jesu und beschreibt ihn sowohl nach seiner irdischen Herkunft (ὁ ἀπὸ Ναζ.), als auch nach seiner himmlischen Ausstattung mit Heiligem Geist und Kraft (ἔχρισεν ꝛc. zur Erklärung des Χριστός V. 36) zu heilenden und erlösenden Thaten und nach seiner innigen Verbindung und Gemeinschaft mit Gott. Καταδυναστεύω ist: potentia mea opprimo, tyrannidem exerceo in aliquem.
**10. Und wir sind Zeugen.** V. 39 ff. geht Petrus über auf Jesu Tod und Auferstehung, seine Befehle an die Apostel und bevorstehende Wiederkunft zum Gericht. Das καὶ bei ὃν ἀνεῖλον deutet schwerlich die übrigen Verfolgungen an, denen Jesus ausgesetzt gewesen sei, wozu auch noch seine Kreuzigung gekommen sei (Meyer), sondern steht wohl nur da, weil eine fernere Haupthatsache bei dem Leben Jesu aufgeführt wird, sein Kreuzestod und seine Auferstehung. Mit μάρτυσι ꝛc. deutet Petrus an, daß das Zeugniß von Jesu vorzugsweise ein Zeugniß von seiner Auferstehung sei, und gerade darauf bezieht sich der Zwischensatz: οἵτινες συνεφάγομεν ꝛc., welcher nicht mit Bengel auf die drei Jahre des Lehramtes Jesu auszudehnen, sondern auf die vierzig Tage zwischen der Auferstehung und Himmelfahrt zu beschränken sind; denn gerade der Umstand, daß die Jünger mit dem Auferstandenen gegessen und getrunken haben, befähigt sie, von dem wirklichen, leibhaftigen Leben des Heilandes, von seiner Auferstehung, aus Erfahrung Zeugniß abzulegen. Die Wahl zu Aposteln oder Zeugen schreibt Petrus hier Gott selbst zu, denn die Berufung durch Jesum war eine Wahl Gottes selbst.
**11. Und er hat uns geboten.** Παρήγγειλεν scheint eher Jesum zum Subjekt zu haben als Gott. Der von dem Auferstandenen ertheilte letzte Auftrag des Erlösers ging darauf, daß die Apostel sollten 1) dem Volk Israel verkündigen (ὁ λαός, das jüdische Volk) und 2) bezeugen (nämlich den Menschen überhaupt, hier steht keine Beschränkung, wie bei κηρύξαι), daß er selbst der von Gott bestimmte Richter über Lebendige und Todte sei. Das Letztere ist wieder ein universalistischer Begriff, die ganze Menschheit, und zwar aller Zeiten, umfassend. Am offensten aber ist die Wahrheit, daß in Christo das Heil für Alle liege, in dem Schlußsatz der Rede, V. 43 ausgedrückt: Jeder, der an ihn glaubt, wird Vergebung der Sünden durch seinen Namen empfangen. Dies stellt Petrus als einmüthiges Zeugniß aller Propheten hin, wobei er offenbar voraussetzt, daß dem Cornelius und seinen Freunden die Weissagungen der Propheten Israels nicht unbekannt geblieben seien.
**12. Während Petrus noch diese Worte redete,** noch nicht geschlossen hatte, fiel schon der Heilige Geist auf alle seine Zuhörer. Ἐπέπεσεν bezeichnet nicht nothwendig ein sichtbares Herabkommen (modo conspicuo, wie Bengel es auslegt), sondern blos das plötzliche Eintreten einer von oben herab wirkenden höheren Macht. Daß die Wirkungen des Heiligen Geistes wahrnehmbar, zwar nicht sichtbar, aber hörbar wurden, erhellt aus V. 46: man hörte, wie diese Heiden mit Zungen redeten und Gott hoch priesen. Was sie sprachen, war demüthiges, herzliches, begeistertes Lob Gottes und Dank für seine Gnade. Die Art und Weise, wie sie sprachen, war ein γλώσσαις λαλεῖν. Es ist hierbei wohl zu beachten, daß nicht, wie Kap. 2, 4; vergl. V. 6. 8. 11 beigefügt ist: ἑτέραις, vielmehr als Sinn des Erzählers anzunehmen ist, daß diese Zuhörer in einer Weise, wie die korinthischen Christen, mit Zungen redeten, nämlich in gehobener Andacht, mit einer von der verständigen Ausdrucksweise des gewöhnlichen Lebens abweichenden Sprache. Diese Beobachtung macht V. 45 auf die mit Petrus gekommenen Judenchristen (οἱ ἐκ περιτομῆς πιστοί) einen ganz außerordentlichen Eindruck: ἐξέστησαν, sie konnten sich fast nicht fassen vor Verwunderung darüber, daß auch auf die Heiden die Gabe des Heiligen Geistes ausgegossen war. Die Judenchristen dachten offenbar nicht blos an diese bestimmten einzelnen Personen, mit denen sie hier zu thun hatten, sondern an ihre Eigenschaft als Heiden, und zogen den allgemeinen Satz aus der konkreten Thatsache ab, daß die Heiden (τὰ ἔθνη, art. def.) den Heiligen Geist empfangen können.
**13. Kann Jemand auch das Wasser wehren?** Petrus macht sofort die praktische Anwendung: haben diese den Heiligen Geist gerade so gut als wir (καθὼς καὶ ἡμεῖς), die Gläubigen aus Israel, empfangen, wer vermag denn noch das Wasser zu versagen, damit sie nicht getauft werden? Die eigenthümliche Ausdrucksweise der Frage lautet, wie wenn dem Taufwasser ein bewußter und energischer Wille beigelegt wäre, etwa in dem Sinn: hat Niemand den Geist verhindern können, über diese Leute zu kommen, so kann auch Niemand das Wasser zurückhalten, das sie zur Taufe überströmen will. Mit andern Worten: jedes Bedenken gegen die Taufe dieser Heiden ist durch ihre Geistestaufe faktisch gehoben. Somit ordnet Petrus an, daß sie getauft werden im Namen Jesu Christi. Der Apostel hat diese Taufe nicht selbst verrichtet, sondern irgend einem der Christen, die mit ihm gekommen waren, aufgetragen. Am Schluß erzählt Lukas noch, daß Cornelius und die Seinen den Apostel gebeten haben, eine Zeit lang bei ihnen zu bleiben, und daß diese Bitte nicht abgeschlagen wurde, dürfen wir voraussetzen. Dieser Aufenthalt wurde sodann ohne Zweifel zu fernerer Unterweisung der Neubekehrten im christlichen Glauben und Leben benutzt.

#### Christologisch-dogmatische Grundgedanken.

1. Die Ehrenbezeugung, mit welcher Cornelius den Apostel empfing, war ein Ausdruck tiefer Demuth und hoher Achtung gegen Petrus als einen wahren Gesandten Gottes. Allein es mischte sich etwas ein, das nicht blos mit dem Irrthum verwebt war, als wäre Petrus doch mehr als ein Mensch. Darin lag bereits der Keim zu einer Heiligenverehrung, welche den Menschen einen Kultus widmet, der nur Gott gebührt, der alleinigen Ehre des dreieinigen Gottes Abbruch thut und die Christenheit in Hinsicht des Heilsweges irreführt. Und es ist merkwürdig, daß dieser erste Fall einer mehr als menschlichen Ehre, einem wahren Gottes dargebracht, gerade bei einem Heiden vorkommt. Ist doch der ganze Heiligenkultus, wie er sich nach und nach in der alten Kirche einnistete hat, wesentlich heidnischen Ursprungs und ein Rückfall in heidnisches Wesen. Aber indem Petrus diese allzu hohe Ehre ablehnt, den Knieenden aufrichtet und rundweg erklärt, daß

er, der Verehrte, so gut als der Verehrende nur ein Mensch sei, hat er nach dem Grundsatz: principiis obsta, gleich beim ersten geringen Symptom Einsprache erhoben, protestirt gegen eine Verirrung, die sich erst später auf die bedenklichste Weise entwickelt hat. So steht hier ein warnendes Zeichen schon in der ersten Geschichte der Apostel gegen den das Göttliche und das Menschliche vermischenden paganisirenden Heiligendienst.

2. Es ist bekannt, daß die Eingangsworte der Rede des Petrus, V. 34 f., oft und viel in dem Sinne aufgefaßt werden, als ob gleicher Werth aller Religionen, Entbehrlichkeit des Glaubens gegenüber der Sittlichkeit und Gleichgültigkeit des spezifisch Christlichen für das Heil der Seelen darin ausgedrückt würde. Allein es ist, wie selbst de Wette urtheilt, „höchster, exegetischer Leichtsinn", eine Beschönigung des Indifferentismus in diesen Worten zu finden. Sowohl die Worte selbst als der ganze Zusammenhang der Rede und der Geschichte, von der sie einen Theil bilden, sprechen entscheidend dagegen. Denn bei der ganzen Begebenheit handelt es sich ja um nichts Anderes, als um die Bekehrung des Cornelius, um seine, so wie seiner Hausgenossen und Freunde Aufnahme in die Gemeinde Christi. Dieser Handlung steht ein gewichtiges Bedenken im Wege, nämlich, ob diese Personen, da sie Heiden waren, ohne Weiteres mit gutem Gewissen und so, daß sie vor Gott recht sei, können in die Christengemeinde aufgenommen werden, ob sie nicht vielmehr zuvor nach dem Volk Israel durch Beschneidung einverleibt werden? Die ganze Begebenheit hat ihren Schwerpunkt, ihre spezifische Bedeutung in nichts Anderem, als in der Hebung dieses Bedenkens durch göttliches Eingreifen. Wenn der Sinn des Ausspruchs V. 34 f. der wäre, daß Heide, Jude und Christ vor Gott schlechthin gleich sei, und der Eine so gut als der Andere selig werde, wenn er nur ehrbar und rechtschaffen lebe, so hätte Petrus den Cornelius nur lassen müssen, wer er war, anstatt ihn zu Christo zu bekehren. So entscheidet der Zusammenhang dieses Ausspruchs mit der ganzen Geschichte, von der er einen integrirenden Theil bildet, gegen jene Auffassung. Was zum Andern den Ausdruck der fraglichen Sentenz betrifft, so besteht sie aus einem negativen und einem positiven Satz. Der negative Satz ist: daß Gott nicht die Person ansieht (οὐ προσωπολήπτης, ὁ Θεός), d. h. daß er nicht die zufälligen äußeren Eigenschaften eines Menschen in die Wagschale legt, sondern den inneren, wesentlichen, sittlichen Kern seiner Persönlichkeit, seines Charakters. Wie der Richter nicht Reichthum oder Armuth, Stand, Ansehn und Verbindungen der Parteien, sondern nur allein das Recht und die sittlichen Thatsachen bei der Entscheidung bewegen dürfen, so sagt hier Petrus von Gott aus, daß es nicht die äußeren Verhältnisse der Personen, ihre äußeren Vorzüge oder Mängel berücksichtige. Das scheint auf den ersten Anblick wenig zu bedeuten und eine triviale Wahrheit zu sein, die jeder verständige Israelite längst wissen mußte. Im Allgemeinen mochte das freilich auch Petrus auswendig. Aber wir wissen überhaupt manche Wahrheit auswendig, die uns denn doch unter besonderen Umständen und durch Erleuchtung des Geistes Gottes gleichsam hell wird, in einem ganz vorzüglich hellen Lichte strahlt, zumal wenn eine uns noch unbekannte Anwendung davon stattfindet. Und dies war hier bei Petrus der Fall, als er durch die Führungen und Offenbarungen Gottes völlig überzeugt wurde davon, in Hinsicht der Gnade in Christo und der Aufnahme in das Reich Gottes zwischen Juden und Heiden keinen Unterschied mache, daß also auch die Zugehörigkeit zu dem Volk Gottes nur eine Aeußerlichkeit sei. Daß einem Israeliten ohne Gottesfurcht seine Beschneidung nichts nütze, war schon von den Propheten oft genug und stark genug bezeugt worden; aber daß auf der andern Seite auch dem Heiden der Mangel der Beschneidung und Unterwerfung unter das mosaische Gesetz nicht im Wege stehe, in Betreff des vollen Bürgerrechts in der Gemeinde Christi, das war doch eine für Petrus überraschende Anwendung der altbekannten Wahrheit. Und das war auch im Hinblick auf Sünde und Gnade, auf Alten und Neuen Bund eine epochemachende Erkenntniß. — Der positive Satz lautet, daß in jedem Volke, wer Gott fürchtet und Gerechtigkeit übet, ihm annehmbar ist. Ἐν παντὶ ἔθνει macht schon spezielle Anwendung von dem allgemeiner gehaltenen negativen Satz, indem besonders auf Volksthum, hier auf den Gegensatz zwischen Israel und heidnische Völker hingewiesen wird. Hier ist aber sowohl Subjekt als Prädikat des Satzes richtig zu fassen. Subjekt ist: jeder Gottesfürchtige und Gerechtigkeit liebende, von welcherlei Volk er sei. Zwei sittliche Beschaffenheiten sind genannt, und es ist nicht treu gehandelt, wenn man die eine in der andern geradezu aufgehen läßt, namentlich die fromme, gottesfürchtige Gesinnung lediglich in der Rechtschaffenheit des Verhaltens zu dem Nächsten findet. Zu Letzterem ist die indifferentistische Auslegung sehr geneigt. Petrus sagt einerseits: wenn nur Gottesfurcht und gerechtes Handeln da ist, so braucht es weiter keiner nationalen Vorzüge; andrerseits aber setzt er diese Gesinnung als schlechthin unerläßliche Bedingung göttlichen Wohlgefallens voraus. Demnach kann nur, wer auf irgend welchem Wege oder auch Umwege, dann aber vermittelst der Sinnesänderung und Umkehr (μετάνοια) zu solcher sittlichen Beschaffenheit gelangt ist, das fragliche Ziel erreichen. Dieses Ziel ist im Prädikat ausgedrückt: δεκτός αὐτῷ ἐστιν, buchstäblich: acceptabilis Deo est, er ist so, daß Gott ihn annehmen, ansehen kann und wird, nämlich in das Reich Gottes, so daß er selig wird. Vermöge des ganzen Zusammenhangs leuchtet ein, daß von der Aufnahme in die Christenheit die Rede ist. Nimmt man δεκτός aber auch nicht ausschließlich in dem Sinne: annehmbar, sondern auch, wie es doch sonst im Neuen Testamente (Evang. Luk. 4, 19. 24; 2 Kor. 6, 2; Phil. 4, 18) vorkommt, als acceptus, gratus, so können wir doch, nach der ganzen Sinnesart des Apostels, nur an das Wohlgefallen Gottes in Christo dabei denken. Somit legt Petrus jedem Gottesfürchtigen und Gerechten, aus welcherlei Volk er sei, nur die Fähigkeit, durch Christum selig zu werden, nicht aber, ohne Christum selig zu werden, bei. Bengel hat mit Recht auf die Parallele Kap. 15, 14 aufmerksam gemacht, wo bei dem Apostelconcil Jakobus, im Hinblick auf unsere Geschichte und auch wohl speziell unsere Stelle, den Ausdruck von Gott braucht: λαβεῖν ἐξ ἐθνῶν λαὸν ἐπὶ τῷ ὀνόματι αὐτοῦ. Ἰησοῦ; dort entspricht λαβεῖν dem δεκτός hier. Aufnahme, wohlgefällige Aufnahme der Heiden in's Volk Gottes durch Christum, ist das Nächste, um das es sich handelt. Und Alles zusammengenommen, ist tref-

sen von Bengel gesagt: „non indifferentismus religionum, sed indifferentia nationum hic asseritur."

3. Was Petrus in dieser Missionsrede von der Person Christi bezeugt, ist weniger ausführlich, als was er von seinem Werk aussagt; dennoch ist es inhaltreich genug. Er deutet einestheils die Menschheit Jesu Christi an, indem er ihn „Jesum von Nazareth" nennt, denn hiermit ist die Herkunft des Erlösers und seine menschliche Abstammung bezeichnet; anderntheils sagt Petrus von Jesu aus: ὁ θεὸς ἦν μετ' αὐτοῦ, V. 38. Dies ist zwar ein Ausdruck, wie er möglicher Weise auch von einem Propheten und Knecht Gottes gelten kann, nicht nothwendig etwas ganz Einziges von Jesu prädicirt, dennoch kann der Ausdruck auch eine Bedeutung haben, welche eine hervorragende Stellung Christo verleiht. Gott war mit ihm, und zwar nicht blos vorübergehend, sondern bleibend, nicht blos äußerlich, sondern innerlich. Bengel urtheilt, daß der Apostel parcius, pro auditorum captu, de majestate Christi geredet habe. Uebrigens tritt wenigstens indirekt, vermöge dessen, was Petrus über das Werk Christi spricht, eine göttliche Hoheit Christi, zumal in seiner Erhöhung, hervor, welche alles Menschliche entschieden überragt. Er ist πάντων κύριος V. 36, und ist bestimmt von Gott zum Richter der Lebendigen und Todten — eine Stellung und Funktion, welche die Gottheit Christi voraussetzt.

4. Sehr vollständig und lehrreich hat Petrus das Werk Christi geschildert. Er stellt das prophetische Amt Jesu voran: Gott hat durch Jesum Christum Frieden verkündigt, wonach die Freudenbotschaft vom Frieden, also das Wort, die Lehre Christi in den Vordergrund tritt, V. 36; zugleich aber erwähnt er die Thaten Jesu, seine Heilungen und Wohlthaten an Kranken und Dämonischen. Mit dem Wort hat die That harmonirt: das Wort verkündigte Frieden und Heil, die That (vergl. V. 39 ὧν ἐποίησεν) schaffte Heil und Frieden. Er war ein großer Prophet in Thaten und Worten; seligmachende Wahrheit verkündigt seine Lehre, und wo er persönlich auftritt hin und her im Lande, wirkt er in der That helfend, gesundmachend, befreiend die unter satanischer Tyrannei Seufzenden und Gebundenen. Die That bekräftigt das Wort, und wenn heute Christus aufhören würde, Versöhnung, Heil, Friede, Freiheit der gebundenen Seele in der That zu schenken, so würde auch sein Wort des Evangeliums keinen Glauben mehr finden. Das hohepriesterliche Amt Christi ist V. 43 angedeutet. Durch seinen Namen empfängt Jeder, der an ihn glaubt, Vergebung der Sünden. Wie das zusammenhange, ist allerdings nicht entwickelt. Es handelt sich hier ja nur um ein Missionsvortrag, nicht um eine Erörterung der anerkannten Wahrheit nach ihren Gründen und in ihrem Zusammenhang. Aber unverkennbar setzt die Sündenvergebung durch seinen Namen, d. h. durch seine Person, die man erkennt und bekennt, voraus, daß er persönlich die göttliche Gnade und Verzeihung vermittelt hat, d. h. daß er die Versöhnung bewirkt hat. Endlich leuchtet das königliche Amt Christi hervor, theils aus V. 36: πάντων κύριος, theils aus V. 42: κριτὴς ζώντων καὶ νεκρῶν. Er ist über Alle hoch erhöht, ein Herr über alle Menschen, Juden und Heiden, so daß alle ihn zu ehren, ihm zu gehorchen schuldig sind. Christus hat demnach ein Reich, das er regiert, und dieses Reich umfaßt die ganze Menschheit. Die Krone dieser Herrlichkeit ist, daß Christus zum Weltrichter bestimmt ist V. 42, und zwar zum Richter auch der Todten, wonach seine königliche Gewalt auch die Unterwelt und die längst verstorbenen Geschlechter umfaßt.

5. Die entscheidendste Thatsache bei der ganzen Begebenheit war die Ausgießung des Heiligen Geistes über die Zuhörer. Das war ein thatsächliches Zeugniß Gottes selbst, daß diese Personen ihm wohlgefällig seien, und daß sie Christo angehören. Die Gabe des Heiligen Geistes ist das höchste Gut, was laut der Apostelgeschichte im Reiche Christi zu erlangen ist. Wem dieses höchste Gut, das der Natur der Sache nach lediglich nur Gott selbst geben kann, verliehen ist, dem kann das geringere nicht verweigert werden. Nun aber hat Gott diesen Leuten, obwohl sie noch Heiden sind, seinen Heiligen Geist geschenkt und sie eben damit gereinigt und geheiligt. Was Gott gereinigt hat, das darf und soll und kann der Mensch nicht für unrein ansehen und so behandeln. Also müssen diese Heiden nun auch von dem strengsten Israeliten für rein und Gott geheiligt erkannt werden. — Die Taufe ist weihende Aufnahme in die Gemeinde Christi und Gnade Gottes mit Wasser und Geist. So wenig die Wassertaufe allein und ohne die Gabe des Heiligen Geistes genügt, so wenig darf die Geistestaufe ohne die Wassertaufe bleiben. Gewöhnlich folgt die Gabe des Geistes der Wassertaufe zeitlich nach [vergl. Kap. 2, 38], zum Theil erst nach längerer Zeit und in Folge besonderer Gebete mit Handanflegung, Kap. 8, 15 ff. Hier kommt der Heilige Geist, der da wehet, wo er will (Joh. 3, 8), über die Zuhörer, bevor sie getauft sind; aber nun kann und darf auch kein Mensch das Wasser der Taufe wehren, sonst würde der Mensch als θεομάχος erfunden werden, vergl. Kap. 5, 39. So ist diese Ausgießung des Geistes auf heidnische Zuhörer eine unwiderstehbare göttliche Erklärung, daß die Heiden nicht nöthig haben, erst dem Volk Israel durch Beschneidung und Uebernahme des Gesetzes einverleibt zu werden, bevor sie in die Messiasgemeinde Jesu aufgenommen werden dürften.

### Homiletische Andeutungen.

Etliche Brüder von Joppen gingen mit ihm. [V. 23.] Es thut ein Lehrer wohl, zumal in solchen Fällen, bei welchen schwache Gemüther noch Bedenklichkeiten finden, wenn er sein Thun, von dessen Richtigkeit er aus Gottes Wort überzeugt ist, vor ihren Augen offenbar werden läßt. (Apost. Past.)

Und rief zusammen seine Verwandten und Freunde. [S. 24.] Das vornehmste Werk der Liebe und Freundschaft ist: wollen, daß auch Andere der geistlichen Gaben theilhaftig werden. (Starke.) — Man macht sich arm, wenn man irdische Güter mit Andern theilt; je mehr man aber die geistlichen Güter durch Liebe mittheilt, je mehr erfüllt man sich selber damit. (Quesnel.) — Man hat zwar erweckte Seelen zu ermahnen, daß sie sich nicht durch ihre Angehörigen, wären es auch die allernächsten, vom Reiche Gottes abziehen lassen sollen, aber nicht, als müßte man alle Bekanntschaft mit den Seinen aufgeben, vielmehr soll solche zu einer Gelegenheit gebraucht werden, das Reich Christi auszubreiten (Apost. Past.). — Man ist in

geiſtlichen Dingen oft nur gar zu rückhältig gegen einander und finde oft mehr Eingang, als man vermuthet. (Rieger.)
Cornelius fiel zu ſeinen Füßen. [V. 25.] Petrus aber ſprach: ſtehe auf, ich bin auch ein Menſch. [V. 26.] Unter dem Bekenntniß: ich bin ein ſündiger Menſch, iſt Petrus von Jeſu in die Arbeit genommen worden, ein Menſchenfiſcher zu werden. Und nun, da ihm ſo ein guter Zug in Cornelii Hauſe bevorſtand, erinnerte er ſich und Andere ausdrücklich wieder: ich bin auch ein Menſch. (Rieger.) — Cornelius that zu viel in ſeiner Ehrenbezeugung gegen einen lebendigen, leibhaften und gewiſſen Heiligen: wer betet denn die ungewiſſen, erdichteten und gemalten Heiligen an? (Starcke). — Der iſt nicht Petri wahrer Nachfolger, noch hat Petri bemüthigen Sinn, der ſich den Fuß küſſen läßt. (Derf.) — Man ſieht hier, wie bald erwedte Seelen zu weit gehen können, indem ſie auf die, welche doch nur Werkzeuge Gottes ſind, zu viel Vertrauen ſetzen und ihnen zu viel Ehre beilegen. Einem wahren Knechte Gottes thut dies nicht wohl, ſondern weh; er will gern abnehmen, damit Chriſtus zunehme. (Apoſt. Paſt.) — Das Petruswort: „ich bin auch ein Menſch" ein beſchämender Bußſpiegel für alle Menſchenvergötterung in der Kirche; nicht nur 1) in der römiſch-katholiſchen gegen die Verehrung u. der Heiligen im Himmel, b. des angeblichen Nachfolgers Petri auf Erden, ſondern auch 2) in der evangeliſch-lutheriſchen gegen a. Ueberſpannung des Amtsbegriffs, Eitelkeit und Selbſtruhm von Seiten der Geiſtlichen, b. Abgötterei mit Reformatoren oder beliebten Predigern und Seelſorgern, Bekehrung zu Menſchen ſtatt zum lebendigen Gott von Seiten der Gemeinde.

Gott hat mir gezeigt. [V. 28.] Dieſe Gewißheit, daß er nicht in ſeinem, ſondern in Gottes Namen und Auftrag vor ihnen ſtehe, ſtärkte den Petrus mächtig und erhob ihn über die Gewiſſensbedenken, daß er jüdiſche Satzungen und jüdiſche Sitte durchbrochen habe. (Leonh. u. Spiegelb.) — Keinen Menſchen gemein oder unrein zu heißen. Der ſchöne Glaube an den Gottesfunken in jeder Menſchenſeele. 1) Nach ſeiner guten Begründung; a. durch die Schöpfung: nach Gottes Ebenbild, von Einem Paar Alle; b. durch die Erlöſung: Gott will, daß allen Menſchen geholfen werde. Chriſtus ſendet die Apoſtel zu allen Völkern; c. durch die Erfahrung: in der Heidenwelt, in der Seelſorge an Verbrechern ꝛc. 2) Nach ſeiner ſegensreichen Wirkung; a. für eine chriſtliche Weltanſchauung und Geſchichtsbetrachtung überhaupt, b. für den chriſtlichen Umgang im täglichen Leben, c. für's chriſtliche Lehramt.

Darum habe ich mich nicht geweigert, zu kommen. [V. 29.] Das iſt das heilige Glaubensſchweigen, da wir, ohne Gott zu widerſtreben, willig unternehmen, was er gebeut. (Calvin.) — So frage ich euch nun, warum ihr mich habt laſſen fordern? Wie der Arzt den Kranken fragt, was ihm fehle, daß er ſeine Kur darnach einrichte, ſo fragt ein Lehrer ſeine Zuhörer über ihren Seelenzuſtand, damit er wiſſe, was ſie bedürfen: Lehre, Rath, Troſt oder Vermahnung. (Starcke.) — Die ſchuldige Amtstreue fordert, bei geiſtlichen Verrichtungen ſeine Zeit mit unnöthigem Geplauder zu verlieren, ſondern je eher je lieber auf die Sache ſelber zu geben (Quesnel).

Heutzutage iſt man hierin oft gar zu delikat und meint, der Pfarrer ſolle Einem Alles anſehen können, ſoll mit ſeinem Troſt und Unterricht herausrücken, ohne ſich vorher durch Fragen den Weg zu bahnen; aber ſolch halbunterdrückte und vertuſchte Wahrheit hindert oft die Kur ſehr. (Rieger.)

Cornelius ſprach: ich habe gefaſtet bis an dieſe ꝛc. [V. 30.] Eine beſcheidene Erzählung deſſen, was wir recht gethan, ſtreitet nicht wider die Demuth, ſondern iſt oft zu unſerer Rechtfertigung nöthig, oder zu Anderer Erbauung nützlich (Nach Starcke). — Faſten, Beten und Almoſen waren im Hauſe des Cornelius nicht todte Werke des Geſetzes, ſondern rechtſchaffene Früchte der Buße, gereift in der Tiefe einer bemüthigen, Gott liebenden und nach der Gewißheit ſeiner Gnade ſchmachtenden Seele. (Leonh. und Spiegelb.) — Darum gibt St. Lukas dem Cornelius erſtlich dies Lob und Zeugniß, daß er ſei gottſelig und gottesfürchtig geweſen (V. 2), darnach erſt, daß er als ein guter Baum gute Früchte gebracht habe, — und ſolche Früchte gefallen Gott wohl um des Glaubens willen; daher lobet auch der Engel Cornelium um des Glaubens willen, ſo er gehabt hat auf den künftigen Chriſtum, und bringet ihn aus dem Glauben auf den künftigen Chriſtum in den Glauben Chriſti, der nun ſchon kommen war, da er ihn nach Joppen ſenden und Petrum kommen heißet. (Luther.) — In einem hellen Kleide. Die Engel tragen in ihren Erſcheinungen die Zeichen und Liverey ihrer Reinigkeit und Aufrichtigkeit an ſich. (Quesnel.) — Das helle Kleid der Engel kann einen Lehrer, der auch ein Engel Gottes in der Heiligen Schrift genannt wird, erinnern, daß er vor Andern Urſache habe, ſeine Kleider zu waſchen und helle zu machen im Blute des Lammes. (Apoſt. Paſt.)

Dein Gebet iſt erhöret ꝛc. [V. 31.] Des Cornelius Gebet und Almoſen waren vor Gott gekommen. Wie wenig Gebeten und Almoſen wird dieſe Gnade zu Theil! Die meiſten kommen aus einem fleiſchlichen und irdiſchen Herzen, darum gehen ſie auch von dem Wege des Fleiſches und bleiben auf der Erde. Das Gebet aber aus dem Glauben hat Flügel, ſich zu Gott zu ſchwingen, und das Almoſen der Liebe ſteigt als ein Gott wohlgefälliges Opfer zum Himmel empor. (Nach Leonhardi und Spiegelb.) — Es ſteigt kein Gebet gen Himmel, es ſteige denn ein Engel mit herab. (Joh. Arnd.) — Von dem Zuſammenhang zwiſchen Gebet und Almoſen des Cornelius und ſeiner Berufung zum Evangelium. 1) Wie war ſein Gebet und Almoſen beſchaffen? 2) Wie hing ſeine Berufung damit zuſammen? (Schleierm.)

So ſende nun — und laß herrufen. [V. 32.] Der Engel weiſt ihn zum ordentlichen Diener des Worts, denn auch Engelzungen können das Wort von der Vergebung der Sünden (V. 43) nicht aus Erfahrung predigen, wie ein Petrus. (Stier.) — Cornelius wird nicht zu Petrus geſandt, ſondern Petrus zu jenem geholt, damit angedeutet würde, wie das Evangelium zu den Völkern in ihre eigenen Wohnſitze kommen ſollte. (Bengel.)

Nun ſind wir Alle hier gegenwärtig vor Gott. [V. 33.] Dieſe wackere Erklärung Cornelii hat man mit gutem Bedacht in öffentliche Kirchengebete vor der Predigt aufgenommen (Rieger). — Dieſe Worte möchte man an alle Kirchthüren oder an die Kanzeln hängen, daß die Menſchen recht bedächten, warum ſie in der Kirche ſein ſollen

(Bogatzky.) — Welches sind die rechten gesegneten Kirchgänger? 1) Die sich zu Hause vorbereitet haben mit Gebet (V. 30), 2) die gekommen sind mit heilsbegierigen Herzen, 3) die des Predigers Wort als Gottes Wort hören und bewahren. (Leonh. und Spiegelb.) — Die Hausgemeinde des Cornelius das Vorbild einer gottgefälligen Kirchgemeinde. 1) Eine zahlreiche Gemeinde: „nun sind wir Alle hier"; 2) eine andächtige Gemeinde: „gegenwärtig vor Gott"; 3) eine lernbegierige Gemeinde: „zu hören Alles"; 4) eine folgsame Gemeinde: „was dir (und uns durch dich) von Gott befohlen ist."

Petrus aber that seinen Mund auf. [V. 34.] Geöffnete Herzen der Hörer öfnen den Mund der Lehrer. (Starcke.) — Diese Rede Petri, wozu er seinen Mund aufthat, fähret daher als ein gewaltiger Strom, der des Cornelius und seiner Tugenden Gedächtniß wie in die heilige Stille eines unergründlichen Meeres begräbt. Des Cornelius Name, aller eigene Name, aller Menschen Name, Ruhm und Ehre verlischt, ein einziger Name leuchtet in dieser Predigt, es ist der Name des Herrn Jesu Christi. Statt des Cornelius und aller Menschen Werke wird allein gedacht der Werke und Thaten Gottes in Christo. Alle eigene Gerechtigkeit geht unter wie in einem tiefen Meer, das Meer aber ist die unendliche Liebe Gottes. (Harleß.) — Nun erfahre ich in Wahrheit ꝛc. Es denke ja kein Lehrer, er wisse schon Alles, was zu seinem Amte gehört, so vollkommen, daß er nicht nöthig habe, in solcher Erkenntniß zu wachsen. Es ist ein Anderes, etwas wissen, theoretisch und im Allgemeinen, wie Petrus das allerdings längst gewußt hatte, daß bei Gott kein Ansehn der Person ist, und ein Anderes, wie Petrus hier sagt, in der That, praktisch mit Application auf einen besonderen Fall erfahren. Und so hatte es der Apostel früher nicht gewußt, daß die Heiden ohne Beschneidung in's Reich Gottes kommen mögen. (Nach Apost. Past.) — Gott sieht die Person nicht an. 1) Ein Schreckenswort für alle Gottlosen unter den Großen, 2) ein Trostwort für alle Frommen unter den Geringen. (Starcke.)

In allerlei Volk, wer ihn fürchtet und recht thut, der ist ihm angenehm. [V. 35.] Es werden diese Worte gemeiniglich von denen mißbraucht, die vorgeben, es komme nicht darauf an, was ein Mensch glaube, wenn er nur Gott fürchte und recht thue, Sünde meide und ehrbar lebe. Aber der Apostel lehrt hier keine Gleichgültigkeit der Religion (Indifferentismus), sondern er verkündigt die allgemeine Liebe Gottes gegen alle Nationen, nach welcher er will, daß allen Menschen geholfen werde, sie aber auch alle zur Erkenntniß der Wahrheit kommen müssen. Er sagt nicht, daß ein Mensch, der aus einem natürlichen Gefühl Gott fürchtet, einige Sorge für sein Heil trägt, grobe Sünden meidet und äußerlich ehrbar lebt, schon angenehm vor Gott und im Stande der Gnade sei, das wird er erst in Christo, Eph. 1, 6, sondern daß ein solcher im Stande sei, durch das Wort von Christo zu Gott gebracht und ohne Beschneidung von dem Herrn angenommen zu werden. — Wäre Cornelius schon so, wie er war, vor Gott angenehm gewesen, so hätte er keinen Engel und keinen Petrus, kein Evangelium und keinen Heiland, keine Taufe und keinen Heiligen Geist mehr gebraucht. (Nach Apost. Past.) — Nicht die Gleichstellung aller Religionen, sondern aller Völker wird hier ausgesprochen. (Bengel.) Petrus will sagen: nun begreife ich, daß Gott kein Sektirer ist, daß er nicht blos die Juden oder ein gewisses Volk selig machen und die Andern aus verdammen wolle, wie ich bisher so unrichtig von ihm gedacht habe. Er fragt nicht: hast du einen Schein? wo bist du eingepfarrt? Wer da hungert und dürstet nach der Gerechtigkeit, sie im Glauben sucht und seinen Glauben in Liebe thätig sein läßt, der ist Gott angenehm, d. h. der hat Gnade, sonst könnte er's nicht thun, der ist ein Kandidat zur wahren Religion und Kirche, der ist nicht ferne vom Reich Gottes, dem wird Gott seinen Sohn offenbaren. Das an den Sohn Gottes glauben ist daher die allein seligmachende Religion. Damit wird aber nicht der Freigeisterei, sondern nur den Hungrigen die Thür aufgeschlossen. (Goßner.) — Wer ist Gott angenehm? 1) Der ihn fürchtet in demüthiger Buße, 2) der ihm vertraut in kindlichem Glauben, 3) der recht thut in christlich-dankbarer Liebe. (Leonh. und Spiegelb.) — Das Petruswort: In allerlei Volk, wer Gott fürchtet und rechtthut, der ist ihm angenehm, nach seinem ächten Sinn: 1) Nicht ein Freibrief für den Unglauben der Welt, oder ein Absagebrief für den Glaubenseifer der Kirche, wohl aber 2) ein Einladungsbrief für die heilsbegierige Menschheit und ein Vollmachtsbrief für das Missionswerk unter allen Heiden.

Ihr wisset wohl ꝛc. [V. 36.] Mit dem Hause des Cornelius durfte Petrus nicht so weit vorne anfangen, wie nachmals Paulus mit andern Heiden. Er hielt aus den Beweisen seiner Güte in Regen und fruchtbaren Zeiten zu fühlen angetrieben wurden. (Rieger.) — Ob man schon etwas weiß, ist es doch nöthig, dessen in der Predigt neu erinnert, frisch versichert, deutlich verständigt zu werden. (Starcke.) — Friede durch Jesum Christum. — Die Predigt von Christo eine Predigt des Friedens. 1) Nach ihrem Inhalt und Zweck: a. Friede der Menschheit mit Gott, und dadurch b. Friede der Menschen unter einander: Juden und Heiden ausgesöhnt. 2) Nach ihren Mitteln und Wegen: a. ihre Boten sind Friedensboten; Petrus gegenüber dem römischen Hauptmann; b. ihre Waffen sind Friedenswaffen: das Evangelium gegenüber dem strafenden Gesetz (das ähnliche Thema: die Predigt von Christo eine Predigt vom Frieden — anders und in seiner Weise ausgeführt von Schleiermacher). — Welcher ist ein Herr über Alles. — Der hohe Trost des Glaubens, daß Jesus als der Friedefürst auch der Herr ist über Alles. 1) Sein Scepter ist ein Friedensscepter, darum keine Furcht vor ihm! 2) Sein Scepter ist ein allmächtiges Scepter, darum keine Furcht für ihn und unter ihm! — Friede durch Jesum Christum, welcher ein Herr ist über Alles! Dies der schönste Eintrittsgruß eines Glaubensboten in der Heidenwelt. Damit wird sein Eintritt 1) freundlich, denn er kommt im Namen eines Friedensherrn, 2) muthig, denn er kommt im Namen eines allmächtigen Herrn.

Angegangen in Galiläa. [V. 37.] Die Friedenspredigt des Friedefürsten galt allerdings zunächst den Kindern Israel. Darum ging sie aus von Galiläa und ist geschehen durch das ganze jüdische Land, aber der Friede, den er verkündet und durch seinen Tod am Kreuze selbst erworben, war ein Friede für alle und zwischen allen Völkern auf Erden (Leonh. und Spiegelb.). — Welche Wunderwege und Siegesläufe hatte das Evangelium in der Kraft Gottes nun schon vollbracht seit jenem geringen Anfang in Galiläa! Nie, und wenn sie einst die ganze Erde beherrscht, soll und wird die Kirche Christi vergessen dieses „Angegangen in Galiläa"; diese ihre geringe Herkunft, diese ihre arme Kindheit, diese ihre angeborne Knechtsgestalt.

Wie Gott denselbigen gesalbt hat 2c. [V. 38.] Das wunderthätige Heilandsleben war künstlich für das ganze Land, aber ein stilles Geheimniß war der Anfang dazu: die Salbung mit dem Heiligen Geist bei der Taufe. (Stier.) — Der unbergessen ist und hat wohlgethan. Eine liebliche Beschreibung der Verrichtungen Jesu. Ein solches Bild müssen Lehrer den armen Seelen, die Jesum eher für einen zornigen Richter, denn für einen Wohlthäter, Heiland und Seligmacher ansehen, vorbilden, damit sie Vertrauen zu ihm fassen. Und wie getrost und muthig kann das einen Zeugen Jesu machen, wenn er bedenkt, er habe einen solchen Jesum bei sich, der schon so große Proben abgelegt hat. Vor welchen Teufelskräften hat sich demnach ein rechtschaffener Lehrer zu scheuen? (Apost. Past.)

Und wir sind Zeugen alles dessen. [V. 39.] Rechtschaffene Lehrer sind heute noch Zeugen deß, das Jesus gethan und gelitten hat, ob sie auch nicht seine Thaten mit leiblichen Augen gesehen. (Apost. Past.) — Den haben sie getödtet und an ein Holz gehangen. Durch die Schmach des Kreuzes Christi ist Satan überwunden, und dadurch mußten die Heiden bekehrt werden, darum scheut sich Petrus nicht, vor den Heiden zu bekennen, daß Jesus an ein Holz gehangen. Ein Aberwitz, wenn man jetzt, was verächtlich und mühselig an der christlichen Religion ist, vor den ungläubigen Völkern verhehlen will. Sind wir klüger als die Apostel und Jesus? (Starde.) — Willkommen, o Kreuz, Zeichen des lebendigen Gottes, Zeichen des höchsten Triumphes! willkommen, o herrliches, köstliches Holz! Heller als die Sonne, klarer als alle Sterne der Welt leuchtest du denen, die dich mit Augen des Glaubens und der Liebe betrachten. Einstmals warst du verflucht und dein Name war schmachvoll, jetzt prangst du selbst auf Königsthronen. Wer hat deine Schmach getilgt und dich zu solchen Ehren erhoben? Kein Anderer, als Jesus Christus, der Sohn des lebendigen Gottes. Da ihn die sündige Erde verstieß, stieg er an dich hinan, du nahmest ihn auf und trugest die köstliche Bürde seines Leibes; so warst du der Altar, auf dem dargebracht ist das unbefleckte Lamm, das die Erde mit dem Himmel versöhnte. (Eckbert.)

Nicht allem Volk, sondern uns. [V. 41.] Jesus hält in seiner Offenbarung weislichen Unterschied. Die Welt sieht ihn nicht im Stande seiner Erhöhung, weil sie ihn nicht im Stande seiner Erniedrigung nicht erkennen will; seinen Liebhabern offenbart er sich. (Starde.) — Die Gnadenoffenbarungen des erhöhten Christus ein Privilegium seiner Gläubigen. — Die verborgenen Weihestunden gläubiger Seelen im Umgang mit ihrem verherrlichten Meister. Procul este profani! so hieß es bei den heidnischen Mysterien; das hat seine Geltung auch bei den seligen Geheimnissen des Christenthums.

Zusammenfassung von V. 36—43. Die apostolische Predigt. 1) Was sie bezeugt: Christi Leben, Leiden und Auferstehen; 2) worauf sie sich gründet: auf Christi Befehl und aller Menschen Berufung zum Heil; 3) was sie bezweckt: die Beseligung der Gläubigen durch den Frieden Christi. (Leonh. und Spiegelb.) — Wie wir den Frieden haben durch Jesum Christum [V. 36]: 1) Als unsern Propheten [V. 37—39], 2) Hohenpriester [V. 39] und 3) König [V. 40—42].

Da Petrus noch diese Worte redete, fiel der Heilige Geist auf Alle [V. 44]. Hier ist der Heiden Pfingsten. (Quesnel.) — Ein gesegneter und hoffnungsvoller Anblick, wenn Knechte Gottes an ihren Zuhörern merken, daß das Wort unter ihnen fähet und der Heilige Geist dadurch kräftig in den Herzen wirkt (Apost. Past.). — Das Wort von der Gnade Gottes in Christo Jesu ist eigentlich das Wort, wodurch der Heilige Geist mit seinen Gaben in die Herzen kommt. Die Gesetzespredigt dient nur zur Vorbereitung. Es kann ein Lehrer durch noch so viel Gesetzespredigten die Leute zwar äußerlich ordentlich und gesellich machen, aber kein geistliches Leben in ihnen erwecken. (Ebendas.) — Gott kommt oft (wie hier durch Mittheilung des Geistes) dem Dienste der Kirche (der Taufe) zuvor, damit man sehe, wie er die höchste Macht habe und an äußere Formen nicht gebunden sei. (Quesnel.)

Die Gläubigen aus der Beschneidung entsetzten sich, daß auch auf die Heiden die Gabe des Heiligen Geistes ausgegossen ward 2c. [V. 45. 46.] Man muß die Gnadengaben Gottes Andern nicht mißgönnen, sondern ihnen Glück dazu wünschen und den Herrn dafür preisen (Starde). — Die Werke Gottes in seiner Gemeinde sind immer noch groß und wunderbar, und wer ihrer achtet, der hat eitel Lust daran. (Apost. Past.)

Mag auch Jemand das Wasser wehren? [V. 47.] Gott ruft selbst durch seinen Geist legitimirt, dem soll auch die Kirche ihre Anerkennung nicht verweigern.

Und befahl, sie zu taufen. [V. 48.] Wenn Gott gleich etwas durch außerordentliche Wege wirket, so muß doch seine Kirche die ihr vorgeschriebene Ordnung beobachten. (Quesnel.) — Die ordentlichen Gnadenmittel sind nie zu verachten (Starde).

Zum ganzen Abschnitt. Die Größe der Liebe Gottes in Christo zu uns Menschen. Sie zeigt sich darin, daß sie 1) seinen Menschen gemein und unrein achtet, 2) selbst den Irrenden nachgeht, wenn sie nur suchen, 3) sich Aller erbarmt, die geneigt sind, Alles zu hören, was uns von Gott in Christo geboten ist. (Harleß.) — Erst in Christo ist das volle Heil. Erst in ihm erschließt sich 1) die rechte Erkenntniß der Gottheit, 2) die rechte Würdigung des Menschen, 3) der rechte Weg zum Leben, 4) die rechte Befriedigung der Seele. (Leonh. und Spiegelb.) — Der Besuch des Petrus in Cornelius Hause als Muster eines gesegneten geistlichen Hausbesuchs. 1) Die Vorbereitung dazu: bei den Hausgenossen ein herzliches Heilsverlangen, beim Prediger ein heiliger Antrieb des Geistes. 2) Die Unterhaltung dabei: von Seiten der Beichtkinder eine aufrichtige Darlegung ihres Herzenszustandes, von Seiten des Beichtvaters ein kräftiges Zeugniß von Christo und seinem Heil. 3) Die Frucht davon: für die Hörer die Stärkung und Belebung durch den Heiligen Geist, für den Lehrer die Freude in dem Herrn über gerettete Seelen und Mehrung seines Reichs.

## C.

Die Einreden engherziger Judenchristen in Jerusalem gegen die angeknüpfte Gemeinschaft mit Heiden schlägt Petrus durch Berufung auf die offenbare Führung des Herrn in dieser Angelegenheit siegreich zu Boden, so daß jene sich dabei nicht nur beruhigen, sondern auch über die Bekehrung der Heiden Gott danken.

### Kap. 11, 1—18.

Es hörten aber die Apostel und die Brüder durch Judäa hin, daß auch die Heiden 1 das Wort Gottes angenommen hatten. *Als aber¹) Petrus hinaufkam nach Jerusalem, 2 rechteten mit ihm die aus der Beschneidung und sprachen: *Du bist zu Männern, die 3 Vorhaut haben, eingegangen und hast mit ihnen gegessen. *Petrus aber hob an, setzte 4 ihnen der Ordnung nach auseinander und sprach: *Ich befand mich in der Stadt Joppe 5 im Gebet und sah in der Entzückung ein Gesicht, ein Geräth, wie eine große Leinwand, an vier Enden vom Himmel herabgelassen, und es kam bis zu mir. *Und als ich hin- 6 einschaute, bemerkte ich und sah die vierfüßigen Thiere der Erde, und die wilden Thiere und die kriechenden Thiere und die Vögel des Himmels. *Ich hörte aber eine Stimme 7 zu mir sagen: Stehe auf, Petrus, schlachte und iß. *Ich aber sprach: Nimmermehr, 8 Herr, denn Gemeines²) oder Unreines ist noch nie in meinen Mund eingegangen. *Da 9 antwortete eine Stimme³) zum zweiten Mal aus dem Himmel: Was Gott gereiniget hat, das mache du nicht gemein! *Dies geschah aber dreimal, und Alles wurde wieder 10 in den Himmel hinaufgezogen. *Und siehe da, in dem Augenblick standen drei Männer 11 vor dem Hause, in welchem ich war, von Cäsarea aus zu mir abgesandt. *Der Geist 12 aber sprach zu mir, ich sollte mit ihnen gehen⁴). Es kamen aber mit mir auch diese sechs Brüder, und wir gingen in das Haus des Mannes. *Und er verkündigte uns, 13 wie er den Engel in seinem Hause habe stehen sehen, der zu ihm sprach: Sende nach ⁵)Joppe und laß holen den Simon mit dem Zunamen Petrus; *der wird Worte zu dir 14 reden, durch welche du und dein ganzes Haus selig werden wirst. *Während ich aber 15 anfing zu reden, fiel der Heilige Geist auf sie, wie auch auf uns im Anfang. *Da 16 gedachte ich an das Wort des Herrn, wie er sagte: Johannes hat mit Wasser getauft, ihr aber werdet mit dem Heiligen Geist getauft werden. *Wenn nun Gott ihnen die 17 gleiche Gabe gegeben hat, wie auch uns, da sie glaubten an den Herrn Jesum Christum, wie war dann⁶) ich im Stande, Gott zu wehren? *Da sie das hörten, wurden sie ru- 18 hig und priesen⁷) Gott und sprachen: Also auch den Heiden hat Gott die Sinnesänderung gegeben zum Leben!

### Exegetische Erläuterungen.

1. **Es hörten aber die Apostel.** Das Ereigniß mit Cornelius machte in der Gemeinde Christi Aufsehen. Noch ehe Petrus nach Jerusalem zurückkehrte [V. 2] bekamen die Apostel und die Christen in Judäa (κατὰ τὴν Ἰουδαίαν, durch Judäa hin, an verschiedenen Orten der Landschaft wohnend) Nachricht, daß auch die Heiden das Wort Gottes

angenommen hatten. Die Art, wie die Thatsache V. 1 erwähnt ist, zeigt erstens, daß der Eindruck bei den Aposteln und der Mehrzahl der Christen in Judäa ein günstiger, erfreulicher war, denn das war ja zur Ehre Gottes, daß es sogar in Judäa Heiden, also nicht Israeliten allein, das Evangelium angenommen hatten; zweitens besagt der Ausdruck τὰ ἔθνη, daß man das Ereigniß als ein Prinzip auffaßte, indem man, was einzelne heidnische Personen ge-

---

1) ὅτε δέ ist durch Handschriften und alle Versionen besser beglaubigt als καὶ ὅτε.
2) Πᾶν vor κοινόν ist sehr schwach bezeugt; ohne Zweifel ist es in einige Handschriften aus Kap. 10, 14 gekommen.
3) μοι vor φωνή fehlt in guten Autoritäten, ist vermuthlich vermöge der Analogie von V. 7 eingeschoben worden.
4) μηδὲν διακρινόμενον oder μηδὲν διακρίναντα fehlt im Tischendorf als unächt gestrichen, doch ist es in derjenigen Handschrift, welche in diesem Abschnitt die meisten Glossen in den Text aufgenommen hat, Cantabrig. (D.) fehlt, während andere theils διακρίναντα, theils διακρινόμενον haben; es ist aus Kap. 10, 20 hierher gekommen.
5) ἄνδρας nach Ἰόππην fehlt in namhaften Handschriften und in den meisten alten Versionen; es ist aus Kap. 10, 5 hier eingeschoben.
6) δέ nach ἐγώ fehlt allerdings in A. B. D. und Minuskeln, sowie in mehreren Versionen, daher Lachmann es gestrichen hat. Allein es ist doch durch E. G. H. beglaubigt, sowie durch einige Versionen, und würde schwerlich hineingekommen sein, wenn es ursprünglich fehlte, ob es überflüssig zu sein schien.
7) ἐδόξαζον ist ungleich stärker beglaubigt, als das von Lachmann vorgezogene ἐδόξασαν, das nur der Gleichförmigkeit halber entstanden ist.

than hatten, als ein Ereigniß im Großen betrachtete, so daß das Heidenthum Empfänglichkeit für Gottes Wort gezeigt hatte.

2. **Du bist zu Männern, — gegessen.** Aber nicht Alle bekamen den gleichen Eindruck. Dies zeigte sich, als Petrus wieder in Jerusalem angekommen war. Er fand Tadel bei denen, ἐκ περιτομῆς, V. 2. — Wer sind diese? Der Ausdruck gleicht dem Kap. 10, 45: οἱ ἐκ περιτομῆς πιστοί, nur daß er in letzterer Stelle weniger auffallend ist, weil Petrus mit seinen christlichen Begleitern aus Joppe sich in heidnischer Umgebung, mitten unter Unbeschnittenen befindet. Hingegen in Jerusalem war damals sicherlich unter allen Christen nicht ein Einziger, der nicht Israelit und beschnitten war. Wenn also inmitten der judenchristlichen Gemeinde οἱ ἐκ περιτομῆς hervorgehoben werden, so kann dieser Ausdruck nicht die objektive religiös-nationale Thatsache des Beschnittenseins, sondern nur die subjektive Ansicht und Gesinnung bezeichnen. Der Begriff beschreibt also diejenigen Judenchristen, welche auf die Beschneidung, und ohne Zweifel auch auf die Beobachtung des mosaischen Gesetzes überhaupt, einen absonderlichen Werth legten. Und damit stimmt denn auch, was V. 3 nachfolgt. Diese Leute, διεκρίνοντο πρὸς αὐτόν, d. h. sie rechteten, stritten mit Petrus (διακρίνομαι, secernor, pugna decerno, dimico), indem sie ihm zum Vorwurf machten, daß er das Haus unbeschnittener Männer betreten habe und ihr Tischgenosse geworden sei. Hier steht demnach ἀκροβυστία und περιτομή sich entgegen. Diese strengen Beschneidungsmänner machten dem Petrus nicht das zum Vorwurf, daß er Heiden das Evangelium gepredigt und sie getauft habe; das konnten sie auch wohl nicht für unrecht ausgeben, zumal im Hinblick auf den Befehl Jesu, allen Völkern das Evangelium zu predigen; sondern daß er sich mit Heiden in einen so vertrauten Umgang, in so enge Gemeinschaft eingelassen habe, in ein heidnisches Haus und an den Tisch eines Unbeschnittenen als Gast sich begeben habe, das konnten sie mit ihren hohen Begriffen von Gesetzlichkeit und von Würde eines Israeliten nicht reimen. Dabei können diese Gegner, wenn sie weiter dachten, sich nur vorgestellt haben, daß solche Heiden, welche das Wort von Christo hören und glauben, erst beschnitten und dem Volk Israel völlig einverleibt werden müßten, wenn ein Christ, d. h. ein Judenchrist sich mit ihnen in rückhaltlosen Umgang einlassen, brüderliche Gemeinschaft mit ihnen eingehen sollte. Und dies war dann allerdings der im eigentlichen Sinn judaisirende Grundsatz.

3. **Petrus aber hob an.** Ἀρξάμενος soll nicht blos schildern, daß Petrus überhaupt zu sprechen begann, sondern ohne Zweifel auch das ausdrücken, daß er weit ausgeholt und die Begebenheit von ihrem ersten Anfang an erzählt habe. Mit καθεξῆς bezeichnet er sodann die Auseinandersetzung, welche der Apostel gab, als eine geordnete, der Aufeinanderfolge jener Ereignisse nachgehende. Denn es ist gerade das Ineinandergreifen der einzelnen Begebenheiten in dieser Geschichte, was den überzeugenden und überwältigenden Eindruck hervorbringt. Die Offenbarung Gottes an Petrus in dem Gesicht V. 5—10 bekommt ihre Anwendung und Deutung durch die unmittelbar damit zusammentreffende Sendung der Boten von Cäsarea [V. 11] und durch die gleichzeitige Weisung des Geistes [V. 12], mit ihnen zu gehen. Und als Petrus bei Cornelius ankommt [V. 13], ergibt sich aus dessen Erzählung, daß er zu seiner Sendung an Petrus selbst auch von Gott befehligt worden war, um das seligmachende Wort aus Petri Munde zu hören. Endlich schließt sich sogleich bei der evangelischen Verkündigung vor Cornelius und seinen Freunden [V. 15] die Ausgießung des Heiligen Geistes an, so daß alles Einzelne ineinandergreift, ein Moment das andere beleuchtet, erklärt, bestärkt, und das Ganze nicht nur einen harmonischen Eindruck macht, sondern auch unwidersprechlich bezeugt: Gott will es! Und um der Wichtigkeit dieser Thatsache willen für die Erweiterung und Fortentwicklung der Kirche Christi wiederholt Lukas hier auch aus dem Munde des Apostels die Erzählung des vorigen Kapitels in ihren Hauptzügen.

4. **Der Geist aber sprach zu mir.** Aus οὗτοι bei οἱ ἓξ ἀδελφοί V. 12 ergibt sich, daß die Christen aus Joppe, welche mit Petrus von dort nach Cäsarea gegangen waren, ihn nun auch nach Jerusalem begleitet hatten. Dies geschah um so leichter, wenn Petrus, wie zu vermuthen, direkt von Cäsarea aus nach Jerusalem zurückgekehrt ist; überdies läßt sich als eine Möglichkeit denken, daß Petrus etwaige Einreden Einzelner in Jerusalem sich im voraus vorstellte und diese Brüder als Zeugen der göttlichen Führung in jener Sache bei sich zu haben wünschte.

5. V. 15 setzt der Ausdruck ἐν τῷ ἄρξασθαί με λαλεῖν voraus, daß Petrus noch nicht zu Ende war, sondern noch mehr sprechen wollte, als die Rede durch das unerwartete Ereigniß unterbrochen wurde. An der Mittheilung des Geistes, welche da erfolgte, hebt Petrus mit besonderer Absichtlichkeit die Identität derselben mit der urchristlichen hervor, V. 15: ὥσπερ καὶ ἐφ' ἡμᾶς ἐν ἀρχῇ, nämlich im Anfang der Ausgießung des Heiligen Geistes; V. 17: τὴν ἴσην δωρεάν — ὡς καὶ ἡμῖν πιστεύσασιν κτλ.; hier ist πιστεύσασιν auf das zunächst stehende Subjekt ἡμῖν zu beziehen, nicht auf das entferntere αὐτοῖς (Κύνοel), auch nicht auf beide Pronomina zugleich, denn der Beisatz will, wie Bengel sein scharfblickend beobachtet hat, den Glauben an Jesum als die Bedingung nachweisen, unter welcher allein die Christen im Anfang die Gabe des Geistes empfangen hätten; nicht, weil wir Israeliten waren, nicht, weil wir der Beschneidung theilhaftig sind, sondern weil wir an Jesum als den Herrn und Messias gläubig geworden waren, hat uns Gott die Geistesgabe geschenkt, und zwar als δωρεά, als freie Gnadengabe, ohne daß irgend einen Rechtsanspruch darauf, ohne daß Gott uns dieselbe schuldig gewesen wäre.

6. V. 16. Die Erinnerung an das Wort Jesu, das nicht nur Ev. Luk. 3, 16, sondern auch Apostg. 1, 5 erzählt ist, hat nicht blos den Sinn, daß Petrus eine Erweiterung der zunächst den Aposteln verheißenen Gabe auch auf Heiden erlebte (Meyer), sondern der Schwerpunkt liegt auf dem Verhältniß zwischen Wasser- und Geistestaufe, in dem Sinn: Der Herr hat uns als seine Taufe die mit dem Heiligen Geiste verheißen; wenn er nun den Heiden dieselbe Geistestaufe verlieh, die wir schon früher empfangen hatten, so konnte und durfte die Taufe mit Wasser nicht verweigert werden, sonst wäre sie ja ganz irriger Weise für etwas Wichtigeres und Heiligeres, denn die Geistestaufe, ausgegeben worden.

7. **Wenn nun Gott ihm die gleiche ꝛc.** Eine entsprechende Folgerung liegt in der Frage des Nachsatzes V. 17: ἐγὼ δὲ τίς ἤμην δυνατὸς κωλῦσαι τὸν Θεόν. Das δὲ in dem bedingten Satz hebt einen Gegensatz hervor, und dieser ist hier, wo zwei Fragesätze combinirt sind, ein doppelter. Petrus fragt: wer war dagegen ich? und: war ich denn im Stande, Gott zu hindern? Die erste Frage stellt Gott und den Menschen, die zweite Gottes allmächtiges Wollen und Wirken und des Menschen schwache Kraft einander gegenüber. In beiderlei Betracht war es unmöglich, Gott zu hindern, nämlich in seinem Rath, diese Heiden selig zu machen und eben so gut als die gebornen Juden dem Reiche Christi einzuverleiben.

8. Petrus hat sich demnach nicht auf den speziellen Vorwurf beschränkt, der ihm in Betreff der eingegangenen Gastfreundschaft und Tischgenossenschaft mit Heiden gemacht worden war, sondern er hat die Gnadenabsicht Gottes über denselben, so wie sie in unverkennbaren Thaten Gottes sich aussprach, zum Hauptgegenstand seiner Rechtfertigung gemacht. Und war dieser Gesichtspunkt hell und überzeugend gemacht, so war auch die Selbstvertheidigung des Apostels in Hinsicht seines geselligen Umgangs mit Heiden gelungen. Dies war auch laut V. 18 wirklich der Fall. Denn in Folge dieses Vortrags gaben sich die Bedenflichen nicht nur zufrieden (ἡσύχασαν), so daß sie ihre Vorwürfe stillschweigend zurücknahmen, sondern sie sprachen sich sogar begeistert über Ehre Gottes aus über die Thatsache (ἐδόξαζον ꝛc.), daß Gott auch den Heiden sogar die Sinnesänderung geschenkt habe zum Zweck des Lebens, der Seligkeit. Der Tempusunterschied zwischen ἡσύχασαν und ἐδόξαζον gibt zu verstehen, daß die Beruhigung der Gegner eine augenblickliche, ihr Dank und Preis Gottes andauernd war.

#### Christologisch-dogmatische Grundgedanken.

1. Der Umstand, daß innerhalb der Urgemeinde eine Differenz in Betreff des Verfahrens des Petrus mit Cornelius sich ergab, so daß dem Apostel sogar Vorwürfe wegen seines Benehmens gemacht wurden, wird uns nicht verhehlt. Aehnlich wie 6, 1 tritt eine Unzufriedenheit zu Tage; dort zwar nur von einer Seite der Gemeinde gegen die andere gerichtet, hier aber von Seiten eines Theils der Gemeinde gegen einen Apostel. Die heilige Geschichte geht nicht darauf aus, die Gläubigen in ein ideales Licht zu stellen, wobei solche Thatsachen verhüllt werden müßten, sondern sie stellt uns Alles nach der Wahrheit vor Augen. Selbst die apostolische Gemeinde prangte nicht in einer solchen Einheit, welche an keiner Differenz gelitten hätte. Und wenn der Unzufriedenheit und der Beschwerde wider Petrus auch ursprünglich ein Eifer um Gott zu Grunde lag, so ist doch unverkennbar, daß es ein Eifer mit Unverstand war, und daß auch sittliche Fehler mitgewirkt haben. Dennoch wird uns das mit aller Offenheit berichtet, nicht bloß um der geschichtlichen Wahrheit willen, sondern auch, damit wir uns selbst warnen lassen und bedenken: wer da stehet, der sehe wohl zu, daß er nicht falle! 1 Cor. 10, 12.

2. Das Benehmen des Apostels Petrus, als ihm Vorwürfe gemacht wurden, ist ächt evangelisch und dem Sinne Jesu gemäß, nicht aber hierarchisch. Weit entfernt, sich auf seine apostolische Vollmacht und Autorität zurückzuziehen oder gar auf einen Primat zu stützen, sich eine Infallibilität im Prinzip anzumaßen, alle Erörterung und Rechtfertigung fürwegs abzulehnen, läßt er die Gegner sich vollständig aussprechen und vertheidigt sich mit aller Gelassenheit und Milde in solcher Weise, daß er die Thatsachen sprechen läßt, und daß auch die Gegner sich freiwillig überwunden geben. So dient die Erörterung erst recht in majorem Dei gloriam (V. 18: ἐδόξαζον τὸν Θεόν), und mehr, als wenn geltend gemacht worden wäre, daß der Apostel in voraus Recht haben müsse, ja daß er dem beschränkten Laienverstand gegenüber zu einer Verantwortung gar nicht verpflichtet sei.

#### Homiletische Andeutungen.

Es kam aber vor die Apostel und Brüder. [V. 1.] Eine einzelne Familie breitet bisweilen den guten Geruch Christi weit in die Ferne aus (Cnesnel). — Für den guten Petrus bleibt es ein ewiger Ruhm, daß er es gewagt, der Erste mit zu sein, der durch's Evangelium die armen Heiden Christo zugeführt hat. Wenn kann auch von unsereinem weiter nichts in der Welt gesprochen und gehört wird, als: der Mann gibt sich Mühe, Sünder durch's Evangelium zu retten, und seine Mühe ist nicht fruchtlos; hier ist ein Sünder ergriffen, dort seufzt einer nach Gnade; dieser jauchzt über den Frieden seiner Seele, jener wandelt den Evangelium gemäß, und Alle haben den Mann zu einem treuen Vorgänger: das ist ein bleibender Ruhm vor Gott (Apost. Past.).

Und da Petrus hinaufkam, zankten mit ihm ꝛc. [V. 2. 3.] Wie hat sich die Weisheit noch immer wegen ihrer Kinder und der Art, sie zu sammeln, gegen manchen Tadel und Einwendung zu rechtfertigen! Wer will etwas so gut machen, daß es nicht einigem Widerspruch ausgesetzt sei? Dergleichen Beurtheilung aber muß oft der Freude, die man über einen guten Fortgang hätte, das Gleichgewicht halten, damit man desto gewisser in der Demuth und Mäßigung bleibe, in welcher sich auch Petrus antreffen ließ (Rieger). — Die Kirche zu Jerusalem hat Petrum nicht für einen Papst erkannt, indem sie ihn hier zur Rechenschaft zieht (Starke). — Das Disputiren in Religionssachen geht zwar selten ohne allen Anstoß ab, hat aber doch oft den Nutzen, daß die Wahrheit mehr an's Licht kommt (Derf.). — Wir merken bei solchem Zank, 1) daß auch unter den Heiligen Gottes Keiner ohne Tadel und Thorheit gewesen, und ob wir zwar die großen Risse unsers heutigen Zions mit den kleinen Lücken in der ersten Kirche in keine Vergleichung setzen können, so ist doch die Kirche von jeher ein Lazareth gewesen und wird's auch ferner bleiben, worinnen Kranke und Gebrechliche des treuen Arztes Jesu genesen. Niemand verzage demnach, wenn er sein Amt unter Todten und Lebendigen, unter Gesunden und Kranken führen muß. 2) Auf der andern Seite aber müssen wir die Fehler der Heiligen auch nicht als Bosheiten anschreiben. Es gibt Leute, welche gegenüber den frommen Mücken seigen, während sie sonst wohl Kameele verschlucken; Andere, welche des Apostel Fehler durch ein Vergrößerungsglas ansehen, als hätten sie den Sinn ihres Meisters nicht recht gefaßt, seinen Plan verdorben ꝛc., weil nämlich sie selbst ihr Lehrgebäude nirgends als auf den Trümmern der apostolischen Lehre aufrichten können; noch Andere, die bei ihren Vergehungen die Fehler und Sünden der Gläubigen in der ersten Kirche zum Stichblatt brauchen. Allen diesen muß man den Unterschied zwischen Fehlern und Schwachheiten und zwischen Untreue und Unlauterkeit deutlich machen, muß ihnen zeigen, wie die Fehler der Gläubigen nicht zum Vorbild, sondern zur Warnung aufgezeichnet sind, muß sie anhalten, Buße und die ersten Werke zu thun. Sonderlich haben sich Lehrer vor Zanksucht zu hüten und an das Wort Pauli zu denken: „wer Lust zu zanken hat, der wisse, daß wir solche Weise nicht haben." 3) Hat man die allgemeine Liebe Gottes wahrhaftig erkannt und erfahren, so wird man von manchem Vorfällen, welche in's Reich Gottes einschlagen, ob sie sich gleich außer den Ringmauern unsers Bekenntnisses zutragen, besser urtheilen können und einem allzugroßen Eifer gegen andere Religionen nicht nachhängen. Man wird sich freuen, wenn noch hier und da eine Seele gewonnen wird, sollten wir auch an der Art, wie an ihr gearbeitet worden, dies und das auszusetzen haben. 4) Es waren die aus der Beschneidung, welche sich an der Taufe der Heiden stießen, Gläubige aus den Juden, die aus Liebe zu den väterlichen Satzungen und übelverstandenen Schriftstellen die Haltung des mosaischen Gesetzes für nothwendig hielten. Ein Rest des jüdischen Sauerteigs gährte noch in ihnen und durch sie in der ersten Gemeinde. Man sieht daraus die Kraft alter eingewurzelter Vorurtheile auch bei Bekehrten. Besonders ist die subtile Werkheiligkeit der Art, daß sie gern wieder hervorsproßt, nachdem sie vor der Bekehrung auf grobe Weise geherrscht hat. (Apost. Past.) — Die Schwächen der Gläubigen, anzusehen 1) nicht als Zeugnisse wider den Glauben, sondern als Beweise menschlicher Schwachheit, die vom Glauben nicht völlig überwunden ist; 2) nicht als Beschönigungen eigener Sünden, sondern als Warnungstafeln, daß, wer da steht, zusehe, daß er nicht falle. — Die Risse in der ersten Kirche, der Christenheit vorgestellt 1) zur Demüthigung, um daraus zu merken die Macht des Feindes, der niemals unterlassen, Unkraut unter den Weizen zu säen; 2) zur Tröstung, um daran zu erkennen, daß der Kirche nichts Neues und Seltsames widerfährt mit den Rissen und Spaltungen der Gegenwart; 3) zur Lehre, um daraus zu sehen, wie in Kraft evangelischer Wahrheit und Liebe die Risse zu heilen sind.

Petrus aber hob an rc. [V. 4—17.] Siehe hier ein schönes Exempel der Demuth, sonderlich eines Lehrers; er gibt seines Verhaltens Rede und Antwort mit Bescheidenheit nach seiner eigenen Vermahnung [1 Petri 3, 15. 16], ganz anders als die Bischöfe zu Rom, die von Niemand gerichtet sein wollen, Ps. 12, 5. (Starke.) Hier war ein rechter Petrus, der als ein unbeweglicher Fels gegen die Anfälle seiner Brüder fest stand und sich weder in seiner Ueberzeugung erschüttern, noch aus der Ruhe und Sanftmuth herauswerfen ließ. Wie würden wir in dieser Probe bestanden sein, die wir oft auch bei liebreichen Erinnerungen guter Freunde so empfindlich und unleidlich sind, oder aber durch Menschenurtheil uns irre machen lassen in dem, was wir als Gottes Willen erkannt haben? (Nach Apost. Past.) — Das Zeugniß der von Joppe mitgenommenen sechs Brüder kam dem Petrus jetzt wohl; deßwegen man, allen zweifelhaften Gedanken vorzubeugen, gern im Licht und auch mit urkundlichem Zeugniß bewährter Menschen handeln soll. (Rieger.) — Die Vertheidigung des Apostels überhaupt ist ruhig, natürlich, einleuchtend. Er erzählt pünktlich nach allen Umständen die Sache und hebt besonders hervor, was zu seiner Rechtfertigung dienen mußte, z. B. sein eigenes anfängliches Vorurtheil, das himmlische Gesicht rc. Diese Art, seine Unschuld zu vertheidigen durch einfältige Erzählung des Thatbestandes und Sachverhalts, ist dem Christenthum am gemäßesten, als da Wahrheit und Aufrichtigkeit der Grund aller Handlungen sein soll. (Nach Apost. Past.) — Die Rechtfertigung des Apostels Petrus vor den Christen über die Taufe heidnischer Menschen: 1) Daß er sich rechtfertigt, 2) wie er es thut. (Schleiermacher.)

Da sie das hörten, schwiegen sie stille. [V. 18.] Die Starken sollen der Schwachen Gebrechlichkeit tragen, aber diese müssen sich auch von jenen weisen lassen (Starke). — Irren ist menschlich, aber in einem Irrthum, von dem man überwiesen ist, vorsätzlich beharren, ist teuflisch. Wie viel Schaden hat die Hartnäckigkeit, die einmal angenommene irrigen Sätze zu vertheidigen, in der Kirche Gottes angerichtet. (Apost. Past.) — Die Einwendungen menschlicher Kurzsichtigkeit gegen die Wunderwege göttlicher Weisheit, endend 1) in beschämtem Schweigen, 2) in freudigem Preis Gottes.

Zum ganzen Abschnitt. Petrus Verantwortung vor den Brüdern ein Musterbild brüderlicher Rechtfertigung: 1) Durch ihre evangelische Sanftmuth und Demuth, 2) durch ihre apostolische Festigkeit und Geradheit. — Die besten Zeugnisse eines Gottesknechts wider Anfechtung und Verkennung: 1) Der Auftrag Gottes, dessen er sich bewußt ist, 2) die Augen der Menschen, unter denen er gehandelt hat, 3) die Ruhe des Gemüthes, womit er sich verantworten kann, 4) die Früchte seiner Arbeit, darauf er hinweisen darf. — So hat Gott auch den Heiden Buße gegeben zum ewigen Leben. Siehe darin 1) die Größe göttlicher Gnade, 2) den Segen menschlicher Buße. — Die Aufnahme der ersten Heidenfamilie in den christlichen Bruderbund: 1) Ein herrlicher Triumph göttlicher Weisheit und Erbarmung, 2) eine schöne Probe christlicher Demuth und Verträglichkeit, 3) ein mächtiger Antrieb für die rettende Menschenliebe.

## Vierter Abschnitt.

Pflanzung einer heidenchristlichen Gemeinde in Antiochia. Wechselseitige Glaubens- und Liebesgemeinschaft zwischen derselben und Jerusalem. Saulus in Verbindung mit der antiochenischen Gemeinde.

(Kap. 11, 19—30.)

### A.

Gründung der Gemeinde in Antiochia durch Hellenisten.

(Kap. 11, 19—21.)

Die nun zerstreuet waren seit der Trübsal, die sich über Stephanus[1] erhoben hatte, 19 gingen weiter bis nach Phönizien und Cypern und Antiochia, indem sie Niemand das Wort sagten, als nur Juden. *Es waren aber Einige von ihnen Männer von Cypern 20 und Cyrene, welche nach Antiochia kamen[2]) und daselbst zu den Griechen[3]) redeten und das Evangelium von dem Herrn Jesu verkündigten. *Und die Hand des Herrn war mit 21 ihnen, und eine große Zahl, welche[4]) gläubig wurde, bekehrte sich zu dem Herrn.

### Exegetische Erläuterungen.

1. Die nun zerstreuet waren. Lukas kommt auf die Christen zurück, welche in Folge der Feindseligkeiten, die sich zunächst gegen Stephanus und sofort gegen die Gemeinde überhaupt erhoben, flüchtig geworden waren; ἀπὸ τῆς θλίψεως, von der Trübsal weg, oder seit jenem Ereigniß. Die θλίψις bezeichnet Lukas näher als γενομένη ἐπὶ Στεφάνῳ, die über Stephanus hereingebrochen war, oder die aus Anlaß des Stephanus entstand (ἐπί des Motivs).

2. Es fragt sich, welches ist der Zusammenhang dieser Erzählung V. 19—21 mit dem Früheren? Daß irgend ein pragmatischer Zusammenhang bestehe, ist durch οὖν angedeutet. Nun fragt sich, welcher? Am nächsten scheint auf den ersten Anblick das zu liegen, daß die Verkündigung des Evangeliums vor antiochenischen Heiden V. 20 als eine Folge der Bekehrung des Cornelius dargestellt werden solle. So Kuinoel, ähnlich Schnekkenburger, Zweck der Apostelg., S. 176; Lange, Geschichte der Kirche II, S. 143; man macht dabei geltend, der Vorgang des Petrus habe ähnliche Schritte und weitere Versuche, den Heiden zu predigen, bedingt und erleichtert. Allein es fehlt einerseits jedwede genauere Anknüpfung der hier folgenden Thatsache an die Bekehrung des Cornelius, ja man muß auf eine ziemlich gewaltsame Weise dasjenige, was V. 19 erzählt ist, parenthetisch fassen und, um diesen Zusammenhang herzustellen, ἐλάλουν πρὸς τ. Ἑλλ. V. 20 unmittelbar mit οὖν verbinden. Und andererseits erhellt aus V. 19 klar, daß Lukas, was er V. 19 f. erzählt, mit der Geschichte jener Verfolgung, deren Opfer Stephanus geworden war, in Zusammenhang bringt. In der That knüpft Lukas hier an den Kap. 8, 4 fallen gelassenen Faden wieder an, und zwar ganz mit denselben Worten, wie sie dort gestanden waren: ἀπὸ τῆς οὖν διασπαρέντες διῆλθον. Allerdings verbindet der Geschichtsschreiber diese Begebenheit, die erste Gründung der Gemeinde zu Antiochia, mit der Bekehrung des Cornelius als ein der Sache nach gleichartiges Ereigniß, nämlich als eine Erweiterung der Kirche Christi über die Grenzen des Judenthums hinüber, aber ohne beide Begebenheiten in einen unmittelbar causalen pragmatischen Zusammenhang zu setzen. Schon insofern gibt auch die Stellung, welche die hier anhebende Geschichte der antiochenischen Gemeindegründung einnimmt, keinen Grund, die erste Bekehrung von Heiden in Antiochia zeitlich später zu setzen, als die Bekehrung des Cornelius. Im Gegentheil spricht der pragmatische Zusammenhang der Heidenbekehrung in Antiochia mit der Verfolgung Kap. 8, 1 ff. dafür, daß jene eher noch vor dem Ereigniß in Cäsarea eingetreten sein könnte. Denn die seit dem Tode des Stephanus Versprengten setzten vermuthlich ihre Reise unmittelbar fort, bis sie irgendwo, der Eine da, der Andere dort, eine Stätte ruhigen Aufenthalts und ungehinderten Wirkens fanden, ein Theil derselben namentlich in Antiochia. Und hier ist es doch wohl nicht Jahre lang angestanden, bis Einer oder der Andere auch einzelnen Heiden das Wort von Jesu Christo verkündigte. Andererseits aber ist aus dem Leben des Apostels Paulus gewiß, daß zwischen dem Tod des Stephanus, welchem die Bekehrung Sauls später

---

[1] ἐπὶ Στεφάνῳ ist sowohl durch Codd. als durch alle Versionen und Kirchenväter besser beglaubigt, als ἐπὶ Στεφάνου, welches gewiß aus der Auffassung des ἐπί als Präp. der Zeit entstanden ist.

[2] ἐλθόντες ist ganz überwiegend bezeugt gegenüber dem Compos. εἰσελθ. (in text. rec.), welches nur eine alte Handschrift für sich hat.

[3] Die Lesart Ἕλληνας steht der Ἑλληνιστάς gegenüber. Der Zahl nach überwiegen die Zeugen für Letzteres: D. E. G. II. Fast alle Minuskeln und mehrere Kirchenväter stehen auf dieser Seite; für Ἕλληνας dagegen Cod. A. und D. in der Schreibung erster Hand, auch Eusebius und Chrysostomus. Theophylakt und Oekumenius in ihrer Auslegung. Innere Gründe entschieden unbedingt für Ἕλληνας, denn nur dieses bildet gegen Ἰουδαίοις V. 19 einen Gegensatz, während die Verkündigung des Evangeliums an Hellenisten nicht nur mindestens etwas Neues und Merkwürdiges wäre. Daher zog schon Grotius, Heber, Bengel Ἕλληνας vor. Griesbach, Lachmann, Tischendorf nahmen's auf.

[4] ὁ vor πιστεύσας fehlt zwar in den meisten Uncialcodd. und steht nur in A. und B., ist aber, da es schwerlich würde eingefügt worden sein, wenn es nicht ursprünglich da stand, doch für ächt zu halten, daher Lachmann und Tischendorf es aufgenommen haben.

folgte, und dem Aufenthalt des Paulus in Tarsus, während dessen die antiochenische Gemeinde schon bestand, mindestens drei Jahre verflossen sind.

3. **Gingen weiter bis nach Phönizien.** Was das Einzelne betrifft, so erzählt Lukas V. 19, daß die nach dem Tode des Stephanus versprengten Christen aus Jerusalem, von welchen wir aus Kap. 8, 1 nur wissen, daß sie sich in den Landschaften Judäa und Samaria zerstreut hatten, zum Theil über die Nordgränze Palästina's hinaus in das Gebiet von Phönizien, ja auf die nahe liegende Insel Cypern und andererseits nach Antiochia, der Hauptstadt Syriens, sich begeben haben. Sie missionirten, wo sie hinkamen, ohne jedoch an Jemand anders, als nur an Juden sich zu wenden, wie dies auch Kap. 8, vorausgesetzt ist, wo nur Philippus in Samaria und nachher auf besondere Weisung Gottes mit dem Hofbeamten aus Meroë eine Ausnahme machte.

4. **Es waren aber Einige von ihnen.** V. 20 tritt nun aber etwas Neues und Belangreiches ein: Einige unter diesen durch die Flucht vor der Verfolgung zu Missionaren gewordenen Christen, — es waren Männer aus der Insel Cyprus und aus der afrikanischen Landschaft Cyrene gebürtig, also sämmtlich Judenchristen aus hellenischer Heimath, d. h. Hellenisten, — wendeten sich, als sie in die große, allerdings von vielen Juden bewohnte, Stadt Antiochia gekommen waren, mit der Verkündigung Jesu als des Herrn auch an die Hellenen, d. h. Heiden. Antiochia, 6 Stunden vom Meer, am Orontes, war bekanntlich von Antiochus, dem Vater des Seleucus Nikator, der das Seleucidenreich gestiftet hatte, gegründet, eine der vielen hellenischen Kolonieen, die in Folge der macedonischen Eroberungen im Orient entstanden sind; in Folge dessen war griechische Sprache und Bildung daselbst herrschend, wenn auch der Grundstoff der Bevölkerung dieser rasch zur ersten Stadt des Morgenlandes aufgeblühten Residenz Landeskinder Syriens waren. Somit sind solche Israeliten, die in heidenländern griechischer Bildung ihre Heimath gefunden hatten (Hellenisten), die Organe geworden, wodurch das Evangelium an Heiden hellenischer Bildung gebracht wurde. Und zwar mit gesegnetem Erfolg: eine große Zahl Heiden nahm das Wort gläubig an und bekehrte sich zu Christo, V. 21; dies war eine Wirkung des Herrn, denn seine Hand, seine mächtige geistige Wirksamkeit begleitete das Thun dieser eifrigen Christen.

**Christologisch-dogmatische Grundgedanken.**
1. Die königliche Macht Christi, als dessen, welchem gegeben ist alle Gewalt im Himmel und auf Erden, und die wunderbare, anbetungswürdige Weisheit seines Regiments erhellt glänzend aus der Thatsache, daß die Verfolgung, welche dem Stephanus das Leben kostete und viele Christen zur Flucht aus Jerusalem bewog, ein Mittel zur Ausbreitung des Reiches Christi werden mußte. Was die Menschen gedachten böse zu machen, das hat Gott gut gemacht, und was den Jüngern Jesu selbst gefährlich und verderblich zu sein schien, das erwies sich unter der Leitung des Herrn schließlich als förderlich. Mußten die Christen aus einer Stadt fliehen, so begaben sie sich nach des Erlösers Weisung in eine andere und fanden endlich doch einen ruhigen und sichern Aufenthaltsort. Wurde die vorher so fest in sich geschlossene Urgemeinde gesprengt, so wurde das Evangelium gerade dadurch da und dort an verschiedene Orte verbreitet. Das Reich Jesu Christi ist das Reich des Gekreuzigten, und das Kreuz ist seine Signatur. Keine Seele wächst der Vollendung entgegen ohne Kreuz, und die Kirche Christi wächst nicht nur innerlich, sondern sehr oft auch äußerlich gerade unter dem Kreuz. Diesmal mußte das Kreuz, die Verfolgung, zur Ausbreitung des Evangeliums nicht blos außerhalb Jerusalem, in Judäa und Samaria, sondern auch über die Gränzen des heiligen Landes hinaus, ja über die Schranken hinaus, welche Israel und die Heidenwelt trennten, behülflich sein.

2. Diejenigen, welche durch die Verfolgung zersprengt waren, redeten das Wort, verkündigten das Evangelium von Jesu, wo sie hinkamen. Ohne Apostel oder sonst Amtsträger der Kirche Christi zu sein, predigten sie doch. Sie wußten, an wen sie glaubten, waren mit dem heiligen Geist gesalbt; und weß das Herz voll war, deß ging der Mund über. So wurden sie unwillkürlich Reiseprediger, Und selbst Heidenmissionare sind sie geworden, indem einige in Antiochia Jesum den Hellenen predigten. Und daß sie nicht anmaßend gehandelt haben, indem sie das thaten, bewies der gesegnete Erfolg: die Hand des Herrn war mit ihnen, und viele Heiden bekehrten sich zum Herrn. Somit hat der Herr der Kirche selbst diese außeramtliche Thätigkeit gutgeheißen und legitimirt. Das Prinzip der Heidenbekehrung hat Gott an Cornelius und dem Apostel Petrus geheiligt, aber der erste erfolgreiche Ruck auf dem Gebiete der Heidenbekehrung, die erste Gründung der Metropole des Heidenchristenthums, der Gemeinde zu Antiochia, ist nicht durch Petrus, nicht durch irgend einen andern Apostel, sondern durch einfache Christen und Gemeindeglieder geschehen.

(Homiletische Andeutungen s. S. 169.)

**B.**

**Die Gemeinde zu Jerusalem sendet den Barnabas nach Antiochia, der die junge Gemeinde daselbst stärkt und ihr den Saulus zuführt.**

(Kap. 11, 22—26.)

22 Es kam aber die Nachricht von ihnen der Gemeinde in Jerusalem zu Ohren, und
23 sie sandten den Barnabas ab, daß er nach Antiochia reisen sollte[1], *welcher, da er ankam und die Gnade Gottes sah, sich freute und Alle ermahnte, mit Vorsatz des Herzens bei dem Herrn zu bleiben. *Denn er war ein guter Mann und voll Heiligen

---

1) διελθεῖν fehlt zwar in A. und B., sowie in mehreren Versionen, wurde auch von Lachmann gestrichen, ist indeß hinlänglich bezeugt und mag eher als entbehrlich weggelassen, denn eingeschoben worden sein, wenn es ursprünglich fehlte.

Geistes und Glaubens. Und es ward eine ansehnliche Menge dem Herrn zugethan. *Er[1]) 25 ging aber aus nach Tarsus, um den Saulus aufzusuchen, und als er ihn fand, führte er ihn nach Antiochia. *Und es geschah, daß sie[2]) ein ganzes Jahr in der Gemeinde 26 zusammenkamen und eine beträchtliche Menge lehreten, und daß zuerst in Antiochia die Jünger Christen genannt wurden.

### Exegetische Erläuterungen.

1. **Es kam aber die Nachricht von ihnen.** Nämlich von diesen freiwilligen Heidenmissionarien in Antiochia, denn αὐτῶν V. 22 muß, wie αὐτῶν V. 21, auf die evangelisirenden Hellenisten V. 20 bezogen werden. Die Nachricht von ihrem Auftreten unter den Heiden und von dem Erfolg ihrer Predigt in Antiochia kam durch Hörensagen der Gemeinde in Jerusalem zu. Und diese bezeugte ihre Theilnahme für diese Sache und für die junge, größtentheils aus bekehrten Heiden bestehende, Gemeinde zu Antiochia durch Absendung des Barnabas dahin. Diese Sendung war um so freundlicher und zweckmäßiger, als Barnabas selbst auch aus der Insel Cyprus gebürtig war (Kap. 4, 36), woher mehrere der Christen stammten, die in Antiochia das Evangelium verbreitet hatten. Barnabas stand also theils überhaupt als Hellenist, theils im Besondern vermöge seiner Herkunft von Cyprus, den Männern besonders nahe, welche hier gewirkt hatten.

2. Barnabas sollte aus Auftrag der Urgemeinde theils Einsicht nehmen von dem Stand der Dinge in Antiochia, theils sollte er handeln und nach Umständen das Nöthige vorkehren. Nun, was er an Ort und Stelle sehen konnte, waren solche Thatbeweise der Gnade Gottes, welche das Wirken der Evangelisten begleitet hatte und bei den neubekehrten Heiden waltete, daß Barnabas sich nur von Herzen freuen konnte. Er fand keine Ursache, irgend etwas zu tadeln, oder auch nur zu ergänzen, sondern konnte alle Mitglieder der Gemeinde nur zur Beständigkeit und Treue gegen den Erlöser vermahnen. Sie sollten τῇ προθέσει τῆς καρδίας mit dem Vorsatz des Herzens bei dem Herrn bleiben, d. h. den festen Grundsatz sich bilden und denselben ausführen, bei Christo zu bleiben. Bei diesem παρακαλεῖν des Barnabas erinnern wir uns an den von Lukas Kap. 4, 36 erwähnten Umstand, daß derselbe eben diesen Zunamen: „Sohn der prophetischen Ansprache oder Vermahnung", vermöge seiner besonderen Gabe empfangen hatte, dürfen uns demnach vorstellen, daß diese Vermahnungen, die er an die antiochenischen Christen richtete, vorzüglich geist- und kraftvolle, eindringliche Reden gewesen sein werden. Darauf deutet auch die Bemerkung des Lukas, daß Barnabas ein Mann war voll Güte des Herzens und Charakters, und voll Heiligen Geistes und Glaubens. Das Prädikat ἀγαθός bezeichnet nicht nur überhaupt sittliche Würdigkeit, sondern speziell Gütigkeit, Wohlwollen, Gesinnung, womit vortrefflich stimmt, daß er über den Seelenzustand der Neubekehrten sich so innig gefreut hat (V. 23 ἐχάρη).

3. **Welche, da er ankam.** Der Erfolg der Sendung des Barnabas war ein doppelter: einmal wuchs schon durch sein persönliches Wirken in und an der Gemeinde zu Antiochia die Zahl derer, die sich bekehrten, ansehnlich [V. 24b], und zum andern war es vom höchsten Belang und von umfassenden Folgen nicht allein für diese Gemeinde selbst, sondern für die gesammte Kirche Christi, daß Barnabas den Saulus mit der Gemeinde zu Antiochia in Verbindung brachte, V. 25. Es war nicht ein unabhängig von Andern in Saulus entstandener Gedanke, nach Antiochia zu gehen, sondern Barnabas war es, der ihn dazu bewogen hat. Laut Kap. 9, 27 hatte gerade Barnabas früher den Saulus bei den Aposteln in Jerusalem eingeführt und mit der Urgemeinde zu Jerusalem in Verbindung gesetzt. Nun war es derselbe Mann, der den Saulus nach Antiochia holt und mit der zukunftreichen Gemeinde von Heidenchristen, mit dieser Metropole der Heidenchristenheit in organischen Verkehr setzt. Die Bekehrung des Paulus war dem Barnabas auf's genaueste bekannt, und daher kannte er ohne Zweifel auch die Erklärung des erhöhten Erlösers, daß er den Saulus erwählt habe, vor den Heidenvölkern und Königen seinen Namen zu tragen, Kap. 9, 15 cf.; 26, 16 ff.; 22, 21. Und so mochte ihm, während er sich in dieser jungen und doch schon so ansehnlichen Heidengemeinde aufhielt, nicht ohne Erleuchtung des Heiligen Geistes, dessen er voll war [V. 24], das Bild jenes zu so großen Dingen, und besonders zur Belehrung der Heiden erwählten Mannes vor die Seele treten, so daß ihm klar wurde: der Mann gehört hieher, ein solcher Wirkungskreis paßt für ihn, das ist der rechte Mann auf den rechten Platz. Er begab sich denn auch sofort nach Tarsus in dem benachbarten Cilicien, um den Saulus in seiner Vaterstadt, wohin er sich vor den Nachstellungen von Hellenisten zu Jerusalem zurückgezogen hatte [Kap. 9, 30], aufzusuchen; er war da nicht nur seinen Freunden, sondern auch christlichen Brüdern eine Weile aus dem Gesichtskreis entzogen gewesen, war wie verschollen, so daß er erst aufgesucht (ἀναζητῆσαι) und gleichsam auf's neue entdeckt werden mußte (εὑρών). Barnabas bewog ihn durch Bitten und Vorstellungen, nach Antiochia zu kommen, und kam wirklich in seiner Begleitung dahin zurück. Und hiermit ist Saulus auf den Schauplatz getreten, wo sein eigenthümliches Wirken sich sowohl in die Weite hinaus, als in die Tiefe hinab entwickeln sollte. Er wirkte zunächst in Gemeinschaft mit Barnabas ein volles Jahr innerhalb der antiochenischen Gemeinde selbst; sie versammelten sich in der Gemeinde, d. h. wirkten in gottesdienstlichen Versammlungen, denn συναχθῆναι mit Meyer von

---

1) ὁ Βαρνάβας und αὐτόν ist beides undächt; ersteres fehlt in A. B. und D., trotzdem, daß der letztere Codex (Cantabrig.) eine überflüssige Erweiterung in den Text dieses Verses aufgenommen hat.
2) Die Lesart αὐτοῖς, welche in Beziehung auf den zweiten Satz des Verses offenbar schwieriger ist, hat doch drei gewichtige Codd. und eine Anzahl Minuskeln für sich, weshalb sie von Tischendorf und Lachmann der Lesart αὐτοὺς mit Recht vorgezogen wurde. Zweifelhafter scheint es, ob καὶ vor ἐνιαυτὸν ächt ist, wie nach Cod. A. B. ebenfalls Lachmann und Tischendorf aufgenommen haben, während es eher einem spätern verstärkenden Zusatz gleichsieht.

der gastlichen Aufnahme zu verstehen, die sie gefunden hätten, ist theils dem Context nicht angemessen, weil ja nicht blos von Saulus die Rede ist, sondern gleicherweise auch von Barnabas, der doch schon vorher daselbst wie zu Hause war, theils wird συνάγειν in diesem Sinne nur gebraucht, wenn εἰς οἰκίαν dabei steht, oder sonst der Zusammenhang nothwendig darauf führt.—Beide Männer lehrten eine ansehnliche Menge, ihre Thätigkeit umfaßte demnach einen weiten Kreis, ist jedoch nicht sowohl missionirend zu denken, als vielmehr (διδάσκειν) die Bekehrten in der Erkenntniß der Wahrheit unterweisend und im christlichen Leben und Wandel weiterführend.

4. Daß der Name „Christen" in Antiochia aufkam, ist eine Notiz, die wir Lukas verdanken. Sie scheint höchst geringfügig, ist auch auf ganz anspruchslose Weise gelegentlich angeknüpft; dennoch ist sie von Gewicht. Als solche erscheint sie, der anspruchslosen Form ungeachtet, selbst bei Lukas, vermöge des Zusammenhangs, in welchem die Thatsache dieser Namengebung als ein Zeugniß für die gesegnete Wirksamkeit des Saulus und Barnabas in Antiochia auftritt. Das erste Auftauchen dieses Namens ist auch gewissermaßen epochemachend. Daß der Name ursprünglich weder von den Christen sich selbst beigelegt worden sei (denn im ganzen Neuen Testament kommt derselbe nur im Munde von Nichtchristen vor, Apostg. 26, 8. 28; 1 Petri 4, 16), noch von den Juden aufgebracht worden sein kann (weil diese den ihnen heiligen Messiasnamen nicht der verhaßten Sekte beigelegt und jenen somit nach ihren Begriffen entweiht haben würden), ist längst mit Recht bemerkt. Demnach bleibt keine andere Möglichkeit übrig, als daß der Name von den Heiden ausgegangen ist. Hierfür spricht auch die Form desselben, welche ganz die der politischen Parteinamen ist, wie Herodiani, Cäsareani, Pompejani. Den Heiden, welche die dogmatische und religionsgeschichtliche Bedeutung des Namen ὁ χριστός als Appellativ nicht kannten, war derselbe als nomen proprium, und so bildeten sie einen Parteinamen daraus. Die noch weitergehende Vermuthung Ewald's, der Name sei von der römischen Obrigkeit in Antiochia, dem Sitz des Proconsuls von Syrien, ausgegangen, hat doch die Unwahrscheinlichkeit gegen sich, daß so frühe schon römische Behörden offiziell Kenntniß von den Christen genommen haben sollten. Ist aber der Name von heidnischer Seite aufgebracht worden, so bildet dieser Umstand einen thatsächlichen Beleg dafür, daß eine wesentlich neue Stufe in der Entwicklung der Kirche Christi erreicht ist. Denn bisher haben die Heiden, trotz mannigfacher Berührung mit Christen, diese nicht von den Juden unterschieden und als eine für sich bestehende Klasse erkannt. Dies war erst jetzt, und erstmals in Antiochia, der Fall und zeugt theils für die große Zahl von Bekehrungen aus den Heiden, welche in dieser Stadt sich ereignet haben müssen (denn wenn bekehrte Israeliten der großen Zahl Juden, die in Antiochia ansässig waren, den Grundstock der Christengemeinde gebildet hätten, so würden sämmtliche Christen doch noch mit den Juden identifizirt worden sein), theils für das Hervortreten der spezifischen Eigenthümlichkeit des Christenthums, sofern Christus der Mittelpunkt des Glaubens, Liebens und Hoffens der Gemeinde war (χριστιανοί).

Das Aufkommen dieses Namens ist also geschichtlich belangreich, als ein Zeichen, daß die Kirche Christi in den Gesichtskreis der Weltgeschichte einrückt, und daß die Judenchristen mit Heidenchristen zu verschmelzen anfangen. Vergl. m. apostel. und nachapost. Zeitalter 2. A., S. 372 f. Die Vermuthung, daß der Name „Christiani" ursprünglich in spöttischem Sinne aufgebracht worden sei, welches nach Wetstein noch Baumgarten annimmt, hat nichts für sich, als den Umstand, daß die antiochenische Bevölkerung durch Witz und Spott bekannt war.

### Christologisch-dogmatische Grundgedanken.

1. Hier treten die Apostel merkwürdig zurück. Als Philippus unter den Samaritern gewirkt hatte, hörten die Apostel in Jerusalem, daß Samaria das Wort Gottes angenommen habe, Kap. 8, 14. Die Apostel sandten zwei aus ihrer Mitte, den Petrus und Johannes, dahin ab. Hier kommt die Bekehrung der Heiden in Antiochia der Gemeinde in Jerusalem zu Ohren, und die Gemeinde ist es, welche den Barnabas dahin absendet; also die Gemeinde, nicht das Apostel-Collegium, ist das absendende Subjekt, und der Abgesandte selbst ist kein Apostel, sondern ein Gemeindeglied. Nun kann zwar keinem Zweifel unterworfen sein, daß die Gemeinde zu Jerusalem mit Einschluß der Apostel, nicht mit Ausschluß derselben gemeint sein muß, daß also die Apostel mitgewirkt haben bei Abordnung des Barnabas. Aber auch das ist auffallend genug, daß die Apostel, welche Kap. 8, 14 hervortraten, hier gleichsam in die Gemeinde zurücktreten und nur mit der Gemeinde wirken. Nimmt man auch billigerweise in Betracht, daß in jenem früheren Zeitpunkt, laut Kap. 8, 1 die Mehrzahl der Gemeindeglieder von Jerusalem durch die Verfolgung zersprengt und hauptsächlich nur die Apostel in der Stadt zurückgeblieben waren, während jetzt wieder eine zahlreiche Gemeinde sich daselbst um sie gesammelt hatte, so bleibt immer noch der Umstand von Bedeutung, daß auch der Abgesandte ein Mann ist, welcher nicht dem Apostelkreise angehört. Dieses Zurücktreten der Apostel muß aber eine Beziehung auf den Kern des Ereignisses haben, welches hier in Betracht kam. Mit Recht erkennt in diesem Umstand Baumgarten (I, S. 267) eine Selbstbeschränkung der Apostel. Nicht ein egoistisches und empfindliches Sichzurückziehen war das, sondern ein dem Wink des Herrn in seinen Thaten verstehendes Eingehen auf seine Heilsgedanken, verbunden mit einer auf die Bedürfnisse der neuen Heidengemeinde zart und weise eingehenden Liebe, daß man gerade den Barnabas, diesen Hellenisten aus der Insel Cyprus, nach Antiochia sandte.

2. Die Wahl des Barnabas zum Vertreter der Urgemeinde bei der Heidengemeinde in Antiochia war die glücklichste, dem Sinn des Herrn gemäß, der seine Kirche führt. Er erkannte sofort die Gnade Gottes, die hier gewirkt hatte, und freute sich, durfte nur zur Beständigkeit und Treue gegen Christum ermahnen. Wie Gott οὐ προσωπολήπτης ist Kap. 10, 34, so hat auch hier der vom Heiligen Geist erleuchtete Jünger weder die Personen derer angesehen, welche hier gepredigt hatten, noch die der Neubekehrten, welches Heiden waren, sondern er hat seinen Blick auf die Gnade Gottes gerichtet,

deren Walten und Wirken er unverkennbar vor sich sah. Wo nun die Gnade Gottes in Christo unverkennbar ist, da freut sich ein Kind Gottes und fühlt sich zu Hause, sollte auch an den Personen und ihrer Art und Weise sonst etwas Fremdartiges sein.
3. Daß Jesus Christus der persönliche Mittelpunkt des Christenthums ist, tritt besonders schlagend in dieser Geschichte der Pflanzung des Christenthums in Antiochia hervor. Die hellenistischen Reiseprediger haben den Herrn Jesum verkündigt, V. 20; Viele wurden gläubig und bekehrten sich zu dem Herrn, V. 21; Barnabas ermahnte die Neubekehrten, mit festem Vorsatz des Herzens bei dem Herrn zu bleiben, V. 23, und es wurde eine beträchtliche Menge dem Herrn hinzugethan, V. 24. Das lebendige Christenthum ist ein lebendiges, persönliches Verhältniß zu dem lebendigen, persönlichen Christus. Ohne den Glauben an den lebendigen Christus, ohne lebendige Charakterverbindung mit ihm selbst wird das Christenthum zur bloßen Form und Maske. Auch der Umstand, daß den Christen zuerst in Antiochia dieser Name ertheilt wurde, spricht dafür, daß die Gläubigen in dieser Stadt in besonderem Maße an Christo persönlich hingen; denn sonst wäre dieser Name den Heiden, die ihn aufbrachten, nicht so zum Bewußtsein gekommen, daß sie ihn den Mitgliedern der Gemeinde beilegten. Es ist treffend, daß die Gläubigen nicht nach Jesu, sondern nach Christo benannt worden sind. Daß Jesus von Nazareth der Christ sei, der Gesalbte Gottes, der König und Herr seiner Erlösten, — das war die Glaubenswahrheit, deren die Herzen voll waren und der Mund überging, so daß durch Fremde ihnen der Name „Christianer", nicht „Jesuiten", ertheilt werden konnte.
(Homiletische Andeutungen s. S. 169.)

## C.

Die antiochenische Gemeinde bethätigt ihre brüderliche Gemeinschaft mit den Christen in Judäa durch Unterstützung derselben in einer Theurung.
(Kap. 11, 27—30.)

In diesen Tagen kamen von Jerusalem Propheten nach Antiochia. *Aber Einer 27 unter ihnen, Namens Agabus, stand auf und deutete durch den Geist, daß eine große¹) Hungersnoth kommen werde über die ganze bewohnte Welt; die denn auch eintrat unter Claudius²). *Unter den Jüngern aber beschloß ein Jeder, je nachdem er vermochte, et-29 was zur Handreichung zu schicken den in Judäa wohnenden Brüdern. *Das thaten sie 30 denn auch, indem sie es zu den Aeltesten schickten durch die Hand des Barnabas und Saulus.

### Exegetische Erläuterungen.

1. **In diesen Tagen.** Nämlich während Barnabas und Saulus bei der Gemeinde zu Antiochia als Lehrer weilten, kamen von Jerusalem Propheten nach Antiochia. Und Einer von ihnen trat einst in einer gottesdienstlichen Versammlung auf (ἀναστάς) und weißagte durch Erleuchtung des heiligen Geistes, daß eine große Hungersnoth über die ganze bekannte Welt hereinbrechen werde. Sowohl das Wort ἐσήμανε - μέλλειν ἔσεσθαι, welches eine Ausdrucksweise in Zeichen und Bildern zu verstehen gibt, und vermuthen läßt, daß Agabus ähnlich, wie später Kap. 21, 10 f. mit irgend einer sinnbildlichen Handlung die kommende Theurung angedeutet habe, — als auch der Beisatz: διὰ τοῦ πνεύματος, — will eine wirkliche Weißagung einer rein zukünftigen Begebenheit bezeichnen, weßhalb es sich mit dem Text nicht verträgt, zu vermuthen, daß damals die Hungersnoth schon angefangen habe (Eichhorn), oder daß wenigstens schon Vorzeichen derselben vorhanden gewesen seien (Heinrichs). Ueberdies setzt auch der Schluß von V. 28 ἥτις καὶ ἐγένετο ꝛc. voraus, daß jene Verkündigung früher erfolgt und durch die später eingetretenen Ereignisse in der That bewahrheitet worden sei. Letztere Angabe ist die erste Zeitbestimmung mit Rücksicht auf ein anderweitig bekanntes geschichtliches Datum, welche wir in der Apostelgeschichte finden. Claudius saß nämlich als Nachfolger des Caligula von 41—54 n. Chr. volle 13 Jahre auf dem Thron, und unter seiner Regierung wurde das römische Reich mehr als einmal durch Hungersnoth heimgesucht, namentlich auch Palästina unter den Prokuratoren Cuspius Fadus und Tiberius Alexander (Josephus Alterth. XX, 2, 6; 5, 2). c. 45 f. n. Chr., wo König Izates von Adiabene und seine Mutter Helena die Einwohner von Jerusalem mit Getreide, das sie in Aegypten aufkaufen ließen, unterstützten. Die von Lukas erwähnte Hungersnoth kann also, da sie jedenfalls unter Claudius eintrat, nicht früher, als ehestens im Jahre 41, und da sie vermuthlich identisch ist mit der von Josephus a. a. O. erwähnten, schwerlich vor dem Jahr 45 stattgefunden haben. Da aber nicht allein Palästina, sondern auch Italien selbst und andere Provinzen des römischen Reichs um jene Zeit von Mißwachs und Theurung heimgesucht wurden (Tac. Annal. XII, 43), so können wir die Weißagung des Agabus um so mehr für erfüllt ansehen, als uns die Fassung derselben nicht genauer bekannt ist.

2. **Unter den Jüngern aber.** Ob die Christen zu Antiochia sogleich bei der Weißagung hin, oder erst auf die spätere Kunde von ihrer Erfüllung und der Hungersnoth in Judäa den Gemeinden daselbst mit Unterstützungen zu Hülfe kamen, erhellt aus den Worten V. 29 nicht zweifellos. Uebrigens ist das Letztere bei weitem wahrscheinlicher, 1) weil jene Weißagung den ganzen Weltkreis in's Auge gefaßt hatte und nur der wirkliche Erfolg bewies, daß eine große Hungersnoth gerade die Landschaft Judäa betroffen hatte (vgl. Joseph. Alterth. XX, 5, 2, τὸν μέγαν λιμὸν κατὰ τε τὴν Ἰουδαίαν - γενέσθαι);

---

1) μεγάλην - ἥτις hat gegenüber dem Masc. μέγαν - ὅστις die Mehrzahl alter Codd. für sich.
2) Καίσαρος nach Κλαυδίου fehlt bei gewichtigen Zeugen und ist als eingeschobene Erklärung zu betrachten.

2) weil Luk. 12, 1. 25 deutlich zu verstehen gibt, daß Barnabas und Paulus erst zu der Zeit die Beisteuer nach Jerusalem brachten, wo bereits Herodes daselbst als König residirte, und zwar schon gegen das Ende seiner Regierung, also c. 44 nach Chr. Die Jünger in Antiochia beschlossen nun, je nachdem Einer von ihnen bemittelt war (ηὐπορεῖτο), den in Judäa wohnhaften Christen, mit denen sie als Brüder sich Eins fühlten (ἀδελφοῖς), etwas zur Unterstützung als Liebesdienst (εἰς διακονίαν) zu schicken. Und was sie sich vorgenommen hatten, haben sie auch ausgeführt, indem sie den Barnabas und Saulus als Ueberbringer ihrer Liebesspende an die Aeltesten absandten. So gut die Synagogen in Heidenländern, und Proselyten wie König Izates [s. oben 1] den palästinischen Juden in Nothzeiten mit Spenden zu Hülfe kamen, so glaubten auch die Heidenchristen ihren Brüdern, den Judenchristen in Judäa, welche von jenen Spenden aus der Diaspora Israels nichts zu genießen hatten, hülfreich beistehen zu müssen.

3. Hier kommen V. 30 plötzlich die Aeltesten zum Vorschein, ohne daß wir erfahren, wie sie in ihr Amt gekommen sind. Wir dürfen uns aber wohl ein ähnliches Verfahren vorstellen, wie es Kap. 6, 1 ff. in Betreff der sieben Männer in Jerusalem stattgefunden hat. Ohne Zweifel hatten vor Allem die außerhalb Jerusalem entstandenen Gemeinden in Judäa einer gesellschaftlichen Ordnung und Leitung bedurft; aber auch in der heiligen Stadt selbst mochte sich, um den Aposteln für ihren eigentlichen Beruf die Hände frei zu lassen, das Bedürfniß von Ordnern und Leitern der Gemeinde fühlbar gemacht haben. Daß in der apostolischen Zeit ein wesentlicher Unterschied zwischen πρεσβύτεροι und ἐπίσκοποι nicht stattgefunden hat, braucht hier nicht nachgewiesen zu werden. Allerdings ist nicht gesagt, daß es die Aeltesten zu Jerusalem gewesen seien, an welche Barnabas und Saulus abgesandt wurden; möglicher Weise kann man außerdem auch an die Aeltesten anderer Christengemeinden in Judäa denken. Diese empfingen die Gabe von Antiochien im Namen der Gemeinden, übergaben sie aber vermuthlich wieder den Diakonen, um die Unterstützungen im Einzelnen zu vertheilen. Eine Schwierigkeit liegt hier darin, daß Paulus selbst diese Reise zum Behuf der Hülfe für die durch Hungersnoth bedrängten Judenchristen nicht nur nirgends erwähnt, sondern Gal. 1 u. 2, wo er seine Besuche in Jerusalem seit der Bekehrung vollständig aufzuzählen Miene macht, geradezu auszuschließen scheint (Meyer, Neander). De Wette hat zur Ausgleichung vermuthet, Paulus sei etwa nach Judäa, aber nicht nach Jerusalem gekommen, vielleicht sei Barnabas allein bis in die Stadt gereist; allein unter allen Umständen war doch eine Reise aus Syrien zu den Aeltesten der judäischen Gemeinden nach Jerusalem, als der Muttergemeinde, gerichtet. Und nur dann kann man die Unvereinbarkeit dieser paulinischen Reise nach Jerusalem mit Gal. 2, 1 behaupten, wenn man annimmt, daß Paulus in dieser brieflichen Stelle die Absicht habe, eine stetige und schlechthin vollständige Aufzählung aller seiner Reisen nach Jerusalem zu geben, wofür indeß kein überzeugender Grund in jenem Contexte spricht.

## Christologisch-dogmatische Grundgedanken.

1. Christliche Propheten treten hier V. 27 f. zum ersten Male auf. So wenig bei den Propheten des Alten Bundes die Weißagung der Zukunft das Ausschließliche oder auch nur Ueberwiegende war, so wenig war dies bei den Propheten des Neuen Bundes der Fall. Jene waren von Gott erleuchtete und begeisterte Sprecher Gottes, diese ebenfalls. Nicht belehrende Unterweisung und Einführung in die Einsicht der Wahrheit (διδάσκειν, διδάσκαλοι), sondern ergreifende, das Gewissen und den Willen anfassende Enthüllung des Raths und Willens Gottes war die eigenthümliche Thätigkeit, in der sich diese Männer Gottes bewegten, im Alten wie im Neuen Bund. Hat doch laut V. 28 nur einer von den mehreren Propheten aus Jerusalem in Antiochia geweißagt, und doch haben ohne Zweifel alle als Propheten gewirkt. Vergl. Kap. 8, 1 προφῆται καὶ διδάσκαλοι. Der Unterschied zwischen den Propheten der alten und der neuen Oekonomie bestand einfach darin, daß bei jenen das Gesetz, bei diesen die Erlösung und Versöhnung in Christo die gegebene Grundlage war, auf der sie mit ihrer Erkenntniß und Anschauung standen, von der die besondere Erleuchtung des Geistes Gottes, aus der sie redeten, ausging. Aber wie im Alten Testament der Propheten Ansprache, strafend, mahnend, warnend, tröstend, leicht in Zukunftsblicke überging, zumal auf den weißagend, der da kommen sollte, so warf der Heilige Geist, welcher die Propheten der Kirche Christi erleuchtete und begeisterte, auch erhellende Strahlen auf die Zukunft, zumal im Hinblick auf die Wiederkunft dessen, der einmal gekommen ist, aber dereinst sein Reich vollenden wird. Und ohne Zweifel stand auch, was Agabus von der Hungersnoth über den Weltkreis weißagte, in Zusammenhang mit einer die Wiederkunft Christi und das Weltgericht, nebst dessen Vorzeichen umfassenden Rede.

2. Die Beisteuer der Gemeinde in Antiochia für die durch Hungersnoth bedrängten Gemeinden in Judäa ist eine der schönsten Blumen im Garten der apostolischen Zeit. Es offenbart sich in derselben die innige Liebesgemeinschaft zwischen den auf einem und demselben Glauben an den Erlöser Jesum Christ fest gegründeten Gemeinden. In der Noth erkennt man den ächten Freund; und in einer Theurung, wo Viele zu Jerusalem Hungers starben (Joseph. Alt. XX, 2, 6), bewährte sich die treue Freundschaft und Bruderliebe (V. 29 ἀδελφοῖς) der Heidenchristen. Sie bezeugen ihre Liebe mit der That und thun nach Kräften, Jeder, was er kann. Die Gemeinde in Jerusalem hatte bisher an den Bekehrten in Syrien genommen und ihnen den Barnabas als Genossen ihrer Freude [V. 23], als Lehrer zugeschickt; ihm und mittelbar der Gemeinde zu Jerusalem verdankten die Heidenchristen Stärkung und Förderung ihres Glaubens und Christenlebens, ja auch die Zuführung des Saulus, — kurz, die antiochenischen Christen hatten thätige Liebe von denen zu Jerusalem genossen, zunächst als Geistlichen. Nun geben sie Liebe mit Liebe heim, aber zunächst mit leiblicher Hülfe, wider die drängende Hungersnoth und Lebensgefahr. In alle dem aber, in diesem hin- und wiederwogenden Strom uneigennütziger, treuer Liebe offenbart sich die Macht dessen, in welchem die Seelen allein Eins geworden sind, des Herrn Jesu Christi, der

mit seiner sich selbst opfernden, die Sünder versöhnenden Liebe der beseelende Mittelpunkt der Kirche ist und mit seinem διακονῆσαι [Matth. 20, 28] eine διακονία in der Welt gepflanzt hat, wie sie ohne ihn nicht existirt.

### Homiletische Andeutungen.
(Kap. 11, 19—30.)

**Die aber zerstreuet waren in der Trübsal, gingen umher.** [V. 19.] Die Verfolgung nimmt einem wahren Christen den Muth nicht; blutig, doch muthig! (Starke.) — Jerusalem war bisher die Pflanzschule gewesen, in welcher sich der Geist Gottes Bäume auferzogen, welche an andere Orte verpflanzt werden und dem Herrn reiche Früchte bringen sollten. (Apost. Past.) — Es hing zwar diesen aus Jerusalem vertriebenen Christen bei ihrem guten Eifer noch die Schwachheit an, daß sie nur zu den Juden redeten, die schadeten aber der Hauptsache nichts. Es ist sogar mehr zu loben als zu tadeln, denn 1) befolgten sie hiermit den Befehl Jesu [Luk. 24, 47], 2) zeugt es von einer schönen Liebe zu den Brüdern nach dem Fleisch, worin sie sich auch durch die von den Juden über sie ergangene Verfolgung nicht irre machen ließen. (Ebendas.)

**Es waren Etliche, Männer aus Cypern und Cyrene ꝛc.** [V. 20.] Wie wunderbar ist die Fürsorge Gottes für seine Kirche! Schon am Pfingsttage waren auch Männer aus Cyrene Zeugen gewesen, die nun ihren Landsleuten das Evangelium bringen konnten, besser als eingeborne Juden. Der Herr weiß immer die rechten Arbeiter für seine Ernte zu finden. (Apost. Past.) — Diese verständigen Arbeiter werden hier nicht einmal mit Namen aufgeführt, damit die Ehre allein Gottes sei. Laß auch deinen Namen gern eine Weile unter die Bank stecken. Aber der Name des Herrn Jesu darf nicht versteckt werden, sondern muß der gelegte Grund bleiben. (Rieger.)

**Die Hand des Herrn war mit ihnen.** [V. 21.] Daher bedurften sie keines fleischlichen Arms. Es läßt sich gut arbeiten, wenn die Hand des Herrn mit arbeitet. Wie oft aber binden wir Gott die Hände, wenn wir mit dem Evangelio des Herrn nicht treu genug umgehen. (Apost. Past.) — **Eine große Zahl ward gläubig und bekehrte sich zu dem Herrn.** Darum ist es einem treuen Knechte Christi allein zu thun, daß er dem Herrn die Seelen zuführe, daß dieser sie bekomme, nicht er. (Ebendas.)

**Und sie sandten Barnabam.** [V. 22.] Bei dieser zweiten Nachricht vom Segen unter den Heiden finden wir die Gläubigen in Jerusalem ganz anders gesinnt, als das erste Mal, V. 1 ff. Petrus mußte damals einen Sturm von Einwürfen aushalten, daß er zu den Heiden gegangen war; jetzt aber, statt unzufrieden zu sein, schicken sie den Barnabas ab, das ihnen lieb und wichtig gewordene Werk der Heidenbekehrung zu unterstützen. So klären sich die Wege des Herrn stufenweise auf. (Apost. Past.) — Die Gesandtschaft von Jerusalem nach Antiochia hatte nicht die Absicht, diese Kirche der ersteren zu unterwerfen, oder eine in Allem nach der andern zu bilden, sondern gemeinschaftliche Freude über das Gnadenwerk Gottes zu äußern, Gaben mitzutheilen, den Versuchungen durch schickliche Ermahnungen vorzubeugen. (Rieger.)

**Welcher, da er sah die Gnade Gottes, ward er froh.** [V. 23.] Er beurtheilte das Werk nicht nach den Personen, welche hier gearbeitet hatten, sondern nach der Gnade, die sich offenbarte. Er geht recht väterlich mit diesen Anfängern in der Gnade um, behandelt sie nicht als Stiefkinder, ob er sie gleich nicht selbst durch's Wort der Wahrheit gezeuget hatte. Es gibt immer viele Zuchtmeister, aber wenig Väter, welche mütterlich gegen Anfänger im Christenthum gesinnt sind. Dieses bessert, jenes schadet. (Apost. Past.) — **Ermahnte sie, daß sie mit festem Herzen an dem Herrn bleiben sollten.** Es ist ein köstlich Ding, daß das Herz fest werde. — Vom Segen der Beständigkeit: 1) Es ist gut, ein Christ zu werden, 2) besser noch, ein Christ zu sein; 3) doch den besten Ruhm auf Erden gibt der Herr nur dem allein, der in Christi beständig bleibet und den Kampf zum Siege treibt. 4) Solchen wird mit einen Kronen Christus droben einst belohnen. (Nach Schmolke in dem Liede: Nicht der Anfang, nur das Ende krönt des Christen Glaubensstreit.)

**Denn er war ein frommer [guter] Mann, voll heiligen Geistes und Glaubens.** [V. 24.] Siehe da die Eigenschaften eines rechten Lehrers. Er muß sein 1) ein guter Mann, rechtschaffen, untadelig im Wandel; aber das ist nicht genug, dies Lob kann auch ein Heide haben. Er muß weiter sein 2) voll Glaubens, durch den Glauben in Christo gewurzelt; aber auch das reicht nicht aus, das braucht jeder Christ. Der Lehrer muß sein 3) voll Geistes, nur dadurch wird er ein rechter Lehrer, ein scheinendes Licht, ein Brunnquell des Heils. — **Und es ward ein groß Volk dem Herrn zugethan.** Kein Wunder, so großer Segen. Wie der Baum, so die Frucht. Welch eine edle Gabe Gottes ist ein treuer Bischof und Lehrer, ein rechter Barnabas! Selig die Kirche, die solchen Hirten hat, richtig im Glauben, heilig im Leben, begabt mit Geist. (Starke.)

**Barnabas aber zog aus, Saulum wieder zu suchen.** [V. 25.] Barnabas fand das Netz in Antiochia so voll, daß er an Saulus einen Gesellen suchte, der ihm helfe ziehen. (Rieger.) Er gibt damit eine neue Probe seines lauteren Sinnes. Hätte er ein unlauteres Auge gehabt und sich in Antiochia groß machen wollen, so hätte er Paulum weglassen müssen, von dem er vorhersah, er werde noch mit größerem Eingang arbeiten, als er selbst. Wie rar ist diese edle Art heutiges Tags unter den Lehrern geworden! Saulus aber, der große Knecht des Herrn, muß erst gesucht werden. So sehr die Miethlingsart geschäftig ist, ungesucht zu laufen und zu rennen, so sehr entzieht sich ein redliches Gemüth, das die Wichtigkeit des Lehramts einsieht, und bleibt gern in der Wüste, bis es gerufen wird. (Apost. Past.)

**Sie blieben bei der Gemeinde ein ganzes Jahr.** [V. 26.] Dies wird hier der Gemeinde als ein besonderer Segen angerechnet, daß sie ihre Lehrer ein ganzes Jahr behalten durften. Nunmehr, da die Gemeinden mit beständigen Lehrern versorgt sind und man das Evangelium von Jugend auf bis in's Alter, ja noch auf seinem Sterbebette hören kann, wird es von den Meisten gering geachtet, und ist doch solche fortdauernde Verkündigung schon im Alten Bunde als eine Glückseligkeit des Neuen Bundes angegeben, Jes. 62, 6. 7. (Apost. Past.) — **Die Jünger am ersten zu Antiochia Christen genannt.** Es ist merkwürdig, daß die Gläubigen nicht von Jesu, dem Heilande, sondern von ihm als Christo, dem Gesalbten benannt worden sind. Sie sollen nämlich nicht Mittheilende und Seligmacher sein, sondern Mitgesalbte, die von Christo, dem Haupt, ihr Theil der Geistesgaben zum gemeinen Nutzen empfangen. Daher Johannes als Kennzeichen der Gläubigen angibt: ihr habt die Salbung, 1 Joh. 2, 20. (Apost. Past.) — Ach Gott, gib Gnade nur, mich ernstlich zu bestreiten; zu sein ein wahrer Christ und nicht bloß zu heißen. Denn welcher Nam und That nicht hat und führt zugleich, der kommet nimmermehr zu dir in's Himmelreich. (Haßlocher in dem Liede: Du sagst, ich bin ein Christ.)

In denselbigen Tagen kamen Propheten ic. [V. 27. 28.] Die Gabe der Weissagung war nicht nur so ein Spielwerk zur Kurzweil in einer Gemeinde, sondern hatte zur Uebung des Glaubens und der Liebe manchen guten Einfluß. (Rieger.) — Einer unter ihnen — deutete durch den Geist eine große Theurung. Es ist eine große Gnade Gottes, daß er die Menschen nicht mit seinen Strafen übereilet, sondern vorher warnen läßt, damit man ihnen entgehe. (Starke.)

Zu senden eine Handreichung ic. [V. 29.] Der wahre Glaube ist allemal durch die Liebe thätig und kräftig, Gal. 5, 6. (Starke.) — Bei Vorboten schwerer Umstände soll nicht die nächste Gedanke und alle Bemühung nur darauf gehen, sich so vorzusehen, daß an Einem nichts fehlen könne, sondern man hat auch auf Andere, Bedrängtere zu sehen. Gar oft geht es, wie bei der Wittwe zu Sarepta, die zuvor ihren kleinen Vorrath auf den Propheten Elias wenden mußte, hernach aber erst auch über ihr und ihres Sohnes Hinzukommen reichlich getröstet wurde. Wer Glaub' und Lieb' im Herzen hat, der wird's erfahren in der That. (Rieger.)

Wie sie denn auch thaten. [V. 30.] Dieweil das Eisen glühet, muß man's schmieden; ehe der gute Vorsatz erkaltet, muß man ihn ausführen. (Starke.) — Durch die Hand Barnabä und Sauli. Das ist die alte christliche Ordnung, daß die Prediger auch mit ein Auge haben auf die Armen in Hospitälern und Armenhäusern, damit denselben das Ihre zu rechter Zeit gereicht werde, Gal. 2, 10. (Starke.)

Zum ganzen Abschnitt. Was gehört zu einer gesegneten Arbeit an der Ausbreitung des Reiches Gottes? 1) Unerschütterlicher Muth gegenüber der Welt, V. 19; 2) gierige Aufmerksamkeit auf die Winke Gottes, V. 22; 3) brüderliche Eintracht unter den Arbeitern am Werk des Herrn, V. 23—26. — Vom Segen der Trübsal für die Gemeinde des Herrn: 1) Sie trennt die Verbundenen und dient so zur Ausbreitung des Reichs (V. 19. Waldens., Salzb. ic.).

2) Sie verbindet die Getrennten und dient so zur Stärkung des Glaubens und Bethätigung der Liebe (V. 29. 30. Gustav-Adolph-Verein). — Zu V. 27 bis 30. Von derjenigen Hülfsleistung in der Noth, welche von dem Bewußtsein der christlichen Gemeinschaft ausgeht. 1) Wie sie sich von der bürgerlichen Wohlthätigkeit unterscheidet, 2) wie sie immer wieder ein neues Band wird für die Gemeinschaft, von der sie ausgeht. (Schleierm.) — Landplagen bringen Kirchensegen, V. 28—30. 1) Sie wecken Prophetenstimmen, 2) sie lehren auf's Wort merken, 3) sie schaffen Liebeswerke. — Die Handreichung der Liebe und ihr Segen, 1) im Geistlichen, V. 22—24; 2) im Leiblichen, V. 28—30. — Wohlthun trägt Zinsen: 1) Die Wohlthat, die von Jerusalem ausging, 2) die Zinsen, die von Antiochia zurückkommen. — Barnabas in Antiochien, oder der Diener am göttlichen Wort, wie er sein soll: 1) Freudig gehorsam der Führung des Herrn, V. 22; 2) liebreich eingebend in die Bedürfnisse der Gemeinde, V. 23; 3) untadelig wandelnd vor den Augen des Volks, V. 24; 4) neidlos zusammenhaltend mit den Brüdern im Amt, V. 25. 26. — Barnabas und Saulus ein Musterbild amtsbrüderlicher Eintracht. 1) Die Opfer, die sie verlangt, 2) der Segen, den sie schafft. — Barnabas und Saulus in Antiochien, oder ein gesegnetes Amtsjahr. 1) Der dankbare Boden, 2) die liebliche Arbeit, 3) die reichlichen Früchte. — Der heilige Christenname, V. 26. 1) Seine hohe Würde: er bezeichnet a. einen Angehörigen Christi, b. einen Gesalbten des Heiligen Geistes. 2) Seine ernste Bürde: er bringt mit sich a. Hingabe in Christi Dienst, b. Schmach vor der Welt. — Der Christenname ein Ehrenname oder ein Spottname? 1) Ein Ehrenname trotz alles Spottes der Welt, wenn wir sind, was er bedeutet; 2) ein Spottname trotz aller Ehren, die er in sich schließt, wenn wir nicht haben, als den Namen. — Der Christenname der alten Gemeinde in seiner weltgeschichtlichen Bedeutung. Er deutet an 1) die erklärte Ausscheidung aus der Welt zu einem Volk des Herrn; 2) die entschiedene Lostrennung vom Volk des Alten Bundes zu einer Gemeinde des Neuen Testaments; 3) die unwiderrufliche Einverleibung in den Herrn zur Gemeinschaft seines Lebens, seines Leidens und seiner Herrlichkeit. — Das Nazarenerhäuflein wird ein Christenvolk, oder: das Senfkorn wächst zum Baume. — Christus in seiner Gemeinde Alles in Allen. 1) Der Predigt Kern und Stern, V. 20; 2) der Gläubigen Licht und Kraft, V. 21. 23; 3) der Lehrer Muster und Meister, V. 24. 25; 4) der Kirche Name und Losung, V. 26.

## Fünfter Abschnitt.

Die Verfolgung der Gemeinde zu Jerusalem durch Herodes, wobei Jakobus hingerichtet wird, Petrus hingegen durch wunderbare Befreiung aus dem Gefängniß und Entfernung von Jerusalem entgeht, findet durch ein Gericht Gottes über den Verfolger ihr Ende.

### Kap. 12.

(Kap. 12, 1—11 Perikope am Feiertag Petri und Pauli.)

1 Um jene Zeit aber legte der König Herodes Hand an, um Einige von der Ge-
2 meinde zu mißhandeln. *Er ließ aber Jakobus, den Bruder des Johannes, mit dem

## Der Apostel Geschichten.

Schwert hinrichten. ⁴Und als er sah, daß es den Juden gefiel, fuhr er fort und ließ 3
auch den Petrus ergreifen [es waren aber die¹) Tage der ungesäuerten Brode]; ⁴verhaf- 4
tete ihn auch und legte ihn in's Gefängniß, indem er ihn viermal vier Soldaten zur
Bewachung übergab und nach dem Passahfest ihn dem Volk vorzuführen gedachte. ⁵Petrus 5
wurde nun zwar im Gefängniß gehalten, aber es fand anhaltendes²) Gebet statt von der
Gemeinde zu Gott für ihn³). ⁶Als aber Herodes im Begriff war, ihn vorführen zu 6
lassen, schlief Petrus in jener Nacht zwischen zwei Soldaten, gebunden mit zwei Ketten,
und zugleich bewachten Hüter vor der Thür das Gefängniß. ⁷Und siehe, ein Engel des 7
Herrn trat zu ihm, und Licht glänzte in dem Gemach; er schlug den Petrus an die Seite,
weckte ihn und sprach: Stehe schnell auf! Und es fielen ihm die Ketten von den Händen. ⁸Und der Engel sprach zu ihm: Gürte dich⁴) und binde deine Sandalen an. Und 8
er that also. Und er spricht zu ihm: Wirf deinen Mantel um dich und folge mir!
⁹Und er ging hinaus und folgte ihm⁵) und wußte nicht, daß wirklich war, was durch 9
den Engel geschah, er glaubte vielmehr ein Gesicht zu sehen. ¹⁰Nachdem sie aber durch 10
die erste und zweite Wache gegangen waren, kamen sie an das eiserne Thor, welches in
die Stadt führte; dieses öffnete sich von selbst vor ihnen, und sie traten hinaus, gingen
eine Straße entlang und plötzlich schied der Engel von ihm. ¹¹Und Petrus kam zu sich 11
selbst und sprach: Nun weiß ich wahrhaftig, daß der Herr seinen Engel gesandt und
mich errettet hat aus der Hand des Herodes und von allem Warten des jüdischen Volks.
¹²Und nachdem er dieses eingesehen hatte, kam er vor das Haus der Maria, der Mutter 12
des Johannes mit dem Zunamen Markus, wo Viele versammelt waren und beteten.
¹³Als er⁶) aber an die Pforte des Thors klopfte, kam eine Magd heran, um zu horchen, 13
mit Namen Rhode. ¹⁴Und da sie die Stimme des Petrus erkannte, öffnete sie vor Freude 14
das Thor nicht, sondern lief hinein und verkündigte, daß Petrus vor dem Thor stehe.
¹⁵Sie aber sprachen zu ihr: Du bist von Sinnen. Sie aber versicherte, es sei so. Da 15
sprachen sie: Es ist sein Engel. ¹⁶Petrus aber blieb stehen und klopfte fortwährend. 16
Da öffneten sie, erblickten ihn und erstaunten. ¹⁷Er winkte ihnen mit der Hand, zu 17
schweigen, erzählte ihnen, wie der Herr ihn aus dem Gefängniß ausgeführt hatte und
sprach: Verkündiget das dem Jakobus und den Brüdern. Und ging aus der Stadt und
begab sich an einen andern Ort. ¹⁸Als es aber Tag wurde, entstand keine geringe Un- 18
ruhe unter den Soldaten, was aus Petrus geworden wäre. ¹⁹Herodes aber, als er ihn 19
hatte suchen lassen und ihn nicht finden konnte, hielt Gericht über die Hüter und ließ sie
hinrichten. Und begab sich von Judäa hinab nach Cäsarea und verweilte daselbst. ²⁰Er 20
war heftig verfeindet mit den Tyriern und Sidoniern. Diese erschienen aber einmüthig
bei ihm, gewannen den Blastus, den Kämmerer des Königs, und baten um Frieden, weil
ihr Land aus dem des Königs die Lebensmittel bezog. ²¹Aber an einem festgesetzten Tage 21
legte Herodes das königliche Gewand an, setzte sich auf die Tribüne und hielt eine Rede
an sie. ²²Das Volk aber rief ihm zu: Das ist Gottes Stimme und nicht eines Men- 22
schen. ²³Aber auf der Stelle schlug ihn ein Engel des Herrn, dafür, daß er die Ehre⁷) 23
nicht Gott gab; und er wurde von Würmern gefressen und starb daran.
Das Wort Gottes aber wuchs und mehrte sich. ²⁴Barnabas aber und Saulus kehr- 24
ten zurück von Jerusalem, nachdem sie den Liebesdienst vollzogen hatten, nahmen auch⁸) 25
den Johannes mit dem Zunamen Markus mit sich.

---

1) Der Art. αἱ fehlt im text. rec., ist aber hinlänglich beglaubigt.
2) ἐκτενῶς, Lachmann und Tischendorf; frühere Ausgaben setzen ἐκτενής vor; indessen ist letzterer in der neuesten Ausgabe zu dem Adjectiv, welches doch überwiegend bezeugt ist, zurückgekehrt.
3) περί ist aus äußern und innern Gründen dem ὑπέρ vorzuziehen, welches, als bezeichnender und gebräuchlicher, von mehreren Abschreibern an die Stelle jener Präp. gesetzt scheint.
4) Das Verb. simplex ζῶσαι ist mindestens so gut, als das Compos. περίζωσαι bezeugt, und ist darum von Lachmann und Tischendorf vorgezogen, weil eher das Compos. an die Stelle des einfachen gesetzt wurde, denn umgekehrt.
5) αὐτῷ nach ἠκολούθει fehlt in gewichtigen Handschr. u. ist mit Recht von Tischend. für späteren Zusatz zu halten.
6) αὐτοῦ ist hinlänglich bezeugt, τοῦ Πέτρου wurde an die Stelle des Demonstr. gesetzt, weil B. 12 eine Perikope begann.
7) Der Art. τήν vor δόξαν fehlt zwar in mehreren alten Handschriften; da aber Luk. 17, 18; Joh. 9, 24; Röm. 4, 20 δόξαν δοῦναι Θεῷ ohne Artik. steht, durch kein dergleichen Stelle aber zweifelhaft, so ist zu vermuthen, daß der Art., welcher in Cod. A. B. und einigen andern steht, ächt sei; Tischendorf hat ihn daher aufgenommen.
8) καί nach συμπαραλαβεῖν fehlt zwar in mehreren Codd., ist aber eher ächt als überflüssig weggelassen, denn beigefügt worden.

**Exegetische Erläuterungen.**

1. **Um jene Zeit,** d. h. als Barnabas und Saulus von Antiochia nach Jerusalem kamen. Wenigstens erhellt aus V. 25 so viel, daß Lukas die Rückkehr jener beiden nach Antiochien später setzt, als die Hinrichtung des Jakobus und die Verhaftung und wunderbare Befreiung des Petrus.

2. **König Herodes,** welcher hier auftritt, ist Herodes Agrippa I., Sohn des Aristobulos und der Berenice, Enkel Herodes des Großen und Neffe des Herodes Antipas. Um das Jahr 10 vor Chr. geboren und in Rom erzogen, erhielt er, nach bunten Abenteuern und manchen minder ehrenhaften Ereignissen, von Cajus Caligula bald nach dessen Thronbesteigung die seit etlichen Jahren freie Tetrarchie des Philippus (Batanäa, Trachonitis und Auranitis) und das Vierfürstenthum des Lysanias nebst dem Königstitel zum Geschenk; bald bekam er auch die Tetrarchie des Herodes Antipas (Galiläa und Peräa), als dieser von Caligula nach Gallien verbannt wurde. Endlich gab ihm Kaiser Claudius, gleich nach seinem Regierungsantritt (41 n. Chr.), auch noch Samaria und Judäa dazu, so daß er, wie einst sein Großvater, nun über ganz Palästina herrschte, und (Josephus Alterth. XIX, 8, 2) ein jährliches Einkommen von 12 Millionen Drachmen hatte. Vergl. Ewald, Geschichte des Apost. Zeitalt. 1858, S. 288 ff., 313 ff.

3. Dieser Fürst residirte, seitdem ihm auch Judäa zugetheilt war, meist in Jerusalem. Jetzt hatte die Christengemeinde daselbst von ihm zu leiden. Er legte gewaltthätig, feindlich die Hände an (ἐπιβαλε τὰς χεῖρας, κἀκνοεί), so hieß er Einige von der Gemeinde mißhandelte. Zuerst hatten also mehrere Gemeindeglieder schwere Strafen zu erleiden, vermuthlich körperliche Züchtigungen. Nachher ließ er einen der Apostel, den Bruder des Johannes, Jakobus den Aelteren, mit dem Schwert hinrichten. Und bald darauf, wie es scheint, als er sah, wie gut dies von den Juden aufgenommen wurde, fuhr er in den gleichen Maßregeln fort und ließ den Petrus festnehmen. Dies war in der Passahwoche der Fall, wo nach mosaischem Gesetz die ungesäuerten Brode gegessen wurden. Demnach erfolgte die Hinrichtung Jakobus des Aelteren wohl kurz vor der Passahwoche des Jahres 44, welches Letztere noch in dem bald danach erfolgten Tod des Agrippa [V. 19 ff.] sich ergibt. Ohne Zweifel ging aber nicht blos das Verfahren gegen Petrus, sondern schon die Bestrafung einiger Gemeindeglieder und die Hinrichtung des Jakobus von der Rücksicht auf das Volk und dessen tonangebende Häupter aus. Durch die doch gestiegene kaiserliche Gunst gegen Agrippa und die angewachsene Macht und Ehre desselben war der Stolz des jüdischen Volks und die Zuversicht seiner hierarchischen Oberen wieder gehoben worden. Und da Agrippa, ungeachtet er heidnische Schauspiele, Musikfeste, Gladiatorenkämpfe liebte, doch äußerlich wenigstens die mosaischen Satzungen beobachtete und die israelitische Religion mit Kraft nach außen vertrat und schützte, so steigerte sich unter seiner Regierung begreiflich auch die fanatische Empfindlichkeit und der unbuldsame Uebermuth Israels gegen die von der früheren Verfolgung sich allmählich erholenden Christen. Vergl. Ewald a. a. O., S. 326 ff. Diesem Zeitgeist gab Agrippa um so lieber nach, je deutlicher es ihm wurde, daß er

durch Gewaltmaßregeln gegen die Christen sich in der Volksgunst fester setzen, also auf Kosten der Christen für sein Interesse sorgen könne. Und zwischen allen möglichen Parteien durchzuschiffen, alle Verhältnisse für sein egoistisches Interesse auszubeuten, darin hatte er sich vor Jahren hauptsächlich in Rom eine große Fertigkeit erworben.

4. **Er ließ aber Jakobus 2c.** Es ist unter allen Umständen auffallend, daß Lukas die Hinrichtung des Jakobus so gar kurz abmacht, mit zwei Worten blos: ἀνεῖλε μαχαίρᾳ. Den Märtyrertod des Stephanus hat er uns so ausführlich, Zug für Zug erzählt; und doch war das nur Einer von den Sieben. Aber als zum ersten Mal Einer von den Zwölfen selbst eines blutigen Todes stirbt, der einzige Apostel, dessen Tod in der Apostelgeschichte berichtet wird, wird und dies mit so lakonischer Kürze gesagt. Die Sage ergänzt, was hier anscheinend fehlt: der Ankläger des Jakobus sei durch dessen Vertheidigung bekehrt und dann mit ihm enthauptet worden (Clemens Alex. bei Eusebius Kirchengeschichte II, 9). Wie ist aber diese auffallende Kürze zu erklären? Ist sie absichtlich oder unwillkürlich entstanden? Man sucht nach irgend einer Absicht: Lukas habe, um seinem Plan treu zu bleiben und eine Entwicklungsgeschichte der Kirche zu geben, die Nachrichten über das Lebensende des Apostels übergangen (Lekebusch); allein auch nur einige Worte weiter zu sagen, als da stehen, hätte sich mit jenem Plan denn doch wohl vertragen. Baumgarten meint, Lukas habe gerade der Wirklichkeit gemäß berichtet, denn Jakobus habe still und stumm, ganz wie ein gewöhnlicher Mensch, den blutigen Tod erduldet, I, S. 282 ff.; er selbst malt aber den Hergang S. 284 ziemlich genau aus, und wenn dem so war, so wäre Lukas der Wirklichkeit noch näher gekommen, hätte er es auch erzählt. Meyer vermuthet, daß irgend eine uns unbekannte Rücksichtnahme, etwa ähnlich derjenigen, aus welcher der Tod des Paulus gar nicht berührt wird, zu Grunde liege. Allein es läßt sich nichts Positives darüber ausmachen, und das Aufrichtigste ist immerhin, das Non liquet geradezu auszusprechen.

5. **Und als er sah.** Nachdem Jakobus getödtet war und Agrippa die Beobachtung machte, wie wohl dies dem Volk gefiel, ließ er sofort auch den Petrus ergreifen (die stark hebraisirende Ausdrucksweise προσέθετο συλλαβεῖν läßt eine hebräische Grundschrift über diese Begebenheiten vorauszusetzen), hielt ihn auch fest (πιέζω stricta manu tenere) und legte ihn in's Gefängniß, indem er ihn vier Quaternionen Soldaten, d. h. vier einander regelmäßig ablösenden Rotten zu vier Mann, nach römischem Brauch zu bewachen übergab. Denn erst nach der Passahfestwoche, die bereits angefangen hatte [V. 3], sollte, gemäß der jüdischen Regel: Non judicatur dia festo, Gericht über Petrus gehalten werden; und letzteres gedachte Agrippa als ein Schauspiel für das Volk zu behandeln (ἀνάγειν wird von dem Vorführen auf erhöhter Bühne vor einem Publikum gebraucht), denn Schauspiele waren eine Liebhaberei des Königs.

6. **Petrus wurde nun zwar.** V. 5 stellt sinnreich den Contrast vor die Seele zwischen der unangesetzten Bewachung des Apostels und der anhaltenden Fürbitte der Gemeinde für ihn. Diese Bemerkung steht trefflich mitten inne zwischen der Gefangennehmung und der Befreiung des Petrus.

Offenbar will Lukas hiermit zu verstehen geben, daß die Errettung des Apostels aus dem Gefängniß und der drohenden Todesgefahr die Wirkung des erhörten Gebets war.

**7. Als aber Herodes.** Nämlich in der letzten Nacht vor jenem Tage, an welchem Petrus dem Volke vorgeführt werden sollte, schlief er zwischen zwei Soldaten, indem er je an einen mit einer Kette gefesselt war, während die Römer ihre Gefangenen in der Regel nur an eine Schildwache anzuschließen pflegten (Josephus Alterth. XVIII, 6, 7). Während demnach zwei Soldaten innerhalb der Gefängnißzelle sich befanden, an den Verhafteten mit Ketten geschlossen, standen die andern Schildwachen vor der Thür, so daß die Vierzahl zu gleicher Zeit Wache hatte. Da stand plötzlich ein Engel (nicht: der Engel) des Herrn bei dem Schlafenden, und himmlisches Licht leuchtete in dem Gelaß (ἐν τῷ οἰκήματι, in dem Gemach, oder der Zelle des Gefängnisses, wo Petrus sich befand, nicht der Kerker selbst [Meyer] ist gemeint). Und der Engel weckt den Schlafenden durch einen Schlag auf die Seite, worauf ihm die Ketten von selbst von den Händen fallen. Hierauf befiehlt ihm der Engel, erst sich völlig anzukleiden, den Gürtel, Sandalen und Oberkleid anzulegen, die er, um bequemer zu schlafen, abgelegt hatte. Dann befiehlt er, ihm zu folgen, und so tritt Petrus, hinter dem Engel hergehend, zuerst zu der Thür seines Kerkergelasses heraus, ohne sich noch bewußt zu sein, daß alles das Wirklichkeit war, indem es ihm wie ein Traumgesicht vorkam, V. 9. So gingen die Beiden durch die erste und zweite Wache hindurch, wobei das διελθόντες die Vorstellung erweckt, daß jeder Posten nicht bloß aus einem Mann, sondern aus mehreren bestanden habe, so daß man zwischen ihnen hindurch gehen konnte. Zuletzt kamen sie an das eiserne Thor, welches aus dem ganzen Gebäude heraus und in die Stadt führte. Dieses Thor öffnete sich ihnen von selbst, also ohne daß es aufgeschlossen oder erbrochen zu werden brauchte, worauf sie in's Freie heraustraten und noch eine Straße entlang mit einander gingen, nun aber der Engel plötzlich von der Seite des Apostels verschwand. Das ἀπέστη V. 10 ist dem ἐπέστη V. 7 parallel; beide Verba drücken das Plötzliche des Erscheinens und Verschwindens aus.

**8. Und plötzlich schied der Engel von ihm.** Bis dahin war es dem Petrus gewesen, als ob er träume, V. 9. Nun erst, als er allein da stand mitten in der Stadt, kehrte das klare, volle Selbstbewußtsein zurück (γενόμενος ἐν ἑαυτῷ V. 11) und er sprach: nun erkenne ich in Wahrheit, — so daß ich dessen gewiß bin, mich nicht zu täuschen, — daß der Herr seinen Engel gesandt und mich der Gewalt des Herodes und der gespannten Erwartung der Juden entnommen hat, so daß letztere nicht mehr in Erfüllung gehen wird. Petrus hat also, sobald er sich seiner klar bewußt geworden war, froh und dankbar erfüllt sowohl den Urheber als den Zweck dessen, was er zu eben erlebt hatte, eingesehen: es ist der Herr, mein Gott, der seinen Engel mir gesandt hat, und er hat mich der auf meinen Tod zielenden Gewalt des Herodes und Erwartung der Juden entrissen. — Es ist das gerade Gegentheil dieser Einsicht des Petrus, welche Lukas durch seine ganze Erzählung als die richtige zu erkennen gibt, wenn man die Sache als einen natürlichen Vorgang dargestellt hat, sei's daß ein Blitz die Ketten gelöst

(Hezel), sei's daß der Kerkermeister selbst, oder mit dessen Vorwissen Andere den Petrus befreit haben sollen, ohne daß dieser gewußt habe, wie es zugegangen sei (Heinrichs). Der Vorgang ist in der That so anschaulich erzählt und enthält für den, welcher an ein Eingreifen des lebendigen Gottes in die Wirklichkeit und an das reale Dasein und die Wirksamkeit von Engeln glaubt, so wenig etwas Störendes, daß nicht einzusehen ist, warum, wenn man einmal den rein geschichtlichen Thatbestand als einen wunderbaren anerkennt, doch noch eine Mischung des Sagenhaften mit der reinen Historie behauptet werden will (Meyer). Denn V. 9 οὐκ ᾔδει - ὅραμα βλέπειν ist doch psychologisch so wahr, daß man daraus keinen Anhalt gewinnen kann, um die ganze Engelerscheinung ausschließlich in die innere Anschauung des Petrus zu verlegen.

**9. Und nachdem er dies eingesehen hatte** (συνιδών von συνορᾶν, nicht = συνειδώς, wie es Kuinoel zu nehmen scheint; eher berechtigt der Sprachgebrauch, die Bedeutung considerare hier anzuwenden: re apud se considerata, scil. quid agendum esset), kam er vor das Haus eines Gemeindegliedes; es gehörte einer Maria, der Mutter des Johannes, genannt Markus, welcher V. 25 mit Barnabas und Saulus von Jerusalem nach Antiochia ging und der Ueberlieferung nach Verfasser des dritten Evangeliums ist. In jenem Hause waren denn viele Christen versammelt und im Gebet begriffen, wie denn laut V. 5 die Gemeinde, seit Petrus verhaftet war, anhaltend mit Fürbitte für ihn beschäftigt war. Da klopfte Petrus an der Pforte des Thors an, und als eine Magd, Rhode, von innen herantam, um ihr zu horchen (ὑπακοῦσαι), d. h. die Person, welche draußen stand, wo möglich an der Stimme zu erkennen, und diese den Petrus an seiner Stimme erkannte, vergaß sie vor lauter Freude, zu thun, was das Nächste war, nämlich aufzumachen, und lief eilig hinein, um den in einem innern Gemach versammelten Christen die Nachricht zu bringen, daß Petrus vor der Thür stehe. Und es ist rührend und ein Zeichen ächter brüderlicher Gleichheit zwischen Herrschaften und Dienstboten in der Urgemeinde, daß diese Dienstbote Person, die ohne allen Zweifel auch Christin war, so freudig über das Erscheinen des Apostels, den sie im Gefängniß glaubte, gewesen ist, daß sie sogar das Nächstliegende vergaß, um nur gleich Alle zu Mitgenossen der Freude zu machen. Begreiflich ist, daß die Versammelten an ihr irre wurden, ob sie wohl bei Sinnen sei, als sie behauptete, Petrus stehe vor dem Hause; weniger klar ist, was das heißen wollte, als sie auf die Versicherung und Betheurung des Mädchens, es sei dem wirklich so, sagten: ὁ ἄγγελος αὐτοῦ ἐστιν. Daß sie gemeint hätten, es sei ein Bote des Petrus, den er abgeschickt habe, ist unglaublich; denn wie konnten sie voraussetzen, der Apostel habe aus dem Kerker einen Boten abgeschickt, und dessen Stimme überdies mit der des Petrus selbst eine täuschende Aehnlichkeit habe? Auch die Vermuthung hat nichts für sich, daß die Christen vorausgesetzt hätten, ein Engel habe durch Stimme und Klopfen den unmittelbar bevorstehenden Tod des Apostels verkündigen wollen, mit andern Worten, sei eine sogenannte Ahnung. Vielmehr scheint es das Wahrscheinlichste, daß die Freunde glaubten, der Schutzengel des Petrus habe dessen Stimme angenommen und stehe vor der Thür. Als aber Petrus stehen blieb und nach wie vor klopfte, kamen die versammelten Brüder alle, um zu öffnen und sich zu überzeugen, wie es sich verhielte, und als sie ihn wirklich erblickten, waren sie voll Erstaunen.

10. Er (Petrus) **winkte ihnen mit der Hand, stille zu sein,** κατασεῖσαι τῇ χειρί mit einer nach unten gehenden Handbewegung; er fürchtete, das Erstaunen der Brüder könnte sich so laut äußern, daß eine Gefahr für seine Sicherheit entstünde. Sofort erzählte er ihnen den Hergang seiner von Gott unmittelbar gewirkten Befreiung, gab Auftrag, dem Jakobus und den übrigen Brüdern Nachricht hiervon zu geben, verließ ohne Verzug in der Nacht noch die Stadt und begab sich wo anders hin. Wohin? das sucht man vergebens auszumitteln; die römischen Theologen denken natürlich an Rom, aber es scheint, Lukas selbst wußte nichts Näheres darüber. Meyer meint sogar, es sei irrig, den ἕτερος τόπος außerhalb Jerusalem zu suchen, denn ἐξελθών könne dem Context nach nicht heißen: relicta urbe, sondern relicta domo. Allein im Context ist nirgends gesagt, daß Petrus in das Haus eingetreten sei; die Worte lassen als möglich zu, daß er, als die Pforte geöffnet war, auf der Stelle in aller Kürze rasch erzählt und den genannten Auftrag gegeben habe, ohne sich in das Innere des Hauses zu begeben. Und wenn wir auch das Letztere uns denken, so führt doch die ganze Situation auf die Vorstellung, daß der Apostel sofort die Stadt verlassen habe. Denn das konnte er sich denken, Gott habe ihn nicht zu dem Zweck aus dem Kerker ausgeführt, daß er sich in derselben Stadt, wo sein Leben so bedroht war [vergl. B. 19], fortwährend aufhalten sollte; und würdiger war es doch, einen andern Ort aufzusuchen, wenn ihm das frei stand, als irgend in einem Schlupfwinkel in der Stadt sich zu verstecken. Der Jakobus B. 17 ist unserer Ueberzeugung nach nicht der Apostel, des Alphäus Sohn, sondern der Bruder des Herrn.

11. **Als es aber Tag wurde.** Begreiflich waren die Soldaten, welche zur Bewachung des Gefangenen befohlen und für seine Person verantwortlich waren, nicht wenig beunruhigt, als es Tag geworden war, was etwa aus Petrus geworden sei, B. 18. Und als alles Nachspüren nach dem Verschwundenen zu nichts führte (ἐπιζητεῖν wird vom Aufspüren bei der Jagd gebraucht), ließ Herodes in der That den zur Bewachung kommandirt gewesenen Soldaten den Prozeß machen (ἀνακρίνας) und sie hinrichten (ἀπάγειν der gerichtliche terminus von Abführung zur Todesstrafe). Hernach aber mochte er auch nicht mehr an Ort und Stelle bleiben; er schämte sich, die erregte Erwartung in Betreff des Petrus nicht erfüllen zu können, und begab sich sofort aus Judäa hinweg nach Cäsarea (Palästina) und nahm seine Residenz daselbst.

12. **Er führte heftigen Krieg.** B. 20—23 erzählt Lukas den bald darauf erfolgten Tod des Herodes Agrippa mit seinen näheren Umständen, offenbar mit dem Gedanken, das sei ein Strafgericht Gottes zugleich wegen seiner Versündigung wider Christum und seine Apostel gewesen. Lukas erzählt das erste Erkranken des Agrippa im Zusammenhang mit einer den Gesandten der Phönizier ertheilten öffentlichen und feierlichen Audienz. Herodes war nämlich θυμομαχῶν mit denen von Tyrus und Sidon. Der Ausdruck kommt erst in der spätern Gräzität, bei Polybius, Plutarch, Diod. Sic., und wie es scheint, stets in dem Sinn wirklichen, und zwar leidenschaftlichen Kriegführens und Fechtens vor; Steph. Thes. Da aber ein eigentlicher Feldzug des Agrippa gegen die mit Rom ebenfalls verbündeten phönizischen Städte an sich unwahrscheinlich und schlechthin unbekannt ist, so wird man das Wort wohl in dem Sinne nehmen dürfen, daß Herodes gegen die Tyrier und Sidonier erbittert war (θυμο-) und sie, so gut er konnte, befriegte(-μαχῶν), etwa mit Absperrung der Gränzen gegen sie, worauf das Folgende hinweist. Jene erschienen nun einmüthig bei ihm, durch Abgeordnete aus beiden Städten, welche sich in der Residenz Agrippa's zusammenfanden, und baten um Frieden, weil ihre Landschaft aus dem Lande des Agrippa die Nahrung zog (τρέφεσθαι), vor Allem, sofern die Phönizier das Getreide aus Palästina bezogen, aber auch, weil ihre Ausfuhr nach Palästina nutzbringend war. Und um sicherer ihren Zweck zu erreichen, suchten sie den Blastus, einen hohen Hofbeamten des Agrippa zu gewinnen (ὁ ἐπὶ τοῦ κοιτῶνος), wohl nicht praefectus cubiculi im ursprünglichen Sinne, sondern der Schatzmeister, Finanzminister des Königs, weil der Hof- und Staatsschatz der Sicherheit wegen eben in dem geheimen Kabinet aufbewahrt zu werden pflegte. Nun gab Herodes an einem vorher anberaumten Tage den Gesandten eine öffentliche Audienz, wobei, er mit einem königlichen Gewand in voller Pracht bekleidet, sich auf die Tribüne setzte (βῆμα nicht Thron, sondern suggestus, Tribüne für den Richter oder den Redner in der Volksversammlung) und eine Rede vor versammeltem Volk an sie hielt (ἐδημηγόρει). Da rief ihm das Volk, Beifall spendend und mit heidnischer Schmeichelei zu, das sei Gottes Stimme, nicht Menschenstimme. Und auf der Stelle schlug ihn ein Engel Gottes, zur Strafe dafür, daß er diese abgöttische Ehrenbezeugung stillschweigend angenommen und nicht die Ehre, die man ihm erwiesen wollte, Gott allein, dem sie gebührte, zugewendet hatte. Der Schlaganfall, welcher den König unversehens traf, wird nicht nur als göttliche Strafe, sondern auch als durch einen unsichtbaren Boten Gottes, einen Engel des Herrn beigebracht geschildert. In Folge dieses plötzlichen Krankheitsanfalls wurde Agrippa von Würmern verzehrt und starb daran. Ob Lukas den Tod als auf der Stelle erfolgt schildern will? Wenn die drei Worte: καὶ γενόμενος σκωληκόβρωτος nicht da ständen, so würde B. 23 nicht anders als so verstanden werden können. Allein die genannten Worte geben doch zu verstehen, daß zwischen ἐπάταξεν und ἐξέψυξεν eine Zwischenzeit lag, in welcher die Eingeweidewürmer ihr entsetzliches Geschäft verrichteten.

13. **Mit diesem Bericht des Lukas [B. 20—23]** vergleichen wir die Erzählung des Josephus von dem Ende des Herodes Agrippa, Alterthümer XIX, 8, 2. Nach diesem Gewährsmann fand sich Agrippa zu Cäsarea ein und ließ Schauspiele zur Ehre des Cäsar (Claudius) daselbst halten, wozu er eine Menge seiner Beamten und Würdenträger versammelt hatte. Am zweiten Tage der Schauspiele legte er ein aus Silber bereitetes, wunderbar gewobenes Prachtgewand an und begab sich bei Tagesanbruch in's Theater. Als nun die ersten Sonnenstrahlen auf das Silber fielen und dieses blendend erglänzte, brachen die Schmeichler von verschiedenen Seiten her in vergötternde Zurufe aus: „sei uns gnädig!" „haben wir dich bisher als

Menschen gefürchtet, so bekennen wir jetzt, daß du über die sterbliche Natur erhaben bist!" Der König hatte für die gottlose Schmeichelei kein ablehnendes Wort. Bald darauf, wie er aufwärts schaut, erblickt er eine Eule, die auf einem ausgespannten Seile über seinem Haupte sitzt, erkannte sie, einer ihm früher zu Theil gewordenen Wahrsagung gemäß, für einen Unglücksboten und empfand auf der Stelle ein herzdurchschneidendes Wehe, nebst heftigen Unterleibsschmerzen. Er äußerte sich sofort gegen seine Freunde, er müsse jetzt sterben, während sie ihn soeben unsterblich nannten, und füge sich in die unabwendbare Schickung Gottes, habe er doch glücklich und glänzend gelebt. Inzwischen war der Schmerz auf eine qualvolle Höhe gestiegen, weßhalb er nur eilig in den Palast getragen werden mußte, und nach fünf Tagen schmerzvoller Unterleibsleiden starb er im 54sten Lebensjahr.

Die Erzählung des Josephus stimmt mit der weit kürzeren des Lukas in folgenden Punkten überein: a. Die plötzliche Erkrankung und der Tod des Agrippa ist in Cäsarea erfolgt, wo derselbe kürzlich erst sich eingefunden hatte; b. der Moment der Erkrankung war ein öffentliches Auftreten des Königs bei einer feierlichen Versammlung, wobei er ein königliches Staatsgewand trug; c. unmittelbar vor der ersten Empfindung des tödtlichen Uebels waren schmeichlerische, den Menschen vergötternde Zurufe zu Ehren des Königs erschollen, die er nicht zurückgewiesen, sondern stillschweigend angenommen hat. d. Hierauf trat unversehens eine Unterleibskrankheit ein, in Folge deren er in kurzem starb.

Beide Berichte weichen hingegen in Folgendem von einander ab: a. Josephus weiß nichts von der um Frieden und nachbarlichen Verkehr bittenden Gesandtschaft der phönizischen Städte, welche Agrippa öffentliche Audienz gab, und von der Rede des Königs, auf welche sich die abgöttischen Zurufe der Anwesenden bezogen. Dies könnte nur demjenigen bedenklich erscheinen, welcher dem Josephus die vollständigste Kenntniß aller Begebenheiten jener Zeit und ihres Zusammenhangs zutraut, während die Angabe des Lukas, für sich betrachtet, nicht im mindesten etwas Unwahrscheinliches in sich faßt. Ueberdies erscheinen die schmeichlerischen Stimmen, welche laut wurden, viel erklärlicher, wenn wir laut unserer Stelle annehmen, daß eine öffentliche Rede des Agrippa vorhergegangen war, als wenn wir nach Josephus bloß den Glanz des Prachtgewandes, von welchem ja auch bei Lukas eine Andeutung sich findet, als die alleinige Veranlassung dazu uns denken sollen. b. Hingegen fehlt bei Lukas völlig die als Todesvorbote erschienene Eule, deren Anblick den König tödtlich erschreckt; dieser acht heidnische und abergläubische Zug, wobei Agrippa an die wahrsagenden Worte eines Germanen sich erinnert, der ihm einst in Rom die Eule als ein Glückszeichen, wenn sie ihm aber noch einmal erscheinen würde, als Todesboten gedeutet hatte (Josephus Alterth. XVIII, 6, 7). Anstatt dessen erwähnt Lukas bloß den Schlag, welchen der König durch einen (unsichtbaren) Engel des Herrn erlitten hat, und womit seine Krankheit anfängt. Eusebius folgt (Kirchengesch. II, 10) sonst ganz der Erzählung des Josephus, sucht aber unsere Stelle dadurch mit jener zu vereinigen, daß er an die Stelle der Eule den Engel setzt, welchen der König erblickt haben soll; ein unglücklicher Vereinigungsversuch, während die wunderbare Strafe durch den Engel gerade der wunderbaren Befreiung des von Agrippa bedrohten Petrus durch einen Engel entspricht. c. Die Art der Krankheit selbst, über deren wesentlichen Sitz, den Unterleib, beide Quellen übereinstimmen, ist insoweit verschieden bezeichnet, als Josephus bloß von heftigen und qualvollen Schmerzen weiß, Lukas aber bestimmter von Würmern sagt (nicht von Läusen, φθειρίασις), was sich recht wohl mit jenem vereinigen läßt. Während unsere Stelle in Betreff der Krankheitsform Genaueres hat, bestimmt Josephus die Dauer der Krankheit genauer, nämlich auf fünf Tage, was mit den Worten des Lukas sich auch verträgt.

Somit stimmen beide Berichte in höchst wesentlichen Zügen vollkommen überein und ergänzen sich in andern, während in der Hauptdifferenz Lukas den Vorzug vor Josephus verdient.

14. Das Wort Gottes aber wuchs. V. 24 f. lehrt die Geschichte zur Kirche Christi, die V. 19—23 nur mittelbar betheiligt war, zurück; übrigens scheint die Bemerkung, daß Gottes Wort sich gemehret habe (nämlich durch Zunahme derer, die es annahmen), in einer pragmatischen Verbindung mit dem Tode des Verfolgers Agrippa gedacht zu sein: nachdem dieser Fürst durch ein göttliches Strafgericht vom Leben abgerufen war, machte das Evangelium desto raschere Fortschritte. Barnabas und Saulus kehrten nun von Jerusalem (was Kap. 11, 29 f. nicht ausdrücklich als Reiseziel genannt war) nach Antiochia zurück, das nun als ihr fester Posten aufzusehen ist, nachdem sie den aufgetragenen Dienst vollständig gethan hatten, nahmen aber auch einen weiteren Gehülfen ihrer Arbeit nach Antiochia mit, den B. 12 schon erwähnten Johannes, genannt Marcus. Der Platz, welchen diese Nachricht über Barnabas und Paulus einnimmt, gibt, verglichen mit Kap. 11, 30, zu verstehen, daß in dem Zeitraum zwischen der Abreise beider Männer von Antiochia und ihrer Rückkehr dahin die Ereignisse Kap. 12, 1 f., nämlich die Hinrichtung des Jakobus, die Gefangennehmung und Befreiung des Petrus, der Tod des Herodes Agrippa gefallen sei, so daß Barnabas und Saulus vielleicht erst nach der Abreise des Agrippa und seinem Tode in Jerusalem ankamen. Hiermit haben wir einen festen chronologischen Punkt, sofern aus Josephus Alterth. XIX, 8, 2, verglichen mit V. 21 ff. sicher erhellt, daß Herodes im Jahre 44 n. Chr., und zwar bald nach dem Passah jenes Jahres, gestorben sein muß.

### Christologisch-dogmatische Grundgedanken.

1. Die Umstände und Gründe, aus welchen der Geschichtschreiber den Tod des Apostels Jakobus nur so kurz und trocken erwähnt hat, mögen sein, welche sie wollen, so ist doch sicher, daß der Heilige Geist, unter dessen Eingebung diese Geschichte geschrieben ist, eine besondere Weisheit gerade in dieser Kürze bethätigt hat. Von Stephanus ist uns eine so ausführliche Märtyrergeschichte überliefert und von Jakobus eine so erstaunlich kurze, ungeachtet der Letztere Einer der Zwölfe, ja Einer der drei von Jesu bevorzugten Apostel gewesen ist, der Erste unter den erwählten Zwölfen, welcher den Erlöser mit seinem Tode preisen durfte. So begierig wir waren, recht genau zu erfahren, wie

es zugegangen, als einer der Söhne des Zebedäus den Kelch trank, den sein Herr zuerst getrunken hat, und mit der Bluttaufe getauft wurde [Matth. 20, V. 22 f.]: so vollkommen wird unsere Erwartung getäuscht. Dieses heilige Schweigen ist uns ein Zeichen, daß das Höchste und Wohlgefälligste vor Gott nicht gerade dasjenige ist, wovon die Menschen, selbst die Frommen und Gläubigen zu reden und viel zu sagen wissen, sondern daß unser Leben verborgen ist mit Christo in Gott, Col. 3, 3. Dasjenige, was das eigentliche Leben im Leben ist, und dasjenige, was das heiligste Sterben im Sterben ist, das ist verborgen mit Christo in Gott, nicht blos vor der Welt, auch mitunter vor den Kindern Gottes verborgen, und ist dennoch köstlich vor Gott, ja ein der Seele in die Ewigkeit nachfolgendes Werk, Apoc. 14, 13.

2. Eine der merkwürdigsten Thatsachen von Erhörung des Gebets ist diese Ausführung des Petrus aus dem Gefängniß. Es sind, so zu sagen, zwei Mächte V. 5 im Ringen mit einander begriffen: die Weltmacht will den Apostel festhalten und tödten, die Gemeinde Christi will ihn gerettet, frei und am Leben haben. Jene hat alle materiellen Mittel zur Verfügung: Kerker, Ketten und Fesseln, Soldaten und Waffen; diese hat von alle dem nichts, statt dessen aber das Gebet, einmüthiges und anhaltendes Gebet. Der Glaube an Gott in Christo, die Liebe unter einander und Christi willen, die Christenhoffnung, — das ganze innere Leben aus der Erlösung legt sich in diese Fürbitte hinein, und das Gebet faßt die Allmacht Gottes gläubig an. Solches einmüthige Gebet im Namen Jesu Christi wird erhört; das vermag mehr als alle Macht der Welt.

3. Das 12. Kapitel zeugt mehr als irgend eines in der Apostelgeschichte von den Engeln. Ein Engel Gottes erscheint im Kerker, weckt den Apostel und führt ihn aus, befreit ihn aus dem Gefängniß und der unmittelbar drohenden Todesgefahr. Als Petrus vor einem befreundeten Hause erscheint und die Gläubigen davon benachrichtigt werden, meinen sie, es müsse sein Engel sein. Endlich ist es ein Engel Gottes, der den Herodes schlägt, wo er auf der Höhe des Glücks und seiner Ehre steht, daß er in kurzem sterben muß. Das Erste und das Dritte gehört gewissermaßen zusammen; Beides ist als Thatsache erzählt, beide Mal sind die Engel Diener und Organe der heiligen und gerechten Vorsehung und Weltregierung des allmächtigen Gottes. Gott greift beide Mal in den Gang der Dinge ein, indem er einen Engel sendet, daß er seinen Befehl ausrichte, zuerst als dienstbarer Geist um eines Menschen willen, der die Seligkeit ererben wird [Hebr. 1, 14], hernach um gerechte Strafe an dem Frevler zu üben, der sich göttliche Ehre anmaßt und Kinder Gottes gequält und getödtet hat. Das Wort Gottes läßt uns in das verborgene Räderwerk der göttlichen Weltregierung blicken, wovon wir mit Augen nichts sehen, wie ja auch V. 23 der Engel unsichtbar gewesen ist und V. 11 Petrus erst, nachdem der Engel von ihm gewichen war, völlig zu sich kam und erkannte, daß der Herr seinen Engel gesandt hatte, ihn zu erretten. Ganz anderer Art ist die Erwähnung eines Engels V. 15. Hier sagen nun die Christen, da sie noch nicht glauben können, daß Petrus selbst leibhaftig vor dem Hause stehe: es wird sein Engel sein. Sie haben sich in der That geirrt, er war es ja selbst. Dieser Umstand genügt, um darauf verzichten zu müssen, daß auf diese Aeußerung eine Lehrwahrheit gebaut werden könnte. Namentlich der Glaube an Schutzengel, die der einzelnen menschlichen Persönlichkeit beigegeben seien, hat an dieser Stelle eine morsche Stütze.

4. Diese Ereignisse sind ein sichtbarer Beweis, daß Christus seine Kirche mehrt und schützt als Herr und König, mag auch die Hölle wüthen. Herodes Agrippa, der dem Großvater, Herodes dem Großen ähnliche Enkel und Erbe von dessen ganzem Reich, findet ein Vergnügen darin, Christen zu quälen [V. 1], ja er läßt den Apostel Jakobus tödten, und um der Volksgunst willen, die er damit erlangt, gedenkt er mit Petrus ein Gleiches zu thun, legt ihn deßhalb gefangen und läßt ihn ganz methodisch nach römischem System bewachen. Das israelitische Volk hat seine Freude daran und hofft mit gespannter Erwartung auf eine Scene, die seinen fanatischen Gelüsten volle Genugthuung geben wird. Zum ersten Mal in der Apostelzeit ist die weltliche Landesobrigkeit und das Volk Israel nebst seinen hierarchischen Oberen wider die Gemeinde Christi einig. Früher waren erst die Hierarchen allein [Kap. 4, 5. 17 ff.], hernach diese mit der künstlich erregten Volksmasse vereinigt [Kap. 6, 12 ff.] wider die Diener Jesu Christi aufgetreten, Nun hat mit dem feindselig gestimmten Volk der jetzt unter römischer Oberhoheit alle politische Macht in sich concentrirende Herodes einig geworden gegen die Kirche Christi. Grund genug zu den schlimmsten Befürchtungen. Aber Christus ist alle Tage bei den Seinen, und ihm ist gegeben alle Gewalt im Himmel und auf Erden, Matth. 28, 20. 18. Er schützt seine Kirche, errettet auf die Fürbitte der Gläubigen hin den Petrus wunderbar durch den Engel, so daß nicht nur die Erwartung des Volks getäuscht, sondern auch die Kriegsmacht bestürzt und Herodes auf's bitterste beschämt wird; er nimmt Rache an den unschuldigen Wächtern und verläßt die Stadt, wo seine Ehre so tief gekränkt worden war. Aber in Cäsarea, wo seine Ehre den höchsten denkbaren Gipfel erreicht und die Schmeichler ihn sogar vergöttern, trifft ihn im gleichen Augenblick der Schlag des Engels, in Folge dessen er stirbt. Die Weltmacht, die wider Gott und Christum sich erhebt, erleidet die schmählichste Niederlage, hingegen das Evangelium und die Gemeinde Christi wächst mit Macht. Christus ist König; und wie gestern, so ist er heute und immer Mehrer des Reichs, und der Hölle Pforten werden seine Kirche nicht überwältigen.

#### Homiletische Andeutungen.

Ueber dies ganze Kapitel möchte man die Ueberschrift aus Sprüchw. 10, 25 nehmen: „Der Gottlose ist wie ein Wetter, das übergehet und nicht mehr ist, der Gerechte aber bestehet ewiglich", oder: „der Gerechte ist eine Grundsäule der Welt und hat in dem Vorsatz Gottes solche große Bestimmungen, um welcher willen sein stilles, unansehnliches Thun weit mehr zu bedeuten hat, als der Gottlosen großes, wettermäßiges, verderbliches, aber oft schnell überhingehendes Geräusch." Herodes ein übergehendes Wetter mit seinen letzten Ausbrüchen. Petrus und Jakobus als ewig feststehende Säulen, sammt der unter ihren Leiden ausgebornen Aufnahme des göttlichen Wortes. (Rieger.) — Dieses ganze Kapitel legt uns einen herrlichen Entwurf der wunderbaren und seligen Regierung Gottes in seiner Kirche vor Augen. Man sieht hier eine verfolgte und doch auch unter dem Leiden wachsende Gemeinde, zwei redliche Knechte Jesu, davon der eine dem Schwerte der Feinde preisgegeben, der andere aber wunderbar gerettet wird, einen wüthenden Feind, der in seinen Verfolgungen eben so bitter und grausam, als in den über ihn ausbrechenden Zorngerichten Gottes verächtlich und unglücklich war. Wer dieses Spiel der göttlichen Vorsehung mit Glaubensaugen übersieht, der muß nothwendig Muth und Freudigkeit bekommen, sich den Wegen der ewigen Liebe gelassen zu übergeben und eines seligen Ausgangs der noch so dunkel scheinenden Prüfungen des Herrn gewiß zu sein. (Apost. Past.)

**Um dieselbige Zeit. [V. 1.]** Es kommt selten eine Trübsal allein; zuerst die Theurung, nun die Verfolgung. (Starcke.) Wie es im April wittert: jetzt scheint die Sonne, jetzt regnet und schneit es, so gehet's oft der Kirche. Da schien die Sonne, als die Gläubigen zu Antiochia Christen genannt wurden; da kam eine finstere Wolke, da Herodes die Gemeinde verfolgte. (Ebendas.) Legte der König Herodes die Hände u. s. w. Die Bekehrung der Kaiser und Könige hat nicht eher als durch das Gebet und Blut der Märtyrer von 300 Jahren erlangt werden können. (Quesnel.) Herodis Familie konnte nicht weniger als Sauls Familie ein Bluthaus und die Herodes Blutmänner heißen. Der Großvater richtet bei Christi Geburt das Blutbad unter den Kindern zu Bethlehem an; des Vaters Bruder ließ Johannes den Täufer enthaupten; der Enkel besteckt sich nun mit Jakobus Blut und möchte gern weiter greifen. (Rieger.)

**Er tödtete aber Jakobum. [V. 2.]** Hiermit erlangt Jakobus, was er sich einst von Christo erbeten, Matth. 20, 20 ff. So kurz auch die Schrift von seinem blutigen Tode redet, so wird gerade durch diesen einfachen Bericht dem Jakobus das köstliche Zeugniß eines stillen, in Geduld freudigen Erleidens gegeben, welches die vollste Selbstentäußerung und willigste Hingabe bekundete. (Leonh. u. Spiegelb.). — So werth vor Gott der Tod seiner Heiligen geachtet ist, so wenig Worte macht doch die Schrift davon, und unterscheidet auch damit das verdienstliche Leiden und den Versöhnungstod Jesu, der die einzige Quelle des Lebens ist, von dergleichen Vorfällen. (Rieger.) — Jakobus' edles Ende, oder: der Tod seiner Heiligen ist werth geachtet vor Gott. 1) Vor Menschen zwar ein trauriger und beweinenswerther Tod! a. Blutig und grausam; unter dem Schwerte des Henkers fällt des Apostels edles Haupt. b. Vorzeitig und plötzlich; ehe er etwas Bedeutendes gewirkt hat im apostolischen Beruf, muß er abtreten vom irdischen Schauplatz. c. Ruhmlos und stille; ungerühmt von der Welt, ungepriesen selbst von Gottes Wort scheidet er ab. Aber dennoch 2) vor Gott ein edles Ende und ein schöner Tod! a. Seinen Beruf hienieden hat er erfüllt; nicht wie lange, sondern wie man gelebt, ist die Hauptsache. b. Im Dienste seines Herrn stirbt er hin und predigt durch sein Blut so kräftig als seine Mitapostel durch ihr Wort. (Vgl. die oben in den exeg. Erl. Nr. 4 erwähnte Sage bei Clemens von Alexandrien.) c. Seiner himmlischen Bestimmung eilt er

entgegen, indem er als der Erste unter den Brüdern die Märtyrerkrone empfängt und des Sitzens zur Rechten Christi gewürdigt wird, um das er in jugendlicher Begeisterung einst gebeten. — Die stillen Jünger des Herrn, wie sie hos für ihn zeugen: 1) wenn auch nicht durch glänzende Gaben, doch durch den sanften und stillen Geist, welcher köstlich ist vor Gott; 2) wenn auch nicht durch gewaltige Thaten, doch durch geduldiges Leiden und seliges Sterben; 3) wenn auch nicht in den Jahrbüchern der Weltgeschichte, doch in den brüderlichen Kreisen der Kinder Gottes. — Das selige Loos der Frühvollendeten: 1) als der Schnellgereisten für ein höheres Leben; 2) als der Baldentrückten aus dem Jammer der Welt; 3) als der Schönverklärten im Gedächtniß der Freunde. — Jugendwünsche und Lebensführungen: wie jene durch diese 1) oft schmerzlich geläutert, aber 2) heilsam geläutert, auch 3) selig erfüllt werden. Nachgewiesen am Beispiel des Jakobus nach Matth. 20, 20 ff. und Apostgsch. 12, 2.

**Da er sah, daß es den Juden gefiel, fuhr er fort. [V. 3.]** Herodes, der sonst Manches dem Volke zuwider that, war leichtfertig genug, ihm auf Kosten des Christenthums hier auch einmal etwas zu Gefallen zu thun. Wie viel dergleichen Gemeng ist noch im Weltlauf; wie Manches geschieht, Anderm zu gefallen und sie dann auch wieder zu seinem Gefallen zu haben. (Rieger.) — Es waren aber die Tage der süßen Brode. Also Passionszeit: Da müssen die Christen allezeit herhalten. (Goßner.) Gerade diese Zeit mußte den Petrus durch die Erinnerung nicht blos an seine ehemalige Verleugnung, sondern besonders an Jesu Leiden und Auferstehung stark machen in der Geduld und in der Treue und im Bekenntniß. Wer so sein Kreuz dem Herrn nachträgt, dessen Siechtage werden wie die seines Herrn zu Siegestagen; denn sieh wir leiden seinem Tode ähnlich, so werden wir auch seiner Auferstehung und Herrlichkeit gleich sein. (Leonh. u. Spiegelb.) Nun wird Petrus in das „hernachmals", von dem ihm gesagt ward: „Du wirst mir hernachmals folgen", auch hineingezogen und die Gemeinde mit ihm. (Rieger.)

**Ueberantwortete ihn vier Viertheilen Kriegsknechten. (V. 4.)** Die große Schärfe, womit Petrus bewacht wird, ist auf einer Seite ein Beweis des bösen Gewissens und der rasenden Wuth der Feinde Christi; auf der andern Seite ein Zeugniß des respektabeln Charakters, den Knechte Jesu auch im tiefsten Leiden an sich behalten. Sie sind dem Teufel und seinem Anhang fürchterlich, auch während sie am meisten in seiner Gewalt zu sein scheinen. (Apost. Past.) — Und gedachte ihn nach Ostern dem Volk vorzustellen. Anschläge zu machen und einen Rath zu beschließen, das läßt Gott den Feinden seines Reichs wohl zu; aber die Ausführung ihrer Anschläge steht unter seinem gesegneten Regimente. Herodes gedachte den Petrus zu ermorden, der Herr aber gedachte den Petrus zu erhalten und den Herodes zu tödten. (Ebendas.)

**Und Petrus ward zwar im Gefängniß behalten, aber die Gemeinde betete. [V. 5.]** Vortreffliches Zwar — Aber! Herodes, mach' alle Anstalten, sie nützen dir nichts; ihnen gegenüber steht ein gewaltiges Aber. dagegen kommt du nicht auf. Was ist dieses Aber? Scheinbar weniger als nichts: Bloßes Gebet! Allein ein einzig rechtes Gebetswort kann die ganze Macht der Hölle fällen, warum nicht Herodem mit seinen sechzehn Soldaten? (Williger.) Einer betenden Gemeinde kann Gott nichts abschlagen. (Chrysostomns.) Durch das Blut und Gebet der Christen ist Herodes Arm gelähmt und sein Scepter zerbrochen, ja das römische Weltreich zertrümmert worden. — Des Gefangenen gedenket die brüderliche Liebe; nimmer schweige auch bei uns die treue Fürbitte für Gebundene und Bedrängte wie für kämpfende Streiter im heiligen Krieg! (Leonh. u. Spiegelh.)

In derselbigen Nacht schlief Petrus zwischen zwei Kriegsknechten. [V. 6.] Die alleräußerste Noth ist das Element des allerlebendigsten Glaubens und der Triumph der allertreuesten und mächtigsten Liebe. Der allerlebendigste Glaube ist der feuerbeständigste an die Verheißungsworte Gottes, der nicht ohne das Feuer äußerster Noth offenbar wird; und die allergetreueste Liebe im Himmel, die alles Leiden von den Ihrigen entfernen könnte, läßt es mit manchem Leiden aufs Aeußerste kommen, nicht nur um bei der Welt den tollen Gedanken an ein Ungefähr zu vernichten, sondern auch den Leidenden selbst, wenn er nun mit manch köstlichen Erfahrungen aus dem verlängerten Leiden hervorgeht, eine Frucht des Friedens genießen zu lassen, die süßer ist als Alles, was die Welt hat, und ihm so für's ganze Leben zu versiegeln, daß wir einen Gott haben, der da hilft, und den Herrn Herrn, der vom Tode errettet. (Menken.) Petrus im Gefängniß schlafend zwischen zwei Kriegsknechten — ein schönes Bild: 1) des christlichen Glaubens, der in Kerkernoth und Todesgrauen sich kindlich schlafen legt in Gottes Schooß; 2) der göttlichen Liebe, die auch über ihren schlafenden und gebundenen Kindern ihre Augen offen stehen läßt Tag und Nacht.

Und siehe, ein Engel des Herrn u. s. w. (V. 7.) Die Engel sind treue Diener Christi und Gefährten seiner Knechte. Bei Jakobus waren sie geschäftig, seine Seele in die Herrlichkeit zu führen. Bei Petrus waren sie Werkzeuge, ihn aus den Banden zu befreien. Herodes aber erfuhr die Hand des Engels in seinem Untergange. (Apost. Past.) Knechte Gottes haben einen souveränen Herrn über sich zu erkennen, der da Macht hat, ihnen Tod oder Leben, Leiden oder Ruhe zu bekretiren. Den Jakobus läßt der Herr tödten. Da es an Petrus kommen soll, thut er Wunder und schickt einen Engel vom Himmel, ihn zu erretten. Es ist eins von den wichtigsten Räthseln der Weltregierung, daß Gott manche seiner treuen Knechte in der Frühe wegnimmt, manche unter die schwersten Leiden kommen läßt. Andere erhält er, und die Leiden dürfen sie nicht unterdrücken. Hier gilt's, unsre Mitknechte nicht zu richten und uns selbst dem Herrn, wie er uns führen mag, demüthig zu unterwerfen. Wir haben Alle Einen Herrn und Ein Kleinod, aber nicht einerlei Loos und einerlei Führung. Leben wir, so leben wir dem Herrn, sterben wir, so sterben wir dem Herrn. (Ebendas.) — Und ein Licht schien in dem Gemach. Den Frommen gehet das Licht auf in der Finsterniß, von dem Gnädigen, Barmherzigen und Gerechten, Ps. 112, 4. (Starke.) O wie viele dunkle Leidenskämmerlein sind schon so erhellt worden, bald durch innerliche Tröstungen, die dem Herzen den Himmel aufthaten, bald auch durch äußerliche Hülfe! Und wie oft ist auch um uns ein Bote aus dem Himmel, wie er zu Petro kam. Gewiß, wenn das innere Gesicht uns eröffnet wäre, wir würden gar manchmal eine Lichtgestalt in unsrer Nähe erblicken und so alle Sorge und Furcht über drückende Lasten wegwerfen. Aber wenn wir auch nichts um uns her sehen, weil wir jetzt im Glauben wandeln sollen, nicht im Schauen, so wissen wir doch, daß heute noch die Engel dienstbare Geister der ewigen Liebe sind und ausgesandt werden zum Dienst um derer willen, die die Seligkeit ererben sollen, so daß wir mit David getrost sprechen dürfen: Der Herr ist mein Licht und mein Heil, vor wem sollte ich mich fürchten? Der Herr ist meines Lebens Kraft, vor wem sollte mir grauen? (Kapff.) — Und sprach: stehe behende auf; und die Ketten fielen von seinen Händen. So ist dem Worte des Herrn kein Eisen zu fest, kein Stein zu hart, kein Riegel zu stark. Aber freilich, will ein Prediger die Kraft des göttlichen Worts an einem harten Sünderherzen erproben, so muß er auch als ein Engel, als ein Bote Gottes dastehn, nicht mit Syren menschlicher Weisheit, sondern im Namen Jesu, in Beweisung des Geistes und der Kraft. (Apost. Past.)

Und der Engel sprach zu ihm: Gürte dich u. s. w. [V. 8.] Dem Engel ist's nicht genug, des Apostels Person zu retten; treu besorgt läßt er sich zu jedem Bedürfniß des schlafenden Petrus herab. Erst weckt er ihn auf, dann spricht er mit ihm wie eine Mutter, die ihr schlaftrunkenes Kind anzieht. Gürtel, Schuhe, Mantel, Dinge, die einem Engel zu gering sein könnten, hält er ihm gleichsam hin und hilft sie ihm anziehen. (Kapff.) Er soll von seinen Sachen nichts in der Feinde Händen zurücklassen, damit sein Ausgang nicht die Flucht eines Verbrechers gleiche. „Keine Klaue soll dahinten bleiben." 2 Mos. 10, 26. Das kann einen treuen Knecht Jesu ungemein erquicken. Er kann versichert sein, daß Welt und Hölle nicht einen Faden von ihm ohne den Willen seines Vaters erhaschen können, nicht ein Härlein vom Kopf, nicht eine Schuhsohle von den Füßen. Dein treuer Heiland, ein wachsamer Hüter seiner Freunde! Die mußte das dem Herodes und den Hütern zum Schrecken gereichen, daß sie mit aller Strenge auch nicht einen Lumpen des Petrus erbeuten konnten. (Apost. Past.)

Es däuchte ihn, er sähe ein Gesicht. [V. 9.] Träumend führte der Herr den Petrus aus der größten Noth. Auch jetzt noch geht's oft den Seinen so bei schneller Hülfe und wunderbarer Rettung aus schweren Nöthen, wie David sagt Ps. 126, 1 ff.: Wenn der Herr die Gefangenen Zions erlösen wird, so werden wir sein wie die Träumenden. — Der Herr lasse uns diese Gnade besonders im letzten Kampf zu Theil werden und führe uns aus dem Kerker dieser Hütte so fröhlich in die Ewigkeit, wie hier den Petrus aus seinen Banden! (Apost. Past.)

Sie gingen aber durch die erste und andere Hut u. s. w. [V. 10.] Da ward erfüllet Jes. 45, 2: „Ich will vor dir hergehen und die Höcker eben machen, ich will die ehernen Thüren zerschlagen und die eisernen Riegel zerbrechen." — Und kamen zu der eisernen Thüre, welche zur Stadt führt. Petrus wird aus dem

Gefängniß heraus, aber doch wieder in die Stadt geführt: 1) Damit sein Glaube in Uebung bleibe. „Ist gleich ein Kampf wohl ausgericht't, das macht's noch nicht." 2) Damit seine Errettung der Gemeinde bekannt und so Vielen zur Glaubensstärkung werde. (Apost. Past.) — Und alsobald schied der Engel von ihm. Die außerordentlichen Dinge währen nicht länger als sie nöthig sind. (Starcke.)

Nun weiß ich wahrhaftig, daß der Herr seinen Engel gesandt hat. [V. 11.] Wer die Wege, die Gott mit ihm gegangen, hintennach überdenkt, siehet, bewundert und preist daran, was er zuvor, ehe er an's Ziel gekommen, nicht erkannte. (Quesnel.) So will Gott als der Nothhelfer erkannt werden, damit aller Menschenruhm falle und ihm allein die Ehre bleibe. (Starcke.)

Und da er sich besann, kam er vor das Haus, da Viele bei einander waren und beteten. [V. 12.] Es trifft im Reich Jesu Alles fein zusammen, Petrus wird zu seiner Erquickung aus Kerkernacht und der Gesellschaft roher Kriegsknechte unter ein Häuflein betender Brüder geführt. Sie aber, die bekümmerten Gläubigen, sehen plötzlich Petrum in ihrer Mitte, den schon Verlorengeglaubten, zur Stärkung ihres Glaubens und zum seligen Beweis: das Gebet des Gerechten vermag viel, wenn es ernstlich ist. — „Waren das nicht Winkelversammlungen, heimliche Konventikel? So hat sie dort die Welt geheißen. So heißt sie noch. Darum bleiben dies aber doch gesegnete Kirchlein, wo sich die Anbeter Gottes im Geist und in der Wahrheit versammeln. (Goßner.) — Wo übrigens keine Noth und Verfolgung ist, sind gottselige Versammlungen, so viel möglich, bei Tage zu halten. (Starcke.)

Eine Magd mit Namen Rhode. [V. 13.] Wie manche große Titel und Würden werden bereinst im Staube verdeckt sein! Wie manche Namen, die in der Welt Parade gemacht, werden einer ewigen Vergessenheit, ja Schande anheimfallen! Da hingegen die geringgeachteten und von der Welt kaum bekannt gewordenen Namen der treuen Liebhaber Jesu, derer, die den Seinigen auch nur mit einem Becher kalten Wassers zu Statten gekommen sind, mit ewiger Ehre gekrönt sein werden. (Apost. Past.)

Sie aber sprachen zu ihr: du bist unsinnig. [V. 15.] Sie baten um Petri Errettung, aber diese Art war ihnen doch unvermuthet und unglaublich. (Rieger.) „Wenn die Stunden sich gefunden, bricht die Hülf' mit Macht herein. Und bein Grämen zu beschämen, wird es unverzehren sein." So geht es den gläubigen Betern immer. Ihrem Glauben ist allezeit vom Sauerteig des Unglaubens etwas beigemischt, so daß es immer heißen muß: Herr, ich glaube, hilf meinem Unglauben. (Williger.)

Er aber winkte u. s. w. [V. 17.] Petrus war nach seiner Errettung am ersten auf die Verherrlichung Gottes bedacht. Dabei erzählt er nicht nur, daß, sondern auch, wie ihn der Herr errettet habe. Wenn wir andern Seelen mit der uns widerfahrenen Gnade nützlich werden wollen, so müssen wir ihnen die Wege, die der Herr uns geführt, sein deutlich machen. Unbelehrte Lehrer bleiben nur immer bei dem ὅτι, und verschweigen das πῶς, weil sie die Wege der Bekehrung niemals selbst betreten. (Apost. Past.) — Und zog an ei-

nen andern Ort. Dergleichen Fliehen, wie jetzt Petrus vornahm, ward den Aposteln von ihrem Herrn selbst gestattet und gerathen, Matth. 10, 13. Mit der Vorsehung Gottes muß man behutsam umgehen. (Rieger.) Der Herr nahm der Gemeinde gerade in der schwersten Zeit ihren Petrus, damit sie lernen sollte, auch ohne ihn zu stehen. Jetzt gerade, da sie ihn auf so wunderbare Weise wieder hatte, wäre sie vielleicht am ehesten der Gefahr unterlegen, ihn für unentbehrlich zu halten. (Williger.) Unserein aber müßte erst so viel Proben von Treue und Standhaftigkeit an den Tag legen, wie Petrus gethan, ehe wir uns auf sein Fliehen berufen wollten. (Apost. Past.)

Da es aber Tag ward, ward keine kleine Bekümmerniß u. s. w. [V. 18.] Wenn die Welt Freude hat, so haben die Knechte Jesu Traurigkeit; aber wenn die Jünger Christi sich freuen, so sitzen seine Feinde in Bekümmerniß. (Apost. Past.) Die armen Leute: sie waren unschuldig, doch kannten sie Herodis Grimm. Hätten sie nur den Weg gefunden, wie im ähnlichen Fall der Kerkermeister zu Philippi, Kap. 16, 29 ff. (Williger.)

Herodes aber u. s. w. [V. 19.] So machte er es ähnlich wie sein Großvater, der für den entronnenen Jesusknaben die unschuldigen Kinder zu Bethlehem bluten ließ. (Williger.) — Und zog von Judäa hinab gen Cäsarien. In Jerusalem hatte er sich nicht viel Lorbeern erworben; Petrus war entronnen, Jakobi Tod erschien offenbar als Ungerechtigkeit und hatte des Apostels Heiligkeit in um so hellerer Licht gestellt. (Williger.) Große Herren suchen durch allerhand Veränderungen den Unmuth und Verdruß zu vertreiben, 1 Sam. 16, 14. 16. (Starcke.) Herodes machte sich anderwärts zu schaffen, und darüber bekam Gottes Volk einige Erholung. So zog der Philister Einfall den Saul von David ab, 1 Sam. 23, 27. So gab der Türkenkrieg und die dazu nöthige Hülfe, desgleichen die Trennung zwischen Frankreich und Oesterreich manche Luft für das protestantische Wesen. (Rieger).

Zum Abschnitt V. 1—19. Zeiten der Prüfung — Zeiten der Bewährung. Da bewährt sich 1) die Glaubenstreue im Dulden und Sterben, V. 1—3. 2) Die Bruderliebe im Wachen und Beten, V. 5. 3) Der Seelenfriede im Ruhen und Harren, V. 6. 4) Die Gottesmacht im Retten und Helfen, V. 7—11. (Florey.) — Die Waffen der Kirche im Kampf gegen ihre Feinde: 1) Ungebeugter Muth im Zeugen; 2) stille Geduld im Leiden, 3) unermüdliches Anhalten im Beten. (Leonh. u. Spiegelb.) — Die Gemeinschaft der Heiligen: 1) eine Gemeinschaft der Liebe unter den Brüdern, V. 5; 2) eine Gemeinschaft der Hülfe mit den Engeln, V. 8 u. 9; 3) eine Gemeinschaft der Gnade mit Gott, V. 11. (Leonh. u. Spiegelb.) — Die Könige der Erde wider den Herrn und seine Gesalbten: 1) wie sich diese Feindschaft äußert; 2) wie der König aller Könige die Seinen schützt. (Lisko.) — Die wunderbare Errettung des Petrus: 1) der Hergang, 2) der Eindruck. (Lisko.) — Der Herr hilft den Seinen: 1) aus der größten Gefahr; 2) auf wunderbare Weise. (Derf.) — Am Reformationsfest: Die Befreiung der Kirche aus dem Gefängniß durch das Werk der Kirchenverbesserung: 1) die Kirche Gefängniß, V. 1—6. u. Viele rechte Glieder und Lehrer derselben sind gepeinigt und getödtet worden; b. die gesammte Christenheit lag im Gefängniß (welches die zwei Ketten gewesen, in denen sie geschlafen?) 2) Der Kirche Befreiung, V. 7—11, a. wie sie geschehen. Luther hat sie an die Seite geschlagen und durch die eiserne Thür geführt; b. wie die evangelische Kirche sich ihrer Befreiung allmählich bewußt geworden und heute noch bewußt bleiben soll. (Nach Lisko.) — Wie der Herr in den wunderbaren Führungen der Seinigen seine Weisheit und Liebe offenbart: 1) Seine Weisheit: a. die durch langen Frieden erstarkte Gemeinde bedarf der Verfolgung; b. Jakobus wird getödtet, weil nach Gottes Rath die Gemeinde wie die Welt jetzt eines Märtyrers aus den Aposteln bedarf; c. Petrus wird gefangen, sein Selbstbewußtsein gebeugt, sein endliches Loos [Joh. 21, 18. 19] ihm vor Augen gestellt. 2) Seine Liebe: a. Jakobus empfängt die Krone des ewigen Lebens, b. Petrus das unerwartete Gnadengeschenk der Rettung für dieses Leben, c. die fürbittende Gemeinde ihren aus Todesgefahr herausgebeteten, ihr wunderbar neugeschenkten Lehrer. (Nach Lisko.) — Menschliche Noth und göttliche Hülfe. (Lisko.) — Des Herrn Hülfe wirkt: 1) heilige Freude bei den Seinen, 2) ohnmächtigen Zorn bei den Feinden. — Der Zusammenhang der Befreiung des Petrus mit dem Gebet der Gemeinde als ein Beispiel des Zusammenhangs zwischen Gebet und Gebetserhörung. (Ders.) — Wie Gott über Bitten und Verstehen gibt. (Ders.) — Der blutende Jakobus und der gerettete Petrus, oder: Gott führt die Seinen auf mancherlei Wegen zu Einem Ziel. 1) Auf mancherlei Wegen: a. des Jakobus kurze Arbeitszeit, des Petrus langes Tagewerk; b. des Jakobus trauriges Ende, des Petrus herrliche Rettung. 2) Zu Einem Ziel: a. Beide fördern das Reich Gottes: Jakobus durch sein Sterben, Petrus durch sein Leben; b. Beide tragen die Krone des ewigen Lebens davon, der eine nach kurzem Kampf, der andere nach langem Dienst. — Die Rettung des gefangenen Petrus: 1) ein Triumph göttlicher Wundermacht, 2) ein Lohn apostolischer Glaubenstreue, 3) eine Frucht fürbittender Bruderliebe, 4) eine Niederlage stolzen Tyrannengrimms. — Die rettenden Engel Gottes: 1) sie kommen in der Nacht, V. 6; 2) sie erheben uns vom Boden, V. 7; 3) sie führen uns wie im Traum, V. 9; 4) sie bringen uns durch eiserne Thüren, V. 10; 5) sie lassen uns allein, V. 10 u. 11. — Petri rettender Engel ein Bild der rettenden Gnade, wie sie herausführt 1) aus Sündenketten zur Freiheit der Kinder Gottes, 2) aus Trübsalsnächten zu Dank- und Freudentagen, 3) aus Todesnöthen zum Lichte des ewigen Lebens. — Petri Kettenriß ein Bild gnädiger Rettung aus Sündenketten: 1) die harte Gefangenschaft: a. die Ketten, b. die Hüter, c. der Schlaf; 2) die gnädige Rettung: a. der Himmelsbote mit seiner Freudenlicht und seiner Weckstimme, b. das Erwachen mit seinem Schreck und seiner Wonne, c. der erste Wandel mit seinen Hindernissen und Durchhülfen (das Wandeln als im Traume durch die erste und andere Hut und die eiserne Thür); 3) die herrliche Freiheit: a. das rüstige Stehen auf eigenen Füßen, b. die frohe Aufnahme unter den Brüdern, c. der ohnmächtige Grimm der Welt.

Sie aber kamen und baten um Frieden, darum, daß ihre Länder sich nähren mußten von des Königs Lande. [V. 20.] Um der Nahrung willen bitten die Leute gern um Frieden und gutes Wetter. Da lassen sie sich Alles gefallen und Alles kosten, was sie zum Guten und ihres Heils willen nicht über sich gewinnen könnten. Dem Teufel macht die Welt viele Komplimente, aber Gott will sie kein gutes Wort geben. (Goßner.)

Aber auf einen bestimmten Tag. [V. 21.] Es war nicht nur der von Herodes zum Fest, sondern auch der vom Allerhöchsten zum Gericht bestimmte Tag. (Apost. Past.) — Setzte sich auf den Richtstuhl. Mancher meint, auf seinen Richtstuhl zu steigen und steigt auf die Schaubühne seines Todes, 1 Sam. 4, 18. (Quesnel.)

Das ist Gottes Stimme! [V. 22.] Verfluchte Schmeichelei! Wie vermessen und unverschämt bist du doch! Eine rechte Pest der Fürsten und Herren, indessen eine gemeine Hoffkunst, um derentwillen jene höchlich zu beklagen sind. [Starke.] Fleischliche Menschen wollen mit den Juden den demüthigen Jesum nicht zum König haben, aber ein Prahler wie Herodes steht ihnen an, den wollen sie gar zum Gott machen. (Ders.)

Alsobald aber schlug ihn ein Engel des Herrn. [V. 23.] Dies „Alsobald" ein schauerlicher Nachsatz zum Lobesgeschrei des Volks, ein thatsächliches: Aber der im Himmel wohnet, lachet ihrer, und der Herr spottet ihrer. (Williger.) Freilich nicht immer folgt dieses „Alsobald" dem Frevel auf dem Fuße, aber es bleibt darum nicht aus: „Gottes Mühlen mahlen langsam, aber mahlen trefflich fein." — Ein Engel des Herrn. Die Welt sagt: es ist eine sonderbare Krankheit gewesen; die Aerzte wissen allerlei zu sagen, woher sie entstanden; die Schrift sagt: ein Engel des Herrn hat ihn geschlagen. (Goßner.) Ein Engel errettet Petrum, ein Engel schlägt Herodem; die Engel sind Freunde oder Feinde, jenachdem sie Gottes Freunde oder Feinde vor sich haben. (Starke.) Der in Ketten gelegte, bewachte und zum Gericht und Tode gehende Petrus wird befreit. Der auf dem Thron sitzende, vom Volk angebetete, von seinem Hofstaat umringte Herodes wird gerichtet. Wer wollte Gottes Regierung über Beide nicht anbeten? (Quesnel.) — Und ward gefressen von den Würmern. Bisweilen leiden Fromme und Böse einerlei, aber darum ist es nicht einerlei; jenem ist's eine väterliche Prüfung, diesen eine richterliche Strafe. Auch Hiobs Leid ward wurmicht. (Starke.) Große Tyrannen herunter zu werfen, darf Gott nicht allezeit viel Reuter aufbieten, oft thun's auch Würmer. (Ebendas.) Nun, nachdem der Herr so gesprochen, hieß es in Wahrheit: „das ist Gottes Stimme und nicht eines Menschen!" [V. 22.]

Das Wort Gottes aber wuchs und mehrete sich. [V. 24.] Herodes wird von Würmern gefressen, das Wort Gottes aber wächst und mehrt sich. Schöner Gegensatz! So wird immer ein Feind, ein Herodes nach dem andern verschwinden, aber der Name Jesu wird erhöhet bleiben. (Apost. Past.) Unser Herrgott machte durch diese Hinwegnahme des Herodes seinem Wort und Reich um so mehr Platz. Dort sagte der Engel dem Herrn dem Joseph im Traum [Matth. 2, 20.]: Sie sind gestorben, die dem Kindlein nach dem Leben stunden.

hier hieß es: sie sind gestorben, die dem Kindlein Jesu in seinen Gliedern (der jungen Kirche) nach dem Leben stunden. (Bogatzky.)
Barnabas aber und Saulus kamen ꝛc. [V. 25.] Dieser Besuch war eine besondere Herzensstärkung nach der Trübsalshitze. (Williger.) Wie unansehnlich Barnabä und Pauli Verrichtung, aber wie ewig bleibende Frucht davon! Wie glänzend Herodis Geschäft, aber wie wurmstichig und verwesend! (Rieger.)
Zu Vers 20—25. Die Erzählung vom Tode des Herodes: 1) Warum sie einen Ort gefunden hat in der Apostelgeschichte? Nicht als wäre der Tod des Herodes eine Strafe gewesen für des Jakobus Enthauptung, sondern weil auch politische Begebenheiten für's Christenthum nicht gleichgültig sind. 2) Was wir aus ihr lernen sollen?) Daß nicht durch Schmeichelei und Nachgiebigkeit gegen Lüste und Leidenschaften der Menschen die gemeine Wohlfahrt gedeihen kann, sondern nur da, wo man frei ist von Beidem, indem man auf den ewigen, unveränderlichen Willen Gottes sieht. (Schleiermacher 1832.) — Der Herr ist König! Das erfahren 1) seine Feinde, die er stürzt mitten in ihrem Uebermuth; 2) seine Freunde, die er segnet, tröstet und erhöhet bei all ihrer Trübsal. (Nach Lisko.) — Das auch für uns tröstliche Walten der göttlichen Vorsehung über die erste Gemeinde zu Jerusalem: 1) ihre Sicherstellung durch den Untergang des Herodes; 2) ihre Ausbreitung und Befestigung durch Wachsthum des Worts und äußere Handreichung. (Lisko.) — Gott allein die Ehre! 1) Wer sie ihm ent-

zieht, verderbt sich selbst und verbreitet Unheil [Herodes]; 2) wer Gott ehrt, ehrt sich selbst und Andere [Barnabas und Paulus]. (Lisko.) — Herodis Ende, oder: Hochmuth kommt vor dem Fall: 1) der Hochmuth; 2) der Fall. — Den Hoffärtigen widerstehet Gott, aber den Demüthigen gibt er Gnade: 1) die Hoffärtigen [Herodes], a. wie sie sich aufblasen wider Gottes Majestät, b. wie der Allmächtige ihnen widerstehet; 2) die Demüthigen [die Gemeinde], a. wie sie sich demüthigen unter die gewaltige Hand Gottes: Theurung, Verfolgung, Gefängniß; b. wie ihnen Gott Gnade gibt: wunderbare Rettung, Untergang der Widersacher, brüderliche Handreichung, Wachsthum des Wortes. — Das Wort Gottes wächst — und Alles muß dazu dienen: 1) die Märtyrer [Jakobus] begießen mit ihrem Blut den Acker der Kirche; aber auch 2) die Widersacher düngen ihn mit ihrem modernden Gebeinen [Herodes]; 3) der Herr greift mit seiner Wunderhülfe allmächtig ein [Petrus]; aber auch 4) seine Knechte lassen's nicht fehlen an der Arbeit der Liebe [Barnabas und Saulus]. — Gott als der souveräne König in seinem Reich, erwiesen 1) in des Jakobus frühzeitigem Heimgang; 2) in des Petrus wunderbarer Rettung; 3) in des Herodes schauerlichem Ende. — Die Engel wächst des Herrn im Dienste seines Reichs: 1) Am frevelnden Herodes vollstrecken sie sein Gericht; 2) den gefangenen Petrus führen sie aus dem Kerker; 3) den vollendeten Jakobus tragen sie hinauf zur himmlischen Freude.

---

## Vierte Abtheilung.

Ausbreitung der Kirche Christi in heidnischen Landen durch den Heidenapostel Paulus, auf drei Missionsreisen, von denen er stets nach Jerusalem zurückkommt und zwischen den Heidenchristen und der judenchristlichen Urgemeinde die Einigkeit pfleget und festhält. (Kap. 13—21, 17.)

### Erster Abschnitt.

Die erste Missionsreise des Paulus, in Begleitung des Barnabas, nach der Insel Cyprus und den kleinasiatischen Provinzen Pamphylien und Pisidien. (Kap. 13 u. 14.)

**A.**

Abordnung des Barnabas und Paulus zur Mission inmitten der antiochenischen Gemeinde, in Folge einer Weisung des heil. Geistes.

**Kap. 13, 1—3.**

Es waren aber zu Antiochia in der Gemeinde daselbst[1] Propheten und Lehrer: 1 nämlich Barnabas und Symeon, genannt Niger, und Lucius aus Cyrene, Manahen, der mit dem Vierfürsten Herodes erzogen war, und Saulus. *Da sie aber dem Herrn 2 Gottesdienst feierten und fasteten, sprach der Heilige Geist: Sondert mir aus den Barnabas und Saulus zu dem Werk, wozu ich sie berufen habe. *Da fasteten und beteten 3 sie, legten ihnen die Hände auf und entließen sie.

---

1) Nach ἦσαν δέ hat der recipirte Text τινές, was in den Codd. A. B. D., mehreren Minuskeln und alten Uebersetzungen fehlt und ohne Zweifel unächter Zusatz ist in dem Sinn, daß die hier Genannten nur ein Theil der Lehrer und Propheten der antiochenischen Gemeinde gewesen sei.

#### Exegetische Erläuterungen.

1. Wir verlieren nun für eine Weile die Gemeinde zu Jerusalem sammt den Aposteln aus dem Gesicht, und an der Stelle Jerusalems wird Antiochia verhältnißmäßig ein Mittelpunkt kirchlicher Geschichte. In der That bilden auch die zwei Kapitel (13 f.), welche den ersten Abschnitt der vierten Abtheilung ausmachen, eine gewissermaßen unabhängige, in sich abgeschlossene Denkschrift vom antiochenischen Standpunkt, so daß man nicht ohne Schein vermuthet hat, Lukas habe hier eine Urkunde benutzt und in sein Buch verwoben, welche inmitten der antiochenischen Gemeinde selbst entstanden sei (Meyer vergl. Bleek, Stub. u. Krit. 1836, 1043), zu einer Biographie des Barnabas gehört habe (Schwanbeck), oder ein schriftlicher Missionsbericht gewesen sei, den Barnabas und Saulus über diese Reise erstattet hätten. (Olshausen.)

2. Es waren aber zu Antiochia. V. 1 namentlich lautet, wie wenn er einer Einzelgeschichte der Gemeinde zu Antiochia angehörte. Da werden uns die Propheten und Lehrer derselben mit Namen vorgeführt: προφῆται, die unmittelbar als Organe des Heiligen Geistes und in gehobener Stimmung Aussprüche und Ansprachen an die Gemeinde thaten; διδάσκαλος, welchem selbstständiger Weise und überlegt der Unterweisung Anderer sich widmeten. Unterscheiden zu wollen, welche von den genannten fünfen Propheten, und welche Lehrer gewesen, geht nicht an; die entsprechenden Partikeln wenigstens: τε-καί-καί, und τε-καί (Meyer) sind ein zu schwacher Anhalt; auch der Umstand, daß Barnabas selbst von den Aposteln diesen Namen בַּר נְבִיא um seiner Prophetengabe willen empfangen habe, beweist nichts, denn die Voraussetzung seiner Person in unserem Verzeichniß wird doch wohl den Grund haben, daß Barnabas eben die bis dahin bedeutendste und hervorragendste Persönlichkeit gewesen war, während Saulus, als der am spätesten der Gemeinde in Verbindung gekommen, und wohl auch immer noch bescheiden zurücktretende, die letzte Stelle einnimmt. Die drei mittleren sind uns, abgesehen von was hier gesagt ist, völlig unbekannt: Symeon, genannt Niger; Lucius, dessen Identität mit dem Röm. 16, 21 genannten völlig ungewiß ist; da seine Abstammung aus Cyrene hier bezeugt wird, so läßt sich vermuthen, daß er unter den ersten Verkündigern des Evangeliums in Antiochia gewesen ist, sofern Lukas Kap. 11, 19 jene namentlich als Männer auf Cypriis und Cyrene geschildert hat. Auch über Μαναήν (מְנַחֵם) ist anderweitig nichts bekannt; der Herodes, mit dem er aufgewachsen war, ist ohne Zweifel nicht bei der Agrippa's I. Tode erst 17jährige Sohn desselben, Agrippa II. (Joseph. Alterth. 19, 9, 1); denn ein Kamerad desselben war doch auch viel zu jung, um gerade in jenem Zeitpunkt ein Lehrer der Gemeinde sein zu können. Dies führt darauf, daß Herodes Antipas, der Landesherr Jesu, welcher den Täufer Johannes enthaupten ließ, gemeint sein muß. In jenem Fall müßten wir uns den Manahem hier als einen Mann von 45–50 Jahren vorstellen. Σύντροφος kann bedeuten etwa aliquo nutritus, Milchbruder, wornach Manahems Mutter des Antipas Amme gewesen wäre (Vulg., Küneel, Olshausen): aber gewöhnlich hat das Wort nur die Bedeutung Gespiele, Kamerad. Es sei das Eine oder Andere, so ist merkwürdig, daß ein Mann, der an fürstlichem Hofe, und zwar an dem Herodes des Großen aufgewachsen war, zu einem Hirten und Lehrer der Christen geworden ist.

3. Da sie aber dem Herrn. Lukas erzählt nun, wie die Weisung des Geistes an die Gemeinde ergangen sei, den Barnabas und Saulus zu der Mission zu bestimmen. Dies geschah nämlich in der Weise, daß, während die Gemeinde gottesdienstlich feierte und fastete, der h. Geist den Befehl dazu gab. Λειτουργεῖν wird bei den Klassikern von der Verrichtung bürgerlicher Aemter und Obliegenheiten, bei der LXX. und Hebr. 10, 11 von priesterlichen Verrichtungen im Tempel Jehovahs, hier offenbar von gottesdienstlicher Feier gebraucht. Daß aber das Subjekt αὐτῶν nicht auf V. 1 genannten fünf Propheten und Lehrer zu beschränken, sondern auf die ganze Christengemeinde in Antiochia auszudehnen ist, erhellt aus dem Umstand, daß der Befehl: ἀφορίσατε laut des ganzen Stücks (vergl. Schluß 14, 26 f.) nicht lediglich an die Lehrer, sondern an die gesammte Gemeinde gerichtet ist, wornach auch αὐτῶν auf die Gemeinde sich beziehen muß. Der Heilige Geist sprach, nämlich durch einen der Propheten: sondert mir aus den Barnabas und Saulus, nämlich zu einem heiligen Dienst; ἀφορίζειν begreift hier das Merkmal des Heiligens und Weihens in sich, wie קדשׁ stets den Begriff des vom Gemeinen und Alltäglichen Abgesonderten in sich faßt. Das Werk, wozu der h. Geist die Beiden berufen hat, wird nicht ausdrücklich genannt. Ohne Zweifel war schon bekannt, daß Saulus zur Heidenmission berufen war, vergl. Kap. 9, 15.

4. Da fasteten. Daß die Gemeinde diese Offenbarung des Geistes wohl verstanden hatte, beweist die sofortige weihende Absendung, V. 3. Unter Fasten und Beten legte man den Beiden die Hände auf, befahl sie, ihre Reise und ihr Vorhaben dem Schutz und der Gnade Gottes (14, 26), und sandte sie so ab.

#### Christologisch-dogmatische Grundgedanken.

1. Der Erlöser ist nur als der Gekreuzigte auch der Herr und König, der Erhöhete geworden. Seine Kirche steht ebenso stets unter dem Zeichen des Kreuzes, hoc signo vincet. Hat der erste heftige Anlauf wider die Gemeinde, als Stephanus gesteinigt wurde, zur Ausbreitung des Evangeliums in Palästina geholfen, ja unmittelbar auch den Uebergang zu den Heiden herbeigeführt: so kommt jetzt in Folge der zweiten stärkern Verfolgung, deren Opfer der Apostel Jakobus geworden, und welcher Petrus nur durch ein Wunder entgangen war, die Heidenmission völlig in Gang. „Durch Erliegen Siegen"!

2. Mit dieser Aussendung beginnt faktisch das Apostelamt des Paulus. Hier erst wird er ausgesendet (ἀπόστολος). Er hat nicht sich selbst erboten und entschlossen, sondern wird dazu rite vocatur, erwählt und gesendet, und zwar durch göttliche Auktorität. Die Zwölfe hat Jesus selbst während seines irdischen Lebens erwählt und vorläufig gesendet (Matth. 10), nach seiner Auferstehung aber vollends schließlich bevollmächtigt und gesendet, doch mußten sie erst die Ausrüstung mit dem Heiligen Geist abwarten, bevor sie zur That schritten. Saulus ist ebenfalls von Jesu Christo berufen, aber im Zustand der Verklärung, nach der Himmelfahrt; und der Herr selbst hat ihm eröff-

net, daß er ihn senden werde unter die Heiden und zu Israel. Aber erst jetzt, nach einer hinlänglichen Zeit inneren Wachsthums und treuer Uebung, bescheidener Thätigkeit, mitunter stiller Zurückgezogenheit, wird er gesendet, und seine große Laufbahn als Heidenapostel eröffnet sich. Und es ist der Heilige Geist, welcher ihn nebst Barnabas, zum Werke ruft. Aber er thut das durch menschliche Organe. Einer oder der andere von den christlichen Propheten in Antiochia war es, in dessen Seele der Geist vom Vater und vom Sohn es legt, und durch dessen Mund er es ausspricht, daß Barnabas und Saulus zu dem Werk ausgesondert werden. Und die Gemeinde ist es, an die dieser Befehl ergeht, und die im Gehorsam des Glaubens jene Beiden fastend und betend mit Handauflegung weihet zu ihrem Beruf und sofort absendet. Menschlich betrachtet, waren Barnabas und Saulus Missionare der antiochenischen Gemeinde, letztere war der Verein oder die Behörde, von der sie beanstragt und gesendet wurden. Aber in der That war die Gemeinde nur das Organ, um die vorhergegangene innerliche Berufung des Erlösers und Herrn der Kirche in der Wirklichkeit zu Tage zu bringen und auszuführen. Der Berufende und Sendende war der Herr selbst, der durch seinen Geist seinen Willen der Gemeinde kund gab und durch die Gemeinde sodann die Sendboten abschickte, cf. V. 21. Und nur diese Gewißheit göttlichen Berufs und der Sendung durch den Herrn konnte den Beiden die zu ihrem Werk erforderliche Freudigkeit und Zuversicht verleihen. Das Werk Christi geht nach und nach in den geordneten Gang gemeindlicher und kirchlicher Entwicklung über, und dies zumal bei der Person des Saulus. Wie dieser vom Erlöser unmittelbar erschüttert und erweckt, aber seine Bekehrung durch einen Jünger Jesu, ein einfaches Gemeindeglied zu Damaskus vollendet worden ist: so hat er auch seine Berufung zum Heidenapostel vom Herrn selbst ursprünglich empfangen, aber ausgeführt und in's Leben eingeführt wurde dieselbe durch die Gemeinde zu Antiochia. Dieses Zusammentreffen und Ineinandersein des Göttlichen und Menschlichen, diese Vermittlung des göttlichen Willens durch menschliche Organe findet bei der Berufung und Weihe zum geordneten kirchlichen Amt wie auch zum Missionsberuf Statt; und nur so ist das rite vocari innerhalb der kirchlichen Ordnungen eine Stütze der rechten Amtsfreudigkeit und ein Sporn zur rechten Amtstreue.

### Homiletische Andeutungen.

Es waren aber zu Antiochia Propheten und Lehrer [V. 1.] Jetzt hält man eine Gemeine für wohl eingerichtet, wenn sie viele steinerne Häuser, Tempel, Kapitalien, einen schönen Ornat hat. Das hatte Alles die Gemeine zu Antiochien nicht, sie hatte aber Propheten und Lehrer, was jetzt gewöhnlich fehlt. (Goßner.) — Ma nahen mit Herodes dem Vierfürsten erzogen. Oft werden Zween mit einander erzogen, sangen wohl an einerlei Brüsten, davon der Eine angenommen, der Andere verlassen wird. (Starcke.)

Da sie aber fasteten, sprach der Heilige Geist. [V. 2.] Der Heilige Geist kommt nicht in den vollen Bauch und in ein zerstreutes Gemüth. Der volle Bauch ist kein fleißiger Student und kein geistreicher Beter. (Goßner.) — Sondert mir aus Barnabam und Saulum zu dem Werke, dazu ich sie berufen habe. Gottes Wahl, Darreichung der Gaben, Zubereitung durch mancherlei Schickungen, erweckte Willigkeit — ging voran, und das machte den innerlichen Beruf aus; der Gemeinde Ruf, Aussonderung und Bestätigung kam oben darauf; das gab den äußerlichen Beruf. (Rieger.) — Sondert sie mir aus, daß sie ganz allein für mich zu meinem Dienst, Willen und Wohlgefallen leben, arbeiten, dichten und trachten. Lehrer sollen Gottes eigenthümliche Leute sein, erwählt und ausgesondert, nur ihm zu gefallen. (Apost. Past.) — Warum eben Barnabam und Saulum? Alle Knechte Gottes müssen bereit stehen, wann der Herr sie braucht. Aber Gottes Ruf und Befehl allein ist der Wink, dem sie folgen. Wer berufen wird, verachte den nicht, der sitzen bleibt; wer warten muß, beneide den nicht, der ein Amt bekommt. (Ebenbal.) Der geringste Dienst, nach Gottes Ruf einem aufgetragen, ist werth, daß man ihn annimmt, die größte Würde ist nicht werth, daß man ihr nachläuft. (Rieger.)

Da fasteten sie. [V. 3.] Also kein Abschiedsmahl, sondern ein Abschiedsfasten! Jetzt pflegt man häufig selbst bei Angelegenheiten des Reiches Gottes die Freudenfeste vorher zu feiern, deßhalb kommen die Trauerfeste hintennach. (Williger, der dazu die liebliche Erzählung von der Einsegnung und Aussendung des Apostels der Südsee, John Williams, gibt.)

Zu V. 1—3. Der Herr sendet Arbeiter in seine Ernte: 1) Die Ernte, die er im Auge hat; 2) die Arbeiter, die er wählt; 3) die Sendung, wie von Statten gehen soll. (Nach Lisko.) — Wie die Boten des Evangeliums zu den Heiden gesendet werden sollen? 1) Auf Antrieb und Anweisung des Herrn. a. Die, so ba senden, müssen getrieben sein nicht durch eignen Geist, sondern vom Heil. Geist; b. die man senden will, müssen auserlesen sein nicht nach Rücksichten weltlicher Klugheit, sondern nach deutlichen Erweisungen der göttlichen Gnade an ihnen; c. das Ziel der Sendung muß nicht ein willkürlich erwähltes sein, sondern der Herr muß es weisen. 2) Mit heiligem Wesen. a. Die da senden, sollen fasten, sich alles Ueberflusses enthalten, damit sie genug haben für die Bedürfnisse der Heiden; b. sie sollen beten, das Gebet der Absender wirkt kräftig zusammen mit dem Wort der Prediger; c. die Boten sollen gehen mit Handauflegung; ordentlich geweiht, sollen sie sie eine geordnete Wirksamkeit haben zum Heil der Heiden und zur Förderung der Kirche. (Lisko.) — Die erste christliche Missionarweihe zu Antiochien: 1) Warum von Antiochien die ersten Sendboten ausgingen, a. wegen des besonders blühenden Zustands der dortigen Gemeinde, b. nach einem besonderen Willen der göttlichen Weisheit. 2) Die Abordnung der ersten Sendboten, a. welche Männer man abordnete, b. wie ihre Weihe geschah (Lisko). — Daß zum kirchlichen Amt ein innerer und äußerer Beruf gehöre: 1) der innere, 2) der äußere. (Derf.) — Das Christenthum hat Missionskraft in sich. 1) Wo die Kirche lebendig ist, muß die Mission blühen. 2) Wo die Mission lebendig ist, muß die Kirche blühen. (Nach Lisko). — Das beste Reisegeleite für einen ausziehenden Sendboten des Glaubens: 1) Der Ruf Gottes über ihm; 2) der Trieb des Geistes in ihm; 3) die Gebete der Gemeinde hinter ihm; 4) die Seufzer der Heidenwelt vor ihm. — Das gesegnete Band der Gemeinschaft zwischen der Kirche daheim und ihren Sendboten draußen. 1) Der Segen, den die Sendboten mit hinausbekommen von daheim in geistlicher und leiblicher Ausstattung, Ordination, Gebet; 2) der Segen, der von den Boten draußen zurückfließt in die Heimath, durch Mahnung zur Fürbitte; Aufforderung zum Preis Gottes; Stärkung des Glaubens; Belebung der Liebe. — Worin liegt die Stärke der Mission? 1) In dem Ruf Gottes, dem sie folgt; 2) in der Treue der Arbeiter, die sie sendet; 3) in den Gebeten der Gemeinde, darauf sie sich stützt. — Wie muß die Kirche ihre Unternehmungen beginnen, damit sie gesegnet seien? 1) Nicht in weltlicher Berechnung, sondern aus Antrieb des Geistes; 2) nicht mit voreiligem Triumphgeschrei, sondern mit demüthigem Gebet; 3) nicht im Vertrauen auf Menschennamen, diesen sie auch Barnabas oder Saulus, sondern im Namen des lebendigen Gottes, an dessen Segen Alles gelegen.

## B.

### Reise nach Cyprus, Erfolge ihrer Thätigkeit auf dieser Insel.
(Kap. 13, 4—12).

4 Nachdem¹) sie nun vom Heiligen Geist ausgesandt worden waren, begaben sie sich 5 nach Seleuzia hinab, und von dort aus segelten sie ab nach Cyprus. *Und da sie zu Salamis ankamen, verkündigten sie das Wort Gottes in den Synagogen der Juden; sie 6 hatten aber auch den Johannes als Diener. *Als sie aber die ganze⁴) Insel bis Paphos durchreisten, fanden sie einen Mann,³) der ein Zauberer und falscher Prophet war, einen 7 Juden Namens Bar Jesus. *Der war bei dem Proconsul Sergius Paulus, einem verständigen Mann. Dieser ließ den Barnabas und Saulus zu sich rufen, und richtete 8 Fragen an sie, um das Wort Gottes zu hören. *Da widersetzte sich ihnen Elymas, der Zauberer, (denn so wird sein Name verdolmetscht), und suchte den Proconsul vom Glau-9 ben zu verkehren. *Saulus aber, der auch Paulus heißt, wurde voll Heiligen Geistes, 10 blickte ihn scharf an, *und sprach: O du, der du alles Trugs und aller Leichtfertigkeit voll bist, Kind des Teufels und Feind aller Gerechtigkeit, wirst du nicht aufhören die 11 geraden Wege des Herrn zu verkehren? *Und nun siehe, die Hand des Herrn kommt über dich, und du wirst blind sein und die Sonne nicht sehen bis zu einer gewissen Zeit. Und auf der Stelle überfiel ihn Dunkel und Finsterniß, und er ging umher und 12 suchte Leute, die ihn bei der Hand führten. *Als der Proconsul das sah, was geschehen war, wurde er gläubig, indem er über die Lehre des Herrn erstaunte.

### Exegetische Erläuterungen.

1. **Nachdem sie nun ꝛc.** Wodurch die beiden Sendboten bestimmt wurden, gerade die Insel Cyprus und die kleinasiatischen Provinzen Pamphylien und Pisidien zum Reiseziel zu wählen, erfahren wir von Lukas nicht. Ohne Zweifel ließen sie sich durch die Umstände, wie sie sich ergaben, leiten, in Verbindung mit dem Grundsatz, das Nächstliegende zuerst zu bedenken. Nun lag Cyprus nicht nur geographisch, sondern auch insofern nahe, als diese Insel des Barnabas Geburtsland war [Kap. 4, 36]; überdies mochte dahin eine Reisegelegenheit sich am frühsten darbieten. Da führte der Weg von Antiochia aus den Orontes hinab, über die 2—3 Meilen entfernt, unweit der Mündung des Flusses gelegene Hafenstadt Seleuzia; hier schifften sie sich ein und segelten nach der Insel, an deren östlichem Ufer die Seestadt Salamis mit geräumigem Hafen lag. Hier landeten die beiden Glaubensboten, in deren Begleitung als Dritter, in untergeordneter Stellung (ὑπηρέτης), Johannes, genannt Markus, sich befand, den sie aus Jerusalem mit nach Antiochien genommen hatten [Kap. 12, 12—25].

Von Salamis aus durchreisten sie die ganze Insel V. 6, die einen beträchtlichen Flächeninhalt (von ca. 300 Quadratmeilen) hat und damals eine Anzahl bevölkerter, wohlhabender Städte besaß; zuletzt hielten sie sich in Paphos auf (Neu-Paphos), einer Seestadt im Westen der Insel, welche damals Sitz des römischen Proconsuls war. Von hier aus verließen sie V. 13 die Insel wieder.

2. **Und da sie zu Salamis ankamen.** Die Wirksamkeit des Barnabas und Saulus auf der Insel zeichnet Lukas blos mit drei Zügen: a. Verkündigung des Evangeliums in den jüdischen Synagogen, b. Zusammenstoß mit dem Zauberer Bar Jesus, c. Bekehrung des römischen Proconsuls Sergius Paulus. a. Sehr summarisch erzählt Lukas, daß sie das Wort Gottes in den Synagogen der Juden verkündigt haben V. 5. Wo? Wir müssen zuvörderst an Salamis selbst denken, können indeß jene Notiz nicht auf diese Stadt ausschließlich einschränken, weil in derselben, wenn sie auch ansehnlich war, schwerlich mehr als eine Synagoge sein mochte. Und da Barnabas selbst ein geborner Cyprischer Israelite war, so lag es um so näher, daß er nebst Saulus vor Allem den Kindern Israels

---

1) οὖτοι ist weniger als αὐτοί bezeugt.
2) ὅλην vor τὴν νῆσ. fehlt im recipirten Text, ist aber überwiegend beglaubigt; es mochte überflüssig scheinen.
3) ἄνδρα vor τινα erschien ebenfalls als überflüssig, weshalb es in der Recepta auf Grund einiger Codd. weggelassen wurde. Es ist jedoch so beglaubigt, daß es für ächt zu halten ist.

auf der Insel das Evangelium von dem erschienenen Messias und Erlöser verkündigte. b. Der Zusammenstoß mit dem Zauberer Bar Jesus ereignete sich in Paphos V. 6 ff. Der Mann gab sich selbst, wie es scheint, den Titel Elymas (V. 8), ein arabisches Wort, womit der türkische Titel Ulema stammverwandt ist, und wodurch er sich als den „Weisen" auszeichnete, d. h. als orientalischen Magier; das Urtheil über ihn liegt zunächst in der Charakteristik als Pseudoprophet. Derselbe hatte Einfluß auf den Proconsul gewonnen, befand sich in dessen Umgebung V. 7, und als dieser den Barnabas und Saulus eingeladen hatte, um sie zu hören, so befürchtete jener, das Vertrauen des hohen Beamten zu verlieren, widersetzte sich den Worten der Beiden, und suchte den Römer zu verwirren (διαστρέψαι) und vom Glauben abzubringen. Da wurde Saulus voll Heiligen Geistes, der Geist gab ihm, den Mann plötzlich zu durchschauen und seine innerste Seelengestalt zu erkennen, und erfüllte ihn mit heiligem Eifer, der sich erst in durchdringend fixirendem Blick (ἀτενίσας εἰς αὐτόν) und sofort in den strafenden Worten offenbarte. Diese enthüllen zuerst den Seelenzustand des Mannes (Ὦ — δικαιοσύνης) voll allerlei Trugs und leichtfertiger Gesinnung, und feind aller Gerechtigkeit, d. h. alles dessen, was recht und Gott gefällig ist, ein Teufelskind, (υἱὲ διαβόλου im Gegensatz zu seinem Namen Bar Jesu, womit zugleich gesagt ist, solche Gesinnung sei vom Erbfeind alles Göttlichen und Guten erzeugt,) Sodann rügt der Vorhalt das Gottwiderstrebende seines jetzigen Handelns οὐ παύσῃ — εὐθείας; die Wege Gottes gehen gerade aus auf Heil und Seligkeit zu, er aber durchkreuzt sie, so gut er kann, und sucht sie vom Ziel abzulenken, damit der Proconsul dem Werte Gottes keinen Glauben schenken und das Ziel seiner Seligkeit nicht erreichen solle. Zum Dritten kündigt er ihm V. 11 die Strafe Gottes an mit zeitweiliger Blindheit, χεὶρ κυρίου die züchtigende Macht Gottes; ausdrücklich erklärt Saulus, daß er nur bis auf eine gewisse Frist, also nicht auf immer blind sein wird. Dieser Erklärung folgte auf der Stelle die Erfüllung: sogleich überfiel den Mann Dunkelheit und bald völlige Finsterniß.

3. c. Die Bekehrung des Proconsuls Sergius Paulus. In Paphos kam Barnabas und Saulus mit diesem zusammen. Unter Augustus hatte die Insel Cypern eine Zeitlang zu den kaiserlichen Provinzen gehört, wo sie dann von einem Prätor verwaltet wurde: allein Augustus gab sie dem Volk zurück (Strab. XVII, 840. Dio Cass. LIV, 4), und von da an wurde sie wie alle senatorischen Provinzen durch Proconsuln regiert. Die ganz gelegentlich auftauchende Notiz des Lukas, daß die höchste Behörde der Insel ein ἀνθύπατος war, stimmt also trefflich mit der Geschichte. Der damalige Proconsul Sergius Paulus, aus den Klassikern nicht bekannt, wird als ἀνὴρ συνετός geschildert; das mag er gewesen sein trotz dem, daß er eine Zeitlang dem jüdischen Zauberer sein Ohr lieh; er bewies aber eine Einsicht eben dadurch, daß er von freien Stücken die Bekanntschaft mit Barnabas und Saulus suchte, auch wohl durch wahrheitsuchende Fragen (ἐπεζήτησεν), die er an diesen richtete V. 7. Schließlich gelangte er zum Glauben, V. 12, theils dadurch, daß er Augenzeuge von der thatsächlichen und plötzlichen Strafe Gottes über Elymas gewesen war, theils durch den positiven Eindruck der Lehre Christi, welche ihn mit wahrem Erstaunen erfüllte.

4. Saulus aber ꝛc. V. 9 taucht zum ersten Mal der Name Paulus neben Saulus auf, und von da an kommt der letztere Name gar nicht mehr zum Vorschein. Eben so constant als der Mann von Kap. 7, 57 an bis Kap. 13, 7 nur unter seinem hebräischen Namen Saul vorgekommen war, wird er von hier an nur mit seinem römischen Namen Paulus genannt. Dies kann nicht auf Zufall beruhen, wie Heinrichs meint (erst bei Erwähnung des Sergius Paulus sei dem Lukas eingefallen, daß auch Saulus Paulus geheißen habe), sondern es muß absichtlich und planmäßig sein, auf einem Pragmatismus des Geschichtsschreibers beruhen. Aber welcher das ist, darüber gehen die Ansichten auseinander. Die älteste und auch neuerdings beliebteste Ansicht ist, Lukas führe den Namen darum gerade hier ein, weil der Apostel seinen Namen Paulus gerade von dieser Begebenheit an, und zum Andenken an die Bekehrung des Sergius Paulus erhalten habe, so Hieronymus (de viris ill. 5: a primo ecclesiae spolio, proconsule Sergio Paulo, victoriae suae trophaea retulit, erexitque vexillum, ut Paulus diceretur e Saulo). Laur. Valla, Bengel, Olshausen, Meyer, Baumgarten, Ewald. Sei's daß man annimmt, wie Hieronymus, der Apostel habe sich den Namen von da an selbst beigelegt, oder, wie Meyer, andere Christen haben ihn zum Andenken an diese merkwürdige Bekehrung seines „Erstlings" so genannt. Allein wenn dies so war, so sollte man erwarten, daß dies Lukas auch nur mit einem Wort angedeutet hätte; er thut dies ja, führt den Namen gar nicht in unmittelbarem Zusammenhang mit der Bekehrung des Proconsuls, sondern in Verbindung mit der Strafrede an den Zauberer ein, und zwar (was gewöhnlich gar nicht weiter beachtet zu werden pflegt), im Zusammenhang mit dem epochemachenden Hervortritt des Apostels vor Barnabas. Bis auf diesen Augenblick, zuletzt noch V. 7, hat Lukas den Barnabas als die Hauptperson vorangestellt; hier aber tritt nicht Barnabas, sondern Saulus das Wort führend und handelnd auf, ebenso V. 16 ff.; V. 13 wird die ganze Reisegesellschaft kurz Paulus als der Hauptperson benannt (οἱ περὶ Παῦλον), und von da an heißt es in der Regel Paulus und Barnabas (Kap. 13, 46. 50 ꝛc.), nur dem einem nur noch als Ausnahme vor, daß Barnabas dem Paulus voransteht. Es scheint demnach, daß der Name Paulus in pragmatischem Zusammenhang mit dem selbstständigen Hervortreten und Wirken des Apostels steht, und gewiß ist auch das nicht bedeutungslos und zufällig, daß Lukas in demselben Moment, wo er den neuen Namen erstmals einführt, bemerkt, Paulus sei voll Heiligen Geistes geworden. Somit trat in diesem kritischen Moment ein innerer Fortschritt und eine entscheidende Hebung durch den Geist Christi bei Paulus ein; vermöge dessen trat er selbstständig wirkend auf und vor Barnabas hervor, welcher bisher leitend dagestanden hatte, und eben hiermit, nicht gerade mit der Bekehrung des Proconsuls, steht der von nun an bei Lukas constante Gebrauch desjenigen Namens in Verbindung, welchen der Heidenapostel auch persönlich von sich allein gebraucht. Hiermit ist allerdings noch nicht erhoben, seit wann und woher der Apostel seinen römischen Namen geführt hat. Möglich, daß er ihn schon von Geburt an hatte, in der Eigenschaft als

römischer Bürger, aber in seiner pharisäischen Periode, ja auch in den ersten Jahren nach seiner Bekehrung, nur den hebräischen Namen Saul gebrauchte, hingegen in seiner Laufbahn als Heidenapostel den römischen Namen Paulus vorzog.

### Christologisch-dogmatische Grundgedanken.

Das Auftreten des Apostels Paulus wider den Zauberer Bar Jesus geschah aus der Fülle des **h. Geistes**. In der That war a. das Durchschauen bis auf den tiefsten Seelengrund des Mannes eine Gabe des Geistes Gottes. Hatte doch Paulus den Menschen früher nie gesehen; wie konnte er vermöge eines kurzen Zusammenseins ihm auf den Grund der Gesinnung schauen, ohne göttliche Erleuchtung? Und er bal ihn richtig taxirt. Wenn der Mann ein heidnischer Magier gewesen wäre, so hätte sein Seelenzustand und seine Schuld nicht so tief gestellt werden können, als der Apostel gethan hat. Allein je mehr Erkenntniß des wahren Gottes und seiner Wege, seines Rathes und seiner Gebote eben als einem Israeliten offenstand, desto entschiedener mußte sich sein Charakter von der Wahrheit und Gerechtigkeit abgewandt haben, desto mehr mußte er ein Feind des Reiches Gottes geworden sein, wenn er dennoch mit List und Sophistik die Wege Gottes zu durchkreuzen suchte. Ferner b. offenbart sich der Geist Gottes und Christi in der Strafankündigung. Da ist nicht der Geist eines Elias, der Feuer vom Himmel fallen läßt und die Baalspropheten erwürgt, nicht fleischlicher Eifer, der sich sonst so leicht in gerechten Zorn einmischen kann. Es ist Maß, Schonung und Erbarmen in dem Verfahren. Der Apostel kündigt dem verkehrten Geist an, daß er erblinden wird, aber nicht für immer und ewig, sondern bis auf eine gewisse Zeit, womit ihm also indirekt Aussicht eröffnet ist auf ein Ende der Strafe, falls er selbst aufhöre, die Wege Gottes zu durchkreuzen (vergl. οὐ παύσῃ ꝛc. B. 10). Das ist der Geist Christi, welcher „nicht gekommen ist, der Menschen Seelen zu verderben, sondern zu erhalten" (Luk. 9, 56).

### Homiletische Andeutungen.

**Nachdem sie vom Heiligen Geist ausgesandt waren** [B. 4]. Dies wird hier mit Nachdruck wiederholt, weil darin der Grund liegt von all den seligen Führungen, gesegneten Wirkungen und Wunderkräften, die im Folgenden von ihnen gemeldet werden. (Apost. Past.) — **Kamen gen Seleuzia, schifften nach Cypern.** Bei wahren Knechten Gottes sind alle Schritte oder Tritte ihres Lebens nicht nur merkwürdig, sondern auch gesegnet. Die Augen Gottes wachen über sie und leiten ihren Gang von Ort zu Ort, auf rechter Straße. Es ist dem Geiste Gottes unvergessen, wo sie gewandelt, nicht der Ruhm des Orts oder das Ansehen ihrer Stationen, sondern der Charakter, daß sie als treue und gehorsame Knechte dem Ruf Gottes gefolgt, in der Leitung des Heiligen Geistes geblieben, ihr Tagewerk redlich ausgerichtet, das sind die Umstände, die alle ihre Lebensschritte in gesegnetem Andenken erhalten. Es ist aber auch mit den Fußstapfen treuer Knechte Christi, selbst wo sie nur durchreisen und etwa eine Gastpredigt halten, ein Segen verknüpft. Ebendies war Jesu Weise, der auf allen seinen Reisen und bei jeder Gelegenheit einen triefenden Segen seiner Fußstapfen hinter sich ließ. (Apost. Past.)

**Sie verkündigten Gottes Wort in der Juden Schulen** [B. 5]. Das Heil sollte ja von den Juden kommen. Die öffentlichen Schulen der Juden gaben die unschuldigste Gelegenheit, einen Vortrag zu thun. Was man noch von geöffneten Thüren vor sich findet, muß man brauchen, und wirken, so lang es Tag ist. (Rieger).

**Bis zu der Stadt Paphos** [B. 6] mit ihrem üppigen und lasterhaften Venusdienst. In eine solche Satansfestung also brachen die Boten Christi gleich Anfangs hinein. Der Fürst dieser Welt trotzt freilich den Boten gern mit dem Vorwurf: ich bin vor euch da! So hier in der Gestalt des Zauberers Bar Jesu. (Rieger).

**Der war bei Sergio Paulo, einem verständigen Manne** [B. 7]. Klug und ein Christ sein stehet gar wohl beisammen. Die Wahrheit Gottes im Evangelio läßt sich auch von Verständigen unter das Gesicht sehen. (Rieger.) — Das ist Verstand, wenn man lernbegierig ist nach Gottes Wort, (Starcke). Sergius Paulus war ein verständiger Mann und konnte sich doch von Bar Jesu bezaubern lassen; die Vernunft hat nicht nur für sich letzte blöde Augen, sondern die eigentliche Zauberkraft der Betrüger besteht auch darin, daß sie der Vernunft die Augen blenden. Weßhalb wir sehen, daß manche große Geister von der Liebe zur Finsterniß so sehr bestrickt werden. (Apost. Past.)

**Trachtete, daß er den Landvogt vom Glauben wendete** [B. 8]. Die Großen haben immer Leute um sich, die sie vom Guten abwenden wollen und ihnen Böses eingeben; sie haben aber nicht allemal Apostel, die sie davor bewahren 1 Sam. 10, 3. (Quesnel).

**Saulus aber, der auch Paulus heißet, voll Heiligen Geistes, sahe ihn an** [B. 8]. Wer in seinen eigenen Augen ein Paulus, d. h. schwach und gering ist, der ist bei Andern ein Saulus, begehrt und beliebt. Spr. 29, 23. (Starcke). Also etwas Anderes, als das Poltern und Schelten, das die hitzige Natur hervorbringt. Ein Lehrer, wenn er auch Amts und Gewissens halber zu strafen hat, soll sich wohl prüfen, ob er auch in der rechten Fassung des Herzens stehe und vor dem Angesichte Gottes aus der Fülle des Heiligen Geistes reden und handeln könne. (Apost. Past.)

**Und sprach: O du Kind des Teufels ꝛc.** [B. 10]. Wort für Wort und Schlag auf Schlag reißt ihm Paulus die Maske vom Gesicht und deckt ihm seine Herzensgestalt auf: „Kind des Teufels" im Gegensatz zu „Bar (Sohn) Jesu"; „Voll List und Schalkheit" im Gegensatz zu: „Elymas" (Weiser). „Feind aller Gerechtigkeit, Verkehrer der Wege Gottes" weil er sich einen Propheten Gottes, also einen Verkündiger des rechten Heilswegs nannte. (Williger).

**Die Hand des Herrn kommt über dich** [B. 11]. Nicht wie bei den wahren Knechten Gottes, ihn zu erleuchten und zu stärken, sondern ihn zu blenden und zu lähmen, wenn auch nur auf eine Zeitlang, denn es sollte in evangelischem Sinn eine Züchtigung zur Gerechtigkeit sein, nicht eine Verdammniß und eine Verwerfung. — Die Strafe war 1) dem Verbrechen gemäß: der Andere geblendet hatte, wird geblendet, 2) für die Umstehenden schlagend und überzeugend, 3) bei all ihrer Schärfe durch eine

Andeutung göttlichen Erbarmens fruchtbar zur Besserung. Paulus selber hatte bei seiner Belehrung etliche Zeit blind sein müssen und wußte aus eigner Erfahrung, wie heilsam ihm diese Finsterniß zur inneren Sammlung und Fassung gewesen. (Nach Apost. Past.]
Als der Landvogt die Geschichte sah, glaubte er [V. 12]. Des Einen Fall muß dem Andern zum Aufstehen dienen. (Starcke.) Das an Elymas ausgebrochene Gericht setzte Sergium in Freiheit von seiner Verführungsmacht, eigentliches Samen und Wurzel zum Glauben aber mußte die Lehre des Herrn austragen. (Rieger).
Zu V. 4—12. Das erste Missionsschiff 1) mit seiner muthigen Bemannung: der große Paulus, der edle Barnabas, der jugendliche Markus; 2) mit seinem frischen Fahrwind: der Ostwind trieb die Segel, der h. Geist die Lehrer; 3) mit seinem gesegneten Anterplatz: das berühmte Cypern mit seinen Naturschönheiten und Sündengräueln; 4) mit seiner großen Erstlingsbeute: der überwundene Zauberer, der bekehrte Landpfleger. — Der erste Missionsbericht ein Vorbild aller [späteren], indem er vorbildet die Mission 1) mit ihren mannigfaltigen Wegen; a. äußerlich: Selenzia und Cypern, über Land und Meer; b. innerlich: zu Juden und Heiden; 2) mit ihren schweren Kämpfen; a. mit heidnischem Laster: Benusdienst in Paphos; b. mit heidnischem Aberglauben: Zauberer Elymas; 3) mit ihren seligen Siegen; a. die Mächte der Finsterniß werden gestürzt (Elymas), b. Seelen werden gewonnen (Sergius Paulus). — Paulus in Paphos oder die Predigt vom Kreuz in ihrer weltüberwindenden Macht. Sie überwindet 1) die Sinnenlust der Welt: in die buhlerischen Rosen- und Myrthenhaine der Aphro-

dite pflanzt der Apostel das Kreuz Christi als das Sinnbild der Buße und Fleischeskreuzigung; 2) den Weisheitswahn der Welt: die Blendwerke des Zauberers Elymas zerfließen vor dem Licht evangelischer Gnade und Wahrheit; 3) die Waffengewalt der Welt: der römische Proconsul gibt sich dem Worte Gottes gefangen. — Wie vor dem Himmelslichte des Evangeliums alles zauberische Blendwerk der Welt zerfließt. 1) Der Zauber der Weltlust (Cypern mit seinen Weinbergen und Bennsaltären); 2) der Zauber der Weltweisheit (Elymas mit seinem Betrug); 3) der Zauber der Weltmacht (Sergius Paulus, der römische Proconsul). — Sergius Paulus, die erste große Siegesbeute des großen Heidenapostels: 1) herausgeholt aus der Mitte des feindlichen Heerlagers: ein Römer, ein Gewaltiger, ein Gebildeter; 2) abgerungen einem listigen Gewalthaber: dem Zauberer Elymas als Vertreter der falschberühmten Kunst menschlicher Afterweisheit; 3) als bleibender Ehrenschmuck dem Apostel angeheftet in seinem nunmehrigen Paulusnamen, sei's daß er denselben bei diesem Anlaß erst annahm oder erst recht verdiente. — Das Evangelium den Einen ein Geruch des Lebens zum Leben (Sergius Paulus); den Andern ein Geruch des Todes zum Tode (Elymas). — Wie übt ein ächter Diener Christi sein Strafamt? 1) Nicht in fleischlicher Hitze, sondern im heiligen Geist [V. 9], 2) Nicht mit weltlichen Waffen, sondern mit dem Schwerte des Worts, woburch er den bösen Herzensgrund aufsdeckt [V. 10] und Gottes Gerichte verkündigt [V. 11]. 3) Nicht zum Tod und zur Verdammniß, sondern zur Warnung und Rettung der Seelen. [V. 11].

## C.

**Fortsetzung der Reise: Wirken und Leiden in der pisidischen Stadt Antiochia.**
(Kap. 13, 13—52).

### 1. Reise durch Pamphylien bis nach Antiochia in Pisidien. (V. 13. 14).

Nachdem aber Paulus und die um ihn waren, von Paphos abgesegelt waren, kamen sie nach Perge in Pamphylien. Johannes aber trennte sich von ihnen, und kehrte nach Jerusalem zurück. *Sie aber setzten ihre Reise von Perge aus weiter fort, und gelangten nach Antiochia in Pisidien.

### 2. Missionsrede des Paulus in Antiochia. (V. 15—41).

Hier gingen sie am Sabbat in die Synagoge und setzten sich. *Nach der Vorlesung des Gesetzes und der Propheten aber sandten die Synagogenvorsteher zu ihnen, und ließen ihnen sagen: Lieben Brüder, wenn ihr ein Wort der Ermahnung an das Volk habt, so sprechet! *Da stand Paulus auf, winkte mit der Hand, und sprach: Ihr Männer von Israel, und die ihr Gott fürchtet, höret zu. *Der Gott dieses Volkes[1]) hat unsere Väter erwählet und das Volk erhöhet, als sie Beisassen waren in Aegypten, und hat sie mit hohem Arm dort ausgeführt; *Und gegen vierzig Jahre lang trug er sie pflegend[2]) in der Wüste; *und mußtegab Völker im Lande Kanaan und theilte unter sie als Erbbesitz deren Land. *Und hernach gab er ihnen ungefähr 450 Jahre lang Richter, bis auf den Propheten Samuel. *Und von da an erbaten sie sich einen König, und Gott gab ihnen Saul, den Sohn Kis, einen Mann aus dem Ge-

---
1) τοῦ λαοῦ τούτου, mit Weglassung von Ἰσραήλ, ist die wahrscheinlich ursprüngliche Schreibart.
2) ἐτροφοφόρησεν ist entschieden härter bezeugt, als die Recepta ἐτροποφ., wofür auch Deuter. 1, 31, die wahrscheinlich vom Apostel berücksichtigte Stelle spricht, in welcher nach der wahrscheinlichen Lesart auch die LXX τροφοφ. haben.

22 schlechte Benjamin, vierzig Jahre lang. *Und nachdem er ihn weggethan hatte, erweckte er ihnen den David zum König, dem er auch das Zeugniß gab und sprach: „Ich habe gefunden David, den Sohn Isai, einen Mann nach meinem Herzen, welcher allen mei-
23 nen Willen thun wird." *Aus Dieses Samen hat Gott der Verheißung gemäß dem
24 Volk Israel Jesum zum Heiland gebracht[1]), nachdem Johannes vor seinem Eintritt vor-
25 aus verkündigt hatte die Taufe zur Buße dem ganzen Volk Israel. *Als aber Johannes seinen Lauf vollendete, sprach er: Für wen haltet ihr mich? ich bin es nicht; aber
26 siehe, nach mir kommt der, dessen Sandalen zu lösen ich nicht würdig bin. *Ihr Männer und Brüder, Söhne des Geschlechts Abrahams und die unter euch, welche Gott
27 fürchten, euch ist das Wort von diesem Heil zugesandt worden[2]). Denn die Einwohner Jerusalems und ihre Oberen haben diesen nicht erkannt und die Stimmen der Prophe-
28 ten, welche jeden Sabbat vorgelesen werden, durch ihr Urtheil erfüllt, *und, ohne eine todeswürdige Schuld an ihm zu finden, den Pilatus um seine Hinrichtung gebeten.
29 *Und als sie Alles, was von ihm geschrieben ist, vollendet hatten, nahmen sie ihn ab
30 vom Holz und legten ihn in ein Grab. *Aber Gott hat ihn auferweckt von den Todten.
31 *Und er ist erschienen mehrere Tage lang denen, welche mit ihm hinaufgegangen waren
32 von Galiläa nach Jerusalem, welche jetzt[3]) seine Zeugen sind an das Volk. *Und wir
33 verkündigen euch die Botschaft von der an unsere Väter ergangenen Verheißung, *daß Gott dieselbe uns, ihren[4]) Kindern erfüllt hat, indem er Jesum erweckte, wie auch im ersten[5]) Psalm geschrieben ist: „Du bist mein Sohn, heute habe ich dich gezeuget!"
34 *Davon aber, daß er ihn von den Todten auferweckt hat, ohne daß er je wieder zur Verwesung zurückkehren wird, hat er so gesprochen: „Ich will euch geben die treuen
35 Heiligthümer Davids." *Darum spricht er auch an einem andern Ort: „Du wirst nicht
36 zugeben, daß dein Heiliger die Verwesung sehe." *Denn David ist, nachdem er zu seiner Zeit dem Rathe Gottes gedient hatte, entschlafen und zu seinen Vätern hinzugethan,
37 und hat die Verwesung gesehen; *der aber, den Gott erweckt hat, hat die Verwesung
38 nicht gesehen. *So sei es euch nun kund, ihr Männer und Brüder, daß durch diesen euch Vergebung der Sünden verkündiget wird, und daß von dem allen, worin ihr im
39 Gesetz Mosis nicht konntet gerecht werden, in Diesem Jeder, der da glaubet, gerecht wird.
40 *So sehet denn zu, daß nicht auf euch komme, was in den Propheten gesagt ist: *Se-
41 het, ihr Verächter, und verwundert euch und werdet zunichte, denn ich thue ein Werk in euren Tagen, das[6]) ihr nicht glauben würdet, wenn es euch Jemand erzählte."

### Exegetische Erläuterungen.

1. Von Paphos aus ging die Reise wieder zur See weiter, und zwar in nordwestlicher Richtung nach der am Mittelmeer gelegenen Provinz Pamphylien; sie besuchten daselbst die unweit der Küste, eine starke Meile oberhalb der Mündung des Flusses Cestrus gelegene Stadt Perge. Dort trennte sich, wie es scheint, Johannes (Markus) von Paulus und Barnabas, um nach Jerusalem zurückzukehren. Daß dies nicht ganz in gütlicher Weise, sondern aus einem sittlich tadelnswerthen Grunde geschah, erhellt aus Kap. 15, 37—39, wornach Paulus später noch dem Markus jene Trennung verübelt hat, so daß selbst Barnabas, der mit Markus verwandt war (Kol. 4, 10), sich deßhalb von Paulus trennte. Worin aber die Ursache gelegen, läßt sich nicht mehr ausmachen. Baumgarten nimmt an, Markus sei zu der Selbstverleugnung unfähig gewesen, eine selbständige Heidengemeinde zu gründen, und habe sich deßwegen wieder nach Jerusalem begeben. Eben so wohl aber kann eine Weichlichkeit, welche sich den Entbehrungen und Anstrengungen der Missionsreise nicht länger unterwerfen wollte, Schuld gewesen sein. Das οἱ περὶ Παῦλον läßt nach klassischer Ausdrucksweise deutlich den Paulus als die Hauptperson, als den Mittelpunkt und die Seele der Gesellschaft erkennen.

1) ἤγαγεν ist ungleich besser bezeugt als ἤγειρε, das nur wenige Urkunden für sich hat, und das leichter und bezeichnender schien.
2) ἐξαπεστάλη haben die neueren Kritiker vermöge äußerer Zeugnisse dem einfachen aber auch geläufigeren ἀπεστάλη (Rec.) vorgezogen.
3) νῦν fehlt zwar in der Mehrzahl der Uncial-Codd., scheint aber nur darum, weil doch die Apostel längst, und nicht erst jetzt, Zeugen waren, weggelassen zu sein; es ist als ächt beizubehalten.
4) αὐτῶν ἡμῖν wurde von vielen Abschreibern nicht verstanden, und daher ἡμῶν daraus gemacht und αὐτῶν gestrichen. Beides ist ächt.
5) Griesbach, Lachmann, Tischendorf haben mit Recht πρώτῳ vorgezogen, welches durch Cod. D., hauptsächlich aber durch Kirchenväter wie Origenes, Tert., Hilarius u. A., die zum Theil über die auffallende Zählung sich aussprechen, ganz zweifellos beglaubigt ist.
6) ἔργον ὅ auf Grund zahlreicher Zeugen dem ψ̅, das kein Uncial Cod. hat, und der Weglassung dieses zweiten ἔργον vorzuziehen.

2. **Sie aber** d. h. Paulus und Barnabas allein, reisten weiter landeinwärts von Perge, zunächst nach **Antiochia**, einer volkreichen Stadt, welche etwa 25 Meilen nördlich von ersterer, gegen die Mitte Kleinasiens, gelegen war, und, je nach dem Wechsel der Dynastengeschlechter und ihrer Gebiete, bald zu Phrygien, bald zu Pamphylien, bald auch zu Pisidien gezählt wurde; wie sie hier *Ἀντ. τῆς Πισιδίας* heißt, so bezeichnet sie Strab. XII, 12 als *Ἀντ. ἡ πρὸς τῇ Πισιδίᾳ*. Aus dieser Stadt erzählt Lukas ausführlich vom Wirken und den Erfahrungen der Missionare.

3. **Hier gingen sie am Sabbat in die Synagoge.** Ebenso wie auf der Insel Cyprus, trafen sie viele Israeliten an, die auch eine Synagoge in der Stadt besaßen. Am Sabbat besuchten Paulus und Barnabas diese Synagoge und wurden nach der üblichen Vorlesung aus der Thora (was rabbinisch Parasche heißt) und aus den Propheten (Haphtare) von den Synagogenoberen (dem ראש הכנסת nebst den beisitzenden Aeltesten) aufgefordert, das Wort zu nehmen, falls sie eine Rede zur Vermahnung im Sinne (*ἐν ὑμῖν*) hätten. Wetstein und Kuinoel haben gemeint, die Aufforderung zu einem Vortrag sei an die Beiden darum ergangen, weil sie sich auf die Rabbinenbank gesetzt hatten (*ἐκάθισαν* V. 14). Allein letzteres Wort will doch gewiß das nicht sagen, sondern vielmehr nur, daß sie sich hingesetzt hatten, um zu hören. Aber da dies schwerlich der erste Tag ihres Aufenthalts in der Stadt gewesen ist, so ist wahrscheinlich, daß sie schon bisher in manchen Privatgesprächen sich als Männer von religiöser Einsicht und Schriftgelehrsamkeit verrathen hatten, wodurch die Aufforderung veranlaßt wurde. Bengel hat aus dem Umstand, daß in der Rede des Paulus V. 17—19 die in der Bibel seltenen Wörter *ὕψωσεν, ἐτροποφόρησεν, κατεκληρονόμησεν* vorkommen, von denen die erste Jes. 1, die zwei andern Deuter. 1 sich finden, durch seine Combination den Schluß gezogen, daß an jenem Sabbat gerade diese zwei Kapitel, die heute noch Parasche und Haphthare auf einen und denselben Sabbat sind, gelesen worden seien, und zwar in der griechischen Uebersetzung, so daß Paulus gerade an diese Abschnitte angeknüpft habe. Allein der Inhalt der genannten Kapitel bietet doch allzuwenig Analogie mit der Rede dar, als daß jene paar Worte einen sichereren Schluß zuließen.

4. **Da stand Paulus auf,** nahm das Wort, und fing, nach einer Stille begebrenden Handbewegung, mit einer Anrede theils an die Israeliten selbst, theils an die (vgl. V. 42 ff.) zahlreich anwesenden Proselyten an. Die letzteren, d. h. solche Heiden, welche noch nicht durch Beschneidung dem Volk Israel einverleibt waren, sondern den wahren Gott kennen gelernt hatten und mit den Juden verehrten, redet der Apostel auch V. 26 noch einmal neben den Nachkommen Abrahams an. Die Rede selbst giebt nach einem kurzen, aber bedeutungsvollen Rückblick auf die Geschichte Israels von den Patriarchen bis David, zur Geschichte Jesu Christi und zu der Lehre von der Vergebung der Sünden durch ihn über. *Ὁ θεὸς τοῦ λαοῦ τούτου,* hinzeigend auf die anwesenden Israeliten, ist offenbar zunächst für das Ohr der gegenwärtigen Nichtjuden gesagt. Der Hauptsatz ist aber sichtlich, daß Gott die Stammväter des Volks (Abraham u. s. w.) erwählt hat, daß das Volk das, was es ist, nicht sich selbst, sondern Gottes freier Erwählung (zu seinem Volk) verdankt. Gleicherweise ist die Erhöhung des Volks während seines Aufenthalts als Beisasse in Aegypten (*ὕψωσε*), d. h. sein Heranwachsen zu einem zahlreichen, starken Volk, nicht seine mit hohem, erhabenem Arm, d. h. mit unwiderstehlicher Wundermacht bewirkte Ausführung aus Aegypten, einzig und allein Gottes Gnadenwirkung zugeschrieben. *Ὕψωσε* mit auf Verherrlichung durch die Ausführung zu beziehen (Meyer), geht darum nicht an, weil das *ὕψωσε* ganz innerhalb des Aufenthalts in Aegypten verlegt und die Geschichte der Befreiung aus dem Lande davon getrennt ist.

5. **Und gegen vierzig Jahre lang.** Ferner hebt der Redner hervor, daß Israel die vierzigjährige, treu pflegende, hebende und tragende Versorgung und Fürsorge in der Wüste (vergl. Deuter. 1, 31, wie ein Mann seinen Sohn trägt), und den Besitz des Landes Kanaan ebenfalls Gott und nur ihm verdankt V. 18. 19, denn Er hat die sieben Völker Kanaan's (Deuter. 7, 1) zerstört, ausgerottet.

6. **Und hernach gab er ihnen.** Weiter fortschreitend erwähnt Paulus die Regenten des Volks bis auf David, und zwar in der Weise, daß er durchweg zu erkennen giebt, wie dieselben von Gott gesetzt, beziehungsweise abgesetzt worden sind. Nach der Einnahme und Vertheilung des Landes V. 20 hat Gott ihnen während einer Zeit von ungefähr 450 Jahren Richter gegeben bis auf Samuel. Hiemit giebt Paulus die Dauer der Richterperiode nach einer Berechnung an, welche mit 1 Kön. 6, 1 (480 Jahre vom Auszug aus Aegypten bis zu Salomo's viertem Jahr, d. h. 331 Jahre für die Zeit der Richter) sich nicht vereinbaren läßt, aber der Berechnung des Josephus, Alterth. 8, 3, 1 (vom Auszug aus Aegypten bis zum Tempelbau 592 Jahre, d. h. 443 Jahre für die Richterzeit) sich annähert, vergl. Meyer Comm. Wir müssen also annehmen, Paulus folge hier einer zu seiner Zeit bei den gelehrten Juden üblichen Chronologie. — Von da an, d. h. von Samuels Richterzeit an, erbaten sich die Israeliten einen König, und Gott war es, der ihnen den Saul zum König gab, 40 Jahre lang; offenbar nennen die Worte *ἔτη τεσσαράκ.* die Zeitdauer der Regierung Sauls, nicht die Samuels und Sauls zusammen (Beza, Bengel u. A.). Im Alten Testament ist die Dauer der Regierungszeit Sauls nirgends bestimmt, Josephus aber zählt Alterthümer 6, 14. 9: 18 Jahre bei Samuels Lebzeiten, und 22 Jahre nach dessen Tode. Wieder ein Beleg, daß Saulus in chronologischer Beziehung sich an eine außerbiblische Ueberlieferung anschließt. — V. 22 braucht Paulus sowohl von der Verstoßung Sauls als von der Erhebung Davids auf den Thron Ausdrücke, welche gerade das unbedingte freie Walten Gottes in's Licht stellen: *μεταστήσας,* er beseitigte ihn, was nicht auf den Tod Sauls (Meyer), sondern auf seine Absetzung durch Gottes Spruch sich bezieht; sein factisches Fortregieren, wofür V. 21 40 Jahre gezählt werden, ist dabei außer Betracht gelassen. *ᾧ* ist ohne Zweifel *μαρτυρήσας,* nicht zu *εἶπε,* zu ziehen. In dem Gottesspruch hat Paulus, was 1 Sam. 13, 14 zu Saul spricht, und was Psalm 89, 21 von David gesagt ist, in eine Rede Gottes an David umgewandelt und verschmolzen. Die Hauptsache dieses Zeugnisses ist, daß David nach seiner Gesin-

nung Gottes Wohlgefallen habe, und daß er in der That Gottes Befehle, welches sie sein mögen, vollziehen werde.

7. **Uns Dieses Samens.** Nach dem umfassenden Ueberblick der Geschichte Israels bis auf David geht Paulus auf Christum über, V. 23—25, als den Nachkommen Davids, der Verheißung gemäß. Gott hat Jesum als Heiland dem Volk Israel gebracht (ἤγαγε, wie הֵבִיא Jes. 48, 15); denn ἄγειν entspricht V. 24 ἡ εἴσοδος αὐτοῦ sein feierliches Eintreten als σωτήρ, so wie das προκηρύσσειν des Johannes, als eines Herolds, der vorausgeht und den laut anfündigt, welcher kommt. Der Lauf, welchen Johannes zu vollenden im Begriffe war (impf. ἐπλήρου) V. 25, ist eben sein Lauf als vorauseilender Herold. Τίνα ist nicht = ὅντινα, sondern Fragewort, so daß nach εἶναι Fragezeichen steht; die Rede ist eine erregte, lebendige, zerfällt daher auch in kurze Sätzchen. Οὐκ εἰμὶ ἐγώ, Praed., dem Context nach der Messias.

8. **Ihr Männer und Brüder.** V. 26 ff. tritt Paulus den Zuhörern näher mit einem ihnen persönlich gemachten Antrag der Gnade in Jesu Christo, zugleich mit genauerer objektiver Begründung der Wahrheit, daß das Heil in Christo, dem Gekreuzigten und Auferstandenen liegt. Mit wiederholter, und die israelitischen Zuhörer noch liebreicher als Anfangs V. 16, brüderlich begrüßender Anrede, legt er ihnen das Wort vom Heil, als gerade ihnen besonders von Gott durch die beiden Missionare zugesandt, an das Herz. Diese applicatio wiederholt sich, stets andringender, V. 32. 38. 40 ff. Zunächst entwickelt Paulus den λόγος τῆς σωτηρίας ταύτης näher, indem er V. 27—29 ausführt: die Einwohner Jerusalems haben Jesum, den sie verkannten, verurtheilt, kreuzigen lassen und begraben, womit freilich die Weißagungen erfüllt wurden; und dann geht er V. 30 ff. weiter, und sagt: Gott aber hat ihn auferweckt, und seine Jünger haben ihn nach seiner Auferstehung gesehen. V. 27 bezieht Meyer das γάρ auf den Gegensatz zwischen den Zuhörern, ὑμῖν V. 26, und den Einwohnern und Oberen zu Jerusalem, als wollte der Apostel sagen: diese haben den Heiland verworfen, dafür kommt nun die Heilsbotschaft, statt ihrer, den auswärtigen Juden in der Diaspora, wie ihr seid, zu. Allein, daß die zu Jerusalem nun der Heilsbotschaft verlustig gehen sollen, will Paulus gewiß nicht sagen, und doch wäre dieser Gedanke allein der Kern des Gegensatzes. Allerdings ist zwischen den Bewohnern Jerusalems und den antiochenischen Zuhörern ein Unterschied gemacht, aber nur der, daß jene persönlich zum Leiden Jesu beigetragen haben, diese in solcher Weise nicht; keineswegs aber, daß jetzt nur diesen das Heil angetragen wurde, jenen aber nicht mehr. Das γάρ ist vielmehr hauptsächlich auf ὁ λόγος τῆς σωτ. τ. zu beziehen, welcher eben jetzt auseinandergesetzt und entwickelt wird. Die in Jerusalem sammt ihren Oberen haben Jesum verkannt und darum auch (καὶ) einen Richterspruch über ihn gefällt, wodurch sie die Stimmen der Propheten, ungeachtet diese alle Sabbate vorgelesen werden, wider Willen erfüllten. V. 28 deutet das εὑρόντες so, daß sie sich alle Mühe gegeben haben, eine todeswürdige Schuld zu finden, jedoch vergeblich. V. 29 schreibt auch die Abnahme vom Kreuz und die Grablegung den Einwohnern Jerusalems und den Oberen zu; und, obwohl Beides nicht wie die Beurtheilung u. s. w. von Gegnern, sondern von Freunden Jesu geschah, doch mit Recht, weil Joseph von Arimathia und Nikodemus Beide zu den ἄρχοντες, letzterer auch zu den Einwohnern der Stadt gehörte. Dem, was die Menschen gethan haben, stellt Paulus V. 30 gegenüber, was Gott gethan hat; er hat Jesum von den Todten auferweckt, wovon V. 31 seine Jünger aus Galiläa, die ihn nach der Auferstehung gesehen haben, Augenzeugen sind. Hierbei schließt Paulus sich und Barnabas aus der Reihe der ursprünglichen Jünger und der Augenzeugen aus.

9. **Und wir verkündigen euch rc.** V. 32—37 weist der Apostel nach, daß im Erscheinen Jesu und in seiner Auferstehung die Verheißungen an David erfüllt sind. Ἡμεῖς εὐαγγελιζόμεθα unterscheidet die beiden Sendboten von den μάρτυρες αὐτοῦ, und stellt sie, den Augenzeugen gegenüber, in die Klasse der Evangelisten. Das ἀναστήσας Ἰησοῦν deuten de Wette, Meyer, Baumgarten nach dem Vorgang Luthers und anderer Aelterer von der Auferweckung. Mit Unrecht; denn V. 32 ff. sind vermöge des Zusammenhangs keineswegs auf die Auferstehung Jesu zu beschränken, sondern stellen sowohl die Sendung Christi überhaupt als seine Auferweckung in das Licht der Verheißung und Erfüllung; ferner ist V. 34 mit δέ offenbar etwas Anderes gesagt, als V. 33. V. 34 ist ἀναστήσας ἐκ νεκρῶν unleugbar die Auferweckung berührt, während V. 33 ἀναστήσας ohne jenen Zusatz von der Auferweckung zwar verstanden werden könnte, aber dem Context gemäß nur das praesentem exhibero bezeichnen kann. Diese Erklärung haben Calvin, Beza, Grotius, auch Bengel, welche Meyer aus Mißverstand auf die entgegengesetzte Seite zieht, unter den Neueren Künoel, Olshausen, mit gutem Grund vorgezogen. Die Psalmstelle 2, 7 ff. von dem theokratischen Herrscher, den Gott zu seinem Sohn gemacht hat, ist auf die Gottessohnschaft Jesu, als des vollkommenen Königs, bezogen; hiermit ist jener Ausspruch Gottes erst erfüllt. Diese Beziehung erscheint auch natürlicher, als die auf Jesu Auferweckung. Nun erst V. 34—37 kommt Paulus an die Erfüllung der Gottesverheißungen in der Auferstehung Jesu, welche sofort als die Macht des Todes und der Verwesung in Beziehung auf ihn ausschließt. Hier beruft er sich auf zwei Weißagungen: 1) Jes. 55, 3 und zwar τὰ ὅσια δ. nach der alex. Uebersetzung statt חַסְדֵי דָוִד; der Sinn ist: Gott hat zuverlässige Heiligthümer Davids, Gnadengaben von bleibendem Bestande verheißen; das unvergängliche Leben, welches Bedingung dieses ewigen Bestandes der Gnade ist, ist das Auferstehungsleben Christi. 2) V. 35 cf. Ps. 16, 10, wo David im Gebet seine siegreiche Lebenshoffnung ausspricht; λέγει kann recht wohl auf David, welcher zuletzt genannt war, bezogen werden, unmöglich aber auf Gott (Meyer), an den ja die zutrauensvoll bittende Anrede gerichtet ist. Zum Beweis aber, daß diese Weißagung nur an Jesu in Erfüllung gegangen ist, erinnert Paulus, daß ja David, nachdem er in seinem eigenen Zeitalter dem Rathschluß Gottes dienstbar gewesen war, gestorben sei, vergl. V. 22; τῇ ἰδίᾳ γενεᾷ kann nicht als Dat. comm. genommen werden, Meyer, weil schon ein Dat. θ. βουλῇ dabeisteht; ist aber keineswegs matt und überflüssig, wenn man den Sinn so faßt: David war nicht zu einem ewigen Diener Gottes

bestimmt, er hat nur zu seiner Zeit Gott dienen sollen, und das hat er auch redlich gethan. Davids Tod wird bezeichnet als Entschlafen, in Folge dessen er bei seinen Vätern beigesetzt wurde und auch verweste. Hingegen der, welchen Gott vom Tod erweckt hat, V. 37, ist der Verwesung nicht anheimgefallen. Diese letztere Erörterung, V. 34—37, erinnert lebhaft an die Beweisführung des Petrus 2, 24—31, indem dieselben Psalmworte als Weissagung auf die Auferweckung Jesu benutzt sind; nur sind die Gesichtspunkte beiderhalb verschieden: Petrus will nachweisen, daß Jesus, um der Weissagung willen, nicht habe können vom Tod gehalten werden, daß Jesus habe auferstehen müssen; Paulus führt aus, daß in Jesu wirklich die Verheißungen Gottes erfüllt sind, insbesondere die Verheißung des Lebens und der unerschütterlich bleibenden Gnade.

10. So sei es euch nun kund. Aus dem Bisherigen zieht Paulus V. 38 ff. den Schluß, und legt seinen Zuhörern sehr dringlich und ernst an's Herz, um was sich's handelt. V. 38 ff. thut er ihnen kund, daß in Christo, dem Gekreuzigten und Auferstandenen, Vergebung der Sünden angeboten wird (ἄφεσις ἁμ. διὰ τούτου), und daß jeder, der da glaubet, in diesem (Christo) gerechtfertigt (und losgesprochen) wird von allem dem, wovon ihr im mosaischen Gesetz nicht gerechtfertigt (und losgesprochen) werden konntet. S. dogmatisch-christologische Grundgedanken 4. — Das Schlußwort warnt die Hörer, daß nicht die prophetische Drohung Gottes (ἐν τοῖς προφ. im Buch der Propheten) Habak. 1, 5. nach den LXX, sie treffe, nämlich eine erstaunliche und vernichtende Beschämung der Gottverächter durch Erleben eines Werkes Gottes, welches man beim Hörensagen für unglaublich halten würde.

11. Diese Rede, die erste ausführlichere, welche Lukas mittheilt, hat sehr ungünstige Urtheile über sich ergehen lassen müssen. Sie trage nicht den Charakter paulinischer Originalität an sich, sei vielmehr ein Echo der Reden des Stephanus und Petrus, ungeschichtlich, und nur ein freies Erzeugniß des Schriftstellers selbst (Schneckenburger, Zweck der Apostelgeschichte 130, Baur, Paulus 101). Insbesondere hat man mit dem geschichtlichen Theil der Rede, bes. V. 17—22 nichts anzufangen gewußt und deßhalb entweder vermuthet, Paulus wolle nur seine Kenntniß des Alten Testamentes zeigen (Roos, Abh. verm. Inh. 1804, 421), oder er wolle dadurch die Aufmerksamkeit und das Vertrauen seiner Zuhörer gewinnen (Neander), wenn man nicht gar eine geistlose Aufzählung jüdischer Geschichten darin fand (Schrader, Paulus V. 546). Paulus will aber dort offenbar die freie Gnade Gottes und seine unverdiente Erwählung, wodurch Israel das Volk Gottes, David der Knecht Gottes und König geworden sei, im Gegensatz gegen die Verstoßung der Widerstrebenden in's Licht stellen. Sodann was Paulus von Jesu sagt, trägt insofern ein eigenthümliches Gepräge an sich, als er Alles mit David in Zusammenhang bringt: die auf David führt er den Ueberblick der alttestamentlichen Geschichte fort; als Nachkommen Davids führt er Christum ein; den König David stellt er als das verheißungsvolle Vorbild dar, dessen Erfüllung in Christo erschienen sei. Endlich ist die lehrhafte Andeutung über die Rechtfertigung durch Christum für die, die an ihn glauben, im Gegensatz gegen die

Unzulänglichkeit des Gesetzes, originell paulinisch und hat in keiner der früheren Reden etwas ihres gleichen. Ueberdies ist die Vergleichung dieser Rede mit den Briefen des Apostels, nicht außer Acht zu lassen, daß dies ein Missionsvortrag ist und nicht eine tiefer unterrichtende Verhandlung mit bereits Bekehrten. Alles das wohl erwogen, finden wir keinen Grund, die Aechtheit und geschichtliche Ursprünglichkeit dieser Rede zu bezweifeln.

### Christologisch-dogmatische Grundgedanken.

1. Die Erwählung der Patriarchen, die Erhebung ihrer Nachkommen zum Volk Gottes, ihre Ausführung aus Aegypten und Einsetzung in den Besitz Kanaans, die Berufung von Richtern und Königen des Volks — alles das waren lediglich Thaten Gottes, schlechthin von seiner freien Entschließung und Gnadenwahl, nicht aber von menschlichem Verdienst und Zuthun abhängig. Und zwar sind es hauptsächlich die ersten Anfänge, es ist je die Grundlegung zu der Gemeinschaft und der Würde, was durch unbedingt göttliches Thun und Wirken bedingt ist. Hier taucht die von dem Apostel Paulus gerade Israel gegenüber weiter entwickelte und geltend gemachte Lehre von der freien Gnadenwahl Gottes in den ersten Zügen auf, und zwar hauptsächlich im Hinblick auf die Israeliten unter seinen Zuhörern. Menschlicher Stolz und Einbildung unverkennbarer Würdigkeit erzeugen einen Rechtsanspruch, welcher Gott gegenüber unter allen Umständen grundlos und verkehrt ist, und die Seele für die Annahme der Gnade unempfänglich macht. Das mosaische Gesetz mit seinen Verheißungen und Drohungen, als einer Oekonomie der Vergeltung, erzeugte gar leicht einen solchen Sinn. Aber jedes Menschenherz hat eine Seite, wornach es zu solchem Rechtsgefühl, Gott gegenüber, gelangen kann. Hingegen die Gnade Gottes in Christo erfordert einen andern Boden, um darin aufgenommen werden und eine Pflanze der Gerechtigkeit, dem Herrn zum Preis, erzeugen zu können. Demuth ist der Boden, darin die Erlösungsgnade wurzeln und Früchte bringen kann. Darauf arbeitet der Apostel hin, dessen Selbstgerechtigkeit der Erlöser selbst niedergeschmettert hat, und erst jetzt hat er im Licht der Gnade den Sinn erlangt, mit dem er auch die Gnadenwahl Gottes in der alten Oekonomie erkennt: in novo Testamentum vetus patet; in deinem Lichte sehen wir das Licht Ps. 36, 10.

2. Mit der Erkenntniß der unbedingt grundlosen Gnadenwahl Gottes ist keineswegs die sittliche Würdigung, die Freiheit des Willens, die persönliche Verantwortlichkeit verneint. Saul ist nicht aus einer göttlichen Laune und Willkür verworfen und beseitigt worden (μεταστήσας V. 22), nachdem er einmal auf den Thron gesetzt war, sondern einfach um seines Ungehorsams willen, wie aus der von Paulus angezogenen auf David umgewandelten Stelle 1 Sam. 13, 14 erhellt. Und David selbst wird geschildert als ein Mann nach Gottes Herzen, der allen seinen Willen thut. Beides nicht verneint, sondern erst der gute Baum, dann die guten Früchte; erst die rechte Stellung und Gesinnung des Herzens, dann die gute That im Gehorsam des Glaubens. Demgemäß bringt der Apostel in seiner Rede mit aller herzgewinnenden innigen Liebe an die Herzen der Hörer, (V. 16, 26. 32 ff.), um sofort ihren Willen zur gehorsamen

Annahme des Wortes und zur ernsten Bekehrung zu lenken V. 40 ff.

3. Je mehr wir die Offenbarungsgeschichte im Ganzen fassen und zusammenschauen, desto heller tritt Christus als Mittelpunkt aller Gottesoffenbarung hervor. Und je mehr das Herz Jesum als seinen Heiland kennen gelernt hat, desto heller wird der Blick in die heilige Geschichte und ihren Zusammenhang.

4. **Die Rechtfertigung durch den Glauben an Christum** V. 38 ff. Voran steht ein Satz, welcher noch nicht so eigenthümlich und spezifisch dem Apostel Paulus angehört: Vergebung der Sünden durch Christum wird euch verkündigt. Ἄφεσις ἁμαρτιῶν hat auch Petrus 2, 38; 3, 19 in Aussicht gestellt denen, die sich bekehren und sich taufen lassen. Nur die unmittelbare und enge Beziehung auf die Person Jesu Christi, als den Vermittler der Sündenvergebung ist ein Zug, welcher hier in der paulinischen Rede noch anders, als bei Petrus in den Vordergrund tritt. Inwiefern und wodurch aber Christus Organ und Mittler der Sündenvergebung sei (διὰ τούτου), das ist, da es sich nur um ein erstes summarisches Zeugniß handelt und nicht um eine begründende und entwickelnde Lehre, nicht ausgedrückt. Am nächsten liegt der Gedanke, daß die Auferstehung die Hauptthatsache sei, worauf jene Vermittlung beruht, weil unmittelbar vorher gerade die Auferweckung Jesu erörtert ist. Und auf den Kreuzestod Jesu, als Grundlage der Versöhnung und Vergebung, ist wenigstens nicht näher hingedeutet. Indessen haben wir doch keinen Grund, ausschließlich die Auferstehung, nicht auch den Kreuzestod Christi, im Sinn dieser Rede als Stützpunkt der Sündenvergebung durch Christum zu fassen. — Hingegen was nun folgt: καὶ ἀπὸ πάντων — δικαιοῦται ec. exegesirt Erläuter. Nr. 10 angedeutet ist, entschieden neu in Gedanken und Wort. Es liegt eine negative und eine positive Aussage darin: negativ: das Gesetz ist unzulänglich zum δικαιωθῆναι; positiv: in Christo wird Jeder, welcher glaubt, gerecht. In beiden Aussagen ist der Hauptbegriff der Prädikats das δικαιωθῆναι. Dieses muß schon um des Zusammenhangs willen mit dem obigen Satz: διὰ τούτου ἄφεσις ἁμαρτιῶν, an vermöge des ἀπὸ πάντων, das Loswerden von Sünden, die Erlassung der Schuld und Strafe in sich fassen; seiner Wurzel nach (δίκαιος) begreift es aber auch den Begriff der Rechtbeschaffenheit, des Wohlgefallens Gottes in sich. Vergebung, Tilgung der Sünden, Lösung von Schuld und Strafe ist das Bedürfniß Aller, ist, was der Israelit im Gesetze Mosis sucht, ist, was der Apostel in Christo anbietet. Aber er spricht im einen Theil aus, daß jenes Gut im mosaischen Gesetz vergeblich gesucht wird, es ist nicht möglich (οὐκ ἠδυνήθητε), im Gesetz Vergebung und Rechtfertigung zu erlangen. Ἀπὸ πάντων ὧν ec. will nicht (Schwegler, nachapostolisches Zeitalter II, 96 f.) besagen, daß auch für diejenigen Sünden, wofür es im Gesetz keine Rechtfertigung gab, Vergebung in Christo erlangt werde, d. h. daß im Gesetz eine wirkliche, aber nur theilweise Rechtfertigung möglich gewesen sei, in Christo hingegen die vollständigere. Dies gibt weder der Context, noch die sonstige paulinische und überhaupt die biblische Lehre an die Hand, vielmehr das Gegentheil. Nur indirekt, aber doch unverkennbar, gibt Paulus zu verstehen, daß das mosaische Gesetz und dessen Beobachtung schlechterdings keine wirkliche Vergebung und Rechtfertigung vermitteln könne. — Hiemit ist also 1) Rechtfertigung als ein nicht blos negatives, sondern positives Gut; 2) Jesus Christus als einziger Mittler der Rechtfertigung; 3) der Universalismus des Christenthums, zunächst die allgemeine (πᾶς ὁ πιστ.) Zugänglichkeit der rechtfertigenden Gnade in Christo; 4) der Glaube als die alleinige Bedingung der Rechtfertigung von Seiten des Menschen (πιστεύων) bezeugt; 5) der Gegensatz ausgesprochen, sofern das Gesetz nicht vermag, zur Rechtfertigung zu verhelfen. Alles das sind Wahrheiten, die gerade der Apostel Paulus, vermöge der eigenthümlichen Führung, die ihm zu Theil geworden war, herausgearbeitet hat, und die hier zum ersten Mal zu Tage kommen.

### Homiletische Andeutungen.

**Johannes aber wich von ihnen.** [V. 13.] Wer seine Hand an den Pflug legt und siehet zurück, der ist nicht geschickt zum Reiche Gottes.

**Sie aber zogen u. s. w.** [V. 14.] Wenn Einige im Werke des Herrn von uns abfallen, so soll uns das nicht verdrießen machen, solches fortzusetzen. (Quesnel.)

**Wollt ihr etwas reden, so saget an.** [V. 15.] Nach Gelegenheit in einer andern Gemeinde eine Gastpredigt thun, ist apostolisch, dient zum Zeugniß der Uebereinstimmung in der Lehre, zur Ermunterung der Zuhörer, die solche Predigten begierig hören, man spürt die mancherlei Gaben des Geistes. Kein Lehrer soll sich aber zu einer Gastpredigt selber drängen, sondern warten, bis er darum ersucht wird. (Starcke.) — Die Apostel konnten freilich ex tempore reden, sie hatten die Fülle des Heiligen Geistes, und ihr Herz lebte im Elemente des Evangeliums. (Apost. Past.)

**Da stand Paulus auf u. s. w.** [V. 16.] Dies ist die erste Rede, die uns die Apostelgeschichte aus dem Munde eines gelehrten Mannes mittheilt, und sie ist ein Muster, wie die wahre Gnade alle Gaben und Kräfte der Natur, alle Einsichten und Urtheile zum Dienste Jesu Christi zu heiligen weiß, dergestalt, daß man durch dieses Mittel ordentlich gründlich und erbaulich, oder besser: überzeugend und herzdurchdringend seinen Vortrag einrichten kann. (Apost. Past.)

**Der Gott dieses Volkes hat erwählet unsre Väter u. s. w.** [V. 17—25.] Der Apostel bemüht sich, den Verlauf des A. T. so vorzustellen, daß den Israeliten die unverdiente Barmherzigkeit Gottes, die freie Wahl der Gnade, die langwierige Duldung bei ihren vielfältigen Ungehorsam in's Herz bringen mußte. Ehe er also noch Strafen und Drohen auf sie bringet, legt er zuvor einen recht evangelischen Grund, um durch die anhaltende Liebe Gottes ihr hartes Herz zu zerschmelzen. (Apost. Past.) Paulus hält den Juden auch die abgemessenen Jahre und Zeitläufte vor, darin Gott die Geschichte ihrer Väter abgetheilt hat, theils anzuzeigen, daß die Weisheit Gottes in diesem ganzen langen Lauf ein Spiel gehabt und Alles so geschehen, wie er es bestimmt, theils, daß nunmehr, da die bestimmten Jahre verstrichen, die Zeit des Neuen Bundes erfüllet sei. (Apost. Past.) —

**Darnach gab er ihnen Richter.** [V. 20.] Alle Arten der Regierung sind von Gott, sowohl die Aristokratie als Monarchie. (Starcke.)

Und da er Saul wegthat. [V. 22.] Es ist möglich, daß Gott einen Menschen zu seinem Dienst und Werk erwählt, aber hernach wieder wegthut. Betrübter Zustand, wenn man anfänglich ein Werkzeug Gottes ist, und hernach wie Judas, wie Demas, die Welt wieder liebgewinnt. (Ap. Past.) — Ich habe gefunden David, einen Mann nach meinem Herzen. Es ist etwas Rares, wenn der Herr einmal einen Mann findet, den er zu seinem Dienst recht brauchen kann. Desto mehr macht sich der treue Gott daraus. (Ap. Past.) Welcher allen meinen Willen thun wird. Es ist kein ander Mittel nach Gottes Herzen zu sein, als in Allem seinen Willen thun. (Onesimus.) Johannes predigte die Taufe der Buße. [V. 24.] Johannes Predigt war ihrem ganzen Charakter nach eine Wüsten- und Bußpredigt, er stellte gewissermaßen durch sein ganzes Auftreten sein Volk noch einmal an den Eingang nach Kanaan, zeigte ihnen, wie sie in der ganzen bisherigen Zeit mit allen ihren Königen und Propheten erst noch in der Wüste, im Vorhof des Verheißungslandes gestanden hätten. Nun sollten sie erst hinausgeführt werden. (Williger.)
Ich bin nicht der, aber siehe, er kommt nach mir. [V. 25.] Das Amt eines Lehrers ist, daß er von Christo zeuge, von sich ab, auf ihn hinweise. (Starke.) Indem Paulus dem Volke Jesum groß machen will, führt er sie von allen ansehnlichen Männern ihrer Vorzeit ab, um ihre Augen allein auf den einigen Heiland zu besten, deßhalb hat er sie von den Patriarchen, von David, von Johanne ab und auf Jesum gewiesen. Alle diese heiligen Männer waren nur Diener Gottes zu ihren Zeiten. Jesus ist und bleibt der ewige Heiland, auf den alle Augen und Herzen allein gerichtet bleiben müssen. Wie selig bandelt ein Lehrer, wenn er diese Gabe, Jesum allein den Seelen vorzuhalten, recht übet. (Apost. Past.)
Ihr Männer, lieben Brüder u. s. w. [V. 26]. Neue feierliche Anrede. Sie werden zusammengerufen, welche bestimmt sind, das rechte Kanaan zu ererben. Josua's Zeit kehrt wieder, ist nun erst recht da. Nun erst kommt die rechte Zeit des Heils. — Die Gott fürchtenden Heiden werden hier noch einmal namentlich erwähnt. Sie gehören mit zu dem Bunde, den Gott mit Abraham gemacht hat. (Williger.)
Denn die zu Jerusalem wohnen — legten ihn in ein Grab [V. 27—29]. Paulus wußte wohl, wie groß das Aergerniß der Juden am Kreuzestode Jesu sei. Deßwegen sucht er ihren Vorurtheilen entgegenzutreten und verweist sie theils auf die offenbare und urkundlich bestätigte Unschuld Jesu, theils auf die durch seinen Tod geschehene Vollendung alles dessen, was von ihm geschrieben steht. Beide Gründe sind hinlänglich, alles Aergerniß des Todes Jesu aus dem Weg zu räumen. (Apost. Past.)
Aber Gott hat ihn auferwecket — hat die Verwesung nicht gesehen [V. 30—37]. Paulus predigt nicht nur das Kreuz, sondern auch die Auferstehung Jesu. Beides gehört zusammen, so man die völlige Gerechtigkeit in Christo haben will. — Zum Beweis der Auferstehung gehört das Zeugniß der Apostel und die Weißagung der Propheten. Beides führt der Apostel hier aus. — Dem Zeugniß der Apostel schließt er sein eigenes an. Wie gut ist's, die Freudigkeit zu haben, daß man sich an die Wolke der Zeugen Jesu mit anschließen darf aus eigener Erfahrung! — Die Auferstehung Jesu aus den Propheten zu beweisen, wählt Paulus drei Schriftstellen. Die erste setzt die ewige Geburt und damit verknüpfte Bestimmung des Sohns zum Heile der Welt fest; die andere behauptet die unverbrüchliche Erfüllung aller verheißenen Gnade, und die dritte bestimmt beutlich die Unverweslichkeit des Messias. So beruht also die Gewißheit der Auferstehung Jesu auf Gottes ewigem Rathschlusse, untrüglicher Bundesgnade und ausdrücklicher Verheißung. (Apost. Past.) — David hat zu seiner Zeit dem Willen Gottes gedient. Davids Zeit war gewiß eine recht böse Zeit, gleichwohl blieb dieser Knecht des Herrn im Gehorsam des Willens Gottes. Uns allen ist unsre Zeit gesetzt, unser Pensum vorgeschrieben, die Zeit sei wie sie will, die Menschen so böse sie wollen, der Wille Gottes muß dennoch das Ziel unsres Tagewerks bleiben. (Ebendas.) Ein schöner Nachruhm und beste Grabschrift ist, wenn man Einem nach seinem Tode mit Wahrheit nachsagen kann: dieser hat in seinem nunmehr auch kurzen Leben und zu unser Zeit obgleich bösen Zeit Gottes Willen nach Vermögen gedient. (Starke).
So sei es nun euch kund — erzählen wird [V. 38—41]. Paulus hat in seiner Rede gründlich gelehrt, nun fängt er auch an kräftig zu erwecken. Beides gehört zusammen. — Das strenge Gesetz Mosis hatte die wichtige Absicht, das Verlangen nach einem Heiland aufzuzünden und zu erhalten. Es ist daher gut, wenn ein Lehrer des Neuen Bundes eine öftere Vergleichung der freien Gnade in Jesu mit jenem alten Joch der Dienstbarkeit anstellt. Jesus wird dadurch den Herzen erfreulicher. — Um den überschwänglichen Reichthum der Gnade Gottes in Christo Jesu zu preisen, muß ein Lehrer zeigen, daß Jesu Blut und Verdienst weiter gehe als Natur, Moral und Gesetz; daß Jesus die Sünder von solchen Unreinigkeiten und Unseligkeiten befreie, davon die Seelen durch keine andern Mittel befreit werden konnten. — Der Apostel findet für gut, seinem evangelischen Zeugniß noch ein gesetzliches pondus anzuhängen und die Verächter der Gnade Jesu mit einer harten Drohung in eine heilige Furcht zu setzen. Das freie Evangelium in seinem weitesten Umfang hebt den Gebrauch des Gesetzes nicht auf. (Apost. Past.) (Vergl. das scharfe Ende von Stephanus Rede, Kap. 7, 51 ff.). — So hatte Paulus seine Aufgabe erfüllt, er hatte bewiesen, daß Jesum als Christum, als David, als König annehmen und Gottes Volk sein ein und dasselbe sei. (Williger.)

Zum ganzen Abschnitt: 1) V. 13—25. Ich will euch zu Menschenfischern machen [V. 13—15]. Im Gehorsam dieses Worts haben die Apostel 1) das Netz an mancherlei Orten ausgeworfen V. 13; 2) in ihrer Arbeit sich nicht stören lassen, wenn auch Manche zurückgingen V. 13; 3) jeder der Zeit für gelegen gehalten V. 14; 4) jeden Ort dazu benutzt V. 14; 5) keine Aufforderung unbeachtet gelassen, um von der Gnade Gottes in Christo Jesu zu zeugen V. 16 ff. (Lisco). Daß ein Werk aus Gott auch dann seinen Fortgang hat, wenn einzelne Theilnehmer sich davon zurückziehen. 1) Darlegung dieser Wahrheit. 2) Welch ein Verhalten wir dabei zu beobachten haben. (Lisco). — Die vorbereitenden Führungen des Volks

Israel durch Gottes Gnade [B.16–25]. 1) Die grundlegenden Führungen: a. Erwählung der Erzväter; b. Errettung aus Aegypten; c. Heranbildung Israels zum Volk durch den Zug in der Wüste. 2) Die näher vorbereitenden Führungen: a. in der Richterzeit; b. unter Saul; c. durch David als Vorbild des Messias (Lisko). — Das Vorsehungsvolle in der Geschichte Israels als ermuthigendes Abbild des göttlichen Waltens über der Menschheit. 1) Worin dies Vorsehungsvolle sich erkennen läßt: a. in der Geschichte Israels; b. in der Geschichte des Reiches Gottes überhaupt. 2) Welchen Einfluß die Gewißheit dieses göttlichen Waltens auf uns haben soll; a. daß wir mit fester Zuversicht uns des endlichen besten Ausgangs getrösten; b. daß wir das Unsrige thun, damit der göttliche Heilsplan mehr und mehr verwirklicht werde. (Lisko). — Wie die Weltgeschichte im Lichte des Evangeliums sich verklärt zur Reichsgeschichte Gottes. 1) Ihr Plan vorgezeichnet im ewigen Rathschluß göttlicher Allmacht, Weisheit und Liebe; 2) ihre Zeitabschnitte Stationen auf dem Zug der Menschheit zum Ziel ihrer Bestimmung; 3) ihre Helden Vasallen Christi und — willig oder unwillig — Diener seines Reiches; 4) ihr Ziel die Verherrlichung Gottes in der Menschheit. — Die Stunden auf der Weltenuhr: 1) langsam fortrückend als Stunden a. des ewigen Gottes, vor welchem tausend Jahre sind wie ein Tag; b. des langmüthigen Gottes, der Geduld hat mit der verkehrten Welt, wie er mit Israel 40 Jahre Geduld hatte in der Wüste; aber 2) unaufhaltsam fortschreitend zum gottgeordneten Ziel a. der Welterlösung; b. des Weltgerichts.
2) Zu B. 26 (beziehungsweise 16)—41. Jesus Christus das Ziel aller Weissagung, [B. 26–37] insbesondere 1) als der Gekreuzigte; 2) als der Auferstandene. (Nach Lisko). In Christo Jesu allein ist ewiges Heil. 1) In ihm das Heil: Vergebung der Sünden, Gerechtigkeit durch den Glauben [B. 38. 39]. 2) Außer ihm kein Heil, sondern das Gericht [B. 40. 41]. (Nach Lisko). Christus, der Welt Heiland: 1) vorverkündigt im Alten Testament [B. 16–25]; 2) verstoßen von seinem Volk [B. 26–29]; 3) gepredigt als das Heil der Gläubigen [B. 30–41]. (Lisko). — Jesus von Nazareth, als der Messias beglaubigt 1) durch seine Kreuzigung; 2) durch seine Auferstehung. (Ders.). — Wie Gottes Güte dich zur Buße führen soll. 1) Bedenke was der Herr an dir gethan. (Gnadenführungen des Herrn gegen sein auserwähltes Volk von den Erzvätern bis zur Sendung Christi [B. 17–25]; Anwendung auf die Liebeserweisungen Gottes ge-

gen uns). 2) Erwäge, wie du ihm vergolten hast, (Israels Undank [B. 24–29] der unsrige). 3) Ergreife die Gnade, die er dir jetzt noch anbeut. (Noch ist es Zeit; der Gekreuzigte ist auferstanden; auch die Sünde hat Gott in den Heilsplan mit aufgenommen; die Mörder Christi mußten dem Werke der Erlösung dienen. Aber säume nicht: endlich bricht das Gericht herein über den Unglauben! (Lisko). — Euch ist dieses Wort des Heils gesandt! [B. 26] eine Mahnung auch an uns: 1) Die Wunderwege Gottes in Vorbereitung dieses Heils von altersher andächtig zu betrachten; [B. 17–26]. 2) Das Heil in Jesu Christo, dem Gekreuzigten und Auferstandenen, gläubig zu ergreifen; [B. 27–39]. 3) Vor dem Unbank, der die Gnade von sich stößt, uns gewissenhaft zu hüten. [B. 40. 41].
Der Triumph göttlichen Weltregiments, daß auch, die wider Gott kämpfen, seinen Rathschluß erfüllen müssen, [B. 27–29]: 1) Nachgewiesen unter dem Kreuz Jesu; 2) bestätigt in der Geschichte der Welt; 3) angewendet auf unser Herz und Leben. — Saul der Erkorene und doch Verlorene — ein warnendes Exempel, nicht im Fleische zu enden, wo man im Geiste begonnen. — Christus, der Davidssohn, mehr als David! 1) Nach seiner Herzensstellung: David ein Mann nach Gottes Herzen, zu thun all seinen Willen [B. 22]. Christus, Gottes lieber Sohn, in vollkommenem Gehorsam des Vaters Werk vollendend. 2) Nach seinem Schicksalslauf: David durch Niedrigkeit und Drangsal emporgestiegen zum Königsthron; Christus erniedrigt bis zum Tod am Kreuz, erhöhet bis zur Rechten des Vaters [B. 27–37]. 3) Nach seinem Wirkungskreis: David als König über Israel ein Hort seines Volkes, ein Schreck seiner Feinde; Christus als der Welt Heiland den Seinen ein ewiger Friedefürst, den Berächtern ein furchtbarer Richter, [B. 38–41]. — Der Weg des Heils: 1) so langsam und mühsam einst bereitet: a. langsam durch die Vorbereitungszeiten des Alten Bundes [B. 17–25], b. mühsam durch Jesu bitteres Leiden und Sterben [B. 27–29]; und doch 2) so kurz und so leicht zu umfassen: a. kurz: denn es gilt nur Jesu Kreuz im Glauben zu umfassen [B. 39], b. sanft: denn man findet drauf Vergebung der Sünden, Leben und Seligkeit, [B. 38. 39]. — Paulus in seiner Antrittspredigt zu Antiochia schon der ganze Paulus: 1) der tiefsinnige Schriftausleger B. 17 ff. 33 ff.; 2) der weitherzige Heidenapostel B. 16. 26; 3) der ächt evangelische Glaubensprediger B. 38. 39; 4) der unerschrockene Wahrheitszeuge B. 40. 41.

## C.

In Folge freudiger Annahme des Evangeliums von Seiten der Heiden werden sie durch die Eifersucht der Juden aus der Stadt vertrieben.

(Kap. 13, 42–52).

42 Als sie aber hinausgingen¹), baten sie, daß am folgenden Sabbat ihnen diese Worte
43 möchten gesagt werden. ² Da aber die Synagoge aus einander ging, folgten viele von den Juden und von den gottesfürchtigen Proselyten dem Paulus und Barnabas nach;

---

1) Anstatt αὐτῶν hat die Recepta: ἐκ τῆς συναγωγῆς τῶν Ἰουδαίων, vermuthlich eingefügt, damit die hier beginnende Kirchenlektion verständlich würde; allein das einfache αὐτῶν ist durch Codd. und Versionen, auch durch den Text des Chrysostomus hinlänglich bezeugt. Τὰ ἔθνη nach παρεκάλουν ist unzweifelhaft nächster und dazu noch sachlich falscher Zusatz.

fie redeten zu ihnen und ermahnten fie, bei der Gnade Gottes zu bleiben. *Am fol- 44 genden¹) Sabbat aber versammelte sich fast die ganze Stadt, um das Wort Gottes zu hören. *Als aber die Juden die Haufen Volks sahen, wurden sie voll Eifersucht, und 45 widersprachen dem, was Paulus sprach, widersprachen²) und lästerten. *Da redeten 46 Paulus und Barnabas freimüthig und sagten: Euch mußte zuerst das Wort Gottes gesagt werden; da ihr es aber von euch stoßet, und euch selbst nicht würdig haltet des ewigen Lebens: siehe, so wenden wir uns zu den Heiden. *Denn also hat uns der 47 Herr geboten: „Ich habe dich gesetzt zum Licht der Heiden, daß du zum Heil dienest bis an's Ende der Erde!" *Als aber die Heiden das höreten, freuten sie sich, und priesen 48 das Wort des Herrn, und wurden gläubig alle, die zum ewigen Leben geordnet waren. *Das Wort des Herrn wurde aber ausgebreitet durch die ganze Gegend. *Aber die 49 50 Juden erregten die gottesfürchtigen und vornehmen Frauen, und die Oberen der Stadt, und erweckten eine Verfolgung über Paulus und Barnabas, und trieben sie über ihre Gränzen hinaus. *Sie aber schüttelten den Staub ihrer Füße ab über sie und kamen 51 nach Ikonium. *Die Jünger aber wurden voll Freude und Heiligen Geistes. 52

### Exegetische Erläuterungen.

1. **Als sie aber hinausgingen**, nämlich nicht, wie die andere Lesart, und ihr folgend Bengel meint, Juden, welche den Paulus nicht bis zu Ende hören wollten; sondern Paulus und Barnabas gingen sogleich nach beendigtem Vortrag hinweg, weil sie Gäste waren, während die Mitglieder der Synagoge noch bis zur förmlichen Entlassung (λυθείσης τ. συναγ.) beisammen blieben. Allein noch ehe die Gäste das Gemeindehaus verließen, wurde die Bitte an sie gerichtet, um einen abermaligen Vortrag an dem nächstfolgenden Sabbat (μεταξύ, der zwischen anderen Tagen mitten inne liegende Sabbat; nicht aber σάββατον = Woche, auf die zwischen inne liegende Woche, denn V. 44 τῷ ἐρχομένῳ σαββ. setzt voraus, daß die Bitte in ersterem Sinn gemeint war). Wer die παρακαλοῦντες waren? ohne Zweifel die in der Synagoge Versammelten, vielleicht die Oberen cf. V. 15. Nachdem aber die gottesdienstliche Versammlung üblicher Weise aufgelöst und entlassen war, ging den beiden Fremden eine beträchtliche Anzahl Juden und Proselyten in ihre Wohnung nach und empfingen noch eine vertrautere Ansprache des Inhalts, daß sie doch der Gnade Gottes, von der sie angezogen worden waren, treu und beständig bleiben möchten.

2. **Am folgenden Sabbat aber** wurde eine Krisis herbeigeführt. Einerseits zeigte sich da die außerordentliche Empfänglichkeit der heidnischen Einwohner der Stadt und der Stärke des Eindrucks, welchen theils die obige Rede des Paulus, theils die seither im Stillen fortgesetzten Mittheilungen Beider gemacht hatten. Diesmal fand sich theils in, theils vor der Synagoge fast die ganze Stadt zusammen, um den Vortrag des Evangeliums anzuhören. Andererseits aber regte sich beim Anblick dieser Massen bei den Juden Neid und Eifersucht in einem rasch sich steigernden Maße. Denn sie beneideten den Paulus um den außerordentlichen Zulauf, den er fand, und mochten wohl auch in ihrem israelitischen Selbstgefühl durch die Ahnung verletzt und empört sein, daß diese Heiden nicht minder als Israel an dem dargebotenen Heil sich betheiligen dürften. Aufgebracht hierdurch unterbrachen sie den Apostel in seinem Vortrag, widersprachen ihm; und ihr Widerspruch wurde immer heftiger und leidenschaftlicher (hebraisirende Wiederholung ἀντίλεγον — ἀντιλέγοντες καὶ βλ.), so daß sie sich zu Lästerungen (vermuthlich wider Jesum selbst, dessen Verkündiger und die an ihn Glaubenden) hinreißen ließen.

3. **Da redeten Paulus und Barnabas freimüthig.** Sie ließen sich hierdurch nicht ebenfalls zur Leidenschaft und zu Schmähreden reizen, erklärten aber offen, daß sie ihnen fortan den Rücken lehren und das beseligende Wort Gottes den Heiden anbieten würden. Allerdings habe ihnen, den Juden, das Wort zuerst verkündigt werden müssen (ἀναγκαῖον); die Nothwendigkeit hiervon gründet sich auf den Befehl Christi (1, 8; 3, 26; Röm. 1, 16) und auf den Plan der göttlichen Haushaltes. Nun aber nimmt der Apostel Akt davon, daß diese fanatischen Juden das Evangelium von sich stoßen und eben damit faktisch das Urtheil über sich fällen, sie seien nicht in Jesu Christo angebotenen ewigen Lebens nicht würdig. Auf Grund dieser Thatsache sprechen sie, ohne eine Widerlegung den Einreden und Lästerungen zu versuchen und die Perlen vor die Säue zu werfen, ganz einfach: Wir wenden uns zu den Heiden, V. 47. Auch dies geschieht nicht aus Laune, sondern im Gehorsam gegen den Willen Gottes (ἐντέταλται). Was Jes. 49, 6 dem Messias gesagt ist, daß er nicht bloß Israel zum Dienst, sondern der ganzen weiten Heidenwelt zum Licht und Heil bestimmt sei, wenden diese Boten und Organe Christi auf sich an, begründen also ihre nunmehr lediglich den Heiden zugekehrte Thätigkeit mit der Schrift selbst. Ohne Zweifel verließen Beide unmittelbar nach dieser Erklärung die Synagoge.

4. **Als aber die Heiden das höreten**, nahmen sie mit desto größerer Freude und Hochachtung das Evangelium auf, und es wurden ihrer so viele gläubig, als von Gott zum Besitz der Seligkeit bestimmt waren (τεταγμένοι, Chrysostomus: ἀφωρισμένοι τῷ Θεῷ). Hiermit will Lukas sagen, daß nicht die ganze Masse heidnischer Einwohner, welche Kap. 44 ff. eingeläutet hatten, die wirklich auch belehrt habe, sondern nur ein Theil derselben, und zwar der von Gott hierzu ausersehene

---

1) ἐρχομένῳ statt ἐχομένῳ ist Correctur, aber unächt.
2) ἀντιλέγοντες ist von Lachmann nach A. B. C. G. gestrichen, aber doch ächt, denn es wurde nur als tautologisch weggelassen.

und geordnete Theil; siehe dogmatische Grundgedanken. Die kurze Bemerkung B. 49 läßt ersehen, daß dieses pisidische Antiochien der Mittelpunkt einer weit in die Umgegend sich erstreckenden Evangelisation wurde.

5. Aber die Juden erregten in Antiochia zunächst durch einige vornehme Proselytinnen, welche dem Evangelium unzugänglich geblieben, um so leichter aber für das Judenthum, das sie begünstigten, aufzureizen waren, und durch die Häupter der Stadt eine Verfolgung wider Paulus und Barnabas; der διωγμός bestand aber wohl nicht in persönlicher Unbill, sondern blos in der sofort erwähnten Verweisung aus der Stadt und ihrem Gebiet (ἐκβαλον). Sie aber schüttelten, dem Befehl Jesu gemäß [Matth. 10, 14], den Staub von ihren Füßen ab auf sie, als Zeichen, nicht der Verachtung (Meyer), sondern der Loosagung von aller und jeder Gemeinschaft mit Solchen und ihrem verdienten Loos. Sie begaben sich von da nach Ikonium, südöstlich von Antiochia, einer volkreichen Stadt am Fuße des Taurus, welche bald zu Pisidien, bald zu Lykaonien oder Phrygien gehörte, und heute noch als „Konia" bekannt ist. Die Jünger, d. h. die Christen zu Antiochien, welche aber durch den Abschied ihrer Lehrer nicht niedergeschlagen und muthlos, im Gegentheil wurden sie voll Freudigkeit und Heiligen Geistes.

### Christologisch-dogmatische Grundgedanken.

1. Die Ermahnung, bei der Gnade Gottes treulich und beständig auszuharren, ist insofern beachtenswerth, als die spezifische Idee der χάρις τοῦ θεοῦ hier zum ersten Mal in der Apostel-Geschichte zu Tage kommt, und zwar aus dem Munde des Paulus und Barnabas. Kap. 4, 33 war die Huld und Gnade Gottes erwähnt, welche über allen Gemeindegliedern schwebte; damit war aber die fortdauernde Gemeinschaft der Liebe zwischen den Seelen und Gott gemeint. Hier aber ist offenbar mit χάρις θεοῦ die in Christo den Sündern sich zuneigende Gnade der Versöhnung und Erlösung bezeichnet, die Gnade Gottes im Gegensatz zu der Sünde. In diesem Sinne kommt χάρις in unserem Buch hier zum ersten Mal, aber von hier an öfters vor, z. B. Kap. 14, 3, λόγος τῆς χάριτος, Kap. 15, 11 χάρις κυρίου Ἰ. Χ. Und es ist dieser Umstand um so weniger für Zufall zu achten, als gerade die vorangegangene Missionsrede des Paulus bereits Spuren von derjenigen tieferen Erkenntniß der Wahrheit in Christo gezeigt hat, welche dem Apostel Paulus und durch ihn der Kirche Christi geschenkt worden ist.

2. Die immanente göttliche Kraft des Evangeliums zeigt sich nicht allein darin, daß es denen, die da glauben, zur Belehrung, zur heiligen Freude und Seligkeit dient [B. 48. 52], sondern auch darin, daß es diejenigen, welche es nicht annehmen, nicht läßt, wie sie sind, sondern zu einem ungöttlichen Eifer, zur Leidenschaft und Lästerung reizt [B. 45]. Das Evangelium gereicht den Einen zu einem Geruch des Lebens, den Andern zu einem Geruch des Todes 2 Kor. 2, 15 ff.

3. B. 48 ἐπίστευσαν, ὅσοι ἦσαν τεταγμένοι εἰς ζωὴν αἰώνιον. Was will das, genauer betrachtet, sagen? Nach Calvin, daß diejenigen gläubig wurden, welche Gott vermöge seines unbedingten Rathes zur Seligkeit verordnet, welche er zu belehren,

nicht zu verstocken beschlossen hatte. Allein die freie Selbstbestimmung des menschlichen Willens ist hier eben so wenig verneint als gesetzt; ein docretum absolutum liegt in τεταγμένοι keineswegs. Auf der entgegengesetzten Seite aber ist es ebenso auf der Luft gegriffen, wenn man ἦσαν τεταγμένοι medial faßt: quotquot se ordinaverant ad vitam aeternam (Grotius), was sprachwidrig ist, oder dem Wort die Bedeutung unterlegt: apti facti (oratione Pauli) ad vitam aeternam adipiscendam (Kretschneider), oder, was hiermit verwandt ist, erklärt: qui juxta ordinem a Deo institutum dispositi erant (Bengel), so daß das τάσσειν die Heilsordnung bezeichnen soll. Die Worte besagen nichts anderes, als daß alle diejenigen und nur diejenigen sich wirklich bekehrten, welche von Gott zum ewigen Leben verordnet, bestimmt waren. Es ist nicht dem Zufall noch der unbedingten Willkür und Laune der Menschen anheimgestellt, ob Jemand zum seligmachenden Glauben gelange und wer; sondern dieser Erfolg steht unter dem Walten der schon vor dem entscheidenden Augenblick ordnenden Vorsehung Gottes. Denn in Sachen des Heils und ewigen Lebens geht nicht das Geringste vor, ohne daß Gottes Wille und Macht ordnet, leitet und verfügt. Eine Wahrheit, welche sowohl demüthigt als erhebt und tröstet. Auf der andern Seite geschieht in Sachen des Heils auch nichts, ohne daß der Mensch mit Willensfreiheit sich selbst bestimmt und entschließt; auch in unserem Context B. 46 ist dies auf Seiten der Ungläubigen anerkannt, und sonst in tausend Fällen gibt die Schrift Zeugniß von der Freiheit und selbstständigen Wirkung des Menschen. Nur ist hier B. 48 nicht ausgedrückt, weil dem Lukas daran liegt, das Werk der Bekehrung als ein vom göttlichen Regiment abhängiges erkennen zu lehren.

4. Die Freudigkeit, welche die antiochenischen Christen auch noch nach dem unfreiwilligen Abschied des Paulus und Barnabas erfüllte, ist ein leuchtendes Zeugniß der Gnadenwirkung des Heiligen Geistes. Nur die Gemeinschaft des Geistes vom Vater und vom Sohn konnte ihnen einen hinlänglichen Ersatz für den vermißten Umgang mit den Missionaren und Lehrern geben. Sie haben sich nicht zu diesen Männern bekehrt, sondern zu dem Herrn, und der Herr ist bei ihnen geblieben, wie er bei all Seinen bleibt bis an der Welt Ende. Ja selbst das Leiden und die Verfolgung kann die Freude nicht mindern, denn jene sind ein Zeichen des Gekreuzigten und sind von ihm seinen Jüngern vorhergesagt.

### Homiletische Andeutungen.

Als sie aber hinausgingen, baten sie ꝛc. [B. 42.] Das Evangelium geht nie fruchtlos ab; denn verachten es gleich Viele, so finden sich doch immer Etliche, deren Herz davon gerührt wird. (Starke.) — Viele Christen gingen lieber in gar keine Predigt, geschweige daß sie darum bitten sollten. (Ders.)

Folgten Paulo und Barnaba nach [B. 43.] Wie Schäflein dem Hirten, wie Kinder der Mutter, weil sie so viel Gutes in ihren Seelen von ihnen empfangen hatten. (Starke.) — Daß sie bleiben sollten in der Gnade Gottes. Anfänger haben am meisten die Ermahnung nöthig, in der Gnade zu bleiben, denn sie sind noch zarte Pfropfreiser, die der Sturm der Anfechtung leicht abbrechen kann von Christo. (Starke.) — Bleibet in der Gnade Gottes! Das ist ein Text für alle Erweckten. (Williger.)

Am folgenden Sabbat aber kam zusammen fast die ganze Stadt, das Wort Gottes zu hören. [V. 44.] Gesegneter Sabbat, der so noch gefeiert wird mit Gottes Wort statt mit Weltlust; gesegnete Stadt, die so noch zusammenkommt im Gotteshaus statt am Vergnügungsort; gesegneter Prediger, der so noch predigen darf vor einer heilsbegierigen Gemeinde statt vor leeren Bänken. — Aber wie viele Christenstädte müssen sich ihrer Sonntage schämen vor dieser Sabbatfeier im heidnischen Antiochien!

Da aber die Juden das Volk sahen, wurden sie voll Neid. [V. 45.] Der Neid der auf ihr göttliches Gnadenvorrecht hochmüthigen Juden, die sich schon über Jesu Umgang mit Zöllnern und Sündern ärgerten, gönnet weder den Aposteln den Anhang des Volks, noch den Heiden die Theilnahme am Reich Gottes. Er will nichts von Gnade für den verlornen Sohn hören, wodurch der Gottesdienst und ihre Gesetzeserfüllung allen Vorzug verlöre. Alles Widersprechen gegen das Wort der Wahrheit fließt aus dieser trüben Quelle des neidischen Hochmuths, der sich nicht beugen will unter die Geheimnisse des Evangeliums. (Leonh. und Spiegelh.) — Widersprachen und lästerten. Widersprechen geschieht noch mit einigem Schein, aber das bald dazuschlagende Lästern zeigt, was für Entzündungen aus der Hölle dahinter stecken. (Rieger.)

Paulus aber und Barnabas sprachen frei öffentlich. [V. 46.] Wie sehr fehlt es jetzt an solcher Freimüthigkeit! (Williger.) — Euch mußte zuerst das Wort Gottes gesagt werden. Nicht am eurer Würdigkeit willen, sondern wegen der Verheißungen des Gottes, der sich selbst nicht leugnen kann und auch bei unserer Untreue treu bleibt. (Leonh. und Spiegelh.) — Nun ihrs aber von euch stoßet 2c. Es ist sehr gut, wenn man bei den Verächtern der Gnade die Vorstellung anbringt, wie sie mit ihrer Verachtung nicht Gott, nicht Jesu, nicht den Lehrern, sondern sich selbst unbarmherzigen Tort erweisen. (Apost. Past.) — Alle Verächter des göttlichen Wortes achten sich selbst des ewigen Lebens unwerth, nicht daß sie es so meinen, aber daß sie es so machen. (Starke.) — Siehe, so wenden wir uns zu den Heiden! Kaufst, wer der Markt vor der Thür ist; sammelt ein, weil die Sonne scheinet und gut Wetter ist; braucht Gottes Gnade und Wort, weil es da ist. Denn das sollt ihr wissen, Gottes Gnade und Wort ist ein fahrender Platzregen, der nicht wieder kommt, wo er gewesen ist. Er ist bei den Juden gewesen, aber hin ist hin, sie haben nun nichts. Paulus brachte ihn nach Griechenland, hin ist auch hin, sie haben nun den Türken. Rom und lateinisch Land haben ihn auch gehabt, hin ist hin, sie haben nun den Papst. Und ihr Deutsche dürft nicht denken, daß ihr das Evangelium ewig haben werdet. Darum greife zu und halte zu, wer greifen und halten kann. (Luther.)

Das aber die Heiden hörten, wurden sie froh. [V. 48.] Gottlob! Allgemein ist also die im Evangelio verkündigte Gnade! Und wir wollen's wie jene Heiden machen, froh, ja von ganzem Herzen froh wollen wir daran sein, Gott zum Preis und uns zur ewigen Ehre und Freude! (Würtemberger Summarien 1786.) — Und wurden gläubig, wie viele ihrer zum ewigen Leben verordnet waren. Während Israel wie der ältere Sohn Luk. 15, 26 in seinem selbstgerechten Neide sich selber ausschließlich vom Gnadenmahl des Vaters, frohlockt die Heidenwelt über die Offenbarung der erbarmenden Liebe, die auch ihrer schon vor Jahrhunderten mit lieblichen Verheißungen gedacht hat und sie jetzt wieder betraut mit allen Rechten und Reichthümern der Kindschaft. Während es bei Israel Abend wird, jauchzen die Heiden über den Morgenglanz, der ihnen aufgeht. Die Friedenstaube des Evangeliums, wenn sie an einem Orte vertrieben wird, findet bald wieder ein Haus, da sie Junge hecket. Doch nicht Alle werden gläubig, sondern soviel ihrer verordnet waren zum ewigen Leben, die sich darum auch in die göttliche Heilsordnung des Glaubens und der Buße stellen ließen. Gottes erwählende und berufende Gnade ist zwar der alleinige Grund aller Bekehrung und Beseligung der Menschen, allein gerade unser Text zeigt an Israel, das sich durch eigene Verschuldung des Heils beraubt, daß der Menschen Verdammniß nicht ebenso wie die Verordnung zur Seligkeit auf absolutem Beschlusse Gottes beruhe. (Leonh. u. Spiegelh.)

Und das Wort des Herrn ward ausgebreitet durch die ganze Gegend [V. 49]. Das Wort des Herrn hat ein freies Geleite durch alle Welt, und keine menschlichen Hindernisse können ihm Schranken setzen. (Apost. Past.)

Aber die Juden erregten die gottesfürchtigen und vornehmen Frauen [V.50]. „Das sind Betschwestern gewesen, die sich auf ihre Andachten steiften und meinten, sie wären fromm gewesen, ehe die Neulinge gekommen seien. So wird das ehrbare und gottesdienstliche Wesen ein Riegel des Christenthums. Solche Leute sind leicht zu erregen und sprechen: Was will man denn Besseres haben als wir? Wir sind vorher schon fromm und bemüht gewesen." (Gnuer). „Die Spötter des Christenthums haben schon öfters gelästert, unsre heilige Religion sei meist durch Hülfe der Weiber ausgebreitet worden. Hier steht man auch das Gegentheil." (Apost. Past.) Per mulieres multa saepe impedimenta vel adjumenta adfer untur regno dei. (Bengel)

Sie aber schüttelten den Staub von ihren Füßen [V. 51]. Die Welt muß Proben sehen, daß man ihr nur zu ihrer Seelen Seligkeit, nicht um eigenen Nutzens willen die Wahrheit sage. Will sie den Himmel nicht haben, so behalte sie die Erde und ihren Staub. (Starke.)

Die Jünger aber wurden voll Freude und Heiligen Geistes [V. 52.] Ob wohl die Probe überall unter Erweckten gut ablaufen würde? Viele erweckte Gemeindlein giebt es in der Welt, die auseinanderfallen, sobald ihnen die Werkzeuge ihrer Erweckung genommen sind. Und wenn auch nicht Alles gar aufhört, so wird es doch lauer; die Gläubigen sagen: es ist doch nicht mehr wie sonst; die Ungläubigen: der Lärm hat aufgehört. (Williger.)

Zum ganzen Abschnitt V. 42--52. Wer ist tüchtig zum ewigen Leben? 1) Wer sich selbst des ewigen Lebens für werth achtet. 2) Wer seine Ohren dem Worte Gottes öffnet. 3) Wer den Widerspruch seines natürlichen Verstandes zum

Schweigen bringt. 4) Wer fest bleibt in der Gnade Gottes. (Langbein). Der Wanderzug des Evangeliums. 1) Nachweis desselben a. aus dem Text; b. aus der Geschichte des Reichs Gottes überhaupt. 2) Die ernste Mahnung die auch für uns darin liegt. (Leonh. u. Spiegelh.) Die verschiedene Herzensstellung zu der Predigt des Evangeliums. 1) Offene Feindschaft wider das Wort. 2) Laue Unentschiedenheit gegen das Wort. 3) Gläubige Hingabe an das Wort. (Ebend.)

Der Zorn und die Gnade, die in Gottes Reiche walten. 1) Des Menschen Wahl schließt aus [V. 46]. 2) Gottes Wahl führt herein [V. 48]. (E. Bed, Homilet. Repertorium). — An deinem Worte, Trost und Heil gehört mir mein besondres Theil. 1) Laß dir auf's neue bezeugen, daß der Rettungswille Gottes über Alle ein ebenso ernstlicher als herzgewinnender ist. V. 46. 48. 2) Laß dich auf's ernstlichste warnen vor dem Trotz, der das Heil halsstarrig von sich stößt. V. 45. 46. 3) Laß dich befestigen in dem Entschluß, den Gnadenruf deines Gottes immer sorgsamer Raum zu geben. V. 43. 4) Laß dir durch nichts nehmen die Freude, in die Gemeinschaft mit deinem Seligmacher völliger eintreten zu dürfen. V. 48. 52. 5) Laß dich brauchen dazu, auch Andere zum Herrn zu leiten. V. 45. 49. 6) Laß dir insonderheit dein Leiden dazu dienen, deinen Beruf und Erwählung festzumachen. V. 50. (A. Schmidt, Predigtk.) Am Worte Gottes werden Vieler Herzen Gedanken offenbar. 1) Der Heiden, d. h. solcher, die ihm bisher fern und fremd gewesen. V. 48. 49. a. Sie freuen sich seines Inhalts. b. Sie preisen die Gnade Gottes. c. Sie ergreifen es im Glauben. d. Sie schmecken die Seligkeit der Gläubigen. 2) Der Juden, d. h. der Selbst- und Werkgerechten, die nicht aus Gnaden selig werden wollen. V. 50. a. Sie entbrennen in Haß gegen die evangelische Botschaft. b. Sie nehmen Andere dagegen ein. c. Sie verfolgen die Boten des Heils. 3) Der Gläubigen, die des Wortes Kräfte an sich erfahren haben. a. Sie werden in ihrem Glauben durch Trübsale nicht irre. V. 51. b. Sie fühlen heilige Freude. V. 52. c. Sie wachsen in der Gnade Gottes durch den Heiligen Geist. V. 52. (Lisko). — Die Ersten sollen die Letzten und die Letzten die Ersten sein. 1) Die Ersten sind die Letzten. a. Wer sind die Ersten? Die am frühesten die göttliche Liebe erfahren haben, am reichsten mit ihren Gaben bedacht sind. b. Warum werden sie die Letzten? Weil die die erfahrene Liebe Gottes nicht zu ihrem Heil anwandten, durch ihre Gaben hochmüthig wurden. c. Wie werden sie die Letzten? Indem sie nach dem Maß ihrer geringen Treue nur eine niedere Stellung im Reich Gottes erhalten, [Matth. 20, 10], oder indem sie zum Lohn ihrer völligen Untreue [V. 45—50] von den Segnungen des Reiches Gottes ganz ausgeschlossen werden V. 46. 2) Die Letzten die Ersten. a. Wer sind die Letzten? Die später Berufenen und geringer Begabten. b. Warum werden sie die Ersten? Weil die Erkenntniß ihres Mangels sie heilsbegierig machte. V. 44. 48. c. Wie werden sie die Ersten? Indem sie selber in's Reich Gottes aufgenommen werden, dasselbe weiter ausbreiten helfen V. 49. 52. (Lisko). Zwiefacher Erfolg der Predigt von Christo. 1) Sie zieht auch die Selbstgerechten an einen Augenblick an. 2) Sie erweckt in den Vorurtheilslosen eine mächtige Sehnsucht nach Gott und ewigen Gütern (Lisko). — Die Widersacher des Evangeliums schaden nur sich selbst: 1) sie bocken auf den Grund ihres bösen Herzens V. 45; 2) sie achten — und machen — sich selbst unwerth des ewigen Lebens V. 46; 3) sie beschimpfen sich selbst durch die schlechten Waffen, womit sie kämpfen V. 50; 4) sie halten den Siegeslauf der göttlichen Wahrheit nicht auf V. 48. 49. 51. 52. — Der Neid gegen die Erfolge des Evangeliums ein Zeugniß 1) wider die Neider: ihren geheimen Hochmuth, ihr böses Gewissen, ihre innere Unseligkeit; 2) für die Beneideten: es muß etwas dran sein, eine Wahrheit, die man nicht ganz wegleugnen, ein Stachel, gegen den man nicht löcken, eine Seligkeit, die man nicht wegspotten kann. — Das ernste Abschiedswort: Wir wenden uns! — im Munde treuer Glaubenszeugen [V. 46]. 1) Nicht ein Wort feiger Menschenfurcht, sondern entschlossenen Gehorsams gegen des Herrn Wink. 2) Nicht ein Ausdruck stolzer Verachtung, sondern wehmüthigen Mitleids mit denen, die das Heil von sich stoßen. 3) Nicht eine Losung zu trägem Rückzug, sondern zu neuer Arbeit auf neuem Arbeitsfeld. — Wann ist's Zeit für einen Diener Christi, den Staub von den Füßen zu schütteln? V. 51. Wenn er 1) nicht nur freundlich angeblickt, sondern auch muthig Stand gehalten hat; 2) nicht nur von Menschen, sondern auch vom Herrn weitergewiesen wird; 3) nicht nur hie die Thür verschließen, sondern auch anderswo sie aufgethan sieht zu gesegnetem Wirken. — Israels zeitliche Verwerfung 1) von ihm selbst durch Hochmuth und Undank freventlich verschuldet, 2) vom Herrn kraft seiner Heiligkeit und Wahrhaftigkeit gerechterweise verordnet, 3) der Welt durch Ausbreitung des Evangeliums zum Segen gewendet, 4) der Christenheit ein warnendes Exempel, aber auch eine dringende Aufforderung, den verlorenen Schafen Israels in suchender Liebe nachzugehen.

## D.

### Begebenheiten in Ikonium und Lystra, Rückweg und Schluß der Reise.
#### (Kap. 14, 1—28).

1. **Erfolgreiches Wirken in Ikonium, die sie vor Mißhandlungen aus der Stadt fliehen müssen, worauf sie sich nach Lykaonien begeben. (V. 1—7).**

1 Es ereignete sich aber zu Ikonium, daß sie zu gleicher Zeit in die Synagoge der Juden
2 gingen, und also redeten, daß eine große Menge Juden und Griechen gläubig wurde. *Die ungläubigen[1]) Juden aber erregten und reizten die Seelen der Heiden gegen die Brüder.
3 *Sie hielten sich nun geraume Zeit daselbst auf, redeten offen im Vertrauen auf den

---

1) ἀπειθήσαντες ist ungleich besser beglaubigt als ἀπειθοῦντες.

Herrn, welcher für das Wort von seiner Gnade Zeugniß gab und verlieh, daß Zeichen und Wunder durch ihre Hände geschahen. \*Aber die Menge der Stadt spaltete sich, 4 und die Einen hielten es mit den Juden, die Andern aber mit den Aposteln. \*Als es 5 aber von Seiten der Heiden und der Juden nebst ihren Oberen darauf los ging, sie zu mißhandeln und zu steinigen, \*wurden sie dessen inne, und flüchteten sich in die Städte von 6 Lykaoniens, Lystra und Derbe und die Umgegend; \*und dort verkündigten sie das Evan- 7 gelium.

### Exegetische Erläuterungen.

1. Es ereignete sich aber. Κατὰ τὸ αὐτό = simul. Sie redeten also (οὕτως) d. h. in solcher Weise und mit solchem Erfolg, daß eine Menge Juden und Hellenen (welche letztere ebenfalls in der Synagoge gegenwärtig zu denken sind, also Proselyten im weiteren Sinn waren) gläubig wurden. Diejenigen Juden aber, welche damals ungläubig geblieben, dem Heilswillen Gottes ungehorsam gewesen waren (ἀπειθήσαντες), suchten hernach die Heiden aufzubringen gegen die Brüder d. h. nicht blos gegen die zwei Missionare, sondern auch gegen die neubekehrten Christen in der Stadt. Dieß gelang jedoch nicht auf der Stelle, vielmehr konnten Paulus und Barnabas eine längere Zeit hindurch ruhig in Ikonium wirken, ungehindert und freimüthig das Evangelium verkündigen ἐπὶ τῷ κυρίῳ auf Grund des Herrn, d. h. des Schutzes und Segens Christi, sofern er für das Wort von seiner Gnade, das sie verkündigten, mit Thaten Zeugniß ablegte und sie befähigte, Wunderheilungen und andere Zeichen zu verrichten.

2. Aber die Menge der Stadt spaltete sich. Jene Saat des Mißtrauens und der Bosheit wucherte indessen doch in der Stille fort; in Folge derselben ging eine Parteiung durch die Einwohnerschaft der stark bevölkerten Stadt, indem die Einen auf Seiten der erbitterten und feindseligen Juden, die Andern auf Seiten der Apostel waren. Endlich kam es so weit, daß von Seiten der jüdischen Partei mit ihren Oberen, sammt den von ihnen aufgeregten Heiden etwas im Schilde geführt wurde gegen die fremden Prediger (ὁρμή kann nicht einen Sturm bedeuten, denn dem sind ja die Bedrohten V. 6 aus dem Wege gegangen, bevor er ausbrach; die Bedeutung: Anschlag aber ist im Sprachgebrauch nicht begründet, hingegen impetus, Drang zu etwas, ist sehr häufig des Wortes). Die ἄρχοντες αὐτῶν können nicht die Stadtobrigkeit selber sein (Ewald, Apost. Zeitalter 425), denn diese würde sich nicht auf eine tumultuarische Demonstration (ὑβρίσαι κ. λιθοβολῆσαι) eingelassen, sondern die gesetzliche Maßregel, wie Ausweisung u. dergl. vorbereitet haben. Vollkommen aber paßt das λιθοβολῆσαι in den jüdischen Geschichtskreis, auch in den von Synagogen-Vorstehern und Aeltesten. Die Apostel bekamen glücklicher Weise Nachricht von dem Vorhaben und hielten es für gerathen, vor Ausbruch des Sturmes sich zu flüchten. Sie nahmen ihre Zuflucht in die Städte Lykaoniens, einer Landschaft, die nicht politisch, sondern nur ethnographisch ein Ganzes bildete; es waren die Städte Lystra, südöstlich von Ikonium, und wieder südöstlich von Lystra, Derbe ein Städtchen zur Seite des isaurischen Gebirges, beide nördlich vom Taurus, wohin sie sich begaben, um hier und in der Umgegend das Evangelium zu predigen.

### Christologisch-dogmatische Grundgedanken.

1. Dadurch, daß sie aus Antiochia durch Bosheit und Ränke der Juden vertrieben worden waren, ließ sich Paulus und Barnabas nicht abhalten, an einem andern Ort wieder zuerst in die Synagoge zu gehen und den Kindern Israels das Evangelium zu predigen. Denn durch den Widerstand der Einzelnen wird die göttliche Nothwendigkeit [Kap. 13, 46] nicht aufgehoben; Gott bleibt sich treu, Er kann sich selbst nicht leugnen. [Röm. 3, 3; 11, 29; 2 Tim. 2, 13].

2. Auch hier ist der erhöhete Erlöser der eigentlich Handelnde. Paulus und Barnabas sind seine Sendboten und Organe, sie bringen sein Evangelium, reden das Wort von seiner Gnade (ὁ λόγος τῆς χάριτος αὐτοῦ praeclara definitio evangelii, Bengel); und Er ist es, welcher für das, was sie reden, Zeugniß ablegt, als der treue Zeuge, und zwar mit Thaten. Wie Jesus selbst gelebt hat, was er lehrte, so verleiht er seinen Boten, Lebenskräfte zu erzeigen, Heilungswunder zu verrichten, zum Zeichen und Zeugniß: es ist der Herr, das Wort ist des Herrn Wort. Solche Wunder geschehen διὰ τῶν χειρῶν αὐτῶν, durch ihre Hände; sie legen die Hände auf, und Kranke werden gesund; aber sie sind es nicht, die da wirken, und denen die gesundmachende wunderbare Lebenskraft inwohnt; sondern Er ist es, der da wirkt; sie sind nur seine Organe.

### Homiletische Andeutungen.

Es geschah aber zu Ikonium, daß sie predigten in der Juden Schulen [V. 1]. Die Verfolgung zu Antiochia hat bei den Aposteln keine andere Veränderung als des Orts nach sich gezogen. Wo sie es in Antiochia gelassen, da fangen sie es in Ikonium wieder an. Sie bleiben unverrückt in demselben Sinn und demselben Geschäft, das ihnen in Antiochia so viele Leiden verursacht. (Apost. Past.) Auch aus der Juden Schulen bleiben sie nicht weg; weder ihre Liebe zu ihrem Volk, noch ihr Muth ist durch die an den Juden gemachten bittern Erfahrungen gebrochen.

Die ungläubigen Juden aber ꝛc. [V. 2.] Wer der Wahrheit nicht gehorsam wird, verfällt leicht dahin, daß er Andere davon abwendet. Er kommt selbst nicht hinein und wehret denen, die hinein wollen, ging von da an bei den neidischen Juden in Erfüllung. (Rieger). Pilatus und Herodes, Juden und Heiden werden bald Eins, wenn es gegen Jesum und seine Wahrheit gehen soll. (Starke.)

So hatten sie nun ihr Wesen — lehrten frei im Herrn, welcher bezeugete das Wort seiner Gnade — und gab Zeichen und Wunder geschehen durch ihre Hände [V. 3]. Wer Gott mit getroster Ablegung des Zeugnisses seiner Wahrheit ehret, den ehret Gott oftmals auch wieder durch ein außerordentliches Zeugniß seines Schutzes und Segens. 1 Sam. 2, 30. (Starke.) Der Herr hat Mittel genug, seinen Feinden das Maul zu stopfen. War es den Juden gelungen, der Apostel Wort verdächtig zu machen, so wurden ihnen nun Werke, Zeichen und Wunder geboten, die vor aller Welt Augen geschahen, und eine thatsächliche Predigt auch an die eben aufgehetzten Heiden wurden. (Williger.) Wie wenig die Apostel den Wundern nachgegangen, sieht man klar daraus, daß sie den Segen ihres Amtes zu Ikonien blos durch die Predigt des Evangeliums bewirkt und bereits eine große Menge belehrt hatten, ehe ein Wunder geschehen war. Sie blieben bei ihrer Predigt, und Gott that die Wunder, dem gepredigten Wort seiner Gnade ein Zeichen auszudrücken. (Apost. Past.).

Die Menge aber spaltete sich [V. 4]. Eine solche Spaltung ist einem treuen Lehrer so gar nicht unangenehm, daß vielmehr der Herr Jesus sagt: Er sei in die Welt gekommen, eine solche zu erregen. Dies Wort erfüllt der Herr, so oft er durch seine Knechte das Reich der Finsterniß erschüttert, eine selige Unruhe erweckt und die Menschen von der Ungerechtigkeit abtreten lehrt. Er wird sie auch dereinst am großen Gerichtstag mit schrecklicher Autorität vollenden. (Apost. Past.).

Als es aber — darauf los ging [da sich aber ein Sturm erhob] u. s. w. [V. 5]. Nachdem die Apostel genugsame Zeit zur Ausstreuung des Samens in Ikonien gehabt, ließ Gott die Verfolgung in einen Sturm ausbrechen, ohne Zweifel zu dem Ende, daß nun der Same weiter fortgetrieben und nach Lystra und Derben gebracht würde. (Ap. Past.). Wunderbare Gotteswege nicht nur im Siegen, sondern auch im Erliegen der Seinigen! Doch das Erliegen ist kein Erliegen. Die Nachricht von dem Plane der Feinde sehen die Apostel nur als einen göttlichen Ruf zur Weiterreise an. (Williger.)

Und entflohen [V. 6]. Man muß sich nicht allezeit Schmach und Schande anthun lassen; doch müssen wir unterscheiden lernen, was Gottes Ehre am meisten oder mindesten förderlich ist. (Quesnel.)

Und predigten das Evangelium [V. 7]. Die Apostel brachten ihre Zeit nicht mit Klagen über erlittenes Unrecht zu, es ging bei ihnen vielmehr gleich wieder an einen fröhlichen Angriff des Werks, dazu sie Gott beschieden hatte. (Rieger.)

Zu V. 1—7. Gottes Wort kommt nicht leer zurück. 1) Denn immer wird es von Vielen im Glauben aufgenommen, V. 1, wenn es frei und rein gepredigt wird, V. 3, und mit Zeichen heiligen Wandels und selbstverleugnender Liebe bei seinen Verkündigern begleitet ist, V. 3. 2) Wenn es auch nicht Alle gewinnt, V. 4, weil die Bosheit Mancher Anderer vom Glauben zurückhält, V. 2, und alle ungöttlich gesinnten Herzen in der Feindschaft gegen das Evangelium eins werden, V. 5.

3) Aber die Feindschaft gegen das Wort dient selbst dazu, es weiter zu verbreiten V. 6, 7. (Lisko). — Wenn sie euch in einer Stadt verfolgen, so fliehet in eine andere. 1) Die Prediger unter den Heiden sollen nicht hartnäckig dableiben, wo ihre Predigt verfolgt wird, (wo nämlich das Bleiben Gott versuchen hieße.); 2) die Verfolgung darf sie nicht abschrecken, stets neue Versuche zu machen. (Derf.) — Vom rechten Martyrthum. 1) Worin besteht es? a. Nicht in der Größe der äußeren Leiden, die der Mensch um des Glaubens willen erlitten, sondern im Maß der Treue, die er um Christi willen bewiesen hat. b. Die Apostel warten ihres Amts mit Ausdauer und freudigem Muth V. 1. 3, darin liegt ihre Treue. c. Die Apostel verlassen die ihnen lieb gewordene Stätte, sobald sie inne werden, daß der Herr sie hier nicht mehr brauchen kann V. 5. 6. 2) Wodurch wird es so schwer? a. Weil es an sich nichts trägt, was der feineren Selbstsucht schmeicheln könnte. Es fehlt ihm der Nimbus vor der Welt, denn die Treue kleidet sich in's Gewand der Alltäglichkeit. b. Weil es am gründlichsten den Eigenwillen bricht. Denn Aposteln wäre vielleicht Sterben leichter gewesen als fliehen, wie einst der Täufer die aufopferndste Thätigkeit für Christum leichter gefunden hätte, als das thatenlose Schmachten im Gefängniß. 3) Worin liegt sein Segen? a. Es bringt zuwege, daß Gottes Wille geschehe, nicht des Menschen. b. Darum ist es auch reich an Früchten aller Art. Die Predigt der Apostel wirkt Glauben V. 1. Der Herr bekennt sich zu ihnen V. 3. Ihre Flucht wird zum Segen; sie dürfen das Wort weiter hinaustragen V. 7. (Lisko). Die gesegneten Spaltungen in der Gemeinde V. 4. 1) ihre Ursache: die entschiedene Predigt des göttlichen Wortes, das ja ist lebendig und kräftig und schärfer, denn kein zweischneidig Schwert. 2) Ihre Frucht: die Sichtung der Gemeinde; der Grund bei der Herzen wird aufgedeckt, im Kampf bewährt sich die Wahrheit, erprobt sich der Glaube, befestigt sich die Liebe, erbaut sich die Kirche. — Die erlaubte flüchtige Gottesknechts, die da geschieht 1) nach dem Kampf wie bei Paulus und Barnabas, [V. 1—4] nicht vorher, wie bei Jonas; 2) im Gehorsam gegen den Herrn, nicht aus Menschenfurcht und Fleischeszärtlichkeit; 3) mit den Waffen in der Hand; wie die Apostel fortfuhren zu predigen mit ungebrochenem Glaubensmuth, nicht nach weggeworfenen Waffen; 4) auf einen neuen Kampfplatz (gen Lystra und Derbe) nicht in's Unbelager. — Wie Gottes Knechte im Erliegen siegen. 1) Innerlich: ihr Glaubensmuth bleibt ungebrochen bei äußerer Trübsal und Schmach; 2) äußerlich: die gerechte Sache kann nicht untergehen; hier verjagt findet sie anderswo Raum; jetzt unterdrückt erhebt sie später sich auf's neue; 3) ewig: dem treuen Kämpfer ist die himmlische Siegeskrone verheißen.

**2. Die Heilung eines Lahmen in Lystra gibt Anlaß zu vergötternder Verehrung, welche Paulus und Barnabas kaum abwehren; dessenungeachtet wird Paulus nachher, auf Anstiften von Antiochia und Ikonium aus, beinahe getödtet. (C. 8—20.)**

8 Und ein Mann zu Lystra, kraftlos in seinen Füßen, saß da, lahm von Mutterleibe
9 an[1]), der noch niemals hatte gehen können. *Dieser hörete[2]) den Paulus reden; der

---

1) Plusq. περιεπατήκει ist dem Aor. περιεπάτησεν von Lachmann und Tischendorf vorgezogen worden, letzteres entspricht der üblichen Ausdrucksweise in Relativsätzen, und wurde deshalb von Abschreibern statt Plusq. gesetzt.

2) ἤκουσε steht zwar nur im Cod. B. C., daher ziehen Lachmann und Tischendorf den Aor. ἤκουσε, der in den mei

sah ihn scharf an und bemerkte, daß er Glauben hatte, geheilt zu werden. *und 10 sprach mit lauter Stimme: Stehe auf deine Füße aufrecht! *Und er sprang auf und 11 wandelte. Als aber die Volkshaufen sahen, was Paulus gethan hatte, erhoben sie ihre Stimme und sprachen auf lykaonisch: die Götter sind den Menschen gleich geworden und zu uns herniedergestiegen. *Und nannten den Barnabas Zeus, den Paulus aber Hermes, 12 weil er es war, der das Wort führte. *Der Priester aber des Zeus, welcher vor ihrer 13 Stadt war, brachte Stiere und Kränze vor das Thor und wollte sammt dem Volk opfern. *Als das die Apostel, Barnabas und Paulus, höreten, zerrissen sie ihre Kleider, 14 sprangen hinaus¹) unter das Volk, *schrieen und sprachen: Ihr Männer, was machet ihr 15 da? Auch wir sind Menschen gleichen Geschickes wie ihr, die euch verkündigen, daß ihr von diesen nichtigen zu dem lebendigen Gott euch kehren sollt, der Himmel und Erde und Meer und Alles, was darin ist, gemacht hat, *welcher in den vergangenen Zeitaltern 16 hat lassen alle Völker ihre Wege gehen; *wiewohl²) er sich selbst nicht unbezeugt gelassen 17 hat, indem er Gutes that, vom Himmel her uns Regen und fruchtbare Zeiten gab, unsere Herzen mit Nahrung und Fröhlichkeit erfüllet. *Und mit diesen Worten vermochten 18 sie kaum die Volksmenge abzuhalten, daß sie ihnen nicht opferte. — *Es kamen aber 19 dahin von Antiochia und Ikonium aus Juden, die überredeten die Menge, und sie steinigten den Paulus, und schleppten ihn vor die Stadt hinaus, in der Meinung³), er sei gestorben. *Als ihn aber die Jünger umringten, stand er auf und ging in die Stadt 20 hinein, und am Tage darauf ging er aus mit Barnabas nach Derbe.

### Exegetische Erläuterungen.

1. **Ein Mann aus Lystra.** Lukas erzählt mehrere Einzelheiten: 1) Die Heilung eines Lahmen durch Paulus V. 8—10; 2) den dadurch veranlaßten Versuch der Bevölkerung, die beiden Sendboten als Götter mit Opfern zu ehren, was sie nur durch das entschiedenste Einschreiten und Zeugniß verhüten können, V. 11—18; 3) die spätere, durch Aufstachelung auswärtiger Juden angestiftete Mißhandlung des Paulus, die ihm fast das Leben kostete (V. 19 f.). Die Heilung des Lahmen hat mit der Kap. 3, 2 ff. durch Petrus in Jerusalem verrichteten Aehnlichkeit. Der unglückliche Mann in Lystra war, wie jener in Jerusalem, von Geburt an lahm, hatte nie das Gehen gelernt und mußte sitzen (ὑπάρχω, saß da, nicht: wohnte in Lystra, Kühnol). Der hörte nun dem Paulus immer zu, wenn er redete (das kritisch bevorzugte Imperfect ἤκουε drückt die längere Dauer, also hier das anhaltende gespannte Zuhören aus). Paulus, dem dies auffiel, faßte ihn scharf in's Auge (ἀτενίσας), um wo möglich seinen Seelenzustand von ihm vorgebe kennen zu lernen, und erkannte durch diesen Anblick, daß der Mensch Glauben habe, geheilt zu werden (τοῦ σωθῆναι ist die Ergänzung zu πίστις, gibt den Gegenstand seines glaubensvollen Vertrauens an). Vermuthlich erregte der Vortrag des Paulus, in Verbindung mit seiner ganzen Persönlichkeit, das Zutrauen zu diesem Mann, daß er ihm helfen könne und werde. Und diese Gesinnung ersah der Apostel aus seinem Aeußeren. Der Lahme schloß von dem Innern auf's Aeußere, so daß er Heilung seiner Leibesschwäche mit Zuversicht hoffte; der Apostel schloß von dem Aeußern des Unglücklichen auf's Innere, so daß er sich überzeugte, seine Seele sei glaubensvoll. Darin liegt ein Unterschied zwischen diesem Vorgang und dem am Tempelthor zu Jerusalem. Jener Lahme zu Jerusalem begehrte und hoffte weiter nichts, als ein Almosen zu empfangen, selbst noch, als Petrus ihn aufforderte, ihn selbst und Johannes recht anzusehen, Kap. 3, 3—5. Aber dieser hier, welcher schon ein aufmerksamer und heilsbegieriger Zuhörer des Paulus gewesen war, hatte bereits die glaubensvolle Hoffnung gefaßt: der Mann wird mir helfen. Da ruft ihm der Apostel laut den verheißungsvollen Befehl zu, aufzustehen und aufrecht auf seine Füße zu treten. Hierbei hat er nicht, wie Petrus Kap. 3, 6, den Namen Jesu genannt, in dessen Vollmacht der Zuruf ergehe, in dessen Kraft er es werde thun können; eben weil der Arme schon aus dem Vortrag Jesum als den Heiland kennen gelernt hatte. Wiederum ein Unterschied. Auf den Zuruf hin sprang der Mann mit einem Mal auf (ἥλατο Aor.) und ging hin und her (Imperf. περιεπάτει). Ein dritter Unterschied liegt darin, daß Petrus jenen bettelnden Lahmen an der Hand griff und ihm aufhalf, während dieser hier, ganz ohne Nachhülfe, von selbst aufzuspringen vermochte.

2. **Als aber die Volkshaufen sahen.** Höchst merkwürdig und einzig in seiner Art ist der Eindruck, welchen diese Wunderthat auf die, wie es scheint, zahlreich versammelte heidnische Volksmenge hervorbrachte. Die Heilung des Lahmen erschien ihnen so wunderbar, so rein göttlich, daß sie auf den Gedanken geriethen, die Männer, die mit so himmlischer Lehre und übermenschlichen Kräften gekommen, seien selbst nichts Geringeres als Götter in Menschengestalt. Und so riefen sie denn, nachdem etwa Einzelne die Vermuthung geäußert hatten, mit lauter Stimme allesammt, als wäre es eine ausgemachte Wahrheit, aus: die Götter sind Menschen ähnlich geworden und zu uns

---
sten Handschriften steht, vor. Allein da die Erzählung sonst nur im Aoristen sich bewegt, so ist eher der Aor. auch hier gesetzt, als, wenn er ursprünglich stand, in Imperf. verwandelt worden, das Imperf. daher für Acht zu halten.
1) ἐξεπήδησαν ist unbedingt dem εἴσαν, vorzuziehen, welches Letztere nur wenige spätere Hdd. haben.
2) καίτοιγε ist für Acht zu halten; die abweichenden Lesarten lassen entweder τοι oder γε weg.
3) νομίζοντες, part. praes., ist besser beglaubigt, als νομίσαντες.

herniedergekommen; und zwar legten sie dem Barnabas den Namen Zeus bei, dem Paulus den des Hermes, weil Paulus ὁ ἡγούμενος τοῦ λόγου, der Wortführer war, und Hermes war ja der geschäftige Götterbote und beredte Herold und Dolmetscher der Götter. Warum sie den Barnabas für Zeus selbst hielten, gibt Lukas nicht an; ohne Zweifel hielt er sich in gemessener Ruhe und erschien deßhalb, vielleicht auch als der Aeltere, und um seines imponirenden Aeußeren willen (Chrysostomus: ἀπό τις ὄψεως ἀξιοπρεπής), als der vornehmere Gott. Daß sie aber das Männerpaar gerade für Zeus und Hermes hielten, erklärt sich aus dem örtlichen Kultus beider Götter, von denen Zeus B. 13 einen Tempel vor der Stadt hatte, während gerade in jenen phrygischen Gegenden die Sage vom Erscheinen des Zeus und Hermes in Menschengestalt, wo sie denn einmal von Philemon und Baucis beherberget wurden, verbreitet war [Ovid, Metamorph. VIII, S. 621—726]. Ewald äußert [Ap. Zeitalter S. 416, Anm. 1] die treffende Vermuthung, daß diese Sage am Tempelfest des Zeus jährlich wiederholt worden, und dadurch die Leute um so eher auf jene Meinung von Barnabas und Paulus gekommen seyen. Lukas bemerkt V. 11, daß die Menge ihren vergötternden Jubel zwar laut, aber in λυκαονιστί, in ihrer lykaonischen Muttersprache ausgernfen habe. Diese Notiz hat die pragmatische Beziehung, zu erklären, warum die Apostel nicht auf der Stelle Einsprache gethan und es bis nahe zum Opferakt haben kommen lassen; sie verstanden nicht, was die Leute wollten, weil sie nicht griechisch, sondern in der ihnen unbekannten Provinzialsprache redeten. Welchem Sprachstamme die letztere angehört hat, ist nicht auszumachen; daß sie nur ein verdorbenes Griechisch gewesen, oder eine Tochtersprache der Assyrischen ꝛc., sind bodenlose Vermuthungen. Wenn man aber neuerdings diese ganze Notiz für erdichtet ausgegeben hat (Zeller), so ist im Gegentheil die Sache selbst höchst natürlich, weil erfahrungsgemäß und psychologisch gerade im Affekt die Muttersprache vor einer erlernten Kultursprache sich vorzudrängen pflegt. Als aber der Priester des Zeus, welcher seinen Tempel und sein Götterbild vor der Stadt hatte, Opferthiere und Kränze zum Weiheschmuck des Opfers und Altars vor die Thore (der Stadt) brachte und im Begriff war, sammt den Volkshaufen, den vermeintlichen Göttern, welche die Stadt mit ihrer Erscheinung beglückt hatten, feierliche Opfer der Anbetung zu bringen: da erfuhren es die Apostel, zerrissen vor Schmerz und Entrüstung über die Sünde der Abgötterei, welche begangen werden sollte, ihre Kleider, sprangen in voller Hast hinaus vor das Thor (ἐξεπήδησαν) unter die zu dem Opferakt versammelte Menge und schrieen im Affekt und Eifer derselben abwehrend zu.

3. **Ihr Männer, was machet ihr da?** Der anfangs hastige, heftige Zuruf ging sofort in eine Ansprache über (λέγοντες), ὁμοιοπαθεῖς ὑμῖν ἄνθρ., die Götter sind auch den Heiden ἁπαθεῖς, selig, unsterblich, bedürfnißlos; wir sind so gut als ihr allerlei Leiden, Krankheiten, ja dem Tode unterworfene Menschen. Κὐαγγελιζόμενοι ὑμᾶς bezeichnet den Zweck ihrer Ankunft: nicht um göttliche Ehre zu empfangen, sondern um euch die frohe Botschaft zu bringen, daß ihr von diesen nichtigen Göttern (τούτων, nicht Neutr., sondern Masc.,

mit Hindeutung auf den Zeustempel mit seinem Götterbild) zu dem lebendigen Gott umkehren sollt, was zugleich ein Dürfen, eine freundliche Einladung, eine glückliche Erhebung ist (εὐαγγελιζ.). Der lebendige Gott, im Gegensatz gegen die leblosen Götterbilder und die eingebildeten Göttergestalten, ist zugleich der Schöpfer des Himmels, der Erde und des Meeres, des dreifachen Weltgebietes, von denen jedes bei den Heiden seine besonderen Götter hatte.

4. Die Forderung der Umkehr (ἐπιστρέφειν) zu dem lebendigen Gott setzt voraus, daß der bisher eingeschlagene Weg ein Irrweg war. Wie ist es damit? Paulus sagt in schonender Weise: Gott hat bisher zugelassen, daß alle Völker ihre Wege gingen. Daß diese Wege Irrwege waren, ist nicht ausdrücklich gesagt, aber für den, der sie versteht nicht, hinlänglich angedeutet. Dennoch hat Gott auch in diesem Zeitraum sich nicht unbezeugt gelassen; die Zeugnisse von ihm selbst waren lauter Wohlthaten (ἀγαθοποιῶν) im Gebiet der Natur und des leiblichen Lebens (ὑετούς, καιροὺς καρπογ. ꝛc.), aber alles das hat er οὐρανόθεν gegeben, um die Menschen zum Himmel, der ja Gottes Wohnung ist, zu ziehen. Dahin sollte die Freude das Herz ziehen, vermöge des Dankes. Indem aber gesagt wird, Gott habe die Herzen mit Speise erfüllt, ist das Ineinandergreifen des Leiblichen und Geistigen vorausgesetzt; das Herz, als der Sitz der seelischen Empfindungen, wird allerdings durch Genuß der Nahrung und durch das Gefühl der Sättigung und Befriedigung mit Frohsinn erfüllt.

5. **Es kamen aber dahin.** Das Hinzukommen etlicher Juden aus dem pisidischen Antiochien und aus Ikonium V. 19 (ἐπῆλθον, zu den dort einheimischen Einwohnern) war ohne Zweifel nicht zufällig, sondern durch borthin gelangte Nachrichten über die Erfolge der Apostel in Lystra veranlaßt; man wollte ihre Wirksamkeit auch hier durchkreuzen. Und es ist ein ächtes Zeichen von der wetterwendischen Gesinnung der Menge (V. 18 u. 19 beidemal ὁ ὄχλος), daß sie sich so ungeheuer umstimmen ließ durch Einflüsterungen und Vorstellungen (πείθειν), benjenigen mit Steinen halb todt zu werfen, welchem man nur vorher göttliche Ehre und Opfer zugedacht hatte. Daß das Werfen mit Steinen von den Juden ausgegangen ist, läßt sich vermuthen, ist auch vermöge des Sachbaues benjeben zugeschrieben, wiewohl sie Sinn offenbar ist, die Lystrenser selbst haben, durch jene aufgereizt, auch mitgemacht. Die Jünger, b. h. die neubekehrten Einwohner von Lystra stellten sich um den todtgeglaubten Paulus, wohl nicht, um ihn zu begraben (Bengel), aber auch nicht, um ihn zu beschützen (Ewald), sondern nur um zu sehen, ob er noch lebe und ob ihm noch zu helfen sei. Da richtete sich Paulus wieder auf und begab sich in die Stadt, verließ dieselbe aber gleich den folgenden Tag und begab sich weiter nach Derbe. S. oben S. 199 zu V. 7.

**Christologisch-dogmatische Grundgedanken.**

1. Paulus sah dem lahmen Menschen seinen Glauben an, daß ihm würde geholfen werden. Dieser Seelenzustand war der Mittelpunkt und der Wendepunkt der ganzen Ereignisse. Der Glaube kommt aus dem Wort; wie hier der Glaube, das zutrauensvolle Hoffen der Errettung und Hülse, aus dem Hören des Wortes erwachsen ist, so er-

wächst der Glaube, wo er sich regt, aus der Predigt des Evangeliums, Röm. 10, 14. 17. Und wenn auch der Glaube zunächst nicht den Mittelpunkt der Erlösung, das geistige und sittliche Seelenheil erfaßt, sondern mehr an der Peripherie, oder nur an dem Leiblichen haftet: gründet er sich nur auf den Heiland, so ist er doch ein gottgefälliges Ergreifen des Heils. Ist doch die σωτηρία selbst nicht etwas einseitig Geistiges, sondern umfaßt Leib, Seele und Geist; und so gut die Erlösung von dem Geist kann bis zum Leib durchdringen, heiligend, verklärend, erlösend, so gut kann auch das σωθῆναι [V. 9] mit dem Leib seinen Anfang nehmen und zur Seele und zum Geist fortschreiten.

2. Die Vergötterung der Apostel entsprang aus einer Vermischung heidnischen Aberglaubens mit Wahrheit. Die Wahrheit war der Eindruck göttlicher Allmacht und Gnade, die in's Leben eingriff. Und dies war ja der Kern bei der Heilung des Lahmen; denn dies war ja doch eine wunderbare und gnadenvolle Gottesthat. Aber mit dieser Wahrheit vermischten sie sofort ihren abergläubischen, polytheistischen Wahn von Zeus und Hermes und von Erscheinungen ihrer Götter in Menschengestalt (in doketischer Weise). Daß sie den vermeintlichen Göttern auf der Stelle opfern wollten, war eine natürliche Folge aus jener Auffassung. Wie konnten sie Dank, göttliche Ehre mit Anbetung anders ausdrücken? Wir sehen in die Genesis des Heidenthums selbst durch das Medium dieses Vorgangs hinein. Reinen Wahn und bloßen Irrthum und Sünde darin zu sehen, sind wir nicht berechtigt. Immer haftet der heidnische Irrthum an einer Wahrheit. Ein ächtes, wahres Gefühl, eine richtige Beobachtung oder Ahnung des Göttlichen liegt zu Grunde. Aber es wird ein übereilter Schluß daraus gezogen; das Natürliche, Kreatürliche, worin Gottes Macht, Güte, strafende Gewalt ꝛc. sich offenbart, wird sofort vergöttert; und die Naturreligion, der Polytheismus, das Heidenthum ist da.

3. Der Charakter der Apostel bewährt sich in dieser Geschichte. Sie handeln in einer ähnlichen Lage ganz entgegengesetzt, wie Herodes Antipas. Dieser hatte kein Wort der Abwehr und Einsprache, als das Volk ihn vergötterte, Kap. 12, 22 f. Die Apostel haben auf der Stelle mit schmerzlicher Entrüstung so rasch, als nur möglich war, und so energisch sie konnten, protestirt, um die Sünde der Abgötterei von sich selbst, denen göttliche Ehre zugedacht war, und von denen, welche solche Ehre erweisen wollten, abzuwenden. Und doch lag keine geringe Versuchung in der Sache. Sie konnten denken, man müsse das heidnische Vorurtheil schonen, es sei ja doch ein Fünklein Wahrheit darin; die Hochachtung vor ihrer Person könne der Sache des Evangeliums Vorschub leisten, ja der Wahn von der Götterscheinung auf Erden komme der Lehre von Christo, dem Sohne Gottes zu gut. Allein das wäre doch nichts Anderes gewesen, als vorauszusetzen, daß der Zweck die Mittel heilige. Wie oft hat man so gehandelt! Und stets zum Nachtheil der Wahrheit und der Ehre Gottes, die man zu befördern gedachte. Die Apostel greifen rasch durch, zerhauen das sich bildende Gewebe des Wahns, anstatt dasselbe zu vollenden; und den Aufrichtigen läßt es Gott gelingen.

4. Den praktischen Zweck, die sündliche Abgötterei abzuwehren, erreichten die Apostel durch eine zugleich für die Erkenntniß belangreiche Erinnerung. Weil ein Irrthum nicht anders mit Erfolg bekämpft werden kann, als dadurch, daß ihm die positive Wahrheit entgegengestellt wird, so bleibt der Apostel Paulus — (denn wir werden nicht irren, wenn wir ihm vorzugsweise die von Lukas angedeuteten Gedanken zuschreiben) — nicht lange bei der Verneinung stehen, sondern geht rasch zur Entwicklung der Wahrheiten über, wie sie hier zur Sprache kommen mußten. Und zwar sind dies folgende: a. Der Begriff des lebendigen Gottes, im Gegensatz gegen die μάταια; und da sind ohne Zweifel die Merkmale der Wirklichkeit, oder des realen Seins und der absoluten Lebenskraft und Selbstbestimmung der Hauptgehalt, während der Singular ὁ θεός, im Gegensatz gegen den Plural τὰ μάταια ταῦτα, die Einheit Gottes, den Monotheismus bezeugt. b. Der Begriff der Weltschöpfung, als freier, selbstständiger That Gottes, wodurch schlechthin Alles, was ist, gesetzt und in's Dasein gerufen ist. Letzterer Satz [V. 15] ist zugleich mittelbar ein Protest gegen jede Kreaturvergötterung. c. Die Selbstoffenbarung Gottes, wie sie an alle Menschen ergeht und von jeher ergangen ist, und zwar durch Wohlthaten auf dem natürlichen Gebiet, V. 17. d. Die Theilung der Zeiten in der Menschengeschichte in zwei Hauptzeiträume, in die vorchristliche und christliche Zeit; der letzteren gehört die Botschaft des Evangeliums an, welche Umkehr begehrt, V. 15 (εὐαγγελιζ. ꝛc.); die vorchristliche Zeit hingegen unterscheidet sich durch die Freiheit, die Gott allen Völkern gelassen hat, auf ihren Wegen zu gehen, V. 16. Offenbar läßt sich das εἴασε πορεύεσθαι nicht mit der prädestinatianischen Ansicht vereinigen, als ob die Verirrung der Heiden das Werk göttlicher, unbedingter Verfügung gewesen sei; vielmehr bezeugt es deutlich genug die Freiheit der Selbstbestimmung und Entwicklung, welche Gott zugelassen und eingeräumt hat, damit sie selbst erfahren, wie weit sie kommen.

Es fällt in die Augen, daß diese Gedanken ächt paulinisch sind. Insbesondere ist die Anschauung der Weltgeschichte, wie sie durch die Erscheinung Christi sich in Alterthum und christliche Offenbarungszeit theilt, sowie der Wink von der Selbstbezeugung und Offenbarung Gottes durch Mittel der Natur, dem Apostel Paulus eigenthümlich. Und die Zeugnisse von dem einen lebendigen Gott und der Schöpfung aller Dinge durch ihn, welche durch die augenblickliche Lage und den praktischen Zweck dringend nahe gelegt waren, gehörten zwar nicht in die Reihe derjenigen Lehrstücke, wodurch sich Paulus von anderen Aposteln eigenthümlich unterscheidet, gar gewisser aber zu denen, welche er als unveräußerliche Grundwahrheiten auch des Evangeliums festhält.

#### Homiletische Andeutungen.

Lahm von Mutterleibe. [V. 8.] Die dritte Heilung eines Lahmen in der Apostelgeschichte; Kap. 3 u. 9, 30 ff. Die Heilungen gerade solcher Kranken sind besonders bedeutungsvoll; ein Zeichen davon, was geistlich geschehen muß. Wenn die Augen und Ohren für's Evangelium aufgethan, die Herzen erweckt sind, so ist es damit noch nicht genug. Die Erweckten müssen lernen im Lichte wandeln, 1 Joh. 1, 7, und gewisse Tritte mit den Füßen thun, Hebr. 12, 13. (Williger.)

Und als er ihn ansah und merkte, daß er glaubte; ihm möchte geholfen werden. [V. 9.] Sah hier der Apostel so genau auf das glimmende Fünklein des Glaubens in dem Herzen des Armen, wie mögen die allsehenden Augen des Herrn auf dasselbe in uns sehen! „Herr, deine Augen sehen nach dem Glauben!" (Apost. Past.) — Das Wesentliche des wahren Glaubens ist ein Verlangen und Vertrauen, „daß uns möchte und könnte geholfen werden." Hierdurch unterscheidet sich derselbe sowohl von der todten Wissenschaft, als von übertriebenem Gefühlswesen. (Ebend.) Dies ist eines von den Schriftexempeln, woraus man die wechselseitige Einwirkung erläutern kann, die oft des Einen Wort in des Andern Glauben, und hinwiederum des Einen Glauben in des Andern Herz hat, wie auch umgekehrt Äußerer Unglaube Einem gleichsam ein Schloß und Band anlegen kann, daß man nicht wohl etwas zu reden oder zu wirken vermag. (Rieger.)

Sprach er: stehe auf deine Füße! — Und er sprang auf und wandelte. [V. 10.] Der Apostel brauchte nur zu sagen: stehe auf deine Füße! Es war ein: „im Namen Jesu Christi" (Kap. 3, 36) hier nicht mehr nöthig. Christus war (durch den vorangegangenen Vortrag des Apostels und den Glauben des Lahmen) bereits da, hatte seine Kraft an Seele und Leib des Kranken bewiesen; es war nur noch die Ermahnung nothwendig, daß er durch sein Aufspringen einen Beweis gebe, was der Herr an ihm gethan hatte. (Williger.)

Die Götter sind den Menschen gleich worden und zu uns herniedergekommen. [V. 11.] Haben die Heiden aus angemeinen Wohlthaten und Wirkungen Gott als den Urheber erkannt, was ist dann von den Christen zu halten, welche, was nicht erkennen, noch verstehen, gleich verläßern? (Starck.) — Es blickt durch diese heidnischen Fabeln von Göttererscheinungen eine Ahnung der Wahrheit, nach rückwärts eine unbewußte Erinnerung an das Glück des Paradieses, wo Gott noch mit den Menschen menschlich verkehrte, nach vorwärts ein unverstandener Fingerzeig auf Wiederherstellung der gefallenen und verwüsteten Schöpfung durch die Menschwerdung Gottes in Christo. (Langbein.) — Die Leute merkten an den Aposteln etwas Göttliches, allein anstatt die Göttlichkeit ihrer Lehre und ihres Amtes zu erkennen, fallen sie auf die Vergötterung ihrer Personen, um die Wunderkräfte der Apostel mit ihrem Aberglauben zu reimen. So geht es der blinden Welt, wenn sie von göttlichen Dingen urtheilen soll. (Apost. Past.) — Die fleischliche Vernunft hätte vielleicht geglaubt, dies Vorurtheil als Mittel gebrauchen zu können, dem Evangelium Eingang zu verschaffen und die Lehre von der Menschwerdung des Sohnes Gottes darauf zu bauen. Allein wie göttlich werden diese falschen Mittel und thörichten Künsteleien von den Aposteln verachtet. Das Evangelium braucht keine krummen Wege zu seiner Ausbreitung. Sie haben nicht nur in göttlicher Kraft, sondern auch in göttlicher Lauterkeit gepredigt. (Ebend.) — Die Apostel hätten leicht an die Stelle der Götzen kommen können, die sie stürzten. Aber da haben sie lieber merken lassen, in welch irdenes Gefäß Gott seinen Schatz gelegt. Es hat auch heutigen Tages noch Gefahr, daß Manche sich nicht zu ihrem Pfarrer wie zu einem neuen Götzen bekehren. Die jetzige Welt kann ihre Ehrenbezeugungen seiner anbringen, als diese Leute mit ihren Ochsen und Kränzen, aber ihr Rauchwerk des Lobes ist desto giftiger, wenn sie einen damit abfangen will. Wo der Herr Jesus nicht in Ansehen zu bringen ist, da sollen wir lieber auch nichts gelten wollen. (Rieger.) — Kreaturen- und Menschenvergötterung ist der Grundcharakter alles Heidenthums alter und neuer Zeit. Denn das ist der schmachvolle Fluch, der alle Verächter des menschgewordenen Gottessohnes trifft, daß sie sich mit ihrem Meinen, Wissen und Thun also an menschlicher Führer verklammern, als wären es Götter vom Himmel, daß sie mit großen Geistern, kriegerischen Helden und phantasiereichen Dichtern einen solchen unchristlichen „Kultus des Genius" treiben, als wären diese die Heilande und göttlichen Urbilder der Menschheit. (Leonh. und Spiegelh.)

Da das die Apostel hörten, zerrissen sie ihre Kleider ꝛc. [V. 14.] In Leiden und Verfolgungen dulden die Apostel still und ruhig, wie Schlachtschafe, aber wo fleischlicher Aberglaube sie mit ungebührlichen Ehren überschütten will, da wehren sie sich aus allen Kräften, wie gegen verfängliche Satansschlingen. „Dies ist der heilige Zorn, von dem Gottes Knechte entbrennen sollen, so oft sie seine Ehre schänden sehen. Es wird nicht leicht Jemand aufrichtigen Herzens Gott dienen, wenn er nicht von der heiligen Eifersucht beseelt ist, von der Paulus 2 Cor. 11, 2 spricht, daß er über Vertheidigung der Ehre seines Herrn ebenso beharrlich und thätig wache, wie ein Ehemann über der Treue seines Weibes." (Calvin.) — Was aber würden diese Apostel thun, wenn sie die Verehrung ihrer vermeinten Gebeine, bei welcher ihrer Bilder und den Götzendienst sähen, der mit ihnen heutzutage getrieben wird? (Leonh. u. Spiegelh.)

Wir sind auch sterbliche Menschen, gleich wie ihr. [V. 15.] Es hat seinen besondern Segen, wenn sich die Lehrer, an denen die Seelen so viel Göttliches erblicken, in die Klasse der untersten Sünder herabsetzen und ihnen bezeugen, daß sie eben solche arme, verdorbene Menschen sind, wie Alle, und nur durch die Gnade des Herrn gebessert werden. Die Unbekehrten bekommen dadurch Lust und Hoffnung zu ihrer Errettung, die Erweckten aber werden dadurch verwahrt, daß, wenn sie etwas Menschliches an dem Lehrer merken, sie nicht sofort irre werden. (Apost. Past.) — Dem Christen ist mit Lobeserhebungen nie gedient; dem Paulus that es selbst wehe, als einmal eine Magd ein groß Geschrei erhob, ihm allenthalben nachfolgte und rief: diese Menschen sind Gottes Knechte, des Allerhöchsten, die euch den Weg der Seligkeit verkündigen! Der Christ vergißt nie, daß er eine Blume, ein Schatten, ein Nichts ist ohne Gottes Gnade. So man darum etwas aus ihm machen will — aus seinen Eigenschaften, Almosen, Thaten, Verdiensten, — da spricht er: ich bin auch ein sterblicher Mensch! (Leupold.) — Wir predigen euch das Evangelium, daß ihr euch bekehren sollet von diesen falschen zu dem lebendigen Gott. Mit dieser Predigt traten die Apostel in den offenen Gegensatz gegen das Heidenthum, dessen falsche Götzen nichts Anderes sind, als die Kräfte der Natur, deren Anbetung eine immer mehr sich vervielfältigende und zersplitternde Abirrung von der Wahrheit ist. Aber auch mitten in der Christenheit ist das Evangelium von dem alten Kampf gegen den Naturdienst noch nicht entbunden. Bald offener, bald verdeckter tritt uns die Vergötterung der Natur entgegen. Tausendmal hört man von der Natur, von der Schöpfung, vom Himmel reden, ehe nur einmal der persönliche dreimal heilige Gott genannt wird. Erst hat man den zweiten Artikel beseitigt, nun kann man auch den ersten Artikel nicht mehr halten; denn wer den Sohn nicht hat, sagt Johannes, der hat auch den Vater nicht. (Langbein.)

Er hat die Heiden wandeln lassen ihre eigenen Wege — und sich selbst nicht unbezeugt gelassen. [V. 15—17.] Daß Gott die Heiden ihre eigenen Wege gehen ließ, die Wege des Hochmuths und Ungehorsams, und eben deßwegen des Todes und Verderbens, darin zeigt sich zunächst seine züchtigende Gerechtigkeit, aber auch seine Liebe und Erbarmung ist darunter verborgen, welche durch die bittere Frucht der Sünde die Herzen begierig nach dem Heil und empfänglich für die Gnade machen will. Und auch dieses „wandeln lassen ihre eigenen Wege" schloß nicht eine Beaufsichtigung dieser Wege von Seiten Gottes aus. Während die Juden die Bestimmung empfangen hatten, zu versuchen, ob sie mit ihrem eigenen Willen Gottes Willen würden erreichen können, so sollten die Heiden sehen, ob sie mit ihrer eigenen Weisheit Gott in seiner Weisheit erkennen würden. Aber wie Gott dem schwachen Willen der Israeliten so oft durch Ernst und Güte zu Hülfe kam, so ließ er auch die Finsterniß des Heidenthums nicht ohne alles Licht. Selbst die natürlichen Wohlthaten Gottes waren Stimmen genug, um den schlummernden Gedanken an den Einen wahren Gott wenigstens bei ernsteren Heiden anzuregen. — Unsere Herzen erfüllet mit Speise und Freude. Regen und fruchtbare Zeiten gibt Gott nicht blos zur Sättigung des Leibes, sondern auch die Herzen sollen durch den irdischen Segen erquickt werden, daß sie mit dankbarer Freude dem Herrn lobsingen und seiner Güte trauen. (Leonh. und Spiegelh.)

Und da sie das sagten, stilleten sie kaum das Volk. [V. 18.] Wie zerarbeiten sich doch die Menschen im Dienste der falschen Götter, während sie dem wahren, lebendigen Gott nicht gern eine Stunde in der Woche gönnen. Und wie schwer hält es, sie von der offenbaren Thorheit ihres Aberglaubens abzubringen, während das alberne Geschwätz eines losen Verführers ihren Glauben aus dem Herzen zu reißen vermag! Das macht, unser natürlich Herz liebet die Finsterniß mehr als das Licht. (Leonh. u. Spiegelh.)

Und steinigten Paulum. [V. 19.] Wie unbeständig ist doch die Welt! Erst bringt man Kränze, dann Steine. (Starcke.) — Jedes Geschlecht steinigt später seine eigenen Götter, nur hat jede Zeit ihre eigene Art der Steinigung. (Ahlfeld.) — Die das Reich der Finsterniß am tapfersten angreifen, haben die meisten Feinde. Paulus, nicht Barnabas ward gesteinigt. (Ebendas.) — Gott übt auch wohl an seinen Kindern sein Vergeltungsrecht aus. Paulus hatte Lust an Stephani Steinigung gehabt, — muß sich nun auch steinigen lassen. (Ebendas.) — Gott muß doch seine Ursachen gehabt haben, warum er Paulum zu Ikonien vor der Steinigung bewahrt, hier zu Lystra diesem Leiden unterworfen hat. Sollte nicht seine Absicht hierbei mit gewesen sein, die Vergötterung, die man den Aposteln anthun wollte, desto nachdrücklicher zurückzutreiben? So hat Gott oft diejenigen Lehrer, die ein allzugroßes Ansehen und übertriebenen Anhang erlangt, mit desto mehr Leiden zu bemüthigen gewußt. Denn der Herr will aus seinen Knechten seine Götzen, sondern Nachfolger seines Kreuzes bilden. (Apost. Past.)

Da ihn aber die Jünger umringten, stand er auf zc. [V. 20.] Die Welt täuscht sich oft in ihren Ansichten über Jesu Reich und seiner Glieder Loos. Die Feinde jubeln oft: rein ab, rein ab bis auf den Boden; er soll nimmermehr auferstehen und seines Namens Gedächtniß sei vom Erdboden vertilgt! aber die Seele des Unterdrückten jauchzet: freue dich nicht, meine Feindin, daß ich darniederliege, ich werde wieder aufkommen, Mich. 7, 8. Denn die auf den Herrn harren, kriegen neue Kraft, daß sie auffahren mit Flügeln, wie Adler; daß sie laufen und nicht matt werden. (Leonh. und Spiegelh.) — Und ging in die Stadt. Also in die Stadt, wo sie ihn fast todt geschlagen hatten? War das nicht zu viel gewagt? Vorher (V. 5. 6) entflohen sie; aber das darf nicht allemal so sein. Es können Umstände sein, daß man wieder dahin kommen muß, wo sie Einen hinausgepeitscht haben. Die armen, belehrten Heiden mußten sehen, er lebe doch noch. (Goßner.)

Zum ganzen Abschnitt. [V. 8—20.] Wie begegnet der Christ denen, welche ihm die Ehre geben, die Gott gebührt? 1) Mit wehmüthigem Bezeigen seines Schmerzes über ihre Blindheit, 2) mit demüthigem Geständniß seiner eigenen Schwachheit, 3) mit freimüthigem Bekenntniß zu Gottes Hoheit. (Leupold.) — Die Abgötterei unsrer Tage: 1) Woraus sie sich nährt; 2) woher sie stammt; 3) wohin sie führt. (Leonh. u. Spiegelh.) — Wodurch erweiset sich Gott als den Lebendigen? 1) Durch die Schöpfung und Erhaltung der Welt, V. 15. 16; 2) durch die Erlösung der Welt in Christo Jesu, V. 15; 3) durch seine Gerichte über ganze Völker, wie über einzelne Seelen, V. 16. (Ebendas.) — Die Heilung des Lahmen in Lystra ein Bild, wie der neue Mensch zum Gehen kommt, V. 8—10. 1) Die natürliche Lahmheit, 2) das Gehenlernen. (Lisko.) — Das Entsetzen des Paulus und Barnabas über die ihnen in Lystra zugedachte Verehrung ein Zeugniß wider das götzendienerische Wesen unserer Zeit. 1) Wie es sich mit solchem götzendienerischen Wesen zu verhalten pflegt, woraus es entsteht, und wie es sich äußert, V. 8—13; 2) warum ein gesunder Sinn sich dabei eines Entsetzens und Ekels nicht erwehren kann wegen der Lügenhaftigkeit solcher Verehrung und der darin liegenden Unbankbarkeit gegen Gott, V. 14—20. (Lisko.) — Die Verwerflichkeit der Heiligenverehrung in der römischen Kirche: 1) Ihr Wesen, 2) ihre Verwerflichkeit. (Lisko.) — Die Götter sind den Menschen gleich geworden und zu uns herniedergekommen, V. 11. 1) Ein Wort thörichten Wahns in der Heiden Mund; a. zwar beurkundend das dunkle Sehnen des Menschenherzens nach der Herablassung eines gnädigen und barmherzigen Gottes, aber b. verkennend die unnahbare Majestät des Unsichtbaren und Alleinheiligen. 2) Ein Wort seliger Wahrheit in Christi Reich; a. hinweisend auf das Geheimniß der Menschwerdung Gottes in Christo, b. bezeugend die Seligkeit der mit Gott versöhnten Menschheit.

— Wir sind auch sterbliche Menschen, gleich wie ihr (V. 15), ein Strafwort wider alle Menschenvergötterung unsrer Tage. 1) Die heidnische, wie sie mitten in der Christenheit herrscht, vom „Kultus des Genius" in Helden, Denkern und Dichtern bis herab zur Abgötterei mit Sängerinnen und Tänzerinnen; 2) die römisch-katholische, von der Heiligenverehrung bis zum Kuß des päpstlichen Pantoffels; 3) die evangelisch-lutherische, theils als confessionalistische Abgötterei mit den Reformatoren und den Bekenntnißschriften, theils als krankhaft-pietistische Vergötterung von Predigern und Bekehrung zu Menschen. — Bekehret euch von diesen falschen zu dem lebendigen Gott (V. 15), ein ernster Warnungsruf an alle Götzendiener unter uns. 1) Welches sind eure Götzen? Der Mammon? — der Bauch? — sterbliche Menschen? — euer Ich? — die Natur? die Kunst ꝛc.? 2) Was können sie euch helfen? Können sie euch beseligen hier und dort? 3) Darum heute, so ihr seine Stimme höret, verstocket eure Herzen nicht; kehret um von diesem falschen zu dem lebendigen Gott! Der zwar auch im Sichtbaren und Vergänglichen die Gaben seiner Liebe, den Abglanz seiner Herrlichkeit uns zeigt (V. 15 bis 17), aber im Evangelium Jesu Christi erst sich ganz uns offenbart in seiner heiligen Majestät, wie in seiner herablassenden Gnade. — Gott in der Natur (V. 15—17), 1) als allmächtiger Schöpfer, V. 15; 2) als gnädiger Erhalter, V. 17; 3) als heiliger Regent, V. 16. — Das Buch der Welt (Natur und Geschichte) als Einleitung in's Buch der Bücher. 1) Durch seine Offenbarungen, die allesammt hinleiten auf den lebendigen Bibelgott; 2) durch seine Räthsel (Sünde und Tod), die erst im Evangelium ihre Lösung finden. — Die Opfer, die Gott wohlgefallen (V. 14—18) 1) dargebracht nicht todten Götzen oder sterblichen Menschen, sondern dem lebendigen Gott, dem Geber aller guten Gaben; 2) bestehend nicht in Früchten des Feldes oder bekränzten Opferthieren, d. h. in irgend welchen äußeren Gaben oder Werken, sondern in lebendigen Herzen voll Buße, Glaubens und neuen Gehorsams. — Paulus in Lystra, oder der unverrückte Gang eines Gottesknechtes durch diese wandelbare Welt. 1) Ihre Kränze berücken ihn nicht (Weltglück und Volksgunst blähen ihn nicht auf, sondern demüthig gibt er allezeit Gott allein die Ehre, V. 8 ff.); 2) ihre Steine erdrücken ihn nicht (Menschenhaß und Weltschmach drückt ihn nicht zu Boden, sondern aufrecht geht er durch die Trübsal hin in der Kraft seines Herrn, V. 19 ff.).

**3. Die Rückkehr nach Antiochia, auf welcher sie die jungen Gemeinden in Lystra, Ikonium und dem pisidischen Antiochia zu stärken und zu ordnen bedacht sind. (V. 21—28.)**

21 Und nachdem sie dieser Stadt das Evangelium gepredigt, und zahlreiche Jünger ge-
22 wonnen hatten, kehrten sie nach Lystra, Ikonium und Antiochia zurück, *stärkten die Seelen der Jünger und ermahnten sie, im Glauben zu bleiben, und lehrten sie, daß wir
23 durch viele Trübsale in das Reich Gottes eingehen müssen; *wählten ihnen Aelteste jeder Gemeinde und befahlen sie unter Gebet und Fasten dem Herrn, an welchen sie gläubig
24/25 geworden waren; *durchreisten Pisidien und gelangten nach Pamphylien, *redeten das
26 Wort in Perge und gingen sodann hinab nach Attalia. *Und von da segelten sie ab nach Antiochia, von wo aus sie der Gnade Gottes übergeben worden waren zu dem
27 Werke, das sie nun vollendet hatten. *Nachdem sie aber dort angekommen waren, versammelten sie die Gemeinde und verkündigten, wie viel Gott mit ihnen gethan, und
28 daß er den Heiden die Thür des Glaubens aufgethan hatte. *Sie hielten sich aber daselbst eine nicht geringe Zeit lang auf im Umgang mit den Jüngern.

**Exegetische Erläuterungen.**

1. Und nachdem sie dieser Stadt ꝛc. In Derbe scheint die Verkündigung des Evangeliums von sehr erfreulichem Erfolg begleitet gewesen zu sein, wenigstens läßt der Ausdruck, daß sie ἱκανοὺς zu Jüngern gemacht haben, eine ansehnliche Zahl Neubekehrter voraussetzen. Auch haben sie sich wohl nicht bloß flüchtig in dieser lykaonischen Stadt aufgehalten, wo ihrem Wirken nichts in den Weg trat. Von hier aus traten die Beiden ihre Rückreise nach Syrien an, und zwar nicht auf dem geographisch nächsten Wege, über die gegen Südost an Lykaonien angränzende Provinz Cilicien, sondern indem sie sich zunächst von der Richtung nach Syrien wieder entfernten und über dieselben Städte zurückreisten, welche sie am Herwege berührt hatten, und zwar läßt sich kein anderer Beweggrund zu diesem Entschluß denken, als daß sie die sämmtlichen auf dieser Missionsreise gestifteten Gemeinden nochmals zu besuchen und innerlich wie äußerlich zu befestigen für ihre nächste Pflicht hielten. Somit kehrten sie von Derbe aus über Lystra, Ikonium und das pisidische Antiochien zurück, die drei Städte, in welchen es ihnen gelungen war, Gemeinden zu gründen.

2. Was nun V. 21—23 erzählt ist, bezieht sich summarisch auf alle drei Städte, oder vielmehr auf alle vier; denn in Derbe haben sie wohl, bevor sie die Stadt verließen, dasselbe gethan, was grammatisch freilich nur von Lystra, Ikonium und Antiochia erzählt ist. Die Thätigkeit, welche sie hier übten, war theils eine unmittelbare, durch Wort und That, theils eine mittelbare, durch Gebet zu Gott. Unmittelbar und persönlich suchten sie die Seelen der Einzelnen zu stärken durch das Wort der Lehre und der Vermahnung, daß sie zu dem Glauben, den sie aufgenommen hatten, treu bleiben und mit festem Charakter dabei beharren sollen, wozu noch die Vorstellung kam (ὅτι setzt ein in παρακαλεῖν mit eingeschlossenes λαλεῖν oder διδάσκειν voraus), daß der Weg in das Reich Gottes nothwendig (δεῖ) durch viele Bedrängnisse führe. Diese Vorbereitung und Vorstellung war zur Stärkung der Gemüther erforderlich, weil Anfechtungen und Leiden sie sonst leicht hätten können irre machen

und zum Abfall vom Glauben bewegen. Ueberdieß suchten Paulus und Barnabas die Gemeinden als solche zu stärken durch eine praktische Maßregel, die sie trafen; sie gaben ihnen Aelteste zu Gemeindeleitern und Vorstehern, προεσβυτέρους κατ' ἐκκλησίαν d. h. nicht etwa je einer Gemeinde einen Aeltesten, sondern je etliche Aelteste, anders können wir uns schon nach dem Vorgang der israelitischen Behörden die Sache nicht vorstellen. Zweifelhaft ist aber die in χειροτονήσαντες αὐτοῖς ausgedrückte Art der Aufstellung: ob Paulus und Barnabas lediglich nach eigenem Ermessen aus persönlicher Vollmacht die geeigneten Männer ernannt, oder die Gemeinden zu einer Wahl der zu Beauftragenden veranlaßt haben. Χειροτονεῖν heißt die Hände erheben, durch „Handmehr" abstimmen, wählen; hiernach führt der Ausdruck eher auf die Vorstellung, daß die Apostel eine Gemeindewahl angeordnet und geleitet haben werden. Und darauf weist auch der Vorgang Kap. 6, 2 ff., die von den Zwölfen eingeleitete Wahl der Sieben in Jerusalem hin. Und es lag doch in der Natur der Sache, daß die Apostel die öffentliche Meinung und das Vertrauen der Gemeindeglieder als entscheidendes Gewicht in die Wagschale legten. Die örtliche Entfernung dieser kleinasiatischen Gemeinden von Antiochia in Syrien, was ihre Muttergemeinde war, in Verbindung mit den Verhältnissen an Ort und Stelle, wornach sie seit ihrem ersten Anfang von der Synagoge abgelöst, eines gesellschaftlichen Halts entbehrten und diesen in sich selbst finden mußten, auch der feindseligen jüdischen Bevölkerung gegenüber fest in sich geschlossen dazustehen nöthig hatten, — alles das machte eine selbstständige Gemeindeordnung, und damit auch Vorsteher unerläßlich nöthig; gegen Schrader, Paulus V, 543, welcher diese Notiz bezweifelt, und vermuthet, daß hier eine spätere Einrichtung ohne Grund in so frühe Zeit gerückt und auf die Apostel zurückgeführt sei, siehe mein Apost. und nachapost. Zeitalter 2. Aufl., 358 ff. — Dem Abschied von jeder Gemeinde ging denn ein feierlicher Gottesdienst voran, worin, unter Fasten und Beten, Paulus und Barnabas die Neubekehrten dem Herrn, an den sie gläubig geworden waren, d. h. Jesu Christo zu gnädigem Nahesein, innerer Förderung und mächtigem Schutz befahlen; παρατίθεμαι wird nämlich besonders gebraucht, wenn etwas zur Aufbewahrung, um seiner Zeit zurückgegeben zu werden, jemand anvertraut, bei ihm deponirt wird, fidei alicuius committere, servandum et custodiendum tradere.

**3. Durchreisten Pisidien.** Von hier aus ging ihr Weg wieder der Seeküste zu, sie trafen wieder zu Perge [Kap. 13, 13 ff.] in der Provinz Pamphylien ein, wo sie das Evangelium predigten, ohne daß wir erfahren, mit welchem Erfolg. Nun erreichten sie vollends die Küste (κατεβήσαν) in der südöstlich von Perge gelegenen, der Gränze von Lycien benachbarten Stadt Attalia (von Attalus Philadelphus, König von Pergamus erbaut und benannt), wo sie sich einschifften. Jetzt ging die Fahrt östlich, Seleuzia und dem Orontes zu, nach Antiochia. Hier knüpft Lukas am Ende dieser in sich geschlossenen Geschichte an den Anfang an, die nun erfolgte Vollendung des Missionswerks (ἐπλήρωσαν τὸ ἔργον V. 26) und die Rückkehr der Antiochenischen Gemeinde an die schützende Gnade Gottes (παραδεδομένοι τῇ χάριτι τ. θεοῦ vergl. Kap. 13, 2—4). Paulus und Barnabas hat-

ten auf dieser Reise, welche leicht zwei bis drei Jahre gedauert haben mag (ca. 46—48 nach Chr.) außer der Insel Cyprus eine gute Strecke von Kleinasien, und zwar das südöstliche Viertheil davon, nach und nach durchreist, und, abgesehen von einzelnen Belehrungen, mindestens vier Christengemeinden gegründet, welche größtentheils aus gewesenen Heiden bestanden und Gutes versprachen.

**4. Und von da aus segelten sie ab nach Antiochia.** Dort angekommen, veranstalteten Paulus und Barnabas eine Versammlung der Gemeinde, um dieser, von der sie ausgesendet und der Gnade Gottes befohlen waren, nicht nur Rechenschaft abzulegen von dem, was sie gethan hatten, sondern auch, und zwar hauptsächlich, Bericht von dem zu erstatten, was Gott gethan hatte, der mit ihnen gewesen war (μετ' αὐτῶν nicht = δι' αὐτῶν, sondern = mit ihnen seiend, ihnen beistehend). Die θύρα πίστεως, welche Gott den Heiden aufgethan hat, bezieht sich nicht blos auf die äußere Gelegenheit und Aufforderung zum Glauben, die ihnen Gott durch die Missionsreise der beiden Sendboten hat angedeihen lassen, sondern zugleich auf die innere Eröffnung durch die Gnadenwirkungen des Heiligen Geistes, auf die erweckte Willigkeit zum Glauben, die ihnen Gott gegeben habe. Der χρόνος οὐκ ὀλίγος, welchen Paulus und Barnabas V. 28 bei den Jüngern d. h. der Gemeinde zu Antiochia zubrachten, läßt einige Jahre vermuthen, und dieser Aufenthalt mochte sowohl für die Sendboten, als für die Gemeinde selbst von großem Belang sein.

### Christologisch-dogmatische Grundgedanken.

1. Der Begriff des **Reiches Gottes**, wie er V. 22 vorausgesetzt ist, schließt offenbar etwas Jenseitiges in sich, kann nicht als rein diesseitig verstanden sein. Denn erst durch viele θλίψεις hindurch kann man in die βασιλείαν τοῦ θεοῦ hineinkommen. Die θλίψεις sind der Weg, nicht das Ziel; die Pforte, nicht das Haus selbst. Und doch sind diejenigen, welche die θλίψεις aushalten, selbst schon fromme, gläubige Seelen, die im Glauben stehen und darin beharren (ἐμμένοντες τῇ πίστει). So lange sie durch θλίψεις hindurchgehen, sind sie noch nicht ins Reich Gottes eingegangen. Offenbar ist also das Reich Gottes jenseits der θλίψεις, und ist ein Reich der Seligkeit. Diejenigen, welche durch Trübsale gehen, wandeln schon im Glauben, sind schon Glieder der Gemeinde, der Kirche Christi; aber sie gehören doch der streitenden Kirche an; sind sie einmal eingegangen, so befinden sie sich in der triumphirenden, der herrschenden, in der βασιλεία τοῦ θεοῦ. Kirche und Reich Gottes decken sich nicht, jene ist die Vorhalle, dieses das Heiligthum, oder vielmehr das Allerheiligste.

2. In dem Verfahren der Heidenapostel V. 22 f. leuchtet das richtige Maß und die vom Heiligen Geist eingegebene Handlungsweise in Lehre und Regierung der Kirche musterhaft und vorbildlich in die Augen. Es ist die richtige Verbindung und das wahre Ineinandergreifen von Lehren und Ordnen, von menschlichem Thun und göttlicher Gnadenwirkung. Daß die unlängst gepflanzten Gemeinden nur durch Christi Nahesein und Gnade bewahrt und gefördert werden können, steht den Aposteln fest. Daher befehlen sie dieselben mit rechtem Ernst, unter Fasten und mit Gebet, der Fürsorge des Herrn, welcher die feste Burg und

der Fels aller Gläubigen ist. Aber weit entfernt von schwärmerischem Gottvertrauen, thun die Apostel selbst auch persönlich das Ihrige mit Wort und That, um die jungen Pflanzen von Gemeinden zu stärken und ihnen den möglichsten Halt, so viel an ihnen ist, zu geben. Nicht vorzugsweise mit anstaltlichen Ordnungen und Einrichtungen, als ob die Garantie des Bestandes und der Blüthe vor allen Dingen darin läge; sondern in erster Linie mit dem Wort der Vermahnung und Belehrung, des Trostes und der Verheißung (παρακαλοῦντες), alles das auf Grund des Wortes Gottes. Dennoch stimmen die Apostel nicht mit denjenigen überein, welche lediglich das Wort wirken lassen wollen, und auf Formen, Rechte und Ordnungen der Kirche ganz und gar verzichten. Nein, sie haben, um den Gemeinden die nöthige soziale Selbstständigkeit zu geben, in jeder Gemeinde Aelteste eingesetzt, und zwar, wie es scheint, durch Wahl der Gemeinden. Und doch waren das noch junge Gemeinschaften, in welchen noch keine lange christliche Erfahrung, keine Bewährtheit christlichen Charakters, keine tiefere Einsicht gesucht werden konnte. Und daß diese Aeltesten nicht ausschließlich oder auch nur vorzugsweise Prediger und Lehrer sein sollten, läßt sich schon darum mit Sicherheit behaupten, weil die Aeltesten der Israeliten keineswegs ein Lehramt waren, und die Kap. 11, 30 erwähnten πρεσβύτεροι auch nur in einer leitenden und verwaltenden, nicht aber lehrenden Funktion aufgetreten sind.

3. Am Schlusse dieses Abschnitts Kap. 13 u. 14 tritt wieder der Eindruck mächtig hervor, wie alle großen Thaten der Apostel, alle tief gründenden, weit hinaus strahlenden und erobernden Thaten der Gläubigen, beim Lichte betrachtet, Thaten Gottes und des Herrn Jesu Christi selbst sind. Gott ist es, der alles das gethan hat, was Paulus und Barnabas diesmal ausgerichtet haben. Er war mit ihnen (V. 27 μετ' αὐτῶν); Er hat den Heiden die Thüre des Glaubens aufgethan. Sie haben allerdings das Werk vollendet, (V. 26 ἐπλήρωσαν); aber nur kraft der Gnade Gottes, der sie anvertraut worden waren, ist es ihnen gelungen. Segen und Gedeihen, Frucht und Erfolg, Ehre und Ruhm davon ist sein. Dies ist nicht nur des Erlösers Sinn und pragmatische Auffassung; dies war auch Paulus eigene Ueberzeugung 1 Kor. 15, 10. Dies ist und bleibt heute und immerdar die Wahrheit.

### Homiletische Andeutungen.

Und predigten derselben Stadt — und zogen wieder gen Lystra und Ikonien [V. 21]. Wie die Hitze einen Ziegelstein nur desto fester und dauerhafter macht, also auch das Feuer der Trübsal einen gläubigen Gottesknecht (Starke). Welch ein Drang der Liebe muß das Herz dieses Apostels erfüllt haben, da er nach erlittener Steinigung sofort wieder in dieselbe Stadt zurückkehrt und ohne Erbitterung gegen seine Feinde mit Sanftmuth und erbarmender Liebe die Predigt des Evangeliums fortsetzt, mit dem Vorsatz, nicht abzulassen, ob es ihn gleich sein Leben koste! Muß uns dieser Ernst nicht heilsamlich beschämen? (Ap. Past.) — Noch bluten des Apostels Wunden und Beulen von der Steinigung her, und doch predigt er schon wieder das Evangelium vom Kreuz, und seine Wunden predigen mit von der Kraft des Glaubens (Leonh. u. Spiegelh.) „Löwen, laßt euch wiederfinden, wie im ersten Christenthum, die nichts konnte überwinden; lebt nur an ihr Martertum, wie in Lieb sie glühen, wie sie Feuer sprühen; daß sich vor der Sterbenslust selbst der Satan fürchten mußt!"

Stärkten die Seelen ꝛc. [V. 22]. Siehe hier das Werk des Lehramts in seinem vollen Umfang: 1) εὐαγγελίζειν Christum predigen [V. 21.] 2) μαθητεύειν, die einzelnen Seelen unterweisen und zu Jüngern machen [V. 21.] 3) ἐπιστηρίζειν, stärken und gründen im Glauben und in der Heiligung [V. 22.] 4) παρακαλεῖν, Vermahnen und Trösten in Trübsal [V. 22.] (Ap. Past.) — Daß wir durch viel Trübsal müssen in das Reich Gottes gehen. Diese Lektion muß man allen Christen wohl einprägen. Beim Lachen verwelkt die Kirche, je mehr sie aber Thränen vergießt, je schöner grünt sie; je mehr Gottes Weinstock versenket wird, je mehr wächst er (Starke). — Das war der Trost, den sie den neuen Jüngern zum Abschied ließen, nicht: die Trübsal wird ja wieder einmal aufhören; sondern: sie kommt, sie muß kommen, es muß euch anzusehen sein, daß ihr vom Kreuzesorden seid (Williger). Gar traurig freilich klingt das „Muß", aber es ruht nicht auf dem Willen eines kalten starren Fatums, sondern auf der Verordnung Gottes, daß die Gläubigen also Christo gleichförmig werden [Röm. 8, 17], auf der Feindschaft, die von Anfang zwischen Christo und dem Satan gesetzt ist [1 Mos. 3, 15], und endlich auf der nothwendigen Kreuzigung unseres verderbten Fleisches [2 Kor. 4, 16] (Starke). Meinest du, daß du ohne Kreuz und Trübsal in's Himmelreich kommen werdest, was weder Christus gekonnt oder gewollt hat, noch einer seiner liebsten Freunde und Heiligen? Frage von den triumphirenden Bürgern des Himmels wen du willst; Alle werden dir antworten: durch Kreuz und Züchtigung sind wir zur Herrlichkeit Gottes gelangt. Wohlan, so nimm das Joch des Herrn auf dich, das für die, welche ihn lieben, sanft und leicht ist. Bleibe beim heiligen Kreuze, das von Tugenden grünt und vom Oel der Gnade trieft. Was willst du anders? das ist der rechte, der heilige, der vollkommene Weg, der Weg Christi, der Weg der Gerechten und Auserwählten. Trage es willig, so wird es dich tragen und führen dorthin, wo alles Leidens Ende und das Ziel deiner Sehnsucht ist. (Thomas von Aquino.) Das Haupt ist mit Dornen gekrönt worden, so werden die Glieder keine Rosenkränze erwarten dürfen (Scriver). O was sind wir Christen für selige Menschen! Das große Unterpfand der väterlichen Liebe im Herzen, den Leidenskelch in der Hand, der uns in die Kreuzgemeinschaft des Heilandes bringt, die Krone im Auge, welche auf die Gemeinschaft des Kreuzes folgt, wer wollte noch zagen oder traurig sein? (Tholuck).

Ordneten Aelteste, — beteten, fasteten, — befahlen sie dem Herrn [V. 23]. Die Apostel haben das Lehramt auch bei den Gläubigen für nöthig erachtet, und daher ihren neuen Gemeinden Aelteste geordnet, aber sie haben die Leute nicht an ihre Lehrer gebunden, sondern sie dem Herrn anbefohlen, an den sie gläubig geworden waren. Das ist die rechte Mittelstraße zwischen der unbändigen Erhebung und gänzlichen Verwerfung des Predigtamts (Apost. Past.). Wenn wir nicht mehr sehen und persönlich besorgen können, die wir lieben, müssen wir sie durch gläubiges Gebet

Gott befohlen und also ruhig sein. (Starcke). Ordnung in den gestifteten Gemeinden machen, ist nicht weniger wichtig, als sie durch's Evangelium stiften. (Williger).

Da sie aber darkamen, versammelten sie die Gemeinde und verkündigten, wie viel Gott mit ihnen gethan hätte, und wie er den Heiden hätte die Thür des Glaubens aufgethan [V. 27]. Der die Schlüssel Davids hat, kann alle Thüren aufschließen. Nur muß sein Prediger sich selbst die Schlüssel anmaßen und sich einbilden, als könnte er sich selbst die Herzen aufschließen, sondern bitten, daß es der Herr thue, und dem auch allein die Ehre geben. (Goßner). Drei Thüren muß Gott aufthun, wenn zum Heil der Seelen etwas ausgerichtet werden soll: die Thür des Mundes beim Lehrer, die Thür des Ohres und Herzens beim Hörer. (Starcke). — Gottes Werk und Wunder soll man nicht verschweigen, sondern in Demuth des Herzens verkündigen, damit Andere neben uns Gottes Güte und Allmacht zu preisen erweckt werden. (Ders.) Das war auch Jesu Ehre, da er wieder zum Vater ging. „Ich habe vollendet das Werk, das du mir befohlen hast, das ich thun sollte." Und solch Anderes als treue Ausrichtung unsres anbefohlenen Tagewerks wird uns einmal bei unserm Abschied zur Ehre gereichen (Apost. Past.)

Sie hatten aber ihr Wesen allda [V. 28]. Die Ruhe treuer Knechte Gottes ist nur gleichsam eine Veränderung ihrer Arbeit. (Quesnel).

Zum Abschnitt V. 21—28. Ein Bild apostolischer Wirksamkeit: 1) Durch schwere Leiden lassen sie sich nicht stören; 2) sie tragen das Wort zu denen, die es noch nicht kennen; 3) sie pflegen den gepflanzten Glauben; 4) sie richten Gemeindeordnungen ein; 5) sie legen Rechenschaft ab. (Lisko). — Der Segen, den die Predigt des Evangeliums unter den Heiden bringt. 1) Den Verkündigern: Bewahrung durch Leiden und Erfahrung göttlicher Hülfe, V. 20—22. 2) Denen die belehrt werden: statt heidnischer Unordnung christliche Lebensordnung; statt loser Fabeln das göttliche Wort, V. 23—25. 3) Den Abfendern: Erfrischung im Glauben, Erweiterung in der Liebe. (Nach Lisko). — Die Rückreise des Paulus und Barnabas ein Bild unsrer Rückkehr in die Heimathstadt droben. 1) Ein Bild von Reiseabenteuern V. 20—22. 2) Ein Bild von Reisegeschäften V. 23—25. 3) Ein Bild von Ankunft daheim V. 26—28. (Lisko). — Der Trost der Predigt, daß wir durch viel Trübsal müssen in's Reich Gottes eingehen. 1) Sie nimmt als Vorhersagung Christi der Trübsal das Befremdliche. 2) Sie deckt uns die Natur unsres Herzens und die Bedeutung der Trübsal auf. 3) Sie macht uns über die Stellung des Reiches Christi und über unsre eigene Stellung der Welt gegenüber erst recht klar. (Harleß.) Der Weg der Trübsal. 1) Seine Wanderer: Alle wahre Christen; wir; so wundre dich deß nicht! 2) Seine Nothwendigkeit; müssen; so weigre dich deß nicht! 3) Seine Beschaffenheit: rauh und lang, doch nicht selbst bereitet; durch viel Trübsal; so verzage deß nicht. 4) Sein Ziel: die Seligkeit; in's Reich Gottes eingehen; so versäume dieß nicht! (Florey.) Der Segen des lieben Kreuzes. 1) Indem es uns die Eitelkeit irdischen Glücks zeigt, treibt es uns, nach himmlischen Schätzen zu trachten. 2) Indem es uns die Unsicherheit menschlicher Liebe zeigt, treibt es uns, beim Herrn allein Hülfe zu suchen. 3) Indem es uns die eigene Schwachheit zeigt, treibt es uns, stark zu werden in dem Herrn. (Leonh. u. Spiegelb.) Durch's Kreuz zur Krone! Der Weg 1) Christi; 2) der Apostel; 3) jedes ächten Christen. — Das evangelische Hirtenamt mit seinen 1) Leiden und Gefahren, V. 19. 10; 2) Arbeiten und Geschäften, V. 20—23; 3) Siegen und Freuden, V. 24—27. — Der Trost eines Hirten beim Abschied von seiner Gemeinde. 1) Der gute Same, den er leimen sieht V. 21. 22; 2) die treuen Mitknechte, denen er das Feld überläßt V. 23; 3) der große Erzhirte, dem er die Seelen befiehlt, V. 33. — Die schönste Ausbeute eines heimkehrenden Gottesknechtes: 1) Wunden, im Dienste seines Herrn empfangen V. 19. 20; 2) Seelen, für's Reich Jesu Christi gewonnen; V. 21—23; 3) Psalmen, auf die Durchhülfe Gottes gesungen V. 26. 27. — Das Wort, so aus meinem Munde gehet, soll nicht wieder zu mir leer kommen," — bestätigt durch den Erfolg der ersten Heidenmission. — Der Herr hat Großes an uns gethan! das Loblied aller treuen Gottesknechte beim Rückblick auf ihre Wallfahrt. V. 27. Es spricht sich darin aus 1) hohe Freude über das, was der Herr an ihnen und durch sie gethan, 2) tiefe Demuth in dem Gefühl, daß dem Herrn allein die Ehre gebührt.

## Zweiter Abschnitt.

Sendung der Heidenapostel Paulus und Barnabas in Sachen der Heidenchristen von Antiochia nach Jerusalem, die Verhandlungen daselbst und deren Folgen.

(Kap. 15, 1—34.)

### A.

Die judaisirende Forderung der Beschneidung erweckt Aufregung in Antiochia; deßhalb werden Paulus und Barnabas nach Jerusalem abgeordnet. Ihre Reise dahin und die ersten Ereignisse in Jerusalem.

(Kap. 15, 1—5.)

Und Etliche kamen herab von Judäa, und lehreten die Brüder: Wenn ihr euch 1 nicht beschneiden lasset[1]) nach dem Brauche Mose's, so könnet ihr nicht selig werden.

---

1) περιτμηθῆτε anstatt περιτέμνησθε, ist stark genug bezeugt, und deßhalb von allen neueren Kritikern vorgezogen, während das praes. minder genau erscheint.

2 *Da nun für Paulus und Barnabas eine nicht geringe Parteiung und Streit¹) gegen sie sich erhob, so ordneten sie, daß Paulus und Barnabas nebst etlichen Anderen von ihnen zu den Aposteln und Aeltesten nach Jerusalem hinaufreisen sollten um dieser Streit-
3 frage willen. *Sie wurden nun von der Gemeinde begleitet und reisten durch Phönizien und Samaria, indem sie die Bekehrung der Heiden erzählten, und machten allen
4 Brüdern große Freude. *Als sie aber in Jerusalem angekommen waren, wurden sie von der Gemeinde und den Aposteln und Aeltesten empfangen²), und verkündigten ihnen,
5 wie viel Gott mit ihnen gethan hatte. *Da traten auf Etliche von der Sekte der Pharisäer, welche gläubig geworden waren, und sprachen: Man muß sie beschneiden, und ihnen gebieten, das Gesetz Moses zu halten.

### Exegetische Erläuterungen.

**1. Und Etliche kamen herab.** Das Erscheinen Etlicher aus Judäa, und was diese in Antiochia vortrugen, läßt auf einmal in eine tiefe Gährung und eine inhaltschwere Prinzipienfrage hineinsehen, welche zu lösen und durchzukämpfen war. Die Leute, welche den Stein in's Wasser warfen, der von da an immer weitere Kreise zog, bezeichnet Lukas nur als τινες ἀπὸ τῆς Ἰουδαίας, solche, die aus Judäa waren, von dort her kamen; ohne Zweifel ist dies nicht blos geographisch zu verstehen, sondern weist zugleich auf eingefleischt judäische Gesinnung und Denkart hin. Die syrische Uebersetzung und Cod. 8 haben nach Ἰουδαίας: τῶν πεπιστευκότων ἀπὸ τῆς αἱρέσεως τῶν Φαρισαίων, was zwar ein aus V. 5 entlehntes erklärendes Einschiebsel, aber der Sache nach ohne Zweifel richtig ist. Einige solche Christen aus Judäa, und vermuthlich aus Jerusalem selbst, kamen nach Antiochia. Es läßt sich voraussetzen, daß sie nicht blos gelegenheitlich dahin gelangten, sondern daß sie absichtlich und planmäßig, auch wohl im Einverständniß mit Gleichgesinnten, dahin reisten. Und da ihm Umstand, daß die Apostel und Aeltesten ihr amtliches Ausschreiben an die Heidenchristen V. 23 ff. nicht blos nach Antiochia richteten, sondern an die bekehrten Heiden in Syrien und Cilicien überhaupt, läßt sich mit einiger Wahrscheinlichkeit der Rückschluß machen, daß jene judaisirenden Männer sich nicht auf Antiochia beschränkt haben werden, sondern auf die Heidenchristen in Syrien und Cilicien überhaupt zu wirken gesucht haben mögen.

**2. Wenn ihr euch nicht beschneiden lasset.** Die Eindringlinge traten mit einer förmlichen Lehre auf: ἐδίδασκον, data opera (Bengel), stellten einen bestimmten Satz in kategorischer Form und allgemeiner Fassung zuversichtlich genug auf. Offenbar haben sie sich nicht blos in der Gestalt von Bedenken, Zweifeln, Vermuthungen, Besorgnissen geäußert, (wiewohl das anfänglich, und versuchsweise so eingeleitet worden sein mag.) Ihr Grundsatz lief darauf hinaus, daß die Heidenchristen unmöglich Errettung von Verderben, und Heil in Christo erlangen könnten, wenn sie sich nicht der Beschneidung, nach der Sitte und dem Brauche Mose's, d. h. nach der durch Mose gesetzlich sanktionirten Sitte, unterwerfen.

**3. Da nun für Paulus und Barnabas.** In Folge dieses Auftretens erwachte innerhalb der Gemeinde zu Antiochia, welche größtentheils aus Heidenchristen bestand und bisher frei vom mosaischen Gesetz geblieben war, begreiflich eine große Unruhe, eine στάσις oder Parteiung, woraus sich schließen läßt, daß nicht etwa die ganze Gemeinde wie ein Mann wider die Neuerer stand, sondern daß ein Theil auf deren Seite getreten sein mochte, indem ihre Vorstellungen nicht ohne Eindruck auf Einzelne blieben. Zugleich ergab sich eine starke ζήτησις, gegenseitige Streiterörterung, wobei Paulus und Barnabas auf Seiten der christlichen Freiheit gegen die Gesetzlichen standen. Es ist aber leicht zu sehen, daß es hier in Antiochia zu einer schließlichen Entscheidung nicht kam; weder gaben die Judäer nach, so daß sie sich von dem göttlichen Recht der Gesetzesfreiheit der Heidenchristen hätten überzeugen lassen, noch konnten Paulus und Barnabas die Sache den Evangelischen Preis geben und den Judaisten das Feld räumen; überdies war die Gemeinde Antiochia's selbst betheiligt, konnte nicht in eigener Angelegenheit Richter sein. Da wurde die richtige Auskunft getroffen, die Entscheidung nach Jerusalem zu verlegen. Aus Judäa waren die Neuerer mit ihren störenden Anschauungen gekommen, und sie traten zugleich, wie sich benken läßt, im Namen vieler Anderen, vielleicht sogar angeblich im Namen der Urgemeinde und der Apostel selbst auf. Somit mußte in Jerusalem die Sache ausgetragen werden. Daher wurde von der Gemeinde (ἔταξαν sc. οἱ ἀδελφοί V. 1, die antiochenischen Christen) der Beschluß gefaßt und die Anordnung getroffen, daß Paulus und Barnabas, und einige Andere aus ihrer Mitte (Erstere als die Heidenmissionare, in selbständiger Eigenschaft, die Letzteren als Vertreter der Gemeinde) eine Reise zu den Aposteln und Aeltesten nach Jerusalem antreten sollten, um diese Streitfrage zu verhandeln und wo möglich definitiv zur Entscheidung zu bringen. Antiochia war zwar bereits eine Muttergemeinde mehrer neugestifteter Christengemeinden geworden; dennoch blieb Jerusalem die Gesammtmetropolis der damaligen Christenheit, hauptsächlich weil die Apostel theilweise noch dort standen und über deren Autorität nichts Höheres in der sichtbaren Welt für die Christen stand. — Vergleichen wir mit V. 1. u. 2. Gal. 2, 1 ff., so schließt weder die ἀποκάλυψις, in Folge deren Paulus nach Jerusalem gereist ist, noch von Seiten Antiochia's aus, noch umgekehrt. Der Anstoß, welcher durch gesetzlich benbende Judenchristen gegeben worden war, ist ohnehin in beiden Berichten der gleiche. Und indem Paulus erzählt, daß er und Barnabas auch den

---

1) ζητήσεως, welches nebst καί in einem Cod. (L.) ganz fehlt, ist überwiegend stärker bezeugt, als συζητήσεως, welches in keinem einzigen Uncial-Cod. steht.

2) παρεδέχθησαν steht zwar nur in der Minderzahl der Codd., wurde aber doch nur, weil es ungewöhnlich ist, mit ἀπεδέχθ. vertauscht.

Titus mitgenommen haben, so stimmt hiermit die Notiz, daß καί τινες ἄλλοι ἐξ αὐτῶν mit Paulus und Barnabas gingen, vollkommen überein.

**4. Sie wurden nun von der Gemeinde begleitet.** Προπέμπω ist entweder voraussenden, oder begleiten; hier kann nur das Letztere gemeint sein: die Gemeinde gab ihnen von Antiochia aus eine Strecke Wegs feierlich das Geleite; ein Beweis, welche allgemeine Theilnahme sich regte, und welche Bedeutung man der Reise beilegte. Auf dem Landwege, den sie einschlugen, durch Phönizien und Samaria, besuchten sie die Christen und erregten große Freude bei ihnen allen, theils durch ihren Besuch, theils durch die Mittheilungen, welche sie ihnen machten von der ἐπιστροφή τῶν ἐθνῶν, d. h. nicht von dem Wandel der Heiden (Luther), was nie die Bedeutung des Wortes ist, sondern von der Bekehrung derselben, vgl. Kap. 14, 15 ἐπιστρέφειν. Offenbar war die Missionsreise in Kleinasien Kap. 13 ff. mit ihren Erfolgen der Hauptgegenstand der ἐκδιηγήσεις cf. διήγησις Evangel. Luk. 1, 1.

**5. Als sie aber in Jerusalem angekommen waren,** war auch hier die Aufnahme eine feierliche; ἀπεδέχθησαν, sie wurden öffentlich und ehrerbietig, als Abgesandte der Gemeinde von Antiochia empfangen, ebenfalls von der Gemeinde und von den Aposteln und Aeltesten in einer feierlichen Versammlung, nachdem sie, was sich von selbst versteht, zuvor Einzelnen die Veranlassung ihrer Sendung mitgetheilt. Hier in dieser Gemeindeversammlung nun berichteten Paulus und Barnabas ausführlich von den Thaten Gottes, die er durch sie und in Verbindung mit ihnen (μετ' αὐτῶν wie Kap. 14, 27) an den Heiden ausgerichtet hatte. Hiermit brachten sie, jedoch auf positive Weise und zunächst ohne Streit und Disputation, den Gegenstand der Meinungsverschiedenheit zur Sprache. Auf der Stelle erhoben aber einige Judenchristen, welche vor ihrer Bekehrung den Pharisäern angehört hatten, Einsprache gegen die ohne Rücksicht auf mosaisches Gesetz erfolgte Aufnahme so vieler Heiden in die Gemeinde Christi. Ἐξανέστησαν nämlich in jener Versammlung; so daß die Erzählung des Lukas fortgeht, nicht aber ἐξανέστησαν ꝛc. den Abgeordneten von Antiochia in den Mund gelegt ist (Beza, Heinrichs). Was die pharisäisch gesinnten Christen behaupten, unterscheidet sich bei wesentlicher Identität insofern von demjenigen, was ihre Gesinnungsgenossen in Antiochia vorgetragen haben: 1) Die Beschneidung der Heiden fordern sie zu Jerusalem als etwas den Heiden Anzunöthigendes, δεῖ περιτ. αὐτούς, als etwas, wozu man die Heidenchristen zwingen müsse; während in Antiochia nur gelehrt worden war, die Heidenchristen sollen sich doch selbst der Beschneidung unterwerfen. 2) In Antiochia war das mosaische Gesetz blos, sofern es das Gebot der Beschneidung sanctionirt und als Sitte und Brauch geltend gemacht worden (B. 1 τῷ ἔθει Μωϋσέως); hier in Jerusalem ging man weiter und begehrte geradezu, es müsse den Heidenchristen Beobachtung des mosaischen Gesetzes überhaupt als Pflicht auferlegt werden (παραγγέλλειν τε τηρεῖν τ. ν. μ.) Man sieht, die Partei fühlte sich in Jerusalem auf ihrem eigenen Boden und stärker; sie rückte deßhalb mit ihren letzten Consequenzen heraus, während die Sprecher derselben die Lust in Antiochia so gesunken hatten, daß sie immerhin noch mit Vorsicht und Rückhalt aufzutreten zu müssen glaubten.

## Christologisch-dogmatische Grundgedanken.

1. Die Differenz, welche hier hervortritt, ist eine tief eingreifende und prinzipielle. Denn es handelt sich um die Frage: Gesetz oder Evangelium? Evangelische Freiheit oder gesetzliche Gebundenheit? Moses oder Christus? Allerdings meinten es die Gegner nicht so, daß sie Jesum verworfen hätten; dann wären sie ja gar nicht Christen gewesen, sie waren aber πεπιστευκότες B. 5. Und es liegt kein Grund vor, zu glauben, daß es ihnen nicht ein redlicher Ernst gewesen sei mit ihrem Glauben an Jesum als den Heiland und mit ihrem ganzen Christenthum. Aber ihre ganze Richtung ging doch dahin, die Beschneidung, dieses Bundeszeichen des Alten Bundes, und eben damit den Alten Bund selbst und das Gesetz Mosis, als etwas zum Heil Unumgängliches, unbedingt geltend zu machen. Und so wie man irgend etwas Anderes, als Jesus Christus allein, und die lebendige Gemeinschaft mit ihm, zum Grund des Heils macht, so wird der Erlöser und sein Werk beeinträchtigt und hintangesetzt. Erst verbindet man Beides und stellt es auf gleiche Linie: Christi Erlösung und das Gesetz Mosis; Christi Gnade und die eigenen Werke; oder auch: Christus und die Heiligen; vielleicht auch: Christus persönlich und die richtige Lehre. Dann aber geht es ein unwillkürlich einen Schritt weiter, und was erst coordinirt war, wird in die erste Linie gerückt und so die Wahrheit völlig verrückt. — Daß sich also zwar nicht schon ausdrücklich, aber dennoch im Grunde der Sache um die Vollkommenheit und Genugsamkeit Christi, um die Einzigkeit seiner gottmenschlichen Person gehandelt.

2. Dies die eine Seite der Sache. Die andere Seite ist die, daß die evangelische Freiheit bedroht war. Und dies hebt Paulus selbst, Gal. 2, 4, bestimmt hervor. Die Gnade Gottes in Christo bedingt die evangelische Freiheit des Erlös'ten. Je mehr die Gnade in ihrer Allgenugsamkeit beschränkt wird, desto mehr wird auch die Freiheit des Gewissens vom gesetzlichen Joch eingeschränkt. Es handelt sich also, wie um die einzige Würde und das allgenugsame Verdienst Christi, so um die Würde und innere Freiheit der erlös'ten Seele, und um die knechtische oder kindlich freudige Stellung des Gewissens zu Gott.

3. Ueberdies stand der Universalismus des Christenthums in Frage. Wohl hätten die pharisäisch gesinnten Judenchristen zugegeben, daß Heiden in die Gemeinde Jesu Christi aufgenommen werden; sie hätten sicherlich nichts dagegen einzuwenden gehabt, daß alle Heiden sich bekehren, vorausgesetzt, daß sie sich der Beschneidung und dem ganzen mosaischen Gesetz unterwerfen würden. So mochten sie sich weitherzig genug vorkommen und glaubten, die Bestimmung des Evangeliums für alle Welt keineswegs zu beeinträchtigen. Allein faktisch hätten sie doch eine Schranke aufgerichtet, welche im Ganzen und Großen der menschheitlichen Bestimmung und der allumfassenden Bedeutung des Heils in Christo im Wege gestanden wäre. Das mosaische Gesetz als unbedingt gültig und seine Beobachtung als heilsnothwendig festhalten, ist in der That so viel, als den Alten Bund verewigen und den Neuen nicht aufkommen lassen; so viel als die Sonderung zwischen Israel und den Völkern aufrecht erhalten und den Partikularismus verewigen.

4. Eben deßhalb durfte Paulus nicht schweigen

14*

und nachgeben. Der Friede ist ein schätzbares Gut, Einigkeit der Gemeinde ein wichtiges Ziel. Dennoch wäre es verkehrt, Frieden um jeden Preis, und Einheit als das unbedingt höchste Gut zu suchen und zu behaupten. Die Wahrheit steht höher. Und das lautere Wort von der Gnade Gottes in Christo allein muß selbst auf Kosten des Einverständnisses gesichert oder wieder erobert werden.

So haben die Apostel gehandelt, so haben seiner Zeit die Reformatoren gehandelt. Da muß auch wirklich den Kern und nicht blos die Schale, den Glauben selbst, und nicht blos die wissenschaftliche und gelehrte Fassung desselben, die Ehre Gottes und Christi, und nicht blos menschliche und Parteiinteressen gelten.

(Homiletische Andeutungen siehe S. 216.)

## B.
**Gang der Verhandlungen bei der entscheidenden Versammlung in Jerusalem.**

**Kap. 15, 6—21.**

6 Es versammelten sich aber die Apostel und die Aeltesten, um diese Sache zu über-
7 legen. *Da aber eine lange Streitunterredung statt gefunden hatte, trat Petrus auf und sprach zu ihnen: Männer, Brüder, ihr wisset, daß Gott vor langer Zeit unter euch[1]) erwählt hat, daß durch meinen Mund die Heiden das Wort des Evangeliums hören und
8 gläubig werden sollten. *Und Gott, der Herzenskenner, hat Zeugniß für sie abgelegt,
9 indem er ihnen den Heiligen Geist gab, gleich wie auch uns, *und keinen Unterschied zwischen uns und ihnen machte, indem er durch den Glauben ihre Herzen reinigte.
10 *Warum versuchet ihr nun Gott, um ein Joch dem Hals der Jünger aufzulegen, das
11 weder unsere Väter noch wir zu tragen vermochten? *Sondern durch die Gnade des
12 Herrn Jesu[2]) glauben wir selig zu werden, wie auch jene. *Da schwieg die ganze Menge und hörte zu, wie Barnabas und Paulus erzählten, wie große Zeichen und Wun-
13 der Gott unter den Heiden durch sie gethan hatte. *Nachdem sie aber geschwiegen hat-
14 ten, antwortete Jakobus und sprach: Männer, Brüder, höret mir zu: *Simon hat erzählt, wie zum ersten Mal Gott sich ersehen hat aus den Heiden ein Volk, um es an-
15 zunehmen für seinen Namen[3]). *Und damit stimmen die Worte der Propheten, wie
16 geschrieben steht: *Darnach will ich wiederkommen, und aufbauen die gefallene Zelt
17 Davids, und will ihre Trümmer wieder bauen und es aufrichten, *damit die übergebliebenen Menschen den Herrn suchen, und alle Völker, über welche mein Name genannt
18 ist, spricht der Herr, der das[4]) thut. *Das[5]) von jeher bekannt ist. *Darum urtheile
19 ich, daß man nicht Mühe machen solle denen, welche aus den Heiden sich zu Gott be-
20 kehren, aber ihnen auftrage, daß sie sich enthalten von den Gräueln der Abgötterei, und
21 Hurerei, von dem Erstickten und vom Blut. *Denn Moses hat von alten Zeiten her in Städten da und dort, die ihn predigen, indem er in den Synagogen jeden Sabbat vorgelesen wird.

### Exegetische Erläuterungen.

1. **Es versammelten sich aber.** Συνήχθησαν, diese Versammlung wurde eigens für den einzigen Zweck veranstaltet, um diese Angelegenheit (ὁ λόγος οὗτος), d. h. die vorliegende Streitfrage, in Erwägung zu nehmen. Lukas nennt nur die Apostel und Aeltesten; daß aber die Gemeinde mit gegenwärtig war, und zwar nicht nur um zu hören, sondern um mit zu beschließen, ergibt sich unzweifelhaft aus V. 12 und 22 ff. (πᾶν τὸ πλῆθος, ὅλη ἡ ἐκκλησία, οἱ ἀδελφοί).

2. **Da aber eine lange Streitunterredung.** Erst ereignete sich eine lebhafte Debatte, ein starkes Auf-einanderplatzen der Geister (πολλὴ συζήτησις V. 7), indem die entgegenstehenden, sich ausschließenden Ansichten, offen und stark und beharrlich ausgesprochen wurden und gegen einander prallten. Dies läßt voraussetzen, daß die pharisäisch gesinnten Judaisten von der einen und die antiochenischen Heidenchristen von der andern Seite gegen einander auftraten. Nun aber trat Petrus auf, um in dem Gewirr der sich bekämpfenden Ansichten und Gesinnungen einen Stab an die Hand zu geben, der zum Ausweg hilft. Er wendet sich, wie der fragende Vorwurf V. 10 deutlich zeigt, gerade an die pharisäisch und gesetzlich Gesinnten, um diese nicht nur zu beschwichtigen, sondern ihres Irrthums, ja

---
1) ἐν ὑμῖν Cod. A. B. C. ist von Lachmann und Tischendorf mit Recht vorgezogen worden. Ἐν ἡμῖν ist jedenfalls leichtere Lesart.
2) τοῦ κυρίου Ἰησοῦ ist entschieden besser beglaubigt als κυρίου Ἰ. Χριστοῦ.
3) Der Dat. τῷ ὀνόματι, ist ganz unzweifelhaft richtig, während ἐπὶ vorher unleugbar unächter Zusatz ist.
4) ταῦτα nach πάντα ist laut den besten Handschriften unächt.
5) γνωστὰ ἀπ' αἰῶνος, nur diese drei Worte stehen in den drei Codd. B. und C., in 13 Minuskeln und einigen orientalischen Uebersetzungen. Zu diesem ursprünglichen Stamm haben einige Handschriften beigefügt: αὐτῷ oder τῷ κυρίῳ oder τῷ θεῷ πάντα τὰ ἔργα αὐτοῦ E. G. H. Statt des Plur. hat A. D. nebst einigen Versionen den Sing.: γνωστὸν ἀπ' αἰῶνος τῷ κυρίῳ τὸ ἔργον αὐτοῦ, eine Lesart, welche Lachmann vorgezogen hat.

ihres Unrechts, ihrer Sünde zu überweisen. Zu diesem Behuf erinnert er sie an eine ihnen wohl bekannte (ὑμεῖς ἐπίστασθε) Thatsache, nämlich die Bekehrung des Cornelius und der mit ihm verbundenen Heiden. Er bezeichnet jenes Ereigniß als ein vor langer Zeit (ἀφ᾽ ἡμερῶν ἀρχαίων) erfolgtes, und jedenfalls mochte mindestens ein Jahrzehnt seither verstrichen sein.

3. Trat Petrus auf und sprach rc. Er charakterisirt jene Thatsache zuerst ihrer wesentlichen Bedeutung nach V. 7—9, und macht sodann eine Anwendung davon auf die vorliegende Frage. Die Bedeutung jenes Ereignisses findet er a. darin, daß Gott dort gehandelt hat (ὁ θεὸς ἐξελέξατο rc., ὁ καρδιογν. θεὸς ἐμαρτύρησεν αὐτοῖς, δοὺς rc., καὶ οὐδὲν διέκρινε rc.); b. daß die Verkündigung des Evangeliums, wodurch jene Heiden gläubig wurden, nicht ausschließlich seine, des Petrus, Sache gewesen sei, sondern eben so gut der ganzen damaligen Gemeinde zukomme, Gott habe ihn nur zu diesem besondern Geschäft auserwählt (ἐν ὑμῖν ἐξελέξ. rc.); c. daß der allwissende Gott jenen Heiden durch Ertheilung des Heiligen Geistes ein Zeugniß seines Wohlgefallens ausgestellt habe, αὐτοῖς dat. comm. Hierbei ist vorausgesetzt, daß Gott den Heiligen Geist nur denen ertheile, die ihm wohlgefallen. Daß er aber sich in den Personen nicht getäuscht haben könne, gibt καρδιογνώστης zu verstehen, d. h. Gott, nachdem er die Herzen der Heiden durch den Glauben gereinigt hatte, durchaus keinen Unterschied mehr zwischen jenen und den gläubigen Israeliten gemacht hat. Unverkennbar ist οὐδὲν διέκρινε — καθαρίσας V. 9 eine Anspielung auf die Worte der Vision Kap. 10, 15. Was Gott gereinigt hat, die Herzen der Heiden, ihre Unreinigkeit klebt nicht, wie der pharisäisch Gesinnte wähnt, am Leibe; das Mittel der Reinigung ist deßhalb auch nicht die Beschneidung, sondern der Glaube.

4. Warum versuchet ihr nun Gott? V. 10 macht die Anwendung auf die gegenwärtige Streitfrage, in Form einer vorwurfsvollen Frage: da die Sache so steht (οὖν), warum versuchet ihr denn Gott, indem ihr ein Joch auflegen wollt (ἐπιθεῖναι Inf. epexeg., in lazem Gefüge)? Das ist eine Versuchung Gottes, d. h. eine Handlung, wobei man es darauf anlegt, wenigstens es darauf ankommen läßt, ob Gott seinen Willen strafend, zum eigenen Schaden und Verderben kundgebe und durchsetze. Unter dem Joch, das Jene dem Nacken der Jünger aufzulegen Lust haben, ist nicht die Beschneidung an und für sich, sondern mit ihr das mosaische Gesetz zu verstehen. Wenn nun Petrus behauptet, weder die Väter, noch er selbst und sämmtliche bekehrte Israeliten, die pharisäisch Gesinnten mit inbegriffen (ἡμεῖς) haben das Gesetzesjoch zu tragen vermocht, so sagt er sich hiermit allerdings von dem mosaischen Gesetz, als einem an sich verbindlichen Gesetz, los und erklärt, 1) daß Niemand dasselbe vollkommen zu erfüllen fähig gewesen sei, und 2) daß das Gesetz eben deßhalb auch nicht das Mittel zur Seligkeit sein könne.

5. Sondern durch die Gnade. Dem Satz, welcher den Weg durch's Gesetz zum Heil verneint, stellt Petrus V. 11 mit ἀλλὰ entgegen den Heilsweg durch die Gnade Jesu Christi. Wie jene (ἐκεῖνοι, die Heidenchristen), so sind auch wir nur mittels der Gnade Christi des Heils gewiß. In beiden Sätzen, dem negativen V. 10 und dem positiven,

V. 11, sind die Christen aus den Heiden mit denen aus Israel zusammengestellt; dort ist der Gedanke: jene können das Gesetz so wenig tragen, als wir; hier ist der Sinn: wir können nur durch Christi Gnade selig werden, so gut als jene.

6. Da schwieg die Menge. Das σιγᾶν der ganzen Menge V. 12 gibt zu erkennen, daß die πολλῆ συζητήσεως V. 7 durch die Rede des Petrus verstummt und die Gemüther durch die erörterte Wahrheit beruhigt sind. Nun ergriffen Barnabas und Paulus das Wort. Hier ist Barnabas wieder, wie früher, vor Paulus genannt. Ohne Zweifel sprach er zuerst, als der den Anwesenden schon länger und genauer bekannte. Der Inhalt ihrer Vorträge bewegte sich um die Erfahrungen der unlängst gemachten Reise zur Heidenmission. Sie erzählten von den Wunderthaten Gottes unter den Heiden, welche er durch sie als seine Diener verrichtet hatte, d. h. von den merkwürdigen Bekehrungen und den Wirkungen des neuen göttlichen Lebens, die sich bei so vielen Heiden gezeigt hatten. Diese Berichte schlossen sich bestätigend und weiter führend an dasjenige an, was Petrus aus einer viel früheren Erfahrung mitgetheilt hatte. Dadurch mußte der Eindruck verstärkt werden, daß die Bekehrungen der Heiden ein Werk Gottes seien, daß das Christenthum der gläubigen Heiden, auch ohne Gesetzesbeobachtung, Gott gefällig sein müsse.

7. Nachdem Barnabas und Paulus ihre Mittheilungen geschlossen hatten (hier ist σιγᾶν in anderem Sinn, als V. 12 gebraucht), ergriff das Wort Jakobus und sprach. Es kann kein Zweifel bestehen, daß dies der „Bruder des Herrn" war, siehe Kap. 12, 17, welcher an der Spitze der Gemeinde zu Jerusalem stand und als gesetzesstreng den Ehrennamen, der Gerechte, empfangen hat. Sein Vortrag schloß sich zunächst an die Rede des Petrus an und bestätigt dessen Hauptgedanken durch die alttestamentliche Weißagung. Jakobus, als Hebräer zu Hebräern redend, nennt auch den Apostel Petrus mit seinem hebräischen Namen Συμεών, statt sonst Σίμων (nur Differenz der griechischen Schreibart des שמעון). Ἐπεσκέψατο λαβεῖν, Gott hat sich umgesehen, um ein Volk anzunehmen, oder Gott hat beschlossen, wie das Web. bis auf die Klassikern considerare bedeutet. Sprechend ist der Gegensatz ἐξ ἐθνῶν λαόν, denn sonst immer bildet ἔθνη einen Contrast gegen λαός (Israel); hier aber: aus Heiden hat Gott ein Volk Gottes genommen, τῷ ὀνόματι αὐτοῦ für die Erkenntniß und Verehrung, für das Bekenntniß seines Namens. Was Petrus als Thatsache erzählt und charakterisirt hat, das beleuchtet Jakobus nun mit dem prophetischen Wort, als eine Erfüllung der Verheißungen Gottes, οἱ λόγοι, viele Weißagungen, von denen er jedoch nur eine ausdrücklich anführt.

8. Und aufbauen das gefallene Zelt. Amos 9, 11 ff. ist im Grundtext Wiederaufrichtung, Restauration des verfallenen Hauses Davids verheißen.
(נָפַל, σκηνή, weil es eben heruntergekommen war), und zugleich ist zugesagt, sie sollen Edom und alle Völker, über welchen Jehovah's Namen genannt, welche ihm geweiht sind, beerben (יִירְשׁוּ) d. h. ihrer Herrschaft unterwerfen. Hier ist also die messianische Restauration so geschildert, daß sie zugleich heidnischen Völkern zu gute kommt, welche die Ver

ehrung Jehovahs annehmen. Und die Belehrung der Heiden zu Christo ist jedenfalls eine Erfüllung dieser Verheißung. Die LXX Uebersetzung nun, welcher unser Text folgt, weicht etwas ab, setzt aber mitunter eine andere Lesart, als die masorethische, voraus, z. B. statt יִדְרְשׁוּ אֶת־שְׁאֵרִית אָדָם die Worte שְׁאֵרִית אָדָם; יִדְרְשׁוּ und Jakobus selbst in unserem Text fügt noch Einiges hinzu, z. B. ἀναστρέψω, und sodann die Worte γνωστὰ ἀπ᾽ αἰῶνος, scil. αὐτῷ oder τῷ θεῷ, was einige Handschriften eingeschoben haben, dem Sinn gemäß, jedoch unter Vermischung der ursprünglichen Worte mit deren Erklärung. Jakobus will mit diesem Zusatz sagen: was heute geschieht, hat Gott von Anbeginn an gewußt und zu thun beschlossen; was wir erleben, ist nur die Vollziehung eines ewigen Rathschlusses Gottes.

9. Darum urtheile ich. Aus der Thatsache, welche Petrus in Erinnerung gebracht hatte, und aus den Verheißungen Gottes über die Aufnahme der Heiden in's Reich Gottes im prophetischen Wort, zieht nun Jakobus den praktischen Schluß (διὸ — κρίνω), daß diejenigen Heiden, welche sich zu Gott bekehren, nicht dabei belästigt werden sollten (παρενοχλεῖν neben dem, daß sie sich zu Gott wenden). Dies ist ein Schluß, welcher die evangelische Freiheit der Heidenchristen anerkennt, die Forderung der pharisäisch Gesinnten verwirft, und dem Paulus vollkommen zustimmt.

10. Daß sie sich enthalten. Zugleich aber stellt Jakobus den Antrag, den Heiden gewisse Enthaltungen zuzumuthen; ἐπιστεῖλαι, mandare, es ist nicht immer s. v. a. literas mittere, jene Bedeutung ist sehr häufig und paßt gut hierher. Immerhin meint Jakobus, es müsse von den Heiden etwas verlangt werden. Dennoch weicht das, was er beantragt, weit von dem ab, was die Meinung der Judaisten war; diese erklärten positive Uebernahme der Beschneidung sammt der ganzen mosaischen Gesetzlichkeit für die unerläßliche Bedingung des Heils. Jakobus aber fordert bloß ein ἀπέχεσθαι, ein Meiden der ἀλισγήματα. Ἀλίσγημα, ein Wort, das dem klassischen Griechisch völlig fremd ist, von ἀλισγέω, das bei den LXX und noch späteren Hellenisten = beflecken, beschmutzen, vorkommt, ist demnach Besudelung; die vier folgenden Genitive nennen sodann diejenigen Dinge, wodurch man sich beflecken könnte. Erstlich die εἴδωλα, Götzenbilder, und was mit deren Verehrung zusammenhängt; πορνεία kann, ohne alle nähere Bezeichnung gebraucht, so wenig als εἴδωλα, in irgend einem beschränkteren oder metaphorischen Sinne genommen werden (z. B. Abgötterei, Blutschande, Heirathen in verbotenen Verwandtschaftsgraden u. s. w.), sondern muß einfach in seinem eigentlichen Sinne von Unzucht, Hurerei verstanden werden. Die zwei letzten Punkte beziehen sich auf die Nahrung; es sollte nämlich gemieden werden der Genuß τοῦ πνικτοῦ, d. h. des Fleisches von Thieren, welche durch Erstickung getödtet sind; solchen Thieren sollte, laut Levit. 17, 13 sowohl Israeliten als Fremdlinge, inmitten des Volks (הַגֵּר הַגָּר בְּתוֹכָם), erst das Blut ausgelassen werden, bevor man sie esse. Sodann sollten sich die Heidenchristen auch enthalten τοῦ αἵματος, alles und jeden Blutgenusses, weil im Blute die Seele alles Lebendigen ist

vergl. Levit. 17, 14; Gen. 9, 4. Diese Speisegesetze stehen im Alten Bunde selbst noch höher als die levitischen, sollte doch jeder, der sie übertrat, ausgerottet werden Levit. 17, 14, und ausdrücklich werden sie auf die גֵּרִים mit ausgedehnt. Jakobus will also nur, daß die Heidenchristen dasjenige meiden sollen, was mit der wahren Religion des heiligen Gottes nach ihrer uralten Ueberlieferung ohnehin schlechthin unverträglich sei und jedem Israeliten den tiefsten Eindruck heidnischer Gräuel und Anstößigkeit machen müßte.

11. Denn Moses hat. Der logische Zusammenhang des Schlußwortes V. 21 ist sehr zweifelhaft. Jakobus bemerkt hier, daß von alter Zeit her da und dort in den Städten (κατὰ πόλιν) Moses verkündigt werde, sofern jeden Sabbattag in den Synagogen die Thora vorgelesen werde. Hiermit will er aber nicht sagen, daß in den christlichen Gemeinden so gut als in den jüdischen Mose verlesen werde (Grotius); wohl aber setzt er voraus, daß die Christen sich noch zu der Synagoge halten. Daß diese Thatsache eine Begründung enthalte, gibt γὰρ unleugbar zu verstehen. Aber welcher Gedanke dadurch begründet werden solle, ist nicht sofort klar. Entweder soll die angeführte Thatsache einen Grund angeben für die geforderten Enthaltungen V. 20 (es sei unerläßlich, jenes vierfache ἀπέχεσθαι anzuordnen, weil sonst die allsabbatliche Vorlesung des Gesetzes das Aergerniß der Judenchristen an den Heidenchristen verewigen würde, Meyer), oder den Grund für das beantragte Freisprechen der Heidenchristen vom Gesetz V. 19 (ungeachtet das mosaische Gesetz schon so lange verkündigt wird, bequeme sich doch Wenige zu seiner Annahme, man müsse das Ceremonialgesetz als Hinderniß einer allgemeinen Verbreitung der wahren Religion fallen lassen, Gieseler); oder will Jakobus hiermit seinen ganzen Antrag, hauptsächlich den auf Verschonung der Heidenchristen mit gesetzlichen Forderungen, insofern unterstützen und begründen, als er ein Bedenken gegen denselben hinwegräumt: man möge ihm getrost zustimmen, denn die Besorgniß, daß dann das mosaische Gesetz überhaupt in Abgang kommen könnte, sei völlig grundlos, werde doch das Gesetz in jeder Stadt allwöchentlich vorgelesen (so ungefähr: Erasmus, Wetstein, Schnelkenburger, Thiersch, Ewald, Geschichte Israels VI. 437). Letztere Auffassung scheint sowohl der ganzen Lage, als der innerbiblischen judenchristlichen Gesinnung und Stellung des Jakobus am angemessensten zu sein.

### Christologisch-dogmatische Grundgedanken.

1. Petrus legt bei der wichtigen und für alle Zeit entscheidenden Frage, ob das mosaische Gesetz auch für die Heidenchristen verbindlich sei, vor allem eine Erfahrung in die Wagschale, die in dem Ereigniß zu Cäsarea gemachte Erfahrung, daß die Heiden, ebenso gut als die Judenchristen, den Heiligen Geist empfangen haben. Diese Thatsache faßt er auf als eine bedeutende und lehrreiche Entscheidung Gottes. Gott hat die Heiden hiermit den Israeliten vollkommen gleich gestellt (οὐδὲν διέκρινε) den Lezteren durchaus keinen Vorzug, kein Vorrecht zuerkannt vor den gläubigen Heiden. Gott hat den Lezteren durch Ertheilung des Heiligen Geistes ein Zeugniß ausgestellt (ἐμαρτύρησε), hat sein Wohl-

gefallen an ihnen thatsächlich und sprechend beurkundet. Jene Erfahrung beweist demnach die vollständige Gleichheit der Heiden und Juden vor Gott, falls sie nur an Jesum Christum glauben. Die Beweisführung ist überzeugend und bündig. Und es ist auch in allgemeiner Beziehung musterhaft, wie der Apostel die Geschichte der Kirche als Quelle lebhafter Einsicht benutzt. Die ganze Offenbarung Gottes in beiden Testamenten beruht auf Geschichte und besteht wesentlich in Geschichte. Und wie das Leben Jesu Christi lehrreich ist, indem er nicht nur seine eigene Lehre lebte, sondern auch sein eigenes Leben predigte: so ist auch das Leben und die Erfahrung der Apostel ein reicher Quell der Lehre. Die Lehre des Apostels Paulus ist sein eigenes Leben, in Bewußtsein und Erkenntniß herausgearbeitet. Und die Lehre des Apostels Petrus ist ebenfalls sein eigenes Leben, zu Einsichten und Begriffen verarbeitet. Die Art, wie Gott seine Kirche in der Wirklichkeit und im Laufe der Zeiten regiert, mit andern Worten die Geschichte der Kirche, bildet die Lehre, nicht nur im Lehrstück von der Kirche selbst, sondern auch in andern Stücken. Wie denn hier nicht allein der Begriff der Kirche, sondern auch die Einsicht in die Bedeutung der Gnade, des unus legis etc. gewonnen ist.

2. Die Erkenntniß vom Wesen des Glaubens ist durch jene Thatsachen gefördert und weiter entwickelt worden. Was liegt nicht alles in dem Satz, welchen Petrus, beim Nachdenken über die Bedeutung jenes Ereignisses zu Cäsarea ausgesprochen hat: „Gott hat durch den Glauben ihre Herzen gereinigt." Erstlich liegt darin, daß der Glaube nicht geradezu und ausschließlich vom Menschen abhängt, sondern von Gott; der Glaube ist ein Werk und Gabe Gottes, eine Gnadenwirkung von ihm. Zum Andern bezeugt der Apostel hiemit, daß der Glaube eine reinigende Kraft besitzt; der Glaube ist demnach etwas Lebensvolles, Kraftvolles, wie Luther sagt, „ein lebendig, kräftig, schäftig Ding", und zwar wirkt er reinigend, so daß das Herz, das zuvor ungöttlich, unrein war, umgewandelt, Gott geheiligt, sittlich gereiniget wird. Zum Dritten liegt auch die Wahrheit in dem Satz V. 9, daß der Glaube seinen Sitz im Herzen hat, nicht blos im Gedächtniß oder im Denken, sondern im Mittelpunkt des empfindenden und handelnden, Sinn und Trieb in sich fassenden Seelenlebens.

3. Gesetz und Gnade in ihrem Gegensatz sind hier zum ersten Mal den Jüngern klar geworden. Auch Paulus, der persönlich, durch die Art seiner Bekehrung und Führung, zur Erkenntniß der Gnade Gottes in Christo geführt worden war, hat wohl erst durch die ihm auf dem Boden der heidenchristlichen Gemeinden entgegentretende Opposition recht hell die evangelische Freiheit im Stand der Gnade, gegenüber der knechtischen Gesetzlichkeit, erschaut. Und ähnlicher Weise Petrus. Daß das Gesetz ein Joch ist, schwer, ja unmöglich zu tragen, dessen ist er nur durch die Erfahrung der Gnade Christi inne geworden. Gnade macht Alles leicht, was das Gesetz dem Menschen schwer macht. Denn unter dem Gesetz kommt es auf die eigene Kraft, die persönliche Beständigkeit und Reinheit des Willens an; in dem Stand der Gnade reinigt Gott das Herz und macht ihm Lust und Liebe zum Guten.

4. Jakobus beleuchtet die Frage, welche Petrus, sowie Barnabas und Paulus, mittels der im Dienst des Evangeliums gemachten Erfahrungen erörtert hatten, auch noch durch das Wort, der Verheißung. Die Weißagungen der Schrift sind von den Aposteln vorzugsweise dazu benutzt worden, die Zeichen der gegenwärtigen Zeit zu verstehen, um zu erkennen, was zu thun vor Gott recht sei. Sie haben das prophetische Wort nicht dazu verwendet, um zu erkennen, was künftig ist, namentlich Zeitpunkte und Zeiträume, Umstände und Personen darin als in einem Zauberspiegel vorher zu erkennen. Der Wille Gottes, sein Rathschluß in Hinsicht des Ganges, den das Reich nimmt, und die Grundgesetze desselben sind aus der Weißagung um so mehr zu erkennen, je mehr man die sich gleich bleibenden, ewigen, sätten und festen Gottesgedanken beachtet (γνωστὰ ἀπ' αἰῶνος V. 18).

5. Die Weißagung bei Amos, welche Jakobus anführt, hat das Haus Davids zum Hauptgegenstand. Davids königliches Haus ist heruntergekommen, zur Hütte geworden, in Trümmer gefallen. Gott will das Zerfallene wieder aufrichten, neu herstellen, ja erweitern, und das Reich, das Gottes Reich ist, auch über Heiden ausdehnen, welchen sein Name beigelegt wird, die sich zur Erkenntniß und dem Dienst Jehovah's entschließen. Und alles das will Gott selbst thun und zu Stande bringen, wie er von jeher beschlossen hat. Diese Verheißung gibt fürs Erste über die Frage. Schon der Umstand ist von Bedeutung, daß das theokratische Königthum, das Reich Gottes, im Mittelpunkt der Verheißung steht, und nicht das Gesetz als solches. Sodann ist es wichtig, daß nur die Anrufung des Namens Gottes, oder die Beilegung seines Namens, als Bedingung der Einverleibung in Gottes Reich gesetzt ist. Und diese Bedingung ist bereits erfüllt bei den bekehrten Heiden (ἐπιστρέφουσιν ἐπὶ τὸν θεόν, V. 19). Endlich ist entscheidend: κύριος ὁ ποιῶν ταῦτα d. h. nicht wir haben die Sache zu machen, und die Hauptsache erst nach unserem Ermessen hinzuthun, sondern Gott der Herr hat verheißen, er wolle es thun; er thu's auch und hat die Hauptsache schon gethan; er hat sich ja schon ein Volk aus den Heiden angenommen, V. 14. Und darum dürfen und sollen wir den Heidenchristen nicht noch eine Auflage machen, welche vorausstehen würde, daß nicht bereits die Thatsache eine vollendete sei.

6. Es ist merkwürdig, daß Jakobus, der Mann, welcher laut der an uns gekommenen Schilderungen für seine Person ein Mann strengster gesetzlicher Frömmigkeit gewesen ist, daher er ὁ δίκαιος genannt wurde (f. mein Apostolisches und Nachapostolisches Zeitalter 2. Aufl. 296 ff.), — daß gerade dieser Mann ebenfalls die Freiheit der Heidenchristen vom mosaischen Gesetz befürwortet und ausdrücklich nur die Enthaltung von gewissen, theils sittlich-religiös, theils sozial anstößigen Dingen von ihnen fordert. Unbegreiflich, ja unglaublich wäre dies nur dann, wenn es unmöglich wäre, daß eine und dieselbe Persönlichkeit streng gegen sich selbst und mild gegen Andere sein könnte. Wir dürfen uns aber den Jakobus gerade als einen Charakter dieser Art, welcher der reinsten Achtung werth ist, denken. Und ihm Moses nicht gleichgültig ist, läßt sich aus der V. 21 gegebenen leisen Andeutung richtig gefaßt, erkennen; aber auch das ergibt sich daraus, und für die Achtung vor dem Mosaismus mehr hofft von der nach und nach sich verbreitenden Kenntniß desselben und von freiwilliger Anschließung, als von einem Zwang, welchen man

dem Gewissen, zu ihrer Beunruhigung (παρενοχλεῖν V. 19), apthun wollte. Daß in des Jakobus
Charakter, bei einer consequenten Strenge gegen
sich selbst, in der That die mildeste, erbarmende
Liebe gegen Andere lag, zeigt der von Hegesippus
bei Euseb. Kirchg. II, 23 aufbewahrte Zug, daß
er unablässig im Tempel auf den Knieen betete um
Vergebung für sein Volk. Hat er mit so mitleidi-
ger Liebe für seine ungläubigen Volksgenossen gebetet, so war er gewiß auch fähig, mit liebender
Schonung und Milde den Heiden entgegen zu kommen, die sich zum Erlöser bekehrt hatten. In den
letzteren Zügen sehen wir in der That das Bild
Jesu selbst in der Seele seines Bruders (nach dem
Fleisch und nach dem Geist) wiederstrahlen.

#### Homiletische Andeutungen.

Und Etliche kamen herab und lehrten ꝛc.
[V. 1.] Paulus war von den Trübsalen in etwas
auszuruhen gen Antiochien gekommen und fing an
sich mit den Brüdern über ihren gemeinsamen Glauben zu erbauen, so kam diese neue Noth nach. Wie
gut aber, daß die gesegneten Erweisungen Gottes
unter den Heiden vorausgegangen waren und daraus die Gründe zur Entscheidung genommen werden konnten. Das Widrige kommt erst hinter dem
Segen drein. (Rieger.) Das waren neue Geburtsschmerzen über dem Evangelio, da eine Hemmung
desselben vom Feinde geschehen wollte. Seine Absicht war, die Freude, so durch die Bekehrung der
Heiden entstanden, zu verderben. Auf solche Di-
versionen muß man immer Acht haben in der streitenden Kirche, denn dadurch kann man auch um das
Kleinod kommen. (Starcke.) Die Apostelgeschichte
zeigt uns die Kirche von zwei entgegengesetzten Seiten. Einerseits erscheint sie bei ihrer Geburt als
die Auflösung aller irdischen Gegensätze in den harmonischen Chor des Lobes Gottes von den Zungen
aller Völker unter dem Himmel, als die selige Braut,
ruhend an der Brust des Geliebten, und während
die Welt verzagen will vor den Zeichen der letzten
Tage, in Einfalt des Herzens hinausschauend auf
den Tag ihrer Vermählung. Andererseits erscheint
sie in Arbeit und Kampf. Nichts kann sie ihr eigen
nennen, Alles soll sie erst erwerben, erarbeiten, erringen: und wie jenes Gefühl der Seligkeit ihr
ganzes Wesen durchdrang, so dringt auch das Gefühl des Nichthabens und Entbehrens durch ihr
ganzes Wesen, und wir sehen sie zittern in Angst
und Betrübniß. Es ist derselbe Gegensatz, den die
Evangelien uns in dem Leben des Herrn offenbaren; auch hier auf der einen Seite der himmlische
Lichtglanz der Herrlichkeit des eingebornen Sohnes
Gottes, auf der andern das abgrundsmäßige To-
desdunkel der Gottverlassenheit. (Baumgarten.)
Da nun für Paulus und Barnabas eine
Parteiung ꝛc. [V. 2.] Besser Streit mit Erhaltung der Wahrheit, als Friede mit Verlust derselben. (Starcke.) Daß Paulus und Barnabas hinaufzögen gen Jerusalem. Es hätten diese Beiden ihr eigenes Ansehen behaupten und
sich weigern können, von Jerusalem her den Bescheid
zu holen. Die Andern konnten sagen, jene Beiden
dürften nicht geschickt werden, sondern Andere mit
einem unparteiischen Urtheile. Aber von beiden Seiten geschah Alles bescheiden und lauter. (Bengel.)
Und erzählten den Wandel der Heiden
und machten große Freude allen Brüdern.

[V. 3.] Wir müssen bei dem Eifer um die Ortho-
doxie den Bau des Reiches Gottes nicht vergessen
und versäumen. (Apost. Past.)
Verkündigten, wie viel Gott gethan
habe. [V. 4.] Ehe sie die entstandene Irrung vortragen, erzählen sie zuvörderst, was Gott mit ihnen
gethan, zum Beweis, daß sie weder die Streitfrage
in Hitze und Affekt getrieben, noch auch den übrigen
Zustand der Kirche Jesu darüber vergessen. Vielmehr legen sie den Grund, erst das Gute im Reich
Gottes auszubreiten, und dann die Fehler und Gebrechen zur Heilung anzuzeigen. Dies lehrt uns,
bei allen Gebrechen der Kirche Gottes nie aus dem
Sinn zu schlagen, was Gott gleichwohl für ein reiches Theil an allen Orten zeigt. (Apost. Past.)
Da traten auf Etliche von der pharisäischen Sekte. [V. 5.] Wie schwer geht es,
den pharisäischen Sauerteig abzulegen und sich lauterlich an die Gnade Gottes zu halten. Aber der
Glaube nimmt nicht gleich alle Finsternisse und
Schwachheiten von uns, es gehet durch Uebung und
Kampf. (Starcke.) „Die gläubig geworden
waren." Es sind also nicht immer böse Leute,
sondern auch wohl redliche Männer, die Spaltungen erregen können, wenn sie ihren Phantasieen und
Vorurtheilen zu viel nachhängen. (Apost. Past.)
Aber die Apostel und die Aeltesten kamen zusammen ꝛc. [V. 6.] Durch die göttliche
Eingebung, daraus die Apostel geredet und geschrieben, wird weder eine Berathschlagung des Einen
mit dem Andern, noch eine Betrachtung des göttlichen Worts aufgehoben. (Starcke.) Wie beschämt
diese apostolische Einfalt den Stolz späterer Zeiten!
(Apost. Past.) In dieser Versammlung haben wir
eine Repräsentation der Kirche, wie sie sonst nur
Einmal in der Pfingstgemeinde sich uns darstellt.
Die Kirche steht vor ihrem heiligen Herrn und
Haupt; sie fühlt sich ihrer Aufgabe gegenüber in
großer Verlegenheit und Unwissenheit; keine Erfahrung, kein Grundsatz, keine Schrift thut ihr Ge-
nüge; aber sie weiß, daß ihr Herr ihr in ihrer Gesammtheit die allemal ausreichende Kraft und Hülfe
verheißen hat. Daher kommt ihr die rechte Demuth
im Ruhm, aber auch der freudige Muth im Bekennen der Wahrheit. (Leonh. und Spiegelh.)
Da man sich aber lange gestritten ꝛc. [V.
7.] Das war kein Gezänke, sondern eine lange
Unterredung, wobei die Gründe für und wider
abgewogen wurden. Ein solches Verfahren war
den Aposteln rühmlich und zeugte sowohl von ihrer
Sanftmuth, auch von den geringsten Brüdern ihre
Meinung anzuhören, als von ihrer Sorgfalt, göttliche Wahrheiten nicht obenhin, sondern recht reislich
zu erwägen. (Apost. Past.) Daß Gott erwählet hat ꝛc. Petrus nimmt den Entscheidungs-
grund, weil weder das geschriebene Wort Alten
Testaments, noch die eigene Einsicht der Brüder zu
einem sichern Ergebniß führte, aus der Erfahrung,
aus dem, was Gott unter ihren Augen gethan habe. — „Da sieht man, wie nöthig es sei, auf
die Haushaltung Gottes in seiner Kirche wohl Acht
zu haben und aus der Erfahrung geübte Sinne zu
erlangen, um Wahres und Falsches zu unterscheiden." (Apost. Past.) Ihr Männer, lieben
Brüder! Das war sogleich eine Ueberschrift über
die ganze Verhandlung. Sie sollte brüderlich geführt werden.
Und Gott, der Herzenskenner, zeugte
für sie und gab ihnen den Heiligen Geist

[V. 8.] Der Gnadenrath des Herrn über die Heiden war im Geist des Cornelius über sie geworden zur sichtbaren Gnadenthat.

Und reinigte ihre Herzen durch den Glauben. [V. 9.] Der Glaube ist die rechte neutestamentliche Beschneidung, das wahre, einzige evangelische Reinigungsmittel, denn er reinigt von aller Befleckung des Fleisches und Geistes, indem er die Seele mit der Kraft des Blutes Jesu durchbringt.

Was versuchet ihr denn nun Gott ꝛc. [V. 10.] Andere Zeiten, andere Sitten und Ordnung Gottes in seiner Kirche. Und je größere Erleuchtung und Glauben, je weniger Last vom knechtischen Joch des Gesetzes. Merke es wohl: die größten Lastaufleger sind nicht die besten Lehrer. (Starke.) Gott versuchen heißt von Gottes Wort weichen und die durch göttliche Weisheit geheiligte Ordnung in frevelnder Willkür verkehren. (Gerhard.)

Sondern wir glauben durch die Gnade des Herrn Jesu Christi selig zu werden. [V. 11.] Es ist die theuerwerthe Summe des Evangelii, welche Petrus hier auf der ersten Kirchensynode für alle Zeiten ausspricht. Sie schließt schon das Bekenntniß des Concils zu Nicäa in sich, das Bekenntniß zu Christo als dem wahrhaftigen Gott; denn seligmachende Gnade kann Christus allein darreichen, wenn er der Herr ist, dem alle Gewalt gegeben ist im Himmel und auf Erden. Wir glauben durch die Gnade des Herrn Jesu Christi selig zu werden. Das ist noch heute das heilige Symbolum und Schibboleth aller wahrhaft Gläubigen. An dem „allein aus Gnaden" erkennen Gott die Kinder vom Hause wieder. — Darum erklärt auch Melanchthon in der Apologie den Artikel von der Rechtfertigung aus Gnaden als den höchsten, fürnehmsten der ganzen christlichen Lehre, welcher die ganze Bibel allein die Thür aufthut, und ohne den auch kein arm Gewissen einen rechten, beständigen, gewissen Trost haben mag;" und Luther sagt: „von diesem Artikel kann man nicht weichen, noch nachgeben, es falle Himmel und Erde und was nicht bleiben will." (Leonh. und Spiegelh.) Welcher Ruhm, welcher Trost, welche Freude für euch Glieder der evangelischen Kirche! Eins seid ihr mit der uralten apostolischen Kirche, in eurem Glauben und in eurem Bekenntniß. (Apelt.) Gleicherweise wie auch sie. Gleichwie die Väter und Propheten vor dem Triumphwagen Christi vorhergehen, so folgen wir demselben. Ihr und unser Glaube ist eins, weil sie das als zukünftig glaubten, was wir als geschehen glauben. (Lindhammer.)

Da schwieg die ganze Menge. [V. 12.] Wahrlich ein rechtes Concilium des Heiligen Geistes, da man nur so lange redet, als man noch nicht des Herrn Stimme hört, dann aber stille ist und sich demüthigt unter Gottes Wort! Wo der Geist der Wahrheit in die Herzen Eingang findet, und nicht eitle Hoffahrt und egoistische Streitsucht ihm widerstrebt, da löst die Einigkeit des Geistes allen Zwiespalt durch das Band des Friedens wieder auf, und die Wahrheit wird einmüthig gefunden und bezeugt, denn des Herrn Rath und That entscheidet. (Leonh. und Spiegelh.) Und hörten zu Paulo und Barnaba. Paulus und Barnabas erläuterten und bekräftigten das, was Petrus von den Heil Gottes an den Heiden erzählt hatte. So ist es recht, wenn ein Lehrer immer da fortfährt, wo es der Andere gelassen, wenn Einer immer noch mehr als der Andere von den Wundern Gottes zu erzählen

hat, und Alles in solcher Harmonie, daß man sieht: es ist Ein Gott und Ein Geist, der in ihnen Allen sein Werk hat. So ist es so hergebt, da herrscht der apostolische Segen. (Apost. Past.) — „Herr Jesu, sage du selber deiner Kirche das rechte Concil an, und halte du es selbst und befreie die Deinen durch deine herrliche Zukunft!" (Luther in den Schmalkalder Artikeln.)

Darnach antwortete Jakobus und sprach: — und damit stimmt der Propheten Rede. [V. 13—15.] Petri Vortrag nahm sein Augenmerk mehr auf Gottes Werk, nun thut Jakobus hinzu, wie damit auch Gottes Wort in der Propheten Schriften stimme. (Rieger.) Wenn auch Wunder und Zeichen vorgehen, so muß doch erst gefragt werden, ob die Schrift damit übereinstimme. (Apost. Past.)

Darnach will ich wiederkommen ꝛc. [V. 16.] Es war nicht ohne den Heiligen Geist, daß Jakobus gerade auf diese Stelle geführt ward. Denn es liegt darin zuvörderst der Fall der jüdischen Kirche und Aufhebung ihres Tempeldienstes; sodann die Verheißung, daß Gott auf Grund derselben eine neue Kirche bauen und dazu alle Heiden versammeln wolle; drittens, daß diese Gemeinde blos durch den Namen des Herrn, der über sie genannt werden soll, d. i. an den sie glauben würde, das Heil erlangen sollte. (Apost. Past.) — Und will wieder bauen die Hütte Davids, die zerfallen ist. Das Reich Christi ist nicht von dieser Welt, darum heißt es hier eine Hütte, die erst zerfallen aussieht, und doch sollen darin aus Gnaden die Heiden mit einquartiert werden. Die Zeit des Neuen Testaments ist überhaupt eine Zeit der Wiederzurechtbringung und Aufrichtung, ja die ganze Theologie geht auf die Aufrichtung des Gefallenen, Kap. 1, 6; Offenb. 21, 3. 5; Hebr. 9, 10. (Starke.) Gott will bauen, er will sogar alle Lücken füllen und das Verfallene wieder aufrichten. Gott will Alles thun. Reicher Trost! Laßt uns also treue Knechte und Mithelfer der Gnade Gottes sein! (Apost. Past.)

Daß man denen, so aus den Heiden sich zu Gott bekehren, nicht Unruhe mache. [V. 19.] Die Gewissenhaftesten, die sich eigentlich zu Gott bekehren, kann man mit Auflegung vieler äußerlicher Uebungen am meisten verderben, entweder auf falsches Vertrauen leiten, oder im Gewissen mit Noth bestricken. Die weniger im Ernst stehen, machen sich aus Allem weniger. (Rieger.) Der Hauptschluß des apostolischen Conciliums, der seine ewige und allgemeine Gültigkeit behält, ist die Lossprechung der Gläubigen des Neuen Bundes vom Joch des alten Ceremonialgesetzes. Ein wichtiger Schluß, den die Kirche Christi als eine süße Frucht seines Verdienstes dankbar anzunehmen und fruchtbar anzuwenden hat. Eben darin offenbart sich die Göttlichkeit, Lauterkeit und das Gewicht dieser ersten Kirchenversammlung, die in den folgenden Zeiten, da man theils aus fleischlichem Affekt, theils um Kleinigkeiten bergleichen Versammlungen angestellt hat, so merklich verschwunden ist. (Apost. Past.)

Daß sie sich enthalten von Unsauberkeit ꝛc. [V. 20.] Die Enthaltung von Abgötterei und Hurerei befahl der Gehorsam gegen Gott, die Enthaltung vom Ersticken und Blut empfahl die Liebe zu den Brüdern. — Es ist das Zeichen eines gereinigten Christen, daß er nicht nur das böse, sondern auch den Schein desselben meidet. Für einen Christen gibt es keine gleichgültige Sache; entweder müssen die Dinge, die er thut, die Ehre des Herrn fördern oder sie schänden. Sie wurde aber damals, bei dem Zusammenwohnen von Juden und Heiden, geschändet, wenn Jemand Dinge that, welche von der ganzen Welt als unleugbare Zeichen des Heidenthums angesehen wurden." (Williger.)

Zum ganzen Abschnitt V. 1—21. Die Bedeutsamkeit der ersten Kirchenversammlung. 1) Die Frage, über die verhandelt wurde (V. 6); es ist die Frage nach der Bedingung des Seligwerdens. 2) Der Geist, in welchem berathen wurde (V. 7); es ist der Geist der Liebe und der Wahrheit. 3) Die Regel, nach welcher entschieden wurde (V. 8. 9. 12); es ist Gottes Zeugniß in Wort und That. 4) Das Bekenntniß, welches dem zu fassenden Beschlusse zu Grunde gelegt wurde (V. 11); wir glauben durch die Gnade des Herrn Jesu Christi selig zu werden. (Apelt.) Wie kämpft der Christ die Kriege seines Herrn? 1) Tapfer, damit er das Kleinod behalte; 2) brüderlich, damit die Liebe nicht erkalte; 3) bemüthig, damit die Schiedsart wohl walte. (Ahlfeld.) Wir glauben, durch die Gnade des Herrn Jesu Christi selig zu werden. 1) Ein Bekenntniß der Buße, welche ruht auf klarem Bewußtsein der Sünde; 2) ein Bekenntniß der Demuth, welche bezeugt die Unverdienstlichkeit guter Werke; 3) ein Bekenntniß des Glaubens, welcher erkannt hat den Reichthum der Liebe Gottes in Christo; 4) ein Bekenntniß der Freude, welche sich gründet im Frieden des begnadigten Herzens. (Leonh. und Spiegelh.) Nicht durch das Gesetz, sondern aus Gnaden werden wir selig. (Lisco.) Aeußerliche Satzungen vertragen sich nicht mit dem lebendigen Glauben an Christum. 1) Was sind äußerliche Satzungen? 2) Aeußerliche Satzungen richten Zank an, 3) sind Früchte des alten Menschen. (Ders.) Wie wir im Christenthum Vergängliches und Unvergängliches zu unterscheiden haben. (Ders.) Wie Lehrstreitigkeiten unter Christen behandelt werden sollen. 1) Man lasse sich belehren durch die unverkennbaren Erweisungen der Kraft Gottes; 2) man forsche in der Schrift und einige sich auf ihr. (Ders.) — Die erste Kirchenversammlung zu Jerusalem ein Muster für alle Zeiten. 1) Ihr Anlaß eine Lebensfrage der Kirche [V. 5. 11], n. eine Frage, nicht des Glaubens, denn darüber war kein Streit, und darüber kann keine Versammlung endgültig entscheiden, sondern b. des Lebens, der praktischen Anwendung der unstrittigen Glaubenswahrheit auf kirchliche Ordnung und christliche Sitte. 2) Ihr Geist ein ächt evangelischer Geist; ein Geist a. der Wahrheit, die da ruht auf Gottes Wort und christlicher Erfahrung; b. der Liebe, die das Ihre nicht, sondern das Beste des Ganzen. 3) Ihr Ergebniß ein Segen für die Kirche; a. ein Fortschritt durch endgültige Ueberwindung veralteter äußerlicher Satzungen, aber b. auf Grund des unverrückten christlichen Glaubens- und Lebensgrundes [V. 11]. Der Ausgang der ersten Kirchenversammlung im Triumph des Heiligen Geistes: 1) als eines Geistes der Freiheit über das Joch äußerlicher Satzung [V. 10. 19]; 2) als eines Geistes des Glaubens über den Wahn eigener Weisheit und Gerechtigkeit [V. 9 ff. u. 15 ff.]; 3) als eines Geistes der Liebe über stolzen Eigensinn und engherzigen Parteigeist [V. 1. 2. 7. 12. 19—21]. — Ein irenischer Grundsatz (früher dem Augustin zugeschrieben, S. Herzogs Encyklopädie „Meldenius") zur Nachachtung für alle Zeiten: 1) In necessariis unitas [V. 11]; 2) in dubiis libertas [V. 19]; 3) in omnibus caritas [V. 7. 13. 20]. Der Heilige Geist als der beste Präsident auf Kirchensynoden und Pastoralkonferenzen. 1) Er gibt jedem das Wort, den Namenlosen in der Versammlung [V. 5], wie den großen Häuptern [V. 7. 12. 13]; den Aengstlichen wie den Freisinnigen. 2) Er hält Alle zusammen auf dem gemeinsamen Grund des göttlichen Wortes und des lebendigen Glaubens [V. 9. 11. 15]. 3) Er bringt die Verhandlung zum gesteckten Ziel weise erwogener und einmüthig gefaßter Beschlüsse und Entschlüsse [V. 19 ff.]. Reden und Schweigen, Beides hat seine Zeit in brüderlicher Berathung. (Pred. 3, 7.) 1) Freimüthiges Reden, wo es gilt, a. gewissenhafte Bedenken [V. 1. 5], b. entschiedene Ueberzeugungen [V. 7. 12. 13] auszusprechen; 2) sanftmüthiges Schweigen [V. 12], wo es gilt, a. kindlichen Gehorsam gegen Gottes Wort und Willen, b. friedfertige Nachgiebigkeit gegen die Brüder. — Streit und Friede, Beides hat seine Zeit inmitten der Kirche. (Pred. 3, 8.) 1) Brüderlicher Streit, um das Rechte zu finden; 2) brüderlicher Friede, nachdem es gefunden. Bauen hat seine Zeit und Brechen hat seine Zeit im Reiche Gottes. (Pred. 3, 3.) 1) Bauen den Zaun des Gesetzes im Alten Bunde, und 2) brechen den Zaun im Neuen Testamente. Was soll den Ausschlag geben in den Berathungen der Kirche? 1) Nicht blindes Vorurtheil, sondern besonnenes Urtheil. 2) Nicht das Gewicht menschlicher Namen (Paulus, Barnabas, Petrus, Jakobus), sondern göttlicher Wahrheit. 3) Nicht die Majorität der Stimmen, sondern Einigkeit im Geiste. — Lasset euch nicht wiederum in das knechtische Joch fangen! (Gal. 5, 1.) Ein warnender Zuruf der Apostel an die heutige Christenheit. 1) Paulus ruft's, der große Heidenapostel [V. 2—4], der sein Leben darangesetzt, den Damm der jüdischen Satzung zu durchbrechen in Kraft evangelischer Freiheit. 2) Petrus stimmt ein, der Fels der alten Kirche [V. 7—10], den Gott selber zur Erkenntniß geführt, daß allen Menschen geholfen werden soll, und den nur die Autoritätskirche vergebens als ihren Schutzpatron anruft. 3) Jakobus fällt ihnen bei [V. 13], der Prediger des Gesetzes, zum Zeugniß, daß es keinen anderen Weg zur Seligkeit gibt, als die Gerechtigkeit des Glaubens. — Wir glauben, durch die Gnade des Herrn Jesu Christi selig zu werden [V. 11]; die gemeinsame Losung unserer evangelischen wie der altapostolischen Kirche. — Das Glaubensbekenntniß zu Augsburg kein anderes als das zu Jerusalem. 1) Nach dem Feinde, den es bekämpft: Pharisäismus in a. Menschenknechtschaft, b. Werkgerechtigkeit; 2) nach dem Grunde, darauf es ruht: a. Gottes Wort, b. christliche Erfahrung; 3) nach dem Geiste, den es athmet: a. freimüthige Wahrheit, b. sanftmüthige Liebe; 4) nach dem Heilsweg, den es verkündet: a. freie Gnade von Seiten Gottes, b. lebendiger Glaube von Seiten des Menschen.

## C.
### Beschluß und Ausschreiben der Versammlung.
#### Kap. 15, 22—29.

Da beschlossen die Apostel und die Aeltesten sammt der ganzen Gemeinde, Männer 22 aus ihrer Mitte zu erwählen und nach Antiochia zu senden mit Paulus und Barnabas, nämlich den Judas mit dem Zunamen Barnabas, und den Silas, welches leitende Männer unter den Brüdern waren, *indem sie ihnen folgende Zuschrift einhändigten: Die 23 Apostel und Aeltesten und[1]) Brüder grüßen die Brüder aus den Heiden in Antiochia, in Syrien und Cilicien. *Da wir gehört haben, daß Etliche, die von uns ausgegangen sind, 24 euch mit Reden beunruhigt haben, indem sie eure Seelen verstören,[2]) welchen wir keinen Auftrag ertheilt haben: *so haben wir, einmüthig versammelt, beschlossen, Männer zu 25 erwählen und zu euch zu senden mit unseren lieben Freunden Barnabas und Paulus, *Männern, die ihre Seelen dargegeben haben für den Namen unseres Herrn Jesu Christi. 26 *So haben wir denn abgesandt den Judas und Silas, welche selbst auch mit Worten 27 dasselbe verkündigen werden. *Denn es gefiel dem Heiligen Geist und uns, euch keine 28 weitere Last aufzuerlegen, außer diesen[3]) unumgänglichen Dingen: *sich zu enthalten von 29 den Götzenopfern, und Blut und Ersticktem[4]) und Hurerei. Demnach, so ihr das haltet, wird es euch wohl gehen. Lebet wohl!

### Exegetische Erläuterungen.

1. **Da beschlossen die Apostel.** Nun folgt auf die angestellten Erörterungen und Verhandlungen der Beschluß der Versammlung. ἔδοξε, V. 22. 25. 28. ist in classischem Griechisch ganz gebräuchlich von förmlichen Beschlüssen eines Senats, einer Volksversammlung oder sonstiger Behörden, weßhalb die Beschlüsse selbst τὰ δεδογμένα oder δόγματα heißen, vergl. Kap. 16, 4. Die Versammlung bestand, laut dieser Angabe, aus drei Klassen: 1) Aposteln, 2) Aeltesten der Gemeinde zu Jerusalem, 3) den Mitgliedern der Gemeinde selbst, und zwar waren die Letzteren vollständig versammelt, d. h. die männlichen (οἱ ἀδελφοί) und ohne Zweifel auch nur die volljährigen Mitglieder der Gemeinde. Aber klar genug erhellt aus diesem σὺν ὅλῃ τῇ ἐκκλησίᾳ nebst οἱ ἀδελφοί, V. 23, daß der herkömmliche Name für diese Versammlung: „Apostelconcil, Apostelconvent" durchaus nicht treffend ist. Abgesehen davon, daß wenigstens die Aeltesten der Gemeinde neben den Aposteln schon von der Gemeinde zu Antiochia (Kap. 15, 2) mit in's Auge gefaßt waren, und B. 6 u. 22 f. mit handelten, ist die Gemeinde zu Jerusalem selbst in der Versammlung nicht bloß zu hören, gegenwärtig, sondern sie ist bei der Fassung des Beschlusses mit betheiligt (σὺν ὅλῃ τ. ἐκκλ.)

2. **Männer zu erwählen.** Dem Beschluß, Abgeordnete aus der Jerusalemischen Gemeinde zu wählen (ἐκλεξαμένους πέμψαι s. v. a. ἵνα ἐκλεξάμενοι πέμψωσι) und nach Antiochia zu senden, ist in den Verhandlungen bisher noch nicht zur Sprache gekommen. Der Gedanke, von wem er nun auch zuerst angeregt worden sein mag, war sehr angemessen. Die Gemeinde von Antiochia hatte eine Deputation aus ihrer Mitte an die zu Jerusalem geschickt (B. 2 καί τινας ἄλλους ἐξ αὐτῶν); demnach war es schon eine billige Erwiderung dieser Gemeindegesandtschaft, daß die Gemeinde zu Jerusalem ebenfalls Abgeordnete aus ihrer Mitte nach Antiochia sandte, um ihre brüderliche Gesinnung auszudrücken und das Band der gegenseitigen Gemeinschaft auch von Jerusalem aus enger zu knüpfen. Ueberdies war es zweckmäßig, dem Paulus und Barnabas die Abgeordneten aus Jerusalem selbst mitzugeben, weil durch das Zeugniß der Letzteren der Bericht der zurückkommenden Antiochener bestätigt wurde; omnibus modis cavebatur, ne Paulus sententiam concilii videretur pro suo referre arbitrio, Bengel. Vgl. V. 27 καὶ αὐτοὺς - ἀπαγγέλλοντας τὰ αὐτά.

3. **Die Männer,** welche zu diesem Zweck gewählt wurden, waren der sonst durchaus nicht bekannte **Judas** mit dem Zunamen **Barsabas** (um des Zunamens willen haben etliche Gelehrte, z. B. Grotius, ihn für einen Bruder des Kap. 1, 23 nebst Matthias zum Apostel vorgeschlagenen Joseph Barnabas gehalten) und der später als Begleiter und Mitarbeiter des Apostels Paulus in der Heidenmission wohlbekannte **Silas**, von Paulus selbst **Silvanus** genannt (1 Theff. 1, 1; 2 Kor. 1, 19). Beide bezeichnet Lukas V. 22 als ἄνδρες ἡγούμενοι ἐν τοῖς ἀδελφοῖς, d. h. nicht nur als Männer von hervorragendem Ansehen, sondern auch als amtlich inmitten der Gemeinde Beauftragte, wel-

---

[1]) Vier gewichtige Cod. A. B. C. D. lassen καὶ οἱ vor ἀδελφοί weg, so auch einige Kirchenväter und Versionen, daher hat Lachmann καὶ οἱ gestrichen. Allein es liegt nahe, daß die Weglassung aus Bedenken gegen die Mitwirkung der Gemeinde mit den Aposteln geschah; E. G. H., die meisten Versionen und Kirchenväter haben καὶ οἱ, das mit Tischendorf für ächt anzusehen ist.

[2]) λέγοντες περιτέμνεσθαι καὶ τηρεῖν τὸν νόμον fehlt in A. B. D., mehreren Versionen und Kirchenvätern, und ist eine aus V. 1 u. 5 hereingesetzte Glosse, daher von Lachmann und Tischendorf mit Recht getilgt.

[3]) Tischendorf liest τούτων bei τῶν ἐπάναγκες getilgt, aber auf Grund eines einzigen Cod., A. Lachmann schreibt nach B. C. D. τούτων τῶν ἐπάναγκες.

[4]) Tischendorf liest mit A (erster Hand) B. C. καὶ πνικτῶν, während in A. die zweite Hand, so wie Cod. E. G. H, den Sing. πνικτοῦ haben.

che Andere zu leiten haben [vgl. Hebr. 13, 7. 17], wo die Gemeindevorsteher unb Lehrer mit diesem Titel genannt werden. V. 32 schildert Lukas den Judas und Silas auch als Propheten.

**4. Indem sie ihnen folgende Zuschrift einhändigten.** Auch der Umstand, daß an die Heidenchristen ein Sendschreiben erlassen werden sollte, ist in dem Bericht über die Verhandlungen noch nicht berührt, vorausgesetzt, daß ἐπιστεῖλαι, [V. 20] nicht literis mandare, sondern einfach mandare bedeutet. Ein Schreiben war das angemessenste Mittel zu dem Zweck, den Beschluß und die Willensmeinung der Versammlung in ursprünglicher Gestalt und authentischer Fassung den entfernten Heidenchristen, auf die er sich bezieht, zukommen zu lassen. Das Schreiben wurde (διὰ χειρὸς αὐτῶν V. 23 ec. des Judas und Silas) nicht dem Paulus und Barnabas, sondern den beiden Abgeordneten aus Jerusalem eingehändigt. Es ist das einzige Gemeindesendschreiben aus apostolischer Zeit, das auf uns gekommen ist, und das älteste Synodalausschreiben (so zu sagen), das wir kennen. Wer den Brief verfaßt, wer die Feder geführt hat, in welcher Sprache es abgefaßt war, erzählt Lukas nicht. Uebrigens läßt die acht griechische Briefform mit χαίρειν zum Eingang, ἔῤῥωσθε zum Schluß, auch mit dem in Briefen so geläufigen εὖ πράττειν [V. 29] als sehr wahrscheinlich erscheinen, daß der Brief ursprünglich griechisch verfaßt war, daß somit Lukas uns das Original selbst aufbewahrt hat. Im Uebrigen liegt die Vermuthung, welche schon Bengel aufgestellt, auch Bleek (Stud. u. Krit. 1836, 1037) unterstützt hat, daß Jakobus, der Bruder des Herrn, den Brief im Namen und auf Auftrag der Versammlung verfaßt habe. War er doch schon damals [vgl. Kap. 12, 17] von bedeutendem, leitendem Einfluß auf die Gemeinde, hatte überdies in dieser Versammlung selbst die Entscheidung mit herbeigeführt; überdies bietet der Brief Jakobi, welcher gewiß von ihm stammt, mehr als eine Analogie mit dem vorliegenden Schreiben.

**5. Die Apostel und Aeltesten.** Das Schreiben ist an die Heidenchristen gerichtet und zwar als Brüder (τοῖς - ἀδελφοῖς τοῖς ἐξ ἐθνῶν), womit ihre volle Ebenbürtigkeit und Gleichberechtigung mit den Judenchristen unumwunden anerkannt ist. Diese Heidenchristen sind bezeichnet als wohnhaft in Antiochia und Syrien und Cilicien. Die Hauptstadt, deren Gemeinde die Sache angeregt hat, steht billig voran, sodann ist die ganze Provinz Syrien und drittens Cilicien genannt. Es scheint demnach vorausgesetzt werden zu müssen, daß auch in Cilicien bereits Christengemeinden sich befanden, sowie daß daselbst bereits auch Beunruhigung durch judaistische Umtriebe in dieselben gekommen war. Auf der andern Seite sind die jüngst gestifteten Gemeinden in den kleinasiatischen Provinzen Pisidien und Pamphylien nicht genannt, obwohl auch auf diese die Beschlüsse in Jerusalem sich bezogen, vgl. Kap. 16, 4. Nur mögen sie bis dahin noch nicht von Zumuthungen pharisäisch gesinnter Judenchristen heimgesucht gewesen sein.

**6. Da wir gehört haben.** Der Anlaß des Schreibens wird V. 24 kurz, aber mit gewichtigen Worten bezeichnet. Die Versammlung erklärt das Verfahren derer, welche die Heidengemeinden mit judaistischen Zumuthungen behelligt hatten, als ein eigenmächtiges οἷς οὐ διεστειλάμεθα, sie haben keinen Auftrag, keine Vollmacht dazu von uns aus gehabt). Das Thun derselben wird geschildert als ein ταράσσειν λόγοις, ein Stiften von Unruhe, Zweifel und Bedenken; den gleichen Ausdruck braucht Paulus Gal. 5, 10: ὁ ταράσσων ὑμᾶς. Weiter wird der Erfolg bezeichnet als ein ἀνασκευάζειν τὰς ψυχὰς ὑμῶν, evertere, destruere animas, dieses Verbum kommt bei den LXX nie und im N. T. nur hier vor, es heißt einen Bau auflösen, zerstören, bildet also den geraden Gegensatz zu οἰκοδομεῖν, vgl. Kap. 9, 31. Die Versammlung hat demnach die Anstifter jener Umtriebe nicht geschont, sondern ihr Treiben als ein von ihr keineswegs ausgegangenes und an sich nur das Gewissen Störendes mißbilligt und verurtheilt.

**7. Männer zu erwählen.** Dagegen nimmt sich die Versammlung in ihrem Sendschreiben des Paulus und Barnabas entschieden an, Beide sind mit Bedacht οἱ ἀγαπητοὶ ἡμῶν genannt, V. 25; gegenüber der gegnerischen Stellung, welche die judaistischen Seublinge gegen die Heidenapostel eingenommen hatten, bezeugen die Judenapostel, die Aeltesten mit der ganzen Gemeinde in Jerusalem ihre innige Liebe und vertraute Einigkeit des Geistes mit Paulus und Barnabas. Uebrigens rühmen sie deren unbedingte, selbst zur Aufopferung des Lebens bereitwillige Hingabe der Beiden für den Herrn Jesum, für das Bekenntniß von ihm und für seine Ehre. Παραδοῦναι τὴν ψυχήν, seine Seele, sein Leben preisgeben, dranwagen. Dies zur Empfehlung und Rechtfertigung der von den Gegnern ohne Zweifel verdächtigten — Männer, für welche die Versammlung einsteht. — Die Voranstellung des Barnabas als des dem Apostel und der Gemeinde länger bekannteren, vor Paulus [V. 25] leuchtet als ein Zeichen der Aechtheit des Briefes ein.

**8. Der Beschluß ist V. 25 gefaßt** γενομένοις ὁμοθυμαδόν (adv., wo man ein adj. erwartet), nachdem wir einmüthig geworden waren"; d. h. der Beschluß ist nicht durch Mehrheit der Stimmen, bei Verschiedenheit der Meinung, sondern einhellig gefaßt. Demnach müssen wir uns vorstellen, daß die pharisäisch Gesinnten, welche V. 5 u. 7 ihre Ansichten sehr scharf geltend gemacht hatten, mit ihrem Widerspruch schließlich verstummt sein müssen vor dem entschiedenen Zeugniß der Apostel und der herzlichen Zustimmung der großen Gemeinde. Vergl. Baumgarten-Crusius II, 1, 159. Das will allerdings nicht heißen, daß die judaistische Gesinnung wirklich in ihnen überwunden und ausgerottet worden sei, sondern nur, daß sie für den Augenblick sich geschlagen fühlten und vor der Macht der Wahrheit sich beugten.

**9. So haben wir denn abgesandt.** Die zwei Abgeordneten, Judas und Silas, welche erwählt wurden, um mit Barnabas und Paulus zu den Heidenchristen zu gehen [V. 25], sollen διὰ λόγου, d. h. mündlich dasselbe verkündigen, τὰ αὐτά nämlich was das Schreiben besagt; denn τ. αὐτά steht dem διὰ λόγου gegenüber, es kann also nicht (wie Neander meint) besagen: dasselbe, was auch Paulus und Barnabas verkündigt haben. Ueberdies spricht das folgende: ἰδοὺ γὰρ dafür, daß der Gegenstand des ἀπαγγέλλειν kein anderer ist, als der wesentliche Beschluß über das Christenthum der Heidenchristen.

**10. Es gefiel dem Heiligen Geist und uns,** V. 28. Was das Grammatische betrifft, so dürfte von dem nächsten und einfachsten Sinn, wornach zwei Subjekte nebeneinander gestellt sind, denen die Entscheidung und der Beschluß beigelegt wird, — nur in dem Fall abgewichen werden, wenn hierbei kein vernünftiger Sinn herauskäme. Jener nächste Sinn ist aber ein ganz angemessener, siehe dogmatisch-christologische Grundgedanken 4: Daher liegt kein Grund vor zu künsteln, und ein $\dot{\epsilon}\nu\ \delta\iota\grave{\alpha}\ \delta\upsilon o \tilde{\imath}\nu$ anzunehmen, entweder: „dem Heiligen Geist in uns", Olshausen, oder: nobis per Spir. S. Grotius. Noch um eine Stufe künstlicher scheint die Fassung Neanders: „durch den Heiligen Geist gefiel es auch uns (wie dem Paulus und Barnabas)." Der Beschluß geht dahin, die Versammlung wolle den Brüdern aus den Heiden keine weitere Last aufbürden ($\dot{\epsilon}\pi\iota\tau\iota\theta\epsilon\sigma\theta\alpha\iota$ nicht pass.: imponi per quosvis doctores, Bengel, sondern, wie es bei weitem in den meisten Fällen gebraucht wird, in aktiver Bedeutung), außer diesen unerläßlichen Stücken.

11. **Keine weitere Last aufzuerlegen.** Die ganze Versammlung spricht also aus, daß die Heidenchristen mit jeder weiteren Zumuthung mosaischer Gesetzlichkeit verschont bleiben und nur der vier Dinge sich enthalten sollen, welche schon Jakobus genannt hatte. Die Aufzählung V. 29 unterscheidet sich von V. 20 blos durch $\epsilon\iota\delta\omega\lambda o\theta\upsilon\tau\alpha$ statt $\epsilon\iota\delta\omega\lambda\alpha$, Genuß von Götzenopfermahlzeiten, und durch Nennung der $\pi o \rho\nu\epsilon\iota\alpha$ an vierter statt an zweiter Stelle. Daß das $\dot{\epsilon}\pi\acute{\alpha}\nu\alpha\gamma\kappa\epsilon\varsigma$ nicht als eine sittlich unbedingte, schlechthinige Nothwendigkeit gemeint sein kann, ergibt sich aus dem Schlußsatz $\dot{\epsilon}\xi\ \ddot{\omega}\nu$ — $\epsilon\tilde{\upsilon}\ \pi\rho\acute{\alpha}\xi\epsilon\tau\epsilon$, denn dies wäre doch sehr matt und schwach, ja völlig unangemessen, wenn sämmtliche Enthaltungen als schlechterdings unerläßlich gefordert worden wären. So aber lautet der letzte Satz nur wie ein treuer, ernster Rath. $\dot{\epsilon}\xi\ \ddot{\omega}\nu$ ist nichtunmittelbar mit $\delta\iota\alpha\tau\eta\rho\epsilon\tilde{\iota}\nu$ zu verknüpfen, abstinere a re; denn $\delta\iota\alpha\tau\eta\rho\epsilon\tilde{\iota}\nu$ wird stets mit Accusativ, selten mit $\mu\acute{\eta}$ construirt, nie mit $\dot{\epsilon}\nu$. $\dot{\epsilon}\xi\ \ddot{\omega}\nu$ heißt: in folge dessen, demgemäß. $E\tilde{\upsilon}\ \pi\rho\acute{\alpha}\tau\tau\epsilon\iota\nu$ ist nicht: sittlich recht handeln, sondern sich wohl befinden; dasselbe identisch mit $\sigma\omega$-$\theta\tilde{\eta}\nu\alpha\iota$ zu fassen (Kuinoel), ist gegen allen neutestamentlichen Sprachgebrauch.

12. Wie sich der Bericht von der Versammlung und ihren Verhandlungen zu der Angabe des Apostels Paulus, Gal. 2, 1 ff. verhält, vgl. mein apostolisches und nachapost. Zeitalter, 2.Aufl. S. 393 ff.

### Christologisch-dogmatische Grundgedanken.

1. Dies die erste **Kirchenversammlung** oder **Synode** in der Kirchengeschichte. Sie ist ein apostolisches Muster für alle Zeiten und veranlaßt durch eine für Lehre und Leben hochwichtige, tief eingreifende Frage, welche aufgeworfen und gelöst werden mußte. Diese Angelegenheit ging die gesammte damalige Kirche Christi an, die Heidenchristen unmittelbar, die Judenchristen mittelbar. Die Lösung wurde von der zunächst betheiligten Gemeinde Antiochia freiwillig nach Jerusalem, als der Muttergemeinde, dem heiligen Vorort zu sagen, verlegt. Aber nicht die Apostel nehmen die Entscheidung in die Hand, noch weniger Petrus allein; nicht einmal die Apostel in Gemeinschaft mit den Aeltesten; sondern die ganze Gemeinde zu Jerusalem war mit gegenwärtig und betheiligte sich wesentlich mit bei der Lösung der aufgeworfenen Frage. Die entgegengesetztesten Ansichten über die Sache haben sich vollkommen frei und unumwunden ausgesprochen. Aber die evangelische Freiheit hat gesiegt, und zwar rein durch die Macht des Geistes, des Wortes Gottes und der Thatsachen Gottes. Nicht eine zweifelhafte Mehrheit, nicht eine die Minderheit tyrannisirende Mehrzahl, sondern allgemeine Einhelligkeit hat den Ausschlag gegeben. Das Ergebniß stand auch nicht etwa vorher fest, so daß die Verhandlung bloßer Schein und täuschendes Schauspiel gewesen wäre. Sondern die Einsicht und der praktische Beschluß hat sich erst mittelst der Verhandlungen und Erörterungen entwickelt und ergeben. Der Beschluß ist nicht gemacht, nicht durch gegenseitige Einräumungen auf klug berechnende Weise vereinbart, sondern durch redliche, wahrheitliebende, gottesfürchtige Erwägung gereift, durch Leitung und Erleuchtung des Heiligen Geistes gebildet, vgl. unten 4.

2. Die Versammlung hat ein Schreiben an die Brüder aus den Heiden erlassen. Den Letzteren sollte die Aechtheit und Unverfälschtheit der Beschlüsse durch Schrift verbürgt werden. Es war weise und wohlwollend, nicht Alles der mündlichen Mittheilung zu überlassen. Und wenn auch ein Paulus und Barnabas noch so hoch stehen in der Liebe und Achtung der Apostel und Gemeinde zu Jerusalem; wenn auch Silas und Judas noch so geschätzt und wahre $\dot{\eta}\gamma o\acute{\upsilon}\mu\epsilon\nu o\iota$ sind: so sind dies doch nicht schlechthin anerkannte Berichterstatter; die Schrift allein gibt den Sinn vollkommen treu und lauter wieder. Verbo solo ist unser evangelischer Wahlspruch. Das Wort der Schrift, das der Geist eingegeben hat, das Wort, darin der Geist lebt, und das den Geist rein und frisch und unmittelbar auf die empfängliche Seele wirken läßt, ist unser Schatz und sicherer Glaubensgrund.

3. Die rechte christliche Liebe ist nicht weichlich, schwach und matterzig, so daß sie Alles gut sein läßt. Hätte der Erlöser über die Verkehrten, die Pharisäer und Schriftgelehrten nicht sein „Wehe" rufen können, so hätten sein „Selig!" auch nicht die himmlische Liebeskraft, die es besitzt. Hätten die Apostel und Brüder den Pharisäern in der Gemeinde nicht widersprochen und deren Treiben mit Ernst und Schärfe mißbilligt und gestraft [V. 24]: so hätten sie den Heidenchristen und einem Paulus und Barnabas selbst nicht die rechte Liebe erzeigt. Sie haben aber Jene mit dem linken Arm kräftig von sich gestoßen, um Diese mit dem rechten Arm herzlich an die Brust zu drücken. Nur wer der Wahrheit die Ehre unumwunden gibt, kann auch rechte christliche Liebe üben.

4. Gewichtig ist die Versicherung: „**es gefiel dem Heiligen Geist und uns.**" Ein Zug, welcher einerseits oft und viel als hierarchische Einbildung und Anmaßung verstanden und mißbilligt, anderseits aus guter Meinung, aber übereilter Weise umgedeutet und gemildert worden ist, siehe exeg. Erläut. 10. Um die Worte richtig zu würdigen, ist nicht außer Acht zu lassen, daß in dem Sendschreiben zweimal ein Beschluß der Versammlung wiedergegeben ist, aber nur einmal in dieser Weise. Der Beschluß, Abgeordnete an die Heidenchristen zu senden, V. 25, wird nur mit den Worten eingeführt: $\ddot{\epsilon}\delta o \xi\epsilon\nu\ \dot{\eta}\mu\tilde{\iota}\nu\ \gamma\epsilon\nu o\mu\acute{\epsilon}\nu o\iota\varsigma\ \dot{o}\mu o$-$\theta\upsilon\mu\alpha\delta\acute{o}\nu$, hingegen der Beschluß, den Heidenchristen nichts weiter aufzubürden und nur die bekannten Enthaltungen zuzumuthen, $\ddot{\epsilon}\delta o\xi\epsilon\ \tau\tilde{\omega}\ \dot{\alpha}\gamma.\ \pi\nu.$

καὶ ἡμῖν. Also nicht sämmtliche Entschließungen der Versammlung werden auch auf den Heiligen Geist zurückgeführt, sondern nur die belangreiche, für die Gewissen, sowohl der Brüder aus den Heiden als der Judenchristen selbst, gewichtvolle Entscheidung selbst. Und diese erkennt nun die Versammlung als eine nicht bloß menschlich gefundene, sondern zugleich göttlich eingegebene, als eine durch Erleuchtung und Leitung des Heiligen Geistes selbst geschenkte. Sollte darin etwas Irriges oder Unrechtes, etwas schwärmerisch Eingebildetes oder aus geistlichem Hochmuth und hierarchischem Gelüste Andern Vorgespiegeltes liegen? Nimmermehr! Sondern es ist treffende Wahrheit, in nüchternem Sinne gefaßt, mit gesunder Frömmigkeit und maßhaltender Besonnenheit geltend gemacht: Sie erkennen es mit bemüthigem Dank und schämen sich auch des Bekenntnisses vor den Menschen nicht, daß sie das Beste, das wahrhaft Einigende, eine Lösung der Frage, welche weder die Wahrheit der Liebe opfert, noch die Liebe um der Wahrheit willen verletzt, eine Lösung, welche sowohl die evangelische Freiheit wahrt, als die Einheit der Kirche Christi sichert, — nicht sich selbst verdanken, sondern dem Heiligen Geiste, der in alle Wahrheit leitet; und so geben sie Gott die Ehre. Aber sie verleugnen darum nicht, daß sie selbst gearbeitet und alle Mühe gemeinsamer Erwägung und redlichen Suchens daran gerückt haben, daß ihnen das Ergebniß nicht im Schlaf von Oben geschenkt, sondern als Frucht redlicher, ernster Bemühung selbstständig errungen worden sei: καὶ ἡμῖν. In diesem Ausdruck ist also sowohl die göttliche Gnadenwirkung des Heils. Geistes, als die menschliche Selbstständigkeit im Suchen und Wirken anerkannt, alle Einseitigkeit des Bewußtseins vermieden; Demuth und christliche Würde vereinigt. — Schließlich noch die Bemerkung, daß diese Stelle zugleich ein indirektes Zeugniß für die Persönlichkeit des Heiligen Geistes ist. Denn nur unter dieser Voraussetzung kann dem Heiligen Geiste ein δοκεῖν, wie es hier gemeint, eine Willensmeinung und Entschließung zukommen.

### Homiletische Andeutungen.

**Und es däuchte gut die Apostel ꝛc. [B. 23.]** Hier ist auf alle Zeiten hinein ein Muster der christlichen Klugheit gegeben, wie in Einrichtung einer Gemeinde, in Entscheidung einer Sache, in Fortführung einer Anstalt so zu verfahren sei, daß dem Gewissen, der Liebe, der Freiwilligkeit nichts vergeben werde und es also zum Gewinne der Meisten gelegnet sein kann. (Rieger.) **Aus ihnen Männer zu erwählen.** Die Erwählung von Abgesandten aus der Gemeinde zu Jerusalem war theils für die Gemeinden, theils für Paulus und Barnabas selbst zweckmäßig. Die Gemeinden bekamen so die Ueberzeugung, daß nicht etwa ihre Abgesandten, wie es häufig geschieht, unvermerkt und ohne es selber zu meinen, ihre Meinung als die der Versammlung ausgaben; die Apostel andererseits mußten selbst nichts mehr wünschen, als daß ihnen so von Jerusalem aus die Rechtmäßigkeit und Untadelhaftigkeit ihres Apostelamtes bestätigt würde. (Williger.)

**Und sie gaben Schrift in ihre Hand. [B. 23.]** Die mündliche Ueberlieferung auch durch redliche Brüder hat den Aposteln nicht hinlänglich und sicher genug erschienen, Glaubenslehren und Gemeindeordnungen bekannt zu machen. Sie hielten es nöthig, eine schriftliche Erörterung ihres Sinnes abzufassen. So wenig war bei den Aposteln die absolute Untrüglichkeit eines einzigen, auch des wichtigsten ihrer Brüder, eingeführt. Wir danken der Weisheit Gottes, daß er es bei seinen mündlichen Zeugnissen nicht hat bewenden lassen, sondern uns ein festes prophetisches Wort in Schriften gegeben. Nun haben wir einen sichern Glaubensgrund, da wir sagen können: Es stehet geschrieben. (Apost. Past.)

**Dieweil wir gehört haben, daß Etliche von den Unsern sind ausgegangen und haben euch mit Lehren irre gemacht und eure Seelen zerrüttet. [B. 24.]** Merke, daß der Heilige Geist die Werk- und Gesetzeslehrer nicht sendet, sondern nennt sie Verwirrer und Betrüber der Christen. (Luther.) Der Heilige Geist sendet die falschen Lehrer nicht, sondern sie kommen von sich selbst, sie erbauen auch nicht, sondern sie verwirren und betrüben nur. Wie die heilsame Lehre das Herz fröhlich und fest macht in Gott, so zerrüttet falsche Lehre die Seele und läßt sie zu keiner wahren Ruhe kommen. (Starke.)

**Mit unsern Geliebten, Barnabas und und Paulus, welche Menschen ihre Seele dargeben haben ꝛc. [B. 25. 26.]** So entschieden man sich losgesagt hatte von den pharisäisch gesinnten Christen aus Jerusalem, so entschieden bekannte man sich zu Barnabas und Paulus. Sie heißen Geliebte, und warum? Sie haben für den Namen Christi ihre Seelen aufgeopfert, nicht allein indem sie sich in Leibesgefahr begaben, sondern auch indem sie alle Geisteskraft dem Dienste Jesu gewidmet. Das ist auch heute noch Pflicht und Ruhm eines Dieners Christi. Seine Inskription heißt: „Ueber dem Geschäfte sterben, Seelen für das Lamm zu werben." (Williger.)

**Welche auch mit Worten dasselbige verkündigen werden. [B. 27.]** Wie das mündliche durch das schriftliche, so sollte das schriftliche durch das mündliche Zeugniß bestätigt werden. Der todte Buchstabe der Schrift mußte durch den Heiligen Geist, der aus den Männern Gottes redet, lebendig gemacht werden. So ist es ja auch heutzutage nicht genug, daß das Wort Gottes gelesen wird, es muß aus dem Munde gotterleuchteter Männer auch gehört werden. (Williger.)

**Denn es gefällt dem Heiligen Geiste und uns. [B. 28.]** Der Richter und Schiedsmann in Religionssachen ist der Heilige Geist. — Den Schluß einer Sache, die von Gläubigen im Lichte des Heiligen Geistes überlegt worden, hat man billig als einen Schluß des Heiligen Geistes anzusehen. — Unser Gutdünken soll dem Heiligen Geiste nicht vorlaufen, sondern nachlaufen. — Niemand soll sich unterstehen, seine Einfälle Andern als den Willen des Heiligen Geistes aufzubringen. (Starke.)

**Demnach so ihr das haltet, wird es euch wohl gehen. [Luther: Von welchen, so ihr euch enthaltet, thut ihr wohl. B. 29.]** Auch für die nöthig erkannten wenigen Stücke brauchen sie nur den mäßigen Ausdruck: ihr thut wohl gegen jener Ungestümen Drohen: „ihr könnt nicht selig werden." O wie hat man die Gewissen zu schonen! (Rieger) Wie wir aus der Ueberschrift des Briefes ersehen, daß das Gebot nicht an alle Gemeinden gerichtet war, so aus diesem Schluß, daß es nicht seinem ganzen Inhalt nach für alle Zeiten gelten sollte, sondern nur so lange, bis sich die Anhänglichkeit an die mosaischen Satzungen ein wenig gelegt hatte. (Apost. Past. und Bengels Gnomon.)

Mit welcher Weisheit und Liebe Irrthümer und Irrende in der Gemeinde behandelt werden sollen. — Des Herrn Kirche hat das Recht der Gesetzgebung, 1) weil der Geist Gottes in ihr wirkt, V. 28; 2) weil sie die wechselnden Verhältnisse auf Erden berücksichtigen soll zum Heile der Menschheit, V. 24. 29. (Lisco.) Wie das Vergängliche im Christenthum auszuscheiden sei. 1) Wann ist es Zeit dazu? 2) Mit welchen Rücksichten ist hiebei zu verfahren? (Ders.) — Der Brief der Gemeinde zu Jerusalem an die Brüder aus den Heiden als der vollgültige Freibrief für die aus der Knechtschaft des Gesetzes entlassene Menschheit. Vollgültig 1) durch seine bringliche Veranlassung: es galt die Frage: Moses oder Christus? Menschensatzung oder Gotteswort? 2) durch seinen unantastbaren Ursprung: er ist diktirt vom Heiligen Geist, V. 28; 3) durch seine ehrwürdigen Ueberbringer, die von Gott selbst beglaubigten Herolde der evangelischen Gnade und Wahrheit, V. 25. 26; 4) durch seinen unumstößlichen Inhalt: Freiheit vom vergänglichen Ceremonialgesetz, nicht aber vom ewigen Sittengebot, V. 29; Entlassung aus dem Joch knechtischen Gehorsams, nicht aber dem Dienst hingebender Liebe zum Herrn, V. 26. — Die rechte evangelische Freiheit 1) zwar ein Freisein von Menschensatzung und Ceremonialdienst, V. 24. 28, aber 2) ein Gebundensein in der Liebe des Herrn (V. 26) an das ewige Sittengesetz (V. 29). Das geschriebene Gotteswort und seine lebendigen Träger. Eins wird's Andere beglaubigt: 1) die Schrift durch den Charakter ihrer Träger; 2) die Träger durch den Charakter der Schrift.

### D.

**Rückkehr und Wirkung theils des Schreibens, theils der Abgeordneten von Jerusalem.**

**Kap. 15, 30—34.**

30 Diese wurden nun entlassen und kamen nach Antiochia, sie versammelten sodann die Menge und überlieferten den Brief. 31 *Da sie den gelesen hatten, freuten sie sich über den Zuspruch. 32 *Judas aber und Silas, welche selbst auch Propheten waren, ermahnten die Brüder mit vielen Reden, und stärkten sie. 33 *Nachdem sie aber eine Zeit lang sich aufgehalten hatten, wurden sie von den Brüdern mit Frieden entlassen, um zu den Aposteln zurückzukehren.[1] 34 Paulus aber und Barnabas verweilten zu Antiochia, indem sie lehreten und das Wort des Herrn verkündigten in Gemeinschaft auch mit vielen Anderen.

#### Exegetische Erläuterungen.

1. **Diese wurden nun entlassen**, ἀπολυθέντες, wahrscheinlich in einer feierlichen Gemeindeversammlung zum Abschied, (analog 13, 3). Als Subjekt sind vermuthlich zunächst die zwei Abgeordneten aus Jerusalem anzusehen, denn diese haben, laut V. 23 vergl. 27, das Schreiben eingehändigt erhalten, und nur diese konnten es in Antiochia der Gemeinde überliefern. Uebrigens ist doch wohl die ganze Reisegesellschaft, Paulus und Barnabas, nebst den übrigen Antiochenern mit inbegriffen, von der Gemeinde zu Jerusalem feierlich und brüderlich verabschiedet worden.

2. **Versammelten die Menge.** In Antiochia selbst wurde der Auftrag sofort ebenfalls in einer Gemeindeversammlung vollzogen, das Schreiben überreicht und verlesen, mit dem Erfolg, daß die Christen sich über die darin enthaltene παράκλησις, die brüderliche und alle Beunruhigung durch die pharisäischen Zumuthungen niederschlagende Ansprache (Luther: Trost, ähnlich de Wette: Beruhigung) nur herzlich freuen konnten. An die Worte des Briefs schloßen sich nun die beiden Abgesandten, Judas und Silas an, da auch sie (καὶ αὐτοί so gut als Paulus und Barnabas) mit Prophetengabe zu begeisterter und begeisternder heiliger Rede ausgerüstet waren; so redeten sie nun zu der Gemeinde vermahnend und die Seelen im Glauben stärkend, mit lebendigem Wort in ausführlicher Rede.

3. **Nachdem sie aber eine Zeit lang** sich in Antiochia aufgehalten hatten, wurden die beiden Abgeordneten der Gemeinde Jerusalem von den Brüdern, d. h. von der Gemeinde Antiochia feierlich und mit Frieden (μετ' εἰρήνης mit Gesinnungen des Friedens- d. h. Segenswünschen) entlassen, um zu den Aposteln zurückzukehren. Es scheint, daß Beide, sowohl Judas als auch Silas, zunächst nach Jerusalem zurückreisten, während schon im 5. und 6. Jahrhundert aus dem die Codd. Ephraemi und Cantabrig., refer. die Vermuthung, daß Silas in Antiochia zurückgeblieben sei, in den Text eingeschoben haben.

#### Christologisch-dogmatische Grundgedanken.

1. Es sind schon sehr mannigfaltige Weisen des Vortrags christlicher Wahrheit, die in dieser Erzählung vorkommen; das παρακαλεῖν und ἐπιστηρίζειν V. 32 vergl. 41; Kap. 14, 22; das διδάσκειν V. 35 und εὐαγγελίζεσθαι τὸν λόγον τοῦ κυρίου eben daselbst. Das Letztere ist, wie auch Kap. 14, 7. 21, die Verkündigung des Evangeliums vor Sol-

---

[1] V. 34 ἔδοξε δὲ τῷ Σίλᾳ ἐπιμεῖναι αὐτοῦ (Rec.) ist entschieden unächt und von Griesbach, Lachmann, Tischendorf verworfen, denn diese Worte stehen nur in zwei Uncial-Codd., fehlen dagegen in den fünf übrigen, in 30 Minuskel-Handschriften, mehreren alten Versionen und bei Chrysostomus und Theophylakt. Der Beisatz wurde ohne Zweifel darum gemacht, weil V. 40 sonst unerklärlich schien.

chen, benen seine Freudenbotschaft noch unbekannt ist, missionirend; darnach muß B. 35 an eine Thätigkeit des Paulus und Barnabas theils innerhalb theils außerhalb der Gemeinde, Letzteres in der Umgegend Antiochia's, gedacht werden. Διδάσκειν ist die eigentliche Lehrthätigkeit, welche gründlichere Einsicht und selbstständigere Ueberzeugung in Betreff der bereits bekannten Wahrheit erzeugen will. Παρακαλεῖν ist die Vermahnung, eine den Willen und das Gemüth anfassende, Charakter bildende Weise des Vortrags und der Rede, deren Frucht das ἐπιστηρίζειν ist, die wirkliche Stärkung der Seelen.

### Homiletische Andeutungen.

Da sie den gelesen hatten, freuten sie sich [Luther: „wurden sie des Trostes voll" B. 31]. Da hatten sie nur so ein kurzes Briefchen erhalten, und es machte schon Freude. Wie sollten wir uns freuen, daß wir nun so viele Briefe der Apostel lesen dürfen. Wie vielmehr soll uns erst die ganze Schrift erfreuen, die ja ein Brief Gottes an die Menschen ist! (Quesnel). Den Trost, den die Freiheit vom Gesetz einflößt, kann Niemand recht schmecken, als wer vorher den Druck dieses harten Jochs recht erfahren hat. (Apost. Past.)

Judas aber und Silas ermahneten die Brüder [B. 32]. Sie wollen nicht müßig zu Antiochia sein. Wie ist eines treuen Lehrers Herz so gern in seinem Element, nämlich Seelen dem Heiland zuzuführen! Der faule Knecht dagegen denkt Wunder, was er gethan hat, wenn er seine unumgänglichen Berufspflichten und öffentlichen Arbeiten erfüllt, (Apost. Past.) Auch die apostolische Zeit verschmähte neben der gewöhnlichen Ordnung der Erbauung aus Gottes Wort solche außerordentliche Stärkungen nicht. In einem jeden Knechte Gottes spiegelt sich des Herrn Klarheit in einem besondern Glanz und es macht daher die alte selbe evangelische Wahrheit oft einen besondern Eindruck, wenn sie uns einmal auf eine bisher ungewohnte Art verkündigt wird. [Missionsfeste, Kirchentage und dergl.] (Williger).

Sie wurden von den Brüdern mit Frieden entlassen [B. 33]. Wenn man seine Botschaft wohl verrichtet, kann man mit Frieden wiederkehren zu dem, der uns gesandt hat. Joh. 16, 5. 28. (Starke). Man soll nicht daran verzagen, als ob ein Streit in der Religion nicht könnte beigelegt und aufgehoben werden, wofern die Leute nur Gott fürchten und sich weisen lassen. (Derf.) Paulus aber und Barnabas verweilten u. s. w. [B. 35]. Merk Seele, dir das große Wort: Wenn Jesus winkt, so geh; wenn er dich zieht, so eile fort; wenn Jesus hält, so steh. Wenn Jesus seine Gnadenzeit bald da, bald dort verklärt, so freu dich der Barmherzigkeit, die Andern widerfährt. — Wann er dich aber brauchen will, so steig in Kraft empor; wird Jesus in der Seel still, so nimm auch du nichts vor. (Zinzendorf).

Das die christlichen Gemeinden verbindende Band. Wir erblicken es 1) in den Lehrern, welche von Gemeinde zu Gemeinde wirkten; 2) in der Wahrheit, welche übereinstimmend Allen verkündigt wurde. (Lisko). Das Evangelium von der freien Gnade Gottes in Christo Jesu ein Trostbrief für alle durch's Gesetz geängsteten Gewissen [B. 31]. Der gesegnete Gang der Friedensboten des Evangeliums. 1) Sie bringen den Frieden in geängstete Gewissen; [B. 31]. 2) Sie verbinden im Frieden die gläubigen Seelen [B. 32 vgl. B. 24]. 3) Sie fahren im Frieden heim zur Muttergemeinde im oberen Jerusalem [B. 33].

### Dritter Abschnitt.

Zweite Missionsreise des Paulus, mit Silas und Timotheus, nach Kleinasien und Europa. (Kap. 15, 36— Kap. 18, 22).

#### A.

Beginn der Reise. Um des Johannes Markus willen trennen sich Paulus und Barnabas, so daß Barnabas mit Markus nach Cypern, Paulus mit Silas nach Syrien und Cilicien reist.

(Kap. 15, 36—41).

36 Nach etlichen Tagen aber sprach Paulus zu Barnabas: Auf, laß uns umkehren und wieder nach unsern Brüdern uns umsehen, in jeder Stadt, worin wir das Wort 37 des Herrn verkündigt haben, wie sie sich halten. *Barnabas aber rieth¹), auch den Jo-
38 hannes mit dem Zunamen Markus mitzunehmen. *Paulus aber hielt für recht, denjenigen, der von Pamphylien aus von ihnen abgefallen war und nicht mitgegangen war
39 zu dem Werk, diesen nicht mitzunehmen. *Daher kam es zu einem heißen Streit, so daß sie sich von einander trennten und Barnabas den Markus mit nahm und nach Cy-
40 prus absegelte. *Paulus aber wählte sich den Silas zum Begleiter, und zog aus, nach-
41 dem er von den Brüdern der Gnade des Herrn befohlen worden war. *Er reiste aber durch Syrien und Cilicien und stärkte die Gemeinden.

1) ἐβουλεύσατο hat zwar nur zwei Uncial-Codd. für sich, während vier derselben und fast alle Versionen ἐβούλετο haben; allein letzteres ist weit eher an die Stelle des ersteren als das leichtere gesetzt, als daß man durch Correctur auf ἐβουλεύσατο gekommen wäre.

2) κυρίου ist dem θεοῦ, das der Parallele Kap. 14, 26 nachgebildet scheint, vorzuziehen.

## Exegetische Erläuterungen.

1. Der Beginn der zweiten Missionsreise des Paulus ist chronologisch sehr unbestimmt gelassen. Er erfolgte nach etlichen Tagen. Laut V. 33 hatten Silas und Judas sich eine Zeitlang in Antiochia verweilt. Und auch nach ihrer Rückkehr waren Paulus und Barnabas noch länger in Antiochia geblieben (in diesen Zeitraum fällt wohl der Besuch des Petrus in Antiochia, Gal. 2, 11 ff.), bis Paulus den Gedanken, wieder eine Reise anzutreten, anregte. Das erstemal war die Anregung zu der Missionsreise vom Heiligen Geiste durch den Mund einiger Propheten ergangen, Kap. 13, 2. Diesmal war es Paulus, der den Barnabas dazu aufmunterte. Und zwar scheint ihm nichts Weiteres ursprünglich vorgeschwebt zu haben, als eine Besuchsreise bei den auf der ersten Missionsreise gestifteten Gemeinden. Dies liegt schon in ἐπιστρέψαντες, Wiederbetreten eines früher gemachten Weges, ferner in ἐπισκεψώμεθα — πῶς ἔχουσι, es sollten zunächst nur diejenigen Städte besucht werden, worin Beide das Evangelium verkündigt hatten, und sie wollten sich nach den Brüdern umsehen, πῶς ἔχουσι, wie sie sich sittlich halten, und wie sie sich befinden.

2. Barnabas scheint sofort geneigt gewesen zu sein, er war gemeinschaftlichen Beschlusses (ἐβουλεύσατο, consuluere), auch den Johannes Markus als Begleiter mitzunehmen. Paulus weigerte sich dess, er konnte das nicht gutheißen nach dem Benehmen des Markus auf der letzten Reise, das ihm als ein Abfall (ἀποστάντα im strengen Sinn) von beiden erschien, ihn mitzunehmen; ἀξιοῦν bezeichnet sittliches Urtheil: er hat es nicht verdient, daß wir ihn mitnehmen, er hat es nicht unwürdig gemacht. Auch verräth die Ausdrucksweise: τὸν ἀποστάντα — μὴ συμπαραλαβεῖν τοῦτον, unverkennbar die Lebhaftigkeit und Energie der Enträstung über jenes Benehmen, vgl. Kap. 13, 13.

3. Da Barnabas hiermit nicht übereinstimmte, die Strenge des Paulus nicht theilte (Markus war überdies sein Neffe, Kol. 4, 10), so setzte es einen hitzigen Auftritt, einen scharfen Streit (παροξυσμός). Die Folge desselben war eine Trennung Beider, und der Wege, die sie gingen. Barnabas blieb dabei, den Markus bei sich zu haben, und begab sich mit ihm nach der Insel Cypern, des Barnabas Heimath. Paulus wählte sich den Silas, welcher V. 33 nach Jerusalem zurückgekehrt war, aber inzwischen wieder nach Antiochia gekommen zu sein scheint, zu seinem Begleiter. Die feierliche Entlassung und fürbittende Uebergabe in die Gnade des Herrn von Seiten der Gemeinde V. 40 scheint nur auf Paulus, nicht auch auf Barnabas bezogen werden zu müssen. Vielleicht war der Letztere nach dem Vorfall mit Paulus schnell abgereist, wenigstens wird seine Reise V. 39 mit jenem Auftritt unmittelbarer in Verbindung gesetzt, als die des Paulus. Jedenfalls verfolgte Barnabas auf seiner cypr. Reise denselben Zweck, wie ihn Paulus V. 36 vorgeschlagen hatte. Paulus hat dagegen mit Silas eine Landreise angetreten, zunächst durch Syrien und Cilicien, sofaß er ebenso wie Barnabas sich nach seiner Heimath begab und vorderhand nur auf bereits bestehende Christengemeinden beschränkte, die er denn im Glauben und zu christlichem Leben stärkte.

## Christologisch-dogmatische Grundgedanken.

1. Die zweite Missionsreise des Paulus, welche eine weit größere Ausdehnung erlangte, als die erste, und ihn nach Europa führte, hat er, wie es auf den ersten Anblick scheint, lediglich aus eigenem Antrieb angetreten, während er zur ersten auf Anregen des Heiligen Geistes von der Gemeinde zu Antiochia ausgesendet worden war. Dennoch ist die Reise, die so vielfach gesegnet war, nicht aus menschlichen Gedanken und individueller Wahl entsprungen. Denn es war ohne Zweifel das Gefühl einer Pflicht gegen die auf der ersten Reise gestifteten Gemeinden Kleinasiens, eine Regung des vom Geist Gottes erleuchteten und geleiteten Gewissens, daß Paulus sich entschloß und den Barnabas dazu aufforderte, diese Reise zu unternehmen. Nicht zunächst Verkündigung des Evangeliums vor Ungläubigen, äußere Mission, sondern nachsehende und pflegende Fürsorge für die bereits Bekehrten, innere Mission, wenn man will, schwebte ihm vor. Und erst im Lauf der Reise wurden ihm weitere Ziele gesteckt. Die Reise sollte eine Art apostolische Visitationsreise sein; deren Zweck: ἐπισκέψασθαι τοὺς ἀδελφούς — πῶς ἔχουσι, quomodo se habeant in fide, amore, spe; nervus visitationis ecclesiasticae, Bengel. Ein apostolisches Musterbild der Kirchenvisitation; vgl. auch Kap. 8, 14 f. 9, 32.

2. Paulus hat gegen Markus die ganze Schärfe und Strenge seines sittlichen Urtheils walten lassen und mit der That geübt. Er hat die Trennung desselben von ihm und Barnabas und ihrem damaligen Werk, Kap. 13, 13, nicht als sittlich gleichgültig beurtheilt, sondern als unverantwortlichen Mangel an Treue und christlicher Beständigkeit gerichtet. Nicht von Christo selbst ist Markus abgefallen, sondern von ihnen, den beiden Sendboten Christi (V. 38 ἀπ' αὐτῶν). Paulus verurtheilt ihn nicht etwa übertreibend und leidenschaftlich, als wäre er ein Ungläubiger und Feind Christi geworden. Aber er verweigert ihm die Erlaubniß, ihn auf der neuen Reise zu begleiten, indem er diese als ein Vorrecht, eine Auszeichnung, eine Würde (γέρον) ansieht, deren Markus sich unwürdig gemacht habe. Barnabas theilt dieses strenge Urtheil nicht, läßt Milde, Billigkeit und Vergebung walten. Dem Markus diente wohl Beides zum Seelenheil: die Strenge des Paulus, um ihn zur Buße zu führen, zu demüthigen und zu warnen; die Milde des Barnabas, um ihn vor Verzagtheit zu bewahren. Paulus hat ihm später die Sache nicht fortwährend nachgetragen, sondern muß ihm verziehen haben, sonst hätte er nicht die Kolosser [4, 10] freundlich von Markus gegrüßt und ihn empfohlen.

3. Der Auftritt zwischen Barnabas und Paulus V. 39 war, wie man leicht sehen kann, so leidenschaftlich und heftig, daß es ohne Sünde von beiden Seiten nicht abgegangen sein kann. Auch hier deckt das Wort Gottes die Sünden der würdigsten Knechte Gottes nicht verhüllend mit dem Mantel der Liebe zu, sondern zeugt mit voller Aufrichtigkeit in der Wahrheit willen davon. Es ist ein Beweis, daß die Gnade Gottes in Christo noch mächtiger ist, als die Sünde, wenn trotz so vieler Versuchungen, trotz großer Schwachheit des Fleisches, doch die Gnade die Kinder Gottes bewahrt, heiligt und fördert. Ja, selbst diese Trennung, welche nicht ohne Sünde herbeigeführt worden war,

mußte durch Gottes Alles wohl machende und herrlich hinausführende Fügung, zum Guten dienen. Nicht nur entwickelte sich jetzt die Wirksamkeit des Paulus, durch keine ihm gleich oder ursprünglich über ihm stehenden Genossen gehemmt, in voller Selbstständigkeit; sondern auch die Theilung der Arbeit zwischen Barnabas und Paulus förderte das Werk. Bisher hatte Paulus mit Barnabas eine Linie gemeinschaftlich verfolgt; jetzt wurden zu gleicher Zeit zwei Missionsreisen gemacht, und anstatt eines Paares von Sendboten, wirkten jetzt zwei Paare an verschiedenen Orten zugleich.

### Homiletische Andeutungen.

Laß uns umkehren und wieder nach unsern Brüdern uns umsehen 2c. [V. 36.] Es ist nicht genug, eine Gemeinde pflanzen, man muß sie auch begießen und erhalten, 1 Kor. 8, 6. (Starke.) Eine wohl eingerichtete Kirchenvisitation ist nöthig, sowohl für Lehrer als Zuhörer. (Quesnel.)

Daher kam es zu einem heißen Streit [Luther: und sie kamen scharf aneinander, V. 39]. Auch die größten Heiligen sind nicht ohne Fehler, die man aber von herrschenden Sünden wohl unterscheiden soll. (Starke.) Warum ist aber dieser Zwiespalt so ausgekommen und hier gar aufgeschrieben worden? Ist das nicht auf alle Zeiten hinein anstößig? Nein, ebendarin unterscheidet sich die Schriftgeschichte von menschlichen Lebensbeschreibungen: die Schrift setzt einen guten Menschen und erzählt hernach Manches von seinen Fehlern, wie sie durch Gottes Gnade zum Guten gelenkt worden sind. Menschliche Lebensbeschreibungen melden fast lauter schöne Sachen, dabei es doch um den ganzen Menschen oft mißlich aussehen kann. Dem Markus, der sich nachmals zurechtgefunden (Kol. 4, 10), mag auf der einen Seite Pauli Ernst zur Demüthigung, auf der andern des Barnabas nachgebende Liebe zum Trost und zur Ermuthigung, eines so nöthig als das andere, gewesen sein. (Rieger.) Barnabas vertrat die Stelle einer guten, sanften Mutter, welche die Fehler der Kinder gern entschuldigt und übersieht. Paulus erwies sich als einen ernsten Vater, der die Ruthe braucht und denkt: das verzärtelte Kind muß es auch fühlen. (Goßner.) Paulus scheint mehr das Recht auf seiner Seite gehabt zu haben; er hatte schon an Gideon ein alttestamentliches Vorbild, Richt. 7, 3. Allein er hätte freilich mit Barnabas nicht scharf zusammenkommen brauchen, hätte er an Abrahams Beispiel gedacht, 1 Mos. 13. Jedenfalls war es gut,

daß bei dieser Gelegenheit beide Männer auseinanderkamen. Originalgeister passen selten zusammen; eins kann sich in's andere schwer finden; sie sind unbeschadet ihrer Brüdergemeinschaft in Christo dazu da, jeder für sich allein zu stehen. (Williger.)

Paulus aber wählte Silas 2c. [V. 40.] Silas, der in Jerusalem ausgebildete Judenchrist, Begleiter des Heidenapostels! Was hatte also jener Vorfall, V. 1, für gesegnete und weitgreifende Folgen! (Williger.) Der Gnade Gottes befohlen von den Brüdern. Diese besondere Aufmerksamkeit der Gemeinde für Paulus ist ein subtiles Anzeichen, daß die Brüder im Grunde ihm mehr Recht gegeben haben. (Rieger.)

Die menschliche Schwachheit auch in den geförderten Christen. 1) Daß sie da ist; 2) Trost dabei. (Lisko.) — Der Streit der Brüder. 1) Wofür stritten sie? a. Beide, wie sie meinten für Christum; aber b. Beide unbewußt für sich und ihren Eigenwillen. 2) Wer hatte Recht? a. Beide wollten das Rechte, das Seelenheil des Verirrten und die Förderung des Reichs Gottes; b. Keiner hatte Recht, weil Jeder einseitig auf seiner Meinung beharrte; c. Beide thaten Recht, indem sie freiwillig sich trennten, um die Liebe nicht weiter zu stören. (Lisko.) — Wozu deckt uns die Schrift die Schwachheiten der Knechte Gottes auf? 1) Zur Demüthigung des geistlichen Hochmuths, damit sich Niemand rühme: ich werde nimmermehr darnieder liegen. 2) Zum Troste der menschlichen Schwachheit, daß sie sich ermuntern in dem Gedanken: auch sie waren Fleisch von unserm Fleisch. 3) Zur Ehre der göttlichen Weisheit, die auch die Fehler der Menschen zum Segen wendet. — Barnabas, Paulus und der Herr, oder: gut, besser, am besten! 1) gut die nachsichtige Liebe des Barnabas; 2) besser der heilige Ernst des Paulus; 3) am besten die Alles wohlmachende Weisheit des Herrn. — Der Triumph des Herrn in der Schwachheit seiner Knechte. 1) Ohne ihn werden selbst die Tugenden zu Fehlern: des Barnabas Milde zu sündlicher Nachsicht, des Paulus Strenge zu starrer Härte. 2) Durch ihn schlagen selbst ihre Fehler zum Segen aus: seine Demüthigung dient dem Markus zu heilsamer Ermahnung; die Trennung der Apostel theilt den Strom der Heilsbotschaft in zwei Arme und verbreitet ihn desto weiter. — Die Zerwürfnisse der Kinder Gottes tragen ihre Heilung in sich selber; denn es ist 1) ein Glaubensgrund, darauf man steht; 2) ein Reichsziel, das man verfolgt; 3) ein Herr und Meister, dem man sich unterwirft.

### B.

**Paulus gesellt sich unterwegs den Timotheus bei und reist, nach einem Besuch bei den jüngst gestifteten Gemeinden, rasch durch Kleinasien bis nach Troas.**

(Kap. 16, 1—8.)

1 Er gelangte aber nach Derbe und Lystra. Und siehe, es war ein Jünger daselbst, Namens Timotheus, der Sohn eines jüdischen Weibes, welche gläubig war, aber eines 2 griechischen Vaters; *welcher von den Brüdern in Lystra und Ikonium ein gutes Zeug-
3 niß hatte. *Diesen wollte Paulus mit sich gehen lassen, und nahm und beschnitt ihn, um der Juden willen, welche in jenen Orten waren, denn sie wußten alle von seinem
4 Vater, daß er ein Grieche war. *Als sie aber durch die Städte reisten, überlieferten sie ihnen zur Beobachtung die Beschlüsse, welche von den Aposteln und Aeltesten in Jeru-

salem gefaßt worden waren. ⁶So wurden denn die Gemeinden im Glauben befestigt 6 und nahmen täglich an Zahl zu. ⁷Da sie aber Phrygien und die galatische Landschaft 7 durchreist hatten, und ihnen vom Heiligen Geist verwehrt wurde, das Wort in Asia zu reden, und sie gegen Mysien kamen, so versuchten sie nach Bithynien¹) zu reisen, und der Geist Jesu²) ließ es ihnen nicht zu. ⁸Da gingen sie an Mysien vorüber und kamen 8 hinab nach Troas.

### Exegetische Erläuterungen.

1. **Er gelangte aber nach Derbe und Lystra.** Timotheus war ohne Zweifel in Lystra, nicht in Derbe zu Hause, denn καί steht näher bei dem ersten Namen; auch spricht V. 2, wo wiederum Lystra, daneben auch Ikonium, aber nicht Derbe genannt ist, für jene Vermuthung, welche de Wette, Winer, Meyer theilen, während die gewöhnliche Ansicht (so auch Neander) Derbe für seine Vaterstadt hielt. Timotheus war bereits μαθητής, ehe Paulus auf dieser Reise in die Gegend kam: es ist deßhalb vorauszusetzen, daß er schon auf der ersten Missionsreise bekehrt worden sei. Er stammte aus einer gemischten Ehe, sofern seine Mutter eine Judenchristin (Namens Eunice, 1 Tim. 1, 5), sein Vater aber Ἕλλην, ein Heide war; von dem Letzteren liegt keine Spur vor, daß er das Christenthum angenommen hatte, im Gegentheil läßt sich aus den Worten [V. 8] ὅτι Ἕλλην ὑπῆρχεν schließen, daß er auch damals immer noch Heide war und weder Proselyt des Judenthums geworden war, noch sich zu Christo bekehrt hatte (Luthers: „sein Vater war ein Grieche gewesen" legt einen unrichtigen Sinn hinein).

2. **Diesen wollte Paulus mit sich gehen lassen.** Paulus faßte den Entschluß (ἠθέλησεν), daß Timotheus mit ihnen ausgehen sollte (ἐξελθεῖν), aus seinem Elternhause und der Heimath auf die Missionsreise. Warum gerade dieser, ist nicht ausdrücklich gesagt. Uebrigens spricht der Zusammenhang dafür, daß, einestheils die Achtung, in welcher derselbe bei den Christen in Lystra und Ikonium stand (ἐμαρτυρεῖτο), den Apostel bestimmte. Und zwar gründete sich diese Achtung vermuthlich sowohl auf seinen Charakter und frommen, rechtschaffenen Wandel, als auch auf seine Gaben. Anderntheils mag eben der Umstand, daß er vermöge seiner Herkunft den Juden und den Heiden gleicherweise angehörte, die Wahl des Apostels mit bestimmt haben.

3. **Paulus nahm und beschnitt den Timotheus.** Λαβ. περιετ. scheint anzudeuten, daß der Apostel dies selbst gethan hat, nicht durch einen Dritten thun ließ (Neander), er war so gut als jeder Israelit dazu befugt. Daß Timotheus sich der Beschneidung freiwillig unterwarf, muß nothwendig vorausgesetzt werden. Was war der Beweggrund zu dieser Handlung? Die Rücksicht auf die Juden jener Städte, welche den Vater des Timotheus als Heiden wohl kannten. Demnach lag das Motiv zu der Handlung nicht in einer Nachgiebigkeit gegen pharisäisch oder judaistisch gesinnte Christen, geschweige in der Voraussetzung, die Beschneidung sei an sich zum Heil nothwendig, sondern blos in einer Rücksicht auf die unbekehrten Juden jener Landschaft, welche jedenfalls Anstoß daran genommen haben und weniger empfänglich gewesen sein würden, wenn Timotheus, als Sohn eines Heiden und unbeschnitten, an dem Werk des Paulus thätigen Antheil genommen hätte, zumal nach strengen jüdischen Begriffen eine Jüdin nie einen Heiden heirathen sollte, und Kinder aus solchen Ehen für Bastarde galten, s. Ewald z. a. O. 445. Christol. dogm. Grundb. 1.

4. **Als sie aber durch die Städte reisten.** In den Städten von Pisidien, Lykaonien und Pamphylien, welche Paulus in Begleitung des Silas und nun auch des Timotheus wiederum besuchte, überlieferte er die Beschlüsse von Jerusalem zur Beobachtung. Und sowohl dadurch als durch den wiederholten Umgang mit dem Apostel erlangten die Gemeinden innere Stärkung und stetigen Zuwachs. Bengel macht hiebei die treffende Bemerkung: rarum incrementum, numero simul et gradu.

5. Von Pisidien aus ging die Missionsreise zunächst über das Gränzgebirge Taurus nach Norden in die Mittelländischen Kleinasiens. Phrygien (das Groß-Phrygien der alten Geographen) und Galatien, welches letztere einen Namen von einigen gallischen oder celtischen Stämmen hatte, die im dritten Jahrhundert vor Christo sich von Thracien aus über Asien ergossen und hier festgesetzt hatten. So flüchtig die Erzählung über diese Provinzen weggeht, so ist doch anzunehmen, daß Paulus auf dieser Reise die Gemeinden in mehreren galatischen Städten gestiftet hat.

6. **Und ihnen vom Heiligen Geiste verwehrt wurde.** Von Galatien und Phrygien aus wollte Paulus seinen Lauf, wie es scheint, geradeaus nach Westen richten, nach Asia, d. h. Asia proconsularis, oder in den westlichen Küstenstrich, welcher Mysien, Lydien und Carien begreift. Allein sie wurden vom Heiligen Geist (durch irgend einen Wink oder innern Weisung) abgehalten, diese Landschaft zu betreten und daselbst das Evangelium zu verkündigen. Daher wandten sie sich an der Gränze dieses Landstrichs nordwärts bis gegen Mysien hin, wo diese nordwestliche Ecke Kleinasiens östlich an Bithynien, den Küstenstrich am Bosporus und schwarzen Meer stößt, und gedachten in letztere Landschaft einzubringen, wurden aber auch hier wiederum durch den Geist Jesu zurückgewiesen. Das Grammatische betreffend, erkennen wir für das Einfachste, die drei Participien V. 6 f.: διελθόντες - κωλυθέντες - ἐλθόντες so zu fassen, daß sie eine zeitliche Aufeinanderfolge ausdrücken. Dies paßt in geographischer Hinsicht am besten. Daher fanden sie sich veranlaßt, längs Mysien vorbeizuziehen [V. 8], d. h. längs der Südgränze von Klein-Mysien, und an der Küste des ägäischen Meers hinab nach der Seestadt Troas, südlich vom Vorgebirge Sigeum gelegen, sich zu begeben.

---

1) εἰς τὴν Βιθυνίαν ist überwiegend beglaubigt, während κατὰ τ. B. nur zwei spätere Codd. für sich hat.

2) Der recipirte Text hat einfach τὸ πνεῦμα, hingegen die fünf ältesten Handschriften haben τὸ πν. Ἰησοῦ, was unleugbar ächt ist.

### Christologisch-dogmatische Grundgedanken.

1. Man hat heftigen Anstoß daran genommen, daß Paulus den Timotheus beschnitten haben soll, während er [laut Gal. 2, 3], in Jerusalem nicht gedulbet habe, daß sein Begleiter Titus beschnitten würde. Man meint, wenn das wahr wäre, so hätte sich der Apostel einer charakterlosen Inconsequenz schuldig gemacht; eben deßhalb sei diese Erzählung schlechthin unglaublich (Baur, Paulus 129 ff. Anm.; Zeller, Apstg, 239 ff.). Allein die beiden Fälle sind so grundverschieden, daß man sie nicht unter eine Kategorie bringen kann. In Jerusalem hatte Paulus mit judaisirenden Christen zu thun, denen er nicht weichen durfte; hier nahm er Rücksicht auf die unbelehrte Judenschaft Kleinasiens, welche er durch die Mitwirkung eines unbescholtenen Missionsgehülfen abzustoßen fürchtete, durch die Beschneidung desselben für das Evangelium empfänglich zu erhalten hoffen konnte. Ueberdies wurde dort die Beschneidung als zur Seligkeit unumgänglich nöthig, geradezu gefordert; da war es eine Pflicht gegen die Wahrheit des Evangeliums, nicht nachzugeben; hier aber war lediglich Rücksicht auf die Umstände, nicht eine angebliche religiöse Nothwendigkeit, der Beweggrund, vgl. m. apost. u. nachapost. Zeitalter, 2. Aufl., S. 419, Anm. 1. Schon die Form. Conc. 792 Rech. hat richtig unterschieden: *Circumcisionem Paulus alias (in libertate tamen christiana et spirituali) observare aliquoties solebat*, Act. 16, 3. *Cum autem pseudoapostoli circumcisionem ad stabiliendum falsum suum dogma (quod opera legis ad justitiam et salutem necessaria essent) urgerent, eaque ad confirmandum suum errorem in animis hominum abuterentur, ingenue affirmat Paulus, quod ne ad horam quidem ipsis cesserit, ut veritas evangelii sarta tectaque permaneret.*

2. Es war eine Leitung des Geistes Gottes, welche den Paulus von der Mitte Kleinasiens aus an die Meeresküste, Europa gegenüber, führte. Unter πνεῦμα ἅγιον [V. 6] kann nicht verstanden werden, der heilige Geist der Klugheit, welcher die Umstände richtig beurtheilte (de Wette), sondern gemäß der Lehre und Sprache des ganzen Buchs, der objektive Geist Gottes, der sich aber innerhalb des Menschengeistes vernehmlich machen, seinen Willen, seine göttliche, heilige Weisung positiv oder negativ der Seele kund thun kann. Hier trat die Leitung des Heiligen Geistes nicht positiv, befehlend [wie z. B. Kap. 13, 24], sondern negativ, verwehrend, abhaltend auf (κωλυθέντες – οὐκ εἴασεν αὐτούς); das letztere scheint noch bringlicher und energischer gewesen zu sein. Hier [V. 7] ist der Geist τὸ πνεῦμα Ἰησοῦ genannt. Der Geist des verklärten Erlösers, der da lebet und regieret, griff hier, wo das Evangelium die Gränze eines Welttheils überschreiten und nach Europa übergehen sollte, unmittelbar ein, durch unwiderstehbare Winke wehrend, so daß am Ende nur die Wahl blieb, an die Seeküste zu gelangen und von da aus Europa aufzusuchen.

### Homiletische Andeutungen.

**Er kam aber gen Derbe und Lystra [V. 1].** Das war der Boden, da Paulus nach Kap. 14, 19 eine blutige Leidenssaat ausgestreut hatte. Aber wie schön ist die Freudenernte, die ihn Gott daran erleben läßt. Da er wieder an den Ort kommt, findet er eine Menge Jünger und darunter seinen Timotheus als Beuten seines Leidens und Siegel seines Apostelamts. (Apost. Past.) Timotheus, eines jüdischen Weibes Sohn, welche gläubig war, aber eines griechischen Vaters. Wer hätte sich aus einer so ungleichen Ehe einen solchen Segen versprochen? Vermuthlich war der Vater damals schon gestorben oder hatte sein Weib wieder verlassen, daher die gläubige Mutter um so freiere Hand hatte, ihren Sohn bei der Kenntniß der Heiligen Schrift aufzuziehen. Hingegen die Beschneidung in der Kindheit hatte sie nicht bewirken können. O wie steckt hin und wieder in der Welt ein Waislein, das durch frommer Mutter Thränen begossen heranwächst zu einer Pflanze des Herrn. (Rieger.) — Rechtschaffene Jünger und Knechte Jesu stammen nicht immer von gelehrten und frommen Vätern her. — Vielmals ist es nur das Gebet und der Segen einer frommen Mutter oder Großmutter, wodurch der erste Funken einer lebendigen Erkenntniß Jesu in dem jungen Herzen angezündet wird. (Apost. Past.)

**Welcher von den Brüdern ein gutes Zeugniß hatte. [V. 2.]** Das ist mehr als ein testimonium, welches ein Candidat sich von Weltmenschen erschleicht. (Apost. Past.) — Wie das Kind Jesus selbst zugenommen hat an Gnade nicht nur bei Gott, sondern auch bei den Menschen, so bereitet Gott seine Werkzeuge zu auch durch das anfängliche gute Zeugniß, das ein junger Mensch bei Andern findet, und das oft schon viel in seinen künftigen Lauf hineinwirkt. (Rieger.)

**Diesen wollte Paulus mit sich gehen lassen. [V. 3.]** Außer dem guten Zeugniß Anderer muß Paulus selbst eine Vorempfindung davon gehabt haben, „daß er Keinen habe, der so ganz seines Sinnes sei, wie dieser." (Rieger.) — Was man verleugnet und zu verlieren scheint in lauterer Absicht, das gibt Gott an einem andern besser wieder. Paulus wollte Markum nicht mitnehmen in lauterer Absicht, Gott gab ihm hier einen tüchtigeren und beständigeren Timotheus. (Starcke.) — **Beschnitt ihn um der Juden willen.** Dies war nicht gegen den apostolischen Schluß zu Jerusalem; denn darnach sollte die Beschneidung nur Keinem als zur Seligkeit nothwendig aufgedrungen werden. Paulus handelte in Beiden nur um des Evangelii willen; wo an dem nun ein Abbruch zu besorgen war, wehrte er sich gegen den Zwang der Beschneidung, wo aber für's Evangelium eine Förderung daraus zu hoffen war, da konnte er einen beschneiden lassen und auch sonst den Juden werden als ein Jude. Es scheint Etwas in Jemandes Handlungsweise einer fleischlichen Weisheit gleichsehen oder als ein Herumspringen auf einem andern Grund gelabet werden, und es geht doch aus einerlei Grund des Glaubens oder der Liebe. (Rieger.)

**Ueberlieferten sie ihnen zur Beobachtung die Beschlüsse. [V. 4.]** Heilsame Schlüsse oder Verordnungen müssen mit Fleiß in den Schwung gebracht werden, sonst sind sie als eine Glocke ohne Klöppel. (Starcke.) — Zu den Juden ließ er sich herunter, bis der Glaube in ihnen ausging. Der gläubigen Heiden nahm er sich herzlich an, bis er ihnen eine völlige Freiheit vom jüdischen Gesetz verkündete und sie bloß auf die Gnade des Herrn Jesu verwies, bis er beiderlei Volk in einerlei

Geist des Glaubens vereinigt sah. (Apost. Past.) So wurden die Gemeinden im Glauben befestigt. (V. 5.) Es darf oft nur ein Anstoß gehoben werden, wenn der Segen sich in reichem Maß ausbreiten soll. — So lange die Furcht vor dem beschwerlichen Gesetze Mosis in den Gemeinden waltete, wurde der Lauf des Evangeliums gehemmt. Sobald Paulus diese vertrieb, so erfolgte ein schönes Wachsthum. Laßt uns doch in unsern Gemeinden wachen und forschen, was etwa für eine falsche Meinung oder Mode den Segen unsrer Predigten hemme. (Apost. Past.)

Ward ihnen gewehrt vom Heiligen Geiste. (V. 6.) Obgleich die Gnade Gottes in Christo Jesu allen Menschen zugedacht ist, so hat er doch jedem Lande, jeder Stadt, jedem Menschen seine besondere Zeit der Heimsuchung bestimmt. — Man hat also die Erweckungsstunden der Länder und Völker ganz demüthig und gläubig der Weisheit Gottes zu überlassen, aber auch in seinem besonderen Amte dem Verhalten Gottes nachzuahmen, also immer darauf zu sehen, welche Seele unseres Beistandes oder Zuspruchs am nöthigsten habe; wo wir mit dem meisten Segen arbeiten können. Freilich nicht in eigener Wahl, der Geist Gottes muß dabei auch unser Meister sein. (Apost. Past.) — Wer gegen Gottes Zug und Darreichung seines Geistes Alles erzwingen will, geräth in eine indiscrete Geschäftigkeit, die zwar vor Menschen oft Lob hat, aber vor Gottes prüfenden Augen weniger taugt. (Rieger.) — Hier wurde dem Apostel vom Heiligen Geiste gewehrt, zu anderer Zeit verberte ihn der Satan. [1 Thess. 2, 18.] Man kann also eine gewisse Abneigung, das Evangelium irgendwo zu predigen, nicht allemal vom Geiste Gottes herleiten. (Apost. Past.)

Da gingen sie an Mysien vorüber und kamen hinab nach Troas. [V. 8.] Aus der scheinbaren Verhinderung der Sache Christi sollte ein neuer Fortschritt hervorleuchten, obwohl sie jetzt noch nicht wußten, wie? Diese genaue Erzählung ist gerade für uns Europäer von besonderer Wichtigkeit. Die Uebersiedelung des Evangeliums in unsern Welttheil ist also nicht ein von den Menschen beschlossener, von dem Herrn nur gestatteter Plan, sondern die Apostel wurden gegen ihre eigentliche Absicht darauf hingetrieben, es war der unmittelbar befehlende Wille des Herrn. (Williger.)

Zum Abschnitt V. 1—8. Timotheus als Muster eines begnadigten Jünglings.

1) Was ihm für Gnade geworden: a. seine Mutter eine fromme Christin, V. 1; b. sein Umgang gläubige Jünger, V. 2; c. sein Lehrer ein Apostel Paulus. 2) Was er durch die Gnade geworden: a. seiner Mutter Stolz und Trost gegenüber einem ungläubigen Gatten, V. 1; b. der Gemeinde Zierde und Segen [1. u. 2. Brief an Tim.; 2 Kor. 1, 19; Phil. 2, 22; 1 Cor. 16, 10; c. des Apostels Freude und Stütze, 1 Thess. 3, 2; 2 Tim. 1, 4; Phil. 2, 20. — Der Segen einer gottseligen Jugend. — Die hohe Stellung frommer Mütter im Reiche Gottes. (Hannah, die Mutter Samuels; Maria, die Mutter Jesu; Salome, die Mutter der Kinder Zebedäi; Eunike, die Mutter des Timotheus; Monika, die Mutter Augustins rc.) Muttergebete eine Engelwache über der Kinder Haupt. — Der wohlgerathene Timotheus oder die Freudenernte aus Mutterthränen: 1) Mutterthränen flossen gewiß a. bei der Erziehung des Knaben neben einem heidnischen Vater; b. beim Abschiede des Jünglings zum gefahrvollen Missionsdienste. Aber auch 2) die Freudenernte blieb nicht aus; a. in dem lieblichen Gedeihen des Knaben daheim, V. 2; b. in dem herrlichen Heranreifen des Mannes zum Dienste des Herrn. — Paulus und Timotheus oder das gesegnete Band zwischen einem edlen Meister und einem treuen Jünger; gesegnet 1) für den Jünger; 2) für den Meister; 3) für die Welt.

Wie gelangen wir dazu, um im Dienste des göttlichen Worts auf die rechte Weise Allen Alles zu werden? [V. 3.] Wenn wir die Bedürfnisse unsrer jedesmaligen Zuhörer beachten; aber 2) über menschlichen Rücksichten der göttlichen Wahrheit nichts vergeben. (Lisko.) — Die Gnadenstunden im Reiche Gottes (für Völker, Gemeinden, einzelne Seelen, V. 6 u. 7): 1) Durch keinen Menschenwillen zu beschleunigen; 2) durch keine Menschenmacht aufzuhalten. — „Alles hat seine Zeit," nachgewiesen in der Geschichte des Reiches Gottes auf Erden. — Im Reiche des Geistes läßt sich nichts erzwingen. — Die scheinbaren Hindernisse im Reiche Gottes nur Mittel zum Fortschritt. — Des Menschen Herz schlägt seinen Weg an, aber der Herr allein gibt, daß er fortgehe, Spr. 16, 9; 21, 2. — „Gottes Führung erster Stile; wo der Fuß noch selber rauscht, wird des eignen Vaters Wille mit der eignen Wahl vertauscht." (Zinzendorf.)

## C.

**Göttliche Weisungen führen den Apostel nach Europa. Gesegneter Anfang, Feindseligkeiten und Verhaftung, aber auch göttliche Befreiung in Philippi.**
(Kap. 16, 9—40.)

Und während der Nacht erschien dem Paulus ein Gesicht: ein macedonischer Mann 9 stand da, bat ihn und sprach: „setze über nach Macedonien und komm uns zu Hülfe!" *Nachdem er aber das Gesicht gesehen hatte, suchten wir sogleich nach Macedonien ab- 10 zureisen, indem wir folgerten, daß der Herr[1]) uns hingerufen habe, um ihnen das Evangelium zu verkündigen. *Wir fuhren also von Troas ab und gelangten gerades 11 Weges nach Samothrace, und den Tag darauf nach Neapolis. *Und von dort aus nach 12

---

1) ὁ κύριος, nach Cod. D. G. H., mehreren orient. Vers. und Kirchenvätern, ist der Lesart ὁ θεός vorzuziehen, da leicht θεός statt κύριος gesetzt werden mochte.

Philippi, als welches die erste Stadt des Theiles von Macedonien ist, eine Kolonie.
13 In dieser Stadt aber hielten wir uns etliche Tage auf. *Und am Sabbattage gingen
wir vor das Thor¹) hinaus an den Fluß, wo eine Gebetsstätte zu sein pflegte; da setzten
14 wir uns und redeten mit den Weibern, welche zusammengekommen waren. *Und ein
Weib Namens Lydia, eine Purpurhändlerin aus der Stadt Thyatira, welche gottesfürchtig war, hörete zu; ihr öffnete der Herr das Herz, daß sie auf das, was Paulus redete,
15 Acht hatte. *Als sie aber getauft war und ihr Haus, ermahnte sie uns und sprach:
wenn ihr geurtheilt habt, daß ich gläubig bin an den Herrn, so kommet in mein Haus
16 und bleibet da. Und sie nöthigte uns zu sich. *Es ereignete sich aber, da wir zu dem
Betort gingen, daß eine Sklavin, welche einen Wahrsagergeist²) hatte, uns begegnete, die
17 ihren Herren viel Gewinn eintrug mit Wahrsagen. *Diese folgte dem Paulus und uns
nach, schrie und sprach: Diese Menschen sind Knechte des höchsten Gottes, die euch den
18 Weg des Heils verkündigen. *Das that sie aber viele Tage lang. Das verdroß aber
den Paulus, und er wandte sich um und sprach zu dem Geist: Ich gebiete dir in dem
19 Namen Jesu Christi, von ihr auszufahren. Und er fuhr aus in derselben Stunde aus. *Als
aber ihre Herren sahen, daß die Hoffnung auf ihren Gewinn ausgegangen war, bemächtigten sie sich des Paulus und Silas, und schleppten sie auf den Markt zu der Obrig-
20 keit; *führten sie vor die Befehlshaber und sprachen: Diese Menschen stiften Unruhen in
21 unserer Stadt; sie sind Juden, und verkündigen Sitten, welche wir nicht annehmen noch
22 befolgen dürfen, da wir Römer sind. *Und das Volk stand mit auf gegen sie, und die
23 Befehlshaber ließen ihnen die Kleider abreißen und sie mit Ruthen schlagen. *Und nachdem sie ihnen viele Hiebe ertheilt hatten, warfen sie sie in's Gefängniß und geboten dem
24 Kerkermeister, sie sicher zu bewachen. *Nachdem dieser einen solchen Befehl erhalten
25 hatte, warf er sie in das innere Gefängniß und legte ihre Füße in den Block. *Um
Mitternacht aber beteten Paulus und Silas und lobeten Gott, und die Gefangenen hö-
26 reten ihnen zu. *Plötzlich entstand ein großes Erdbeben, so daß die Grundmauern des
Kerkers erschüttert wurden; und auf der Stelle öffneten sich alle Thüren und Aller
27 Bande wurden los. *Als aber der Kerkermeister aufwachte und die Thüren des Gefängnisses offen sah, zog er ein Schwert und wollte sich selbst entleiben, in der Mei-
28 nung, die Gefangenen seien entflohen. *Paulus aber rief mit lauter Stimme: „Thue dir
29 kein Leid an, denn wir sind alle hier!" *Er forderte aber Licht und sprang hinein
30 und wurde zitternd, fiel dem Paulus und Silas zu Füßen; *führte sie heraus und sprach:
31 „Ihr Herren, was muß ich thun, damit ich das Heil erlange?" *Sie aber sprachen:
32 „Glaube an den Herrn Jesum³), so wirst du und dein Haus selig werden." *Und sie
33 sagten ihm das Wort des Herrn nebst⁴) Allen, die in seinem Hause waren. *Und er
nahm sie zu sich in jener Stunde der Nacht und wusch ihnen die Striemen ab; und er
34 und alle die Seinigen wurden sogleich getauft. *Und führte sie in sein Haus und setzte
ihnen vor und freuete⁵) sich mit seinem ganzen Hause, daß er an Gott gläubig gewor-
35 den war. *Als es aber Tag geworden war, schickten die Befehlshaber die Lictoren und
36 ließen sagen: „Entlasse jene Leute!" *Der Kerkermeister aber verkündigte diese Worte
dem Paulus: „Die Befehlshaber haben hergeschickt, daß ihr entlassen sein sollt; so gehet
37 denn hinaus und ziehet hin in Frieden!" *Paulus aber sprach zu ihnen: „Sie haben
uns ohne Recht und Urtheil öffentlich schlagen lassen, die wir doch Römer sind, und
haben uns in's Gefängniß geworfen, und wollen uns nun heimlich ausweisen? Nein,
38 sondern sie sollen selbst kommen und uns hinausführen". *Da verkündigten die Lictoren
diese Worte den Befehlshabern, und sie fürchteten sich, da sie hörten, daß sie Römer
39 seien; *und kamen, sprachen ihnen zu und führten sie heraus, und baten sie, die Stadt
40 zu verlassen. *Nachdem sie aber aus dem Gefängniß gegangen waren, gingen sie zu der

---

1) Rec.; πόλεως, statt dessen die Lesart πύλης besser bezeugt ist.
2) Die Rec. hat nach mehreren Codd. πύθωνος, während die ältesten Codd. den Acc. πύθωνα haben, was jene Abschreiber nicht verstanden zu haben scheint.
3) Χριστόν Rec. nach der Mehrzahl der Codd., dennoch ist das Wort nach Cod. A. B. als unächter Zusatz zu streichen, mit Lachmann und Tischendorf.
4) σύν ist überwiegend bezeugt und für ächt zu halten, es wurde mit καί vertauscht, was einfacher schien.
5) Imperf. ἠγαλλιᾶτο ist im Cod. C. von der ersten Hand, wie es scheint, geschrieben, steht auch im Cod. Cantabrig. und bei Chrysostomus, Oecumenius und Theophylakt; daher dem Aor. ἠγαλλιάσατο vorzuziehen.

Lydia; und da sie die Brüder gesehen hatten, ermahnten sie dieselben und verließen die Stadt.

### Exegetische Erläuterungen.

**1. Und während der Nacht.** Ein Gesicht bei Nacht (ὅραμα, nicht ein Traum, wovon keine Spur da ist, und worauf διὰ τ. νυκτός keineswegs nothwendig führt), weist den Apostel nach Macedonien. Die Erscheinung bestand darin, daß ein Mann vor Paulus stand, der sich durch seine Worte als Macedonier und als Repräsentant seines Volkes zu erkennen gab (Μακεδονίαν - ἡμῖν), vielleicht erkannte Paulus überdies auch aus seiner Nationaltleidung seine Herkunft, da er zwar noch nie Europa betreten hatte, aber in seiner Vaterstadt, Tarsus, die einen schwunghaften Handel trieb, leicht auch Seeleute aus Macedonien gesehen haben mochte. Der Mann bat ihn in der Erscheinung, über das Meer hinüber nach Macedonien zu kommen, den Einwohnern zur Hülfe. Daß ein Engel, in Gestalt eines Macedoniers, dem Apostel erschienen sei (Grotius), läßt sich nicht behaupten; das ὅραμα braucht so wenig als jenes auf dem Dache zu Joppe [Kap. 10, 11 ff. 17. 19.] etwas Objektives gewesen zu sein.

**2. Nachdem er aber das Gesicht gesehen.** Diese Erscheinung richtete die Gedanken und Reisepläne d s Paulus und seiner Gefährten auf der Stelle nach Macedonien, so daß sie sich um eine Schiffsgelegenheit dorthin umsahen (ἐζητήσαμεν u. s. w.), indem sie durch Erwägung des Zusammenhangs der Dinge, durch Combination auf die Ueberzeugung kamen (συμβιβάζοντες, vergl. Kap. 9, 22), daß der Erlöser sie nach Macedonien berufe, um jenem Volke das Evangelium zu bringen. Die Momente, welche durch ihr Zusammentreffen diese Gewißheit begründeten, waren: 1) Der Geist Jesu hatte ihnen geweheret, in dem westlichen Küstenlande Kleinasiens (ἡ Ἀσία V. 6) das Wort Gottes zu verkündigen; 2) in Bithynien hatten sie ebensowenig wirken dürfen, V. 7; 3) nun in Troas, an der Küste des ägeischen Meeres angelangt, lockt die Erscheinung hinüber nach Macedonien, und das kann nicht ein bloßer Zufall sein; die Hülfe, die von Paulus begehrt wird, ist gewiß nichts Anderes, als die im Worte Gottes liegt, und in der errettenden Gnade Christi; er selbst ist es demnach, der uns durch die Erscheinung nach Macedonien ruft, nachdem er uns zuvor die Verkündigung des Evangeliums an den Gränzen Kleinasiens gewehrt hat.

**3. Suchten wir sogleich: Mit** ἐζητήσαμεν V. 10 tritt hier plötzlich ein „Wir" ein, der Erzähler verräth sich dadurch als Augenzeuge und Reisegefährte des Apostels von Troas aus. Daher man von jeher angenommen hat, Lukas habe sich von Troas aus angeschlossen oder vielmehr Paulus habe ihn von dort aus sich beigesellt. Und darüber verliert Lukas kein Wort, weil die Sache, so wie seine persönlichen Verhältnisse, dem Theophilus und den ersten Lesern überhaupt bekannt waren. Die Bedenken, welche man in neuerer Zeit dagegen geltend gemacht hat, um dann die Urheberschaft dieses Reisebericht von V. 10 an, so wie alle „Wir"-stücke der Apostelgeschichte einem der andern Begleiter des Apostels (dem Timotheus, so Schleiermacher, Bleek, de Wette, oder dem Silas, so Schwanbeck) zuzuschreiben, sind keineswegs entscheidend. Im Gegentheil wäre dann höchst auffallend und unerklärlich, daß

erst jetzt die communikative Redeform eintritt, nachdem der Eine oder der Andere schon eine gute Weile mit Paulus gereist ist, Silas schon von Antiochia an, Timotheus wenigstens von Lystra aus. Und was die einzige, direkt aus unserer Stelle entnommene, Schwierigkeit betrifft, daß die persönliche Theilnahme an den Erwägungen und der Entschließung, welche in ἐζητήσαμεν-συμβιβάζοντες liege, sich für einen Neuhinzugetretenen nicht schicke, so ist dies völlig aus der Luft gegriffen. Wenn denn Lukas hier in Troas traf und ihn, der ohne Zweifel schon vorher Christ war, als Reisegefährten sich beigesellte, so konnte und durfte dieser so gut, als Silas und Timotheus, mitrathen und handeln.

**4. Wir fuhren also von Troas ab.** Mit der Einschiffung der nun auf vier Mann angewachsenen Reisegesellschaft beginnt der zweite Theil dieser Missionsreise, welcher Macedonien umfaßt. In rascher, glücklicher Fahrt (εὐθυδρομήσαντες) gerade aus gelangen sie nach der Insel Samothrace, nordwestlich von Troas im ägeischen Meere gelegen und nur 38 römische Meilen von der thracischen Küste entfernt. Von da ging's am folgenden Tag nach Neapolis, einer am strymonischen Meerbusen in Thracien gelegenen Hafenstadt. Und von hier setzten sie, weil sie sich nach Macedonien berufen wissen, die Reise ohne Aufenthalt fort in die 12 Meilen von Neapolis entfernte macedonische Stadt Philippi. Die Stadt war vom Vater Alexanders des Großen an der Stelle eines Fleckens Krenides, an der thracischen Gränze erbaut und befestigt worden, daher trägt sie seinen Namen. Lukas bezeichnet sie doppelt, 1) als erste Stadt des Theiles von Macedonien, 2) als Kolonie. Das Letztere wird auch durch sonstige Nachrichten bestätigt, wonach Oktavian die Parteigängen des Antonius dort angesiedelt, und die Stadt, der er auch das Kolonienrecht (jus Italicum) verliehen, kolonisirt hat. Dagegen hat die erstere Notiz vielerlei Mühe gemacht. Die Worte πρώτη τῆς μερίδος ꝛc. könnten zunächst den Gedanken erwecken, Philippi solle als Hauptstadt der betreffenden Provinz Macedoniens bezeichnet werden; allein wir wissen aus den Klassikern genau, welches die Hauptstädte der vier Kreise waren, in welche Macedonien von den Römern getheilt worden war, und unter diesen befindet sich Philippi nicht, vielmehr war in seinem Kreise (Macedonia prima) Amphipolis die Hauptstadt. Daher kann πρώτη nicht diesen Sinn haben, und noch weniger dürfte der Ausdruck mit Ewald so verstanden werden, als würde Philippi zur Hauptstadt der ganzen Provinz Macedonien gemacht, weil vielleicht der römische Statthalter damals hier wohnte. Auch die Auslegung, daß πρώτη ein Ehrentitel wäre, in besonderer Vorrechte, der ihr verliehen waren, sich bezöge (Hug, Kuinoel), empfiehlt sich, da nichts der Art bekannt ist, so wenig, als die Combination von πρώτη πόλις mit κολωνία: die erste, angesehene Koloniestadt der Gegend (Meyer), denn die Stellung der Worte liegt doch nahe, daß κολωνία zu πρώτη, als selbstständiges Prädikat ist: eademque colonia (van Hengel, comm. in ep. ad Phil.). Daher bleibt nichts übrig, als πρώτη τῆς μερίδος topographisch zu nehmen, als welches die erste Stadt jenes Theiles von Macedonien ist.

So schon Erasmus: ea civitas colonia, prima occurrit a Neapoli petentibus Macedoniam; wobei zu brachten, daß Neapolis in der That noch zu Thracien gehörte. So v. Hengel, Winer, de Wette, Olshausen.

5. **Philippi war die erste Stadt Europas**, in welcher die Glaubensboten Jesu Christi Halt machten und das Evangelium verkündigten. Und zwar geschah das zuerst an einem Sabbat [V. 13] und an einem zu Gebetsversammlungen durch die Sitte (ἐνομίζετο) bestimmten und geheiligten Ort (προσευχή) Betort, als Ersatz für eine Synagoge), am Ufer eines Flusses. Man hält ganz gewöhnlich diesen Fluß für den Strymon (Meyer, de Wette), aber mit Unrecht, denn der Strymon war mehr als eine Tagereise von Philippi entfernt; die weite Ebene, auf der die berühmte Schlacht geliefert und das Heer der Republikaner von Antonius und Octavius geschlagen worden ist (42 vor Christo), dehnte sich dazwischen aus. Es muß also ein anderer Fluß gemeint sein, welcher nicht weiter als 5—6 Stadien, d. h. einen Sabbaterweg, von der Stadt vorüberfloß. Und gerade an den Ufern der Flüsse oder am Gestade des Meeres liebte man es, gottesdienstliche Handlungen vorzunehmen, da hatte man gleich Wasser zu den heil. Waschungen.

6. **Und am Sabbattage**. Der Tag an dem Ort verrathen, daß es zunächst nur auf Israeliten und Proselyten abgesehen war. Allein es scheint, daß zu der Zeit jüdischen Männer in der Stadt waren, denn Paulus und seine Gefährten konnten an jener ländlichen Gebetsstätte nur mit Frauen reden, welche da zusammen gekommen waren, und auch diese mögen wohl wenig zahlreich gewesen sein, da Paulus und seine Genossen sich so ganz nur auf vertrauliche Unterredung, auf eigentliche Vorträge einlassen konnten; καθίσαντες ἐλαλοῦμεν, das Letztere bezeichnet, in Unterschied von λέγειν, διαλέγεσθαι u. dgl., eine leichte, conversationsmäßige Unterhaltung; auch daß sie sitzend, nicht stehend, sprachen, deutet auf ein minder förmliches und feierliches Reden hin. Eine der Zuhörerinnen war besonders empfänglich und bezeugte eine herzliche Aufmerksamkeit auf das, was Paulus redete, διανοίγω heißt öffnen, vollkommen und weit aufthun; sie war eine Proselytin, die Purpurhändlerin Lydia aus Thyatira. Letztere Stadt lag in der kleinasiatischen Landschaft Lydien (nördlich von Sardes), und es wäre wohl möglich, daß sie in Philippi nur ihrer Heimath nach "die Lydierin" hieß, wiewohl Lydia im Alterthum ein sehr häufiger Frauenname war. Gerade Thyatira war durch seine Purpurfärberei und Purpurwirkerei bekannt; somit stimmt der Umstand, daß sie πορφυρόπωλις, eine Händlerin mit purpurgefärbten Stoffen war, mit ihrer Herkunft. Da nun Thyatira eine macedonische Kolonie gewesen ist (Strabo XIII, 625), so läßt sich um so leichter begreifen, wie durch den Verkehr diese Person auch nach Philippi gelangen mochte.

7. **Und ein Weib.** Die Taufe der Lydia und ihrer Familie wurde wohl nicht auf der Stelle, jedoch bald darauf vollzogen. Nachher lud sie den Apostel und seine sämmtlichen Begleiter bringend ein, als Gäste in ihr Haus zu kommen und darin zu bleiben; παρεβιάσατο nöthigte sie herbei, das Wort wird auch bei Luk. 24, 29 vom freundschaftlichen urgere, Zusprechen gebraucht, womit übrigens nicht vorausgesetzt ist, daß die Glaubens-boten anfänglich widerstrebten (Bengel, Baumgarten-Crusius). Diese Gastfreundlichkeit war ein Thatbeweis der aus Glauben entsprungenen Liebe zu dem Erlöser, welche sie durch uneigennützige und dienstfertige Liebe gegen seine Boten an den Tag legte. Ihr Anspruch berief sich darauf, daß sie das Urtheil gefällt hätten, κεκρίκατε (sonst hätte man sie ja nicht getauft), daß sie gläubig sei in Beziehung auf den Herrn πιστήν τῷ κυρίῳ, nicht: treu dem Herrn, denn dieses Urtheil wäre ein voreiliges gewesen. Daß die Glaubensboten die Bitte erfüllten und in der Lydia Haus als Gäste eingingen, läßt sich sicher annehmen, denn παρεβιάσατο drückt, wie Luk. 24, 29 nicht bloß den conatus, sondern zugleich auch den actus aus.

8. **Es ereignete sich aber.** Einige Tage später, nicht aber am gleichen Sabbat (Heinrichs und Kuinoel, die Meyer widerlegt hat) ereignete sich die Austreibung des Wahrsagergeistes aus einer Sklavin, V. 16—18. Diese hatte ein πνεῦμα πύθωνα, war μαντευομένη, sie trieb Wahrsagerei, und zwar, wie es scheint, als Bauchrednerin, denn Letzteres läßt sich aus πύθων schließen. Python hieß die Schlange zu Delphi, welche Apollo erlegt hat; später nannte man ein wahrsagendes δαιμόνιον so, und insbesondere gibt Hesychius an, daß πύθων ein Bauchredner, Bauchwahrsager sei; auch Plutarch erwähnt gelegentlich, daß man zu seiner Zeit πύθων heiße, was ehemals ἐγγαστρίμυθος oder εὐρυκλῆς hieß. Diejenigen, welche ihrer Wahrsagerei Glauben schenkten, hielten vermuthlich dafür, daß ein weißagender Gott in ihr wohne, Paulus aber erkannte sie als von einem unsaubern Geist besessen, als dämonisch, V. 18. Diese Person war die Leibeigene Mehrerer zugleich (οἱ κύριοι), welche ihre Wahrsagerkünste zu gewinnsüchtigen Zwecken ausbeuteten und ansehnlichen Gewinn daraus zogen, sich die Wahrsagereien der Sklavin von den Leuten bezahlen zu lassen. Diese Person begegnete dem Paulus und seinen Begleitern einmal, als sie zu der Gebetsstätte gingen, lief ihnen bald nach und rief dabei den Vorübergehenden zu, das seien Diener des höchsten Gottes, welche den Weg des Heils verkündigen. Sie hat also die Wahrheit gesagt, vermöge einer Hellseherei und Wahrsagerei, welche auf übernatürliche Weise ihr verliehen war. Da sie dies oft wiederholte, kränkte e den Paulus (διαπονηθείς), weil er von einem Geiste, der nicht Gottes war, weder Empfehlung und Unterstützung, noch Ehre annehmen konnte; daher befahl er, plötzlich gegen die ihm nachgehende Person sich umkehrend, dem Geist in ihr, im Namen Jesu, auszufahren.

9. **Als aber ihre Herren sahen.** Dieses Ereigniß veranlaßte Feindseligkeiten, ja körperliche Züchtigung und Gefangennehmung des Paulus und Silas (Vers 19—24). ἰδόντες, nicht auf der Stelle, sie waren schwerlich bei dem Auftritt anwesend; aber nachher überzeugten sich die Eigenthümer der Sklavin, daß sie in den gewöhnlichen Seelenzustand übergegangen, daß der weißagende Geist von ihr und damit die Aussicht auf fernern Gewinn aus ihrer Wahrsagerei gewichen war, ἐξῆλθεν in beabsichtigtem Doppelsinn. Der Eigennuß stachelte zu einem Racheversuch, wobei man sich der Person des Paulus und Silas gewaltsam bemächtigte (Timotheus und Lukas blieben als untergeordnete Genossen unbehelligt), sie auf den Marktplatz vor die Obrigkeit (οἱ ἄρχοντες im Al-

gemeinen) schleppte, und namentlich vor die στρατηγοὶ stellte, als Ungeschuldigte. Στρατηγοί, das Römische Praetores, war der ehrenvolle Titel, welchen sich die höchsten Obrigkeiten in römischen Koloniestädten, eigentlich Duumviri, gerne geben ließen (Cic. de lege agrar. c. 34: cum ceteris in coloniis duumviri appellantur, hi se praetores appellari volebant. Die Anklage lief auf politische Unruhestiftung hinaus (ἐκταράσσειν porturbare), und wurde mit dem Umstand begründet, daß diese Männer als Juden Sitten einführen wollen, welche die Bürger der Stadt als römische Unterthanen und Kolonisten nicht annehmen und sich aneignen dürften. Der Name Ἰουδαῖοι ὄντες steht nicht blos als Gegensatz gegen Ῥωμαίοις οὖσι da, um die Nationalverschiedenheit an den Tag zu legen, sondern ist zugleich mit gehässigem und verächtlichem Ton, um aufzuhetzen gebraucht. Ἔθη ist in weitem Sinn genommen, wornach es auch gottesdienstliche Gebräuche und das religiöse Leben in sich begreift. Uebrigens läßt das Ἰουδαῖοι ὄντες ersehen, daß jene Anklagen das Christenthum noch nicht als solches erkannt hatten, sondern gerade zu noch mit dem Judenthum verwechselten.

10. **Und das Volk stand mit auf.** Mit dem Herrn jener Sklavin machte sogleich gemeinschaftliche Sache gegen die Christen (συνεπέστη) die schnell zusammengerottete Volksmenge, vermuthlich mit tumultuarischen Ausrufungen und Forderungen wider sie. Und die Duumvirn, ohne Zweifel eingeschüchtert, und darauf bedacht, die aufgeregte Menge zu beschwichtigen, verfügten ohne Verhör und gerichtliches Verfahren augenblicklich eine körperliche Züchtigung mit zahlreichen Ruthenhieben auf den entblößten Leib; περιρρήξαντες τὰ ἱμάτια, vgl. Liv. II, 5, 8; lacerantibus vestem lictoribus, das thaten die στρατηγοί gewiß nicht in eigener Person (Bengel), sondern durch die Gerichtsdiener (ῥαβδούχοις, siehe V. 35 u. 38 Lictoren), welche auch die Ruthenschläge ertheilten (virgis caedere). Vermuthlich wurde die Züchtigung so rasch und leidenschaftlich verfügt und vollzogen, daß man keinen Protest aufkommen ließ. Nach dieser Execution, die vor dem Prozeß statt fand, setzte man die beiden Fremdlinge ein, und zwar mit dem Befehl scharfen Gewahrsams, in Folge dessen der Kerkermeister sie wie gefährliche Missethäter in das tiefer im Innern gelegene (ἐσωτέραν) Kergelaß versetzte, und überdies nach römischer Weise ihre Füße in den Holzblock (τὸ ξύλον, nervus) schließen ließ.

11. **Um Mitternacht aber. Wunderbare Hülfe,** V. 25—28. Während Paulus und Silas in so schmachvoller, peinlicher Lage um Mitternacht betend dennoch Gott mit lauter Stimme loben, so daß die andern Gefangenen verwundert zuhörten, wurde durch ein heftiges Erdbeben das Grundmauer des Gefängnißgebäudes erschüttert, alle Thüren im Hause flogen auf, alle Fesseln, nicht nur der Beiden, sondern sämmtlicher Gefangenen (πάντων) waren sofort los. Der Gefangenwärter, plötzlich erwacht, denkt, als er die Thüren offen findet, zuerst, seine Gefangenen werden entflohen sein, und will gewiß unter lauten Ausrufungen der Verzweiflung sich entleiben; da ruft ihm Paulus laut zu und beruhigt ihn, sie seien alle da. — Die andern Gefangenen hatten dem Gebet der Beiden zugehört, und als sofort das Erdbeben kam, das die Thüren und Bande öffnete, fühlten sie die Macht

Gottes und blieben, von dem Wunder ergriffen, unbeweglich in ihrem Gelaß.

12. **Er forderte aber Licht. Folgen des Wunders bei dem Kerkermeister,** Vers 29—34. Dieser begab sich mit Licht rasch in das innere Kerkergemach (εἰσεπήδησε) und warf sich dort mit Zittern und Beben vor Gewissensangst (ἔντρομος) Paulus und Silas zu Füßen, weil er sie für Schützlinge der Gottheit erkennen mußte; sodann führte er sie aus der ἐσωτέρα φυλακή (V. 24) heraus und in den innern Raum des Gefängnißhofes vor (προαγ. - ἔξω), und hier fragte er mit ehrerbietiger Anrede (κύριοι), was er zu thun habe, um des Heils, das sie verkündigen (V. 17), theilhaftig zu werden. Sie fordern Glauben an Jesum als den Herrn, so werde er selbst nebst seinen Hausgenossen selig werden. Und hiermit fingen sie an, ihm und allen Angehörigen seines Hauses das Wort von Jesu Christo in der Kürze zu verkündigen. Die Frucht hiervon war, daß er nebst seinem ganzen Hause (πανοικὶ faßt nur in der spätern Gräzität) gläubig an Gott wurde (πεπιστευκὼς τῷ θεῷ, V. 34, so ausgedrückt, weil er ein Heide und Polytheist gewesen war), und noch in derselben Nacht nebst allen den Seinigen getauft wurde, V. 33, und das sicherlich innerhalb des zum Gefängnisse gehörigen Raumes, an einem Brunnen oder Teich. Das Futter geschah, wie sich aus V. 33 vermuthen läßt, unmittelbar im Zusammenhang damit, daß er dem Paulus und Silas die blutigen Striemen ihrer Ruthenhiebe abwusch; sie vergalten ihm diesen Liebesdienst mit dem andern, daß sie ihn und seine Familie an demselben Wasser tauften. Hierauf bereitete er noch den durch Gewaltthätigkeiten, Geißelung und hartem Gewahrsam Entkräfteten eine Erquickung in seiner Wohnung (ἀνήγαγεν - ὁ. τ. οἶκον setzt nicht voraus, daß seine Dienstwohnung ein Stockwerk höher als die Gefängnisse lag, wie Meyer deutet, sondern nur, daß seine Wohnung einen Stock höher lag, als der Hofraum des Gefängnisses, worin die Waschung der Gefangenen und die Taufhandlung vorgenommen ward). Παρέθηκε τράπεζαν ist sowohl hebräische und römische Ausdrucksweise, Ps. 23, 5. שָׁרַךְ לִפְנֵי שֻׁלְחָן apposuit mensam, als im Griechischen schon bei Homer (Od. E. 93) gangbar.

13. **Als es aber Tag geworden. Ehrenvolle Entlassung der Gefangenen,** V. 35—40. Als am Morgen die Duumvirn, nach reiferer Ueberlegung einsehend, daß sie sich übereilt hatten, auch wohl auf erhaltene Kunde von dem, was im Gefängniß diese Nacht sich ereignet hatte, die Sache durch Entlassung der Verhafteten kurzweg abmachen wollten, indem sie dem Kerkermeister durch die Lictoren den Befehl schickten, jene Leute (vornehm verächtlich gesagt) zu entlassen, und dieser es dem Paulus in der Meinung meldete, die Duumvirn jetzt vergnügt sein, auf freien Fuß gesetzt (ἐξελθόντες) und unbehelligt (ἐν εἰρήνῃ) ihre Reise fortsetzen zu können, so erhob Paulus Einsprache. Er machte den Amtsdienern gegenüber πρὸς αὐτούς sc. dem Kerkermeister und den Lictoren, geltend, wie rechtswidrig dies Verfahren sei. Allem Rechtsgefühl zuwider habe man sie beide ohne Verhör und Urtheil gestraft (ἀκατακρίτους), überdies dem römischen Recht zuwider ihnen beiden, die als römische Bürger dieser Strafe nicht unterworfen werden durf-

ten, mit Ruthen peitschen lassen und das öffentlich (δημοσία), was noch eine Schärfung der Strafe war. Hierauf habe man sie noch eingekerkert; und nun wolle man die Sache in aller Heimlichkeit abmachen (λάθρα Gegensatz δημοσία), dadurch, daß man sie kurzweg aus dem Gefängniß treibe ἐκβάλλουσιν, sie thun das bereits, so weit es von ihnen abhängt. Das sei Unrecht, will er sagen, und daher die peremtorische Weigerung (οὐ γάρ, das γάρ deutet an, daß das Nein, οὐ, der Grund ist von der vorangehenden Frage der Entrüstung), die bestimmte Forderung, daß die Duumvirn in eigener Person (αὐτοί, nicht blos mittelst der Lictoren) sich einfinden sollen, um sie aus dem Kerker zu führen. Es hätte also den Schein auf die Gefangenen geworfen, als wären sie doch nicht ohne Schuld, und es könnte später als Entweichung gedeutet werden, wenn sie sich's gefallen ließen, so formlos und ohne Umstände aus dem Kerker zu gehen. — Paulus bezeugt sich, und Silas römische Bürger (ἄνθρωποι Ῥωμαῖοι) seien; von Letzterem ist das sonst nicht bekannt, wohl aber aus Apostg. 22, 25—28 von Paulus, daß er das römische Bürgerrecht schon von Geburt an besaß. Nicht schon als geborene Tarsenser, wie man aus der Eigenschaft dieser Stadt als urbs libera voreilig geschlossen hat (Bengel), dies ist ein Mißverständniß. Sondern es muß der Vater oder schon ein früherer Ahnherr des Apostels das Bürgerrecht als Belohnung von Verdiensten um den Staat erlangt, oder durch Kauf erworben haben.

14. Und sie fürchteten sich. Die Befehlshaber der Stadt geriethen durch die zurückgemeldete Erklärung, besonders aber durch den Umstand, daß die Verhafteten das römische Bürgerrecht besitzen, in Besorgniß (φοβηθέντες V. 38), sofern rechtswidriges Verfahren gegen römische Bürger der Verantwortung und Strafe zuziehen konnte. Da fanden sie sich bewogen, persönlich sich in's Gefängniß zu begeben und den Gefangenen zuzusprechen, das παρακαλεῖν schließt in diesem Zusammenhang sicher Entschuldigungen und Bitten, sich zufrieden zu geben, in sich) und sie mit Ehren aus dem Kerker zu geleiten (ἐξαγαγόντες), wozu sie das freundliche Ersuchen fügten (ἠρώτων), die Stadt freiwillig verlassen zu wollen. Sie fügten sich dem jedoch nicht in bringlicher Eile, sondern erst, nachdem sie noch einen Besuch im Hause der Lydia gemacht (ἐξελθόντες — εἰσῆλθον), und dort die Brüder, d. h. sowohl ihre Reisegefährten Timotheus und Lukas, als die Neubekehrten, sehen, ermahnt und gestärkt hatten. (Ἐξῆλθον bezieht sich nur auf Paulus und Silas, und setzt gegenüber der früheren communicativen Form (nach V. 16 f.) voraus, daß mindestens Lukas, vielleicht auch Timotheus, in Philippi vorderhand zurückblieben.

### Christologisch-dogmatische Grundgedanken.

1. Das Senfkornartige des Werks und Reiches Christi, sein Erwachsen aus kleinen und kleinsten Anfängen, tritt bei der Versetzung des Evangeliums nach Europa schlagend hervor. In der ersten Stadt Macedoniens, wohin er sich berufen weiß, angekommen, findet der Apostel mit seinen Gefährten im Anfang keine anderen Zuhörer für die Heilswahrheit, die sie bringen, als einige Frauen. Und das ist den Dienern Christi nicht zu gering. Jesus selbst hat auch an einem Brun-

nen mit einem samaritischen Weibe geredet, und es hat seine Jünger Wunder genommen, daß er mit einem Weibe redete (Joh. 4, 27). So hier die Heidenapostel. Können sie nicht zu Vielen reden, so begnügen sie sich, mit Wenigen zu sprechen. Kann ihre Mittheilung nicht eine Predigt oder rednerischer Vortrag sein, so sind sie froh, sich von Jesu mit den Seelen in einfachem Gespräch unterhalten zu können. Und aus diesem unscheinbaren Samenkorn ist eine reiche Saat und köstliche Frucht, die gesegnete Philippergemeinde erwachsen.

2. Eine einzige Person unter den wenigen Zuhörerinnen nahm das, was Paulus redete, zu Herzen und hörte mit anhaltiger Aufmerksamkeit zu. Ihre Empfänglichkeit war selbst schon Wirkung der Gnade. Der Herr Jesus Christus hatte seine Boten nach Macedonien berufen, und nun öffnete ihr das Herz. Christus hat den Schlüssel Davids, er kann aufschließen, daß Niemand zuschließen kann, Apoc. 3, 7. Das Menschenherz ist durch die Sünde verriegelt, zugeschlossen, so daß die göttliche Wahrheit nicht eindringen, den Willen ergreifen und den Menschen erneuern kann. Die Gnade öffnet das Herz und macht es zu einem guten Lande, darin der Same bleiben, wurzeln und treiben kann. Das Wort ist das gleiche, aber Hören und Hören ist zweierlei; thut der Herr das Herz auf, so kann der Mensch sich belehren; aber nur wenn er selbst auch das Wort willig aufmerkend annimmt, kommt es zur Belehrung. Chrysostomus: τὸ μὲν οὖν ἀνοῖξαι τοῦ θεοῦ, τὸ δὲ προσέχειν αὐτῆς ὥστε καὶ θεῖον καὶ ἀνθρώπινον ἦν.

3. Zweimal in diesem Kapitel kommt die Taufe vor, beidemal nicht eine ganze Familie getauft; Lydia und ihr Haus V. 15; der Kerkermeister und alle die Seinigen V. 33. Zum ersten Mal, seitdem Lukas die Missionsthätigkeit des Paulus erzählt, erwähnt er hier die Taufe der Bekehrten; und es ist von Belang, daß in beiden Fällen unseres Kapitels alle Angehörigen der Betreffenden mit getauft wurden. Beide Stellen, V. 15 u. 33, werden für die Kindertaufe als apostolische Sitte angeführt; unter der Voraussetzung, daß die Familie gewiß auch kleine Kinder gezählt habe, wie Bengel fragt: Quis credat, in tot familiis nullum fuisse infantem? Freilich läßt sich das keineswegs so sicher behaupten, daß ein Beweis darauf gebaut werden könnte. Das Hauptgewicht der Sache beruht aber nicht darauf, ob Kinder in der Familie waren, und wie jung dieselben gewesen sein mögen; sondern die unzweifelhafte Thatsache, daß in beiden Fällen das ganze Haus, alle Familienangehörigen mit dem Haupt des Hauses getauft wurden, hat schon ein entscheidendes Gewicht. Es liegt die Idee einer christlichen Familie, eines christlichen Hauses darin. Die persönliche Selbstentscheidung ist etwas Großes, aber die Isolirung der Einzelpersönlichkeit ist nicht das Wahre; die Einheit der Familie in Christo, die Weihe des Hauses durch die Gnade, die Zugehörigkeit Aller zu dem Einen Herrn steht hier als etwas Gottgewolltes vor unserer Seele. Und es ist eine merkwürdige Thatsache, daß diese Seite des Heils in der apostolischen Geschichte zuerst auf europäischem Boden hervortritt.

4. Auf macedonisch-hellenischem Boden kommt der Apostel des Erlösers in Conflikt mit heidnischem Wesen. Wahrsagerei ging schon seit dem peloponnesischen Krieg stark im Schwang. Da war

eine polytheistische Grundlage, die pythischen Orakelsprüche standen mit dem Apollodienst in engstem Zusammenhang. Aber die relativ reinere Sache war mit der Zeit zu abergläubischer Mantik entartet. Und dem Aberglauben ging der berechnende Eigennutz zur Seite, nebst grobem oder schlauem Betrug. Alles das — wahrhaft heidnisch — war in dem Vorfall mit der wahrsagenden Sklavin auf unheimliche Weise mit einander verquickt. Was den Aposteln den schlimmsten Schaden zufügte, war das beeinträchtigte Interesse. Aber darum dürfen wir doch nicht die ganze Sache für reine Betrügerei ansehen; sonst wäre jener Ausruf der Sklavin: das sind Knechte des höchsten Gottes u. s. w., völlig unerklärlich. Es muß doch wohl irgend eine Hellseherei zu Grunde liegen. Und darin erkennt der Apostel eine dämonische Kraft und treibt den Geist durch gewaltigen Befehl im Namen Jesu aus. Bengel bemerkt: orat Spiritus non e pessimis — sed tamen expelli dignus. Eine Duldung solcher Aussagen, oder gar eine Bundesgenossenschaft mit solchen Geistern hätte nur zur Unehre des Evangeliums, nur zur Beeinträchtigung der alleinigen Gnade und Wahrheit Gottes in Christo ausschlagen können.

5. Aber die Austreibung des Geistes in der Kraft Christi zieht dem Apostel eine politische Anklage zu. In Jerusalem war der offensible Grund der Verfolgungen gegen die Apostel (Kap. 4, 2. 7; 5, 28) und Stephanus (Kap. 6, 11. 13 f.) stets ein religiöser gewesen. Eingriffe in die hierarchische Amts- und Lehrordnung, Lästerungen wider Gott und Mose, Tempel und Gesetz wurde ihnen schuld gegeben. In Philippi nimmt die Verfolgung eine politische Farbe an: Paulus und Silas werden als Unruhestifter angeschuldigt, weil sie für unrömische Sitten Propaganda machen. Hier zum ersten Mal eine nicht blos auf heidnischem Boden (dies war auch in Antiochia, Pisidia, Kap. 13, 50, in Ikonien und Lystra Kap. 14, 4. 19 der Fall), sondern auch wirklich aus rein heidnischen Motiven entsprungene Verfolgung. Dazu ist hier die römische Obrigkeit der Koloniestadt Philippi, in Folge von der beeinträchtigten Gewinnsucht Einzelner und der aufgeregten blinden Leidenschaft des Pöbels zu unverantwortlich rechtswidrigem Verfahren kopfüber treiben lassen, so ist dieser Vorfall zugleich ein Vorzeichen der blutigen Verfolgungen, welche das römische Weltreich im Laufe von ein paar Jahrhunderten über die Christen verhängt hat (vgl. Baumg.-Crusius II, 1, 210 f.). Uebrigens ist die Passion Christi selbst das wesentliche Vorbild aller Verfolgungen, die seine Kirche betroffen haben. Namentlich auch in sofern, als er selbst sowohl vor jüdischen als vor heidnischen Gericht gestellt und von den jüdischen Hierarchen wegen Irreligiosität, von dem römischen Prokurator wegen politischen Vergehens verurtheilt worden ist. Beides ist nun in seinen Jüngern sowert auseinandergegangen, so daß erst hierarchisch-religiöse, nachher politische Anklagen wider sie auftauchten.

6. „Durch Erliegen — Siegen!" — ist auch hier die Signatur. In der tiefsten Erniedrigung, mit den Füßen im Block, mit blutrünstigem Rücken, unter gemeinen Verbrechern, sind die beiden eingekerkerten Zeugen Christi mitten in der Nacht im Gebet zu Gott so fröhlich und getrost, daß sie mit heller Stimme Loblieder singen. So siegt der Geist über das Fleisch, so siegt der Glaube und die Geduld

über die Trübsal. Und die göttliche Wunderthat, wodurch die Bande gesprengt, die Thüren geöffnet werden, ist die Antwort auf das Beten und Loben Gottes. Das Gefängniß wird zur Kirche und Taufkapelle, zur Stätte stiller, dienender Krankenpflege [V. 33] und innig heiterer Agape. [V. 34.]

7. Die Frage und Antwort [V. 30 f.] sind beide so zu sagen klassisch. Beide treffen direkt in's Schwarze, d. h. in den Mittelpunkt des Herzens, in die Mitte des Heils. Die Frage kommt von Herzen, die Antwort geht auf's Herz. Am Pfingstfest haben diejenigen Israeliten, deren Herzen durch die Rede des Petrus angefaßt waren, gefragt: „Brüder, was sollen wir thun?" Kap. 2, V. 37. Hier in Philippi fragt der durch das Ereigniß erschütterte und im Gewissen bewegte Kerkermeister voll Ehrerbietung: „Ihr Herren, was muß ich thun, damit ich gerettet und selig werde?" Die Gewissensangst, die Furcht vor der göttlichen Strafe, das bringende Verlangen nach dem Heil treibt ihn zu einer Frage, worin neben dem Begehren von praktischer Weisung auch zugleich das innige Sehnen nach dem Ziel (σωθῆναι) ausgedrückt ist. Letzteres fehlt Kap. 2, V. 37, aber der Heide, dessen natürlicher Weg im Dunkel des Vermissens, der Verneinung endet, ist gerade dadurch negativ vorbereitet, um aus der Tiefe des leeren und doch nach Gott und dem Heil in Gott dürstenden Herzens zu fragen und zu suchen. Aber er begehrt nicht nur zu empfangen und zu nehmen, er ist auch willig und entschlossen, zu thun (ποιεῖν), was erforderlich ist, nur um das Ziel zu erreichen. So ist in dieser Seele Gefühl des Elends, Heilsbegierde, Wahrheitsdurst und Willigkeit zum Guten in einander verschmolzen. Und weß das Herz voll ist, deß geht der Mund über. Dies die Gesinnung einer wahrhaft erweckten, dem Reiche Gottes nahen, von der vorlaufenden Gnade glücklich angefaßten, suchenden und anklopfenden Seele. — Und die Antwort der beiden Diener Christi ist der Frage würdig. Auf die Frage nach Mittel und Weg antworten sie kurz und gut, einzig auf die Hauptsache zielend: glaube an den Herrn Jesum. Christi Person, als in welcher allein das Heil ist, stellen sie ohne Umschweif dem Kreuz- und Querzüge rasch und gerade vor die suchende Seele. Und Glauben, der auf seine Person zielt, nennen und fordern sie von ihm; nichts Weiteres als Glaube, aber auch nichts Geringeres als Glaube. Fide sola ist der Wahlspruch des Apostels Paulus, wie er der Reformatoren Wahlspruch, nach Pauli Vorgang, geworden ist. Nicht vielerlei Leistung, Geschäftigkeit und eigene Werke fordern sie von dem Mann, der zu allem ποιεῖν bereitwillig war, sondern nur Glauben, d. h. herzliches Ergreifen und Zueignung des persönlichen Heilandes selbst, mit unbedingtem Vertrauen. Aber der Glaube, um den der Mann gelangt ist, hat ihn getrieben zu allen möglichen Diensten und Werken der Liebe und Dankbarkeit, daß er mitleidig ihre Striemen wusch und mit Freuden die Erschöpften durch Speisen stärkte. — Er hatte das Heil begehrt. Auch darauf antworten die Boten Christi. Sie bleiben nicht beim Wege stehen, sie zeigen ihm auch das Ziel. Aber wie Gott über Bitten und Verstehen gibt, wie seine Gnade überschwänglich größer ist, als des Menschen Verlangen: so auch hier. Er hatte nur an sich gedacht (σωθῶ), die Antwort sagt: σωθήσῃ σὺ καὶ ὁ οἶκός σου. Nicht ihm allein, sondern zugleich auch seinem ganzen

Hause wird Heil widerfahren. Gottes Liebesherz in Christo Jesu ist groß und weit genug, um auf einmal Vielen Vergebung, Heil und Frieden zu schenken, dem Hausvater nebst seiner Familie in seine Gnade aufzunehmen. Demgemäß redete Paulus mit Silas das Wort des Herrn weiter zu dem Hausvater und zu Allen in seinem Hause und tauften ihn nebst allen den Seinigen.

8. Die Umstimmung der Obrigkeiten, die Freilassung, ja ehren- und achtungsvolle Ausführung aus dem Kerker, ist ein weißagendes Vorzeichen auf das siegreiche und ehrenvolle Ende, welches alle Demüthigungen und Verfolgungen der Christenheit durch das römische Reich finden werden. Auf die Passion und den Kreuzestod Christi folgt seine herrliche Auferstehung. Und die Kirche Christi, die unter dem Zeichen des Kreuzes steht, hat nach Zeiten der Erniedrigung, die in den Tod und zum Erliegen zu führen scheinen, immer wieder einen Ostermorgen und einen herrlichen Sieg zu gewarten, — wenn sie nur in seinen Fußstapfen einhergeht und Ihn nicht verleugnet.

**Homiletische Andeutungen.**

Und Paulo erschien ein Gesicht bei Nacht. [V. 9.] Treue Knechte Jesu müssen Tag und Nacht vor Gott wandeln und auch in ihren Nachtstunden, sie wachen oder schlafen, nach dem Willen Gottes fragen. (Apost. Past.) Komm hernieder (herüber) und hilf uns! O wenn sich ein Lehrer den kläglichen Zustand unbekehrter Seelen oder den begierigen Hunger erweckter Seelen lebendig vorstellt, sollte ihm sein Herz nicht brechen und seine Eingeweide sich bewegen, diesen Elenden zu Hülfe zu eilen? Jammerte doch den Herrn Jesum des Volks, da er sie vor sich sah, wie Schafe, die keinen Hirten haben. (Apost. Past.) Der große Missionsruf: komm hernieder und hilf uns! 1) wie er uns Heidenbekehrten herüber tönt in die Christenheit, a. ihr Elend uns darzulegen, b. unsre bessernde Liebe zu erwecken; 2) wie er aber auch aus der Christenheit empörtönen muß zum Himmel, den Herrn zu Hülfe zu rufen: a. daß er uns den richtigen Weg zeige [V. 10 ff.], b. daß er den Heiden das Herz aufthue. [V. 14.] — Komm herüber und hilf uns: 1) Einst klang dieser Hülferuf herüber vom heidnischen Abendland in's christliche Morgenland; 2) nun klingt's zur abendländischen Christenheit herüber aus dem wieder in die alte Nacht zurückgesunkenen Morgenland. 3) Wird nicht vielleicht eine Zeit kommen, wo auch an unsern jetzt noch gesegneten Christenlanden dieser Nothruf wieder erschallen wird, — wenn der Leuchter des Evangeliums um unseres Undanks willen von der Stätte gestoßen, weil Gottes Wort: „der fahrende Platzregen," nach Luther, überhingegangen sein wird? 4) Darum heute, so ihr seine Stimme höret, verstocket eure Herzen nicht! —

Da trachteten wir alsobald u. s. w. [V. 10.] So bescheiden, ohne Rumor und fast verstohlen führt Lukas sich selber in die Erzählung ein. Seine eigene Person tritt ihm ganz zurück gegen die des großen Apostels, und alle Personen treten ihm zurück hinter dem Herrn und seiner Sache. — Gewiß, daß uns der Herr dahin berufen hätte. Also der Herr war schon vor ihnen da in Macedonien, und das Gesicht stellte ihnen seine ihnen schon zuvorgekommene Gegenwart dar. (Bengel.) — Sobald wir göttliches Willens versichert sind, sollen wir trachten, ihn ohne Aufschub in die Uebung zu bringen (Quesnel.)

Stracks Laufs kamen wir (Luther). [V. 11.] Wenn des Menschen Wege Gott gefallen, so müssen oft Wind und Wetter auch behülflich sein. (Starcke.) — Die günstige Fahrt vermehrte ihr Vertrauen. Seid herzlich gegrüßt! sprach Europa. (Bengel.)

Gen Philippi, welches die erste Stadt — ist u. s. w. [V. 12.] Große Städte haben oftmals auch große Sünden, man kann aber oft da auch am ersten Gutes ausrichten. (Starcke.)

Und am Sabbattage gingen wir vor das Thor hinaus an den Fluß. [V. 13.] Paulus und seine Gefährten waren so außerordentlich göttlich nach Macedonien berufen, aber man sehe, wie ungekünstelt und einfältig sie ihre Sache da anfangen. Sie blieben einige Tage für sich; darauf gehen sie wie andere Leute an einen gemeinen Ort der Andacht, begnügen sich, daselbst mit einigen Weibern zu reden, Alles voll gläubiger Gelassenheit, den Führungen Gottes zu folgen. Sie übertreiben nichts, sie legen sich nicht auf große, besondere Dinge. Eine solche Mittelstraße zwischen einem ausschweifenden Natureifer und träger Nachlässigkeit leite der Herr auch uns; den Segen weiß er zu rechter Zeit zu schenken. (Apost. Past.) — Zum wahrhaftigen Gebet sind alle Oerter bequem: das Feld (1 Mos. 24, 63), das Ufer (Kap. 21, 5), das Gefängniß (Kap. 16, 25), der Leib eines Fisches (Jon. 2, 2), der Feuerofen (Gebet Asar. 2, 1 Tim. 2, 8). (Starcke.)

Ein gottesfürchtiges Weib mit Namen Lydia. [V. 14.] Nicht ganze Haufen und Schaaren, sondern eine einzige Lydia ist's, welche die Apostel mit ihrem Vortrage gewinnen. Das Reich Gottes beginnt senfkornartig. Aus der einen bekehrten Lydia wurde hernach jene herrliche Gemeinde zu Philippi, an welche Paulus einen so vortrefflichen Brief schreiben und die seine Krone nennen konnte. (Apost. Past.) Lydia stand in einer solchen Fassung des Gemüths, als der macedonische Mann im Gesicht dem Paulus vorgebildet hatte. (Apost. Past.) — Eine Purpurkrämerin. Also eine wohlbemittelte Kaufmannsfrau. Man kann in allen Ständen, auch im Kaufmannsstande, den Herrn fürchten und sein Wort lieben, daher auch Paulus ihr nicht rieth, ihren Handel aufzugeben. Es müssen aber nicht Unglaube, Geiz und Nahrungssorge den Handel und die Rechnung führen, und Gottes Wort muß einem lieber sein als aller zeitliche Gewinn. (Bogatzky.) — Den köstlichsten Purpur lernte sie nun durch Paulus kennen, den, von dem P. Gerhardt singt: „Wann endlich ich soll treten ein in deines Reiches Freuden, so soll dies Blut mein Purpur sein, ich will mich darein kleiden." — Welcher der Herr das Herz auf. Der Lehrer trifft die Ohren umsonst, wo nicht Gott das Herz aufthut. (Starcke.) Gott thut das Herz auf, der Mensch aber muß es sich aufthun lassen. (Offb. 3, 20.) — Wenn das Evangelium in einem Herzen fängt, so beweist das nicht, daß man ein trefflicher Prediger ist, sondern vielmehr, daß der Herr selber vor der Thür steht in Person, daß er das innere Ohr aufgethan hat. (Goßner.)

Ermahnete sie uns und sprach: so ihr mich achtet, daß ich gläubig bin an den Herrn u. s. w. [V. 15.] Lauter Merkmale eines ächten Glaubens: 1) er ist demüthig, unterwirft sich dem

Urtheil geförderter Christen: "so ihr mich achtet;" 2) lernbegierig, nach weiterer Förderung verlangend; 3) dankbar gegen Gott; 4) thätig in Liebe; dies Alles angedeutet in dem: "so kommt in mein Haus und bleibet allda;" 5) fruchtbar durch sein Beispiel: "Als sie und ihr Haus getauft war."
Zum Abschnitt V. 9—15. Die erste Pflanzung des göttlichen Wortes in unserem Erdtheil. 1) Wie sie geschah; V. 11—13. 2) Wie sie gedieh; V. 14 u. 15. (Lisko.) — Selig sind, die Gottes Wort hören und bewahren. 1) Wie sollen wir's hören? a. gesammelt aus der Zerstreuung der Welt: Lydia war aus der Stadt gegangen; b. mit einem durch Gebet geweihten Herzen: Lydia war zum Gebet hinausgegangen; c. mit heilsbegieriger Erwartung deß, was der Herr geben will: der Herr that der Lydia das Herz auf. 2) Wie sollen wir's bewahren? a. Indem wir's nicht bei einer flüchtigen Rührung bewenden lassen, sondern in eine wahre Lebensgemeinschaft mit dem Herrn treten: Lydia läßt sich taufen. b. Indem wir den neugewonnenen Glauben auch auf Andere überzutragen suchen: mit Lydia wird ihr Haus getauft. c. Indem wir unsre Dankesschuld an dem Herrn durch aufopfernde Nächstenliebe abzutragen bemüht sind: Lydia nöthigt ihre Wohlthäter in ihr Haus. (Nach Lisko.) — Die erste Predigt des Evangeliums in unserem Welttheile. 1) Wer schickt den Prediger? 2) Wer ist der Prediger? 3) Wer ist der Hörer? (C. Beck; homilet. Rep.) — Wie in der Geschichte der Ausbreitung des Reiches Gottes auf Erden himmlische Führung und menschliche Umsicht sich einen müssen. 1) Gott schickt dem Paulus das Gesicht und thut der Lydia das Herz auf. 2) Paulus geht mit Einsicht in Gottes Führung ein, wählt mit Umsicht Ort und Zeit seiner ersten Ansprache zu Philippi. (Ebend.) — Lydia, die erste Christin Europa's, ein lebendiges Exempel, wie der Herr seinem Wort eine offene Thür gibt. (Offb. 3, 9.) 1) Durch Land und Meer. Pauli Ueberfahrt nach Europa: die Noth der Welt ruft ihn, die Liebe Christi bringt ihn, die Hand des Herrn führt ihn. 2) In Ohr und Herz. Pauli erste Predigt zu Philippi: der Herr gibt Raum, sein Wort zu verkünden, schafft ihm Ohren, die es vernehmen, thut ein Herz auf, es anzunehmen. 3) In Haus und Gemeinde. Die Früchte von Lydia's Bekehrung: der Herr thut ihr den Mund auf zu offenem Bekenntniß, ihr Haus zu frommer Nachfolge, ihre Hand zu dankbarem Liebesdienst. — Der entscheidende Sieg bei Philippi. Durch die blutige Schlacht bei Philippi war ein Jahrhundert vorher der Grund zu dem Weltreich des Kaisers Augustus gelegt worden; durch des Paulus unblutigen Sieg wird nun der Grund gelegt zum Königreich Christi auf Erden. — Die Sendboten Christi in Lydia's Haus, oder der Vogel hat ein Haus funden und die Schwalbe ihr Nest, da sie Junge hecken. (Ps. 84, 4.) 1) Der kühne Flug der Schwalbe über's Meer. 2) Das traute Nest in der fremden Stadt. 3) Die liebliche Brut, die dort gedeiht. (Vgl. Brief an die Philipper.) — Die ihren Herren viel Gewinn eintrug mit Wahrsagen. (V. 16.) Es ist eine gemeine Unart der Menschen, daß sie, in vorwitzigen Dingen freigebig, auf den wahren Gottesdienst und nützliche Anstalten keinen Heller wenden. (Starcke.)

Schrie und sprach: diese Menschen sind Knechte Gottes, des Allerhöchsten. (V. 17.) Wenn sich der Böse fromm stellt, ist er am allerärgsten. — Den Artikel von Gott prediget der Teufel oft, behält sich aber vor, wozu er's brauchen will. (Starcke.) Wenn der Teufel das Reich Gottes nicht gar anfalten kann, so möchte er wenigstens gern gemeinschaftliche Sache mitmachen und dabei auch etwas von seinem Klee anbringen. Dieß hat aber der Herr Jesus mit seinen Knechten immer sorgfältig verhütet. Luther hat in seinem Theil auch erfahren, wie man uns mit schönen Lobsprüchen zu fangen sucht. (Rieger.) — Dreierlei Kunstgriffe des Teufels stecken darunter: 1) Er suchte die Selbstgefälligkeit der Apostel zu reizen, durch weltliches Lob ihren Eifer für Jesum zu schwächen. Mit diesem Stricke hat er schon manchen redlichen Lehrer gefällt. 2) Er suchte ihnen dadurch zu schmeicheln, daß sie ihn in der Person zufrieden lassen und sein betrügliches Handwerk nicht stören möchten. 3) Er gedachte das Volk damit zu überreden, daß die Apostel seine guten Freunde wären, damit also der Kraft des Christenthums gehindert würde. (Apostolische Pastoral.)
Paulus aber that das wehe. (V. 18.) Christus braucht des Teufels Lob nicht, weder für sich, noch für die Seinigen. Gottloser Leute Lob soll wahren Christen verdächtig, ja verhaßt sein. (Starcke.) [Jener griechische Weise: "was habe ich denn Schlechtes gethan, daß jener mich lobt?"] Der Herr mache uns auch so lauter, da uns so viel Lobbegieriges anhängt! — Ich gebiete dir, daß du von ihr ausfahrest. Die bisher schon ausgebrachten Lügenkräfte, der elende Zustand der Magd, die noch gerettet werden konnte, und die billige Sorge, man möchte das Christenthum auch so für eine im Finstern schleichende Zauberkraft ansehen, trieben Paulum so auf. (Rieger.)
Zu V. 16—18. Die Knechte Gottes des Allerhöchsten lehren den Weg zur Seligkeit recht (V. 17), in wahres Zeugniß, obwohl aus einem lügnerischen Mund. 1) Wer sind die Knechte Gottes? Die nicht dem falschen Geist der Welt, nicht dem Eigennutz und hoffärtigen Sinn, sondern nur Gott und seinem Worte dienen, V. 16. 18. 2) Welchen Weg zur Seligkeit lehren sie? Antwort V. 31. (Nach Lisko.) — Was dem Christen geziemt in Beziehung auf das Wunderbare, was nicht aus der Kraft des Glaubens hervorgeht und nicht mit demselben zusammenhängt. 1) Die Handlungsweise des Apostels; 2) die Regel daraus für uns. (Schleiermacher.) Keine Bundesgenossenschaft zwischen dem Reich der Wahrheit und der Lüge! 1) Das Reich der Wahrheit braucht sie nicht. 2) Sie hat ihm auch niemals gefrommt! — Mißtraue, Christ, dem Lob der Welt! 1) Es will deine Eitelkeit wecken über das, was doch nicht dein Verdienst ist, sondern Werk der Gnade. 2) Es will deinen Eifer lähmen gegen das ungöttliche Wesen. 3) Es will dich aus dem Dienste deines Gottes herüberschmeicheln in die Knechtschaft der Menschen.
Als aber ihre Herren sahen, daß ihre Hoffnung auf Gewinn ausgegangen war. [V. 19.] Das Evangelium treibt freilich viel Gewinn aus, weil's viel Künste und Gewinn verbietet und verdammt, viel göttliche Prüfung und Beschwerde mit sich bringt. (Starcke.)
Diese Menschen machen unsre Stadt irre.

[V. 20.] Insgemein werden die, so die falsche Ruhe der Sünder stören, für Störer der gemeinen Ruhe ausgeschrieen, 1 Kön. 18, 17; Amos 7, 10. (Starke.) Lupus in fabula.) Das Schäflein muß dem Wolf das Wasser getrübt haben, und doch trinkt jener oben im Bach! — Und sind Juden, und verkündigen eine Weise, welche uns nicht geziemt anzunehmen, weil wir Römer sind. (V. 21.) Sehr geschickt war die Anlage gegen die Knechte Christi zusammengesetzt: sie berufen sich einerseits auf den Römernamen, den höchsten Empfehlungsbrief, welchen es gab; andererseits bewirken sie durch den damals schimpflichen Namen der Juden Haß gegen die Apostel. (Calvin.) Erst gab ihnen der Teufel das Zeugniß, daß sie den Weg der Seligkeit verkündigten; nun aber beißt ihre Lehre eine Weise, die uns nicht geziemt anzunehmen. Verkehrte Welt. (Apost. Past.) — Zwei wohlbegründete Anklagen gegen die Sendboten Christi vor dem Gerichtshof der Welt: 1) Sie machen die Stadt irre, d. h. sie schrecken den Sünder aus seiner falschen Ruhe. 2) Sie sind Juden und verkündigen, was nicht der Römer Weise ist, d. h. sie beugen den Hochmuth des natürlichen Menschen.

Ließen ihnen die Kleider abreißen und hießen sie stäupen. [V. 21.] Besser, um Jesu willen leiden, als vom Teufel gerühmt sein. (Apost. Past.) — Warfen sie in's Gefängniß [V. 23.] Nachdem Christus selbst unter die Uebelthäter gerechnet, ist es seinen Knechten eine Ehre, um seinetwillen mit Gefängniß belegt zu werden. (Starke.)

Der nahm solch Gebot an — und legte ihre Füße in den Stock. [V. 24.] Treu im Amt, obwohl mit Unverstand, ist keine Hinderung, sondern oft eine Gelegenheit zur Belehrung. (Apost. Past.) Der Schenkel fühlt nichts im Stock, wenn das Herz im Himmel ist. (Tertullian.) Die Füße derer, die den Frieden verkündigen, sind nie schöner, als wenn sie in Eisen und Banden liegen. (Goßner.)

Um die Mitternacht aber beteten Paulus und Silas und lobeten Gott. [V. 25.] Wahre Christen können auch einen Vorhof des Todes und eine Pforte der Hölle durch Gebet und Gesang zu einem Heiligthum und zu einer Pforte des Himmels machen. (Starke.) Die Oerter heiligen nicht die Personen, die Personen aber heiligen die Oerter. (Quenstädt.) Es ist freilich keine Kunst, in der äußerlichen, gebildeten und geschützten Kirche lobsingen, wo man dafür bezahlt wird, aber in Kerker und Banden, nach empfangenen Schlägen loben und singen, das kann nur ein wahrer Jünger Jesu, der Gnade hat. (Goßner.) — Der wunderbare Nachtgottesdienst im Kerker zu Philippi. 1) Die ungewöhnliche Gebetsstunde: Mitternacht. 2) Der sonderbare Tempel: ein Gefängniß. 3) Die merkwürdigen Liturgen: Paulus und Silas im Stocke. 4) Die seltsame Gemeinde: die Gefangenen in ihren Zellen. — Der nächtliche Lobgesang des Paulus und Silas, oder: Unser Glaube ist der Sieg, der die Welt überwunden hat. — Das Nachtgebet im Kerker und das Amen dazu vom Himmel. (Das Erdbeben.)

Schnell aber ward ein groß Erdbeben u. s. w. [V. 26.] Das war die Antwort auf ihren Lobgesang. (Goßner.) Das Gebet der Heiligen bewegt Himmel und Erde. (Starke.) Ein groß Wunder, daß durch's Erdbeben alle Thüren und alle Bande sich öffnen; aber noch ein größer Wunder, daß sich das Herz des Kerkermeisters und der Seinigen öffnet. (Ebendas.) Jede vorläufige Errettung der Knechte Gottes hat immer eine Aehnlichkeit mit der letzten, da zur Stunde des letzten Posaunenklanges sich sogar die Gefängnisse der Gräber öffnen und die Bande der Verwesung sich lösen und doch die Menschenseelen wie gebannt harren werden in banger Erwartung der Dinge, die da kommen sollen. (Williger.) Das nächtliche Erdbeben zu Philippi eine Wunderthat des Durchbrechers aller Bande; wie er 1) die Bande der Trübsal durchbricht, wo seine Auserwählten zu ihm rufen Tag und Nacht (Paulus und Silas); 2) die Ketten der Sünde zerreißt, wo die verbundenen Seelen nach ihm seufzen (der Kerkermeister); 3) seinem Wort und Reiche Bahn bricht, ob auch die Welt ihm Fesseln anlegt (Gottes Wort ist nicht gebunden); 4) den Kerker des Grabes sprengt, wenn die Stunde der ewigen Erlösung schlägt ("Mitternacht heißt diese Stunde"). — Die Mitternachtstunde im Kerker zu Philippi ein Vorbild der großen Stunde des Herrn. 1) Die Welt schläft, aber die Gläubigen harren ihr entgegen, wachend und betend. 2) Die Erde erbebt, aber der Herr ist nahe. 3) Die Knechte der Sünde zittern vor dem Gericht, aber die Kinder des Reichs heben die Häupter in die Höhe, dieweil ihre Erlösung naht.

Als aber der Kerkermeister u. s. w., zog er das Schwert aus und wollte sich erwürgen. [V. 27.] Gott ließ es geschehen, daß der Kerkermeister, der in eben der Stunde bekehrt werden sollte, in die äußerste Wuth und Verzweiflung verfiel, folglich als ein rechter Brand aus dem Feuer errettet wurde, um die Kraft des Evangeliums zu preisen, welche vermögend ist, Sünder vom Rande der Hölle in's himmlische Leben zu versetzen. Solche Exempel machen Muth, auch den wildesten und recht barbarisch gesinnten Menschen auch in den verpflegtesten Umständen das Evangelium nicht zu sparen. Es kann ein Selbstmörder, der schon das Schwert auf der Brust hat, noch errettet werden. (Ap. Past.)

Paulus aber rief laut u. s. w. [V. 28.] Der Kerkermeister kann in seinem Schrecken und im Dunkel der Nacht den Paulus nicht sehen, wohl aber hat Paulus ihn gesehen und aus der großen Gefahr errettet. Wenn ein Sünder in der tiefsten Nacht der Sünde und Furcht gefangen sitzt, so bliden die Gnadenaugen Jesu erbarmungsvoll auf ihn. (Apost. Past.) Thue dir nichts Uebels, denn wir sind alle hier. Gottes Gebot und Willen bindet die Seinigen fester, als eiserne Handschellen und ein eicherner Fußstock. Wir sind alle hier! ein Trostwort der Boten des Evangeliums an die verzweifelnde Menschheit! Nicht nur Paulus und Silas ruft es aus, auch ein Petrus und Johannes, alle Apostel und Propheten stimmen mit ein: Wir sind alle hier 1) mit dem Zeugniß unsres Worts; 2) mit dem Vorbild unsres Wandels; 3) mit der Fürbitte unsrer Liebe.

Und ward zitternd. [V. 29.] Das war nicht mehr das Zittern für Amt und Ehre, Leib und Leben, denn die Gefahr war vorüber, die Gefangenen waren Alle da, sondern die Angst einer erwachenden Sünderseele, das Zittern vor dem noch unbekannten, aber nahen Gott. Und fiel Paulo und Sila zu Füßen. Der Kerkermeister auf den Knieen

16, 9—40. Der Apostel Geschichten. 239

vor seinen Gefangenen, merkwürdige Veränderung! Gewaltiges Zeugniß für die Majestät ächter Gottesknechte und für die Nichtigkeit weltlicher Gewalten!
Und sprach: Liebe Herren, was soll ich thun, daß ich selig werde? [V. 30.] Vorher heißt's [V. 29]: „Er forderte ein Licht," um nach seinen Gefangenen im Gefängniß zu sehen. Nun erst fordert er das rechte Licht, um aus seinem eigenen Gefängniß zu kommen. — Jetzt brach im Herzen des Kerkermeisters auch das obige: „Komm hernieder und hilf uns!" zu großem Vortheil durch. Wenn man es einmal mit solchen erweckten Gewissen zu thun hat, so kann man bald und mit wenigen Worten weit kommen; wie schwer hält's aber oft und wie lange dauert's, bis es mit der Frage ernst wird: was soll ich thun, daß ich selig werde? (Rieger.)
Sie sprachen: Glaube an den Herrn Jesum Christum, so wirst du und dein Haus selig. [V. 31.] Hier möchte Mancher vielleicht das Gebet ja kurz und geschwind zu, so möchte ich's auch haben, daß es mit ein paar Worten ausgemacht würde. Ja in den paar Worten stecken viel tausend andere. Man gönnt allen armen Sündern das gerne, aber rohe Menschen müssen es nicht mißbrauchen. Es kann uns freilich ein einzig Wörtlein des Herrn Jesu helfen. Indessen wird noch Vieles nachher in der Seele dieses Kerkermeisters vorgegangen sein. (Starcke.) — Die wichtigste Frage und die richtigste Antwort. (Listo.) — Glaube an den Herrn Jesum Christum, so wirst du und dein Haus selig! (Hochzeitpredigt.) Denn mit diesem Glauben bekommst du 1) einen göttlichen Hausfreund; 2) eine heilige Hausordnung; 3) einen lieblichen Hausfrieden; 4) einen gesicherten Hausstand; 5) ein untrügliches Hausmittel; 6) einen himmlischen Hausantheil.
Und sagten ihm das Wort des Herrn und Allen, die in seinem Hause waren. [V. 32.] Die Apostel hatten ihm und seinem Hause das Heil nicht nur verheißen, sondern sie brachten es ihnen auch durch die Predigt des Evangeliums. (Williger.)
Und er nahm sie zu sich, wusch ihnen die Striemen ab. [V. 33.] Wo der Glaube in's Herz kommt, macht er ganz andere Menschen. Aus einem strengen Stockmeister einen liebreichen Arzt und Wirth. (Starcke.) — Und er ließ sich taufen und alle die Seinen. Erst reinigte er sich von der leiblichen Unreinigkeit, von dem Blute der Schlagwunden, denn es war ihm unmöglich, noch länger die Zeichen der Mißhandlung an den Knechten Gottes zu sehen, dann begehrte er von ihnen in der Taufe die Reinigung von seiner und der Seinigen geistlichen Unreinigkeit. (Williger.) Nun ist aus dem Kerkermeister selbst ein Gefangener geworden, ein Gebundener Jesu Christi; aber das sind selige Bande!
Und setzte ihnen einen Tisch vor und freuete sich mit seinem ganzen Hause. [V. 34.] Hier waren nun gewiß rechte Hochzeittage, da sich das ganze Haus erfreute. (Bogatzky.) Die umständliche Erzählung von dem Allen soll uns den fröhlichen Marthasinn des gläubig gewordenen Kerkermeisters anschaulich machen, der dann erst am Platz ist, wenn die Mariastille ihm vorausgegangen und es mit dem Einen Nothwendigen in Richtigkeit ist. (Williger.)
Zu V. 25—34. Die Bekehrung des Kerkermeisters zu Philippi. 1) Wodurch sie vorbereitet wurde, a. äußerlich durch das Erdbeben; b. innerlich durch den Wechsel der entgegengesetzten Empfindungen: verzweiflungsvolle Angst und erfreuliche Beruhigung. 2) Wodurch sie zu Stande kam, a. durch die heilsbegierige Frage; b. durch die heilverkündende Antwort. 3) Was auf sie folgte, a. thätige Dankbarkeit gegen die Apostel; b. bleibender Segen für den Mann und sein Haus. (Nach Listo.) — Die Wunder der Gefängnißnacht. (Homilie.) 1) Das Gebet, V. 25. Es ist Nacht. Alles in Schlummer begraben. Ein finsteres Gebäude; eine Behausung der Nacht, ein Kerker. Aber in einer Gefängnißzelle Licht, inneres Licht, Glaubenslicht. Darum Gebet und Lobgesang. 2) Die Erschütterung, V. 26—28. Das Erdbeben. Aber es erschüttert nicht blos die Kerkermauern, sondern auch das Herz des Kerkermeisters. Freilich zuerst eine Erschütterung zur Angst, zur Verzweiflung. Aber die ewige Liebe wacht und waltet. Das Trostwort: wir sind Alle hier. — Die Hoffnung kehrt wieder, aber er will sein Glück sehen und mit Händen greifen, V. 29. 3) Die große Frage, V. 30—32. Sie ist nicht ganz unvermittelt. Schon die betenden Apostel haben die Ahnung von etwas Höherem in ihm aufgeben lassen. Vielleicht auch frühere Erfahrungen in seinem finstern Berufe. Die Erschütterung hat die schlummernde Saat gezeitigt. — Die Apostel sind nicht geflohen; wie sicher und selig müssen sie sein! Was muß ich thun, daß ich's auch werde? Die große Lebensfrage findet auch die große Lebensantwort. Nur Eine Antwort giebt's. Ohne Christum wird Keiner selig, durch ihn können's Alle werden: du und dein Haus. 4) Die erste Liebe. V. 33, 34. Was ist sie? Der Versuch, Empfangenes wiederzugeben, Christo in seinen Knechten, in den Brüdern wohlzuthun. Die innere Seligkeit behält im Herzen nicht Raum. Es ist ein Feuer im Haus entbrannt, von dem alle Glieder ergriffen werden. (Nach Listo.) — Wie der Herr sein Gnadenlicht aufgehen läßt mitten in der Nacht 1) seinen Freunden (Paulus und Silas); 2) seinen Feinden (dem Kerkermeister und seinem Haus). — Die Gnadenwunder des Herrn im Kerker zu Philippi. 1) Die Gebundenen macht er frei: a. innerlich frei mitten im Beten, Singen und Fingen; b. äußerlich frei: ihre Ketten fallen ab, die Thüren springen auf. 2) Die Freien macht er zu Gebundenen: a. schrecklich gebunden in Angst und Furcht: des Kerkermeisters Zittern und Zagen; b. selig gebunden in Glauben und Liebe: des Kerkermeisters Bekehrung und Herzensfreude. — Was der Herr aus einem Gefängniß machen kann und will. (Zu einer Zuchthaus- und Gefängnißpredigt.) 1) Eine stille Bethapelle, V. 25; 2) einen erschütterten Gerichtsplatz, V. 26—29; 3) eine heilsame Buß- und Glaubensschule, V. 30, 31; 4) ein Brüderhaus christlicher Liebe und Barmherzigkeit, V. 32, 33; 5) eine gesegnete Geburtsstätte neuen Lebens, V. 34.
Und da es Tag war, sandten die Hauptleute u. s. w. [V. 35.] Die Apostel hatten sich gegen die Hauptleute nicht verantwortet. Aber der Herr hatte ihr Gewissen geschlagen. Wenn seine Knechte schweigen und leiden, führt er ihre Sache. (Apost. Past.) — Lasset die Menschen gehen. Dies Wort hat uns Jesus am Oelberg erworben, da er zu seinen Feinden sagte: suchet ihr mich, so lasset diese gehen. Nun muß, vermöge der Kraft

Jesu, Welt, Tod und Teufel, Gericht und Hölle Jesu Kinder und Knechte geben lassen. (Apost. Past.) — Der unvermuthete Befehl, Paulum los zu lassen, war auch eine zärtliche Verschonung, die Gott dem Kerkermeister als einem Anfänger im Glauben zu Gute that. Es wäre eine harte Probe für ihn gewesen, wenn er Befehl bekommen hätte, diese Knechte Jesu noch mehr zu plagen. Hingegen war es ihm eine rechte Freude, ihre Unschuld und Errettung zu verkündigen. Mit Anfängern und Jünglingen muß man immer ein wenig gelind und nachgebend verfahren, bis sie stark werden. (Apost. Past.)

Nun ziehet aus und gehet hin mit Frieden. [V. 36.] Der Kerkermeister hielt das schon für ein Wunder, daß die Hauptleute von selbst dazu bewogen worden waren. Sie sollen sich aber noch tiefer demüthigen. Es kommen Zeiten für die stolzen Sünder, wo sie einmal nicht dem Herrn allein, sondern auch seinen Knechten Alles werden abbitten müssen, denn die Heiligen werden ihre Richter sein, 1 Cor. 6, 2. (Williger.)

Paulus aber sprach zu ihnen u. s. w. [V. 37.] Es ist Klugheit und Liebe, bisweilen zu denen ein wenig muthig reden, die man mit nichts als Furcht vom Bösen abhalten kann. (Quesnel.) — Der Bosheit muß man nichts schenken, doch nicht aus Rachgier, sondern damit ihre Schande zur Verherrlichung des Namens Christi offenbar werde; sie will sonst immer Recht haben, 1 Kön. 18, 18 f. (Starcke.) — Die Welt möchte freilich gern alle ihre begangenen Ungerechtigkeiten begraben und verstecken, aber man muß ihr den Willen nicht immer lassen. Der Heilige Geist lehrt es uns, daß man nicht zur Unzeit bemüthigt sei, sondern sich jedesmal so aufführt, wie es mit der Führung Gottes zusammenstimmt. Es ist nöthig, daß den in weltlichen Aemtern Stehenden immer Etwas von einer höheren Hand unter dem Lauf des Evangeliums bekannt werde. (Rieger.) — Die wir doch Römer sind. Unser Bürgerrecht und Wandel ist im Himmel. Damit wußte sich auch Paulus mehr als mit seinem römischen Bürgerrecht, Phil. 3, 8. 20. (Starcke.)

Und sie fürchteten sich, da sie hörten, daß sie Römer wären. [V. 38.] Darüber, daß sie Römer waren, fürchteten sie sich; daß sie Christen so mißhandelt hätten, fiel ihnen nicht auf. So hängt Gott manchmal noch seinen Kindern an ihr Bürgerkleid Etwas, das die Andere zwar nicht just zu aufrichtiger Liebe gewinnen, aber doch von weiteren Gewaltthätigkeiten abschrecken kann (Rieger).

Und baten sie, daß sie auszögen aus der Stadt. [V. 39.] Unchristliche Obrigkeiten, wenn sie sehen, daß das Evangelium Rumor macht, wünschen wohl Christum und sein Wort nach Indien und in die Türkei, weil sie dann mehr Ruhe im gemeinen Wesen hoffen. So die Gergesener, Matth. 8, 34. (Starcke.)

Und da sie die Brüder gesehen hatten und getröstet, zogen sie aus. [V. 40.] Ein rühmlicher Abzug dieser treuen Zeugen Jesu! Sie hatten ausgerichtet, wozu sie gesandt waren; sie hatten Brüder bereitet und getröstet. Nun zogen sie ihre Straße. Gott lasse unsern Lebenslauf so zugebracht werden, daß wir an unserm Ende ein gleiches Zeugniß von Gott mit aus der Welt nehmen mögen. (Apost. Past.)

Zu V. 35—40. Der unerwartete Ausgang: 1) Die plötzliche Freilassung, 2) der kräftige Protest, 3) die ehrenvolle Abbitte, 4) der friedliche Abschied. — (Nach Lisco.) Der ehrenvolle Rückzug der Boten Gottes aus Philippi: 1) Die Macht des Herrn ist geoffenbart; 2) die Schmach seiner Knechte ist abgewendet; 3) stolze Feinde sind gedemüthigt; 4) treue Freunde sind gewonnen. — Wann und wie darf auch ein Christ auf seine Ehre halten und auf seinem Rechte bestehen? 1) Wenn sein Grund ist nicht beleidigte Eigenliebe, sondern verletztes Rechtsgefühl und Eifer für Gottes Ehre. 2) Wenn sein Weg ist nicht rohe Selbsthülfe, sondern der Weg des Rechts und der ruhigen Verantwortung. 3) Wenn sein Ziel ist nicht des Beleidigers Niederlage, sondern dessen Ueberzeugung und Besserung.

Gehet hin mit Frieden [V. 36], der schönste Abschiedsgruß für die Knechte Gottes: 1) Aus dem Munde ihrer Freunde, denen sie Heil und Frieden gebracht (der Kerkermeister). 2) Aus dem Munde ihrer Feinde, welche die Gesalbten Gottes nicht antasten dürfen (die Hauptleute). 3) Aus dem Munde ihres Herrn, der ihnen das Zeugniß gibt: sie haben gethan, was sie konnten. (Marl. 14, 6.)

### D.
### Thätigkeit und Erfahrungen in Thessalonich und Beröe.
### (Kap. 17, 1—15.)

1 Sie reiseten aber über Amphipolis und Apollonia, und kamen nach Thessalonich,
2 wo die Synagoge der Juden war. *Seiner Gewohnheit nach ging Paulus zu ihnen
3 hinein und unterredete sich [1]) mit ihnen an drei Sabbaten aus der Schrift, *indem er
  ihnen eröffnete und vorlegte, daß der Messias leiden und von den Todten auferstehen
4 mußte, und daß Dieser der Messias ist, Jesus, den ich euch verkündige. *Und Einige
  unter ihnen ließen sich überzeugen und wurden dem Paulus und Silas zugetheilt, auch
  eine große Menge der gottesfürchtigen Griechen und nicht wenige der vornehmsten Frauen.
5 *Aber die Juden[2]) gesellten sich vom Marktpöbel einige schlechte Männer bei, rotteten sich

---

1) διελέγετο ist den andern Lesarten διελέξατο und διελέχθη unbedingt vorzuziehen, weil leicht anstatt des Imprf. der Aorist gesetzt werden mochte, da die Erzählung sonst in Aoristen sich bewegt.

2) προσλαβόμενοι δέ οἱ Ἰουδ. τ. ἀπ. Dies die kürzeste und vermuthlich ursprünglichste Lesart, mit Weglassung des ohne Zweifel nur ausmalenden und die Opposition beschränkenden ζηλώσαντες δὲ οἱ ἀπειθοῦντες, was der Ἰουδαῖοι προσλαβ. gesetzt wurde. Die Stelle zeigt überhaupt ein großes Schwanken der Lesart.

zusammen und stifteten Unruhe in der Stadt; sie stellten sich vor das Haus Jasons und suchten sie vor das Volk zu führen. *Da sie sie aber nicht fanden, schleppten sie den 6 Jason und einige Brüder vor die Stadtobrigkeit und schrieen: „Diese, die den Weltkreis aufgeregt haben, sind auch hierher gekommen; *die hat Jason als Gäste angenommen; 7 und diese alle handeln den Befehlen des Kaisers zuwider, indem sie behaupten, ein Anderer sei König, Jesus." *Sie beunruhigten aber das Volk und die Obrigkeit der 8 Stadt, die das höreten. *Und sie nahmen Sicherheit von Jason und den Uebrigen und 9 entließen sie.

Die Brüder aber schickten sofort bei der Nacht den Paulus und Silas nach Beröa ab. 10 Als diese dahin gelangt waren, gingen sie in die Synagoge der Juden. *Diese aber waren 11 von besserer Art, als die zu Thessalonich; die nahmen das Wort mit aller Bereitwilligkeit an, indem sie täglich in der Schrift forschten, ob sich dieses so verhalte. *So 12 wurden denn Viele von ihnen gläubig, auch von den vornehmen griechischen Frauen und Männern nicht wenige. *Als aber die Juden von Thessalonich erfuhren, daß auch in 13 Beröa das Wort Gottes von Paulus verkündigt wurde, kamen sie und suchten auch das Volk zu beunruhigen. *Da schickten aber sogleich die Brüder den Paulus fort, daß 14 er zur See reisen sollte. Silas und Timotheus blieben aber dort. *Die aber den Pau- 15 lus geleiteten, führten ihn bis nach Athen, und erhielten Auftrag an den Silas und Timotheus, daß sie so schnell als möglich zu ihm kommen sollten, und reisten dort wieder ab.

### Exegetische Erläuterungen.

1. Sie reisten aber, mit Silas und Timotheus, von Philippi aus, ohne sich in Amphipolis, am Strymon gelegen und von diesem umflossen, oder in dem dreißig Millien südöstlich davon liegenden Apollonia aufzuhalten, rasch bis nach Thessalonich, wo er Halt machte und gegen vier Wochen verweilte. Diese Stadt lag am thermaischen Meerbusen und wuchs unter den Römern zu einer sehr bevölkerten und reichen Stadt heran, wurde auch Hauptstadt des zweiten Kreises der Provinz Macedonien und Sitz eines römischen Prätors. Es müssen sich auch zahlreiche Juden hier niedergelassen haben; ihre Synagoge scheint im nördlichen Macedonien die einzige gewesen zu sein. Der bestimmte Artikel bei συναγ. τ. Ἰουδ., welchen einige Handschriften nicht verstanden und wegließen, bedeutet, daß in Philippi, Amphipolis, Apollonia keine Synagoge war, daß die Juden, welche etwa dort lebten, nur einen Gebetsort, προσευχή, hatten, und zu dieser Synagoge nach Thessalonich so zu sagen eingetheilt waren.

2. Seiner Gewohnheit nach. Lukas hebt es mit Absicht und so, daß dieser Gedanke ihn zuerst fessele (daher auch die ungewöhnliche, abstractionsartige Ausdrucksweise κατὰ τὸ εἰωθὸς τῷ Παύλῳ εἰσῆλθε), hervor, daß Paulus auch hier seiner Sitte treu blieb, zuerst in einer Synagoge, wo sich eine befand, das Evangelium zu verkündigen. Drei Sabbate nacheinander führte er in derselben Gespräche mit den Juden. Das Wort διελέγετο, Imperf., weil es mehrmals vorkam, bezeichnet gewöhnlich ein Zwiegespräch, seltener einen selbstständigen Vortrag; ἀπό τ. γρ. ausgehend von der Schrift. Und zwar bestand seine Mittheilung darin, daß er aus dem Alten Testament den Zuhörern eröffnete und darlegte (Bengel: ubi quis nucleum fracto cortice, et recludat et exemtum ponat in medio): 1) daß laut der Weißagung der Messias habe müssen leiden und auferstehen; 2) daß dieser, nämlich Jesus, der Gesalbte sei. Die einfachste Verbindung ist doch die (Luther, Bengel), daß οὗτος Subjekt, ὁ Χριστός Prädikat ist, und daß Ἰησοῦς - ὑμῖν nur

die nähere Bezeichnung für οὗτος ist. Es ist gezwungen, οὗτος ὁ Χριστός als ein Prädikat zu nehmen (Meyer: dieser Messias, der schriftmäßige, welcher leiden und auferstehen mußte). Und Χριστὸς Ἰησοῦς zugetrennt als Prädikat zu fassen (de Wette, Baumgarten-Crusius): „das ist der Christus Jesus, welchen ich verkündige" — empfiehlt sich auch nicht besser.

3. Und Einige unter ihnen ließen sich überzeugen. Diese Auseinandersetzung hatte getheilten Erfolg: einige (wenige wie es scheint) von den Juden, wohl aber zahlreiche hellenische Proselyten, welche die Synagoge besuchten, und nicht wenige vornehme Frauen hellenischer Herkunft, welche ebenfalls Proselytinnen waren, ließen sich durch die Beweisführung für die messianische Würde Jesu aus dem Alten Testamente überzeugen (πείθω entsprechend dem Gang der Erörterung), und wurden dem Paulus und Silas zugetheilt; προσεκληρώθη ist, nach's Loos zutheilen, sorte lectam adjungere, überhaupt zugesellen, und muß hier im passivem Sinn genommen werden, so daß Gott als der Handelnde gedacht ist, s. christol. dogm. Grundgedanken 2. Hingegen die Mehrzahl der Juden ließ sich nicht zum Glauben bewegen. Letztere haben die Lesarten ἀπειθήσαντες oder ἀπειθοῦντες richtig gefaßt, während οἱ Ἰουδαῖοι, im Gegensatz zu τινες ἐξ αὐτῶν (V. 4) ersehen läßt, daß die Gläubigen nur eine Ausnahme und geringe Minderzahl bildeten. Das ohne Zweifel ächte ζηλώσαντες drückt sodann, nach Analogie von Kap. 8, 45 ἐπλήσθησαν ζήλου den Affekt aus, der nun das Motiv zu dem Handeln abgab. Die ungläubigen Juden stifteten wider die Glaubensboten eine Verfolgung an, indem sie erstlich einige gewissenlose und feile Marktsteher und Bummler (ἀγοραῖος im klass. Sprachgebrauch sehr üblich) gewannen, mit deren Hülfe sie einen Auflauf veranstalteten, und namentlich vor dem Hause eines gewissen Jason, in dessen Hause die Missionare wohnten, die drohenden Massen sammelten. Jason selbst wird nicht näher kenntlich gemacht; daß er in Thessalonich ansässig war und der jungen Christengemeinde sich angeschlossen hatte, auch den Paulus mit

seinen beiden Gefährten beherbergte, ergibt sich aus dem Zusammenhang. Ob er ein geborner Jude war, der seinen hebräischen Namen Josua oder Jesus in den hellenischen Jason umgewandelt hatte (Ewald), oder ob er von Hause aus Hellene war, läßt sich nicht entscheiden. Die Absicht des Auflaufs vor diesem Hause war gewesen, sich der beiden Fremden zu bemächtigen, und sie in die Mitte des Volkes zu führen (ἀγαγεῖν εἰς τ. δῆμον) d. h. wohl, dem aufgeregten Volk preis zu geben).

4. Da sie sie aber nicht fanden. Da die Hauptpersonen vielleicht zeitig gewarnt worden waren und sich von dem bedrohten Hause wegbegeben hatten, ergriff man statt ihrer den Hauswirth selbst und einige Christen, schleppte diese vor die Obrigkeit der Stadt (es ist merkwürdig, daß das sonst seltene Wort πολιτάρχης gerade auf einer Thessalonich betreffenden griechischen Inschrift bei Böckh II, 52 sich wiederfindet), mit leidenschaftlichem Geschrei wider sie und Denunciation als politische Unruhestifter, die schon die ganze Welt in Aufruhr versetzt hätten; die Uebertreibung, welche in τὴν οἰκουμένην liegt, harmonirt trefflich mit der Leidenschaftlichkeit, welche das Wort führte. Das οὗτοι πάντες hat die Absicht, sämmtliche Christen, sowohl die abwesenden Anstifter, als die anwesenden Anhänger, solidarisch haftbar zu machen für die Uebertretung positiver Verordnungen des Cäsar, welche sie durch das Bekenntniß zu einem Andern, nämlich Jesu, als König, begehen. Unter den δόγματα Καίσαρος sind solche Edikte zu verstehen, die den Hochverrath verpönten (Meyer). Βασιλεύς ist der höhere Begriff, welcher sowohl die kaiserliche Majestät als auch die königliche Würde des Messias unter sich begreift.

5. Diese, die den Weltkreis aufgeregt haben. Diese Verdächtigung ermangelte des Erfolges nicht: sowohl die Volksmenge als die Obrigkeit wurde in Besorgniß und Unruhe versetzt. Daher ließ sich die Obrigkeit von Jason und den übrigen Christen eine Bürgschaft stellen, bevor sie freigelassen wurden. Τὸ ἱκανόν, wie auch satisdatio, satis accipere im Lat., ist der rechtliche Kunstausdruck für Bürgschaftsleistungen, sei es in Geldkautionen oder durch persönliche Bürgenstellung. Ohne Zweifel ist hier das erstere gemeint. Chrysostomus vermuthet, Jason habe sich persönlich als Bürgen gestellt; das widerlegt sich durch ἀπέλυσαν αὐτούς. Wofür sich Jason und die Andern verbürgen mußten? Ohne Zweifel dafür, daß man keine hochverrätherischen Pläne verfolgen werde, schwerlich aber dafür, daß er Paulus und seine Genossen nicht länger beherbergen wolle. Denn die augenblickliche Abfertigung des Paulus und Silas (während der V. 10 nicht genannte Timotheus, s. V. 14, vermuthlich vor der Hand in Thessalonich zurückblieb, um sich einige Zeit später nach Beröa zu begeben) scheint nur den Grund gehabt zu haben, daß man den Gegnern nicht traute und besorgte, sie könnten des weitere Nachstellungen gegen die Missionare erlauben.

6. Beröa lag in dem dritten Kreise Macedoniens, dessen Hauptstadt Pella war, südwestlich von Thessalonich, am südlichen Ende der Provinz Macedonien. Hier fanden die Verkündiger des Evangeliums bei den zahlreichen Juden eine ganz andere Aufnahme, als in Thessalonich; die hier ansässigen Juden waren εὐγενέστεροι als die jener Stadt, d. h. von eblerer Sinnesart, nicht generosiores, sondern

magis ingenui. Dies bewiesen sie sowohl durch die vollständige Willigkeit (πᾶσα προθυμία), das Evangelium anzunehmen, als durch den herzlichen und anhaltenden Eifer, womit sie Tag für Tag (τὸ καθ' ἡμέραν, [. Ev. Lukas 19, 47] die Schrift erforschen, um selbstständig zu prüfen, ob dem also wäre οὕτως, so wie man ihnen vortrug). Und in Folge dessen (οὖν) wurden viele aus den Juden gläubig (πολλοὶ ἐξ αὐτῶν, nicht blos τινες ἐξ αὐτῶν, wie in Thessalonich V. 4), außerdem zahlreiche Proselyten, Männer und Frauen von Stand, (εὐσχήμων, wie Kap. 13, 50, nicht im sittlichen Sinn, wie das Wort im klassischen Sprachgebrauch üblich ist, sondern in sozialem Sinn, gerade wie das englische respectable).

7. Als aber die Juden. Die Juden aus Thessalonich suchten auch in Beröa das Werk zu stören (κακαὶ σαλεύοντες, auch hier, wie in Thessalonich, die Menge aufregend, τοὺς ὄχλους, die Pöbelmasse, mit Bedacht nicht τὸν δῆμον). Um einem Ausbruch zuvorzukommen, fertigten die Christen der Stadt den Paulus unverzüglich ab, während Silas und der inzwischen wieder zu ihnen gestoßene Timotheus (s. V. 10) vor der Hand noch in Beröa blieben; ὡς ἐπὶ τὴν θάλ.; das ὡς soll nicht einen täuschenden Schein, als wollte er den Seeweg einschlagen, ausdrücken (Bengel, Neander), denn Paulus hat wirklich die Reise zu Schiff gemacht, sonst wäre doch irgend etwas von dem Weg, den er gemacht, den Städten, die er berührt hat, erwähnt; sondern ὡς drückt nur die bestimmte Absicht aus, ἐπὶ τ. θάλ. die Richtung an's Meer einzuschlagen. Καθιστάνειν, Einen wohin versetzen, wohin bringen, ἐξῆσαν, von Athen hinweg.

## Christologisch-dogmatische Grundgedanken.

1. Die Darlegung der Wahrheit, welche Paulus den Israeliten gab, nahm stets die h. Schrift zum Ausgangspunkt. "Es steht geschrieben," ist des Apostels Grundsatz, wie des Erlösers selbst. Der Gang, den er nahm, ist nie so deutlich markirt, als hier. Er geht vom Messias des Alten Bundes, von der Weißagung und den Vorbildern aus, und beweist, daß der Messias wesentlich ein leidender ist, aber auch auferstehen muß. So weit handelte es sich nur um Verständniß und zwar zusammenfassendes Verständniß des prophetischen Worts; nur um die Christologie des Alten Bundes. Dieser Theil war vorzugsweise ein διανοίγειν. Zum Andern aber legt Paulus dar: Jesus von Nazareth, den ich verkündige, ist der Messias; er ist gekreuzigt und auferstanden, die wesentliche Idee des Gesalbten Gottes und die Thatsachen seiner Erscheinung sind in Jesu und nur in ihm erfüllt. Dies das παρατίθεσθαι.

2. Die Ueberzeugung, wozu Manche geführt wurden, und ihr Eintreten in innige Glaubens- und Lebensgemeinschaft mit Paulus und Silas ist nicht Menschenwerk der letzteren, sondern Gottes Werk; das Pass. προσεκληρώθησαν weist unleugbar auf Gott als den wesentlich Wirkenden hin. Uebrigens ist in dem Hauptbegriff darin der κλῆρος. Durch's Loos dem Paulus und Silas zugesellt, — das kann nicht die Meinung sein; sie sind als Loos, als Antheil, Eigenthum und Gewinn den Beiden zugefallen, — das war eine Vorstellung, die sonst durch nichts begünstigt wird; dagegen könnte die Idee darin liegen, daß ihnen selbst, den

Neubekehrten, das Loos gefallen sei auf's Lieblichs, daß, indem sie dem Barnabas und Silas zugesellt worden, ihnen selbst Gott zum Theil zur Gnade zum Loos geworden sei (vgl. Ps. 16, 5 f.). 3. Wie in Philippi, so trifft sich's auch in Thessalonich, daß die Boten Jesu Christi als politische Aufrührer verdächtigt und des Hochverraths beschuldigt werden. Beidemal empfinden wir die Wucht der römischen Weltmonarchie, welche als Bollwerk dem Welteroberungszug des Christenthums entgegen steht. Der Unterschied ist 1) der, daß in Philippi einfach die öffentliche Sitte und das Leben einer römischen Koloniestadt und römischer Bürger der Einführung neuer Sitten angeblich im Wege steht; in Thessalonich hingegen wird die Majestät des Kaisers und die kaiserliche Gesetzgebung gegen das Christenthum geltend gemacht; 2) hier in Thessalonich wurde die Person Jesu der des Cäsar gegenübergestellt, das Königthum Jesu, als des Messias, wie ein Attentat und Majestätsverbrechen gegen den Kaiser gedeutet, was in Philippi nicht der Fall gewesen ist. Möglich, daß die Erörterung des Paulus, V. 3, welche den Messiasbegriff, das davidische Königthum Jesu in den Mittelpunkt rückte, zu dieser verdächtigenden Auffassung eine Handhabe geboten hat. 3) Ist auch das ein Unterschied, daß in Philippi die politische Anklage rein heidnischen Ursprungs gewesen ist, in Thessalonich dagegen von Juden angestiftet wurde, welche demnach das römisch-kaiserliche Interesse nur als Mittel und Vorwand benutzten, dem Evangelium entgegenzutreten. Und indem sie dies thaten, verleugneten sie die messianische Hoffnung Israels und sagten sich von dem los, welcher doch ihr und unser König ist: „wir wollen nicht, daß dieser über uns herrsche!" Dieser Vorgang ist ein Vorbild aller der feindseligen und zum Nachtheil des Evangeliums und lebendigen Christenthums vorgenommenen politischen Verdächtigungen; wobei man stets die Christenthum ein Reich von dieser Welt vorstellt, das Politische und das Religiöse unter einander mengt. Eine alte Kriegslist der Feinde Christi.

4. Der christliche Adel der Seele (εὐγενέστεροι) besteht in der reinen Willigkeit des Gemüths, das Wort Gottes anzunehmen, und in ungeschminkter ernster Wahrheitsliebe. Es ist darin Beides vereinigt, sowohl Receptivität als Spontaneität (ἐδέξαντο — ἀνακρίνοντες), demüthige Hingebung und selbständiges Suchen und Prüfen. Glaube ist nicht Köhlerglaube, nicht blöde Leichtgläubigkeit, nicht Verzichtleistung auf Vernunft, Prüfung und Ueberzeugung. Im Gegentheil, es ist ein Lob, eine christliche Tugend, redlich und ernstlich zu prüfen, zu untersuchen und auf den Grund zu gehen. Auch darf nicht die Autorität eines Lehrers und Seelsorgers in solcher Weise geltend gemacht werden, daß Verzichten auf selbständiges Prüfen und persönliche Gewissensüberzeugung gefordert wird, wenn jener gesprochen hat. Hier hat doch selbst der Apostel gelehrt; dennoch haben ihm die zu Beröa nicht blind auf's Wort geglaubt, sondern erst geforscht, ob er Recht habe und Wahrheit lehre. Und das wird ihnen nicht als Fehler angerechnet, sondern als edle Tugend gerühmt. Das ist Gewissensfreiheit, evangelische Schriftforschung, Uebung des allgemeinen Priesterthums.

## Homiletische Andeutungen.

Kamen sie gen Thessalonich. [V. 1.] Paulus hat selbst berichtet, mit welchem Muth er gen Thessalonich gekommen (1 Thess. 2, 2); ob er gleich in Philippi geschmähet worden, so sei er doch nach Thessalonich gegangen, „freudig in seinem Gott"; das ist die rechte Gemüthsfassung, mit welcher ein Knecht Gottes aus einer Arbeit in die andere, von einem Leiden in's andere, von einem Siege zum andern fortschreiten soll. (Apost. Past.)

Und redete mit ihnen auf drei Sabbate aus der Schrift. [V. 2.] Paulus fing die Predigt des Evangeliums allezeit aus der Schrift an. Sein apostolischer Charakter machte ihn nicht von den Banden der Schrift los. Er hatte schon oft mit Wundern und Kräften gezeugt, dennoch blieb er bei der Schrift und holte sein Zeugniß von Jesu aus den Propheten her. Der Herr binde doch auch in unsern Tagen aller Zeugen Herz und Mund recht genau an die Schrift. Alle Abweichung davon bringt in Lehre oder Wandel unersetzlichen Schaden. (Apost. Past.)

Daß Christus mußte leiden und auferstehen. [V. 3.] Paulus hatte kein anderes Thema als das vom Kreuz und von der Auferstehung Jesu. Es müsse uns nach viel tausend Jahren keine Materie wichtiger und fruchtbarer scheinen, als eben dieses Wort von Jesu Leiden und Auferstehen. Indeß gehört doch Weisheit dazu, in dieser weitläufigen Materie sonderlich die Punkte zu treiben, die für die jedesmaligen Zuhörer am wichtigsten sind. Bei den Juden war es die Nothwendigkeit des Leidens in der Person des Messias. (Apost. Past.)

Und Etliche unter ihnen fielen ihm zu. [V. 4.] Mit dem Segen der besten Lehrer geht es stufenweise. Zuerst Einer, dann Etliche, dann auch wohl eine große Menge. Es läßt sich aber nichts erzwingen. (Apost. Past.) — Dazu der vornehmsten Weiber nicht wenige. Die Gnade ziehet hohe Standespersonen nicht vor, stößt sie aber auch nicht von sich, 1 Kor. 1, 26—28. (Starke.)

Nahmen zu sich etliche boshafte Männer Pöbelvolks. [V. 5.] Das Pöbelvolk braucht die Welt auch, wie es ihren Absichten gemäß ist. Fällt das Pöbelvolk dem Evangelio zu, so verachtet man es; so heißt es: nur das dumme Volk kann man an sich ziehen (Joh. 7, 47—49). Gelingt es aber der Welt, das Pöbelvolk wider das Evangelium aufzuhetzen, so ist es ihr sehr anständig, wenn sie durch die Menge ein überhandnehmendes Geschrei verursachen kann. (Rieger.)

Diese, die den ganzen Weltkreis erregen. [V. 6.] Wie fürchtet sich doch die Welt so übel vor dem Reiche Gottes! Wie besorgt sie bei ihrem lethargigem Wesen immer ihren Umsturz! Sie hat tausendweis auf den Beinen zu ihrer Unterstützung, und wenn zehn Christen zusammenhalten wollen, so besorgt sie daraus Nachtheil und Unruhe. (Rieger.) Die Apostel haben mit Wahrheit den ganzen Weltkreis erreget, aber nicht zum Aufruhr, sondern zur Belehrung, nicht zum Verderben, sondern zum Heil. (Starke.) — Wenn das Evangelium rumort wie Wasser im Kall, und das Fleisch es nicht ertragen mag noch will, muß es eine Verkehrung und Beunruhigung des Staats sein! (Ebendas.) — Obgleich diese rasenden Feinde die Apostel mit lauter Verleumdungen schwarz zu

16 *

machen suchten, so mußten sie doch mitten in ihrer Wuth ein rühmliches Zeugniß von der Ausbreitung und Kraft ihrer Predigt ablegen. O ein seliger Charakter der Zeugen Jesu, wenn ihre Predigt eine kräftige Erregung und heilsame Unruhe nach sich zieht. (Apost. Past.) — Christus ist nicht gekommen, Frieden zu senden, sondern das Schwert! 1) Allerdings bringt das Evangelium Unfrieden: a. inneren, in's Herz [Röm. 7]; b. äußeren, in die geselligen Verhältnisse, [Matth. 10, 34 ff.] 2) Aber aus diesem Unfrieden geht allein der wahre Frieden hervor: a. der Herzensfriede, b. der Weltfriede. — Diese sind es, die ben ganzen Weltkreis erregen, — die gegründetste Anklage und doch das größte Ehrenzeugniß für die Apostel. 1) Die gegründetste Anklage, denn die ganze innere und äußere Welt wird umgestaltet durch's Evangelium: Herz und Wandel, Familie und Staat, Kunst und Wissenschaft. 2) Das größte Ehrenzeugniß, denn nicht Umsturz und Verderben, sondern Wiedergeburt und Verklärung ist das Ziel auf allen diesen Gebieten. — Die Erscheinung des Christenthums die größte, aber auch die berechtigste Revolution in der Weltgeschichte. 1) Die größte a. durch ihre Breite: auf den ganzen Erdkreis ist es abgesehen; b. durch ihre Tiefe: auf dem Gebiete des Geistes ist ihr eigentlicher Boden. 2) Die berechtigste a. durch ihr Ziel: das Heil der Welt; b. durch ihre Mittel: die Waffen des Geistes. — Es ist noch ein Kleines, so will ich Himmel und Erde, das Meer und das Trockene bewegen werde! Diese uralte Verheißung von der großen Welterschütterung (Hagg. 2, 7; Hebr. 12, 26; vgl. die "Götterdämmerung" in der nordischen Sage) findet ihre Wahrheit im Christenthum: 1) in der inneren Herzenserschütterung; 2) in der geschichtlichen Weltumgestaltung; 3) in der eschatologischen Erneuerung Himmels und der Erde.

Sagen, ein Anderer sei der König, nämlich Jesus. [V. 7.] Den statum politicum mit in die Sache Jesu zu mengen und durch Eifersucht der weltlichen Obrigkeit das Reich Jesu zu hindern, ist ein altes stratagema der Feinde Christi. (Apost. Past.) — Es ist wahr, daß treue Lehrer einen andern König predigen, aber einen solchen, der nur durch die Demuth und das Kreuz herrschet. Durch ihn herrschen die Könige der Erden, und er macht aus allen seinen wahrhaftigen Dienern Könige, aber im Himmel, Offenb. 1, 5. 6. (Quesnel.)

Und da sie Bürgschaft von Jason empfangen hatten. [V. 9.] Was hatte das Evangelium in ein paar Tagen für einen Freund Pauli aus Jason gemacht! (Williger.) Es will viel sagen, für verfolgte Christen Bürgschaft leisten, denn alle Welt schämt sich ihrer. (Goßner.)

Zu V. 1—9. Paulus in Thessalonich. 1) Seine Wirksamkeit V. 1—4. 2) Ihr Ende V. 5—9.(Lisko.) Die evangelische Predigt. 1) Ihr Inhalt ist zu allen Zeiten derselbe: gegründet auf die Schrift; gipfelt in der Person Jesu. 2) Ebenso ihr Erfolg: günstig bei den Einen, ungünstig bei den Meisten. (Lisko.) — Wie die Feinde des Evangelimus sich selber richten. 1) Indem sie die Wahrheit verkehren müssen, um zu anklagen zu können: (Christum und die Apostel zu Aufrührern machen.) 2) Indem sie selber die Sünde thun, deren sie die Jünger anklagen: (Aufruhr anstiften.) (Lisko.)

Als diese dahin gelangt waren, gingen sie in die Synagoge. [V. 10.] Das Fliehen eines Knechtes Gottes ist blos eine Veränderung des Orts, nie der Arbeit, des Sinnes, des Eifers und der Kreuzesliebe. (Apost. Past.)

Indem sie täglich in der Schrift forschten, ob sich's also verhielte. [V. 11.] Die h. Schrift ist der rechte Probirstein, darnach man Glaubenssachen prüfen soll, und die rechte Regel, darnach man sich richten muß. (Starcke.) — In dem Meer der h. Schrift fehlt es nicht an Perlen. Gott gebe nur immer mehr Taucher, die sie hervorsuchen. (Derf.) — Mensch, nimmst du doch keinen Dukaten an ungeprüft; warum denn einen Glauben, dessen Schaden, wo er falsch erfunden wird, der Zeit unersetzlich ist? — Das ist ein recht „adelig" Gemüth, das seinen Glauben nicht auf Menschen, sondern auf Gottes Wort baut. (Starcke.) — Die Apostel haben also keine blinden Bekehrungen gesucht und keinen Köhlerglauben aufgerichtet, sie wehrten's Niemand, sondern suchten die Seelen darauf zu führen, ihre Lehre zu prüfen und mit der Schrift zu vergleichen. (Apost. Past.) — Der ächte Forschgeist ist überhaupt dem Evangelio verwandt. Die ernsten Forscher werden nicht so leicht von vornherein über's Wort desselben absprechen. Beim rechten Forscher fallen wenigstens die Einwände weg, die der oberflächliche Verstand gegen das Evangelium immer bei der Hand hat. (Williger.)

Weiber und Männer. [V. 12.] Daß die Weiber hier vor den Männern stehen, mag seinen Grund darin haben, daß sie, wie häufig geschieht, zuerst zum Glauben kamen und die Männer nachzogen. Das Reich Gottes wächst ja aus den Häusern und Familien heraus, in denen jedenfalls das Weib sein Gebiet hat. (Rieger, Starcke, Williger.)

Die Juden zu Thessalonich kamen und bewegten auch allda das Volk. [V. 13.] Selten thun Gläubige so viel für die Wahrheit als die Gottlosen wider dieselbe. Denn jener Bemühung gehet bergan, dieser bergab. (Quesnel.)

Und sie erhielten Auftrag an Silas und Timotheus, daß sie so schnell als möglich zu ihm kommen sollten. [V. 15.] Paulus wollte nicht allein sein, hielt sich nicht allein für genug; er liebte Mitarbeiter, die mit beten, mit zeugen, mit streiten, mit dulden. (Goßner.)

Zu V. 10—15. Der christliche Seelenadel (ευγενεστερος V. 11) zeigt sich 1) in williger und unbefangener Annahme, 2) in freier und selbstthätiger Verarbeitung des göttlichen Worts und göttlichen Heils. — Das Forschen in der Schrift, des evangelischen Christen 1) seliges Recht, 2) heilige Pflicht, 3) seltene Kunst. — Wahrer Schriftglaube und ächte Schriftforschung geben Hand in Hand: 1) Der Glaube, der die Forschung verdammt, ist blind; 2) die Forschung, die den Glauben verachtet, geht fehl. — Die Stufen des rechten Schriftgebrauchs: 1) Willige Annahme gegenüber leichtsinniger Verachtung. [V. 11.] 2) Fleißige Forschung gegenüber blindem Nachsprechen. [V. 11.] 3) Lebendiger Glaube gegenüber todtem Wissen. [V. 12.] — Wie das Evangelium und wie der Fanatismus das Volk erregt. [V. 13 vergl. mit V. 16.] 1) Dort gilt's zu bauen [V. 3 u. 4], hier einzureißen. [V. 13.] 2) Dort werden die edleren Geister [V. 11], hier wird der Pöbel erregt. [V. 5.] 3) Dort kämpft man mit dem Schwert des Geistes [V. 11], hier mit den Waffen des Fleisches. [V. 6.]

### E.
**Paulus in Athen, seine Beobachtungen und Einzelgespräche daselbst, endlich seine Missionsrede auf dem Areopag und die Wirkung desselben.**
**Kap. 17, 16—34.**

Da aber Paulus in Athen sie erwartete, entrüstete sich sein Geist in ihm, da er 16 die Stadt voll Götterbilder sah. *Er redete nun in der Synagoge zu den Juden und 17 Proselyten, und auf dem Marktplatz alle Tage zu denen, welche sich gerade einfanden. *Aber einige sowohl von den Epikureischen als von den Stoischen Philosophen ließen sich 18 mit ihm ein. Und Etliche sprachen: Was wohl dieser Schwätzer sagen will? Andere aber: Er scheint ein Verkündiger fremder Gottheiten zu sein; weil er das Evangelium von Jesu und der Auferstehung ihnen verkündigte. *Und sie nahmen ihn und führeten 19 ihn auf den Areopag, und sprachen: Können wir erfahren, was diese neue Lehre ist, die du sagest? *Denn du bringest etwas Fremdes uns zu Ohren. So möchten wir gerne 20 wissen, was das sein möge. *Alle Athener aber und die Fremden in der Stadt waren 21 zu nichts Anderem aufgelegt, als immer etwas Neues zu sagen oder zu hören.

Da trat Paulus mitten auf den Areopag und sprach: Ihr Männer von Athen! 22 Ich sehe, daß ihr in allen Stücken gar gottesfürchtig seid. *Denn da ich durch die 23 Stadt ging und eure Heiligthümer betrachtete, fand ich auch einen Altar, der die Inschrift hatte: „einem unbekannten Gott". Nun was¹) ihr, ohne es zu kennen, verehret, das verkündige ich euch. *Gott, der die Welt gemacht hat und Alles, was darinnen 24 ist, der wohnt, da er des Himmels und der Erde Herr ist, nicht in Tempeln mit Händen gemacht, *er wird auch nicht von menschlichen²) Händen gepfleget, als bedürfte 25 er eines Dinges, während er selbst Allen Leben und Odem und Alles verleiht. *Und 26 hat gemacht, daß von einem Blute aus jegliche Nation von Menschen über die ganze Fläche der Erde hin wohnt, indem er festgesetzt hat verordnete³) Zeiten und die Gränzen ihres Wohnens, *Gott⁴) zu suchen, ob sie ihn etwa fühlen und finden möchten, wie- 27 wohl er ja nicht ferne ist von einem jeglichen unter uns; *denn in ihm leben, weben 28 und sind wir; wie auch einige eurer Dichter gesagt haben: „Denn wir sind auch sein Geschlecht." *Weil wir denn Gottes Geschlecht sind, so sollen wir nicht meinen, daß die 29 Gottheit ähnlich sei dem Gold oder Silber, oder Stein, einem Gebilde der Kunst und Ueberlegung eines Menschen. *Die Zeiten der Unwissenheit hat nun Gott übersehen und 30 thut jetzt den Menschen allen überall kund, ihren Sinn zu ändern, *demgemäß, daß⁵) 31 er einen Tag gesetzet hat, an welchem er richten wird den Weltkreis mit Gerechtigkeit durch einen Mann, welchen er bestimmt hat, indem er Glauben darbot Allen, dadurch, daß er ihn von den Todten auferweckte.

Als sie aber von Auferstehung der Todten hörten, spotteten die Einen, die An- 32 dern aber sagten: Wir wollen dich davon ein andermal wieder hören. *Also ging Pau- 33 lus aus ihrer Mitte hinweg. *Etliche Männer aber schlossen sich ihm an und wurden 34 gläubig, unter denen auch Dionysios, der Areopagite, war, und eine Frau, Namens Damaris, und Andere mit ihnen.

#### Exegetische Erläuterungen.

1. **Da aber Paulus.** Der erste Theil dieser zweiten Missionsreise des Apostels hatte noch Asien gegolten und sich in Kleinasien bewegt; der zweite und dritte war schon europäisch, so daß der zweite Macedonien umfaßte: Philippi, Thessalonich, Beröa; nun beginnt der dritte, welcher sich auf das eigentliche Griechenland, in jenem Zeitraum Achaja genannt, bezog, übrigens auf die zwei Hauptstädte Athen und Korinth sich beschränkte. In Athen wartete Paulus, bis Silas und Timotheus, die er dahin hatte berufen lassen, V. 15, zu ihm stießen; und während Lukas hier ganz davon

---
1) ὅ - τοῦτο ist die ursprüngliche Lesart, Cod. A. erste Hand, K. D.; während die Lesart ὅν - τοῦτον eine dem folgenden anpassende Correctur ist.
2) ἀνθρωπίνων hat, gegenüber ἀνθρώπων, gewichtige Zeugen für sich.
3) προστεταγμένους ist entscheidend beglaubigt, während προτεταγμένους nur einen Uncialcod. D, und zwar blos erste Hand für sich hat.
4) τὸν θεόν ist ungleich besser bezeugt, als τ. κύριον.
5) καθότι ist auf Grund der äußeren Zeugnisse dem διότι, welches gangbarer ist, vorzuziehen.

schweigt, und erst Kap. 18, 5 in Korinth sie wieder zu Paulus kommen läßt, müssen wir [laut 1 Theff. 2, 17—3, 2] voraussetzen, daß Timotheus bald zu ihm nach Athen gekommen, aber wieder mit Aufträgen nach Thessalonich zurückgesandt worden sei. Lukas war inzwischen noch in Philippi; um so leichter erklärt sich, daß er das Eintreffen des Timotheus in Athen u. s. w. mit Stillschweigen übergeht.

2. Παρωξύνετο τ. πν., sein Geist wurde mit Entrüstung erfüllt, sittlich empört; und zwar ist dieser Affekt vermöge des Imperfekt nicht als augenblickliche und vorübergehende Regung, sondern als bleibender Gemüthszustand bezeichnet. Die Ursache war, daß er die Stadt, indem er sie längere Zeit und genau beschaute (θεωρεῖν, nicht bloß ἰδεῖν), voll Götterbilder fand; κατείδωλος, sonst unbekannt, aber nach Analogieen richtig gebildet, ist nicht subjektiv z. v. a. idolis dedita, sondern objektiv: idolis abundans, wie z. B. κατάδενδρος, κατάμπελος, arboribus plenus, vitibus abundans. Dieser Zug, wodurch sich Athen vor andern hellenischen Städten auszeichnete, wird durch griechische und römische Zeugnisse vielfach bestätigt, z. B. Xenophon, de Rep., nennt Athen: ὅλη βωμός, ὅλη θῦμα θεοῖς καὶ ἀνάθημα, Liv. XLV. 27. Athenas — multa visenda habentes — simulacra Deorum hominumque omni genere et materiae et artium insignia. In Folge seiner Entrüstung und um der heidnischen Verirrung entgegenzutreten (οὖν), ließ er sich sowohl in der Synagoge mit Juden und Proselyten, als auf dem Markt mit allerlei Leuten, wie sie sich gerade einfanden, in Gespräche ein, wobei der Gegenstand des διαλέγεσθαι die religiöse Wahrheit war. Auf dem Marktplatz konnte er täglich (κατὰ πᾶσαν ἡμέραν) Gelegenheit finden; bei der Synagoge ist nichts der Art gesagt, da konnte dies nur an Sabbat geschehen. Ἡ ἀγορά lautet, wie wenn es nur einen Marktplatz gegeben hätte; lange bezweifelte man das und vermuthete, Paulus habe auf dem sogenannten Eretrischen Platz sich unterredet. Dieser Name beruht jedoch auf Mißverständniß, und überhaupt sind die neueren Topographen Athens überzeugt, daß in Athen nie mehr als ein Marktplatz existirt habe, wodurch sich die Richtigkeit und treue Erzählung selbst in einem ganz unscheinbaren Moment (ἡ ἀγορά) bestätigt.

3. Gewiß waren es solche Unterredungen auf öffentlichen Plätzen, wodurch einige Philosophen von der Epikureischen und Stoischen Schule in Berührung mit Paulus kamen (συμβάλλω bedeutet Kap. 4, 15 einfach besprechen, in gütlicher Berathung; es drückt hier nicht gerade ein Streiten und Disputiren aus). In Folge solcher Gespräche waren die Meinungen getheilt. Die Einen meinten verächtlich, er sei ein hohler Schwätzer (σπερμολόγος, ursprünglich Saatkrähe, dann ein aufgeblasener leerer Schwätzer), der nichts zu sagen habe (die Frage: τί ἂν — θέλοι λέγειν gibt zunächst zu verstehen, man wisse nicht recht, was er eigentlich wolle, urtheilt aber unter dieser Maske wegwerfend über seine Sache. Die Andern waren wenigstens wißbegierig gemacht, er scheine fremde göttliche Wesen zu verkündigen (ξένα δαιμόνια; wie es in der Anklage wider Sokrates hieß, καινὰ δαιμόνια εἰσάγει). Lukas erklärt diese Meinung aus dem Evangelium von Jesu und der Auferstehung der Todten, welches Paulus verkündigte. Es ist übrigens unwahrscheinlich, daß diese Leute die ἀνάστασις selbst für eine Göttin oder Heroin gehalten haben sollen (Chrysostomus, Baur, Baumgarten-Crusius); es scheint vielmehr, Lukas habe die Auferstehung nur darum neben der Person Jesu genannt, weil dieser Gegenstand den hellenischen Philosophen am auffallendsten und fremdartigsten (ξένος) erschien.

4. In Folge der letzteren Auffassung und der erregten Neugier führte man den Apostel (ἐπιλαβόμενοι αὐτοῦ leniter prehensum Grot.) auf den Areopag, d. h. den Areshügel, nordlich von dem westlichen Ende der Akropolis, wo der höchste Gerichtshof der Republik seine Sitzungen zu halten pflegte. Daß aber nicht, wie der niederländische Gelehrte Abami, Observatt. 1710, vermuthet und neuerdings Baur und Zeller behauptet haben, Paulus zur Verantwortung vor den Areopag als Gerichtshof geführt worden und seine Rede eine gerichtliche Vertheidigung gewesen sei, ergibt sich aus dem ganzen Zusammenhang, namentlich aus der höflichen Frage, V. 19, und dem Wunsch, V. 20, aus der pragmatischen Bemerkung des Erzählers, welcher nur Neugier, nicht Fanatismus und Intoleranz als Beweggrund zu dem ganzen Auftritt nachweist, V. 21, aus dem ganzen Ton des Vortrags, welcher nirgends eine defensive Stellung einnimmt, endlich aus der Schlußscene, wo Paulus unangefochten, aber auch ohne Spur irgend einer richterlichen Procedur hinweggeht. — Die Aufforderung zum Sprechen namentlich ist, V. 19, eine äußerst höfliche, attisch feine (δυνάμεθα γνῶναι); aber auch einigermaßen ironische, indem die Fragenden gewiß schon Alles zu wissen und Alles besser zu wissen überzeugt sind. Auch in jenen ξενίζοντά τινα, V. 20, einiges Fremdartige, ein Beigeschmack von hellenischem Hochmuth gegenüber den Barbaren. Zur Erklärung fügt Lukas, V. 21, bei, daß alle Athener, Fremde, welche sich aufhielten, so gut als Eingeborene, nichts lieber hatten (εὐκαίρουν, vacabant, dazu hatten sie immer übrige Zeit), als etwas Neues zu sagen oder zu hören. Den Comparativ καινότερον erklärt Bengel treffend: nova statim sordebant, noviora quaerebantur. Nicht nur Genuß suchte man im Hören von etwas Neuem, sondern auch Ehre und Auszeichnung im Sagen von etwas Neuem (λέγειν, ἀκούειν). Das Imperfektum εὐκαίρουν schildert die charakteristische Sitte, wie sie zu der Zeit, in welche die Begebenheit fällt, bestand, ohne damit zu sagen, daß sie nun anders.

5. So bestimmt aufgefordert, wenn auch nicht aus reiner Wahrheitsliebe und im ironischen Ton, scheut sich der Apostel nicht, vor den gebildetsten Zuhörern aus der Heidenwelt zu reden. Ist er doch berufen, den Namen Jesu vor die Heiden zu tragen. Er nimmt mit fester Glaubenszuversicht seine Stellung ein (σταθείς), in der Mitte der Ebene, welche der circa 60 Fuß hohe Hügel bildet. Da hatte er die höher gelegene Akropolis vor sich mit ihren berühmten Kunstwerken, unter sich den herrlichen Tempel des Theseus, rings um sich die Menge von Tempeln, Altären und Götterstatuen. Vgl. Robinson, Palästina I, 11 f.

6. Mit gewinnender Güte und mildem, alles Gute willig anerkennendem Urtheil beginnt er, den Athenern auf Grund seiner Beobachtungen (θεωρῶν) das Zeugniß zu geben, daß sie in jeder Hinsicht gar gottesfürchtig seien; ὡς vor δεισιδ. bedeutet: ich erkenne euch als solche, ihr erscheinet als solche. δεισιδαίμων wird bei den Klassikern selbst aller-

dings auch in tadelndem Sinn gebraucht: abergläubisch, so Vulgata, Erasmus, Luther u. A., allein es ist vox media und kommt nicht selten im Sinne wirklicher Gottesfurcht vor. Und so ist es ohne Zweifel auch hier verstanden, wiewohl das Wort absichtlich gewählt scheint, um den Begriff der Furcht, der in ihrer Religiosität vorwalte und zu Aberglauben führe, zart anzudeuten. Der Comparativ δεισιδαιμονεστέρους enthält nicht den Nebenbegriff der Uebertreibung, sondern vergleicht die Athener mit andern Hellenen, worin keine Schmeichelei, sondern eine im Alterthum anerkannte Thatsache liegt. Isokrates nennt die Athener τοῖς πρὸς τὰ τῶν θεῶν εὐσεβέστατα διακειμένοις. Aehnliche Zeugnisse von Sophokles, Platon, Xenophon, dann von Josephus, s. bei Wetstein II, 562 f. Das γάρ, V. 23, gibt zu verstehen, daß das Urtheil, V. 22, über die ausgezeichnete Gottesfurcht der Athener durch die Beobachtung begründet wird, daß Paulus unter andern vielen Heiligthümern (genannter Götter) auch bei einem unbekannten Gott geweihten Altar angetroffen habe. Σέβασμα ist res sacra, oder quod religionis causa homines venerantur, kann also heilige Stätten, Haine und Tempel, Altäre, Bildsäulen u. s. w. begreifen; ἀναθεωρῶ ist, der Reihe nach betrachten.

7. Ein Altar mit der Inschrift: „Einem unbekannten Gott!" Man hat vielfach, und schon im christlichen Alterthum gedacht, Paulus nehme sich hier die Freiheit heraus, das, was in der Mehrzahl dastand, in der Einzahl zu geben. So schon Hieronymus zu Tit. I, 12: Inscriptio autem arae non ita erat, ut Paulus asseruit: ignoto Deo; sed ita: Diis Asiae et Europae et Africae, Diis ignotis et peregrinis. Verum quia Paulus non pluribus Diis ignotis indigebat, sed uno tantum ignoto Deo, singulari verbo usus est. Während die Kirchenväter hier eine rednerische Freiheit des Apostels annimmt, hat man neuestens die Verwechselung dem Geschichtschreiber auf die Rechnung gebracht: der Singular sei unhistorisch, nur der Plural ἀγνώστοις θεοῖς habe möglicherweise geschrieben werden können. Baur, Paulus, 175 ff. Aber warum? Stände der Artikel vor ἀγν. θεῷ, dann ließe sich die Inschrift in Athen nicht denken; aber was liegt in der Sache selbst Unmögliches in der Widmung an „einen unbekannten Gott?" Uebrigens bezeugt Pausanias, Attic. p. 4, daß beim Phaleros gewesen seien βωμοὶ θεῶν τῶν ὀνομαζομένων ἀγνώστων καὶ ἡρώων, und Philostratus, Vita Apollon VI, 2, sagt: es ist weiser, von allen Göttern rühmlich zu sprechen, zumal in Athen, οὗ καὶ ἀγνώστων θεῶν βωμοὶ ἵδρυνται. Beide Aussagen kann man allerdings auch so verstehen, als wäre jeder von den fraglichen Altären „unbekannten Göttern" (Plur.) gewidmet gewesen; indessen ist mindestens ebenso gut möglich, nach dem Ausdruck wahrscheinlicher, daß jeder Altar dieser Art „einem unbekannten Gott" geweiht war und diese Inschrift trug. Und zwar scheint in Athen an verschiedenen Orten Altäre mit jener Inschrift gegeben zu haben. Wie aber die Entstehung und Bestimmung solcher Altäre zu erklären sei, darüber gibt es verschiedene Ansichten, die wir, da sie sämmtlich nur Vermuthungen sind, hier übergehen können.

8. Nun folgt, an diese Beobachtungen angeknüpft, und hiermit dem Bewußtsein der Hörer als etwas ihnen nicht schlechthin Fremdes nahe gelegt, das Thema der Rede selbst: „was ihr demnach (οὖν), ohne es zu kennen, fromm verehret, das mache ich euch kund." Den Gegenstand der Verehrung (εὐσεβεῖτε, religiose colitis,) bezeichnet den Neutrum ὅ — τοῦτο absichtlich in einer abstrakten Unbestimmtheit, entsprechend dem ἀγνοοῦντες, und gibt das Concrete, Persönliche: ὁ θεὸς ὁ ποιήσας κ. erst in seiner positiven Verkündigung. — Die Athener erwarteten etwas völlig Fremdartiges zu hören (V. 18 ξένων δαιμ. καταγγελεύς, V. 20 ξενίζοντά τινα εἰσφέρεις): Paulus aber legt das in ihnen selbst liegende Gefühl zu Grund und knüpft an etwas in der Altarinschrift laut Ausgesprochenes an, in dem Sinn: ignotum, non tamen peregrinum, praedico vobis.

9. Zuerst verkündigt er den wahren Gott, V. 24 f., als den einen (ὁ θεὸς κ.), den freien und unbedingten Schöpfer und Herrn der Welt, erhaben über das Bedürfniß einer Wohnung in Tempeln oder Pflege von menschlichen Händen, namentlich der Priester (θεραπεύειν wird häufig gerade vom Kultus der Götter gebraucht; treffend ist auch der Ausdruck προσδεῖσθαι = τὸ ἔχειν μὲν μέρος, ὅτι δὲ δεῖσθαι πρὸς τὸ τέλειον, Ulpian). Angesichts der herrlichen, mit allen Wundern der Kunst geschmückten Tempel, worauf die Athener so stolz waren, spricht der Apostel aus: Gott wohnt nicht in Tempeln mit Händen gemacht. Inmitten der zahlreichen Opferaltäre erklärt er: Gott wird nicht von menschlichen Händen bedient. Αὐτὸς διδοὺς begründend oder vielmehr den Wahn widerlegend: ist es doch im Gegentheil er selbst, der Allen Leben gibt und Athem, πνοή, als wodurch die Fortdauer des Lebens bedingt ist, καὶ τὰ πάντα, sämmtliche Nothdurst.

10. Zum Andern erörtert Paulus in Verbindung mit den Grundwahrheiten von Gott, V. 26—28, die richtige Anschauung vom Menschen, und zwar, im Großen und Ganzen, daß die Menschheit eine ist, vermöge der gottgeordneten Fortpflanzung von einem Blute aus (αἷμα, nicht blos biblisch, nach der Idee vom Zusammenhang des Lebens und der Zeugung mit dem Blute, vgl. Joh. 1, 13, sondern auch nach ächtklassischem Sprachgebrauch, schon bei Homer, Il. Z, 211, Od. II, 300, sodann bei Sophokles, Euripides, Aristoteles, von Zeugung und Blutsverwandtschaft üblich, und um so passender hier gebraucht). Den Satzbau betreffend, ist nicht nur ἔθνος als Objekt von ἐποίησε abhängig, sondern der ganze Satz, mit Acc. c. Inf., π. ἔθνος — κατοικεῖν, ist von ἐποίησε regiert: instituit, ut ex uno sanguine orta omnia hominum gens — habitaret. Mit diesem Satz bekämpft Paulus nicht sowohl das Autochthonenbewußtsein der Athener, als den allgemeinen Wahn aller Naturreligionen, welcher die Nationen aus wesentlich verschiedenen Ursprüngen ableitete. — Ein zweiter Gedanke ist, daß die Theilung der Menschheit in Völker auf göttlicher Ordnung beruhe: Gott hat die Menschen über die Erdoberfläche sich verbreiten lassen, ὁρίσας κ., indem er die zeitlichen Fristen und die räumlichen Gränzen der Völker bestimmte und abgränzte. Die καιροί beziehen sich, vermöge des vorangehenden κατοικεῖν und des nachfolgenden κατοικίας wesentlich auf die Wohnsitze der Völker, wie lange jedes sein einmal besetztes Land behalten, oder wann es weiter wandern müsse. Jedenfalls ist hiermit auch ausgesagt, daß Gott auch die Völkergeschichte lenkt.

11. Von dem Völkerleben auf das Einzelleben

hinüberlenkend, bezeichnet Paulus drittens das höchste Ziel des Menschen: Gott zu suchen, als dem er innig nahe und verwandt ist, V. 27 f. Dem Satzgefüge nach bezieht sich ζητεῖν noch auf πᾶν ἔθνος ἀνθρ., auf die Völker; die Absicht der göttlichen Theilung und Abgränzung der Völker war, daß sie den Herrn suchen, τὸν κύριον, vergl. V. 25: „des Himmels und der Erde Herr." Das ζητεῖν zielt aber nicht blos auf Gotteserkenntniß, (Meyer), sondern auf lebendige, wesentliche Gemeinschaft mit Gott. Εἰ ἄραγε, c. Optat. bezeichnet den Erfolg als einen zweifelhaften, womit der Redner zart andeutet, daß die Menschheit im Großen und Ganzen das Ziel verfehlt habe. Der Erfolg des Suchens, wenn es glückt, wäre das ψηλαφεῖν und εὑρίσκειν, wenn man auf den gesuchten Gegenstand trifft, ihn betastet und somit gefunden hat. Καίτοιγε, obgleich er nicht erst lange gesucht zu werden braucht, sofern er jedem Einzelnen nicht ferne ist (um so unentschuldbarer ist das Mißlingen des Suchens), V. 28 begründet (γάρ) den letzten Satz und zeigt, warum und in wiefern Gott Jedem nicht ferne ist: darum, weil wir ἐν αὐτῷ, in Gott sind, als wie in dem umschließenden Raum, in dem wesentlich umgebenden und die Lebensfunktionen bedingenden Element. Ἐν αὐτῷ ist nicht: durch ihn (Grotius, Kuinoel), noch: auf ihm, als dem Grunde ruhend; die grammatisch nächstliegende Erklärung ist auch die in den logischen Zusammenhang passendste. Ζῶμεν, κινούμεθα, ἐσμέν ist, das abstrakte Verhältniß der Begriffe betrachtet, eine absteigende, hingegen im logischen Zusammenhang aufgefaßt, eine aufsteigende Reihe: Leben ist mehr, als Bewegung, diese mehr als bloßes Dasein; aber es ist eine Steigerung, wenn gesagt wird: außerhalb Gottes, isolirt von ihm, hätten wir kein Leben, nicht einmal Bewegung, und sogar keine Existenz. Als bestätigend und mit seinem Satz (ἐν αὐτῷ — ἐσμέν) harmonirend (ὡς καί — εἰρήκασι), führt Paulus noch den Ausspruch einiger Dichter, die den Hellenen angehören (οἱ καθ' ὑμᾶς), des Inhalts: wir sind ja auch seines Geschlechts. Die Worte bilden den Anfang eines Hexameters und stehen wörtlich bei Aratus, welcher als Sohn in Cilicien gebürtiger Dichter des dritten Jahrhunderts vor Chr., der im Eingang seiner astronomischen Dichtung Φαινόμενα V. 4 f. die Worte hat:

— πάντη δὲ Διὸς κεχρήμεθα πάντες
τοῦ γὰρ καὶ γένος ἐσμέν. —

Τοῦ, poetisch für τούτου, bezieht sich also dort auf Zeus, und wird von Paulus auf den wahren Gott angewendet. Wenn aber Paulus mehreren Dichtern denselben Gedanken beilegt (τινες — εἰρήκασι), so hat er wahrscheinlich noch den Kleanthes aus Lycien im Auge, welcher in seinem Hymnus auf Zeus, V. 5, die Worte hat: ἐκ σοῦ γὰρ γένος ἐσμέν. Solche Stellen mochten dem Paulus, auch ohne daß man eine förmliche hellenische Schulbildung oder ein eigentliches Studium der griechischen Literatur voraussetzt, durch sein Aufwachsen in einer Stadt von griechischer Bildung, wie Tarsus, leicht zur Kenntniß gekommen sein und sich eingeprägt haben.

12. Aus diesem Dichterspruch, als einem seinen Zuhörern bekannten und von ihnen zugegebenen Satz, zieht der Apostel einen weitern Schluß (οὖν) wider den Bilderdienst und die ihm zu Grunde liegende heidnische Anschauung (νομίζειν).

Diese Widerlegung, so scharf sie im Prinzip ist, lautet in der Form des Ausdrucks äußerst schonend, zumal in dem kommunikativen οὐκ ὀφείλομεν, während er sagen konnte: „es ist thöricht und unsinnig von euch, daß ihr das wähnet!" Der Schluß ist: Sind wir Gott verwandt, mit ihm homogen, so kann auch die Gottheit (τὸ θεῖον, wie im philosophischen Sprachgebrauch der Alten) nicht demjenigen homogen sein, was dem Menschen heterogen, dem Stoffe nach bloßes Metall und Gestein, und der Form nach nur durch Kunst hergestellt ist. Dies spricht der Apostel aus ungeachtet, oder vielmehr gerade weil die kostbarsten Statuen der Götter aus Silber und Gold, Marmor und Elfenbein, die glänzendsten Meisterwerke antiker Kunst auf der Akropolis und an andern Plätzen und Tempeln Athens standen. Χάραγμα, ein Bildwerk, Skulpturarbeit (von χαράσσω), welche ist Erzeugniß der Kunstfertigkeit und Ueberlegung eines Menschen; ἐνθύμησις ist laut des Sprachgebrauchs nicht Begehren, Trieb der künstlerischen Neigung (Meyer), sondern Nachdenken, Ueberlegung. Demnach lenkt Paulus, um das Vernunftwidrige des Bilderdienstes nachzuweisen, die Aufmerksamkeit sowohl auf den Stoff (χρυσ. ἀργ. λίθ.), aus dem die Götterbilder bestehen, als auf die Art und Weise der Formung und Vollendung derselben, theils mittels kunstfertiger Hand (τέχνης), theils mittels des Nachdenkens und Besinnens über das Wie? und Was? u. s. w. Mit Bedacht sind gerade die schlagenden Contraste: ἀνθρώπου und τὸ θεῖον unmittelbar neben einander gestellt.

13. V. 30 f. gelangt Paulus zu dem dritten Hauptstück der Rede: vom Heil und dem Heiland, Buße und Glauben. Im Bisherigen war deutlich zu verstehen gegeben, daß man bisher die Wahrheit verfehlt, sich verirrt habe. Auf Grund dessen (οὖν) bezeugt nun der Apostel, daß Gott die Zeiten der Unwissenheit übersehen habe (ὑπεριδών), habe hingehen lassen, ohne positive Gnadenerweisung, aber auch ohne strengste Rüge, nun aber, als in einem Wendepunkt der Zeiten (τανῦν), von allen Menschen Sinnesänderung fordere (τοῖς ἀνθρώποις πᾶσι πανταχοῦ drückt die Allgemeinheit auf's bestimmteste aus). Diese Forderung wird begründet, und diese Verkündigung, welche die gesammte Menschheit angeht, ist im Gang, mit Rücksicht darauf, daß (καθότι) er einen Tag des gerechten Weltgerichts anberaumt hat, das er durch einen Mann vollziehen wird, den er hierzu verordnet hat (ᾧ ὥρισε, gewöhnliche Attraktion), nachdem er durch Auferweckung desselben vom Tod allen Menschen Glauben an ihn dargereicht hat; πίστιν παρέχειν heißt, den Glauben möglich machen, nahe legen, nämlich mittels des thatsächlichen Zeugnisses für ihn und seine Würde, das in der Auferstehung lag.

14. Hier angekommen, aber noch nicht zum Schluß gelangt, wird der Redner durch lauten Spott über die Auferstehung unterbrochen; ἀνάστασις νεκρῶν, mit absichtlicher Umgehung des bestimmten Artikels, welcher die Auferstehung aller Todten bezeichnen würde, während hier nur von der Auferweckung eines Todten, nämlich Jesu, die Rede war. Die andern Zuhörer, die nicht geradezu spotteten, gaben wenigstens mit höflicher Form, als wollten sie ein andermal mehr davon hören, zu verstehen, daß sie ebenfalls genug hatten. Und so οὕτως, d. h. nach so wenig versprechender Aufnahme

seiner Worte, verließ Paulus die Versammlung. Dennoch schlossen sich einige Männer ihm an, die denn auch sich bekehrten; unter ihnen nennt Lukas nur einen mit Namen, Dionysios, ein Mitglied des Areopags, jenes ältesten, weit und breit geachteten Gerichtshofs von Athen. Daß Dionysios ein angesehener Mann gewesen sei, läßt sich aus dem Umstand abnehmen, daß jene Richterbehörde aus den edelsten, unabhängigsten und rechtschaffensten Männern gebildet wurde. Die Legende hat ihn zum Bischof von Athen und Märtyrer gemacht, und noch später sind ihm mehrere Schriften und das bekannte System mystischer Art untergeschoben worden. Damaris, völlig unbekannt, nur laut der Art, wie sie erwähnt ist, sicher mit Unrecht für die Gattin des Dionysios ausgegeben (Chrysostomus).

15. Die Einheit dieser Rede fällt in die Augen: die Inschrift jenes Altars, ἀγνώστῳ θεῷ, ist das Thema. Den Athenern gesteht der Apostel eine gewisse Religiosität freudig zu, macht aber dabei, auf Grund jener Inschrift, geltend, daß es ihnen an der rechten Erkenntniß Gottes fehle. Daher verkündigt er ihnen die Wahrheit 1) von Gott, V. 24 f., 2) vom Menschen, als der Gott zu suchen und zu finden bestimmt und mit Gott verwandt ist, V. 26—28. Nach der Zwischenbemerkung, V. 29, welche den Bilderdienst als verkehrt gerügt hat, verkündigt Paulus 3) V. 30 f., daß die Zeiten der Unwissenheit zu Ende sind und Gott Umkehr und Glauben an den Auferstandenen, welcher Heiland und Weltrichter ist, verlangt. Vgl. Lange, Kirchen-Gesch. II, 222 ff. Die ganze Rede ist höchst zeit- und ortgemäß, von einer Weisheit und Reife, so rücksichtsvoll und doch zugleich offen, so schonend und doch einschneidend dabei, so groß in der Anschauung und ächt paulinisch in den Grundgedanken von der einheitlichen Offenbarung Gottes in der Schöpfung, dem Gewissen und dem Werk der Erlösung, so wie von der Scheidung der Geschichte in vorchristliche und christliche Zeit, — daß wir den Zweifel nicht für begründet halten können, ob überhaupt der Bericht über das Auftreten des Apostels in Athen und über diese Rede glaubwürdig sei.

### Christologisch-dogmatische Grundgedanken.

1. Die Menge der Meisterwerke alter Kunst, die Schönheit der Erzeugnisse der Bau- und Bildnerkunst erweckt in Paulus nicht ästhetisches Wohlgefallen, geschweige Bewunderung, sondern sittliche Entrüstung. Da zum ersten Mal der Geist Christi in einem seiner Jünger und Apostel mit den höchsten Blüthen antiker Kunst in Berührung kommt, ergeht über die letztere ein Urtheil der Verwerfung. Sind demnach, wie Manche wähnen, Christenthum und Kunst an und für sich entgegengesetzte Pole, die sich abstoßen? Nein, es ist nur so viel wahr, daß der Geist Christi einen ausschließlich ästhetischen, rein künstlerischen Eindruck von Kunstschöpfungen nicht heute noch zuläßt, sondern die Kunst nur in und mit ihren zu Grunde liegenden tiefsten religiösen und sittlichen Gedanken auffaßt und beurtheilt. Und hierin stimmt der Geist Christi mit dem klassischen Alterthum insofern überein, als beide nichts Einseitiges gelten lassen, sondern beide den ganzen Menschen harmonisch auffassen. Der Apostel Paulus kann, indem er Athens Kunstgebilde in Augenschein nimmt, das Künstlerische daran nicht trennen von den Gedanken, welche dadurch ausgedrückt sind, von dem Zweck, wozu sie geschaffen sind; die schönen Tempel, die herrlichen Statuen u. s. w. sind aber wesentlich Schöpfungen des heidnischen Geistes und Mittel zum Zweck des polytheistischen Kultus; die kunstgeschmückte Stadt ist eben eine κατείδωλος πόλις. Und darum erweckt der Anblick in ihm sittliche Entrüstung über den Irrthum, die Verirrung, die Sünde wider den lebendigen Gott, welche darin liegt. Der Geist Christi läßt nie und nirgends eine vom Sittlichen und Religiösen ganz absehende Beurtheilung zu.

2. Wie mit der Kunst, so auch mit der Philosophie kommt hier das Christenthum zum ersten Mal in Berührung, und zwar in gar keine freundliche. Nur mit dem Unterschied, daß dort der Apostel im Namen des Christenthums der angreifende Theil war, hier aber die Philosophen. Weder in dem Bericht, V. 16—18, noch in der ganzen Rede vom Areopag, findet sich ein Gedanke, welcher sich direkt als ein Angriff auf die Philosophie zu erkennen gäbe. Wohl aber äußern sich die epikureischen und stoischen Philosophen, V. 18 und 32, vor und nach dem Vortrag des Apostels theils spöttisch verachtend, theils kalt über seine Lehre. Das begreift sich, weil es gerade die Schulen Epikurs und Zeno's waren, welche mit Paulus in Berührung kamen. Jene vermöge ihrer Lehre von der Gottheit und der Lust als dem höchsten Gut, siehet sich im Gegensatz, diese vermöge ihrer sittlichen Selbstgenugsamkeit, der christlichen Lehre am fernsten stehend. Daß aber das Christenthum seinerseits der Philosophie feind sei, läßt sich aus dieser ersten Begegnung keineswegs schließen. Im Gegentheil darf man aus den fruchtbaren Gedankenkeimen, welche in der athenischen Rede ausgestreut sind, bereits weißagen, daß die Wahrheit in Christo Jesu selbst eine christliche Philosophie aus sich erzeugen wird.

3. Der Art ist schon der erste Gedanke dieser Missionsrede: ὃ ἀγνοοῦντες εὐσεβεῖτε — καταγγέλλω ὑμῖν. Von der Inschrift jenes Altars: „einem unbekannten Gott!" geht Paulus aus. Was darin gesagt ist, faßt er weiter und tiefer. In der Verehrung eines unbekannten Gottes liegt das Geständniß sowohl eines Nichtwissens, als eines bringenden Bedürfnisses der Verehrung des Unbekannten. Die Götter, die man kennt und nennt, und als bekannt verehrt, befriedigen das religiöse Bedürfniß nicht; sonst hätte sich über den bestehenden Kultus hinausgetrieben. Aber was man daneben verehrt, ist zugestandenermaßen ein Ungenanntes und Unbekanntes: ὃ ἀγνοοῦντες εὐσεβεῖτε, V. 23, ἡ ἄγνοια, V. 30). Und in der Verehrung einer unbekannten Gottheit liegt die dunkle Ahnung des unbekannten Gottes. Auch unter der Masse heidnischer Göttersagen und Gottesdienste und Aberglaubens liegt religiöse Wahrheit verborgen, nur unbewußt und dunkel. Und was das religiöse Gemüth blind umhertastend sucht (vgl. ζητεῖν, ψηλαφεῖν, V. 27), das hat die Offenbarung und verkündigt es klar und selbstbewußt (τοῦτο — καταγγέλλω ὑμῖν). Dies die Keime sowohl einer „Philosophie der Mythologie," als einer „Philosophie der Offenbarung."

4. Paulus verkündigt den einen persönlichen Gott, als Weltschöpfer und über alle Kreatur erhabenen Herrn der Welt. Hiermit stellt er die Wahrheit positiv auf, ohne zu verneinen und zu polemisiren. Er widerlegt aber damit alle Vermischung von Gott und Natur, wie sie der Natur-

religion zu Grunde liegt, in ihren Mythen sich ausspricht und auch der antiken Philosophie anhaftet. Die hellenischen Götter sind entstanden, keine Theologie ohne Theogonie auf diesem Standpunkt; selbst die Philosophie bringt es auf klassischem Boden nicht zu einer wahren Unterscheidung zwischen Gott und Welt, und noch weniger zur Idee der Schöpfung. Vgl. Baumgarten-Crusius II, 1. 249 ff. und was Plato betrifft, Zeller, die Philosophie der Griechen II, 2. Ausgabe 1859, Seite 474 ff. Es bleiben für alle Zeiten und Stadien des Denkens die Idee der Weltschöpfung und der Uebernatürlichkeit Gottes, als des Herrn der Welt, Grundgedanken der Wahrheit, welche nicht ohne Gefahr verkannt oder hintangesetzt werden können.

5. Die wahre Anschauung des Menschen und der Menschheit verdanken wir der Offenbarung. Denn Einheit des Menschengeschlechts [V. 26] ist sämmtlichen polytheistischen Religionen fremd. Sie geben, entsprechend der Vielheit von Göttern, von ursprünglicher Vielheit und ungleicher Würde der Nationen und ihrer Stammväter aus. Und wie der Ursprung, so der Fortgang. Ein Begriff von Einheit der Menschengeschichte ist ebenfalls dem Heidenthum fremd. Selbst die gebildetsten Völker, die Hellenen und Römer, haben nur an der eigenen Nation einen scheinbaren Mittelpunkt für die Weltgeschichte, aber eine wirklich einheitliche Universalgeschichte der Menschheit haben sie nicht. (Siehe Baumgarten-Crusius II, 1. 269 ff.) Nur die Offenbarung, sowohl des Alten als des Neuen Testaments, bietet die Einheit, und zwar vermöge der Rückziehung des menschlichen Geschlechts auf den einen und wahren Gott. Die Weltgeschichte, von Gott ausgehend und auf Gott hinzielend, das ist die biblische Wahrheit, im Alten Bunde geoffenbart durch verheißungsvolle Andeutungen, im N. B. verwirklicht und erfüllt in der Person des Erlösers, welcher der zweite Adam und Gottes Sohn zugleich ist.

6. Immanenz des Menschen in Gott spricht der Apostel aus V. 28: ἐν αὐτῷ ζῶμεν — ἐσμέν. Das Wort ist mannigfach mißverstanden und mißbraucht worden. Pantheismus sogar hat man darin gefunden. Mit vollem Unrecht. Denn erstens ist hier nicht von der Welt, der Kreatur überhaupt die Rede, sondern blos vom Menschen, und zwar im Zusammenhang mit dem Satz, daß der Mensch Gott finden kann und ihn nahe hat. Zum Andern ist nur ausgesagt: wir sind und leben in Gott; nicht entfernt aber etwas wie das, daß Gott in der Welt aufgehe oder die Welt substantiell mit Gott ein und dasselbe sei. Zum Dritten ist die Ueberweltlichkeit Gottes, V. 24, durch den Begriff der Schöpfung des κύριος οὐρανοῦ καὶ γῆς klar genug bezeugt, um gegen jede beliebige Vermischung und Identifizirung Gottes mit der Welt und umgekehrt Einsprache zu erheben. — Nicht einmal, wie man sonst wohl sagt, Immanenz Gottes in der Welt liegt in der Sentenz des Paulus; sondern umgekehrt, Immanenz des Menschen in Gott, d. h. nicht blos schlechthin bedingte Abhängigkeit von Gott und seinem Leben, seiner Kraft, seinem Sein, sondern innigstes Nahesein bei ihm, dem Allgegenwärtigen, der uns wie der Raum, wie die Luft, allenthalben umgibt und trägt.

7. Christus als der Wendepunkt der Weltgeschichte, ist am Schluß der Rede glänzend in's Licht gestellt. Vor ihm der Zeitraum der ἄγνοια, mit ihm und seit ihm demnach das Licht. Vor ihm das schonungsvolle Uebersehen, von nun an die Aussicht auf das gerechte Weltgericht, den anberaumten großen Tag. Sinnesänderung wird allen Menschen überall gepredigt, damit sie nicht dem Gericht anheimfallen. Die Person Jesu Christi ist nur mit zwei Strichen gezeichnet: als Mann, als Mitglied der Menschheit, menschlicher Natur theilhaftig, auch dem Tode unterworfen (ἐκ νεκρῶν); und als Weltrichter, wozu er von Gott bestimmt ist (ὥρισε), und durch Auferweckung von den Todten den Menschen als Gegenstand vertrauensvollen Glaubens von Gott hingestellt ist. Wenn aber Gott in der Person Jesu Christi den Weltkreis richten wird, so ist Christus nicht blos Mensch, sondern zugleich das entsprechende und vollkommene Organ des heiligen und gerechten, allwissenden und allmächtigen Gottes, demnach selbst göttlicher Natur und Würde.

### Homiletische Andeutungen.

Ergrimmete sein Geist in ihm. [V. 16.] Bei der ersten Berührung also, in welche der Geist Christi mit dem höchsten Werken menschlicher Kunst getreten ist, ist das Gericht des Heiligen Geistes als die enge Pforte hingestellt, durch welche sie hindurch zu gehen haben. Aber deßwegen hat er doch nicht die Art genommen und die Götterbilder und Altäre zusammengeschlagen (Goßner), wie die bilderstürmerischen Puritaner, welche die Kunst an und für sich als etwas Unchristliches und Ungöttliches verdammen. — Ihm galt es, die Götzen nicht sowohl von den Altären, als vor Allem aus den Herzen zu stürzen. (Leonh. u. Spiegelh.)

Auch auf den Markt alle Tage zu denen, die sich herzufanden. [V. 17.] Denn da waren immer viel müßige Pflastertreter, die an dem Markt müßig stunden, Matth. 20, 3. (Starke.) — Weil das Evangelium einen richtigen Grund hat, so versteckt sich's nicht, Luk. 12, 3. (Ebendas.)

Etliche aber der Epikurer und Stoiker zankten mit ihm. [V. 18.] In Jerusalem Sadducäer und Pharisäer, in Athen Epikurer und Stoiker, in der heutigen Welt auf der einen Seite Weltsinn und Genußsucht, auf der andern Vernunftstolz und Selbstgerechtigkeit — es sind immer die beiden Erz- und Erbfeinde, zwischen denen die Predigt vom Kreuz sich durchschlagen muß. — Die Predigt vom Kreuz den Griechen eine Thorheit, heute wie einstmals: 1) Dem epikureischen Leichtsinn: a. sofern er Unglaube, b. sofern er Fleischesdienst ist. 2) Dem stoischen Hochmuth, a. nach seinem Vernunftstolz, b. nach seiner Selbstgerechtigkeit.

Was das für eine neue Lehre sei, die du lehrest? [V. 19.] Während die Welt im Evangelio etwas Neues, eine ungeahnte und unerhörte Lehre findet, ist diese Predigt älter als alle Menschenweisheit und übersieht wie auf- und untergehende Systeme derselben als eine Kraft Gottes in Ewigkeit. (Leonh. und Spiegelh.) — Sie führten ihn an den Richtplatz. Wie weiß doch der Herr seine Boten zu ehren! Hier gibt er dem armen, geschmähten Paulus Gelegenheit, auf dem weltberühmten Areopag in Athen vor einer großen Versammlung ein herrliches öffentliches Zeugniß der Wahrheit abzulegen; so weiß Gott das Schlechte zu wählen, damit er die Weisen in ihrer Thorheit beschäme. (Apost. Past.)

Die Athener aber alle waren gerichtet auf nichts Anderes, denn etwas Neues ꝛc. [B. 21.] Der Geist der Neugierde ist insgemein ein Hinderniß der Wahrheit, bisweilen aber bedient sich Gott desselben, die Wahrheit in's Herz zu bringen, B. 34. (Quesnel.) — Das menschliche Geschlecht, besonders das studirende und gelehrte, ist so flüchtig, daß es immer flattert und blättert und schwärmt, das war der akademische Geist zu Athen, und ist er es nicht noch? (Goßner.) — Die Begierde nach etwas Neuem ist zu loben, so man verlangt ein neues Herz, den neuen Menschen und das neue Jerusalem. (Starke.) — **Weltliche Neugierde und christliche Wißbegierde:** 1) Jene sucht Ergötzung, diese Belebung. 2) Jene sucht das Neue, diese das Wahre. 3) Jene zerstattert im Vielen, diese findet Frieden im Einen.

**Paulus aber stand mitten auf dem Richtplatz und sprach.** [B. 22.] Weder das so besondere Auditorium von Weltweisen, noch die Feierlichkeit des Orts, noch die Neugierde der Zuhörer verleitet den theuren Apostel, im Geringsten von seinem Evangelium abzugehen und auf Grillen der Athener sich einzulassen. Aber das sieht man wohl, daß er seinen Vortrag auf die eigentliche Beschaffenheit ihrer Herzen einrichtet und ihnen mit weiser Milde beizukommen sucht. (Apost. Past.) — Daß ihr in allen Stücken gar gottesfürchtig seid. — Warum die Leute von Athen einst auftreten dürfen im Gericht als Kläger wider die Leute in der Christenheit: 1) Jene waren gottesfürchtig, ihrem Aberglauben lag die fromme Furcht im Grunde vor einem unbekannten Gott. 2) Diese sind gottesfremdet und verwerfen in ihrem Unglauben einen offenbaren Gott. — Wie vorbereitet für den Christenglauben auch die Heiden waren. (Nitzsch, Wittenb. Pred.)

**Dem unbekannten Gott!** [B. 23.] Ach, wie mancher Herzensaltar hat diese Ueberschrift! Die Gottheit ist natürlicher Weise allen Menschen in's Herz geschrieben, und wer ist, der sich nicht einen Gottesdienst zuschreibt? Aber leider! dieses Licht der Erkenntniß ist bei den Meisten durch fleischliche Begierden, Vorurtheil und böse Exempel so verdunkelt, daß der wahre Gott ihnen dennoch ein unbekannter Gott bleibt, Jes. 1, 26; 1 Joh. 2, 3. 4. (Starke.) — Wie nöthig wäre es daher, daß ein Paulus in allen christlichen Kirchen und Häusern aufträte und den heutigen Christen predigte, daß sie bei allem Scheine der Erkenntniß und Anbetung einem unbekannten Gott dienen und Altäre bauen! (Goßner.) — Die Prediger des Evangelii sind Leute, die den unbekannten Gott verkündigen. (Starke.) — Viele sind hier, deren Herz ist wie der Markt von Athen oder wie ein Pantheon, ein Tempel aller Götter. Es steht da ein Götzenbild neben dem andern. Zorn, Hochmuth, Wollust, Geiz, Trägheit, Ehre bei Menschen. Forsche in deinem Herzen, ob diese Bildsäulen drin stehen! Wir werden meist Ja antworten müssen und sagen: mein Gott ist das Leben, die Wissenschaft, die Kunst, das Geld, die Freude, mein Bräutigam, meine Braut, Weib oder Kinder und andere Güter dieser Welt. Und dahinter in einem Winkelchen, im bangen Schlagen des Gewissens, da steht ein Altar mit der Inschrift: „dem unbekannten Gott!" d. h. dem Gott, auf dessen Namen ich getauft und confirmirt bin, dem ich mich verlobt habe, der mich hält und trägt mit seiner Barmherzigkeit, mit dem ich aber in keinem lebendigen Umgang stehe, dessen Gebote ich nach Belieben übertrete. (Abseld.) — Ein unbekannter Gott ist er auch denen, die nicht in ihm leben, sondern in der Welt und ihrer Lust. Das sind die, welche die Grund- und Lehrsätze der Epikurer in's praktische Leben einführen, jene ordinären Menschen, denen der Summe ihres Daseins im Genusse besteht, die von ihrer unsterblichen Seele nichts wissen und wissen wollen, sondern bei sich selbst sprechen: lasset uns essen und trinken, denn morgen sind wir todt. Das ist die große Menge derer, die in ihrem Hause keinen Altar mehr haben, nicht einmal mit verbleichter Inschrift, auch nicht in verborgensten Winkel, den Altar im Hause des Herrn aber verlästern oder doch tief innerlich verachten, weil sie Gott nicht mehr im Herzen haben. Sie haben vergessen, daß sie göttlichen Geschlechtes sind, ihr Leben ist losgerissen vom mütterlichen Boden der Kirche und verkümmert nun in dem versäuerten Boden der Weltlust, — der lebendige Gott ist für sie ein fremder und unbekannter Gott geworden, nach dem sie nichts fragen. (Langbein). — Wem ist der lebendige Gott ein unbekannter Gott? 1) Denen, die sich selbst für weise halten. 2) Denen, die ihm äußerlich Gottesdienst thun, ohne ihn selbst zu suchen. 3) Denen, die nicht in ihm leben, sondern in der Welt und ihrer Lust. 4) Denen, die ihn nicht in Christo finden wollen. (Langbein.) — Das gläubige Christenherz ein Altar des wohlbekannten Gottes: 1) In ihm ist das Ahnen seines Wesens zur zweifellosen Gewißheit durch's Wort Gottes geworden. 2) In ihm ist die bange Furcht vor seiner Heiligkeit in seligen Frieden durch Christi Erlösung verwandelt. 3) In ihm ist die Neigung zur Sünde in dem Dienste Gottes durch den Heiligen Geist überwunden. (Florey.)

**Gott, der die Welt gemacht hat u. s. w.** [B. 24.] Das ist der Eine Gott, will er ihnen zeigen, der das Weltall mit dem ganzen Apparat der Elemente, Körper und Geister, durch das Wort, das seinen Befehl trug, durch die Weisheit, womit er es ordnete, durch die Allmacht, der er es vermochte, aus Nichts in's Dasein gerufen. (Tertullian.) — Damit zerschlägt aber Paulus zugleich die Götzen der Athener, denn indem er zeuget von der Herrlichkeit des Gottes, dem der Himmel sein Stuhl und die Erde seiner Füße Schemel, trifft er die Götzen, die in Tempeln wohnen, von Händen gemacht. Gott kann nun in sich wohnen, wo er war, ehe er die Welt gemacht hat. Er ist selbst sein Tempel. Dennoch aber hat er sich so viele Tempel gebaut, als lebendige Herzen sind, die ihn lieben. Da will er wohnen, erkannt und angebetet sein. — Nach draußen haben wir uns verirrt, nach innen werden wir gewiesen. Drinnen in dir thue dein Werk, und suchst du etwa irgend eine erhabene heilige Stätte, gib dich innerlich Gott dar zu einem Tempel. In einem Tempel willst du beten, bete in dir; denn der Tempel Gottes ist heilig, welcher seid ihr. (Augustin.) — Wo ist der Tempel, darin ich Gott suchen, finden und anbeten soll? 1) Es ist der Himmel, darin die vollendeten Geister vor seinem Stuhle stehen. 2) Es ist die sichtbare Schöpfung, darin er sich nicht unbezeugt läßt in seiner Allmacht, Weisheit und Güte. 3) Es ist die Kirche, darin der unbekannte

Gott ein offenbarer ist im Evangelium seines Sohnes. 4) Es ist mein Herz, darin er wohnen will durch seinen heiligen Geist.

Sein wird auch nicht von Menschenhänden gepflegt, als der Jemandes bedürfte. [V. 25.] Gott hat unser nicht nöthig, wir aber Gottes. (Starcke.) — Die Götzen freilich brauchen Pflege von Menschenhänden: finden sich doch in den Städten Indiens und China's Werkstätten mit der Aufschrift auf den Schildern: Hier werden alte Götter ausgebessert und neue gemacht. (Leonh. u. Spiegelh.)

Und hat gemacht, daß von Einem Blut aller Menschen Geschlechte u. s. w. [V. 26.] Die Einheit des Menschengeschlechts aus Einem Stammvater ist nothwendige Folgerung aus der Einheit des Schöpfers und der Schaffung der Menschen nach seinem Bilde. [V. 28. 29.] — Der Eine Adam, in dem Alles beschlossen ist [V. 31.], weist als zweiter Adam auf einen ersten zurück. (Stier.) — Wir Menschen sind Alle Ein Volk! Das ist der große neue Blick, den das Evangelium wieder in das Griechen- und Römerthum und alle besondere Volksthümlerei der alten Völker geworfen hat. (Ders.) — Und hat das Ziel gesetzt — wie lange und weit sie wohnen sollen: Was denket ihr gewaltigen Krieger und Ländersresser? Höret, Gott hat auch noch etwas dazu zu sagen, wenn man Königreiche theilen soll. 4 Mos. 34, 2; Psalm 10 u. 5. 44. (Starcke.) — Wie in der Schöpfung, so in der Regierung der Welt; wie in der Natur, so im Menschenleben Gottes heilige und allmächtige Hand!
— Nicht nach Boden, Klima und Nationalitäten, sondern nach Gottes Reichsplan und der inneren Entwicklung des Menschengeschlechts richtet sich der Wechsel oder das Bleiben der Völkergränzen. Israel wird in alle Lande zerstreut, wenn die Zeit seiner Verstockung gekommen ist. Athen ist seine ewige Stadt und Rom kein unsterbliches Rom; alle Herrlichkeiten beider fallen, wenn ihre Zeit erfüllt ist: denn die Erde in ihrer jetzigen Gestalt ist nur interimistische „Wohnung" der Menschen für den höheren Zweck [V. 27], daß sie in ihrem Gott zurückgeführt werden. (Stier.) — Gott in der Geschichte. Er offenbart darin 1) seine schöpferische Allmacht, indem er den Menschengeist sich auseinanderfalten läßt, in der Mannigfaltigkeit der Völkergeister. 2) Seine segnende Güte, indem er jedem Volk Raum und Zeit gibt, seine Eigenthümlichkeit zu entwickeln. 3) Seine richtende Gerechtigkeit, indem je jedem Volk, und wär's Griechenland und Rom, ja selbst sein Augapfel Israel, Ziel und Gränze setzt seiner Macht und Blüthe. 4) Seine heilige Liebe, indem er die ganze Weltgeschichte darauf zielt, daß das Reich Gottes komme, daß die Menschen Ihn suchen und finden.

Daß sie den Herrn suchen sollten, ob sie doch ihn fühlen und finden möchten. [V. 27.] Paulus predigt hier natürliche Wahrheiten, redet von den göttlichen Vollkommenheiten und seiner Vorsehung über das menschliche Geschlecht. Aber findet man hier leere Definitionen und Distinctionen, trockene Logik und Beweise? Im Geringsten nicht, die Wahrheiten werden in seinem Munde lebendig, und sein in Gott lebendes Herz richtet Alles dahin, die Seelen zum Suchen des ihnen so nahen Gottes zu bewegen. Alle Philosophie, die uns dazu antreibt, ist evangelisch und göttlich. (Apost. Past.) — Ach, daß doch dies Wort nicht in alle Herzen geschrieben ist, daß wir nur dazu auf der Erde sind, Gott zu suchen in den Creaturen, außer uns und in uns selber. (Quesnel.) — Diesem Suchen könnte das Finden nicht fehlen, denn er ist nicht ferne von einem Jeglichen unter uns. Das ganze Weltall verkündet mit beredtem Schweigen den Herrn als den höchsten Ursprung aller Dinge, den Alle ihn fühlen möchten, nicht mit leiblichen Sinnen, wohl aber mit den Sinnen des Geistes. (Calov.) — Du darfst daher nicht sagen: Wer will hinauf gen Himmel fahren und ihn herabholen? Oder wer will in den Abgrund hinunterfahren und ihn von den Todten heraufbringen? Er ist dir so nahe als das Gesetz des Heiligen in deinem Gewissen, als das Verlangen nach Seligkeit in deiner Seele, als der unwillkürliche Schrei nach Hülfe und der unaufhaltsame Seufzer nach Frieden in deinem Herzen und Munde. (Menken.) — Das Suchen deutet aber den großen Verlust an, das Abgeirrtsein auf die eigenen Wege. Es soll und kann nur geschehen durch Suchen oder eigentlich Tasten und Greifen, was zweierlei zugleich andeutet: Einmal, daß es finster geworden ist unter den Völkern, sodann aber, daß dennoch der Nahegebliebene und Immernahe sicher und leicht zu ergreifen ist. (Stier.) — Als die letzte Absicht aller großen Anordnungen Gottes in der Welt stellt Paulus vor, daß der Mensch Ihn suchen sollte, und das Fühlen und Finden desselben als das höchste Ziel unsrer Vollkommenheit. Laßt uns 1) das Ziel, 2) den Weg dazu in's Auge fassen. (Schleiermacher.)

Denn in ihm leben, weben und sind wir. [V. 28.] So nahe haben ihn alle Menschen, wenn sie es nur glauben wollten. Aber das menschliche Geschlecht hätte ihn lieber weit weg. Es hat noch die alte Methode an dem Paradiese her, sich unsere ersten Eltern verbargen vor Gottes Gegenwart. (Goßner.) — Gott allein ist ein solches wahrhaftiges Wesen, das nothwendig von sich selbst besteht; unser Sein und Bestehen ist nur ein entlehntes, Jes. 44, 6; 1 Kor. 8, 6. (Starcke.) — Im Vater (von dem Alles kommt), sind wir; im Sohne (der das Leben ist) leben wir; im Geiste (der der Odem alles Fleisches ist) weben wir. (Cyprian.) — Wir sind seines Geschlechtes: 1) Durch die Schöpfung nach Gottes Ebenbild. 2) Durch die Erlösung des menschgewordenen Gottessohns. — Wir sind göttlichen Geschlechts: 1) Die Wahrheit dieser Worte: a. aus der Schrift; b. aus dem menschlichen Wesen; c. aus uns selber. 2) Die Wirkung derselben: a. heilige Demuth; b. heiliger Muth. (Tholuck.)

So wir denn göttlichen Geschlechts sind, sollen wir nicht meinen u. s. w. [V. 29.] Die Heiden hatten ihr eigenes Wort schlecht verstanden. Sie schlossen: wenn wir göttlichen Geschlechts sind, so müssen also die Götter menschlichen Geschlechts sein, man kann und soll sich demnach von ihnen menschliche Abbilder machen. Paulus hält ihnen einen andern Schluß vor. Die, welche göttlichen Geschlechtes sind, schänden sich selber, wenn sie ihren Gottesdienst nicht auf ihr Stammoberhaupt, den Herrn selber, zurückführen, wenn sie sich unter einen Geringeren beugen, als der Herr über Alles ist. Mit demselben Beweis würde er diejenigen Kinder unserer Zeit schlagen, die wohl nicht von ihnen erfundene Bilder, aber doch den erfinderischen Menschengeist, den sogenannten Genius, übermenschlich ehren, denn auch sie beten nichts Anderes an, als ihre menschlichen Gedanken. Ja selbst alle todten Christen mit ihren äußerlichen Gottesdiensten werden durch dies Wort gestraft, denn ihr Gott ist ein ferner und todter Gott, nicht der lebendige und allgegenwärtige, in dem wir leben, weben und sind. (Williger.)

Und zwar hat Gott die Zeit der Unwissenheit übersehen u. s. w. [V. 30.] Das war ja wohl was Frembes, daß man Einem auf der Universität von Ignoranz sagte, doch war es wahr anders. Es waren ganze Jahrhunderte von Ignoranz mitten unter dem geschliffensten Heidenthum. (Berleburger Bibel.) — Glimpflich hebt Paulus am Heidenthum zunächst die Seite der Unwissenheit heraus. Daß dieselbe aber eine verschuldete sei, wird sogleich angedeutet in dem Ausdruck des schonenden „Uebersehens", in der Forderung der „Buße" und in der Drohung des „Gerichts". (Stier.) — Nun aber gebeut er allen Menschen an allen Enden Buße zu thun. Bei allem Liebkosen des Zuhörer muß der Ruf zur Buße desto nachdrücklicher werden. Alle Worte hier packen uns und zeigen, wie Paulus keine Unwissenheit, keine Philosophie, keine Würde, nichts will gelten lassen, sich dem allgemeinen, von Gott selbst befohlenen Mittel der Buße zu entziehen. (Apost. Past.) — Der schmale Weg der Buße, der Eine Weg für Alle. Nichts entbindet davon: 1) Keine Unwissenheit und keine Wissenschaft. 2) Keine Sündentiefe und keine Tugendhöhe. 3) Kein Heidenthum und kein Christenglaube.

Einen Tag, auf welchen er richten will den Kreis des Erdbodens. [V. 31.] Populäre Umschreibung von V. 30 u. 31: Gott will gnädig alle bisherigen Sünden nicht strafen, von jetzt ab fordert er aber vor allen Dingen Buße, indem er warnend das bevorstehende Gericht durch Jesum ankündigen lässet, und will dann schon selber Jedem, der bußfertig ist dem verordneten Manne anerkennt, auch Zutrauen zu ebendemselben Manne machen, den er auch zum Heiland verordnet hat, und seit seiner Auferwedung das neue Leben aus ihm allen den Gläubigen darbeut. (Stier.) — Wer den Kreis der Erden mit geistlichen Augen ansiehet, kann sich keine andere Rechnung machen, als daß ein Gericht künftig sei. (Starke.) — Durch einen Mann. Das ist der Mann ohne Gestalt und Schöne, vor dessen Kreuzgestalt alle Götter und Halbgötter Athens, Theseus und Herakles, Zeus und Apollo mit ihrer Herrlichkeit in den Staub sinken, vor dessen thörichter Predigt alle Weisen Griechenlands, Thales und Pythagoras, Sokrates und Plato verstummen, vor dessen unsichtbares und unscheinbares Reich die Gesetze Solons und Lykurgs, und das Weltreich Alexanders überdauern sollte.

Etliche hatten's ihren Spott, Etliche sprachen: wir wollen dich davon weiter hören. [V. 32.] Die Welt theilt sich fast ganz in diese zwei Arten von Sündern ein. Die eine spottet über seligmachende Wahrheiten, die andere verschiebt von einer Zeit zur andern, sich dieselben zu Nutz zu machen. (Quesnel.)

Also ging Paulus von ihnen. [V. 33.] Und kam nicht wieder. Der Herr selber verbot, das Heiligthum den Heiden zu geben und die Perlen vor die Säue zu werfen, und antwortete Herodi auf seine vorwitzigen Fragen nichts. Wo man so weit gekommen ist, daß man sich über das Evangelium nicht einmal mehr ärgert, wenn die Zeiterscheinung ist und solche in andern entweder bespöttelt oder bekrittelt: da haben Knechte Gottes nichts mehr zu hoffen, sondern zu schweigen. (Williger.) — So gehen die Gelegenheiten vorbei, indem man Rath hält. Man versäumt, den guten Rath und die Gegenwart eines Mannes Gottes mitzunehmen. Er wird uns genommen, er kommt nicht wieder, und man stirbt, ehe man sein Gewissen in Staub gesetzt, vor Gott zu erscheinen, Joh. 8, 21. (Quesnel.)

Etliche Männer aber wurden gläubig, unter welchen war Dionysius. [V. 34.] Ein einziger Mann von einem so zahlreichen Haufen der Weltweisen? O welch eine Wunderkraft gehört dazu, daß ein Weiser dieser Welt zum Kreuze Christi krieche! (Quesnel.) — Die große Anzahl ist kein Zeichen der wahren Kirche. Der gemeinen Steine gibt es viel mehr als der Edelgesteine; welche sind aber am meisten werth? (Starke.) — Also doch ein Sieg der Wahrheit. Und nachher ist nach dem Zeugniß der Alten eine hellleuchtende christliche Gemeinde in Athen gewesen. So wird die christliche Religion auch unter dem Leiden über alle akademische Hoheit Meister. (Bogatzky.)

Zum Abschnitt B. 16—34. (Vgl. die Dispositionen zu einzelnen Versen.) Die Weisheit der Welt und die göttliche Weisheit: 1) Jene forscht wohl, aber bloss um ein angenehmes Spiel des Geistes zu treiben [V. 21], diese strebt des Lebens Zweck und Bedeutung klar zu erkennen und sicher zu erreichen. 2) Jene ahnt wohl etwas von dem Dasein und Wesen des lebendigen Gottes [V. 23], aber ihre volle Verehrung wendet sie selbst erdachten Götzen zu; diese bringt im Lichte der Offenbarung in die innersten Tiefen der Gottheit. 3) Jene hat wohl eine Ahnung von der ursprünglichen Herrlichkeit des Menschen [V. 28], aber von der Erlösung des Gefallenen kann und mag sie nichts wissen; diese findet ihre Vollendung in der Versöhnung der Welt durch Christum. (Leonh. u. Spiegel). — Des Apostels Heidenpredigt auch an Christenherzen: 1) Gottes Macht — in der Weltschöpfung. 2) Gottes Liebe — in der Weltregierung. 3) Gottes Heiligkeit — im Weltgerichte. (C. Beck, homilet. Repert.) — Die Erhabenheit der göttlichen und die Hoheit der menschlichen Natur. (Derselbe.) — Der Bote des Evangeliums in der Heidenwelt: 1) Seine Gefühle. a. er fühlt sich abgestoßen von den Gräueln des heidnischen Wesens; b. er ist voll heiliger Wehmuth über den heidnischen Götzendienst. 2) Sein Verfahren. Er nimmt jede Gelegenheit wahr, für Gott und Christum zu wirken. Ihm ist willkommen a. jeder Zuhörer: Juden, Proselyten, Heiden; b. jeder Ort, wo er die Wahrheit bezeugen kann. 3) Seine Zuhörerschaft besteht a. aus eingebildeten Weisen, b. aus Leuten von den verkehrtesten Ansichten, c. aus Neugierigen. (Lisko.) — Der Zug des Menschen zu Gott. (Homilie.) 1) Die Abkehr von Gott V. 16—26. Gott wird dem Menschen unbekannter Gott, und vergebens sucht er seine Befriedigung in sinnlichem Genuß oder in menschlicher Weisheit [V. 18], oder in äußerer Werkheiligkeit und Frömmigkeit [V. 24 u. 25.] 2) Die Einkehr in's eigene Herz. [V. 26—29.] Was hattest du von der Sünde? Nichts. Wonach sehnt sich dein Herz? Nach dem Höchsten.

Wo ist Er, dein Gott? Nicht ferne. [V. 27.] Er, der allen Menschen ihr Ziel versehen, dachte auch an dein Wohl und Wehe. Was ist deine Seele? Sein Odem. Was ist dein Leib? Sein Tempel. Und du wolltest der Sünde dienen? In vergänglichen Dingen den Ewigen suchen? Nein, Er wohnt nicht in Tempeln von Menschenhänden gemacht. Du wirst ihn finden, wenn du wirst wie Er, und Er hat dir's möglich gemacht. 3) Die Umkehr zum Vater. [V. 30. 31.] Der dir unsichtbar nahe in deinem Gewissen, in den Führungen deines Lebens, ist dir sichtbar nahe getreten in seinem Sohne Jesu Christo. An Christo erkennst du erst, wie du göttlichen Geschlechtes bist und deinen Abfall von Gott sühnen kannst. Das Alte will Gott aus Gnaden übersehen. Nun aber sollst du zu ihm kommen durch Buße und Glauben. Wer an ihn glaubt, wird nicht gerichtet. (Lisco.) — Das Verhalten der Zuhörer Pauli zu Athen ein Bild des Verhaltens der Zuhörer überhaupt. [V. 32—34.] 1) Etliche hatten's ihren Spott. 2) Etliche sprachen: Wir wollen dich davon weiter hören. 3) Etliche blieben Paulo an und wurden gläubig. (Lisco.) „Luther in Rom, Calvin in Paris", das sind spannende Bilder der Geschichte. Aber hier ist mehr: Paulus in Athen! Wohlan, treten wir dem Bilde näher und richten unsere Blicke 1) auf die Empfindungen, mit denen des Apostel in der Stadt der Athener weilte. Einen Boden wie diesen hatte der Herold des blutigen Kreuzgeheimnisses noch nie betreten. Auge, Ohr, Herz verschließt sein Auge den Denkmälern sinnigster Kunst nicht, er sieht auch in ihnen etwas vom Adel des Menschengeistes. Aber er läßt sich von jenem sinnlichen Schönheitszauber nicht einnehmen oder seinen höheren Standpunkt entreißen, auf den ihn die göttliche Gnade in Christo stellte, und ein tiefer Schmerz über die Verirrung des Menschengeistes bleibt der Grundton seiner innersten Stimmung. 2) Auf das Zeugniß, das er daselbst ablegt. Drei große Wahrheiten find's, die der Apostel im Gegensatz gegen drei große Lügen auf den Leuchter stellt, welche die damalige Philosophie beherrschte, von denen auch die heutige noch nicht erlöst ist: Die Schöpfung aus Nichts gegenüber dem Naturalismus; die Persönlichkeit Gottes gegenüber dem Pantheismus; das Wesen der Sünde gegenüber dem Antinomismus und Rationalismus. 3) Auf den Erfolg. Dieser ist zunächst kein tröstlicher; zuviel eingewurzelte Vorurtheile durchkreuzte das apostolische Wort, aber sein stilles Hoffen hat ihn doch nicht getäuscht. Schon ein einziger Bekehrter wiegt schwer in der Wagschale des Reiches Gottes. Neutral zu bleiben gerät hier Keinem. (Friedr. Wilh. Krummacher in der Dreifaltigkeitskirche zu Berlin 1847.) — „Das war in allweg ein außerordentlicher Auftritt. Ein merkwürdiger Abstand zwischen einer so geistvollen kraftvollen Rede und jenen sophistischen Deklamationen, mit welchen oft gerade solche Materien, über welche Paulus hier redet, behandelt wurden, und über die schon Sokrates geklagt und gespottet hatte. Was würde ein Sokrates (damals hatte Athen keinen mehr), zu einem solchen Vortrag, wie Pauli Predigt war, gesagt haben? Vermuthlich würde er das wahre Reich Gottes, von welchem er nicht fern war, darin erkannt haben und unter denen gewesen sein, die mehr von dem gottbestimmten Richter des Menschengeschlechts und mehr von der Auferstehung hören wollten. In der Person des Welterlösers würde er mehr als jenes Ideal des Gerechten, das Plato schildert, gefunden haben. Von dem unbekannten Gott würde er lieber so haben erleuchtet, als von den beredtesten Sophisten von Göttern, die Geburten der Phantasie sind. — Er würde doch wohl weder den epikureischen noch den stoischen Philosophen beigepflichtet haben, als diese den Paulus einen Marktschreier nannten." (Heß, Geschichte der Apostel. Eine poetische Paraphrase der Predigt Pauli in Athen gibt Lavater in seinem „Jesus Messias oder die Evangelien und die Apostelgeschichte in Gesängen," 1786, 4. Band.) — Drei Bücher der Erkenntniß Gottes. 1) Das Buch der Welt mit seinen zwei Theilen: Natur und Geschichte [V. 24—26]. 2) Das Buch des Herzens mit seinen zwei Theilen: Vernunft und Gewissen [V. 27. 28]. 3) Das Buch der Schrift mit seinen zwei Theilen: Gesetz und Evangelium [V. 30. 31]. — Paulus in Athen, oder: was thöricht ist vor der Welt, das hat Gott erwählt, daß er die Weisen zu Schanden mache, und was schwach ist vor der Welt, das hat Gott erwählt, daß er zu Schanden mache, was stark ist. [1 Kor. 1, 27.] 1) Thöricht vor der Welt war Pauli Predigt in Athen, und doch machte sie mit ihrem Inhalt zu Schanden alle Weisen Griechenlands. 2) Schwach vor der Welt war Pauli Erfolg in Athen, und doch war er der Anfang vom Ende des Heidenthums. — Der Christ gegenüber weltlicher Kunst und Wissenschaft. 1) Er verachtet sie nicht, sondern erkennt a. in ihren Meisterwerken ein Geschenk und eine Ahnung des Gottes, der nicht ferne ist von einem Jeglichen unter uns [V. 26—28], und sieht b. in ihren Verirrungen selbst das Arbeiten und Ringen des Gott suchenden Menschengeistes. [V. 29. 30.] Aber 2) er fürchtet sie auch nicht, sondern a. legt kühn auch an ihre gepriesensten Werke den strengsten Maßstab des göttlichen Worts [V. 24. 25. 29], und b. hofft getrost auch bei ihren kräftigsten Irrthümern den Sieg der christlichen Wahrheit [V. 30. 31]. — Paulus in Athen — ein rechter Universitätsprediger. 1) Er läßt jeder edlen Kunst und Wissenschaft ihr menschlich Recht angedeihen, a. nach dem Inhalt seiner Predigt, in welcher jede akademische Disziplin ihr Gebiet berührt findet: Philosophie, V. 24. 27; Naturwissenschaft, V. 25. 26; Geschichte und Recht, V. 26; Kunst und Poesie, V. 28. 29; b. nach der Form seines Vortrags, der, gebildet von der Umgebung angemessen, das Streben des Apostels zeigt, den Griechen ein Grieche zu werden. Aber 2) er stellt Alle auch das Gericht einer göttlichen Wahrheit, a. indem er Sünde und Irrthum nachweist als den faulen Fleck in allem bloß menschlichen Streben, V. 29. 30; b. indem er mit dem Lichte der Offenbarung auf Gott hinweist als Quell und Ziel alles geistigen Lebens. — Paulus auf dem Richtplatz zu Athen: 1) scheinbar war gerichtet und verurtheilt von oberflächlicher Menschenweisheit, die seine Sache theils a. leichtfertig verspottet, theils b. vornehm ablehnt, V. 32; 2) in Wahrheit aber richtend und vernichtend im Namen des lebendigen Gottes, a. heidnischen Wahn mit der Predigt vom Schöpfer Himmels und der Erde, V. 24—29; b. heidnische Sünde mit der Predigt von Buße und Glauben, V. 30. 31.

## F.
### Thätigkeit, Anfechtung und Erfolge des Apostels Paulus in Korinth.
### Kap. 18, 1—17.

Darnach schied er[1]) von Athen, und kam nach Korinth. *Und fand daselbst einen Juden, Namens Aquila, aus Pontus gebürtig, welcher kürzlich erst von Italien her[2]) gekommen war, sammt seinem Weibe Priscilla (weil Claudius befohlen hatte, daß alle Juden Rom verlassen sollten); *er ging zu ihnen, und weil er gleiches Handwerks war, blieb er bei ihnen und arbeitete; sie waren nämlich dem Handwerk nach[3]) Zeltmacher. *Er redete aber in der Synagoge jeden Sabbat und überzeugte sowohl Juden als Griechen. *Als aber Silas und Timotheus aus Macedonien ankamen, wurde Paulus gedrungen vom Wort[4]), den Juden zu bezeugen Jesum als den Christ. *Da sie aber sich widersetzten und lästerten, schüttelte er seine Kleider aus und sprach zu ihnen: Euer Blut komme über euer Haupt! rein werde ich von jetzt an zu den Heiden gehen. *Und begab sich von dort aus in das Haus eines Mannes, Namens Justus[5]), welcher gottesfürchtig war, und dessen Haus an die Synagoge stieß. *Crispus aber, der Synagogenvorsteher, glaubte an den Herrn mit seinem ganzen Hause; und viele Korinther, welche zuhörten, wurden gläubig und ließen sich taufen. *Es sprach aber der Herr durch ein Gesicht bei Nacht zu Paulus: Fürchte dich nicht, sondern rede und schweige nicht. *Denn ich bin mit dir, und Niemand wird dich antasten, dir zu schaden; denn ich habe ein großes Volk in dieser Stadt. *Er saß aber ein Jahr und sechs Monate daselbst, und lehrte unter ihnen das Wort Gottes. *Als aber Gallion Proconsul in Achaia war, erhoben sich die Juden einmüthig gegen Paulus und führten ihn vor den Richterstuhl, *und sprachen: Dieser überredet die Menschen, dem Gesetze zuwider, Gott zu verehren. *Da aber Paulus den Mund aufthun wollte, sprach Gallion zu den Juden: Wenn es ein Unrecht oder Uebelthat wäre, ihr Juden, so würde ich mit Grund euch ertragen; *ist es aber eine Frage[6]) über Lehre und Namen und euer Gesetz, so sehet ihr selber zu; ich gedenke darüber nicht Richter zu sein. *Und wies sie von dem Richterstuhl hinweg. *Da ergriffen alle[7]) den Synagogenvorsteher Sosthenes und schlugen ihn vor dem Richterstuhl; und Gallion kümmerte sich nichts darum.

### Exegetische Erläuterungen.

1. **Darnach schied er von Athen.** In Korinth, der altbekannten reichen Handelsstadt, auf der Landenge zwischen dem ägeischen und jonischen Meer gelegen, damals auch der politischen Hauptstadt Griechenlands, sofern der römische Proconsul hier residirte, traf Paulus den Aquila. Dieser stammte aus der kleinasiatischen Provinz Pontus. Die Vermuthung, daß Ποντικὸν τῷ γένει eine Irrung sein dürfte, aus Mißverstand des Namens Pontius Aquila (Cic. ad fam. X, 33; Suet. Caes. 78) geflossen, weil jener ein Freigelassener des Letzteren gewesen sein möge (Reiche, über Röm. 16, 3), beruht blos auf einer Combination der Angabe des Lukas gegenüber sein Gewicht. Seine Frau Priscilla heißt Röm. 16, 3 Prisca. Daß aber beide Eheleute nicht mit Neander, Ewald u. A. als schon vorher belehrt anzusehen sind, hat Meyer gezeigt: τινα Ἰουδαῖον ohne πεπιστευκότα oder μαθητήν, sodann πάντας τοὺς Ἰουδαίους, unter welche Aquila geradezu mit eingereihet wird, endlich der Bewegungsgrund, aus welchem Paulus zu ihnen zog, V. 3, das gleiche Gewerbe, und nicht der gleiche Glaube an Jesum, — alles das zusammengenommen, beweist, daß die Eheleute noch nicht Christen waren, als Paulus sie in Korinth kennen lernte. Hierbei ist jedoch vorauszusetzen, daß dieselben durch den Umgang mit Paulus bald belehrt wurden, denn

---

1) ὁ Παῦλος nach χωρισθεὶς fehlt zwar nur bei einer Minderzahl von Zeugen, ist aber ohne Zweifel unächt, und um der hier beginnenden Perikope willen eingefügt worden.
2) ἀπό ist ungleich stärker beglaubigt, als ἐκ, und neuerdings mit Recht vorgezogen.
3) τῇ τέχνῃ ist dem Accus. τ. τέχνην, welcher allerdings gefallener ist, auf Grund der Handschriften vorzuziehen.
4) τῷ πνεύματι steht nur in einer Uncial-Handschrift, während die übrigen τῷ λόγῳ haben, was auch als die schwerere Lesart Vorzug verdient.
5) Die Lesart Τίτου statt Ἰούστου hat nur einen Cod. Σ. für sich, und verdient keine Berücksichtigung.
6) ζητήματα steht zwar in drei Codd., und ist von Tischendorf aufgenommen worden; dennoch ist der Singular ζήτημα für ächt zu halten, weil Niemand darauf gekommen sein würde, den Singular zu setzen, wenn der Plural ursprünglich stand, wohl aber umgekehrt, zumal bei Fragepunkte erwähnt sind.
7) Nach πάντες haben vier Uncialhandschriften οἱ Ἕλληνες, während einige Handschriften späterer Zeit Ἰουδαῖοι lesen; beides ist als unächter Zusatz anzusehen, da zwei der ältesten Codd., einige Versionen und Kirchenväter einfach πάντες haben.

V. 26 sehen wir beide schon in lehrender und unterweisender Thätigkeit begriffen.

2. **Und fand daselbst.** Aquila und Priscilla waren kürzlich erst (προσφάτως, nuperrime) von Italien aus in Korinth angekommen, und ohne Zweifel hatten sie in Rom selbst gewohnt, ihren ihre Abreise aus Italien wird ja durch die Anweisung der Juden aus Rom pragmatisch erklärt. Laut unserer Stelle hat Claudius durch ein Edikt [sämmtliche Juden aus Rom ausgewiesen]. Hiermit stimmt die bekannte Angabe des Sueton, Claud. 25: Judaeos impulsore Chresto assidue tumultuantes Roma expulit; dagegen scheint der Bericht des Dio Cassius 60, 6 damit zu streiten, Claudius habe die Juden, weil dies ihrer großen Anzahl wegen bedenklich war, nicht ausgetrieben (οὐκ ἐξήλασε), sondern ihnen nur die Zusammenkünfte untersagt. Allein es ist kein Grund, anzunehmen, daß unsere Stelle nebst Sueton, und andererseits Dio Cassius von dem gleichen Zeitpunkt reden. Und so haben wir wenigstens ein bestätigendes Zeugniß. Uebrigens zeigt Apostg. 28, daß bald wieder Juden und Christen in Rom ansässig waren.

3. **Er ging zu ihnen.** Paulus besuchte das aus Italien angekommene Ehepaar (προσῆλθεν) und blieb in deren Wohnung, weil er das gleiche Gewerbe wie Aquila trieb, und arbeitete in diesem Geschäft als σκηνοποιός, Zeltmacher. Man verstand dies häufig von der Fabrikation des Zelttuchs, besonders des cilicischen Haartuchs aus Ziegenhaaren (cilicium), welches sehr beliebt war. Uebrigens bezeichnet σκηνοποιός nicht die Bereitung des Stoffes, sondern die Verarbeitung desselben zu Zelten (Chrysostomus σκηνοῤῥάφος). Jedenfalls verdanken wir unserer Stelle die interessante Notiz darüber, welches der Geschäftszweig war, den Paulus verstand, da wir aus seinen eigenen Briefen, z. B. 1 Kor. 4, 12; 1 Thess. 2, 9; 2 Thess. 3, 8, nur so viel wissen, daß der Apostel von seiner Handarbeit zu leben pflegte.

4. **Er redete aber in der Synagoge.** Schon während dieser Anfangszeit unterließ es der Apostel nicht, das Evangelium zu verkündigen; er beschränkte sich aber auf die Sabbate und die Synagoge, in welcher er jedoch Gelegenheit hatte, nicht nur Juden, sondern auch Griechen, die dem Gottesdienst beiwohnten, von der Wahrheit in Christo zu überzeugen, und dies gelang auch (ἔπειθε). Nachdem aber Silas und Timotheus aus Macedonien angekommen waren (vergl. 17, 14 ff.; 1 Thess. 3, 6. 1, 1), trat eine Entscheidung ein. Συνείχετο τῷ λόγῳ kann entweder medial oder passivisch aufgefaßt werden; jenes in der Bedeutung: instabat verbo (Vulgata), totus occupabatur, er nahm sich zusammen, bemühte sich angestrengt mit der Lehre (Kuinoel, de Wette, Baumgarten-Crusius, Lange, Ewald 481). Meyer nimmt συνείχετο passivisch: er wurde bedrängt, hinsichtlich der Lehre. Und allerdings spricht der neutestamentliche Sprachgebrauch von συνέχειν für die streng passivische Bedeutung. Uebrigens ist das passivisch, wenn man συνείχετο faßt: er wurde gedrungen in Hinsicht des Worts, so daß hier nicht an Gegner, sondern an den innern Drang des Geistes zu denken wäre. Nun aber erhob sich Widerstand und Lästerung von Seiten der Juden; und dies bewog den Apostel, mit der Synagoge zu brechen. Ἐκτιναξ. τὰ ἱμάτια, den Staub aus den Kleidern abschüttelnd, wie Kap. 13, 51 den Staub von den Füßen, beides zum Zeichen

der Lossagung, wobei auch nicht das Geringste soll hangen bleiben. Die Verwünschung, in energischer Kürze: τὸ αἷμα — ὑμῶν, besagt, daß das blutige Ende, die unvermeidliche Strafe Gottes, ihre Person (κεφαλήν) und Niemand anders treffen möge! Καθαρός, welches als Hauptbegriff voransteht, bezieht sich zunächst eben auf τὸ αἷμα ὑμῶν, rein von Schuld und Verantwortung an eurem Verderben.

5. **Und begab sich von da aus.** Μεταβάς, hinüber aus der Synagoge in das andere Haus, und zwar in ein an die Synagoge stoßendes, das einem heidnischen Proselyten Namens Justus gehörte. Dieser Bruch mit der Synagoge führte auch die innere Entscheidung bei einem Vorsteher derselben, Crispus, herbei. Aber von nun an wurden auch viele heidnische Einwohner der Stadt (denn nur an solche ist bei Κορινθίων zu denken), welche jetzt in dem neuen Versammlungshause zuhörten, gläubig, und empfingen die Taufe.

6. **Es sprach aber der Herr durch ein Gesicht.** Die nächtliche Erscheinung Jesu, der dem Apostel Muth einspricht und ihn auffordert, unverholen zu reden, hat den Zweck, Freudigkeit für das Wirken auf diesem Posten zu erzeugen, theils durch Verheißung des göttlichen Schutzes wider alle Anfeindung und Mißhandlung (ἐπιθέσθαι invadere, impetum facere), theils durch die Enthüllung, daß Christus in dieser Stadt ein zahlreiches Volk habe (λαός — Gegensatz ἔθνη — Volk Gottes). Dem muß ebenso gut als οὐδείς — σε, Offenbarung einer noch unsichtbaren Thatsache sein, kann sich also nicht auf die bereits Bekehrten, sondern nur auf die noch zu Bekehrenden beziehen, welche aber der Erlöser schon als die Seinen kennt und nennt.

7. **Er saß aber.** In Folge dieser Offenbarung behielt Paulus 1¼ Jahr lang seinen festen Wohnsitz (διάτριψε, vgl. Evang. Lukas 24, 49) in Korinth, indem er unter ihnen (ἐν αὐτοῖς, d. h. den Korinthiern) das Wort Gottes lehrte. Mit Anspielung auf διάτριψε sagt Bengel: cathedra Pauli Corinthia, Petri Romana testator. Die gewöhnliche Annahme ist, daß die chronologische Bestimmung V. 11 den ganzen korinthischen Aufenthalt des Apostels bis zur Abreise, V. 18, umfasse. Rückert und Meyer beschränken V. 11 auf die Zeit vor der Anklage V. 12 ff., erstens weil V. 12 einen Gegensatz zu V. 11 bilde, zweitens weil das Fri, V. 18, einen neuen Zeitabschnitt bezeichne. Allein V. 12 bildet nicht sachlich einen Contrast zu V. 11. Vielmehr ist nach V. 10 Alles bis ἱκανάς, V. 18, Folge und Erfüllung der göttlichen Offenbarung, V. 9 f. Auf jene Weisung und Verheißung hin bleibt Paulus in Korinth; das Wort Christi, daß Niemand dem Apostel ein Leid anthun werde, erfüllt sich, V. 12—17; und nach dieser Episode kann Paulus noch eine geraume Zeit in der Stadt bleiben. Demnach ist die Zeitbestimmung V. 11 doch auf den ganzen Aufenthalt des Apostels in Korinth zu beziehen.

8. **Gallion**, der Proconsul Achaia's, d. h. der römischen Provinz, welche, seit der Eroberung 146 v. Chr., Hellas und den Peloponnes umfaßte, war der Bruder des Philosophen L. Annäus Seneca, hieß eigentlich M. Annäus Novatus und hatte durch Adoption des Rhetors L. Iun. Gallio den Namen M. Ann. Gallio erhalten. Tiberius hatte die ursprünglich senatorische Provinz Achaia zu einer imperatorischen gemacht und einen Proturator hingeschickt (Tac. Ann. I, 76), aber Claudius gab sie

bem Senat zurück (Suet. Claud. 25); somit stimmt die Notiz ἀνθυπατεύοντος trefflich mit den geschichtlichen Thatsachen.

9. Die Juden erhoben sich gegen Paulus (κατεφίστημι, insurgo contra) unter der Verwaltung Gallio's und zwar einmüthig (das ὁμοθυμαδὸν allein widerlegt schon Ewald's Vermuthung, daß die Juden ihren eigenen Gemeindevorsteher Sosthenes, V. 17, nebst Paulus vor's Gericht geschleppt haben sollen, weil sie ihm Vorliebe für Jesum vorgeworfen hätten). Die Anklage ging auf Verletzung des Gesetzes, d. h. des Mosaismus, durch Einwirkung auf Andere im Sinne einer abweichenden Gottesverehrung. Ἀναπείθειν heißt eine Ueberzeugung durch andere Gedanken und Gründe erschüttern und entwurzeln. Τοὺς ἀνθρώπους ist absichtlich allgemein gefaßt, um den Paulus als einen, der überhaupt Propaganda macht, anzuschwärzen.

10. Da aber Paulus. Gallio schlägt die Untersuchung nieder, noch ehe der Apostel seine Vertheidigung anfangen kann, und zwar weil keine Rechtsverletzung, sondern bloß eine innerjüdische Religionsfrage vorliege. Οὖν, Folgerung aus der Anschuldigung selbst. Ἀδίκημα, eine begangene Ungerechtigkeit, Verletzung eines Privatrechts, welche Gegenstand einer Civilklage wäre. Ῥᾳδιούργημα πονηρόν, eine bösartige Frechheit, ein eigentliches Verbrechen, welches kriminell zu behandeln wäre. Das εἰ c. impf. drückt deutlich genug aus, daß der angenommene Fall hier in der That nicht stattfinde. Κατὰ λόγον, vernünftigerweise, d. h. hier billig, schuldigerweise. Und ἀνέχεσθαι ist absichtlich gewählt, um theils die Gewährung des richterlichen Gehörs auszudrücken, theils aber auch den Juden anzudeuten, daß dem Prokonsul ihr ganzes Anbringen lästig, unausstehlich sei (nach dem eigentlichen Sinn des Worts). Der andere Fall, welcher nach des Prokonsuls Urtheil wirklich stattfand, ist indeß auch nur hypothetisch ausgedrückt, εἰ — ἐστι, V. 15. Schon der terminus ζήτημα, welcher nicht der rechtlichen, sondern der theoretischen oder wissenschaftlichen Sphäre angehört: Streitfrage, Disputation, gibt zu verstehen, daß das Ding nicht vor ein richterliches Forum gehört. Noch mehr die Gegenstände, um die es sich handelt, Lehre, Namen (ὀνόματα stellt die Sache in die Kategorie des Wortstreits; ohne Zweifel hatten die Ankläger die Namen Messias und Jesus von Nazareth hin und wieder erwähnt) und euer Gesetz (νόμος ὁ καθ' ὑμᾶς, d. h. das ausschließlich jüdische Gesetz, nicht ein römisches Gesetz oder Staatsrecht). Ὄψεσθε αὐτοί, ihr mögt selbst untersuchen und schlichten. Κριτής, mit Nachdruck vorangerückt: Richterliche Entscheidung über diese Dinge wünsche ich mir nicht anzumaßen. — Dieses Verfahren des Gallio harmonirt mit der Charakteristik des Mannes, wie sie sein Bruder Seneca, Quaest. Nat. IV. Praef., gibt. Dieser rühmt nicht nur sein Talent, sondern auch seine Uneigennützigkeit, Liebenswürdigkeit und Milde, z. B.: coepisti mirari comitatem, et incompositam suavitatem —. Nemo enim mortalium uni tam dulcis est quam hic omnibus. So erfüllt sich durch die Selbstbeschränkung des Römers auf sein gerichtliches Ressort, und durch die persönliche Güte und Menschenfreundlichkeit des Gallio selbst, die Verheißung des Erlösers, daß dem Apostel kein Leid widerfahren soll.

11. Und wies sie von dem Richterstuhl hinweg. In Folge des abweisenden Bescheids schickt der Prokonsul die Kläger vom Tribunal weg, V. 16. Vielleicht daß das Wegtreiben durch weitere zudringliche Vorstellungen der jüdischen Wortführer, welche nicht sofort weichen wollten, veranlaßt wurde. Und leicht mochte eben durch diese Hartnäckigkeit der sogleich erwähnte Auftritt, V. 17, herbeigeführt werden. Πάντες, d. h. alle Anwesenden, und zwar sicherlich weder Juden (wie Ewald's sich denkt), noch Christen, sondern Heiden, empört über die Zudringlichkeit und unverhohlene Feindseligkeit, und ermuntert durch den abweisenden Bescheid des Richters, ergriffen den Synagogenoberen Sosthenes und schlugen ihn. Dieser war entweder Nachfolger des V. 8 genannten Crispus, oder sein Amtsgenosse (auch Kap. 13, 15 sind mehrere Synagogenvorsteher zugleich erwähnt), aber sehr schwerlich (Theodoret und Ewald) identisch mit dem 1 Kor. 1, 1 genannten Gehülfen des Apostel Paulus. Dieser Mann bekam öffentlich vor dem Richterstuhl eine Tracht Schläge, ohne daß sich Gallio irgend darum kümmerte. Dies war zwar eine zu weit getriebene Unparteilichkeit, oder richtiger Indolenz, denn hier lag ein ἀδίκημα V. 14, eine Real-Injurie vor; aber Lukas erwähnt es als Beweis, wie vollständig die Verheißung V. 10 in Erfüllung ging: dem Apostel geschah so wenig etwas, daß vielmehr sein Ankläger Schläge bekam.

### Christologisch-dogmatische Grundgedanken.

1. Die erschütternde Abschiedsscene V. 6 ist Sache des Gewissens. Auf das Gewissen der Widerstrebenden und Lästernden legt der Apostel die ganze Wucht ihrer Schuld; sein eigen Gewissen, bezeugt er, sei rein. Bei dieser doppelten Erklärung schwebt ihm vermuthlich das Wort Gottes bei Ezechiel 33, 8 ff. vor. Der Gottlose, wenn er sich nicht warnen läßt, wird um seiner Sünde willen sterben, sein Blut wird nicht von des Wächters Hand gefordert; sein Blut, d. h. sein blutiger Tod, seine Strafe, sein ewiges Verderben, kommt lediglich ihm selbst zur Schuld. Es ist ein Gemeinleben in der Menschheit, nicht nur natürlicher Weise, sondern auch vermöge göttlicher Weisung und Offenbarung. Wem Amt und Kraft und Wort an Andere anvertraut ist, der wird ihrer Schuld theilhaftig, durch ihre Sünde mit verunreinigt, wenn er nicht nach Kräften Zeugniß ablegt. Durch eine solche gerichtliche Ankündigung, wie die V. 6, kann noch erschütternd wirken, Sinnesänderung und Bekehrung erwecken, wie bei Crispus der Fall gewesen zu sein scheint.

2. Christus hat ein großes Volk in der Stadt, wo sein Apostel, wenn auch mehrere, doch verhältnißmäßig nur ein kleines Häuflein von Bekehrten kennt und nennen kann. Der Mensch sieht, was vor Augen ist, der Herr aber sieht das Herz an. Und der Mensch sieht nur im gegenwärtigen Augenblick; der Herr aber, vor welchem die Zukunft und die Vergangenheit eine stete Gegenwart ist, sieht auch, was kommt. Der Erlöser hat, Joh. 10, 16, gesagt: „ich habe noch andere Schafe," und doch hatten diese seine Stimme noch nicht gehört: sie kannten ihn nicht, aber er sie. Sofern Christus sein Volk aller Orten, das er erwählet hat und das ihm huldigen wird. Der Herr kennt die Seinen. 2 Tim. 2, 19.

3. Das Verfahren des Römers Gallio ist nicht so unbedingten Lobes werth, als ihm oft gespendet worden ist. Er hat allerdings zu einer Ungerechtig-

keit wider Paulus die Hand nicht geboten; aber er hat einer Handlung schreiender Ungerechtigkeit ruhig zugesehen, ohne sie kraft seiner Vollmacht zu verhüten oder zu bestrafen. Und ob der abweisende Bescheid an die Juden aus reinster Gesinnung und edlem Charakter hervorgegangen sei, das ist schon wegen seiner unmittelbar darauf bewiesenen Indolenz zweifelhaft; möglich, daß Bequemlichkeit und die Lust, durch Inkompetenzerklärung sich widrige Geschäfte vom Halse zu schaffen, ein gut Theil dazu beitrug. Aber abgesehen von den persönlichen Motiven, ist allerdings der von Gallio ausgesprochene Grundsatz, nur Rechtsverletzungen rechtlich zu rügen, die Lehrfragen und innern Religionsangelegenheiten ihrer eigenen Sphäre zu überlassen, gewiß richtig und für das Verhältniß auch christlicher Obrigkeit zu Kirchensachen, eines christlichen Staates zu Konfessionsverhältnissen musterhaft. Nur muß der Grundsatz mit mehr Consequenz und Gewissenhaftigkeit praktisch befolgt werden, als er hier, V. 17, befolgt wurde.

### Homiletische Andeutungen.

**Darnach schied Paulus von Athen und kam gen Korinth.** [V. 1.] Wie groß ist Gottes Barmherzigkeit: kein Ninive, Sodom, Korinth ist so böse, daß Er ihnen nicht Prediger der Gerechtigkeit schicke. (Starcke.) Christus wird bisweilen leichter von offenbaren Sündern aufgenommen, als von Gelehrten und Selbstgerechten. Paulus schaffet in dem lasterhaften Korinth mehr als in dem gelehrten Athen. (Derselbe.) Paulus hatte die Freude, aus diesen unreinen Sünderseelen reine Bräute zu machen, die er Christo zuführte, so daß er nachher sagen konnte: „Ihr waret Diebe, Räuber, Hurer, Knabenschänder u. dgl., aber ihr seid abgewaschen, ihr seid geheiligt, ihr seid gerecht worden durch den Namen Jesu und durch den Geist unseres Gottes." O welch eine Stärkung des Glaubens und Reizung zur Treue liegt darin, nicht müde zu werden, auch wo wir's mit den schlechtesten Menschen zu thun haben! (Apost. Past.)

**Und fand einen Juden mit Namen Aquila u. s. w.** [V. 2.] Da Paulus nach dem Willen Gottes eindringt, so begleitete ihn auch dessen väterliche Vorsicht, welche ihm, ehe er nach Korinth kam, schon Haus, Arbeit, Gesellschaft und eine offene Thür für's Evangelium bereitet hatte. In Rom muß der Kaiser die Juden verjagen, damit ein Aquila nach Korinth kommt und dem Apostel Haus und Nahrung beut. So braucht der allwaltende Gott die Anschläge der Fürsten und die Veränderungen der Welt, seine Kinder zu versorgen und sein Reich auszubreiten. (Apost. Past.) Paulus fand den Aquila und die Priscilla. Dieses Wort giebt zweierlei an: 1) wie leicht es sei, daß Gottes Knechte und Kinder gleichsam durch eine geheime Wahlverwandtschaft auch in der Fremde einander auffinden und kennen lernen; 2) wie der Apostel diese redlichen Seelen als einen kostbaren Fund, als eine edle Beute angesehen haben werde, sich mehr gefreut, als über alles Große und Prächtige, das er in der reichen Handelsstadt Korinth antraf. (Nach Ap. Past.) Wer dem Paulo gelernt, sich genügen zu lassen, der findet leicht einen Wirth. (Starcke.) Wer Elend und Ungemach erfahren, der weiß auch Elenden Hülfe zu erweisen. (Derf.) — Paulus und Aquila in Korinth, oder: „So führst du

doch recht selig, Herr, die Deinen, ja selig und doch verwunderlich!" 1) Verwunderlich hatte der Herr jeden besonders nach Korinth geführt: a. den Paulus als einen aus Athen mit Spott abgezogenen Wahrheitszeugen, der in dem lasterhaften Korinth nichts Besseres erwarten durfte; b. den Aquila als einen von Rom mit Gewalt verjagten Christen, der in Korinth nichts suchte, als eine vorübergehende Unterkunft. 2) Selig führt der Herr in Korinth beide zusammen: a. dem landfremden Paulus führt er in Aquila einen freundlichen Landsmann und Wirth, b. dem redlichen Aquila führt er in Paulus nicht nur einen Handwerks- und Hausgenossen, sondern einen Prediger der Gerechtigkeit und Führer zum ewigen Leben zu. — Pauli Einkehr bei Aquila in Korinth, oder: Gastfrei zu sein vergesset nicht, denn durch dasselbige haben Etliche Engel beherberget. (Hebr. 13, 2.) 1) Das Gebot. 2) Die Verheißung. (Beispiele: der Engel des Herrn bei Abraham; Elias in Zarpath; Jesus bei Zachäus u. s. w.) — Wie der Herr seinen Knechten auch die Fremde zur Heimath macht. 1) Sie haben den Vater bei sich; 2) sie dürfen Brüder und Schwestern finden; 3) sie brauchen nach Arbeit nicht lange umzuschauen. V. 3 ff.

**Und dieweil er gleiches Handwerks war, blieb er bei ihnen und arbeitete.** [V. 3.] In der Werkstatt sich niederzusetzen und sein Brod oder Wochenlohn mit Handarbeit zu verdienen, soll sich kein Handwerker schämen; schämte sich's doch Paulus nicht. (Starcke.) Eines Handwerks darf sich kein Lehrer schämen, so wenig als Christus, daß er eines Zimmermanns Sohn, und der Apostel, daß sie Fischer gewesen. Könnte man sich sonst nähren, so dürfte man Unbankbaren und zu Füßen liegen oder den Widerspenstigen beschwerlich sein, welche das Evangelium und Predigtamt nur darum hassen, weil es sie nichts kostet. (Starcke.) — Paulus in der Werkstatt 1) ein beschämendes Vorbild für den Prediger. Paßt auch die Handlungsweise des Apostels heute nicht mehr für's ordentliche geistliche Amt, so wird doch durch seine darin offenbare Gesinnung beschämt: a. viel geistlicher Amtsstolz; b. viel ungeistliche Ueppigkeit und Trägheit. 2) Ein ermunterndes Beispiel für den Handwerksmann. a. Schäme dich nicht deines Handwerks vor Gott; die ehrliche Handthierung ist wohlgefällig vor Gott. b. Schäme dich aber auch bei deiner Handthierung nicht deines Gottes und deines Christenthums. Auch beim Handwerk kann man ein Knecht Gottes, ein Christ, ein Apostel unter den Hausgenossen sein. — Der christliche Handwerksgesell auf Reisen. 1) Die Gefahren in der Fremde (die Versuchungen im üppigen Korinth); 2) die Bekanntschaft unterwegs (Aquila); 3) die Arbeit auf dem Handwerk (V. 3); 4) die Sorge für die Seele (Gottes Wort, Sabbatsheiligung; V. 4).

**Und er lehrte in der Schule auf alle Sabbate.** [V. 4.] Wer im Geringsten treu ist, der ist auch im Großen treu. Wie Paulus sorgfältig mit eigenen Händen sein Brod verdiente, so war er nicht minder sorgfältig, seine Amtsverrichtung alle Sabbattage fleißig zu treiben. (Starcke.) Mit Nachdruck wird angemerkt, daß der Apostel auf alle Sabbate gelehrt und an allen Menschen, Juden und Griechen, gearbeitet habe. So genau gibt Gott auf der Lehrer Fleiß und Treue Achtung, und so köstlich ist es in seinen Augen, wenn er Einen findet,

18, 1—17. Der Apostel Geschichten.

der keine einzige Gelegenheit versäumen und keine einzelne Seele außer Acht lassen will. (Apost. Past.) — Wochenarbeit und Sabbathheiligung, eines fordert und fördert das andere. 1) Die Wochenarbeit macht Hunger und Durst nach der Sabbathruhe und Sabbathkost; 2) die Sabbathheiligung gibt Kraft und Lust zum Tagewerk der Woche.

Da aber Silas und Timotheus kamen, drang Paulum der Geist. [V. 5.] Ein fauler Knecht schiebt die Arbeit gern auf Andere, Paulus, da er Mitarbeiter bekommen, wird im Gegentheil desto eifriger. Viel evangelische Arbeiter, die einig sind, ermuntern einander in der Arbeit, denn die geistliche Gesellschaft ist bei dem Werke Gottes nützlich. Phil. 2, 22. (Quesnel.) — Zu bezeugen Jesum, daß er der Christ sei. Weil das Lehren auf alle Sabbate so merklich unterschieden wird von dem Bezeugen, daß Jesus der Christ sei, so ist zu vermuthen, daß Paulus Manches zum Wegbereiten habe vorangehen lassen, wie es eine Erweckung unter Juden und Griechen anzurichten vermögend war. Doch zu lange konnte er sich dabei nicht aufhalten, sondern die Liebe Christi drang ihn, mit der Hauptwahrheit des Evangeliums herauszurücken. (Rieger.) Bisher hatte er wohl den apostolischen Geist durchschimmern lassen, aber noch nicht gewagt, von der Hauptmaterie zu reden. (Williger.)

Euer Blut sei über euer Haupt! [V. 6.] Da hier keine leibliche Blutschuld vorlag, so ist dies zu verstehen von der Schuld des geistlichen Selbstmordes. Da sie das Leben in Christo von sich stießen, so wurden sie geistliche Mörder an sich selbst. (Starcke.) Diesen göttlichen Ernst war Paulus nicht nur der Würde des gepredigten Evangeliums schuldig, sondern auch den widerspenstigen Seelen selber, deren vielleicht manche dadurch noch zur Besinnung kommen konnten. Aber fleischlicher Eifer darf sich auf dieses Exempel nicht berufen. Wer mit Freudigkeit bem Apostel nachsagen will, daß er rein sei am Blute der Verlorenen, der prüfe sich zuerst, ob er alles das gethan habe, was der Apostel an diesen Ruchlosen gethan hat. (Apost. Past.)

Und machte sich von dannen, und kam in ein Haus eines Mannes, Namens Justus. [V. 7.] Pauli Eifer über die Halsstarrigen entleidet ihm darum seine Arbeit nicht. Mit eben dem heiligen Ernst, womit er sich von den Lästerern scheidet, wendet er sich zu dem Häuflein der erweckten Seelen, beharrt also in seinem Geschäft und läßt es nicht die ganze Heerde entgelten, was ein großer Theil derselben verschuldet hat. Sehr hat Abweg erfahren so manche Lehrer, wenn sie dem Affekt ihres Fleisches folgen. (Apost. Past.) Seine Einkehr in das Haus dicht bei der Synagoge machte, wie gern er in derselben geblieben wäre, zugleich aber auch, da nun wahrscheinlich dies Haus die Versammlungsstätte der willigen Hörer wurde, war es für die verstockten Juden ein lautes Zeugniß von dem Segen, den sie verschmäht hatten. (Williger.)

Crispus aber, der Oberste der Schule, glaubte mit seinem ganzen Hause. [V. 8.] Crispus gehörte zu denen, um deren willen Paulus 1 Kor. 1, 26 nicht: keine, sondern nur: nicht viel Weise nach dem Fleisch sagen durfte. (Williger.) Schon wieder eine besondere Probe der Fürsorge Gottes für seine treuen Knechte. Da sich Paulus mit betrübtem Geist von den lästernden Juden wegwendet, thut ihm Gott im Hause des Justus, neben der Synagoge, eine Thür auf und macht ihm die Freude, daß sich der Oberste der Schule mit seinem ganzen Hause bekehrt und noch viele Korinther dadurch mit zum Herrn gezogen werden. (Ap. Past.)

Es sprach aber der Herr durch ein Gesicht in der Nacht zu Paulo: fürchte dich nicht, sondern rede und schweige nicht. [V. 9.] Auch die größten Heiligen und stärksten Gotteshelden haben ihre Stunden der Schwachheit und Zeiten der Anfechtung, da sie eines Zuspruchs und einer Stärkung von oben bedürfen. Vergl. Abraham vor Abimelech, Moses in der Wüste, David in den Klagepsalmen, Elias unter dem Wachholder, Johannes im Gefängniß, Jesus in Gethsemane, Luther in seinen Anfechtungen, den einmal sagt: „Viele denken, weil ich mich so oft in meinem äußerlichen Wandel fröhlich stelle, ich gebe auf lauter Rosen, aber Gott weiß, wie es um mich steht."

Denn ich bin mit dir, und Niemand soll sich unterstehen, dir zu schaden, denn ich habe ein groß Volk in dieser Stadt. [V. 10.] O herrlicher Schirm- und Schutzbrief! Dessen haben sich treue Hirten zu getrösten, ob sie gleich von dem Richter gestellt und unter dem Unglücksbecher zubereitet wird. Darum, Lehrer, schweige nicht, sonst müssen die Balken schreien und du vor Gottes Gericht verstummen! (Starcke.) — Fürchte dich nicht! Das Trostwort des Herrn an seinem auf gefahrvollem Posten jagenden Knecht. (Investiturpredigt.) Der Herr weist seinen Knecht damit hin 1) auf seine eigene Gnadengegenwart: „ich bin mit dir;" 2) auf die Ohnmacht aller Feinde: „Niemand soll sich unterstehen, dir zu schaden;" 3) auf den noch verborgenen Segen seines Worts: „ich habe ein groß Volk in dieser Stadt." — Das Wort des Herrn an seinen Diener: Ich habe ein groß Volk in dieser Stadt 1) als eine ernste Mahnung zur Amtstreue; weide meine Schafe, weide meine Lämmer! 2) Als eine süße Tröstung bei Amtsleiden; sprich nicht: ich bin allein übrig geblieben!

Er saß aber daselbst ein Jahr und sechs Monate und lehrte sie das Wort Gottes. [V. 11.] Viel Gebet, viel Geduld, viel Vertrauen auf Gott, viel Fleiß in der Arbeit, das sind die Mittel, Gottes Sachen zu befördern. (Quesnel.) Nun erst konnte Paulus sich auf diesem Jesuswort als auf einem weichen Polster niederlassen, während er vorher sich in Korinth immer noch als im Fremder und Durchreisender vorkam, des Winkes gewärtig: nun mußt du fort. So lange war der Apostel noch nirgends auf einem Flecke geblieben. (Williger.)

Da aber Gallion Landvogt war, empörten sich die Juden einmüthig wider Paulum. [V. 12.] Die Verheißungen der göttlichen Schutzes und Segens in diesem Leben sind nicht ohne Ausnahme des Kreuzes zu verstehen. (Starcke.) Daß die Juden anderthalb Jahre still gesessen und dem Apostel Ruhe gegönnt haben, kam gar nicht aus ihrem Herzen, sondern, der Verheißung zu Folge, aus einer besondern Direktion Gottes her. Man darf der Welt niemals trauen. Welt ist und bleibt Welt. Gott darf nur den Riegel wegnehmen, so bricht die verhaltene Bitterkeit auf's neue aus. Laßt uns bei der Ruhe, die Gott uns jetzt gönnt, wohl merken. (Apost. Past.)

Dieser überredet die Leute, Gott zu dienen dem Gesetze zuwider. [V. 13.] Wir bereden uns leicht, daß das, was unsern Lüsten zuwider ist, dem Gesetze Gottes zuwider sei. (Quesnel.) — Es ist nichts Neues, daß die in der Religion am meisten irren, dennoch Andere der Ketzerei beschuldigen. (Starcke.)

Da aber Paulus wollte den Mund aufthun, sprach Gallion u. s. w. [B. 14.] Da der Herr sich dem Apostel zum Beistand verheißen hatte, so durfte Paulus nicht einmal den Mund zu seiner Vertheidigung aufthun. Der sicherste Geleitsbrief ist das Wort göttlicher Verheißung, dem muß die Welt und müssen die bittersten Feinde respektiren. Der Herr hält den Widersachern den Rachen zu, wie dort beim Daniel in der Löwengrube. (Apost. Past.)

Weil es aber eine Frage ist von der Lehre, so sehet ihr selber zu. [B. 15.] Es ist Weisheit, wenn die Obrigkeit in Religionssachen, die sie nicht versteht, nicht will richten. Es ist aber keine Gottseligkeit, wenn die Obrigkeit nicht lernt noch versteht, was Religion sei, und die Gläubigen nach ihrem Amte nicht schützet. (Starcke.) — Wenn man den Gallion als einen heidnischen Richter ansieht, so muß man diese Billigkeit und Unparteilichkeit an ihm loben. Sie beschämt den Verfolgungsgeist und Blutdurst, den so manche dem Namen nach christliche Obrigkeit unter dem Vorwande der Religion ausgeübt hat. Wenn aber christliche Obrigkeiten mit diesem Exempel ihre Gleichgültigkeit gegen alle Religion beschönigen, so leuchtet der falsche Grund bald in die Augen. Dieser sündliche Gallionismus hat sich leider in unsern Tagen von der Könige Höfen [durch einen großen Theil des Richter- und Beamtenstandes] bis in die niedrigsten Bauernhütten ausgebreitet. (Apost. Past.)

Sie schlugen Sosthenes, den Obersten der Schule, vor dem Richtstuhl und Gallion nahm sich's nicht an. [B. 17.] Da sieht man, wie die Gleichgültigkeit gegen die Religion die Menschen auch in Handhabung der bürgerlichen Gerechtigkeit leicht nachlässig macht. (Apost. Past.) — Das Löbliche und Sträfliche in Gallions Rechtspflege eine Weisung für alle Obrigkeiten: 1) Das Löbliche in Gallions Bescheid wegen des Klagepunkts, B. 12—15. Er weist die Juden mit ihrer Klage ab, weil sie sich auf eine rein religiöse Streitfrage bezieht. 2) Das Sträfliche in seinem Verhalten bei der Gewaltthätigkeit der Griechen, B. 16. 17. Er beweist sich dabei gleichgültig und parteiisch. Die Obrigkeit hat in kirchlichen Streitigkeiten zu scheiden, was über dem Gesetz und gegen das Gesetz ist, und hat Ungesetzliches auf jeder Seite zu ahnden. (Lisko.) — Der heidnische Gallion kein Muster für einen christlichen Richter; denn dieser soll zwar 1) in Anderer Gewissens- und Religionssachen nicht eingreifen, aber selber Gewissen und Religion haben; 2) in Sachen der Lehre und des Glaubens nicht richten, aber gegen rohe Gewaltthat den Mißhandelten schützen, weß Glaubens er sei.

Zum Abschnitt B. 1—17. Die Aufgabe des evangelischen Lehramts: Nöthige sie herein zu kommen! 1) Mit edler Selbstverleugnung. Paulus ernährt sich mit seiner Hände Arbeit, B. 1—3, vergl. 1 Kor. 9, 1 ff. 2) Mit unermüdlichem Eifer, der jede Zeit zur Wirksamkeit benutzt, B. 4; vom Geiste Gottes stets neu entzündet wird, B. 5; Jesum als den Christ Allen vor Augen malt, B. 5; 3) mit standhaftem Muth auch gegenüber dem Widersacher, B. 6 ff. (Lisko.) — Ernste Mahnung und göttlicher Trost für die Verkündiger des Heils: 1) Die ernste Mahnung: rede — und schweige nicht selbst auf die Gefahr des Anstoßes hin, B. 9. Deine That stimme aber mit deinen Worten überein, B. 2—4. 2) Der göttliche Trost: Ich bin mit dir und Niemand soll dir schaden. Ich habe ein großes Volk in dieser Stadt, B. 10. Wer ausharrt, wird himmlisch gekrönt, vergl. 2 Kor. 2, 14 ff. (Lisko). — In welcher Zuversicht dürfen wir hingehen, den Heiden das Evangelium zu predigen? 1) Der Herr gebietet: rede und schweige nicht! 2) Der Herr tröstet: ich bin mit dir, und Niemand soll dir schaden. 3) Der Herr verheißt: ich habe ein großes Volk auch in der Heidenstadt. (Lisko.) — Das entscheidende Wort in des Predigers Mund: „daß Jesus der Christ sei", B. 5. Damit erst entscheidet sich 1) der Geist, aus dem er selber spricht: ob's der Geist der Menschenweisheit und Menschengefälligkeit ist, oder der Heilige Geist des Herrn. 2) Der Grund in den Herzen der Zuhörer: Die Einen widersprechen nun und lästern, die Andern glauben fortan und lassen sich taufen. Christus ist das Kreuz, daran die Einen zerschellen, die Andern sich aufrichten, B. 5—8. 3) Der Erfolg seiner Arbeit. Vorher hatte Paulus in Korinth weder Amtskreuz noch Amtssegen erfahren: nun aber kommt beides: Christi Kreuz, B. 6, und Christi Segen, B. 9—11. — Paulus in Korinth: oder: wenn ich schwach bin, so bin ich stark, 2 Kor. 12, 10. 1) Schwach war der Apostel a. von außen: als ein unbekannter Fremdling, als ein armer Handwerksmann mit der thörichten Predigt vom Kreuz gegenüberstehend dem heidnischen Lasterweben der glänzenden Weltstadt Korinth, wie dem Vorurtheil und Haß seiner jüdischen Volksgenossen; b. schwach fühlt er sich von vornherein auch im Innern, indem er, noch gebeugt vielleicht von seinem geringen Erfolg in Athen, zögert herauszurücken mit dem Kern seiner Predigt, daß Jesus der Christ sei. Aber 2) stark wird er in der Kraft des Herrn, a. innerlich, indem der Herr seinen apostolischen Muth stärkt und den freudigen Zeugengeist in ihm weckt schon durch die Ankunft lieber Mitarbeiter, noch mehr aber durch die Einsprache seines heiligen Geistes und die Offenbarung seiner persönlichen Gnadengegenwart, B. 5. 9. 10; b. äußerlich stark im Kampf gegen die Widersacher, denen der Apostel unerschroden ihre Sünde auf's eigne Haupt zurückwirft, B. 6, und denen der Herr selber den Mund stopft wider seinen Knecht, B. 10. 13. ff., und im Wachsthum der Gemeinde, die sich immer zahlreicher um den Apostel sammelte, B. 7. 8. 10. 11

## G.
### Rückkehr des Apostels über Ephesus und Jerusalem nach Antiochia.
### Kap. 18, 18—22.

Paulus aber blieb noch geraume Zeit daselbst; hierauf verabschiedete er sich von den 18 Brüdern und segelte ab nach Syrien, und mit ihm Priscilla und Aquilas, nachdem er in Kenchreä sein Haupt beschoren hatte, denn er hatte ein Gelübde. *Sie gelangten[1]) aber nach 19 Ephesus, und er ließ jene dort. Er aber ging in die Synagoge und redete mit den Juden. *Da sie ihn aber baten, länger bei ihnen zu bleiben, willigte er nicht ein, 20 *sondern verabschiedete sich von ihnen[2]) und sprach: *Ich werde[3]), so Gott will, wieder 21 zu euch kommen. Und segelte ab von Ephesus. *Und kam nach Cäsarea, ging hinauf 22 und grüßte die Gemeinde und reiste hinab nach Antiochia.

### Exegetische Erläuterungen.

1. **Paulus aber blieb noch geraume Zeit.** ἀποτάσσεσθαί τινι valedicere alicui. Paulus schiffte sich in dem östlichen Hafen Korinths, Kenchreä, ein, c. 1½ Meilen von der Stadt, am saronischen Meerbusen gelegen, während der westliche Hafen Lechäon hieß.

2. **Nachdem er in Kenchreä sein Haupt beschoren hatte.** Das Abscheeren des Hauptes und das Gelübde hat, so kurz es berührt ist, und wohl gerade, weil es nur flüchtig erwähnt wird, viel Denkens gemacht. Das Erstere betreffend, fragt sich: wer hat sich in Kenchreä das Haupt beschoren? Paulus oder Aquila? Der Letztere ist allerdings unmittelbar vorher genannt, und zwar auffallender Weise erst nach seiner Frau, was man so aufgefaßt hat, als hätte Lukas diese Umstellung gemacht, um desto deutlicher die Beziehung des κειράμενος auf Aquila hervortreten zu lassen. Allein die Voranstellung der Priscilla vor ihrem Mann findet sich merkwürdiger Weise ebenso Röm. 16, 3; 2 Tim. 4, 19; und scheint seinen Grund in hervorragender persönlicher Bedeutung der Frau zu haben, welche vielleicht mit aufgeregterem Geist und lebhafterem Eifer sich an der christlichen Sache betheiligte. Dies angenommen, so folgt aus der Ordnung, in welcher das Ehepaar hier genannt ist, lediglich nichts für die obige Frage. Ueberdies ist doch der Natur der Sache nach, und auch vermöge der Form unserer Erzählung, Paulus so sehr die Hauptperson, Aquila und seine Frau Nebenpersonen, daß das κειράμενος - εὐχήν auf den Apostel zu beziehen, weitaus das Nächstliegende ist. Was sollte denn dieser Zug, von Aquila ausgesagt, bedeuten? Demnach ist κειράμενος auf Paulus zu beziehen, wie z. B. Augustin, Erasmus, die Reformatoren, Bengel, neuerdings Olshausen, Neander, de Wette, Baumgarten-Crusius und Ewald thun; während schon die Vulgata und Theophylakt, später Grotius, Kuinoel, Schneckenburger und Meyer das Wort von Aquila verstehen. Ein Hauptmotiv für letztere Deutung war, ausgesprochen oder nicht, in der Regel das, daß man die sinnlich jüdische Ceremonie, nebst dem Gelübde, mit der Freisinnigkeit des Heidenapostels nicht reimen zu können glaubte. Dieser Grund hat, wenn man sich die Freisinnigkeit des Apostels nicht rein aus der Phantasie vorstellt, sondern aus den Thatsachen schöpft, kein Gewicht. Was aber dieses Abscheeren des Hauptbaars für eine Bedeutung hatte, kann nur mit Berücksichtigung des Folgenden erörtert werden.

3. **Denn er hatte ein Gelübde.** Die Abnahme der Haare hing mit einem Gelübde zusammen und war eine Folge des letzteren (εἶχε γὰρ εὐχήν). Allein dieser Ausdruck ist selbst wieder unbestimmt gehalten. Es ist nicht gesagt, welcher Art das Gelübde gewesen, auch nicht, ob das Scheeren des Hauptes mit dem Anfang oder dem Ende des Gelübdes zusammenhing, zur Uebernahme oder zur Lösung desselben geschah. Man hat dieses Gelübde früher für ein Nasiräergelübde gehalten (Wetstein u. A.), nach welchem man zur Ehre Gottes eine bestimmte Zeitlang das Haar wachsen ließ, nach jener Frist aber dasselbe im Tempel abscheeren lassen mußte, worauf es in das Opferfeuer geworfen wurde. Das paßt hieher darum nicht, weil die Lösung des Nasiräats beim Tempel, also in Jerusalem geschehen mußte. Und die Behauptung, daß Juden auf Reisen an diese Satzung nicht gebunden gewesen seien, ist eine unerwiesene Vermuthung. Auch die Annahme, daß das Nasiräat durch eine levitische Verunreinigung unterbrochen worden und hier durch Abscheerung des Haares erneuert worden sei, empfiehlt sich nicht, weil eine solche Erneuerung ebenfalls nur im Tempel stattfinden sollte (Num. 6, 9 ff.). Demnach steht das Abscheeren des Haupthaares in keinem Zusammenhang mit dem Nasirärthum, vielmehr muß jenes

---

[1]) κατήντησαν Plur. steht in vier Unzial=Codd., während den Sing. κατήντησε nur zwei derselben haben; der Sing. entspricht allerdings der mehr und nachgehenden Erzählungsform, würde aber eben deßhalb nicht in den Plural verwandelt worden sein, wenn er ursprünglich wäre.

[2]) Nicht weniger als vier Unzial=Handschriften haben: ἀποταξάμενος καὶ εἰπών, so daß erst ἀνήχθη die Erzählung fortsetzt; und nur zwei Handschriften des neunten Jahrhunderts, G. und H., lesen ἀπετάξατο, was eine Erleichterung des Satzbaus schien.

[3]) δεῖ με πάντως τὴν ἑορτὴν τὴν ἐρχομένην ποιῆσαι εἰς Ἱεροσόλυμα fehlt gänzlich in drei gewichtigen und alten Handschriften A. B. E., so wie in 8 Minuskeln und mehreren alten Versionen, während die Codd. D. G. H. die Worte haben. Diese scheinen, wie so viele Einschiebsel in unserem Buch, später beigefügt worden zu sein, weil das πάλιν ἀνακάμψω allzu kahl erschien. Schon Mill und Bengel, später Griesbach, Heinrichs und Kuinoel, beanstandeten die Worte als Interpolation. Lachmann und Tischendorf lassen sie weg.

Gelübde irgend ein nicht levitisches und an den Tempel nicht gebundenes gewesen sein. Jedenfalls scheint nach Allem, was wir anderweitig über solche Dinge wissen, das Abscheeren des Haares mit der Lösung, nicht mit der Uebernahme des Gelübdes zusammenzufallen, denn es war bei den Hebräern Regel, das Haar abzuscheeren. Darnach würde αἴρω die Bedeutung bekommen: er hatte gehabt. Allein was eigentlich die Veranlassung dieses Gelübdes gewesen sei, und worin es bestand, das läßt sich nicht erheben, und Vermuthungen darüber aufzustellen, führt zu nichts.

4. Sie gelangten aber. Nun kommt Paulus zum ersten Mal, auf der Rückkehr von seiner zweiten Missionsreise, nach Ephesus, der altberühmten Hauptstadt Joniens, damals der proconsularischen Asiens, welche einen schwunghaften Handel trieb und bald die christliche Metropole Kleinasiens wurde. Hier ließ er den Aquila und seine Frau, κατέλιπεν greift vor und deutet an, daß sie in Ephesus blieben, als der Apostel weiter reiste. Er selbst suchte in der Synagoge auf die Juden zu wirken, und zwar mit dem Erfolg, daß diese ihn länger festzuhalten wünschten, worein er aber, um nach Antiochia zurückzueilen, nicht willigte. Dagegen hat er das Versprechen, wieder nach Ephesus zu kommen, laut Kap. 19, 1 ff. bald gehalten.

5. Und kam nach Cäsarea. ἀναβάς verstanden von den früheren Auslegern Einige, z. B. Calov, Kuinoel, von Cäsarea selbst, sofern man vom Gestade aus in die höher gelegene Stadt habe hinauf gehen müssen. Allein es wäre unbegreiflich, daß Lukas, der von V. 19—22 incl. so kurz und summarisch berichtet, nachdem er bereits gesagt hat κατελθὼν εἰς Καισάρειαν, was doch wohl auf die Stadt, nicht bloß auf die Küste und den Hafen allein zu beziehen ist, das Hinaufgehen in die Stadt selbst noch ausdrücklich hervorgehoben haben sollte, und andererseits wäre κατέβη εἰς Ἀντιόχειαν mit am Platz von Cäsarea aus, da Antiochia 3 Meilen landeinwärts, also höher denn die Seestadt Cäsarea lag. Letzterer Ausdruck ist dagegen völlig passend und entspricht dem sonstigen Sprachgebrauch unseres Buchs (vergl. Kap. 15, 2 ἀναβαίνειν von Antiochia nach Jerusalem), denn man wird als terminus ad quem und a quo für ἀναβάς und κατέβη Jerusalem annehmen, worauf auch ἡ ἐκκλησία (κατ' ἐξοχήν, ohne ἡ οὖσα Kap. 13, 1) zu deuten scheint. Daß dennoch die Beziehung von ἀναβ. auf Cäsarea nothwendig sei, vorausgesetzt, die Unächtheit der Worte δεῖ με π. — Ἱερος. V. 21, ist ein irriges Urtheil von Meyer, denn auch ohne jenen Zusatz bleiben die angeführten Gründe von Gewicht. Aber merkwürdig ist unter allen Umständen die Eile und Kürze, mit welcher Lukas hier berichtet, namentlich aber, daß er einen Besuch des Paulus in Jerusalem so gar flüchtig, mit nur fünf Worten, andeutet, und nur eine Begrüßung der Gemeinde meldet. Ohne Zweifel war der Aufenthalt des Paulus bei der Muttergemeinde nur ganz kurz.

#### Christologisch-dogmatische Grundgedanken.

Das Gelübde, in Betreff dessen eine gewisse Dunkelheit nie ganz aufzuhellen sein wird, war jedenfalls ein im Geiste evangelischer Freiheit übernommenes und fand aus irgend einer besonderen Veranlassung statt.

#### Homiletische Andeutungen.

Paulus aber blieb noch lange daselbst. [V. 18.] Dem großen Volk zu lieb, das ihm in der himmlischen Erscheinung angedeutet wurde, und Gallions gelinde Art so weit zu benutzen, als sie für das Reich Christi zu brauchen war, hielt sich Paulus noch so lange in Korinth auf. (Rieger.) — Denn er hatte ein Gelübde. — Bezahle dem Höchsten deine Gelübde! 1) Welche Gelübde dürfen wir thun? a. Keine unevangelischen, wobei wir durch todte Werke Gott zu dienen und ihm seine Gnade abzulaufen meinen, wohl aber b. die Herzensgelübde der Buße, des Glaubens und des neuen Gehorsams. 2) Wie sollen wir sie bezahlen? a. Mit gewissenhaftem Eifer, zu thun, was wir können, b. mit demüthigem Verzicht auf alles Verdienst.

Kam hinab gen Ephesus, ging in die Schule und redete mit den Juden. [V.19.] Die Gesellschaft seiner liebsten Brüder war ihm nicht zu angenehm, daß er nicht den Umgang mit dem ihm so feindseligen Volk unterbrechen und seine Bemühung, dasselbe zu bekehren, aufgegeben hätte. Das ist das Muster eines Knechts, der nicht für sich, sondern für seinen Herrn Jesum arbeitet. Sich läßt er immer schmähen und pressen, und fährt fort, nur seinen Heiland zu verherrlichen. (Apost. Past.)

Baten ihn, daß er bliebe, und er verwilligte es nicht. [V. 20.] Ein lehrreiches Exempel vom Umgang mit den Brüdern. So zärtlich das Band der Liebe zu ihnen, so wenig war er ihnen mit blindem Gehorsam unterthan, sondern schlug ihnen ab, was er nicht als des Herrn Sinn und Willen erkannte. Dies Beispiel soll uns lehren, auch lieben Brüdern und frommen Seelen nicht Alles einzuräumen, sondern Gott und den Heiland auch über die Brüder zu lieben und dessen Willen allem menschlichen Willen vorzuziehen. (Apost. Past.) — Wer Vater oder Mutter mehr liebet denn mich, der ist mein nicht werth, Matth. 10, 37.

Ich muß das Fest zu Jerusalem halten. [V. 21.] Gott schenke uns doch auch einen zu entschiedenen Eifer zur Reise nach dem himmlischen Jerusalem, und lehre uns allen Lockungen der Welt und des eigenen Fleisches dieses heilige Muß entgegensetzen. (Nach Apost. Past.) — Will's Gott, so will ich wieder zu euch kommen. So heldenmüthig er in Fortsetzung seiner ihm vorgeschriebenen Laufbahn war, so gelassen unterwirft er sich doch der Führung Gottes. Ein Löwe im Kampf gegen die Welt bleibt er doch ein Schäflein unter der Leitung seines Herrn. (Nach dems.)

Ging hinauf, grüßte die Gemeinde, und zog hinab gen Antiochia. [V. 22.] Daß an den Gruß zu Jerusalem sogleich wieder der Abschied angehängt wird, gibt fast zu vermuthen, daß er auch diesmal in Jerusalem das Feld nicht angetroffen habe zu weiterer Arbeit. (Rieger.)

Ich muß wirken, so lang es Tag ist — der Wahlspruch der Boten Christi: 1) Wo wirken sie? Wo der Herr einen Weg zeigt und eine Thür aufthut. 2) Wie wirken sie? Nicht mit unermüdlichem Eifer, aber demüthigem Aufmerken auf des Herrn Wink. 3) Für was wirken sie? Nicht für eigenen Ruhm und Gewinn, sondern allenthalben für's Reich Gottes und eben damit für's

Heil der Menschen. — Die Sehnsucht nach christlicher Gemeinschaft: 1) Wie stark sie bei Paulus war. Sie zog ihn, den in sich selber so hoch begabten und reich begnadigten Apostel, aus weiter Ferne nach Jerusalem. 2) Wie stark sie auch bei uns sein sollte. (Lisko.) — Der reisende Paulus als Muster eines dem Winke des Herrn folgsamen Gottesknechts: 1) Kein feindlicher Haß hält ihn auf, wo der Herr ihn sendet, V. 19. 2) Keine brüderliche Liebe hält ihn zurück, wo der Herr ihn abruft, V. 20. 3) Kein Ort ist ihm zu entlegen: er eilt hin, wenn der Geist ihn hinzieht, V. 21. 4) Kein Platz ist ihm zu gelegen: er nimmt Abschied, wenn ihn der Herr da nicht brauchen kann, V. 22. — Ich muß hinauf nach Jerusalem! die Reiselosung eines Gottespilgers, womit er durchbricht durch alle Versuchungen der Welt in Liebe und Leid, von Freund und Feind.

## Vierter Abschnitt.

Die dritte Missionsreise des Apostels Paulus nach Kleinasien, Macedonien und Griechenland; Rückreise nach Jerusalem.

Kap. 18, 23 — Kap. 21, 16.

### A.

Erster Theil dieser Reise: Wirksamkeit und Erlebnisse des Apostels in Kleinasien, namentlich in Ephesus.

(Kap. 18, 23 — Kap. 19, 41.)

**1. Antritt der Reise und Besuch bei den Gemeinden in der Mitte Kleinasiens.** (Kap. 18, 23.)

Und nachdem er einige Zeit daselbst verweilt hatte, ging er aus und durchreiste 23 nach einander die galatische Landschaft und Phrygien, indem er alle Jünger stärkte.

**2. Zwischenbericht über Apollos und seine Thätigkeit in Ephesus und Korinth.** (Kap. 18, 24—28.)

Es kam aber ein Jude, Namens Apollos, aus Alexandrien gebürtig, nach Ephesus, 24 ein beredter Mann, mächtig in der Schrift. *Dieser war unterwiesen im Wege des 25 Herrn, und eifrig im Geist redete und lehrete er fleißig von Jesu[1]), kannte jedoch nur die Taufe des Johannes. *Und dieser fing an freimüthig zu reden in der Synagoge. 26 Da ihn aber Aquila und Priscilla[2]) gehört hatten, nahmen sie ihn zu sich und setzten ihm den Weg Gottes gründlicher auseinander. *Als er aber nach Achaia zu reisen 27 wünschte, ermunterten ihn die Brüder dazu und schrieben an die Jünger, daß sie ihn aufnehmen möchten. Und als er angekommen war, nützte er denen, welche gläubig geworden waren, viel durch die Gnade. *Denn er überführte mit Nachdruck die Juden 28 öffentlich, indem er mittelst der Schrift bewies, daß Jesus der Christ ist.

### Exegetische Erläuterungen.

1. **Ging er aus.** Diese dritte Missionsreise, c. 54 oder 55 nach Chr. angetreten, war in ihrem allerersten Abschnitt, gerade wie die zweite, nur auf bereits bestehende Gemeinden berechnet. Uebrigens ist hier nur Phrygien und Galatien genannt, Pisidien, Pamphylien und Lykaonien nicht. Ob diese Provinzen, der großen Kürze des Berichts wegen, nur unabsichtlich mit Stillschweigen übergangen sind, oder ob Paulus diesmal wirklich nur die auf der zweiten Reise gestifteten Gemeinden in Galatien und Phrygien besucht hat, läßt sich nicht ausmachen. — Wer seine Begleiter waren, ist hier nicht gesagt. Aber aus Kap. 19, 22 ergibt sich, daß Timotheus und Erastus mit ihm gereist sein müssen.

2. **Es kam aber ein Jude.** Bevor Lukas die Ankunft des Apostels Paulus in Ephesus und seine Wirksamkeit daselbst meldet, schiebt er die Erzählung von Apollos ein. Baumgarten-Crusius stellt die Ansicht auf, die Bedeutung dieses Stücks liege darin, daß Apollos Ersatzmann und Stellvertreter des Paulus in Korinth geworden sei. Allein der Platz, welchen diese Episode einnimmt, weist vielmehr darauf, daß das Augenmerk des Lukas auf Ephesus gerichtet sei, und er das Auftreten des Apollos daselbst erzähle, weil es nicht lange vor der Ankunft des Apostels daselbst stattgefunden hatte.

3. **Apollos** ist Abkürzung von Ἀπολλώνιος, wie Cod. Cantabrig. liest. Er war ein alexandrinischer Jude; und da er als ein Mann von Beredsamkeit (λόγιος gelehrt und beredt, auch als die Materielle, die Schriftgelehrsamkeit noch besonders hervorgehoben wird, hier hauptsächlich das Letztere) und von starker Bibelkenntniß (δυνατὸς ἐν τ. γρ., seine Stärke darin hat), geschildert wird, so liegt die Vermuthung nahe, daß Apollos sowohl die Kunst der Bibelauslegung als die Beredsamkeit der Schule des Philo verdankte.

---

1) Ἰησοῦ hat die ältesten Codd., eine Anzahl Minuskeln und Versionen für sich, während nur die zwei jüngern Uncial-Codd. C. H. τοῦ κυρίου lesen, eine Aenderung, welche gemacht wurde, weil man Ἰησοῦ nicht mit ἐπίστ. - Ἰωάννου zu reimen wußte.

2) Die Umstellung Πρ. καὶ Ἀκ. hat nur einen Theil der Zeugen für sich, während B. 18 für letztere Stellung sämmtliche Urkunden einhellig stehen, hieher scheint die Voranstellung der Frau aus B. 18 gekommen zu sein.

**4. Dieser war unterwiesen.** Was die christliche Erkenntniß des Apollos betrifft, so schildert ihn Lukas als einigermaßen unterrichtet in dem Wege des Herrn, d. h. in dem Heilsrath Gottes (κύριος kann hier nicht Jesus von Nazareth, sondern nur Gott der Vater sein), durch den Messias Israel und die Menschheit zu erleuchten und zu erlösen; er bedurfte jedoch genauerer Auseinandersetzung und Belehrung über Gottes Weg (f. B. 26). Wo es ihm fehlte, gibt Lukas an: ἐπιστ. μόνον τὸ β. '1. Ἐπίστασθαι ist hier nicht dem buchstäblichen Sinne nach: expertum esse (Grotius), sondern nach dem gewöhnlichen Sprachgebrauch: kennen, objektiv und lehrhaft kennen. Allerdings ist dabei vorauszusetzen, daß er auch nur die Johannistaufe empfangen hatte und wohl durch Johannisjünger unterwiesen worden war. Demnach fehlte ihm noch die Taufe im Namen Jesu, und damit ohne Zweifel dem vollen Erkenntniß des gekreuzigten und auferstandenen Erlösers, als die Gabe des Heiligen Geistes. Bei all diesem Mangel war der Mann voll Gint der Begeisterung (ζέων), voll Eifers und Aufopferung, was ihn zur Mittheilung trieb. Daher redete und lehrte er (ἐλάλει in Gespräch und Unterhaltung, ἐδίδασκε in eigentlicher Lehrform) von Jesu genau (ἀκριβῶς kann heißen: exacta cura et diligentia, aber auch exacte, jenes subjektiv, dieses objektiv; da aber ἀκριβῶς nicht in einem andern Sinn genommen werden kann als im nächsten Verse ἀκριβέστερον, so ist die objektive Bedeutung vorzuziehen, jedoch in relativem, beschränktem Sinn). In solcher Weise redete und lehrte Apollos von Jesu, auch machte er einen Anfang damit, selbst in der Synagoge zu sprechen, und zwar mit Freimüthigkeit. Da hörten ihn Aquila und seine Frau sprechen und nahmen sich seiner treulich an; sie erkannten sowohl das Gute als Bielversprechende in ihm, als die Mängel, die ihm noch anklebten, und suchten die letzteren zu ergänzen durch eine gründlichere, vollständigere und tiefere Unterweisung (ἀκριβέστερον ἐξέθ.) über den Weg Gottes. Dazu gehörte tiefere Einführung in die Erkenntniß der Person und des Werkes Jesu Christi.

**5. Als er aber nach Achaia zu reisen wünschte.** Dieser Wunsch des Apollos, nachdem er durch Privatunterricht weiter gefördert war, hatte wohl einen doppelten Grund: einerseits mochte ihn eine zarte Scheu abhalten, gerade in Ephesus, wo er mit vielfach unreifer, mangelhafter Erkenntniß aufgetreten war, nun nach erlangter Reife wieder aufzutreten; andererseits wird wohl dasjenige, was er von Aquila und dessen Frau über die korinthische Gemeinde vernommen hatte, seine Blicke dorthin gelenkt haben. Aus Kap. 19, 1 ist nämlich zu ersehen, daß er sich dorthin begab. Hier aber ist die Provinz genannt, deren politische Hauptstadt ja eben Korinth war. Προτρεψάμενος bezieht Meyer nach Luther u. A. schon auf die μαθηταί in Achaia; schrieben ermahnend an sie. Dies ist unrichtig, das προτρεψάμενος geht dem ἐγώ voran, jenes bezieht sich auf Apollos selbst und hat den ursprünglichen Sinn: ad cursum incitare, instigare, ut progrediatur (so nach Chrysostomus, Erasmus, Grotius, Bengel). Daß αὐτόν dabei stehen müßte, ist grundlos; es versteht sich von selbst. Das Schreiben der ephesischen Christen an die zu Korinth ist das erste (christliche) Empfehlungsschreiben (ἐπιστολὴ συστατική).

**6. Und als er (Apollos) angekommen,** nützte er den Bekehrten in Korinth namhaft (συμβάλλομαι τινι wird im Sinne von prosum, adjuvo im klassischen Sprachgebrauch häufig angewendet). διὰ τ. χάριτος ist nähere Bestimmung zu συνεβ. πολύ, nicht zu πεπιστ. (wie de Wette verbindet); denn hier ist die Aufmerksamkeit auf Apollos und sein Wirken gerichtet, nicht auf die korinthischen Christen; der Beisatz will sagen, die Förderung der letzteren durch den Ankömmling war durch die Gnade Gottes vermittelt, die mit ihm war. Der B. 28 genannte Umstand wird mit γάρ als Beweis der Gnadenwirkung, die ihn stärkte, eingeführt: er widerlegte mit vollständigem Erfolg und aller Kraft die Juden (εὐτόνως intentis omnibus virium nervis). Das διακατηλ. τοῖς Ἰουδ. ist so zu fassen: er führte vollständigen, schlagenden Beweis für seinen Satz (Med.) gegen die Juden. Δημοσίᾳ läßt sich nicht wohl auf die Synagoge als Kampfplatz beschränken, wenigstens sind davon sonst, z. B. K. 26; Kap. 19, 8, ganz andere Ausdrücke gebraucht, sondern eher von einer Verhandlung auf öffentlichem Platz. Was hier von der Art und Weise der Wirksamkeit des Apollos erzählt ist, harmonirt mit dem, was Paulus selbst 1 Kor. 1—4 sagt. Paulus hat gepflanzt, Apollos begossen; dieser hat nicht Grund gelegt, sondern weiter gebaut (1 Kor. 3, 6. 10), d. h. gefördert, was bereits angefangen war.

### Christologisch-dogmatische Grundgedanken.

1. Mit einer noch unvollständigen und mangelhaften Kenntniß versehen, hat Apollos dennoch gewirkt und verhältnißmäßig gründlich gelehrt. Es ist theils die Naturgabe, theils die vorchristliche (philonische) Schule, was ihn dazu befähigte. sodann aber die Bekanntschaft mit der Schrift des Alten Bundes und eine nur ungenügende Kenntniß von Jesu; was aber besonders in Betracht kommt, ist sein glühender Eifer. Der trieb ihn zur Mittheilung und zum Wirken. Ein wenig Licht ist doch schon Licht, und wer mit wenig Pfunden treu wuchert, dem wird mehr anvertraut. Ein für die Wahrheit begeistertes und warm schlagendes Herz, wenn es auch nicht das volle und heilige Feuer des Geistes vom Vater und vom Sohn ist, läßt sich auch weiter in alle Wahrheit leiten. Es ist ein Unterschied, ob der nähere Standpunkt eines Einzelnen auf unverschuldetem Nochnichtgewordensein, oder auf verschuldetem Zurückkommen beruht.

2. Es ist lehrreich, daß ein in der apostolischen Zeit so bedeutend und einflußreich gewordener Mann, als Apollos, einem schlichten Ehepaar, wie Aquila und Priscilla, die eigentliche Vorbereitung zu seinem Lehramt und die gründlichste Einleitung in die positiv christliche Lehre zu verdanken hatte. Diese Leute waren es, die den richtigen Blick in seine Persönlichkeit und deren vielversprechende Gaben thaten, die aber auch sofort erkannten, wo es ihm fehle; sie waren es ihn, den gewiß geistreicheren und weit gelehrteren, gründlicher in die christliche Wahrheit einweihten; sie waren es, die dazu behülflich waren, daß er nach Korinth kam, und das Ihrige dazu beitrugen, den rechten Mann an den rechten Platz zu stellen. Somit haben hier einfache Laien, namentlich auch eine Frau von frommer Gesinnung und gediegener christlicher Erkenntniß, geleistet, was Jenes genommen Sache theologischer Bildungsanstalten und Kirchenbehörden ist. Ein Thatbeweis von dem geistlichen Prie-

sterthum in der apostolischen Zeit. Zugleich ein merkwürdiges Beispiel, wie in Christi Reich die Dinge in einander greifen. Der Apostel Paulus hatte eine Verbindung mit Aquila und dessen Frau zu Korinth angeknüpft und dieses Ehepaar vermuthlich bekehrt. Nach längerem Umgang und gewiß auch gedeihlichem Wachsen in der Gnade begleiten sie ihn nach Ephesus. Dort lernen sie den Apollos kennen und nehmen sich seiner an, nachhelfend in christlicher Erkenntniß. Und nun kommt Apollos, so zubereitet durch das dem Apostel befreundete Ehepaar, nach Korinth und tritt dort in das Arbeitsfeld des Apostels. So gehen die Gnadenwirkungen hin und her, und was an dem einen Gliede gethan ist, das kommt dem andern zu gut. Die befruchtenden Samenkörner fliegen herüber und hinüber, und die Segensspuren lassen sich da und dort verfolgen. Die Leitung aber ist in der Hand des Herrn der Kirche.

3. Daß Apollos den Christen zu Korinth viel Gewinn an innerem Wachsthum brachte, war eine Gabe der Gnade, V. 27. Nicht den natürlichen Fähigkeiten eines Mannes, nicht der Schule, durch die er gegangen ist, nicht den Personen, die ihm tiefere christliche Einsicht beigebracht hatten, nicht seiner Begeisterung und persönlichen Herzenswärme, sondern der Gnadenwirkung Gottes ist es zuzuschreiben, wenn wirklicher Nutzen und Segen erwächst. Nicht der Pflanzende, noch der Begießende ist etwas, sondern Gott, der da wachsen läßt, 1 Kor. 3, 7.

#### Homiletische Andeutungen.

**Durchwandelte Galatien ꝛc. und stärkte die Jünger.** [V. 23.] Manche denken nur immer an das Erwecken, indem sie aber das Stärken und Befestigen der Seelen unterlassen, sich um die Erweckten nicht bekümmern und das Fünklein einer begonnenen Bekehrung nicht anblasen, geht Alles wieder zu Grunde. (Apost. Past.)

**Apollo** [V. 24—26.] zeigt eine schöne Verbindung von Natur- und Gnadengaben eines Lehrers. Er war 1) beredt von Natur, V. 24; 2) mächtig in der Schrift, V. 23, wodurch seine natürliche Beredsamkeit erst einen gediegenen Gehalt bekam; 3) unterweiset den Weg des Herrn, V. 25, durchgedrungen von blos todter Schriftgelehrsamkeit zu einer, wenn auch vorerst noch unvollkommnen, christlichen Erkenntniß vom Heilsrath Gottes; 4) brünstig im Geist, V. 25, erfüllt von edlem Eifer, seine Erkenntniß fruchtbar zu machen, für's Reich Gottes zu wirken; 5) die schönste und seltenste Eigenschaft bei so vielen Gaben, lernbegierig und gelehrig, V. 26, von Aquila und Priscilla als zwei einfältigen praktischen Christen sich tiefer in's Christthum einleiten zu lassen. — Apollo das Musterbild eines christlichen Lehrers. Er soll sein 1) gelehrt; wohl auch in menschlicher Kunst und Wissenschaft, aber vor Allem in der Schrift. 2) Lehrhaft; dazu gehört nicht nur natürliche Beredsamkeit, sondern mehr noch heiliger Liebeseifer (brünstig im Geist). 3) Gelehrig; damit er selber immer weiter komme, nicht nur durch eigenes Forschen, sondern auch durch demüthiges Lernen von lebendigen Christen. — Ein beredter Mann. Die Wohlredenheit ist eine herrliche Gabe Gottes, wenn sie Einer, es sei in der Kirche oder im weltlichen Regiment, recht gebrauchet; wenn sie aber mißbraucht wird, ist sie wie das Schwert in eines Unsinnigen Hand, Spr. 18, 21. (Starck.) — **Mächtig in der Schrift.** Nicht die bloße Erkenntniß des buchstäblichen Verstandes, sondern die selige Erfahrung derselben am eigenen Herzen macht den Lehrer mächtig in der Schrift, Andere daraus zu erbauen. (Apost. Past.) — **Unterwiesen im Wege des Herrn** (V. 25) muß jeder Christ, wie vielmehr jeder Lehrer sein, sonst ist er ein blinder Blindenleiter. (Starcke.) — **Redete mit brünstigem Geist.** Wenn das Herz des Lehrers selbst mit der Liebe Jesu durchströmt und mit dem Feuer des Heiligen Geistes entflammt ist, so gibt auch wieder Feuer heraus und entzündet die Herzen. (Apost. Past.) Wehe aber, wenn mit der Stunde die Brunst und mit dem Concepte der Eifer aus ist. Da sind die Prediger Bildstöcke ohne Leben, die weder Geist noch Kraft aus Christo haben. (Starcke.) — **Wußte allein von der Taufe Johannis.** In der christlichen Kirche hat es zu manchen Zeiten, besonders wenn ein neuer Hauptfortschritt, ein neuer Anbruch des Reiches Gottes sich vorbereitete, Lehrer gegeben, die man nicht ohne Grund mit Johannes dem Täufer verglichen hat. Sie waren bestimmt, auf etwas Neues, das da käme, aufmerksam zu machen, auf ein neues Leben, dem gegenüber der gegenwärtige Zustand todt sei, hinzuweisen. Das Neue selber freilich konnten sie nicht bringen. Sie standen an der Thür der neuen Kirchenzeit und leuchteten durch ihr heilscheinendes Licht so weit, daß ihre Jünger den Eingang sähen, durch den Eingang zu führen vermochten sie nicht. Ihre Jünger mußten lernen, über ihre Meister hinweg und auf den einigen Meister hinzusehen. So der große Schleiermacher. (Williger.) — **Aquila und Priscilla nahmen ihn zu sich und legten ihm den Weg Gottes noch deutlicher aus,** V. 26. Wer Jesum kennt, kann auch den größten Gelehrten in der Bibel zurechtweisen. (Apost. Past.) — Das ist das Zeichen eines demüthigen Gemüths, daß es, wie gelehrt es auch sei, doch noch Lerne von Andern, und wäre es von einem Handwerksmann. (Starcke.)

**Nützte er denen, die gläubig worden waren,** viel durch die Gnade. [V. 27.] Bei all seinen schönen Gaben und Kräften half er doch nur durch die Gnade. Gnade ist's allein, die das Wort fruchtbar und lebendig macht. (Apost. Past.)

**Erweisete öffentlich durch die Schrift.** [V. 28.] In den philosophischen Schulen ist kein Erweis gewisser, als ein mathematischer, in der Kirche Gottes keiner zuverlässiger, als der aus der heil. Schrift genommene. (Starcke.) — Apollo ein Beweis, daß Gelehrsamkeit und Bildung dem Bau des Reiches Gottes sehr nützlich werden können. (Lisko.) — Wie höhere Geistesbildung dem Reiche Gottes dienen kann: 1) Wenn sie auf dem Grunde des Glaubens ruht, V. 25; 2) wenn sie sich der weiteren Belehrung nicht verschließt, V. 26; 3) wenn sie am rechten Ort verwendet wird, V. 27 und 28. (Lisko.) — Das Wachsthum in christlicher Erkenntniß 1) Bedürfniß für Alle, auch die Begabten, V. 24; 2) erreichbar durch demüthige Lernbegier, V. 26; 3) fruchtbar durch gesegnete Wirksamkeit für's Gottes Reich, V. 27. 28. — Apollo in Alexandrien (V. 24) und Apollo in Ephesus (V. 26), oder die hohe Schule weltlicher Wissenschaft und die niedere Schule geistlicher Erfahrung. 1) Was man in jener, 2) was man nur in dieser lernen kann. — Apollos gesegnetes Wachsthum, oder: wer da hat, dem wird gegeben, daß er die Fülle habe. 1) Was hatte Apollos? Nicht nur a. ein schönes Pfund natürlicher Gaben (B. 24), sondern auch b. einen redlichen Eifer, mit seinem Pfunde zu wuchern durch Lernen und durch Lehren, B. 26.

2) Was wurde ihm gegeben, daß er die Fülle habe? a. Zu seinem Wissen das volle Licht der Erkenntniß Jesu Christi (B. 26), b. zu seinem Wirken die allwirksame Kraft der göttlichen Gnade, B. 27. 28. — Paulus und Apollos zwei verschiedene und doch zwei gesegnete Rüstzeuge des Herrn. 1) Der Stoff, aus dem, 2) der Weg, auf dem, 3) der Zweck, zu dem der Herr beide sich zubereitet hat.

### 3. Ankunft des Apostels Paulus in Ephesus. Er trifft mit einigen Johannisjüngern zusammen, die er zur vollen Gnade Christi führt. (Kap. 19, 1—7.)

1 Es geschah aber, während Apollos in Korinth war, daß Paulus, nachdem er die
2 oberen Landschaften durchreist hatte, nach Ephesus kam und einige Jünger fand¹). *Und er sprach zu ihnen: Habt ihr den Heiligen Geist empfangen, da ihr gläubig geworden seid? Sie aber erwiederten²) ihm: Nein, wir haben nicht einmal gehört, ob ein Hei-
3 liger Geist ist. *Und er sprach³): Auf was seid ihr also getauft? Sie antworteten:
4 Auf die Taufe des Johannes. *Paulus aber sprach: Johannes hat die Taufe zur Buße verrichtet, indem er zum Volk sagte, daß sie an den, der nach ihm komme, glauben sol-
5 ten, das ist an Jesum. *Da sie das hörten, ließen sie sich auf den Namen des Herrn
6 Jesu taufen. *Und da ihnen Paulus die Hände auflegte, kam der Heilige Geist auf sie,
7 und sie redeten mit Zungen und weißagten. *Es waren aber im Ganzen ungefähr zwölf Männer.

### Exegetische Erläuterungen.

1. **Es geschah aber.** Ἀνωτερικὰ μέρη sind die, in Bergleichung mit der Meeresküste, an der Ephesus lag, höher gelegenen Binnenlandschaften, nämlich Galatien und Phrygien Kap. 18, 23. War dem Paulus früher vom Heiligen Geist verwehrt worden, an der Westküste Kleinasiens zu wirken, und hatte er auf dem Rückwege von der zweiten Missionsreise nur flüchtig sich in Ephesus aufgehalten, so durfte er jetzt einen desto längeren und reich gesegneten Aufenthalt in dieser Stadt nehmen.

2. **Einige Jünger fand.** Die Männer, von denen B. 1—6 erzählt wird, nennt Lukas μαθηταί, d. h. Christen, allerdings in einem weiteren Sinn. Der Apostel muß durch Beobachtungen, die er an ihnen machte, zu dem Zweifel und zu der Frage veranlaßt worden sein, ob sie denn bei ihrer Bekehrung die Gabe des Heiligen Geistes empfangen haben oder nicht. Aber auch diese Frage, und besonders das πιστεύσαντες, setzt sichtlich voraus, daß sie in der That Christen seien. Ihre Antwort mit ἀλλά setzt vor Allem ein Nein voraus. Sie gehen noch weiter und sprechen unverholen aus, sie hätten nicht einmal durch Hörensagen, geschweige durch persönliches Empfangen, erfahren, ob ein Heiliger Geist existire. Das Letztere muß aber offenbar in dem Sinn der Frage genommen werden, d. h. der Heilige Geist als Gabe und Geistesmittheilung an die Menschen. Es kann nicht der Sinn sein, sie hätten nie gehört, daß es einen Heiligen Geist Gottes gebe. Leute, welche die Johannistaufe empfangen haben, müssen nothwendig auch Erkenntniß von Gott und vom Messias, auch wohl vom Geist Gottes gehabt haben. Zumal wir diese Jünger für geborne Juden halten müssen, denn das Stillschweigen des Lukas über ihre jüdische Herkunft beweist doch gar nichts; ihre Aeußerungen selbst führen keineswegs auf heidnische Abstammung, und es gibt lediglich keine Spuren davon, daß die Johannisjünger selbst in heidnischen Kreisen sich ausgebreitet hätten.

3. **Auf was seid ihr also getauft?** Diese Frage kann keinen andern Sinn haben, als: auf was denn die Taufe, die sie empfingen, sich bezogen habe. Die Antwort zeugt jedenfalls von einer Unklarheit der Leute. Die sagen allerdings nicht εἰς τὸν Ἰωάννην, das wäre auch der Demuth und dem ganzen Charakter des Täufers widersprechend gewesen. Aber man darf auch nicht an den bewußten Sinn der Antwort annehmen (wie es bei Meyer scheint): auf das, was den Inhalt der Johannistaufe ausmacht, nämlich Buße und Glauben an den kommenden Messias. Faktisch war das so, und sicherlich waren diese Jünger auf den (unbekannten) Messias getauft; aber es scheint, daß ihnen die Klarheit der Selbstbewußtseins darüber abging; sonst würde nicht Paulus sie erst darüber belehren B. 4. Die Vermuthung Weltfees, daß diese Leute von Apollos, vor seiner tieferen Einweihung in's Christenthum, unterrichtet worden seien, hat keinen positiven Stützpunkt.

4. **Johannes hat die Taufe.** Paulus gibt das Wesen der johanneischen Taufe kurz und gut an: sie bedeutete an sich nur Sinnesänderung, war lediglich Bußtaufe, verbunden mit der eventuellen Berpflichtung, an den, welcher nach ihm komme, zu glauben. ἵνα ist streng im Sinne der Absicht zu fassen: er verrichte die Taufe, damit sie — glauben sollen (Meyer), sondern, gemäß der fortgebenden Auflösung gedrängter Fügungen in der griechischen Sprachentwickelung, für den Infinitiv; als Objekt des Sagens und Ermahnens. Indem Paulus beifügt: das heißt an Jesum, schließt er die

---

1) εὑρεῖν und B. 2 εἶπόν τε haben Tischendorf und Lachmann nach A. B., einigen Minuskeln und Vulgata aufgenommen, während die Lesart εὑρών - εἶπε offenbare Conjektur ist.
2) εἶπον πρ. fehlt in mehreren bedeutenden Handschriften und ist unächter Beisatz.
3) πρὸς αὐτούς ist ebenfalls unächter Zusatz.
4) τὸν Χριστόν was Ἰησοῦν haben nur die zwei jüngsten Uncialhandschriften; es ist sicher unächt.

Erfüllung an die Verheißung an und bezeugt, daß die Taufe des Johannes faktisch noch nicht eine Taufe auf Jesum war, aber wesentlich auf Niemand anders, als auf ihn zielte. Und in Folge dieser Erklärung ließen sich diese Johannisjünger nunmehr auf Jesum, als den Herrn, taufen (εἰς τὸ ὄνομα, auf den Glauben und das Bekenntniß von ihm).

5. Ließen sie sich — taufen. Ob die Taufe von dem Apostel selbst oder von Jemand anders verrichtet wurde, ist nicht ausgesprochen. Es scheint übrigens, da die Handauflegung ausdrücklich von dem Apostel ausgesagt ist, daß die Taufe eher nicht von ihm verrichtet wurde. In Folge der Handauflegung nach der vollen christlichen Taufe empfingen die Getauften nun auch den Heiligen Geist, dessen Wirkungen im Zungenreden und begeisterten Erguß der Seelen wahrnehmbar geworden sind.

**Christologisch-dogmatische Grundgedanken.**

1. Die Johannisjünger werden, noch bevor sie die eigentlich christliche Taufe empfangen und zur vollen Kenntniß und dem Bekenntniß Jesu kommen, doch schon als Jünger, d. h. als Christen betrachtet. Lukas nennt sie μαθηταί, der Apostel setzt Taufe und Bekehrung bei ihnen voraus. Dies ist ein Zeichen, daß in der apostolischen Zeit auch schon ein weiterer Kreis der Jüngerschaft Christi, d. h. der Kirche, existirt. Nicht erst die Christianisirung ganzer Nationen, noch weniger bloß die politisch-kirchliche Verschlingung der Verhältnisse bringt es mit sich, daß die Kirche sich in einen engeren und weiteren Kreis theilt, sondern der Grund davon liegt schon in der Ausbreitung des Christenthums überhaupt. Was aber die eigentliche Gränze zwischen dem engern und weitern Kreis bildet, das ist nichts Anderes, als die Beziehung zu der Person Jesu Christi selbst. Wer mit ihm nach Geist und Herz verbunden ist, durch Gnade von der einen, durch Glaube von der andern Seite, der gehört dem engern Kreise der Seinen an. Dem weiteren aber ist einverleibt, wer in einer nur entfernten und rein äußerlichen Beziehung zu dem persönlichen Erlöser steht.

2. Zum letzten Mal im Neuen Testament kommt hier Johannes der Täufer in seinen Nachwirkungen zum Vorschein. Wie weit hinaus in die Welt sein Wirken sich erstreckt hat, wie lang andauernd es war, läßt sich aus der Thatsache ermessen, daß in der hellenischen Handelsstadt Ephesus, und um das Jahr 55 n. Chr., ungefähr ein Menschenalter später als Johannes selbst, ein ganzes Dutzend Johannisjünger auftauchten, die bis zwar an die Gemeinde Christi anschließen, aber bis dahin nicht über Johannes und seine Taufe hinausgekommen sind. Ja sie sind vielmehr zurückgekommen, wie es bei weiterer Ausdehnung in längerer Dauer einer Richtung leicht geschieht, wenn der ursprüngliche Träger derselben abgetreten ist und es zugleich an einem reinen und lebensvollen Vehikel der Mittheilung (wie Schrift und h. Geist in der Kirche Christi) fehlt. Uebrigens ist es noch das beste Zeichen von Empfänglichkeit für Fortschritt und Wahrheit, daß diese zwölf sich auf Jesum taufen lassen und der Rest von Johannisjüngern in der Kirche Jesu Christi aufgeht, anstatt sich, der vollen Wahrheit und Gnade gegenüber, abzuschließen, und auf ihrem bisherigen Standpunkt zu verharren. Nur mit einem Wort sei bemerkt, daß die sogenannten Johannischristen (Mandäer) in Mesopotamien mit Johannes dem Täufer lediglich in keiner geschichtlichen Beziehung stehen; jenen Namen legen sie sich selbst nie bei, er ist bloß von christlichen Reisenden und Gelehrten aufgebracht; s. Herzog, Real-Encyclopädie, Mandäer.

3. Die Ertheilung der Taufe an die Johannisjünger hat mannigfache dogmatische Bedenken erregt. Theils den Wiedertäufern, theils dem tridentinischen Dogma gegenüber von wesentlicher Verschiedenheit der johanneischen und christlichen Taufe, glaubten die Reformatoren (Calvin und Beza) und die späteren lutherischen Theologen V. 5 verwehren zu müssen. Im Gegensatz gegen die Anabaptisten ergriff Calvin den unglücklichen Ausweg, V. 5 nicht von der Wassertaufe, sondern von der Geistestaufe zu deuten, so daß V. 6 nur deutlicher mache, was V. 5 gemeint sei. Unleugbar ist V. 5 von Wassertaufe die Rede. Aber dieser Umstand kommt den Gegnern der Kindertaufe in keiner Weise zu gut. Die Zwölfe sind nicht, weil sie als Kinder getauft waren, sondern weil die Taufe, welche sie empfangen hatten, nicht die volle christliche war, zum zweiten Mal getauft worden; ein Umstand, der nicht im mindesten für Wiederholung der christlichen Taufe spricht. Und was den römischen Kanon betrifft, daß die Johannestaufe nicht die gleiche Kraft wie die Taufe Christi habe, so ist auf Grund der Schrift nichts gegen denselben zu erinnern; und nur dogmatische Vorurtheile können auf die Ansicht führen, daß die johanneische Taufe nicht wesentlich, sondern bloß zufällig von der Taufe Christi verschieden sei. Und weil dieser Thesis unsere Stelle widerspricht, hat man ihr Gewalt angethan und V. 5 noch zur Aeußerung des Paulus über Johannis Taufe gemacht. Das bedarf indeß keiner Widerlegung. Die zwölf Jünger waren jedenfalls nicht auf die Person Jesu getauft, also mehr mußte demnach nachgeholt werden. Aber nur in Jesu Christo und um Christi willen wird der Heilige Geist ertheilt. Die Taufe Christi und damit die Gemeinschaft mit dem Erlöser selbst ist die Bedingung der Geistesgabe, nicht aber die Handauflegung, d. h. die apostolische Vollmacht (wie Baumgarten annimmt).

**Homiletische Andeutungen.**

Paulus kam gen Ephesus und fand etliche Jünger. [V. 1.] Paulus hätte nicht so oft gefunden, wenn er nicht so fleißig gesucht hätte. Wer sucht, der findet. Ihm lief immer der Segen in die Hände, weil sein ganzes Herz auf die Sache gerichtet war. — Ob die Leute gleich noch sehr schwach in Erfahrung und Erkenntniß waren, zählt sie der Heilige Geist doch schon unter die Jünger. Auch ein Anfänger im Christenthum ist dieses edlen Namens werth, wenn er nur in Gottes Augen ein Herz hat, das begierig ist nach dem Heil. Und dieser Seelen soll sich ein Lehrer ganz besonders annehmen. Das find die Säuglinge, an denen wir Ammentreue beweisen können. (Apost. Past.) — Die Weise einiger Christen neuerer Zeit, die weder von großer Liebe, noch von großer Erkenntniß zeugt, das Christenthum nur in seiner höchsten Vollendung als ein wahres Christenthum gelten zu lassen, war nicht die Weise des Apostels. (Menken.)

Habt ihr den Heiligen Geist empfangen?

[V. 2] Das war das Thema aller Fragen des Apostels an sie. Er suchte sich durch mancherlei Fragen nach dem Gang ihrer Bekehrung zu überzeugen, ob sie die Erfahrungen gründlich gemacht hätten, die allein der Heilige Geist durch seine Inwohnung in dem Menschen wirken kann. Und alle ihre Antworten kamen darauf hinaus: wir wissen noch nichts vom Heiligen Geist. (Williger.) — Und müßten nicht heute noch viele Jünger, denen man christliche Erkenntniß und christlichen Wandel bis auf einen gewissen Grad zugestehen muß, dennoch ehrlicher Weise, die Hand auf's Herz, gestehen: wir wissen noch nichts vom Heiligen Geiste, dem Geiste der Buße, der Wiedergeburt, der Kindschaft, der Freiheit, der Liebe?

Worauf seid ihr denn getauft? [V. 3.] Diese Frage sollten alle Christen täglich an sich richten, denn „ein Jeglicher hat sein Lebenlang genug zu lernen und zu üben an der Taufe, denn er hat immerdar zu schaffen, daß er festiglich glaube, was sie zusaget und bringet: Ueberwindung des Teufels und des Todes, Vergebung der Sünde, Gottes Gnade und den ganzen Christum und Heiligen Geist mit seinen Gaben." (Luther.)

Paulus aber sprach rc. [V. 4.] Wie ehrerbietig redet hier der Apostel von Johannes. Er verkleinert diesen Knecht Gottes nicht, sondern zeigt sein göttliches Amt, das er zu seinen Zeiten geführt, und daß es nicht an ihm, sondern an den Menschen liege, wenn sie desselben nicht recht gebrauchten. So muß es sein. Es ist nicht gut, andere Lehrer zu verachten und herunterzusetzen. (Apost. Past.) — Von hier an geschieht keine Erwähnung des Täufers im Neuen Testamente wieder. Hier endlich macht er Christo völlig Platz. (Bengel.)

Da sie das hörten, ließen sie sich taufen. [V. 5.] Wiedergetauft wurden, die da getauft waren mit der Taufe Johannis, darum, weil Johannes nicht der Grund unserer Gerechtigkeit und der Geber des Heiligen Geistes, sondern allein der Herold des Geistes und der seligmachenden Gnade war, die bald darauf Christus uns erworben als der einige Grund und Autor unserer Gerechtigkeit. (Justus Jonas.) — Wer freilich den rechten vollen Sinn von der Taufe Johannis als des Vorläufers Jesu faßte, der bedurfte in der Nachfolge Jesu Christi nicht einer neuen Taufe. Wo aber Johannes als Sektenhaupt und seine Taufe als Ceremonie angesehen wurde, da konnte sie nicht als christliche gelten und wirken. (Rieger und Apost. Past.)

Und da Paulus die Hände auf sie legte, kam der Heilige Geist auf sie. — Und aller der Männer waren bei zwölfen. [V. 6 u. 7.] Die Zwölfe wurden unter den betenden und segnenden Händen des Apostels ausgerüstet mit den Gaben des Heiligen Geistes, eine neue Jüngerschaar, dazu bestimmt, ein Same der Gottesgemeinde in Asien zu werden, ähnlich wie die zwölf Apostel, die auch vorher zum Theil Johannisjünger und erst nach der Ausgießung des Heiligen Geistes rechte Christusjünger geworden waren und ein lebendiger Same der Wiedergeburt für alle Welt. (Williger.)

Zu V. 1—7. Sanct Paulus unser Lehrmeister in der rechten Seelsorge. 1) Seine Seelsorge hat den rechten Umfang; 2) sie hat den rechten Fleiß und Eifer; 3) sie geschieht mit der rechten Weisheit. (Leupold.) — Worauf seid ihr denn getauft? 1) Auf Gott den Vater; so habt ihr die Kindschaft Gottes empfangen. 2) Auf Gott den Sohn; so habt ihr an ihm die Erlösung durch sein Blut. 3) Auf Gott den h. Geist; so seid ihr Gottes Tempel geworden. (Leonh. und Spiegelh.) — Die Aehnlichkeit vieler Christen unter uns mit den Johannisjüngern zu Ephesus. 1) Worin sie sich zeigt, V. 1—4; 2) was deßhalb mit vielen Christen geschehen muß, V. 5—7. (Lisko.) — Daß wir auch diejenigen als die Unsern betrachten dürfen, die noch auf einer niederen Stufe der Wahrheit stehen. 1) Wer sind diese? 2) wie können wir sie zu den Unsern zählen? (Lisko.) — Habt ihr den Heiligen Geist empfangen? eine Prüfungsfrage an Alle, die sich Jünger Jesu nennen. Denn erst in Kraft des Heiligen Geistes erweist sich 1) unser Glaube lebendig, V. 2; 2) unsere Taufe gesegnet, V. 3. 4; 3) unsere Zunge gebeiligt zum Dienste des Herrn, V. 6. — Worauf seid ihr denn getauft? eine kräftige Mahnung an alle Getauften, sie zu erinnern 1) an den göttlichen Grund, darauf die Taufe ruht: Jesus Christus, V. 4. 5; 2) an die heilige Pflicht, die aus der Taufe fließt: Buße und Glaube, V. 4; 3) an die selige Frucht, die aus der Taufe keimt: die Gaben des Heiligen Geistes, V. 6. — Die zwölf Johannisjünger und die zwölf Jesusjünger, oder: Einer ist euer Meister, Christus. 1) Menschliche Meister können ihr Wort vererben; Christus allein kann seinen Geist mittheilen. 2) Menschliche Meister können die Anfangsgründe lehren; Christus allein kann zum Ziele führen. 3) Menschliche Meister können Schulen stiften; Christus allein kann eine Kirche gründen.

#### 4. Fernere Wirksamkeit des Apostels mit Lehren und Wundern in Ephesus. (V. 8—20.)

8 Er ging aber in die Synagoge und trat freimüthig auf, indem er drei Monate
9 lang von dem Reiche Gottes redete und zu überzeugen suchte. *Als aber Einige sich verhärteten und ungläubig waren, und Angesichts der Menge den Weg verleumdeten, so trat er von ihnen ab und sonderte die Jünger von ihnen ab, indem er Tag für Tag
10 in dem Hörsaal eines gewissen¹) Tyrannos redete. *Das geschah aber zwei Jahre lang, so daß alle Einwohner Asia's das Wort des Herrn²) hörten, Juden sowohl als Grie-
11 chen. *Auch nicht geringe Thaten wirkte Gott durch die Hände des Paulus; *so daß
12 man sogar Schweißtücher und Binden von seiner Haut auf die Kranken legte³), und die

---

1) Τινός nach Τυρ. fehlt zwar in einigen Codd., kann aber auch leicht weggefallen sein.
2) Ἰησοῦ nach κυρίου hat nur eine Unzialhandschrift für sich.
3) ἀποφερ. ist gleich stark wie ἐπιφ. bezeugt, wurde überdies eher in ἐπιφ. verwandelt als umgekehrt, und ist jenes für ächt zu halten.

Krankheiten von ihnen wichen und die bösen Geister ausfuhren. *Es wagten aber ei- 13 nige von den umherreisenden jüdischen Beschwörern, den Namen des Herrn Jesu über denen zu nennen, welche böse Geister hatten; und sprachen: Ich beschwöre¹) euch bei dem Jesus, welchen Paulus verkündigt. *Es waren aber einige Söhne des Skevas, 14 eines jüdischen Hohenpriesters, ihrer sieben, die das thaten. *Der böse Geist aber ant- 15 wortete und sprach: Jesum kenne ich, und von Paulus weiß ich, ihr aber, wer seid denn ihr? *Und der Mensch, in welchem der böse Geist war, sprang auf sie los, überwältigte 16 beide²) und ließ seine Kraft an ihnen aus, so daß sie nackt und verwundet aus jenem Hause flohen. *Dies wurde aber allen Juden und Griechen, welche in Ephesus wohn- 17 ten, bekannt, und es fiel eine Furcht auf Alle, und der Name des Herrn Jesu wurde groß geachtet. *Und viele von denen, welche gläubig geworden waren, kamen, bekannten 18 und verkündigten, was sie gethan hatten. *Viele aber, welche abergläubische Dinge ge- 19 trieben hatten, trugen die Bücher zusammen und verbrannten sie in Gegenwart Aller; und rechneten ihren Kaufpreis zusammen und fanden an Geld fünfzig Tausend. *So 20 mächtig wuchs und erstarkte das Wort des Herrn.

### Exegetische Erläuterungen.

**1. Er ging aber in die Synagoge.** Das Wirken in derselben dauerte ein Vierteljahr. So lange trat kein Widerstand ein von Seiten der Oberen oder einzelner Mitglieder der Judenschaft. Und der Apostel durfte freimüthig und mit aller Offenheit vom Reiche Gottes reden, um Seelen für dasselbe zu gewinnen (πείθων). Die Vermuthung, daß Paulus hier besonders gelinde aufgetreten sei (Baumgarten), wird durch ἐπαρρησιάζετο nicht unterstützt.

**2. Als aber Einige sich verhärteten.** Nun aber trat doch eine Krisis ein. Einige wurden nach und nach verschlossener und entschiedener gegen die Anträge der Gnade in Christo (das Imperfect ἠπείθουν giebt zu verstehen, daß dieser Seelenzustand sich allmählich entwickelte und dann dauernd wurde). So weit ging es, daß sie sich öffentliche Schmähungen in der Synagoge wider das Christenthum erlaubten. Ἡ ὁδός, der Weg des Heils, welchen Gott geht und für den Menschen eröffnet hat (s. Kap. 18, V. 26). Dies bewog den Apostel, nicht nur für seine Person alle Gemeinschaft mit der Synagoge abzubrechen (ἀποστάς), sondern auch sämmtliche Christen zur Separation von derselben zu veranlassen (ἀφώρισε). Von da an wählte er zum Lokal seiner Vorträge den Lehrsaal eines sonst unbekannten Tyrannos. Σχολαί heißen bei den späteren Griechen die Lehrsäle der Philosophen. Und da der Ort unter einem ächt hellenischen Namen erwähnt ist, so liegt doch nahe, als daß der Besitzer selbst ein Hellene, vielleicht ein öffentlicher Redner und Lehrer der Redekunst war, wie denn Suidas einen Sophisten gleichen Namens erwähnt, aber ohne dessen Heimath und Zeitalter zu bestimmen, der ein Werk περὶ στάσεως καὶ διαιρέσεως λόγου geschrieben habe. Der Umstand, daß Lukas hier weder den Uebergang zu den Heiden markirt (wie Kap. 13, 46; 18, 6 f.), noch den Tyrannos als Proselyten bezeichnet (vergl. Kap. 18, 7), macht doch die Vermuthung (Meyers) noch nicht wahrscheinlich, daß jener Mann ein jüdischer Rabbi und Inhaber einer Privatsynagoge, eines Lehrhauses (בֵּית מִדְרָשׁ) gewesen sei. Ohnehin weiß sowohl σχολή als der Name Tyrannos, welcher zwar auch bei Josephus, Alterth. XVI, 10, 3; Jüd. Krieg I, 26, 3 (beidemal ist es der gleiche) und 2 Makk. 4, V. 40 (bei zweifelhafter Lesart) vorkommt, aber auch da nicht als Name eines Israeliten, auf einen Hellenen.

**3. Tag für Tag.** Dieser Saal stand dem Apostel nicht nur am Sabbat, sondern jederzeit offen, und er benutzte ihn zwei Jahre lang (55 bis 57 n. Chr.), ein Zeitraum, welcher unzweifelhaft mit Ausschluß der drei Monate V. 8 verstanden ist. Und sowohl vermöge der Bedeutung der Stadt, ihres regen Verkehrs und berühmten Tempels, als in Folge der unter Paulus fortwährenden Wirksamkeit daselbst begreift es sich leicht, daß Ephesus ein Mittelpunkt der Evangelisation für die ganze Strecke von Asia im engeren Sinn geworden ist, so daß die Bevölkerung der westlichen Küste Kleinasiens weit und breit das Wort des Herrn vernahm. Πάντες οἱ κατοικ. ist offenbar hyperbolisch gesagt; übrigens ist ἀκούσαι τ. λόγ. τ. κυρ. nicht vom Hören des Paulus selbst zu verstehen, sondern kann recht wohl auch das Hörensagen in sich begreifen. Wie viele Kleinasiaten mochten im Lauf von zwei Jahren als Pilger zu dem Artemistempel wallfahrten, während ihres Aufenthalts auch den Paulus, welcher Aufsehn machte, in jenem Allen zugänglichen Lehrsaal hören und zu Hause wieder davon erzählen!

**4. Auch nicht geringe Thaten.** Außer der Lehrthätigkeit erwähnt Lukas auch noch das praktische Wirken des Apostels in Wunderheilungen, die Gott durch ihn (mittelst Handauflegung, διὰ τῶν χειρῶν) verrichtet. Δυνάμεις — οὐ τὰς τυχούσας, d. h. außerordentliche Machtwirkungen, ὁ τυχών, ist: der nächste beste, auf den man zufällig stößt, daher gewöhnlich, unbedeutend. Als Beweise und Beispiele von dem allgemeinen Satz V. 11 führt Lukas V. 12 zweierlei an: 1) daß Paulus böse Geister austrieb, Besessene heilte (dies ist um der nachfolgenden

---

¹) ὁρκίζω ist bei weitem stärker beglaubigt, als der Plural ὁρκίζομεν, welcher wohl aus der Analogie wissen mit ἐπεχείρησαν - λέγοντες anstatt des Singular gesetzt wurde.
²) ἀμφοτέρων vor ἰσχύσεν ist besser beglaubigt, als αὐτῶν, welches spätere Abschreiber an jener Stelle setzten, weil in der ganzen sonstigen Erzählung nicht davon die Rede ist, daß nur zwei betheiligt waren. Wenn ἀμφ. nicht ursprünglich geschrieben wäre, so würde es gewiß nie eingeschaltet worden sein.

Geschichte willen in zweiter Linie genannt); 2) daß man sogar Tücher, die zum Abwischen von Paulus gebraucht und mit seiner Haut in Berührung gekommen waren, Schweißtücher und Halbschürzen (σουδάριον von sudor, sudarium, σιμικίνθιον von semicinctium) frisch von ihm weg auf die Kranken legte, mit dem Erfolg, daß sie gesund wurden. Hierbei ist wohl zu beachten, daß keineswegs Paulus selbst ein solches Verfahren wählte, vielmehr, laut B. 11, durch Handauflegung heilte. Sondern Andere, die ein Zutrauen zu ihm hatten, geriethen auf solche Mittel. Dennoch wurde auch in solchen Fällen Heilung erzielt.

5. **Und die bösen Geister ausfuhren.** Die Heilung Dämonischer durch den Apostel im Namen Jesu fand sogar eine Nachäffung durch Söhne eines jüdischen Oberpriesters Steua (vielleicht mit der hohepriesterlichen Familie verwandt oder Vorsteher einer der 24 Priesterklassen, anderweitig nicht bekannt). Leute von der Art, wie damals viele jüdischer Abkunft als Beschwörer, Wunderthäter, Gaukler sich im römischen Reich umhertrieben. (B. 13.) Der Umstand, daß der Name Jesu in Ephesus ein Ansehen erlangt hatte, und die Thatsache, daß Paulus mit Nennung dieses Namens Dämonische getheilt hatte, bewog die sieben Söhne Steua's zu dem Versuch, den Namen Jesu für die Beschwörung und Austreibung von Dämonen zu verwenden. Dies thaten in einem gewissen Fall namentlich zwei von den sieben Brüdern, dies ergibt sich aus dem ächten ἀμφοτέρων, B. 16. Sie kamen aber schlecht weg. Nicht nur daß der Dämon, welcher aus dem Besessenen sprach, die Beschwörer mit Verachtung anredete als Leute, die er nicht kenne, deren Vollmacht er nicht, wie die Jesu und seines Apostels Paulus, anerkenne; sondern der besessene Mensch, den sie durch Beschwörung zu heilen gedachten, fährt auch mit aller Wuth auf sie zu und mißhandelt sie so, daß sie mit zerfetzten Kleidern und mit Wunden davonkamen.

6. **Dies wurde aber — bekannt.** Gerade diese Begebenheit, welche in Ephesus stadtkundig wurde, erregte ungeheures Aufsehen, ja es erweckte eine unbestimmte Furcht vor der geheimnißvollen Macht, die man in dem Namen Jesu ahnte (φόβος); der Name Jesu stieg in der öffentlichen Meinung immer höher (ἐμεγαλύνετο). Bei denjenigen aber, welche bereits bekehrt waren, brachte jenes Ereigniß die Wirkung hervor, daß sie zu dem Apostel kamen (ἤρχοντο) und offen bekannten, was sie gethan hatten. Πεπιστευκότες sind gewiß nicht solche, die jetzt erst, in Folge des Eindrucks der letzten Begebenheit, sich bekehrten (Meyer), sondern laut des Perfectums, solche, die sich bereits bekehrt hatten und gläubig blieben, s. christol.-dogm. Grundgeb. 4. Die πρᾶξεις, welche sie verkündigen, waren sicherlich nicht Glaubensthaten, die sie verrichtet hatten (Luther), dem widerspricht nicht nur der neutestamentliche Sprachgebrauch von ἐξομολ., welcher constant Sündenbekenntnisse bezeichnet, sondern auch der Zusammenhang mit B. 18. Nur darf πρᾶξεις deßhalb nicht auf Zaubereien beschränkt, sondern muß in umfassenderem Sinn von sündlichen Handlungen überhaupt verstanden werden.

7. **Viele aber, welche abergläubische Dinge getrieben**, selbst mit Zaubereien und dergleichen sich befaßt hatten, brachten ihre Zauberbücher (mit Anweisungen vermuthlich zu Wahrsagerei und eigentlicher Zauberei). Τὰ περίεργα πραξάντων, ein schonender Ausdruck, res curiosae, der jedoch sehr häufig gerade für magische Dinge gebraucht wird. Gerade Ephesus galt als Sitz ächter Magie, welche ursprünglich mit dem Artemiskult zusammenhing; berühmt waren namentlich die ἐφέσια γράμματα, Zauberformeln auf Papier oder Pergament, welche als Schutzmittel vor möglichen Gefahren, zu Abwehr vorhandener Uebel, oder zu Erwerbung von Glück hergesagt, oder auch als Amulete getragen wurden. Die bisherigen Eigenthümer verbrannten öffentlich ihre Bücher, wie man in Athen ehemals des Protagoras Schrift über die Götter von Staatswegen verbrannt hat, oder Augustus Wahrsagebücher sammeln und verbrennen ließ; sie berechneten sodann ihren Werth (τ. τιμάς, den Kaufpreis) und brachten heraus (εὑρόν, fanden als Summe) an Geld 50,000. Die Münzen, nach welchen hier gerechnet ist, sind ohne Zweifel Drachmen, die gewöhnliche griechische Silbermünze, welche auch bei den Juden seit dem Exil gangbar war. Darnach würde, da eine Drachme = 7 Sgr. oder 24 Kr. war, eine Summe von fast 11—12,000 Thlr. oder circa 20,000 Fl. herauskommen. Grotius u. A., neuestens Tiele, Stub. u. Krit. 1858, 763 f., meinen, es sei nach hebräischen Seeln gerechnet, wonach die vierfache Summe sich ergeben würde. Allein es ist höchst unwahrscheinlich, daß die Eigenthümer, welche ohne Zweifel Hellenen waren, den Preis nach fremder und nicht einheimischer Münze anschlugen.

**Christologisch-dogmatische Grundgedanken.**

1. Das Christenthum ist nicht separatistisch. So lange als irgend möglich, hält sich gerade derjenige Apostel, welcher die Freiheit vom Gesetz, die Selbstständigkeit der Kirche Christi zuerst und am nachdrücklichsten verfochten hat, an die Synagoge. Und nur in Folge öffentlicher Lästerungen wider die Wahrheit, wogegen er in der Synagoge keinen Schutz fand, entschließt er sich zur Absonderung (ἀφορίζειν) und zur Bildung einer vollkommen selbstständigen Gemeinde.

2. Die Heilung von Kranken mittelst der leinenen Tücher, welche mit der Haut des Apostels in Berührung gekommen waren, ist allerdings etwas im höchsten Grade Auffallendes. Wenn es auch, wie deutlich zu ersehen, nicht von Paulus selbst angerathen und befördert wurde, so muß er doch davon gewußt und es geduldet haben. In die Kategorie des Reliquiendienstes ist die Sache zwar nicht (mit Baur) zu stellen, weil offenbar nicht den Tüchern an sich eine Heil- und Wunderkraft angeblich innewohnte, so daß dieselben von da an jederzeit hätten zur Genesung helfen können; sondern die Heilung war doch durch die lebendige Persönlichkeit des Apostels bedingt, und nur unmittelbar von ihm selbst hinweg waren jene Tüchlein Media seiner Wunderkraft (ἃ ὁ φέρεσθαι ἀπὸ τοῦ χρωτὸς αὐτοῦ). Und ohne allen Zweifel war der Glaube jener Kranken nicht nur die Bedingung ihrer Empfänglichkeit, sondern auch das erste Motiv zu jenem Verfahren selbst, bei welchem sicher auch der Name Jesu in frommen Gebeten angerufen wurde. Auch läßt sich die Thatsache des magnetischen Rapports als etwas jener Vermittlung von Heilungen Analoges ansehen. Immerhin bleibt der Eindruck unverwischt, daß diese Art von Hülfe die äußerste Gränze christlicher Wunder darstellt und nicht ohne Gefahr, in's

Magische zu verirren, hätte überschritten werden dürfen.

3. Merkwürdiger Weise steht gleich daneben als warnendes Zeichen ein wirklich magischer Mißbrauch des Namens Jesu. Die jüdischen Teufelsbeschwörer versuchten den Namen Jesu zu ihrem heidnischen Aberglauben zu verwenden. Aber vergebens. Nicht nur richten sie nichts aus, sondern sie kommen selbst noch übel und schmählich dabei weg. Verdientermaßen, denn sie haben den heiligen Namen des Erlösers zum Eiteln und Nichtigen hingetragen (לַשָּׁוְא im zweiten, resp. dritten Gebot). Einmal war es ihnen nur um ihren gemeinen Gewinn zu thun, und der Name Jesu sollte gut genug sein, dazu als Mittel zu dienen. Sodann sollte nach ihrer Absicht das bloße Aussprechen des Namen Jesu, ohne Herzensglauben an ihn, ohne persönliche Gemeinschaft mit ihm, die gewünschte Wirkung auf den Besessenen üben. Und dies ist eben das Magische, wenn an die Stelle des sittlich bestimmten Willens, des gottseligen Charakters, die todte Formel gesetzt wird. Die Beschwörer bekennen selbst, daß sie zu Jesu in keinerlei persönlichem Verhältniß stehen, indem sie ihn nennen „den Jesum, welchen Paulus verkündigt." Paulus verkündigte Jesum, weil er an ihn glaubte: „ich glaube, darum rede ich." Und darum konnte er im Namen Jesu Thaten verrichten, die Andern unmöglich waren. Dies liegt auch in der Antwort des bösen Geistes. Derselbe kennt Jesum, als den Meister und Sieger auch über die gefallene Geisterwelt. Er weiß von Paulus, der mit der Kraft Jesu Christi ausgerüstet ist, weil er durch wahre Bekehrung und Glauben sittlich mit Jesu verbunden ist. Er fragt hingegen: wer seid denn ihr? Es fehlte an der Persönlichkeit, an dem nur durch innige, wahrhaftige Gemeinschaft mit dem Erlöser zu erlangenden Gehalt und der Kraft des innern Menschen.

4. Die Beichte. Viele Gläubige kamen und bekannten, was sie gethan hatten. Es macht einen Unterschied, ob das Solche waren, die eben jetzt erst sich bekehrten oder bereits Bekehrte. Meyer hält Letzteres für unmöglich, weil die Sinnesänderung doch die Bedingung des Glaubens gewesen sei. Allein sprachlich geht einmal keine andere Auffassung an, als daß von früher Bekehrten die Rede sei. Diese hatten zum Theil heidnischen Aberglauben noch beibehalten, die Sinnesänderung und Bekehrung war noch nicht durch Alles hindurchgedrungen, selbst die Einsicht in das Sündhafte des abergläubischen Treibens und mancher anderen Dinge mochte ihnen noch nicht so hell, wie erst jetzt durch das neueste Ereigniß, aufgegangen sein. Wie zäh haftet die Gewohnheit, und wie schleicht sich nach bessern Zeiten wieder heidnisches Wesen ein, mitunter bei Solchen, die nicht Unchristen sind. Es kann kein Zweifel sein, daß die Bekennenden schon längere Zeit her gläubig waren. Aber nun besaß der Geist Gottes durch jenes merkwürdige Ereigniß eine durchschlagende Macht zur Erneuerung und Heiligung. Er gab Erkenntniß der Sünden und herzliche Reue (passiva contritio, nicht activa, nicht gemachte Reue, Art. Smalc. III, cert. 3). Zum andern bekennen sie ihre Thaten (confessio); zum dritten handeln sie auch demgemäß, bringen ihre Zauberbücher und verbrennen sie öffentlich. Allein alles das ist nicht gesetzlich, sondern wahrhaft evangelisch. Denn einmal geschieht alles das von freien Stücken, auf Anregen des Geistes, der sie um ihrer Sünden willen straft; nicht aber vermöge einer objektiven Ordnung, eines äußeren Befehls oder gar eines Zwangs. Zweitens hat das, was sie thun, nicht im mindesten den Charakter einer satisfactio operis, um Sünde zu büßen oder Vergebung und ewiges Leben damit zu erwerben, sondern es ist blos das freiwillige und unentbehrliche Erzeugniß der ächten und redlichen Reue, welche es drängt, sich von der Sünde, und allem Reiz und Gelegenheit dazu, völlig los zu machen.

### Homiletische Andeutungen.

Er ging aber in die Schule und predigte frei drei Monate lang. [V. 8.] Was Paulus zuvor mit den zwölf Männern verhandelte, ist ein Muster von Privatseelsorge, nun wird auch von seinen öffentlichen Arbeiten Nachricht gegeben. (Rieger.) Er kroch mit jenen Zwölfen und den paar anderen Jüngern nicht von vornherein in einen Winkel, um sich mit ihnen allein zu erbauen, als wären die Andern nicht da, sondern er sah auch die übrigen Epheser als seine Pfarrgemeinde an. Das Evangelium soll ja von den Dächern gepredigt werden. (Williger.)

Da aber Etliche verstockt waren — wich er von ihnen und sonderte ab die Jünger. [V. 9.] Hier galt es, die Perlen nicht vor die Säue zu werfen. Paulus machte hier keine Separation, denn er sonderte die Jünger nicht von der wahren, sondern von der falschen Kirche ab. (Goßner.) Als ein wachsamer Hirt erkannte er die räudigen Schafe und sperrte sie gesunden ab, damit sie nicht angesteckt würden. (Apost. Past.)

Und das selbige geschah zwei Jahre lang. [V. 10.] Wie selig ist doch ein Land, Stadt oder Dorf, wenn Gott das Licht seines Evangeliums darin scheinen läßt! (Starcke.) Wie groß aber ist auch das Gericht über die Finsterniß, in die der Schein des Lichts gefallen, und sie haben's nicht begriffen und behalten! Offenb. 2, 5. (Leonh. und Spiegels.) — Also daß Alle, die in Asia wohneten, das Wort des Herrn höreten. Die Gelegenheit, die man gehabt, das Evangelium zu hören, wird Einem von Gott zugerechnet, daß man's gehört, ob man's schon nicht wirklich gehört hat. (Starcke.)

So daß man Schweißtücher und Binden von seiner Haut auf die Kranken legte u. s. w. [V. 12.] Es waren hier keine Reliquien eines Verstorbenen, sondern Gezeug eines lebenden Wunderapostels, mit dessen Tod und Amt auch diese Wunder aufgehört haben. Man hat sie auch nicht aufgehoben, in's künftige dergleichen Wunderwerk damit zu verrichten; auch war die Kraft nicht von ihnen, sondern von Gott und Christo (V. 11.) (Starcke.) Wie zu Jerusalem einst nicht Petri Schatten Wunder wirkte (5, 15), so zu Ephesus hier nicht Pauli Schweißtücher. Wenn eine Heilkraft wirklich sich äußerte, so kam sie hier wie dort von dem lebendigen Christus, dessen Kraft mächtig war in der Schwachheit seiner Rüstzeuge, so daß von ihrem Leib wie von ihrem Geist Ströme des lebendigen Wassers flossen, und diese Kraft wirkte in den Leidenden nicht durch die körperliche Berührung an sich, sondern durch den geistigen Rapport des Glaubens. — Warum ist der römische Reliquiendienst ein todter Götzendienst? 1) Weil er das Heil erwartet aus einer todten Hand: von Todtengebeinen, Kleiderfetzen und Holzsplittern, statt aus der Hand des lebendigen Gottes und seiner geisterfüllten Rüstzeuge. 2) Weil er das Heil binnimmt mit einer todten Hand; mit dem todten Werkdienst der Wallfahrten und Ceremonien, statt mit dem innern Organ eines lebendigen Glaubens.

Ich beschwöre euch bei dem Jesu, welchen Paulus verkündigt. [V. 13.] Es war ein gerechtes Gericht Gottes, daß das Volk, welches sonst zum Hüter des wahren Gotteswortes gesetzt war, nunmehr, da es die Wahrheit verlassen, auf die liederlichsten Zauberkünste verfiel. — Es wollten diese Betrüger den Aposteln nachäffen. Worin aber? Nicht daß sie Wahrheit lehren oder Seelen bekehren wollten; das fiel ihnen nicht ein; sondern daß sie die Wunder und Thaten, die dem Apostel in solchem Ansehen verschafften, nachahmen und sich in gleichen Kredit setzen wollten. So machen es noch alle falschen Lehrer. Nicht um's Heil der Seelen oder um Erkenntniß der Wahrheit ist's ihnen zu thun, sondern um Ansehen zu gewinnen; sich einen Namen zu machen, darum suchen sie an Farbe und Federn sich ächten Gottesknechten gleichzustellen. — Diese Leute hatten selbst nichts von Jesu erfahren, sie kannten ihn nur vom Hörensagen als den, „welchen Paulus verkündete." Jämmerlicher Zustand eines Lehrers, der sich mit dem Namen Jesu abgibt, von dem er aber noch nicht das Geringste an seinem Herzen erfahren hat. Da lernt man die Sprache Canaans, äfft die kräftigen Redensarten der Knechte Gottes nach, schwatzt von einem Jesu, den Paulus predigt: kein Wunder, daß man zu Spott und Schanden wird! (Apost. Past.)

Es waren aber sieben Söhne eines Hohenpriesters. [V. 14.] Wir erinnern uns dabei so mancher traurigen Exempel, wie der Satan absonderlich hinter die Priestersöhne gesteckt. Sollte das nicht alle Prediger erwecken, ihre Kinder vom Mutterleibe an recht in's Herz Jesu zu beten? (Apost. Past.)

Jesum kenne ich wohl, und Paulum weiß ich wohl, wer bist du aber? [V. 15.] Selbst der böse Geist muß bezeugen und bestätigen, daß Christus und seine Knechte mit Belial nicht stimmen, weiß auch wohl den Unterschied zwischen dem Gerechten und Gottlosen. — Wer ohne Glauben und Beruf sich erkühnt, mit dem Satan in den Kampf zu treten, der wird nothwendig zu Schanden. (Starke.) Menschen, die sich der Wahrheit rühmen und haben sie nicht, die zu Lehrern aufwerfen und wissen selbst nichts, die den Bund Gottes verkündigen und hassen doch alle Zucht, die Jesum auf der Zunge haben, den sie im Herzen und Wandel verleugnen, die müssen sich gefallen lassen, daß der Satan ihnen in all ihren Worten und Werken entgegentritt und sie mit der Antwort abfertigt: Jesum kenne ich wohl, wer bist du aber? Wenn es heutiges Tages nicht mehr so öffentlich geschieht, so geschieht es doch innerlich vermittelst der Anklage des bösen Gewissens. Denn wer die Wahrheit predigt, die er selbst nicht glaubt, und Jesum verkündigt, dessen Er noch nicht, in dem muß sein eigenes Herz den Spott vorhalten, den hier der böse Geist über das Nachäffen der Betrüger trieb. (Ap. Past.) — Jesum kenne ich wohl, und Paulum weiß ich wohl, wer seid ihr aber? ein Spott- und Strafwort für falsche Propheten und heuchlerisch Jünger; 1) ihnen aufzudecken die Lüge ihres Herzens, womit sie nicht einmal den Teufel und die Welt betrügen, geschweige den wahrhaftigen Gott und die Kinder des Lichts; 2) ihnen anzuzeigen die Ohnmacht ihrer Künste, womit sie nicht mehr ausrichten, als mit dem Knabe Gehasi mit Elisa's entlehntem Stabe, 2 Kön. 4; 3) sie hinzuweisen auf den rechten Quell, woraus allein Kraft fließt zu Thaten, in Gott gethan: den Geist Jesu und seiner treuen Zeugen.

Ward ihrer mächtig und warf sie unter sich, also daß sie nackt und verwundet aus demselben Hause entflohen. [V. 16.] Der Satan lohnt seinen treuesten Knechten mit Undank. Wer ihm am eifrigsten gedient, wird zuletzt am meisten von ihm gefoltert. Die anfänglichen Schmeicheleien verwandeln sich in Martern. Man trägt von seinem Dienste nichts Anderes davon, als eine nackte und verwundete Seele. (Apost. Past.)

Und fiel eine Furcht über sie Alle, und der Name des Herrn Jesu ward hoch gelobet. [V. 17.] Auch die Teufel müssen zur Verherrlichung Jesu dienen, wenn es Gott haben will. Die Kraft des Namens Jesu wird durch Beides kund, durch der Apostel Teufelaustreiben, wie durch der Beschwörer Nichtaustreiben der Teufel in Jesu Namen. (Starke.) — Jesu hochgelobter Name verherrlicht 1) in seinen Knechten durch ihr Siegen; 2) in seinen Feinden durch ihr Kriegen.

Und Viele bekannten und verkündigten, was sie gethan hatten. [V. 18.] Die Gewalt der Sünde ist ihre Heimlichkeit, erst wenn das Schweigen gebrochen, ist auch der Strick zerrissen. (Pfarrer Blumhardt in Möttlingen über die Erwedung seiner Gemeinde durch Sündebekennen, 1844.) Ein Lehrer kann freilich dergleichen Bekenntnisse vormaliger Gräuel nicht fordern noch erzwingen. Aber wenn sie durch Drang des Gewissens und Trieb des Geistes freiwillig geschehen, so sollen sie von treuen Seelsorgern benützt werden, daß die Seelen zur wahren Beruhigung und Befreiung gelangen. (Apost. Past.)

Viele aber — brachten die Bücher zusammen und verbrannten sie öffentlich. [V. 19.] Mit nachtheiligen Büchern ist die Welt immer auch zu ihrem Gericht überschwemmt. Man sollte öfters einen dergleichen Brand anstellen. (Rieger.) Mögen manche weitherzige Christen unserer Zeit jene That als eine zu ängstliche tadeln und die Alterthumsforscher den Verlust jener Schätze bedauern: wir werfen keinen Stein auf jene Ephefer, die noch in der ersten Liebe brannten (Offenb. 2, 4), so wenig als auf die ernsten Christen der heutigen Zeit, die nicht nur alles zweideutige Vergnügen, sondern auch alles zweideutige Gewinnen um des Evangeliums willen aufgeben. (Williger.)

Also mächtig wuchs das Wort des Herrn. [V. 20.] Dieses „Also" ist ein rechtes göttliches Amen, ein Zeugniß vom Himmel: das ist meine liebe Gemeinde, an der ich Wohlgefallen habe. Herr, gib Gnade, daß du ein solches „Also" könnest verkündigen lassen über allen Gemeinden, die deinen Namen bekennen; daß der Ernst der Deinigen sich auch vom verborgensten Bann lösen lasse, offenbar werde, und die Welt ihnen keinen andern Vorwurf machen kann, als den des ernsten Jagens nach der Heiligung, ohne welche Niemand den Herrn sehen wird. (Williger.)

Zu V. 8—20. Die Gewalt der evangelischen Predigt, wie sie sich in Ephesus bewährt hat 1) in den Thaten Pauli, B. 8—12; 2) in der Schmach der falschen Wunderthäter, B. 13—17; B. 18—20. (Lisko.) — Wie siegreich das schlichte Gotteswort die bezauberte Welt entzaubert: 1) die Zauberkünste loser Verführer vereitelt es an den Herzen der Gläubigen, B. 9; 2) die Zauberbande satanischer Besitzung löst es auf durch seine Heils- und Lebenskraft, B. 12; 3) das Zauberblendwerk scheinheiliger Heuchler deckt es auf mit schonungslosem Ernst, B. 13—17; 4) die Zauberketten verjährten Sündendienstes zerreißt es durch die Macht aufrichtiger Buße, B. 18; 5) die Zauberbücher einer betrügerischen Weisheit verzehrt es im Feuer der göttlichen Wahrheit, B. 19. — Daß und wie Christus in die Welt gekommen sei, die Werke des Teufels zu zerstören. 1) Welches sind diese Werke? 2) Wie zerstört sie? (Besondere Entwürfe zu B. 12. 15. 17 f. oben.) — Welche Beichte ist die rechte? (B. 18.) 1) Deren Wurzel der Glaube, 2) deren Triebkraft die Buße, 3) deren Frucht der neue Gehorsam ist. (B. 19.) — Der evangelische Christ im Beichtstuhl. 1) Was ihn dahin treiben soll? Nicht todte Gewohnheit oder das Gebot einer despotischen Kirche, sondern der innere Drang eines bußfertigen und heilsbegierigen Herzens. 2) Was er daraus mitnehmen soll? Weder die Gewissenslast menschlich auferlegter Büßungen, noch den Freibrief zu neuen Sünden; wohl aber den Gnadentrost göttlicher Vergebung und den Geistestrieb zu dankbarem Gehorsam. — Ob der Scheiterhaufen zu Ephesus auch heute wieder am Platz wäre? Ja, aber nur 1) für die rechten Bücher; 2) mit dem rechten Feuer. 1) Die rechten Bücher für denselben sind a. nicht die Lehrbücher ernster Wissenschaft, oder die Liederbücher edler Poesie, oder die Gesetzbücher menschlichen Rechts; wohl aber b. die verderblichen Flugblätter einer leichtfertigen Halbwisserei; die verführerischen Zauberbücher einer schmutzigen Unterhaltungsliteratur und die anmaßlichen Dekrete einer unchristlichen Gewissenstyrannei (wie Luther sie vor dem Thor zu Wittenberg verbrannte). 2) Das rechte Feuer für den Scheiterhaufen ist a. nicht die trübe Glut eines engherzigen Puritanerthums, oder die düstere Flamme eines verdammungssüchtigen Fanatismus, oder die morbbrennerische Fackel der Revolution, sondern b. das heilige Feuer einer Buße, die vor Allem der eigenen Sünden und Mängel gedenkt, B. 18; einer Liebe zum Herrn, die ihm auch das Kostbarste freudig zum Opfer bringt, B. 19, und eines Eifers für Gottes Haus, der nichts Anderes will, als daß sein Reich komme wie in Kirchen, Häusern und Herzen, so in Staat, Kunst und Wissenschaft, B. 20. — Der Bücherbrand in Ephesus, oder Menschenwort und Gotteswort. (B. 19. 20.) 1) Menschenwort a. trügerisch, b. vergänglich, B. 19. 2) Gotteswort a. seligmachend, b. unverwüstlich, B. 20.

**3. Während der Apostel zur Fortsetzung seiner Reise nach Macedonien und Achaia Vorbereitungen trifft, bricht ein Aufstand in Ephesus aus; Hergang und Ende desselben. (Kap. 19, 21—40.)**

Nachdem aber das vollendet war, setzte sich Paulus vor im Geist, Macedonien und 21 Achaia zu durchreisen und sodann nach Jerusalem zu gehen, wobei er sprach: Nachdem ich dort gewesen bin, muß ich auch Rom sehen. *Er sandte aber nach Macedonien zwei 22 von denen, welche ihm dieneten, den Timotheus und Erastus, und verweilte noch eine Zeit lang in Asien. *Es ereignete sich aber um jenen Zeitpunkt eine nicht unbedeutende 23 Ruhestörung um des Weges willen. *Nämlich einer Namens Demetrius, ein Silber- 24 arbeiter, welcher silberne Tempel der Artemis machte, gewährte den Arbeitern einen nicht geringen Verdienst. *Diese versammelte er nebst denen, welche gleiche Arbeit machten, 25 und sprach: Männer, ihr wisset, daß wir aus diesem Gewerbe unsern[1]) Wohlstand haben; *und ihr sehet und höret, daß nicht allein zu Ephesus, sondern fast in ganz Asien dieser 26 Paulus viel Volk umstimmt und abwendig macht, indem er spricht: es sind keine Götter, die durch Hände gemacht sind. *Es droht aber nicht allein dieser Antheil für uns in 27 Abgang zu gerathen, sondern auch der Tempel der großen Göttin Artemis für nichts geachtet zu werden, und wird ihre Größe untergehen, die doch ganz Asien und der Weltkreis verehret. *Als sie das hörten, wurden sie voll Zorn, schrieen und sprachen: Groß 28 ist die Artemis der Ephefer. *Und die Stadt[2]) wurde voll Getümmels; und sie stürmten 29 einmüthig in das Theater, und rissen mit sich den Gajus und Aristarchus aus Macedonien, des Paulus Begleiter. *Als aber Paulus unter das Volk treten wollte, ließen 30 es ihm die Jünger nicht zu. *Auch einige der Asiarchen, die ihm befreundet waren, 31 schickten zu ihm und baten ihn, sich nicht in das Theater zu begeben. *Da schrieen nun 32 die Einen dies, die Andern etwas Anderes, denn die Volksversammlung war verwirrt und die Mehrzahl wußte nicht, weßhalb sie zusammen gekommen waren. *Aus der Menge 33 aber ließen sie den Alexander hervortreten, indem ihn die Juden vorschoben[3]). Alexander aber winkte mit der Hand und wollte sich vor dem Volk verantworten. *Als sie aber 34 merkten, daß er ein Jude war, erhob sich eine Stimme von Allen, indem sie bei zwei

---

[1]) ἡμῖν ist ungleich stärker, als der Gen. ἡμῶν, bezeugt, welcher letztere die bei weitem leichtere Lesart ist.
[2]) ὅλη ist ein offenbar späterer Zusatz, welchen einige Handschriften und alte Versionen nicht haben.
[3]) προεβίβασαν ist zwar äußerlich nicht stärker, als συνεβίβασαν bezeugt, dessenungeachtet für ächt zu halten, weil das letztere keinen Sinn gibt.

35 Stunden schrieen: "Groß ist die Artemis der Epheser. *Der Staatsschreiber brachte
aber das Volk zur Ruhe und sprach: Männer von Ephesus, welcher Mensch ist denn,
der nicht wüßte, daß die Stadt der Epheser die Pflegerin der großen Artemis ist und
36 des vom Himmel gefallenen Bildes? *Da dies also unbestritten ist, so sollt ihr euch ja
37 stille verhalten und keine Uebereilung begehen; *ihr habt ja diese Männer hergeführt, die
38 doch weder Tempelräuber sind, noch eure Göttin¹) lästern. *Wenn also Demetrius und
die Künstler, die auf seiner Seite stehen, eine Sache wider Jemand haben, so gibt es
39 Gerichtstage und Proconsuln, da sollen sie Anklage wider einander vorbringen. *Ver-
langet ihr aber noch etwas Weiteres²), so mag das in der gesetzlichen Volksversamm-
40 lung geschlichtet werden. *Denn wir stehen auch in Gefahr, um des heutigen Tages
willen der Empörung angeklagt zu werden, während kein Grund vorhanden ist, aus welchem wir uns für diesen Auflauf verantworten könnten³). Und nachdem er das gesprochen hatte, entließ er die Volksversammlung.

### Exegetische Erläuterungen.

**1. Setzte sich Paulus vor im Geist.** Der Reiseplan des Apostels ist hier so ausgedrückt, daß die
Reise durch Macedonien und Griechenland nur als
Episode erscheint, (und sie ist in der That auch in
der Erzählung selbst, Kap. 20, 1 ff., sehr kurz abgemacht), während der Besuch in Jerusalem mit
mehr als eigentlicher Zweck dargestellt ist. Anf was
es hiebei abgesehen war, läßt unsere Stelle nicht
erkennen. Aus den Briefen des Apostels (1 Kor.
16, 1 ff.; 2 Kor. 8; Röm. 15, 25 ff.) wissen wir,
daß ihm hiebei die Sammlung für die Gemeinde
zu Jerusalem vorschwebte, die Paulus auch Kap.
24, 17 gelegentlich erwähnt. Merkwürdig ist
aber, daß der Apostel hier zugleich und zum ersten
Mal seine Blicke auf Rom wirft, als ein Ziel, wohin er noch gelangen müsse. — Bevor er selbst ab-
reiste, sandte er zwei seiner Gehülfen nach Macedonien voraus; Erastus, außer 2 Tim. 4, 20
nicht bekannt, sofern seine Identität mit dem Röm.
16, 23 zweifelhaft ist, ἐπέσχεν – εἰς τ. Ἀσίαν er
verweilte noch, nach Asien gerichtet.

**2. Eine nicht unbedeutende Ruhestörung.** Der
Anstifter der Unruhe, Demetrius, war ἀρχιτέκτο-
νος ein Silberarbeiter, ohne Zweifel der Inhaber
eines großen fabrikartigen Geschäfts, welcher sich
nur mit einem Artikel befaßte, nämlich mit silbernen Artemistempeln, d. h. mit kleinen Modellen
des weltberühmten Dianatempels, nebst der Sta-
tue. Man liebte es, solche Miniaturtempelchen
im Zimmer aufzustellen, auch auf Reisen mitzunehmen (Ammianus Marcellinus XXII, 13 bemerkt von dem Philosophen Asklepiades, deae
coelestis argenteum breve figmentum quo-
cunque ibat secum solitas efferre); um so ein-
träglicher mochte ein solches Geschäft, im Großen
getrieben, sein. Demetrius beschäftigte dabei nicht
nur eigentliche Künstler (τεχνίτας B. 24. 38), sondern auch eine Menge mechanischer Arbeiter (ἐργάτας B. 25), welche davon ihr Brod und theilweise reichlichen Verdienst hatten. Die Vermuthung, daß die ναοί nicht Modelle, sondern Silber-
münzen mit dem Bild des Tempels gewesen seien,
(Beza u. A.) hat wenig für sich.

**3. Diese versammelte er.** Demetrius, ein
Mann, von welchem viele Hunderte abhängig sein
mochten, und der an dem stockenden Absatz seines
Erzeugnisses einen fühlbaren Maßstab für den
dem Artemiskultus Abbruch thuenden Einfluß des
Apostels hatte, veranstaltete eine Versammlung
der bei seinem Geschäfte betheiligten Arbeiter höherer und niederer Klasse (V. 25 οὓς sc. τεχνίτας,
καὶ τοὺς · ἐργάτας) und regte dieselben künstlich
auf. Er stellt in seiner Ansprache zwei Thatsachen
einander gegenüber und zieht sodann den Schluß
daraus. Die erste Thatsache ist der reichliche Er-
werb und Nutzen, welchen der bekannte Geschäftszweig ihnen abwerfe; die zweite ist die weit und
breit erfolgte Umstimmung der Leute durch Paulus (ὁ Π. οὗτος verächtlich und die Leidenschaft
aufstachelnd), und dessen Bekämpfung des Kultus
der Götterbilder (οἱ διὰ χειρῶν γινόμενοι). Wenn
der Mann aussagt, daß in Ephesus, ja in der ganzen Provinz (Ἀσία = Asia proconsularis) eine
zahlreiche Menge sich habe umstimmen lassen, so
mag man etwas davon als absichtliche Uebertreibung, um desto stärker aufzuregen, abziehen; dennoch muß ein namhafter Einfluß des Apostels stehen bleiben, weil sonst die ganze Intrigue keinen
Boden gehabt hätte. Der Schluß aus diesen Thatsachen ist ein doppelter: unser Antheil, Interesse,
droht in Abgang zu kommen (ἀπελεγμὸν von ἐλέγχω,
Widerlegung, Verachtung); und, was noch mehr
ist (ἀλλὰ καί), der Artemistempel wird gering-
geschätzt werden, die Majestät der Göttin selbst wird
herabkommen, (αὐτή, die Person der Göttin, im
Unterschied von ihrem Tempel; μεγαλειότης bezieht sich auf das regelmäßige Prädikat der ephesinischen Artemis: ἡ μεγάλη, s. B. Xenoph. Ephes.
1). So war diese Vorstellung auf den Eigennutz
und den religiösen Fanatismus zugleich berechnet,
wiewohl das Interesse der Göttin scheinbarlich als
das höhere und gewichtigere hingestellt war.

**4. "Groß ist die Artemis der Epheser."** Die
Anrede wirkte, die durch das Interesse aufgesta-
chelte fanatische Leidenschaftlichkeit der Betheiligten
brach in diesen Aufruf aus. Die Arbeiter des Demetrius vertheilten sich mit auftobendem Geschrei in
der Stadt, welche dadurch rasch in Unruhe gewor-

---

¹) ὑμῶν ist stärker beglaubigt, als ἡμῶν, und leichter mochte ein Abschreiber jenes in dieses verwandeln, als umgekehrt.

²) περαιτέρω steht zwar nur in einem Uncial-Cod., dem Vaticanischen, und ca. 15 Minuskeln, während die meisten Handschriften und die Kirchenväter περὶ ἑτέρων haben. Allein jenes ist gewiß ächt, es wurde nur als das unbe-
kanntere Wort corrigirt.

³) οὗ nach περὶ οὗ hat zwar drei Uncial-Handschriften für sich, ist aber doch mit Tischendorf als unächt zu streichen.

sen wurde. Man stürmte in's Stadttheater, das in den griechischen Städten häufig zu großen Versammlungen, namentlich auch zu eigenmächtigen Volksversammlungen benutzt wurde. Die Begleiter des Apostels, die man, da er selbst nicht im Augenblick zu finden war, gewaltsam mitschleppte, waren Aristarchus, aus Thessalonich gebürtig, Kap. 20, 4; 27, 2, und Cajus, welcher, als aus Macedonien gebürtig, von dem aus Derbe stammenden Cajus, Kap. 20, 4; zu unterscheiden ist.

5. Auch einige Asiarchen, von denen Einige, ohne Christen geworden zu sein, freundschaftlich gegen den Apostel gesinnt waren, und ihn warnen ließen, sich nicht in's Theater zu wagen, waren erwählte Bevollmächtigte der Städte von Asia proconsularis, welche die öffentlichen Spiele zu Ehren der Götter auf eigene Kosten ausführen mußten, ein patriotisches Ehrenamt.

6. Da schrieen nun. Die Schilderung der tumultuarischen Volksversammlung ist treffend. Der Alexander, welchen die Juden vorschoben, und dann Andere aus der Menge hervortreten ließen (προεβίβασαν), damit er ein Volksrede halte, war gewiß nicht ein Christ (wie Meyer und Baumgarten-Crusius nach Calvin annehmen, wo ihn denn die Juden aus Tücke vorgeschoben haben müßten), sondern ein unbelehrter Jude. Man schließt auf sein Christenthum aus seinem Vorhaben, sich zu vertheidigen. Allein wie leicht mochte die Volksstimmung Christen und Juden vermischen, weil man die Juden längst als Gegner des Heidenthums kannte. Nun wollten die Juden den vielleicht als Redner geübteren Alexander für sich sprechen lassen, um alle Schuld von sich ab und auf die Christen zu wälzen. Allein als dieser anfangen wollte zu reden, und man ihn als Juden erkannte, ließ man ihn gar nicht zum Wort kommen, vielmehr brach der einmal erwachte Fanatismus in den einstimmigen und unaufhörlichen Ausruf aus, welchen schon die Arbeiter des Demetrius angestimmt hatten.

7. Der Staatsschreiber brachte aber. Der γραμματεύς, d. h. der mit Abfassung, Bekanntmachung und Aufbewahrung aller Urkunden und Erlasse des Gemeinwesens beauftragte Beamte, „Staatssekretär", ein in den kleinasiatischen Städten bedeutendes Amt, brachte endlich die versammelte Menge zur Stille und beschwichtigte ihre Aufregung vollends durch seine Ansprache. Das γάρ bei τίς setzt schon die stillschweigende Ermahnung zur Ruhe voraus. Νεωκόρος ist ursprünglich ein Tempeldiener, der ihn zu reinigen und zu schmücken hat, dann Ehrenname, verwandt mit Priesterthum, Pfleger und Wächter des Tempels, ein Titel, der selbst kaiserlichen Personen, um ihnen eine Ehre zu erzeigen, beigelegt wurde. Τὸ διοπετές heißt hier das hölzerne Bild der Artemis im Tempel, weil es der Sage nach vom Himmel gefallen war.

8. Männer von Ephesus u. s. w. Die Ansprache des Beamten geht darauf aus, die aufgeregte Menge zu beruhigen und von leidenschaftlichen Schritten abzuhalten: 1) Durch die Erinnerung an den unbestrittenen und weltkundigen Thatbestand des ephesinischen Dianenkultus, V. 35; 2) durch die juristische Bemerkung, daß die festgenommenen Männer keines Vergehens wider Artemis oder ihr Heiligthum schuldig seien, also müßten entweder dieselben privatrechtlich von Demetrius und Genossen belangt werden (λόγος Rede, Klagsache), oder wäre, wenn man eine Staatsangelegenheit daraus machen wollte, eine ordentliche Volksversammlung das competente Forum für die Sache, V. 37—39. Ἀγόρ. ἡμέραι, dies forenses s. judiciales habentur. Und ἀνθύπατοι ist im Plural gesetzt, in dem Sinn: es ist immer ein Proconsul auf dem Platze. Mit ἡ ἔννομος ἐκκλησία gibt der kluge Mann deutlich genug, wenn auch indirekt, zu verstehen, daß diese Zusammenkunft keine Volksversammlung, sondern ein Pöbelauflauf sei, und nicht berechtigt wäre, irgend einen gütlichen Akt vorzunehmen; 3) macht er auf die zu besorgende Verantwortung wegen des Auflaufs aufmerksam, V. 40. Γάρ vor καί hat den Sinn, die Besorgniß vor der Anklage des Aufruhrs als Grund für das gesetzliche Verfahren, V. 39, in die Wagschale zu legen. Μηδενὸς αἰτίου ὑπ. ist nicht Masc. (Vulg.): da Niemand Schuld ist, sondern Neutr., da sein Grund zur Verantwortung vorliegt für diese συστροφή, was mildernd und schonend statt στάσις gewählt ist.

### Christologisch-dogmatische Grundgedanken.

1. Der Reiseplan des Apostels, in Ephesus ausgesprochen, umfaßt zunächst Macedonien und Griechenland, dann aber Jerusalem und Rom. Wie der Erlöser, als seine Zeit sich erfüllte, sein Angesicht wandte, stracks nach Jerusalem zu wandeln, Luk. 9, 51: so wendet auch Paulus sich stets zurück nach der Stadt, da der Herr gekreuzigt ist, und da Er seine erste Gemeinde gegründet hat. Aber sein Blick und Verlangen geht weiter hinaus nach Rom, und zwar im Geist, vermöge göttlicher Leitung und Erleuchtung. Was Jesus ihm unmittelbar nach seiner Bekehrung hat eröffnen lassen, und wozu er ihn bestimmt hat, das quillt jetzt vermöge selbstständiger Entschließung aus seiner eigenen Seele als eine göttliche Nothwendigkeit.

2. Der drohende Aufstand in Ephesus, rein heidnischen Ursprungs wie der zu Philippi, ist zwar gleichfalls zumeist durch die Triebfeder gemeinen Geldinteresses in Bewegung gesetzt; doch hat er insofern etwas Unterscheidendes, als das materielle Interesse einer gewissen Innung wesentlich mit dem örtlichen Kultus der heidnischen Stadt verschlungen erscheint. Dieser Vorgang ist ein sprechendes Vorbild so vieler Ausbrüche des Fanatismus wider Christenthum und lauteres Evangelium, wo unter dem Schein des Eifers um das Heiligthum nichts Anderes als egoistische Beweggründe verborgen sind.

3. Heiliger Eifer und fleischliches Feuer sind doch so verschieden wie Tag und Nacht. Jener entspringt aus uneigennütziger Liebe Gottes und seiner Ehre, dieses aus egoistischen und niedrigen Triebfedern. Jener verfährt mit Wärme und beharrlicher Kraftanwendung, aber stets mit Besonnenheit und klarem Licht des Selbstbewußtseins; dieses flackert zu leidenschaftlich und ungestüm, daß Verwirrung und Unklarheit, Unbedachtsamkeit und Unvernunft entsteht, V. 32. Jener erzeugt eine Furcht, die da bleibt; dieses aber kann nur entweder mißhandeln, gefährden und verderben [V. 30. 31.] wirken, oder aber, sich selbst verzehrend, schmählich erlöschen.

3. Die Vorstellungen des Staatsekretärs setzen die Thatsache voraus, daß der Apostel sowohl als seine Gehülfen sich jeder Verhöhnung und Läste-

18*

rung der heidnischen Götter durchaus enthalten haben. Sonst hätte das, was er dort sagt, die Wirkung verfehlt, ja Gegenrede und gesteigerte Leidenschaft hervorgerufen. Auch die aufregende Ansprache des Demetrius an seine Innungsgenossen bestätigt mittelbar jene Thatsache, sofern er, wenn es sich anders verhielt, sicherlich die positiven Angriffe auf den Artemiskult zu seinem Zweck benutzt haben würde. Auch stimmt das vorsichtig schonende, thunlichst anerkennende Auftreten des Apostels in Athen ganz hiermit überein. Diejenige Methode hat also den Vorgang des großen Heidenapostels keineswegs für sich, welche den Heiden das Unsinnige und Thörichte ihrer Religion auf eine kränkende und beleidigende Weise vorhält. Das wird allerdings einschneiden, aber nicht erleuchten und heilen. Das apostolische Verfahren ist ein positives, nicht ein negatives. Das Zeugniß von dem wahren Gott und seinem Christ, unserm Erlöser, die Verkündigung des Evangeliums, ist eine Kraft Gottes, welche erleuchtet, aufbaut und selig macht, und nur im Bunde damit Irrthum und Sünde widerlegt und straft.

#### Homiletische Andeutungen.

Da das ausgerichtet war, setzte sich Paulus vor im Geist u. s. w. [V. 21.] Paulus hielt es nicht für Zeit, hier schon auszuruhen, sondern er ist durstig, noch weiter sich zu strecken, gleich als hätte er noch nichts gethan. Ephesus und Asien hat er; nach Macedonien und Achaja zu gehen, beschließt er; Jerusalem hat er im Auge; auf Rom denkt er; von da aus Spanien. [Röm. 15, 24.] Kein Alexander, kein Cäsar, kein anderer Held langt an die Hochherzigkeit dieses kleinen Benjamin. Die Wahrheit von Christo, der Glaube an ihn, die Liebe zu ihm hat sein Herz weit gemacht wie das weite Meer. (Bengel.) — Es gibt Zeiten, wo man wohl der seines Amtes Bürde gedrückt sich kaum enthalten kann, mit Elia zu bitten: Es ist genug, so nimm, Herr, meine Seele von mir. Es gibt aber auch wichtige Zeiten, wo man sich im Geist aufschwingen und in Empfindung von seines Amtes Würde solche Blicke und Vorsätze in die Zukunft fassen kann, dergleichen Paulus da gethan hat. (Rieger.) — Jerusalem und Rom sind zwei sonderbare, im Geistlichen und Weltlichen sehr merkwürdige Städte, wovon Anfangs viel Gutes, hernachmals viel Verderbliches weit und breit hin ausgegangen und in welchen viel Blut der Heiligen zu rächen ersunden worden ist und noch erfunden werden wird. Matth. 23, 35; Offb. 18, 24. Denkwürdig ist, daß auch Luther der Anfang des Reformationswerks noch Rom sehen mußte. (Rieger.) — Gott gewährt oft die Seinigen zwar ihres Verlangens, aber nicht nach ihrem Sinn, sondern wie Er's zu seiner Ehre und ihrem Heil am nützlichsten erkennt. Paulus wollte Rom sehen, kam aber in Banden dahin. (Starke.) — Jerusalem und Rom, die Leidens- und Marterstädte dieses Zeugen Jesu, blieben ihm doch unter allen seinen Veränderungen immer im Gesichte. Das war seine vom Herrn vorgesteckte Laufbahn, der er im Geist immer entgegeneilte, ebenso wie Jesus seinem Kreuz und Tode. (Apost. Past.)

Es erhob sich aber um dieselbige Zeit nicht eine kleine Bewegung über diesem Wege. [V. 23 nach Luther.] Dieser „Weg" stand nicht allen Leuten an; denn dabei müssen sie ihre Handwerke und ihre eigenen Wege verlassen; darüber rumoren sie, und der Satan möchte immer gern den schmalen Weg verbauen. (Goßner.) — Lukas will uns offenbar nicht durch die Länder und Städte des Heidenthums hindurchführen, ohne uns den finstern Abgrund, aus welchem der Kirche Christi viel thränenreiches und blutiges Herzeleid erwachsen wird, gezeigt zu haben. (Baumgarten.) — Da Paulus im Begriffe steht, seine Reise anzutreten, läßt ihn Gott noch zuvor ein Empörung und Nachstellung in Ephesus erleben, damit er ja von allen Orten her die Malzeichen der Leiden Jesu mit hinwegnehmen, und bei dem Segen, den ihm der Herr geschenkt, auch sein Kreuz ihm nachtragen möchte. (Apost. Past.)

Denn Einer, mit Namen Demetrius u. s. w. [V. 24.] Der Anlaß zum Aufruhr war also Gewinnsucht unter dem Schein der Religion. Demetrius der Goldschmied ist ein Bild aller der falschen Religionseiferer, die den Schein an sich nehmen, als ob sie um die reine Lehre, um die Ehre Gottes, um die Erhaltung der Wahrheit und Ordnung eiferten, unter der Hand aber nichts suchen, als ihre Einkünfte, Ehre und gute Tage zu erhalten. (Apost. Past.)

Lieben Männer, ihr wisset, daß wir großen Zugang von diesem Handel haben, — und daß dieser Paulus viel Volks abfällig macht u. s. w. [V. 25. 26.] Das Evangelium Jesu kann sich unmöglich mit den todten Götzen, denen die Welt dient, vertragen. Es straft die sündlichen Lüste und bösen Werke, daran die Welt ihre Freude hat. Was Wunder, daß eine solche Predigt den Haß, Neid und Eifer der Menschen erregt, die ihre Götzen nicht fahren lassen wollen! — Es gibt gewisse Handwerkssünden, welche der Bekehrung dieser Art Leute lange Zeit hindurch im Wege stehen. Viele Handwerker haben es bei sich hergebracht, daß Wucher, Betrug und ungerechter Gewinn gleichsam unter ihnen privilegirt sind. Und das ist der Bann des Satans, womit er solche Menschen in seinem Dienste behält. Ein weiser Lehrer muß dergleichen heimliche Stricke fleißig anfsuchen und zu zerreißen bemüht sein. (Apost. Past.) — Wo Jesus Christus kommt, der rechte Herr aller Menschen, da ziehet er die Herzen, die Liebe, die Gebete, die äußere That, auch die äußeren Opfer an sich, den bisherigen Götzen werden sie entzogen. Wenn die Götzen der Heiden und die Götzen der Christen klagen und seufzen könnten, dann würden sie in solchen Tagen anfangen zu klagen und zu seufzen, wo sich der Heilige Geist in den Völkern Bahn bricht. Die heidnischen Priester haben häufig ihrem Volke, das von dem Evangelium ergriffen wurde, vorgelogen: Der Gott in seinem Tempel habe geklagt und geseufzt über die entzogenen Opfer. Wer klagt, wer seufzt aber? Die, welche hinter dem Gott stecken, welche ihren Gewinn von ihm ziehen. (Ahlfeld.) — Aber auch heute noch und mitten in der Christenheit wiederholt sich der Aufruhr der Selbstsucht wider die göttliche Wahrheit, im Herzen wie in der Wissenschaft und im Leben. Ist's nicht die Selbstsucht des hochmüthigen Verstandes, der sich nicht beugen mag unter den Gehorsam Jesu Christi? Ist's nicht die Selbstsucht des sinnlichen Gefühls, das nicht brechen mag mit der Fleischeslust und Wollust dieser Welt? Ist's nicht die Selbstsucht des natürlichen Willens, der durch sich selbst schaffen will die Gerechtigkeit, welche vor Gott gilt? (Leonhardi u. Spiegelh.)

Aber es will nicht allein unserem Handel dahin gerathen, daß er nichts gelte, sondern auch der Tempel der großen Diana wird für nichts geachtet. [V. 27.] Wie fein weiß der Geiz unter dem Mantel des Eifers für Religion sich zu verbergen! (Quesnel.)

Schrieen und sprachen: Groß ist die Diana der Epheser! [V. 28.] Viel Handwerksleute machen aus ihrem Handwerk einen Abgott. (Starcke.) — Die rechte Religion wird mit Aufruhr nicht gehandhabt. (Ders.) — Wer ist nun Ursache des Aufruhrs und Getümmels? Ist's Elias, der Israel verwirret, oder Isabel und die mit ihr huren? (Goßner.) — Schaudert ihr nicht zurück vor solcher Verblendung eines doch vielfach gebildeten Volkes? Aber laßt es bei solch einem augenblicklichen Schaudern ja nicht bewenden! Ein warnendes Bild werde euch diese Volksbewegung schon durch die Art ihrer Entstehung. Laßt euch durch die Geschichte der nächsten Vergangenheit belehren, wie einzelne schlechte Seelen sich gar leicht einen großen Anhang zu verschaffen, die Unwissenden für ihre Zwecke zu benutzen, durch Verheißungen zu locken, durch Drohungen zu schrecken wußten, und, indem sie mit dem Schein des Rechts auftraten, den menschlichen Leidenschaften schmeichelten und die verwerflichsten Mittel anwandten, ganze Gemeinden und Völkermassen zu bethörten, daß sie sich nicht schämten, den blinden Leitern blind zu folgen. (Apelt.) — Auch für die Wahrheit oder für Stücke der Wahrheit läßt sich ein gewisser äußerlicher Eifer anregen und ein Schwarm nachziehen, der den heiligen Eifer für den Herrn in das unheilige Geschrei: "Groß ist unsre Diana!" verwandelte. Wie zur Zeit der Reformation der Streit über die Erbsünde, ob sie zu des Menschen Wesen (Substanz) gehöre, oder nur Etwas an ihm (Accidenz) sei, sich sogar in die Trinkstuben zog und die ordinärsten Bauern in zwei Parteien, Substanzer und Accidenzer, theilte, welche nun ihren Streit am liebsten mit Knütteln durchführten. (Williger.)

Und die ganze Stadt ward voll Getümmels. [V. 29.] Siehe hier ein eigentliches Bild eines Aufruhrs. Er pflegt sich anzuspinnen durch einen oder zween böse Buben. Darnach reißt er ferner aus wie ein starker Strom und überschwemmt Stadt und Land. (Starcke.)

Da aber Paulus wollte unter das Volk gehen, ließen's ihm die Jünger nicht zu. [V. 30.] Christen sollen wohl standhaft, aber nicht eigensinnig sein. (Lindhammer.) — Gott läßt auch seine Diener, die voll seines Geistes sind, oft durch Andere, die nicht so viel Geist haben, warnen und zurückhalten, wenn sie in ihrem Eifer zu weit gehen wollen. Auch der Geistreichste handelt nicht allemal geistreich. (Goßner.) Wo blinde Pöbelwuth brüllt und schäumt wie ein stürmisches Meer, da muß auch die gewaltigste Zeugenstimme spurlos verhallen, und selbst ein Paulus kann für den Augenblick nichts Besseres thun, als schweigen.

Auch Etliche der Obersten, — die Paulus gute Freunde waren u. s. w. [V. 31.] Bei allem Haß der Welt behält ein redlicher Lehrer doch auch noch gute Freunde, selbst unter den Obersten und Großen. Herodes hielt viel auf Johannes, obgleich er ihn nachher verfolgte. Josephus und Nicodemus waren Jesu heimlich gewogen. Die erkannte Lauterkeit, Rechtschaffenheit und Wahrheit, die, wenn wir Christi Diener sind, aus Wort und Wandel hervorleuchten muß, legitimirt sich auch an den Herzen vernünftiger Weltleute, daß sie einen solchen Mann hochachten, wenn sie auch noch nicht bekehrt sind. Ein Knecht Jesu sucht nicht die Gunst der Welt; wenn aber Gott manche Hohe und Vornehme zu Freunden seiner Knechte macht, so sind das Mittel und Wege seiner gnädigen Vorsehung, ihnen Schutz, Förderung und Hülfe in diesen und jenen Umständen angedeihen zu lassen. (Apost. Past.) — "Menschen Gunst und Gottes Gnad' sind gut, wenn man's beisammen hat. Soll's aber Menschengunst nicht sein, so thut's auch Gottes Gnad' allein." (Alter Spruch.)

Etliche schrieen sonst, Etliche ein Anderes — und der mehrere Theil wußte nicht, warum sie zusammengekommen waren. [V. 32.] So geht's ja heut' noch den blinden Haufen bei politischen und religiösen Parteiungen und Aufhetzereien. Wie mancher ehrliche deutsche Spießbürger hat in den letzten Jahren auch mitgeschrieen in einer Volksversammlung, mitunterschrieben auf einer Adresse, mitgestimmt bei einer Wahl, — und wußte lediglich nicht, um was es sich handle. Da mag der vernünftige Mann und redliche Christ mit dem sterbenden Huß lächelnd seufzen: O sancta simplicitas! und folgsam gedenken an das mitleidige Gebet des barmherzigen Hohepriesters: Vater, vergib ihnen, denn sie wissen nicht, was sie thun!

Etliche aber vom Volk zogen Alexandrum hervor u. s. w. [V. 33.] Mit der tobenden Rotte aus dem Heidenthum vereinigten sich bald auch Feindlichgesinnte aus dem Judenthum und wollten Alexander als ihren Sprecher aufstellen, welcher die Juden zu vertheidigen, Paulum aber noch mehr hineinzubauen muß im Sinn gehabt haben. Er konnte aber nicht zum Wort kommen. Die Nachricht von diesem Auflauf kann man nicht ohne Schauer lesen; wer bedenkt, was Paulus darunter erfahren, wird wohl fassen können, daß es 1 Kor. 15, 32 als ein Kämpfen mit wilden Thieren beschrieben. (Rieger.)

Und schrieen bei zwo Stunden: Groß ist die Diana der Epheser! [V. 34.] Der Heilige Geist macht nicht trunken (Kap. 2), wohl aber der Geist, der sein Werk hat in den Kindern des Unglaubens. (Ephes. 2, 21.) — Er schenkt ihnen oft den Taumelkelch des Hochmuths und der Lüge bis zum Rande voll, daß sie in trunkener Vergötterung ihrer sie selbst verherrlichenden Idole für die Wahrheit alles Gehör und nüchterne Besinnung verlieren. Groß ist die Diana der Epheser! — dies Geschrei dauert noch unverändert fort; nur der Name des Götzenbildes ist verändert. Die volksbeliebten Zeitideen und ihre Tageshelden verdanken diesem Geschrei der thörichten Menge meistens Ehre und Ansehen. Und doch ist dies Geschrei nicht eben ein Beweis für deren innern Gehalt. Wenn der Teufel merkt, daß er wenig Zeit mehr hat, so raset er desto ärger. Das große Geschrei zu Ephesus war ein sicheres Zeichen, daß es mit der ganzen Sache zu Ende ging. (Leonhardi und Spiegelh.)

Da aber der Kanzler das Volk gestillet hatte u. s. w. [V. 35. 36.] Aufruhr und Empörungen werden oft glücklicher durch eine beredte Zunge, als durch starken Arm und Schwertschlag gedämpft, Sir. 46, 9. (Starke.) — Des Kanzlers Rede ist zwar keine apostolische Predigt (Rieger), wohl aber leuchtet aus ihr der Geist eines klugen, besonnenen, festen und gerechten Mannes, der vernünftiger christlichen Obrigkeit zum Vorbild dienen könnte. Zuerst beschwichtigt und gewinnt er das Volk mit der Versicherung, daß der Ruhm ihrer Stadt über alle Anfechtung erhaben sei. Dabei redet er aber der empörten Menge nicht nach ihrem Sinn, er gibt ihr nicht Recht, gibt ihr die verfolgten Jünger nicht preis. (Leonhardi und Spiegelhauer.)

Ihr habt diese Menschen hergeführt, die weder Kirchenräuber noch Lästerer sind. [V. 37.] Man sieht daraus, wie bedächtig die Apostel ihr Zeugniß gegen die heidnischen Götzen müssen geführt haben, daß man ihnen doch nachreden konnte, sie seien keine Lästerer der Diana gewesen. Mit fleischlichen Waffen wird nichts Gutes für die Wahrheit ausgerichtet. (Rieger.) — Es war nicht Pauli Art, den Heiden ihre Götzen zu verleiden. Erst predigte er ihnen Jesum Christum und baute in ihnen ein Neues, dann stürzte das Alte von selbst zusammen. (Ahlfeld.) — Auch uns Predigern hilft es nichts, der Welt ihre Götzen schlecht zu machen, wenn wir nicht zugleich Christum ihr groß zu machen verstehen.

Hat aber Demetrius einen Anspruch, so hält man Gericht u. s. w. [V. 38.] Was ist's doch für eine Gnade Gottes und die Macht einer weisen Obrigkeit, welche Gesetz und Ordnung gegen Willkür und Ungerechtigkeit aufrecht hält. (Leonh. u. Spiegelh.) — So hatte hier Paulus in Wahrheit erfahren können, was er von der Obrigkeit rühmt: Sie ist Gottes Dienerin, dir zu gut u. s. w. Röm. 13, 4. (Williger.)

Und da er solches gesagt, ließ er die Gemeinde gehen. [V. 40.] So wurde denn der Aufruhr durch die Weisheit und Beredsamkeit des Kanzlers als eines Werkzeuges der rettenden Gnade Gottes gestillt und der Feindschaft wider das Evangelium die Spitze abgebrochen; die Wurzeln freilich derselben kann nur die stille Macht des göttlichen Wortes brechen und die herzgewinnende Sprache des Heiligen Geistes, welcher ein rechter Kanzler des Volkes Gottes ist. Ach, Herr Jesu, dir ist Wind und Meer gehorsam, stille das Toben der Völker und unseres eigenen Fleisches und Blutes wider dich (Rieger), und mache unsre Herzen im Gehorsam deiner Wahrheit und dem Frieden deines Lebens selig stille! (Leonh. u. Spiegelh.)

Zu V. 21—40. Der Aufruhr wider das Evangelium von Christo, wie ihn 1) die Selbstsucht erregt, 2) die Verblendung vollführt, 3) die Macht der göttlichen Gnade siegreich überwindet. (Leonh. u. Spiegelh.) — Lehren der Erfahrung über die Täuschungen des Empörungsgeistes in alter und neuer Zeit: 1) Man gibt höhere Endzwecke vor und wird von der niedrigsten Selbstsucht geleitet. 2) Man glaubt frei zu handeln und ist das willenlose Werkzeug schlauer Verführer. 3) Man will für aufgeklärt gelten und begeht die unvernünftigsten Thorheiten. 4) Man rühmt sich, das Recht zu erkämpfen, und verübt die ungerechtesten Gewaltthaten. 5) Man ist ungemessener Erwartungen voll und hat zuletzt nicht das Mindeste gewonnen. (Bobe.) — Der Tumult der Götzendiener zu Ephesus als ein Warnungszeichen für unsere Zeit: 1) Seine Veranlassung und Entstehung. 2) Sein Fortgang und Ausgang. (Apelt.) — Wie der Selbstsucht stets dem Evangelium feindselig entgegentritt: 1) Ihre Mittel, V. 25—27. 2) Ihr Erfolg, V. 28—30. (Risto.) — Die Feindschaft der Götzendiener wider das Evangelium: 1) Ihre Gründe, V. 23—27. 2) Ihre Aeußerungen, V. 28. 29. (Ders.) — Regeln für unser Verhalten gegen aufgeregte Gemüther, abgeleitet aus der Rede des Kanzlers zu Ephesus, V. 35—40. 1) Das Richtige in den Klagen anerkennen. 2) Etwaige Fehlgriffe deutlich machen. 3) Auf den gesetzlichen Weg verweisen. 4) Das Strafbare und das Gefährliche des tumultuarischen Benehmens vorhalten. (Ders.) — Wie der Herr seine Kirche auch durch ihre Feinde zu schützen weiß: 1) Indem er die Unlauterkeit der Widersacher und dadurch das Recht der guten Sache an's Licht bringt. Bei den Tumultanten in Ephesus: a. Aberglauben, b. Selbstsucht. 2) Indem er den innern Widerspruch des Bösen zu einer Stütze für die Wahrheit macht: a. Die Heiden nehmen das Bündniß der Juden gegen die Christen nicht an, ein Sieg der Wahrheit, V. 33. 34. b. Der Aufruhr schlägt zum Schaden der Aufrührer aus, die gute Sache bleibt unangetastet, V. 38—40. (Ders.) — Der Goldschmied Demetrius und seine Handwerksgenossen von heutzutag. Es sind dies 1) die niedrigen Knechte des Erwerbs, denen über dem Jagen nach zeitlichem Gewinn der Sinn für's Ewige abhanden gekommen ist, V. 24. 25. 2) Die blinden Anhänger des Hergebrachten, die von jedem frischen Weben des Geistes die Störung ihres Behagens, ja den Untergang der Welt fürchten, V. 26. 27. 3) Die selbstgenugsamen Priester des Schönen, die in abgöttischer Verehrung für Natur und Kunst kein Bewußtsein der Sünde und kein Bedürfniß der Gnade anerkennen, V. 27. (Vergl. Göthe's Gedicht: „Groß ist die Diana der Epheser!" und sein Bekenntniß im Briefwechsel mit Jakobi: „Ich bin nun einmal einer der ephesischen Goldschmiede, der sein ganzes Leben in Anschauen und Anstaunen und Verehrung des wunderwürdigen Tempels der Göttin (Natur) und in Nachbildung ihrer geheimnißvollen Gestalten zugebracht hat, und dem es unmöglich eine angenehme Empfindung erregen kann, wenn irgend ein Apostel seinen Mitbürgern einen andern und noch dazu formlosen Gott aufbringen will;" [wie Jakobi in der Schrift von den göttlichen Dingen]. 4) Die heuchlerischen Eiferer für Kirche und Religion, die bei ihrem scheinheiligen Eifer um Gottes Haus nur ihr eignes Zuterefse im Auge haben, V. 27. — Groß ist die Diana der Epheser, aber größer ist der Gott der Christen. 1) Groß und herrlich ist das Reich der Natur, aber unsre wahre Heimath und unsern rechten Frieden finden wir doch nur im Reich der Gnade. 2) Groß und schön sind die Werke des menschlichen Geistes in Kunst und Wissenschaft, aber Kunst und Wissenschaft gerathen auf die finsterften Abwege ohne die Zucht des göttlichen Geistes und ohne das Licht christlicher Offenbarung. 3) Groß und stark ist die Kraft des menschlichen Willens, aber mit dem besten Willen vermögen wir dem heiligen Gott seinen reinen Dienst zu leisten, seinen würdigen Tempel zu bauen, wo nicht sein Geist unsre Herzen zu seinem Heiligthum reinigt und seine Kraft mächtig wird in unsrer Schwachheit. 4) Groß und denkwürdig sind die Geschichten irdischer Reiche (wie Griechenlands und Roms), aber über sie alle triumphirt das Kreuz-Reich Jesu Christi; Ephesus liegt im Schutt und der Tempel der Diana in Asche, aber Seine Kirche sollen auch die Pforten der Hölle nicht überwältigen. — Der Aufruhr zu Ephesus ein erschütterndes Bild der Empörung wider Gottes Evangelium, wie sie immerdar sich wiederholt: 1) In der finstern Heidenwelt von Seiten der bestialischen, ja satanischen Heidennatur: Nachtbilder aus dem Missionsfeld: Blutbad auf Madagaskar, Aufruhr in Ostindien ꝛc. 2) In der unbekehrten Christenheit von Seiten eines fleischlichen Sinnes, der sich nicht strafen lassen will durch Gottes Wort, und eines materialistischen Zeitgeistes, der nichts wissen will von himmlischen Dingen. 3) Selbst im Herzen des redlichen Christen von Seiten der stolzen Vernunft, des selbstgerechten Herzens und des kreuzflüchtigen Fleisches. — Warum toben die Heiden und die Leute reden so vergeblich? — der im Himmel wohnet, lachet ihrer und der Herr spottet ihrer, Ps. 2, 1. 4: 1) Das Toben der Heiden a. in seiner Wuth, V. 23—29; b. in seiner Blindheit, V. 32. 2) Das Lachen des Herrn, der a. in heitrer Majestät über seinen tobenden Feinden thront; b. ihre Anschläge selbst vor der Welt zum Spott macht, V. 35—40. — Christus der allmächtige Sturmbezwinger auch beim Toben entfesselter Völker: 1) Er birgt die Seinen in sichrer Arche zur Stunde der Gefahr; Paulus V. 30. 31. 2) Er stellt Felsen in's Meer, daran die tobenden Wellen sich brechen; der Kanzler, V. 35 ff. 3) Er läßt den Sturm der Leidenschaften vertoben und in sich selbst zusammensinken; das beschwichtigte Volk, V. 40. 4) Er führt das Schifflein seiner Kirche unversehrt weiter; Fortgang Pauli im folgenden Kap. — Die Boten des Evangeliums wohl Bekämpfer, aber nicht Lästerer des Heidenthums, V. 37. Dafür bürgt 1) ihre christliche Klugheit, die bei allem Eifer für des Herrn Haus doch nicht eifert mit Unverstand. 2) Ihre evangelische Liebe, die bei allem Grimm über die heidnischen Gräuel doch überwogen wird vom Mitleid mit dem heidnischen Elend. 3) Ihre apostolische Weisheit, die in aller finsterniß heidnischer Thorheit noch auffindet ein Fünklein ursprünglicher Wahrheit. — Der Kanzler zu Ephesus als Musterbild eines tüchtigen Volks- und Staatsmannes: 1) In unerschrockenem Muth. 2) In kluger Besonnenheit. 3) In unparteiischer Gerechtigkeit. 4) In menschenfreundlichem Wohlwollen.

**B.**

Zweiter Theil: Summarischer Bericht von der Reise durch Macedonien und Griechenland, und sodann zurück bis Milet.

Kap. 20, 1—16.

Nachdem aber die Unruhe aufgehört hatte, rief Paulus die Jünger zu sich, grüßte 1 sie¹) zum Abschied und ging aus der Stadt, um nach Macedonien zu reisen. *Und da 2 er jene Gegenden durchwandert und sie mit vielen Worten ermahnt hatte, kam er nach Griechenland. *Und nachdem er drei Monate daselbst zugebracht hatte, und die Juden 3 ihm nachstellten, indem er zur See nach Syrien zu reisen im Begriff war, entschloß er sich den Rückweg durch Macedonien zu nehmen. *Es waren aber in seiner Begleitung 4 bis nach Asien Sopater des Pyrrhus Sohn²) aus Beröa, von Thessalonich aber Aristarchus und Secundus, und Gajus von Derbe, und Timotheus, aus Asia aber Tychicus und Trophimus. *Diese gingen voraus und erwarteten uns in Troas. *Wir aber 5 segelten nach den Tagen der ungesäuerten Brode von Philippi ab, und gelangten zu ihnen bis an den fünften Tag; daselbst verweilten wir sieben Tage lang. *Am ersten Wochentag aber, da wir³) versammelt waren, das Brod zu brechen, unter- 7 redete sich Paulus mit ihnen, indem er am folgenden Tag abzureisen gedachte, und dehnte die Rede aus bis zur Mitternacht. *Und es waren viele Lampen in dem Obergemach, 8 wo wir versammelt waren. *Aber ein Jüngling, Namens Eutychus, welcher in einem 9 Fenster saß, sank in tiefen Schlaf; da Paulus lange fort redete, wurde er vom Schlaf übertwogen, fiel vom dritten Stockwerk hinab und wurde todt aufgehoben. *Paulus aber 10 ging hinab, fiel auf ihn, umfing ihn und sprach: Beunruhiget euch nicht, denn seine

1) Vor ἀσπασάμενος hat Lachmann nach einigen Codd. aufgenommen καὶ παρακαλέσας, was indeß, wie noch einige dazu gehörige Varianten, vielleicht nur aus Tischendorf gestrichen ist.

2 Πύῤῥου nach Syr. fehlt in der Recepta, hat indeß vier gewichtige Uncial-Codd., 30 Minuskeln und alte Versionen für sich, und fehlt nur in den zwei jüngsten Unzial-Handschriften, ist vielleicht wegen ähnlichen Klangs mit dem unmittelbar folgenden Βεροιαῖος weggeblieben. Lachmann und Tischendorf haben es mit Recht aufgenommen.

3) Die Recepta, der auch Griesbach und Scholz folgen, hat τῶν μαθητῶν, nach Gob. G. H., ist aber ist jedoch sicher spätere Aenderung wegen αὐτοῖς, während die Handschriften A. B. D, E., 20 Minuskeln und die meisten Versionen ἡμῶν haben. B. 7 haben sodann nur wenige Minuskeln ἦσαν statt des von allen Unzial-Codd. unterstützten ἦμεν.

11 Seele ist in ihm. *Dann ging er hinauf, brach das¹) Brod und genoß etwas, und
12 redete viel mit ihnen bis Tagesanbruch, und also reiste er ab. *Sie brachten aber den
13 Knaben lebend, und wurden nicht wenig getröstet. *Wir aber gingen voran auf das
    Schiff und fuhren nach Assos, und von dort aus gedachten wir den Paulus aufzuneh-
14 men; denn so hatte er es angeordnet, indem er selbst zu Lande gehen wollte. *Als er
15 aber zu uns traf in Assos, nahmen wir ihn auf und kamen nach Mitylene. *Und von
    dort segelten wir ab und kamen am folgenden Tage gegenüber von Chios an; den Tag
    darauf näherten wir uns Samos und blieben in Trogyllion²), und gelangten am fol-
16 genden Tage nach Milet. *Denn Paulus hatte beschlossen³), an Ephesus vorüberzu-
    segeln, damit er sich nicht in Asia verweilen müßte; denn er beeilte sich, um, wenn es
    ihm möglich wäre, auf den Pfingsttag nach Jerusalem zu kommen.

### Exegetische Erläuterungen.

**1. Nachdem aber die Unruhe aufgehört.** Die Abreise des Apostels wurde nicht, wie Hug, Ewald u. A. es fassen, durch die ausgebrochene Unruhe veranlaßt oder beschleunigt, als hätte er vor immer noch drohender Lebensgefahr fliehen müssen. Vielmehr bezeichnen die ersten Worte des Kapitels nur den Zeitpunkt, nicht den Beweggrund der Abreise; sie besagen, daß Paulus erst die eingetretene Ruhe abgewartet hat, die Abreise lag schon vorher (Kap. 19, 1 f.) in seinem Plan.

**2. Und da er jene Gegenden durchwandert.** Αὐτοὺς bezeichnet laut μέρη ἐκεῖνα und Μακεδ. die Christen in Macedonien. Unter Ἑλλάς ist nicht Griechenland mit Ausschluß Achaia's namentlich des Peloponnesus zu verstehen (Bengel), sondern ganz Griechenland, was Lukas sonst mit dem damals officiellen Namen Achaia, aber auch mit dem älteren volksmäßigen Namen Hellas bezeichnet. Das Partizip ποιήσας steht anakoluthisch; man sieht sogar dem Satzgefüge die Eile an, womit Lukas diesmal über die Wirksamkeit des Apostels in Europa weggeht. Der hinterlistige Anschlag auf das Leben des Apostels von Seiten der Juden fand ohne Zweifel in Korinth statt, wo er sich direkt nach Syrien einschiffen wollte. Dies veranlaßte ihn demnach, den Landweg einzuschlagen, der ihn dann über Macedonien zurückführte, aber auch so viel mehr Zeit in Anspruch nahm, daß er zuletzt V. 16 sehr zur Eile gedrängt wurde, wollte er doch auf die bestimmte Zeit in Jerusalem eintreffen.

**3. Es waren aber in seiner Begleitung.** Lukas erwähnt hier die Begleiter des Apostels, deren er nicht weniger als sieben nennt, während er selbst laut V. 5 ff.; 13 ff. auch dabei war. Drei derselben sind geborne Macedonier, vier dagegen Kleinasiaten. Sopater aus Beröa, sonst einfach, ist zuerst genannt, weil der Apostel auf der Rückreise das südlichere Beröa früher als Thessalonich erreichte, wo die zwei nächsten Freunde her waren. Unter diesen kommt Secundus nirgends weiter vor, während Aristarchus Kap. 19, 29 schon in

Ephesus in der Umgebung des Apostels gewesen war, ihn später (Kap. 27, 2) auf der Seereise nach Rom begleitete und (Kol. 4, 10; Philem. 24) die Gefangenschaft daselbst mit ihm theilte. Cajus von Derbe ist demnach ein Anderer, als der Kap. 19, V. 29 erwähnte Macedonier Cajus. Timotheus ist ohne nähere Bezeichnung genannt, weil er seit Kap. 16, 1 ff. gehörig bekannt ist. Auch Tychicus war später (Kol. 4, 7 f.; Ephes. 6, 21) bei Paulus in Rom und überbrachte Schreiben an kleinasiatische Gemeinden; vergl. 2 Tim. 4, 12; Tit. 3, 12. Und von Trophimus erfahren wir Kap. 21, 29 noch genauer, daß er aus Ephesus selbst gebürtig war; er wurde, als Heidenchrist, ohne seine Schuld Veranlassung zu dem Auflauf und der Gefangennehmung des Apostels in Jerusalem. Die Worte ἄχρι τ. Ἀσ. geben als Ziel der Begleitung Asia proconsularis an, womit jedoch nicht ausgeschlossen ist, daß Einzelne derselben, z. B. Aristarchus und Trophimus, noch weiter und bis nach Jerusalem, in der Begleitung des Apostels geblieben sind. Die Asia waren Alle zusammen im Gefolge des Apostels, aber weiter nicht. Die Vermuthung Baumgartens, daß Alle den Paulus bis nach Jerusalem begleitet haben werden, um dort als die sieben Repräsentanten der bekehrten Heidenwelt vor den Gläubigen nicht allein, sondern auch vor ganz Israel zu erscheinen, entbehrt der genügenden Begründung.

**4. Diese aber segelten.** Von Philippi aus reisten die sieben Begleiter früher ab als Paulus, der mit Lukas nachreiste. Denn Lukas deutet sich selbst mit ἡμᾶς V. 5 ff. wieder an, und an Timotheus als Verfasser der „Wir-stücke" zu denken, verbietet sich durch die Unterscheidung zwischen οὗτοι (worunter auch Timotheus, V. 4) und ἡμεῖς. Lukas war Kap. 16, 40 auf der zweiten Missionsreise des Paulus in Philippi geblieben; nun schließt er sich auf dem Rückwege von der dritten in derselben Stadt (V. 6) wieder an den Apostel an. Und hier beginnt demgemäß auch eine ganz genaue Zeitrechnung, als läge ein Tagebuch über die Reise vor.

**5. Nach den Tagen der ungesäuerten Brode** und des Passah reiste Paulus mit Lukas in Phi-

---

1) τὸν ἄρτον nach A. B. C. und D. erster Hand, während der Art. bei E. G. H. und D. zweiter Hand fehlt; man folgte unbedacht dem 7. V.

2) Lachmann streicht nach A. B. C. E., einigen Minuskeln und Versionen die Worte: καὶ μείναντες ἐν Τρωγ., fährt dagegen fort: τῇ δὲ ἐχ. Allein jene Worte haben die Codd. D. G. H. und die meisten Minuskeln, mehrere Versionen und Kirchenväter für sich, und sind wohl nur darum weggelassen worden, weil man den Zusammenhang nicht verstand, d. h. Trogyllion dem Context nach auf Samos suchen zu sollen wähnte, während es, wie man wußte, nicht dort lag.

3) Die Recepta hat ἔκρινε, aber nur nach den zwei spätesten Uncialhandschriften und einigen Kirchenvätern. Die überwiegend beglaubigte Lesart, von Griesbach empfohlen, von Lachmann und Tischendorf aufgenommen, ist jedoch κεκρίκει.

lippi ab und erreichte zu Schiff erst am fünften Tage Troas, während Kap. 16, 11 f. die Reise von Troas nach Philippi nur drei Tage erfordert hat.

6. **Am ersten Wochentage.** V. 7—12 erzählt einen Vorfall in Troas, die Wiederbelebung des zu Tod gefallenen Jünglings. Dies ereignete sich aus Anlaß des Abschiedsgottesdienstes, welchen Paulus am ersten Wochentage hielt. Nach hebräischartigem Sprachgebrauch, der sowohl den Evangelien und der Apostelgeschichte als den Briefen des Paulus (1 Kor. 16, 2) eignet, steht μία für πρώτη. Der erste unter den Wochentagen war nun unser Sonntag. Und dies ist die erste Spur von Sonntagsfeier in der Kirchengeschichte. Denn daß diese Versammlung der Christen zum Brodbrechen, d. h. zu heiligem, gottesdienstlichem Genuß des Brodes, zum Liebesmahl als Wort Gottes, zufällig auf den ersten Wochentag fallen konnte, weil am folgenden Tage die Abreise des Apostels bevorstand (Meyer), läßt sich zwar nicht bestreiten. Aber hiermit ist nur das noch nicht erklärt, warum Lukas diesen Tag ausdrücklich nennt. Dies weist offenbar darauf, daß gerade dieser Wochentag ein geheiligter war, den man mit gottesdienstlichen Zusammenkünften zu feiern pflegte. Und hiermit stimmt vortrefflich der Umstand, daß die Sonntagsfeier zuerst in einer heidenchristlichen Gemeinde erwähnt wird, da der Natur der Sache nach diese Sitte früher und leichter in heidenchristlichen als in judenchristlichen Gemeinden Eingang fand.

7. **Da wir versammelt waren.** Mit ἡμῶν deutet der Erzähler an, daß er selbst der Versammlung beigewohnt hat; er setzt aber gleich darauf διελέγετο αὐτοῖς, weil die Rede des Apostels hauptsächlich eine Abschiedsrede (μέλλων ἐξιέναι), und demnach an die Zurückbleibenden, nicht an die Reisegenossen, worunter der Berichterstatter, gerichtet war. Dies beobachteten die Meisten nicht, namentlich die Abschreiber, welche statt ἡμῶν setzen zu müssen glaubten: τῶν μαθ. (Die Lampen (nicht Fackeln, Luther, sondern Handlampen; es ist dasselbe Wort, wie Matth. 25, 1 ff.) waren zahlreich angebracht an der Feierlichkeit willen.

8. **Aber ein Jüngling.** Der junge Eutychus saß bei dieser Versammlung auf dem Fenster, d. h. auf dem Gesimse oder der Bank des nach alterthümlicher Sitte nicht mit Glasscheiben, und hier auch nicht mit einer Jalousie geschlossenen, sondern offenen Fensters; von da fiel er im Schlafe drei Stock hoch hinab. Der Satzbau mit den vier Partizipien ist dieser: ein auf dem Fenster sitzender Jüngling, während des längeren Redens Pauli in tiefen Schlaf sinkend, fiel vom Schlaf hinabgezogen ꝛc. Das zweite Mal steht der bestimmte Artikel vor ὕπνος, weil dieser schon genannt ist. Ἤρθη νεκρός ist einfach: er wurde entseelt aufgehoben, d. h. nicht in's Haus hinaufgetragen, sondern todt gefunden, als man ihn aufrichten wollte. Weder hier, noch im Context liegt ein Grund, νεκρός für ὡς ν. zu nehmen (wie de Wette, Olshausen u. A.) und an Scheintod, Ohnmacht ꝛc. zu denken.

9. **Paulus — fiel auf ihn.** Die Gebärde des Apostels, indem er sich auf den Todten legt (ἐπιπεσών) und ihn umarmt, ist analog dem Verfahren des Elisa mit dem verstorbenen Sohn der Sunamitin (2 Kön. 4, 34) und dem Elia bei dem Sohn der Witwe zu Sarepta (1 Kön. 17, 21) zu dem Behuf, mittelst leiblicher Berührung und Lebenswärme den Entseelten wieder zu beleben. Und nachdem dies geschehen, sagt Paulus den Umstehenden, sie mögen sich nicht beunruhigen oder bekümmern (θορυβεῖσθαι im Med. consternor, nicht bloß Lärm machen, Luther, de Wette, was weniger in den Zusammenhang zu passen scheint). „Seine Seele ist in ihm", sagt Paulus; allerdings nicht, sie sei wieder in ihm, aber auch nicht, sie sei noch in ihm. Letzteres kann er nicht sagen, denn der Jüngling war todtgefallen; Ersteres will er nicht ausdrücklich sagen, um sich nicht selbst und seine Wunderkraft zu rühmen. Dessen ungeachtet ist die Darstellung der Art, daß wir an Wiederbelebung des Entseelten durch die wunderbare Einwirkung des Apostels denken müssen. Auch das ἤγαγον ζῶντα B. 12, dem ἤρθη νεκρός gegenüber B. 9, ist Beweis genug, wie es Lukas meint. Daß Paulus nach diesem Zwischenfall das Brod bricht und genießt, also nun erst thut, was von Anfang an beabsichtigt war (V. 11; vergl. B. 7) und die Unterredung wieder aufnimmt und bis Tagesanbruch fortsetzt, gibt den Eindruck, wie wenig Zweck und Fortgang der Zusammenkunft wirklich gestört wurde durch eine Unterbrechung, die von den traurigsten Folgen hätte sein können. Das κλᾶν ἄρτον ist nämlich hier nicht anders als B. 7 zu verstehen, wie Grotius und Kuinoel wollen, die hier ein Reisefrühstück, dort ein religiöses Mahl finden. Οὕτως vor ἐξῆλθεν besagt, daß Paulus abgereist sei, ohne diese Nacht einen Augenblick geruht zu haben.

10. **Und fuhren nach Assos.** Die Strecke der Reise von Troas bis Milet beschreibt Lukas nun V. 13 ff. wieder sehr genau. Erst schifften sich die Begleiter des Apostels allein ein und fuhren längs der Küste von Troas bis Assus in Mysien, der nördlichen Ecke von Lesbos gegenüber, während Paulus die neun Meilen betragende Strecke zu Land zurücklegte. Warum Paulus diese Anordnung getroffen hatte (ἦν διατεταγμ. medial), bemerkt Lukas nicht, und die Vermuthungen über mögliche Beweggründe, als: Rücksicht auf Gesundheit (Calvin), Vorsicht gegenüber vor jüdischen Nachstellungen (Michaelis), amtliche Wirksamkeit auf der zwischeninnenliegenden Strecke (Meyer), den Wunsch, allein zu sein (Baumgarten, Ewald) — haben keinen Boden unter sich. Von Assos aus, wo der Apostel das Schiff bestieg, ging die Fahrt südwärts so nahe an der Küste hin, daß man zwischen den Inseln Lesbos (an deren Ostseite das reizende Mitylene lag), Chios, Samos und der Westküste Kleinasiens stets durchsegelte. Παραβάλλειν ist hier eher: anlanden, als: übersetzen, was es allerdings auch heißt. Sie segelten jedoch von Samos aus an die gegenüberliegende Küste Joniens hin, gelangten in dem Vorgebirge und der Stadt Trogyllium bei, 40 Stadien von Samos entfernt, am Fuße des Berges Mykale. Sie waren, schon ehe sie Samos berührten, an Ephesus vorübergesegelt. Warum Paulus nicht daselbst landete, erklärt Lukas B. 16: er fürchtete den Aufenthalt, welcher unvermeidlich damit verbunden gewesen wäre; und doch drängte die Zeit, wenn er noch auf das Pfingstfest Jerusalem erreichen wollte. Daher hielt er erst bei der 9 Meilen südlicher gelegenen Stadt Milet, wo er Sonnabends angekommen sein wird, an.

### Christologisch-dogmatische Grundgedanken.

1. Die Sonntagsfeier ist nach biblischer Geschichte und Lehre nicht gesetzlich, sondern evangelisch. Sie

tritt hier ganz anspruchslos auf; es kann sogar zufällig scheinen, daß die gottesdienstliche Versammlung in Troas gerade am Sonntag stattfand. Nur eine Sitte, nicht eine Satzung ist die apostolische Sonntagsheiligung gewesen, entsprechend dem Geist Jesu, sowie dem Charakter des Apostels Paulus. Demgemäß bezeugt die Augsburger Confession, Art. 28, daß der Sonntag eine Ordnung sei, um des Friedens und der Liebe willen zu halten, nicht aber schlechthin nothwendig zur Seligkeit.

2. In dem gemeinschaftlichen Thun der zu Troas versammelten Christen ist Gottesdienst und christliche Geselligkeit auf heilige Weise mit einander verschmolzen. Der Apostel Paulus verabschiedet sich von den Brüdern daselbst; aber seine Abschiedsreden sind zugleich Reden von Gottes Wort, und umgekehrt ist sein Lehren von göttlichen Dingen zugleich eine freie gesellige Unterhaltung (ὁμιλεῖν, διαλέγεσθαι). Sie sind zusammengekommen, um das Brod zu brechen; das ist ein heiliges, sakramentliches Mahl des Herrn, von der andern Seite aber auch ein brüderliches Gemeinschaftsmahl. Der Geist Christi heiliget das Natürliche und gibt dem Band von Menschen zu Menschen erst die rechte Festigkeit, höheren Gehalt und liebreiche Innigkeit. Und die Gnade Gottes in Christo, dem Gottmenschen, theilt sich in sichtbaren Zeichen und leiblichen Pfändern den Gläubigen mit. So reicht sich Menschliches und Göttliches, Leibliches und Geistliches, Natur und Gnade im Christenthum die Hand.

3. Die Wiederbelebung des verunglückten Jünglings ist mittelst Berührung und Umarmung durch den Apostel geschehen. Paulus hat seine Lebenswärme unmittelbar dem kaum erkalteten Leichnam in Berührung gebracht. Allerdings lag darin nicht schon die Kraft, dem Todten Leben mitzutheilen, sondern dies steht nur der allmächtigen Kraft Gottes zu. Aber indem diese durch einen glaubensvollen und geisterfüllten Menschen wirkt, geht es sogleich leibliche und natürliche Mittel. So bei den meisten Wundern Jesu, so in der Heilung durch Handauflegen, so hier in der Wiederbelebung des Todtgefallenen. Aber die anspruchslose Weise, wie der Apostel davon spricht, zeugt dafür, daß das Uebernatürliche in höherer Ordnung selbst natürlich wird und keines großen Aufhebens bedarf.

### Homiletische Andeutungen.

Da nun die Empörung aufgehört, rief Paulus die Jünger und segnete sie und ging aus ꝛc. [V. 1.] Nicht als einen Miethling, der den Wolf kommen sieht, floh Paulus, sondern nach durchgekämpftem Kampf und wiederhergestellter Ruhe machte er seinen Abschied. (Rieger.) — Knechte Gottes, wenn sie auch von hinnen gehen, lassen doch ihren Segen zurück; nicht nur den Segen des ausgestreuten Samens, sondern auch den Segen ihres Gebets, den Segen ihrer von Gott gezählten Thränen, den Segen für ihnen von ihrem Heiland beigelegten Verheißungen. Wahrlich ein schöner Nachlaß der Knechte Gottes. (Apost. Past.)

Und da er dieselben Länder — ermahnt hatte. [V. 2.] Wie ein kluger Hausvater sich nicht nur befleißigt, Söhne zu gewinnen, sondern auch die gewonnenen zu erhalten, also soll ein Lehrer nicht nur Seelen für Christum zu gewinnen, sondern auch für ihn zu erhalten suchen. (Starcke.) — Wir finden den Paulus in allen Umständen einer-

sei. In Gefängnissen, unter Empörungen, bei den Jüngern, unter der Welt, auf Reisen, kurz, wo er war, war er ein Diener Gottes, so daß er auch auf den beschwerlichsten Wegen nie vergaß, an allen Orten Ermahnungen, Tröstungen und Stärkungen der Gläubigen auszustreuen. Wie beschämt das diejenigen, die ihre Geistlichkeit allemal mit dem Predigerhabit wieder auszehen und mit der Kirchthür dahinten lassen, am wenigsten gar ihre Reisen zum Dienste Jesu heiligen. (Apost. Past.)

Da ihm aber die Juden nachstellten — ward er zu Rath, wieder umzuwenden ꝛc. [V. 3.] Paulus wußte wohl, daß er nicht mehr lange den Nachstellungen der Feinde werde entgehen können, allein er wollte erst dann sich denselben entziehen, wenn des Herrn Stunde gekommen sei, Joh. 7, 30. (Williger.) — Der gesagt hat: fürchtet euch nicht vor denen, die den Leib tödten, der hat auch gesagt: hütet euch vor den Menschen. (Rieger.)

Es zogen aber mit ihm ꝛc. [V. 4.] Was hat doch ein Christ für mancherlei Seiten! Einige stellen ihm nach dem Leben, Andere wären in Liebe bereit, ihr Leben für ihn zu lassen. (Rieger.) — Der treue Gott muß eine besondere Freude an der Gemeinschaft dieser Gläubigen mit dem Leiden Pauli gehabt haben, daß er alle Namen derer, die den Apostel in seinem Exil begleitet, so sorgfältig hat aufzeichnen lassen. Er erklärt ihre Glaubens- und Liebesprobe dadurch eines ewigen Andenkens würdig. (Apost. Past.) — Sechs oder sieben fromme Leute mit einander vereinbart, sind dem Teufel eine schreckliche Armee, zumal wenn sie einen Paulum zum Anführer haben. O Herr, gib den Heiden solche Missionarios! (Quesnel.)

Nach den Ostertagen. [V. 6.] Die heilige Osterwoche über blieb Paulus ruhig. Festtage soll man nicht mit Reisen, sofern sie sich aufschieben lassen, zubringen. (Quesnel.)

Am ersten Wochentage aber, da die Jünger versammelt waren, das Brod zu brechen, predigte ihnen Paulus ꝛc. [V. 7.] Das Brod des göttlichen Wortes und des h. Abendmahls schicken sich wohl zusammen. Das erste wird zu dem andern bereiten und das andere zum ersten desto mehr Lust machen. (Starcke.) — Und verzog das Wort bis zu Mitternacht. Daß uns Paulo V. 2 gesagt wird, wie er mit vielen Worten ermahnet, und hier wiederum, daß er das Wort bis zur Mitternacht verzogen habe, ist ein liebliches Beispiel von der Fülle der Gnade und Inbrunst des Geistes, davon sein Herz auch in seinem zu Ende gehenden Lebensalter erfüllt gewesen. Es kann aber daraus keine Entschuldigung des zu langen Predigens genommen werden. Nicht jeder Prediger ist ein Paulus, dessen Wort von Geist und dessen Herz von Gnade überfließt. Und nicht jede Predigt ist eine Abschiedspredigt, wie diese, da Paulus des andern Tages abreisen wollte. (Apost. Past.)

Und es waren viele Fackeln auf dem Söller. [V. 8.] Das Evangelium hat alle Tageszeiten, auch die der Finsterniß für seinen Dienst geheiligt. Und gerade die Abendstunden, durch Versammlungen der Gläubigen geheiligt, haben etwas besonders Bewegliches, weil damit der Sieg des Herrn über alle Mächte der Finsterniß recht anschaulich wird. Freilich hat auch der Feind schon versucht, und nicht immer ohne Erfolg, seine Finsterniß in die Nachtversammlungen der Kinder des Lichts einzuſchwärzen. (Williger.) — Daß aber der vielen Fackeln auf dem Söller gedacht wird, iſt ein Zeichen, wie ſorgfältig man damals auf Vermeidung alles Aergerniſſes bedacht war. (Rieger.)

Es ſaß aber ein Jüngling ꝛc. [V. 9.] War dieſer Schlaf verderblich, der um Mitternacht geſchah, wie ſind die zu entſchuldigen, welche am hellen Tage bei der Predigt einſchlafen? Und iſt's ſo gefährlich mit dem leiblichen Schlaf, wie viel mehr mit dem Seelenſchlaf der geiſtlichen Sicherheit? (Starcke.) — Ja wie können die Chriſten entſchuldigt werden, die nie einſchlafen in der Predigt, weil ſie nie eine beſuchen, die dann, in den tiefſten Schlaf der Sicherheit eingewiegt, nicht nur vom dritten Stockwerk herab, ſondern von Gott und dem Himmel in den Abgrund der Sünde und Hölle geſtürzt und ganz todt ſind. (Goßner.) — Ein Unfall, der ſich bei einer rechtmäßigen und heiligen Handlung ereignet, iſt kein Beweis göttlichen Mißfallens. (Starcke.)

Paulus aber ging hinab und fiel auf ihn. [V. 10.] Ueber einen Verſtorbenen ſich ausbreiten iſt eine Stellung, deren ſich zwar Elias und Eliſa, unſer lieber Heiland aber niemals, am wenigſten Petrus bei der Tabitha bedient hat. Wie hat Alles ſeine Geziemlichkeit! (Rieger.) — Machet kein Getümmel! (Luther.) Getümmel ſoll überhaupt bei dem Gemerk und göttlicher Gegenwart nirgends ſein; beſonders aber iſt es bei Sterbefällen zu vermeiden, und ſind die Anweſenden dabei auf das zu weiſen, was jetzt vom Unſichtbaren und der Engel Dienſt um eine ſolche Stätte zu ſpüren und mit Schriftgrund zu vermuthen iſt. (Rieger.)

Da ging er hinauf und brach das Brod. [V. 11.] Alles ging ohne Störung weiter. Ein ſchönes Zeichen von der innern Sammlung der Verſammelten. (Williger.)

Sie brachten aber den Knaben lebendig und wurden nicht wenig getröſtet. [V. 12.] Gott predigt bald dem Todte, bald durch Lebendige, Sir. 38, 23. (Starcke.)

Und er wollte zu Fuß gehen. [V. 13.] Der Umſtand, daß Paulus zu Fuß gegangen und alſo ſich auf einige Zeit auch von dem Umgang ſeiner liebſten Brüder losgeriſſen, hatte ohne Zweifel eine ganz beſondere Unterhandlung mit Gott zum Grunde. Vermuthlich fand dieſer um Leiden eilende Zeuge für nöthig, ſich recht innig und herzlich in das Herz ſeines Gottes zu beten und dem guten und wohlgefälligen Willen Gottes zum völligen Opfer zu heiligen. In ſolchen Fällen reißt man ſich, wie Jeſus dort von ſeinen liebſten Jüngern, alſo auch von allen Brüdern los und handelt mit Gott allein. (Apoſt. Paſt.)

Denn er eilete, auf Pfingſten zu Jeruſalem zu ſein. [V. 16.] Ein Lehrer muß geſinnt ſein, wie ſein Herr und Meiſter; wie dieſer zur Zeit ſeines Leidens freiwillig ſeinen Leiden entgegenging, ſo eilete hier Paulus, auf Pfingſten zu Jeruſalem zu ſein, obwohl er wußte, daß Bande und Trübſal dort ſeiner warteten, V. 23. (Starcke.)

Zum Abſchnitt V. 1—16. Der Herr ſegne euch! V. 1. Damit erſtlich wir, 1) daß Gott euch behüte, leiblich und geiſtlich; 2) euch ſeine Gnade verleihe, in Vergebung der Sünden und Kindſchaft Gottes; 3) euch Frieden gebe, in Land, Kirche, Haus und Herzen. (Lisko.) — Wenn ſie euch in einer Stadt verfolgen, ſo fliehet in eine andere, V. 1—6. 1) Wie Paulus dieſen Rath befolgt hat, 2) was wir daraus lernen ſollen. (Derſ.) — Wie Trübſal und Verfolgung den Dienern Gottes zum Segen gereichen: 1) Sie werden dadurch geſchickter zur Ausrichtung ihres Werkes; 2) ſie werden dadurch in innigerer Liebe unter einander verbunden. (Derſ.) — Die Liebesgemeinſchaft der Heiligen, V. 7—17. 1) Wie ſie ſich offenbart, in Liebesmahl und Verkündigung des Wortes, das bereitwillig geprediget und gern gehört wird; 2) wie ſie geprüft wird, durch eine heiliger Freude ſich endete; 3) wie ſie fruchtbar wird in einmüthigem Handeln und Dulden, V. 13—17. (Nach Lisko.) — Predigt und Abendmahl, V. 7, 1) in ihrem Weſen, 2) in ihrem Verhältniß, 3) in ihrem Segen. (Nach Lisko.) — Die Todtenerweckung zu Troas, 1) als Erfüllung der Verheißung Chriſti, 2) als Stärkungsmittel für unſern Glauben. (Lisko.) — Wie dem treuen Knechte Gottes jede Errettung aus Todesgefahr ein neuer Antrieb wird, ſeine Zeit auszukaufen in Dienſte des Herrn, V. 1. indem ſie ihm vorſtellt 1) die drohende Nähe ſeines Todes, 2) die hülfreiche Nähe ſeines Herrn. — Pauli letzte Miſſionswege, oder: ich muß wirken, ſo lange es Tag iſt, ehe die Nacht kommt, da Niemand mehr wirken kann. Der denkwürdige Tag des Apoſtels neigt ſich zum Abend, ſeine Wallfahrt naht ſich ihrem Ziele; er aber arbeitet unermüdet fort: 1) die Brüder ſegnend in Liebe, V. 1. 2; 2) Verfolgung duldend in Demuth, V. 3; 3) das Evangelium predigend in Kraft, V. 7; 4) Wunder wirkend im Glauben, V. 9—12; 5) bei dem vorgeſteckten Ziel nachjagend in ſtandhaftem Gehorſam. — Die friedliche Heerfahrt nach Troas. 1) Das Friedensheer, das dahinzieht: Paulus mit ſeinen ſieben Begleitern, V. 4—6; 2) das Friedenswerk, das dort vollbracht wird: die Predigt des Evangeliums, V. 7; und die Erweckung des Eutychus, V. 9—12; 3) die Friedensheimkehr, die ihnen beſchieden iſt: Abſchied in Liebe, V. 13; Weiterreiſe gen Jeruſalem, V. 16. — Der denkwürdige Nachtgottesdienſt zu Troas. 1) als ein mahnendes Bild chriſtlichen Eifers für Gottes Wort; von Seiten des Apoſtels, der nicht müde wird, zu predigen, und der Gemeinde, die nicht müde wird, zu hören bis Mitternacht, V. 7. „Ach bleib bei uns, Herr Jeſu Chriſt, weil es nun Abend worden iſt; dein göttlich Wort, das helle Licht, laß ja bei uns auslöſchen nicht.“ — „Auch in ſtiller Nächte Stunden hat dich manches Herz geſunden und ſich aus dem Lärm der Welt einſam bei dir eingeſtellt.“ 2) Als ein warnendes Bild menſchlicher Schwachheit und Trägheit; des Eutychus Schlaf und Sturz, V. 9. „Wachet und betet, daß ihr nicht in Anfechtung fallet! der Geiſt iſt willig, aber das Fleiſch iſt ſchwach“, V. 7. 3) Als ein tröſtendes Bild göttlicher Gnade und Treue; Erweckung des Jünglings, Tröſtung der Gemeinde, V. 10—12. „Wir haben einen Gott, der da hilft, und den Herrn Herrn, der vom Tode errettet.“ — Der Jüngling Eutychus zu Troas ein lehrreiches Exempel für alle Unbefeſtigten in der Gemeinde: 1) Mit ſeinem gefährlichen Schlaf; mitten in verſammelter Gemeinde wird das Herz von den Anhören des göttlichen Wortes nicht das Herz vom Schlaf der Sicherheit überwogen werden; 2) mit ſeinem entſetzlichen Fall; vom dritten Söller hinab aufs Pflaſter der Straße: ein warnendes Bild des tiefen Falls aus erträumter Glaubenshöhe in Sünde und Verderben. 3) Mit seiner wunderbaren Rettung. In den Armen eines Paulus, der ihn mit seiner Lebenskraft und Liebeswärme durchströmt, kann durch Gottes wunderthätige Gnade auch der Tiefgefallene, Todtgeglaubte wieder lebendig werden. Aber es bleibt ein Wunder, deren auch die Schrift nicht viel ähnliche erzählt. Lasse es kein's drauf ankommen! Seid nüchtern und wachet! Es ist ein köstlich Ding, daß das Herz fest werde. — Der gefährlichste Schlaf und das seligste Erwachen; ad 1) der Schlaf einer in Sicherheit dem geistlichen Tode entgegenschlummernden, ad 2) das Erwachen einer durch Gottes Gnade vom Tode zum Leben hindurchgedrungenen Seele. — Paulus über der Leiche des Entychus, oder die Wunderkräfte einer apostolischen Persönlichkeit, V. 10. 1) Er ging hinab — in mitleidigem Erbarmen; 2) er fiel auf ihn — mit stiller Gebetsinbrunst; 3) er umfing ihn — mit ringsumfassender, treuanhaltender Liebe. — Machet kein Getümmel! eine liebreiche Mahnung in jedes Trauerhaus hinein. (V. 10.) 1) Entweihet nicht die stille Todtenkammer a. durch wildes Habern wider Gott; b. durch trostloses Verzagen im Leibe; c. durch eitlen Leichenprunk. Sondern 2) haltet stille dem Herrn a. in demüthiger Beugung unter seine gewaltige Hand; b. in sanftmüthiger Annahme seines tröstenden Worts; c. in kindlichem Vertrauen auf seine gnadenreiche Nähe. (Denn's still ist, geht ein Engel durch's Zimmer: so gehen durch ein stilles Trauerhaus heilige Engel Gottes, Engel des Gerichts, aber auch Engel des Trostes.) — Der einsame Paulus auf dem Wege gen Assos (V. 13. 14), oder die stillen Stunden eines vielangelaufenen Gottesknechts als Stunden 1) gewöhnter Einkehr in sich selbst; 2) heiliger Zwiesprache mit dem Herrn; 3) seliger Ruhe vom Weltgetümmel; 4) ernster Sammlung zu neuem Kampf.

## C.

**Abschiedsrede des Apostels Paulus an die ephesinischen Aeltesten in Milet.**
Kap. 20, 17—38.

17 Aber von Milet aus sandte er nach Ephesus, und ließ die Aeltesten der Gemeinde
18 rufen. *Als sie zu ihm kamen, sprach er zu ihnen: Ihr wisset, wie ich von dem ersten
19 Tage an, da ich Asien betrat, die ganze Zeit über bei euch gewesen bin, *indem ich dem Herrn diente mit aller Demuth und Thränen¹) und Versuchungen, die mir zustießen bei
20 Nachstellungen der Juden; *wie ich nichts zurückhielt von dem, was nützet, daß ich
21 euch nicht verkündigt und euch öffentlich und in Häusern gelehrt hätte, *indem ich Juden sowohl als Griechen die Umkehr des Sinnes zu Gott und den Glauben an unsern Herrn
22 Jesum Christum bezeugte. *Und nun siehe, ich reise, gebunden im Geist, nach Jerusalem,
23 weiß nicht, was mir daselbst begegnen wird, *außer daß der Heilige Geist von Stadt zu Stadt mir Zeugniß gibt²) und spricht, daß Bande und Bedrängnisse mein warten.
24 *Aber nicht der Rede werth achte ich meine Seele für mich selbst³), um mit Freuden meinen Lauf zu vollenden und den Dienst, welchen ich von dem Herrn Jesu empfangen habe,
25 das Evangelium von der Gnade Gottes zu bezeugen. *Und nun siehe, ich weiß, daß ihr mein Angesicht nicht mehr sehen werdet, alle, durch die ich hindurchgezogen bin mit der
26 Verkündigung von dem Reich⁴). *Darum bezeuge ich euch am heutigen Tage, daß ich rein
27 bin von Aller Blut. *Denn ich habe nichts vorenthalten, daß ich euch nicht verkün-
28 diget hätte den ganzen Rathschluß Gottes. *So habt nun Acht auf euch selbst und auf die ganze Heerde, unter welche euch der Heilige Geist als Aufseher gesetzt hat, um die Gemeinde des Herrn⁵) zu weiden, die er durch sein eigenes Blut sich erworben hat.

1) Πολλῶν vor δακρύων ist späterer Zusatz, fehlt in der Mehrzahl der Unzialhandschriften und vielen Versionen.
2) Nach διαμαρτύρεται haben die fünf ältesten Handschriften μοι, was die Recepta nach den zwei jüngsten mit Unrecht weggelassen hat.
3) Tisch. hat die schwerste, von drei Handschriften (Alex., Vatik. und Cambr., zweiter Hand), auch mehreren orientalischen Versionen beglaubigte Lesart vorgezogen: ἀλλ᾽ οὐδενὸς λόγου ποιοῦμαι τὴν ψυχὴν τιμίαν ἐμαυτῷ, während die Recepta hat: ἀλλ᾽ οὐδενὸς λόγου ποιοῦμαι οὐδὲ ἔχω τ. ψ. μου τιμ., und Lachmann: οὐδενὸς λόγου ἔχω οὐδὲ ποιοῦμαι τ. ψ. τιμ. ἐμ. Beides sind offenbar erleichternde Aenderungen des ursprünglichen Textes.
4) Τοῦ θεοῦ nach βασιλείαν ist erläuternder Zusatz, fehlt aber in drei der wichtigsten Unzialcodd. und bei einigen andern Zeugen, während es gewiß nicht weggelassen worden wäre, wenn es ursprünglich dastand.
5) Hier findet sich eine der dogmatisch wichtigsten Differenzen der Lesart im Neuen Test.: τ. ἐκκλησίαν τοῦ κυρίου und τ. ἐ. τ. θεοῦ. Letzteres ist die lectio Recepta, ersteres aber die durch äußere Zeugnisse überwiegend unterstützte und mehr ursprüngliche. Denn von den Unzialhandschriften haben vier (Alex., God. Ephraemi, der Cambridger und Basler God.), von den Minuskeln 14, mehrere altorientalische Uebersetzungen und alle älteren Kirchenväter: κυρίου. Nur ein Unzialcod., der Vaticanische, (aber auch, laut gef. Mittheilung des Herrn D. Tischendorf, der von ihm kürzlich entdeckte Sinaitische Codex und ein vor vierzehn Jahrhundert) hat θεοῦ, zu denen der Minuskeln, die Vulgata, von den Kirchenvätern keiner vor dem vierten Jahrhundert und den arianischen Streitigkeiten. Einige Handschriften verbinden beides: κυρίου und θεοῦ bald mit, bald ohne καί. — Was die innern Momente betrifft, so entscheidet der Umstand, welchen Bengel für die Recepta: θεοῦ anführt, vielmehr gegen dieselbe: Paulus braucht in den Briefen nie den Ausdruck ἐκκλησία

"Ich weiß¹), daß nach meiner Ankunft gewaltthätige Wölfe unter euch einbringen werden, 29 die der Heerde nicht verschonen werden; *und aus eurer eigenen Mitte werden aufstehen 30 Männer, welche Verkehrtes reden, um die Jünger abzuziehen in ihrem Gefolge. *Darum 31 wachet, und denket daran, daß ich drei Jahre lang Tag und Nacht nicht aufgehört habe, mit Thränen einen Jeden zu vermahnen. *Und nunmehr übergebe ich euch²) Gott und 32 dem Wort seiner Gnade, der zu erbauen³) und ein Erbtheil zu geben vermag unter allen denen, die geheiligt sind. *Ich habe von Keinem Silber oder Gold oder Kleidung be- 33 gehrt. *Ihr wisset es selbst, daß für meine Bedürfnisse und für meine Begleiter diese 34 Hände dienstbar gewesen sind. *Mit allem habe ich euch gezeigt, daß man also arbeiten 35 müsse und sich der Schwachen annehmen und eingedenk sein der Worte⁴) des Herrn Jesu, denn er selbst hat gesagt: „Seliger ist geben als nehmen."

Und nachdem er das gesprochen hatte, kniete er nieder und betete mit ihnen Allen. 36 *Es wurde aber viel Weinens bei Allen, und sie fielen dem Paulus um den Hals und 37 küßten ihn, *indem sie am meisten über das Wort bekümmert waren, das er gesagt hatte, 38 daß sie sein Angesicht nicht mehr sehen würden. Und geleiteten ihn in das Schiff.

### Exegetische Erläuterungen.

1. **Aber von Milet aus.** An die Aeltesten der Gemeinde von Ephesus, und offenbar nur von dieser Stadt, nicht auch von andern benachbarten Gemeinden (Iren. adv. Haer. III, 14, 2), hielt der Apostel in Milet, nachdem er sie herberufen hatte, diese denkwürdige Abschiedsrede. Er erinnert sie zuerst an die Treue und Gewissenhaftigkeit seines Dienstes in ihrer Mitte, wobei ἀπὸ - πρώτης Ἀσίας vorausgestellt, aber sogleich zu ποῖ - ἐγενόμην, nicht zu ἐπίστασθε zu beziehen ist. Das Wie? seines Verhaltens schildert er, V. 19—21, im Verhältniß zu dem Herrn Jesu Christo, als ein herzliches und allseitig treues Dienen. Πᾶσα ταπεινοφρ., ächt paulinisch, alle mögliche Bezeigung der Demuth. V. 20, ὡς κ., ist weitere Darlegung des πῶς - ἐγενόμην. Ὑποστέλλεσθαι wird auch bei den Klassikern, z. B. Demosthenes, Isokrates, Plutarch, vom zurückhaltenden Reden gebraucht und das οὐδὲν ὑποστ. zur rechten Freimüthigkeit gerechnet; τοῦ μὴ ἀναγγ. drückt nur vermöge der ursprünglichen Bedeutung des Inf. c. Gen. Art. 4. Moralität: quominus ea vobis annuntiarem. Διαμαρτύρεσθαι hat hier den Gegenstand, worauf das Zeugniß sich praktisch bezieht, wozu es antreiben will, im Acc. bei sich. Μετάνοια εἰς τ. Θεόν ist Sinnesänderung, Umkehr zu Gott hin, und darf nicht, wie Beza, Bengel und Andere meinten, auf die Heiden beschränkt werden, als ob die Juden nicht im Sinne Jesu und der Apostel eben so gut als die Heiden der Bekehrung bedürften, um in's Reich Gottes aufgenommen zu werden.

2. **Ihr wisset u. s. w.** Der Apostel geht nun von seiner Vergangenheit auf seine Zukunft über. Δεδεμένος τῷ πνεύμ. unterliegt einer mannigfachen Deutung, sowohl was δεδεμ. als was πνεύμ. betrifft. Jenes verstand man häufig von Banden und Fesseln: spiritu jam alligatus, vincula praesentiens (Erasmus, Grotius, Bengel). Allein dies paßt schlechterdings nicht zu τά - μὴ εἰδώς, demnach muß δεδεμ. in bildlichem Sinn gemeint sein: gebrungen, genöthiget. Und πνεύμα beziehen viele Ausleger auf den Heiligen Geist, so daß sie es entweder fassen: vom Heiligen Geist genöthiget (Beza, Calvin), oder: gebunden an den Heiligen Geist (Meyer, 1. Aufl.), oder: auf Antrieb des Heiligen Geistes gebe ich gebunden (Oecumenius). Allein da V. 23 τὸ πν. τὸ ἅγ. ausdrücklich genannt ist, so kann V. 22 πν. allein noch nicht vom Geist Gottes verstanden werden, sondern nur vom Geist des Apostels selbst: im Geist gebrungen, von innerer Nothwendigkeit geführt, reise ich nach Jerusalem.

3. **Außer daß der Heilige Geist.** Ὅτι nach πλήν ist noch von εἰδώς abhängig. Der Heilige Geist, nämlich durch den Mund christlicher Propheten, vgl. Kap. 13, 2; 21, 4. 10 f. Von Stadt zu Stadt werden ihm für Jerusalem Bande und Bedrängnisse geweißagt, sagt Paulus. Nun ist zwar noch nichts dergleichen erzählt, erst Kap. 21, 4. 11. Aber wer bürgt uns denn dafür, daß Lukas bisher nicht der Art übergangen habe? Nur unter dieser Voraussetzung ließe sich behaupten, daß Lukas hier eine Prolepsis begangen habe (Schneckenb., Zweck der Ap.-Gesch. 135). Die Weißagungen der Propheten lassen den Apostel Gefangennehmung und andere Trübsal in Jerusalem erwarten; darum aber war ihm doch, V. 22, nicht genau bewußt, was ihm zustoßen werde.

4. **Aber nicht der Rede werth.** Die Lesart οὐδενὸς λόγου ποιοῦμαι τ. ψυχήν τιμίαν ἐμ. ist schwerlich mit Meyer so zu konstruiren, daß οὐδενὸς

---

τοῦ κυρίου, einmal aber den: ἐκκλ. τ. Θεοῦ. Deßhalb setzten einzelne Abschreiber den paulinischen terminus bei, wodurch bald Combination von κυρίου und Θεοῦ, bald Correktur von κυρίου statt Θεοῦ herbeigeführt wurde. Oder: hin sagte αἷμα τοῦ Θεοῦ vom Dogmatismus des vierten und fünften Jahrhunderts beste zu.

1) Οἶδα, nicht γὰρ οἶδα τοῦτο, wie Tischendorf auf Grund einiger jüngsten Codd. mit der Recepta aufgenommen hat, ist das ursprüngliche. Die hinzugefügten Wörter sind beliebte Erweiterung.

2) Ἀδελφοί nach ὑμᾶς ist sicherlich ebenso späterer Zusatz, es fehlt in A. B. D. und in 6 alten Versionen.

3) Οἰκοδομῆσαι ist ursprünglich. Tisch. hat mit Unrecht, auf Grund der zwei jüngsten Unzialhandschriften, das Compos. ἐποίκοδ. aufgenommen, während das v. simplex in fünf übrigen Unzialcodd. für fast hat.

4) Der Gen. Plur. τῶν λόγων ist unzweifelhaft ursprünglich; sowohl τὸν λόγον als τοῦ λόγου, welche von äußeren Zeugnissen nicht hinlänglich unterstützt sind, entstanden nur aus dem Bedenken, daß ja bloß ein einziges Wort Jesu angeführt sei.

λ. τιμίαν zusammengehört, denn wenn auch τίμιος einmal mit dem Genitiv des Werthes vorkommen mag, so wird es doch weitaus in den meisten Fällen absolute gebraucht, zumal ποιοῦμαι selbst schon den Begriff der Werthschätzung enthält. Demnach wäre der Wortsinn: keiner Rede werth schätze ich mein Leben, als für mich selbst kostbares. Die beiden andern Lesarten mit λόγον ἔχω oder λ. ποιοῦμαι besagen: auf nichts nehme ich Rücksicht, auch halte ich mein Leben nicht theuer für mich selbst. Ὡς τελ. nimmt Bengel vergleichend, mein Leben ist mir nicht so werthvoll, wie die Vollendung meines Laufs. Dies wäre sprachlich einfach, empfiehlt sich aber logisch minder, da man erwarten müßte: meinen Lauf treu zu vollenden, statt „mit Freuden." Der Infinitiv mit ὡς muß demnach die Absicht ausdrücken: um meinen Lauf freudig zu vollenden.

5. **Und nun siehe, ich weiß.** Was ihm in Jerusalem begegnen werde, wußte der Apostel nicht (V. 22). Aber das spricht er als bestimmtes Wissen aus, daß die Anwesenden aus Ephesus, ja alle Gemeinden, in denen er das Evangelium verkündigt habe, ihn nicht mehr von Angesicht sehen werden. Ὑμεῖς πάντες redet die ephesischen Aeltesten gewissermaßen als Vertreter der sämmtlichen von Paulus gestifteten Christengemeinden Europa's und Kleinasiens an. Der Ausdruck κηρύσσων τ. βασιλείαν ist aus einem Guß: Paulus fühlt sich als Herold eines Königs und seines Reichs. Er spricht hier diese Todesahnung sehr kategorisch aus, übrigens nicht als eine göttliche Offenbarung. Später zwar, in seinen Briefen aus der römischen Gefangenschaft, z. B. Philipper, ist ihm nicht so gewiß gewesen, ob er nicht noch frei werden und seine Gemeinden wieder sehen könnte. Aber, da die Befreiung aus Rom geschichtlich doch höchst zweifelhaft ist, so hat seine Ahnung ihn hier doch nicht getäuscht. Und zu behaupten, daß Lukas ihm dieses Wort post eventum in den Mund gelegt habe, wäre nur begründet, wenn die Unmöglichkeit, daß Paulus damals wirklich so geredet haben könnte, ausgemacht wäre.

6. **Darum bezeuge ich euch am heutigen Tage,** nämlich weil ich auf immer Abschied nehme und das vor euch mir nicht aussprechen kann. Bengel hier μαρτύρομαι, wie es bei den Klassikern häufig vorkommt: testem cito, in testimonium voco, was einen trefflichen Sinn gäbe; dem steht nur der Dativ ὑμῖν entgegen, da bei dieser Bedeutung der Accusativ stehen müßte. V. 27 ist sachlich und theilweise auch in den Worten identisch mit V. 20. Der **Rath Gottes** ist sein Rathschluß der Erlösung und der Gnade, πᾶσα, mit Allem, was dazu gehört.

7. **So habt nun Acht auf euch selbst.** Die Abschiedsermahnung, V. 28 ff., knüpft an die Bezeugung des Unschuld des Apostels an: ich habe keine Schuld, sie würde nur auf euch lasten, darum (οὖν) thut das Eure, um sowohl für euch selbst als für die ganze Heerde zu sorgen. Die Gemeinde ist gleichsam eine Heerde, welche geweidet und vor reißenden Wölfen beschützt werden muß (ποιμένιον, ποιμαίνειν, λύκοι). Zu diesem Behuf sollen die Aeltesten dienen, sind sie doch zu „Aufsehern" bestellt. Das Wort ἐπίσκοπος ist hier nicht als eigentlicher Amtstitel gebraucht, sondern um die Aufgabe und Pflicht der Aeltesten, wachsame Aufsicht und Fürsorge zu üben, auszudrücken. Das ποιμαίνειν selbst umfaßt aber sowohl das praktische Leiten und Regieren, als das Nähren und Versorgen mit gesunder Speise des Worts und aller Gnadenmittel. Περιποιεῖσθαι ist: erwerben, zum Eigenthum machen, s. christlol.-dogm. Grundgedanken.

8. **Ich weiß — gewaltthätige Wölfe.** Sorgfältige Hirtentreue und Aufsicht ist um so nöthiger, weil Wölfe und Verführer kommen werden (γάρ); βαρεῖς sind gewaltthätige, reißende Wölfe, welche schonungslos mit der Gemeinde umgehen werden. Sie kommen μετὰ τ. ἄφιξίν μου; das soll, nach den meisten Auslegern den Weggang, das Hinscheiden des Apostels bedeuten; allein ἄφιξις ist nie Abreise, sondern immer nur Ankunft, Hinreise. Demnach sagen die Worte ganz einfach: wenn ich gekommen bin, werden später ganz andere Leute kommen. Bengel: primum venit Paulus, deinde venient lupi. Sie kommen aber εἰς τ. ἐκκλ., nicht ἐπὶ τ. ἐκκλ.; sie kommen von außen und gehen in die Gemeinde ein; daher können nicht Verfolger gemeint sein (Grotius: persecutio sub Nerone), sondern nur Irrlehrer, die indeß von außen kommen. Dagegen sind V. 30 Verführer aus der eigenen Mitte der Gemeinde gezeigt; das ἀποσπᾶν drückt aus, daß der Anschluß an diese Leute ein Abfall von der Wahrheit und der rechten Gemeinde Christi ist werde. — Bedenkt man, welche Kämpfe mit Irrlehrern der Apostel laut seiner Briefe damals schon gehabt hat, und wie genau er in Ephesus selbst und in Kleinasien überhaupt den Stand der Dinge kennen mußte, so liegt nicht das mindeste Auffallende darin, daß er hier beim Blick in die Zukunft innere und äußere Gefahren für die Gemeinde zu Ephesus vorhersagt, wobei er überdies die Sache nur in groben Umrissen zeichnet. Es liegt kein vernünftiger Grund vor, hier einen Anachronismus, eine Weißagung nach dem Erfolg, die der Erzähler dem Apostel in den Mund gelegt habe, zu argwöhnen (Baur, Zeller).

9. **Darum wachet.** Διὸ γρηγ. ist derselbe logische Zusammenhang, wie ἐγὼ γὰρ οἶδα ιc. V. 29: die drohende Gefahr macht ein wachsames Aufsehen zur Pflicht. Paulus berechnet hier seinen Aufenthalt in Ephesus auf drei Jahre. Laut Kap. 19, 8. 10 hat er drei Monate lang in der Synagoge, sodann zwei Jahre lang in dem Lehrsaal des Tyrannus gelehrt. Das widerspricht sich nicht, sobald man in diesen Zeitangaben nicht streng chronologische Data sucht, was namentlich hier im Zusammenhang abgeschmackt wäre.

10. **Und nunmehr übergebe ich euch.** Sollen die Aeltesten unverbrüchliche Treue üben, so müssen sie selbst in der Gnade und Gemeinschaft Gottes fest stehen. Darum übergibt Paulus ihre eigenen Seelen der mächtigsten und treuen Obhut Gottes. Nämlich τῷ δυναμένῳ ιc. kann nicht mit Erasmus u. A. auf λόγῳ bezogen werden, weil die Deutung der persönlichen Logos (Gomarus, Witsius) völlig grundlos ist, und das Verleihen des ewigen Erbtheils unmöglich dem Wort, nur dem persönlichen Gott beigelegt werden kann. Somit ist τῷ δυν. mit Vulgata, Luther, Calvin, Grotius, Bengel auf θεῷ zu beziehen, so daß καὶ τ. λόγῳ τ. χάριτος αὐτοῦ übersprungen ist. Gott kann bauen, d. h. etwas Gediegenes und Festes von geistlichem Leben verleihen, und kann auch ein Erbtheil verleihen, d. h. einen rechtmäßigen und sicheren Antheil an dem seligen Reiche schenken, unter allen denen, in Gemeinschaft mit denen, die Gott geheiligt sind.

**11. Ich habe von Keinem Silber oder Gold.** Schließlich erinnert der Apostel an seine eigene Uneigennützigkeit und ermahnt die Aeltesten zu gleichem Handeln, dem Wort des Erlösers gemäß. Τοῖς οὖσι μετ' ἐμοῦ sind seine Begleiter und Gehülfen apostolischer Arbeit, für deren Unterhalt Paulus somit selbst auch durch Handarbeit gesorgt hat, so daß er weder für seine eigene Person, noch für die Gehülfen die Mittel der Gemeinde in Anspruch zu nehmen brauchte. Πάντα, mit Nachdruck vorangestellt: in allen Stücken ὑπέδειξα, nämlich durch eigenen Vorgang. Ἀντιλαμβ. τ. ἀσθενούντων ist schwerlich buchstäblich gemeint; da wäre es eigentlich, sich der Kranken und leiblich Schwachen annehmen; es ist schon Abweichung vom ursprünglichen Sinn, an Unterstützung der Bedürftigen zu denken (Chrysostomus, de Wette), denn selbst ἀσθενής in einigen von Wetstein gesammelten Stellen profaner Gräzität allerdings „arm" bedeutet, so hat doch das Verbum ἀσθενεῖν und dessen Partizip diese Bedeutung nie. Es bleibt also nur übrig, ἀσθενοῦντες von Schwachheit am Glauben und christlicher Gesinnung mit ἀντιλαμβ. von liebevoller Schonung und Erhebung zu verstehen, sofern das Fordern oder auch nur Annehmen von Geld und Gold unbefestigten Gemüthern den Eindruck der Gewinnsucht geben und der Wahrheit den Eingang versperren konnte, während die vollständige Uneigennützigkeit eines Lehrers erhebend auf sie wirkte. Unter den vielen Worten Jesu, die dahin einschlagen (λόγων), führt Paulus nur eines an, und zwar ein aus den Evangelien nicht bekanntes, das er ohne Zweifel aus mündlicher Ueberlieferung kannte. Der Ausspruch Jesu ist seinem ursprünglichen Sinne nach gewiß nicht zu beschränken auf das Beglückendere des Gebens (Meyer), sondern in vollem Sinn zu fassen: seliger ist Geben als Nehmen, so, daß von Gott aus zum Menschen geschaut wird, im Sinn von Matth. 5, 48 u. a. Stellen, und so, daß Beides, Geben und Nehmen im umfassendsten Sinn, Geistliches und Leibliches, Zeitliches und Ewiges begreifend, verstanden ist. Um so passender ist alsdann die Anwendung, welche Paulus davon macht.

**12.** Die Rede selbst zerfällt in drei Theile: I. V. 18—21, Rückblick in die Vergangenheit, Erinnerung an das Wirken des Apostels in Ephesus; II. V. 22—25, Blick in die Zukunft, und Ankündigung seiner Trennung für immer; III. V. 26—35, Vermahnung an die Aeltesten über ihre Pflicht gegen die Gemeinde, im Hinblick auf des Apostels treue und uneigennützige Thätigkeit für dieselbe. Wie angemessen den Umständen als Abschied und oberhirtliche Ansprache, wie eindringlich und rührend, wie voll Liebe und heiligen Ernstes dieser Vortrag ist, bedarf keiner nähern Nachweisung. Dennoch hat man sie neuerdings für ungeschichtlich und für reine Komposition des Verfassers der Apostelgeschichte ausgegeben (Baur und Zeller). Dagegen hat Tholuck, Stud. u. Krit. 1839, 305 f., nachgewiesen, daß diese Rede denselben Geist und dasselbe Herz uns vorführt, das die paulinischen Briefe uns zeigen. Ueberdies tritt auch, was die Lehre betrifft, das eigenthümlich Paulinische aus dieser Rede schlicht uns entgegen, vgl. christl.-dogm. Grundgedanken.

**13. Und nachdem er das gesprochen.** Zum Schluß kniet der Apostel nieder, alle folgen ihm, und er schließt seine Rede an die Menschen mit einem Gebet zu Gott. Darauf der Abschied aller Einzelnen von Paulus, mit Umarmung und Kuß, unter vielen Thränen, zumal weil die Ankündigung, sie würden ihn nie mehr sehen (θεωρεῖν bezeichnend, während Paulus V. 25 einfach ὄψεσθε gesagt hat, Meyer), sie tief schmerzte; endlich geleiten sie ihn noch in's Schiff und reißen sich los.

### Christologisch-dogmatische Grundgedanken.

1. Mehr als einmal erinnert der Apostel in dieser Rede daran, daß er in Ephesus die ganze Wahrheit gelehrt, nichts zurückgehalten habe, V. 20. 27. Erlegt also nicht nur darauf Gewicht, daß er die reine Wahrheit, den wirklichen und unverfälschten Gotteswillen und Rath (βουλὴ θεοῦ V. 27), das den Seelen Nützliche (V. 20, τὰ συμφέροντα) und nichts Unnützes oder gar Verderbliches und Irreführendes gelehrt habe. Sondern zu seiner Rechtfertigung und zum Beweis, daß er rein sei vom Blut Aller, führt er namentlich an, daß er auch nichts verschwiegen habe. Die reine Wahrheit und die ganze, volle Wahrheit! Das Wort Gottes ist ein Organismus, in welchem Alles in einander greift, und wovon kein Glied zurückbleiben oder hinausgesetzt werden kann, ohne daß die andern Glieder davon leiden. Der Rathschluß Gottes zur Erlösung ist ein Ganzes, in welchem Gerechtigkeit und Gnade, Verwirklichung und Aneignung des Heils, Bekehrung und Heiligung, Individuelles und Gemeinliches wohl unterschieden, aber nicht ohne Schuld und Schaden geschieden werden kann. In Gott selbst und seinem Heilswirken ist Alles ungetrennt und ewig in einander; in der Schrift als Ganzem ist Alles innig und richtig verknüpft; in der Verkündigung des Evangeliums sowohl als in der theologischen Lehre und Wissenschaft soll ebenso kein Theil zurückgestellt und übersehen, sondern die reine Wahrheit und die volle, ganze Wahrheit entwickelt, alle Seiten und Artikel der Wahrheit in ihrem richtigen temperamentum, ihrer natürlichen Harmonie dargestellt werden.

2. Der Apostel schildert sein Wirken als ein doppeltes: öffentlich und häuslich, V. 20, an die Gemeinde nicht nur, sondern auch an jeden Einzelnen sich wendend, V. 31. Keines von beiden hat er versäumt, keines von beiden darf je vernachlässigt werden. Allerdings beabsichtigt das Christenthum die Errettung der einzelnen Seele durch Belehrung und Heiligung, schlingt das stärkste Band zerrissene Band lebendiger und beseligender Gemeinschaft mit Gott wieder um den Menschen und knüpft dasselbe im Werk der Erneuerung immer inniger und fester an. Der Geist Gottes theilt sich den Einzelnen mit und macht diese zu Kindern Gottes. Aber der Individualismus des Christenthums ist nicht ungesund und einsiedlerisch; vielmehr macht die Bekehrung zum Herrn sogar die Einsamen gesellig, und sowohl die Familie als die Gemeinde und die Christenheit wird vom Geist des Christenthums durchdrungen, so daß dies doch eine Wiedergeburt nicht blos des Menschen, sondern auch der Menschheit (der zweite Adam, 1 Kor. 15, 45. 47), nach ihren verschiedensten Gemeinschaftskreisen.

3. Buße und Glaube hat der Apostel sowohl Juden als Heiden bezeugt; Sinnesänderung oder Umkehr zu Gott, und Glaube an den Herrn Jesum. Eines nicht ohne das Andere. Das gehört zur ganzen Wahrheit. Glaube ohne Buße ist oberflächlich; der Angelstern des Glaubens ist ein ge-

brochenes Herz; Christus ist gekommen, die Sünder zur Buße zu rufen, und nicht die Gerechten. Buße ohne Glauben ist entweder trostlos und endet in Verzagtheit und Verzweiflung, oder sie ist selbstgerecht und endet damit, die Erlösung überflüssig zu machen.

4. Zweimal in dieser Rede nennt Paulus das Evangelium das Wort von der Gnade Gottes (B. 24: τὸ εὐαγγ. τ. χάριτος τ. θεοῦ, B. 32: ὁ λόγος τ. χαρ. αὐτοῦ). Das Wesentliche, wodurch sich die Offenbarung Gottes in Christo von der des Alten Bundes eigenthümlich unterscheidet, ist die Erscheinung der Gnade gegen den Sünder, die erlösende, vergebende, heiligende und seligmachende Gnade. Aber dies als den Mittelpunkt des ganzen Rathes Gottes in Christo herauszustellen und mit kurzem Namen zu nennen, war erst dem Apostel Paulus gegeben, sofern seine persönliche Führung zu Christo und sein Lebensberuf unter den Heiden zu dieser Erkenntniß half. Daß das Evangelium hier gerade bei diesem Namen genannt ist, ist ein Zeugniß für die Aechtheit der Rede. — Zugleich ist zu beachten, wie hoch das Wort von der Gnade vom Apostel angeschlagen wird. Der Dienst, welchen er von Christo empfangen hat, besaßt sich mit nichts Anderem, als mit Verkündigung des Evangeliums von der Gnade Gottes, B. 24. Und damit erscheint das Wort von der Gnade als etwas Hohes und Großes. Und B. 32 wird, dem entsprechend, das Wort von Gottes Gnade als eine Macht hingestellt. Zwar bezieht sich τῷ δυναμ. οἰκοδ. καὶ δ. κλ. auf Gott selbst, nicht auf sein Wort. Dennoch hätte es keinen Sinn, die Brüder nicht allein Gott selbst, sondern auch seinem Wort anheimzustellen, wenn das Wort Gottes nicht selbst auch kräftig und wirksam wäre. Demnach ist Gottes Wort eine Kraft, vgl. Röm. 1, 16, „die uns stärkt, tröstet und hilft" (Catech. maj. praef.), ein ächtes Gnadenmittel.

5. Bange Ahnung der Dinge, die in Jerusalem ihn erwarten, spricht Paulus aus; Propheten, vom Heiligen Geist erleuchtet, sagen ihm Bande und Trübsal vorher; er schlägt sein Leben gar nicht an und weiß, daß die Gemeinden alle, die er gestiftet hat, ihn nicht mehr sehen werden. Das sind allerdings bedeutende Dinge. Aber die Tragweite haben sie doch nicht, uns zu überzeugen, daß es wirklich im Rath Gottes beschlossen war, den Paulus in Jerusalem als Märtyrer sterben zu lassen, daß Gott aber das Weinen und die Fürbitten aller Heidengemeinden für das Leben des Apostels gnädig aufgenommen und um dessentwillen ben dem Tode verfallenen Paulus durch die Römer habe retten lassen und ihm längeres Leben und Wirken geschenkt habe (Baumg.-Crusius II, 2, 89 ff.). So lange für eine solche Anschauung kein klarer und gewisser Text spricht, ist sie in keiner Hinsicht gut gethan, derlei Annahmen zu machen.

6. Das Amt und der Heilige Geist. Die Aeltesten sind vom Heiligen Geist zu Aufsehern gesetzt, um die Gemeinde des Herrn zu weiden. Wie die Aeltesten zu Ephesus in ihr Amt gekommen sind, ist uns nicht berichtet, aber nach Analogie von Kap. 6, 2 ff. und 14, 23 ist vorauszusetzen, daß sie unter der Leitung des Apostels und nicht ohne Mitwirkung der Gemeinde geweiht und durch Handauflegung mit Gebet geweiht worden sind. Das war die menschliche und sichtbare Seite der Sache. Der Apostel macht aber auf die unsichtbare, göttliche Seite aufmerksam. Es ist der Heilige Geist, der da gehandelt hat; er ist's eigentlich, der die Persönlichkeiten bestimmt und beauftragt hat; ihm sind sie verpflichtet und verantwortlich. Der Apostel verleugnet das Zuthun der Menschen nicht, aber er hebt das entscheidende Thun des Heiligen Geistes heraus, welches zu verkennen mindestens ebenso irrig und unrecht wäre. Wie in dem Erlöser Göttliches und Menschliches eins ist, so auch in der Gemeinde, die ja wesentlich „des Herrn Gemeinde" (ἡ ἐκκλ. τ. κυρίου) ist. Nur ist der Unterschied der, daß hier der Geist des Vaters und des Sohnes wirkt, und daß die Einheit keine persönliche und ungertrennliche ist. Aber in den rechten Gemeindealten, die auf das Reich Gottes sich beziehen, im Ansehen auf Gott und seinen Gesalbten, nach Maßgabe des göttlichen Worts mit Gebet geschehen, ist es der Heilige Geist, der da waltet. Und wenn da der Heilige Geist wirkt und entscheidet, so muß er den Gemeindegliedern, welche handeln, innewohnen; somit beruht die Einsetzung der Aeltesten in ihr Hirtenamt durch den Heiligen Geist gerade auf dem allgemeinen Priesterthum der Gläubigen, als ihrer Voraussetzung, anstatt, wie es auf den ersten Anblick scheinen könnte, eine hierarchische Idee zu sein.

7. Die Gemeinde und der Kreuzestod Christi. — In der Absicht, den Aeltesten die Hirtenpflicht an der Gemeinde in ihrer ganzen Heiligkeit und Verantwortlichkeit vor die Seele zu führen, bezeugt Paulus, daß die Gemeinde das Eigenthum des Herrn sei, mittelst seines eigenen Blutes erworben. Also das in gewaltsamem Tode vergossene Blut Jesu Christi ist das Mittel, wodurch er sich die Gemeinde zu seinem rechtmäßigen Eigenthum gemacht hat. Schwerlich ist διὰ τ. ἰδ. αἱμ. als Kaufpreis mit conseguenter Festhaltung des Bildes von περιποιεῖσθαι zu denken. Wohl aber der Kreuzestod Jesu als das Mittel der Aneignung, wodurch die Seelen, die ohne dieses Leiden und Sterben nicht die seinen wären, ihm zugeeignet worden sind; objektiv, sofern er ein Recht auf sie als ihm angehörig, durch seinen für sie erlittenen Tod erwarb; subjektiv, sofern die Liebe des Erlösers, welche ihn in den Tod getrieben hat, die Seelen mit dankbarer Liebe erfüllt und zu ihm zieht. Hiermit ist also nicht nur ein ganz entscheidendes Gewicht beim Werk der Erlösung auf den Tod Jesu gelegt, sondern derselbe auch als die wesentliche Grundlage der Gemeindegründung, der Kirche Christi aufgestellt. Ein Gedanke, der an sich tief eindringt, und zugleich eigenthümlich paulinisch ist.

8. Die Irrlehrer. Zweierlei Gattungen unterscheidet der Apostel in diesem weissagenden Warnungswort: solche, die von außen her kommen und die Gemeinde wie reißende Thiere schonungslos verwüsten; und solche, die aus der Gemeinde selbst austreten und Anhang zu gewinnen suchen werden. Diese werden διεστραμμένα λαλεῖν. Absichtlich ist nicht διδάσκειν gewählt, das wäre zu viel Ehre für so verkehrtes Zeug. Was sie reden, sind verdrehte, verzerrte Dinge. Wie ein Glied des Körpers verrenkt werden, durch gewaltsame Biegung in eine schiefe Stellung gebracht werden kann, so können auch Wahrheiten verdreht, in falsche Stellung zu einander gestellt, durch Uebertreibung verzerrt, in Zerrbilder dessen, was sie ursprünglich vorstellen, umgewandelt werden. Und das ist das Wesen der Irrlehre. Der Irrthum ist

nur an der Wahrheit, jeder Irrlehre liegt irgend eine Wahrheit zu Grunde, die aber durch Schuld der Menschen verzerrt und entstellt ist.

9. Ein Erbtheil unter allen denen, die geheiligt sind. Das selige Erbe besteht nicht allein in der vollendeten Gemeinschaft mit Gott, sondern auch in der Gemeinschaft mit allen Geheiligten. Inmitten Aller, die durch Gottes Gnade in Christo von Sünde erlöst und durch den Geist geheiligt worden sind, liegt das reiche Erbtheil des unsichtbaren Kanaan. Merkwürdig, daß gerade in dem, wenn auch ursprünglich nicht anschließlich für die Ephesergemeinde bestimmten, doch für diese mit geschriebenen Briefe derselbe Begriff vorkommt: ἡ κληρονομία αὐτοῦ ἐν τοῖς ἁγίοις, Eph. I, 18. Und gerade die umfassende Gemeinschaft mit allen Geheiligten ist eine Erhöhung der Herrlichkeit des Erbtheils und der Seligkeit jener Welt.

10. Seliger ist Geben, denn Nehmen. Der natürliche Mensch, von Egoismus geleitet, lehrt es um. Aber jeder sittlich bessere, tugendhaftere Mensch fühlt jene Wahrheit einigermaßen. Es wird von Artaxerxes angeführt, daß er gesagt habe, ὅτι τὸ προσδιδόναι τοῦ ἀφαιρεῖν βασιλικώτερόν ἐστι. Und Aristoteles in der nikomachischen Ethik IV, I sagt: μᾶλλόν ἐστι τοῦ ἐλευθερίου τὸ διδόναι ᾧ δεῖ, ἢ λαμβάνειν ὅθεν δεῖ. Dies beides ist übrigens der aristokratischen Anschauung des Alterthums entsprechend ausgedrückt. Hingegen Seneca geht von den Göttern aus, wenn er de Benefic. III, 15 sagt: qui dat beneficia, Deos imitatur; qui recipit, foeneratores. Doch ist in diesen klassischen Aussprüchen allen ein gewisser aristokratischer Stolz der Gesinnung unverkennbar. Dagegen beruht das Wort Christi auf der Thatsache, daß Gott die Liebe ist; und der apostolische Gebrauch, der davon gemacht wird, auf der Erfahrung von der erlösenden und erbarmenden Liebe Gottes in seinem Sohn, und auf dem Sinn, die Seligkeit des Liebens und Gebens Allen zu gönnen.

### Homiletische Andeutungen.

Aber von Milet sandte er gen Ephesus und ließ fordern die Aeltesten der Gemeinde. [V. 17.] Es ist nicht blos die Erinnerung an den göttlichen Segen, den er in Ephesus mitten unter seinen Kämpfen und Leiden erfahren, sondern auch das herzliche Verlangen, der Brüder Angesicht zu sehen und ihnen und durch sie der ganzen Gemeinde einen bleibenden Segen mitzutheilen, was ihn bewog, die Aeltesten nach Milet zu fordern. (Leonh. u. Spiegelh.) Superintendenten und Inspektoren sollen nach Pauli Exempel für die unter ihrer Inspektion stehenden Pastoren Sorge tragen, sie besprechen, ermahnen und aufmuntern, denn was man an einem Prediger thut, das thut man ganzen Gemeinden. Diener des Herrn aber sollen die Gelegenheit, heilsame Erinnerungen von ihren Inspektoren und von angesehenen Theologen zu hören, gern ergreifen und deren gute Absichten willig befördern. (Starcke.)

Als aber die zu ihm kamen, sprach er zu ihnen. [V. 18.] Die Rede Pauli an die Aeltesten ist ein herrliches Kompendium der praktischen Pastoraltheologie, wie sie von den Aposteln getrieben worden ist, ein Spiegel, darin wir unsre ungleiche Gestalt mit Scham erblicken werden. Insgemein

wird sie bei Antritts- und Abschiedspredigten gebraucht, aber der Herr weiß, wie viel Mißbrauch dabei vorgeht. (Ap. Past.) — Ihr wisset, von dem ersten Tage an, — wie ich allezeit bin bei euch gewesen. „Ihr wisset!" Glücklich, wer so seine Rede beginnen kann, indem das Gewissen seiner Zuhörer für ihn selbst Zeugniß gibt. (Bengel.) Nur das Gewissen seiner Zuhörer vermag Paulus zum Zeugen, nicht ihre eitle Schmeichelei. Es ist ihm nicht um Lobbriefe vor den Menschen, sondern um Frucht und Wahrheit zu thun. (Ap. Past.) — Paulus hatte „vom ersten Tag an" in Ephesus dem Herrn gedient. Diesen Segen verliert ein Lehrer, der unbekehrt ins Amt tritt. Er kann sich zwar im Amt noch bekehren, aber Vieles ist versäumt. Das soll alle Kandidaten ermuntern, sich doch bei Zeiten von Gott recht tüchtig machen zu lassen. (Ebendas.)

Und dem Herrn gedient mit aller Demuth und mit viel Thränen und Anfechtungen. [V. 19.] Es gibt im Lehramt viel und mancherlei Thränen: Liebes-, Wehmuths- und Freudenthränen. Ach Herr, gib nur viel Paulus'! (Starcke.) Das Predigtamt hat nicht lauter gute Tage: denn Paulus gedenket nicht derselben, sondern der Thränen. Merkt's, ihr Kandidaten Ministerii; macht euch darauf gefaßt! (Ebendas.) Herrliche Eigenschaften eines treuen Lehrers: Demuth vor Gott; Geduld in vielem Kreuz; Offenherzigkeit und Treue; Unverdrossenheit, wie man immer kann, die Schafe zu weiden; gründliche Erkenntniß, was und wie man naturlich lehren soll; unerschrokener Muth, der Verfolgung zu begegnen; Eifer und Fleiß, zu laufen des Herrn Weg, beides, im Reden und Amt; herzliche Liebe zur Gemeinde, ein getroster Sinn und göttliche Freimüthigkeit, jedem die Wahrheit nach Nothdurft zu sagen; Hochachtung der theuer erworbenen Seelen; kluge Vorsicht der künftigen Trübsale; Begnügsamkeit in Zeitlichen und Feindschaft wider den Geiz; Kunst und Brunst im Gebet, 1 Kor. 15, 9. (Ebendas.) Der redliche Paulus setzt die Würde seines Amts zunächst in seinen rechtschaffenen demüthigen Wandel. Heut zu Tage berust man sich meistens allein auf honorem ordinis, orthodoxia ic. (Ap. Past.) Ein alter Lehrer unsrer Kirche hat sich zum Segen seines Lehramts von Gott auch gratiam lacrimarum aus. — Ein treuer Knecht Jesu kann sich auch auf seine gehabten Leiden berufen, denn sie sind eine Thränensaat und bringen ihm Ehre. (Ebendas.) Wenn wir ohne Anfechtungen sind, so lernen wir nichts, nehmen auch nicht zu; denn das ist die Ritterschaft und Uebung der Christen, das ist unsre Theologie, die man nicht so leichtlich und bald lernt. (Ebendas.) Paulus spricht von seinen Thränen, denn er ist ein Christ, kein Stoiker gewesen. Sein ganzes Amt war ein Thränendienst, reichlich mit Bitterkeit getränkt, aber auch den herrlichen Lohns gewärtig, davon der Psalmist singt: die mit Thränen säen, werden mit Freuden ernten. Durch die Kraft seines Glaubens nimmt er die Freuden der Ernte voraus; er triumphirt, indem er weint, aber er weint darum nicht weniger, indem er triumphirt. Er weint, nachdem er am Mitternacht im Gefängniß zu Philippi lobsingt. Er weint, wenn er den Thessalonichern schreibt: seid allezeit fröhlich! Er weint indem er zu Milet bezeugt: ich vollende meinen Lauf mit Freuden. Er weint, als er von Rom aus den Abschiedsgesang anstimmt: ich habe einen guten Kampf gekämpft, ich habe den Lauf vollendet, ich habe Glauben gehalten. — Es darf uns nicht wundern, wenn Paulus so oft auf die Trübsalung seiner Schmerzen zurückkommt. Dies ist keine Eigenliebe, sondern ein herzliches Verlangen, für die Wahrheit zu gewinnen. Auch diese Weise hatte er in der Schule seines Herrn gelernt. Wenn die Leiden Jesu beim Vater um Gnade für den Sünder flehen, so stehen sie beim Menschen um Annahme der Lehre des erlösenden Gottes. (A. Monod.)

Wie ich nichts verhalten habe, das da nützlich ist. [V. 20.] Also nur, was nützlich ist, und Alles, was nützlich ist; also nicht, was gelehrt, was neu, was schön, was erhaben, was selten ꝛc., sondern was eine wahrhafte Frucht der Erbauung schaffen konnte. Das, und zwar unverkürzt, war der Inhalt der apostolischen Predigt. — Hört's, ihr „Kanzelredner!" (Apost. Past.) — Oeffentlich und sonderlich. Also nicht nur auf der Kanzel, sondern auch in den Häusern, nicht nur in der Predigt, sondern auch in der Seelsorge, nicht nur öffentlich, sondern auch unter vier Augen dient ein treuer Lehrer dem Herrn und seiner Gemeinde. Zweierlei muß da überwunden werden in Kraft der geistlichen Amtstreue: Menschenfurcht und Fleischesträgheit.

Und habe bezeuget die Buße zu Gott und den Glauben an unsern Herrn Jesum. [V. 21.] Das ist die rechte Summa des Heils, von der alle Predigten handeln müssen, die Generalsteuer, die Gottes Boten einzufordern haben auf dem ganzen Erdboden bei allen Menschen. In andere Dinge lassen sie nicht ein. (Goßner.)

Und nun siehe, ich im Geist gebunden, fahre hin gen Jerusalem, weiß nicht, was mir daselbst begegnen wird. [V. 22.] Der Glaube will nicht Alles wissen und sehen, sondern folget Gott und dem Triebe seines Geistes wie mit verbundenen Augen. Getreue Lehrer insbesondere sind ihrer selbst nicht mächtig, sondern sind von Amts wegen in Herz und Gemüth verstrickt und gebunden, zu thun und zu lassen, nicht was sie wollen, sondern was Gott will, Jerem. 10, 23. (Starke.) — An allem Vorauswissen Dessen, was Einem begegnen mag, ist nicht zu viel gelegen, als an der aus dem Evangelium geschöpften Kraft, dem steinh nicht Raum zu geben, daß er uns als Liebhaber unsers eigenen Lebens irgendwo anträfe. (Rieger.)

Ohne daß der Heilige Geist in allen Städten bezeuget, Bande und Trübsal warten mein daselbst. [V. 23.]. Der Heilige Geist ist ein Prophet des Leidens, aber auch ein Tröster im Leiden. (Quesnel.)

Aber ich achte der keins, halte auch mein Leben nicht selbst theuer, auf daß ich vollende meinen Lauf mit Freuden u. s. w. [V. 24.] Fürchtet euch nicht vor denen, die den Leib tödten, aber die Seele nicht mögen tödten, Matth. 10, 28. (Starke.) — Kinder und Knechte Gottes sehen nicht sowohl auf die Gefahr, als auf ihre Pflicht, Weltkinder aber lehren's um. (Quesnel.) — Und das Amt, das ich empfangen habe von dem Herrn Jesu: Pauli Amt ward nicht nur mit den Thränen, sondern auch mit dem Blute des Apostels geweiht. Und mit wie viel mehr Thränen, Schweiß und Blut geweiht haben wir es erst empfangen! Sollte nicht der Gedanke an die heilige Zeugen- und Märtyrerreihe uns schamroth machen über unsere Halbherzigkeit in der Vertheidigung der von den Vätern mit Blut bezeugten

Wahrheit? (Williger.) — Keiner soll sich selbst in's Amt eindrängen, eintaufen, einheirathen, einbetteln, und also ohne göttliche Sendung und Berufung laufen und predigen, sondern warten, bis er es empfangen und gesandt werde. Ein ordentlicher Beruf in der Furcht Gottes aber ist dann auch nicht ohne Kraft und Segen Gottes. Wen Gott schickt, den macht er auch geschickt, Jer. 1, 10. (Starke.) —

Zu bezeugen das Evangelium von der Gnade Gottes. Gnade, Evangelium verkündigen, nicht bis zum letzten Hauche seines Lebens; nicht Gesetz, nicht Moral; denn Millionen Moralpredigten und Folianten von Moralbüchern bringen es in tausend Jahren nicht dahin, wohin es das verschmähte Wörtlein: Gnade, Evangelium in einer Minute bringt, wenn es der Glaube auffaßt und das Herz ergreift. (Goßner.)

Ich weiß, daß ihr mein Angesicht nicht mehr sehen werdet. [V. 25.] Die Todesgedanken machen eifrige Prediger. Wer allezeit gedenket: Dies ist vielleicht meine letzte Predigt, und die Zuhörer werden mein Angesicht nicht mehr sehen, der wird desto beweglicher sie bitten: Lasset euch versöhnen mit Gott! — Ein treuer Prediger kann seine Zuhörer wohl aus dem Gesichte verlieren, aber nimmermehr aus dem Gemüthe. (Starke.)

Darum zeuge ich euch an diesem heutigen Tage, daß ich rein bin von Aller Blut. [V. 26. 27.] Die Freudigkeit zu bezeugen, daß er rein sei von Aller Blut, möchte man dem Apostel gern in manchem Abschiedspredigten nachthun, aber sie will unter vorheriger langgehaltener Demuth, Anfechtungen und Thränen errungen sein. (Rieger.) — Zu dem Reinsein von Aller Blut gehört viel: man muß Alles gesagt haben; nichts verhalten vom ganzen Rath Gottes, V. 27; man muß es Allen gesagt haben: öffentlich und auf der Kanzel und insonderheit bei der Seelsorge, V. 20; man muß es auf alle Weise gesagt haben: nicht blos durch's Wort der Predigt, sondern auch durch's Vorbild eines christlichen Lebens und Leidens, V. 18—20; wie viel Versäumnisse fallen da Unsereinem auf's Gewissen, dabei man statt des freudigen Zeugnisses: ich bin rein von eurem Blut! weit eher zu der schmerzlichen Bitte getrieben wird: reinige mich, Herr, mit deinem Blut!

So habt nun Acht auf euch selbst und auf die ganze Heerde. [V. 28.] Vor zwei Fehlern muß sich ein Prediger hüten: entweder zu viel mit sich selbst zu schaffen haben und die Heerde versäumen oder sich so der Heerde ergeben, daß man die Sorge für die eigne Seligkeit vergißt. (Quesnel.) — Man muß erst gereinigt sein und hernach Andere reinigen, unterrichtet sein und dann Andere unterrichten, licht werden und dann Andere erleuchten, Gott sich nahen und dann Andere zu ihm weisen. (Gregor von Nazianz). — Mag auch ein Blinder dem Blinden den Weg weisen? Schrecklich ist es, als ein unbekehrter Mensch das Evangelium bekennen, aber noch viel schrecklicher, als ein solcher das Evangelium predigen. Zittert ihr denn nicht davor, daß ihr, wenn ihr die Bibel aufschlagt, dort euer Verdammungsurtheil findet? Denket ihr nicht daran, daß wenn ihr eure Predigten niederschreibt, ihr den Berhaftsbefehl für eure eigenen Seelen aufsetzt? (Baxter, der evangelische Geistliche.) — Unter welche euch der Heilige Geist gesetzet hat, zu weiden die Gemeinde Gottes, welche er durch sein eigen Blut erworben hat. O ein starker Wecker zur Treue, wenn man bedenkt, man habe eine Heerde zu weiden, die Gott mit seinem Blute erlauft hat. (Starke.) — Die Belehrung, wie sie die Gemeine weiden sollen, will Paulus hier nicht wiederholen; er will nicht unterrichten, sondern ermahnen; er will im heiligen Augenblick ein unvergängliches Wort sprechen, das unauslöschlichen Eindruck und unvertilgbaren Antrieb in der Seele seiner Zuhörer zurücklasse. Da spricht er nur Ein Wort, das Alles sagt, und ihn aller weitern Ermahnung überhebt, indem er den Zuhörern das Große und Heilige ihres Werks so tief mußte fühlen lassen, daß alle menschliche Beredsamkeit doch nicht so viel hätte erreichen können als dies Eine Wort der Wahrheit. Er nennt die Gemeinde „Gottes Gemeinde", sein Eigenthum in noch höherem Sinn, als das Volk des Alten Bundes es war, das er auf Adlerflügeln getragen, 2 Mos. 19, 3—6, sein Eigenthum durch das Blut seines eignen Sohnes. (Menken.) — Das schlechteste Dorf ist eine Gemeinde Gottes, erworben durch Jesu Blut. Ihr Prediger ist also nicht gesetzt, Gold zu sammeln, ein Licht der Gelehrsamkeit, ein Antiquarius, ein Gärtner, ein Müßiggänger zu sein. Er ist zum Hirten Jesu, des Erzhirten, berufen. (Ap. Past.)

Nach meinem Abschied werden unter euch kommen Wölfe. [V. 22.] Falsche Lehrer denken: es sei nur Friede, dieweil ich lebe; ein apostolischer Lehrer aber sucht auch dem Unheil, das nach seinem Tode ausbrechen kann, vorzubeugen. (Apost. Past.)

Auch aus euch selbst werden aufstehen Männer, die da verkehrte Lehren reden. [V. 30.] Die Feinde, vor denen der Apostel warnt, werden theils als gräuliche Wölfe, das ist als offenbare Verführer und Mörder der Seelen, theils als falsche Brüder, die aus der Gemeinde selbst aufstehen und unter schönem Schein der Worte schädliche Irrlehren sagen, beschrieben. Vor Beiden warnt der Apostel auf's treuherzigste. Die Ersten sind leicht zu kennen, die Andern sind versteckter, aber desto gefährlicher. (Apost. Past.)

Darum seid wacker und denket daran, daß ich nicht abgelassen habe drei Jahre, Tag und Nacht einen Jeglichen mit Thränen zu vermahnen. [V. 31.] Es ist nicht Alles eitler Selbstruhm, was übelgesinnte Menschen dafür auslegen. Die Liebe zwang Pauli Demuth, uns auch seine Thränen zu entdecken. (Starke.) — Es ist, als ob wir in diesen Thränen erbarmender Liebe dem treuen Apostel bis tief in's Herz hineinsehen und das ganze Geheimniß seines innern Lebens darin sehen könnten. Da denn wir die Arbeit der Treue im Dienste Jesu Christi, die Tag und Nacht nicht abläßt, einen Jeglichen zu vermahnen; eine Thränensaat, die seiner Zeit aufgeht als Freudenernte. Das Andenken an diese apostolische Treue ist ein mächtiger Weckruf zur Nachfolge jener großen Vorgänger und zum Gebet: Wach auf, du Geist der ersten Zeugen! — Könntest du unter das leichtsinnige Geschlecht dieser Zeit mit den Thränen eines Paulus ins Auge, Stimme und Herz hintreten, mit den Thränen dessen, der unsere Schwachheit getragen und unsere Seuche auf sich genommen. — dein Wort würde nicht leer zu dir zurückkehren. Aber wann wirst du solcher Thränen fähig sein? Dann erst, wann du nicht mehr matten Glaubens, lauer Lehre, kalten Herzens für Gottes Recht,

schwankend in der Hauptsache, eifersüchtig in Nebensachen bist, sondern von dem Apostel gelernt hast Wahrheit in der Liebe. Kurz, willst du über Andere gleich ihm weinen lernen, so lerne zuerst über dich selbst recht weinen. (Monod.)

Und nun, lieben Brüder, ich befehle euch Gott u. s. w. [V. 32. 33.] Sehet da das Herz eines treuen Hirten. Er übergibt seine Heerde Gott und dem Wort seiner Gnade, wie Er sie ihm aus Gnaden übergeben hat, Joh. 17, 6. 9. Wenn Prediger gelehrt, widerlegt, ermahnt, gestraft, getröstet und das Ihrige gethan haben, sollen sie Alles immer wieder auf Gott führen und die ganze Sache ihm demüthig befehlen. (Starke.) — Wir können uns dieses apostolischen Wortes nicht genug trösten. Es ist ein Gruß der apostolischen Zeit auch an unsere zerrissene Kirchenzeit, mit welchem auch die Kirche in ihrem Elend doch von seinen Vätern als die wahre Kirche Gottes vertröstet wird, daß sie auch von den Pforten der Hölle nicht überwältigt werden soll. (Williger.)

Ich habe euer keines Silber, noch Gold, noch Kleider begehret. [V. 33.] Wenn auch die Prediger des Evangeliums keine Handwerker sind wie Paulus, sondern sich vom Altar nähren, 1 Kor. 9, 13, so haben sie doch jenes Wort sich einen Spiegel sein zu lassen. Sie sollen sich in selbstverleugnender Thätigkeit, welche viel mehr besagt als die nothdürftigen Amtsverrichtungen, und in völliger Enthaltung vom Geiz als solche beweisen, denen die Welt mit Unrecht nachredet, daß sie die wenigste Arbeit und den reichsten Lohn hätten. (Williger.)

Geben ist seliger denn Nehmen. [V. 35.] Dies Wort des Herrn, das uns der Heilige Geist außer den Evangelien hat bewahren lassen, muß der Wahlspruch eines rechten Jüngers Christi sein, der in die Welt gekommen ist, nicht, daß er ihm dienen lasse, sondern daß er diene und sein Leben zur Erlösung für Viele; der auch auf dem Throne der Herrlichkeit sich in der Fülle seiner göttlichen Gnaden seiner Kirche auf Erden dahingibt und in solcher freien Dahingabe seine Seligkeit findet. (Leonh. u. Spiegelb.) — Geben ist seliger denn Nehmen, denn je näher wir Gott kommen, desto seliger sind wir. Gott aber nimmt nicht, sondern gibt. Gott hat den Namen von der Güte, des Guten Art aber ist es, daß es sich mittheilt. Je mehr wir geben, je mehr wir haben. Indem wir Andere segnen, segnen wir uns selbst. Laß kein Herz trostlos von deiner Thüre gehen, so wird Gott dich nie trostlos von sich gehen lassen. — Gott geduldet freilich sollen uns dürfen wir nehmen — aus seiner Fülle Gnade um Gnade. Je mehr wir da nehmen, je seliger sind wir. Je mehr wir von Ihm nehmen, desto mehr können wir wieder geben. Von Ihm nicht nehmen wollen, das recht eigentlich ist Unseligkeit. (Friedr. Arndt.)

Als er solches gesagt hatte, kniete er nieder und betete mit ihnen Allen [V. 36.] Das Knieen beim Gebet ist ein Vorrecht der Kinder Gottes; Andere schämen sich dessen, darum soll es auch nur im Kämmerlein oder im Umgang mit solchen geschehen, die es verstehen, und nicht dem Spott der Welt unnöthigerweise preisgegeben werden. (Williger.) — Es läßt sich oftmals mehr erbeten als erpredigen. (Apost. Past.) — Wenn christliche Freunde also mit Gebet zu Gott von einander scheiben, so werden sie nur besto mehr in Gott vereinigt. (Starcke.)

Es ward aber viel Weinens unter ihnen Allen und fielen Paulo um den Hals und küsseten ihn. [V. 37.] Christen sind keine Stoiker, die von allen Gemüthsbewegungen frei sein wollten. Ihre Liebe ist eine Quelle, die öfters Thränenwasser gibt. — Wir sollen auch Paulo um den Hals fallen, daß wir ihn möchten bei uns behalten; dies geschieht, so wir seine Lehre aufnehmen und seinem Evangelium glauben, 1 Thess. 2, 13. (Starcke.)

Am allermeisten betrübt über dem Worte, sie würden sein Angesicht nicht mehr sehen. [V. 38.] Ist der Schmerz groß, hienieden das Angesicht der Lieben nicht mehr zu sehen, um wie viel größer der Schmerz, ewig zu entbehren den Anblick Gottes, der Engel, der Auserwählten? Darum unser Trost und Augenmerk bei allem zeitlichen Scheiden sei das Wiedersehen im himmlischen Jerusalem. (Leonh. u. Spiegelh.)

Zu V. 17—38. Das rechte Verhältniß zwischen Hirten und Heerden Christi. Es ist da das rechte, für Zeit und Ewigkeit dauernde, wo es ist 1) Gemeinschaft der rechten Lehre, 2) Gemeinschaft der rechten Liebe, 3) Gemeinschaft des rechten Gebets. (Harleß.) — Pauli Abschied von den Aeltesten zu Ephesus: 1) In der Berufung auf sein apostolisches Wirken nennt er ihnen die Hauptstücke des evangelischen Predigtamts, V. 17—21. 2) In der Bereitwilligkeit seines Leidens zeigt er ihnen den Glaubensmuth selbstverleugnender Liebe zu Christo, V. 22—25. 3) In dem Hinweis auf die Herrlichkeit der Gemeinde Gottes mahnt er sie zu treuer Führung ihres köstlichen Amtes, V. 27—31. 4) In dem Gebete beim Scheiden führt er sie zur Quelle aller Kraft und Freudigkeit in den Stunden der Trübsal, V. 32. (Leonh. und Spiegelh.) — Was verfüßt die Bitterkeit des Scheidens? 1) Das Bewußtsein treuerfüllter Pflicht. 2) Die Ergebung in den klar erkannten Willen Gottes. 3) Die durch Gebet gestärkte Gewißheit göttlicher Führung und Bewahrung. (Ebendas.) — Die Abschiedsworte des Apostels Paulus zu Milet: 1) Sein Zeugniß von seiner Wirksamkeit in den Gemeinden, V. 28—21. a. Von der Ausrichtung seines Amts überhaupt: daß er es mit Demuth und Treue gethan — auch unter Anfechtungen. b. Von dem Inhalt seiner Verkündigung, daß er den ganzen Rath Gottes verkündet — insbesondere Buße und Glauben. 2) Seine Ankündigung des Abschieds für immer, V. 22—25. a. Von dem ihm bevorstehenden Geschick: Jerusalem sein Ziel — das ihm dort vorschwebende Leiden. b. Von seiner Entschlossenheit bei dem bevorstehenden Geschick: Bereitwilligkeit, sein Leben hinzugeben — solcher Beschluß seines Lebens ihm gewiß. 3) Sein letzter Wille an die Aeltesten. Vers 26—38. a. Eine Ermahnung zur Amtstreue: was sie dazu verpflichte — weßhalb sie sie besonders werden nöthig haben. b. Eine Empfehlung an die göttliche Gnade: was er ihnen wünscht — wie sie sich deßhalb zu verhalten haben. (Lisko.) — Ein Zwiefaches thut uns Allen noth. 1) Die Buße, V. 20. 21. Eine Schmerzensleiter, auf der wir tief in unser Herz hinabsteigen. Sie hat drei Stufen: a. Erkenntniß der Sünde, b. Reue, c. Heilsverlangen. 2) Der Glaube; V. 21. Eine Himmelsleiter, auf der wir zu Gott und zur Ewigkeit emporsteigen. Sie hat auch drei Stufen: a. Erkenntniß, daß der Erlöser gekommen, b. heilige Freude, daß er auch bei uns eingekehrt, c. unerschütterliches Vertrauen auf seine versöhnende, heiligende und beseligende Gnade; V. 19. 22—27. (Lisko.) — Ruhm und Trost eines christlichen Predigers. (Abschiedspredigt.) 1) Sein Ruhm. a. Nichts Aeußerliches, weder Reichthum noch Ehre, V. 19. b. Sogar Anfechtung und Verkennung, V. 19. c. Wohl aber der Ruhm: in Freud und Leid bei seiner Gemeinde ausgehalten, V. 18, ihr nichts von der heilsamen Lehre des Evangeliums verschwiegen, V. 20, sonderlich die beiden Hauptstücke, Buße und Glauben, gepredigt zu haben, V. 21. 2) Sein Trost. a. Die Stunde des Scheidens ist da, die Pflicht ist da zu nennen und schwereren Kämpfen, V. 22. 23. b. Der Prediger achtet das nicht, die Ausrichtung seines Amts geht ihm über Alles, V. 24. c. Ob aber das Scheiden auch traurig: er weiß sich rein von Aller Blut und befiehlt seine Heerde treuen Nachfolgern und der Gnade des großen Erzhirten, V. 26 ff. (Nach Lisko.) — Wie soll ein Prediger seiner Gemeinde recht vorstehen? 1) Er soll mit Leben. a. Sein Leben soll ihrem Dienste gewidmet sein, V. 19. b. Er soll in den Kreis ihres Lebens eintreten als liebreicher Theilnehmer ihrer Freuden und Schmerzen, V. 18. c. Er soll ihr durch sein Vorbild voranleuchten und doch sich demüthig seiner Schwachheit bewußt bleiben, V. 19. 2) Er soll die ganze Wahrheit unter sie austheilen. a. Den ganzen Rath Gottes mittheilen: Buße und Glauben, V. 21; b. in lebendiger Anwendung auf die jedesmaligen Bedürfnisse, V. 20; c. jedem sonderlich auch in den Häusern, um so für jede Seele Gott verantwortlich sein zu können, V. 20. 26. 27. 3) Er soll auch für sie leiden. a. Den drohenden Stürmen blickt er getrost entgegen im Glauben, V. 22. 23. b. Auch sein Leben gibt er freudig hin für den, der sich für uns Alle dahingegeben, V. 24. 25. c. Sich und seine Heerde befiehlt er vertrauensvoll der Leben und Sterben in die Gnade des Herrn, V. 32 ff. (Nach Lisko.) — Pauli Amtsführung zu Ephesus ein evangelischer Hirtenspiegel, daraus wir lernen sollen 1) dem Herrn dienen mit aller Demuth, V. 19; 2) die Heerde weiden mit aller Liebe, V. 20. 21. 26. 27; 3) dem Feinde wehren mit aller Treue, V. 19. 29. 30. 31; 4) dem Abschied entgegensehen mit aller Freudigkeit, V. 22—25. 32—36. — Die gesegnete Thränensaat eines treuen Seelenhirten: 1) Ausgesäet wird sie in Schmerzen. Bitter sind einem treuen Hirten a. die Thränen der Selbstanklage in Schwachheit und Anfechtung, wie sie ein David, ein Petrus, ein Paulus geweint, V. 19; b. die Thränen des Mitleids mit dem Sündenjammer der Welt, wie sie Jeremias über die Erschlagenen seines Volks, Jesus über Jerusalems Geschick, Paulus im Hinblick auf die seiner Heerde drohenden Wölfe vergossen, V. 31; c. die Thränen der Liebe beim Abschied von denen, mit welchen man im Herrn verbunden war, wie sie an Lazarus Grab, wie sie beim Scheiden zu Milet geflossen sind, V. 37. 2) Aber die bittere Thränensaat reift heran zu einer Ernte mit Freuden. a. Aus den bittern Thränen der Buße quillt die süße Gewißheit der Versöhnung; b. die herben Thränen des Erbarmens verwandeln sich in Freudenthränen über gerettete Seelen; c. die heißen Thränen der Liebe stillen sich in der Hoffnung des Wiedersehens im himmlischen Jerusalem. — **Die Thränen edler Gottesknechte.** 1) Ein schmerzlicher Zoll menschlicher Schwachheit, den auch die Besten zu erlegen haben in äußerer Trübsal und innerer Anfechtung. 2) Ein köstlicher Schmuck heiliger Seelen, daraus hervorleuchtet die Treue, die dem Herrn auch in's Leiden nachfolgt, und die Liebe, welcher das Herz bricht über dem Elende der Welt. 3) Eine fruchtbare Saat für eine schöne Freudenernte, die dem Weinenden reisen soll, nicht nur droben in den himmlischen Gefilden, wo, die mit Thränen gesäet, ernten werden mit Freuden, sondern auch hienieden auf dem Saatfelde der Herzen, sintemal ihre Arbeit nicht vergeblich ist in dem Herrn. (Ambrosius Wort an Monika, die Mutter Augustin's: „der Sohn so vieler Thränen kann nicht verloren sein.") — Welches ist unsre beste Predigt an unsre Gemeinde? 1) Gut ist die Predigt unsers evangelischen Wortes. B. 20. 21. 27. 2) Besser ist die Predigt unsres evangelischen Wandels. B. 18. 33. 34. 35. 3) Am besten ist die Predigt unsres evangelischen Leidens. B. 19. 22—25. — **Siehe, ich fahre hin gen Jerusalem** — (B. 22) — die selige Reiselosung der Christen auf dunkeln Wegen. Mit dieser Losung wandelt er fort, 1) Zwar gebunden durch den unwiderstehlichen Willen seines Herrn, aber frei im Gehorsam der Liebe, B. 22. 2) Zwar ungewiß, was ihm begegnen wird, aber gewiß der treuen Führung seines Gottes, B. 22. 3) Zwar gefaßt auf Proben der Trübsal, aber getrost im Blick auf ein himmlisches Ziel. B. 23. 24. — **Wie kann ein Knecht Gottes seinen Lauf im Thränenthal mit Freuden vollenden?** (B. 24.) 1) Wenn er im Herzen trägt den Frieden eines guten Gewissens, ruhend auf dem Bewußtsein treuer Arbeit und auf der Gewißheit göttlicher Gnade. B. 18—20. 26—27. 2) Wenn er in der Welt zurückläßt die Saaten des Reiches Gottes, die auch über seinem Grabe fortwachsen werden durch die Arbeit redlicher Nachfolger. B. 28 ff., und durch die Treue des ewigen Gottes. B. 32. 3) Wenn er im Himmel hoffen darf den Gnadenlohn seines Herrn und das Ziel seiner seligen Vollendung. B. 24. — **Wann sind wir rein vom Blute Aller**, deren Seelen der Herr uns anvertraut hat? (B. 26.) 1) Wenn wir Alles gepredigt haben, was der Herr uns befohlen hat, und nichts verhalten vom Rathe Gottes. B. 20. 27. 2) Wenn wir Aller uns angenommen, zu denen uns der Weg offen stand; öffentlich und sonderlich, B. 20; Juden und Griechen, B. 21. 3) Wenn wir Alles gethan haben, um unsrem Wort Eingang zu verschaffen durch das Vorbild eines evangelischen Wandels, in Gehorsam, Demuth, Liebe, Geduld, Selbstverleugnung. B. 18. 19. 31. 33—35. 4) Wenn wir Alles abgewaschen haben, dessen unser Gewissen uns anklagt vor dem Herrn, im Blute Jesu Christi, das uns wie unsre Zuhörer und Beichtkinder reinigen und versöhnen muß. B. 24. 36. — **Ich weiß, daß ihr uns bald nicht mehr sehen werdet** (B. 25), ein Gedanke voll ernster Mahnungen, 1) für den Lehrer, 2) für die Hörer. — **So habt nun Acht!** — eine inhaltsschwere Amtsinstruktion für alle Seelenhirten in Kirche, Haus und Gemeinde. (B. 28.) 1) Habt Acht auf euch selbst, eure Lehre und euern Wandel. 2) Habt Acht auf die Heerde: ihre göttliche Würde und ihre menschliche Schwachheit. 3) Habt Acht auf die Wölfe; die von außen kommen in gräulicher Gestalt, B. 29; wie die im Innern schleichen unter dem Schafskleid versteckt, B. 31. — **Und nun, lieben Brüder, ich befehle euch Gott — das beste Schlußwort aller evangelischen Hirtenarbeit.** (B. 32.) 1) Ein Wort evangelischer Liebe, die hinausforgt auch über die eigene Arbeitszeit. 2) Ein Wort evangelischer Demuth, die es fühlt, auch nach treu vollbrachtem Tagewerk: mit unsrer Macht ist nichts gethan. 3) Ein Wort evangelischen Glaubens, der da vertraut auf die Macht und Treue des großen Seelenhirten und Menschenhüters droben. — **Die Abschiedspredigt des Apostels zu Milet.** 1) Eine Musterpredigt apostolischer Liebestreue und Glaubenskraft. 2) Eine Trostpredigt für schmerzliche Trennungsschmerzen und Liebessorgen. 3) Eine Bußpredigt für unsre Amtssünden und Pflichtversäumnisse im Vergleich mit unserm großen Amtsvorgänger. — **Warum ist Geben seliger denn Nehmen?** (B. 35.) 1) Weil es uns los macht von uns selbst; — von den Banden der Selbstsucht, von den Sorgen des Ueberflusses, von der Bürde der Abhängigkeit. 2) Weil es uns verbindet mit den Brüdern, durch ihre liebreiche Anhänglichkeit, ihre thätige Dankbarkeit, ihre segnende Fürbitte. 3) Weil es uns mehr bringt unserm Gott; — daß wir dem Vorbilde des Allgütigen ähnlich, der Wonne des Allliebenden theilhaftig, des Gnadenlohns eines ewigen Vergelters gewärtig sein dürfen. — **Das Wort der scheidenden Liebe: Ueber ein Kleines, so werdet ihr mich nicht mehr sehen.** (B. 38, vgl. Joh. 16, 16.) 1) Mit seinem bittern Stachel: a. Schmerz der Verwaisung, b. Vorwürfe des Gewissens, wo man die Zeit der gnadenreichen Heimsuchung versäumt hat. 2) Mit seinem süßen Trost: a. das Verbundenbleiben im Herrn; b. das Wiederfinden bei dem Herrn.

### D.
### Schluß der Reise unter bangen Ahnungen.
### Kap. 21, 1—16.

Als es nun dazu kam, daß wir absegelten, nachdem wir uns von ihnen losgerissen 1 hatten, so kamen wir auf rascher Fahrt nach Kos, am folgenden Tag nach Rhodus, und von dort aus nach Patara. ²Und als wir da ein Fahrzeug antrafen, welches nach 2 Phönizien ging, bestiegen wir dasselbe und segelten ab. ³Da wir aber Cyprus ansichtig 3 wurden, ließen wir sie zur Linken, schifften auf Syrien zu und landeten in Tyrus, denn dort sollte das Fahrzeug seine Ladung absetzen. ⁴Und als wir die Jünger aufgefunden 4 hatten¹), blieben wir sieben Tage daselbst; diese sagten dem Paulus durch den Geist, er

1) τοὺς μαθ. ist überwiegend bezeugt, gegenüber der Weglassung des Artikels in einigen jüngeren Handschriften.

5 sollte Jerusalem nicht betreten¹). \*Nachdem wir aber die Tage zugebracht hatten, gingen
wir wieder auf die Reise, während sie alle mit Frauen und Kindern uns bis vor die
6 Stadt hinaus begleiteten; da knieten wir nieder am Gestade, beteten, \*und verabschiedeten²)
uns von einander, wir bestiegen das Schiff, jene aber kehrten in ihre Heimath zurück.
7 \*Wir vollendeten aber die Seefahrt, und gelangten von Tyrus aus nach Ptolemais,
8 begrüßten die Brüder und blieben einen Tag bei ihnen. \*Am folgenden Tage reisten
wir ab³), und kamen nach Cäsarea; da gingen wir in das Haus des Philippus, des
9 Evangelisten, welcher⁴) einer von den Sieben war, und blieben bei ihm. \*Dieser hatte
10 vier Töchter, Jungfrauen, welche weissagten. \*Da wir aber mehrere Tage da blieben,
11 kam von Judäa herab ein Prophet Namens Agabus; \*der kam zu uns, nahm den Gürtel
des Paulus, band seine eigenen Hände und Füße und sagte: „So spricht der Heilige
Geist: Den Mann, dem dieser Gürtel gehört, werden die Juden also binden zu Jerusalem,
12 und ihn übergeben in der Heiden Hände." \*Als wir aber dieses hörten, sprachen sowohl
13 wir als die Einheimischen ihm zu, er sollte nicht hinaufgehen nach Jerusalem. \*Da
antwortete Paulus: „Was machet ihr, daß ihr weinet und mir das Herz brechet? Denn
ich bin bereit, mich nicht allein binden zu lassen, sondern auch zu sterben in Jerusalem
14 um des Namens des Herrn Jesu willen." \*Da er sich aber nicht bewegen ließ, hielten
wir uns ruhig und sprachen: „Der Wille des Herrn geschehe!"
15 Nach diesen Tagen aber rüsteten⁵) wir uns, und gingen hinauf nach Jerusalem.
16 \*Es gingen aber mit uns auch einige der Jünger von Cäsarea, um uns zu einem Mann
zu führen, bei dem wir als Gäste wohnen sollten, einem gewissen Mnason aus Cyprus,
einem alten Jünger.

### Exegetische Erläuterungen.

1. **Als es nun dazu kam.** Ἀποσπασθέντες läßt
erkennen, wie schmerzlich gewaltsam das letzte Losreißen von den Freunden aus Ephesus gewesen sein
muß. Cos war die nächste Insel, die sie auf südlicher Fahrt erreichten; 15 Meilen davon entlegen,
der südwestlichen Ecke Kleinasiens (Karien) gegenüber, erreichten sie die bekannte Insel Rhodus.
Patara, die nächste Station, war eine namhafte
Hafenstadt, auf dem südlichsten Vorsprung der Provinz Lycien. Von Troas aus hatten sie, wie es
scheint, ein Fahrzeug gemiethet gehabt. In Patara
ließen sie dasselbe umkehren und schifften sich auf
einem Kauffahrer, der nach Phönizien ging, als
Passagiere ein. Die Insel Cyprus bekamen sie
zwar zu Gesicht (ἀναφαίνεσθαι, besonders See-
fahrerausdruck, von Land, dessen man ansichtig
wird), ließen sie aber links, d. h. nördlich, indem
ihre Fahrt südwestlich auf Syrien zuging. Hier ist
Syrien in dem römischen Sinne gebraucht, wonach
auch Phönizien und Palästina zu der syrischen Provinz gerechnet wurde. Γόμος, φορτίον ist die Fracht,
Schiffsladung; ἐκεῖσε, nach Tyrus hin war das
Fahrzeug im Begriff, seine Fracht abzusetzen (ἦν
ἀποφορτιζόμενον.

2. **Und als wir die Jünger aufgefunden hatten.**
Ἀνευρεῖν setzt ein Suchen voraus, also wußten
oder vermutheten sie Christen daselbst. Daß sie
aber, nachdem der Apostel in Kleinasien sich so be-
eilt hatte, hier doch eine ganze Woche verweilten,
hatte seinen Grund ohne Zweifel in dem Umstand,

daß sie warten mußten, bis das Schiff ausgeladen
hatte und wieder reisefertig war. Ἐξαρτίζειν τὰς ἡμ.
ist explere, absolvere, s. Steph. Thes.

3. **Wir vollendeten aber die Seefahrt.** T. πλοῦν
διανύσαντες ist nicht mit ἀπό τ. zu verbinden, denn
jene Worte beziehen sich auf die schließliche Vollendung der gesammten Seereise von Macedonien an.
Die letzte Fahrt ging nur noch von Tyrus bis
Ptolemais oder Acco (Acre), dem besten Hafen-
ort der syrischen Küste, an der Mündung des Flüs-
schens Belus, im Angesicht des Karmel. Von da
aus ging die Reise, wie es scheint zu Land, nach
Cäsarea, das noch 36 römische Millien, also nicht
über eine Tagereise, davon entfernt war. Hier trafen sie den Philippus, welchen wir aus Kap. 6, 5
kennen; auf diese Stelle weist Lukas mit ὄντος ἐκ
τ. ἑπτά zurück; Kap. 8, 40 haben wir gehört, daß
er von Asdod an evangelisirend nordwärts zog,
bis er nach Cäsarea gelangte; und hier finden wir
ihn noch daselbst ansässig, und als εὐαγγελιστής
bezeichnet. Letzteres steht voran, weil Philippus
als Verkündiger des Evangeliums, ohne an eine
Gemeinde gebunden zu sein, noch wirkte, während
sein Siebeneramt in Jerusalem seit dem Tode des
Stephanus faktisch zu Ende gegangen war. Die
Verbindung des εὐαγγελ. mit ὄντος: welcher der
Evangelist war unter den Sieben (Meyer), ist gezwungen und empfiehlt sich nicht. — Die Bemerkung, daß er vier Töchter jungfräulichen Standes
hatte, welche die Geistesgabe erweckter Rede besaßen, steht nur gelegentlich, weil von Philippus
die Rede ist, da, ohne irgend eine pragmatische Ver-

---

1) ἐπιβαίνειν ist hinlänglich beglaubigt, um es dem geläufigeren ἀναβ. gegenüber für ächt zu halten.
2) Entsprechend beträgt in die Lesart: προσευξάμενοι ἀπησπασάμεθα ἀλλήλους, καὶ ἀνέβ., während die Auflösung in: προσευξάμεθα, καὶ ἀσπας. ἀλλ. ἐπέβ. ungleich weniger für sich hat.
3) Οἱ περὶ τὸν Παῦλον nach ἐξελθόντες ist durch das Beginnen einer Kirchenlektion an dieser Stelle hineingekommen und sicher unächt.
4) Τοῦ vor ὄντος hat nicht einen einzigen Unzialcod. für sich.
5) Ἐπισκευασάμενοι ist unzweifelhaft ächt, denn von dem bunt auseinandergehenden Lesarten sprechen die einen für
ἀπ., die andern für σκευασ., während eine hinlängliche Zahl glaubwürdiger Urkunden das Wort ἐπισκ. unterstützt.

knüpfung mit den Ereignissen, namentlich ohne daß sie dem Paulus etwas von seinen zukünftigen Schicksalen weißagen. Eben aus diesem Umstand, so wie aus der Thatsache, daß Eusebius, K.-Gesch. III, 39, nach Papias berichtet, der Apostel Philippus habe vier weißagende Töchter gehabt, schloß Gieseler, Stud. u. Krit. 1829, 140, daß B. 9 eine Interpolation sei, ausgegangen von Jemand, der den Evangelisten Philippus mit dem Apostel verwechselt habe. Ganz mit Unrecht, denn wer versichert uns, daß nicht dem Papias vielmehr eine Verwechselung begegnet sei? Und eine Notiz, welche in den Gang der Ereignisse selbst nicht verflochten erscheint, finden wir hier nicht zum erstenmal.

4. **Ein Prophet Namens Agabus.** Auffallend ist dagegen, daß Agabus B. 10 eingeführt wird, als wäre er bis dahin völlig unbekannt, während er Kap. 11, 28 bereits aufgetreten ist, und ebenfalls als Prophet. Es scheint, daß hier jene frühere Stelle außer Acht geblieben ist. — Ganz nach Art der Propheten des Alten Bundes stellt Agabus, was er zu weißagen hat, nicht bloß mit Worten, sondern zugleich mit einer sinnbildlichen Handlung dar, welche er selbst vornimmt. Er nahm den Gürtel, womit Paulus sein Oberkleid umgürtet hatte, band sich selbst Hände und Füße in Gegenwart des Apostels und der Uebrigen; und sprach nun als Weißagung des Geistes (entsprechend dem יְהוָֹה אָמַר im Alten Test.) aus, daß die Juden in Jerusalem den Eigenthümer dieses Gürtels so, wie Agabus jetzt gebunden sei, binden und den Heiden ausliefern werden, παραδώσουσιν εἰς χ. ἐθν., dem Ausdruck nicht sehr analog der Weißagung Christi über sein eigenes Leiden, Matth. 17, 22; 20, 19.

5. **Als wir aber dieses hörten.** Die Weißagung wirkte, theils vermöge ihrer Eingebung durch den Heiligen Geist, theils vermöge ihrer darstellenden Form, so ergreifend, daß die Begleiter des Apostels mit den Christen von Cäsarea selbst zu einmüthigem Bitten, er möchte sich doch nicht nach Jerusalem wagen, vereinigten, und so, daß ihr Weinen herzbrechend wurde; συνθρύπτειν ist erweichen, weichlich machen, die Seelenstärke brechen. Die Frage τί ποι. κλ. ꝛc. will ihrem Sinn nach abwehren und abrathen; denn fährt Paulus fort, (thut das nicht), denn ich bin gefaßt darauf ꝛc. Die resignirte Antwort: "des Herrn Wille geschehe!" hat mit κυρίου den Erlöser im Auge, wie Paulus unmittelbar vorher Christum genannt hat, κυρίου ist nicht s. v. a. θεοῦ (de Wette). Ἐπισκευασ., die nöthigen Zubereitungen treffen. Zu τῶν. μαθ. ist natürlich τινες hinzuzudenken. Die attractive Wortfügung ἄγοντες παρ' ᾧ ist am einfachsten aufzulösen: ἄγοντες παρὰ Μνάσωνα, παρ' ᾧ ξεν. Der Zweck der Begleitung war demnach hauptsächlich, den Apostel sammt seinen Reisegefährten bei Mnason, mit welchem die Christen von Cäsarea genauer bekannt waren, einzuführen, damit sie gute Gäste sein können. Ἀρχαῖος μαθ. ist ἀπ' ἀρχῆς μαθ. Seiner Herkunft nach war er sicherlich ein Hellenist.

**Christologisch-dogmatische Grundgedanken.**

1. Die Christen in Tyrus sagten dem Apostel, er möge doch Jerusalem nicht betreten. Dies haben sie διὰ τοῦ πνεύματος, mittelst Eingebung und Erleuchtung des Geistes gesagt. Hier ist jedoch nothwendig zu unterscheiden. Daß Paulus in Jerusalem werde zu leiden haben, erkannten sie durch Erleuchtung des Geistes. Die Weißagung des Agabus, B. 11, und die Aeußerung des Apostels, Kap. 20, 23, sprechen dafür, so wie weiter als jenes auf Offenbarung des Geistes beruhte. Die Bitte, Paulus möge Jerusalem, wo ihm so viele Gefahr drohe, nicht betreten, war nicht vom Heiligen Geiste eingegeben, sondern nur vom menschlichen Meinen und Wohlwollen. Da schließt sich unmittelbar an das Göttliche Menschliches, an die Wahrheit Irriges, an den Geist das Fleisch an. Es geht wie bei dem Erlöser selbst, an dessen erste Leidensweißagung sich die wohlgemeinte, aber ungöttliche Abmahnung des Petrus knüpfte, Matth. 26, 22 ff. Nichts ist irreleitender und gefährlicher, als die so leicht einschmeichelnde mixtela carnis et spiritus im Denken, Fühlen und Handeln.

2. Die Weißagung des Agabus ist auch in sofern merkwürdig, als wir an ihr gleichsam messen können, um wie viel klarer und spezieller die Offenbarungen über das bevorstehende Leiden des Paulus werden, je näher er in Jerusalem kommt und je näher die Zeit der Erfüllung heranrückt. Das ist im Alten und Neuen Bunde der Weg, den alle Offenbarung, namentlich alle Weißagung geht, entsprechend dem wachsthümlichen Wesen, der zeitlichen Entwickelungsform, welcher Gottes Rath und Werk sich stets unterwirft.

3. In Cäsarea legt sich sichtbar aus einander, was zu Tyrus in einander verschlungen war. Agabus weißagt, als Organ des Heiligen Geistes, Gefangennehmung und Auslieferung des Apostels in Jerusalem. Und die Reisegefährten nebst den einheimischen Christen der Stadt bestürmen auf Grund dessen unter Thränen den Apostel mit Bitten, er solle sich doch nicht nach Jerusalem wagen. Aber auch die einmüthigen Bitten einer ganzen Versammlung von Christen, worunter erleuchtete und für das Reich Gottes treu und im Segen wirkende Männer, als Philippus, Timotheus und Andere, üben seinen entscheidenden Einfluß auf den Apostel aus. Des Volkes Wille, selbst einer Versammlung von ächten Christen einmüthiger Wunsch und Wille, ist nicht immer Gottes Wille. Nicht mit stoischer Kälte steht der Knecht des Herrn da, die inständigen Bitten und heißen Thränen machen ihm das Herz weich; aber sein Wille läßt sich dadurch nicht beugen; sein Entschluß, für Jesum selbst in's Gefängniß und in den Tod zu gehen, steht fest, seine Seele ist vollständig gefaßt dazu.

**Homiletische Andeutungen.**

Als es nun geschah, daß wir von ihnen losgerissen dahinfuhren, kamen wir stracks Laufes u. s. w. [B. 1.] Wahre Freunde scheiden nicht ohne Betrübniß, gleichwohl scheidet der auf Gottes Wink gern, der mehr an Gott als an Menschen hanget. — Wir haben uns der Führung Gottes völlig zu überlassen und gewiß zu glauben, er werde sein Vorhaben durch uns ausführen, es gebe nun stracks Laufs oder durch Hindernisse. — Unser ganzes Leben ist wie eine Schifffahrt, bald haben wir guten Wind und Wetter, bald Sturm und Gewitter. (Starke.) — Das "Siehe, wir gehen hinauf nach Jerusalem", welches der Meister gesagt hatte, Luk. 18, 31 ff., konnte nun auch von seinem Jünger gesagt werden. (Williger.)

Und als wir ein Schiff fanden, das nach Phönizien fuhr u. s. w. [V. 2.] Ein Kauffahrer ohne Zweifel. Die Handelsleute im Schiff ahnten freilich nicht, daß der jüdische Reisegefährte eine Ladung mit an Bord brachte, köstlicher als der Purpur von Tyrus, die Spezereien Arabiens und der Bernstein der Hyperborer, die eine köstliche Perle des seligmachenden Evangeliums. Vergl. Schiller: „Der Kaufmann." Wohin segelt das Schiff? Es trägt sidonische Männer, die von dem frierenden Nord bringen den Bernstein, das Zinn. Trag es gnädig, Neptun, und wiegt es schonend, ihr Winde, in bewirthender Bucht rausch' ihm ein trinkbarer Quell. Auch, ihr Götter, gehört der Kaufmann: Güter zu suchen, gehet er, doch an sein Schiff knüpfet das Gute sich an. Kamen an zu Tyrus. Und als wir Jünger fanden, blieben wir daselbst sieben Tage. [V. 3. 4.] Jünger finden war ein Hauptmoment in den Tagebüchern der reisenden Apostel. Wenn die Gelehrten, die Naturforscher, die Kunstkenner auf ihren Reisen nach den Seltenheiten der Wissenschaften, der Natur und der Künste sich erkundigen, so richtet ein Knecht Jesu dagegen sein Auge auf die Seltenheiten des Reichs Jesu, und sein liebster Fund ist Kinder Gottes anzutreffen. (Apost. Past.) — Daß wir auf Reisen aufgehalten werden, ist oft eine besondere Fügung der göttlichen Vorsehung zu unserem oder Anderer Heil. (Starck.) — Paulus gewann Zeit, die Jünger in Tyrus zu stärken, weil der Schiffsleute Verrichtung dort auch Zeit erforderte. Handel und Gewerbe hat die Menschen getrieben, Amerika aufzusuchen, und Gott hat ihnen das Evangelium von seinem Sohn mit dahin zu bringen gegeben. (Rieger.) — Warum blieb er gerade sieben Tage? Ohne Zweifel, weil er sich freute, einen Sabbat und an demselben das Abendmahl mit den Jüngern zu halten. Unter Jüngern Jesu kann ein Knecht Gottes sich länger aufhalten, als unter Weltleuten. (Apost. Past.)

Und sie geleiteten uns Alle mit Weibern und Kindern. [V. 5.] Eltern sollen ihre Kinder dahin mitnehmen, wo sie zum Gebet und anderem Guten angeführt, nicht aber, wo sie verführt werden. — Grüßen und Letzen unter den Christen soll nicht ohne Gebet und Segen sein. (Starck.)

Und als wir einander gesegnet u. s. w. [V. 6.] In dieser Welt währt auch der beste Umgang nur eine Zeitlang, so geht es wieder an ein Scheiden. In der seligen Ewigkeit aber werden sich Kinder Gottes ohne Scheiden mit und an einander ergötzen, 1 Thess. 4, 17. (Starck.)

Und grüßten die Brüder u. s. w. [V. 7.] Der Frommen christliche Gespräche stärken den Glauben, mehren die Liebe, bestätigen die Hoffnung und richten ein niedergeschlagenes Herz in Widerwärtigkeit auf, 1 Thess. 5, 11. — Es ist ein sonderbares Vergnügen, wenn man auf Reisen fromme Seelen antrifft. (Starck.)

Philippus ein Evangelist. [V. 8.] Wahrlich, ein vortrefflicher Beiname eines treuen Lehrers. Wenn nur das, was Kap. 6, 5 u. Kap. 8, 5. 26. 46 von diesem Philippo erzählt wird, wie er den Namen Jesu so nachdrücklich gepredigt, wie er das 53. Kapitel Jesaiä so herrlich ausgelegt, vergleichen, so können wir leicht erkennen, daß sein Evangelistencharakter sich vornehmlich auf seine Gabe, Jesum als das Mark des Evangelii aus dem Alten und Neuen Testament recht klar aufzusuchen und den Seelen vorzuhalten, erstreckt habe. Zu solchen Evangelisten bereite uns Jesu je mehr und mehr. (Apost. Past.)

Derselbige hatte vier Töchter, die waren Jungfrauen und weissageten. [V. 9.] Das Haus des Evangelisten Philippus, dessen Diakonen seit der Verfolgung, Kap. 8, 1 ff., erloschen war, ist der durch die Erfüllung der Joelischen Weissagung, Kap. 3, 1, reichgeschmückte Mittelpunkt der Christengemeinde zu Cäsarea. Die vier mit der Gabe der Weissagung und Schriftauslegung ausgestatteten Töchter des Evangelisten, die zur reinen Jungfrauschaft die Keuschheit der Tochter Zions abbilden, sind ein neues klares Siegel für die Berufung aller Gläubigen zu gleichem Kindesrecht, wie einst schon die Prophetinnen Mirjam, Debora u. s. w. bewiesen, daß im Reich der Gnade kein Unterschied sei zwischen Mann und Weib, Gal. 3, 28. (Nach Leonh. und Spiegels.) — Es ist ein großer Ruhm und wahrer Segen vor Gott, wenn ein Knecht Christi auch fromme Töchter hat, wie hier der Geist des Herrn dem Philippus nachrühmt, daß seine Töchter nicht nur keusche Jungfrauen, sondern auch Prophetinnen Christi gewesen. Wie rar sind solche Beispiele in unsern Tagen, da die Predigertöchter leider öfters an Uebermuth, Eitelkeit und Weltsinn es Andern zuvorthun. (Apost. Past.)

Agabus nahm den Gürtel Pauli und band seine Hände und Füße u. s. w. [V. 10. 11.] Was der Geist den Töchtern des Philippus noch vorenthalten hat, das offenbart er durch Agabus, wahrscheinlich denselben, der früher dazu, Kap. 10, 27, eine Unglücksbotschaft hatte verkündigen müssen. — Der Mann, deß der Gürtel ist, d. h. der sich einmal zum Dienste des Herrn Jesu und seines Evangelii völlig ergeben hat. Mit Fleiß erwählt der Prophet dieses Sinnbild, um die Pflicht, womit die Knechte Jesu an ihren Herrn gebunden sind, den Ausgang ihres Laufs mit einem herrlichen Ausgang zu krönen, recht abzubilden. Der Herr erinnere uns doch täglich, daß, da wir einmal den Gürtel des Dienstes Jesu angelegt haben, wir nun auch augenblicklich als gegürtete Knechte dem Herrn zu allem Wohlgefallen erfunden werden möchten. (Apost. Past.)

Und überantworten in der Heiden Hände. Je näher der Apostel der Stadt Jerusalem kam, desto pünktlicher und klarer wurden die Weissagungen von seinem bevorstehenden Leiden, ebenso wie auch Jesus auf seinem letzten Gang nach seiner Leidensstadt am deutlichsten von seinem Kreuze redete. Es ist eine große Treue unseres Herrn, daß er uns nicht blindlings, sondern mit offnen Augen und gestärktem Herzen in die Leidenskämpfe einführt. Man wird dadurch vollkommen versichert, daß uns Alles, was vorgeht, nach dem seligen Willen des Heilandes zu unserem eignen Besten widerfahre. (Ebend.)

Baten wir ihn, daß er nicht hinaufzöge. [V. 12.] Bisweilen haben Christen nicht allein mit ihres eignen Herzens Schwachheit, List und Furcht, sondern auch mit ihrer Freunde Zärtlichkeit zu kämpfen, 1 Mos. 43, 3 f. Die Liebe meint's wohl herzlich gut, trifft es aber nicht allemal nach Gottes Gedanken, Joh. 20, 17. (Starck.)

Was brecht ihr mir mein Herz? [V. 13.]

Der Herr, dem an Lazarus Grabe die Augen übergingen, fordert von seinen Jüngern keine Ertödtung aller natürlichen Gefühle; nur soll aller menschlich gerechte Schmerz verklärt und überwunden werden durch die Kraft kindlichen Glaubens und siegreicher Hoffnung; und er selbst ist in den Schwachen mächtig. (Leonh. und Spiegelh.) — Ich bin bereit, nicht allein mich binden zu lassen, sondern auch zu sterben zu Jerusalem, um des Namens willen des Herrn Jesu. Das Hauptmittel, sich aus allen Bedenklichkeiten und Schwierigkeiten herauszuhelfen, ist der lautere und redliche Sinn: „Ich bin zu Allem bereit, was Jesus mit mir vornehmen will." (Apost. Past.) Der Mittelpunkt und die Seele des Lebens Pauli liegt in dem Worte: „daß ich seinem Tode ähnlich werde", Phil. 3, 10. — Paulus will die Kraft der Auferstehung seines Herrn nur durch die Gemeinschaft seiner Leiden erringen; für ihn gibt's keinen Weg zur Herrlichkeit als den des Kreuzes. Paulus lebt nur, um zu leiden. — In diesem Punkte muß es mit unserm Christenthum nicht nur besser, sondern gar anders werden. Wo wird heut zu Tage nach dieser Aehnlichkeit mit dem Tode Jesu getrachtet? Wo kennt, wo versteht man sie nur? — Nicht das Kreuz um des Kreuzes, aber das Kreuz um des Herrn willen! Wer den Gekreuzigten ohne das Kreuz begehrt, der hascht nach seinem Schatten. Ein Christenthum ohne Kreuz ist ein Christenthum ohne Christum. (A. Monod.)

Des Herrn Wille geschehe! [V. 14.] Die Liebe der Gläubigen zu ihrem Hirten muß der Liebe des Hirten zu Jesu Christo weichen, 1 Kor. 11, 1. — So oft wir mit unsern Rath und Anschlägen nicht erlangen können, was wir begehren, sollen wir den ganzen Handel Gott und seinem Willen befehlen, denn er weiß am besten, was uns nützlich oder schädlich ist. (Starke.) — Die Haupttugend im Christenthum und die Wurzel aller übrigen ist die Fertigkeit in allen Stücken und Fällen, auch wider unsern Willen und Neigung den Willen Gottes [thuend und leidend] zu erfüllen. (Rieger.) — Selig ist ein solcher, der sich in Gottes Willen gibt, der kann nimmermehr traurig sein. Man gehe mit einem jolchen um, wie man wolle, man brenne ihn oder ersäufe ihn, man werfe ihn in Kerker oder lasse ihn heraus, so fraget er nichts darnach. Er weiß, daß es ihm zum Besten dient. (Luther.) — Einst wird uns nicht so sehr Dies erfreuen, daß unser Kummer gestillt und großes Glück uns zu Theil worden, als vielmehr, daß Gottes Wille in uns und an uns in Erfüllung gegangen. Darum wir auch täglich im Vaterunser bitten: Dein Wille geschehe, wie im Himmel also auch auf Erden. O reines und ungetrübtes Leben des Willens, wo nichts mehr von Eigenwille zurückgeblieben ist. So sein heißt Gott gleich werden. (St. Bernhard.)

Und nach denselbigen Tagen entledigten wir uns. [V. 15 nach Luther.] Es ist nachdrücklich, daß Lukas Paulum und seine Reisegesellschaft ἀποσκευασάμενος nennt, von allen Genüssen, von allem Irdischen, von allem Hang an Kreaturen Losgemachte. Diese Benennung kommt dem Paulus vornehmlich zu. So ging er nach Jerusalem und zeigt an seinem Beispiel, was er 2 Tim. 2, 20. 21. lehrte. Diese Worte schärfe Gott unserm Herzen ein, damit wir auch als ἀποσκευασάμενοι unser Amt führen. (Apost. Past.)

Mnason, der ein alter Jünger war. [V. 16.] Wo noch alte Jünger übrig sind und Männer, die von vorigen Zeiten her einen Schatz aus dem Worte Gottes haben, soll man ihrer froh sein. (Rieger.)

Zum Abschnitt V. 1—16. Die Macht der Liebe zu Jesu Christo: 1) Sie bringt die Unbekannten nahe, V. 4; 2) warnt vor möglichen Gefahren, V. 4; 3) unterhält gern die Gemeinschaft, V. 5; 4) bemüthigt vor Gott in gemeinsamem Gebet. (Lisko.) — Das Erweckliche in der Bereitwilligkeit des Apostels, für die Sache des Erlösers zu leiden, V. 7—16. (Derf.) — Des Christen Wallfahrt zur Heimath. 1) Der Glaube hält das schöne Ziel ihm vor. 2) Die Liebe hilft den schweren Weg vollenden. (Derf.) — Des Herrn Wille geschehe: 1) Ein Gelöbniß geziemenden Gehorsams. 2) Ein Bekenntniß gläubiger Ergebung. 3) Ein Zeugniß gottgeheiligten Muthes. (Leonh. u. Spiegelh.) — Was gibt die rechte Freudigkeit im Leiden? 1) Der Glaube an die Gnade Gottes in Christo Jesu. 2) Die Liebe zu dem, der für uns das Kreuz erduldet hat. 3) Die Hoffnung auf eine Zeit seliger Erquickung vor dem Angesichte des Herrn. (Ebendal.) — Glaube, Liebe, Hoffnung — die drei Geleitsengel des Christen auf der Wallfahrt gen Jerusalem: 1) Der kindliche Glaube, der auch auf dunkeln Wegen handelnd und duldend sich in Gottes Willen ergibt, V. 13—15. 2) Die brüderliche Liebe, die in herzlicher Gemeinschaft Trost spendet und empfängt bei den Mühen der Pilgrimschaft, V. 4—6. 12. 13. 3) Die siegreiche Hoffnung, die in Leid und Freude unverrückt das himmlische Ziel im Auge behält, V. 13—15. — Die bittern Scheidestunden der Kinder Gottes hienieden, V. 1. 5. 15. 1) Als ernste Trauerstunden, uns zu mahnen, daß wir hienieden keine bleibende Statt haben. 2) Als heilsame Prüfungsstunden, uns zu lehren, in Gehorsam des Glaubens Alles dem Herrn zum Opfer zu bringen. 3) Als selige Feierstunden, uns zu erheben über Zeit und Grab zu der Hoffnung einer himmlischen Heimath, wo die Liebe nimmer aufhört. — Die einzigen Bande, damit ein Knecht Gottes sich unauflöslich gebunden fühlt: 1) Nicht die Bande des eignen Fleisches und Blutes, denn sie ist zerrissen in der Kraft des Geistes. 2) Nicht die Bande menschlicher Gewalt und Feindschaft (Paulus gebunden zu Jerusalem); sie können ihm nichts anhaben wider Gottes Willen. 3) Nicht die Bande brüderlicher Liebe und Freundschaft, V. 4. 13; wer Brüder oder Schwestern mehr liebt als den Herrn, ist sein nicht werth. 4) Sondern allein die Bande der Liebe zu seinem Herrn, dem er verbunden ist in dankbarer Liebe und kindlicher Treue bis in den Tod, V. 13. („Liebe, die mich hat gebunden an ihr Joch mit Leib und Sinn, Liebe, die mich überwunden und mein Herz hat ganz dahin. Liebe, dir ergeb ich mich, dein zu bleiben ewiglich." Angelus Silesius.) Der Gürtel Pauli ein mahnendes Denkzeichen für alle seine Nachfolger im Predigtamt, V. 11. 1) Sie zu mahnen an die apostolische Treue, damit er seinem Herrn bis in den Tod verbunden war. 2) Sie zu mahnen an die apostolischen Bande, darin er den Haß der Welt erfahren mußte. 3) Sie zu mahnen an den apostolischen Eifer, damit er allezeit gegürtet war, zu lauſen in dem ihm verordneten Kampfe. — Was machet ihr, daß ihr weinet und brechet mir mein Herz? [V. 13.] — Eine eindringliche Mahnung chriſtlicher Dulder an ihre Umgebung: 1) Murret nicht wider den Herrn und ſeine heiligen Wege. 2) Erſchweret nicht den Kindern Gottes den Kampf, der ihnen verordnet iſt. 3) Verkürzet euch nicht ſelber um den Segen ihres chriſtlichen Vorbildes. — Des Herrn Wille geſchehe! [V. 14.] — das ſchönſte Schlußwort, all' unſre Einreden gegen Gottes Wege zum Schweigen zu bringen: 1) Unſere Weisheit (die Weiſſagungen V. 4. 11) muß ſchweigen vor den Gedanken des Alleinweiſen. 2) Unſre Macht muß ſich überwunden geben gegen die Allmacht des Alleingewaltigen, V. 14. 3) Unſre Liebe muß zurücktreten vor den Anſprüchen deſſen, dem wir angehören mit Allem, was wir ſind und haben, V. 13.

## Fünfte Abtheilung.

Die Gefangenſchaft des Apoſtels Paulus, welche unter Gottes Leitung dazu dienen muß, daß er nicht nur vor ſeinem Volk, dem hohen Rath, obrigkeitlichen und fürſtlichen Perſonen Zeugniß von Jeſu ablegen darf, ſondern ihn auch nach der Weltſtadt Rom führt, um in der Reſidenz des Kaiſers vor Juden und Heiden von Jeſu Chriſto zu zeugen.  (Kap. 21, 17—Kap. 28. Schluß.)

### Erſter Abſchnitt.

Veranlaſſung und Hergang der Gefangennehmung des Apoſtels.  (Kap. 21, 17—36.)

#### A.

Paulus übernimmt, auf Zureden der Aelteſten von Jeruſalem, Antheil an einem Naſirdergelübde, um den Verdacht der Geſetzesſtürmerei bei den Judenchriſten zu widerlegen.
Kap. 21, 17—26.

17 Da wir nun nach Jeruſalem kamen, empfingen¹) uns die Brüder mit Freuden.
18 Den Tag darauf ging aber Paulus mit uns zu Jakobus, auch fanden ſich ſämmtliche
19 Aelteſte daſelbſt ein. Und nachdem er ſie gegrüßt hatte, erzählte er alles im Einzelnen,
20 was Gott gethan hatte unter den Heiden durch ſeinen Dienſt. Da ſie aber das gehört hatten, prieſen ſie Gott²), und ſprachen zu ihm: Bruder, du ſieheſt, wie viele Tauſend unter den Juden³) ſind, die ſich bekehrt haben, und alle ſind Eiferer um das Geſetz.
21 Sie ſind aber in Betreff deiner unterrichtet worden, daß du alle⁴) Juden unter den Heiden Abfall von Moſe lehreſt, und ſageſt, ſie ſollen ihre Kinder nicht beſchneiden, noch
22 den Satzungen gemäß wandeln. Was iſt's denn nun? Nothwendig wird eine Menge
23 zuſammenkommen; denn ſie werden hören, daß du angekommen biſt. So thue nun das, was wir dir ſagen: Es ſind bei uns vier Männer, die haben ein Gelübde auf ſich.
24 Dieſe nimm zu dir, heilige dich mit ihnen, und wende die Koſten für ſie auf, daß ſie ihr Haupt beſcheeren, und alle erfahren, daß an demjenigen, worüber ſie wegen deiner unterrichtet worden ſind, nichts iſt, ſondern daß du auch in Beobachtung des Geſetzes
25 wandelſt. In Hinſicht der gläubig gewordenen Heiden aber haben wir Auftrag gegeben⁵) und beſchloſſen, daß ſie nichts dergleichen zu beobachten brauchen⁶), außer daß ſie ſich
26 hüten vor dem Götzenopfer, vor Blut, vor Erſticktem und vor Hurerei. Da nahm Paulus die Männer zu ſich, ließ ſich des nächſten Tages mit ihnen reinigen und ging in den Tempel, und kündigte an, daß er vollends aushalten wolle die Tage der Reinigung, bis für einen jeglichen unter ihnen das Opfer dargebracht würde.

1) ἀπόδεξ. iſt ungleich ſtärker beglaubigt, als ἐδέξαντο. Lukas allein hat im Neuen Teſt. das Compoſ. ἀπόδεξ. und das mehrmals.
2) θεόν iſt nach äußeren Zeugniſſen ſicherlich dem κύριον vorzuziehen
3) Ἐν τοῖς Ἰουδαίοις hat die Uncialhandſchriften A. B. C. E. und mehrere Verſionen für ſich, auch die Lesart des Cambr. Cod.: ἐν τῇ Ἰουδαίᾳ ſpricht dafür, während τῶν Ἰουδαίων, was dem Sen. τῶν πεπιστευκότων zu Liebe geſetzt wurde, nur die zwei jüngſten Uncialhandſchriften und mehrere Verſionen auf ſeiner Seite hat.
4) Πάντας iſt ſo ſtark beglaubigt, daß ſeine Weglaſſung in einigen Urkunden für unberechtigt zu halten iſt.
5) Ἐπεστείλαμεν iſt überwiegend beglaubigt, und dem ἀπεστ. vorzuziehen, welches Lachmann auf Grund zweier Uncialhandſchriften aufgenommen hat.
6) Die Worte μηδὲν τοιοῦτ. τηρ. αὐτοὺς, εἰ μή hat Lachmann nach A. B., 3 Minuskeln und einigen Verſionen geſtrichen; ſie fehlen aber daſelbſt wahrſcheinlich nur, weil ſie in der Parallelſtelle Kap. 15, 20 f. auch nicht ſtehen. Indeſſen hat jener Zwiſchenſatz 6 Uncialcodd. und zahlreiche Minuskeln für ſich, und iſt als ächt beizubehalten.

#### Exegetische Erläuterungen.

**1. Da wir nun nach Jerusalem kamen.** Οἱ ἀδελφοί sind diejenigen Christen, mit welchen Paulus und seine Begleiter zuerst in Berührung kamen, jedenfalls also Mnason und andere mit Paulus oder mit den Begleitern aus Cäsarea näher befreundete Personen, nicht aber die Apostel und Aeltesten (Künoel). Die Aeltesten der Gemeinde kommen ja erst V. 18 vor, und von den Aposteln ist sehr schwerlich irgend einer damals in Jerusalem gewesen, sonst wäre von ihnen sicher ausdrücklich die Rede. Dagegen stehen an der Spitze der Muttergemeinde jetzt blos die Aeltesten mit Jakobus, dem Bruder des Herrn (Kap. 12, 17; Kap. 15, 13 ff.), als ihrem Mittelpunkt. In seinem Hause finden sich die Aeltesten zu einer vollzähligen und feierlichen Sitzung ein, welche offenbar des Heidenapostels wegen eigens veranstaltet ist. Paulus aber kam in Begleitung seiner Reisegenossen und den Heidengemeinden, welche mit ihm Ueberbringer der Collekte waren; ohne Zweifel wurde diese hier förmlich in die Hände der Aeltesten abgeliefert.

**2. Und nachdem er sie gegrüßet.** Erst feierliche und herzliche Begrüßung der Aeltesten durch Paulus (ἀσπασάμενος), zugleich im Namen der heidenchristlichen Gemeinden, sodann ein umfassender und in's Einzelne gehender Bericht des Apostels über sein apostolisches Wirken in Heidenländern und die von Gott geschenkten Erfolge und Segnungen. Bei διακονία (vergl. Kap. 20, 24) tritt die Idee des großen Berufs als Apostel der Heiden hervor.

**3. Da sie aber das gehört hatten.** Dieser Vortrag, welcher ohne Zweifel höchst ausführlich war, macht auf das Aeltestencollegium der Mutterkirche einen solchen Eindruck, daß sie erfreut und befriedigt in das Lob Gottes ausbrechen. Dennoch halten sie mit einem Bedenken nicht zurück und theilen dem Apostel offen mit, welches Vorurtheil gegen ihn die bekehrten Judäer in weitem Umfang hegen. Daß von „vielen Zehntausenden Bekehrter in Judäa" die Rede ist, kann nur dann auffallen, wenn man dabei blos an die Gemeinde von Jerusalem denkt. Hierzu geben jedoch die Worte selbst keinen Anhalt; sie nennen ja ausdrücklich Judäa. Und faßt man die ganze Landschaft in's Auge, was hindert uns denn, zu glauben, daß die Zahl der Christen in den vielen Städten und Dörfern von Judäa, mit Inbegriff der Hauptstadt selbst (deren Gemeinde schon Kap. 4, 4 5000 Männer zählte), sich auf mehrere Zehntausende belief? Es liegt also von dieser Seite kein Grund vor, mit Baur (Paulus 200) an der Aechtheit des πεπιστευκότων zu zweifeln, oder mit Zeller den Erzähler einer ungeschichtlichen Uebertreibung zu zeihen.

**4. Und sind alle Eiferer.** Der Gesinnung nach werden diese Christen in Judäa geschildert als eifrige Gesetzesleute (ζηλωταί τ. νόμ.), d. h. streng in persönlicher Gesetzlichkeit, eifrig und leidenschaftlich wider alle Geringschätzung oder Anfeindung des Mosaismus. Es ist derselbe Ausdruck, welcher in dem jüdischen Kriege Parteiname geworden ist. Und leicht mochte die Spannung des jüdischen Volks im Ganzen wider die Römerherrschaft und Heidenthum, woraus das Zelotenthum erwuchs, auch auf die Judenchristen einen Einfluß üben. Jakobus selbst war seiner ganzen Gesinnung nach ebenfalls ein Mann strenger Gesetzlichkeit (daher צדיק

genannt), und die Aeltesten zu Jerusalem theilten ohne Zweifel seine Richtung. Offenbar aber waren sie mit, wie die Masse der judäischen Christen, gegen den Apostel Paulus eingenommen. Diesen war von absichtlich und fortgesetzt verstellenden judaistischen Lehrern (κατηχήθησαν) eine Vorstellung von der Thätigkeit des Paulus beigebracht worden, als mache er die Juden in der Diaspora (τοὺς κ. τ. ἔθνη π. Ἰουδαίους) zu Aposbten vom Mosaismus, vermöge seiner Lehre, indem er sie anweise, 1) ihre Kinder nicht mehr zu beschneiden, wodurch die Beschneidung in der nächsten Generation aussterben würde, und 2) in ihrem eigenen Wandel die mosaische Sitte nicht mehr zu beobachten (ἔθεσι περιπ.).

**5. Was ist's denn nun?** Diese Frage (τί οὖν ἐστι) wird gern bei einer Ueberlegung, wo es jetzt darum fragt, wie zu handeln sei, gebraucht. Das συνελθεῖν einer Menge ist weder von ordentlicher Gemeindeversammlung (Calvin, Grotius, Bengel), noch speziell von einem Auflauf (Künoel) gemeint, sondern von neugierigem Zusammenlaufen gemeint.

**6. Die haben ein Gelübde.** Die vier Männer, welche das Gelübde hatten, werden durch εἰσιν ἡμῖν deutlich als Christen bezeichnet. Das Gelübde selbst war ein eigentliches Nasirätgelübde. Und die Aeltesten rathen dem Apostel, irgendwie sich daran zu betheiligen, indem er an jene Männer sich anschließe (παραλαμβ.), die Kosten der Opfer, welche sie zur Lösung des Gelübdes darzubringen schuldig waren, für sie bestreite (was als besondere Kundgebung frommen Eifers galt; Herodes Agrippa that das für viele Nasiräer, Joseph. Alterth. XIX, 6). Zugleich aber sollte der Apostel eine gewisse levitische Reinigung mit jenen Nasiräern übernehmen (ἁγν. σὺν αὐτοῖς). Es herrscht Meinungsverschiedenheit darüber, ob Paulus das Nasiräat selbst mit übernahm oder nicht. Gewöhnlich bejaht man diese Frage, so neuerdings Meyer. Aber mit Unrecht. Denn ἁγνίζεσθαι wird zwar allerdings vom Nasiräat gebraucht (LXX), es bezeichnet aber auch jede andere levitische Reinigung und Heiligung. Und wenn auch ἁγν. σὺν αὐτοῖς V. 24 leicht so verstanden werden kann, als sollte Paulus erst jetzt in einen ἁγνισμός, welcher jenen schon vorher eignete, nachträglich eintreten, so erlaubt der Ausdruck V. 26 σὺν αὐτ. ἁγν. diese Fassung durchaus nicht, sondern kann nur den Sinn haben, daß Paulus mit den Nasiräern und diese mit ihm am gleichen Tage und in einem und demselben Akt sich gereinigt haben. Dieses bezog sich nur auf das Erscheinen im Tempel und die daselbst zu verrichtenden Gebete und Opfer, wozu man sich namentlich durch Waschungen und Baden vorbereitete und heiligte. Ohnehin ist es eine anderwärts lediglich nicht bekannte Sache, vielmehr eine nur unserer Stelle zu Lieb gemachte Voraussetzung, daß diejenigen, welche für einen Nasiräer die Kosten der Lösung trugen, das Gelübde selbst noch auf etliche Tage auf sich genommen haben. Vgl. Wieseler, Chronol. des apost. Zeitalters, S. 106 ff.

**7. Da nahm Paulus.** Der Apostel ging auf den Vorschlag ein und erschien nach dieser levitischen Vorbereitung im Tempel, um bei den Priestern zu melden, daß die Nasiräerzeit jener zu Ende gehen solle, und diese erreichte dann ihren völligen Schluß, wenn das Opfer (ἡ προσφ. die bekannten, gesetzlich normirten Opfer) für jeden Einzelnen dargebracht war. Diese Handlung des Paulus sollte allen gesetzlich denkenden Judenchristen die Ueberzeugung beibringen, daß an den Vorurtheilen, welche man ihnen wider Paulus beigebracht hatte, nichts sei (ὧν - οὐδέν ἐστι, daß nicht eines von diesem existirt, in der Wirklichkeit begründet ist), daß vielmehr Paulus, weit entfernt, die Juden vom Gesetz abwendig zu machen, auch für seine eigene Person (καὶ αὐτός) in seinem Wandel das mosaische Gesetz halte. Indem die Aeltesten diesen Vorschlag machen, fügen sie V. 25, um einem etwaigen Bedenken vorzubeugen, als ginge ihr Absehen auf eine Einschränkung der Freiheit der Heidenchristen, die Bemerkung bei, daß letztere bereits festgestellt und anerkannt sei, und es dabei sein Verbleiben habe. Μηδὲν τοιοῦτον nichts von mosaisch-gesetzlichen Beobachtungen.

### Christologisch-dogmatische Grundgedanken.

1. Es war jedenfalls Mißverstand oder Verleumdung, wenn man den Apostel Paulus beschuldigte, er lehre die Juden in der Diaspora Abfall von Mose. Seine Lehre war das Evangelium von der Gnade in Christo Jesu. Allerdings von dem Heil in Christo allein, und nicht von der Gerechtigkeit im Gesetz. Aber das Gesetz an sich und den Mosaismus an sich zu bekämpfen, das ist seine Sache nicht. Nur die Lehre hat er bestritten, als sei die Beobachtung des Gesetzes zur Seligkeit schlechthin nothwendig; und der Richtung ist er entgegengetreten, welche keine andere Gestalt der Kirche Christi anerkannte, als die jüdische. Aber die evangelische Freiheit, welche sein Lebenspunkt war, hat ihn fähig gemacht, ebensowohl die Beobachtung des mosaischen Gesetzes an gebornen Juden zu dulden, als den Heidenchristen ihre Freiheit vom Gesetz zu erkämpfen. Vergl. 1 Kor. 7, 18 ff.

2. Wie ist die Handlung des Paulus sittlich zu beurtheilen? Man hält sie für eine verwerfliche Heuchelei, und ist deßhalb geneigt, diese ganze Erzählung als ungeschichtlich zu verurtheilen (Zeller, Apostelgesch., S. 277 ff.). Aber sollte es wirklich praktische Verleugnung einer sittlichen Ueberzeugung gewesen sein, wenn der Apostel, um mit der That zu beweisen, daß er weder für seine Person ein Abtrünniger sei vom Gesetz, noch Andere zum Abfall verführe, sich zu einer levitischen Handlung entschloß? Und dies, weiter nichts, war der Sinn und Zweck dessen, was er that. Hätte er damit bekannt, daß ein Christ, wenn er als Untergebener des mosaischen Gesetzes geboren ist, um seiner Seligkeit gewiß zu sein, und um gerecht vor Gott zu werden, die levitischen Gesetze beobachten müsse, dann freilich hätte er seine heilige Ueberzeugung verleugnet, eine verwerfliche Heuchelei sich zu Schulden kommen lassen. Dem aber war nicht so, sondern blos, um den Judenchristen ein irriges Vorurtheil zu benehmen, vermöge dessen sie Anstoß an ihm nahmen, um der Liebe willen, hat er sich hier dem Gesetz unterworfen. Und dies entspricht ganz dem, was er selbst 1 Kor. 9, 19 f. von sich sagt: ἐγενόμην τοῖς Ἰουδαίοις ὡς Ἰουδαῖος, ἵνα Ἰουδαίους κερδήσω· τοῖς ὑπὸ νόμον ὡς ὑπὸ νόμον, ἵνα τοὺς ὑπὸ νόμον κερδήσω.

### Homiletische Andeutungen.

Da wir aber gen Jerusalem kamen, nahmen uns die Brüder gern auf. [V. 17.] Was ehemals die Gläubigen zu Jerusalem von Pauli guter Annahme abhielt (Kap. 9, 26), war nun längst weggefallen. (Rieger.)

Des andern Tages ging Paulus mit uns zu Jakobo. [V. 18.] Ein Gang, in welchem theils die aufrichtige Geradheit, theils die anspruchslose Demuth des Apostels sich kund thut. Denn von Jakobus judenchristlicher Gesetzesstrenge konnte sich Paulus in seiner evangelischen Freisinnigkeit abgestoßen fühlen, und über die leichtere und unangefochtenere Wirksamkeit des Gemeindevorstehers zu Jerusalem konnte sich der vielgeprüfte Heidenapostel erhaben dünken. Aber über den ersten Anstoß hob ihn der gemeinsame evangelische Glaubensgrund weg, an der zweiten Klippe führte ihn die apostolische Demuth und brüderliche Liebe vorbei.

Was Gott gethan hatte unter den Heiden durch seinen Dienst. [V. 19.] Wie demüthig redet Paulus von seinen Thaten! Gott, sagt er, hat Alles gethan. Er eignet sich nichts zu, als die Freude über die Verherrlichung des göttlichen Namens. (Apost. Past.) — Wenn wir hören, was Gott noch jetzt unter den Heiden thut, so wollen wir nicht kaltsinnig dagegen sein, sondern Gott dafür loben. (Starke.)

Da sie aber das hörten, lobten sie den Herrn. [V. 20.] Nicht Paulum lobten sie, wie er selbst sich nicht gelobt hatte, sondern den Herrn. Aber indem sie den Herrn lobten für das, was er durch Paulum gethan, erkannten sie auch diesen an als ein gesegnetes Rüstzeug Gottes. — Bruder, du siehest, wie viel Tausend ꝛc. So brüderlich sich Paulus mit Jakobus begrüßt, und so sehr die Brüder über das, was er ihnen erzählt hatte, zum Lobe Gottes ermuntert worden waren, so verschwiegen sie doch nicht, was Einer von dem Andern gehört oder an ihm auszusetzen hatte. Die herzlichste Bruderliebe macht sie nicht gegen einander blind und stumm, sondern treuherzig und freimüthig. (Apost. Past.)

Sie sind aber berichtet worden, daß du lehrest von Mose abfallen. [V. 21.] Wie will etwas so gut können geredet oder gethan werden, das nicht von der Welt getadelt oder verkehrt würde? (Starke.) — Wer Pauli Unschuld bei dieser Nachrede will kennen lernen, der erwäge nur das 14. und 15. Kapitel aus der Epistel an die Römer. (Rieger.) — Dagegen konnten solche Aeußerungen, wie sie z. B. Röm. 2 vorkommen, allerdings bei den „Eiferern im Gesetz" jenen Verdacht erwecken. (Williger.)

Allerdings muß die Menge zusammenkommen ꝛc. [V. 22.] Man hat zuweilen die Vorstellung, als wenn in den apostolischen Gemeinden gar kein Unterschied zwischen den Lehrern und Vorstehern und zwischen den Andern gewesen wäre. Aber was für eine sorgfältige Ordnung finden wir hier in der Gemeinde zu Jerusalem! Jakobus tritt als der Erste hervor, zu ihm sammeln sich die Aeltesten. In diesem Vorstehercollegium wurde erst Pauli Sache verhandelt, erst darnach wurde die Gemeinde zugezogen. Aus alle dem ist viel für unsere Zeit zu lernen, theils gegenüber einer kirchlichen Demokratie, theils gegenüber der Ueberspannung des geistlichen Amtsbegriffs. (Williger.)

So thue nun das ꝛc. [V. 23. 24.] Die Widerlegung, die mehr in der That als in Worten geschieht, ist die allerbeste. — Aufgebrachte Gemüther zu gewinnen, kann man auch zeitliche Güter brangeben. — In Mitteldingen mag zwar ein Christ bem andern sich zu gefallen bequemen, doch wohl zusehen, daß nicht eine Heuchelei oder Menschenfurcht darunter stecke. — Der christlichen Freiheit sollen wir also gebrauchen, daß wir die Schwachgläubigen nicht ärgern, sondern gewinnen. — Ein Anderes ist Heucheln, ein Anderes aus Liebe, die Schwachen zur Besserung, Allen Alles werden, nämlich in freigestellten Dingen, deren Gebrauch durch den Zweck kann geheiligt werden. (Starck.) — Wenn man von dieser Geschichte unparteiisch urtheilen will, so muß man sagen, daß Jakobus und die Aeltesten nach Erkenntniß der damaligen Umstände gehandelt haben; Paulus aber, um zu zeigen, daß er nicht aus Eigensinn und Sektenhaß, sondern aus lauterer Kraft des Evangeliums handle, sich zu den dürftigen Satzungen der Juden herabgelassen, um auch von diesen Etliche zu gewinnen; und daß der Herr dies gutgemeinte Verfahren darum hat geschehen lassen, damit Paulus auch in den Augen seiner bittersten Feinde nicht als ein Störer ihrer Religion, sondern als ein wahrer Freund der jüdischen Kirche erfunden werde, folglich ihre Verfolgungen besto ungerechter erscheinen möchten. Man urtheilt unbillig, wenn man den Apostel einer Heuchelei beschuldigt und das über ihn ausgebrochene Leiden als eine göttliche Züchtigung dafür ansieht. Das Leiden war ihm ja schon längst geoffenbart, und war das Ziel, dem er standhaft entgegenging. (Apost. Past.) — Der Rath, den die Aeltesten dem Paulus gaben, war nicht fleischlich und auf's Vermeiden des Kreuzes für ihn oder sie abgesehen, sondern geistlich, der Schwachen zu schonen und sie so zu gewinnen. — Das ist eine delikate Sache, wie sich die Liebe oft muß zum Knecht machen lassen, wenn man schon im Glauben frei ist. Das Christenthum kommt immer in's Gedränge mitten hinein; der eine Theil möchte es gern genauer und strenger, der andere freier und ungebundener haben: die Wahrheit geht in der Mitte. (Rieger.) — Die vom Apostel gegründete Heidenkirche war so eben von der judenchristlichen Gemeinde mit einmüthiger Lobpreisung Gottes begrüßt worden. Das war ein Moment, der auf die Vollendung hinausdeutete, wo die Fülle der Heiden eingeht und Israel seinen Gott und König in dem Werk an den Heiden erkennt. Diesem Moment entspricht nun auch das Verhalten des Heidenapostels, wodurch er seine Anerkennung des Gesetzes, welche er prinzipiell immer festhält, für gewöhnlich aber nur in der Sphäre des Geistes geltend machen kann, auch äußerlich zur Erscheinung kommen läßt und damit das schließliche Verschwinden seines exceptionellen Standpunktes, eines dreizehnten Apostolats in Aussicht stellt. Konnte er unter diesen Umständen einen schöneren Zweck für einen Theil der von den Heiden mitgebrachten Gaben sich denken, als die Beihülfe zu den feierlichen Opfern, mit welchen die vier armen Nasiräer aus der Gemeinde der Heiligen ihr Gelübde zu lösen hatten? Mußte ihm die durch seinen Dienst dargebrachte Gabe der Heiden nicht erscheinen als der Anfang derjenigen Darbringungen, mit welchen die Heiden dereinst das Heiligthum Israels schmücken und den Dienst des Volkes Gottes verherrlichen sollen? Jes. 60, 5—13; Sach. 14, 16 u. a. a. O. (Baumgarten.)

Zu V. 17—26. Von der christlichen Nachsicht. 1) Sie ist nothwendig, als solche a. vom Herrn selbst geübt, b. von seinen Aposteln angewendet, c. auch uns unentbehrlich. 2) Sie ist heilsam; a. ohne Gottes Nachsicht wäre die Welt verloren, b. durch der Apostel Nachsicht wurden viel Schwache gewonnen; c. auch wir werden durch christliche Nachsicht zwar nicht Alle gewinnen, aber den Frieden und so überhaupt das Reich Gottes fördern. (Nach Lisco.) — Wie weit der gefährdete Christ sich den Vorurtheilen der Schwachgläubigen fügen darf: 1) Er darf an Allem theilnehmen, was an sich gleichgültig in der guten Absicht geschieht, Gott zu dienen. 2) Er darf nichts thun, wodurch er die Meinung begünstigt, daß fleischliche Dinge zur Seligkeit nöthig seien. (Lisco.) — Das christliche Verhalten bei den Vorurtheilen redlicher, aber schwacher Brüder. (Dersl.). — Der Bruderkuß zwischen Paulus und Jakobus zu Jerusalem, V. 18—20, 1) ein Sieg der Liebe, die nicht das Ihre sucht, über fleischliche Engherzigkeit und Eigensinn; 2) ein Vorzeichen der einstigen Vereinigung Israels und der Heidenwelt unter dem Kreuze Christi; 3) ein Triumph göttlicher Wunderwege in Ausbreitung seines Reichs und Ausführung seiner Heilsgedanken (V. 19. 20). — Paulus unter den Nasiräern: 1) Nicht als Knecht menschlicher Satzungen, sondern in Kraft der evangelischen Freiheit, die über Alles Macht hat, was dem Reiche Gottes frommt, 1 Kor. 6, 12. 2) Nicht als Heuchler vor den Leuten, sondern im Dienste der brüderlichen Liebe, die der Schwachen Gebrechlichkeit trägt, Röm. 15, 1. 3) Nicht als Flüchtling vor dem Kreuz, sondern in Kraft des apostolischen Gehorsams, der dem Herrn zu Lieb auch sich selbst zu verleugnen weiß, Luk. 9, 23. — Wie darf ein Knecht Christi Allen Alles werden? 1) Wenn er in Allen, denen er etwas zu werden sucht, nicht dem Fleische schmeicheln, sondern dem Geiste dienen und aufhelfen will. 2) Wenn er bei Allem, was er Andern zu Lieb wird, nicht das Eine preisgibt, was Noth thut, sondern Christum predigt, wie ihn das Wort Gottes ausweist und der Glaube im Herzen trägt. — Paulus unter den Brüdern zu Jerusalem, oder was gehört dazu, um der Schwachen Gebrechlichkeit zu tragen? 1) Die christliche Liebe, die tragen will, indem sie a. ein zartes Verständniß hat für die Bedürfnisse der Schwachen, b. die edle Selbstverleugnung übt, sich in Wort und That zu ihnen herabzulassen. 2) Die christliche Stärke, die tragen kann, indem sie a. die Freiheit des Geistes besitzt, zwischen Form und Inhalt, Schale und Kern zu unterscheiden, und b. die Festigkeit des Charakters hat, mit Nebendingen nicht die Hauptsache preiszugeben und Menschen zu Lieb nicht dem Herrn zu verleugnen.

## B.

**Juden aus Kleinasien erregen einen Auflauf wider Paulus, in Folge dessen der römische Tribun einschreitet und sein Leben rettet.**
Kap. 21, 27—40.

27 Als aber die sieben Tage zu Ende gehen sollten, sahen ihn die Juden aus Asien im Tempel, und brachten die ganze Volksmenge in Aufruhr, legten die Hände an ihn und 28 schrieen: „Männer von Israel, helft! Dies ist der Mensch, welcher gegen das Volk und das Gesetz und gegen diese Stätte überall Alle lehrt. Dazu hat er auch noch Heiden in 29 den Tempel geführt und diese heilige Stätte entweiht!" *Sie hatten nämlich den Trophimus aus Ephesus mit ihm in der Stadt gesehen, von dem sie meinten, Paulus habe ihn in 30 den Tempel geführt. *Und die ganze Stadt wurde aufgeregt, und es erfolgte ein Auflauf des Volks; sie bemächtigten sich des Paulus und schleppten ihn zum Tempel hinaus 31 und augenblicklich wurden die Thore geschlossen. *Während sie ihn aber todtzuschlagen suchten, kam dem Tribun der Cohorte oben die Kunde zu, daß ganz Jerusalem in Aufruhr 32 sei. *Der nahm auf der Stelle Soldaten und Hauptleute mit sich und lief herab auf sie zu. *Als sie aber den Tribun und die Soldaten sahen, hörten sie auf, den Paulus zu 33 schlagen. *Da kam der Tribun in die Nähe und bemächtigte sich seiner, gab Befehl, 34 ihn mit zwei Ketten zu binden, und fragte, wer er sei, und was er gethan habe. *Aber die Einen riefen ihm¹) dies, die Andern etwas Anderes zu im Volk. Da er aber nichts Zuverlässiges erfahren konnte um des Getümmels willen, befahl er, ihn in das Lager zu 35 führen. *Als er aber an die Treppe kam, mußten ihn die Soldaten tragen, wegen der 36 Gewaltthätigkeit des Pöbels. *Denn die Volksmenge folgte nach und schrie: „Nieder mit 37 ihm!" *Und als Paulus eben in das Lager hinein geführt werden sollte, sprach Paulus 38 zu dem Tribun: Darf ich etwas zu dir sagen? *Er aber sprach: Kannst du griechisch? Bist du also nicht der Aegyptier, der vor diesen Tagen einen Aufstand erregt und die 39 viertausend Mann Banditen in die Wüste hinausgeführt hat? *Paulus aber sprach: Ich bin ein jüdischer Mann, aus Tarsus, einer nicht unbedeutenden Stadt in Cilicien Bürger. 40 Ich bitte dich, erlaube mir, zu dem Volk zu reden! *Als er es ihm aber erlaubte, trat Paulus auf die Treppe und winkte dem Volk mit der Hand. Nachdem es aber ganz stille geworden war, redete er sie in hebräischer Mundart folgendermaßen an:

### Exegetische Erläuterungen.

1. **Als aber die sieben Tage.** Αἱ ἑπτὰ ἡμέραι bezieht man gewöhnlich, und gewiß mit Recht, auf die V. 26 genannten ἡμέρας τοῦ ἁγνισμοῦ. Das sind die Tage, auf welche die levitische Reinigung zum Zweck der Opfer für Lösung des Gelübdes bezog. Wieseler, apost. Chronologie 109 ff. hat eine andere Auslegung versucht: die sieben Tage seien die Vorwoche, die Weihetage auf das Pfingstfest. Allein im Context ist nirgends dieses Fest genannt, überhaupt seit Kap. 20, 16 nicht mehr; zum andern beruht die Annahme einer Vorbereitungswoche auf die Hauptfeste Israels durchaus auf leiner Sicherheit. — Diese sieben Tage neigten sich zu ihrem Schluß (ἔμελλον συντελ.), sie waren noch nicht abgelaufen (Wieseler), als Paulus im Tempel gesehen und ergriffen wurde.

2. **Dies ist der Mensch.** Juden aus Kleinasien, namentlich aus Ephesus und der Umgegend, die ihn von dorther kannten und haßten, erblickten und erkannten ihn, und gerade der Umstand, daß sie den vermeintlichen Tempelverächter im Tempel sahen, empörte sie so, daß sie die Menge gegen ihn aufregten. Sie griffen ihn unter lautem Hülferuf, als wäre er der angreifende Theil, und das Heiligthum müßte gegen ihn in Schutz genommen werden (βοηθεῖτε). Die Beschuldigung der unbelehrten Juden gegen den Apostel unterscheidet sich aber von derjenigen, welche den Judenchristen beigebracht worden war, auf eine Weise, welche gewöhnlich übersehen wird: die Fanatiker aus Kleinasien werfen ihm Polemik nicht nur gegen das Gesetz, sondern auch gegen das Volk Israel vor (τ. λαοῦ); dies war weder von Seiten der Judenchristen dem Paulus, noch auch früher einem Stephanus Schuld gegeben worden, hing aber ohne Zweifel mit seiner Thätigkeit unter den Heiden zusammen (πάντας πανταχοῦ διδάσκ.), welche man als eine gegen Israel aufhetzende verdächtigte. Ueberdies (ἔτι τε καὶ) und als einen zweiten Punkt der Schuld gaben sie an, daß er Heiden in den Tempel eingeführt und das Heiligthum dadurch entweiht. Ἕλληνας verallgemeinert den einzelnen Fall eben aus Feindseligkeit, und um desto mehr aufzustacheln, während in der That nur der einzige Trophimus gemeint sein konnte, welcher überdies den Tempel gar nicht betreten hatte; es war bloße Meinung, grundloser Verdacht, daß Paulus denselben mit in den Tempel, d. h. hier in den Vorhof der Israeliten genommen habe.

4. Und die ganze Stadt wurde aufgeregt, und die Menge, die sich rasch zusammenrottete, zog den Paulus zum Tempelvorhof hinaus, vermuthlich, weil man fühlte, daß durch die Gewaltthätigkeiten

---

1) Vier Unzialhandschriften haben ἐπεφώνουν, dagegen ist ἐβόων weniger beglaubigt.

das Heiligthum erst recht entweiht werden würde. Das Schließen der Tempelthore, was durch die Leviten geschah, hatte gewiß nicht den Zweck, zu verhüten, daß Paulus vom Asylrecht Gebrauch machen und seine Zuflucht zu dem Tempel nehmen könnte (Bengel, Baumgarten-Crusius), denn dafür war schon gesorgt; eher sollte verhütet werden, daß die Tempelräume nicht durch Blutvergießen entweiht würden (de Wette, Meyer); vielleicht geschah es auch, weil man den Tempelvorhof durch das vermeintliche Eintreten eines Heiden bereits entweiht glaubte, und das Heiligthum erst wieder weihen zu müssen meinte.

4. Während sie ihn aber todtzuschlagen suchten, gelangte von den während der Festzeiten ausgestellten militärischen Posten Meldung an den Befehlshaber der römischen Besatzung auf der Burg Antonia, nördlich vom Tempel und diesen überragend (ἀνέβη φάσις). Er war Militärtribun der Cohorte (σπεῖρα), sein Name, Claudius Lysias, ist uns Kap. 23, 26 aufbewahrt. Auf die Nachricht von dem Tumult in der Stadt begab sich derselbe mit Offizieren und Soldaten unverweilt herab dem Tempel zu. Schon als man ihn von weitem sah, hörten die Mißhandlungen wider den Apostel auf. Und in die Nähe gekommen ließ der Römer den Paulus von seinen Leuten fortnehmen, aber auch mit Ketten binden, in der Voraussetzung, daß er ein Verbrecher sei, dessen Namen und Vergehen er sofort erfragen zu können meinte. *τίς ἂν εἴη* or. obl., *τί ἐστι πεποι.* or. recta.

5. In das Lager zu führen. Die παρεμβολή kann nichts anders sein, als eben die Burg Antonia, von welcher der Befehlshaber herabgekommen war. Hiefür sprechen die ἀναβαθμοί, V. 35. 40. (ἀναβάσεις, Joseph. jüd. Krieg V, 5. 3), Stufen, oder Treppe; die Festung stand mit den nördlichen und westlichen Hallen der Tempel-Area durch Treppen in Verbindung. Robinson, Paläst. II, 71 ff.

6. Darf ich etwas zu dir sagen? Ehe er als Gefangener durch's Thor in die Burg eintritt und den Augen seines Volks entzogen wird, wünscht der Apostel noch sein Volk anreden zu dürfen, und wendet sich zu diesem Behuf in höflichster Form an den Befehlshaber (*εἰ ἔξεστι* ꝛc.). Dieser fragt zuerst, verwundert über die griechische Anrede, Ἑλλ. γιν., und sodann, ob er also nicht der ägyptische Aufrührer sei, für den er ihn offenbar bis jetzt gehalten hatte, während die griechische Sprache ihm jetzt eine andere Meinung von ihm beibrachte. Jene Vermuthung lag dem Römer um so näher, als diese Sikarier (von sica, Dolch, benannt, gewerbsmäßige Mörder und Aufrührer) gerade an Festzeiten, wie jetzt beim Pfingsten, sich unter die Menge mischten und ihre Tücke ausübten (Joseph. jüdisch. Krieg II, 13, 3 μάλιστα ἐν ταῖς ἑορταῖς μισγόμενοι τῷ πλήθει ꝛc.). Jener Aegypter war laut des Berichts von Joseph. jüd. Krieg II, 13, 5 ein Zauberer, der sich für einen Propheten ausgab, und unter der Regierung Nero's großen Anhang gewann, den er aus der Wüste auf den Oelberg führte, wo auf sein Wort hin die Mauern Jerusalems einstürzen würden, so daß sie über die Trümmer einbringen könnten (vergl. Alterth. XX, 8, 6). Der Prokurator Felix machte aber einen glücklichen Ausfall, schlug die Aufrührer, deren 400 fielen, 200 gefangen wurden, während der Aegypter selbst entfloh (διαδράσας ἐκ τῆς μάχης ἀφανὴς ἐγένετο a. a. O.). Der Römer sagt in unserer Stelle von

4000 Sikariern, die jener Aufrührer in die Wüste ausgeführt habe; Josephus dagegen erzählt jüd. Krieg II, 13, 5., daß gegen 30,000 Menschen, die seinen Vorspiegelungen Gehör gaben, sich um ihn gesammelt haben. Allein letztere Notiz hat sichtlich den ganzen Anhang des Mannes im Auge, während bei Lukas nur von seinem bewaffneten Gefolge die Rede ist. Demnach lassen sich diese beiden Angaben wohl vereinigen, während in Uebrigen die mehrfachen Notizen des Josephus unsere Stelle trefflich bestätigen.

7. Ich bitte dich, erlaube mir. Der Apostel stellt sich dem Tribun vor, zum Unterschied von dem Verbrecher, mit welchem er verwechselt worden war, und bittet um die Erlaubniß, das Volk anreden zu dürfen. Nach dieser Aufklärung, und da bei der minderste Angabe eines Dritten den anfänglichen Verdacht bestätigte, ist die Ertheilung jener Erlaubniß von Seiten des Römers, der die volle Gewalt zur Verfügung hatte, in der That nicht auffallend (gegen Baur, Paulus 208 f.) Eben so wenig ist es unglaublich, daß die Volksmenge, als Paulus ein Zeichen gab, sie anreden zu wollen, stille wurde und ihm Gehör gab. Unter der hebräischen Mundart ist natürlich die lebende Sprache, der damals übliche aramäische Dialekt gemeint.

### Christologisch-dogmatische Grundgedanken.

1. Der Rath Gottes wird auf wunderbare Weise ausgeführt. Um einer Verkennung von Seiten der Judenchristen zu steuern, entschließt sich Paulus zu einer levitischen Handlung im Tempel. Und gerade diese Anwesenheit im Heiligthum muß Anlaß geben, daß eine Gefahr von ganz anderer Seite ihr naht: von Seiten der unbekehrten Israeliten. Und gerade die Pietät gegen Gesetz und Heiligthum, die Liebe zu seinem Volk, welches für Christum zu gewinnen sein Zweck ist, muß demnach zu der Bestürmung helfen.

2. Es ist das Zeichen eines heiligen Gemüths, das von Christi Geist erfüllt ist, daß der Apostel, nachdem er so eben noch in Todesgefahr geschwebt hat und von den Juden auf's unbarmherzigste mißhändelt ward, nun doch so viel Fassung, sittliche Kraft und Liebe zu seinem Volk hat, um eine Ansprache an dasselbe zu halten, ohne irgend ein Gefühl der Bitterkeit. Sein Herz ist gebeugt von eigener Schuld, da er ja früher ebenso gewesen ist, wie die Juden jetzt gegen ihn sind, und nur die Gnade Dessen ihn umgewandelt hat, welcher für seine Mörder am Kreuz flehte: Vater, vergib ihnen, denn sie wissen nicht, was sie thun!

### Homiletische Andeutungen.

Als aber die sieben Tage sollten vollendet werden u. f. w. [V. 27.] Gott straft oft thörichte Anschläge mit einem unglücklichen Ausgang, aber nicht alle zeit folgt, was unglücklich abläuft, sei ungerecht angefangen, Jes. 19, 3; Job. 1, 59; 7, 5. Wenn ein guter Rath übel abläuft, so müssen wir deßwegen seinen Rath auf den Rathgeber werfen: der Mensch denkt's, Gott lenkt's. (Starke.) — Nun wird Paulus an das gedacht haben, was ihm der Geist Gottes so oft andeutete von dem, das in Jerusalem auf ihn wartete. Nun wird er auch das öftere Umgürten seiner Lenden und die Erneuerung auf den Sinn, sein Leben nicht theuer zu achten, zu genießen gehabt haben. (Rieger.)

Dies ist der Mensch! [V. 28.] Ein redlicher Knecht Christi macht sich durch den Segen seines Amtes so kenntlich, daß ihn seine Feinde Jesu unter tausend falschen und untreuen Eiferern leicht unterscheiden und sagen können: Dieser ist's, den greifet! (Apost. Past.) — Und diese heilige Stätte gemein gemacht. Hier hatte der Apostel die Ehre, daß man ihn mit eben solchen falschen Beschuldigungen, unter eben so viel Aufruhr und Getümmel, mit gleicher Bitterkeit und Strenge wie ehemals Jesum Christum behandelte. Sieht sich der Knecht in dem Bilde und in den Fußstapfen seines Herrn, wie süß und leicht muß da nicht sein Joch werden. (Apost. Past.

Denn sie hatten mit ihm in der Stadt Trophimum den Ephefer gesehen. [V. 29.] Wenn Gott uns zum Leiden bestimmt hat, so muß der kleinste Umstand Gelegenheit dazu geben. — Wie genau wird doch auf Knechte Christi gesehen, und wie hohe Ursache haben sie, auf alle ihre Schritte und Tritte zu achten! Die Welt gibt genau Acht, auch mit wem man geht, und urtheilt sogar aus dem Umgang der Prediger, was an ihnen zu thun sei. Der Herr mache uns doch ohne Tadel in allen Stücken. (Apost. Past.)

Und die ganze Stadt ward beweget. [V. 30.] Das Böse zu schützen, fliegen die Menschen, welche, Gutes zu thun, kaum kriechen, Jerem. 4, 22. (Starcke.) — Und zogen ihn zum Tempel hinaus, und alsbald wurden die Thüren zugeschlossen. Sie wollten ihn tödten und doch den Tempelplatz nicht beflecken. Sie seigeten Mücken und verschluckten Kameele, wie sie es ja beim Herrn selbst gemacht hatten, Joh. 18, 28. (Billiger.)

Da sie ihn aber tödten wollten, kam das Geschrei hinauf vor den Hauptmann. [V. 31.] Ein Knecht Jesu hat nicht nöthig, in seinen Trübsalen Patrone zu suchen und sich Fürsprecher zu erbitten, die schenkt ihm Gott zu rechter Zeit ohne sein Bitten und Denken. (Apost. Past.)

Da sie aber den Hauptmann sahen, hörten sie auf, Paulum zu schlagen. [V. 32.] An der Regierung Gottes ist es eine seiner wunderbaren Schickungen, daß auch diejenigen, welche nicht Genossen seines Reiches sind, über ihrem ungleichen Interesse, ihren Einsichten und Absichten oft so getheilt sind, und damit entweder ein Schwert das andere in die Scheide hält, oder die Kinder seines Reichs von einem Theil Schutz genießen, der es sonst nicht so meint. (Rieger.)

Und ließ ihn binden mit Ketten. [V. 33.] Ein Knecht Christi darf sich nicht zu sehr auf weltlichen Schutz verlassen. Hier errettet der Hauptmann den Apostel aus den mörderischen Juden, dagegen läßt er ihn unverhört mit zwei Ketten binden. (Apost. Past.) Aber die Weißagung des Agabus mußte erfüllt werden.

Da er aber nichts Gewisses erfahren konnte. [V. 34.] Wer im Munde falscher Lehrer und überhaupt bei der Welt etwas Gewisses, Solides und Wahrhaftiges sucht, wird allemal betrogen. „In ihrem Munde ist nichts Gewisses, mit ihren Zungen heucheln sie." (Apost. Past.)

Und als er an die Stufen kam, mußten ihn die Kriegsknechte tragen. [V. 35.] Das ist ein Sinnbild, wie Gott selbst die Feinde zu Werkzeugen der Erhebung seiner Knechte gebraucht; die Welt mit ihrer Schmach und Hohn beförderrt uns zu Ehren. Mancher Lehrer wäre in seiner Niedrigkeit sitzen geblieben, wenn ihn nicht die Welt durch ihren Haß und Neid hervorgezogen und empor gehoben hätte. (Apost. Past.)

Denn es folgte viel Volks nach und schrie: weg mit ihm! [V. 36.] Wie sie einst auch über Christum gerufen, Luc. 23, 18; Joh. 19, 15.

Bist du nicht der Aegypter? [V. 37.] Eine merkwürdige Probe von den irrigen und ungereimten Gedanken, die die blinde Welt von den Kindern und Knechten Gottes hegt. Man sieht uns als Blödsinnige, als Rasende, als die Verführer, als Menschenfeinde, und in dieser Gestalt haßt man uns. So ward auch Christus unter die Uebelthäter gerechnet. Vater, vergieb ihnen, denn sie wissen nicht, was sie thun. (Apost. Past.)

Als er ihm aber erlaubte, trat Paulus auf die Stufen u. s. w. [V. 40.] Wie unvermuthet mußten die Stufen zum römischen Lager eine Kanzel abgeben, von welcher her Gott das Evangelium von seinem Sohn ausrufen ließ! (Rieger.) — Und winkete dem Volk mit der Hand. Da nun eine große Stille ward, redete er zu ihnen. Welch ein Mensch! Einem so empörten Volke zu winken. Und siehe, es entstand eine große Stille wie dort, als Jesus dem stürmischen Meere befahl. Man ist nie würdiger, Gottes Wort zu verkündigen, als wenn man die Zeichen seines Kreuzes und Leidens an seinem Leibe trägt, weil da nur Gottes Geist sowohl die Freimüthigkeit zu reden, als Worte zu seiner Zeit schenken kann. (Goßner.)

Zu V. 22—40. Der Herr errettet die Seinen aus Gefahr des Todes. 1) Paulus wird unschuldig angeklagt, a. als Feind des Gesetzes, V. 27. 28; b. als Schänder des Tempels, V. 28. 29. 2) Sein eignes Volk stößt ihn aus, a. man zieht ihn zum Tempel hinaus, V. 30; b. will ihn tödten, V. 31. 3) Heiden müssen ihn beschützen, a. der Hauptmann dämpft den Aufruhr, V. 31. 32; b. rettet den Aposteln Leben, V. 33. 4) des Verfolgten Unschuld kommt an den Tag, a. die Beschuldigungen zerfallen in Nichts, V. 34 —39; b. die Verantwortung wird ihm gestattet, V. 40. (Risko.) — Das Wohlthätige eines geordneten Regiments, anschaulich in der Erzählung von der Gefangennehmung des Apostels Paulus zu Jerusalem. (Ders.) — Die Gefangennehmung Pauli zu Jerusalem. 1) Ein Nachtstück menschlicher Leidenschaft, a. thörichter Verblendung, b. boshaftem Hasses von Seiten der Juden, V. 28. 30. 31, 36. 2) Ein Lichtbild christlichen Heldenmuths, a. besonnener Ruhe, b. sanftmüthiger Geduld von Seiten des Apostels, V. 37. 39. 40. 3) Eine Denktafel göttlicher Führung, a. der Allmacht, welche ihre Knechte schützt; b. der Weisheit, die auch die Widersacher zur Ausführung ihrer Rathschlüsse braucht, V. 32—35. 37—40. — Paulus im Tempel zu Jerusalem, oder der Mensch denkt's und Gott lenkt's. 1) Er lenkt die wohlgemeinten Rathschläge seiner Knechte oft zu anderem Ziel, als sie es gedacht, V. 27 ff. vgl. V. 22 ff. 2) Er lenkt aber auch die boshaften Anschläge seiner Feinde zu anderem Erfolg, als sie es gemeint, V. 30—40. — Paulus im Sturm zu Jerusalem. Der Apostel sollte später einen mörderischen Sturm bestehen auf offenem Meere, Kap. 27, aber derselbe war kaum mörderischer, als der sich hier gegen ihn erhebt auf trockenem Lande, in den sichern Mauern Jerusalems, inmitten seines eigenen Volkes. Doch hier wie dort schützt und rettet ihn Gottes allmächtige Hand. Betrachten wir 1) des Sturmes Ausbruch. Plötzlich und unberechenbar, wie oft ein Sturm in der Natur, bricht auch dieser Sturm los in den Gemüthern; das Ungewitter, das Paulus schon in Milet von ferne geahnt (Kap. 20, 22 ff.) und das ihm unterwegs immer drohender geweissagt wurde (Kap. 21, 4. 11) entladet sich in den Augenblick und an dem Ort, wo man's am wenigsten hätte denken sollen, in den heiligen Räumen des Tempels, während Paulus den Eiferern für das Gesetz zu genügen sucht, V. 27. 2) Des Sturmes Toben. Der Sturm der Leidenschaften wächst von Minute zu Minute, die Volkswuth schwillt wie ein brausendes Meer und droht dem Knecht Gottes zu verschlingen, V. 28 —31. 36. 3) Des Sturms Stillung. Der einst auf dem See Genezareth Wind und Wellen bedräuete, daß sie ganz stille wurden, spricht auch zu diesem brausenden Meer: bis hieher und nicht weiter! Der römische Hauptmann muß dem Apostel den retten-

den Vort aufschließen, und er selber mit besonnener Ruhe winkt dem Volk, daß es still wird, V. 31—40. — Pauli merkwürdige Predigt zu Jerusalem: 1) Der Prediger — in Ketten, V. 33. 2) Die Kanzel — die Burgsteige zum römischen Lager, V. 40. 3) Die Diakonen, die ihn geleiten — Kriegsknechte, V. 35. 4) Die Psalmen, die seiner Predigt vorangehen — Mordgeschrei, V. 36. 5) Die Gemeinde, zu der er reden will — ein empörtes Volk, V. 30—34. 6) Die Salbung, die er trotz alle dem mitbringt — der Geist des Herrn als ein Geist des Glaubens und der Liebe, der Weisheit und Stärke, V. 13. 37. 39. 40. — Des Gottesmannes Wehr und Waffen in stürmischer Zeit. 1) Für sich hat er das Recht und das Gesetz, das ihn schützen muß, so lange es selber noch in Kraft ist; V. 32. 33. 2) In sich trägt er den Gleichmuth eines guten Gewissens, der unerschüttert bleibt im Sturm der Leidenschaften; V. 37. 39. 3) An sich zeigt er die Gewalt einer gottgeweihten Persönlichkeit, die auch auf den rohen Haufen ihres Eindrucks nicht verfehlt; V. 40. 4) Ueber sich weiß er einen Herrn und Gott, dem er angehört im Dulden wie im Wirken, im Sterben wie im Leben; V. 13.

## Zweiter Abschnitt.

Ereignisse während der Gefangenschaft des Paulus zu Jerusalem. Seine Verantwortung vor dem Volk und vor dem hohen Rath. (Kap. 22, 1—23, 11.)

### A.
**Verantwortung des Apostels vor dem jüdischen Volk.**
**Kap. 22, 1—21.**

Ihr Brüder und Väter, höret meine jetzige Verantwortung an euch. — ²Da sie aber hörten, daß er in hebräischer Mundart sie anredete, wurden sie noch ruhiger. Und er sprach:

³Ich bin ein jüdischer Mann, geboren zu Tarsus in Cilicien, und erzogen in dieser Stadt, zu den Füßen Gamaliel's unterwiesen nach der Genauigkeit des väterlichen Gesetzes, und war ein Eiferer um Gott, gleichwie ihr alle heute seid; ⁴und habe diesen Weg bis auf den Tod verfolgt, indem ich Männer sowohl als Weiber band und in's Gefängniß überlieferte, ⁵wie mir auch der Hohepriester und die ganze Aeltestenschaft bezeuget, von welchen ich auch Schreiben empfing an die Brüder, und nach Damaskus reisete, um auch die, welche dort waren, gebunden nach Jerusalem zu führen, damit sie gestraft würden. ⁶Es geschah aber, da ich auf der Reise begriffen war und mich Damaskus näherte, daß um Mittagszeit plötzlich vom Himmel ein starkes Licht mich umblitzte. ⁷Und ich fiel zu Boden und hörte eine Stimme zu mir sprechen: Saul, Saul, was verfolgest du mich? ⁸Ich aber antwortete: Wer bist du, Herr? Und er sprach zu mir: Ich bin Jesus von Nazareth, den du verfolgest. ⁹Die aber mit mir waren, sahen zwar das Licht und erschraken¹), aber die Stimme dessen, der mit mir redete, hörten sie nicht. ¹⁰Ich sprach aber: Was soll ich thun, Herr? Der Herr aber sprach zu mir: Stehe auf und gehe nach Damaskus, und dort wird geredet werden von allem, was dir zu thun verordnet ist. ¹¹Als ich aber nicht sehen konnte vor der Klarheit jenes Lichtes, wurde ich an der Hand geleitet von denen, die bei mir waren, und kam so nach Damaskus. ¹²Ein gewisser Ananias aber, ein nach dem Gesetz frommer²) Mann, der von allen in der Stadt woh-

---

1) Καὶ ἔμφοβοι ἐγένοντο fehlt in 3 Unzialhandschriften, drei andere haben es; die Worte scheinen für überflüssig und störend gehalten und darum weggelassen worden zu sein, sind aber um so mehr für ächt zu halten, als ἔμφοβ. γεν. gerade bei Lukas beliebt ist.

2) Εὐλαβής fehlt ganz im Alex. Cod., ist durch εὐσεβής ersetzt in F. (Laud's Cod.); am stärksten bezeugt ist εὐλαβής (B. G. H.), ein Prädikat, welches gerade Lukas gerne anwendet, Kap. 2, 5; 8, 2; Evang. 2, 20, daher von Lachmann und Tischendorf vorgezogen.

13 nenden Juden ein gutes Zeugniß hatte, *kam zu mir, trat auf mich zu und sprach:
14 Bruder Saul, blicke auf! Und ich blickte auf zu ihm in eben dieser Stunde. *Er aber sprach: Der Gott unserer Väter hat dich voraus erwählt, daß du seinen Willen erkennen
15 und den Gerechten sehen solltest und seine Stimme aus seinem Munde hören. *Denn du wirst ein Zeuge für ihn sein an alle Menschen über dasjenige, was du gesehen und
16 gehört hast. *Und nun, was zögerst du? Stehe auf und lasse dich taufen und deine
17 Sünden abwaschen, und rufe seinen Namen an¹)! *Es geschah aber, da ich nach Jerusalem zurückgekehrt war und in dem Tempel betete, daß ich in eine Entzückung gerieth
18 und Ihn sah, wie er zu mir sprach: *Eile, und gehe schnell aus Jerusalem, darum,
19 weil sie dein Zeugniß von mir nicht annehmen werden. *Und ich sprach: Herr, sie wissen selbst, daß ich gefangen legte und in den Synagogen stäupte diejenigen, welche an dich
20 glaubten; *und als das Blut Stephanus²), deines Zeugen, vergossen wurde, stand auch ich dabei und hatte Wohlgefallen daran³), und bewahrte denen die Kleider, welche ihn
21 tödteten. *Und er sprach zu mir: Gehe hin, denn ich will dich unter die Völker weit weg senden.

### Exegetische Erläuterungen.

**1. Ihr Männer, lieben Brüder.** Die Anrede ἀδελφοί drückt Liebe zu seinem Volk aus, πατέρες Ehrerbietung gegenüber den angesehenen Oberen desselben, deren einige ebenfalls anwesend sein mochten. Auch der Umstand, daß er in der Muttersprache redete, gewann dem Apostel geneigteres Gehör, sofern Viele in der Menge nicht ahnten, daß der Mann, den sie nicht kannten, aramäisch verstehe.

**2. Ich bin ein jüdischer Mann.** Die ausführliche Schilderung seiner Persönlichkeit B. 3—5 hat den Zweck, die Verdächtigungen Kap. 21, 28 zunächst durch Nachweisung seiner ursprünglichen Angehörigkeit zu Israel, seiner von Kind auf angeknüpften Verbindung mit Jerusalem und seiner früheren streng pharisäisch-gesetzeifrigen, ja das Christenthum anseindenden Richtung zu widerlegen. Γεγενν. ἐν Τ. - ἀνατεθρ. δέ, zwar im Ausland geboren, aber in Jerusalem aufgewachsen; ἀνατρέφω wird von Erziehung im Kindbein gebraucht. Παρά τ. πόδας Γαμ. paßt doch bei weitem besser zu πεπαιδ. als zu ἀνατεθρ., weil nicht Kinder, die erzogen, sondern Schüler, die man unterrichtet, auf dem Boden oder auf Bänken vor den Füßen des Lehrers zu denken sind. Letzteres nach der jüdischen Sitte, welche sowohl von Philo als vom Talmud bezeugt wird, daß die Rabbinen auf Lehrstühlen, ihre Schüler theils auf Bänken, theils auf dem Boden vor ihnen zu sitzen pflegten. Κατά ἀκρίβ. τ. πατρ. νόμου, der Unterricht war ein gesetzlich-strenger; die ἀκρίβεια ist nicht als Eigenschaft des mosaischen Gesetzes an und für sich ausgesagt, sondern als Eigenschaft der Unterweisung, und charakterisirt diese als pharisäisch-rigoristisch, wie denn eben ἀκριβής und seine Derivata das Eigenthümliche der pharisäischen Richtung bezeichnen, z. B. K. 26, 5 ἀκριβεστάτην αἵρεσις, Joseph. Alterth. XVII, 2, 4: ein Theil ἐπ' ἀκριβώσει μέγα φρονούν τοῦ πατρίου νόμου; jüd. Krieg II, 8, 14: Φαρισαῖοι οἱ δοκοῦντες μετὰ ἀκριβείας ἐξηγεῖσθαι τὰ νόμιμα.

**3. Und war ein Eiferer.** In Folge solcher Erziehung und Unterweisung wurde Paulus ein Eiferer um Gottes Ehre; dies drückt er auf eine Weise aus, die nicht tadelnswerth erscheinet. Zugleich sagt der Apostel: ich war elust, was ihr seid; ihr seid heute und in diesem Augenblick, was ich auch einmal war. Und als Thatbeweis seines ehemaligen Zelotenthums führt er seine Verfolgung des Christenthums an, das er hier rücksichtsvoll nur erst mit einem allgemeinen Namen belegt. Für seine Todseindschaft gegen die Christen beruft er sich auf das Zeugniß des Hohenpriesters und aller Aeltesten, welche dieselben ablegen könnten. Ἀδελφοί wie B. 1 Brüder nach dem Geschlecht, Brüder nach dem Sinn des Synedriums und seinem eignen damaligen Sinn.

**4. Es geschah aber.** Der Apostel kommt auf die Geschichte seiner Bekehrung und erzählt zuerst B. 6 bis 11 die Erscheinung Jesu, im Wesentlichen identisch mit Kap. 9, 3—8; vergl. die exeg. Erläut. zu dieser Stelle. Was hier im Einzelnen eigenthümlich ist, hängt mit der gegenwärtigen Lage des Apostels und seiner Zuhörer zusammen, z. B. daß er B. 8 beim Namen Jesu ὁ Ναζωραῖος beifügt, was weder Kap. 9, 5, noch Kap. 26, 15 sich findet, aber vor einer Versammlung unbelehrter Juden, denen er Jesum das erste Mal nennt, ganz am Platz war. Andere Züge haben hauptsächlich den Zweck, die thatsächliche Wirklichkeit der Erscheinung Jesu Christi erkennen zu lassen; so περὶ μεσημβρίαν B. 6 (Kap. 26, 13 ἡμέρας μέσης), was Kap. 9, 3 fehlt; daß die Erscheinung am hellen Tage erfolgt ist, bürgt dafür, daß sie nicht etwa eine träumerische Selbsttäuschung war. Der Umstand, daß seine Begleiter das Licht gesehen haben (B. 9), was noch Kap. 9, 7, noch Kap. 26, 14 ausdrücklich erwähnt ist, spricht ebenfalls für die Objektivität der Thatsache, welche Mehrere mit erlebt haben, während ihr Nichtverstehen der Worte Jesu vielleicht erklären soll, warum die Begleiter die Hauptsache nicht bestätigen könnten. Das Geblendetsein durch das außerordentliche Licht B. 11 ist wohl auch als Beweis der Thatsächlichkeit und überwältigen-

---

1) Αὐτοῦ ist besser beglaubigt, als κυρίου, welches nur die zwei jüngsten Unzialcodd. für sich hat.
2) Στεφάνου fehlt in einer Handschrift ersten und einer zweiten Ranges, ist aber hinlänglich bezeugt, um für ächt zu gelten.
3) Τῇ ἀναιρέσει αὐτοῦ nach συνευδ. hat nur zwei Unzialcodd. für sich, und ist aus Kap. 8, 1 in den Text gekommen.

den Art der Erscheinung hervorgehoben, während ὧν τέτακταί σοι V. 10 darauf hinweist, daß Paulus von diesem Augenblick nicht Herr seiner Entschließungen gewesen, sondern vom göttlichen Willen geleitet worden sei.

**5. Ein gewisser Ananias.** Die Vollendung seiner Bekehrung durch denselben erzählt Paulus V. 12—16 in der Weise, daß seine Bekehrung und seine Berufung zum Zeugen Christi als göttlich begründet und als harmonisch mit dem Alten Bund erscheint. Dazu dient schon die Charakteristik des Ananias V. 12 nach der Seite seiner anerkannten gesetzlichen Frömmigkeit (was Kap. 9, 10 nicht hervortritt). Das Sehendwerden durch Ananias' Wort ist hervorgehoben als ein Wunder, das die göttliche Sendung des Mannes an Saulus beglaubigt. In der Anrede des Ananias ist sowohl Gott als Christus mit einem ächt alttestamentlichen Namen benannt: ὁ θεὸς τ. πατέρων ἡμῶν und ὁ δίκαιος, der Gerechte im einzigen und vollkommenen Sinn. Ferner ist die Erscheinung Christi wie eine erweiterte Offenbarung Gottes an einen Propheten, die Thätigkeit in der weiten Welt (πάντας ἀνθρ.), wozu Paulus berufen wurde, als einfaches Zeugniß eines Augen- und Ohrenzeugen, dem er sich nicht entziehen kann, dargestellt. Schließlich steht die Ermunterung zur Taufe und Anrufung Jesu da als Zeichen, daß er nicht überreif war, vielmehr zu dem entscheidenden Schritt erst angefeuert werden mußte, und das im Namen Gottes.

**6. Da ich nach Jerusalem zurückgekehrt.** Paulus erzählt V. 17—21 eine Kap. 9, 26 ff. nicht erwähnte Offenbarung Jesu, der ihn von Jerusalem hinweg in die Ferne unter die Heiden berufen habe — zur Rechtfertigung seiner Wirksamkeit in Heidenländern. Aber eben hier hebt er absichtlich, um den Verdacht, als sei er ein Feind Israels, des Gesetzes und des Tempels (Kap. 20, 28), zu widerlegen, hervor, daß die zweite Erscheinung Christi ihm in Jerusalem im Tempel, wo er im Gebet begriffen war, zu Theil geworden sei, V. 17. Er hat also nicht etwa, in Folge seiner Bekehrung zu Christo, Jerusalems vergessen (Psl. 139, 5), noch hat er sich dem Tempel als der Stätte des Gebets entfremden lassen. Und so wenig ist er wider sein Volk eingenommen, daß er, als ihn der Erlöser eilig aus Jerusalem wegzueilen heißt, weil man gerade sein Zeugniß von Jesu nicht annehmen werde, — Einrede dagegen erhebt, und sich von der Hoffnung nicht trennen kann, eine gute Statt für das Wort von Christo bei seinem Volk zu finden. Was der Apostel V. 19 f. im Lauf der Vision Jesu geantwortet hat, sagt er mit gutem Bedacht jetzt seinen Zuhörern. Es geht darauf hinaus, daß gerade seine allbekannte ehemalige Feindschaft wider die Christen und seine jetzige Umwandlung einen Eindruck machen und seinem Wort Eingang bei Israel verschaffen sollte. Und nur der wiederholte und peremtorische Befehl Jesu, der ihn unter die Heiden sendet (wollte er sagen), habe seine Zähigkeit, die aus warmer Liebe zu seinem Volk entsprungen war, überwunden.

**Christologisch-dogmatische Grundgedanken.**

1. Diese Vertheidigungsrede des Heidenapostels strahlt vom Lichte Christi. Indem er sich verantwortet und scheinbar nur von seiner eigenen Person redet, legt er das unumwundenste Zeugniß von dem Erlöser ab, von seiner Gnade gegen die Sünder und seiner himmlischen Herrlichkeit und Macht, von Christi Gemeinschaft mit seinen niedrigen und verfolgten Jüngern (V. 7 f.) und seinen die Menschheit umfassenden Heilsgedanken (V. 15. 21). Es liegt eine Weisheit darin, die nur der Geist Christi verleiht, rücksichtsvoll schonende und gewinnende Liebe zu den Hörern mit der freimüthigsten Offenheit des Bekenntnisses zu vereinigen.

2. Paulus gibt mit Worten des Ananias Jesu den Namen des Gerechten. Darin vereinigt sich Alter und Neuer Bund, Gesetz und Evangelium. Gerechtigkeit ist die Abzweckung des Gesetzes, Gerechtigkeit aus dem Gesetz hat Saulus in seiner Zelotenperiode gesucht und nicht gefunden. Gerechtigkeit aus den Werken sucht Israel und erreicht sie nicht. Gesetzliche Gerechtigkeit war das Ideal des Pharisäerthums. Christus aber ist der Gerechte. In ihm ist die Gerechtigkeit persönlich dargestellt und vollendet. Er ist der Gerechte und macht gerecht Alle, die an seinen Namen glauben.

3. Die Taufe ein Gnadenmittel. Sie verleiht Reinigung von Sünden, Vergebung der Sünden. Die Anrufung des Namens Jesu gehört wesentlich dazu, als Bekenntniß des Erlösers und Gebet um seine versöhnende und rechtfertigende Gnade.

**Homiletische Andeutungen.**

Ihr Männer, lieben Brüder und Väter. [V. 1.] Der Geist der Sanftmuth öffnete dem Apostel den Mund. Ob er gleich nichts als Verfolger und Mörder vor sich hatte, so sah und redete er sie doch um des Bundes und der Verheißung Gottes willen als liebe Brüder und Väter an. Ein solcher Sinn wird nicht durch Naturkraft erhalten, sondern muß lediglich durch die Gnade des Jesu gewirkt werden, der seine Mörder auch noch in seiner Todesstunde bei dem Vater entschuldigte. Er gehört mit unter die eigentlichen Zierden der Knechte Jesu. (Apost. Past.) — Es ist ein ansehnlicher Beweis, welche Bewahrung und Kraft vom Frieden Gottes Paulus genossen habe, daß er bei einem solchen Sturm doch gleich so solch einen heitern und nüchternen Anspruche gefaßt war. (Rieger.)

Da sie aber hörten, daß er auf hebräisch zu ihnen redete, wurden sie noch stiller. [V. 2.] Da die Leute den Paulus in einer verständlichen Sprache reden hörten, wurden sie aufmerksamer und stiller. — Viele Prediger sind selbst Schuld daran, daß sie nicht mit Aufmerksamkeit angehört werden. Sie reden nicht deutsch, nicht faßlich und verständlich, sondern geziert, gekünstelt und überstiegen. Ein Lehrer, dem es um wahre Erbauung zu thun ist, befleißigt sich, auf das allereinfältigste und faßlichste die Wahrheit vorzutragen und in die Herzen zu bringen. Jesu Lehrart ist darin das vollkommenste und seligste Beispiel. (Apost. Past.) — Man konnte es den Juden nicht verdenken, daß sie so gewaltig auf ihre Sprache hielten, in der Gott selber mit den Vätern geredet hatte. Allein ihre eigene Sprache war ihnen zur fremden geworden; Gott selber konnte sich ihren verstockten Herzen in dieser Sprache nicht mehr verständlich machen. — Gott sei Dank, welcher vom Pfingstfest an alle Sprachen geheiligt hat und sich durch alle Sprachen mehr und mehr kund thut, wo nur die Menschen seine Stimme vernehmen wollen. (Williger.)

20*

Ich bin ein jüdischer Mann ꝛc. [B. 3.] Paulus scheint im ganzen Vortrag nur immer von sich selbst zu reden; eigentlich aber verkündigt er die Tugenden deß, der ihn von der Finsterniß berufen hatte zu seinem wunderbaren Licht. (Rieger.) — Gelehret mit allem Fleiß und im Eiferer um Gott. Es ist nicht genug, in seiner Religion wohl unterrichtet sein, sondern man muß auch in derselben eifrig sein, denn die Lauen will Christus ausspeien. (Starke.) — Aus Pauli Beispiel sieht man, daß man ein Gelehrter, ein Schriftverständiger, ein Eiferer um Gott, und doch dabei ein Feind und Verfolger Christi sein kann. Natürliche Wissenschaft erleuchtet Niemand, Titel oder Aemter auch im geistlichen Stand sind noch keine Beweise der wahren Gemeinschaft mit Jesu. (Apost. Past.)

Und habe diesen Weg verfolget bis an den Tod. [B. 4.] Nicht ohne göttliche Traurigkeit wird Paulus von seiner vorigen Feindschaft wider das Evangelium geredet haben. (Rieger.) — Ein treuer Zeuge Jesu schämt sich auch des Bekenntnisses seiner vorigen Sünden nicht, wenn er dadurch die Ehre seines Heilandes erheben und bei den Seelen Hoffnung und Zutritt erwecken kann. Besonders ist ein solches Bekenntniß heilsam, wenn es gegen solche Menschen geschieht, die in eben den Sünden stecken und durch unser Beispiel desto leichter davon können abgezogen werden. (Apost. Past.) — Ich band sie. Ohne Zweifel war dem Apostel seine gegenwärtige Kette eine Erinnerung an die Ketten, die er einst seinen Brüdern angelegt hatte. Laßt uns bei allen unsern Leiden bußfertig zurückdenken, ob wir nicht die Ruthen selbst gebunden haben, womit der Herr uns jetzt züchtigt. (Ap. Past.)

Von welchen ich Briefe nahm ꝛc. [B. 5. 6.] Wie ordentlich und pünktlich weiß Paulus nach so viel Jahren noch alle Umstände seiner außerordentlichen Bekehrung zu erzählen, zum Beweis, daß nicht nur Alles ihm beim vollen Verstand widerfahren, sondern auch, daß die ihm widerfahrene Gnade einen unverleßlichen Eindruck auf ihn gemacht habe. Gewiß, wer einmal aus dem Tode zum Leben durchgebrungen ist, wird es nie vergessen, was der Herr an ihm gethan. Die Erinnerung und Erzählung dieser seligen Heilswege wird noch ein Vergnügen in den Wohnungen des Himmels bleiben. (Apost. Past.) — Große Gemüthsänderung und Ueberzeugungswechsel in Religionssachen muß zur Grundlage einen redlichen Eifer um Gott haben. Aber wie gar übel bestehen in dieser Probe viele unserer heutigen Religionsveränderer, die mit der Religion spielen, wie die Buben mit den Würfeln, und sich damit verrathen, daß sie im Herzen gar nichts glauben, 1 Tim. 3, 7. (Starke.) — Um den Mittag muß es wirklich ein sehr auffallendes Licht sein, welches man als ein außerordentliches betrachten soll. (Williger.)

Und ich fiel zur Erde. [B. 7.] Wer die göttliche Stimme hören will, muß vor der göttlichen Majestät niederfallen und sich demüthigen. (Starke.) — Saul, Saul, was verfolgst du mich? Gott fängt die Bekehrung im Menschen durch einen innerlichen Verweis an, Röm. 2, 15; 2 Tim. 2, 25. (Ders.)

Herr, wer bist du? — Ich bin Jesus von Nazareth. [B. 8.] Vor der Bekehrung kennen wir Jesum nicht, aber in derselben lernen wir ihn kennen, 1 Joh. 2, 4. (Starke.)

Die aber mit mir waren, sahen das Licht und erschraken. [B. 9.] Wenn natürliche Menschen einen Strahl der göttlichen Herrlichkeit sehen, so erschrecken sie, und zwar mit Recht, denn Gott ist ein verzehrend Feuer Allen, die da Uebels thun. (Starke.) — Die Stimme aber deß, der mit mir redete, hörten sie nicht. Nach Kap. 9 haben die Begleiter zwar einen Schall gehört, aber nach unserer Stelle haben sie keine Stimme verstanden. Hören und Hören ist zweierlei. Unsere Zuhörer haben Alle den Schall der Worte, aber nur die, welche die Stimme des Sohnes Gottes hören, werden leben. (Apost. Past.)

Ich sprach aber: Herr, was soll ich thun? u. s. w. [B. 10.] Paulus hatte es wohl behalten, daß Jesus ihn auch bei seiner wundervollen Bekehrung an das Wort, das ihm von einem Knechte Jesu gesagt werden sollte, gewiesen hat. Er erweckt ihn unmittelbar, gleichwohl unterwirft er ihn der Anweisung und Seelenpflege eines der allergeringsten Brüder und läßt ihn sein genau im Geleise der allgemeinen Heilsordnung einherleiten. (Apost. Past.)

Ward ich bei der Hand geleitet. [B. 11.] Das zielte zugleich auf ein Geheimniß, Jes. 40, 11. Auf dem Wege zum Himmel wird man wie ein Kind gegängelt. (Starke.)

Der war ein gottesfürchtiger Mann nach dem Gesetz ꝛc. [B. 12.] Weil Ananias nicht nur ein gottesfürchtiger Mann war, sondern auch in besonderem Kredit bei den Juden stand, so war er in dieser Absicht ein brauchbares Werkzeug in der Hand des Herrn, den für das Judenthum so heftig eifernden Paulus zu gewinnen und ihm nützlich zu werden. Der Herr kennt alle seine Knechte und weiß, wo er einen jeglichen am besten brauchen kann. (Apost. Past.)

Saul, lieber Bruder ꝛc. [B. 13.] Paulus kann nicht vergessen, wie sanftmüthig, treuherzig und brüderlich Ananias seiner damals erschrockenen Seele zu statten gekommen sei. Das reize uns, die Gnade uns auszubitten, daß wir wissen, mit müden und matten Seelen zu rechter Zeit zu reden und mit einer brüderlichen Erbarmung die Betrübten und Traurigen zum Troste Jesu zu leiten; das ist das rechte Hauptwerk und Meisterstück des evangelischen Lehramts. (Apost. Past.)

Der Gott unserer Väter hat dich verordnet. [B. 14.] Die Werkzeuge, welche der Kirche sonderlich nützen sollen, müssen im Himmel verordnet sein. (Starke.)

Seinen Willen erkennen, sehen den Gerechten und sein Zeuge sein zu allen Menschen. [B. 14. 15.] Zwei Stücke müssen also vorausgehen, daß man zum Lehr- und Zeugenamt tüchtig sei: eine gründliche Erkenntniß des Willens Gottes aus seinem Wort und die eigene Erfahrung, daß man Jesum selbst im Glauben gesehen habe und sein Wort an der eigenen Seele zur Kraft kommen lasse. (Apost. Past.)

Stehe auf und laß dich taufen und abwaschen deine Sünden. [B. 16.] Ein schönes Zeugniß, wie viel die heil. Taufe in der lautern apostolischen Kirche gegolten hat. Sie war keine äußere Ceremonie, sondern ein Gnadenmittel zur Abwaschung der Sünden und der erste Zutritt zur Gemeinde Jesu. (Apost. Past.)

Und betete im Tempel. [B. 17.] Die unmittelbare Erleuchtung und Begnadigung, die ihm widerfahren, hat dem Apostel den Gebrauch des

Tempels doch nicht entleidet. Und gerade sein Gebet im Tempel krönte der Herr noch mit einer besonderen Offenbarung. So widerlegt das Beispiel des Apostels alle Separatisterei, auch wo sie den Schein zu haben meint. (Apost. Past.) ;

Eile und mache dich behende von Jerusalem hinaus. [B. 18.] Betrübter Zustand, schweres Gericht, wenn die göttliche Stimme spricht: eile und gehe geschwind aus! Hos. 9, 12. (Starck.)

Und ich sprach: Herr, sie wissen selbst rc. [B. 19.] Es kommt treuen Knechten Gottes oft vor, als könnten sie an diesem oder jenem Ort mehr Segen finden und stiften, als an einem andern. Aber Gott spricht: nein, du irrst dich, und schickt sie da weg, wo sie stehen möchten. (Apost. Past.)

Und da das Blut Stephani, deines Zeugen, vergossen ward. [B. 20.] Es lag dem lieben Apostel sehr am Herzen, da er unter den Juden gesündigt, daß er doch unter den Juden auch etwas Gutes stiften und das gegebene Aergerniß durch desto reichere Belehrungen wieder gut machen möchte. Ein solcher Ernst herrscht bei wahrhaft Bekehrten. (Apost. Past.)

Und er sprach zu mir: Gehe hin. [B. 21.] Gottes Rath bestehet über alle menschliche, auch gutgemeinte Einwendungen. „Was er ihm vorgenommen, und was er haben will, das muß doch endlich kommen zu seinem Zweck und Ziel." (Starcke.)

Zu B. 1—21 (vergl. auch zu Kap. 9, 1—22). Wie unsere Bekehrung nur dann eine aufrichtige sein kann, wenn wir sie mit voller Ueberzeugung auf die unverdiente Gnade Gottes in Christo zurückführen können. 1) In dem sündigen Stande, der unserer Bekehrung vorangig, B. 3—5; 2) in der Art und Weise, wie der Herr uns aus der Nacht der Sünde zum Lichte des Lebens emporhob, B. 6—15; 3) in der unwiderstehlichen Gewalt, mit der sie unsern widerstrebenden Sinn seiner höhern Bestimmung entgegenführte, B. 19—21. (Lisko.) —

Das Christenthum ist eine Sache des Lebens. 1) Es geht aus von dem Ewiglebendigen; 2) wir erfahren es am eigenen Herzen, B. 6—13 u. 16; 3) wir stellen es dar in unserm Wandel, B. 17—21. (Lisko.) — Pauli Lebensabriß von ihm selbst erzählt, — oder wie blickt ein Knecht Gottes zurück auf seinen Lebenslauf? 1) Mit dankbarem Andenken an menschliche Wohlthäter, B. 3; 2) mit bußfertigem Bekenntniß der eigenen Irrwege, B. 4 ff.; 3) mit demüthigem Preis der göttlichen Gnadenführungen, B. 6 ff.; 4) mit klarem Bewußtsein des ihm zubeschiedenen Lebensberufs, B. 18 ff. — Das Paulus-Bekenntniß: Von Gottes Gnaden bin ich, das ich bin (1 Kor. 15, 10), erwiesen aus seinem Lebensgang. 1) Aus den Vorzügen der Geburt und Bildung, die der Knabe durch Gottes Gnade mit bekam, B. 3; 2) aus den Irrwegen der Thorheit und Sünde, aus denen der Jüngling durch Gottes Gnade errettet ward, B. 4 ff.; 3) aus dem Friedensamt und Heilsberuf, dazu der Mann durch Gottes Gnade auserwählt und ausgestattet ward, B. 14 ff. — Jede Selbstschau eines Gottesknechts ein Preis der göttlichen Gnade; denn 1) an sich selbst findet er nichts zu rühmen, B. 1—5; 2) dem Herrn hat er Alles zu danken, B. 6—21. — Das Himmelslicht bei Damaskus, wie es einen hellen Schein wirft auch auf unsere Lebenswege. Es beleuchtet uns 1) die finstern Sündenwege, die wir selber gegangen sind; 2) die seligen Gnadenwege, darauf der Herr zu uns gekommen ist; 3) die christlichen Berufswege, die wir an der Hand des Herrn gehen sollen. — Pauli Ordination durch Ananias ein Predigerspiegel, B. 12—16. Wir lernen daraus, 1) was der Prediger mitbringen muß in's Amt: Erkenntniß des göttlichen Willens und Erfahrung der göttlichen Gnade, V. 14. 2) Was der Prediger thun soll im Amt: ein Zeuge sein vor allen Menschen — durch Wort und Wandel — deß, das er gesehen und gehört hat, V. 15. 3) Weß sich der Prediger getrösten darf im Amt: der Gnade Gottes, die ihn verordnet hat zum — und stärken will im — evangelischen Zeugenberuf, B. 14. 16. — Paulus, der Heidenapostel, ein Meisterstück der göttlichen Weisheit, die da spricht: meine Gedanken sind nicht eure Gedanken. 1) Nach Menschengedanken sprach Alles dagegen. a. Seine Lebensstellung: als Jude geboren, zum Pharisäer gebildet, B. 3; b. seine Herzensmeinung: vor seiner Bekehrung der Eifer für's Gesetz (B. 3. 4), nach seiner Bekehrung die Anhänglichkeit an sein Volk, B. 17 ff.; c. der Menschen Wille: der Juden Wuth (B. 22), der Brüder Aengstlichkeit, Kap. 21, 20. 2) Aber über diese Hindernisse alle triumphirt Gottes Weisheit, die den Paulus als den Heidenapostel u. von Ewigkeit der verordnet, B. 10. 14; b. durch innere und äußere Führungen ausgerüstet, B. 6 ff.; B. 17 ff.; c. durch die großartigen Früchte seiner Arbeit (Apostg. Kap. 9 bis hierher) beglaubigt hat. — Die Antwort des Herrn auf das „Aber" seiner Knechte, B. 17—21. 1) Auch redliche Knechte Gottes haben oft ein Aber gegen die Befehle ihres Herrn, komme es aus Furcht, wie bei Jonas, oder aus Bescheidenheit, wie bei Moses und Jeremias, oder aus Pflichtsuchseligkeit, wie bei Petrus (Kap. 10, 14), oder aus Mitleid, wie bei Abraham mit Sodom und Paulus mit Israel. 2) Allen diesen „Aber" zum Trotz jedoch bleibt der Herr bei seinem Befehl: Gehe hin! (V. 21) und trägt zuletzt das Lob davon: der Herr hat Alles wohlgemacht!

## B.

Der Apostel wird leidenschaftlich unterbrochen und von der Militärbehörde beinahe gegeißelt, wovor ihn nur sein römisches Bürgerrecht schützt.

### Kap. 22, 22—29.

Sie hörten ihm aber zu bis auf dieses Wort und erhoben nun ihre Stimme und 22 sprachen: Hinweg mit einem Solchen von der Erde, denn es gehörte sich nicht [1]), daß

---

1) καθῆκεν Imperf. haben ohne Ausnahme alle Uncial-Handschriften, nur Minuskeln haben das Particip καθῆκον, welches eine Correctur war, weil man das Präter. nicht verstand.

23 er am Leben blieb. *Da sie aber schrieen und ihre Kleider aufschleuderten und Staub
24 in die Luft warfen, *gab der Tribun Befehl, ihn in das Lager hineinzuführen, und sagte,
daß man ihn mit Peitschenschlägen foltern sollte, damit er erfahre, aus welchem Grunde
25 sie ihm also zuriefen. *Als sie ihn aber den Riemen vorstreckten¹), sagte Paulus zu dem
Hauptmann, welcher dabei stand: Ist es euch erlaubt, einen Menschen, der römischer Bür-
26 ger ist, ohne Recht und Urtheil mit Peitschen zu geißeln? *Als das der Hauptmann
hörte, ging er zu dem Tribun, meldete es ihm und sagte: Was²) willst du thun? Die-
27 ser Mensch ist römischer Bürger. *Da ging der Tribun zu ihm, und sprach zu ihm:
28 Sage mir, bist du³) römischer Bürger? Er antwortete: Ja. *Der Tribun aber erwie-
derte: Ich habe um eine beträchtliche Summe dieses Bürgerrecht mir erworben. Paulus
29 aber sprach: Ich aber bin als solcher schon geboren. *Deßhalb ließen auf der Stelle
von ihm ab, die ihn foltern sollten, und der Tribun fürchtete sich, nachdem er erfahren
hatte, daß er römischer Bürger war, weil er ihn hatte binden lassen.

### Exegetische Erläuterungen.

**1. Sie hörten ihm aber zu.** Das Wort von seiner Sendung durch Christum unter die Heiden fachte die Glut des fanatischen Eifers wieder an. Sie unterbrachen hier die Rede mit lautem Geschrei, um seine Stimme zu übertäuben (ἐπέκραγον τ. φων.). Τὸν τοιοῦτον den, der ein Mensch solcher Art ist. Das Imperf. καθῆκεν bezieht Meyer auf die Lebensgefahr, in welcher er Kap. 21, 21 bereits geschwebt hatte, so daß die Meinung wäre: er hätte nicht beschwört, nicht am Leben erhalten werden sollen. Aber möchte der Sinn sein: er hätte schon lange Leben verwirkt gehabt. Das κραυγάζειν ist unartikulirtes Geschrei, das die Menge ausstieß, ῥιπτ. τ. ἱμάτ., das Emporschleudern der Kleider, so wie das Staubwerfen war wildes Zeichen der Wuth, Gebärden, womit sie zu verstehen gaben, daß sie gern selbst vollziehen möchten, was sie ausgerufen hatten: „Hinweg mit ihm von der Erde!"

**2. Gab der Tribun Befehl.** Der römische Befehlshaber überzeugte sich, daß jetzt nichts weiter zu machen sei, und ließ seinen Gefangenen von der Treppe aus, wo er gesprochen hatte, in das Lager, d. h. in's Innere der Burg Antonia hineinführen. Zugleich aber, weil die Wuth des Volks doch eine bestimmte nicht eingestandene Schuld des Mannes mit Sicherheit vorauszusetzen schien, befahl er, Peitschenhiebe als Folter gegen ihn anzuwenden, um ihm das Geständniß seines Vergehens zu erpressen (ἀνετάζειν inquiriren). In Befolgung dieses Befehls wurde der Apostel bereits an einem Pfahl festgebunden, um sofort den Geißelhieben ausgesetzt zu werden. Προτ. τοῖς ἱμᾶσι kann nicht sein: mit Riemen anbinden (Luther u. A.), da weder der bestimmte Artikel bei ἱμάσιν unmotivirt; sondern diese ἱμάντες müssen identisch sein mit den μάστιγες V. 24, wie denn die Geißeln aus Riemen bestanden; dann ist der bestimmte Artikel ganz am Platz: man streckte ihn den Riemen vor, als das Ziel, wohin sie gerichtet werden sollten. Προτεῖναν nämlich die zur Vollziehung befohlenen Soldaten.

**3. Ist es auch erlaubt.** Der Apostel legte, bevor es zur Ausführung kam, Einsprache in Form einer Frage an den die Vollziehung leitenden Centurio. Die Frage macht auf eine doppelte Rechtsverletzung aufmerksam, welche man durch die Geißelung zu begehen im Begriff sei, 1) sofern man an ihm ohne Verhör und Urtheilsspruch eine Strafe vollziehen wolle (ἀκατάκριτον—μαστίζειν), denn die Geißelung war wirklich eine Strafe, nicht lediglich Verhörsmittel; es war also daran, daß man den Prozeß mit der Exekution anfangen wollte; 2) macht er sein Vorrecht als civis romanus geltend, sofern ein solcher nach der lex Porcia und den leges Semproniae auch nicht im Fall erwiesenen Vergehens mit der Strafe der Geißelung belegt werden dürfte; was eine Strafe für Sklaven war.

**4. Als das der Hauptmann hörte.** Auf die Meldung des Centurio verfügt sich der Befehlshaber herbei, um den Thatbestand des römischen Bürgerrechts seines Gefangenen zu erheben. Σὺ Ῥωμ. εἶ mit verwunderungsvollem Nachdruck: Du bist römischer Bürger? Κεφάλαιον buchstäblich = Kapital. Daß der Tribun in Besorgniß geräth, hat seinen Grund darin, weil auch das Fesseln eines römischen Bürgers strafbar war, wenn es gewaltthätig und ohne vorgängigen Erweis eines peinlichen Vergehens geschah.

### Christologisch-dogmatische Grundgedanken.

1. Nicht sowohl sein freimüthiges Bekenntniß von Jesu an und für sich als seine Berufung zum Heidenapostel hat die Unterbrechung der Rede und diesen Ausbruch tödtlicher Wuth wider den Apostel herbeigeführt. Er muß gerade um dessentwillen leiden, was das Eigenthümliche seiner Sendung gewesen ist.

2. Römisches Recht schützt den Apostel Christi. Dieses ein ganz autonom und den Wege, welchen Gott dieses Volk gehen ließ (Kap. 14, 26) erwachsen; es war auch ächt heidnisch aristokratisch die Bevorzugung einer Klasse. Dennoch muß es jetzt zum Besten eines Knechts Gottes dienen.

### Homiletische Andeutungen.

Sie hörten ihm aber zu bis auf dies Wort u. s. w. [V. 22.] Nun brach der Neid der Juden aus, die, so wenig sie selbst in's Reich

---

¹) Der Plural προέτειναν, oder -νον ist ohne Zweifel ächt, während der Sing. προέτεινεν nur in einigen Minuskeln steht.
²) Ὅτι vor τί ist nicht hinlänglich beglaubigt, um für etwas mehr als Glossem gehalten zu werden.
³) εἰ vor σὺ hat nur eine einzige Unzial-Handschrift für sich, während die Frage bei allen übrigen mit σὺ anfängt.

Gottes hinein wollten, so heftig wehreten, daß Andere — die Heiden — hineinkämen. (Rieger.) — Paulus hatte so eine kräftige und geistreiche Rede gehalten und doch nichts ausgerichtet. Wuth, Grimm, Rache und Bosheit auf allen Seiten waren der Erfolg davon. Dies Exempel soll uns behutsam im Urtheil machen, daß wir die Güte einer Predigt nicht immer nach ihren sichtbaren Früchten abmessen. (Apost. Past.) — Hinweg mit Solchem von der Erde! Das war das Wort der Raserei, das auch Jesus von seinem Volke hören mußte. Man sieht, daß der Apostel nicht zu viel geredet, wenn er von sich und seinen Brüdern sagt, daß sie als ein rechtes Fegopfer oder Auskehricht der Welt seien angesehen worden. (Apost. Past.)

Da sie aber ihre Kleider abwarfen und den Staub in die Luft warfen. [V. 23] Die unheimlichen Voranstalten zur Steinigung. Aber auch heute noch ein Bild der Menschheit in der Raserei der Leidenschaft: man reißt die Kleider ab, wirft den letzten Rest von Scham und Zucht weg, und zeigt sich in der nackten, thierischen Blöße, man wirft Staub auf, alles Strahlende zu schwärzen, alles Edle zu besudeln und sich selbst zu verblenden. Gefährlich ist's, den Leu zu wecken, verderblich ist des Tigers Zahn; jedoch der Schrecklichste der Schrecken — das ist der Mensch in seinem Wahn. (Schiller.)

Und sagte, daß man ihn mit Peitschenschlägen foltern solle, damit er erfahre u. s. w. [V. 24.] Im Tumult wird gemeiniglich der Prozeß mit der Exekution angefangen. Da begeben auch kluge Leute manchmal große Fehler. Stäupen kann erst fragen, was man gethan; so macht's die Welt: sie verdammt, was sie nicht versteht, und richtet, den sie nicht überwiesen. Aber tröste dich, mein Christ, dem es auch also ergehet, daß noch ein anderer Gerichtstag zurück sei, da Gott selber richten und alle hier ergangenen ungerechten Urtheile und Dekrete revidiren wird; da wird's gar anders lauten. (Weish. 6, 4.) — Du aber, weltlicher Richter, bedenke es wohl und brauche alle Vorsicht, müßt du nicht unschuldig Blut auf dein Gewissen laden. (Starcke.)

Ist's auch recht bei euch, einen römischen Menschen ohne Urtheil und Recht geißeln? [V. 25.] Es stehet einem Christen frei, sich auf Gesetz und Privilegien zu berufen, also eine unbillige Gewalt von sich abzutreiben. So können die Christen des römischen Rechts im römischen Reich mit gutem Gewissen wohl gebrauchen, auch wohl des türkischen weltlichen Rechtes, soweit dieselben nicht wider Gott und die Natur laufen, wenn sie in den Landen leben müssen, 1 Thess. 5, 21. (Starcke.) — Wenn ein irdisches Bürgerrecht schon so viel werth ist: wie hoch und theuer mag dann nicht das Recht der Kinder Gottes sein, die durch die neue Geburt Bürger des Himmels geworden sind! Ist's auch recht, solche Seelen zu quälen, zu ärgern, oder auf's neue zu verderben, zu versäumen und zu verwahrlosen? Oder ist's recht, dergleichen unschätzbare Vorzüge mit dem Tand dieser Welt zu vertauschen? (Apost. Past.)

Paulus aber sprach: ich bin römisch geboren. [V. 28.] Auch die Vorzüge der Geburt muß der Christ nicht verachten, sondern zu Gottes Ehre und seinem und des Nächsten Nutzen recht gebrauchen, 1 Kor. 10, 33. (Starcke.)

Und der Oberhauptmann fürchtete sich rc. [V. 29.] O wenn Mancher erst an jenem Tage erfahren wird, wen er vor sich gehabt und mißhandelt hat, was wird es da für Schrecken geben. (Rieger.) — Vorher schrie der ganze Haufe: Weg mit diesem, er ist nicht werth zu leben. Und hier fürchtet sich der Oberhauptmann vor ihm. So weiß der Herr seine Knechte zu erheben, wenn sie bereits ertödtet zu sein scheinen. Und indem sie das Bild des Kreuzes in der Schmach und Niedrigkeit tragen, gibt ihnen das Bild Jesu, womit sie sich schmücken, eine solche Ehre und solchen Respekt, daß auch die Gottlosen vor ihnen erschrecken und zurücktreten müssen. (Apost. Past.)

Zu Bers 22—29. Gefahr und Rettung: 1) Des Apostels Lebensgefahr a. begründet in seinem Zeugniß von der Wahrheit, V. 22, vergl. V. 18, 21; b. verursacht durch den unduldsamen Stolz der Juden; c. drohend mit tödtlichem Ausgang, V. 22 u. 23. 2) Des Apostels Rettung, bewirkt a. durch das Rechtsgefühl des römischen Hauptmanns, V. 24; b. durch die bürgerlichen Vorrechte des Apostels; c. durch die neue Gelegenheit, die er zu seiner Rechtfertigung bekommt, V. 30. (Lisko.) — Gerechtigkeit erhöhet ein Volt, aber die Sünde ist der Leute Verderben. (Derf.) — Paulus das Vorbild eines edlen Dulders: 1) Durch die Art, wie er das unabwendbare Leiden erträgt, a. er schweigt, von V. 22 an; b. er verzeiht, V. 23; c. er duldet, V. 24. 2) Durch die Art, wie er erunnöthige Schmach von sich abweist, a. er sucht kein Märtyrerthum, b. er warnt die Obrigkeit vor Mißbrauch ihrer Gewalt; c. er bewahrt das unantastbare Gefühl seiner Menschenwürde. (Derf.) — Das rasende Volk von Jerusalem ein abschreckendes Bild des Fanatismus, wie er 1) den Gott entehrt, für den zu eifern wähnt; 2) die Unschuldigen mißhandelt, die er sich zum Opfer ersehen; 3) sich selber schändet, indem er den Menschen zum wilden Thiere macht, V. 22. 23. — Ist es auch recht bei euch, einen römischen Menschen ohne Urtheil und Recht geißeln? [V. 25.] Ein Wort aus Gottes Munde wider die Tyrannen, sie zu mahnen 1) an unveräußerliche Menschenrechte; 2) an eine unantastbare Bürgerehre; 3) an eine unverletzliche Christenwürde. — Die geheiligte Person eines Gottesknechts: 1) Wo sie gewaltsam angetastet wird, da darf er Einsprache thun in Sanftmuth und Demuth, V. 25, vergl. Joh. 18, 23. 2) Wo sie äußerlich mißhandelt wird, da bleibt sie innerlich unverletzt, Apostelgesch. 6, 41. 3) Wo sie zeitlich in den Staub getreten wird, da soll sie ewig mit Ehren gekrönt werden, Matth. 5, 11 u. 12. — Der unverlierbare Adel der Kinder Gottes: 1) Erworben durch die Wiedergeburt, V. 28. 2) Verbrieft durch den Geist Gottes, der unserm Geiste Zeugniß gibt, daß wir Gottes Kinder seien. 3) Erprobt in Trübsal und Anfechtung, V. 23 ff. 4) Erneuert im Himmel, wo sie mit Christo sollen offenbar werden in der Herrlichkeit, Kol. 3, 4. — Die edlen Privilegien eines Bürgers im Reiche Gottes: 1) Vor den Mächten der Welt braucht er sich nicht zu fürchten; Paulus unerschrocken vor dem römischen Hauptmann, ja dieser in Furcht vor ihm, V. 29. 2) Von den Schlägen der Welt wird er nicht getroffen; ein Bürger Roms durfte nicht gegeißelt werden; ein Bürger Christi hat zwar kein Privilegium wider die Schläge der Trübsal und die Geißel der Verfolgung, aber Schmerz und Schmach davon trifft ihn nicht. 3) An das Urtheil der Welt ist er nicht gebunden, Paulus appellirt von dem übel berichteten an den besser unterrichteten Hauptmann, später an den Kaiser selbst. Der Christ appellirt von allem Welturtheil an den Richterstuhl seines himmlischen Königs. — Wie der Christ seine bürgerlichen Rechte schätzt, aber nicht überschätzt: 1) Die Vorzüge seiner Geburt wirft er nicht weg, V. 28, aber er weiß, daß sie nichts werth sind ohne den Adel der Gesinnung. 2) Sein Recht vor dem Gesetz gibt er nicht preis, V. 25, aber er macht es nur geltend in Sanftmuth und Demuth. 3) Den Schutz der Obrigkeit nimmt er in Anspruch, V. 25, aber sein höchstes Vertrauen gehört dem Herrn aller Herren und König aller Könige, V. 21.

### C.

**Vorführung des Apostels vor den Hohen Rath und Verantwortung vor demselben. Tröstliche Verheißung des Herrn an ihn.**
Kap. 22, 30—Kap. 23, 11.

30 Am folgenden Tage wollte er sicher erkunden, weffen derselbe von den Juden beschuldigt werde, machte ihn los¹), befahl, daß die Hohenpriester und der ganze Rath zusammenkomme, führte den Paulus hinab und stellte ihn vor sie.
1 XXIII. Paulus aber schaute den Rath an und sprach: Männer, Brüder, ich habe
2 mit ganz gutem Gewissen gewandelt vor Gott bis auf diesen Tag. *Der Hohepriester
3 Ananias aber befahl denen, die neben ihm standen, ihn auf den Mund zu schlagen. *Da sprach Paulus zu ihm: Schlagen wird dich Gott, du getünchte Wand! Du sitzest, um mich zu richten nach dem Gesetz, und befiehlst, dem Gesetze zuwider, mich zu schlagen?
4 *Die neben ihm Stehenden aber sprachen: Lästerst du den Hohepriester Gottes? *Und
5 Paulus sprach: Brüder, ich wußte nicht, daß es der Hohepriester ist; denn es ist geschrieben: Den Obersten deines Volkes sollst du nicht schmähen. *Da aber Paulus
6 wußte, daß der eine Theil Pharisäer war, der andere aber Sadduzäer, rief er laut im Rath: Männer, Brüder, ich bin Pharisäer, ein Sohn von Pharisäern²); um der Hoff-
7 nung und der Todten Auferstehung willen werde ich gerichtet. *Nachdem er aber dieses gesagt hatte, entstand eine Parteiung zwischen den Pharisäern und den Sadduzäern,
8 und die Menge spaltete sich. *Die Sadduzäer behaupten nämlich, es gebe keine Auf-
9 erstehung, noch Engel, noch Geist; die Pharisäer aber bejahen beides. *Es entstand aber ein großes Geschrei, und es traten Schriftgelehrte³) von der Partei der Pharisäer auf, stritten und sprachen: Wir finden nichts Böses an diesem Menschen; ob aber ein
10 Geist mit ihm geredet hat oder ein Engel⁴)? *Als aber eine große Aufregung wurde, besorgte der Tribun, Paulus möchte von ihnen zerrissen werden, und gab Befehl, daß die Mannschaft herabkommen, ihn aus ihrer Mitte reißen und in das Lager
11 führen solle. *In der nächstfolgenden Nacht aber trat der Herr zu ihm und sprach: Sei getrost⁵); denn wie du von mir Zeugniß abgelegt hast vor Jerusalem, so mußt du auch in Rom zeugen.

**Exegetische Erläuterungen.**

1. *Am folgenden Tage.* Τὸ ἀσφαλές das Sichere, den wirklichen Thatbestand wollte er erforschen; als Appos.; steht dabei τὸ τί - Ἰουδ. Er wollte nicht den objektiven Thatbestand, sondern zunächst nur den bestimmten Anklagepunkt wider Paulus, die Beschwerden von Seiten der Juden wider ihn eruiren. Bis auf diesen Augenblick hatte er noch nichts Bestimmtes gehört, blos die

---

1) ἀπὸ τῶν δεσμῶν nach Ἐλ. αὐτόν ist offenbar späterer Zusatz, denn die vier ältesten Unzial-Handschriften haben es nicht. Dieselben vier Urkunden haben dagegen συνελθεῖν, während die übrigen ἐλθεῖν lesen; letzteres Correctur, sofern man dachte, die jüdischen Behörden haben sich zu dem Besehlshaber verfügen müssen.

2) υἱὸς Φαρισαίων haben die Unzial-Handschriften A. B. C. und 7 Minuskeln, die syrische Uebersetzung und die Vulg., auch Tert., die Lesart Φαρισαίου ist ohne Zweifel Correctur, indem man blos an den leiblichen Vater dachte. Schon Griesbach hat den Plural befürwortet, Lachmann und Tischendorf haben ihn mit Recht aufgenommen.

3) Die Lesart der zwei jüngsten Unzial-Codd. G. H. aber auch von 25 Minuskeln γραμματεῖς ohne Artikel scheint die ächte zu sein. Zwei Unzial-Handschriften haben: τινες τῶν γραμματέων, zwei andere: τινες τῶν Φαρισαίων, einige Minuskeln: γραμμ. Alles das ist wohl beabsichtigte Verbesserung oder Verdeutlichung der ursprünglichen Worte.

4) Die Schlußworte: μὴ θεομαχῶμεν nach ἄγγελος fehlen in den vier gewichtigsten Handschriften ersten Ranges, drei Minuskeln und fünf der ältesten Versionen, und sind als Glosse aus V. 39 mit Erasmus, Griesbach und den meisten neueren Kritikern zu streichen.

5) Παῦλε nach θάρσει ist nach äußeren Zeugnissen unzweifelhaft unächt.

**23, 1—11.** Der Apostel Geschichten. **313**

leidenschaftliche Entrüstung, die aufgebrachte Stimmung wider ihn wahrgenommen. Jenen Zweck hoffte er bei der hierarchischen Behörde des Volks unfehlbar zu erreichen. Der Befehl, eine Sitzung des Sanhedrin zu veranstalten, beweist, wie tief die Selbstständigkeit des Volks auch selbst in innern Angelegenheiten ihrer Religion beeinträchtigt war. Das συνελθεῖν setzt das gewöhnliche Sitzungslokal voraus, während die unbeglaubigte Lesart ἐλθεῖν davon ausgeht, daß die Versammlung sich bei dem Römer einfinden müsse. Aber auch καταγαγών, vgl. Kap. 23, 10, καταβάν deutet auf eine Oertlichkeit in der Stadt selbst, nicht der dieselbe beherrschenden Burg Antonia. ἐλύσεν, also um geachtet er wegen unberechtigter Fesselung eines römischen Bürgers eine Weile besorgt gewesen war, ließ er den Paulus in seinen Banden, bis er ihn vor das Synedrium stellte.

2. **Paulus aber schaute den Rath an.** Der Apostel wurde nun, wie der Erlöser selbst in der Nacht vor seinem Kreuzestod, und wie einst die ursprünglichen Apostel (Kap. 4, 7 f.; 5, 27 ff.) vor das Synedrium gestellt. Allein ἀτενίσας, er sah die Versammlung mit ruhigem, unerschrockenem Blick an. Auch die Anrede ἄνδρ. ἀδελφοί ohne πατέρες (Kap. 22, 1) bezeugt, daß er sich ihnen gleich fühlt. Er beginnt die Verhandlung; denn er war nicht von der Versammlung selbst vorgeladen, sondern von dem römischen Befehlshaber vor sie gestellt. Daher erwarteten sie, was Letzterer vorzutragen hätte, und der Apostel spricht sich seinerseits ruhig aus. Er bezeugt ein gutes Gewissen, mit welchem er in allen Stücken seither seine Pflicht gethan habe gegen Gott, πάσῃ συν. ἀγ., d. h. in jedem Betracht, in jedem Fall mit gutem Gewissen. πολιτεύομαι ist resp. gero, fungor magistratu in rep., ich habe mein Amt mit gutem Gewissen geführt für Gott, πολιτεύομαι in einem ganz abstrakten Sinn, für vitam instituere oder se gerere zu nehmen, ist im ganzen sonstigen Sprachgebrauch nicht begründet.

3. **Der Hohepriester Ananias** ist auch aus Josephus Alterth. XX, 5, 2; 6, 2 f. bekannt: er war der Sohn des Nebedai und wurde durch Herodes, Fürst von Chalcis, im Jahre 48 n. Chr. zum Hohenpriester ernannt, behielt auch diese Würde vermuthlich bis gegen das Jahr 60, wo Ismael, Sohn des Phabi, kurz vor dem Abgang des Prokurators Felix, zu der hohepriesterlichen Würde gelangte (Joseph. Alterth. XX, 8, 8). Sofern er von dem Statthalter Syriens, Quadratus, im J. 52 nach Chr. nach Rom geschickt worden ist, um sich vor Kaiser Claudius zu verantworten, weil die Juden von den Samaritern der Gewaltthätigkeit angeklagt worden waren (Joseph. Alterth. XX, 6, 2), so hat man früher gemeint, er sei zugleich abgesetzt worden und habe in diesem Zeitpunkt nur vorübergehend das Amt verwaltet oder auch nur den Ehrentitel eines Alt-Hohenpriesters geführt (Eichhorn, Kuinoel). Allein er hat damals seine Sache in Rom siegreich durchgeführt, ist nach Jerusalem zurückgekehrt und hat ohne Zweifel seine Würde ununterbrochen fortgeführt; so unter den Neueren Winer, Realsyc., Wieseler, Chronol. des apost. Zeitalters 1848, 76 f. Anmerk., Meyer und Ewald, apost. Zeitalter S. 500. Somit bestätigt die anderweitige historische Kunde, daß Ananias damals allerdings (worauf die Bezeichnung ὁ ἀρ-

χιερ. V. 2—4 weist) der regierende Hohepriester gewesen sei.

4. **Befahl denen u. s. w.** Der Hohepriester ließ ihm für seine ersten Worte, die ihm als Frechheit oder als Heuchelei erschienen waren, von den Dabeistehenden, vermuthlich Gerichtsdienern, einen Schlag auf den Mund geben. Paulus aber antwortet ihm in gerechtem Zorn, göttliche Wiedervergeltung dieses Schlags ankündigend (τύπτ. μέλλει, nicht Anwünschung, wie Kuinoel meint), seine Heuchelei aufzeigend (τοίχε κεκον., wo der reine Glanz des oberflächlichen Anstrichs und der innere Bestand aus schmutzigem Lehm einen Contrast bilden), und den Widerspruch hervorhebend, nach dem Maßstab des mosaischen Gesetzes richten zu wollen, und doch durch rechtswidrige Mißhandlung das Gesetz persönlich zu verletzen. Καὶ σὺ auch du, wie die übrigen, während du als Vorsitzender des Gerichts das Gesetz doppelt gewissenhaft beobachten solltest.

5. **Lästerst du ꝛc.?** Auf den Vorhalt, daß diese Lästerung wider den Hohenpriester Gottes eine Beleidigung des heiligen Gottes selbst sei, erwiedert der Apostel, sich rechtfertigend, er habe nicht gewußt, daß er Hoherpriester sei, V. 5. An dieser Antwort ist viel gedreht und gedeutet worden, wobei man entweder die Worte ὅτι ἐστὶν ἀρχιερ., oder das οὐκ ᾔδειν zum Vorwurf nahm. Ersteres drehte man so, als ob der Apostel die Wirklichkeit der hohenpriesterlichen Würde des Ananias in Abrede ziehe, weil's, weil Ananias sich diese Würde durch Geld verschafft habe (Grotius), sei's, weil derselbe in der That nicht eigentlicher Hoherpriester gewesen sei (Lightfoot). Das Nichtwissen dagegen haben die Ausleger so gedreht, als wollte Paulus sagen: ich bedachte nicht, daß der Hoherpriester sei (Wetstein, Olshausen, Ewald), womit der Apostel sein Benehmen als ein übereiltes eigentlich zurücknehme, oder als sollte οὐκ ᾔδειν geradezu sagen: ich erkenne es nicht an (Augustin). Man kam darum auf diese Künste, weil der einfache Wortsinn, der Apostel habe es geradezu nicht gewußt, daß der Vorsitzende der Hoherpriester im Amt sei, unglaublich schien. Es fehlt zwar nicht an Auslegern, welche bei dem buchstäblichen Wortverstand blieben, z. B. Chrysostomus, Beza, mit Berufung darauf, daß der Apostel nach langer Abwesenheit von Jerusalem den Hohenpriester persönlich nicht gekannt haben werde. Allein da doch Niemand anders als der Hoherpriester den Vorsitz im Sanhedrin einzunehmen pflegte und die Sitzung Allem nach keine tumultuarische, sondern ganz geregelt war, so ist doch unwahrscheinlich, daß Paulus in der That den Hohenpriester nicht erkannte. Daher empfiehlt sich am ehesten die Auffassung: ich wußte nicht, d. h. ich konnte nicht denken, daß es der Hoherpriester sei, nämlich weil er so unpriesterlich, so unwürdig eines Hohenpriesters handelte (Calvin, Heinrichs, Baumgarten, Meyer). Der Letztere nennt es Ironie, es ist aber der bitterste Ernst. Zugleich beruft sich der Apostel auf ein biblisches Wort (Exod. 22, 28), demgemäß er sein empörtes Wort nicht ausgesprochen haben würde (γέγρ. γάρ), wenn bei der Verkennung des Amtes durch eigene Schuld seines Trägers herbeigeführt worden wäre.

6. **Ich bin Pharisäer.** Der Apostel schlägt nun rasch einen andern Weg ein. Ruhige Verantwortung, wie er sie V. 1 begonnen hatte, fand kein geneigtes Gehör. Daher nimmt er zu seiner Ver-

theidigung, und um wenigstens eine Partei in der Versammlung für die Sache selbst, für die christliche Wahrheit zu gewinnen, die Wendung, sich persönlich als Pharisäer und seinen Glauben als der Pharisäerlehre verwandt zu bekennen. „Sohn von Pharisäern" nennt er sich im Hinblick auf seinen Vater und Voreltern, womit er sagen will, pharisäische Anschauung und Gesinnung habe nicht erst er selbst persönlich sich angeeignet, sondern schon als alte Familientradition überkommen. Zudem erklärt er, wesentlich um der Hoffnung und der Auferstehung willen vor Gericht zu stehen; ἐλπ. καὶ ἀναστ. νεκρ. nimmt man gemeiniglich als ἓν διὰ δυοῖν, Hoffnung der Auferstehung, so Bengel, Meyer, Baumgarten. Aber es gibt einen besseren und vollständigeren Sinn, Beides selbstständig zu fassen: um der Hoffnung willen, d. h. wegen der Hoffnung auf Erlösung, der messianischen Verheißung, welche Israel gegeben sei. Und wegen der Auferstehung Todter; letzterer Ausdruck kann dann direkt auf die Auferweckung Jesu sich beziehen, während in untrennbarer Beziehung auf ἐλπίς zunächst nur die künftige Auferstehung gemeint sein könnte. Und doch muß dem Apostel die Auferweckung Jesu vor Allem vorschweben

7. **Nachdem er dieses gesagt hatte,** führte Paulus eine Spaltung der zuvor in ihrer Feindseligkeit einigen Menge der Mitglieder herbei (ἐσχίσθη), so daß Pharisäer und Sadduzäer sich bekämpften; diese Parteiung wurde immer lauter und leidenschaftlicher (B. 9 κραυγὴ μεγάλη, B. 10 πολλῆς στάσις), so daß der römische Tribun für die Sicherheit seines Gefangenen fürchtete und ihn durch die Militärmacht wieder abführen ließ. Zur Aufklärung seiner Leser und zur pragmatischen Lösung des Räthsels artikulirt Lukas B. 8 die Differenz der sadduzäischen und pharisäischen Ansicht: jene verneint einerseits die Auferstehung, andererseits die Existenz eines Engels oder Geistes (μηδὲ - μήτε kritisch festzuhalten; jenes führt eine andere Gattung von Begriffen ein, dieses stellt etwas Gleichartiges daneben, sofern πνεῦμα ein körperloser Geist, dem ἄγγελος wesentlich homogen ist); die Pharisäer bekennen und behaupten Beides (ἀμφότερα, sofern Auferstehung des Leibes und Existenz reiner Geistes, z. B. in Engeln oder abgeschiedenen Seelen, zwei Hauptkategorien bilden). In der That versöhnten sich mehrere Schriftgelehrte der pharisäischen Seite für Paulus; die Partei bestand theils aus Gelehrten, theils aus Ungelehrten; jene führten das Wort und äußerten sich sowohl für seine Person, der keine Schuld beizumessen sei, als für die Möglichkeit einer ihm gewordenen Offenbarung. Εἰ - ἄγγελος eine abgebrochene Rede, sei's als Bedingung ohne ἀπόδοσις, sei's als Frage, die dem Gegner die Antwort überläßt. Dies bezieht sich unleugbar auf das, was Paulus Kap. 22, 6 ff. von der Erscheinung Jesu erzählt hat; nur daß die Pharisäer auf ihre Weise an die Erscheinung eines Engels oder die Offenbarung eines Geistes denken.

8. **Als aber eine große Aufregung wurde und** dieselbe immer höher stieg, fürchtete am Ende der Tribun, Paulus möchte von den Parteien zerrissen werden (διασπασθῇ), indem die Einen, um sich seiner anzunehmen, die Andern im Zorn nach ihm griffen und ihn hin- und herzerrten. Daher gab er Befehl, daß die Mannschaft von der Burg herabkomme, ihn aus der Versammlung mit Gewalt herausreiße und wieder in's Lager führe. Ohne

Zweifel hatte der Kommandirende, um nicht die Hierarchen zu kränken, in die Versammlung selbst nicht eine Abtheilung Militär, sondern blos eine Ordonnanz mitgenommen.

9. **In der nächstfolgenden Nacht.** Die Offenbarung Jesu Christi geschah wahrscheinlich in einem Traumgesicht. Paulus sah den Herrn bei sich stehn und hörte seine muthbeinsprechenden und verheißenden Worte. Ὡς Ἱερουσαλήμ - εἰς Ῥώμην, nach beiden Städten mußte er erst kommen, nach beiden hin (εἰς) war sein Zeugniß gerichtet. Das eine die religiöse, das andere die politische Centralstadt der damaligen Welt.

#### Christologisch-dogmatische Grundgedanken.

1. Der Apostel bezeugt nicht rein persönlich, sondern namentlich mit Beziehung auf seinen Beruf als Apostel der Heiden, sein gutes Gewissen. Gerade der hierarchischen Oberbehörde Israels gegenüber durfte er sich seines Amtes nicht schämen; er hat sich laut und freudig zu demselben bekannt. Er beruft sich auf Gott und sein gnädiges Wohlgefallen (τῷ θεῷ), welches entscheidend ist, wenn auch die Menschen seine Handlungen höchlich mißbilligen. Sicher schwebt ihm hauptsächlich sein Leben seit der Bekehrung vor, aber er beschränkt sein Selbstzeugniß allerdings nicht auf diesen Zeitraum, und will sagen, daß er eben so aufrichtig und eifrig, wie ehemals Gott diene.

2. Sowohl mit Bezug auf die rasche Entgegnung auf die erlittene Gewaltthätigkeit, B. 3, als mit seiner Rechtfertigung ob dieses Worts, B. 5, stellt Paulus den Contrast zwischen Amt und Person in's Licht. Das Amt verpflichtet den Vorsitzenden des Gerichts zu strengster Gewissenhaftigkeit in Befolgung des Gesetzes, die Person aber verletzt das Gesetz auf schreiende Art, B. 3. Und vermöge eines solchen persönlichen Verfahrens kann man ihn allerdings nicht für den Träger eines so heiligen Amtes anerkennen, B. 5. Das ist Kritik des Heiligen Geistes, welche an der Person, ob sie auch noch so hoch gestellt sei, den Maßstab des Rechts und der Wahrheit legt und keinem Menschen eine Infallibilität, ob er auch in cathedra und inmitten einer Kirchenversammlung, zuerkennt.

3. Das Auftreten des Apostels B. 6, da er sich als Pharisäer bekannte, wird häufig als ein Einfall weltlicher Klugheit beurtheilt, vermöge dessen er die Versammlung zu theilen, das Parteiinteresse zu seinem persönlichen Vortheil auszubeuten gemußt habe. Divide et impera. Allein es war ihm sicherlich nicht um sich und seinen persönlichen Vortheil, sondern um die heilige Sache der Wahrheit und die Ehre Christi zu thun. Die Parteiung zwischen Pharisäern und Sadduzäern benutzte er blos, um mittelst derselben der Wahrheit Gehör zu verschaffen, für welche bisher die Gemüther ganz und gar verschlossen waren. Und diesen Zweck erreicht er durch die Erklärung, er sei persönlich Pharisäer sei und nun einer Sache willen, welche im pharisäischen System viel galt, vor Gericht stehe. Er sagt eben so, wie dem Heidenthum gegenüber, dasjenige auf, was dem Christenthum verwandt ist: die Hoffnung Israels auf den Messias und den Glauben an Auferstehung der Todten. In der That zeigt der Erfolg, daß die Pharisäer der Wahrheit näher standen.

4. Inwiefern konnte Paulus sagen, daß er nicht

etwa blos ein Pharisäer gewesen sei, sondern daß er noch Pharisäer sei? Man hat dies für eine Unwahrheit gehalten. Aber dem sadduzäischen Wesen gegenüber (und in diesem Gegensatz ist es gemeint) konnte er mit Wahrheit behaupten, kein Anderer geworden zu sein, heute noch ein Pharisäer zu sein, mit der Heiligkeit und Gerechtigkeit vor Gott es streng und genau zu nehmen, was die Hoffnung Israels und die Auferstehung betrifft, gläubig zu sein, war ihm doch die Erfüllung dessen das höchste Lebensgut geworden, was der fromme Pharisäer hoffte und suchte. Er sagt den Pharisäern gegenüber, wie einst den heidnischen Athenern gegenüber: was ihr suchet und nicht kennet, das habe, das kenne, das verkündige ich euch. In diesem Sinn läßt sich ebenfalls anwenden, was Bengel zunächst in einer andern Beziehung zu B. 1 von Paulus sagt: Nunc, quum bona vetera non abjecit, sed meliora accepit, ex praesenti statu lux in pristinum sese refundebat.

5. Die Offenbarung Christi V. 11 war tröstend und erhebend zugleich. Mitten in der größten Gefahr wird dem Apostel die glänzendste Aussicht eröffnet. In Rom das Evangelium verkündigen zu dürfen, das schien ihm das höchste Ziel zu sein. Und nun wird ihm das zu Theil. — Was der Erlöser mit ihm vor hat, was er ihm gleich bei seiner Bekehrung eröffnet hat durch Ananias, das rückt jetzt der Erfüllung näher, allerdings unter den Zeichen des Kreuzes, und so, daß er viel leiden muß um des Namens Jesu willen, Kap. 9, 15 f.

#### Homiletische Andeutungen.

**Paulus aber sah den Rath an. [V. 1.]** Dergleichen Blicke auf Stätten des Gerichts, wo Gottlose und gottloses Wesen war, hat schon Salomo gethan, Pred. 3, 16. Im Leben unsers lieben Heilandes kommt selbst auch vor, was er zuweilen mit solch bedächtlichem Ansehn wirken wollte, Luk. 20, 17; Mark. 3, 5; 11, 11. In Pauli Herzen hat bei diesem Blick viel rege werden müssen, theils von dem Verfall seiner Brüder nach dem Fleisch, in deren Rath es so aussah, theils aber auch von seiner Erwählung zum Beruf, nach welchem er von diesen Banden der Finsterniß errettet worden ist und nun nimmer bei einem solchen Rath Briefe und Kommissionen zu holen hatte. (Rieger.) — **Ich habe mit gutem Gewissen gewandelt vor Gott bis auf diesen Tag.** Diejenigen, welche ihr eigen Gewissen beschuldiget, pflegen gewöhnlich die Augen nicht, wie hier Paulus, auf-, sondern niederzuschlagen. (Starke.) Das freimüthige Zeugniß von seinem unschuldigen Wandel hat man als eine Verantwortung gegen ihre Beschuldigung anzusehen. Von seinem nächsten Lauf in der Gnade Christi war es völlig wahr, und das Uebrige konnte er mit anschließen gegen Solche, vor welchen er im Gesetz untadelig gewesen ist. (Rieger.) — Ein recht gut Gewissen vor Gott kommt 1) aus dem wahren Glauben an Christum, der die Vergebung der Sünden erlangt; 2) aus Versicherung göttlicher Gnade und ewigen Lebens; 3) aus Erneuerung des Heiligen Geistes zu einem neuen Leben und Wandel; 4) aus treuer Verrichtung des Berufs. (Starke.) — Viele berufen sich freilich auf ihr gutes Gewissen nur, weil ihnen Niemand hineinsehen kann. Viele halten auch ihr schlafendes Gewissen für ein gutes. (Ders.)

**Daß sie ihn auf's Maul schlügen. [V. 2.]** Auch in dieser Art des Leidens wurde Paulus ein Ebenbild des leidenden Jesu, der in den Tagen seiner Marter einen Backenstreich empfing, weil er vor dem Hohenpriester ein so freudiges Bekenntniß abgelegt hatte. (Apost. Past.) — Wie manchen schmählichen Backenschlag bekommen auch jetzt noch fromme Christen, theils durch allerhand Lästerungen, theils daß man nicht mehr leiden will, daß sie die Wahrheit sagen und das gottlose Wesen der Welt bestrafen sollen! Hiob 16, 10; 1 Kön. 22, 24; Apost. 5, 28. (Starke.)

**Gott wird dich schlagen, du getünchte Wand! [V. 3.]** Ein sehr zutreffendes Bild unbekehrter Lehrer. Ananias trug die heilige Würde des Hohepriesters und hatte vielleicht von außen, in seinen grauen Haaren und weißen Priesterkleidern, ein gar ehrwürdiges Ansehn; inwendig aber war sein Herz voll Wuth und Mordbegierde, voll Ungerechtigkeit und Tyrannei. Unsere heiligen Aemter, geistlichen Titel und priesterlichen Würden sind nichts Anderes als ein weißer Kalk, womit der innere Unflat des fleischlichen Herzens bedeckt wird. Vor Gott aber helfen keine Decken und auch vor Menschen hält der lose Kalk nicht lange. (Ap. Past.) — Allerdings ist hierbei in Vergleich mit der ruhigen Milde und Selbstverleugnung Jesu (Joh. 8, 23) die Temperamentsheftigkeit Pauli nicht zu verkennen. Allein zu stark haben wir sie dem Apostel nicht anzurechnen. Freilich in unsrer übertriebenen seinen Zeit kennt man an den Knechten Christi seine größere Sünde als die Heftigkeit; da heißt es gleich: sie hätten vorsichtiger sein sollen. Nun ja, aber dafür haben die ihre Hälse dran gewagt, sind als schwache Menschen im Vordertreffen gestanden. Es ist doch viel besser, des Herrn ungeschickter Sachwalter auf Erden sein, als aus lauter Bedenklichkeit die Andern Alles allein machen lassen. Uebrigens wäre z. B. ein Luther in Pauli Fall noch viel härter angefahren. (Williger.)

**Ich wußte nicht, daß es der Hohepriester ist. [V. 5.]** Ich weiß wohl, meinte Paulus, daß man nach dem Gesetz den Obersten seines Volks nicht schmähen darf (2 Mos. 22, 28), allein solche Ueberteilung ist mir jetzt am ehesten zu gut zu halten; wie konnte ich in dem, welcher so unbändig eiferte, den Obersten des Volks Gottes erkennen? (Williger.) — Hier paßt hinter an die eigene Erklärung Pauli 2 Kor. 5, 13: „Thun wir zu viel, so thun wir es Gott; sind wir mäßig, so sind wir euch mäßig." In seinem rücksichtslosen Eifer hatte er nur Gott und dessen Ehre, in seiner ehrerbietigen Entschuldigung hatte er seine Zuhörer, deren Herzen er gewinnen wollte, vor Augen. (Nach Rieger.) Uebrigens muß man Pauli Verhalten weder zur Beschönigung eines ungestümen fleischlichen Affekts, noch einer falsch-politischen Klugheit mißbrauchen, Tit. 1, 7. (Starke.)

**Ich bin ein Pharisäer rc. [V. 6.]** Hier steht Paulus wie ein Schaf mitten unter den Wölfen, darum ist er klug, wie eine Schlange, Matth. 10, V. 16. (Starke.) Uebrigens verleugnete er dabei auch nicht die Taubeneinfalt. Den Pharisäern gehörte Paulus nicht nur durch seinen Bildungsgang und seine Vergangenheit, sondern auch durch seine gegenwärtige Glaubensstellung, so insofern an, als er gegenüber der sadduzäischen Frivolität die Autorität des göttlichen Gesetzes und den Glauben an die Auferstehung mit ihnen festhielt. Das war der gemeinsame Boden, auf dem er mit ihnen noch stand, und von dem aus er sie weiterführen wollte in's Evangelium hinein. — Die Hoffnung der Väter, in der Erscheinung Christi erfüllt, und die Auferstehung der Todten, durch Christi Auferstehung besiegelt, das waren wirklich die beiden Grundthemata der Predigt Pauli. (Apost. Past.)

Und die Menge zerspaltete sich. [B. 7.] Hier sehen wir wieder die Weisheit Gottes, wonach er die Menge der verschiedenen Religionen trägt und duldet. Wäre die ganze Welt Eines Sinnes, so wäre die Wahrheit bald unterdrückt. So aber streitet eine Secte wider die andere und macht damit der göttlichen Wahrheit Raum. (Apost. Past.)

Wir finden nichts Arges an diesem Menschen. [B. 9.] Hier tobte die Macht fleischlicher Affekte, und doch erreichte Gott durch seine Alles lenkende Weisheit seinen Zweck. Er herrscht mitten unter seinen Feinden. Etliche, sagt Paulus selbst Phil. 1, 16, predigen Christum auch um Haß und Haders willen, aber das nur Christus verkündigt werde auf allerlei Weise, es geschehe zufallens oder rechter Weise, so freue ich mich doch. (Apost. Past.)

Da aber der Aufruhr groß ward, besorgte der heidnische Hauptmann u. s. w. [B. 10.] Wenn die Noth groß wird, so weiß Gott den Seinigen schon Schutzengel zu erwecken, sollten's auch heidnische Soldaten sein. (Starde.) — Was der heidnische Obrist an dieser Spaltung für ein Aergerniß genommen, kann man sich leicht denken. (Rieger.) Aehnlich muß es heut noch den Heiden gehen, wenn sie sehen, wie die Christen sich in Religionshader unter einander zerreißen.

Des andern Tages aber stand der Herr bei ihm. [B. 11.] Große Noth, großer Trost! (Starde.) — Der Zuspruch des Herrn mußte dem Apostel diesmal besonders zum Troste werden. Er mochte mit seinem Zeugniß in Jerusalem herzlich wenig zufrieden sein, theils was den Erfolg, theils was die Art seiner Berantwortung betraf. Ueber solche Gedanken und Bedenken, die einem Knechte Gottes mehr als alles Andere schlaflose Nächte bereiten können, setzte ihn das Wort des Herrn hinweg: „sei getrost, ich bin mit deinem Zeugniß zufrieden, du hast es so gut gemacht, als du konntest; der Erfolg lag nicht in deiner Hand. Du hast meinen Weg und Plan nicht verdorben, dein Zeugniß in Jerusalem ist am Ende; nun geht es nach Rom." (Williger.)

Zum Abschnitt B. 1—11. Die Feinde des Evangeliums, sich selbst richtend. 1) In ihrer Ungerechtigkeit, B. 2 ff.; 2) in ihrer Uneinigkeit, B. 6 ff. (Lisko.). — Die Hoffnung der Auferstehung die Krone des Christenthums. 1) Nur unter dieser Boraussetzung beruht die Berantwortung des Paulus in der Wahrheit. 2) Jene Boraussetzung ist aber auch in Wahrheit richtig. (Lisko.) — Die Aufwallung des Apostels vor dem hohen Rath: 1) Wie sie in ihm erregt ward, B. 1. 2; 2) wie er ihrer Herr ward, B. 3—5. (Ders.) — Wie wir die Einfalt der Kinder Gottes verbinden sollen mit der Klugheit der Kinder dieser Welt: 1) Die Einfalt der Kinder Gottes durch offenes Zugeständniß unsrer Schwächen, B. 3—5; 2) die Klugheit der Kinder der Welt durch Benutzung der Umstände für unser Ziel, B. 6—10. (Ders.) — Der Trost eines guten Gewissens, B. 1. 1) Worauf er ruht: a. auf der Rechtfertigung durch den Glauben, b. auf dem Fleiß in der Heiligung. 2) Wozu er hilft: a. zum muthigen Wirken, b. zum freudigen Leiden. — Pauli Berantwortung vor dem hohen Rath, oder der rechte Zengengeist. Ein Geist 1) männlichen Freimuths, B. 1—3; 2) findlicher Demuth, B. 4. 5; 3) besonnener Klugheit, B. 6; dabei aber 4) aufrichtiger Einfalt, B. 6. (Paulus sagt ja nichts Anderes, als was wahr ist.) — Auch bei den Aufwallungen fleischlichen Eifers verleugnet ein Knecht Gottes nicht, weß Geistes Kind er ist, B. 1—5. 1) In dem Grund, woher seine Aufwallung rührt; es ist das Schlechte, was ihn empört, das Rechte, wofür er eifert. 2) In der Art, wie seine Aufwallung sich äußert: auch im Zorn vergißt er weder die eigene Würde, noch die Ehrfurcht vor Gott. 3) In dem Sieg, den er über seine Aufwallung erringt, indem er sie bei rubiger Besinnung kindlich eingesteht und männlich bemeistert. (Parallelen aus Luthers Leben und Schriften). — Jesus und Paulus vor dem hohen Rath, oder der Meister und der Jünger vor den ungerechten Richtern. 1) Worin Meister und Jünger sich ähnlich sind: a. Beide belegt mit derselben unverdienten Schmach (B. 2; vergl. Joh. 18, 22); b. Beide behaupten ihre gottverliehene Würde (B. 3; vergl. Joh. 18, 23). 2) Worin der Meister über den Jünger ist: a. Jesu heiliges Selbstbewußtsein (Joh. 18, 20. 21) ist mehr als Pauli gutes Gewissen, B. 1; b. Jesu sanftmüthige Berantwortung (Joh. 18, 23) ist himmlischer als Pauli menschliches Aufbrausen, B. 3. — Die besten Sachwalter eines Knechtes Gottes vor dem Richterstuhl der ungerechten Welt: 1) Der Trost eines guten Gewissens in der eigenen Brust, B. 1; 2) der Fluch einer schlechten Sache in den Reihen der Feinde, B. 3. 6—9; 3) die Theilnahme der Redlichen und Unbefangenen in der Welt, B. 10; 4) das Gnadenzeugniß eines gerechten Richters im Himmel, B. 11.

— Der Ruf vom Himmel: sei getrost, Paulus (B. 11) ein Gnadentrost für alle treuen Diener Christi. 1) Sie zu trösten über das ungerechte Urtheil der Welt; 2) sie zu entschädigen für die Schmach ihres Amtes; 3) sie zu beruhigen bei den Anfechtungen ihres eigenen Gewissens; 4) sie zu stärken für die Kämpfe der Zukunft. (Du sollst auch in Rom zeugen!)

### Dritter Abschnitt.

Paulus wird von Jerusalem nach Cäsarea versetzt, und verantwortet sich dort vor dem römischen Prokurator Felix, später vor seinem Nachfolger Festus, auch vor Herodes Agrippa II. (Kap. 23, 12—26, 32.)

**A.**

Eine Verschwörung wider das Leben des Paulus wird entdeckt und gibt Veranlassung, daß er zur Sicherung seiner Person nach Cäsarea gebracht und dem römischen Prokurator Felix übergeben wird.

### Kap. 23, 12—35.

12 Da es aber Tag ward, rotteten sich die Juden¹) zusammen und verschworen sich, weder zu essen, noch zu trinken, bis sie den Paulus getödtet haben würden. 13 Es waren aber mehr denn vierzig Mann, welche diese Verschwörung machten. 14 Diese kamen zu den Hohenpriestern und Aeltesten und sprachen: Wir haben uns selbst verbannt und verschworen, nichts zu kosten, bis wir den Paulus getödtet haben. 15 Darum thut jetzt dem Befehlshaber kund in Gemeinschaft mit dem Rath, daß er ihn zu euch herabführe²), als wolltet ihr seine Sache gründlicher untersuchen; wir aber sind bereit, ihn zu tödten, ehe er nahe kommt. 16 Allein der Schwestersohn des Paulus hörte von dem Anschlag, kam und trat in das Lager ein und meldete es dem Paulus. 17 Dieser aber rief einen von den Hauptleuten zu sich und sprach: Diesen Jüngling führe zu dem Tribun, denn er hat ihm etwas zu melden. 18 Der nahm ihn mit sich, führte ihn zu dem Tribun und sprach: Der Gefangene, Paulus, hat mich zu sich gerufen und gebeten, diesen Jüngling zu dir zu führen, der dir etwas zu sagen habe. 19 Der Tribun aber nahm ihn bei der Hand, zog sich in die Heimlichkeit zurück und fragte ihn: Was ist es, das du mir zu melden hast? 20 Er antwortete: Daß die Juden sich verabredet haben, dich zu ersuchen, daß du morgen den Paulus herabführen lassest vor den hohen Rath, als wollte derselbe³) eine gründlichere Untersuchung seinetwegen anstellen. 21 Du aber laß dich nicht dazu bewegen, denn es stellen ihm mehr denn vierzig Mann unter ihnen nach, die sich verschworen haben, weder zu essen, noch zu trinken, bis sie ihn umgebracht haben; und sie sind nun bereit und warten auf deine Zusage. 22 Da entließ der Tribun den Jüngling und gebot ihm, Niemand zu sagen, daß er ihm dies eröffnet hätte. 23 Und er rief zwei von den Hauptleuten zu sich und sprach: Rüstet zwei und hundert Soldaten, daß sie nach Cäsarea ziehen, und siebenzig Reiter und zwei hundert Leichtbewaffnete auf die dritte Stunde der Nacht; 24 auch sollten sie Thiere bereit halten, um den Paulus darauf zu setzen, und zu dem Statthalter Felix in Sicherheit bringen; 25 wobei er ein Schreiben verfaßte folgenden Inhalts: 26 Claudius Lysias grüßt den edlen Statthalter Felix. 27 Diesen Mann, welchen die Juden ergriffen hatten, und den sie im Begriff waren, zu tödten, habe ich, indem ich mit der Mannschaft einschritt, herausgerissen, da ich erfahren hatte, daß er römischer Bürger ist. 28 Und da ich den Grund erfahren wollte, aus dem sie ihn beschuldigten, führte ich ihn hinab in ihren Rath; 29 da befand ich, daß er nur wegen Fragen ihres Gesetzes beschuldigt wurde, aber keine Anschuldigung auf sich hatte, worauf Todesstrafe oder Gefängniß steht. 30 Da mir aber gemeldet worden ist, daß man dem Mann nachstellen werde⁴), schickte ich ihn auf der Stelle dir zu und ließ auch den Anklägern entbieten, daß sie vor dir sprechen sollen⁵).

31 Die Soldaten thaten nun nach dem Befehl, der ihnen ertheilt worden war, nahmen den Paulus und führten ihn die Nacht über nach Antipatris; 32 am folgenden Tage aber ließen sie die Reiter mit ihm ziehen und kehrten in das Lager zurück. 33 Jene kamen

---

1) Die Mehrzahl der Uncialhandschriften hat οἱ Ἰουδαῖοι, nur die zwei jüngsten, G. und H., lesen τινες τῶν Ἰουδ., was eine Correktur ist, weil man dachte, es seien ja doch nur Einzelne betheiligt gewesen.
2) αὔριον nach ὅπως ist blos von den zwei spätesten Uncialhandschriften bezeugt; es ist Glosse aus V. 20, da es in den meisten und besten Mss. fehlt.
3) ὡς μέλλων ist unzweifelhaft ursprünglich, auch von äußeren Zeugnissen hinlänglich unterstützt, während μέλλοντα, μέλλοντες, μελλόντων bloße Versuche einer Correktur sind.
4) ὑπὸ τῶν Ἰουδαίων nach ἔσεσθαι fehlt in der vatikan. Handschrift und mehreren Minuskeln und ist ohne Zweifel späterer Zusatz.
5) τὰ πρὸς αὐτόν und das ἔρρωσο sind ebenfalls kritisch verdächtig und müssen für Glossen gehalten werden.

nach Cäsarea, übergaben dem Statthalter das Schreiben und stellten auch den Paulus 34 vor ihn. *Nachdem dieser[1]) das Schreiben gelesen hatte, fragte er, aus welcher Provinz 35 er sei. Und da er erfuhr, daß er aus Cilicien stamme, sprach er: *Ich will dich verhören, wenn deine Ankläger auch da sind; und gab Befehl[2]), ihn in dem Palast des Herodes zu verwahren.

### Exegetische Erläuterungen.

1. **Da es aber Tag ward.** Οἱ Ἰουδαῖοι die jüdische Partei, das Nähere V. 13. Συστροφή ist ein eigenmächtiges Zusammenrotten, Complott. Ἀναθεματίζειν ἑαυτ. sie sprachen über sich selbst den Fluch, die Verwünschung aus (חרם), falls sie eher Etwas genießen würden, als sie den Paulus würden getödtet haben. Es war übrigens im Talmud für eine Hinterthüre gesorgt, nämlich für ein Mittel, des Gelübdes und Bannes los zu werden, falls es eine Sache der Unmöglichkeit würde, jenes zu halten: die weisen Meister konnten das Gelübde wieder lösen. Lightfoot hat die Stelle aus Avodah Zarah angeführt. Ἕως οὐ c. conj. drückt aus, daß sie sich den gewünschten Erfolg als unfehlbar eintretend dachten.

2. **Diese kamen zu den Hohepriestern.** Die Verschworenen wandten sich, um ihren Zweck zu erreichen, an die Behörde, zunächst wohl an die sadduzäisch gesinnten Oberpriester und Mitglieder des hohen Raths. Der ganze Sanhedrin (ὑμεῖς σὺν τῷ συνεδρ. sollte den Commandirenden um Vorführung des Gefangenen ersuchen, die Verschworenen Gelegenheit hätten, ihm unterwegs aufzulauern und ihn meuchlings zu tödten, ehe er in die Nähe der Versammlung komme (πρὸ τοῦ ἐγγίσαι).

3. **Allein der Schwestersohn des Apostels**, von dem wir sonst nichts wissen, erfuhr das meuchelmörderische Vorhaben; Bengel erklärt dies nicht unwahrscheinlich durch die Annahme, man habe die Sache nicht sehr geheim gehalten, weil man nicht entfernt für möglich hielt, daß der Anschlag dem Paulus oder dem römischen Tribun hinterbracht werden könnte. Der Apostel saß beinahe nicht in strenger Haft, so daß ein Dritter Zutritt zu ihm erlangen konnte; dennoch war er δέσμιος V. 18, vermuthlich befand er sich, wie zu Rom, Kap. 28, 16, in custodia militaris, so daß ein Soldat zur Bewachung an ihn angeschlossen war.

4. **Rief einen von den Hauptleuten.** Um die Sache möglichst geheim zu halten, eröffnet es Paulus dem Centurio nicht, sondern ersucht ihn blos, den Jüngling zu dem Tribun zu führen, damit er seine Anzeige machen könne. Und dieser verfügte sich mit demselben, indem er ihn freundlich und vertrauenerweckend bei der Hand faßte, an einen Ort, wo er ihn unter vier Augen (κατ' ἰδίαν vertraulich) sprechen konnte.

5. **Rüstet zweihundert Soldaten.** Ein Kommando von 470 Mann wurde zur Escorte bestimmt, um nicht blos gegen meuchlerische List, sondern auch gegen etwaige Gewalt das Leben des Gefangenen zu schützen. Die Schaar bestand aus schwer bewaffnetem Fußvolk (στρατιῶται hat hier dem Context gemäß diesen Sinn), aus einem kleinen Reitergeschwader und einer Abtheilung leicht bewaffneten Fußvolks. Δεξιολάβοι ist aus dem klas-

sischen Griechisch völlig unbekannt und kommt nur noch in zwei Stellen späterer Schriftsteller vor, bei dem Einen in Verbindung mit Bogenschützen und Leichtbeschildeten. Jedenfalls ist die Erklärung als Trabanten, Garbisten (welche die rechte Seite des Gebieters schützen) abzulehnen, und die Bedeutung festzuhalten, daß sie mit ihrer rechten Haub die Waffe, sei's Wurfspieß oder Schleuder, fassen, also Wurfspießschützen oder Schleuderer. Sehr einleuchtend ist die Vermuthung Ewald's, daß die Schleuderer arabische Hülfsvölker waren, weil diese Gegenden seit alter Zeit ihrer Schleuderer wegen berühmt gewesen sind. Die Lesart im Aler. Codex δεξιοβόλους, welche Lachmann vorzog, stimmt hiemit überein, ist aber doch wohl nur spätere Correctur. Ἀπὸ τρίτ. ὥρ. von der dritten Nachtstunde an, d. h. um neun Uhr Abends müßte die Abtheilung sich bereit halten, abzumarschiren, wann der Befehl ergienge; auch die Dunkelheit der Nacht sollte den Marsch decken. Lastthiere, d. h. Pferde oder Maulesel, sollten ebenfalls bereit gehalten werden, mehrere zugleich, damit abgewechselt werden könnte. Διασώζειν wohin in Sicherheit bringen. Ausnehmend fein und zutreffend ist die Bemerkung Bengels, hinsichtlich des Uebergangs aus der direkten Rede in die indirekte, V. 24: παραστῆσαι, ἵνα - διασώσωσι, nämlich daß dieser Wechsel der Sache selbst entspreche, denn das Zweck des Marsches, als militärische Escorte des Paulus, habe der Tribun nicht gleich anfangs eröffnet: ἵνα διασώσ. ist also das vorerst geheim gehaltene Motiv der ganzen Expedition, und um dies so auszudrücken, tritt der Schreibende ins πράγασ. ein.

6. **Felix**, der damalige Prokurator von Judäa, ist sowohl aus Josephus als aus Tacitus und Sueton anderweitig bekannt. Er war ein Freigelassener des Kaisers Claudius (Tac. Hist. V, 9), Bruder des Pallas, eines Günstlings von Nero, hatte die Prokuratur, nach Absetzung des Cumanus, von Claudius erhalten im J. 53 n. Christo, wurde aber, nachdem er das königliche Recht in sklavischem Geist mit aller möglichen Grausamkeit und Willkür geübt hatte (Tac. Hist. a. a. O.), von Nero abgerufen, jedoch wider die Anklage der Juden durch die kaiserliche Gunst, welche sein Bruder Pallas genoß, geschützt. Grammatisch gehört γράψας V. 25 zu εἶπε V. 23, sachlich war die Abfassung des Begleitschreibens, als Ausweis vor dem Prokurator, wohl etwas später. Τύπος exemplar ist der Inhalt in bestimmter Form und Fassung.

7. **Und erfuhr, daß er ein Römer ist.** Αὐτόν nach ἐξειλόμην ist pleonastisch. Μαθών gibt vermöge des Zusammenhangs den Sinn, er habe, daß Paulus römischer Bürger sei, vor diesem Vorfall erfahren, und gerade dieser Umstand habe ihn bewogen einzuschreiten, um einen römischen Bürger zu retten. Dies widerspricht nun dem wirklichen Thatbestand, Kap. 21, 31 ff., vgl. Kap. 22, 25 ff. Daher glaubte man, um Beides zu vereinigen,

---

1) ὁ ἡγεμών nach ἀναγνοὺς δέ ist unächter Zusatz.
2) κελεῦσαι ist besser beglaubigt als ἐκέλευσέ τε.

μαθών ohne bestimmte Zeitbeziehung nehmen (Grotius), oder voraussetzen zu müssen, daß der Briefsteller die zweite Lebensrettung, Kap. 23, 10 meine (du Bois). Allein das ist verkehrt angewandte Kunst. Der Tribun will allerdings sagen (um seinen Dienfteifer in's Licht zu stellen), er habe den Mann vom Tode gerettet, weil er gewußt, daß er römischer Bürger war. Er entstellt den wirklichen Sachverhalt einer Tendenz zuliev. Und diese Kleinigkeit spricht allerdings, wie Meyer richtig bemerkt hat, für die buchstäbliche Aechtheit des Schreibens. Μηνυθείσης - μέλλειν ἔσεσθαι ist nachläßiges Satzgefüge, durch Vermischung zweier Constructionen.

8. **Nahmen den Paulus und führten ihn.** Ἀναλαβόντες bezieht sich darauf, daß man den Paulus auf ein Lastthier setzte. Man führte auf raschem Nachtmarsch den Paulus nach Antipatris, einer von Herodes dem Großen erbauten und nach seinem Vater Antipater benannten Stadt in der Ebene, 42 römische Meilen, d. h. 7—8 geographische Meilen von Jerusalem entfernt; demnach kann der Zug, welcher um 9 Uhr abgegangen war, erst im Lauf des Vormittags auf der Station Antipatris angekommen sein. Dort kehrte das Fußvolk wieder um und nur das Reitergeschwader begleitete den Gefangenen nach Cäsarea, was noch 26 römische Meilen entfernt war.

9. **Nachdem dieser das Schreiben gelesen.** Felix richtete nur eine Frage, das Persönliche betreffend, an Paulus, weil dessen römisches Bürgerrecht im Schreiben bezeugt, jedoch über seine Heimath nichts ausgesagt war. Διακούειν heißt ad finem usque audire, vollständiges Gehör geben. Τὸ πραιτώριον Ἡρῴδου, so hieß der von Herodes dem Großen erbaute Palast erst, seitdem die römischen Statthalter ihn bewohnten. Der Apostel wurde also nicht in ein öffentliches Gefängniß gesetzt, sondern in einem Gelaß desselben Palastes verwahrt, welches der Prokurator selbst bewohnte.

**Christologisch-dogmatische Grundgedanken.**

1. Ungemein rasch wird die Verheißung himmlischen Schutzes, die in dem θάρσει B. 11 lag, erfüllt. So rücksichtslos auch die tödtliche Feindschaft wider den Apostel war, so groß die Zahl der Verschworenen, so durchdacht ihre List, dennoch waltete der allmächtige Schutz des Erlösers über seinem Knecht. Was im Verborgenen verabredet war, läßt er offenbar werden, und gegen die Anschläge der Bösen rüstet er eine überlegene Kriegsmacht. So herrscht der erhöhte Erlöser mitten unter seinen Feinden.

2. Eine Leibwache von nahezu 500 Mann wird dem Apostel mitgegeben; in so starker Begleitung, mit so großem Gefolge war er nie aufgetreten. So viel Rücksicht verdankte er allerdings zunächst nur seinem Römerrecht. Aber die Thatsache war doch, daß eine so starke Macht zur Sicherheit seiner Person aufgeboten wurde. Christus schützt die Seinen nicht nur, er ehrt sie auch. Und die Ehre, die einem Kinde Gottes oft unabsichtlich zu Theil wird, strahlt auf den zurück, durch dessen Gnade ein bekehrter Sünder das ist, was er ist.

3. Die persönliche Unschuld des Paulus wird von dem römischen Tribun bezeugt, zugleich aber äußert er sich mit einer fühlbaren Geringschätzung über die Sache und den Glauben B. 29. Die Religion und was dieselbe angeht, steht dieser Weltmann für Nebensachen an. Und doch muß er einen beträchtlichen Theil der Kriegsmacht, die unter seinem Befehl steht, zu Gunsten dieses Mannes in Bewegung setzen. So muß die Welt dem Reich Gottes dienen, die Ehre Christi erhöhen, wenn sie's auch ganz anders gemeint hat.

**Homiletische Andeutungen.**

Verschworen sich, weder zu essen, noch zu trinken. [V. 12.] Wie sauer lassen es sich nicht die Leute werden, das Reich Gottes zu hindern! Wie viel Gutes hätte schon ausgerichtet werden können, wenn man zur Beförderung desselben eben so viel Opfer brächte, eben so fest zusammenhielte! Ihrer aber waren mehr denn vierzig, die solchen Bund machten. [V. 13.] Was wird das einmal für ein Bündlein geben, wenn das Unkraut nach der miteinander gehaltenen Sündergemeinschaft wird zusammengebunden werden! (Rieger.)

Die traten zu den Hohenpriestern ꝛc. [V. 14.] Der Hohepriester, der seinem Amte nach die Heiligkeit des Herrn an seiner Stirn und Licht und Recht auf seinem Haupte führen sollte, läßt sich zum Rädelsführer einer Bande von verschwornen Meuchelmördern machen. Das ist die Frucht des falschen Religionseifers und die traurige Folge des unwiedergebornen Herzens. Möchte doch dies das einzige Exempel dieser Art geblieben sein! (Apost. Past.)

Als wolltet ihr ihn verhören; wir aber sind bereit, ihn zu tödten, ehe denn er vor euch kommt. [V. 15.] Das sind Kains Heilige, die hinter dem Vorhang des Gesetzes die Keule des Mörders verbergen. (Starke.)

Da aber Paulus Schwestersohn den Anschlag hörte ꝛc. [V. 16.] Wer dieser Jüngling gewesen, ob schon ein Christ, wie er hinter den Anschlag gekommen, wissen wir nicht, genug, Gott wollte ihn zum Schutzengel des Apostels gebrauchen. — Es wird nichts so fein gesponnen, es kommt endlich an die Sonnen. 1) Den Frommen zum Schutz, 2) den Bösen zum Trutz. (Starke.)

Paulus aber rief zu sich ꝛc. [V. 17.] Paulus hatte zwar von Christo selbst die Zusage seines Schutzes (V. 11), aber darum versäumte er nicht die natürlichen Mittel zu seiner Rettung, sondern sah in diesen die dargereichte Retterhand des Herrn.

Der nahm ihn an ꝛc. [V. 18.] — Da nahm ihn der Oberhauptmann bei der Hand ꝛc. [V. 19.] Das war auch ein Zeichen von oben, daß alle diese Herren sogleich Lust und Zeit für den Jüngling hatten, was sonst ihre Art gewöhnlich nicht ist. (Williger.) Auch bei Heiden findet sich eine gute natürliche Aufrichtigkeit und Treue; aber o wie rar ist solche unter den Christen worden! Hos. 4, 1. (Starke.)

Rüstet zwei hundert Kriegsknechte ꝛc. [V. 23.] Da reiste Paulus als ein großer Herr gleichsam mit zwei Garden und einem eigenen Jägerkorps. Nun Paulus war in Gottes Augen groß; denn wer den Herrn fürchtet, ist mehr, denn der Städte gewinnt. Er mußte sonst mühsam zu Fuß gehen, hier kam er auf einem Thiere fort. Da wird er sich wohl erinnert haben, wie seinem Herrn und

Heiland Alles dienen müsse, auch die wilden Thiere. (Bogatzky.) Diese Escorte heidnischer Kriegsknechte ist ein liebliches Sinnbild der Engel des Herrn, die sich um die lagern, so ihn fürchten. Gott ist ein Gott der Heerschaaren im Reich der Geister und der Menschen, und braucht sie, wenn er will, seinen Kindern und Knechten durchzuhelfen. Gegen vierzig Banditen schickt er seinem Apostel fünf hundert Beschützer. [Apost. Past.]

Und bringen ihn bewahret zu Felix, dem Landpfleger. [V. 24.] Wem fällt nicht bei diesem Paulus mit seiner kriegerischen Schutzwache sein Geistesbruder, Amtsnachfolger und Schicksalsgenosse Luther ein, wie er von den gehárnischten Rittern in die Mitte genommen und auf die Wartburg in Sicherheit gebracht wird.

Claudius Lysias grüßt den edlen Statthalter 2c. [V. 25.] Er ahnte nicht, was für ein ernsthaftes Geschenk er dem Felix in Paulus machte. Nach Felix Geschmack war es freilich nicht (Kap. 24), aber es stand in Pauli Antlitz noch ein anderer Empfehlungsbrief geschrieben, der hieß: „Landpfleger Felix! Gott grüßt dich mit Heil und mit Frieden!" Hätte er nur diesen Brief verstanden! (Williger.)

Diesen Mann hatten die Juden gegriffen 2c. [V. 27 ff.] Wenn man diesen Brief ansieht, so findet man, daß der Heide viel redlicher, gerader, billiger schreibt, als die orthodoxen Juden schreiben, wenn sie nur den Mund aufthun. Heute noch kommt Paulus bei Lysias und Felix besser davon, als bei der Form der Buchstaben ohne Geist handhaben wollen. (Goßner.)

Da befand ich, daß er beschuldiget ward von den Fragen ihres Gesetzes 2c. [V. 29.] So redet er als ein Heide, wie wenn es nicht der Mühe werth wäre, daß man über der Juden Religionsstreitigkeiten lange den Kopf zerbreche. Gott aber brauchte diese Meinung, vermittelst derselben Paulum aus Mörderhänden zu erlösen. (Starcke.)

Und hieß ihn verwahren in dem Richthause Herodis. [V. 35.] Abermals eine Spur der treuen Fürsorge Gottes für seinen Knecht, da er ihm Zeit und Ruhe gönnte zu beten, sich in dem Herrn zu stärken und auf sein bevorstehendes Zeugniß in Rom sich vorzubereiten. Er wurde verwahrt nicht nur von der leiblichen Wache des Landpflegers, sondern von der guten Hand seines treuen Herrn und Heilandes, und konnte nach Hipokrates Weise die Proben des göttlichen Beistandes, die immer näheren Schritte zu seiner Bestimmung nach Rom und überhaupt das ganze selige Ziel seiner Vollendung voll Glaubens und göttlichen Lobes überdenken, in dem Muth seines apostolischen Zeugnisses wachsen und dem Zukünftigen wohl vorbereitet entgegengehen. Dazu sollen auch uns die Pausen dienen, die uns der Herr in unsern Arbeiten und Leiden zuweilen gönnt. (Apost. Past.)

Zum Abschnitt V. 12—35. Der Herr schützt die Seinen: 1) Sie bedürfen dieses Schutzes gegen die listigen Anschläge der Feinde; a. diese verbinden sich gegen die Frommen, V. 12. 13; b. und verstellen sich hinter frommen Schein, V. 14. 15. 2) Sie erfahren solchen Schutz des Herrn, indem derselbe a. die Bosheit an's Licht bringt, V. 16; b. der Menschen Herzen leitet zum Besten der Frommen, V. 17—22. (Lisco.) — Die gnädige Führung des Herrn mit den Seinen, indem er sie 1) den Nachstellungen der Feinde entzieht, V. 23. 24. 31; 2) mit einem guten Zeugniß der Wahrheit begleitet, V. 27 ff. (Derf.) — Wie der Herr über die Seinen wacht: 1) Er gibt ihnen die innere Versicherung seines göttlichen Beistandes, V. 11. 2) Er macht die Anschläge ihrer Feinde zunichte, V. 12—21. 3) Er führt sie durch alle Schickungen ihres Lebens dem Ziele ihrer Bestimmung entgegen, V. 23 ff. (Derf.) — Der Mordbund der Feinde und der Gnadenbund des Herrn: 1) Gewaltig ist der Mordbund der Feinde wider Paulum, a. durch ihre Anzahl: 40 gegen Einen; b. durch ihre Absicht, der Tod ist ihm geschworen; c. durch ihre Mittel, Arglist und Verstellung. Aber 2) gewaltiger noch ist der Gnadenbund des Herrn mit seinem Knecht. (V. 11. Sei getrost, Paule u. s. w.) Darum a. er zieht die Anschläge der Bösen an's Licht; b. er erweckt dem Apostel gegen starke Feinde noch stärkere Beschützer: gegen die Hohepriester den römischen Oberhauptmann, gegen 40 Verschworene mehr denn 400 Soldaten; c. er führt ihn aus der Mördergrube unversehrt von dannen. — Und ob die Welt voll Teufel wär' — die 40 Verschworenen — Und wollt uns gar verschlingen — ihr fürchterlicher Anschlag — So fürchten wir uns nicht so sehr — der geistliche Zuspruch, V. 11: Sei getrost! — Es soll uns doch gelingen — die leibliche Rettung, V. 16 ff. — Seid fröhlich, ihr Gerechten, der Herr hilft seinen Knechten! 1) Er stärkt sie innerlich durch den Zuspruch seiner Gnade, V. 14. 2) Er bringt die Anschläge ihrer Feinde an's Licht, V. 16. 3) Er erweckt ihnen thätige Freunde (Pauli Schwestersohn) und mächtige Beschützer (Lysias). 4) Er führt sie mitten durch ihre Feinde unversehrt hindurch (Pauli Abzug inmitten der Schutzwache). 5) Er gibt ihnen ein Ehrenzeugniß mit auf den Weg (des Lysias Brief an Felix). — Der Engel des Herrn lagert sich um die her, so ihn fürchten, und hilft ihnen aus. (Psalm 34, 8.) In dreifacher Gestalt naht dem Apostel der schützende Engel: 1) Als tröstende Erscheinung im Gefängniß, V. 11. 2) Als besorgter Freund in Person seines Schwestersohns, V. 16 ff. 3) Als mächtige Schutzwache in Gestalt der römischen Kriegsschaaren, V. 23 ff, (Vgl. 2 Kön. 6, 17: „Da war der Berg voll feuriger Rosse und Wagen um Elisa her." — Der Gerechte muß viel leiden, aber der Herr hilft ihm aus dem Allen. (Pf. 34, 20.) 1) Das Leiden des Gerechten. 2) Die Durchhülfe des Herrn. — Fürchte dich nicht, denn derer ist mehr, die bei uns sind, denn derer, die bei ihnen sind. (2 Könige 6, 16.) 1) Bei ihnen sind a. arge Mordgedanken, V. 12; b. zahlreiche Bundesbrüder, V. 13; c. mächtige Helfershelfer, V. 14. 15. Aber 2) bei uns sind a. göttliche Friedensverheißungen, V. 11; b. fürbittende Freundesherzen, V. 16; c. schützende Heerschaaren des Herrn, V. 22 ff. — Wie der Herr die Menschenherzen gleich Wasserbächen lenkt zum Besten der Seinen: 1) Die arglistigen Feinde schlägt er mit Blindheit, daß ihr Mordanschlag herauskommt, V. 16. 2) Den schüchternen Jüngling — der Paulus Schwestersohn — wappnet er mit standhafter Entschlossenheit, daß er durchbringt bis zum obersten Hauptmann. 3) Dem römischen Gewalthaber rührt er das Gewissen, daß er für die Sicherheit des Apostels Sorge trägt, als gälte es ein gekröntes Haupt. — Pauli letzter Auszug aus Jerusalem: 1) Als der wehmutbiße Abzug eines Wahrheitszeugen, beſſen Heilsbotſchaft ſein verblendetes Volk von ſich ge- ſtoßen; 2) als der glänzende Triumphzug eines Geſalbten Gottes, den der Herr ſiegreich hindurch- | führt mitten durch ſeine Feinde; 3) als der feierliche Heimzug eines Streiters Chriſti, der ſeinem letzten Kampf, ſeinem letzten Sieg und ſeinem letzten Lohn entgegengeht.

## B.

Gerichtliche Verhandlung vor Felix, wobei ſich Paulus wider die vorgetragene Anklage vertheidigt, der Urtheilsſpruch jedoch verſchoben wird.

### Kap. 24, 1—23.

Aber fünf Tage nachher kam der Hoheprieſter Ananias mit den Aelteſten[1]) und 1 einem Redner, Tertullus, hinab und machten dem Statthalter Anzeige wider Paulus. 2 *Nachdem aber dieſer berufen worden war, fing Tertullus an, die Anklage vorzutragen und ſprach: *Daß wir tiefen Friedens theilhaftig ſind durch dich, und viele trefflliche 3 Thaten dieſem Volk zu gute kommen durch deine Fürſorge, hochedler Felix, das nehmen wir jederzeit und überall mit allem Danke an. *Um dich aber nicht länger aufzuhalten, 4 bitte ich dich, uns in Kürze Gehör zu geben vermöge deiner Milde. *Wir haben näm- 5 lich dieſen Mann befunden als eine Peſt, und der Parteiung[2]) erregt unter allen Juden auf dem Erdkreis und ein Hauptanführer der Nazarenerſekte iſt; *der auch den Tempel 6 zu entweihen verſucht hat, welchen wir auch gegriffen haben[3]);.... *und du kannſt, 8 wenn du das Verhör anſtellſt, von ihm ſelbſt alles das vernehmen, weſſen wir ihn anklagen. *Die Juden aber griffen zugleich mit an und ſprachen, es verhalte ſich 9 alſo. *Und Paulus, da ihm der Statthalter einen Wink gab, daß er reden ſollte, ant- 10 wortete: Da ich weiß, daß du ſeit vielen Jahren über dieſes Volk Richter biſt, ſo kann ich mich mit Freudigkeit[4]) verantworten; *denn du kannſt erfahren, daß es nicht mehr 11 als zwölf Tage ſind, ſeitdem ich hinaufgekommen bin nach Jeruſalem, um anzubeten. *Und weder im Tempel haben ſie mich gefunden, mit Jemand redend oder einen Volks- 12 auflauf anſtiftend, noch in den Synagogen, noch in der Stadt; *ſie können mir auch 13 nicht beweiſen, weſſen ſie mich jetzt beſchuldigen. *Das aber bekenne ich dir, daß ich 14 nach dem Wege, welchen ſie eine Sekte nennen, alſo diene dem Gott meiner Väter, daß ich glaube Allem, was im Geſetz und in den Propheten geſchrieben ſtehet. *Und habe 15 die Hoffnung zu Gott, auf welche auch dieſe ſelbſt warten, nämlich daß eine Auferſte- hung kommen werde[5]) ſowohl der Gerechten als der Ungerechten. *Dabei übe ich mich 16 auch für meine Perſon), ein unverletztes Gewiſſen zu haben in allewege, gegen Gott und Menſchen. *Aber nach Verlauf mehrerer Jahre bin ich gekommen, um milde Gaben 17 darzubringen meinem Volk und Opfer; *hierbei[7]) fanden ſie mich, nachdem ich mich 18 gereinigt hatte, im Tempel, ohne allen Lärm oder Getümmel, *wohl aber einige Juden 19 aus Aſia, welche hätten vor dir erſcheinen und mich anklagen ſollen[8]), falls ſie etwas wider mich gehabt hätten. *Oder mögen dieſe ſelbſt ſagen, ob ich irgend ein Vergehen 20 an mir gefunden haben, als ich vor dem hohen Rath ſtand, *es ſei denn das einzige 21

---

1) τῶν πρεσβ. iſt nur von Cod. G. und H. nebſt den meiſten Minuskeln beglaubigt, aber aus innern Gründen dem πρ. τινῶν vorzuziehen, da letzteres entſchieden den Charakter einer verſuchten Correctur hat.

2) στάσιν iſt dem Plural στάσεις vorzuziehen, weil letzteres am der οἰκ. willen geſetzt werden zu müſſen ſchien.

3) Hier hat die Lectio rec. ein langes Einſchiebſel, das nur einen Unzialcoder für ſich, vier gegen ſich hat und durch ungemeines Schwanken der Lesart ſeine Unächtheit verräth, nämlich zu V. 6—8 ſich fortziehend die Worte: καὶ κατὰ τὸν ἡμέτερον νόμον ἐθελήσαμεν κρίνειν· παρελθὼν δὲ Λυσίας ὁ χιλίαρχος μετὰ πολλῆς βίας ἐκ τῶν χειρῶν ἡμῶν ἀπήγαγε καὶ πρὸς σὲ ἀπέστειλε, κελεύσας τοὺς κατηγόρους αὐτοῦ ἔρχεσθαι ἐπὶ σε. Wären dieſe Worte ächt, ſo wäre ihre Auslaſſung unerklärlich; deſto leichter erklärt ſich ihre Einſchaltung aus Kap. 21, 32; 24. 27. 30. Schon Mill, Bengel und Griesbach erkannten die Sätze als Einſchiebſel, Lachmann und Tiſchendorf haben ſie jetzt im Text geſtrichen.

4) Das Uebergewicht der Urkunden iſt für εὐθύμως. Der Comparativ εὐθυμότερον, der nur in zwei Unzialcodd. ſteht, ſcheint eine gutgemeinte Verbeſſerung zu ſein, ſofern man dachte, der Apoſtel könne durch dieſen Umſtand wohl freu- diger geworden, müſſe indeß ſchon im Voraus getroſt geweſen ſein.

5) νεκρῶν fehlt in mehreren der älteſten Urkunden; da aber die äußeren Zeugniſſe ſich die Wage halten, ſo entſcheidet der innere Grund gegen νεκρ., da es ſicherlich nicht weggefallen wäre, wenn es urſprünglich dageſtanden wäre, leicht aber eingeſchoben werden konnte, wenn es von Anfang fehlte.

6) Statt δὲ αὐτὸς iſt καὶ αὐτὸς überwiegend bezeugt.

7) ἐν οἷς iſt dem ἐν αἷς, das ſicher Correctur iſt, vorzuziehen.

8) Ἴδε iſt bei Gleichheit der Zeugniſſe doch als ächt anzuſehen, gegenüber δαὶ.

Lange, Bibelwerk N. T. V.

Wort, das ich laut ausrief, als ich unter ihnen stand: um der Auferstehung der Todten
22 willen werde ich heute von euch gerichtet. *Felix aber[1]) vertagte ihre Sache, weil er
genauer unterrichtet war in Betreff des Weges, und sagte: Wenn der Tribun Lysias
23 herabkommt, werde ich in eurer Sache erkennen. *Er gab auch dem Hauptmann Weisung, ihn[2]) zu verwahren, ihm auch Erleichterung zu gewähren und Niemand von den
Seinigen zu verwehren, ihm Dienste zu leisten.

### Exegetische Erläuterungen.

1. **Fünf Tage nachher.** Der Weisung des Tri-
buns (Kap. 23, 30) kam die Gegenpartei sehr rasch
nach. Schon fünf Tage nach der Ankunft des Paulus zu Cäsarea reiste der Hohepriester mit einer
Deputation der Aeltesten (οἱ πρεσβ., die sämmtlichen Aeltesten vertretend) dahin ab. Sie nahmen
den Rhetor Tertullus mit, um als Sachwalter in
ihrem Namen die Anklage von ihm vortragen zu
lassen. Der Name Tertullus, Deminutiv von Ter-
tius, wie hinwiederum Tertullianus von Tertullus
abgeleitet ist, kommt bei den Römern nicht selten
vor und weist auf die italienische Abkunft des Mannes hin. Rhetor war in jener Zeit häufig Titel der
Anwälte, die vor Gericht mündlich ihre Clienten
vertraten. Ἐμφανίζω muß hier wie Kap. 23, 15.
22 und wie der Sprachgebrauch constant erfordert,
transitiv genommen werden: eröffnen, anzeigen,
nicht aber intransitiv: erscheinen (Vulgata, Luther,
Bengel), in welchem Fall das Med. stehen müßte.

2. **Daß wir tiefen Friedens theilhaftig sind.**
Der Rhetor beginnt V. 3 mit einer plumpen
Schmeichelei, welche der Partei die Gunst des Richters gewinnen soll. Er rühmt 1) den tiefen Frieden, welchen man dem Felix verdankte; und doch
war die erste Pflicht und der Haupttruhm eines
Prokurators, seiner Provinz den Landsfrieden zu
geben. Ulpianus de officio praesidis: congruit
bono et gravi praesidi, ut pacata sit provin-
cia. Felix hat zwar die Unruhen, welche theils aus
politischer Unzufriedenheit, theils aus gemeiner
Raublust entsprangen, theilweise gedämpft; hingegen hat er sich einmal nicht gescheut, Sikarier zum
Meuchelmord wider den Hohenpriester Jonathan
zu gebrauchen, und benahm sich überhaupt so sei-
denschaftlich und eigennützig, daß er den Geist des
Aufruhrs eher anfachte als beschwichtigte. Insofern
ist das erste Wort des Tertullus eine Lüge. Derselbe erwähnt 2) gute Einrichtungen, glückliche Erfolge (κατορθώματα), welche durch die fürsorgende
Verwaltung des Felix dem Volk Israel zu Theil
geworden seien. Auch dies ist Angesichts der Will-
kürherrschaft des Mannes von gemeiner Sinnesart
(servile ingenium, libido Tac. H. 5, 9) eine freche
Lüge. 3) Daß das jüdische Volk ihm dafür überall
und stets dankbar sei, hat sich bald darauf als völlig unwahr herausgestellt, als die Juden den ab-
berufenen Prokurator in Rom selbst anklagten.
Joseph. Alterth. XX, 8, 10. Ἐγκόπτω V. 4 ist
hintern, unterbrechen, abhalten. Auch die ἐπιεί-
κεια, an welche der Redner appellirt als eine allbekannte Eigenschaft des Prokurators (τῇ σῇ ἐπιεικ.)
war sonst gerade nicht seine Sache.

3. **Wir haben nämlich.** Εὑρόντες steht nicht,
wie Bengel u. A. meinten, für εὑρομεν, sondern
steht anakoluthisch. Λοιμός wird bei späteren Griechen, wie pestis bei den römischen Klassikern von
Unheilstiftern gebraucht. Die Begründung des
schweren Vorwurfs, der in diesem Worte liegt, ist
in den drei Anschuldigungen enthalten: 1) Daß
Paulus Unruhen im römischen Reich unter den
Juden errege, vergl. Kap. 7, 6; 2) daß er ein
Sektenhaupt der Christen sei; 3) daß er den Tempel zu entweihen versucht habe. Hier kommt zum
erstenmal der Name Nazaräer vor, als Sekten-
name der Anhänger Jesu von Nazareth, vom jüdischen Standpunkte aus. Προεστώς ursprünglich militärischer Kunstausdruck: Vordermann oder
Flügelmann. Das ἐπείρασε ist., juristisch klug
gewählt, gibt ihm blos den Versuch, nicht die vollbrachte That, wie Kap. 21, 28 schuld, und konnte
am Ende, falls der Angeklagte auch den wirklichen Versuch in Abrede zog, auf den bloßen ani-
mus bezogen werden. Παρ᾽ οὗ συν.-ἐπιγν., d. h.
Paulus werde selbst die angegebenen Thatsachen
nicht leugnen können. Συνεπιτίθεσθαι ist: zugleich einen Angriff machen; die Juden vereinigten sich nach dem Schluß der Rede ihres Anwalts
mit den Anschuldigungen desselben.

4. **Da ich weiß u. s. w.** Der Apostel eröffnet
seine Rede nicht mit Schmeicheleien wie sein Gegner, sondern erwähnt zur Einleitung nur die einzige objektiv richtige Thatsache, daß Felix schon
seit längerer Zeit die höchste richterliche Gewalt im
Lande habe, und daß demnach, weil demselben die
Verhältnisse durch Erfahrung bekannt seien, er mit
gutem Muth sich vor ihm vertheidigen könne. Die
πολλά ἔτη belaufen sich, da Felix Ende des Jahrs
52 oder Anfangs 53 n. Chr. eingesetzt wurde, und
damals das Jahr 58 war, genauer auf etwa sechs
Jahre, was bei dem häufigen Wechsel der Statthalter, welcher um jene Zeit die Regel war, eine verhältnißmäßig lange Zeit gewesen ist. Und jedenfalls hatte Festus den Charakter der Juden und
ihrer Oberen höchstens hinlänglich kennen gelernt;
daß er in der That auch Kenntniß vom Christenthum genommen hatte, sagt Lukas K. 22.

5. **Denn du kannst erfahren.** Paulus berührt
ferner als einen Umstand, der ihm seine Vertheidigung erleichtert, die Thatsache, daß er erst vor
so kurzer Zeit nach Jerusalem gekommen sei, wonach der Thatbestand seines Verhaltens daselbst sich
um so sicherer ermitteln lassen werde. Die zwölf
Tage, welche der Apostel seit seiner Ankunft in
Jerusalem zählt, sind so zu rechnen:
I. Tag nach der Ankunft, Besuch bei Jakobus,
Kap. 21, 18.

---

1) Fünf Unzialhandschriften haben: Ἀνεβάλετο δὲ αὐτοὺς ὁ Φ., während die in die Recepta übergegangene Erweiterung: Ἀκούσας δὲ ταῦτα ὁ Φ. ἀνεβ. αὐτ. nur einen einzigen Unzialcodex für sich hat und sicher ein Einschiebsel ist.

2) αὐτόν ist unzweifelhaft ursprünglich, τὸν Παῦλον unächt.

3) ἢ προσέρχεσθαι ist ebenfalls späterer Zusatz, fehlt in vier Unzialcodd.

II. Levitische Reinigung und erstes Betreten des Tempels, Kap. 21, 26.
III. IV. V. VI. VII. Tage der Nasiräeropfer, Auflauf wider Paulus und Gefangennehmung desselben, Kap. 21, 27 f.
VIII. Der Apostel vor dem hohen Rath, Kap. 22, 30; 23, 1 ff.
IX. Verschwörung und Entdeckung derselben. Abends wird Paulus von Jerusalem entfernt, Kap. 23, 12 ff. 23. 31.
X. Ankunft in Antipatris, Kap. 23, 31.
XI. Ankunft in Cäsarea, Kap. 23, 32 ff.
XII.
XIII. Verhandlung vor Felix, Kap. 24, 1 ff. So ist letzteres der fünfte Tag ($μετὰ πέντε ἡμέρας$, Kap. 24, 1), seitdem Paulus von Jerusalem abgeführt worden war, wenn man den Tag der Abführung noch mitrechnet; hingegen der fünfte Tag war noch nicht abgelaufen, und bleibt deßhalb in der Summe von 12 Tagen außer Berechnung, ebenso wie andererseits der Tag, an welchem Paulus zu Jerusalem angekommen war (Anger, ratio tempor. 109 f.).

6. Und weder im Tempel. Die Begebenheiten selbst betreffend, und in Entgegnung auf die Anklage, macht Paulus geltend, daß er nach Jerusalem gekommen sei $προσκυνήσων$, also nicht um dem gesetzlichen Gottesdienst am Heiligthum entgegenzutreten, sondern im Gegentheil, um ihn selbst zu üben; seine Reise sei ihrem Zweck nach eine Wallfahrt zum Ort der Anbetung gewesen. Und zugleich bekämpft er auch direkt die Anschuldigung, als hätte er in irgend einer Weise sich eine Entweihung des Tempels oder die Anstiftung einer Unruhe zu Schulden kommen lassen. $Παραστῆσαι$ kommt hier und auch bei Klassikern hie und da in dem Sinne vor: ostendere, persuadere, probare.

7. Das aber bekenne ich dir. Paulus beantwortet nun weiter B. 14—16 die verdächtigende Aeußerung des Tertullus, daß er ein Vordermann der Nazarenersekte sei. Er bekennt sich freimüthig und freudig ($ὁμολογῶ$) zum Christenthum, nur daß er den in hämischem Sinn gebrauchten Ausdruck $αἵρεσις$, als separatistische Sekte, sanft ablehnt ($λέγουσι$, die Gegner nennen's so, in der That, will er sagen, ist es nicht das). Die Beschreibung, welche er in diesem Bekenntniß von seinem Christenthum gibt, hebt absichtlich und beharrlich die Einheit des Neuen Bundes mit dem Alten hervor. $Λατρ. τῷ πατρ. θεῷ$, d. h. seine Religion sei nicht Abfall von, sondern Treue gegen den Gott seiner Väter. $Πιστεύων πᾶσι$, d. h. seine Religion bestehe nicht in Zweifel und Unglaube gegenüber den heil. Schriften Israels, sondern in vollständigem Glauben an die Schrift. Auf den materiellen Inhalt seines Glaubens eingehend, beschreibt er denselben als fromme Hoffnung der Auferstehung, auch hierin die Einheit mit Israel betonend, $καὶ αὐτοὶ οὗτοι$, auch meine Gegner hier theilen diese Erwartung, nur daß $προσδοκίαν$ mit $ἐλπίδα ἔχειν$ sich subjektiv unterscheidet, Ersteres schließt eine mehr äußerliche und kalte Stellung in sich zu der Wahrheit, um die sich's handelt, $ἐλπ. ἔχ.$ bagegen bezeichnet jene Hoffnung als einen persönlichen, innig theuren Besitz. V. 16 endlich geht sein Bekenntniß auf die praktische, sittliche Seite seines Christenthums über. $ἐν τούτῳ$ ist nicht blos auf vorgenannte Hoffnung zu beschränken (Bengel), sondern auf den ganzen Glaubensgrund zu beziehen, so

weit ihn der Apostel bisher angedeutet hat; $καὶ αὐτός$, auch ich, wie meine übrigen Glaubensgenossen.

8. Aber nach Verlauf mehrerer Jahre. Vers 17—21 kommt der Apostel auf die Beschuldigung zurück, daß er den Tempel entweiht habe, verbindet damit aber die Widerlegung der Anklage, daß er Aufruhr errege. Sein Zweck bei der Rückkehr nach Jerusalem sei gewesen, theils Unterstützungen für sein Volk zu bringen, die Collekte aus den Heidengemeinden für die Judenchristen, als Thatbeweis der Liebe zu denen im eigenen Volk, theils Opfer darzubringen, vgl. V. 11. $προσκυνήσων$. Das Letztere entspricht zugleich dem $ἀπρόσκ. συνείδ. ἔχ. πρὸς τὸν θεόν$, das Erstere dem $πρ. τ. ἀνθρ.$ V. 16. $ἐν οἷς$ bei dieser Beschäftigung, $ἡγνισμένον$, also nach der erforderlichen Reinigung, nicht in profaner Weise, betrat ich den Tempel, entweihte ihn auch nicht durch Gedränge und Lärm; dies widerlegt zugleich die Anklage, als errege er Aufruhr. $Τινὲς δὲ εὗρον$: es fanden mich (zwar nicht diese, wie sie B. 5 zu sagen schienen), — wohl aber einige Juden aus Asien, welche ich aber eben vermisse. Schließlich beruft sich Paulus auf seine anwesenden Gegner zum Beweise, daß ihm der ganze Sanhedrin kein Vergehen habe nachweisen können, $ἢ περὶ$, d. h. es müßte nur eines darin bestehen, daß er jenen Ausruf inmitten der Versammlung gethan.

9. Da aber Felix solches hörete. $Ἀναβάλλεσθαι$ ist geläufiger Kunstausdruck für: vertagen, gewöhnlich zwar ist der Spruch, die Entscheidung, das Objekt, doch kommt es, wie hier mit $αὐτοὺς$ auch von einer Versammlung vor, welche vertagt wird. $Ἀκριβέστερον εἰδὼς$ ꝛc. kann dem Satzbau nach nur eine Begründung zu $ἀνεβ.$ sein; aus dem Grunde vertagte er's, weil er vom Christenthum genauer unterrichtet war (so Chrysostomus, Luther, Wetstein, Meyer u. A.). Unrichtig ist die Ziehung, welche Beza, Grotius, auch Ewald den Worten geben, als gehörten sie schon zu dem Bescheid selbst: „wenn ich mich zuvor genauer unterrichtet haben werde über diesen Weg, und Lysias herab gekommen sein wird"; $εἰπών$ dürfte dann nicht so spät ein nachfolgen. Der Prokurator hat, weil er einige genauere Kenntniß vom Christenthum besaß, wobei eine mindestens sechsjährigen Verwaltung im Lande sehr begreiflich ist, den Paulus nicht verurtheilt, aber aus Rücksicht auf die Juden ihn auch nicht freigesprochen, sondern die Sache auf die lange Bank geschoben, unter dem Vorwand, erst den Tribun Lysias noch vernehmen zu wollen. Paulus blieb also in militärischem Gewahrsam ($ἑκατοντ-τηρ.$), jedoch mit einiger Erleichterung seiner Haft, namentlich sofern ihm gestattet wurde, Besuche von seinen Angehörigen ($οἱ ἴδιοι$), d. h. wohl von befreundeten Christen, auch Verwandten, wie der Neffe Kap. 23, 16, Besuch anzunehmen und sich kleine Dienste von ihnen leisten zu lassen; vielleicht wurde auch die Art seiner Bewachung und Fesselung ermäßigt, s. Wieseler apost. Chronol. S. 380 ff.

### Christologisch-dogmatische Grundgedanken.

1. Die Rede des Tertullus, des einzigen Mannes, welchem der Titel eines eigentlichen Redners (Rhetors) in der Schrift gegeben wird, ist ein Muster der Beredsamkeit, wie sie nicht sein soll: dem Inhalt nach unwahr und unlauter, der Form nach

21*

klug berechnend und geschminkt. Die Rede des Apostels ist wie die Reden Jesu und alle Reden oder Schriften der übrigen Apostel: der Inhalt Wahrheit und eine Gesinnung ohne Falsch; die Form Einfalt und Schlichtheit.

2. Das ist ein Zeichen göttlicher Gesinnung, daß der Apostel in seiner Antwort sich nicht begnügt, die falschen Anschuldigungen zu widerlegen, und sich persönlich zu verantworten, sondern so schnell als möglich darauf übergeht, ein Bekenntniß abzulegen, das Christenthum zu vertreten. Es ist ihm nicht so sehr um seine Ehre, als um die Ehre Gottes und seiner Heilsanstalt zu thun.

3. Was der Apostel in seinem Bekenntniß ausspricht, das zeichnet die Grundlinien einer Apologie des Christenthums gegen das Judenthum, und zwar nach der Seite, daß das Christenthum nicht ein Abfall vom Alten Bunde, sondern die Vollendung desselben ist. Der Grundgedanke ist in der That kein anderer, als der in dem Worte Jesu liegt: „Ihr sollt nicht wähnen, daß ich gekommen bin, das Gesetz oder die Propheten aufzulösen. Ich bin nicht kommen aufzulösen, sondern zu erfüllen." Matth. 5, 17. Ganz dem Wort des Meisters gemäß bekennt der Jünger, daß er Allem glaube, was im Gesetz und den Propheten geschrieben ist, daß er die Hoffnung, welche auch Israel hege, als theures Gut festhalte, und dem Gott der Väter, keinem andern als Jehovah, diene. Es ist derselbe Standpunkt, wie ihn die Reformatoren in der Augsburgischen Confession eingenommen haben, deren Hauptabsicht die ist, den Vorwurf der Sektirerei und des Abfalls von Seiten der Evangelischen zu widerlegen, und die Einheit mit der alten wahren apostolischen und katholischen Kirche nachzuweisen.

4. Sehr wesentlich ist die Erklärung des Apostels, daß er in seiner Glaubens- und Hoffnungsstellung sich übe, das Gewissen unverletzt zu halten, Gott und Menschen gegenüber. Dies war nicht nur, den mehrfachen Anschuldigungen von Tempelentweihung und Unruhestiftung gegenüber, von praktischem Belang für seine persönliche Vertheidigung, sondern es ist auch als Bekenntniß zur Ehre des Christenthums von höchstem Werth. Das Christenthum ist das Gewissen des Gewissens. Nicht eher hat das Wort von Christo, wenn es an den Menschen kommt, denselben wahrhaft ergriffen, als bis es zum Gewissen durchgedrungen ist. Und nicht eher hat der Mensch das Christenthum wirklich ergriffen und sich angeeignet, als wenn er es als eine Gotteskraft verwendet zur der sittlichen Uebung, das Gewissen ohne Anstoß zu bewahren. Sonst ist das Christenthum nur Farbe, Form und Spreu, nicht Wesen und Kraft, Kern und Leben.

### Homiletische Andeutungen.

Der Hohepriester zog hinab mit den Aeltesten und mit dem Redner Tertullus. [V. 1.] Keine Sache ist so schlimm, man findet einen Advokaten dazu. (Starke.) — Beredsamkeit ist eine Gabe Gottes (2 Mos. 4, 14); aber Beredsamkeit in einem bösen Menschen ist ein Gift in einem goldenen Becher. (Augustin.) — Die Bosheit hat immer neue Farben, sich zu verstecken, und neue Waffen, sich auszulassen. Wenn List, Meuchelmord und Zusammenrottung nicht helfen will, so nimmt man seine Zuflucht zur Schminke der

Redekunst und sucht durch die Waffen der Schmeichelei zu siegen. Der Glaube und die Wahrheit aber bleiben bei ihrer Einfalt und Redlichkeit. Wenn der Hohepriester mit seinem Redner Tertullus auftritt, so stellt sich ihnen Paulus mit seinem guten Gewissen und gläubigen Herzen entgegen. (Apost. Past.)

Fing Tertullus an die Anklage vorzutragen. [V. 2.] Wie klug und verschmitzt sind nicht die Kinder der Finsterniß, wie voller Ränke und Tücke, als wie der Vogelbauer voller Lockvögel, Jer. 5, 27, den Unschuldigen und Armen zu unterdrücken. Sind aber nicht Fürsten- und Herrenhöfe, Gerichts- und Rathstuben solcher Lockvögel voll? (Starke.)

Daß wir in großem Frieden leben unter dir u. s. w. [V. 3.] „Bis hieher gehet das Kompliment, womit Tertullus schmierte, damit er wohl fahren möchte." (Starke.) — Die Gottlosen brauchen den Namen des Friedens nie mit mehr Prahlen, als eben wenn sie den Frieden stören und Unruhe anrichten wollen, Ps. 55, 22. (Ders.) — Tertullus bahnt sich den Weg in seiner Anklage durch niederträchtige Schmeichelei. Felix war ein lasterhafter Mann und dem Volk verhaßt, das ihn später beim Kaiser verklagte. Allein um seine Gunst zu gewinnen, vergöttert ihn der Schmeichler und schreibt ihm die Wohlthaten zu, die allein Gott zu verdanken waren. Dieser Hang zur Schmeichelei liebt allen falschen und untreuen Lehrern immer noch an. (Apost. Past.) — Wie viel ist schon in der Welt mit Schmeichelworten betrieben und auch ausgerichtet worden. Es ist ein wunderbares Wechselgeschäft damit, wobei die Großen die Schwachheiten der Kleinen zu ihren Absichten mißbrauchen, aber auch umgekehrt die Kleinen der Großen schwache Seite wissen und dort beizukommen suchen. (Rieger.)

Um dich aber nicht länger aufzuhalten. [V. 4.] So war es dem Felix am liebsten. Lange schmeichelhafte Vorrede, und wenn es zur Sache kommt, so kurz als möglich, daß er nach seiner Justiz zu Geschäften (Kap. 23, 35) sich nicht lange damit zu befassen brauchte. (Williger.)

Wir haben nämlich diesen Mann funden als eine Pest u. s. w. [V. 5.] Wie es von Gott selber heißt: Bei den Verkehrten bist du verkehrt, so geht es auch seinen Knechten nicht anders. Die Welt sieht das schöne Bild eines Zeugen Jesu mit verkehrten Augen an. Die heilsame Botschaft heißt „eine Pest"; der Eifer, die todten Sünder aufzuwecken, heißt „Aufruhr anrichten"; Jesum predigen ist „Sektirerei"; das Reich Gottes bauen heißt „den Tempel entweihen". — Ist es Christo und seinem Aposteln so gegangen, warum sollte auch uns? Es ist aber ein großer Trost, wenn der Geist der Wahrheit uns das Zeugniß gibt: „Als die Verführer und doch wahrhaftig." (Apost. Past.)

Und wollten ihn gerichtet haben nach unserm Gesetz. [V. 6.] Des beabsichtigten Meuchelmords gedenkt Tertullus mit keinem Worte. Ueber alle diese Gräuel der Bosheit zieht er eine künstliche Decke. (Apost. Past.)

Aber Lysias legte sich dazwischen. [V. 7.] Wenn Obere ihren weltlichen Arm den Verfolgern nicht verleihen und ihnen in ihrem Unrecht Recht geben wollen, so gehet das Geschrei wider sie und müssen auch sie selbst sich den Text lesen lassen, Joh. 19, 12. (Starke.)

Die Juden aber redeten auch dazu. [V. 9.] Ihr Amen auf die erbauliche Predigt Tertulli! (Williger.) — Die Lüge findet geschwind einen Jaherrn, nicht ebenso die Wahrheit. Wenn aber auch Tausende eine Lüge bekräftigen, so bleibt sie doch Lüge. (Starcke.)

Paulus antwortete: Dieweil ich weiß, daß du in diesem Volk nun viele Jahre ein Richter bist. [V. 10.] Sei sparsam in Titeln wie hier Paulus. Sollst du einen Feind Gottes, ungerechten Richter, hochmüthigen Haman, zur Sünde verlauften Ahab, — einen vortrefflichen, unvergleichlichen, hochgeschätzten Mann heißen, von seinen hohen Verdiensten schwatzen? Wer die Gottlosen nicht achtet, der wird wohl bleiben, Pf. 15, 4. (Starcke.) — Wohl ehret Paulus auch an einem Felix das obrigkeitliche Amt, dessen Würde nicht auf der persönlichen Würdigkeit seiner Träger, sondern auf der göttlichen Stiftung beruht, aber durch seine Anrede als Richter mahnt er ihn zugleich an Recht und Gericht, so übt er selbst, was er Römer 13 lehrt. (Leonh. u. Spiegelh.)

Daß ich hinauf gen Jerusalem bin kommen, anzubeten. [V. 19.] Das war keine bloße Redensart. Er wollte ja wirklich, wo möglich auf den Pfingsttag, in Jerusalem sein, Kap. 20, 16. (Williger.)

Auch haben sie mich nicht funden u. s. w. [V. 12. 13.] Merke, wie Paulus erstlich des Richters Amt bescheidentlich ehret, die Sache schlicht und kurz erzählet, die Beschüttigung gelassen leugnet, das Gegentheil ruhig behauptet, auf Untersuchung und Beweis unerschrocken bringet, den rechten Grund der Klage deutlich aufdecket! Thue desgleichen vor Gericht! (Starcke.)

Das bekenne ich aber dir u. s. w. [V. 14.] Seine Freiheit zum Reden braucht Paulus nicht nur zum Ablehnen der Beschuldigungen, sondern noch mehr, ein gutes Bekenntniß anzubringen. (Rieger.) — Daß ich auf diesem Wege, den sie eine Sekte heißen, diene dem Gott meiner Väter: Paulus schämt sich nicht, ein „Nazarener" zu sein, aber das leugnet er, daß das Christenthum eine neuerfundene Irrlehre und die Kirche Gottes eine von der Väter Glauben abtrünnige Sekte sei, da im Gegentheil das Evangelium von Christo Kern und Mark, Ende und Ziel des ganzen Alten Bundes ist. (Leonh. und Spiegelh.) — Denselben Beweis hat immer die wahre Kirche Gottes gebraucht, wenn man sie eine Sekte nannte. So konnte die evangelische Kirche gegenüber der katholischen, wenn sie eine neue Partei genannt wurde, getrost behaupten, sie sei gerade die alte apostolische Kirche. (Williger.) — So können die lebendigen Christen auch heut zu Tage, wenn sie Seltirer, Pietisten u. dgl. gescholten werden, auf Grund der Schrift beweisen, daß ihre „Sektirerei", ihr „Pietismus" nichts Anderes ist, als die einfältige Nachfolge Jesu, der ernste Wandel auf dem Heilswege, den Christus uns vorgezeichnet hat mit seinem Wort, seinem Wandel und seinem Blut.

Und habe die Hoffnung zu Gott, auf welche sie auch selbst warten. [V. 15.] Die Hoffnung der Auferstehung ist nicht eine Lehre, deren Glanz erst im Neuen Testamente aufgeht, nein, durch das ganze Alte Testament ist dieses goldene Faden ewigen Lebens gewoben. Der Schöpfer, der durch seinen Odem einen Erdenkloß belebt, der Bundesgott, der mit Abraham, Isaak und Jakob einen „ewigen Bund" macht, ist nicht ein Gott der Todten, sondern der Lebendigen. Seiner tröstet sich Hiob 19, 25—27; von ihm weißagt Jesaias 26, 19; von ihm zeugt Daniel 12, 2. Freilich in Paulus ist diese Hoffnung erst recht fest, lebendig und fruchtbar geworden durch die Auferstehung Jesu Christi von den Todten. (Leonh. und Spiegelh.) — Die Grundfeste unsers Christenthums ist die Auferstehung; wenn diese fällt, so muß auch jenes untergehen. (Starcke.) — Ich habe die Hoffnung zu Gott u. s. w. Hast du diese Hoffnung? Wenn der Geist sie dir noch nicht gegeben hat, so ruhe nicht, bis du deiner seligen Auferstehung gewiß bist; ruhe nicht, denn Schrecklicheres gibt es nicht, als sterben müssen ohne Hoffnung der Auferstehung. (Kapff.)

Dabei übe ich mich auch, zu haben ein unverletztes Gewissen, beide gegen Gott und Menschen. [V. 17.] Der Apostel zeigt hier, wozu sich seiner Religion bediene. Das ist das rechte Ziel, dahin alle Religion den Menschen führen muß. So lange unser Glaubensbekenntniß eine Sache des Gehirns, oder eine angeerbte Gewohnheit, oder gar ein Zankapfel und eine Quelle der Ketzermacherei bleibt, ist es Spreu ohne Kern, Schatten ohne Leben. Nur dann verdient es den Namen eines wahren Glaubens und einer lebendigen Hoffnung, wenn in demselben und durch dasselbe die tägliche Uebung, gerecht, fromm und gottselig zu sein, getrieben wird. (Apost. Past.) — Wer an Gott glaubet und gewißlich ist, daß er uns Gutes gönne, sintemal er uns seinen Sohn und mit ihm die Hoffnung eines ewigen Lebens gegeben hat, wie wollte der nicht von ganzem Herzen Gott lieben? Wie wollte er ihn nicht fürchten und ehren? Wie wollte er sich nicht befleißen, ein dankbar Herz für solche große Gaben und Wohlthaten zu erzeigen? Wie wollte er nicht beweisen Geduld und Gehorsam im Unglück? Also führet der Glaube mit sich einen Haufen vieler sehr herrlichen und schönen Tugenden, und ist nimmer allein. (Luther.) — So scharf es Paulus mit seinem Gewissen nimmt, daß er es allenthalben, beide gegen Gott und Menschen haben will unbefleckt, so demüthig redet er doch in diesem Stücke davon. Er sagt nicht, er habe und besitze ein solches, sondern wohlbedächtig: er übe sich, es zu haben. Es ist sehr heilsam, mit seinem Gewissen recht streng zu nehmen und demselben nichts durch die Finger zu sehen. (Apost. Past.)

Habe ein Almosen gebracht meinem Volk. [V. 17.] und mich reinigen lassen im Tempel. Wenn der, so seinem Nächsten Gutes thut, eine Pest des gemeinen Wesens heißt, was muß dann der sein, der ihm Böses thut? Und soll der, so sein Gelübde im Tempel abstattet, ein Schänder des Tempels heißen, wie soll dann der heißen, der im Tempel sein Taufgelübde bricht? (Starcke.)

Oder laß diese selbst sagen, ob sie etwas Unrechts an mir funden haben. [V. 20.] Der Apostel fordert in seiner Vertheidigung alle diejenigen auf, die ihn gekannt, gesehen, mit ihm umgegangen und Zeugen seines Verhaltens gewesen sind, ob sie etwas auf ihn bringen könnten. Das war der Trieb eines guten, vor Gott und Menschen unbestecten Gewissens. Es wäre für manchen Lehrer eine große Beschämung, wenn seine Bekanntschaften, seine vertrauten Freunde, seine Kameraden, die um seine Heimlichkeiten wissen, wider ihn auftreten und zeugen sollten. Aber eben daraus entsteht die Kleinmüthigkeit und das verzagte Wesen, das die Führung des Amtes so lau macht. (Apost. Past.) — Die ganze Rede des Apostels zeigt die Fassung eines vom Herrn gestärkten Herzens. Merke dabei 1) die Gelassenheit, womit er die Anklage des Tertullus anhört und seinen Mund nicht aufthut, bis Felix ihm winkt; 2) die Geradheit, womit er alle Schmeichelei gegen Felix meidet, obgleich er dessen Amt ehrt; 3) die Unerschrockenheit, womit er ungerechte Beschuldigungen von sich abwehrt; 4) die Einfalt, womit er eine ungeschminkte Erzählung des Sachverhalts gibt; 5) den Zeugenmuth, womit er aus Anlaß seiner Vertheidigung ein freudiges Bekenntniß seines Glaubens, seiner Hoffnung und seiner Liebe gegen Gott und Menschen, kurz seiner wahren und lebendigen Religion ablegt. (Nach Apost. Past.)

Felix aber vertagte die Sache. [B. 22.] In der Person des Felix entwickeln sich mancherlei Gestalten des natürlichen Herzens, die ein Lehrer bei Bearbeitung der Seelen gründlich kennen muß. Er stellt das Bild eines Weltmanns dar und zeigt, wie das Evangelium von solchen Leuten behandelt wird. Sie wissen um diesen Weg, aber ihre Wissenschaft ist unkräftig auf's Herz. Sie geben sich wohl auch mit Dingen des Reiches Gottes ab, aber nur aus Fürwitz. Sie wollen unparteiisch scheinen, aber nur, um von der einen oder andern Partei zu gewinnen. Das ist der Charakter der Weltmenschen, wobei ein Lehrer große Weisheit und göttliche Einfalt zu beweisen hat, um ihnen gegenüber weder allzu leichtgläubig, noch allzuschüchtern zu werden. (Nach Apost. Past.)

Ihm auch Erleichterung zu gewähren (Luther: lassen Ruhe haben). [B. 23.] Lange unter der Welt sein und mit dem Getümmel und Wust ihrer fleischlichen Leidenschaften zu schaffen haben, macht einen Knecht Jesu müde. Wohl ihm, wenn ihm sein Heiland Ruhe schenkt, und zwar eine solche Ruhe, da er sich mit andern Gliedern Jesu im Glauben und in der Gnade recht stärken und erquicken kann. (Apost. Past.)

Zum Abschnitt V. 1—23. Die Sekte, der an allen Enden widersprochen wird, B. 5. 1) Sie glaubt, was im Worte Gottes geschrieben, B. 14; 2) sie bekennt, was ihr durch Gottes Gnade zu hoffen gegeben, B. 15; 3) sie übt, was durch Gottes Gebote ihr zur Pflicht gemacht ist, B. 16. (Florey.) — Wodurch widerlegt der Christ die grundlosen Anschuldigungen seiner Feinde? 1) Durch ungefärbten Glauben, B. 14; 2) durch fröhliche Hoffnung, B. 15; 3) durch gottseliges Leben, B. 16. (Leonh. und Spiegelh.) — Die Kraft der Hoffnung einer Auferstehung der Todten. Sie gibt 1) zum Handeln Muth und Weisheit, 2) zum Leiden Geduld und Trost, 3) zum Sterben Lust und Bereitschaft. (Diet.) — Wie weiß sich der Christ gegen die Anklagen verantworten, die so oft in der Welt gegen ihn erhoben werden? 1) Er wird seine Person von allem Vorwurfe reinigen, damit nicht um seinetwillen das Evangelium verlästert werde; 2) er wird durch das fröhliche Bekenntniß seines Glaubens die grundlose Feindschaft der Welt beschämen; 3) er wird auf sein Leben hinweisen, daß es von der Wahrheit seines Glaubens Zeugniß ablege. (Lisko.) — Der Redner Tertullus und der Prediger Paulus, oder die falsche Beredsamkeit und die wahre. 1) Die falsche ist schmeichlerisch, sie redet zur Eigenliebe des Hörers, B. 3; die wahre schmeichelt nicht, sie spricht an's Herz und an's Gewissen, B. 10. 2) Die falsche ist heuchlerisch, sie wohnt nur auf den Lippen, führt Honig im Munde und Galle im Herzen, B. 5. 6; die wahre heuchelt nicht, sie kommt von Herzen und spricht, wie's ihr um's Herz ist, B. 10; 14—16. 3) Die falsche ist lügnerisch, sie macht aus schwarz weiß und aus weiß schwarz, B. 5. 6; die wahre lügt nicht, sie leugnet nur, was erlogen (B. 13), aber sie bekennt, was wahr ist (B. 14. 15) und läßt die Sache reden statt der Worte, B. 16—20. — Sind redliche Christen Sektirer, wie die Welt sie schilt? (B. 5. 14) Nein, denn 1) das Haupt, dem sie folgen, ist kein Sektenhaupt, sondern Jesus Christus, das Haupt der Gemeinde; 2) die Gemeinschaft, von der sie sich lossagen, ist nicht die Kirche des Herrn, sondern nur die ungöttliche Welt in und außer der Kirche; 3) der Weg, den sie gehen, ist kein selbsterwählter Gottesdienst, sondern der uralte Heilsweg, wie ihn Gottes Wort vorzeichnet; 4) der Ruhm, dem sie nachjagen, ist keine eitle Ehre, sondern zu haben ein unverletztes Gewissen, beide vor Gott und dem Menschen, B. 16. — Der edle Christenruhm, zu haben ein unverletztes Gewissen, B. 16. 1) Was gehört dazu? a. Du mußt ein unverletzt Gewissen haben nicht nur vor Menschen, die da sehen, was vor Augen ist, sondern auch vor Gott, der das Herz ansieht; b. du mußt es aber andererseits haben nicht nur vor Gott, dessen Urtheil erst die Ewigkeit an's Licht bringt, sondern auch behaupten können vor Menschen, die dich erkennen wollen an deinen Früchten, B. 13; 17—20. 2) Wie gelangt man dazu? a. Du mußt den Weg des Heils gläubig kennen lernen aus Gottes Wort, B. 14. 15; b. du mußt ihn fleißig gehen lernen durch Uebung in der Gottseligkeit, B. 16. — Des Christen beste Schutzwehr wider die giftigen Pfeile der Lästerung. 1) Ein freudig Bekenntniß im Munde, B. 14; 2) ein unverletzt Gewissen im Herzen, B. 16; 3) ein unsträflich Leben im Rücken, B. 17—20; 4) ein gerechtes Gericht Gottes im Auge, B. 15.

### C.

**Eine zweite Vernehmung vor dem Prokurator bleibt ebenfalls erfolglos, und Felix hinterläßt seinem Nachfolger den Paulus als Gefangenen.**
(B. 24—27.)

**24, 25** Nach einigen Tagen aber kam Felix mit seiner Gemahlin Drusilla, die eine Jüdin war, ließ den Paulus holen und hörte ihn über den Glauben an Christum[1]. *Als

---

[1] Ἰησοῦν nach Χριστόν steht zwar in drei Unzialcodd., muß aber, da es in drei andern fehlt, doch als unächter Zusatz angesehen werden.

er aber redete von Gerechtigkeit und Enthaltsamkeit und von dem zukünftigen[1]) Gericht, da erschrak Felix und antwortete: Für jetzt gehe hin; wenn ich gelegene Zeit erlange, will ich dich zu mir rufen lassen. *Zugleich hoffte er auch, daß ihm von Paulus Geld 26 würde gegeben werden[2]), darum ließ er ihn auch noch öfter zu sich holen und unterhielt sich mit ihm. *Nachdem aber zwei Jahre abgelaufen waren, erhielt Felix einen Nach- 27 folger an Porcius Festus. Und da Felix die Juden sich zum Dank[3]) verpflichten wollte, ließ er den Paulus gefangen zurück.

### Exegetische Erläuterungen.

1. **Kam Felix in das Lokal**, wo er den Paulus hören wollte, oder vielleicht, er kam, nachdem er eine Zeitlang abwesend und anderswo in der Provinz gewesen war, nach Cäsarea zurück.

2. **Drusilla**, eine Tochter des Herodes Agrippa I., der den Jakobus hatte hinrichten lassen und in Cäsarea gestorben war; (Kap. 12, 1 ff.: 21 ff.), eine ausgezeichnete Schönheit, war die Gemahlin des Königs von Emesa, Aziz, gewesen; Felix lernte sie kennen und machte sie durch die Vermittlung eines jüdischen Zauberers, Simon aus Cyprus, ihrem Gemahl abwendig und vermählte sich mit ihr (Jos. Alterth. XX, 7, 1 f.). Ohne Zweifel geschah die Vorladung des Paulus auf den Wunsch seiner Gemahlin, die als Jüdin aus der Familie des Herodes ohne Zweifel durch Hörensagen schon Manches vom Christenthum vernommen hatte und begierig sein mochte, einen der ersten Vertreter der Gemeinde persönlich zu sehen und zu hören. Offenbar bezog sich das, worüber Paulus vernommen wurde, nicht speziell auf die wider ihn vorgebrachten Anschuldigungen.

3. **Als er aber redete.** Als Paulus das Wort gegeben war, redete er nicht allein von demjenigen, was Felix oder seine Gemahlin zu hören wünschte, sondern auch von Dingen, welche dieser nicht hören mochte, er selbst aber desto mehr Gewissens halber sich gedrungen fühlte, zu sprechen. Von Gerechtigkeit redete er zu dem Richter, von Enthaltsamkeit zu einem durch seine Frechheit und Wollust berüchtigten Präfekten, von dem künftigen Weltgericht zu dem, welcher an seine bereinstige Verantwortung gemahnt zu werden brauchte. διαλεγ. ist gebraucht, weil Paulus nicht in förmlicher und öffentlicher Verhandlung, sondern in einer Privatunterhaltung mit dem Prokurator und seiner Gemahlin redete.

4. **Felix erschrak**, denn so etwas hatte er, zumal aus dem Munde eines Gefangenen, den er zu richten Vollmacht hatte, am wenigsten erwartet und wohl schon lange nicht gehört. Aber er bricht schnell ab und schickt den Paulus wieder in seine Haft, τὸ νῦν ἔχον vorjetzt, in der spätern Gräzität bei Lucian, Diod., Chrys. u. A. sehr geläufig. Das Partiz. ἐλπίζων ist noch mit ἀπεκρίθη verbunden. Ohne Zweifel wußte Felix, daß die Christen großen Antheil an dem Schicksal des Paulus nahmen, und daß sie gerne bereit waren, die namhaftesten Opfer für ihn zu bringen. Er hätte sich gern von Paulus bestechen lassen, obwohl es durch die *Lex Julia de repetundis* ausdrücklich verpönt war, für Ver-

haftung oder Loslassung eines Menschen irgend Etwas anzunehmen.

5. **Nachdem aber zwei Jahre abgelaufen waren.** Diese zwei Jahre sind natürlich vom Anfang der Gefangenschaft des Paulus an zu rechnen, nicht vom Amtsantritt des Felix an, was hier von gar keinem Belang wäre. Felix wurde wahrscheinlich im Sommer 60 ohne sein Zuthun von Nero abberufen. Er ließ den Paulus als Gefangenen und gefesselt zurück, um hiemit die Juden zum Dank und zur Schonung und Rücksicht gegen sich selbst zu bewegen. χάριτα καταθέσθαι ist klassischer Ausdruck für beneficium conferre, eigentlich: sich Dank deponiren. Der Zweck wurde nicht erreicht, denn kaum war Felix abgezogen, als ihm die Juden eine Deputation nachsandten, um ihn beim Kaiser zu verklagen. Porcius Festus bekleidete die Prokuratur, die er auf rechtliche Weise führte, höchstens zwei Jahre lang, da er bald starb, und schon im Herbst 62 Albinus sein Nachfolger war.

### Christologisch-dogmatische Grundgedanken.

1. Es dient zur Ehre Christi, daß der Apostel nicht von ihm reden kann, ohne daß des Felix Gewissen aufgeschreckt wird. Manchmal sind Leute, denen man es sicher nicht zugetraut hätte, eher geneigt, das Evangelium von Jesu Christo zu hören, wie auch Herodes Antipas Jesum gerne gesehen hätte. Aber nur das Fleisch ist geneigt dazu, und man möchte sich einen Begriff des Christenthumes zubereiten, wie man ihn gerade brauchen könnte.[4] Allein das Wort von Christo ist wesentlich der Art, daß es das Gewissen anfassen muß.

2. Felix ist erschroden. Also die eine Schneide des Wortes Gottes hat ihn getroffen. Die andere Schneide, welche wieder heilt, durch Gottes Kraft, durch Versöhnung, Vergebung und erneuernde Gnade hat er nicht erfahren, weil es sich der gründlichen und durchgreifenden Wirkung des Wortes entzogen und der ernstlichen Sündenerkenntniß und Sinnesänderung eine ausweichende Wendung vorgezogen hat. Eine einzige Sünde, gegenüber der Mensch mit Willen fröhnt, hält ihn unter einem verborgenen Bann, welcher die Bekehrung und Errettung unmöglich macht.

### Homiletische Andeutungen.

Nach etlichen Tagen kam Felix wieder und forderte Paulum vor sich. [V. 24.] Weil die Menschen auch mit ihrem Hören allerlei

---

[1]) ἔσεσθαι nach μέλλοντος hat zwar Tischendorf als ächt aufgenommen, indessen haben es nur die zwei jüngsten Unzialhandschriften, in den vier ältesten fehlt es, daher ist es als Zusatz zu verwerfen.
[2]) ὅπως λύσῃ αὐτόν ist ohne Zweifel erklärendes Einschiebsel, es fehlt in der Mehrzahl der Unzialhandschriften.
[3]) χάριτα pl. steht zwar nur in einer Unzialhandschrift, dagegen in der überwiegenden Mehrzahl der Minuskeln. Von den übrigen Unzialcodd. haben drei χάριτα, zwei χάριν, aber der Singular ist offenbare Correctur, weil man das Plural nicht geeignet fand; hier ist für die schwerere Lesart zu entscheiden.

Abwechselung haben wollen, so kommt das Hörenwollen auch zuweilen an das Evangelium, entweder eine Weide der natürlichen Sinne dabei zu suchen, aus welchem Grunde dort Herodes Jesum längst gern gesehen hätte, oder oft auch aus dem Evangelium etwas herauszunehmen und sich daraus für den Brand seines Gewissens einen kühlenden Umschlag zu machen. So hört auch heutzutag Mancher einen Zeugen der Wahrheit um den andern, gehorcht aber keinem eigentlich, sondern möchte nur von jedem etwas erschnappen, das zusammen einen für das Fleisch erträglicheren Religionsbegriff anstifte. (Rieger.) — Wir finden hier Paulum wieder vor Felix, aber nicht mehr in öffentlichen Gerichtsverhör, sondern in vertraulicher Privatunterredung. Es ist ihm deßhalb auch nicht darum zu thun, sich zu vertheidigen, sondern das Herz seines Richters durch Buße und Glauben für Christum zu gewinnen. Er steht vor Felix diesmal nicht als Angeklagter, sondern als Verkündiger des Evangeliums. (Leonh. u. Spiegelh.)

Da aber Paulus redete von der Gerechtigkeit und Keuschheit und von dem zukünftigen Gericht. [S. 25.] Paulus wandte seine Unterredung vom Glauben an Christum so, daß es zuletzt auf die im Gewissen so tief hastenden Wahrheiten von Gerechtigkeit, Keuschheit und zukünftigem Gericht hinauskam. Das war freilich für einen Richter und für ein solches Paar, als Paulus da vor sich hatte, angreifend. Es kann und soll aber auch nicht anders sein. Wo göttliche Dinge recht behandelt werden, da muß das Innerste dadurch gerichtet werden. (Rieger.) — Paulus predigt hier einem vornehmen Mann, seinem Richter, auf dessen Gunst ihm, menschlichem Meinen nach, noch etwas ankommen mußte; und gleichwohl predigt er ihm den ganzen Rath Gottes ohne einige Verkürzung. Er macht ihm den Weg zum Himmel nicht breiter, er kitzelt seine Ohren nicht und schmeichelt seinen Lüsten nicht. Er predigt das Evangelium, aber er verschweigt das Gesetz nicht. Sogar greift er die Schoßsünden an, mit welchen Felix gebunden war, ohne achtet es nicht, mit seiner Predigt Anstoß zu geben. Schönes Muster eines treuen Zeugen der Wahrheit! (Apost. Past.) — Text und Thema ist trefflich gewählt für diese Zuhörer. Von der Gerechtigkeit predigt er dem bestechlichen Beamten; von der Keuschheit dem ehebrecherischen Liebespaar; von dem zukünftigen Gericht dem ungerechten Richter, dem schon das kaiserliche Gericht zu Rom drohend bevorstand. — Uebrigens sprach Paulus nicht gerade von den Sünden des Landpflegers, sondern redet von diesen ernsten Dingen mehr im Allgemeinen. Die ausdrückliche Anwendung auf ihn nicht nöthig; der Heilige Geist machte sie selbst am Herzen des Felix. Strafpredigten sollen nicht den Eindruck von persönlichen Beleidigungen machen, sondern sie sind, wenn sie die rechten sind, herzdurchbohrende Auslegungen des Worts: Thut Buße! wobei auch die Getroffenen durchfühlen, daß nicht der Prediger, sondern der Herr sie getroffen hat. (Williger.) — Erschrak Felix: Siehe die Kraft und Majestät des Worts Gottes! Hier erschrickt der Richter vor dem Beklagten, der Landesregent vor einem Zeltmacher, ein Herr, der viele Bediente um sich hat, vor einem Gefangenen. Dies ist nicht den muthigen Reden Pauli, sondern Gottes Wort zuzuschreiben. Ps. 119, 120; Hebr. 4, 12. 13. (Starck.) — Felix

erschrak: ein Beweis, daß er kein ganz schlechter, ganz verdorbener Mensch war; es mußte noch etwas Gutes in ihm sein, das von dem Guten sich angezogen fühlte; er konnte sich noch schämen, konnte noch gerührt werden. Wie glücklich wäre Felix geworden, hätte er diesen heilsamen Schrecken benutzt, von dem schneidenden Worte der Wahrheit sich ganz durchdringen, von ihrem Lichte ganz durchleuchten, von ihrem Feuer ganz durchläutern lassen! (Menken.) — Gehe hin für diesmal, wenn ich gelegene Zeit habe, will ich dich herrufen lassen: Große Herren, große Sünder, und denen ist nicht gut predigen, denn wenn ihnen das Gewissen gerührt wird, so lassen sie die Prediger in Ungnaden bald von sich oder auch wohl gar ohne Kopf nach Hause gehen, Matth. 14, 10." (Starcke.) — „Gelegene Zeit" will er abwarten, und es war doch gerade jetzt für ihn die angenehme Zeit und der Tag des Heils gekommen. Wie oft geht's dem Wort auch unter uns also. Als Zeitvertreib für eine müßige Phantasie, als Reizmittel zum Hervorlocken fleischlicher Thränen lassen wir's uns wohlgefallen; von Gottes Vaterliebe hört man wohl gern predigen, und Schilderungen des oft mit eigenen Farben ausgemalten Wiedersehens jener Welt ergötzen die Ohren, aber wenn das Wort: „Thut Buße!" ertönt, wenn von der engen Pforte der Selbstverleugnung und vom schmalen Pfade der Heiligung und von den Schrecken des Gerichts gepredigt wird, wenn des Wortes Schärfe unsre Lieblingssünden trifft und eine völlige Umgeburt des ganzen Menschen fordert, dann heißt's: Das ist eine harte Rede, wer kann sie hören? Solche Strafpredigt ist mir nicht gelegen. Wenn ich alt bin, wenn ich des Lebens Lust genossen, wenn's zum Sterben geht, dann will ich mein Fleisch kreuzigen, mich bekehren, mich auf die Ewigkeit vorbereiten. Aber wehe, wenn's dann zu spät ist; wenn dann Gott uns unser vereinstiges leichtfertiges „Gehe hin" heimgibt mit seinem verachtenden „Gehe hin!" Matth. 24, 41. „Wenn ich gelegene Zeit habe." Wann meinen wir, daß sie komme? Im Herzensgrund denken wir, nimmer! und in Wahrheit ist sie doch immer! Hätten wir nur Augen, sie zu erkennen, Muth, sie zu ergreifen! Aber daran fehlt es nun und fehlt es dir, Felix! Jetzt hatte die Stunde deines Heils geschlagen, aber du versäumtest sie und wartetest auf gelegenere Zeit. Ob sie dir gekommen? Nach zwei Jahren wurdest du, angeklagt vom Volk, gen Rom berufen zur Rechenschaft vor dem Kaiser: es traf sich nach Gottes wunderbarem Rath, daß noch einmal Paulus mit dir in derselbigen Stadt war; hast du da die gelegene Zeit benutzt? oder hast du sie noch einmal versäumt? und ist dir endlich selbst der Tod zur ungelegenen Zeit gekommen? Das Beispiel des Felix schrecke uns, und nie sei unsre Antwort wie die seine. Laßt uns nie sagen: Gehe hin auf diesmal, damit es uns nicht ergehe wie Kapernaum und Chorazin und Bethsaida! Laßt uns nie auf gelegene Zeit warten, damit unser Ende nicht sei wie Pharao's und Sauls Ende! Laßt uns nie aus unlauterer Absicht Gottes Wort herrufen, damit wir nicht erfahren, was Simon der Zauberer erfuhr. Wenn es zu uns kommt, wollen wir antworten wie Abraham: hier bin ich! oder wie Samuel: Rede, Herr, dein Knecht höret! oder wie Kornelius: Nun sind wir Alle hier gegenwärtig vor Gott, zu hören Alles, was dir von Gott befohlen ist. (Fr. Strauß.)

Er hoffte aber daneben, daß ihm von Paulo sollte Geld gegeben werden. [V. 26.] Wo der Geiz sich bei den Amtsleuten eingewurzelt hat, da ist die Gerechtigkeit um's Geld feil und wird den Unschuldigen nicht geholfen, sie zahlen denn Geld: wie auch die Schuldigen nicht gestraft werden, weil sie den Richter bestochen haben, 5 Mos. 16, 19; Sir. 20, 31. (Starke). — Darum er ihn auch oft fordern ließ. Dem Paulus wurde wirklich von Felix geschmeichelt. Man legte ihm seine Loslassung nahe, wenn er sie durch Geld hätte erkaufen wollen. Er wollte aber lieber in dem Willen Gottes beharren, als sich durch fleischliche Mittel aus dem Leiden reißen. (Apost. Past.)

Da aber zwei Jahre um waren. [V. 27.] Kinder Gottes werden oft von Gott nicht nur mit Kreuz, sondern auch mit langem Kreuz beladen, 1 Mos. 39, 20; 41, 1. 14; Ps. 13, 2. (Starke).

Zu V. 24—27. Die Gründe der Erscheinung, daß Viele wohl das Evangelium, aber nicht das Gesetz vernehmen wollen. Der Grund kann sein: 1) Ein Irrthum des Verstandes, daß das Evangelium die Gesetzespredigt überflüssig mache. 2) Ein Irrthum des Gewissens, daß der Zustand unsers Innern das Gesetz nicht mehr erfordere. 3) Eine Verirrung des Gefühls, das von jeder ernsten Mahnung verletzt wird. 4) Die Herrschaft des Fleisches, welches den Willen fest gefangen hält. (Langbein.) — Wenn ich gelegene Zeit habe. 1) Das ist die Sprache 1) Aller derer, die zwar die Eitelkeit der Welt kennen, aber zu träge sind, um sich ihrer Lust zu entreißen. 2) Derer, die zwar die Schmach der Sündenknechtschaft fühlen, aber zu schwach sind, um ernstliche Buße zu thun. 3) Derer, die zwar die Kraft des göttlichen Worts von ferne erfahren haben, aber zu leichtsinnig sind, um sich ganz dem Worte hinzugeben. (Leonh. u. Spiegelb.) — Felix in der Predigt — ein trauriges Bild vieler Hörer: 1) Er erschrak, V. 24. 25. 2) und doch blieb es beim Alten, V. 25—27. (Pielo.) — Die Kraft des göttlichen Worts: 1) Es weckt muthige Verkündiger: der unerschrockene Paulus. 2) Es weckt schlafende Gewissen: der erschrockene Felix. 3) Es entscheidet und scheidet: Paulus bekommt den Abschied: Gehe hin! Felix bleibt unbekehrt. (Pielo.) — Zwei gewöhnliche Ausreden, womit man dem Ernste der Buße ausweicht: 1) Alles, nur Eines nicht! Alles wollte Felix aus Pauli Mund hören, nur nicht das Eine, was ihn anging, von der Gerechtigkeit, von der Keuschheit und vom Gericht. Alles wollte er gerne thun, nur nicht das Eine, was ihm Noth that: seinen Lieblingssünden absagen. 2) Morgen, nur heut nicht! — Er heißt ihn hingehen für diesmal, er will ihn wieder rufen lassen, wenn es ihm gelegen ist, er verschiebt die Buße — und kommt nie dazu. — Wann ist die gelegene Zeit zur Buße? 1) Immer für den, der da will; denn a. immer ruft auf allerlei Weise ruft uns Gott zur Buße durch innerliche Rührung und äußere Führung, durch Gesetz und Evangelium, durch Freude und Leid; b. immer und bei jedem Beruf, in jeder Lebenslage kann der Mensch Zeit finden, auf Gottes Wort zu hören. 2) Nimmer für den, der da nicht will; denn a. wann Gott ihn rufen mag: nie ist's ihm gelegen; b. wenn er einst nach Gott rufen wird in letzter Noth mit ersterbender Seele, oder drüben im Gericht der Ewigkeit, dann ist's für Gott nicht mehr Zeit, dann ist's zu spät, dann heißt es: Ihr werdet mich suchen und in euren Sünden sterben, Joh. 8, 21. — Pauli Bußtext vor Felix ein Text auch für unsere Zeit: Er handelt von den Früchten einer rechtschaffenen Buße, nämlich 1) von der Gerechtigkeit im Verhalten gegen den Nächsten. Ist dieser Text nicht am Platz in einer Zeit, wo die Ungerechtigkeit und Redlichkeit immer seltener wird bei Hohen und Niederen? 2) Von der Keuschheit in Bezähmung des eigenen Fleisches. Ist dieser Text nicht am Platz in einer Zeit der überhandnehmenden Fleischeslust und Sittenverderbniß, wo die alte Scham und Zucht mehr und mehr abkommt im Dorf wie in der Stadt, und so manches Paar in die Kirche kommt, vor den Traualtar tritt, verbunden durch sündliche Bande, wie dort Felix und Drusilla. 3) Von dem zukünftigen Gericht vor dem Angesichte des ewigen Gottes. Ist dieser Text nicht am Platz in einer Zeit des frechen Unglaubens, der über Gott und Ewigkeit, über Gericht und Vergeltung, über Himmel und Hölle spottet, und sich selbst belügt und betrügt mit dem sabbuzäischen Wahlspruch: Lasset uns essen und trinken, denn morgen sind wir todt! — Paulus vor Felix oder die richterliche Gewalt des göttlichen Worts: 1) Paulus steht vor Felix a. als der gefangene Mann vor dem Gewaltigen; b. als der Gebundene vor dem Freien; c. als der Verklagte vor dem Richter. Und doch in Kraft des göttlichen Worts, dessen Diener der Apostel ist, kehrt sich Alles um. 2) Felix steht vielmehr vor Paulus: a. als der Verklagte — durch Gottes Wort muß sein eigenes Gewissen — vor dem unbestechlichen Richter; b. als der Gebundene durch die Bande der Ungerechtigkeit und Fleischeslust — vor dem Freien in Jesu Christo; c. als der Geringe, Erschrockene, Unentschlossene vor dem gewaltigen Helden Gottes, der auch in Banden zeigt: ich vermag Alles durch den, der mich mächtig macht, Christus. — Pauli zweijähriges Gefängniß in Cäsarea oder die schmerzlichen und doch gesegneten Ruhe- und Wartezeiten der Knechte Gottes. (Vergl. Joseph im Gefängnisse, Moses in der Wüste, David im Gebirge, Elias am Bache Krith, Johannes der Täufer im Kerker, Johannes der Evangelist auf Patmos, Luther auf der Wartburg, treue Prediger auf dem Krankenbette ꝛc.) Schmerzlich a. für den Knecht Gottes, dem die Hände gebunden; b. für die Gemeinde des Herrn, der die Hirten entzogen sind. Aber dennoch 2) gesegnet a. für den Knecht Gottes zu stiller Sammlung und tieferer Läuterung; b. für die Gemeinde des Herrn zum Wachsthum an eigner Kraft, wie zu dankbarer Schätzung der von Gott durch treue Lehrer geschenkten Gnade und zu brünstigerem Anhalten am Gebet für Hirten und Heerde.

## D.

**Der Prokurator Porcius Festus nimmt, auf Betreiben der Juden, die Untersuchung gegen Paulus wieder auf; als aber Paulus sich auf den Kaiser beruft, genehmigt er die Appellation.**

**Kap. 25, 1—12.**

1 Nachdem nun Festus die Provinz angetreten hatte, ging er drei Tage später von
2 Cäsarea hinauf[1]) nach Jerusalem. *Da machten ihm die Hohepriester und Vornehm-
3 sten unter den Juden einen Vortrag wider Paulus und ersuchten ihn, *indem sie es sich als eine Gnade von ihm ausbaten, daß er ihn nach Jerusalem kommen lassen möchte,
4 wobei sie ihm nachstellten, um ihn unterwegs um's Leben zu bringen. *Allein Festus antwortete, Paulus werde in Cäsarea[2]) verwahrt, er selbst aber werde in Bälde wieder
5 dahin abreisen. *Darum mögen die Mächtigen unter euch mit hinuntergehen, und An-
6 klage wider den Mann vorbringen, wenn etwas an ihm ist[3]). *Er hielt sich aber nicht mehr als acht oder zehn[4]) Tage bei ihnen auf, reiste sodann nach Cäsarea hinab, setzte
7 sich am folgenden Tage auf den Richterstuhl und befahl, den Paulus vorzuführen. *Nachdem er aber erschienen war, traten umher die Juden, welche von Jerusalem herabgekommen waren, und brachten viele schwere Beschuldigungen gegen Paulus vor[5]), welche sie
8 nicht zu beweisen vermochten, *während Paulus sich verantwortete: ich habe weder gegen das Gesetz der Juden, noch gegen den Tempel, noch gegen den Kaiser mich irgendwie verfehlt.
9 *Festus aber wollte den Juden eine Gunst erzeigen, antwortete dem Paulus und sprach: Willst du nach Jerusalem hinaufgehen, und dort wegen dieser Anklagen dich von mir
10 richten lassen? *Paulus aber sprach: Vor dem Richterstuhl des Kaisers stehe ich, da muß ich gerichtet werden; gegen die Juden habe ich kein Unrecht begangen, wie auch
11 du besser weißt. *Wenn ich also[6]) Unrecht habe, und etwas der Todesstrafe würdiges gethan habe, so weigere ich mich nicht zu sterben; wenn aber an dem nichts ist, wessen mich diese anklagen, so kann mich Niemand ihnen aus Gunst hingeben. Ich berufe mich
12 auf den Kaiser. *Da besprach sich Festus mit seinem Rath und antwortete: Auf den Kaiser hast du dich berufen; zum Kaiser sollst du reisen.

### Exegetische Erläuterungen.

**1. Nachdem nun Festus die Provinz angetreten hatte.** Ἐπιβ. wird gesagt: die Provinz betreten; allein mehrere Stellen bei Wetstein beurkunden die Bedeutung: ein Amt antreten, die Verwaltung übernehmen. Ἐπαρχία wird streng genommen nur von proconsularischen Provinzen gebraucht, kann aber auch prokuratorische bezeichnen, wofür ἐπιτροπή der offizielle Name ist. Festus ist entweder im Sommer oder im Herbst 60 n. Chr. angekommen (Wieseler, Ap. Chronol., S. 91 ff.; Anger, temp. rat. S. 105 ff.). Der Prokurator bereilte sich, nachdem er in seiner Residenz, Cäsarea, angekommen war, sehr, die eigentliche Hauptstadt des Volkes zu besuchen.

**2. Hohepriester im Amt war damals Ismael, Sohn des Phabi**, welchen noch Felix an die Stelle des Ananias gesetzt hatte (Joseph. Alterth. XX, 8, 8 u. 11). Hier waren aber sämmtliche Oberpriester und die Vornehmsten des Volks überhaupt vor dem neuen Prokurator, der ihnen Audienz gab, erschienen. Οἱ πρῶτοι ist nicht identisch mit „Aeltesten" (Grotius, de Wette), sondern bezeichnet, abgesehen von amtlicher Stellung, die Vornehmsten, Angesehensten im Volk. Ohne Zweifel benützten sie gleich die erste Aufwartung vor Festus, um ihm ihr Anliegen als eine Sache vor gewisser Nation vorzutragen. Der Antrag, den sie stellten und dessen Gewährung sie sich als eine erste Gunst von dem neuen Statthalter ausbaten, ging dahin, er möchte den Gefangenen nach Jerusalem heraufbringen lassen, um ihn hier vor seinen Richterstuhl zu bringen, weil er selbst doch jetzt in der Hauptstadt sei. Das Partizip ἐνέδρ. ποιοῦντες zu παρεκάλουν besagt, daß sie, während die Bitte vorgetragen wurde, bereits mit Vorbereitungen zu der Nachstellung umgingen.

**3. Paulus werde in Cäsarea verwahrt**, d. h. er sei und bleibe daselbst, und er selbst bleibe doch

---

1) ὁ ἀρχιερεύς steht dem Plur. οἱ ἀρχιερ. an äußerer Beglaubigung unbedingt nach.
2) εἰς Καισάρειαν hat die vier ältesten Uncialcodd. für sich, und ist dem ἐν Καισ. vorzuziehen.
3) ἄτοπον anstatt τούτῳ ist zwar von nur ansehnlichen Codd. bezeugt, ist aber dessenungeachtet mit Tischendorf als unächt zu streichen, denn wie leicht mochte es zur Verdeutlichung eingeschoben werden, während seine Weglassung unwahrscheinlich wäre.
4) Die Mehrzahl der Codd. haben οὐ πλείους ὀκτὼ ἢ δέκα, und diese Lesart ist für ächt anzusehen; ein paar Handschriften lesen: πλείους ἢ δέκα, in einer Minuskel und etlichen Versionen ist οὐ πλείους weggefallen.
5) Die stärkste Beglaubigung hat καταφέροντες, während ἐπιφερ. und das einfache φέροντες je nur einen Uncialcod. für sich haben.
6) οὖν ist überwiegend bezeugt, γάρ ist eine offenbare Correktur.

nicht so lange hier, daß es der Mühe lohne, den Gefangenen heraufzubefördern. „Die Mächtigen unter euch", d. h. diejenigen, welche durch Amt und Würde bevollmächtigt sind, zu handeln; denn mehrere unter den anwesenden Juden mögen blos durch Geschlecht, Reichthum u. dgl. hervorragend gewesen sein, während der römische Oberbeamte für die gerichtliche Verhandlung nur die in Aemtern Stehenden für competent erkannte. δυνατοί kann nur mit Willkür in dem Sinn gefaßt werden: welche die Reise zu machen vermögen (Bengel), oder welche etwas wider Paulus vorzubringen vermögen.

4. **Traten umher**, drohend und um ihn einzuschüchtern, stellten sie sich von allen Seiten um den Apostel her. Die beiden ersten Anklagepunkte, Verletzung des Gesetzes und des Tempels betreffend, waren dieselben, wie bisher; allein offenbar fügten die Juden, wie aus V. 8 zu ersehen, einen dritten, rein politischen hinzu, wonach Paulus als Hochverräther angeschwärzt wurde, wie wenn er gegen die römische Oberherrschaft oder den Cäsar selbst sich vergangen hätte, etwa wie Kap. 17, 6 f. in Thessalonich gemeint gewesen war.

5. **Vor mir ist** ein zweideutiger Ausdruck, vielleicht mit Absicht gewählt, sofern ἐπ' ἐμοῦ verstanden werden konnte: me judice, aber auch, und darauf wäre es eventuell hinausgekommen: coram me, so daß der jüdische Sanhedrin die richtende Behörde gewesen wäre und der Prokurator nur überwachend der Verhandlung beigewohnt haben würde. Ohnehin hätte die Reise nach Jerusalem und die Verlegung des Verhörs dorthin keinen Zweck gehabt, wäre nicht eine Aenderung des Forums selbst beabsichtigt gewesen. Auch war die Verfügung nur in diesem Fall eine wirkliche und namhafte Gunstbezeugung gegen die Juden.

6. **Vor dem Richterstuhl des Kaisers stehe ich.** Paulus verstand die Frage offenbar davon, daß er vor den Sanhedrin als richterliche Behörde gestellt werden solle. Und dessen weigert er sich, 1) weil er bereits vor dem kaiserlichen Forum stehe und von diesem sein Urtheil zu erwarten habe (*διν. Καίσαρος*, sofern der Prokurator der Stellvertreter des Cäsar selbst war); 2) weil er sich eines Vergehens gegen die Juden nicht schuldig gemacht habe, wie auch Festus wohl wisse, und besser wisse, als er Wort haben wolle, κάλλιον im Vergleich mit der ostensiblen Aeußerung des Prokurators selbst. Diese Erklärung war überlegt und bestimmt genug. V. 11 giebt der Apostel noch zur Folgerung daraus: demnach (οὖν, nicht γάρ) unterwerfe ich mich der Strafe, die das Recht feststellt, im Fall ich solche verdient habe, spreche aber den Schutz des Rechts an, falls die Anklage grundlos ist (Meyer). Mit χαρίσασθαι spricht Paulus unverholen aus, daß, da es sich um das Recht handle, eine willkürliche Gunst, vermöge welcher er den Juden preisgegeben, geopfert werden wollte, überhaupt nicht stattfinden könne. Schließlich ergreift Paulus das Rechtsmittel der Appellation an den Kaiser selbst, und zwar in der kürzesten Form. Hierzu bewog ihn offenbar die Wahrnehmung, daß Festus den Juden gegenüber nicht unbedingt feststehe, und die Besorgniß, daß er selbst am Ende doch nicht vollkommen sicher gestellt sei gegen die Intriguen seiner Todfeinde. Ueberdies ermuthigte ihn zu diesem Schritt die Kap. 23, 11 empfangene Verheißung, daß er noch bestimmt sei, in Rom Zeugniß von Jesu abzulegen.

Diese Umstände zusammen legten ihm die Ueberzeugung nahe, daß jetzt der Weg der Appellation betreten werden müsse, bei dem es ihm nicht sowohl um seine Person, als um seinen Zeugenberuf zu thun war. Das Recht, an den Kaiser zu appelliren, stand ihm als römischem Bürger zu; es war durch die lex Julia streng untersagt, einem römischen Bürger, wenn er appellirt hatte, irgend etwas in den Weg zu legen. Der Akt der Berufung selbst konnte schriftlich, aber auch, wenn er bei einer gerichtlichen Verhandlung selbst geschah, mündlich, wie hier, erfolgen. S. die römischen Gesetzesstellen bei Wetstein.

7. **Da besprach sich Festus mit seinem Rath.** Derselbe bestand aus einigen Beamten, welche bei Sueton consiliarii, auch assessores heißen (ersteres Tiber 33, letzteres Galba 19). Die Berathung handelte davon, ob die Appellation anzunehmen und zu bestätigen sei.

### Christologisch-dogmatische Grundgedanken.

Auch dem neuen Richter, vor dessen Tribunal er gestellt wurde, rückt der Apostel seine Pflicht und das Recht in's Gewissen mit vollkommener Freimüthigkeit, was die Sache angeht, bei wohlerwogener Rücksicht, was die Person des Beamten betrifft. Auch hier muß die römische Rechts- und Staatsordnung zu den Zwecken des Reiches Gottes dienen.

### Homiletische Andeutungen.

**Da nun Festus ins Land gekommen war** u. s. w. [V. 1.] Bei der Abwechselung in der Landpflegerstelle bekam es zwar Paulus mit einem andern Manne zu thun, der aber aus gleichem Weltsinn und nach einerlei menschengefälligen Gründen mit ihm handelte. Wer will also beim Regimente der Welt, wenn es schon Abwechslungen in den Personen giebt, aber immer einerlei irdischer Sinn bleibt, sich viel Gutes von solchen Veränderungen versprechen? Der Glaube, der die Welt in allen ihren Gestalten überwunden hat, ist eine reichere Quelle des Trostes. Doch braucht Gott dergleichen Veränderungen, damit den Weltleuten selbst das Gewissen noch gerührt werde mit dem Stachel: „Ach wie nichtig, ach wie flüchtig ist des Menschen Herrschen!" Besonders ist hier bedenklich, daß in ein Land, darin Gott vorher Selbstregent war, nun ein heidnischer Landpfleger und den andern heraufzieht. Daraus sie ja hätten merken sollen, wie weit es mit ihnen herabgekommen. (Rieger.) Die Könige mögen sterben und die Regenten sich verändern: Jesus Christus gestern und heute und derselbe auch in Ewigkeit. (Apost. Past.)

**Und baten um Gunst wider ihn.** [V. 3. nach Luther.] So sind der Christen Leid und Leben feil, daß man sie als eine Gnade begehrt und wegschenkt. Matth. 14, 6—11. Marc. 15, 15. (Starke.)

**Da antwortete Festus** u. s. w. [V. 4. 5.] Wunderbar hielt Gott hier die Hand über Paulum. Wie schwer es dem Festus wurde, das Gesuch der Juden so geradehin abzuschlagen, durch dessen Bewilligung er sich gleich von Anfang hätte einen guten Namen bei ihnen machen können, beweist nicht nur diese Rede, sondern auch V. 9. Allein sein leidenschaftsloser Sinn ließ sich von Gott zur Gerechtigkeit leiten. — Und von dieser ganzen Gefahr, aus welcher hier abermals sein Leben errettet ward, wußte Paulus nichts. Wie viele und unbekannt gebliebene Errettungen und Bewahrungen werden wir erst vor dem Throne Gottes inne werden. (Williger.)

Und hieß Paulum holen [V. 6.] In dem ganzen Prozeß des Apostels finden wir niemals, daß er sich in den Gerichtsstühlen der Obrigkeit gebrängt hat. Er ließ sich immer fordern und holen, ja, wenn er gefordert wurde, blieb er in den Schranken seiner Vertheidigung, ohne im Geringsten auf Rache gegen seine blutgierigen Ankläger bedacht zu sein. Ein schönes Muster, wie ein Knecht Gottes die Beleidigungen seiner Person vergessen, die Rache Gott überlassen, in seinem Leiden um Christi willen sich selbst verleugnen und seine Feinde durch Geduld und Sanftmuth überwinden müsse. (Apost. Past.)

Brachten auf viele und schwere Klagen wider Paulum, welche sie nicht zu beweisen vermochten [V. 7.] Auch hier geht's dem Knechte wie dem Meister. Wie vor den Heiden Pilatus gegen Christum falsche Zeugen auftraten, die ihre Verleumbung nicht begründen konnten, so die Juden vor Festus gegen Paulum. Und der Inhalt der falschen Anklagen ist hier derselbe wie dort: Uebertretung des Gesetzes, Schändung des Tempels, Aufruhr gegen den Kaiser. (Leonh. u. Spiegelh.)

Ich habe weder an der Juden Gesetz, noch am Tempel, noch am Kaiser mich versündigt [V. 8.] Je einfältiger und ungeschminkter eine Vertheidigung ist, je näher kommt sie dem Sinn und Verhalten Christi. Joh. 18, 20, 21. (Starcke.)

Festus aber wollte den Juden eine Gunst erzeigen u. s. w. [V. 9.] Wenn gleich Menschen, die ohne Furcht Gottes leben, eine Weile in mit Sache auf rechter Bahn sind, so schlagen sie doch wohl aus zeitlichen Absichten, ehe man sich's versieht, wieder um und handeln trüglich. Darum soll man sich nicht auf Menschen, sondern auf Gott verlassen. Ps. 118, 8, 9. (Starcke.)

Paulus aber sprach: Vor dem Richterstuhl des Kaisers stehe ich – ich berufe mich auf den Kaiser. [V. 10. 11.] Darum hat man kaiserliche und weltliche Rechte, Schutz- und Schirmbriefe, bürgerliche Freiheiten, daß die Frommen getröstet, die Bösen aber hintertrieben werden. (Merl's, Freyler.) Deßwegen hat eben Gott die Obrigkeit geordnet, mit Gesetz und Briefen, Wachs und Siegel, Galgen und Rad, keinem Muthwillen das Gebiß einzulegen und die wehrlosen Frommen zu schützen, Röm. 13, 14. (Starcke.) – Neben den drei Landplagen Krieg, Pest, Theurung, ist die vierte das lange Prozessiren, darin ich Advocaten die unendliche Ewigkeit abbilden. Pauli Prozeß kam noch nicht zu Ende, 1 Kor. 6, 7. (Derf.) – Der Apostel würde sich auf den Kaiser nicht berufen haben, wäre ihm nicht der Wille des Herrn, daß er auch zu Rom zeugen sollte, bekannt geworden. Der Herr macht durch diese Appellation seinem Knechte Bahn, mit dem Zeugniß von Jesu auch die Hauptstadt der Welt zu erfüllen. (Apost. Past.) – Nicht um von einem Nero Errettung zu erlangen, beruft er sich auf den Kaiser, sondern um durch diese Thür nach Rom zu gelangen. Seine Appellation aber ist zugleich ein schlagender Thatbeweis gegen eine falsche Geistlichkeit, die es für unchristlich hält, bürgerliches Gesetz und weltliche Obrigkeit zur Behauptung seines Rechts anzusprechen. (Leonh. u. Spiegelh.)

Auf den Kaiser hast du dich berufen, zum Kaiser sollst du ziehen. [V. 12.] „Ja Festus,

du hast Recht, Paulus soll nach Rom, aber nicht, weil du mit deinem Rath es willst, sondern weil es im Rathe Gottes also bestimmt war. Darum muß die Ordnung des römischen Reichs, dessen eigentliche Natur die Feindschaft des Himmelreichs war, bis in seine oberste Spitze hinein den Zwecken und Wegen des Reichs Jesu dienen." „„Die Räder der göttlichen Vorsehung treiben Alles, und die Menschen müssen dazu helfen, ohne daß sie es wissen. Sie meinen aber, sie thuens."'"(Goßner.) — „Und ob gleich alle Teufel hier wollten widerstehn, so wird doch ohne Zweifel Gott nicht zurücke gehn, was Er ihm vorgenommen, und was Er haben will, das muß doch endlich kommen zu seinem Zweck und Ziel." (Leonh. u. Spiegelh.)

Zu V. 1—12. Die edle Festigkeit des Christen in der Behauptung seines Rechts. Sie ist: 1) Verschieden von der Frechheit des Heuchlers, denn er bedient sich nur einer wirklich begründeten Vertheidigung. V. 7. 8. 2) Verschieden von dem Trotze des Bösewichts, denn er weigert sich seiner gesetzlichen Untersuchung. V. 9. 10. 3) Verschieden von der Hartnäckigkeit des Streitsüchtigen, denn er unterwirft sich jeder gerechten Entscheidung. (Bobe.) — Ich berufe mich auf den Kaiser. Es ist dies ein Zeugniß: 1) eines unverletzten Gewissens vor Gott und den Menschen; 2) einer bemüthigen Unterwerfung unter die gottgeordnete Obrigkeit; 3) einer evangelisch nüchternen Vermeidung eines unnöthigen Martyrthums; 4) eines unermüdlichen Eifers für Ausbreitung des Reichs Gottes. (Leonh. und Spiegelh.) — Recht und Gerechtigkeit, der Obrigkeit höchster Schmuck: 1) Festus weigert sich nicht, die Anklage gegen Paulus anzunehmen, V. 1—5. 2) Er hört Kläger und Verklagten, V. 6—8. 3) Er gestattet dem Verklagten die Berufung auf den Kaiser, V. 9—12. (Lisko.) — Wie ein Christ sein gutes Recht wahrnimmt: 1) Ohne Anmaßung, V. 6—8. 2) Ohne Furcht, V. 9—12. (Derf.) — Der Christ beim Thronwechsel menschlicher Gewalthaber. [V. 1.] 1) Im Rückblick auf die abtretenden Herren: a. ohne herbes Richten, denn er weiß: sie stehen nun vor dem höchsten Richter; b. ohne maßloses Rühmen, denn er sieht: aller Glanz der Welt ist eitel. 2) Im Hinausblick auf das neue Regiment: a. ohne übertriebene Hoffnung, denn er weiß: es geschieht nichts Neues unter der Sonne, Pred. 1,9; b. ohne ängstliche Furcht, denn er glaubt's: Christus gestern und heute und derselbe auch in Ewigkeit. — Paulus vor Festus ein lehrreiches Beispiel, wie beide sich gleich bleiben, die Kinder der Welt und die Kinder des Lichts. 1) Die Kinder der Welt: a. des Paulus Ankläger, V. 2. 3. 7. Sie haben nichts gelernt und nichts vergessen; sie bringen die alten Lügen vor und üben die alten Tücken aus, die sie schon unter Felix ausgesponnen, ja, dieselben, die schon vor Pilatus gegen Christum selbst vorgebracht wurden; b. des Paulus Richter: statt des leichtfertigen Felix ein stolzer Festus, der anfangs eine edle Haltung zeigt, V. 4. 5, aber bald die Gerechtigkeit aus Menschengefälligkeit preisgibt, wie sein Vorgänger, V. 9, kurz, unter anderm Namen im Grunde der nämliche Weltmensch. 2) Die Kinder Gottes: a. Paulus ist derselbe in seinem unerschrockenen Muth; die zweijährige Gefangenschaft hat weder seinen Muth gebrochen, noch seine Geistesgegenwart gelähmt; seine Vertheidigung ist klar und fest wie jemals, V. 8. 10;

b. aber auch in seiner Sanftmuth und Geduld ist er der Alte. Keine Rachgier gegen seine boshaften Feinde, keine Empörung gegen seine ungerechte Obrigkeit, sondern ruhige Unterwerfung unter menschliches Gesetz, getrostes Vertrauen auf göttlichen Schutz, V. 12. — Aus Anlaß von Pauli Berufung auf den Kaiser fragen wir: Wo sucht der Christ sein verweigertes Recht? Er darf appelliren: 1) vom Spruch der Schlechten an das Urtheil der Gerechten; 2) von den Leidenschaften des Augenblicks an die Gerechtigkeit der Zukunft; 3) von den Ansichten der Außenwelt an das Zeugniß seines Gewissens; 4) von dem Gerichte der Menschen an den Richterstuhl Gottes. — Auf den Kaiser hast du dich berufen, zum Kaiser sollst du ziehen! Von wem kam dies über Leben und Tod des Paulus entscheidende Wort? 1) Es kam von außen: Festus hat's gesprochen, der Inhaber der Gewalt. 2) Es kam von innen: Paulus hat's gewollt, als der Apostel der Heiden. 3) Es kam von oben: Der Herr hat's genehmigt, als der König aller Könige. (Anwendung auf die Entscheidungen im Lebenslauf des Christen.)

### E.

Auf den Wunsch Herodes Agrippa des jüngeren läßt Festus den Apostel demselben vorführen, wodurch Paulus Gelegenheit erhält, sich öffentlich und feierlich vor ihm zu verantworten, und ein Zeugniß abzulegen, welches nicht ohne Wirkung bleibt.

#### Kap. 25, 13—26, 32.

1. **Festus macht dem Könige Agrippa Mittheilung von Paulus und läßt ihn auf den Wunsch des Königs diesem, in Gegenwart einer ansehnlichen Versammlung, zur Vernehmung vorführen.** (Kap. 25, 13—27).

Aber nach Verfluß einiger Tage kam der König Agrippa und Berenice nach Cäsarea, 13 um den Festus zu begrüßen. *Da sie aber mehrere Tage daselbst verweilten, trug Festus 14 die Angelegenheit des Paulus dem Könige vor, und sprach: Es ist ein Mann von Felix in Gefangenschaft zurückgelassen worden, *wegen dessen die Hohenpriester und die Aeltesten 15 der Juden, als ich nach Jerusalem kam, Anzeige bei mir gemacht, und Recht gegen ihn gefordert haben. *Denen gab ich zur Antwort, es sei nicht Sitte bei den Römern, 16 einen Menschen preis zu geben[1]), ehe der Angeschuldigte seine Ankläger vor sich gesehen und Gelegenheit erhalten hat, sich in Betreff der Anklage zu vertheidigen. *Nachdem sie 17 also hier zusammengekommen waren, verschob ich die Sache nicht, sondern setzte mich am folgenden Tag auf den Richterstuhl und befahl den Mann vorzuführen. *Als aber seine 18 Ankläger auftraten, brachten sie keine Beschuldigung der Art vor, wie ich sie vermuthete, *sondern sie hatten nur einige Fragen in Betreff ihrer eigenen Gottesfurcht, und wegen 19 eines verstorbenen Jesus, von welchem Paulus sagte, er lebe. *Da ich aber in Betreff 20 dieser Untersuchung rathlos war, so fragte ich ihn, ob er wollte nach Jerusalem reisen und sich daselbst wegen dieser Dinge richten lassen. *Nun aber berief sich Paulus dar- 21 auf, daß er und bis auf das Erkenntniß des Kaisers verwahrt werden wolle, und ich gab Befehl, ihn so lange zu verwahren, bis ich ihn zum Kaiser senden würde. *Da sprach 22 Agrippa zu Festus: Ich möchte den Menschen auch gerne hören. Er aber sprach: Morgen sollst du ihn hören.

Den Tag darauf kam demnach Agrippa und Berenice mit großem Gepränge, und 23 gingen in den Hörsaal mit den Obersten und vornehmsten Männern der Stadt, und auf den Befehl des Festus wurde Paulus vorgeführt. *Und Festus sprach: „König 24 Agrippa, und ihr Männer alle, die ihr mit uns anwesend seid, ihr sehet hier den Mann, wegen dessen die ganze Menge der Juden mich angegangen hat zu Jerusalem und hier, und schrieen, er dürfe nicht mehr am Leben bleiben. *Ich aber erkannte[2]), daß er nichts 25 Todeswürdiges gethan hat; und da er selbst Berufung an den Kaiser einlegte, beschloß ich, ihn zu senden. *Ich weiß indeß nichts Gewisses wegen seiner an den Gebieter zu 26 schreiben, deßwegen habe ich ihn vor euch und hauptsächlich vor dir, König Agrippa, vorführen lassen, damit ich nach vorgenommenem Verhör wisse, was ich schreiben soll. *Denn es scheint mir unvernünftig, einen Gefangenen zu senden, ohne die Anklagepunkte 27 wider ihn anzugeben.

---

1) Nach ἄνθρωπον fügen einige Handschriften und Versionen bei εἰς ἀπώλειαν, was offenbar erklärender Zusatz war.
2) καταλαβόμενος hat zwar weniger äußere Beglaubigung, als καταλαβόμην, desto mehr aber innern Vorzug vor diesem, welches sicherlich nicht in's Partizip. verwandelt worden wäre, wenn das Verb. finit. ursprünglich wäre.

### Exegetische Erläuterungen.

**1. Kam der König Agrippa und Bernice.** Der Besuch des Herodes, da es die erste Begrüßung des neuen Statthalters war, erfolgte wahrscheinlich nicht lange nach der vorhin erzählten Verhandlung. Herodes Agrippa II., der letzte der Herodeer, war ein Sohn von Agrippa I., hatte im Jahre 48 nach Chr. das Fürstenthum Chalcis, vier Jahre später anstatt desselben das ehemalige Vierfürstenthum des Philippus, im Nordosten, jenseit des Jordans, bekommen, mit dem Königstitel; auch besaß er Vollmacht über den Tempel und die Befugniß, den Hohenpriester zu wählen. Bernice, seine leibliche Schwester, war früher mit ihrem Oheim, dem Fürsten Herodes von Chalcis vermählt; seit dessen Tod (48 n. Chr.) lebte sie bei ihrem Bruder, und, wie man glaubte, in blutschänderischem Umgang mit ihm.

**2. Da sie mehrere Tage verweilten.** Die Mittheilung über Paulus erschien dem Prokurator nicht so dringlich, daß er sie sofort machte; sondern erst, als Agrippa länger in Cäsarea blieb, ergriff Festus die Gelegenheit, die Sache mit ihm zu besprechen. Wahrscheinlich hoffte er, dem das Terrain noch fremd war, Agrippa, vermöge seiner Erfahrung und Kenntniß des jüdischen Volks, dessen Religion auch die seinige war, Aufschlüsse über Paulus und seine Sache zu erlangen.

**3. Es ist ein Mann von Felix.** Es fällt in die Augen, wie geflissentlich Festus darauf ausgeht, theils seine persönliche Rechtlichkeit und Gewissenhaftigkeit als Dienstleister in dieser Angelegenheit, theils die Vorzüge der römischen Justiz überhaupt vor dem König, der im Grunde als Vasall unter ihm, an Rang jedoch über ihm stand, in das strahlendste Licht zu stellen. So gleich in dem Bescheid, welchen er den Juden gegeben haben will [B. 16], welchen er indeß in ganz anderer Fassung erzählt, als er ihm wirklich ertheilt hat [V. 4 ff.]. Χαρίζεσθαι hat hier verbunden den Conteries den Sinn: Einen Jemand zu Gefallen verurtheilen. Τόπον ἀπολ. λάβ. latinisirt: locum respondendi accipere.

**4. Brachten sie keine Beschuldigung der Art vor.** Festus hatte, vermöge der Erbitterung, welche die Juden gegen Paulus erfüllte, sich vorgestellt, daß sie ihm irgend ein schweres Verbrechen Schuld geben würden. Nun handelte es sich aber nur um Religionsfragen. Hier wählt der Römer mit Absicht das Wort δεισιδαιμονία, welches Agrippa in gutem oder schlimmem Sinne verstehen konnte, s. Kap. 17, 22; τ. ἰδίας δεισιδ., als hielte er den Fürsten selbst für einen Heiden, oder wenigstens für all zu aufgeklärt, um den jüdischen Aberglauben zu theilen. Was Festus von Jesu sagt, verräth, daß in der obigen Verhandlung noch Manches vorgekommen ist, was Lukas nicht aufgezeichnet hat. Anderseits ist der Ton, in welchem der Römer spricht, offenbar der vornehm und gleichgültig über das Wichtigste weggleitende Conversationston des Weltmannes, namentlich, wo er auf die Person Jesu zu reden kommt, und das Zeugniß des Paulus, daß Jesus lebe, geradezu als ein bloßes Vorgeben (φάσκειν) herabwürdigt.

**5. Da ich aber in Betreff dieser Untersuchung rathlos war.** Den Antrag, welchen er dem Paulus gemacht hat, sich in Jerusalem richten zu lassen, stellt der Prokurator absichtlich in ein ganz argloses Licht und erklärt ihn nur aus dem Wunsch einer Untersuchung, zu der er sich nicht kompetent gefühlt habe, vor das gehörige Forum zu bringen. ὁ Σεβαστός Augustus.

**6. Den Tag darauf ꝛc.** Φαντασία hat bei späteren Griechen, wie Plutarch, Diodor u. A. die Bedeutung: Pomp, Gepränge, Repräsentation, Prozession. Fantasia bedeutet heute noch in allen westlichen Küstenländern der Türkei: Glanz oder Pracht. [Zeitschr. der deutsch-morgenl. Ges. XI, 3, S. 484. — Es war eine zahlreiche und glänzende Versammlung, vor welche der Apostel gestellt wurde. Festus stellt den Paulus feierlich vor und macht die Sache, auch wohl sich selbst, mit Absicht wichtig, indem er übertreibend vorgibt, die ganze Judenschaft habe ihn um dieses Mannes willen angegangen.

**7. Der Gebieter, Dominus**, war ein Titel, welchen nicht blos Augustus, sondern auch noch Tiberius mit aller Entschiedenheit abgelehnt hatten, weil er nur den Göttern gebühre, z. B. Tac. Annal. II, 87; Suet. Aug. 53. Allein die Kaiser nach ihnen ließen sich meistens diesen Ehrennamen gefallen, und er war damals eben sehr in der Mode. Ἀσφαλές τι eine genau und bestimmt formulirte Anklage.]

### Christologisch-dogmatische Grundgedanken.

**1.** Der heidnische Beamte hat, obwohl es ihm an ernstem Sinn zur Auffassung religiöser Wahrheit fehlte, doch richtig bemerkt, daß die Hauptdifferenz zwischen Paulus und seinen jüdischen Gegnern sich auf die Person Jesu bezog, und zwar vorzüglich auf die Frage, ob derselbe auferstanden sei oder nicht. Daß Jesus am Kreuz gestorben sei, darüber waren beide Theile einig. Aber Paulus behauptete, er lebe, denn er sei auferstanden; die Juden bestritten das mit aller Macht. In der That beruhte die Bekehrung, wodurch Saulus ein anderer Mann geworden ist, ursprünglich und in erster Linie darauf, daß ihm durch die Erscheinung Jesu unzweifelhaft gewiß wurde: der Gekreuzigte lebt! Daher ist auch seine Verkündigung die eines Augenzeugen, ein eigentliches Zeugniß geworden, während Festus dieselbe für ein bloßes Vorgeben hielt, auf Wahn gegründet. Die Auferstehung Jesu ist und bleibt die Central-Thatsache der Erlösung durch Christum; geschichtlich, sofern die Gemeinde Christi ohne jene nicht zur geschichtlichen Existenz und Dauer gelangt wäre; lehrhaft, sowohl in Hinsicht der Person als des Werks Christi; lebenskräftig, sofern durch den Auferstandenen erst ein neues Leben und Gotteskraft erlangt, wer im Glauben an ihn steht; zukunftsvoll, weil alle Christenhoffnung für Zeit und Ewigkeit, individuell und menschheitlich, durch das Auferstehungsleben des Erlösers bedingt und gewährleistet ist.

**2.** Die Inkompetenzerklärung des Festus ist freilich nicht der wirkliche Beweggrund gewesen, aus dem er die Sache des Paulus gern nach Jerusalem verwiesen hätte. Indessen liegt in seiner Aeußerung, so wie er sie gibt [B. 20], ein richtiger Takt. Anstatt sich vermöge seiner hohen weltlichen Stellung die genügende Einsicht in alle Streitfragen zuzutrauen, findet er es mit seiner Amtslehre nicht unvereinbar, seine Rathlosigkeit in dieser Frage (ἀπορία) aufrichtig zu bekennen. Und, weit entfernt, die Glaubenssache kraft seiner Amtsvollmacht diktatorisch und peremptorisch so oder so zu entscheiden, möchte er das Urtheil darüber in die rechten Hände legen. Eine ehrenwerthe Selbstbeschränkung der Obrigkeit, welche in ihrer Weise dem Kaiser gibt, was des Kaisers ist, und Gott, was Gottes ist.

musterhaft für christliche Obrigkeiten auf dem Gebiete der Glaubens- und Kirchenangelegenheiten.

**Homiletische Andeutungen.**

Da sie aber mehrere Tage daselbst verweilten. [B. 14.] Die ersten Tage werden auf anderwärtige Ergötzlichkeiten gegangen sein, womit man hohen Fremden eine Ehre anzuthun pflegt. Nach vielen Tagen aber, da die andern Materien erschöpft waren, kam man auch auf die Angelegenheit von Paulo. (Rieger.)
Welchen ich antwortete: Es ist der Römer Weise nicht u. s. w. [B. 16.] Zu wünschen wäre, daß diese so billige Regel und Gewohnheit der Römer überall in den Palästen großer Herren und in den Rathshäusern in Stein und Erz mit großen Buchstaben eingegraben, noch vielmehr aber, daß sie allen Richtern und Obrigkeiten in's Herz geschrieben sein möchte, Hiob 19, 23. 24. Das sind Henker, und keine Richter, die mit der Erekution anfangen und die Beklagten, sie seien schuldig oder unschuldig, ohne Verhör und ordentlichen Prozeß verdammen. Heiden sind vernünftiger und billiger gewesen und werden solcher Leute Richter sein, Matth. 26, 66. (Starcke.) — Festus macht in seiner Rede an den Agrippas eine große Parade von seiner Gerechtigkeit und streicht sein unparteiisches Verfahren auf's schönste heraus. Uebersieht man aber den ganzen Handel, so legt es sich deutlich zu Tage, daß sein Herz nicht damit harmonirte. Er wollte den Juden Gunst erzeigen, heißt es B. 9. Er wollte Paulum unter der Hand nach Jerusalem liefern in ihre Hände; nur die Appellation an den Kaiser hielt ihn ab. Festus war ein Weltmann, der sich gern Allen gefällig machen wollte und seine Segel nach dem Winde richtete, es hängt uns diese Unart von Natur Allen an. Wir sind sehr geneigt, unsere Dinge herauszustreichen und Alles, was wir thun, zu rechtfertigen, obgleich unser Gewissen uns vieler Menschlichkeiten dabei überführt. (Apost. Past.) — Sie hatten nur etliche Fragen in Betreff ihrer eigenen Gottesfurcht. [Luther: Von ihrem Aberglauben, B. 19.] Von der jüdischen Religion spricht hier Festus nicht mit solcher Ehrerbietung als man erwarten sollte, da er doch au Agrippa einen Juden vor sich hatte. Weil aber große Herren leicht in dem Kredit sind, daß sie sich aus der Religion, zu der sie sich äußerlich noch bekennen, innerlich im Herzen nicht viel machen, so wagen es andere freche Zungen leicht, auch ihnen in's Gesicht geringschätzig davon zu reden. (Rieger.) — Und von einem verstorbenen Jesu, von welchem Paulus sagte, er lebe. Durch diesen Bericht des Festus wird bestätigt, daß Paulus in seiner Rede vor dem hohen Rath zu Jerusalem und in seiner Verantwortung vor Festus nicht blos bei der Auferstehung überhaupt stehen geblieben war, sondern diese Lehre in und aus der Auferstehung Jesu gelehrt und behauptet hat. Denn war ein Hauptpunkt seines Streites mit den Juden, daß er zeugte, der Jesus, den sie getödtet, sei auferstanden und lebe. Festus sieht diese Streitfrage als einen Aberglauben und als eine nichtswürdige Kleinigkeit an. Sie war [und ist] aber die Centralwahrheit des ganzen christlichen Glaubens, der mächtige Gränzstein, an welchem sich der jüdische [und der heutige] Unglaube von dem Glauben der ganzen Kirche Jesu trennt. (Apost. Past.)

Da ich aber in Betreff dieser Untersuchung rathlos war. [Luther: Da ich mich aber der Frage nicht verstund, B. 20.] Ob wir gleich die Geringschätzung, die Festus als ein Heide und Weltmann aus Unwissenheit gegen die Streitfrage von der Wahrheit der Auferstehung Jesu blicken ließ, verabscheuen, so müssen wir doch andererseits die Billigkeit und Mäßigung an ihm loben, daß er in dergleichen Religions- und Glaubensfragen nicht mit diktatorischem Urtheilen zufahren, und sogar einen ganzen Streit nicht einmal vor seinen Richterstuhl ziehen wollte. Dieser Heide hatte hierin bessere Prinzipien als viele christliche Obrigkeiten, die kein Gewissen machen, Religionsstreitigkeiten als bürgerliche Händel zu behandeln, Lehren und Wahrheiten mit Bann, Feuer und Schwert zu vertilgen und sich als Richter der Gewissen darzustellen. (Apost. Past.)

Agrippa aber sprach zu Festus: Ich möchte den Menschen auch gern hören. [B. 22.] Es war wohl etwas mehr als bloße Neugier. Festus hatte sich nicht sonderlich bemüht, sie zu erwecken. Es hatte ein Blitz in Agrippa's Seele geschlagen; wenigstens ein Wetterleuchten war es, eine Ahnung davon, daß es sich hier um himmlische Dinge handle. (Williger.)

Agrippa und Berenice kamen mit großem Gepränge u. s. w. [B. 23.] Wie sollte das Gepränge bald erbleichen vor den einfachen Worten des Mannes Gottes. (Williger.) — Hier bereitet Gott seinem Knecht abermals ein zahlreiches Auditorium von vielen Großen und Vornehmen, denen das Evangelium predigen sollte [nach seiner Zusage, Kap. 9, 15: Dieser ist mir ein auserwähltes Rüstzeug, daß er meinen Namen trage vor den Heiden und vor den Königen und vor den Kindern von Israel]. Kurz vorher bekam Paulus Ruhe und Freiheit, mit den Seinigen vertraut umzugehen. Bald darauf wurde er von Festus in's Verhör mit den feindseligen Juden gezogen und bezeugte, daß Jesus, der Gekreuzigte, lebe. Nunmehr muß er vor Königen und Fürsten zeugen und in der großen Versammlung seinen Mund aufthun. — Wir beten hierbei die Treue Gottes an, welcher immer auf's neue sorgt, seine Knechte hervorzuziehen und zu gebrauchen, wenn sie von der Welt am meisten verachtet werden; der ihnen offne Thüren verschafft, wenn die Welt sie durch Bande und Kerker zu verriegeln gedenkt. Wir ehren aber auch das Bild eines solchen Knechtes Jesu, den Gott zu Allem brauchen konnte, bald zum Zeugen seiner Leiden, bald zum Ermahner des Volks, bald zum Prediger seiner Auferstehung, bald zum Herold seiner Gnade vor Kaisern und Königen. Der Herr schenke uns auch Gnade, ihm in Allem brauchbar und in Allem, wo er uns braucht, recht treu zu werden. (Apost. Past.)

Da sehet ihr den Mann! [B. 24.] Sehet, welch' ein Mensch! Joh. 19, 5. (Williger.)

Darum habe ich ihn lassen herbringen vor dich König Agrippa. [B. 26.] Wie Pilatus Jesum zu Herodes schickt, Luk. 23, 7. (Williger.)

Denn es dünket mich ungeschickt Ding, einen Gefangenen zu schicken und keine Ursache wider ihn anzugeben. [B. 27.] Es begreifen die Staatsleute wohl, daß es ungeschickt Ding ist, um der Religion willen die Leute mit Gefängniß und Strafe zu belegen, aber ihr Bezeigen kommt mit ihrer Meinung nicht immer überein, denn das vermeinte Staatsinteresse hat auch über die Vernunft die Meisterschaft, Matth. 23, 3. (Starcke). — Daß von Höfen und höchsten Gerichten, wenn dahin appellirt wird, oft so üble Rescripte und Decrete in rechtmäßiger Sache erfolgen, kommt's nicht auch daher, daß der Bericht nicht aufrichtig nach allen Umständen dahin ergangen? Denn wie bericht, so gericht. O möchten doch Fürsten und Herren mit eigenen Augen sehen, die Elenden und Gedrückten selbst hören, und nicht Alles auf ihre Räthe und Bediente ankommen lassen! (Starcke.)

Zu V. 13—27. Das Urtheil der Weltmenschen über Glaubenssachen. 1) Ihr höchster Standpunkt ist der des bürgerlichen Rechts, wie bei Festus, V. 13—18. 2) Ihr Urtheil über Gegenstände des Glaubens ist geringschätzig; sie rechnen dieselben in das Gebiet des Aberglaubens, thun sich wohl gar etwas darauf zu Gute, sich auf solche Fragen nicht zu verstehen, V. 19—21. 3) Ihre Theilnahme an solchen Dingen ist, wie bei Agrippa, Sache der Neugier und der Mode, V. 22. (Lisko.) — Warum sind diejenigen selig zu preisen, die um der Wahrheit willen verfolgt werden? 1) Weil eben die Verfolgung die Unschuld ihrer Sache am schönsten in's Licht stellt, V. 18 ff. 2) Weil die Verfolgung ihnen Anlaß giebt, von der Wahrheit selber Zeugniß abzulegen, V. 22 ff. (Lisko.) — Die Grundsätze einer gesunden Rechtspflege aus Festus' Mund, V. 14—27. Sie soll 1) Alles thun, was ihres Amtes ist; a. in Betreff der Kläger: sie unverdrossen annehmen und anhören, V. 15. 17. 18; b. in Betreff der Beklagten: ihre Verantwortung unparteiisch vernehmen, ihre Person gegen List und Gewalt der Widersacher schützen, V. 16. 18. 21. 2) Alles unterlassen, was ihres Amtes nicht ist: a. in Sachen des Glaubens sich kein Urtheil anmaßen, V. 19. 20. 26; b. dem höhern Richter nicht eigenmächtig vorgreifen, V. 26. 27. — Die Blindheit bloß weltlicher Bildung in Sachen der christlichen Wahrheit. 1) Die köstlichen Artikel des christlichen Glaubens sind ihr Ausgeburten des Aberglaubens, nicht der Mühe werth, sich genauer darüber zu unterrichten, V. 19. 20. 2) Das lebendige Haupt der Gemeinde ist ihr „ein verstorbener Jesus," von dessen Lebenskraft und Gnadengegenwart sie nichts verspürt, V. 19. 3) Die auserwählten Knechte Gottes sind ihr unbegreifliche Sonderlinge, mit denen sie nichts anzufangen weiß, V. 24—27. Festus und Paulus, oder der schlichte Gottesmann in seiner Ueberlegenheit über den glänzenden Weltmann. Er ist ihm überlegen: 1) Durch den innern Adel der Gotteskindschaft, vor welchem alles äußere Standesgepränge erbleicht, V. 23; 2) durch den weiten Gesichtskreis des Glaubens, wovor alle weltliche Bildung ihre Unwissenheit eingestehen muß, V. 19. 20. 26; 3) durch die feste Haltung eines vor Gott unsträflichen Wandels, wogegen die laxe Weltmoral unsicher schwankt zwischen Recht und Unrecht, Wahrheit und Lüge, V. 9. 20. 26. — Das Wort des Agrippa über Paulus: Ich möchte den Menschen auch gern hören (V. 22) nach seiner verschiedenen Deutung und Bedeutung. 1) Als ein Wunsch vornehmer Neugier, die nichts sucht als eine flüchtige Unterhaltung. 2) Als ein Wunsch weltlicher Wißbegier, der es nur zu thun ist um eine interessante Bekanntschaft. 3) Als ein Wunsch frommer Heilsbegier, die das Bedürfniß fühlt nach einer geistlichen Belehrung. (Anwendung auf unser Kirchgehen, Predigthören, Bücherlesen u. s. w.) — Paulus, der Knecht Gottes, vor den Fürsten und Gewaltigen zu Cäsarea, ein erhabenes Bild, daraus wir erkennen: 1) Die Herrlichkeit des Herrn, der a. seinen treuen Knechten auch in Ketten und Banden, b. mit seinem Wort anklopft an Palästen wie an Hütten. 2) Die Treue des Knechtes, der sein Zeugniß ablegt für den Herrn allenthalben, a. ungeblendet vom Gepränge menschlicher Hoheit; b. unbeschwert von den Ketten der eignen Trübsal. — Der Audienzsaal des Landpflegers zu Cäsarea. 1) Ein Prunksaal weltlicher Herrlichkeit — durch das Gepränge der versammelten Herrschaften, V. 23; aber bald 2) ein Hörsaal heiliger Lehre — durch das Zeugniß des Apostels, Kap. 26, 1—23. Und zuletzt 3) ein Gerichtssaal göttlicher Majestät — durch den Eindruck apostolischer Predigt, welche den Grund der Herzen aufdeckt, Kap. 26, 24 - 32.

**2. Paulus verantwortet sich öffentlich vor Festus und Agrippa so, daß seine Rede mannigfach Eindruck macht und allgemein die Ueberzeugung von seiner Schuldlosigkeit erweckt. (Kap. 26, 1—32).**

1 Agrippa aber sprach zu Paulus: Es ist dir erlaubt, von[1]) dir selbst zu reden. Da
2 verantwortete sich Paulus, indem er die Hand ausstreckte: *Ich schätze mich glücklich, König Agrippa, daß ich heute vor dir mich verantworten darf über Alles, dessen ich von
3 den Juden angeschuldigt werde; *zumal du bekannt bist mit allen Sitten und Fragen
4 der Juden. Daher bitte ich dich, du wollest mich geduldig anhören. *Und zwar mein Leben von Jugend auf, wie ich es von Anfang an inmitten meines Volkes zu Jerusalem
5 zugebracht habe, wissen alle Juden, *indem sie mich von Anfang an kennen, wenn sie es wollen bezeugen, daß ich nach der strengsten Sekte unseres Gottesdienstes als Pharisäer
6 gelebt habe. *Und nun stehe ich vor Gericht über der Hoffnung auf die Verheißung,
7 die an unsere Väter[2]) von Gott ergangen ist, *zu welcher die zwölf Geschlechter unseres Volkes zu gelangen hoffen, indem sie Tag und Nacht anhaltend Gott dienen. Dieser
8 Hoffnung halber, König Agrippa, werde ich von Juden[3]) beschuldigt. *Wie wird es

---

1) περί ist ungleich stärker beglaubigt, als ὑπέρ.
2) εἰς τοὺς πατέρας ohne ἡμῶν, welches letztere zwar die Mehrzahl der Uncial-Codd. auf seiner Seite hat, aber schwerlich weggefallen wäre, dagegen leicht hinzugekommen sein mag, ist dem πρὸς τ. π. ἡμ. vorzuziehen.
3) ὑπὸ Ἰουδ. ohne Art., welcher in allen Uncial-Codd. fehlt, ist die urspr. Lesart.

für unglaublich bei euch erkannt, wenn Gott Todte auferweckt? *Ich glaubte nun zwar, 9 ich müßte dem Namen Jesu von Nazareth Vieles zuwider thun. *Was ich denn auch 10 zu Jerusalem gethan habe, wo ich viele der Heiligen in Gefängnisse¹) verschloß, nachdem ich die Vollmacht dazu von den Hohepriestern erhalten hatte; und wenn sie getödtet wurden, so stimmte ich bei. *Und in allen Schulen strafte ich sie oft und zwang sie zu 11 lästern, und voll übermäßiger Wuth verfolgte ich sie auch bis in die ausländischen Städte, *wobei ich auch²) nach Damaskus reiste mit Vollmacht und Auftrag von Seiten der 12 Hohenpriester; *und unterwegs erblickte ich, o König, am Mittag vom Himmel her ein Licht, 13 heller als die Sonne, das mich und meine Reisegefährten umstrahlte. *Und da wir 14 alle zu Boden gefallen waren, hörte ich eine Stimme reden zu mir und sprechen³) in hebräischer Mundart: Saul, Saul, was verfolgest du mich? Es ist dir schwer, gegen Stacheln auszuschlagen. *Ich aber sprach: Wer bist du, Herr? Der Herr⁴) aber sprach: 15 Ich bin Jesus, den du verfolgest. *Aber stehe auf und tritt auf deine Füße! Denn 16 dazu bin ich dir erschienen, um dich zum Diener zu bestellen und zum Zeugen dessen, was du gesehen hast, und womit ich dir noch erscheinen werde, *und rette dich von dem 17 Volk und den Heiden, unter welche ich dich jetzt sende, *um ihre Augen zu öffnen, sie 18 von der Finsterniß zum Licht und von der Gewalt des Satans zu Gott zu bekehren, damit sie Vergebung der Sünden empfangen und ein Erbtheil unter denen, die geheiliget sind, durch den Glauben an mich. *Daher, o König Agrippa, war ich nicht un- 19 gehorsam der himmlischen Erscheinung, *sondern verkündigte zuerst denen zu Damaskus 20 und in Jerusalem sowie in ganz Judäa, auch den Heiden, daß sie sollten ihren Sinn ändern und umkehren zu Gott, und der Sinnesänderung würdige Werke thun. *Um 21 deßwillen ergriffen mich die Juden im Tempel und versuchten mich zu tödten. *Allein 22 ich erlangte Hülfe von Gott, und so stehe ich denn da bis auf diesen Tag und lege Zeugniß ab⁵) vor Groß und Klein, ohne etwas Anderes zu reden, als was die Propheten gesagt haben, daß es geschehen werde, und Mose, *ob leiden werde der Messias, 23 ob er als der Erste aus der Auferstehung der Todten ein Licht verkündigen wird dem Volk und den Heiden.

Da er aber⁶) dies zu seiner Vertheidigung redete, sprach Festus mit lauter Stimme: 24 Du bist von Sinnen, Paulus! Die große Gelehrsamkeit bringt dich zum Wahnsinn. *Er aber sprach: Ich bin nicht von Sinnen, hochedler Festus, sondern ich spreche Worte 25 der Wahrheit und Besonnenheit aus. *Denn der König weiß um Solches wohl, zu 26 welchem ich mich auch mit freudiger Rede wende; denn ich bin überzeugt, daß ihm nichts von Diesem verborgen ist, ist doch das nicht im Winkel geschehen. *Glaubst du, König 27 Agrippa, den Propheten? Ich weiß, du glaubest! *Agrippa aber sprach zu Paulus⁷): 28 Mit Wenigem überredest du mich, ein Christ zu werden! Paulus aber⁸): *Ich wünschte 29 zu Gott, daß durch Weniges oder Großes⁹), nicht allein du, sondern auch alle, die mich heute hören, solche würden wie ich bin, mit Ausnahme dieser Bande. *Da stand¹⁰) 30 der König auf und der Statthalter, und Berenice und die mit ihnen saßen. *Und nach- 31 dem sie sich zurückgezogen hatten, redeten sie miteinander und sprachen: Dieser Mensch thut nichts, was den Tod oder die Bande verdiente. *Agrippa aber sprach zu Festus: 32 Dieser Mensch hätte können frei gelassen werden, wenn er sich nicht auf den Kaiser berufen hätte.

---

1) ἐν φυλακαῖς ist durch sämmtliche Uncialhandschriften bezeugt, während nur eine die Präp. wegläßt.
2) καί nach ἐν οἷς ist überwiegend beglaubigt.
3) φων. λαλοῦσαν πρός με καὶ λέγουσαν scheint ursprünglich zu sein, während die Abkürzung, welche λαλ. — καί wegläßt, nach den Parallelen Kap. 9, 4; 22, 7 gemacht wurde.
4) κύριος nach ὁ δέ hat, mit Ausnahme einer einzigen, alle Uncialhandschriften für sich.
5) μαρτυρόμενος steht in vier Uncial-Codd.; die Lesart der Recepta: μαρτυρούμενος Bass. hat nur eine Handschrift ersten Rangs für sich. Daher hat schon Griesbach μαρτυρόμ. gebilligt, Lachmann und Tischendorf nahmen es auf, nur Meyer hat neuerdings die passivische Lesart in Schutz genommen, aber ohne genügenden Beweis.
6) Παῦλος nach ὁ δέ fehlt in mehreren Handschriften und ist nicht ursprünglich.
7) ἔφη nach πρὸς τ. Παῦλ. fehlt in einer Anzahl Urkunden, und ist in die Recepta mit Unrecht aufgenommen.
8) Ebenso ist εἶπεν nach ὁ δὲ Π. unächt.
9) μεγάλῳ hat an äußeren Zeugnissen das Gleichgewicht mit πολλῷ. Indeß ist weit eher Letzteres an die Stelle des Ersteren gesetzt worden, als umgekehrt, und jenes für ächt zu halten.
10) καὶ ταῦτα εἰπόντος αὐτοῦ vor ἀνέστη hat den Alex. und Bat. Cod. nicht, es ist sicher Einschiebsel.

Lange, Bibelwerk. R. T. V.

**Exegetische Erläuterungen.**

1. **Es ist dir erlaubt.** Agrippa ertheilt dem Paulus das Wort zu einer Vertheibigungsrede. Er bekleidete als König den höchsten Rang in der Versammlung und genoß schon als Gast des Prokurators die Ehre des Vorsitzes; demgemäß eröffnet er die Verhandlung, wie er sie auch B. 30 schließt. Uebrigens sagt er mit gutem Bedacht nicht ἐπιτρέπω σοι, sondern ἐπιτρέπεται, um dem Statthalter nichts zu vergeben. Und Paulus beginnt sofort seine Rede, indem er den Arm ausstreckt (woran eine Kette hing; s. B. 29), also eine bei öffentlichen Reden vor Gericht übliche, feierliche Aktion macht.

2. **Ich schätze mich glücklich.** Die gewinnende Anrede an Agrippa stützt sich hauptsächlich auf die Thatsache, daß Agrippa ein Kenner der jüdischen Sitten und Fragen sei; in der That werden im Talmud einige Geschichten von ihm erzählt, welche von seiner Kenntniß des mosaischen Gesetzes zeugen; s. Schöttgen, Horae hebr. zu Kap. 25. *Μάλιστα* ist schwerlich mit Meyer zu γνώστην zu ziehen: im höchsten Grade kundig, sondern zum Hauptsatz ἡγ. ἐμ. μακ., als Hauptgrund, warum Paulus sich dazu Glück wünsche, gerade vor ihm sich vertheidigen zu dürfen. Ein anderer Grund der Freude war, daß es ihm bergönnt sei, vor einem Könige Zeugniß abzulegen (vergl. Kap. 9, 15); daher gibt er ihm auch seinen Titel und wiederholt ihn, zum Beweis, daß er einen besonderen Werth darauf legt, auch B. 7. 19. 26. 27. Der Partizipialsatz in Accusativ γν. ὄντα σε beruht auf losem Satzbau, während genau genommen nach σοῦ B. 2 der Genitiv fortfahren sollte.

3. **Und zwar mein Leben.** Oὖν folgert die sofortige Eröffnung der Verantwortung selbst sowohl aus der auf des Agrippa Sachkenntniß beruhenden Freudigkeit, als aus seiner erbetenen Geneigtheit und Geduld, ihn anzuhören. — **Von Anfang an** ist noch stärker, als von Jugend auf. Paulus sagt, 1) wie lang ihn die Juden kennen, 2) wo sie ihn kennen gelernt haben, 3) wie sie ihn kennen, nämlich als Pharisäer V. 5. Die Worte ἀπ᾽ ἀρχῆς γεν. - ἐν Ἱερ. setzen, übereinstimmend mit Kap. 22, 3. ἀνατεθρ. ἐν τ. πόλ. τ. voraus, daß Saulus schon in zarter Kindheit nach Jerusalem gebracht und hier erzogen worden ist. Daher kennen sie mich schon vorher, d. h. ehe ich es selbst sage, nämlich daß ich als Pharisäer gelebt habe nach Maßgabe der strengsten Sekte; vergl. zu Kap. 22, 3. — Wenn sie's bezeugen wollten, wozu sie vielleicht nicht unaufrichtig und ehrenhaft genug sein würden, weil sie besorgen konnten, mit diesem Zugeständniß die Ehre des Paulus ihrerseits zu befördern.

4. **Und nun stehe ich und werde angeklagt.** B. 6 f. gibt Paulus von seiner ersten Lebensperiode rasch auf den gegenwärtigen Augenblick über und bezeugt, daß, so sehr seine jetzige Lage und Gesinnung mit seiner früheren zu contrastiren scheine, er dennoch nicht wegen Abfalls von der israelitischen Religion, sondern im Gegentheil wegen der allgemeinen, ächt israelitischen Glaubenshoffnung angeklagt und vor Gericht gestellt sei. Und diese Hoffnung beruhe 1) auf der ausdrücklichen Verheißung und Offenbarung Gottes an die Vorväter und werde von dem gesammten Volk mit Innigkeit getheilt. Paulus nennt die zwölf Stämme, ohne Rücksicht darauf, wo sich die einzelnen Glieder des Volks befinden mögen, also die Nachkömmlinge der zehn Stämme etwa noch in den Gegenden ihres Exils. Unter dieser Hoffnung kann nichts Anderes, als die messianische verstanden sein, so daß Paulus sagen will, alle frommen Israeliten hoffen auf den von Gott verheißenen Messias, und er selbst glaube zugleich an die Erfüllung, die Vereinigung in dem erschienenen und vom Tode auferstandenen Jesu von Nazareth; der letztere Gedanke führt ihn dann auf die Frage B. 8, welche dem Zweifel selbst auf den Leib geht. Er richtet die Frage an sämmtliche Anwesende (ὑμῖν), mit Inbegriff des Agrippa und des Festus selbst, indem er sie in diesem Punkt ungläubig voraussetzt. Der Ausdruck εἰ - ἐγείρει bezeichnet den Gegenstand fragend, sofern derjenige, welcher ihn für unglaublich hält, seine Wirklichkeit in Frage zieht; also εἰ „ob" ganz wie V. 23; die Bedeutung: „daß" ist ungrammatisch, nicht so die Fassung: „wenn" (Meyer nach Vulg. u. Erasmus), welche indeß weder in die Seele des Paulus, noch in die der Zweifler recht taugt. Bedeutungsvoll ist ἐγείρει, nicht Prät. von der Auferweckung Jesu, nicht Fut. von der allgemeinen Auferstehung, sondern Präs., um anzudeuten, daß es sich nicht blos um ein einzelnes geschichtliches Ereigniß, sondern um einen allgemeinen Begriff handelt, mit andern Worten, um eine fortwährende Eigenschaft oder Kraft Gottes.

5. **Ich glaubte nun zwar.** Hiermit nimmt Paulus den V. 6—8 für einen Augenblick fallen gelassenen Faden der Erzählung über sein eigenes Leben wieder auf, ohne daß das οὖν als Folgerung speziell an den vorhergenannten Unglauben geknüpft ist (Meyer). Ich müßte thun, d. h. ich hielt es geradezu für meine Pflicht, dem Namen Jesu, dem Bekenntniß von ihm entgegenzuarbeiten. Paulus nennt hier die Christen „die Heiligen", was er Kap. 22, 4 ff in der Rede an das Volk zu Jerusalem vermieden hat, aber hier, vor einer unbefangenen Zuhörerschaft, absichtlich ausdrückt, um zugleich ein Zeugniß für Christum und seine Gemeinde abzulegen und seine eigene Verschuldung zu bekennen. — Wenn sie getödtet wurden, stimmte ich bei. Hieraus folgt, daß Stephanus in der That nicht der Einzige geblieben ist, welcher in jener Verfolgung den Märtyrertod erlitten hat. Das ψῆφον καταφέρειν eigentlich, den Stimmstein niederlegen, ist so wenig als unser ursprünglich ganz gleichbedeutendes „beistimmen", buchstäblich von dem abgegebenen Votum eines Richters und berechtigten Beisitzers zu verstehen, sondern drückt blos die moralische Zustimmung und Billigung aus.

6. **Mit Vollmacht und Auftrag,** d. h. als Bevollmächtigter und Stellvertreter der Hohenpriester. In der hier folgenden Erzählung von der Erscheinung Jesu an Damaskus ist viererlei eigenthümlich: 1) Einige Züge, welche das Ueberwältigende der Erscheinung hervorheben, z. B. daß das umstrahlende Licht die Sonnenhelle übertraf, V. 13, während Kap. 9, 3 blos φῶς ἀπὸ τοῦ οὐρανοῦ, Kap. 22 φ. ἱκανόν; und daß die ganze Reisegesellschaft zu Boden stürzte, V. 14, wovon Kap. 22, 7 nichts sagt und Kap. 9, 7 scheinbar das Gegentheil hat; siehe zu letzterer Stelle. 2) Die Notiz V. 14, daß die Stimme in hebräischer, d. h. aramäischer Mundart redete, was in beiden Parallelstellen nicht berührt ist und Kap. 22, 7 um so entbehrlicher war, als Paulus dort selbst aramäisch

[spricht. 3) Der Zusatz B. 14: σκληρόν σ. π. κ. λακτίζειν, welcher Kap. 9, 5 kritisch verwerflich ist und Kap. 22, 7 nur in einer einzigen Unzialhandschrift und wenigen Versionen sich findet. Der bildliche Ausdruck vom Zugvieh entlehnt, welches der hinterhergehende und den Pflug mit der Linken regierende orientalische Ackerbauer mit seinem 6—8 Fußlangen Treiberstab anstachelt, und falls dasselbe störrig ist und ausschlägt, desto heftiger züchtigt, — soll erklären, wie sein eigener widerstrebender Wille durch den bestimmten Befehl des in überwältigender Herrlichkeit erschienenen Erlösers gebrochen werden mußte. 4) Der Umstand, daß die Eröffnung des Herrn über den Beruf des Paulus zum Heidenapostel, so wie über seinen Schutz in Gefahren, die ihn dabei bedrohen würden (V. 16—18), welche laut Kap. 9, 10 ff. und Kap. 22, 12 ff. erst in Damaskus durch Ananias ertheilt worden ist, hier unmittelbar bei der Erscheinung Jesu auf dem Wege, als integrirender Theil der ersten unmittelbaren Offenbarung des Erlösers dargestellt ist. Diese Darstellung hat nicht in dem negativen Grund, daß für Agrippa und die übrige Versammlung die Vermittlung durch einen gesetzesfremden Judenchristen, welche Paulus vor der jüdischen Zuhörerschaft Kap. 22, 12 ff. hervorzuheben besonderen Grund hatte, ohne allen Belang war (worauf Baumgarten mit Recht aufmerksam macht), sondern Paulus wählte diese Form auch positiv darum, weil ihm daran lag, auch diese ihm mittelbar ertheilte Offenbarung als eine von Christo selbst ausgehende in's Licht zu stellen. Paulus nimmt also hier, was die Form betrifft, eine Freiheit der Darstellung in Anspruch, welche sich nicht sklavisch an den Buchstaben und die einzelnen Umstände bindet. Und man hat keineswegs nöthig, zur Ausgleichung anzunehmen, daß Jesus in der That schon bei seiner ersten Erscheinung dem Paulus eine Uebersicht über seine spätere Wirksamkeit gegeben habe, wie Baumgarten II, 2, S. 295 als möglich denkt, jedoch ohne sich positiv für diese Hypothese auszusprechen.

7. Ich bin Jesus, den du verfolgest. Den Zweck seiner Erscheinung bestimmt Jesus dem Paulus dahin, daß er sollte ein Diener und Zeuge Jesu werden, vorzüglich zur Belehrung der Heiden, bei welcher Sendung ihm der Schutz des Erlösers in Lebensgefahr zugesichert wird. Προχειρίσασθαι ist zuerst bestimmen, erwählen, allein dies kann hier nicht der Sinn sein; hier paßt nur die Bedeutung, in welcher das Wort auch bei Polyb. vorkommt: zu etwas verwenden. Ein Zeuge soll Paulus werden von dem, was er bereits gesehen hat und von dem, was er noch sehen wird. Letzteres ist aber mit ὧν ὀφθήσομαί σοι ausgedrückt, daß Jesus selbst persönlich der einzige Hauptgegenstand künftiger Visionen sei, wie auch (laut ὡρῶν σοι) es gewesen ist, was Paulus gesehen hat (ὧν εἶδες). Das Partizip ἐξαιρούμενος gehört grammatisch zu ὀφθήσομαι, sachlich zu προχειρίσαι; die Bedeutung des Verbums kann hier nicht sein: erwählen (Küinoel), weil ja Saulus nicht aus den Heiden, nur aus Israel erwählt war, noch kann vermöge des Satzbaues das Partizip etwas der Sendung unter die Heiden Nachfolgendes, nicht Vorangehendes bezeichnen. Demnach kann ἐξαιρ. hier nur herausreißen, erretten aus Gefahren bedeuten. Die Sendung des Paulus wird laut der Wörterverbindung zunächst auf die Völker der Heiden bezogen, wiewohl auch Israel nicht ausgeschlossen ist.

8. Der Zweck seiner Sendung aber wird so geschildert, daß man nur an Heiden denken kann. Er soll ihnen ihre Augen öffnen, d. h. den Sinn erschließen und wecken für die Wahrheit, und dies, damit sie umkehren (τοῦ ἐπιστρ. intransitiv). Ziel des ἐπιστρ.); der Wechsel wird durch einen doppelten Gegensatz bezeichnet, durch den zwischen Dunkel und Licht und den zwischen der beherrschenden Satansmacht und der Gemeinschaft mit Gott. Endlich wird die letzte Gnadenabsicht Gottes bei der Belehrung (τοῦ λαβ.) gesetzt in Sündenvergebung und Schenkung eines Erbtheils, d. h. des Antheils an der Herrlichkeit inmitten der Geheiligten. Beides aber, die Vergebung und die Seligkeit, kann nur mittelst des Glaubens an Jesum erlangt werden (λαβ. - τῇ πίστει τ. ε. ε.)

9. Daher — war ich nicht ungehorsam. Seinem Entschluß, der göttlichen Berufung zu folgen, und seine Thätigkeit von da an erwähnt Paulus V. 19 f. Ersteren in der Art, daß er der Erscheinung, weil sie eine himmlische und so gewaltig überzeugende war, den Gehorsam nicht verweigert habe (wie die Juden wohl meinten, daß er hätte sollen). Das οὐκ ἀπειθὴς ἐγεν. gibt zu verstehen, daß es sich in der That um Gehorsam oder Widerstreben gegen den Willen Gottes gehandelt habe. Ὧθεν ist aber nicht auf die nächstvorhergehende Verheißung des Wirkens zu beschränken (Meyer), sondern auf die ganze Beschaffenheit der Erscheinung, so wie sie V. 13 ff. geschildert ist, zurückzubeziehen. Die bisherige Thätigkeit, seit der Belehrung bis auf den heutigen Tag, faßt Paulus V. 20 zusammen als eine Verkündigung, welche auf Sinnesänderung (auch bei Juden) und Umkehr zu Gott (von Seiten der Heiden), mit dem Thatbeweise der Aufrichtigkeit durch Handlungen eines geänderten Herzens verbunden, gedrungen habe. Und den Wirkungskreis seiner Thätigkeit bezeichnet er als einen viersachen: er habe erst die Städte Damaskus und Jerusalem, dann aber auch die ganze judäische Landschaft und die Heidenwelt umfaßt.

10. Schließlich geht Paulus rasch auf den gegenwärtigen Augenblick über: als auf diesen Tag stehe ich, da ich durch göttliche Hülfe von Mörderbanden errettet wurde, unversehrt (ἕστηκα) und führe mein Amt fort. Μαρτυρόμενος (nicht μαρτυρούμ.) siehe zurück auf μάρτυς V. 16, vor Groß und Klein, d. h. Vornehmen und Geringen, lege ich Zeugniß ab. Die Auslegung des μαρτυρούμ. passiv: „wohlbezeugt von Klein und Groß" (Meyer), paßt in den Zusammenhang nicht, denn schon der Umstand selbst, daß er in einer Vertheidigungsrede begriffen ist, beweist ja, daß er Gegner und Ankläger hat; auch spricht der Zusammenhang dafür, daß μαρτ. so gut als λέγων seine eigene Thätigkeit schildern will. Der Partizipialsatz erklärt sodann, das Zeugniß, welches er vor Jedermanniglich ablege, sei nichts Anderes, als die Verkündigung von der Erfüllung dessen, was die Propheten und Mose als zukünftig verheißen. Den Gegenstand der biblischen Verheißung und der von ihm selbst bezeugten Erfüllung kleidet Paulus V. 23 in Frageform, weil er von den Juden bestritten wurde. Es waren diese drei Fragen: 1) ob der Messias παθητός sei, d. h. nicht bloß leidensfähig, sondern dem Leiden unterworfen, necessitati patiendi obnoxius, so durchaus im klassischen Sprachgebrauch, 2) ob der Messias

22*

auferstehen und der Erste im Gebiet der Todtenauferstehung sein werde, 3) ob der Messias nicht
nur dem Volk Israel, sondern auch den Heiden
Licht (Heil) verkündigen werde. Die letzten beiden
Gedanken sind grammatisch zu einer Frage verschmolzen, der Sache nach aber auseinander zu
halten.

11. **Du bist von Sinnen, Paulus.** Mit diesem
Zuruf unterbricht Festus den Paulus in seiner
Rede. Dieß bezog sich jedoch nicht ausschließlich
auf die letzten Worte, sondern auf die ganze Rede,
namentlich auf die Erzählung von der Erscheinung
Jesu. Das kam dem Römer wie Narrheit vor; er
hat es gewiß in vollem Ernst, nicht in leichtem
Scherz gemeint: „du bist ein Schwärmer!" sonst
hätte er nicht mit starker Stimme, die vom
Affekt zeugt, gerufen. Er hält dafür, der Mann
habe sich überstudirt (γράμματα nach der gewöhnlichen Erklärung: Gelehrsamkeit, nicht: Bücher,
wie Kühnöl u. A. es verstehen).

12. **Ich bin nicht von Sinnen, hochedler Festus.**
Mit vollkommener Ruhe und schuldiger Ehrerbietung, aber bestimmt weist der Apostel den Vorwurf zurück und erklärt, daß seine Rede (objektiv)
Wahrheit und (subjektiv) besonnene, σωφροσύνη
Geistesgegenwart, gesunder Verstand im Gegensatz
gegen Geisteskrankheit. Zum Beweis für die objektive Richtigkeit seiner Aussagen (γάρ) beruft sich
Paulus V. 26 auf Agrippa, welcher mit den Thatsachen bekannt sein müsse. Solches bezieht sich
hauptsächlich auf die Thatsachen des Lebens Jesu
und der Christengemeinde, welche in der Rede des
Paulus berührt worden waren. Mit diesen müsse
der König bekannt sein, weil sie in größter Oeffent-
lichkeit sich zugetragen haben. Er sucht jedoch den
Agrippa nicht allein vermöge seines Wissens vom
Hörensagen, sondern zugleich vermöge seines Gewissens und Herzens auf die Seite der Wahrheit
zu ziehen (V. 27) und faßt ihn beim Glauben an
die Propheten so fest, daß er kaum ausweichen
kann.

13. Der König mochte wohl eine augenblickliche
ernstere Seelenregung spüren, erwiedert jedoch sogleich mit einem spöttischen Wort: mit Wenigem,
mit leichten Mitteln, beredest du mich, ein Christ
zu werden; ἐν ὀλίγῳ nicht: in kurzer Zeit (Calvin,
Wetstein, de Wette), noch auch: beinahe (Chrysostomus, Luther, Grotius); Ersteres kann vermöge des
kritisch vorzüglicheren Gegensatzes ἐν μεγάλῳ nicht
sein, Letzteres müßte mit Gen. ὀλίγου oder παρ'
ὀλίγον ausgedrückt sein. Der richtige Sinn ist von
Oekumenius ausgelegt: δι' ὀλίγων ῥημάτων
χωρὶς πολλοῦ πόνου, s. Meyer. Hier ist die zweite
Stelle, seit Kap. 11, 26, wo der Christenname vorkommt, und zwar im Munde eines Nichtchristen
und in verächtlichem Sinne. Paulus aber entgegnet mit großem Ernst und mit frommer Jungfeit:
εὐξ. ἄν, wörtlich: ich möchte wohl zu Gott beten,
nämlich, wenn ich dem Drang meines Herzens folgen würde. Καὶ ἐν ὀλ. καὶ ἐν μεγάλῳ mit wenigen oder großen Mitteln. — Mit Ausnahme dieser Bande, sagt Paulus, auf die Kette zeigend,
wodurch er sonst an den bewachenden Soldaten
angeschlossen war, die aber jetzt an seinem Arme
hing.

14. **Da stand der König auf.** Agrippa hob nun
die Sitzung auf, indem er zuerst sich erhob, worauf
der Prokurator und die Uebrigen der Reihe nach
aufstanden. Nachdem sie sich in ein anderes Gelaß

zurückgezogen hatten (ἀναχωρ. nicht bloß bei Seite,
in demselben Lokal), unterhielten sie sich über Paulus, wobei das Urtheil dahin ging, daß der Mann
gewiß mit nichts Verbrecherischem umgehe (πράσ-
σει, nicht in der Bedeutung des Präter, wie Kühnöl
meinte, sondern den ganzen Charakter und das
ganze Leben desselben beurtheilend). Der Ausspruch des Agrippa ging dahin, Paulus hätte
füglich können freigesprochen werden (ἀπολελ.),
nämlich in einem früheren Stadium seines Prozesses, wenn er nicht an den Kaiser appellirt hätte,
wodurch seine Sache bereits der niederen Instanz
entnommen war.

15. Die Rede vor Agrippa ist eine der ausführ-
lichsten des Apostels Paulus, welche Lukas mittheilt. Sie ist, wie die auf der Treppe zur Burg
Antonia in Jerusalem Kap. 22 gehaltene, eine
Vertheidigungsrede. Aber nicht vor dem aufgeregten jüdischen Volk, wie dort, sondern vor den
höchstgestellten Personen des Landes, König Agrippa
und dem kaiserlichen Prokurator, nebst verschiedenen Beamten. Daher sieht sich Paulus hier
dazu genöthigt, seine persönliche Schuldlosigkeit
zu erweisen, sondern geht darauf aus, seine Sendung und Wirksamkeit als Apostel zu rechtfertigen und hiermit zugleich das Christenthum selbst
zu vertheidigen. Hier wie dort faßt er das Christenthum in seiner Einheit mit dem Alten Bunde
auf; hier wie dort bildet seine eigene Bekehrung
zu Christo und die dazu führende Erscheinung Jesu
auf dem Wege nach Damaskus den Mittelpunkt
der Erörterung. Nur daß er dort auf die Mittheilungen des gesetzlich frommen Ananias zu Damaskus einen besonderen Werth legt, hier aber diesen
Mann mit Stillschweigen übergeht, und einfach als
Offenbarung Christi erwähnt, was ihm der Herr
durch denselben hat sagen lassen. — Dies das letzte
öffentliche Zeugniß, das der Apostel noch auf palä-
stinischem Boden abgelegt hat. Und das vor dem
weltlich glänzendsten Versammlung, die er je vor
sich gehabt hat, denn sie vereinigte den damaligen
König über einen Theil Kanaans und den Statthalter des römischen Kaisers, nebst einer Anzahl
militärischer und Civilbehörden, die Spitzen der
Gesellschaft, in sich.

### Christologisch-dogmatische Grundgedanken.

1. Der Apostel ergreift V. 8 die Offensive gegen
den Zweifel. Anstatt sich nur auf die Vertheidigung
zu beschränken, oder, wie eine wohlbegründete
Sitte ist, die Wahrheit positiv zu bezeugen, sein
Bekenntniß an das Gewissen zu richten, nimmt er
die Wendung, den Verstand mit seinem Zweifel
direkt anzugreifen. Er verlegt den Kampf auf das
feindliche Gebiet und fragt den Zweifel nach seinen
Vernunftgründen. Allerdings läßt er sich nicht ne-
ber auf die Sache ein, sondern begnügt sich mit
einer Frage, welche ohne Antwort bleibt. Aber er
weist hiermit der Apologie des Christenthums einen
Weg, welcher nach Umständen mit Erfolg betreten
werden kann. Denn der Zweifel und die Verneinung beruht nicht selten auf bloßen Vorurtheilen,
auf angeblichen Axiomen, welche, sobald man
ihnen auf den Grund geht, in ihrer Nichtigkeit dastehen.

2. Vortrefflich ist die Beschreibung der Gnadenwirkungen, welche Paulus V. 18 gibt. Der
Zweck der Sendung, welche ihm geworden ist:

1) Erleuchtung oder Eröffnung der Erkenntniß, sowohl der Sünde als des Heils; 2) Bekehrung, d. h. Umwendung des Willens von der Finsterniß zum Licht, von der Satansobermacht zu Gott. Folge hiervon ist sodann 1) Vergebung der Sünden oder Rechtfertigung, 2) Gewährung eines Gnadenrechts an die Seligkeit. Das persönliche Mittel, Vergebung und das Erbtheil zu empfangen, das ὄργανον ληπτικόν (τοῦ λαβεῖν αιτ.) ist der Glaube an Christum. Nichts mehr, aber auch nichts weniger. Und wenn wir hauptsächlich die Vergebung in's Auge fassen, so ist hiermit geradezu der Satz ausgesprochen von der Rechtfertigung durch den Glauben. Noch ist dabei zu beachten, daß hier nur die Erleuchtung dem Apostel als eine That zugeschrieben ist (ἀποστέλλω, ἀνοῖξαι ὃ. ἆ.), während die Bekehrung als That der Hörer erscheint (ἐπιστρ. intrans.). Aber auch so ist es etwas Großes, was der menschlichen Thätigkeit eines Lehrers beigelegt wird; er ist Organ der erlösenden Gnade Gottes.

3. Interessant ist die dreifache Frage in Betreff der Christologie des Alten Testaments V. 23. Es fragt sich, 1) ob die messianische Weißagung einen leidenden Messias kennt, d. h. ob nach den Verheißungen des Alten Testaments der Messias nicht nur leidensfähig ist, sondern auch in seinem Gang und Werk dem Leiden unterworfen ist oder nicht. Letzteres war die herkömmlich jüdische Ansicht, Ersteres liegt von Anfang an in den Weißagungen Jesu über sein Leiden (Matth. 16, 24 u. a. St. ὅτι δεῖ - παθεῖν) und in seinen Reden nach der Auferstehung (z. B. Luk. 24, 26 ἴδει παθεῖν τὸν Χριστόν; vergl. V. 46). 2) Ob der Messias der Erste aus der Todtenauferstehung sein werde, vergl. Luk. 24, 46. Hierbei verdient πρῶτος wohl übersehen zu werden, denn dieses Wort hat nur dann seine volle Bedeutung, wenn man die Anschauung voraussetzt, wie sie Paulus selbst 1 Kor. 15, 20 ff.; V. 45 ff.; Röm. 5, 17 f. vollständiger entwickelt, nämlich daß Christus der zweite Adam, der Anfänger einer Entwicklungsreihe des Lebens und der Auferstehung für die Menschheit ist. Ein Zug, welcher für die paulinische Authentie der Reden des Apostels in unserem Buch von Belang ist, obgleich er bisher so gut als nicht beachtet worden ist. 3) Ob der Messias als Leidender und Auferstandener Israel sowohl als den Heiden Heil verkündigen werde. Sehr stark erinnert dieser Gedanke an den Luk. 24, V. 47; vergl. V. 46 in den Reden des Auferstandenen mitgetheilten. Jedenfalls liegt hier der Hauptnachdruck auf dem Universalismus des Christenthums und gründet sich ohne Zweifel, was die messianische Weißagung betrifft, auf eine Anzahl prophetischer Stellen.

4. Gegen den Vorwurf der Ueberspanntheit und des Wahnsinns verwahrt sich Paulus mit der Versicherung, daß er Worte der Wahrheit und Besonnenheit rede. Die Wahrheit der göttlichen Offenbarung bewährt sich immer auch zugleich durch das richtige Maß und die Besonnenheit der Form, worein sie sich kleidet; Wahrheit nicht ohne Besonnenheit, aber auch Besonnenheit nicht ohne Wahrheit. Wollte man Besonnenheit und vernünftiges Maß zur einzigen und unbedingten Regel der Wahrheit machen, so würde man bald willkürlich die Wahrheit selbst verkürzen und verseichtigen.

## Homiletische Andeutungen.

Es ist dir erlaubt, von dir selbst zu reden. [V. 1.] Es wurde dem Apostel Erlaubniß gegeben, für sich zu reden. Er aber redete nicht für sich, sondern für die Ehre Jesu Christi. Dies ist ein wichtiges Kennzeichen, daran man Knechte Christi von falschen Lehrern unterscheiden kann. Die haben bei ihren öffentlichen Reden keine andere Absicht, als für sich zu reden, ihre Kunst zu zeigen, sich beliebt zu machen. Ein redlicher Johannes aber denkt: Christus muß wachsen, ich muß abnehmen. (Apost. Past.) — Da verantwortete sich Paulus und reckte die Hand aus. Paulus an der Kette, seine Hand zum fröhlichen Zeugniß seiner zum Exempel für Alle erfahrene Gnade aufhebend, öffne allen Predigern den Mund und allen Zuhörern das Ohr! (Williger.)
Ich schätze mich glücklich (Luther: es ist mir sehr lieb), König Agrippa u. s. w. [V. 2.] Paulus ließ sich diese Gelegenheit lieb und warf das Vertrauen, daß es etwas austragen würde, nicht zum Voraus weg. Ein Christ hängt nicht am Erfolg allein, sondern begnügt sich zu thun, was ihm Gott begegnen läßt. (Rieger.) Der Apostel freute sich sehr über die erhaltene Freiheit, vor dem König Agrippa zu reden, aber es steht auch die Ursache dabei, warum? Nicht um der Ehre willen, vor einem Könige zu reden, nicht um seine Rache auszulassen und sich gegen seine Feinde zu erheben, sondern darum, weil er vor dem Angesichte des Agrippa, dem die jüdischen Umstände, die Verheißungen der Väter, die Geschichte mit Christo nicht unbekannt waren, Gelegenheit hatte, die Wahrheit Jesu öffentlich zu bezeugen und feierlich zu bestätigen. Man sieht daraus, daß es nicht nur Pauli Hauptersuchung gewesen, Jesum bei aller Gelegenheit zu verkündigen, und er damit auch sein gegenwärtiges Gefängniß gedachte, sondern, daß er auch alle Umstände, die etwas zur Ausbreitung und Verherrlichung des Namens Jesu beitragen können, mit Freuden wahrgenommen und zum rechten Zweck anzuwenden bemüht gewesen ist. (Apost. Past.)
Darum bitte ich dich, du wollest mich geduldig hören. [V. 3.] Der Eingang wie die ganze Rede: demüthig ohne Kriecherei, furchtlos ohne Hochmuth, kräftig ohne Eifern und Geifer, milde ohne Lauheit, klug ohne Künstelei, einsältig ohne Unschick.
Und zwar mein Leben von Jugend auf wissen alle Juden. [V. 4.] Denn ich bin ein Pharisäer gewesen nach der strengsten Sekte. [V. 5.] Es ist hiezu oben, Kap. 22, 3. angemerkt worden, daß man bei einem rechtgeredten Leben und eingebildeten Eifer um Gott doch ein Feind Jesu bleiben könne. Wir wollen aber hiebei andererseits auch einem Irrthum entgegensetzen, welche sich einbilden, daß aus dissoluten Studenten noch die besten Prediger werden können. Pauli Beispiel bestätigt das nicht. War er gleich in seinem Unglauben ein Feind Christi, so war er doch seiner damaligen Erkenntniß nach ein Tugendfreund, der strengsten Sekte zugethan, sich dem Gesetz unsträflich. Er hatte seine Jugendjahre und Jugendkräfte nicht dem Satan in fleischlichen Lüsten geopfert. Man darf nicht glauben, daß Leute dieser Art sobald bekehrt wären. Die Ordination verändert das Herz nicht, und der schwarze Rock bekehrt nicht. (Apost. Past.)

Und nun stehe ich und werde angeklagt über der Hoffnung an die Verheißung 2c. [V. 7. 8.] Seiner vorigen Art, Gott als ein Pharisäer zu dienen, gedenkt der Apostel so, daß er zwar den bösen Eifer, in welchen er darüber hineingetrieben wurde, nicht verbirgt, daneben aber doch auch zeigt, was er davon Gutes habe beibehalten können, nämlich den Glauben und die Hoffnung der Auferstehung. Da hingegen das jetzige Toben der Juden wider das Evangelium Christi ihre eigene väterliche Religion zerstörte und sie wirklich alle vom Gott ihrer Väter empfangene bessere Beilage damit ausschlugen. (Rieger.)

Warum wird das für unglaublich bei euch gerichtet, daß Gott Todte auferweckt? [V. 8.] eine Gewissensfrage an alle Auferstehungsleugner, sie hinzuführen auf den Grund oder vielmehr Ungrund ihres Unglaubens.

Zwar ich meinete auch bei mir selbst, ich müßte viel zuwider thun dem Namen Jesu von Nazareth u. s. w. [V. 9 ff.] Paulus muß doch einen besondern Segen dabei gefunden haben, wenn er sein Exempel, als das eines großen und doch von Gott begnadigten Sünders, eines blutgierigen Verfolgers, nun aber freudigen Bekenners seines Heilandes vorgestellt hat. Er hat es schon einmal, Kap. 22, gethan. Hier thut er's vor Agrippa zum andernmal und 1 Tim. 1. geschieht's zum drittenmal. So wenig er sonst von und für sich selbst zu reden gewohnt war, so wortreich ist sein Vortrag, wenn er auf diese Sache kommt. Die selige Veränderung, die Jesus an seiner Seele vollbracht, bleibt ihm ein ewiges Wunder. Die Begnadigung, die ihm widerfahren, kann er nie vergessen. Er sagt's Juden und Heiden, Königen und Fürsten, was Gott an ihm gethan habe. Und 1 Tim. 1, 16 setzt er die Ursache hinzu, warum er es Allen sage: Zum Exempel benen, die an Jesum glauben sollen zum ewigen Leben. Selig der Lehrer, der so nicht nur mit Worten, sondern auch mit seinem Exempel lehret und prediget, bauet und erbauet. (Apost. Past.)

Mitten am Tage erblickte ich ein Licht vom Himmel, heller als die Sonne. [V. 13.] Der erste Lichtstrahl, der unsere Belehrung angefangen hat, ist eines ewigen Andenkens und Denkens werth, 2 Kor. 4, 6. (Starcke.) Hat Christi Angesicht geglänzt wie die Sonne, da er noch auf Erden im Stande der Erniedrigung lebte, Matth. 17, 2, wie viel mehr mußte es glänzen, als er nun seine Regierung im Himmel angetreten hatte, Offenb. 1, 16. (Derf.)

Aber stehe auf und tritt auf deine Füße. [V. 15.] Der Herr tödtet und machet lebendig, schläget nieder und richtet auf, die niedergeschlagen sind: 1 Sam. 2, 6; Pf. 146, 8. Wer sich weiß in ihn zu schicken, den kann er erquicken. (Starcke.)

Daß ich dich ordne zum Diener und Zeugen u. s. w. [V. 16—18.] Ein herrliches Bild von einer wahrhaft göttlichen Ordination zum Lehramt. Merke dabei: 1) Die wahre Ordination ist ein göttliches Werk. Gebet und Handauflegen reichen noch nicht hin, aus einem unbekehrten Weltmenschen einen treuen Zeugen Jesu zu machen. Der Herr muß erst innerlich heilen, salben, ordiniren; Jesus muß Kräfte geben, zu stehen, zu zeugen, zu dienen. 2) Jesus ordnet den Paulus nicht zu einem vornehmen Bischof und hohen Standesgeistlichen, sondern, da er ihm die höchste geistliche Würde des Apostelamts auftrug, ordnet er ihn zu einem Zeugen und „Diener." Ge-

mächlichkeiten, Ehrentitel und Reichthümer verspricht er ihm nicht, aber sein Zeugniß zu führen, unter Arbeit, Schweiß, Leiden, Marter und Trübsal sein Diener zu sein, das ist das Apostelamt, die höchste Würde der Jünger Jesu. Wie ungleich sind doch die heutigen Standesgeistlichen diesem ordinirten Zeugen Jesu! 3) Christus ordnet den Paulus zum Zeugen nicht nur dessen, was er schon gesehen hatte, sondern auch dessen, „das er ihm noch wolle erscheinen lassen." So muß es mit einem treuen Knecht Jesu immer weiter gehen. Die alten Erfahrungen der Gnade Jesu müssen durch neue und tägliche Empfindungen seines Heils erneuert und beliebt werden und unser Zeugniß dadurch immer frisch bleiben. 4) Der Herr Jesus hängt seiner Ordination auch sofort einen Paß oder Freibrief an, daß er den Paulus bei seinem Zeugniß und Dienst schützen und „erretten" wolle. Ein treuer Zeuge Jesu kann versichert sein, daß, wo ihn der Herr braucht, da werde und könne er ihn auch schützen. (Apost. Past.)

Aufzuthun ihre Augen—daß sie sich bekehren — zu empfahen Vergebung der Sünden u. s. w. [V. 18.] Siehe hier einen vollkommenen Plan und Abriß des neutestamentlichen Predigtamts. So zielt auf der Seelen 1) Belehrung: „aufzuthun ihre Augen"; 2) Bekehrung: „daß sie sich bekehren; 3) Begnadigung: „zu empfangen Vergebung der Sünden"; 4) Verklärung: „und das Erbe sammt denen, die geheiligt werden." Und das Mittel zu dem Allen ist 5) der Glaube: „Durch den Glauben an mich."

Daher, o König Agrippa, war ich nicht ungehorsam. [V. 19.] Der Apostel leitet seinen Gehorsam aus der Göttlichkeit der ihm widerfahrenen Erscheinung, besonders aber, wenn man die nächstvorhergehenden Worte nimmt, aus dem köstlichen Inhalt des ihm aufgetragenen Amtes her. Darum, weil ihm ein so gar theures Amt, wodurch so viel tausend finstre Seelen erleuchtet und zum Erbtheil der Heiligen im Licht gebracht werden sollten, mit so göttlicher Autorität übertragen sei, habe er sich dieser himmlischen Berufung nicht widersetzen können. Gewiß, wenn alle Lehrer fleißig bedächten, was sie in die Ewigkeit hinein Gott für Ehre und Freude, und ihnen und andern Seelen für Heil bereiten könnten, sie würden fleißiger, treuer und gehorsamer werden. (Apost. Past.)

Sondern verkündigte zuerst denen in Damaskus und Jerusalem 2c. [V. 20.] Wo man größte Aergerniß gegeben, da muß man auch suchen, es am ersten zu heben. (Starcke.) Weil der Apostel alsobald nach erhaltenem Beruf das Werk angegriffen, hat er auch so reiche Früchte gebracht. Mit Zaudern verraucht die Kraft. (Apost. Past.)

Daß sie Buße thäten und sich bekehrten. Ohne Buße ist uns Christus nichts nütze. Aber ohne Christus ist auch keine rechte Buße möglich. Nur eine evangelische Bußpredigt fruchtet wahrhaft. (Nach apost. Past.)

Um deßwillen haben mich die Juden im Tempel gegriffen. [V. 21.] Will ein Lehrer das Zeugniß der Treue vor Gott in seinem Gewissen haben, so muß er allezeit für alle christlichen Wahrheiten, vornehmlich aber für die Lehre von der Buße und Bekehrung und dem rechtschaffenen Werken der Buße ein Märtyrer zu werden bereit sein und dießfalls Menschen zu Liebe nichts verhalten. (Starcke.)

Aber durch Gottes Hülfe ist mir's gelungen. (Luther.) [V. 22.] Das war der Glaubenstriumph eines Zeugen Jesu, der keine Arbeit und keine Leiden gescheut, dem Beruf seines Herrn gehorsam zu sein. Das war sein Ruhm auch unter der Schmach seiner Bande. Wer kann es ihm nachsprechen? (Apost. Past.) — Und stehe bis auf diesen Tag und zeuge u. s. w. Paulus freut sich, daß er noch stehe bis auf den heutigen Tag. Er setzt aber auch bei, wozu? Nämlich um zu zeugen. Wir danken billig dem Herrn für jede Fristung unseres Lebens, daß er uns noch stehen läßt bei so mancher Gefahr und Beschwerlichkeit. Allein die Fortdauer unseres Lebens wäre uns keine Wohlthat und keine Freude, wenn dasselbe zu etwas Anderem, als zum muntern Dienst unsers Jesu angewendet werden sollte. (Apost. Past.) — Und sage nichts außer dem, das die Propheten gesagt haben u. s. w. Er zeigte Großen und Kleinen, Vornehmen und Geringen einerlei Ordnung des Heils. Er lehrte nichts, als was in dem Worte Gottes geoffenbart war. Er predigte Christum in seiner Erniedrigung und Erhöhung. [V. 23.] Er hatte ein Absehen auf Juden und auf Heiden. [V. 23.] Nachahmungswürdiges Bild eines treuen Lehrers in seinem ganzen Umfang. (Apost. Past.)

Daß Christus sollte leiden, und der Erste sein aus der Auferstehung und verkündigen ein Licht — den Heiden. [V. 23.] Dies sind die drei Hauptpunkte in den Schriften der Propheten: Christi Leiden, Auferstehung und seine Verkündigung unter allen Völkern. Und gerade diese drei waren den Juden am meisten zuwider; am Ersten ärgerten sie sich, das Zweite leugneten sie, das Dritte beneideten sie. (Starcke.)

Paule, du rasest! [V. 24.] Die Welt achtet Andere so lang für klug, als sie rasen, und für rasend, wenn sie zu rasen aufhören und klug werden. So lang Saulus rasete und tobte, passirte er für einen klugen, geschickten Kopf. Da er aber seine Raserei erkannte und selbst ein Christ wurde, hielten sie ihn für toll. Es wird sich aber das Blatt einmal wenden, so daß die Weltgeister werden von dem Gerechten sagen: Wir Narren hielten sein Leben für unsinnig, wie ist er nun gezählt unter die Kinder Gottes? Weish. 5, 5. (Lindhammer.) Also das war der ganze Erfolg, den Paulus erzielte, für rasend gehalten zu werden! Denn daß Einer gesunden Sinnen zu etwas glauben und an solch einen Glauben sein Leben setzen könne, das begreift so ein Weltmann nicht. Kann er einen Jünger Christi nicht der Heuchelei beschuldigen, weil er ihm aufsieht und anfühlt, daß es ihm Ernst ist, so weiß er es nur aus einer Geisteskrankheit zu erklären. Doch Festus weiß es noch genauer: Die große Kunst macht dich rasend. So geht's noch heute. Ist's einem Prediger gegeben, das Schwert des Worts zu führen, so ist die Welt nicht abgeneigt, ihm einiges Talent zuzuerkennen; aber sie meint dann nur, um es zeigen zu können, predige er das Evangelium. Und doch sind wir wahrlich keine Schauspieler, und ebensowenig ist es Raserei, wenn wir im Namen des lebendigen Gottes reden von einer Ewigkeit, von einem Heiland, von einer Auferstehung; es sind wahre und vernünftige Worte, ruhend auf der ewigen Wahrheit Gottes, und eben am Widerstande des Menschenherzens ihre Wahrheit beweisend. (Palmer.) Wie oft hört man noch heutzutage diese Festusweisheit, der das Wort vom Kreuz eine Thorheit ist! Der kindlich einfältige Glaube an die ganze geoffenbarte Wahrheit der Schrift gilt als altväterische Borniertheit, die Rechtfertigung durch den Glauben an das Verdienst Christi nennt man heidnische Blut-Theologie u. s. w. Wenn Einer mit dem Christenthum Ernst macht und mit der Welt bricht, bemitleidet man ihn als einen überspannten Kopfhänger, dem übertriebenes Bibellesen den Verstand verrückt habe. Lästerten sie doch schon das Gnadenwehen des Pfingstgeistes als einen Rausch süßen Weines; ja sagten sie doch sogar von Christo: Er ist unsinnig und hat den Teufel, Joh. 10, 20. (Leonh. und Spiegelh.)

Ich bin nicht von Sinnen, edler Festus. (Luther: Mein theurer Festus, ich rase nicht.) [V. 25.] Paulus schalt und spottete des Festus nicht, sondern begegnete dem Ungrund seines Einwurfs vor, bezog sich theils auf die Kundbarkeit der ganzen Geschichte von Jesu, die nicht in einem Winkel, sondern vor den Augen der Welt geschehen sei, theils auf das Zeugniß und Gewissen des Agrippa, theils trat er dem Festus mit seiner vernünftigen Glaubensfreudigkeit entgegen und lehrte aus der Fülle seines göttlich überzeugten und begnadigten Herzens, daß das Christenthum keine Fabel und der Glaube keine Raserei sei. Ein solches Beispiel müssen sich treue Lehrer vor Augen stellen, sowohl, wenn sie in der Gesellschaft mit Religionsspöttern zu thun bekommen, als wenn sie Beruf erlangen, in Schriften wider die Spötter und Freigeister zu zeugen. (Apost. Past.)

Glaubest du, König Agrippa, den Propheten? [V. 27.] Paulus, der in der Schule des h. Geistes Psychologie studirt hat, erkennt sogleich das geheime Fünklein gläubiger Neigung zum Worte, das im Herzen des Agrippa zu glimmen beginnt, und getrieben von seiner Hoffnung und Liebe zum Könige der Juden greift er mit kühner Frage ihm in's Herz und Gewissen, ob er ihn durch die Weissagungen der Propheten zu Christo, dem wahren Könige Israels, führen möchte. Das sind die rechten Hofprediger, die sich durch den Stern auf der Brust nicht abhalten lassen, darnach zu fragen, ob auch der himmlische Morgenstern in der Brust leuchtet. (Leonh. und Spiegelh.)

Mit Wenigem (Luther: Es fehlt nicht viel, so) überredest du mich. [V. 28.] Es klingt dies zwar spöttisch, aber es war ein Scherz, dabei dem Agrippa nicht wohl um's Herz war. Er fühlte es, doch als ein Staatsmann wollte er's verbeißen. Solcher „Beinahe-Christen" gibt es noch heutigen Tags genug. Gern wollte die Welt auch selig sein, wenn nur nicht wäre Luc. 13, 24. (Starcke.) Wie oft bist du vor dem Himmelreich nahe gewesen! Es fehlte nicht viel, so wären wir hindurchgedrungen aus der Finsterniß zum Licht, aus dem Unglauben zum Glauben, aus der Sünde zur Buße, aus dem Unfrieden zum Frieden, aus der Welt zu Gott. Das Herz war angefaßt, der Geist erleuchtet, der Wille erregt, die Gotte günstig, die Gnadenstunde, welche hätte entscheiden können über unsre selige Ewigkeit — es fehlte nicht viel. Aber das Wenige, was noch fehlte, mochten wir nicht fahren stecken; von Einem Gut mochten wir uns nicht losreißen, Eine Sünde konnten wir nicht lassen, Eine Zerstreuung kam wieder, Eine Versuchung, und die Gnadenstunde war vorüber, und das Kleinod, das wir schon fast in Händen hatten, war wieder verscherzt, wir waren wieder ferne vom Herrn.

Paulus aber sprach: Ich wünschte vor Gott — daß nicht allein du, sondern Alle, die mich heute hören, solche würden, wie ich bin, ausgenommen diese Bande. [V. 29.] Welche schmerzliche Wehmuth und welcher Eifer für die Ehre des Herrn strahlt aus diesen kühnen Worten. Das Glaubensfünklein, das aus Agrippä Antwort sprühte, hat das Feuer der Liebe, die so gern Alle gerettet sehen möchte, zur hellen Flamme angeschürt. Auch die Fernestehenden, Festus und die andern Hofleute, auf die er dabei wohl einen durchbringenden Blick mag geworfen haben, versichert Paulus seiner fürbittenden Liebe und labet sie freundlich bringend ein, die Gnadenstunde nicht vorübergehen zu lassen. (Leonh. und Spiegelh.) Was faßte dieser Eine Audienzsaal für unterschiedene Gesinnungen gegen das Evangelium Christi in sich! Paulus, ganz im Glauben des Sohnes Gottes lebend, Agrippa angegriffen, Bernice gleichgültiger, Festus noch ferner. Wie gern hätte sie Paulus in Eins zusammengebracht, aus frohem Genuß der ihm aus seinem Glauben zufließenden Seligkeit! (Rieger.) Bei Festus fehlte es an viel, bei Agrippa an wenig. Paulus aber lehrt, daß die Gnade Gottes das Viele sowohl, als das Wenige, das dem Glauben noch im Wege steht, hinwegnehmen könne, und bezeugt sein sehnliches Verlangen, daß Festus sowohl als Agrippa und Alle, die ihn hörten, über alle Hindernisse der Gnade hinübergeführt und in die Gemeinschaft mit Christo versetzt werden möchten. So läßt sich ein Zeuge Jesu in seinem Muth nicht irre machen, auch bei den ärgsten Spöttern noch schlimmsten Menschen noch Bekehrung und Gnade zu hoffen. (Apost. Past.)

Und da er das gesagt, stand der König auf u. s. w. [V. 30.] Treue Knechte Jesu betrüben sich, wenn sie von ihrem Vortrag keinen andern Nutzen sehen, als daß die Zuhörer sagen: Der Prediger ist ein guter Mann oder ein frommer Mann, oder er hat recht gut geredet. Allein hier geht es dem lieben Apostel nicht besser. Da er so brünstig, so freudig, so nachdrücklich von Jesu gezeugt und sein Herz in wahrem Hunger nach aller Zuhörer Seligkeit so vertraulich aufgethan, so stand die Versammlung auf, beredeten sich unter einander und sprachen endlich: dieser Mensch ist ein guter Mann. Sollten sie nicht noch viel mehr und viel wichtigere Sachen aus seinem Vortrag gelernt haben? So ist die Welt. (Apost. Past.)

Zum ganzen Kapitel. — Die wunderbare Lebensführung des Apostels Paulus, K. 1—18. 1) Sein Wandel im Judenthum, V. 4. 5; 2) und nun die Feindschaft der Juden, V. 6—8. 3) Sein Widerstreben gegen Jesum, V. 9—12; 4) und nun seine wunderbare Bekehrung, V. 13—18. (Lisko.) Die Berufung des Paulus. 1) Der Herr erschüttert den harten Sinn seines Widersachers, V. 5—15. 2) Er macht aus dem gebrochenen Widersacher einen gesegneten Diener, V. 15—18. (Lisko.) Daß der Glaube bekehrter Seelen sich noch immer auf ähnliche Weise bethätigen muß, wie bei dem Apostel Paulus. 1) Durch Erweckung Unbekehrter zur Buße, V. 19. 20; 2) durch standhaftes Zeugniß von Christo, V. 21—23. (Derf.) — Die Eindrücke eines Christen, wenn er im Licht einer höhern Erkenntniß sein Leben überschaut. 1) Der Rückblick auf die hinter ihm liegende Zeit der Sünde.

2) Der Aufblick zu der Gnade, welche die Sünde hinwegnahm. 3) Der Hinblick auf das herrliche Ziel, dem das erneuete Leben zustrebt. (Derf.) — Wie erweist sich die Kraft des göttlichen Wortes an denen, die verloren gehen? 1) Dadurch, daß es sie anzieht. Das Wort wirkt in ihnen. a. Dem irdischen Sinn gibt eine bisher ungeahnte höhere Welt auf, in die er staunend hinüberstieht, V. 24. Festus: Paule, du rasest! b. Wo das Wort Gottes Spuren eines göttlichen Lebens schon vorfindet, knüpft es an diese an, weckt Erinnerungen an die Zeit, da man noch glaubte, V. 27: Glaubest du, König Agrippa, ich weiß, daß du glaubest. Es erweckt die frühere Liebe, um mit ihrer Hülfe den erschütterten Glauben neu zu gründen, V. 26—28. Es erfüllt mit innerer Achtung vor allen wahren Gläubigen, V. 29. 31. 32. 2) Dadurch, daß es sie abstößt. Sie wirken den Wirkungen des Worts entgegen. a. Der irdische Sinn überredet sich bald, die Begeisterung für alles Höhere sei fromme Schwärmerei; Festus, V. 24. b. Die bessere Rührung und Regung wird wieder unterdrückt in Leichtsinn und Gleichgültigkeit; Agrippa, V. 28—32. (Lisko.) — Paulus und Agrippa. 1) Pauli heiliger Eifer, Agrippa's leichtfertiger Spott. 2) Pauli freudige Glaubensgewißheit, Agrippa's klägliche Unentschiedenheit. 3) Pauli apostolischer Liebesreichthum, Agrippa vornehme Gleichgültigkeit. (Leonh. und Spiegelh.) — Pauli ausgeredete Predigerhand im Fürstensaal zu Cäsarea. [S. 1.] 1) Ein Warnungszeichen für alle Großen der Erde: bedenket, was zu eurem Frieden dient! V. 3. 2) Ein Wegweiser für alle Verirrten: Jesus nimmt die Sünder an! V. 9—18. 3) Ein Schlachtpanier für alle Prediger des Evangeliums: leidet euch als gute Streiter Christi, V. 21—27. 4) Ein Liebesseil für alle Verlorenen: lasset euch versöhnen mit Gott! V. 29. — Der Werth eines von Jugend an unbescholtenen Wandels. [S. 4 ff.] 1) Nicht zu überschätzen, denn der Unbekehrte kann dabei auf groben Irrwegen gehen, V. 9—11. Aber auch 2) nicht zu unterschätzen, denn der Bekehrte kann dabei um so kräftiger zeugen und wirken, V. 4—5. — Warum wird das für unglaublich bei euch gerichtet, daß Gott Todte auferweckt? [V. 8.] — eine Gewissensfrage an alle Auferstehungsleugner. 1) Ist's der Hochmuth eines beschränkten Verstandes, der wegwirft, was er nicht begreifen kann? 2) Ist's die Verzagtheit eines schwachen Herzens, das nicht glauben will an die Wundermacht des Schöpfers? 3) Ist's die Angst eines bösen Gewissens, das sich fürchtet vor Ewigkeit und Gericht? — Pauli Bekehrungsgeschichte zum drittenmal [S. 12—18; vgl. 9, 1—22; 22, 3—21.] oder die unvergeßlichen Gnadenstunden der Kinder Gottes, aufgezeichnet: 1) zum ewigen Preise des Herrn: seiner Wundermacht und Wunderliebe; 2) zur heilsamen Erinnerung für sie selbst an begangene Sünden und empfangene Gnaden; 3) zum bleibenden Gedächtniß für die Welt, sie in ihren Sünden zu strafen und auf den Weg des Heils zu rufen. (Vergl. die homilet. Andeut. zu Kap. 9 u. 22.) Des Predigtamtes selige Arbeit an den Sündern. [V. 18.] 1) Aufzuthun ihre Augen für das Licht der Wahrheit. 2) Zu bekehren ihre Herzen von den Werken der Finsterniß. 3) Zu trösten ihre Gewissen durch die Vergebung der Sünden. 4) Zu heiligen ihren Wandel für das Erbtheil der Heiligen im Licht. — Paulus das Mu-

sterbild eines edlen Gotteszeugen. [B. 22. 23.] 1) Durch wen erzeugt: durch den Herrn, dessen Kraft mächtig ist in seiner Schwachheit. „Durch die Hülfe des Herrn ist mir's gelungen und stehe bis auf diesen Tag." 2) Vor wem er zeugt: vor Allen, die Ohren haben zu hören. „Und zeuge Beiden, den Kleinen und den Großen; — ein Licht diesem Volk und den Heiden." 3) Von wem er zeugt: von Christo, dem Verheißenen und Erschienenen, dem Gekreuzigten und Auferstandenen. „Und sage nichts, außer dem, was die Propheten gesagt haben — daß Christus sollte leiden und der Erste sollte sein aus der Auferstehung." — Paule, du rasest, die große Kunst macht dich rasend!" [B. 24.] Eine Mahnung an alle Prediger des Evangeliums zur Selbstprüfung: 1) Ob in ihrer Lehre keine unbiblische Schwärmerei, 2) ob in ihrem Eifer keine fleischliche Leidenschaft, 3) ob in ihrer Beredsamkeit keine ungeistliche Künstelei sich einmische? — Paule, du rasest das gewöhnliche Urtheil des Weltmenschen über den Gottesmenschen; womit er 1) diesen zu vernichten meint, indem er seinen kindlichen Christenglauben für Geistesbeschränktheit, sein frommes Christenleben für Kopfhängerei, seine selige Christenhoffnung für Schwärmerei erklärt; aber in Wahrheit 2) sich selber richtet, indem er damit aufdeckt seine Geistesarmuth, die nichts versteht von göttlichen Dingen; seine Herzenshärtigkeit, die nichts gibt auf die Mahnungen des heiligen Geistes, und sein Seelenelend, darin er nichts fühlt von den Seligkeiten der Kinder Gottes. — Wer raset: Paulus oder Festus? Der Christ oder der Unchrist? 1) Raset der Christ, der seinen Glauben gründet auf die untrüglichen Offenbarungen Gottes in Schriftwort und Geisteserfahrung, oder raset der Unchrist, der blindlings versagt, was er mit seinen Händen nicht greifen, mit seinen fünf Sinnen nicht begreifen kann? 2) Raset der Christ, der sein Leben einrichtet nach Gottes Geboten und gewisse Tritte thut auf dem schmalen Pfade der Heiligung, oder raset der Unchrist, der ein Spielball seiner Leidenschaften, haltungslos dahin taumelt auf der breiten Straße, die zum Verderben abführt? 3) Raset der Christ, der seine Hoffnung setzt auf eine Ewigkeit, die ihm unverrückt vor Augen steht unter allen Wechseln der Zeit, oder raset der Unchrist, der sein Glück sucht in dieser vergänglichen Zeit, die wie ein Traum verfliegt und ihm nichts zurückläßt als ein schreckliches Erwachen? — Daß Paulus Recht hat, wenn er sagt: ich rede wahre und vernünftige Worte. [B.

25.] 1) Erwiesen bisher aus der Geschichte der Kirche Christi; denn diese Paulusworte bestehen bis zum heutigen Tag, während der Witz eines Festus längst verschollen ist. 2) Bestätigt noch heute in Worten ihr hellstes Licht, ihre beste Kraft und ihren süßesten Trost gefunden. 3) In's Licht gestellt bereits am großen Tag der Ewigkeit, denn Himmel und Erde werden vergehen, aber Gottes Wort bleibet in Ewigkeit. — Glaubest du, König Agrippa? [B. 27.] eine ernste Frage für alle Fürstenhöfe und Residenzen. 1) Die Fürsten und Großen zu mahnen an ihr Seelenheil, 2) die Hof- und Hofprediger zu mahnen an ihre Amtspflicht. — Paulus vor den Herrschaften zu Cäsarea das Muster eines rechten Hofpredigers: 1) Voll kühnen Freimuths und doch voll bescheidener Ehrerbietung. 2) Voll feurigen Eifers und doch voll seiner Weisheit. 3) Voll heiligen Ernstes und doch voll zarter Liebe. — Paulus und seine fürstlichen Zuhörer, oder die verschiedenen Stellungen des Menschen zur christlichen Wahrheit: 1) Festus, der sie ganz ablehnt mit seinem „Paule, du rasest". 2) Agrippa, der sich halb zu ihr wendet mit seinem: „Es fehlt nicht viel, du überredest mich." 3) Paulus, der ganz drin lebt, mit seinem: „Ich wünsche vor Gott, daß Alle, die mich hören, solche würden, wie ich bin." — Wann hat die Predigt wirklich bei uns gefruchtet? [B. 28. 29.] 1) Wenn sie uns überzeugt hat und nicht bloß „überredet". 2) Wenn sie uns wirklich gewonnen hat und nicht bloß „fast." 3) Wenn sie an „Allen" gewirkt hat und nicht bloß an Einem. Das gefährliche Wort: „Es fehlt nicht viel." Gefährlich 1) weil es den Wahn mit sich führt, als wäre es leicht, in's Himmelreich zu kommen; 2) weil es die Verantwortung um so größer macht, wenn wir nicht ferne waren vom Reiche Gottes, und sind doch nicht hineingekommen. — Der Fluch der geistlichen Lauheit. Die Lauen sind 1) dem Herrn zum Ekel, der ein ganzes Herz will: „Weil du aber lau bist, so will ich dich ausspeien aus meinem Munde"; 2) der Welt zum Spott, die ihr Spiel mit ihnen treibt; 3) sich selbst zur Qual, ohne Hast und Trost. — Der Aufbruch der hohen Herrschaften nach der Predigt des Paulus. [B. 30—32.] 1) Dem heiligen Knecht des Herrn. 2) Im Grunde aber eine anständige Flucht vor dem Worte der göttlichen Wahrheit.

### Vierter Abschnitt.

Die Seereise des Apostels Paulus von Cäsarea nach Rom. (Kap. 27, 1—28, 15).

#### A.

Die Seereise nach Italien mit ihren Gefahren, aber auch dem Walten des Herrn über seinem Apostel und dessen Begleitern. Schiffbruch und Lebensrettung bei der Insel Malta.

*Kap. 27, 1—44.*

Als aber beschlossen war, daß wir nach Italien absegeln sollten, übergab man den 1 Paulus und etliche andere Gefangene einem Hauptmann Namens Julius, von der augustischen Schaar. *So bestiegen wir denn ein Fahrzeug aus Adramyttium, welches nach 2

den Plätzen in Asien zu fahren im Begriff war¹), und segelten ab, während Aristarchus
3 mit uns war, ein Macedonier aus Thessalonich. *Und den Tag darauf landeten wir bei
Sidon. Julius benahm sich freundlich gegen Paulus, und erlaubte ihm zu den Freunden
4 zu gehen und sich gütlich zu thun. *Von da aus stießen wir ab und segelten unter
5 Cyprus hin, weil die Winde uns entgegen waren. *Dann durchschifften wir das Meer
6 längs Cilicien und Pamphylien, und gelangten nach Myra in Lycien. *Dort fand der
Hauptmann ein Fahrzeug aus Alexandrien, das nach Italien fuhr, und schifften uns auf
7 demselbigen ein. *Wir fuhren aber viele Tage lang langsam und gelangten kaum in
die Gegend von Knidus; da uns aber der Wind nicht zu Lande ließ, so schifften wir
8 unter Kreta hin, Salmone gegenüber. *Und kamen mit Mühe daran vorüber, worauf
wir an einen Ort gelangten, welcher Schönhafen heißt, unweit dessen eine Stadt Lasea
9 lag. *Da nun geraume Zeit verflossen, und die Schifffahrt bereits gefährlich war, weil
auch die Fastenzeit schon vorüber war, so ermahnte sie Paulus, und sprach zu ihnen:
10 *Ihr Männer, ich sehe, daß die Fahrt mit Ungemach und großem Schaden nicht allein
11 der Ladung und des Fahrzeugs, sondern auch unseres Lebens ablaufen wird. *Allein
der Hauptmann glaubte dem Steuermann und dem Schiffsherrn mehr als dem, was von
12 Paulus gesprochen worden war. *Weil aber der Hafen zum Ueberwintern ungelegen
war, entschloß sich die Mehrzahl, auch von dort²) abzufahren, ob sie etwa nach Phönix
gelangen könnten, um hier zu überwintern, einem Hafen von Kreta, welcher gegen Süd-
13 west und Nordwest liegt. *Und als der Südwind leicht wehte, glaubten sie ihren Vorsatz erreicht zu haben, segelten dort ab und fuhren nahe der Küste längs Kreta hin.
14 *Allein nicht lange darauf erhob sich dem Schiff entgegen ein ungestümer Wind, welchen
15 man Nordost nennt. *Da nun das Schiff mit fortgerissen wurde und dem Winde nicht
16 widerstehen konnte, so gaben wir es preis und wurden dahin getrieben. *Als wir aber
in die Nähe einer kleinen Insel geriethen, welche Klauda heißt, hatten wir viele Mühe,
17 des Bootes mächtig zu werden; *nachdem sie dasselbe heraufgehoben hatten, wandten sie
Hülfsmittel an und unterbanden das Schiff. Und da sie fürchteten, auf die Sandbänke
18 zu gerathen, ließen sie das Geräthe herunter und fuhren also. *Und da wir vom Sturm
19 gewaltig litten, warfen sie am folgenden Tage Waaren über Bord. *Und am dritten
20 Tage warfen wir³) mit eigenen Händen die Geräthschaft des Schiffs aus. *Da aber
mehrere Tage lang weder die Sonne noch Gestirne schienen, und ein nicht geringes Un-
wetter wider uns war, so schwand am Ende unsere Hoffnung auf Rettung unseres Lebens
21 dahin. *Und da man lange nicht gegessen hatte, trat Paulus in die Mitte unter sie und
sprach: Ihr Männer, man hätte mir folgen und nicht von Kreta absegeln sollen, so
22 hätte man sich dieses Ungemach und diesen Schaden erspart. *Und nun ermahne ich
euch, guten Muth zu fassen, denn es wird kein Verlust eines Lebens unter euch erfolgen,
23 sondern nur der des Schiffs. *Denn es ist diese Nacht bei mir gestanden ein Engel
24 Gottes, dem ich gehöre, dem ich auch diene; *der sprach: Fürchte dich nicht, Paulus!
Du mußt vor den Kaiser treten; und siehe, Gott hat dir geschenkt alle die mit dir
25 schiffen. *Darum seid gutes Muthes ihr Männer, denn ich glaube Gott, daß es so ge-
26 schehen wird, wie mir gesagt worden ist. *Wir müssen jedoch an einer Insel stranden.
27 *Als aber die vierzehnte Nacht kam, und wir im Adria-Meer hin und herfuhren, vermu-
28 theten um Mitternacht die Schiffsleute, es komme ihnen ein Land in die Nähe. *Und
sie warfen das Senkblei und fanden zwanzig Klafter tief; nach kurzem Zwischenraum
29 warfen sie wiederum das Blei, und fanden fünfzehn Klafter. *Da fürchteten sie, an
Klippen zu stranden, warfen am Hintertheil des Schiffs vier Anker aus und wünschten
30 sich, es möchte Tag werden. *Als aber die Schiffsleute aus dem Fahrzeug zu entfliehen
suchten, und das Boot in's Meer niederließen, unter dem Vorgeben, als wollten sie am
31 Vordertheil Anker niederlassen: *da sagte Paulus zu dem Hauptmann und den Soldaten:

---

1) Der dat. sing. μέλλοντι, welchen die Alex. und Vatik. Handschr. haben, während auch 20 Minuskeln und mehrere Versionen auf dieser Seite stehen, ist dem Plur. μέλλοντες, welcher in den zwei jüngsten Unzialhandschr. steht, vorzuziehen; letzterer ist dem ἐπιβάντες nachgebildet.

2) κἀκεῖθεν ist zwar nur durch eine Unzialhandschrift beglaubigt, während drei καὶθεν haben. Allein das καὶ
im Comp. fiel wahrscheinlich weg, weil man dessen Beziehung nicht fand.

3) ἐρρίψαμεν Recepta, wofür zwei Unzialcodd. einstehen, hat Tischendorf der von Lachmann gebilligten Lesart
ἔρριψαν, die sich in drei Unzialhandschr. findet, mit Recht vorgezogen, da αὐτόχειρες dafür spricht.

wenn diese nicht im Schiff bleiben, so könnet ihr nicht gerettet werden. *Da hieben die 32 Soldaten die Stricke ab von dem Boot, und ließen es niederfallen. *Bis es aber an- 33 fing Tag zu werden, ermahnte Paulus alle, Nahrung zu sich zu nehmen, und sprach: Es ist heute der vierzehnte Tag, daß ihr wartet und ungegessen geblieben seid, und nichts zu euch genommen habt. *Deßhalb ermahne ich euch, Nahrung zu euch zu nehmen¹); 34 denn das dient zu eurer²) Erhaltung; denn es wird Keinem von euch ein Haar von seinem Haupte umkommen³). *Nachdem er das gesagt, nahm er Brod, dankte Gott in 35 Gegenwart Aller, brach es und fing an zu essen. *Da wurden sie alle guten Muthes 36 und nahmen ebenfalls Nahrung zu sich. *Wir waren aber auf dem Schiff alle zusam- 37 men zwei Hundert sechs und siebenzig Seelen. *Nachdem sie aber satt gegessen hatten, 38 erleichterten sie das Schiff und warfen das Getreide in das Meer. *Da es aber Tag 39 wurde, kannten sie das Land nicht, wurden aber einer Bucht gewahr mit einem Gestade, an welches sie das Fahrzeug, wo möglich, hinzutreiben beschlossen. *So hieben sie 40 die Anker ab und ließen sie in's Meer fallen, zugleich machten sie die Bande der Ruder los, zogen das Vordersegel auf gegen den Wind, und fuhren auf das Gestade zu. *Da 41 sie aber auf eine Stelle geriethen, die auf beiden Seiten Meer hatte, fuhr das Schiff auf, und das Vordertheil blieb fest sitzen, das Hintertheil aber zerbrach vor der Gewalt⁴): *Die Soldaten aber faßten den Entschluß, die Gefangenen zu tödten, damit keiner durch 42 Schwimmen entkommen möchte. *Allein der Hauptmann wollte den Paulus am Leben 43 erhalten, und hielt sie von ihrem Vorhaben ab und befahl, diejenigen, welche schwimmen konnten, sollten sich zuerst in's Wasser stürzen und an's Land sich retten; *und die 44 Uebrigen theils auf Brettern, theils sonst auf Stücken vom Schiff. Und so geschah es, daß alle sich an's Land retteten.

### Exegetische Erläuterungen.

1. **Als aber beschlossen war.** Der Beschluß, welcher jetzt gefaßt wurde, bezog sich nicht mehr auf das Daß, sondern nur noch auf das Wie? und Wann? der Reise nach Italien, nämlich daß sie zur See, und gerade in dem jetzigen Zeitpunkt gemacht werden sollte. Es war jetzt der Spätherbst des Jahres 60 n. Chr. Mit ἡμᾶς bezeichnet der Erzähler nebst Paulus auch sich selbst und den B. 2 genannten macedonischen Christen Aristarchus aus Thessalonich, s. Kap. 19, 29; 20, 4, welche dem Apostel freiwillig sich anschlossen. So tritt hier zum ersten Mal wieder seit der Ankunft in Jerusalem, Kap. 21, 15—18, die communicative Redeform auf, welche bis zur Ankunft in Rom stetig fortdauert. Grammatisch auffallend ist τοῦ ἀποπλ., wo der Gegenstand des Beschlusses als Zweck behandelt ist. In Ausführung des Beschlusses wurde somit Paulus nebst seinen freiwilligen Begleitern und andererseits die übrigen zu transportirenden Gefangenen anderer Kategorie (ἑτέροι anderartige) einem Centurio, Namens Julius, amtlich übergeben, so daß dieser für den Transport haftbar gemacht wurde. Die Cohors Augusta, bei welcher Julius als Centurio stand, wird auf verschiedene Weise aufgefaßt. Künoel nach einem Programm von Schwarz, de cohorto ital. et aug. 1720, nahm an, es sei eine Cohorte aus Soldaten von Sebaste (Samaria) gemeint, was vielerlei Gründe gegen sich hat. Wieseler, apost. Chronol. S. 389 ff. vermuthet, Julius sei bei der eigentlichen kaiserlichen Leibgarde Nero's (cohors Augustanorum) gestanden, und um jene Zeit in irgend einer Angelegenheit nach dem Morgenland geschickt worden; seine Rückreise habe nun Festus benutzt, um gelegentlich die Gefangenen unter seiner Obhut transportiren zu lassen. Allein nach dem Wortlaut unserer Stelle müssen wir uns den Hauptmann sowohl als die genannte Cohorte in Cäsarea stationirt und dem Festus untergeben denken. Es bleibt demnach über diesem Namen ein Dunkel, welches wir durch willkürliche Vermuthungen nicht aufhellen können.

2. **So bestiegen wir denn ein Fahrzeug.** Die Gefangenen mit einem Kommando römischer Soldaten zu deren Bewachung wurden also in Cäsarea auf einem kleinasiatischen Kauffahrer eingeschifft, welcher aus Adramyttium war, einem Seestadt unweit Troas und Assus, in der Landschaft Mysien, der Insel Lesbos gegenüber. Das Schiff war also auf der Heimfahrt begriffen, und sollte noch mehrere Seeplätze längs der Küste von Asia proconsularia besuchen. Der Zweck war, in einem Seehafen Kleinasiens das Schiff zu wechseln und eine Schiffsgelegenheit nach Italien zu nehmen, worauf man mit Sicherheit rechnen konnte. — Das Nautische in der Reisebeschreibung des Lukas ist auf's dankenswertheste aufgehellt worden durch den gelehrten Engländer James Smith von Jordanhill in seinem Werk: The voyage and Shipwreck of St. Paul etc. Lond. 1848, 2. ed. 1856. Derselbe hat einen Winteraufenthalt in Malta benutzt, um die Oertlichkeiten genau zu untersuchen,

---

1) μεταλαβεῖν ist stärker bezeugt, als προσλαβεῖν.
2) ὑμετέρας ist nach äußerem Zeugnissen dem ἡμετέρας vorzuziehen, welches daher entstand, daß man dachte, es sollten ja doch Alle gerettet werden, also müsse communicative gesprochen sein.
3) ἀπολεῖται hat die drei ersten Codd. für sich, πεσεῖται nur die zwei jüngsten.
4) τῶν κυμάτων fehlt in der Aleg. und Vatic. Handschrift, und scheint als Erklärung zu τῇ βίᾳ hinzugenommen zu sein.

hat wissenschaftlich gebildete Seeleute über die Schifffahrt in der Levante zu Rathe gezogen, Schiffstagebücher und Beschreibungen von Seereisen ausgebeutet, besonders aber den Schiffsbau und das Seewesen der Alten mittelst aller zu Gebote stehenden Urkunden und Hülfsmittel studirt, um den Bericht der Apostelgeschichte möglichst aufzuhellen. Der Erfolg war, daß er in der That Manches, was bisher dunkel geblieben war, in's Licht gesetzt, und die geschichtliche Wahrheit und Glaubwürdigkeit unseres Buchs namhaft gerechtfertigt hat. Insbesondere hat er auf die überzeugendste Weise an vielen Stellen gezeigt, daß der Verfasser unsers Reiseberichts 1) nicht selbst ein Seemann gewesen sein kann, indem seine Sprache auf dem Gebiete des Schiffswesens nicht die eines Kenners ist; daß er aber nun so gewisser 2) selbst Augenzeuge gewesen sein muß, wofür sowohl die Erzählungen über die Vorgänge auf dem Schiffe selbst, als die eingeflochtenen geographischen Details sprechen, sofern ein Mann, welcher das Seewesen nicht berufsmäßig kannte, die Beschreibung einer Seereise auf eine in allen Theilen so zusammenstimmende Weise unmöglich hätte verfassen können, es sei denn, er schrieb aus eigener Erfahrung und wirklicher Beobachtung.

3. Und den Tag darauf landeten wir bei Sidon. Gelangten sie den Tag nach der Abfahrt von Cäsarea nach Sidon, so müssen sie günstigen Wind gehabt haben, da die Entfernung ca. 15 geographische Meilen beträgt, in jener Gegend des Mittelländischen Meers wehen meist Westwinde, und ein solcher war für diese Richtung erwünscht. Die humane Behandlung von Seiten des Centurio mochte ihren ersten Grund in einer Weisung des Prokurators haben, während die Persönlichkeit des Paulus auf seine Unbefangenen und Gebildeten sicherlich einen gewinnenden Eindruck machte. Ohne Zweifel hatte das Anlegen des Schiffs bei Sidon Handelszwecke; in der Zwischenzeit also durfte Paulus sich zu den Christen in der Stadt begeben, natürlich in Begleitung einer Wache.

4. Widriger Winde wegen schifften sie bei Sidon aus unter Cypern hin, d. h. statt auf der offenen See zu fahren, lavirten sie. Darüber, auf welcher Seite der Insel sie vorüberfuhren, waren die Ausleger bisher verschiedener Ansicht: Einige, z. B. Falconer, I. Fr. v. Meyer verstanden es, als hätten sie Cypern rechts gelassen und wären längs dessen Südküste vorübergesegelt: Erasmus, Wetstein, Bengel aber deuten es so, daß sie Cypern links ließen; und Letzteres ist ohne Zweifel richtig, denn V. 5 besagt, daß sie das Cilicische und Pamphylische Meer durchsegelten (διαπλ.), also müssen sie erst zwischen Syrien und der Ostküste von Cyprus, sodann zwischen der Küste von Cilicien und Pamphylien und der Nordküste der Insel Cyprus den Kurs genommen haben (James Smith 1. ed. 24 ff.). Myra, wo sie landeten, war eine damals blühende Seestadt Lyciens, nach Strabo 20 Stadien vom Meer entfernt, aber an einem bis an die Stadt hin schiffbaren Flusse.

5. Dort fand der Hauptmann ein Fahrzeug. Hier miethete der Centurio Julius sich und seine militärische Begleitung nebst den Gefangenen auf einem Kauffahrteischiffe ein, das von Alexandrien kam und auf der Fahrt nach Italien begriffen war. Laut V. 38 bestand die Fracht aus Weizen, und Aegypten war ja damals eine der Kornkammern Italiens. Das Korn wurde von dort gewöhnlich in Fahrzeugen von sehr großem Umfang nach Italien verschifft; dieselben müssen laut einer Stelle bei Lucian den größten Kauffahrern der Gegenwart an Größe nicht nachgestanden sein. Dadurch erklärt es sich, daß 276 Seelen darauf Platz fanden, V. 37.

6. Die erste Partie der Reise war die von Cäsarea bis Myra gewesen, V. 1—5. Nun folgt die zweite, von Myra bis Kreta, V. 6—8. Hier ging die Fahrt bei widrigem Wind ausnehmend langsam von Statten; daß nicht bloße Windstille Aufenthalt machte, schließt James Smith aus μόλις, was Anstrengung und Kampf mit dem Wind voraussetzt; überdies scheint μη — ανιωιον die Erklärung zu μόλις γεν. κ. Κν. zu sein. An und für sich war die Entfernung zwischen Myra und Knidus, einer Halbinsel zwischen Kos und Rhodus, nicht zu weit, um bei günstiger Fahrt in einem Tag zurückgelegt zu werden. Aus der Nähe von Knidus nach Italien hätte die Fahrt eigentlich in südwestlicher Richtung, so hag man im Norden von Kreta vorüber kam, gehen sollen. Nun aber wählte man, um des fortwährenden Gegenwindes willen, eine andere Linie, nämlich Südsüdwest zu, auf der Ostküste von Kreta, wo das Vorgebirge Salmone die östlichste Spitze bildet. Von dort ging die Fahrt längs der Südküste der Insel in beständigem Kampf mit Wind und Wellen (μόλις) bis an eine Stelle, welche Schönhafen hieß, unweit einer Stadt Lasea. Am südlichen Gestade von Kreta trägt heute noch, wie J. Smith S. 43 ff. nachgewiesen hat, eine Bucht den Namen λιμένες καλοί, worin ein Schiff gegen Nordwinde geborgen ist.

7. So ermahnete sie Paulus. Hier fand nun eine Krisis statt. Die günstige Zeit für die Schifffahrt war vorüber, denn die Fastenzeit, nämlich des Versöhnungsfestes (νηστεία), war schon verflossen und demnach das Herbstäquinoctium überschritten. Dabei warnte Paulus vor der Fortsetzung der Fahrt, rieth also, hier zu überwintern, Angesichts der im andern Fall drohenden Gefahr. Der Satzbau ist nachlässig: ὅτι — μέλλειν ἔσ. Ὕβρις nehmen Meyer und Ewald in sittlichem Sinn: Vermessenheit, allein dann muß das Wort auch V. 21, wo es ebenfalls mit ζημία verbunden ist, so genommen werden, was im dortigen Zusammenhang ungeeignet wäre; demnach muß es, nach der gewöhnlichen Erklärung, in natürlichem Sinne genommen werden: Ungestüm der Witterung, Ungemach. Paulus spricht hier in Folge verständiger Beobachtung und Ueberlegung, später erst in Folge göttlicher Offenbarung. Der Erfolg hat seine Besorgnisse gerechtfertigt, nur daß das Leben Aller gerettet wurde. Bei der Berathung legte der Centurio mehr Gewicht auf die Meinung des Steuermanns und des Schiffsherrn, als auf den Rath des Paulus; natürlich, weil jene die Sachverständigen waren. Auch war der Grund, welchen sie gegen das Ueberwintern an dieser Stelle anführten, nicht zu verwerfen: die Bucht eigne sich schlecht zum Ueberwintern, denn ανυθ. - παραχειμ., V. 12 offenbar von der Bewegungsart der gegentheiligen Meinung. Auch diese war mit Paulus darin einverstanden, nicht mehr nach Italien zu segeln: nur war der Mehrheit hier, welche eine Stimme abzugeben hatten (οἱ πλείους) dafür, einen günstigeren Platz zum Ueberwintern zu wählen, nämlich den im Südwesten Kreta's gelegenen

Hafen Phönix, falls sie ihn erreichen könnten. Lukas beschreibt diesen als gegen Λίψ, Afritus, und Χώρος gerichtet; das versteht man gewöhnlich so, von den beiden Ufern des Hafens laufe das eine gegen Südwest aus, das andere gegen Nordwest. James Smith S. 47 ff. nimmt das Gegentheil an, um den Hafen, der heutzutage Lutro heißt, in der Stelle zu finden. Κατὰ Λίβα, κ. X. soll die Richtung bezeichnen, wohin diese Winde wehen, also Nordost und Südost. Allein dies heißt dem Sprachgebrauch Gewalt anthun, und man schließt einer Hypothese willen. S. den Comm. des Nordamerikaners Hadett 1858. S. 420 ff.

8. **Und als der Südwind leicht wehete.** Vers 13—44 beschreibt nun die Fahrt von Kreta bis Malta, welche mit dem Schiffbruch schloß. Ein leichter Südwind begann zu wehen (ὑποπν. von einem sanften Wehen). Man glaubte diesem dem Vorhaben günstig, weil unweit „Schönhafen", vom Kap Matala an, die Küste von Kreta sich nordwestlich wendet, und auf einer Fahrt nach dieser Richtung der Südwind gerade erwünscht ist. Daher lichtete man die Anker (αἴρειν in der Schiffersprache gebräuchlich, ohne daß τὰς ἀγκύρας dabeisteht). ἆσσον hat man früher als eine kretische Stadt angesehen und mit ἄραντες verbunden, als Ort, von wo sie aufbrachen, oder als Richtung, wohin sie sich bewegten. Allein es ist klein zu schreiben, als Compar. von ἐγγύς: näher; scil., als gewöhnlich. also ganz nahe an der Küste hin.

9. **Nicht lange darauf.** Ἔβαλε warf sich, κατ᾿ αὐτῆς bezog Luther auf προθέσεως, V. 13, was sehr gezwungen ist, Meyer auf Κρήτην, allein es liegt dem Zusammenhang nach am nächsten, ναῦς also Subjekt zu nehmen, obwohl das Wort hier nicht ausdrücklich genannt ist. Τυφωνικός von τυφῶν Wirbelwind, Orkan. Εὐρακύλων aus Eurus und Aquilo zusammengesetzt, ist Nordost, diese Lesart ist der εὐροκλύδων vorzuziehen; τυφ. bezeichnet den Wind nach seiner Stärke, εὐρακ. nach seiner Richtung, denn nur ein Nordost konnte die Wirkungen, von welchen die Folge spricht, hervorbringen. Ἀντοφθαλμεῖν in's Angesicht sehen, entgegenstreben. ἐπιδόντες sc. τὸ πλοῖον.

10. **Wir kamen aber an eine Insel.** Ὑποτρέχειν ist, wie James Smith S. 61 Anmerk. bemerkt, der treffendste nautische Kunstausdruck, welcher hier am Platze war; er drückt aus 1) daß das Schiff den Wind hinter sich hatte; 2) daß es den Wind zwischen sich und der Insel hatte, also südöstlich an der Insel vorüberkam. Klauda oder Klaudos (Ptolem.) heißt jetzt Gozzo. An dieser Stelle versuchten sie das Rettungsboot, mit welchem das Schiff versehen war, an Bord zu bringen, um für einen Nothfall sich zu sichern, weil es sonst durch das Ungestüm von Wind und Wellen losgerissen werden konnte. Nachdem dies mit Mühe geschehen war (Lukas erklärt nicht, worin die Hindernisse bestanden), hielt man es für unumgänglich nöthig, das Schiff zu untergürten, um dem Scheitern vorzubeugen. Dies geschah mittelst der βοήθειαι, solche Schutzmittel waren Ketten, Taue u. dgl., womit man den Kiel des Schiffs unterband, um es so stark als möglich zusammen zu halten; in der Mechanik verstehen die Alten unter βοήθειαι Stützen.

11. **Und da sie fürchteten.** Auf die Syrte, d. h. in die Syrtis major, zwischen Tripolis und Barka, eine auch heute noch gefährliche Untiefe mit Klippen an der afrikanischen Küste, hinausgeworfen zu werden (ἐκπέσωσι vom offenen Meer gegen das Land oder an Klippen hinaus), mußte man fürchten, weil der Nordost gerade nach dieser Himmelsgegend hin wehte. Die kleine Syrte lag westlicher, als daß man an diese denken konnte. Desto dringender war die Gefahr, in die große verschlagen zu werden, daher auch kein Grund ist, Σύρτιν appellativ (nach Meyer) als Sandbank überhaupt zu verstehen, zumal der bestimmte Artikel dabeisteht. Um nun dieser Gefahr vorzubeugen, ließ man das Geräthe herunter, τὸ σκεῦος soll hier dem Zusammenhang gemäß wohl das Segelwerk bezeichnen, welches man einzog, um dem Sturm nicht zu viel Macht zu gestatten, wornach οὕτως ἐφέροντο hieße, das Schiff ohne Segel treiben lassen. Der Ausdruck ist aber gerade hier der Art, daß ein des Seewesens kundiger Erzähler sicherlich genauere Angaben gemacht haben würde, falls er die Sache überhaupt verstanden hätte. James Smith versteht die Worte, freilich mehr vermöge einer Erwägung a priori, wie in der historischen Lage erforderlich gewesen sein möchte, als vermöge des Wortlauts selbst, vom Herablassen des Tauwerks, Aufspannen des Sturmsegels und Laviren, S. 68 ff. Dies V. 13—17 die Ereignisse der ersten Tages nach dem Aufbruch von Schönhafen.

12. **Und da wir vom Sturm gewaltig litten,** warfen sie am folgenden Tage Vieles über Bord, vermuthlich die schwersten und entbehrlichsten Artikel der Fracht. Dagegen am dritten Tage mußte man schon weiter gehen und die zur Ausstattung des Schiffs selbst gehörigen Geräthschaften auswerfen, als Tische, Schränke u. dgl. Jetzt mußten schon die Passagiere selbst mit Hand anlegen (αὐτόχειρες).

13. **Da aber mehrere Tage lang.** Nun folgte die schrecklichste Zeit: 11 Tage lang schwebte die Reisegesellschaft in Lebensgefahr, vergl. V. 27; ja man gab bei der Fortdauer des heftigen Sturms, und da mehrere Tage lang Tag und Nacht kein Licht schien, bereits alle Hoffnung auf Rettung auf, zumal auch das Schiff bereits stark Noth gelitten zu haben scheint. Die πολλὴ ἀσιτία, d. h. die lang anhaltende und starke Enthaltung vom regelmäßigen Essen kann ihren Grund keineswegs im wirklichen Mangel an Nahrungsmitteln gehabt haben, war nach die Schiffsladung aus Weizen vorhanden, V. 38; sondern theils die Unmöglichkeit, die Speisen gehörig zu kochen, theils die steten Anstrengungen und das Niedergedrücktsein durch Furcht und Verzweiflung war Schuld, daß man nicht zum Essen kam.

14. **Und da man lange nicht gegessen.** Während dieser traurigsten Zeit, — wie lange vor der Katastrophe selbst, ist nicht angedeutet, — sprach Paulus der ganzen Reisegesellschaft Muth ein und verhieß ihnen Allen Lebensrettung auf Grund einer göttlichen Offenbarung, V. 21—26. Wenn er desungeachtet mit dem Gedanken anfängt, man hätte letzthin seinen Rath befolgen sollen, so will er nicht Vorwürfe machen, sondern nur seinen Anspruch auf den Glauben und das Vertrauen, den man ihm wohl schenken dürfe, begründen, durch die Erinnerung, wie sehr der bisherige Erfolg seinen damaligen Rath gerechtfertigt habe. Κερδαίνειν gebraucht er, wie es den Aristoteles an in der spätern Gräzität öfters vorkommt, von einem Gewinn, der nicht positiv in Erlangung eines Vor-

theils, sondern negativ in Vermeidung eines Schadens besteht, den man sich erspart. V. 22 ἄποβ. ist der Satzbau: denn Lebensverlust wird seiner stattfinden von euch, es sei denn des Schiffs sc. Verlust. Πλὴν ungenau statt πλ. μόνον. Ju dieser Nacht, d. h. in der vergangenen Nacht; denn diese Rede an die Reisegesellschaft hat Paulus doch am besten Tage gehalten. οὗ εἰμί, d. h. dessen Eigenthum ich bin; anders ᾧ λατρεύω, dem ich meine Gottesverehrung darbringe, das bezog sich auf Alte des Gebets, von welchem die Schiffsleute je und je mögen Zeugen gewesen sein. An ein Traumgesicht (Ewald) ist schwerlich zu denken, sondern an eine Vision im Wachen. Bleibt es bei der Verheißung (Kap. 23, 11), welche hier nur specieller auf die Person des Cäsar bezogen ist, so liegt darin die Gewähr für die Rettung des eigenen Lebens Pauli. Κεχάρισται ꝛc. verbeißt nicht allein die Rettung aller Mitreisenden, sondern auch ihre Rettung um Pauli willen, die Gott als eine Gnade gegen den Apostel zuläßt. Ohne Zweifel hatte Paulus in seinen Gebeten (λατρεύω) nicht blos für sich, sondern für Alle gebetet; nun hat Gott seine Fürbitten erhört. JeV. 26: sie würden zwar mit dem Leben davon kommen, aber doch noch Manches erleiden. Daß sie an eine Insel würden verschlagen werden, scheint noch der Vision angehört zu haben; aber wo? und wann? — das wußte Paulus noch nicht.

15. **Als aber die vierzehnte Nacht kam.** Die Zählung (V. 27) geht immer noch von der Bucht in Kreta an. Unter Adria versteht man im Alterthum hie und da im engeren Sinn, was heutzutage adriatisches Meer heißt, nämlich den Meerbusen nördlich der „Straße von Otranto" (von c. 40°— 45° N. Br.); häufig aber, und so auch hier, das adriatische Meer im Inbegriff des jonischen Meers, so daß die See östlich von Unteritalien und Sizilien, worin Malta liegt, mit dazu gehört. Die Vermuthung der Schiffer, daß Land in der Nähe sei, ist mit ὑπενόουν, suspicieebant ausgedrückt, weil sie in dieser Wahrnehmung mit Recht Gefahr sahen; προσάγειν-χώραν, gemäß der optischen Täuschung, wie umgekehrt: terraeque urbesque recedunt. Den Grund, auf welchen die Vermuthung sich stützte, gibt Lukas nicht an; ohne Zweifel aber bestand er in dem wachsenden Getöse der Brandung. James Smith hat Seite 81 ff. einen merkwürdig ähnlichen Fall nachgewiesen, wo die britische Fregatte Lively am 10. Aug. 1810 in derselben Gegend von Malta, wie das Schiff hier, unweit des Punkts Koura gestrandet hat. Er hat aus den Akten der Admiralität die auffallend analogen Vorgänge bei dem englischen Kriegsschiffe mitgetheilt, wie sie in der kriegsrechtlichen Untersuchung wider die Officiere der Fregatte niedergelegt sind. — Um sich von dem Grund aber Ungrund ihrer Besorchtung zu überzeugen, wandte man das Senkblei an, das zuerst 20 Klafter = 130 Fuß, und eine unbedeutende Strecke weiter nur 15 Klafter == 90 Fuß Tiefe zeigte; eine so rasche Abnahme der Tiefe, daß man fürchten mußte, auf Klippen, Felsriffe (τραχεῖς τόπους) zu gerathen.

16. **Warfen — vier Anker aus.** Der Zweck des Ankerns war ein doppelter: Das Schiff anzuhalten, daß es nicht an einem Riff strande, und zugleich den Tag abzuwarten, um das Schiff an einem möglichst günstigen Punkt stranden zu lassen. Man ließ nicht weniger als vier Anker hinab, denn die antiken Schiffe hatten keine so kolossalen Anker wie die neueren, aber desto mehrere. Und daß man die Anker am Hintertheil auswarf, war wohl berechnet, weil das Schiff, wenn die Anker am Vordertheil ausgeworfen worden, viel leichter ein Spiel des Nordosts, der noch wehte, geworden und schlimmer verunglückt wäre. James Smith hat gezeigt, daß diese Seelente mit vielem Takt und Vorsicht verfahren sind. Ein Engländer, Hawson, erwähnt, daß Nelson vor Kopenhagen im April 1801 auch am Hintertheil der Schiffe hat antern lassen, was der Flotte sehr zu Gute kam, und daß er nachher bekannt hat, er habe eben damals das 27ste Kapitel der Apostelgeschichte gelesen, und das habe ihn auf jene Maßregel gebracht.

17. **Aus dem Fahrzeug zu entfliehen suchten.** Die Matrosen hielten ohne Zweifel das Schiff für so übel zugerichtet, daß sie fürchteten, es möchte die Nacht nicht überdauern; zugleich fürchteten sie, die Küste nicht erreichen zu können, daß das Schiff mit irgend einem günstigen Erfolg stranden dürfte. Daher suchten sie auf dem Rettungsboot zu entkommen; das Schiff und die Gesellschaft darauf hätten sie ihrem Schicksal überlassen. Das Boot war (V. 16 ff.) an Bord gebracht worden; jetzt ließen sie es hinab, angeblich, um auch am Vordertheil Anker auszuwerfen.

18. **Wenn diese nicht im Schiff bleiben.** Paulus vereitelte dieses treulos verrätherische Vorhaben durch seine Mittheilung an das römische Militär. Die Soldaten verstanden natürlich das Schiffsbandwerk nicht und hätten, wenn sämmtliche Matrosen davon gewesen wären, sich nicht zu helfen gewußt. Diese kappten daher die Taue ab, an denen das Boot noch hing, und so wurde dieses den Wellen preisgegeben.

19. **Bis es aber anfing.** Ἄχρι, d. h. bevor es noch Tag wurde; also ehe man an die Arbeit gehen und zur Rettung sich anschicken konnte. Und eben, damit Jeder zum Ueberstehen der zu erwartenden Anstrengung, an's Ufer zu gelangen, Kräfte sammle, ermuthigte er Alle durch Wort und That, eine vollständige Mahlzeit zu sich zu nehmen. Er ging selbst mit gutem Beispiel voran, nachdem er Angesichts Aller laut ein Dankgebet gesprochen hatte.

20. **Nachdem sie aber satt gegessen.** Nun ging's an die Maßregeln zur Rettung. Zuerst wurde zur Erleichterung des Schiffs das Getreide über Bord geworfen (V. 38). Meyer will blos an den Proviant gedacht wissen, allein dieser bestand in keinem Fall blos aus Getreide, sondern aus Zwieback und anderen Nahrungsmitteln und war ohne Zweifel bereits zu zusammengeschmolzen, daß er sein betrachtliches Gewicht mehr hatte, um für den fraglichen Zweck von Belang zu sein. Man wollte nämlich das Fahrzeug in Stand setzen, dem Gestade so nahe als möglich zu kommen, ehe es aufführ. Das Getreide muß also die Hauptfracht gebildet haben, und das ist um so wahrscheinlicher, als das Schiff von Alexandrien nach Italien ging, und die Hauptausfuhr Aegyptens aus Getreide bestand. Diese Ansicht, daß ὁ σῖτος die Ladung des Schiffes gewesen sei, haben schon Erasmus, Luther, Beza, neuerdings James Smith, Hackett, auch Baumgarten festgehalten. Besonders führt der Amerikaner Hackett mehrere an verschiedenen Stellen des Kapitels auftretende gelegentliche Notizen, wenn man sie combinirt, jenes Ergebniß in's Licht stellen: V. 6 hör-

ten wir, daß das Schiff von Alexandrien war und nach Italien segelte; V. 10 ergibt sich, daß es ein Kauffahrer war und eine Fracht hatte (τὸ φορτίον, ohne daß man erfuhr, woraus dieselbe bestand); endlich, V. 38, kommt zum Vorschein, daß die Ladung in Getreide bestand; natürlich hatte man die Fracht so lange als irgend möglich zu retten gesucht.

21. **Da es aber Tag wurde,** kannten die Seeleute das Land, dessen man ansichtig wurde nicht, unerachtet Malta ägyptischen Matrosen wohl bekannt sein mußte. Allein sie befanden sich eben an einer Stelle der Insel, welche von dem bekanntesten Hafen entlegen war. James Smith hat nämlich wider allen Zweifel erwiesen, daß dieser Schiffbruch in der That an derjenigen Stelle sich ereignet haben muß, welche die Malteser Tradition von jeher als "St. Pauls Bucht" bezeichnet, an der nordöstlichen Ecke der Insel gelegen; sie bildet einen ziemlich tiefen Einschnitt in's Land, zwischen zwei Gestaden, von denen das südöstlichste, mit Koura Point sich schließt, das nordöstlichste an dem Inselchen Salmoneta seinen Abschluß findet. Man entdeckte, daß die Bucht einen αἰγιαλός hatte, d. h. ein flaches Gestade (αὔτη dagegen ist eine über dem Meeresspiegel beträchtlich erhabene Küste). Smith gebraucht also hier den hydrographischen Kunstausdruck vollkommen richtig (James Smith 100 Anm.). Die Ufer einer Bucht bestehen aus einer Reihe von Felsen, nur zwei flache Stellen liegen zwischen denselben. Und eine von diesen beiden ersahen sich die Seeleute, um das Fahrzeug wo möglich an derselben landen zu lassen (ἐξῶσαι ejicere navem.)

22. **Sie hieben sie denn die Anker ab,** um das Schiff wieder in Bewegung zu setzen, welche man in's Meer fallen ließ; denn sie aufzuwinden hatte man keine Zeit. Zugleich machte man die Bande der Steuerruder wieder los. Die Schiffe hatten im Alterthum in der Regel zwei Steuerruder, je an einer Seite des Hintertheils, sie hießen das rechte und das linke Steuerruder. Während das Schiff stille lag, hatte man die Ruder aus dem Wasser herausgezogen und an das Schiff festgebunden; jetzt machte man sie los, um sie in dem Anfahren zu gebrauchen. Ueberdies spannte man ein Segel auf, τῇ πνεούσῃ sc. αὔρᾳ, nach dem Wind; ὁ ἀρτέμων ist aus dem griechischen Sprachgebrauch nicht bekannt, kommt blos im Lateinischen als artemo vor und wird hier sehr verschieden erklärt, nur J. Smith ist das Vordersegel, d. h. dem Vordertheil nächste gemeint. Nachdem diese Vorbereitungen getroffen waren, steuerte man das Schiff dem flachen Gestade zu (κατεῖχον εἰς τ. α.).

23. **Da sie aber auf eine Stelle geriethen.** Der τόπος διθάλασσος war im Platz, auf dessen beiden Seiten die See strömte; J. Smith vermuthet eine Stelle in der Nähe des Inselchens Salmonetta, welches durch eine kleine Meerenge von nur 100 Ellen Breite von Malta getrennt ist, so daß eine Strömung zwischen der See innerhalb und außerhalb der St. Pauls-Bucht hier stattfindet. Hier saß das Schiff plötzlich auf, so daß das Vordertheil in eine Sand- oder Lehmbank fest einschnitt, während das Hintertheil durch die Gewalt der Brandung zerschellt wurde.

24. **Die Soldaten faßten den Entschluß, die Gefangenen zu tödten.** Dieser Plan ging daraus hervor, daß die Bewachenden bei schwerster Ahndung dafür verantwortlich waren, keinen entwischen zu lassen (vergl. Kap. 12, 19). Zuerst sollten alle Schwimmkundigen an's Land schwimmen, um sodann den Uebrigen möglicherweise zu Hülfe kommen zu können; die letzteren benutzten theils σανίδας, Dielen und Bretter, welche auf dem Schiff sich befanden, theils Stücke vom Schiffskörper selbst, als Balken u. dgl., welche losgingen oder losgerissen werden konnten, um sich an dieselben anzuklammern und sich so von den Wellen hinausspielen zu lassen.

### Christologisch-dogmatische Grundgedanken.

1. Paulus erscheint auf dieser Seereise in jeder Beziehung so ehrwürdig, daß in seiner Person die Herrlichkeit Christi, durch dessen Gnade er geworden ist, was er war, uns entgegenstrahlt. Die gottmenschliche Person des Erlösers offenbart sich an seinem Apostel. Wie der ewige Sohn Gottes durch Menschwerdung sich alles Menschliche, mit einziger Ausnahme der Sünde, angeeignet hat, daß er nihil humani a se alienum putaret, und sich in die tiefste Tiefe menschlichen Leidens begeben hat; so folgt ihm hier sein Apostel getreulich nach. Er macht nicht nur alle Gefahr, Noth und Beschwerde der Seereise mit, dessen konnte er sich nun einmal nicht entschlagen; sondern er ist auch mit ganzer Seele dabei. Das Wohlergehen der Mitreisenden, die Sicherheit des Schiffs, ja selbst die Fracht, die es führt, liegt ihm so angelegentlich am Herzen, als hätte er nichts Höheres zu besorgen. Er beobachtet Alles, was vorgeht, so sorgfältig (und mit ihm sein Freund Lukas, der dadurch befähigt wurde, uns so genauen und treuen Bericht zu erstatten); und überlegt so nüchtern und verständig, daß er den zweckmäßigsten Rath (V. 10 u. 21) ertheilen kann, und noch vor der letzten Katastrophe durch kluge Warnung (V. 31) und zeitgemäße Ermunterung, mit eigenem Vorgang, zur Rettung wesentlich beiträgt (V. 34 ff.). So ist seine Theilnahme, Geistesgegenwart, Ueberlegung und Entschlossenheit nicht nur an sich aller Anerkennung werth, sondern gerade an einem Kinde Gottes ein Beweis ächt menschlicher Tugend und Vortrefflichkeit. Auf der anderen Seite aber ist Paulus auch in dieser Lage sichtlich mehr, als blos ein Muster aller menschlichen Tüchtigkeit: er ist ein Erlöster und Diener des Gottmenschen. Er bekennt sich auch unverhohlen als ein Eigenthum Gottes, als er durch die Engelserscheinung befähigt wird, gerade in der verzweifeltsten Lage Rettung zu weissagen. Und diese Verheißung, mit der er auch nicht zu Schanden wird, wiederholt er, wo es nur darauf ankommt. Das Größte aber ist, daß Gott die Lebensrettung Aller auf dem Schiff um des Apostels willen verheißt und ausführt (V. 24, κεχάρισταί σοι); sie haben ihr Leben ihm zu verdanken, der vermöge der Gnade Gottes in Christo, die ihm sich zugewandt hat.

### Homiletische Andeutungen.

**Da es aber beschlossen war, daß wir in Welschland schiffen sollten ꝛc.** [V. 1.] Der Gläubigen Weg scheint freilich oft auch blos dem wellenförmigen Lauf der Welt überlassen zu sein und unter Anderer Willkür und Beschließen zu stehen, aber es ist doch lauter Erfüllung der Verheißungen Gottes darunter. (Rieger.) — Warum hat Gott alle diese äußerlichen Reiseumstände in seine Offenbarung einrücken lassen? 1) Daraus zu lernen, daß auch die wunderbarsten und rauhesten

Wege der Gläubigen unter der genauesten Direktion und Vorsorge Gottes stehen, und zu zeigen, wie Zeiten, Stunden, Orte, Gesellschaften, Wetter und alle Elemente, Glück und Unglück vom Herrn abgemessen und den Gläubigen zum Besten gelenkt werden. 2) Uns zu warnen, daß, wenn die Sachen sich im Anfang etwas verwirrt anlassen, man nicht gleich auf den Gedanken fallen solle, es sei nicht von Gott. Fühlt gleich die Natur manche Bangigkeit, so muß man doch nicht verzagen, sondern sich durch die Schwierigkeiten hindurchglauben. 3) Malt uns der Heilige Geist in diesem Abschnitt den göttlichen Charakter eines Knechts Christi vor, der auch in den größten Gefahren, unter den wildesten und rauhesten Völkern, in den verwirrtesten Umständen doch sich und seinem Herrn treu bleibt, „als die Gekreuzigten und doch nicht erödtet, als die Traurigen, aber allezeit fröhlich, als die Armen, aber die doch Viele reich machen, als die nichts inne haben und doch Alles haben", 2 Kor. 6, 9. 10. (Apost. Past.) — Erd und Wasser ist voll vom Geiste des Herrn; warum sollte er nicht auch auf diesen Wassern und dieser Schifffahrt geschwebt haben? Auch die Wunderwerke in der Natur machen ein Systema mit den Wundern im Reich der Gnade. Der Kompaß geht doch unter dieser Schifffahrt auf das Werk Gottes. (Starcke.)

Und es war mit uns Aristarchus. [B. 2.] Gott weiß unser Kreuz zu lindern, wie Pauli Gefangenschaft — neben dem treuen Lukas — noch durch einen guten Gefährten. (Starcke.) — Aristarchus gab sich freiwillig zu einem Gefährten des leidenden Apostels. Diese brüderliche Aufnahme des Kreuzes war in den Augen des Geistes Gottes so köstlich, daß er es uns zum Vorbild mit anmerken läßt. (Apost. Past.)

Und Julius hielt sich freundlich gegen Paulum und erlaubte ihm, zu seinen Freunden zu gehen. [B. 3.] Gott, der die Geringen tröstet, bereitet seinem treuen Knecht nicht nur durch eines Gläubigen Begleitung (Aristarchus), sondern auch durch die Lenkung eines Weltmenschen zu freundlichem Begegnen (Julius) eine tröstliche Aushülfe. (Rieger.)

Und schifften unter Cypern hin. [V. 4.] Wie wunderbar mußte Paulum jetzt am Ende seiner Missionslaufbahn der Anblick dieser Insel ergreifen, auf der er die Erstlinge seiner Ernte eingesammelt hatte! Kap. 13, 4. (Williger.)

Und durchschifften das Meer längs Cilicien und Pamphylien. [B. 5.] Auch durch Umwege führt Gott zum Ziel, auch durch widrige Winde bringt er die Seinen zum Port.

Wir fuhren aber viele Tage langlangsam. [V. 7.] Wie man in Schiffen nicht allezeit guten Wind hat und schnell vorwärts kommt, so ist auch der Christ auf seiner Lebensreise oft auf's Warten angewiesen.

Dabei war nahe die Stadt Lasea. [B. 8.] Auf dieser Reise wird jedes sonst vergessene Oertlein wichtig, weil Paulus, der Auserwählte des Herrn, auf dem Schiffe war. Es wurden ihm so viel bekannte und unbekannte Länder, Plätze und Städte vorgeführt, und wie mag er im Geist einen jeden noch so kleinen Ort besucht und ihn mit dem Gruß „im Namen des Herrn" gesegnet haben! (Williger.)

Da nun geraume Zeit verflossen und die Schifffahrt bereits gefährlich war

[B. 9.], so ermahnete sie Paulus re. [B. 10.] Gott gibt den Seinigen manchmal auch im Leiblichen erleuchtete Augen und guten Rath, daß, wenn man ihnen folgte, es wohl ginge. (Starcke.) — Man sage nicht, daß Knechte Gottes unbrauchbare Menschen in der Welt seien. Es ist dies zwar ihre Hauptsache nicht, aber „die Gottseligkeit ist zu allen Dingen nütze." Der fromme Joseph wurde von Gott gebraucht, durch seinen weisen Rath ganz Aegypten und Kanaan in der Hungersnoth zu erhalten. Will man aber seinen Rath nicht annehmen, so treibt ein Knecht des Herrn seine Sache nicht mit Eigensinn durch, sondern läßt Gott walten. (Apost. Past.) — Paulus zeigte sich bei seinem Christensinn zuerst wachsam, und auch für Abwendung leiblicher Gefahr und zeitlichen Schadens besorgt, lebrt uns aber eben damit, daß ein Christ sein Wagehals ist und auch vom Zeitlichen nichts verschleudert, sondern noch bedenkt: Es ist, Herr, dein Geschenk und Gab, mein Leib und Seel und was ich hab in diesem armen Leben. (Rieger.)

Allein der Hauptmann glaubte dem Schiffsherrn und dem Steuermann mehr u. s. w. [B. 11.] Wie mögen die Schiffsleute sich gebrüstet, nach Schiffsmanier groß gethan - und den Kopfhänger Paulus mit seiner Furcht ausgelacht haben! (Williger.) — Im Rathgeben kommt's nicht auf das Ansehen des Rathgebers an, sondern wie wohl der Rath gegründet sei oder nicht: wie denn öfters hierin ein einfältiger Mensch die klügsten übertroffen hat, 1 Kön. 5, 3. (Starcke.)

Weil aber der Hafen ungelegen war zc. [B. 12.] Es ist eine böse Regel, daß man die Stimmen nicht wägen, sondern zählen müsse. Viele oft sind die Meisten die Schlimmsten, 1 Kön. 22, 12 f. (Starcke.) — Den Menschen ist oft etwas nicht gelegen und bequem genug; sie suchen etwas Bequemeres, gerathen aber darüber in eine noch größere Unbequemlichkeit, aus der Triefe in den Platzregen. (Derf.)

Da der Südwind wehete, glaubten sie, ihren Vorsatz erreicht zu haben. [B. 13.] Da werden die Schiffer triumphirend gesagt haben: siehst du, wie es nun so herrlich geht! Was wollen doch die Gottesgelehrten von der Schifffahrt wissen; die sollen sich nicht darein mengen! (Starcke.)

Nicht lange aber darnach erhob sich ein ungünstiger Wind (Luther: Windsbraut). [B. 14.] Rühme dich nicht des folgenden Tages, denke nicht, weil du jetzt guten Wind hast, es werde immer so sein; denn du weißt nicht, was heute sich begeben mag, ob nicht auf einen guten Südwind eine Windsbraut folgen werde, Sprüchw. 27, 1. (Starcke.)

Da nun das Schiff mit fortgerissen wurde zc. [B. 15.] Ach, wie oft gehet's einer gläubigen Seele wie diesem Schiffe, daß sie den Winden der Anfechtung nicht widerstehen kann; müßte auch wohl darunter umkommen, wo ihr nicht Jesus zu Hülfe käme! Jes. 32, 2. (Starcke.)

Warfen sie Waaren über Bord. [B. 18.] „Ach wie nichtig, ach wie flüchtig sind der Menschen Schätze! Es kann Glut und Flut entstehen, dadurch eh wir's uns versehen, Alles muß zu Trümmern gehen." (Starcke.) — Zur Erhaltung seines zeitlichen Lebens muß man oft von sich werfen, was man sonst noch zu fest hält; wer gäbe Einem Gehör, wenn man dergleichen etwas um der Erhaltung zum ewigen Leben willen anpriese? (Rieger.)

Da aber in vielen Tagen weder Sonne noch Gestirn erschien. [V. 20.] Wie hier im Aeußerlichen, so geht's oft innerlich mit Angefochtenen, daß sie in vielen Tagen ohne Empfindung des Gnadenlichts dahin gehen, Jes. 51, 10; 63, 17; dabei sie wohl in sich selbst fühlen, was Lutherus singet: „Vernunft wider den Glauben ficht ꝛc." (Starcke.)

Liebe Männer ꝛc. [V. 21.] Weise und fromme Menschen, wenn ihr Rath verworfen worden und daraus Unglück entstanden ist, verlieren nicht die Zeit mit Vorwürfen und Empfindlichkeiten, sondern rathen, wo noch zu rathen, helfen, wie noch zu helfen ist.

Und nun ermahne ich euch, daß ihr unverzagt seid, denn Keines Leben unter uns wird umkommen, ohne das Schiff. [V. 22 nach Luther.] Die Knechte Gottes haben kein Privilegium, von den äußeren Leiden, das Gott über die Welt verhängt, befreit zu bleiben; sie müssen mit hinein und ihr Theil davon auch erfahren, aber das Privilegium haben sie, daß sie unter aller Noth der Erde sicher aufgehoben bleiben und in keinem Stück dabei zu Schanden werden. Und wenn das Meer gleich wüthete und wallete und von seinem Ungestüm die Berge einfielen, wenn allen Menschen der Muth entfällt und Jedermann sich für verloren schätzt, so können sie doch ihr Haupt mit Freuden emporheben, weil sie wissen, daß sie einen allmächtigen und treuen Herrn haben, der sie in keiner Noth stecken läßt. (Apost. Past.) — Obgleich Paulus ein Apostel und mit Wunderkräften begabt war, so findet man doch nicht, daß er sich der Gabe des Weißagens oder bedient hat, ihm dazu ein unmittelbarer Befehl von Gott zukam. Er hatte bisher die Gefahr der Schiffahrt mit angesehen und alle ordentliche Rettungsmittel in Gesellschaft der Schiffsleute angewendet, war dabei stille und mochte, wie die Andern, Furcht und Bangigkeit erfahren haben, V. 24. Er affektirte nichts Sonderliches, sondern wartete auf die Hülfe des Herrn. Da ihm aber der Herr erschienen war und ihn seiner und seiner Schiffsgesellen Rettung versichert hatte, so weißagte er aus göttlicher Autorität, und der Erfolg bestätigte seine Weißagung. Ein Knecht Jesu folgt diesem Beispiel und enthält sich aller Prophezeihungen, die aus menschlichem Willen oder übertriebener Einbildung herfließen. Wir sind an's Evangelium gewiesen und unser Werk soll sein, zu ermahnen und zu bitten an Christi Statt. Beruft uns aber Gott, etwas zu verkündigen, so wird er uns auch zu legitimiren wissen. (Apost. Past.)

Ein Engel Gottes, deß ich bin und dem ich diene. [V. 23.] Wohl Jeglichem, der in Pauli Glaubensbekenntniß: „Gott, deß ich bin und dem ich diene" so einstimmen kann und unter Allem, was auf dem Angstmeer dieser Welt vorkommen mag, die Ansprache behält: „o Gott, dein bin ich, dir diene ich, bewahre mich!" (Rieger.)

Fürchte dich nicht, du mußt vor den Kaiser gestellt werden. [V. 24.] Also nicht um sein Leben vornehmlich war dem Apostel bange gewesen, sondern um seinen Lebenszweck. Das ist die Hauptsorge treuer Gottesknechte, es möchten Gottes Absichten an ihnen zu Schanden werden. — Gott hat dir geschenkt alle, die mit dir schiffen. Paulus muß also auch für das Leben seiner Reisegefährten gesorgt und „gebetet haben.

Lange, Bibelwerk. N. T. V.

Des Gerechten haben auch die Gottlosen zu genießen. Um eines Frommen willen werden hundert und tausend Andere erhalten. Um Loths willen muß Sodom nicht untergehen, so lange er drin wohnt. Wisset das, ihr gottlosen und hochmüthigen Weltkinder! Den geringen Lichtlein, den von euch verspotteten einfältigen Christen, einem verschmähten und gefangenen Paulus habt ihr zu danken, daß ihr den Tisch decken, Luft schöpfen, die Sonne anschauen dürft. (Starcke.) — Wir sind mit den uns anvertrauten Seelen auch gleichsam in einem Schiff auf dem unruhigen und gefährlichen Meer dieser Welt. Laßt uns doch, so lange wir bei ihnen sind, mit Gebet und Arbeit anhaltend dahin ringen, daß wir solche als ein theures Geschenk Gottes mit hinwegnehmen, daß wir uns und sie vor dem Schiffbruch im Glauben und dem ewigen Untergang sicherstellen, und alsdann, wenn das Schiff unseres Lebens zerschellert, mit ihnen in dem sichern Hafen des ewigen Lebens wohlbehalten anlanden können. (Apost. Past.)

Wir müssen jedoch anfahren an eine Insel. [V. 26, nach Luther.] Herr, offenbare du uns selbst die Rettungsinseln, auf welchen wir nach deinem Willen in dem unruhigen Meer dieser Welt eine Weile ausruhen sollen, bis unsere letzte Fahrt vorbei ist und wir mit dem Blick auf die nahe Ewigkeit rufen dürfen: Land! Land! „Hafen ist in aller Welt, wo man liegt in deinen Füßen; und bir sei's anheimgestellt, ob wir so, ob so ihn grüßen; bleibt uns nur dein ew'ges Reich, ist uns alles Andre gleich." (Williger.)

Da aber die vierzehnte Nacht kam. [V. 27.] O wie manche solcher elenden Nächte hat es inzwischen auch gegeben nicht nur bei denen, die auf dem Meer fuhren, sondern auch bei Anderen, die aus der Tiefe zum Herrn riefen und seiner Hülfe harreten von einer Morgenwache zu andern. (Rieger.) Und wir im Adria-Meer hin und her fuhren. Auf demselben stürmischen Adria-Meer war's gewesen, wo einst der große Cäsar dem zagenden Schiffer zurief: „Steure muthig, du führst den Cäsar und sein Glück!" Paulus konnte mehr sagen, er konnte zum Steuermann sprechen: „Sei unverzagt, du führst Christum und sein Heil!

Warfen vier Anker aus, und wünschten sich, es möchte Tag werden. [V. 29.] Der geistliche Anker der Christen, der Glaube an der lebendigen Hoffnung, gehet nicht unterwärts, sondern überwärts, Hebr. 6, 19. (Starcke.) — In der Nacht wünscht man den Tag, da man vorher manchen Tag nicht geachtet hat, Pred. 11, 7. (Terf.)

Da aber die Schiffsleute aus dem Fahrzeug zu entfliehen suchten. [V. 30.] — Siehe, wie treulich die Welt Stich hält zur Zeit der Noth, Sir. 6, 8. Auch sind falschen furchtsamen und flüchtigen Schiffsleuten zu vergleichen die Prediger, welche zur Zeit der Noth abfallen und dem Schifflein ihrer anbefohlenen Kirche den Rücken kehren, Joh. 10, 13. (Starcke.)

Paulus aber sprach: wenn diese nicht im Schiff bleiben, so könnt ihr nicht gerettet werden. [V. 31.] Paulus hatte ein Herz voll Glaubens und Menschenliebe. Durch diese beiden Triebfedern wurden alle seine Handlungen regiert. Er hatte die Kraft der göttlichen Verheißungen in sich gesogen, darum war er unverzagt und gutes Muths, und konnte alle seine Gefährten

23

## Der Apostel Geschichten. 27, 1—44.

aufrichten und trösten. Gott hatte ihm alle Seelen auf dem Schiffe geschenkt, darum wachte sein Eifer, nicht eine einzige umkommen zu lassen, und er warnte sie nachdrücklich, nicht aus dem Schiffe zu gehen, ermunterte sie nachher, Speise zu nehmen, und trieb sie an, sich durch Schwimmen zu retten. Kurz, er sorgte auf alle Weise für ihre Erhaltung. Daraus lernen wir, wie ein Lehrer durch Glauben, Erfahrung und wahrhaftige Menschenliebe Andern könne zum Segen werden, zumal in Zeiten der Noth und Gefahr. (Apost. Past.)

Es wird euer Keinem ein Haar von seinem Haupte entfallen. [V. 34.] So wunderbar ist Gott. Ein in Ketten Gefangener und Gebundener kann ein Prophet und Erlöser beter sein, die ihn gefangen halten, 1 Mos. 41, 12—14. (Starcke.) — In großer Gefahr soll man sich der Allgegenwart und gnädigen Vorsehung Gottes erinnern, daß die Haare unseres Hauptes gezählt seien, Luk. 12, 7; 21, 18. (Deri.)

Da er das gesagt, nahm er das Brod, dankete u. s. w. [V. 35.] Mit diesem seinem Tischgebet wurde Paulus ein gutes Salz unter ihnen Allen. (Rieger.)

Da wurden sie Alle gutes Muths. [V. 36.] Das Wort Gottes macht rechten Muth, und ein Wort geredet zu seiner Zeit, ist wie goldene Aepfel in silbernen Schalen, Spr. 25, 10. Darum lasset euer Licht leuchten vor den Leuten ꝛc., Matth. 5, 16. (Starcke.)

Warfen das Getreide in's Meer. [V. 38.] Siehe, mein Christ, diese Leute werfen die zeitliche Nothdurft von sich, um nur den Rest ihres zeitlichen Lebens zu erhalten, und du willst nicht das Irdische fahren lassen, um das ewige Leben zu erlangen? — Was hülfe es dem Menschen, er bie ganze Welt gewönne und nähme doch Schaden an seiner Seele? (Starcke.)

Da es aber Tag ward. [V. 39.] Nach der Finsterniß bricht das Licht an, nach der Nacht gehet die Sonne auf und es wird sich benn doch einmal unsere Trübsal wenden und enden. Und wann die Noth am höchsten, dann ist Gott am nächsten. (Starcke.)

Die Soldaten aber faßten den Entschluß, die Gefangenen zu tödten. [V. 42.] Die Kriegsknechte besorgten die Verantwortung, wenn einer ihrer Gefangenen entflöhe, darum kamen sie auf diesen grimmigen Einfall. So kann sich mancher durch seinen vermeinten Dienstfeifer verleiten lassen, daß er nur immer auf Eine Seite sieht, dessen aber, was er Andern daneben schuldig wäre, völlig vergißt. (Rieger.)

Und so geschahe es, daß sie Alle erhalten zu Lande kamen. [V. 44.] Rieger hiezu (aus Fr. K. Hillers Lied: „O Jerusalem, du schöne ꝛc."): „Soll ich aber länger bleiben auf dem ungestümen Meer, da mich Wind und Wellen treiben durch so manches Leidbeschwer, o, so laß in Kreuz und Pein Hoffnung meinen Anker sein!"

Zum ganzen Kapitel. Der gute Rath eines Mannes Gottes ist auch in weltlichen Dingen nicht zu verachten: 1) Pauli Rath, V. 10. 2) Die Bedenken dagegen, V. 11. 3) Die Folgen seiner Verachtung, V. 13 ff. (Nach Lisko.) — Wann die Noth am höchsten, dann ist Gott am nächsten. 1) Erst muß die Noth recht groß werden, damit wir an uns selbst verzagen, V. 16—23. 2) Dann hilft Gott denen, die an ihn glauben, V. 23—26; 31—44. (Lisko.) — Die gefahrvolle Schiffahrt Pauli nach Rom ein Bild von so mancher Fahrt des Schiffleins Christi. 1) Der Kampf des Schiffes mit den Elementen: Winden und Wogen, V. 14. 15. 2) Die Anstrengungen der Schiffenden: sie unterbinden das Schiff, werfen die Geräthe in's Meer, V. 16—19. 3) Die scheinbare Rettungslosigkeit, V. 20. 4) Die wunderbare Rettung: Pauli Zuspruch und Gottes Hülfe, V. 33 ff. (Nach Lisko.) — Paulus ein Beispiel christlicher Besonnenheit in gefährlicher Lage. 1) Er vereitelt zaghafte und verderbliche Pläne, V. 27—32. 2) Er ermuthigt muthlose Gemüther, V. 33—38. (Lisko.) — Die Lebensreise. 1) Die Ausfahrt: a. bie kunterbe Wchselhrwt beitr Umgebung, V. 1. 2. 4—8; b. die Freundschaften, V. 3; c. die ersten Wolken am Himmel, V. 9—15. 2) Furcht und Hoffnung: a. die Furcht des Unglaubens, V. 16—20; b. des Glaubens Zuversicht, V. 21—26. 3) Der Kampf mit den Widerwärtigkeiten: a. die Noth macht den Grund der Herzen offenbar, V. 27—32; b. die Noth führt zu Gott, V.33—38. 4) Der Hafen der Ruhe: a. der Schiffbruch und die Fluten des Todes, V. 39—44; b. die Errettung und die Landung auf dem unbekannten Land der Ruhe. (Bei Lisko.) — Paulus im Sturm, ein erhabenes Bild: 1) männlicher Besonnenheit: sein kluger Rath, V. 10; seine Geistesgegenwart, V. 31; 2) christlichen Seelenfriedens: sein freundliches Zusprach, V. 21; sein getrostes Gottvertrauen, V. 25. 3) apostolischer Geistessalbung: seine prophetische Vermahnung, V. 24; sein priesterliches Liebesmahl, V. 35. — Paulus als das auserwählte Rüstzeug des Herrn, erprobt auch in Sturm und Gewitter. 1) In seiner festen Glaubenszuversicht zu seinem Gott und Herrn. 2) In seiner apostolischen Hirtentreue gegen die ihm anvertrauten Seelen. 3) In seinem innerschütterlichen Heldenmuth unter den Stürmen der Anfechtung. — Paulus im Abria-Meer und Christus auf dem See Genezareth oder der große Knecht des größten Herrn. 1) Die bedenkliche Ruhe vor dem Sturm: der schlafende Christus, der gefangene Paulus. 2) Die majestätische Erhebung in dem Sturm: Christus schilt seine kleingläubigen Jünger, Paulus ermuntert die zagenden Schiffsleute. 3) Die wunderbare Rettung aus dem Sturm: Christus bedräut Wind und Wellen, Paulus bringt die schiffbrüchigen Gefährten unversehrt an's Land. — Paulus im Sturm, ein Beweis, wie die Herrlichkeit des Herrn sich abspiegelt in seinen Knechten, 2 Kor. 3, 15. Wir sehen im Apostel sich abspiegeln: 1) Christi prophetisches Amt: Pauli Warnung, V. 10. und seine Verheißung, V. 25. 2) Christi priesterliches Amt: Pauli Hirtentreue, V. 21 ff., sein Liebesmahl, V. 34. 35; vergl. Christus beim Nachtmahl. 3) Christi königliches Amt: Pauli Seelengröße, V. 35; den ihm geschenkten und um seinetwillen geretteten Seelen, V. 24. 31. 34. 44. — Paulus, der Apostel, auf stürmischer See oder: hier ist mehr denn Jonas! 1) Jonas flieht vor dem Herrn, Paulus reist im Dienste seines Herrn den großen Heidenstädten entgegen. 2) Jonas bringt den Zorn Gottes über seine Schiffsgenossen, Paulus wird seinen Reisegefährten zum Trost und Heil. 3) Jonas wird aus des Todes Rachen errettet, Paulus bringt 276 Seelen unverfehrt an's Land. 4) Jonas geht nach Ninive, Buße zu predigen, Paulus geht nach Rom, das Evangelium zu verkünden mit Aufopferung seines Lebens. — Paulus auf der Reise nach Rom ein herrliches Beispiel, wie der Herr mächtig ist in der Schwachheit seiner Knechte. 1) Als ein Gefangener reist der Apostel ab, doch ist er ein Freier in Christo, frei von Furcht, lebendig im Geist, während seine Genossen, von Furcht gelähmt, in Todesangst zittern. 2) Als ein Unkundiger steht er unter den seegewohnten Schiffsleuten, und doch gibt er auch in äußerlichen Dingen den verständigsten Rath. 3) Als ein Verachteter wird er von den Weltmenschen bei Seite geschoben, und doch wird er in der Stunde der Noth für Alle zum Trost und zum Halt. 4) Als ein Schiffbrüchiger wird er an's Land geworfen, und doch bringt er das Evangelium an's Land, dem Rom und der ganze Weltkreis soll unterthan werden. — Paulus im Sturm oder: Ist Gott für uns: wer mag wider uns sein? 1) Nicht Wind und Wellen mit ihrem Ungestüm, denn dem Allmächtigen müssen auch Wind und Wellen gehorsam sein. 2) Nicht Menschen mit ihren Plänen und Anschlägen, denn der Herr spricht: Beschließet einen Rath, und es werde nichts daraus. 3) Nicht das eigene Herz mit seinen Zweifeln und Aengsten, denn von Oben kommt der Trost: Fürchte dich nicht. (V. 24.) — Des Christen Trost und Rettungsmittel auf der stürmischen Lebensreise. 1) Besonnene Vorsicht bei der Ungewißheit irdischer Dinge, V. 9. 10. 2) Brüderliches Zusammenhalten in der Stunde der Noth, V. 21. 24. 30. 3) Entschlossenes Verzichten auf die Güter dieser Welt, V. 13. 19. 38. 4) Muthiges Gottvertrauen in den Stürmen der Anfechtung, V. 22 — 25. 5) Dankbarer Gebrauch der göttlichen Gnadenmittel, V. 34—36. 6) Hoffnungsvoller Hinblick auf's himmlische Ruheland, V. 44. — Das Schifflein der Kirche Christi auf dem stürmischen Meere der Welt. 1) Seine Gefahren: a. widrige Winde, V. 4. 14; b. thörichte Lenker, V. 11. 12; c. überflüssige Güter, V. 18. 19; d. uneinige Schiffsgenossen, V. 30. 42; e. verborgene Riffe, V. 29. 41. 2) Seine Hülfsmittel: a. das Zeugniß frommer Lehrer, V. 9. 21; b. die Weisungen des göttlichen Wortes, V. 23 ff.; c. die Tröstungen der heiligen Sakramente, V. 35; d. der Segen gläubiger Gebete, V. 35; e. die Retterhand des allmächtigen Gottes, V. 24. 34. 44. — „Obgleich Mast und Segel bricht, läßt doch Gott die Seinen nicht" — eine selige Erfahrung der Kinder Gottes, V. 39—44: 1) Auf den Wogen des äußeren Lebens. 2) In den Stürmen innerer Anfechtung. 3) Bei den Kämpfen der christlichen Kirche. — Der tröstliche Zuspruch des Herrn an seinen in Todesnoth schwebenden Knecht, V. 23—25: 1) Er gibt ihm das Zeugniß treuen Gehorsams „Gottes, deß ich bin und dem ich diene." 2) Er erneuert ihm die Zusage göttlicher Führung: „Fürchte dich nicht, Paule, du mußt vor den Kaiser gestellt werden." 3) Er schenkt ihm die Seelen derer, die er liebend auf dem Herzen trägt: „Gott hat dir geschenkt Alle, die mit dir schiffen." — In Sturmesnoth und Todesgefahr wird der Grund des Herzens offenbar. Da zeigt sich: 1) Der Weltmensch in seiner Blöße: Rathlosigkeit, Muthlosigkeit, Lieblosigkeit, V. 22. 30. 33. 42. 2) Der Christ in seiner Größe: Gottvertrauen, Geistesgegenwart, Liebe, V. 21—25; 31—35. 3) Der Herr in seiner Herrlichkeit: in seiner furchtbaren Majestät, seinen heiligen Gerichten, seiner erbarmenden Gnade, V. 20. 24. 25. 35. 44. — Das Meer als ein erhabener Schauplatz heiliger Gottesthaten von Alters her. 1) Seiner schöpferischen Allmacht seit den Tagen der Schöpfung: „Der Geist Gottes schwebete über dem Wasser." 2) Seiner richtenden Gerechtigkeit von den Tagen der Sündfluth an. 3) Seiner rettenden Gnade seit Noah's Rettung und dem Durchzug Israels durch's Rothe Meer.

## B.
### Erlebnisse und Thaten des Apostels auf Malta.
### Kap. 28, 1—10.

Und nachdem wir uns an's Land gerettet hatten, erfuhren wir¹), daß die Insel 1 Malta heißt. *Und die Fremdlinge erzeigten uns nicht geringe Menschenfreundlichkeit; 2 denn sie zündeten²) ein Feuer an und nahmen uns alle auf um des eingetretenen Regens und der Kälte willen. *Da aber Paulus einen Haufen Reiser zusammenraffte, und auf 3 den Holzstoß legte, fuhr eine Otter heraus vor³) der Hitze und heftete sich an seine Hand. *Als aber die Fremdlinge das Thier an seiner Hand hangen sahen, sprachen sie 4 zu einander: Jedenfalls ist der Mensch ein Mörder, welchen nach seiner Rettung aus dem Meer die Vergeltung nicht leben läßt. *Er aber schleuderte das Thier ab in's 5 Feuer, und erlitt keinen Schaden. *Hingegen erwarteten sie, daß er schwellen oder plötz- 6 lich todt niederfallen werde. Da sie aber lange warteten und sahen, daß ihm nichts Unrechtes widerfuhr, so schlugen sie um und sagten, er sei ein Gott. *In der Nachbar- 7 schaft jenes Ortes aber besaß der Erste auf der Insel, Namens Publius, ein Landgut, der nahm uns bei sich auf, und beherbergte uns drei Tage lang freundlich. *Es er- 8 eignete sich aber, daß der Vater des Publius an Fieber und Ruhr darniederlag. Zu

---

1) ἐπέγνωμεν ist besser beglaubigt, als ἐπέγνωσαν.
2) ἀνάψαντες steht zwar nur in zwei Codd., während die Mehrzahl das Simplex ἅψ. hat; allein das ἀν ist wohl nur weggefallen.
3) ἐκ steht nur in Minuskeln; alle Uncial-Codd. haben ἀπό.

23*

9 dem ging Paulus hinein und betete, legte die Hände auf ihn, und heilte ihn. *Nachdem nun das geschehen war, so kamen auch die übrigen auf der Insel, welche Krankheiten
10 hatten, herzu, und ließen sich heilen. *Die thaten uns denn auch vielerlei Ehren an, und als wir wieder zur See gingen, versahen sie uns mit dem nöthigen Bedarf.

### Exegetische Erläuterungen.

1. **Und nachdem wir uns an's Land gerettet hatten.** Ἐπέγνωμεν wahrscheinlich durch Befragen der Einwohner, deren ohne Zweifel Viele durch das Scheitern eines Schiffes an ihrer Küste waren an's Gestade gelockt worden. **Melite hieß die Insel.** In früherer Zeit hat man hiet immer Malta darunter verstanden, sondern zuweilen eine Insel im nördlichen Theil des adriatischen Meeres, an der Küste von Dalmatien, welche heutzutage Meleda heißt. An dieses illyrische Meleda haben, nach dem Vorgange eines Byzantiners, Constantin des Purpurgebornen, zuerst ein Venetianer Giorgi, dann der Holländer de Rhoer, mehrere Engländer, namentlich auch D. Paulus gedacht. Der erste Grund war ein Mißverständniß in Beziehung auf den Namen Adria-Meer, Kap. 27, 27. Allein daß Malta bei Sicilien gemeint sein muß, unterliegt jetzt keinem Zweifel mehr, zumal wenn man erwägt: 1) daß Malta in der Richtung eines Schiffes lag, das von Kreta aus durch einen Nordost verschlagen wurde; 2) daß das alexandrinische Schiff, auf welchem Paulus wieder eingeschifft wurde, natürlich auf Malta, nicht auf Meleda überwintert haben wird; 3) daß die Fahrt nach Puteoli nicht auf ein Schiff paßt, welches von Meleda herkam, desto besser aber für eines von Malta aus, s. Hackett. Die Insel Malta, von 8 Quadratmeilen Flächeninhalt, liegt ca. 15 geographische Meilen vom Cap Passaro, der Südspitze Siciliens entfernt und ca. 50 Meilen von der afrikanischen Küste.

2. **Und die Fremdlinge.** Die Insulaner nennt Lukas V. 2 u. 4 βάρβαροι, in Hinsicht der Sprache, weil sie weder griechisch noch lateinisch sprachen; denn daß der Ausdruck nicht sittliche Rohheit und Mangel an Bildung bezeichnen will, erhellt deutlich aus V. 2, besonders durch οὐ τὴν τυχ. φιλανθρωπίαν. Was hingegen die Sprache betrifft, so waren die Insulaner von phönicischer Herkunft, und ihre Muttersprache war ohne Zweifel eine punische Mundart.

3. **Fuhr eine Otter heraus.** Die Schlange (ἔχιδνα die weibliche, während ἔχις das männliche Thier bezeichnet) war ohne Zweifel eine Art Natter oder Viper. Diese Reptile gerathen, sobald die Wärme beträchtlich unter die mittlere Temperatur der Gegend sinkt, in eine Erstarrung. Wahrscheinlich befand sich diese Schlange ebenfalls in einem solchen Zustande, wurde aber durch die Hitze plötzlich erweckt und zum Zorn gereizt, so daß sie gegen die Hand des Paulus auffuhr. Allerdings sagt Lukas nicht ausdrücklich, daß sie ihn gebissen habe; deshalb nehmen einige Ausleger an, dies sei nicht der Fall gewesen, sie habe sich blos um die Hand geschlungen, indessen scheint die Erzählung mit καθῆψε τῆς χειρός V. 3 (sie schloß sich, heftete sich an seine Hand), mit κρεμάμενον κτ. χ. B. 4 und der Erwartung der Insulaner, daß er schwellen oder todt niederstürzen müßte, V. 6, einen Biß in der That vorauszusetzen; ebenso wie der letztere Umstand auf der Erfahrung beruht, daß der Biß

dieser Viper tödtlich sei. Hat dessenungeachtet der Apostel nicht den geringsten Schaden davon erlitten, so müssen wir eine göttliche Bewahrung annehmen, gemäß der Verheißung Jesu Mark. 16, 18. — Gegenwärtig gibt es auf ganz Malta keine giftigen Nattern mehr, und die heutigen Maltesen glauben, daß seitdem Paulus diejenige, die ihn gebissen, in's Feuer geschleudert habe, die ganze Race das Gift verloren habe. Uebrigens ist es bekannt, daß auch in andern Gegenden in gleichem Maßstab, wie die Waldungen gelichtet werden, und überhaupt die Kultur des Bodens zunimmt, die giftigen Reptilien verschwinden. So ist z. B. auf der Insel Arran, an der Westküste Schottlands, die Viper nach und nach verdrängt worden, als die Insel mehr bevölkert wurde (Jam. Smith). Und es gibt schwerlich ein Stück Erde von gleichem Umfang, welches in so durchaus kultivirtem, durch Menschenhand kunstvoll bearbeiteten Zustande wäre, als das heutige Malta.

4. **Der Römer Publius** erscheint als ὁ πρῶτος τῆς νήσου V. 7. Das kann und darf Vorrang vermöge des Geschlechts und Reichthums sich beziehen, denn sonst wäre nicht Publius, sondern sein Vater der Erste auf der Insel gewesen, und dieser war ja noch am Leben, V. 8. Sondern jene Bezeichnung muß nothwendig auf einer obrigkeitlichen Würde und Vollmacht beruhen. Ohne Zweifel war er der römische Befehlshaber, d. h. der Legat des Prätors von Sicilien, zu dessen Provinz Malta gehörte. Man kennt nicht eine Stelle bei einem Schriftsteller des Alterthums, wo diese Bezeichnung für denselben vorkäme, und aus dem Lukas möglicher Weise sie entlehnt haben könnte. Hingegen sind später zwei Inschriften in Malta entdeckt worden, die eine griechisch, die andere lateinisch (die letztere im J. 1747 am Fuß einer Säule in Civita Vecchia), welche denselben Ehrentitel, welcher demnach stehend und amtlich gewesen zu sein scheint, enthalten: πρῶτος Μελιταίων, princeps, sie bestätigen also den sonst ungewöhnlichen Titel, welchen Lukas diesem Manne gibt. — Wen dieser hochgestellte Mann gastlich aufgenommen hat, erhellt nicht ganz unzweifelhaft. Allerdings wird ἡμᾶς, welches hier V. 7 steht, im Reisebericht gewöhnlich von der gesammten Reisegesellschaft gebraucht; und aus diesem Grunde hauptsächlich, sowie aus der Kürze der Zeit (nur drei Tage, während der Aufenthalt auf der Insel sich noch auf drei Monate erstreckte) schließt Baumgarten, daß Publius alle 276 Personen bei sich aufgenommen habe. Allein V. 10 ist mit ἡμεῖς offenbar nur auf Paulus und seine vertrauteren Freunde zu beschränken, wie es also V. 7 auch alle 276, können von den Insulanern so vielfach geehrt worden sein; und ebenso gut kann auch V. 7 ἡμεῖς nur auf diese sich beziehen (Meyer). Ueberdies ist V. 2, wo die Gesammtheit gemeint ist, ausdrücklich gesagt πάντες ἡμᾶς, und hier müßte auch wohl V. 7 erwartet werden, zumal die Aufnahme von nahezu 300 Personen kaum glaublich ist. Viel wahrscheinlicher ist, daß er den Paulus, Aristarchus und Lukas auf einige Tage gastlich aufnahm. — Was die Kran-

heit des Vaters von Publius betrifft, so bat man die Bemerkung gemacht, daß kein neutestamentlicher Schriftsteller so genaue technische Ausdrücke von Krankheiten gebrauche, als Lukas, welcher ja ein Arzt gewesen sein soll. In früherer Zeit wurde schon behauptet, ein trocknes Klima, wie das von Malta, erzeuge keine Ruhr und Unterleibsentzündung; allein neuerdings haben Aerzte, welche dort wohnen, bezeugt, daß diese Krankheiten heutzutage keineswegs selten dort vorkommen. (Hackett.)

**Christologisch-dogmatische Grundgedanken.**

1. Es war ein doppeltes Zeugniß Gottes für seinen Knecht Paulus, daß er für seine Person vor dem Schaden der giftigen Schlange behütet wurde und an Andern heilend und helfend wirken konnte. Die Ehre, welche hiefür ihm und seinen Genossen widerfuhr, galt in der That seinem Herrn.
2. Wie viel sittliche und religiöse Wahrheit liegt in jedem Menschen! Daß es eine δίκη oder Nemesis, d. h. eine sittliche Weltordnung gibt, welcher der Verbrecher nicht entgehen kann, ist dem Gewissen unauslöschlich eingegraben. — Aber tief geht auch die Entstellung der Wahrheit im natürlichen Menschen. Das einemal hält man den Paulus für einen Mörder, weil ihn ein Uebel nach dem andern trifft; das andremal vergöttert man ihn, weil ihm ein Schlangenbiß nichts schadet. Je weiter von der Wahrheit ab, je mehr in die Extremen bewegt sich der Mensch.

**Homiletische Andeutungen.**

Und da wir uns an's Land gerettet hatten u. s. w. [V. 1.] Das Schiff geht verloren, Paulus und seine Gefährten werden erhalten, die Königreiche und Fürstenthümer gehen unter, dennoch schwimmt die christliche Kirche heraus und wird wunderlich erhalten. (Starcke.)
Und die Fremdlinge erzeigten uns nicht geringe Freundschaft. [V. 2.] Man empfäht oft von denen die größten Wohlthaten, denen man's am wenigsten zugetraut hätte. (Starcke.) — Mitleid, Erbarmung und Freundschaftlichkeit sind so köstliche Tugenden, daß, wenn sie sich auch bei den Heiden und Barbaren finden, der Geist Gottes sie anmerkt und rühmt, um so mehr, da er der gnädigen Regierung des Herrn zu danken war, daß er seinen abgematteten Kindern und Knechten dadurch eine Linderung ihrer biesmaligen Noth zu verschaffen wußte. Will Gott keinen Becher kalten Wassers unbelohnt lassen, o wie sollen wir Christen, denen die Freundlichkeit und Leutseligkeit Gottes erschienen ist, es nicht in diesen Tugenden allen Heiden zuvorthun! (Apost. Past.)
Fuhr eine Otter heraus und heftete sich an seine Hand. [V. 3.] Wenn der Herr seinen Apostel unter diesen fremden Leuten bekannt machen will, so schickt er ihm zuvörderst ein Zeichen zu, das er gläubig überwindet und dadurch einen Eindruck in der Menschen Herzen gewinnt. Unser Kreuz soll also eine Glocke sein, die Augen und Gedanken der Leute auf uns zu ziehen, und der Glaube, den wir dabei beweisen, oder der Sieg, den wir durch Christi Gnade erfechten, soll uns Nachfolger erwecken. (Ap. Past.)
Dieser Mensch muß ein Mörder sein, den die Vergeltung nicht leben läßt. [V. 4.]

Auch die Heiden haben aus dem Lichte der Natur erkannt, daß Gott in seiner Gerechtigkeit unwandelbar sei. (Starcke.) — Was den Menschen noch in das Gewissen geschrieben ist von der Wiedervergeltung, wissen sie doch zehnte Mal nicht gehörig anzuwenden. (Rieger.)
Er aber schleuderte das Thier ab in's Feuer. [V. 5.] Gott läßt an seinen Knechten oft kund werden, daß Christus auch die verlorene Herrschaft über die Thiere uns wieder zuwege gebracht habe, 1 Mos. 1, 26. 28; 9, 2. 1 Sam. 17, 34. 35. (Starcke.) — O daß wir es so, wie es Paulus mit der Otter machte, auch mit der Sünde, der alten Schlange, machten, die oft auch nach Gottes Verhängniß auf die Gläubigen losfährt. (Ebendors.)
Sie schlugen um und sagten, er sei ein Gott. [V. 6.] Der gemeine Hause weiß kein Maß zu halten, er hebt Einen entweder bis in den Himmel oder verstößt ihn bis in die Hölle, Kap. 14, 12. 13. (Starcke.) Hier ging der Apostel recht nachdrücklich durch Ehre und Schande. Im einen Augenblick war er ein Mörder, im andern hieß man ihn einen Gott. Es ist aber merkwürdig, daß der Text nicht die geringste Empfindlichkeit, die das Eine oder das Andre bei Paulus verursacht hätte, an ihm gibt. Dahin muß es durch Gottes Gnade mit uns kommen, daß wir weder durch Weltehre, noch durch Weltschmach mehr empfindlich afficirt werden. (Apost. Past.)
Es geschah aber, daß der Vater Publii krank lag. Zu dem ging Paulus hinein ꝛc. [V. 8.] Gott läßt die Guttaten, so seinen lieben Kindern und treuen Dienern erzeigt werden, nicht unvergolten, leiblich und geistlich, Matth. 10, 42. (Starcke.)
Da das geschah, kamen auch die Andern, die Krankheiten hatten, und ließen sich gesund machen. [V. 9.] Bedenklich ist es, daß von Pauli Aufenthalt kein eigentlicher Segen des Evangeliums, noch deutlicherer Antrag des Heils in Christo gemeldet, sondern nur eines Zulaufs um leiblicher Gesundheit willen gedacht wird, worunter doch wirkliche Gelegenheit zum Fragen nach dem weitern Heil hätte können und sollen gemacht werden. (Rieger.) — Sich leiblich heilen zu lassen, geben sich die Menschen mit Mühe, aber ihre Seelen in die Kur zu geben, sind sie zu träge, Jes. 51, 9. (Starcke.) Ein williger Diener des Herrn ist nicht nur zum Reden, sondern auch zum Heilen, ja auch zum Schweigen bereit. Auch das Evangelium hat seine Zeit. (Williger.)
Zu V. 1—10. Wie die Welt so thöricht urtheilt. 1) Bei ihren lieblosen Urtheilen, V. 4. 2) Bei ihren günstigen Urtheilen, V. 6. 3) Darum unbekümmert um's Urtheil der Welt thue deine Pflicht und wirke Gutes ohne Ermüden, V. 7—10. (Lisco.) — Die Tugend der Gastfreundschaft. 1) Selbst von Heiden geachtet und geübt. 2) Um so mehr dem Christen anständig und gesegnet. (Lisco.) — Die Verwerflichkeit der Abergläubischen. 1) Wie er verbunden ist mit allerlei Lieblosigkeit, V. 1—4. 2) Wie er mit sich führt allerlei götzendienerisches Wesen, V. 5. 6. (Derf.) — Wie der Christ allenthalben eine Heimath findet. 1) Allenthalben erfährt er die Liebe Gottes. 2) Allenthalben findet er liebende Herzen. 3) Allenthalben trifft er Anlaß, Liebe zu erweisen. (Derf.) — Die Leute in zu Melite ein sprechendes Bild der Heidenwelt. 1) In ihrer Erlösungsbedürf-

tigkeit: a. finsterer Aberglaube, V.4.6; b. mannigfaltiges Elend, V. 8. 9. 2) In ihrer Erlösungsfähigkeit: a. liebreiche Gastfreundschaft, V. 2; b. dunkles Gottesbewußtsein, V. 4; c. lebhafte Empfänglichkeit für die Eindrücke des Göttlichen, V. 6; d. herzliches Verlangen nach Hülfe, V. 9. e. kindliche Dankbarkeit für empfangene Wohlthat, V. 10. — Paulus und die Otter — oder der Knecht Gottes als Schlangenbesieger. In der Kraft seines Herrn (Marl. 16, 18.) schleudert er von sich: 1) die giftige Otter der Lästerung, V. 3. 4; 2) die gleißnerische Natter der Schmeichelei, V. 6; 3) das schädliche Gewürm irdischer Nöthen und Sorgen, V. 8. 9; 4) die alte Schlange der Sünde (mit Benutzung von V. 4, „ein Mörder.") — Pauli Landung auf Melite eine Erfüllung der

göttlichen Zusage: Er hat seinen Engeln befohlen über dir, daß sie dich behüten auf allen deinen Wegen, Psalm 91, 11. 1) Der Engel des Herrn zieht ihn aus den Meeresfluten; 2) er schützt ihn vor dem Schlangengift; 3) er wendet ihm die Barbarenherzen zu; 4) er segnet die Heilungswerke seiner Hand. — Paulus auf Melite ein denkwürdiges Reisebild, darin wir erkennen: 1) Die Licht- und Schattenseiten der Heidenwelt; 2) die Leiden und Freuden des Apostelamts; 3) die Wunder- und Gnadenwege des Herrn. — Durch böse Gerüchte und gute Gerüchte, 2 Kor. 6, 8. So bringts mit sich: 1) der Welt Art; 2) des Christen Beruf; 3) des Herrn Wille.

## C.

### Schluß der Reise, von Malta bis Rom.

### Kap. 28, 11—15.

11 Nach drei Monaten aber fuhren wir ab in einem Schiff aus Alexandrien, welches
12 in der Insel überwintert hatte, mit dem Schiffszeichen der Dioskuren. *Und als wir
13 bei Syrakus landeten, blieben wir drei Tage daselbst. *Von dort aus kamen wir herum und gelangten nach Rhegium; und nach einem Tage, da ein Südwind sich erhob, kamen
14 wir am zweiten Tage nach Puteoli. *Dort trafen wir Brüder an, und wurden auf-
15 gefordert, sieben Tage bei ihnen zu bleiben. Und also kamen wir nach Rom. *Von dort aus kamen die Brüder, da sie von uns gehört hatten, uns entgegen bis nach Appii Forum und Tres Taberna. Und als Paulus sie sahe, dankte er Gott und gewann Zuversicht.

### Exegetische Erläuterungen.

1. **Nach drei Monaten**, d. h. wenn schon der Antritt der Seereise (Kap. 17, 9) nach der Herbst- Tag- und Nachtgleiche erfolgt war, und demnach der Aufenthalt in Malta den November, Dezember und Januar umfassen mochte, — wurde die Reise erst im Februar 62 fortgesetzt. Das Schiff, worauf sie jetzt sich einschifften, war ebenfalls ein alexandrinisches und führte das Zeichen der Dioskuren, d. h. der Herzenzwillinge Castor und Pollux, die bei griechischen und römischen Seeleuten die Schutzgötter der Seefahrt waren, am Vordertheil geschnitzt oder gemalt. Das Schiffszeichen hieß τὸ παράσημον, hier scheint jedoch παράσ. Adjektiv zu sein: Dioscurorum effigiebus insignita.

2. Die Fahrt ging über **Syrakus**, an der südöstlichen Küste Siciliens, ca. 18 geographische Meilen nordöstlich von Malta entfernt, sodann über Rhegium in Unteritalien, der nordwestlichen Ecke Siciliens gegenüber, bis nach Puteoli, heute Puzzuolo, ca. eine Meile westlich von Neapel. Der breittägige Aufenthalt in Syrakus hatte ohne Zweifel Handelszwecke. Das περιελθόντες ist zweifelhaft; in keinem Fall kann es sagen wollen, daß man ganz Sicilien umsegelt habe (die Wette), sondern eher, daß das Schiff um der Winde willen habe Umwege im Kleinen machen müssen. Die Fahrt von Reggio nach Puzzuolo, ca. 50 geographische Meilen, in weniger als zwei Tagen, war sehr rasch, erklärt sich aber durch den günstigen Südwind. Der Hafen von Puteoli war in den nächsten Jahrhunderten vor und nach Christi Geburt der bedeutendste an der Westküste Unteritaliens, namentlich für den morgenländischen Verkehr: die ägyptischen Kornschiffe pflegten dort ihre Fracht zu löschen; auch von Syrien aus pflegte man hier zu landen und von da nach Rom den Landweg zu machen. Jos. Alterth. XVII, 12, 1; XVIII, 7, 2; nur daß Josephus den griechischen Namen Dicäarchia braucht.

3. **Und also kamen wir nach Rom**, nämlich ohne von Puteoli aus eine noch irgendwo aufzuhalten; dies ist proleptisch gesagt, V. 15 bringt nach, daß Paulus unterwegs von Christen aus Rom begrüßt und eingeholt wurde. Dies geschah nämlich theils in Forum Appii, theils in Tres Taberna. Jenes ein Städtchen 43 römische Meilen von der Stadt entfernt, an der von Rom nach Capua führenden Via Appia, nach Appius Claudius Cäcus, dessen Erbauer, benannt; gerade am nördlichen Rand der pontinischen Sümpfe. Die Tres Taberna, ein Gasthaus für Reisende, befanden sich 10 römische Meilen näher der Hauptstadt. Da Paulus sich sieben Tage in Puteoli verweilte, so konnte die Nachricht von seiner Ankunft durch die Christen an ersterem Ort wohl so bald nach Rom gelangen, daß Christen von hier ihm 30, beziehungsweise 40 römische Meilen weit entgegen kommen konnten.

### Christologisch-dogmatische Grundgedanken.

Es ist die Einheit und Verwandtschaft in Jesu Christo, wodurch Menschen, als die Unbekannten sich doch so bekannt und innig nahe sind, daß das Zusammentreffen mit ihnen ein hocherfreuliches Finden, eine Erquickung des Herzens, eine Stärkung des Muthes und der Freudigkeit ist, V. 14 f.; vgl. Röm. 1, 12.

**Homiletische Andeutungen.**

Mit dem Schiffszeichen der Dioskuren, (Luther: Panier der Zwillinge). [V. 11.] Die Dioskuren galten als Beschützer der Seereisenden. aber das rechte Panier, unter dem Paulus schiffte, war das Kreuzpanier Jesu Christi, darauf geschrieben steht: „Zu diesem Zeichen wirst du siegen." Von dort aus — nach Rhegium ꝛc. [V. 13.] Der Apostel durchreiste nach dieser Erzählung viele Oerter, es wird aber nicht gemeldet, daß irgendwo ein besonderer Segen erfolgt sei. Paulus war ein Gebundener, konnte nicht, wie er wollte, war dem Herrn stille und wartete auf besten Wink. Gleichwohl wurde erfüllt, was der Herr Ezech. 33, 33 verheißen hatte: „Wenn es kommt, was kommen soll, so werden sie erfahren, daß ein Prophet unter ihnen gewesen ist." So zu Melite. Auch die übrigen hier genannten Orte sind nachher mit dem Evangelium erfüllt worden. Man schaue also nicht verzagen, wenn sich nicht an allen Orten und Enden, wo uns der Herr braucht, alsofort ein merklicher Segen hervorthun will. Man überlasse sich und seine Arbeit dem Herrn, der Same ruht eine Zeitlang, zu rechter Zeit kommt die Frucht. Mancher Knecht Jesu geht in sein Grab, und der Herr läßt die Saat seiner Predigt, seiner Thränen und seiner Leiden erst nach seinem Eingang grünen. (Apost. Past.) Dort trafen wir Brüder an. [V. 14.] Gott hat allenthalben seine Verborgenen, keiner denke: ich bin allein übergeblieben, 1 Kön. 19, 14. 18. (Starcke.) Christen sind geistliche Brüder, von einem Vater gezeuget aus einem Samen des lebendigen Worts, haben einen Bruder Christum und erwarten eines Erbtheils, Röm. 8, 16. Darum sollen wir Alle brüderliche Herzen gegen einander tragen, Jak. 1, 18. (Ders.) — Das Herz Lucä und Pauli wurde recht lebendig, da sie in Puteoli Brüder fanden. Die Ehre in Melite ließen sie hingehen, aber Kinder Gottes anzutreffen, das war ihnen ein rechter Fund. Es bleibt das ein sicheres Kennzeichen eines in der wahren Glaubenskraft stehenden Herzens, die Brüder zu lieben, sich nach ihrer Gemeinschaft zu sehnen und sich an ihrem Glauben zu erquicken. Paulus faßte neuen Muth, da er nach der langen Gesellschaft des rohen Schiffsvolks wieder Brüder fand, und blieb 7 Tage bei ihnen, ohne Zweifel einen Sonntag mit ihnen zu feiern, ihnen Gottes Wort zu verkünden, ein Abendmahl mit ihnen zu halten. Gott erhalte in uns diesen wahrhaftigen Brudersinn durch seinen Geist. (Apost. Past.) — Und also kamen wir gen Rom. Wie mag dem Apostel und seinen Begleitern das Herz geklopft haben in ahnungsvoller Erwartung, als die heidnische Kaiserstadt mit ihren Kuppeln und Zinnen vor ihren Augen lag. Aber auch dem römischen Kaiser in seinem Palast hätte das Herz klopfen müssen, hätte er eine Ahnung gehabt, daß zu dieser Stunde in der Knechtsgestalt des jüdischen Gefangenen eine Macht einziehe durch die Thore, vor welcher das römische Reich, ja die ganze Heidenwelt sollte in den Staub sinken! Das war noch ein entscheidenderer Augenblick, als da es einstmals hieß: Hannibal ante portas!

Von dort aus kamen die Brüder uns entgegen. [V. 15.] Von den Brüdern zu Rom war es eine beträchtliche Liebe, eine Frucht des zuvor schon an sie geschriebenen Briefes, daß sie durch Entgegengehen Pauli Geist erquickten. So gäbe es Manches, das weiter keine Kosten verursachte, und womit man doch einander in dem mühen Lebenslauf erquicklich die Hand bieten könnte. (Rieger.) — Da gewann Paulus Zuversicht. Der Geist Gottes will hiemit anzeigen, daß Paulus bei allen bisher angeführten Glaubensproben doch noch ein armer Mensch geblieben, und da er nun Rom so nahe gekommen, es ihm vielleicht so ergangen sei, wie einem Delinquenten, wenn er dem Gerichtsplatz nahe kommt. Wie Vieles mag sich da seinem Herzen vorgestellt und was für Spuren der Schwachgläubigkeit mag er an sich erfahren haben. Darum ließ ihm Gott eine neue Ermunterung und Stärkung durch die Gläubigen zu Rom angedeihen. (Ap. Past.) — Bei diesem festlichen Einzug vom kaiserlichen Gericht als ein Verklagter, aber von seinen Freunden feierlich eingeholten Paulus müssen wir an Luther's Einzug in Worms, wo er auch vor dem Kaiser verhört werden sollte, gedenken. (Williger.) Zu V. 8. 11—15. Der Segen christlicher Gemeinschaft, V. 14. 15. (Lisko.) — Das Christenthum bildet die Menschheit zu Einer Gottesfamilie. 1) Darauf ist sie schon angelegt durch die Schöpfung. 2) Durch die Sünde ist Feindschaft gekommen in die Welt. 3) Durch das Christenthum soll wieder Friede werden auf Erden. (Ders.) — Wir haben hier keine bleibende Statt, sondern die zukünftige suchen wir. (Ders.) Paulus vor den Thoren von Rom. 1) Als ein heimathloser Fremdling — und doch empfangen von liebenden Brüdern. 2) Als ein gefangener Uebelthäter — und doch mit dem Gnadenzeugniß Gottes im Herzen. 3) Als ein dem Tode verfallenes Opfer (denn früher oder später sollte er in diesen Mauern das Leben lassen) — und doch ein siegreicher Eroberer, der das Kreuzpanier Christi mitten in der Burg des Heidenthums aufpflanzt. — Die Ankunft Pauli zu Rom in ihrer entscheidungsvollen Bedeutung. 1) Für den Apostel: a. sein Lebenszweck ist erfüllt; b. sein Lebensziel ist gesteckt. 2) Für die Heidenwelt: a. es wird Ernst mit ihrer gnädigen Heimsuchung, b. aber auch Ernst mit dem Untergang ihrer Herrlichkeit. 3) Für das Judenthum: a. in Rom wendet sich der Heidenapostel zum letzten Mal an sein Volk; b. das Reich kommt nun an die Heiden, Rom verdrängt Jerusalem. 4) Für die Christenheit: a. in Rom warten ihrer die blutigsten Kämpfe, aber auch b. die herrlichsten Siege. — Pauli Einzug in Rom und Christi Einzug in Jerusalem. 1) Die Knechtsgestalt des Einziehenden. 2) Der Jubel des Empfangs. 3) Das Blutgericht im Hintergrund. — Der brüderliche Empfang des Apostels Paulus zum Rom ein liebliches Bild von der Gemeinschaft der Heiligen, wie sie 1) die Kinder Gottes verbindet, 2) die Reiche der Welt überwindet, 3) die Ehre des Herrn verkündet.

## Fünfter Abschnitt.
### Aufenthalt und Wirksamkeit des Apostels Paulus in Rom. (Kap. 28, 16—31.)

**A.**
Die Besprechungen des Apostels mit den Juden in Rom enden mit Verwerfung des
Evangeliums von Seiten derselben.

**Kap. 28, 16—29.**

16 Als wir aber in Rom angekommen waren, so wurde dem Paulus verstattet[1]), für
17 sich zu bleiben, mit dem Soldaten, der ihn bewachte. *Es geschah aber nach drei Tagen,
daß er[2]) die Ersten unter den Juden zusammenrufen ließ; nachdem sie zusammengekommen waren, sprach er zu ihnen: Ihr Männer, Brüder, ich bin, obwohl ich nichts unserem Volk oder den Sitten der Väter zuwider gethan habe, als Gefangener von Jeru-
18 salem aus in die Hände der Römer übergeben worden, welche mich verhörten und frei-
19 lassen wollten, weil keine todeswürdige Schuld an mir war. *Da aber die Juden widersprachen, sah ich mich genöthigt, auf den Kaiser mich zu berufen, nicht als hätte ich
20 gegen mein Volk eine Anklage vorzubringen. *Aus diesem Grunde habe ich euch gebeten,
um euch zu sehen und anzusprechen; denn um der Hoffnung Israel's willen trage ich
21 diese Kette an mir. *Sie aber sprachen zu ihm: Wir haben weder Briefe deinetwegen
aus Judäa empfangen, noch ist irgend einer von den Brüdern gekommen, welcher etwas
22 Böses von dir angezeigt oder ausgesagt hätte. *Wir begehren jedoch von dir zu hören,
wie du gesinnt bist; denn von dieser Sekte ist uns bekannt, daß sie überall Widerspruch
23 findet. *Sie bestimmten ihm aber einen Tag, und da kamen[3]) mehrere zu ihm in seine
Herberge; denen setzte er auseinander und bezeugte das Reich Gottes, und suchte sie in
Betreff Jesu zu überzeugen, aus dem Gesetze Mose's und der Propheten, vom frühen
24 Morgen an bis zum Abend. *Und Einige ließen sich durch das, was er sprach, über-
25 zeugen, Andere aber glaubten nicht. *Da sie aber unter sich uneinig waren, gingen sie
weg, nachdem Paulus ein Wort ausgesprochen hatte: Daß der Heilige Geist treffend
26 gesagt hat durch den Propheten Jesaia zu unsern Vätern[4]) und gesprochen: „Gehe hin
zu diesem Volk und sprich: Mit Gehör werdet ihr hören und nicht verstehen, und mit
27 den Augen werdet ihr sehen, und nicht erkennen; *denn das Herz dieses Volkes ist fett
geworden, und mit den Ohren hören sie schwer, und ihre Augen haben sie zugedrückt,
damit sie nicht gewahr werden mit den Augen, und mit den Ohren hören und mit dem
28 Herzen verstehen, und sich bekehren, und ich sie heile." *So sei euch denn kund gethan,
daß den Heiden gesandt worden ist dieses[5]) Heil Gottes; sie werden's auch hören[6]).

### Exegetische Erläuterungen.

1. **Als wir aber in Rom angekommen waren.**
Paulus betrat Rom von der Appischen Straße her durch die Porta Capena, von welcher das durch Sejan, des Tiberius Günstling, erbaute Castrum Prätorium nicht sehr entfernt, nach Osten zu lag.

Die Worte ὁ ἑκατόνταρχος - στρατοπεδάρχῃ sind zwar unächt, aber der Sache nach gewiß richtig. Denn die Praefecti praetorio hatten neben dem Oberbefehl über die Garde des Cäsar auch für die Verwahrung der aus den Provinzen vor den Kaiser gebrachten Justizgefangenen zu sorgen. Die Erörterung übrigens, warum Lukas nur vor dem

---

[1]) Wahrscheinlich unächt sind die Worte: ὁ ἑκατόνταρχος παρέδωκε τοὺς δεσμίους τῷ στρατοπεδάρχῃ, τῷ δὲ π. ἐπετρ. Diese fehlen in den ältesten Urkunden, sind deßhalb auch schon von Mill, Bengel, Griesbach für unächt gehalten, von Lachmann und Tischendorf gestrichen worden. Warum sie hätten weggelassen werden sollen, läßt sich nicht denken, während sie gar leicht eingeschoben werden mochten. Meyer hat die Aechtheit der Worte vertheidigt. Jedoch ohne überzeugende Gründe.
[2]) αὐτόν ist ungleich besser beglaubigt als τὸν Παῦλον.
[3]) ἧκον ist ämßerlich nicht besser bezeugt als ἦλθον, muß aber aus innern Gründen, gerade weil ἧκον im R. T. weniger gangbar ist, vorgezogen werden.
[4]) Die äußeren Zeugnisse für ἡμῶν Recepta, und ὑμῶν halten sich die Waage. Lachm. u. Tischend. haben ὑμῶν vorgezogen, welches die Alex. und Vatik. Cod. hat. Indessen ist leicht möglich, daß Abschreiber, weil die Rede einen sehr starken Strafton hat, die zweite Person an die Stelle der ursprünglichen ersten sehen zu müssen glaubten.
[5]) τοῦτο τὸ σ. haben die zwei ältesten Codd., und es ist mit Lachm. und Tisch. als ächt zu betrachten; denn es läßt sich leichter sein Wegfallen als seine Einschiebung erklären.
[6]) B. 29: Καὶ ταῦτα αὐτοῦ εἰπόντος, ἀπῆλθον οἱ Ἰουδαῖοι, πολλὴν ἔχοντες ἐν ἑαυτοῖς συζήτησιν ist unächt; fehlt in Codd. A. B. E., einigen Minuskeln und Verss.; steht in denselben Codd. G. H., welche V. 16 die Interpolation haben. Man wollte der Scene erst den rechten Schluß geben.

28, 16—29.   Der Apostel Geschichten.   361

Befehlshaber spreche, während es in der Regel beren zwei gegeben hat, und nur unter Kaiser Claudius der Bruder des Felix, Burrus Afranius, zum alleinigen Präfekten ernannt wurde, ist unter der Voraussetzung, daß die betreffenden Worte V. 16 interpolirt sind, von sehr geringem Belang. Auch verliert hiedurch die Berechnung der apostolischen Chronologie (namentlich bei Anger und Wieseler), welche sich auf die Thatsache stützt, daß Burrus im Anfang des Jahres 62 oder im Monat März desselben Jahres gestorben ist, worauf das Kommando wieder unter zwei Generale getheilt wurde, an Gewicht, sofern gerade die Angabe des Lukas selbst, welche mit jenem Datum combinirt wurde, wegfällt.

2. Die Vergünstigung, daß Paulus καθ᾽ ἑαυτόν, d. h. nicht blos abgesondert von den übrigen Gefangenen, sondern auch, wie aus V. 17 und 30 erhellt, in einer Privatwohnung, ohne Zweifel in nächster Umgebung des Prätoriums, wohnen durfte, verdankte er ohne Zweifel sowohl dem begleitenden Bericht des Prokurators Festus, als der persönlichen Verwendung des Centurio Julius. Allerdings war ein Prätorianer, der ihn zu bewachen hatte, stets um ihn, und zwar nach römischer Sitte mit einer Kette an seinen Arm angeschlossen, V. 20. Seneca, Ep. 5: Eadem catena et custodiam et militem copulat.

3. Schon drei Tage nach seiner Ankunft ließ Paulus die an der Spitze der römischen Judenschaft Stehenden zu sich einladen. Bis dahin bedurfte er theils der Erholung von der Reise, theils mochte er sich den Christen in Rom widmen, die ihm theilweise entgegengereist waren, und auf deren Umgang er sich schon seit Jahren gefreut hatte, Röm. 1, 11 ff. Sein erster Schritt, über den engeren Kreis der bereits Bekehrten hinaus, ging aber, seinem Grundsatz und seiner Sitte gemäß, zu Israel. Und da Paulus nicht in der Lage war, sich beliebig zu den Juden zu begeben, ihre Synagoge, wie andern Orts in Asien und Europa, zu besuchen, so blieb ihm nur übrig, Vertreter der Judengemeinde in seine Wohnung zu bitten. Die Ersten unter den Juden waren ohne Zweifel theils die Synagogenvorsteher, theils die sonst sozial Hervorragenden unter ihnen. Und diese begaben sich denn auch zu ihm.

4. Ihr Männer, Brüder ꝛc. Die Ansprache an die versammelten Juden (V. 17—20) ist wesentlich persönlicher Natur und soll Vorurtheilen entgegentreten, welche die römischen Juden theils aus der Gefangenschaft des Paulus überhaupt, theils aus dem Umstand, daß er an den Kaiser appellirt hatte, theils aus etwaigen Verleumdungen von Judäa her geschöpft haben mochten. Um sich selbst ihnen gegenüber zu rechtfertigen, versichert er, 1) daß seine Gefangennehmung und Ueberlieferung an die Römer nicht durch irgend eine Verschuldung gegen das Volk Israel oder den Mosaismus veranlaßt gewesen sei, V. 17. Und dies behauptet er auch mit vollem Recht, denn daß er gegen sein Volk sich vergangen habe, glaubt Niemand. Daß er aber durch seine Lehre von Christo, als das Gesetzes Ende, das Gesetz prinzipiell bekämpft habe, kann man nur unter Verkennung des Umstandes ansprechen, daß Paulus mit aller Pietät gegen das Gesetz als eine wirkliche Offenbarung Gottes verfährt und nicht den Mosaismus an sich, sondern nur seine Zulänglichkeit zur Rechtfertigung und Seligkeit bestreitet.

Somit besteht vor der Wahrheit, was Paulus hier aussagt.

5. Paulus erklärt 2) V. 18 f., seine Berufung an den Kaiser sei nur dadurch unausweichlich geworden, daß der Widerspruch von jüdischer Seite seiner Lossprechung, welche die römischen Behörden an sich für begründet erachteten, entgegengetreten sei; nicht aber sei seine Absicht hiebei, eine Anklage wider seine Volksgenossen beim Cäsar zu erheben. Hier nennt Paulus Israel nicht ὁ λαός, wie V. 17, sondern τὸ ἔθνος μου, weil er dasselbe in diesem Betracht nicht als das Volk Gottes, sondern als dasjenige, dem er selbst angehöre, und gegen welches er Angesichts des römischen Staatsoberhauptes patriotische Pflichten habe, im Auge hat. Schließlich sagt Paulus 3) V. 20, dies, nämlich seine treue, redliche Gesinnung gegen sein Volk, verbunden mit dem Umstand, daß er nur um der messianischen Hoffnung Israels willen in Ketten geschlagen sei, habe ihn bewogen, sie einzuladen, damit er sie sehen und sprechen könne. Περίκειμαι, sofern sein Arm von der Kette umschlossen war.

6. Sie aber sprachen ꝛc. Die Erwiderung der Juden V. 21, sie hätten weder schriftlich, noch mündlich etwas Ungünstiges in Betreff seiner Person vernommen, ist als geschichtlich unglaublich gar sehr angefochten worden. Denn man meint voraussetzen zu müssen, daß das römische Judenschaft vom Sanhedrin zu Jerusalem jedenfalls Mittheilungen in Betreff des Paulus müßte bekommen haben. Dagegen ist mit Recht darauf aufmerksam gemacht worden, daß die Häupter des Sanhedrin vor der Appellation des Paulus keine Ursache gehabt hatten, an die römische Judengemeinde seinetwegen zu schreiben, weil diese Wendung der Sache ihnen völlig unerwartet kam (Meyer), und daß nach der Appellation die Zeit nicht reichte, um noch vor der persönlichen Ankunft des Paulus die römischen Juden in Kenntniß zu setzen (Bengel, Meyer), da die Abreise vermuthlich bald auf den Akt der Berufung gefolgt war. Auffallender ist allerdings, daß die römischen Juden auch nicht privatim und gelegentlich durch reisende Juden aus Palästina etwas in Betreff des Apostels sollten erfahren haben. Nun, die Männer sagen auch nicht, daß sie von Paulus überhaupt noch nichts gehört hätten; bekennen sie doch V. 22 selbst, wohl zu wissen, daß dem Christenthum überall widersprochen werde. Also von Christenthum und von den Streitigkeiten, welche in Hinsicht desselben da und dort entstanden waren, und dann sicherlich auch von den Personen der Verkündiger des Evangeliums, namentlich von Paulus selbst, haben sie gehört. Was sie in Abrede ziehen, ist nur, daß sie „etwas Böses", etwas sittlich Schlechtes von ihm gehört hätten. Und diese Erklärung mochte theils aus Vorsicht, gegenüber dem kaiserlichen Hof und der Gewalt, von der die römischen Juden schon viel gelitten hatten, hervorgehen, theils aus dem Wunsch, den Paulus zu rückhaltloser Mittheilung zu ermuntern. Wenn die Redenden von der Christengemeinde in der Hauptstadt selbst schweigen, so kann dies bei den Verhältnissen einer Weltstadt wie Rom um so weniger nachdrüklich befremden, als auch hier eine absichtliche Zurückhaltung zu Tage kommt. Läge aber ein Widerspruch mit Paulus unbekannte Ignoriren und dem Bestehen einer Christengemeinde in Rom, so hätte der Verfasser von der äußersten Kurzsichtigkeit sein müssen, um hier V. 22 zu ver-

gessen, daß er erst sieben Verse vorher von der Christengemeinde daselbst gesprochen hat.

**7. Und da kamen Mehrere.** Bei der zweiten Zusammenkunst fanden sich nicht blos die Ersten unter den Juden, sondern weit Mehrere bei ihm ein. Und dieses Mal hielt Paulus einen umfassenden Vortrag, der den ganzen Tag dauerte. Seine Auseinandersetzung (ἐξετίθετο) war eine doppelte, nämlich für's Erste ein Zeugniß vom Reich Gottes (διαμαρτυρόμενος), d. h. Verkündigung von den Thatsachen der Erlösung und Stiftung des Reiches Gottes durch Jesum Christum, zum Andern eine vom Alten Testament ausgehende Erörterung in Betreff Jesu, welche auf Ueberzeugung zielte (πείθων). Jenes war rein Bezeugung des historischen Jesus von Nazareth; dieses war die Nachweisung, daß er der im Alten Bund verheißene Messias sei; und darauf gründete sich der Nerv des Beweises.

**8. Und Einige ließen sich ꝛc.** Das πείθειν gelang bei einem Theil der Zuhörer (ἐπείθοντο), andere dagegen gaben sich nicht zum Glauben her. Ohne Zweifel sprachen sie sich gegenseitig laut aus (ἀσύμφωνοι). Und auf Aeußerungen des Unglaubens von Seiten der Anwesenden bezog sich das Schlußwort des Apostels, ῥῆμα ἕν, nach so vielen Worten noch eines, aber ein zentnerschweres Wort. Dieses besteht einfach in Anführung eines prophetischen Ausspruchs über die Verstocktheit Israels, welchen der Apostel offenbar auf die Gegenwart und auf die Ungläubigen unter den Anwesenden anwendet. Dies erhellt aus dem Zusammenhang, besonders aus V. 28 und aus dem κἀλῶς, was ganz ebenso Matth. 15, 7 das Treffende, das vollkommen Angemessene und Passende eines Ausspruchs, einer Weißagung bezeichnet. Das Wort Gottes an den Propheten (Jes. 6, 9 f.) soll ja dem Volk selbst verkündigt werden; insofern ist ἐλάλησε - πρὸς τ. πατέρας ganz richtig. Die Worte sind von ἀκοῇ an bis zum Schluß buchstäblich nach den LXX wiedergegeben. Die göttliche Weisung, πορεύθητι ꝛc., bezog Paulus auf sich und seine Sendung; vergl. Kap. 26, 17.

**9. So sei es euch kund gethan.** Die Folge dieser Verstockung Israels von Rom ist, daß dieses Heil Gottes (τοῦτο τὸ σωτ., das heute verkündigt wurde) den Heiden zu gut gesandt worden ist. Das ἀπεστάλη bezieht sich wiederum, wie vorhin πορεύθητι, auf die apostolische Sendung des Paulus. Das „auch" bei „hören" stellt neben die Darbietung des Heils von Seiten Gottes die entsprechende Annahme desselben von Seiten der Heiden, im Gegensatz gegen das οὐ συνιέναι, βαρέως ἀκούειν u. s. w. Israels: das Evangelium wird ihnen nicht nur geglaubt, sie werden es auch hören.

#### Christologisch-dogmatische Grundgedanken.

1. Der Heidenapostel wendet sich auch am Ziel seines Laufs, in Rom, zuerst an die Israeliten, bevor er V. 30 f. Allen ohne Unterschied, namentlich den Heiden, das Reich Gottes verkündigt. Anstatt dies anstößig und bei dem gesetzfreien, ächt evangelischen und universalistischen Paulus geschichtlich unbenkbar zu finden, sollte man vielmehr sowohl die Consequenz des Ἰουδαίῳ τε πρῶτον καὶ Ἕλληνι Röm. 1, 16, als auch die aus Christi Geist geflossene erbarmende Lieb und Treue gegen sein Volk (vergl. Röm. 9, 4 f.) darin ehren. Ist es doch nicht blos natürlicher Patriotismus, sondern in der That eine Liebe um Christi willen, ja wahre Feindesliebe, daß Paulus, nachdem er so viel hat erleiden müssen von Seiten seines Volks, dessenungeachtet weit entfernt ist, wider sein Volk irgendwie auftreten zu wollen (V. 19), im Gegentheil das Heil Christi in erster Linie seinen Volksgenossen zuzuwenden gedenkt.

2. Paulus rechtfertigt sich zu allererst persönlich, ehe er den Juden das Evangelium verkündigt. Mit gutem Grund, weil er ihnen nicht zumuthen kann, seinen Worten geneigtes Gehör zu leihen, falls sie gegen seinen persönlichen Charakter eingenommen sind. Es ist nicht nur klug, daß er zuvor seinen persönlichen Charakter vor ihnen reinigt, sondern es entspricht auch ganz dem sittlichen Charakter Christi und des Christenthums. Denn ein fauler Baum kann nicht gute Früchte bringen", Matth. 7, 18.

3. Noch in Rom zuletzt macht Paulus die Erfahrung, daß der Widerspruch gegen das Evangelium in Israel gewaltig ist. Auch hier wendet er sich von den ungläubigen Juden an die Heiden, welche das Wort besser aufnehmen.

#### Homiletische Andeutungen.

Da wir aber gen Rom kamen, so wurde dem Paulus verstattet für sich zu bleiben. [V. 16.] Es ist überall gut sein, wenn man Gottes Gnade bei sich hat. (Starke) — Wenn jemandes Wege dem Herrn wohlgefallen, so macht er auch seine Feinde mit ihm zufrieden. (Pers.) — Der Arm Gottes, der dem Apostel zu Jerusalem und auf seinen beschwerlichen Reisen nach seinem Rath geleitet hatte, bleibt auch in Rom über ihn waltend. (Apost. Past.)

Es geschah aber nach drei Tagen, daß er die ersten unter den Juden zusammenrufen ließ. [V. 17.] Das kostet keinen geringen Kampf, sein Volk, seine Mutterkirche lieb zu behalten, wenn man auch von den Gewaltigen darin noch so übel behandelt wird. (Rieger.) — Der, welcher den unvergleichlichen Lobgesang von der Liebe, welche Alles duldet und Alles hofft, geschrieben, hat diese Liebe nicht blos gerühmt, sondern auch selbst gelebt, indem er der bitterten Todesfeindschaft seiner eigenen Brüder immer auf's neue wieder, und auch nach der webesten Erfahrung an Leib und Seele, mit Geduld und Hoffnung begegnet. (Baumgarten.) — Es hat wohl nie ein Lehrer, der an einen fremden Ort kam, einen schlechteren Aufzug im Aeußeren gemacht, als der Apostel Paulus, da er nach Rom kam. Und gleichwohl hat niemand so viel ausgerichtet, als dieser Zeuge Jesu an seiner Kette. Denn inwendig brannte in ihm ein Feuer, von Jesu zu zeugen, ein Hunger, Seelen auch den bittersten Feinden zu gewinnen, und der göttliche Beruf lenkte alle seine Schritte, bahnte ihm die Wege, öffnete ihm die Thüren und ließ seine Fußstapfen triefen von Fett. Es kommt also bei einem Lehrer gar nicht darauf an, was er von außen für einen Aufzug macht, mit welcher Parade er an einem neuen Ort auf- und angenommen wird. Es kommt allein darauf an, ob er in Jesu ein Zeuge ist, ob er dem Heiland das Kreuz nachträgt, ob ihn Gott an den Ort berufen hat, ob sein Herz von der Liebe Jesu und dem Hunger nach Seelen brennt. (Apost. Past.)

Nicht als wollte ich mein Volk verkla-

gen. [V. 19.] Alle Bosheit seiner Feinde konnte in ihm keine Rachgier, nicht einmal eine Abneigung des Gemüths erzeugen. Er wollte sie nicht verklagen, sondern nur bekehren. Das war ein thätiger Beweis, wie die Gnade sich seiner Natur bemeistert und wie die Liebe Jesu alle Empfindlichkeit, Eigenheit, Selbsterhebung in ihm besiegt hatte. (Apost. Past.)
Denn um der Hoffnung Israels willen trage ich diese Kette. [V. 20.] Grünt diese Hoffnung im Herzen, so kann man seine Ketten um so leichter und fröhlicher tragen. Auch der Pfahl im Fleisch, des Satans Engel mit seinen Faustschlägen kann dadurch überwunden werden. (Apost. Past.) — Die eisernen Ketten, die um der Hoffnung Israels willen von einem rechten Israeliten getragen werden, sind vor den Augen des Gottes Israels ein größerer Schmuck als alle güldenen Ketten vor den Augen der Welt. (Lindhammer.)
Wir haben weder Briefe deinetwegen erhalten u. s. w. Doch von dieser Secte ist uns kund, daß ihr an allen Enden widersprochen wird. [V. 21. 22.] Die armen Juden in Rom wußten weiter nichts von der Sache, darüber Paulus mit ihnen handelte, als daß der Lehre Christi, die sie eine Secte nannten, an allen Enden widersprochen werde. Das ist der Schade, der entsteht, wenn man sich zu viel auf der Leute Urtheil verläßt und entweder in blindem Köhlerglauben drauf losglaubt, was Andere glauben, oder in blinder Hitze verwirft, was der große Haufe verwirft. (Apost. Past.) — Das hatte schon der alte Simeon erkannt, daß Christus zum Zeichen des Widerspruchs gesetzt sei. Das ist das charakteristische Zeichen der echten Christen: Es wird ihnen allenthalben von aller Welt widersprochen. (Goßner.) — Und doch ist die Lehre jener kleinen Secte zur Weltreligion geworden und hat Israels und Roms Feindschaft überwunden ohne Schwert und Bogen, allein durch die Davidsschleuder des göttlichen Worts. (Leonh. und Spiegelb.)
Und predigte ihnen von Jesu aus dem Gesetz Mosis und aus den Propheten. [V. 23.] Die Juden zu überzeugen, daß Jesus der wahre Messias sei, ist kein besser Mittel, als wenn man sie in ihr Gesetz und in die Propheten führt. (Starcke.)
Von früh Morgens bis an den Abend. Sollte diese treue und unverdroßne Arbeit des Apostels nicht die Lauheit derjenigen Lehrer beschämen, die ihr ganzes Amt an die Kanzel binden und es für eine Sünde halten, ihr Haus den Erweckten zum Unterricht einzuräumen? (Apost. Past.) — Will man Jesum recht erkennen und durch ihn in's Reich Gottes kommen, so muß man im Worte recht forschen und damit anhalten und nicht bald abbrechen, nicht wie auf der Post Gottes Wort lesen, sondern allen Fleiß anwenden, wie hier Paulus bis auf den Abend davon predigt. (Bogatzky.)
Und Etliche fielen ihm zu. [V. 24.] Der Same des Wortes fällt bei Einigen an den Weg, bei Anderen auf die Felsen, bei Anderen unter die Dornen; doch auch bei da auf ein gut Land. — Dem Einen ist das Evangelium ein Geruch des Lebens zum Leben, bei den Andern ein Geruch des Todes zum Tode. (Starcke.)
Da sie aber untereinander uneinig waren. [V. 25.] Dies bewirkt die Bosheit und Schlechtigkeit der Ungläubigen, daß Christus, der

unser Friede und das einzige Band heiliger Eintracht ist, eine Veranlassung zur Zwietracht wird, so daß auch die untereinander in Streit gerathen, welche vorher innige Freunde waren. Als die Juden kommen, Paulum zu hören, sind sie einerlei Sinnes, als sie aber das Wort von der Versöhnung gehört haben, spalten sie sich in zwei feindliche Lager. Doch darf man nicht meinen, daß dieser Zwiespalt erst mit der Predigt des Evangeliums beginne, nein, die vorher im Herzen verborgene Uneinigkeit tritt nur jetzt an Tage; so bringt der Glanz der Sonne nicht neue Farben hervor, sondern offenbart blos ihre Verschiedenheit, welche in der Finsterniß nicht zu erkennen war. (Calvin.)
Mit den Ohren werdet ihr's hören und nicht verstehen u. s. w. [V. 26.] Aehnlich wie hier macht auch Johannes, Kap. 12, 37 ff., einen Generalschluß der Reden Jesu. (Billiger.)
Denn das Herz dieses Volks ist verstockt. [V. 27.] Wenn die Apostel Jesu von dem Gerichte der Verstockung reden, so geschieht es allemal in der Absicht und auf die Art, daß dabei offenbar werden muß, wie Gott keine Schuld an dem Verderben solcher Seelen habe. Die Verstockung ist nicht nur eine natürliche Folge einer langwierigen Verachtung der göttlichen Gnade, sondern zugleich auch ein göttliches Gericht, welches diejenigen als eine Strafe trifft, welche die Wahrheit in Ungerechtigkeit aufgehalten haben. Man muß die Lehre von der Verstockung auch predigen, aber sich hüten, daß man nicht hart wider Gott rede oder blinde Gemüther dadurch zurückschlage. (Apost. Past.)
Daß den Heiden gesandt ist dieses Heil Gottes u. s. w. [V. 28.] So röthet sich auch hinter dem dunkeln Nachtstück der Verwerfung Israels wieder der Himmel der Gnade, zum Zeichen, daß der Herr nicht ewiglich zürne, sondern gedenke an seinen Bund und an die gewissen Gnaden Davids. (Leonh. u. Spiegelb.) — Obgleich die Zuhörer böse werden, muß man ihnen doch nicht Kissen unter die Arme legen, Ezech. 13, 8. Wollen die Juden nicht zu dem großen Abendmahl Gottes kommen, so müssen die Heiden sein Haus voll machen, Luk. 14, 18. (Starcke.)
Zu V. 16—29. Pauli Abschiedspredigt an die Juden zu Rom. 1) Ein letztes Zeugniß von seiner Unschuld, V. 17—20. 2) Ein letztes Bekenntniß von Jesu Christo als dem Messias, V. 23. 3) Ein letzter Erguß der Liebe zu seinem Volk, V. 17. 19. 20. 4) Ein letzter Hammerschlag an verstockte Herzen, V. 25—28. — Die Ketten Pauli. [V. 20.] 1) Ein Schandenkmal für sein verblendetes Volk. 2) Ein Ehrenzeichen für den treuen Knecht des Herrn. 3) Ein Herzenstrost für Alle, die um der Wahrheit willen leiden. — Die Secte, der an allen Enden widersprochen wird (V. 22.), gerade durch den Widerspruch der Welt erwiesen als Gottes auserwähltes Volk. Denn: 1) Die Anklagen gegen das Christenthum von allen Enden setzen sich selbst gegenseitig auf; ein Beweis seiner unlengbaren Wahrheit. 2) Inmitten so vieler Feinde zur Rechten und Linken ist die kleine Häuflein der Bekenner zur weltbeherrschenden Kirche herangewachsen; ein Beweis seiner unverwüstlichen Lebenskraft. — Das zwiefache Schicksal des göttlichen Worts, wo es gepredigt wird bis an's Ende der Tage. [V. 24.] 1) Den Einen wird's ein Geruch des Lebens zum Leben. 2) Den Andern ein Geruch

des Todes zum Tode. — Das furchtbare Gericht der Verstockung. [V. 26—28.] 1) Verhängt nicht von einem unbarmherzigen Schöpfer, wohl aber von einem gerechten Richter. 2) Verdient nicht durch noch so schwere Sünde, wohl aber durch beharrlichen Widerstand wider die rettende Gnade. 3) Verführet nicht zum trostlosen Verzagen, wohl aber zum heilsamen Schrecken. — So sei euch kund gethan, daß den Heiden gesandt ist dies Heil Gottes, und sie werden's hören (V. 28.), ein Warnungsruf auch an die heutige Christenheit. 1) Sie zu strafen über ihren Kaltsinn und Undank. 2) Sie zu beschämen durch die Heilsbegierde der Heiden. 3) Sie zu mahnen an die drohenden Gerichte Gottes, Offenb. 2, 5.

B.

**Paulus verkündigt zwei Jahre lang ungehindert das Reich Gottes in Rom, obwohl er gefangen ist.**

**Kap. 28, 30—31.**

30 Paulus aber blieb zwei ganze Jahre in einer eigenen Miethwohnung und nahm auf
31 Alle, die zu ihm eingingen, *verkündigte ihnen das Reich Gottes und lehrte von dem Herrn Jesu Christo mit aller Freimüthigkeit ohne Hinderniß.

### Exegetische Erläuterungen.

1. Den Miethzins für die Wohnung des Apostels haben, da er selbst, als Gefangener, mit eigener Hände Arbeit nichts verdienen konnte, ohne Zweifel die Christen in Rom bestritten, während auch andere Gemeinden, wie die zu Philippi, ihn in der Gefangenschaft unterstützt haben.

2. Das Buch ist gewiß nicht, wie Schleiermacher vermuthet hat, durch zufällige Verhinderung des Lukas unvollendet geblieben; eben so wenig ist, wie Schott meinte, der letzte Schluß abhanden gekommen. Denn die Beobachtung, welche Meyer gemacht hat, ist treffend nicht richtig, daß die zwei letzten Verse in sprachlicher Beziehung sehr vollklingend und abgerundet sind und ganz würdig abschließen, indem gerade wie beim Ende des Evangeliums, Luk. 24, 52 f., die Beschäftigung der Apostel während eines gewissen Zeitraums in einem Partizipialsatz angegeben ist, so hier die Beschreibung der Thätigkeit des Paulus während eines längeren Zeitraums in einen doppelten Partizipialsatz ausläuft.

### Christologisch-dogmatische Grundgedanken.

Sachlich freilich vermissen wir schmerzlich die Aufklärung über die endliche Entscheidung des Looses Pauli. Aber so groß und treu Paulus in seinem Apostelamte gewesen ist, so war er doch nur der Herold, nicht der Herr und König selbst. Jesus Christus herrscht als König, — das ist der Schluß unsers Buchs. Ueber der großen Hauptsache, daß das Reich Gottes und das Evangelium von Jesu Christi so geraume Zeit ohne alles Hinderniß in der Centralstadt der Welt, Rom, gepredigt wurde von dem Heidenapostel, — tritt ganz unvermerkt die Person des Paulus selbst in den Hintergrund zurück.

### Homiletische Andeutungen.

Paulus aber blieb zwei Jahre u. s. w. — und nahm auf Alle, die zu ihm kamen. [V. 30.] Das „eigene Gedinge" und die Freiheit, darin zu bleiben, war eine gute Folge vom Festi gründlichem Berichte seinethalben und also auch ein Segen von seinem in Cäsarien geführten Zeugniß der Wahrheit. Aber es war auch ein Umstand, der Kosten erforderte, wozu besonders die Philipper willige Handreichung thaten, Phil. 4, 10—14. (Rieger.) — Es soll nichts so hart und beschwerlich vorfallen, daß es uns abwendig machen dürfte von unserem Beruf, Matth. 11, 2; 1 Kor. 7, 20. (Starcke). — Paulus nahm auf Alle, die zu ihm einkamen. Welch' herrlicher Charakter eines Knechts Christi, Allen allerlei zu werden, Jedermann, der Rath und Trost für seine Seele sucht, freien Zutritt zu gestatten, sein Haus und Herz Allen, die selig werden wollen, zu eröffnen! Es ist nicht gut, wenn es von einem Prediger heißt, es halte zu schwer, zu ihm zu kommen. Unser Herr Jesus hat öfters mit Heuchlern und Betrügern zu thun gehabt, aber er hat ihnen allemal heilsam zu begegnen gewußt und dessen unerachtet sprach er: Wer zu mir kommt, den will ich nicht hinausstoßen. (Apost. Past.)

Predigte das Reich Gottes u. s. w. [V. 31.] Gott thut seinem Worte die Thür auf wunderbar, unvermerkter und unversehener Weise, Kap. 14, 27; Kol. 4, 3. Wenn die Kirche gut Wetter und Frieden hat, muß man die Wahrheit desto reichlicher treiben und sich auf's Künftige rüsten, Kap. 9, 31. Christus hat nach der Sendung des h. Geistes sein Evangelium in der ganzen Welt ausgebreitet, nicht mit Wehr und Waffen, sondern durch die Predigt desselben, und auch bisher wider alle Hindernisse mächtig geschützet. Er wolle es ferner thun und sein Wort allenthalben „unverboten" verkündigen lassen, zu vieler tausend Seelen Errettung und zu seines großen Namens Verherrlichung. (Starcke). — Lehrete von dem Herrn Jesu mit aller Freudigkeit „unverboten." Das sah man zu den damaligen Zeiten als eine seltene große Wohlthat an; die Lehrer freuten sich darüber, als über ein großes Gut, und kauften die Zeit, darin sie es genießen konnten, recht sorgfältig aus. Wir hingegen haben in unsrer hergebrachten Freiheit die Größe dieser Wohlthat beinahe vergessen. Als wir dennoch Zeit haben, so lasset uns arbeiten und Gutes thun! (Apost. Past.) Schönes Ziel der Apostelgeschichte! Lauf des Evangeliums von Jerusalem nach Rom! Wann wird es auch einmal wieder nach Jerusalem zurückkommen? Auch seine begabtesten Knechte hat Gott schon seinem Willen zu ihrer Zeit in ihrem Theil zu dienen gebraucht. Das Ganze zu übersehen ward Keinem gegeben, sondern dem Herrn vorbehalten. O Gott, dein Reich komme! (Rieger.) — Trotz aller Verfolgung kam das Evangelium so auf den Plan, daß Lukas seine Apostelgeschichte mit einem solchen Wort als einem Amen auf alle Gottesverheißungen schließen kann. So schließt sich das Ende seines Buchs mit dem Anfang, Kap. 1, 3, auf's beste zusammen. (Williger.) — In der reichen großen Hauptstadt des Weltreichs verkündigt Paulus die Macht und Herrlichkeit des Reiches Gottes als eines Reichs des Geistes, dessen Wesen und Frucht ist Friede, Freude, Geduld, Freundlichkeit, Gütigkeit, Sanftmuth, Keuschheit. Selbst in des Kaisers Palast bringt (Phil. 1, 13) die Botschaft von dem Friedenskönige Christo, um welchen sich im Reiche Gottes Alles, Kleines und Großes, das Einzelne wie das Ganze bewegt. So gebraucht Paulus die Zeit seiner Gefangenschaft zur Gründung der wichtigen Gemeinde zu Rom, das fortan die Mutter- und Missionskirche aller Gemeinden aus den Heiden werden sollte. (Leonh. v. Spiegelb.) — So laßt uns denn nacheifern dem Paulus und seine starke, demantgleiche Seele zum Vorbild nehmen, damit wir in seiner Nachfolge durchschiffen können das sturmbewegte Meer dieses Lebens und einlaufen in den wellenlosen Hafen des Friedens und erlangen die Seligkeit, die Gott bereitet hat denen, die ihn lieben, durch die Gnade und Leutseligkeit unsers Herrn Jesu Christi, welcher mit dem Vater und Heiligen Geist lebet und regieret in gleicher Majestät und Ehren, hochgelobet in Ewigkeit. (Chrysost. bei Leonh. u. Spiegelb.)

Zu V. 30 u. 31. Paulus in Rom predigend das Reich Gottes. 1) Eine herrliche Erfüllung dessen, was der Herr diesem seinem Knechte vom Anbeginn verheißen, Kap. 9, 15. 2) Eine großartige Weissagung auf die zukünftigen Siege des Reichs Gottes auf Erden. — Paulus in Rom. 1) Ein lebendiges Denkmal göttlicher Barmherzigkeit. 2) Ein leuchtendes Vorbild apostolischer Amtstreue. 3) Ein freudiger Herold der Weltherrlichkeit Christi. 4) Ein mahnender Gerichtsbote für das ausgelebte Heidenthum. — Pauli' zwei Amtsjahre in Rom, die Krone seiner apostolischen Amtsführung. 1) Im Mittelpunkte der Heidenwelt pflanzt er das Kreuz Christi auf, vor dem alle Heidentempel in den Staub sinken sollen. 2) Gebunden nach dem Leibe sorgt er in treuer Hirtenliebe auch für seine entfernten Gemeinden. (Briefe.) 3) Harrend dem Ruf seines Herrn, macht er sich bereit, die Arbeit seines Lebens mit seinem Blute zu besiegeln. — Von Jerusalem bis Rom! Dies der Gang des Evangeliums durch die Apostelgeschichte. 1) Ein Leidensgang voll Schmach und Verfolgung. 2) Ein Siegesgang voll Glaubenskraft und Liebesglut. 3) Ein Siegesgang voll mächtiger Thaten und göttlicher Wunder. 4) Ein Segensgang voll Heil und Gnade für die Gegenwart und Zukunft. — Paulus, der Prediger an der Kette, oder: Gottes Wort ist nicht gebunden: 1) an keinen Ort in der Welt; ausgestoßen in der alten Gottesstadt Jerusalem schlägt der Apostel in der heidnischen Weltstadt seinen Predigtstuhl auf. 2) Durch keine Macht in der Welt; so wenig als der Juden Haß vermag Roms Macht dem Apostel den Mund zu verbinden. 3) An keinen

Mann in der Welt; auch nachdem Paulus seinen Lauf vollendet und sein Zeugniß mit seinem Blute besiegelt hat, schreitet die Predigt vom Kreuz siegreich über die Erde hin. — Paulus ein Gefangener in Rom, heute wie vor 1800 Jahren. Ist's auch eine gelinde und anständige Gefangenschaft, wie einst unter dem römischen Kaiser, gebunden ist er auch heut noch unter dem geistlichen Gewalthaber zu Rom. 1) Gebunden Paulus, der Herold evangelischer Freiheit, an der Kette menschlicher Satzungen. 2) Gebunden Paulus, der Prediger der Glaubensgerechtigkeit, unter dem Gebot äußerer Werkheiligkeit. 3) Gebunden Paulus, der Mann der apostolischen Armuth und Demuth, neben dem Glanz und Prunk päpstlicher Weltherrschaft. — „Unverboten!" das bedeutsame Schlußwort der ganzen Apostelgeschichte. 1) Ein Siegeswort über das alte Rom, verkündend den Sieg des Evangeliums über allen Widerstand des Judenthums und Heidenthums. 2) Ein Warnungswort für das heutige Rom, warnend vor dem frevelhaften und eitlen Versuch, das Wort Gottes zu dämpfen. 3) Ein Mahnungswort an die evangelische Kirche, mahnend zum dankbaren Gebrauch des unverbotenen Gotteswortes. 4) Ein Verheißungswort für die Kirche der Zukunft, hinausdeutend auf die Vollendungszeit, da das Evangelium die Welt wird überwunden haben. — Die Apostelgeschichte kein Bruchstück! Zu früh zwar kommt uns der Schluß, viel noch möchten wir fragen und wissen, aber doch haben wir bis hieher genug. Wir haben: 1) die Grundsteinlegung einer Kirche, die auch die Pforten der Hölle nicht überwältigen sollen. 2) Die Großthaten eines erhöheten Heilandes, der bei den Seinen ist alle Tage bis an der Welt Ende. 3) Eine Fundgrube von heilsamer Lehre, friedsamem Trost, erwedlichem Vorbild für die Kirche aller Zeiten. — Der Uebergang der Apostelgeschichte in die Kirchengeschichte. 1) Zwar ein Rückschritt von der Pfingstzeit der ersten Geistesrunder, aus der Blüthezeit des ersten Glaubens, aus der Jugendzeit der ersten Liebe. 2) Aber nach Gottes apostolischen Fortschritt und der patriarchalischen Fuge in die Weite und Breite der Welt, von der festlichen Begeisterung zur Mühe und Arbeit des gemeinen Lebens, und durch den Kampf der Jahrtausende zum endlichen Siege, da in der triumphirenden Kirche die erste Pfingstgemeinde verklärt, erweitert und vollendet wiederherleben wird. — Das stille Verschwinden des Apostels Paulus am Schluß der Apostelgeschichte. Es deutet hin: 1) auf den hochgelobten Herrn der Gemeinde, der da bleibt, wenn auch seine Knechte verschwinden; Jesus Christus gestern und heute und derselbe auch in Ewigkeit; 2) auf die selige Ruhe, zu der Gottes treue Knechte eingehen dürfen nach wohlvollbrachtem Tagewerk; 3) auf die Arbeit des Glaubens und der Liebe, die uns hinterlassen ist von jenen erstwählten Zeugen; 4) auf den großen Tag der Ewigkeit, der Alles an's Licht bringen wird, was jetzt noch dunkel ist in den Führungen der Kinder Gottes und in der Geschichte seines Reiches.

Im Verlage von Velhagen & Klasing in Bielefeld ist so eben erschienen und in allen Buchhandlungen zu haben:

# Luther-Bibel.

### Nach Dr. Joh. Friedr. v. Meyer nochmals aus dem Grundtext berichtigt von Dr. R. Stier.

### Mit Beigabe der Apokryphen.

### Zweite Auflage.

Von dieser zweiten Auflage haben wir zwei Ausgaben veranstaltet, eine gewöhnliche und eine feine. Der Preis der ersten ist 1 Thlr. 10 Sgr. Außerdem gewähren wir an Vereine, Behörden u. s. w. bei Abnahme von mindestens 30 Expl., und bei direkter, portofreier Bestellung und Bezahlung einen Parthiepreis von 25 Sgr. pro Expl. — Die feine Ausgabe, auf extrafeinem, geglättetem Velin gedruckt, wird in der Regel nur gebunden ausgegeben, und kostet gebunden 3 Thlr. 20 Sgr. Der Einband ist in geschmackvoll vergoldetem Chagrinlederband und Goldschnitt. Angebunden sind eine Anzahl weißer Blätter, die, im Anschluß an die Sitte der Väter, als "Haus-Chronik" dienen sollen. Diese Ausgabe wünscht als Geschenkbibel, sei es für beginnende Familien, für Confirmanden, oder sonst, zu bienen, und glaubt dazu innerlich und äußerlich besonders geeignet zu sein.

Ueber das Werk selbst erlauben wir uns noch einige Urtheile anzuführen. Die Evangelische Kirchenzeitung 1858 Nr. 53 sagt darüber:

„Jeder Gebildete soll nicht bei dem bloßen erbaulichen Gebrauche der Heiligen Schrift stehen bleiben, er soll auch über die Heilige Schrift sinnen, soll in ihren Zusammenhang eindringen, soll sich die von Beroe zum Muster nehmen, welche täglich in der Schrift forschten, ob sich's also bielte. Auf solchem Forschen in der Schrift ruht großer Segen. Es bewirkt, daß die Seele mit vielen Haken und Klammern an die göttliche Wahrheit gefestigt wird. Es ist gegen die Weltbildung und das Heer von Zweifeln, die in ihrem Gefolge sind, eine unentbehrliche Waffe. Für diese Art der Beschäftigung mit der Schrift ist Luther's Uebersetzung um so weniger ausreichend, da sie sich nothwendig auf das Ganze des heiligen Buches beziehen muß. Schon die schwereren Bücher des N. T., wie der Brief an die Römer, bieten da manche Anstöße dar. Bei den schwereren Büchern des A. T., wie z. B. bei Hiob und Jesaias, häuften sich diese Anstöße so, daß man gar leicht ermüdet und verzweifelt. Da ist nun kein anderer Rath, als daß man sich neben Luther's Uebersetzung eine der neueren Revisionen derselben anschafft. Unbedingt die beste der Anstöße ist: „Die Bibel ꝛc. Luther's Uebersetzung nochmals aus dem Grundtext berichtigt von Dr. R. Stier, Bielefeld 1856." Die Berichtigung von Luther's Uebersetzung ist eine schonende, das Neue mit gutem Takte dem Alten angepaßt und durch das Ganze geht der Hauch eines der Bibel befreundeten Gemüthes, dessen Fehlen z. B. die Uebersetzung des von Zweifelmuth zerfressenen de Wette so sehr ungenießbar macht. . . ."

### Baseler Missions-Magazin, 1858, Juni:

„. . . Die Einen, zu denen sich ohne Scheu der Schreiber dieser Zeilen bekennt, haben den Wunsch, daß Alles, was von dem theuren Mann Gottes entschieden unrichtig übersetzt ist, nach dem hebräischen und griechischen Grundtext berichtigt werde, wie dies z. B. von Dr. R. Stier in seiner vortrefflichen Bibelausgabe mit zarter Hand geschehen ist; die Andern aber wollen sich zufrieden geben mit Entfernung der veralteten Ausdrücke und Sprachformen, alles Uebrige aber beim Alten lassen. Nun, der Herr selbst wolle darin seine gnädige Hand offenbaren und unserm deutschen Volk Sein heiliges Wort in möglichst vollkommener und treuer Uebertragung in die Hand legen."

### Praktischer Wegweiser durch die christliche Volksliteratur, Bonn 1859:

„Die lutherische Uebersetzung ist so verwachsen mit der deutschen Reformation, Kirche- und Glaubensgeschichte, ein so großartiges und fesselndes Geistes- und Sprachwerk, daß es mehr als überflüssig wäre, hier weiter davon zu reden. Der deutsche Geist kann sich dieser Bibel-Uebersetzung nicht entwöhnen. Gleichwohl haftet dem Meisterwerk die Unvollkommenheit an, daß es den Rost von Uebersetzungsfehlern an sich trägt, welche die weiter geschrittene Sprach- und Bibelkunde berichtigt hat. Dem evangelischen Christen aber steht das Wort Gottes in seiner ursprünglichen Klarheit und reinen Lebensfülle höher als die theuerste confessionelle Erinnerung. Daher war es ein großes Verdienst des ehrwürdigen Fr. von Meyer, daß er mit entschiedenem Beruf nach den Mitteln der Auslegung unserer Zeit Luthers Uebersetzung in gläubigem Sinn berichtigte. Sein würdiger Schüler und Geistesgenosse, R. Stier, hat mit erfreulicher Leistung die letzte Hand an die segensreiche Arbeit der Berichtigung gelegt. Man wird nicht sagen können, daß dies schon die vollkommenste Uebersetzung der h. Schrift sei; es genügt aber, daß es die mit den Anforderungen eines freien evangelischen Wahrheitssinnes in vollen Einklang gebrachte Bibelübersetzung Luthers für unsere Zeit ist. Der selbstthätige evangelische Christ, wie er seines Glaubens überall, auch in einem zuverlässig revidirten kirchlichen Bibeltexte, gewiß sein will, kann dieser Uebersetzung kaum entbehren."

www.ingramcontent.com/pod-product-compliance
Lightning Source LLC
Chambersburg PA
CBHW020258240426

43673CB00039B/640